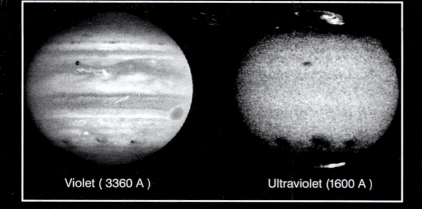

Violet (3360 A)   Ultraviolet (1600 A)

Die interessantesten Bilder stammen bisher v... teleskop. Die beiden Aufnahmen zeigen Jupit... Bereichen des ultravioletten Spektrums. Link... der Fragmente C, A und E zu sehen. Am rechten Planeten... man den Großen Roten Fleck. Der schwarze Punkt nördlich des Jupiteräquators ist der Schatten des Mondes (oben). Im rechten Bild, deutlich im UV, zeichnen sich die Einschlagsregionen durch Dunst und Staub noch eindrucksvoller ab. In den Polregionen von Jupiter sind auffällige Polarlichter zu erkennen.
Fotos: *AVIATION WEEK AND SPACE TECHNOLOGY*

Das »Jahrhundertereignis« hat selbst die kühnsten Erwartungen übertroffen. Der Einschlag der Fragmente des Kometen Shoemaker-Levy 9 in die dichte Jupiteratmosphäre wurde zu einem gut beobachtbaren Ereignis, das erstaunlich langlebige Spuren hinterlassen hat. Eine Armada von sieben Raumflugkörpern, einem Flugzeug-Observatorium sowie zahlreiche Teleskope rund um den Erdball haben das Geschehen zwischen dem 18. und 23. Juli 1994 verfolgt und das in allen Bereichen des elektromagnetischen Spektrums.

Überrascht wurden die Wissenschaftler in mehrfacher Hinsicht: Die 21 Bruchstücke verhielten sich beim Einschlag in zunächst undurchschaubarer Weise unterschiedlich: Einige von ihnen produzierten ein intensives Feuerwerk, darunter das Fragment M, das vorher kaum noch sichtbar war. Der Eintritt der Teile T, U und V wur-

Unten: Diese Infrarot-Aufnahme des Jupiters durch das IRIS-Spektrometer des Anglo-Australischen Teleskops zeigt die Aufprallstelle (unten links) des größten Trümmers des Kometen Shoemaker-Levy 9. Das rund vier Kilometer große Q-Bruchstück zerbrach bereits vor Eintritt in die Atmosphäre des Planeten in vier Teile. Dadurch war die Wucht des Aufpralls nicht so massiv wie erwartet. Die Lichtfläche war 20 Min. lang am Jupiter-Südpol zu sehen. Die Helligkeit des Lichts entsprach der von vier vorangegangenen Explosionen.
Foto: dpa/epa

de nicht gesehen. Auch der kurz aufeinanderfolgende »Dreier-Einschlag« der Bruchstücke Q, R und S, der auf einem eng begrenzten Gebiet stattfinden sollte, zeigte ein unerwartetes Bild, da sich die Einschlagsregionen nicht überlappten. Zwei Hauptfaktoren bestimmten die Erscheinungsvielfalt. Die Masse und Zusammensetzung der Bruchstücke sowie die Eintauchtiefe in die dichte Jupiteratmosphäre. Der der Explosion folgende aufsteigende Feuerball, der sich bis zu 2000 km über die Planetenatmosphäre erhob, war erwartet worden. Überraschend hingegen waren die dunklen und relativ beständigen »Einschlagsnarben«. Hierbei handelt es sich um dunkle Staubpartikel und UV-Strahlung absorbierende Gase. Entdeckt wurden Schwefelverbindungen, Magnesium, Eisen, Silizium. Sie dürften aus der Kometenmaterie stammen. Nicht nachgewiesen werden konnte hingegen Wasser. Man hatte fest damit gerechnet, daß bei den Explosionen der Bruchstücke in einigen 100 km Tiefe in der Jupiteratmosphäre Wasserdampf aus einer Eiswolkenschicht nach oben gelangen sollte. Was hat der negative Nachweis von Wasser und anderen Sauerstoffverbindungen zu bedeuten? Auch ein Komet enthält ja große Mengen Wassereis. War Shoemaker-Levy kein klassischer Komet, sondern ein ausgebranntes kometares Objekt? Sind die bisherigen Vorstellungen vom Aufbau der Jupiteratmosphäre falsch, oder haben die Explosionen in geringerer Tiefe als erwartet – oberhalb der Wassereiswolken – stattgefunden? Einige Indizien sprechen für die letztere Deutung, doch auch dann bleibt die Frage offen, wo das Wasser aus dem Kometen geblieben ist.

Es wird Monate dauern, bis man auch nur annähernd die Flut an Daten und Bildern ausgewertet hat. Dann wird es Zeit, über das Gefährdungspotential der Erde hinsichtlich des möglichen Einschlages von Kometen und Asteroiden neu nachzudenken.

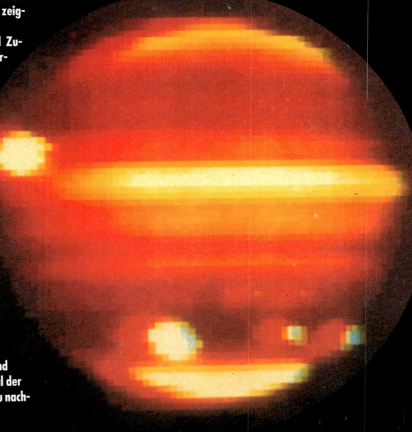

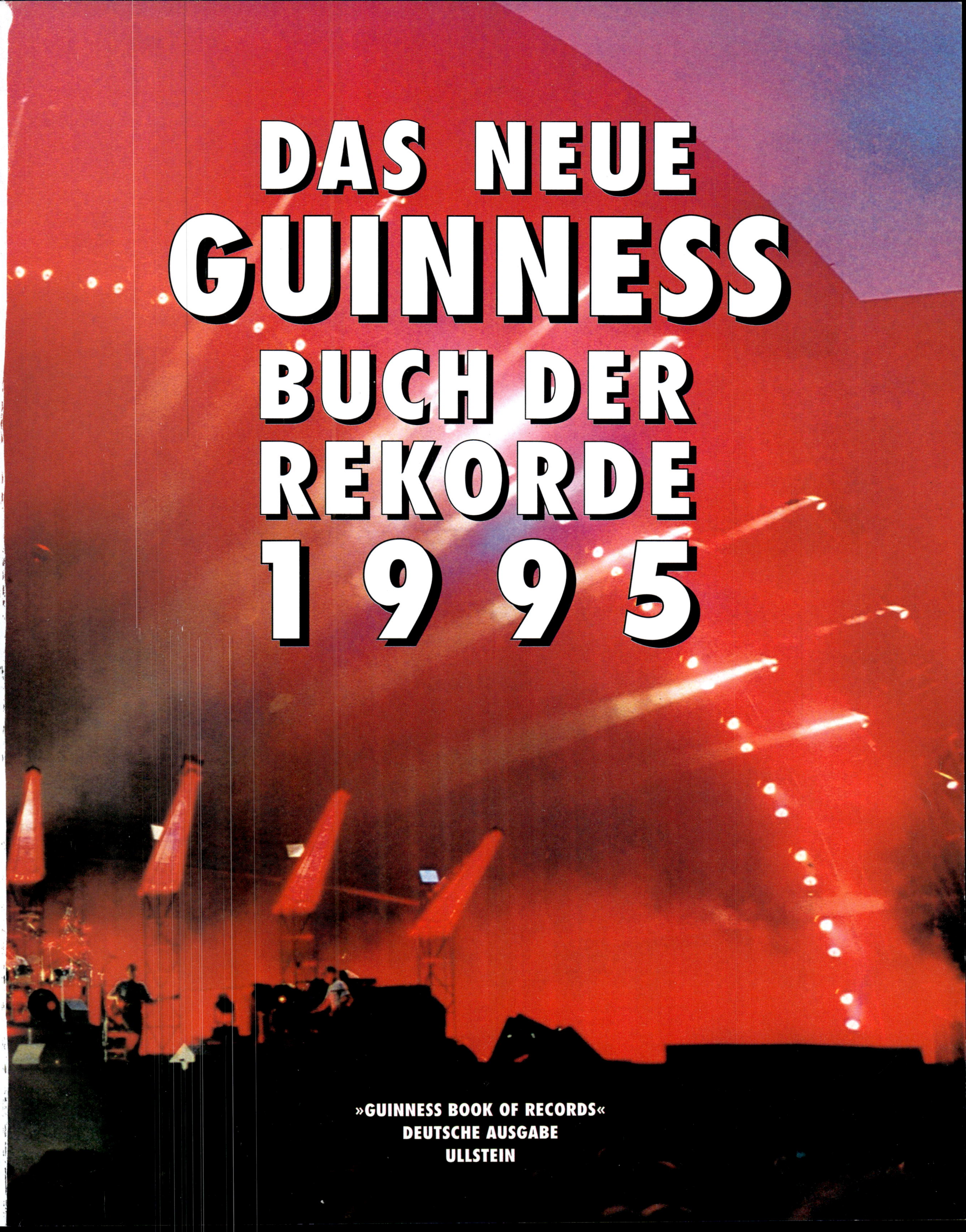

DAS NEUE GUINNESS BUCH DER REKORDE 1995

»GUINNESS BOOK OF RECORDS«
DEUTSCHE AUSGABE
ULLSTEIN

WELTALL & ERDE 6-33

Das Sonnensystem 8
Die Sterne 14
Das Universum 15
Planet Erde 18
Bernstein 32

- Clementine schießt 1,6 Mio. Bilder vom Mond
- Militärsatelliten entdecken die hellste Feuerkugel
- Asteroid nähert sich der Erde auf 150 000 km
- Planetoid Ida hat einen Mond
- Stern leuchtet millionenfach stärker als die Sonne
- Stuttgart zeigt den größten Bernstein der Welt

TIERE 34-63

Allgemeine Tierrekorde 36
Säugetiere 36, Haustiere 42
Vögel 46, Amphibien 48
Reptilien 49, Fische 52
Seesterne 53, Krustentiere 53
Spinnentiere 54, Insekten, Käfer 54
Würmer 56, Weichtiere 56
Dinosaurier 58, Gefährdete Arten 60
Zoologische Gärten, Wildgehege, Aquarien 62

- Kleinster Zwergpudel kommt aus Meißen: er heißt Napoleon
- »Hochsprung«-Rekord gelingt englischem Spürhund: er heißt Stag
- Kleinste Katze miaut in Illinois: sie heißt Tinker Toy
- Wellensittich aus Kalifornien beherrscht Rekordvokabular: er heißt Puck
- Größte Kröte ist tot: sie hieß Prinsen
- Ältester deutscher Zoo feiert Jubiläum: er heißt herzlich willkommen

PFLANZEN 64-77

Allgemeine Pflanzenrekorde 66
Blüten und Blumen 68
Gemüse- + Früchterekorde 71
Farne, Moose, Gräser, Blätter, Samen 72
Pilze und Urtierpflanzen 72
Bakterien und Viren 73
Bäume und Holz 74
Parks, Botanische Gärten 76
Biosphärenreservate und Nationalparks 77

- Mainz: Wo eine der größten Blüten blüht
- Walsall (GB): Wo die eifrigsten Baumpflanzer pflanzen
- Deutschland: Wo die meisten Schnittblumen in die Vase kommen
- St. Pölten: Wo eine Stangenbohne Rekordlänge erreicht
- Zürich: Wo eine Knoblauchzwiebel in Rekordgröße riecht
- Osaka (Japan): Wo die Blumen high-technisch blühen

DER MENSCH 78-95

Entwicklungsstufen 80
Körpergröße und -gewicht 82
Geburten 85
Langlebigkeit 87
Der menschliche Körper 88
Medizin 91

- Neueste Altersbestimmung: *Homo erectus* in Asien
- Älteste Steinzeitmode: Ötzi trug Strapse
- Längste Haare: Mata Jagdamba trägt sie stolz
- Sensationsdiät: Schwerste Frau ist nur noch mollig
- Jüngste Mutterschaft: Achtjährige kriegt Zwillinge
- Suche im Innersten: Gentechnik auf dem Prüfstand

INHALT 2/3

NATURWISSENSCHAFT & TECHNIK 96–121

Elemente 98
Zahlenlehre 100
Teleskope 101
Wissenschaftstechnik 104
Computer 107
Bohrungen und Bergbau 108
Energie 110
Maschinenbau 112
Zeitmesser 115
Telekommunikation 116
Raketentechnik und Raumfahrzeuge 117

- Abgeschafft: Inch, Fuß, Unze
- Entdeckt: Quarks komplett
- Abgelaufen: Greenwich-Time
- Gebohrt: Tiefstes Eisloch
- Erhitzt: 450 Mio. °C
- Notiert: Größtes Notebook

BAUTECHNIK 122–145

Büros, Verwaltungen, Werkhallen 124
Industrie- und Wohnbauten 126
Burgen, Schlösser 128
Stadien, Sporthallen 130
Gaststätten 130
Vergnügungsparks, Ausstellungen 132
Brücken 134
Kanäle und Schleusen 136
Dämme, Talsperren und Stauseen 136
Türme und Masten 138
Tunnel 139
Bauten für Sonderzwecke 140
Architekturrekorde 144

- Hongkong: größtes Industriegebäude fertiggestellt
- Las Vegas: größtes Hotel der Welt eröffnet
- Pennsylvania: Riesen-Labyrinth ins Maisfeld geschnitten
- Illinois: längstes Abwassersystem im Bau
- Frankfurt/M.: Grundstein für das höchste Gebäude Europas gelegt

VERKEHR 146–183

Schiffe 148
Straßenfahrzeuge 154
Eisenbahnen/Schienenfahrzeuge 168
Luftfahrt 174

- Am kleinsten: das Tandem aus Niedersachsen
- Am schnellsten: das Tret-U-Boot aus Florida
- Am höchsten: die Menschenpyramide auf Motorrädern in Indien
- Am längsten: der Modellbahnzug aus Schwaben
- Am stärksten: das Rekordtriebwerk eines Jumbo-Jets
- Am größten: das Volumen eines Transportflugzeugs
- Am billigsten: wenn Autos vom 3-Liter-Verbrauch träumen

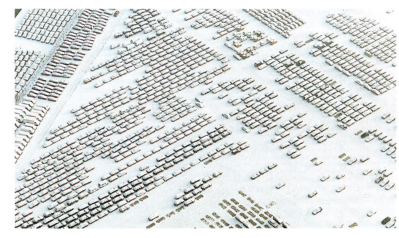

WIRTSCHAFT 184–203

Handel 186
Volkswirtschaft 195
Landwirtschaft 201

- Gewaltig: Deutsche Kaufhaus-Elefanten heiraten
- Die Nase vorn: Deutsche Versandhäuser im Weltvergleich
- Neu geknüpft: Das größte Fluglinienetz der Welt
- Klimpert fast komplett: Die größte Münz-Raritäten-Sammlung
- Genug ist nicht genug: Die Reichen werden reicher – und jünger
- Gut gequiekt: Englische Superzuchtsau wirft Weltrekord

KUNST, MEDIEN, UNTERHALTUNG 204–237

Bildende Kunst 206
Antiquitäten 208
Sprache und Literatur 209
Theater 216
Musik 218
Tonträger und Charts 226
Fotografie 230
Film und Kino 230
Rundfunk 236
Fernsehen 236

- Das größte Wandgemälde zeigt *Planet Ocean*
- Das größte Edelstein-Ei zeigt 2000 rosa Diamanten
- Das längste Graffiti zeigt Hip-Hop und keine Gewalt
- Das Mega-Opernereignis zeigt *Carmen* von Bizet
- Das teuerste Foto zeigt die Hände von Georgia
- Die Multi-Medienstadt zeigt Kult, Cuts und Stunts
- Der erfolgreichste Regisseur zeigt zehn auf einen Streich

GEMEINSCHAFT, GESELLSCHAFT 238–257

Nationen, Länder, Städte 240
Verkehrswege 244
Bevölkerung 246
Ehe- und Familienrekorde 247
Staatsoberhäupter, Regierungen, Parlamente 249
Gesetzgebung und Gerichtswesen 252
Erziehung/Bildung 253
Religionen 254
Gesellschaftsspiele, Glücksspiele, Kartenspiele 256

- Vergessene Stadt im Urwald entdeckt: in Kolumbien
- Größte Hochzeitsfeier: in Israel
- Jüngster Regierungschef: in Liechtenstein
- Größte Anwaltsfirma: weltweit
- Größte Schule mit den meisten Schülern: auf den Philippinen
- Höchste Spende für die Bildung: in den USA
- Kurz vor dem Sieg: die DDR

TOPLEISTUNGEN, SPASSREKORDE 258–293

Warenwelt 260
Genuß- und Lebensmittel 264
Topleistungen 270
Freizeitsport 286
Spaßrekorde 286
Spaßolympiade 288

- Kein Heiratsschwindel: der längste Brautschleier
- Heiße Handarbeit: die größte Strick- und Häkeldecke
- Angeschnitten und verputzt: der größte Dreikönigskuchen
- Aus Tirol – und aus Semmeln: die zwei Mega-Knödel
- Rummel auf Tummelum: die Flensburger Spaßolympiade
- Schweizer Präzisionsarbeit: der größte Schneemann
- Dichte Stöpsel: Badewannenregatta auf der Müritz

SPORT 294–357

Allgemein 296, Olympische Spiele 297
Fußball-WM 298, Ballspiele 302
Spiel mit der Kugel 310
Spiel mit dem Schläger 313
Leichtathletik 318, Kampfsport 322,
Motorsport 326, Pferdesport 332,
Radsport 334, Schießen 336
Rollschuhlauf 337, Turnen 337
Wassersport 338, Triathlon 344
Moderner Fünfkampf 344
Gewichtheben 344, Wintersport 346
Eislauf 347, Skisport 349
Bob- und Schlittensport 351
Lillehammer 352

- Fußball: Brasilien wieder die Nummer eins in der Welt
- Motorsport: Trauer um den großartigen Piloten Ayrton Senna
- Wintersport: Glänzende Spiele in Lillehammer
- Boxen: Henry Maske weiter auf Erfolgskurs
- Rudern: Zwei Deutsche im siegreichen Cambridge-Achter
- Eishockey: Wayne Gretzky schlägt alle Rekorde
- Skifliegen: Eine weitere Traumgrenze des Sports fiel

INHALT, VORWORTE 4/5

Die Geschichte hinter dem Guinness Buch

Das *Guinness Book of Records* wurde ursprünglich zusammengestellt, um ein Mittel zur Hand zu haben, mit dem Streitigkeiten über feststehende Tatsachen geschlichtet werden können. Die Idee entstand 1951, als Sir Hugh Beaver (1890-1967), der Geschäftsführer von Guinness, auf dem North Slob am Slaney, einem Fluß in der Grafschaft Wexford im Südosten von Irland, auf der Jagd war. Die Jäger verfehlten einige Regenpfeifer, und Sir Hugh entdeckte später, daß in den Nachschlagewerken in der Bibliothek seines Gastgebers im Castlebridge House kein Hinweis darauf zu finden war, ob der Regenpfeifer der schnellste europäische Jagdvogel ist, oder nicht.

Dieses Erlebnis brachte Sir Hugh auf den Gedanken, daß es zahllose solcher Fragen geben mußte, die in den 81 400 Pubs in Großbritannien und Irland, in denen Guinness-Bier verkauft wurde, Abend für Abend Anlaß zum Streit boten. Am 12. September 1954 wurden Norris und Ross McWhirter, denen damals eine statistische Agentur in London gehörte, in die Guinness-Brauerei in Park Royal im Nordwesten von London eingeladen, um ihre Meinung zu der Idee, eine Sammlung von Rekorden zu veröffentlichen, abzugeben. Der Guinness-Aufsichtsrat war von ihren Ausführungen so beeindruckt, daß sie auf der Stelle den Auftrag erhielten, das Projekt weiter zu verfolgen.

Daraufhin wurde in der Fleet Street 107 ein Büro eingerichtet, und die Arbeit begann. Ein knappes Jahr später kam die erste, 198 Seiten umfassende Ausgabe heraus. Das erste Exemplar wurde am 27. August 1955 gebunden. Noch vor Weihnachten hatte das *Guinness Buch* die Spitzenposition der Bestsellerliste erobert, und seither ist jede neue Ausgabe auf diesen Platz vorgestoßen.

Die erste US-Ausgabe erschien 1956 in New York. Es folgten Ausgaben in Französisch (1962) und Deutsch (1963). 1967 erschienen die ersten Ausgaben in Dänemark, Japan, Norwegen und Spanien. Im darauffolgenden Jahr wurden finnische, italienische und schwedische Ausgaben herausgebracht. In den 70er Jahren kamen hebräische, holländische, isländische, portugiesische, serbokroatische und tschechische Ausgaben hinzu. In den 80er Jahren folgten Ausgaben in Arabisch, Chinesisch, Griechisch, Hindi, Indonesisch, Malaiisch, Slowenisch, Türkisch und Ungarisch. Seit Anfang der 90er Jahre wird das *Guinness Buch der Rekorde* auch in Bulgarisch, Koreanisch, Malajalam, Mazedonisch, Polnisch, Rumänisch und Russisch veröffentlicht.

Unsere Hoffnung bleibt dieselbe wie diejenige, die im Vorwort zur ersten Ausgabe geäußert wurde: daß auch diese neue Ausgabe dazu beitragen möge, Auseinandersetzungen über bestimmte Fakten beizulegen und die Hitze des Streits durch das Licht des Wissens zu ersetzen.

Der Name GUINNESS ist ein eingetragenes Warenzeichen. Er kann in der Öffentlichkeit nur dann für oder im Zusammenhang mit einem Rekordversuch benutzt werden, wenn dafür die schriftliche Zustimmung der Redaktion vorliegt.

Die Redaktion behält sich das Recht vor, angemeldete Rekordversuche persönlich zu überwachen.

Rekordversuche erfolgen zum vollen Risiko des Rekordbrechers. Der Verlag lehnt jede Haftung für die Folgen eines Rekordversuchs ab, die bei dem Rekordbrecher oder einem Dritten entstehen. Unter Lebensgefahr mutwillig aufgestellte Leistungen werden nicht berücksichtigt.

An den Leser

Jedes Jahr werden rund um die Welt neue Rekorde aufgestellt. Manche ergeben sich aus dem natürlichen Wachstum, andere aus der Verbesserung bestehender Rekorde und wieder andere aus erregenden neuen Entwicklungen in Wissenschaft und Technik. Die meisten stammen jedoch von ehrgeizigen Männern und Frauen, die neue Maßstäbe zu setzen versuchen.

Viele dieser Leistungen werden auf Gebieten erreicht, die von allgemeinem Interesse sind, während andere nur von jenen voll gewürdigt werden können, die ähnlich spezialisierte Fähigkeiten besitzen.

Unsere Sammlung von Extremen in, auf, über und jenseits der Erde findet bei Menschen aller Länder Anklang, und natürlich erscheint sie in vielen Sprachen. Rekorde aller Art sind faszinierende Fakten, die eine Vielzahl von Gefühlen auslösen können, von Unglauben über Verwunderung bis hin zu Kummer, aber unser Ziel ist es, zu informieren und Streitfälle zu schlichten, die sich ergeben können, wenn man über Fakten diskutiert.

Manche werden von der bloßen Existenz des *Guinness Buch der Rekorde* dazu angeregt, einen Rekordversuch zu unternehmen. Während einige Rekorde nur von Menschen erreicht werden können, die ihr Leben darauf verwandt haben, eine bestimmte Fähigkeit zu erwerben, sind wir darauf bedacht, auch solche Rekorde aufzunehmen, für die keine besonderen Fertigkeiten vonnöten sind, wobei ich zum Beispiel an Massenaktivitäten denke. Wenn sich Menschen zusammenfinden, um Abfall zu sammeln oder Bäume zu pflanzen, und dabei einen Rekord aufstellen, dient es zugleich der Gesellschaft. Andere Rekorde wie die größte Teddybär-Party sind einfach Aktivitäten, die Spaß machen. Solche Veranstaltungen stellen die Organisatoren vor enorme logistische Probleme, können aber auch von großem Nutzen sein, wenn man die Gelegenheit wahrnimmt, um Spenden für wohltätige Zwecke zu sammeln.

Das Ausmaß, in dem sich das *Guinness Buch der Rekorde* jedes Jahr verändert, ist bemerkenswert. Einerseits werden ständig Rekorde gebrochen, und andererseits verändern wir regelmäßig den Inhalt, indem wir neue Meldungen von allgemeinem Interesse einführen. Sie müssen sich allerdings an unsere Grundkriterien halten, das heißt meß- und vergleichbar sein.

Peter Matthews

Herausgeber
Guinness Book of Records

Vorwort zur deutschen Ausgabe

Mit dieser Ausgabe erscheint das *Guinness Buch der Rekorde* zum fünfzehnten Mal im Ullstein Verlag. Seit 1980 haben wir Jahr für Jahr dank Ihrer Mithilfe neue Rekorde hinzugewonnen, Ihre Anregungen, so weit es möglich war, aufgegriffen, Verbesserungen vorgenommen und mit Ihnen Ausschau gehalten nach Höchstleistungen, sie registriert und aufgenommen – ohne den Dialog mit Ihnen wäre das alles nicht möglich gewesen, so gehört Ihnen, die uns geholfen haben, die deutsche Ausgabe des *Guinness Book of Records* auf- und auszubauen, unser herzliches Dankeschön.

Auch diese Ausgabe des *Guinness Buch der Rekorde* will informieren, Ihnen beim Nachschlagen helfen, Sie unterhalten und Ihnen Neues aus der Welt der Rekorde bieten. Bitte seien Sie nicht enttäuscht, wenn die eine oder andere Meldung nicht an gewohnter Stelle erscheint oder fehlt. Wir müssen aus Gründen der Aktualität auf Aufnahme aller Rekordmeldungen verzichten, immer einmal wieder eine Rekordkategorie zurückstellen oder austauschen, um Ihnen Neues in Text und Bild zu zeigen.

Wenn Sie einen Rekord aufstellen möchten, sollten Sie sich rechtzeitig nach den Bedingungen erkundigen. Die Redaktion gibt Auskunft über aktuelle Rekorde, die uns nach Redaktionsschluß dieser Ausgabe erreicht haben. Es ist schade, wenn wir einen Rekord ablehnen müssen, nur weil Sie zuvor nicht bei uns angefragt und sich nicht an die *Guinness*-Richtlinien gehalten haben.

Für die Anmeldung eines Rekordes benutzen Sie bitte das Anmeldeformular auf Seite 365/366 dieses Buches. Rekorde sind nur Leistungen, die meß- und vergleichbar sind. Bloße Einmaligkeiten oder interessante Eigenschaften von Personen und Dingen sind noch kein Rekord im Sinne dieses Buches. Bei Dauerleistungen sind die Pausenregeln zu beachten. Es muß ein von unabhängigen Dritten geführtes und bestätigtes Protokoll über den Rekordversuch eingesandt werden. Auch Zeitungsartikel oder sonstige Veröffentlichungen sind als Nachweis des Rekordes nützlich. Rekordbrecher werden gebeten, der Anmeldung Aktionsfotos (in Farbe) von sich und/oder dem Rekordversuch beizulegen.

Die Redaktion behält sich in jedem Fall die Entscheidung vor, ob ein Rekord in die nächste Ausgabe aufgenommen wird.

Hans-Heinrich Kümmel

Chefredakteur
Guinness Buch der Rekorde

Die Milchstraße im Schützen.
In dieser Richtung liegt, hinter Gas und Staub
verborgen, das galaktische Zentrum.
Im Vordergrund zieht ein Meteor vorbei.

Foto: Harro Zimmer

- Clementine schießt 1,6 Mio. Bilder vom Mond
- Militärsatelliten entdecken die hellste Feuerkugel
- Asteroid nähert sich der Erde auf 150 000 km
- Planetoid Ida hat einen Mond
- Stern leuchtet millionenfach stärker als die Sonne
- Stuttgart zeigt den größten Bernstein der Welt

WELTALL & ERDE

◆ DAS SONNENSYSTEM

Die Sonne

Entfernungsextreme: Der Umfang der elliptischen Erdumlaufbahn beträgt 939 886 500 km. Die mittlere Umlaufgeschwindigkeit liegt bei 107 210 km/h mit den Extremwerten 105 450 und 109 039 km/h. Dem entsprechen unterschiedliche Abstände von der Sonne. Die Durchschnittsentfernung der Sonne beträgt 1,00 000 102 astronomische Einheiten oder 149 598 023 km.
Die größte Annäherung *(Perihel)* beträgt 147 098 100 km und die weiteste Entfernung *(Aphel)* 152 097 900 km.

Temperaturen und Dimensionen: Die Sonne wird astronomisch als gelber Zwergstern des Spektraltyps G2V klassifiziert. Ihre Masse beträgt $1,9889 \times 10^{27}$ t, womit sie 332 946,04mal schwerer als die Erde ist. 99,867 Prozent der Gesamtmasse des Sonnensystems stecken im Zentralgestirn. Der Durchmesser liegt bei 1 392 140 km, die mittlere Dichte beträgt 1,408 g/cm³. Im Mittelpunkt der Sonne herrscht ein Druck von 25,4 PPa und eine Temperatur von 15,4 Mio. K. Im Zentrum werden je Sekunde rund 5 Mio. t Masse in Energie umgewandelt, die einem Betrag von $3,85 \times 10^{26}$ W entspricht. Durch die Wasserstoff-Helium-Fusion kann für 10 Mrd. Jahre Energie produziert werden, wovon etwa die Hälfte bereits um ist.
Die Gesamtleuchtkraft der Sonne beträgt $2,7 \times 10^{27}$ Candela, woraus eine Leuchtdichte von $4,5 \times 10^{8}$ Candela/m² resultiert.

Der größte Sonnenfleck trat am 8. April 1947 auf der südlichen Hemisphäre der Sonne auf. Seine Fläche betrug etwa 18 000 Mio. km² mit einer Extremlänge von 300 000 km und einer Extrembreite von 145 000 km. Sonnenflecken erscheinen dunkler, weil sie über 1500°C kühler sind als die restliche Oberflächentemperatur der Sonne von 5507°C.
Damit ein Sonnenfleck für das geschützte bloße Auge sichtbar ist, muß er sich über einen zweitausendstel Teil der Sonnenscheibe erstrecken, also eine Fläche von etwa 1300 Mio. km² haben.

Die höchste Sonnenflecken-Relativzahl, ein wichtiges Maß für die Sonnenaktivität, wurde mit 263 im Oktober 1957 registriert. Damit wurde das Rekordjahr 1778 übertroffen. Hier hatte man für Mai eine Relativzahl von 239 ermittelt. 1943 wurde ein Sonnenfleck über 200 Tage, von Juni bis Dezember, beobachtet.

Der Mond

Allgemein: Der nächste kosmische Nachbar und einzige natürliche Satellit der Erde ist der Mond mit einem mittleren Durchmesser von 3475,1 km. Seine Masse beträgt $7,348 \times 10^{19}$ t oder 0,0123 Erdmassen. Die mittlere Dichte liegt bei 3,344 g/cm³. Von Zentrum zu Zentrum gemessen, beträgt der mittlere Abstand des Erdtrabanten 384 399,1 km. Von Oberfläche zu Oberfläche beläuft sich der mittlere Abstand auf 376 285 km.
In diesem Jahrhundert betrug die größte Annäherung des Mondes 356 375 km, die am 4. Januar 1912 eintrat. Die größte Entfernung – immer von Zentrum zu Zentrum gemessen – wurde mit 406 711 km am 2. März 1984 erreicht. Für eine Erdumkreisung (siderischer Monat) benötigt der Mond 27,321661 Tage, woraus eine mittlere Bahngeschwindigkeit von 3683 km/h resultiert.
Obwohl die Entstehungsgeschichte des Mondes noch immer nicht genau bekannt ist, dürfte der Trabant in Erdnähe aus der Kollision von Planetesimalen, von asteroidengroßen Bruchstücken, gebildet worden sein. Dieses Ereignis muß sich unmittelbar nach der Entstehung des Sonnensystems vollzogen haben, denn die Untersuchung des im Rahmen des *Apollo*-Programms zur Erde zurückgebrachten Mondgesteins ergibt ein Alter von rund 4,5 Mrd. Jahren für den Trabanten. Er ist damit nicht wesentlich jünger als die Erde.

Neue Etappe der Mondforschung: Am 22. Mai 1994 beendete die amerikanische Raumsonde *Clementine* ihre Monderkundung. In 297 Umläufen, die auch über die Mondpole führten, wurden 1,6 Mio. Bilder von der Oberfläche des Erdtrabanten gewonnen. Die »Billigsonde« mit supermoderner Ausstattung wurde anschließend auf Kurs zum Asteroiden Geographos gebracht, den sie Ende August/Anfang September 1994 aus nur 100 km Entfernung untersuchen soll.

Der größte Mondkrater: Nur 59 Prozent der Mondoberfläche sind von der Erde aus direkt sichtbar aufgrund seiner »gebundenen Rotation«, das heißt, daß die Rotationsperiode der Umlaufperiode gleicht. Der größte gänzlich sichtbare Krater ist der von Wällen umgebene flache Bailly in der Nähe des Mondsüdpoles, der einen Durchmesser von 295 km und Wälle bis zu 4250 m Höhe hat. Das »Mare Orientale«, das sich teilweise auf der abgewandten Seite befindet, mißt mehr als 960 km im Durchmesser.

Der tiefste Krater ist Newton, dessen Grund schätzungsweise 7–8,85 km unter seinem Rand liegt und 4250 m unter der ihn umgebenden Ebene.

Die höchsten Mondberge: In Ermangelung eines Meeresspiegels werden Mondhöhen relativ zu einer Bezugskugel mit dem Radius 1738 km gemessen. Demnach war die höchste von US-Astronauten erreichte Erhebung 7830 m auf dem Descartes-Hochland durch Captain John Watts Young und Major Charles M. Duke jr. am 27. April 1972.

Finsternisse

Allgemein: Sonnenfinsternisse treten auf, wenn der Mond genau zwischen Sonne und Erde steht. Mondfinsternisse entstehen dadurch, daß der Mond den Erdschatten durchwandert.

Die frühesten Finsternisse, die in Aufzeichnungen zu finden sind, ereigneten sich in den Jahren 1361 v. Chr. (Mond) und 2136 v. Chr. (Sonne). Die älteste, völlig zweifelsfrei gesicherte Beschreibung einer totalen Sonnenfinsternis wurde auf einer Tontafel gefunden, die in Ugarit (Syrien) 1948 geborgen wurde. Eine neue Auswertung (1989) ergab, daß diese Finsternis am 5. März 1223 v. Chr. stattgefunden hat. Für den Nahen Osten hat man Mondfinsternisse bis 3450 v. Chr. und Sonnenfinsternisse bis 4200 v. Chr. rückgerechnet.

Die erste in Deutschland beobachtete Sonnenfinsternis wird 538 n. Chr. in der sogenannten *Metzer Handschrift* erwähnt.
Die letzten Totalfinsternisse, die in Mitteleuropa beobachtet werden konnten, fanden am 15. Februar 1961 (Sonne) und am 29. November 1993 (Mond) statt.

Die nächste Sonnenfinsternis, die man in Mitteleuropa beobachten kann, ist am 11. August 1999 (total).

Die längstmögliche Dauer einer Sonnenfinsternis beträgt 7:31 Min. Die längste tatsächlich gemessene fand am 20. Juni 1955 statt (7:08 Min.), beobachtet von den Philippinen aus. Eine Finsternis von 7:29 Min. müßte am 16. Juli 2186 im Mittelatlantik auftreten und wäre dann für die nächsten 1469 Jahre die längste.
Die Sonnenfinsternis kann im Fluge länger beobachtet werden. So wurde am 30. Juni 1973 eine Eklipse von einer *Concorde* aus auf 72 Min. »ausgedehnt«.
Eine ringförmige Sonnenfinsternis kann 12:24 Min. dauern.

Die längste totale Mondfinsternis dauert 104 Min. Sie ist zahlreiche Male aufgetreten.

Kometen

Selbst die größten Kometen sind relativ massearme Gebilde. Der »feste Kern« im Kometenkopf ist selten größer als 10 km, besteht aus lockerem Material, aus Eis, kondensierten Gasen und Staub. Schweife wie der des hellsten aller Kometen, des Großen Kometen von 1843, können sich über 330 Mio. km hinziehen.
Der Kopf des Holmesschen Kometen von 1892 maß 2,4 Mio. km im Durchmesser. Der Komet Bennett, der im Januar 1970 auftrat, war von einer Gaswolke von etwa 12,75 Mio. km Länge umgeben.

Ein massereicher Stern, der unter Wirkung der Schwerkraft vollständig zusammengebrochen ist, wird als Schwarzes Loch bezeichnet. In der künstlerischen Darstellung ist das Schwarze Loch Teil eines Doppelsternsystems. Es saugt vom orangeroten Stern durch sein extrem starkes Gravitationsfeld Materie ab.

Foto: Science Photo Library/
Dr. Seth Shostak

WELTALL & ERDE

• Das Sonnensystem

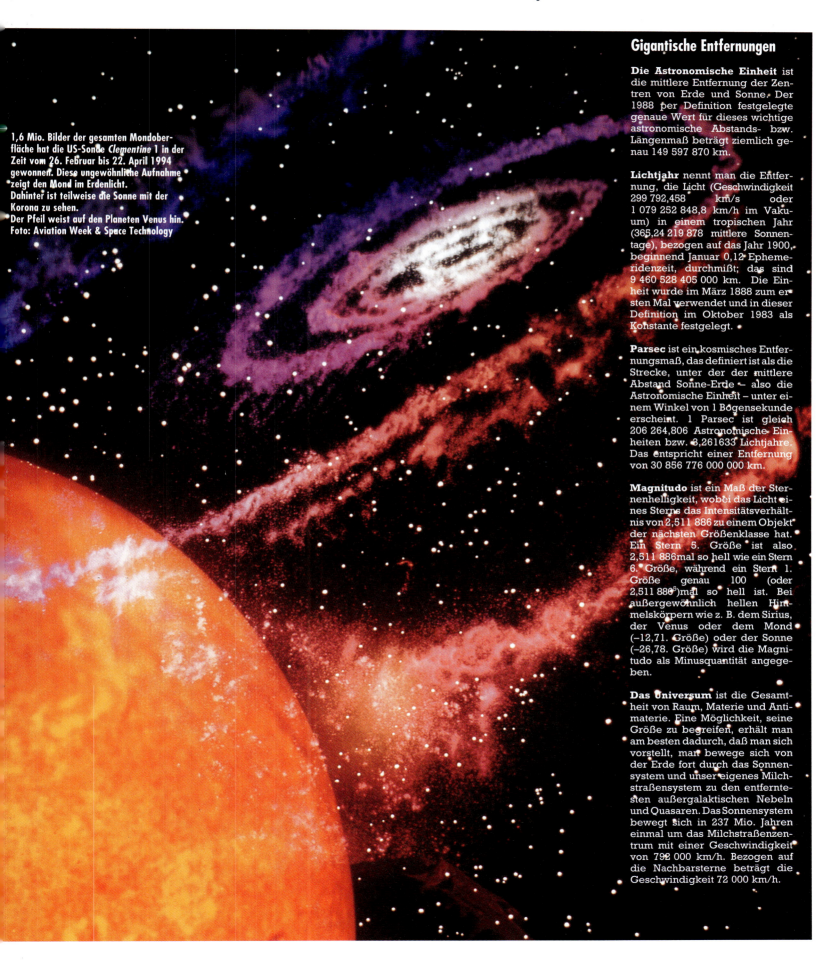

1,6 Mio. Bilder der gesamten Mondoberfläche hat die US-Sonde *Clementine 1* in der Zeit vom 26. Februar bis 22. April 1994 gewonnen. Diese ungewöhnliche Aufnahme zeigt den Mond im Erdenlicht. Dahinter ist teilweise die Sonne mit der Korona zu sehen. Der Pfeil weist auf den Planeten Venus hin. Foto: Aviation Week & Space Technology

Gigantische Entfernungen

Die Astronomische Einheit ist die mittlere Entfernung der Zentren von Erde und Sonne. Der 1988 per Definition festgelegte genaue Wert für dieses wichtige astronomische Abstands- bzw. Längenmaß beträgt ziemlich genau 149 597 870 km.

Lichtjahr nennt man die Entfernung, die Licht (Geschwindigkeit 299 792,458 km/s oder 1 079 252 848,8 km/h im Vakuum) in einem tropischen Jahr (365,24 219 878 mittlere Sonnentage), bezogen auf das Jahr 1900, beginnend Januar 0,12 Ephemeridenzeit, durchmißt; das sind 9 460 528 405 000 km. Die Einheit wurde im März 1888 zum ersten Mal verwendet und in dieser Definition im Oktober 1983 als Konstante festgelegt.

Parsec ist ein kosmisches Entfernungsmaß, das definiert ist als die Strecke, unter der der mittlere Abstand Sonne-Erde – also die Astronomische Einheit – unter einem Winkel von 1 Bogensekunde erscheint. 1 Parsec ist gleich 206 264,806 Astronomische Einheiten bzw. 3,261633 Lichtjahre. Das entspricht einer Entfernung von 30 856 776 000 000 km.

Magnitudo ist ein Maß der Sternenhelligkeit, wobei das Licht eines Sterns das Intensitätsverhältnis von 2,511 886 zu einem Objekt der nächsten Größenklasse hat. Ein Stern 5. Größe ist also 2,511 886mal so hell wie ein Stern 6. Größe, während ein Stern 1. Größe genau 100 (oder $2,511\,886^5$)mal so hell ist. Bei außergewöhnlich hellen Himmelskörpern wie z. B. dem Sirius, der Venus oder dem Mond (−12,71. Größe) oder der Sonne (−26,78. Größe) wird die Magnitudo als Minusquantität angegeben.

Das Universum ist die Gesamtheit von Raum, Materie und Antimaterie. Eine Möglichkeit, seine Größe zu begreifen, erhält man am besten dadurch, daß man sich vorstellt, man bewege sich von der Erde fort durch das Sonnensystem und unser eigenes Milchstraßensystem zu den entferntesten außergalaktischen Nebeln und Quasaren. Das Sonnensystem bewegt sich in 237 Mio. Jahren einmal um das Milchstraßenzentrum mit einer Geschwindigkeit von 792 000 km/h. Bezogen auf die Nachbarsterne beträgt die Geschwindigkeit 72 000 km/h.

Meteoritenkrater

Die Wahrscheinlichkeit, daß Objekte von etwa 10 m Größe an aufwärts bis zu einigen 100 m Durchmesser in überschaubaren Zeiträumen die Erde treffen, ist nach neuesten Untersuchungen überraschend hoch. Der Einschlag von Asteroiden, die einige Kilometer groß sind, ist – statistisch gesehen – nur etwa alle 100 Mio. Jahre zu erwarten. Die dramatischen Konsequenzen jedoch für Fauna und Flora werden an jenem Ereignis deutlich, das sich vor 65 Mio. Jahren zutrug. Es hat zu einem umfangreichen Artensterben geführt, unter anderem auch zum Aussterben der Saurier.

Eine Vorstellung von Umfang und Wirkung dieses seit 4,6 Mrd. Jahren anhaltenden »Dauerbeschusses« liefert der Blick zur Mondoberfläche. Warum aber ist die Oberfläche der Erde nicht ähnlich mit Kratern übersät? Hier wirken mehrere Faktoren zusammen: Da ist einmal die dauernde Umgestaltung der Erdoberfläche durch innere Kräfte, zum Beispiel durch die Plattentektonik, durch Vulkanismus und Auffaltung. Zum anderen verändern Verwitterungsprozesse durch Wasser und Luft kontinuierlich das Antlitz unseres Planeten. Der größte Teil der Erdoberfläche ist ja mit Wasser bedeckt. Es kommt auf die Masse und die Dichte des einschlagenden Objektes an, ob es den Meeresboden erreicht und einen Krater produziert. Diese werden jedoch relativ schnell abgetragen bzw. mit Sedimenten zugedeckt. Auch die Atmosphäre bleibt nicht ohne Wirkung. Kleinere Objekte explodieren durch die Bremsaufheizung, wobei die einzelnen Fragmente durch den Luftwiderstand meist vollständig abgebremst werden. Vor den Bruchstücken bildet sich eine energiereiche Stoßwelle komprimierter Luft aus, die Wirkung bis zur Erdoberfläche zeigen kann. Das Meteorereignis am 30. Juni 1908 über der steinigen Tunguska (Sibirien) ist hierfür ein klassisches Beispiel. Das eindringende Objekt explodierte in 6 km Höhe. Die verheerende Wirkung war im wesentlichen auf die gewaltige Stoßwelle zurückzuführen.

Aufnahmen aus der Satellitenperspektive haben unser Wissen stark erweitert. Rund 100 Krater sind zur Zeit bekannt. Die Spuren der Vergangenheit sollten uns daran erinnern, daß der nächste Einschlag bestimmt kommt, und das kann schon morgen sein.

Das größte Modell des Sonnensystems steht im Lakeview Museum für Kunst und Wissenschaft in Peoria (US-Bundesstaat Illinois). Größen und Entfernungsverhältnisse der Planeten wurden maßstabsgetreu wiedergegeben.
Foto: Lakeview Museum, USA

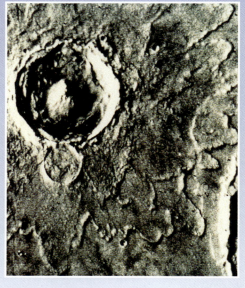

Marskrater Yuti. Das eigenartige Aussehen dieses 19 km großen Kraters wird durch das Bodenmaterial hervorgerufen, das stark eishaltig ist. Dieser Permafrost schmolz beim Einschlag zu einer schlammartigen Masse auf, die in diesen Fließfiguren erstarrte.

In 6000 m Höhe liegt im Pamir-Gebirge die spektakuläre Karakul-Formation. Sie ist etwa 45 km groß. Auffälliges Merkmal ist der Karakul-See, dessen Durchmesser 25 km beträgt. Erst neuere Untersuchungen vor Ort konnten eindeutig bestätigen, daß es sich wirklich um einen Meteoritenkrater handelt. Sein Alter liegt unter 10 Mio. Jahre.

WELTALL & ERDE

• Das Sonnensystem

Der am häufigsten wiederkehrende Komet von allen periodischen ist der Enckesche Komet, der zum ersten Mal 1786 identifiziert wurde. Seine Periode von 1206 Tagen (3,3 Jahre) ist die kürzeste aller beobachteten. Nur eine seiner Wiederkünfte wurde von Astronomen versäumt, die von 1944. Seine größte Sonnenannäherung beträgt 51 Mio. km.

Die am häufigsten beobachteten Kometen sind Schwassmann-Wachmann I, Kopff und Oterma, die jedes Jahr zwischen Mars und Jupiter gesehen werden können.

Der erste Komet, dessen Auseinanderbrechen direkt beobachtet werden konnte, ist das Objekt 1993e Shoemaker-Levy. Bei einer nahen Begegnung mit Jupiter am 8. Juli 1992 zerbrach vermutlich der Kometenkern, das Objekt wurde in eine Umlaufbahn um den Riesenplaneten gezwungen. Am 24. März 1993 wurde der Komet entdeckt. Innerhalb nur weniger Tage zerfiel der »angeschlagene« Kern unter den Augen der Astronomen schließlich in 21 Einzelteile, die zum allergrößten Teil in der Zeit zwischen dem 18. und dem 23. Juli 1994 in die Jupiteratmosphäre eintauchten.

Der erste Komet, der von einer Raumsondenflotte ausführlich untersucht worden ist, war Halley im März 1986. Der Kometenkern ist erdnußförmig mit einer Längsachse von rund 15 km und einer Breite von 7–10 km. Der Kern ist überraschend völlig schwarz. Die Halley-Raumsonden haben den Vorbeiflug mit vergleichsweise geringen Beschädigungen überstanden. Die europäische *Giotto* (ESA) hat im Juli 1992 einen weiteren Kometen, Grigg-Skellerup, im nahen Vorbeiflug untersucht.

Die längste Kometen-Periode, die genauer bestimmt wurde, ist die des Kometen 1894 Gale mit 958 Jahren Umlaufzeit. Der mittlere Sonnenabstand beträgt 14,5 Mrd. km.

Die größte Annäherung eines Kometen an die Erde erfolgte am 1. Juli 1770. Damals kam der Lexellsche Komet, der sich mit einer Geschwindigkeit von 138 600 km/h (relativ zur Sonne) bewegte, der Erde auf 1,2 Mio. km nahe. Es wird jedoch angenommen, daß die Erde den Schweif des Halleyschen Kometen am 19. Mai 1910 durchquert hat.

Meteoriten

Meteore sind mineralische Körper außerirdischer Herkunft. Beim Eintritt in die Erdatmosphäre lösen sie in ihr Leuchtprozesse aus. Der größte registrierte Meteorschauer trat in der Nacht vom 16. zum 17. November 1966 ein, als die Leonidenmeteore (die alle 33 Jahre ein Maximum erreichen) zwischen dem westlichen Nordamerika und dem östlichen Gebiet der ehemaligen UdSSR sichtbar waren. Es wurde errechnet, daß am 17. November 1966 in einem Zeitraum von 20 Min. ab 5 Uhr über Arizona (USA) etwa 2300 Meteore/min beobachtet werden konnten.

Wenn ein Meteor zur Erdoberfläche vordringt, werden die Überreste aus Gestein (Aerolithe) oder Nickeleisen (Siderite) als Meteoriten bezeichnet. Dies ereignet sich etwa 150mal im Jahr auf der gesamten Landoberfläche der Erde. Die Gefahr, von ihnen getroffen zu werden, ist sehr unwahrscheinlich. Für die Ängstlichen: Die »gefährlichste« Zeit des Tages ist jeweils 15 Uhr.

Die einzige Person, von der in historischer Zeit bekannt wurde, daß sie von einem Meteoriten getroffen wurde, ist Mrs. Ann Hodges aus Sylacauga, Alabama (USA). Am 30. November 1954 durchschlug ein 4 kg schwerer Steinmeteorit das Dach ihres Hauses und verletzte sie.

Die ältesten Meteoriten: Im August 1978 wurde berichtet, daß kosmischer Staub, eingeschlossen im Murchison-Meteoriten, der im September 1969 auf Australien fiel, aus der Zeit vor Entstehen des Sonnensystems datiert. 1981 leitete T. Kirsten aus der Untersuchung der ältesten Meteoriten das Alter des Sonnensystems zu 4600 ± 20 Mio. Jahren ab.

Der größte bekannte Meteorit wurde 1920 bei Hoba West in der Nähe von Grootfontein in Namibia gefunden. Es ist ein 2,7 m langer und 2,4 m breiter Block, dessen Gewicht auf 59 t geschätzt wird.

Der größte von einem Museum ausgestellte Meteorit ist der Tent-Meteorit, der 30 883 kg wiegt und 1897 in der Nähe von Cape York an der Westküste Grönlands von der Expedition Robert Edwin Pearys (1856–1920) gefunden wurde. Er wurde von den Eskimos Abnighito genannt und ist im Hayden-Planetarium in New York ausgestellt.

Das größte Stück Gesteinsmeteorit, das gefunden wurde, ist ein 1770 kg schwerer Teil eines Schauers, der am 8. März 1976 auf Jilin, früher Kirin, in der chinesischen Provinz Kaoshan niederging. Die Gesamtmasse des Schauers wird auf 4 t geschätzt.

Krater: Man kann abschätzen, daß in den letzten 600 Mio. Jahren etwa 2000 Asteroiden mit der Erde kollidiert sind. 102 Überreste von Einschlagkratern, Astrobleme genannt, konnten bisher identifiziert werden. Vermutlich ist auch der Einschlagsort jenes Asteroiden entdeckt worden, der für das Aussterben der Saurier und zahlreicher anderer Tierarten vor 65 Mio. Jahren verantwortlich war: Er liegt bei Merida, an der Küste der mexikanischen Halbinsel Yukatan.

Der größte gut erhaltene Meteoritenkrater ist allerdings der Coon Butte oder Barringerkrater, der 1891 in der Nähe des Cañons Diablo in Nordarizona (USA) entdeckt wurde. Er hat einen Durchmesser von 1265 m, ist jetzt etwa 175 m tief und von einem 40–48 m hohen Wall umgeben. Es wird vermutet, daß ein Eisen-Nickel-Körper mit einem Durchmesser von 60 bis 80 m und einem Gewicht von ca. 2 Mio. t diesen Krater um 25 000 v. Chr. schlug.

Der größte Meteoritenkrater in Deutschland ist das Nördlinger Ries in Bayern. Man hielt ihn lange für vulkanischen Ursprungs, hat aber durch Messungen und Analysen mit modernsten physikalischen Methoden vor einigen Jahren seinen wirklichen Ursprung ermittelt. Das Ries, vor 14,7 Mio. Jahren entstanden, hat einen Durchmesser von rund 25 km und eine Tiefe von 600 m. Noch heute ist der Kraterrand 100 m höher als das Innere. Beim Aufschlag des Meteoriten wurde Gestein bis 20 km hoch geschleudert und füllte beim Niedergehen den Krater.

Die hellste Feuerkugel, die bisher mit Weltraumtechniken entdeckt werden konnte, tauchte am 1. Februar 1994 (22 Uhr 38 UT) über dem Pazifik, 300 km südöstlich der kleinen Insel Kusaie auf. Mit einer Helligkeit von -25^m machte er der Sonne Konkurrenz.

Sechs verschiedene militärischen Satelliten registrierten das Meteorereignis. Auch die Besatzung eines Fischerbootes nahm die brillante Leuchterscheinung wahr. Erste Schätzungen ergaben, daß es sich vermutlich um ein Objekt von etwa 7 m Größe und 400 t Masse handelte, das dann in 20 km Höhe explodierte.

Neuester Meteoriten-Einschlag

Am Dienstag, den 14. Juni 1994, ging in der kanadischen Provinz Quebec ein Meteorit nieder, der mit einer Bebenstärke von 3,8 auf der Richterskala gemessen wurde. Die Erschütterung war noch im 150 km entfernten Montreal zu spüren.

Der berühmte Meteorkrater in Arizona. Er hat einen Durchmesser von 1,2 km und entstand vor 25 000 Jahren.

Komplexe Krater auf der Venus. Die Wirkung der extrem dichten Atmosphäre hat diese drei Krater mit Durchmessern von 35 bis 65 km entscheidend geprägt. Fotos: Harro Zimmer/NASA

Planeten

Allgemein: Planeten (einschließlich der Erde) sind Körper im Sonnensystem, die sich in bestimmten Bahnen um die Sonne bewegen.

Der größte Planet unter den neun Hauptplaneten ist Jupiter mit einem Äquatordurchmesser von 142 796 km und einem Polardurchmesser von 133 800 km. Seine Masse entspricht dem 317,89fachen und sein Volumen dem 1318,7fachen der Erde. Er hat die kürzeste Umdrehungsperiode mit einem Jupitertag von nur 9:50:30,003 Std. in der Äquatorzone.

Der kälteste Planet ist vermutlich der am weitesten von der Sonne entfernte, nämlich Pluto mit seinem Mond Charon, entdeckt am 22. Juni 1978. Seine mittlere Entfernung von der Sonne beträgt 5913,5 Mio. km, seine Umlaufperiode dauert 248,54 Jahre. In den letzten Jahren wurden aus Verfinsterungsbeobachtungen präzise Durchmesser abgeleitet. Pluto: 2284 km und Charon: 1192 km. Die mittlere Dichte der beiden Objekte ist sehr unterschiedlich: Pluto 2,1 g/cm^3 und Charon nur 1,4 g/cm^3. Die Masse von Pluto entspricht 0,17 Prozent der Erdmasse. Pluto wurde von Clyde William Tombaugh am Lowell Observatory in Arizona (USA) am 18. Februar 1930 anhand von am 23. und 29. Januar aufgenommenen Fotos registriert, was am 13. März bekanntgegeben wurde. Aufgrund seiner exzentrischen Umlaufbahn bewegt sich Pluto zwischen dem 23. Januar 1979 und dem 15. März 1999 in größerer Sonnennähe als Neptun. Die bisher niedrigste Oberflächentemperatur auf einem Mitglied des Sonnensystems wurde mit -235°C auf dem Neptunmond Triton gemessen. Ähnliche Temperaturverhältnisse sind auf Pluto zu erwarten.

Der schnellste der Planeten ist Merkur, der die Sonne in einer Durchschnittsentfernung von 57,9 Mio. km umkreist. Er hat eine Umlaufperiode von 87,9686 Tagen und mit 172 248 km/h die höchste mittlere Umlaufgeschwindigkeit.

Der bei weitem hellste der von der Erde aus mit bloßem Auge sichtbaren fünf Planeten ist die Venus, mit einer Helligkeit von $-4^m.4$ (Uranus ist mit $5^m.5$ kaum sichtbar). Der schwächste ist Pluto mit einer Helligkeit von $15^m.0$. Die Venus ist zugleich der der Erde nächste Planet. Ihre größte Annäherung beträgt etwa 41,3 Mio. km innerhalb der Erdumlaufbahn. (Zum Vergleich: Der zweitnächste Nachbarplanet der Erde ist Mars mit der größten Annäherung von 55,6 Mio. km außerhalb der Erdumlaufbahn.) Mars, von dem seit 1965 bekannt ist, daß er Krater besitzt, weist Temperaturen von 29°C bis -123°C auf. Die bei weitem höchste und spektakulärste seiner Oberflächenformen ist Olympus Mons in der Tharsisregion mit einem Basisdurchmesser von 500–600 km und einer Höhe von 26 ± 3 km über der umliegenden Ebene.

Der dichteste Planet ist die Erde, mit einer mittleren Dichte von 5,516 g/cm^3. Saturn besitzt nur eine mittlere Dichte von 0,685 g/cm^3.

Ein Cañon auf der Venus, 1600 km südlich des Planetenäquators, ist 400 km lang und 6400 m tief.

Die schnellsten Winde des Sonnensystems wehen auf dem Neptun. Auswertungen von *Voyager-2*-Bildern, vom August 1989 haben Stürme mit Spitzengeschwindigkeiten von 2 400 km/h erkennen lassen. Möglicherweise liegt die Ursache in der internen Wärmequelle des Planeten, die 2,7mal soviel Energie liefert wie das einfallende Sonnenlicht.

Nur in 100 km Entfernung umkreist ein winziger, nur 1,5 km großer Mond den Kleinen Planeten 243 Ida, dessen Längenausdehnung 56 km beträgt. Ida wurde am 28. August 1993 im Vorbeiflug von der US-Jupitersonde *Galileo* fotografiert. Auf später zur Erde übertragenen Bildern dieses Vorbeifluges wurde der Satellit Ende Februar 1994 entdeckt. Foto: NASA/Jet Propulsion Laboratory

Satelliten

Allgemein: Von den neun großen Planeten haben alle bis auf Venus und Merkur natürliche Satelliten. Mit seinen 18 ist der Saturn der Planet mit den meisten Satelliten. Erde und Pluto sind die einzigen Planeten mit jeweils nur einem Satelliten. Die Entfernungen zu ihren Mutterplaneten variieren zwischen 9377 km (Phobos zum Marszentrum) und 23 700 000 km (Jupiters äußerster Satellit Sinope zum Planetenzentrum). Das Sonnensystem hat eine Gesamtzahl von mindestens 61 Satelliten.

Den 18. Saturnmond entdeckte Mark Showalter auf elf Bildern von *Voyager 2* von 1981. Das etwa 20-km-Objekt umkreist Saturn in der nur rund 325 km weiten Encke-Teilung in den Ringen. Der amerikanische Astronom gab seine Entdeckung am 19. Juli 1990 bekannt. Inzwischen hat das Objekt die Bezeichnung Pan erhalten.

Der größte Satellit ist nach *Voyager*-Messungen Ganymed (Jupiter III) mit einem Durchmesser von 5268 km.

Der einzige Satellit mit einer dichten Atmosphäre ist Titan (Saturn VI), dessen höchste atmosphärische Schichten 750 km über seiner Oberfläche liegen.

Der massereichste bekannte Satellit ist Ganymed (Jupiter III), der 2,017mal schwerer als unser Mond ist.

Der kleinste Satellit ist Leda (Jupiter XIII) mit einem Durchmesser von weniger als 14,5 km. Ein gemessener Wert liegt für den unregelmäßig geformten Marsmond Deimos vor. Sein mittlerer Durchmesser beträgt 12,5 km.

Asteroiden: Man schätzt, daß es etwa 45 000 Asteroiden gibt. Derzeit sind von etwas über 6100 Objekten die Bahnen genau bekannt. Obwohl sich die meisten kleinen Planeten zwischen Mars und Jupiter bewegen, sind beachtliche Entfernungsextreme zu verzeichnen. So beträgt der mittlere Sonnenabstand des Objekts 1954XA nur 116 300 000 km, liegt also gerade außerhalb der Venusbahn. Dieser Asteroid ist inzwischen verlorengegangen. Das andere Extrem ist 5145 Pholus (entdeckt am 9. Januar 1992) mit einem mittleren Sonnenabstand von 3 061 Mio. km, also knapp jenseits der Uranusbahn. Da die Bahnen vieler Asteroiden sehr exzentrisch sind, kommt es zu noch krasseren Verhältnissen: So kann sich Phaeton (entdeckt am 11. Oktober 1983) der Sonne bis auf nur 20 890 000 km nähern, während 5145 Pholus im sonnenfernsten Punkt 4 823 Mio. km erreicht. Sich dann also jenseits der Neptunbahn befindet.

Die größte Annäherung eines Asteroiden an die Erde dürfte sich am 20. Mai 1993 ereignet haben, als das Objekt 1993 KA$_2$ in nur 150 000 km Abstand vorbeiflog. Fast ebenso nahe – etwa 160 000 km – kam am 14. März der Asteroid 1994 ES1, dessen Größe auf etwa 10 m geschätzt wurde.

Der größte Asteroid ist Ceres mit einem mittleren Durchmesser von 933 km. Der äquatoriale Durchmesser beträgt 959 km, der polare 907 km. Er wurde als erster von allen Asteroiden von G. Piazzi am 1. Januar 1801 in Palermo auf Sizilien entdeckt.

Der kleinste bekannte Asteroid ist das am 20. Mai 1993 entdeckte Objekt 1993 KA$_2$, dessen Durchmesser knapp 5 m beträgt.

Ein im Computer erstelltes Bild des höchsten Vulkans im Sonnensystem. Es ist der Olympus Mons, der mehr als doppelt so hoch wie der Mt. Everest ist. Grundlage des Bildes sind Marsaufnahmen der amerikanischen *Viking*-Sonden aus dem Jahr 1976. Foto: Sience Photo Library/US Geological Survey

WELTALL & ERDE

• Das Sonnensystem

Der einzige mit bloßem Auge sichtbare Asteroid ist Vesta mit einem Durchmesser von 520 km; entdeckt am 28. März 1807 von Dr. Heinrich Wilhelm Olbers (1758–1840), einem deutschen Amateurastronomen. Vestas Helligkeit erreicht maximal 5.^{m}0.

Der erste Mond eines kleinen Planeten wurde Ende Februar 1994 auf Bildern entdeckt, die die US-Raumsonde *Galileo* am 28. August 1993 beim Vorbeiflug am Planetoiden 243 Ida gewonnen hatte. Der Satellit, nur etwa 1,5 km groß, umkreist Ida in etwa 100 km Entfernung. Über den winzigen Mond, der die vorläufige Bezeichnung 1993 – (243)1 erhalten hat, werden wir noch mehr erfahren, da die besten Aufnahmen noch immer an Bord von *Galileo* gespeichert sind und erst nach und nach zur Erde abgerufen werden.
Ida ist der zweite Kleinplanet, der von einer Raumsonde aus der Nähe inspiziert wurde. 150 Aufnahmen wurden beim Vorbeiflug am 28. August 1993 gewonnen, wobei die Detailauflösung auf einzelnen Bildern besser als 10 m sein dürfte. Das Objekt ist etwa 52 km lang und hat eine irreguläre Form. Es gehört der Kategorie »S« an und dürfte primär aus Stein beziehungsweise aus einem Gemisch von Eisen und Stein bestehen.

Der am weitesten entfernte Asteroid dürfte das Objekt 1992 QB 1 sein. Es wurde am 30. August 1992 von D. Jewitt und J. Luu mit dem 2,2-m-Teleskop auf Hawaii entdeckt. Das Objekt befindet sich zur Zeit in einer Entfernung von 43,8 Astronomischen Einheiten (6,56 Mrd. km), also jenseits der Plutobahn. Maximal ist 1992 QB 200–300 km groß. Inzwischen wurde von den beiden Astronomen am 28. März 1993 ein weiteres Objekt – 1993 FW – aufgefunden, das ebenfalls jenseits des Pluto in mindestens 42,1 Astronomischen Einheiten (6,31 Mrd. km) seine Bahn zieht.

Der Asteroid, der der Erde zu nahe kam

Was würde passieren, wenn ein riesiger Asteroid von 800 km Durchmesser auf die Erde stürzt? Die Antwort eines Künstlers ist hier zu sehen. Glücklicherweise ist ein derartiges Ereignis außer in der Phantasie von Malern und Science-fiction-Autoren höchst unwahrscheinlich.
Am 20. Mai 1993 passierte ein Asteroid mit einem Durchmesser von schätzungsweise 5 m in einer Entfernung von 150 000 km die Erde. Er stellte keine Gefahr für uns dar. Er war das natürliche Objekt, das der Erde außerhalb der Atmosphäre am nächsten kam.
Der als 1993 KA$_2$ bezeichnete Asteroid wurde am 21. Mai 1993 von Tom Gehrels mit einem Weltraumteleskop der Universität von Arizona entdeckt. Er folgte ihm in dieser Nacht über 5 Std. lang und beobachtete ihn in der folgenden Nacht erneut. Aus den von ihm gesammelten Daten errechnete Brian Marsden am Harvard-Smithsonian Center for Astrophysics sowohl die Bahn von 1993 KA$_2$ als auch die Umstände der Annäherung an die Erde vom vorherigen Tag. Der Asteroid war aus Richtung der Sonne gekommen und hatte sich über dem südlichen Teil des Nordatlantiks der Erde am weitesten genähert. Als er entdeckt wurde, war 1993 KA$_2$ 700 000 km entfernt und verschwand mit großer Geschwindigkeit in den Weiten des Alls.
Von vielen tausend Asteroiden sind die Umlaufbahnen bekannt. Die meisten kreisen im sogenannten Asteroidengürtel zwischen Mars und Jupiter um die Sonne, und von einigen weiß man, daß sie wie 1993 KA$_2$ die nähere Umgebung der Erde passieren. Die gegenwärtige Position von 1993 KA$_2$ ist nicht zu bestimmen. Er muß als vermißt gelten.
Foto: Science Photo Library/NASA

◆ DIE STERNE

Die erste direkte Bestimmung der Entfernung eines Fixsterns gelang im Jahr 1838 dem deutschen Astronomen Friedrich Wilhelm Bessel (1784–1846) an der Sternwarte in Königsberg. Durch die direkte Messung der Parallaxe des Sterns 61 im Schwan ermittelte Bessel eine Entfernung des Objekts von etwa sechs Lichtjahren. Moderne Messungen ergeben einen Wert von 11,08 Lichtjahren.

Der größte Stern ist der rote Überriese Alpha Orionis, Beteigeuze. Der obere linke Stern im Sternbild Orion, 310 Lichtjahre entfernt, (die Schulter), hat einen Durchmesser von annähernd 700 Mio. km. Das entspricht ungefähr dem Fünffachen des Abstandes Erde – Sonne. 1978 stellte man fest, daß er eine dünne Kalium-»Hülle« von 850 Mrd. km Durchmesser besitzt. Diese Ausdehnung entspricht rund dem 1100fachen Sterndurchmesser. Das Licht, das wir heute von Beteigeuze sehen, wurde im Jahr 1684 ausgestrahlt.

Der massereichste aller bekannten Sterne, der veränderliche Stern Eta Carinae, rund 9100 Lichtjahre entfernt, ist mindestens 200mal so schwer wie unsere Sonne.

Der masseärmste Stern ist der Partner des Millisekunden-Pulsars 1957+20. Hierbei handelt es sich um einen Weißen Zwerg, der durch die Einwirkung des Pulsars »verdampft«, so daß von ihm nur noch 0,02 Sonnenmassen übrig geblieben sind. Das Objekt wurde im April 1988 von A. S. Fruchter, D. R. Stinebring und J. H. Taylor entdeckt.
Aussichtsreiche Kandidaten für die kleinsten Sternmassen sind auch Braune Zwerge. Ihre Masse reicht nicht aus, um die Kernfusion zu zünden, sie liegt unter 0,05 Sonnenmassen.

Die kleinsten Sterne sind Neutronensterne, deren Durchmesser – je nach Masse – zwischen 10 und 30 km liegen. Auch schwarze Löcher haben, obwohl sie punktförmige Objekte sind, einen in Bezug auf die Raum-Zeit wirkenden Durchmesser, der zum Beispiel bei einem Objekt von 10 Sonnenmassen 59 km beträgt.

Der hellste Stern unter den 5776 mit dem bloßen Auge sichtbaren Sternen ist Sirius A (Sternbild Großer Hund). Er hat eine scheinbare Helligkeit von -1^m46, ist in den Wintermonaten der nördlichen Hemisphäre sichtbar und steht um Mitternacht am letzten Tag des Jahres genau im Süden. Der Sirius ist 8,64 Lichtjahre entfernt und hat die 26fache Leuchtkraft der Sonne. Er hat einen Durchmesser von 2,33 Mio. km und eine Masse von $4,26 \times 10^{27}$ t. Er ist damit 2,14mal massereicher als die Sonne und 24mal heller als unser Tagesgestirn. Sirius wird im Jahr 61 000 durch seine Annäherung -1^m67 hell werden.
Der schwache Begleiter, Sirius B, ein Weißer Zwerg, hat einen Durchmesser von 28 000 km, ist jedoch 350 000mal schwerer als die Erde. Ein Kubikzentimeter der Sirius-B-Materie wiegt 1,4 t.

Die fernsten und nächsten Sterne: Unser Sonnensystem mit seiner Sonne, neun Hauptplaneten, mindestens 61 Satelliten, Asteroiden und Kometen ist, wie 1982 geschätzt wurde, etwa 27 700 Lichtjahre vom Zentrum des linsenförmigen Milchstraßensystems (Durchmesser 70 000 Lichtjahre) mit etwa 100 Mrd. Sternen entfernt.
Der entfernteste Stern in unserer Galaxis ist daher etwa 63 000 Lichtjahre entfernt.
Nimmt man die Sonne aus, ist der nächste Stern der sehr schwache Proxima Centauri, entdeckt 1915, der 4,22 Lichtjahre entfernt ist.

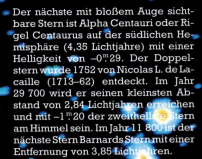

Eine große Ansammlung von Galaxien im Sternbild Jungfrau. Der Virgo-Superhaufen zieht die Lokale Gruppe, zu der unser Milchstraßensystem gehört, an. Wir bewegen uns mit 720 000 km/h auf den Superhaufen zu.

Foto: Science Photo Library/Royal Observatory

Der nächste mit bloßem Auge sichtbare Stern ist Alpha Centauri oder Rigel Centaurus auf der südlichen Hemisphäre (4,35 Lichtjahre) mit einer Helligkeit von -0^m29. Der Doppelstern wurde 1752 von Nicolas L. de Lacaille (1713–62) entdeckt. Im Jahr 29 700 wird er seinen kleinsten Abstand von 2,84 Lichtjahren erreichen und mit -1^m20 der zweithellste Stern am Himmel sein. Im Jahr 11 800 ist der nächste Stern Barnards Stern mit einer Entfernung von 3,85 Lichtjahren.

Ein junger Stern am Rande der Galaxis bereitet gegenwärtig den Astronomen Kopfzerbrechen. Er wurde 1993 im Sternbild Andromeda entdeckt und steht in einer Entfernung von 70 000 Lichtjahren in einer Region, in der heute keine Sterne mehr entstehen dürften. Dennoch ist er ein massereiches, bläuliches Objekt, das nur wenige Mio. Jahre alt ist.

Jüngste und älteste Sterne: Die jüngsten Objekte scheinen zwei Protosterne zu sein, bekannt unter der Sammelbezeichnung IRAS-4. Sie liegen tief eingehüllt in Gas- und Staubwolken im Nebel NGC 1333, der 1 100 Lichtjahre entfernt ist. Wie ein Team aus deutschen, englischen und amerikanischen Forschern bekanntgab, werden die beiden reifenden Sterne noch etwa mindestens 100 000 Jahre in diesem Zustand verharren.
Die ältesten Sterne der Milchstraße findet man im sogenannten Halo, hoch über der Scheibe unserer Galaxis. Eine Forschergruppe um Timothy Beer (USA) berichtete im Januar 1991 über die Entdeckung von zunächst 70 der ältesten Sterne. Sie sind durch einen extrem geringen Gehalt an schweren Elementen gekennzeichnet, was sie als Objekte der ersten Generation ausweist. Sie könnte bereits eine Milliarde Jahre nach dem Urknall entstanden sein. Unsere Sonne weist einen sehr viel höheren Gehalt an schweren Elementen auf, die in Supernova-Explosionen entstanden sind. Sie ist daher ein Stern der zweiten Generation.

Unsere Milchstraße ist nur eine von etwa 10 Mrd. Galaxien. Sie hat einen sichtbaren Durchmesser von 75 000 Mio. Lichtjahren, nachweisbar ist sie jedoch deutlich über 200 000 Mio. Lichtjahre. Ihr Masse beträgt etwa 4×10^{11} Sonnenmassen. Die Sonne ist gegenwärtig rund 26 000 Lichtjahre vom Zentrum entfernt. Unsere Galaxis gehört der sogenannten Lokalen Gruppe – einer Ansammlung von Milchstraßensystemen – an, die sich auf den Virgo-Superhaufen zubewegt.

Die Sonne umkreist das galaktische Zentrum auf einer elliptischen Bahn mit der Exzentrizität von 0,07. Ihre mittlere Geschwindigkeit beträgt 792 000 km/h, der tatsächliche Wert zur Zeit ist jedoch um 97 200 km/h höher und liegt bei 889 299 km/h. Für einen Umlauf benötigt die Sonne 237 Mio. Jahre.

Superheller Stern in der Milchstraße: Ein Stern mit der millionenfachen Leuchtkraft der Sonne, wurde von einem deutsch-kanadischen Astronomenteam im Sternbild Schwan entdeckt. Wie Professor Heinrich Wendker von der Hamburger Sternwarte im Februar 1994 mitteilte, wurde das ungewöhnliche Objekt zunächst an der Radiostrahlung einer großen »Gasblase« erkannt, die ihre Entstehung dem »Sternenwind« – einem heißen Plasmastrom des Sterns – verdankt. Er ist 6500 Lichtjahre entfernt und zeigt sich als lichtschwaches Objekt 15. Größe, das von sehr dichten Staubwolken abgeschirmt ist.

Hellste und schwächste Sterne: Wenn alle Sterne gleich weit von der Erde entfernt wären, dann würde er hellste der Veränderliche Eta Carinae (s. massereichster Stern) sein, der zur Zeit eine Leuchtkraft aufweist, die 6 500 000mal höher ist als die der Sonne. Im Helligkeitsmaximum von 1843 dürfte seine Leuchtkraft noch um den Faktor 10 größer gewesen sein. Der visuell hellste Stern ist der Überriese Cygnus OB2 Nr. 12, der rund 5900 Lichtjahre entfernt ist und eine absolute Helligkeit von -9^m9 aufweist. Damit ist er 810 000mal heller als die Sonne. Einen vergleichbar hellen Stern findet man in der nahen Galaxie M 101, das Objekt IV b 59. Da die Entfernungsangaben etwas variieren, ist ein genauerer Vergleich problematisch.

Der lichtschwächste Stern dürfte das Objekt GD 165B sein. Der Partner des weißen Zwerges GD 165A ist vermutlich ein Brauner Zwerg, dessen Leuchtkraft nur 1/10 000 der unserer Sonne beträgt. Der von E. E. Becklin und B. Zuckerman entdeckte Stern ist 117 Lichtjahre entfernt.

Supernovae sind Sterne, die am Ende ihres Lebens explosionsartig aufleuchten. Sie treten vielleicht fünfmal alle 1000 Jahre in unserer Galaxis auf. Der hellste in geschichtlicher Zeit gesehene »Stern« ist die Supernova vom April 1006 in der Nähe von Beta Lupi, die zwei Jahre lang hell strahlte und eine Größe von -9 bis -10^m erreichte. Heute nimmt man an, daß sie die Radioquelle G 327,6 + 14,5 in einer Entfernung von nahezu 3000 Lichtjahre ist. Weitere Supernovae erschienen 1054, 1604 und 1885. Die am 23. Februar 1987 von Ian Shelton entdeckte Supernova in der Großen Magellanschen Wolke, 170 000 Lichtjahre entfernt, ist das erste Objekt, das mit den modernen Hilfsmitteln der Astronomie und Weltraumtechnik untersucht werden konnte.

Eine Supernova in der Galaxie M 51, im berühmten Whirpool-Spiralnebel, wurde am 2. April 1994 von amerikanischen Amateur-Astronomen entdeckt. Das Objekt erreichte die Helligkeit der 12. Größe. Eigenheiten im Spektrum lassen vermuten, daß es sich um eine vom Typ her eher seltene Sternenexplosion handelt.

WELTALL & ERDE

• Die Sterne • Das Universum

◆ DAS UNIVERSUM

Große Strukturen im Kosmos: Unsere Milchstraße ist nur eine von etwa 10 Mrd. Galaxien. Sie gehört zur sogenannten lokalen Gruppe, die sich mit 600 km/s in eine bestimmte Richtung bewegt, auf den sogenannten »kosmischen Attraktor« zu, dessen Existenz gegenwärtig stark bezweifelt wird. Im August 1989 gaben John Huchra und Margaret Geller (USA) die Entdeckung einer großen Galaxien-Anhäufung bekannt, die als »große Mauer« populär geworden ist. Über ein Areal von 200x800 Mio. Lichtjahre, das etwa 23 Mio. Lichtjahre tief ist, erstrecken sich mehrere tausend Galaxien, die offensichtlich große Leerräume einschließen. Aus der Untersuchung des Spektrums von Quasaren kommen Josef Höll und Wolfgang Prieser (Bonn) zu der Feststellung, daß das Universum »Blasen« von etwa 100 Mio. Lichtjahre Größe enthält, deren »Außenhaut« die Galaxien bilden und die innen praktisch keine Materieansammlungen enthalten. Im Juli 1990 berichteten Juan M. Uson, Stephen P. Boughn und Jeffrey R. Kuhn (USA) über die Entdeckung der bisher größten Galaxie. Es ist das Hauptobjekt des Galaxienhaufens Abell 2029 im Sternbild Jungfrau. Der Durchmesser dieses 1,07 Mrd. Lichtjahre entfernten Milchstraßensystems beträgt 5,6 Mio. Lichtjahre, was etwa der 75fachen Größe unserer Galaxis entspricht. Der Strahlungsausstoß entspricht dem von 2 Billionen Sonnen.

Die hellste Galaxie ist das Objekt IRAS F10214 + 4724, 1983 entdeckt mit dem Infrarot-Astronomie-Satelliten IRAS als schwache Strahlungsquelle. Im Februar 1991 wurde jedoch eine Infrarotleuchtkraft gemessen, die die der Sonne um das 3×10^{14}fache übertraf. Dieses noch in der Entstehung begriffene System hat eine Rotverschiebung von 2,286 und somit eine Entfernung von 11,6 Mrd. Lichtjahren.

Die entfernteste Galaxie ist die Radioquelle 4C 41.17, die nach Untersuchungen von K. Chambers, G. Miley und W. van Bruegel, veröffentlicht im Januar 1990, eine Rotverschiebung von 3,800 aufweist und somit 12,8 Mrd. Lichtjahre entfernt ist.

Die entferntesten Objekte. Die exakte Interpretation der Rotverschiebung von Quasaren in Form von Distanzen krankt an der Unsicherheit in der genauen Kenntnis der *Hubble*-Konstanten und anderer kosmologischer Parameter. Den Rotverschiebungsrekord hält der Quasar PC 1247 + 3406 mit 4,897. Dieser Wert wurde im Mai 1991 von Donald P. Schneider, Maarten Schmidt und James E. Gunn bekanntgegeben. Unter verschiedenen Annahmen ergibt sich eine Entfernung von 13,2 Mrd. Lichtjahren.

Das entfernteste mit bloßem Auge sichtbare kosmische Objekt ist die große Galaxie im Sternbild Andromeda (Helligkeit $3^m.47$), Messier 31 genannt, erstmals von Simon Marius (1570–1624) im Jahr 1612 beobachtet. Sie ist ein rotierender Spiralnebel, der 2,309 Mio. Lichtjahre ($2,18 \times 10^{19}$ km) entfernt ist und sich auf uns zubewegt.

Quasare: Im November 1962 wurde die Existenz quasistellarer Radioquellen (Quasare oder QSOs) von Maarten Schmidt (* 1929, NL) mit der Entdeckung des Objekts 3C-273 festgestellt. Die Grundlage bildete eine Bedeckung des Objekts durch den Mond, die am 5. August 1962 in Australien beobachtet wurde. Für Himmelsobjekte von solcher Entfernung und einem relativ geringen Durchmesser haben Quasare eine ungeheuer hohe Leuchtkraft.
Im Juli 1991 gaben Astronomen der Hamburger Sternwarte im Rahmen ihrer Durchmusterung des nördlichen Himmels nach Quasaren die Entdeckung des bisher leuchtkräftigsten Objekts bekannt. Der Quasar HS 1946 +7658 besitzt zumindest das $1,5 \times 10^{15}$fache der Sonnenleuchtkraft. Er weist eine Rotverschiebung von 3,02 auf und ist somit 12,4 Mrd. Lichtjahre entfernt. Im Mai 1980 wurde der erste Doppelquasar (0957 + 561) aufgefunden. Bis Mitte 1994 sind über 7200 Quasare aufgefunden worden.

Den sichersten Beweis für den Urknall lieferte der amerikanische Forschungssatellit *Cobe*. Seine Messungen zeigten, daß die kosmische Hintergrundstrahlung, das »Echo des Urknalls«, tatsächlich wie erwartet eine Temperaturausstrahlung mit einem Wert von –270,424 °C ist. Wie am 23. April 1992 bekanntgegeben wurde, zeigten die Messungen winzigste Temperaturunterschiede in einzelnen Gebieten. Diese Fluktuationen dürften die »Keimzellen« für die Bildung der Galaxien markieren, die bereits sehr früh nach dem Urknall eingesetzt hat.

Dunkle kosmische Materie nachgewiesen: Rund 90 Prozent der Materie im Kosmos sind unsichtbar. Diese dunkle Materie kann in zwei Formen vorliegen: als »exotische«, bisher unbekannte Teilchen und als kosmische Objekte, die aufgrund ihrer extrem geringen Leuchtkräfte nicht zu sehen sind, sondern sich nur durch ihre Schwerkraftwirkung verraten.
Seit 1992/93 haben Forschergruppen in den USA und Australien nach »dunklen Sternen« gesucht, vor allem in den »Außenbezirken« – dem Halo – unserer Milchstraße. Mehrere dieser Objekte MACHOS (**M**assive **C**ompact **H**alo **O**bjects) genannt, sind jetzt von drei Wissenschaftlergruppen unter Leitung von Bohdan Paczynski, Charles Alcock und Michel Spiro nachgewiesen worden. Wenn sich diese Entdeckungen bestätigen, ist die Astronomie um eine Sensation reicher und steht auf gesicherterem Fundament als bisher.

Der eindeutige Nachweis eines supermassiven Schwarzen Lochs gelang jetzt mit dem *Hubble*-Weltraumteleskop. Wie am 26. Mai 1994 bekannt wurde, zeigen Aufnahmen des Zentrums der aktiven Galaxie M 87 im Sternbild Jungfrau schnell auf den Mittelpunkt zuspiralende heiße Gasströme. Genau im Zentrum der rund 50 Mio. Lichtjahre entfernten Galaxie findet man Rotationsgeschwindigkeiten der Materie von 1,9 Mio. km/h. Sie können nur durch die Anziehungskraft eines Schwarzen Lochs von rund 3 Mrd. Sonnenmassen erklärt werden, dessen Durchmesser etwa dem des Sonnensystems entspricht. Die für die Beweisführung entscheidenden genauen Beobachtungen gelangen erst nach der so erfolgreichen Reparatur des Weltraumteleskops. Seit längerem wird vermutet, daß sich in den Zentren der Galaxien extrem massereiche Schwarze Löcher befinden. Viele qualitative Indizien sind dafür bekannt. Die exakte Bestätigung wurde nun geliefert. Weitere dürften durch den intensiven Einsatz des Weltraumteleskops folgen.

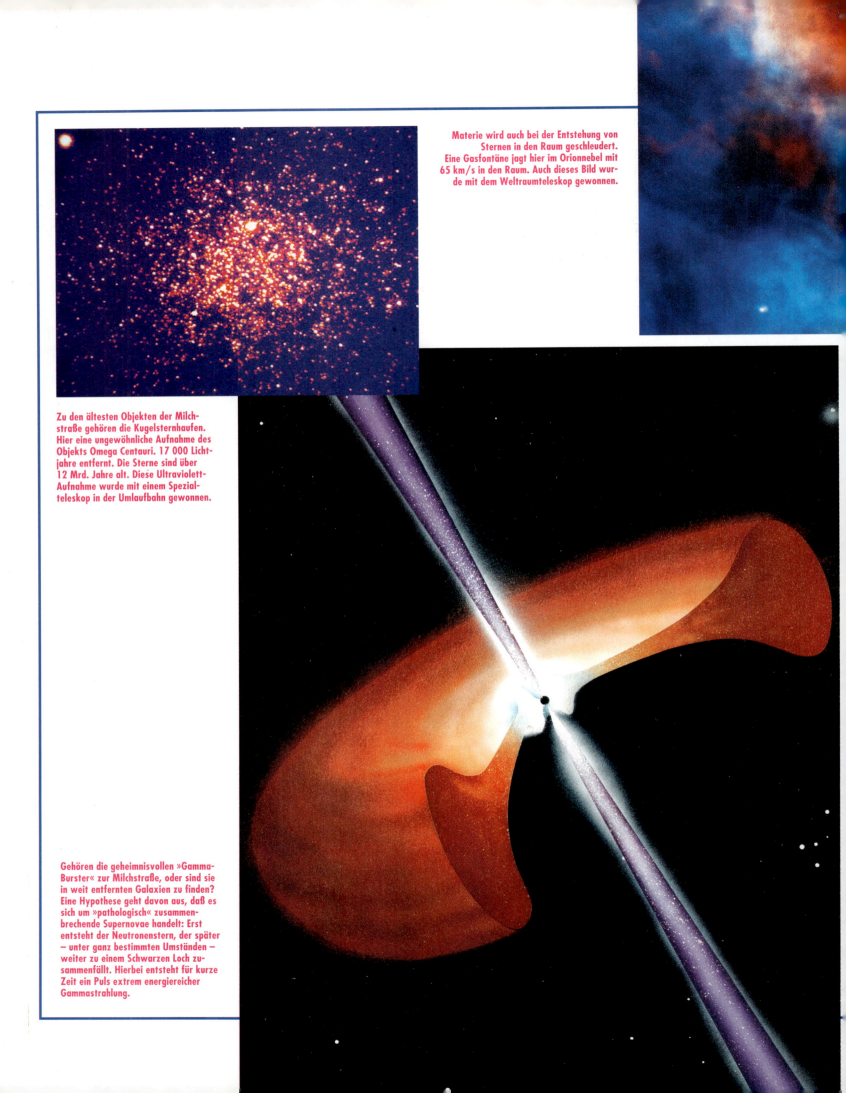

Materie wird auch bei der Entstehung von Sternen in den Raum geschleudert. Eine Gasfontäne jagt hier im Orionnebel mit 65 km/s in den Raum. Auch dieses Bild wurde mit dem Weltraumteleskop gewonnen.

Zu den ältesten Objekten der Milchstraße gehören die Kugelsternhaufen. Hier eine ungewöhnliche Aufnahme des Objekts Omega Centauri. 17 000 Lichtjahre entfernt. Die Sterne sind über 12 Mrd. Jahre alt. Diese Ultraviolett-Aufnahme wurde mit einem Spezialteleskop in der Umlaufbahn gewonnen.

Gehören die geheimnisvollen »Gamma-Burster« zur Milchstraße, oder sind sie in weit entfernten Galaxien zu finden? Eine Hypothese geht davon aus, daß es sich um »pathologisch« zusammenbrechende Supernovae handelt: Erst entsteht der Neutronenstern, der später – unter ganz bestimmten Umständen – weiter zu einem Schwarzen Loch zusammenfällt. Hierbei entsteht für kurze Zeit ein Puls extrem energiereicher Gammastrahlung.

WELTALL & ERDE

• Das Sonnensystem

Im Brennpunkt der Forschung: Die Milchstraße

Unsere Heimat im Universum, die Galaxis oder – populär – die Milchstraße, sorgt in jüngster Zeit immer wieder für astronomische Schlagzeilen. Die Galaxis ist, das zeigen alle Messungen eindeutig, ein klassischer Spiralnebel mit einem ausgeprägten Zentrum. Hier sind in einem Bereich von rund 1500 Lichtjahren etwa 1 Mrd. Sonnenmassen konzentriert. Aus den heftigen Bewegungen von Gas und Staub in dieser Region und aus anderen Indizien kann man schließen, daß sich im Zentrum des Kerngebiets innerhalb eines Radius von 0,3 Lichtjahren ein kompaktes Objekt von mehr als 1 Mio. Sonnenmassen befindet, vermutlich ein Schwarzes Loch. Offensichtlich aber erhält es derzeit nicht kontinuierlich »Nachschub«. Es macht, salopp formuliert, gerade eine »Hungerkur« durch. Im Gegensatz zu dem dramatischen Geschehen, das wir in anderen, sogenannten aktiven Galaxien beobachten, ist unser »einheimisches«, supermassives Schwarzes Loch zur Zeit in einer Ruhephase.

Ein anderer Schwerpunkt der Milchstraßenforschung konzentriert sich auf die Frage, wie es denn eigentlich zwischen den Sternen aussieht. Befindet sich dort wirklich nur die große Leere mit etwas Gas und Staub oder mehr? Es sieht so aus, als ob es in der Galaxis zahlreiche gigantische, heiße – aber extrem dünne – Gasblasen gibt, die große Gebiete ausfüllen. Unsere lokale Blase, so vermuten Astronomen, ist, mit der Sonne etwa im Zentrum, rund 300 Lichtjahre groß und schließt zahlreiche bekannte Sterne wie Sirius, Arktur, Alpha Centauri, die Hyaden und andere ein. »Unsere« Blase hat drei »Auswüchse«, einer davon dehnt sich aus und könnte sie in Zukunft sprengen. Unser Sonnensystem dringt langsam in einen dichteren Teil der Blase ein. In einigen hunderttausend Jahren könnte das auch indirekt auf der Erde zu spüren sein. Zum Beispiel durch deutliche Klimaveränderungen.

Interessante und neue Erkenntnisse über die Milchstraße haben auch die intensiven Beobachtungen durch Röntgen- und Gammastrahlen – Observatorien (*Rosat* und *Compton*) in der Erdumlaufbahn geliefert. Tiefere Einblicke in hochenergetische Prozesse wurden möglich. Unbeantwortet blieb aber die Frage nach der Natur der sogenannten Gamma-Burster, plötzlich »aufleuchtende« Gammastrahlen-Quellen. Gehören sie zur Milchstraße, oder sind sie weit entfernte extragalaktische Objekte?

Nach wie vor ist jedoch die Galaxis als Ganzes wichtiges Forschungsprojekt. Da ist einmal ihre Stellung in der Lokalen Gruppe, jenem Verband, dem neben anderen Milchstraßensystemen auch der Andromedanebel angehört. Zum anderen aber ist das Bewegungsverhalten der Galaxis in den Mittelpunkt gerückt. Was bestimmt ihren »Kurs«? Aufregende Perspektiven zeichnen sich ab.

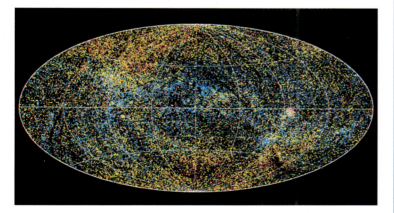

Ein Blick auf die nächste sichtbare Galaxie, deren Schicksal eng mit unserem Milchstraßensystem verbunden ist: Die Große Magellansche Wolke, knapp 170 000 Lichtjahre entfernt. Diese Ultraviolett-Aufnahme entstand während einer Raumfährenmission mit einem Spezialteleskop.

Eine Vorstellung davon, wie unser Milchstraßensystem von der Seite betrachtet aussieht, vermittelt dieses Bild, das aus Infrarotmessungen des amerikanischen Satelliten *Cobe* entstanden ist. Deutlich ist der Kernbereich der Galaxis zu erkennen.

Der vermutlich schnellste Stern in der Milchstraße ist dieser Pulsar, der mit 800-1000 km/s in 6000 Lichtjahren Entfernung durch die Galaxis rast. Er zieht dabei eine »Schleppe« aus Gas und Staubpartikeln hinter sich her. Der Neutronenstern ist so schnell, daß er das Schwerefeld der Milchstraße überwinden und in den intergalaktischen Raum entweichen kann. Das Objekt war bereits unter der Bezeichnung Gitarrennebel bekannt. Seine wahre Natur konnte erst im Jahr 1993 enträtselt werden.

Fotos: Harro Zimmer/NASA

◆ PLANET ERDE

Die Erde ist keine wirkliche Kugel, sondern, da sie an den Polen abgeflacht ist, geometrisch ein Ellipsoid. Der Polardurchmesser der Erde (12 713,5031 km) ist 42,7694 km kürzer als der Äquatorialdurchmesser (12 756,2726 km).

Die Erde weist auch eine leichte Abplattung des Äquators auf, denn ihre lange Achse (ca. 37° westl. Länge) ist 159 m länger als ihre kurze Achse. Außerdem ist die Erde auch birnenartig verformt: Der polare Radius der Nordhalbkugel ist 45 m länger als der der Südhemisphäre.

Die größten Abweichungen vom Ellipsoid sind eine 73 m hohe Ausbuchtung in der Papua/Neuguinea-Gegend und eine 105 m tiefe Senkung südlich von Sri Lanka (früher Ceylon) im Indischen Ozean.

Der größte Erdumfang, am Äquator, beträgt 40 075,012 km, am Meridian sind es 40 007,858 km. Die Erdoberfläche umfaßt schätzungsweise 510 065 600 km^2. Eine Axialdrehung – also ein echter Sterntag – dauert 23:56:04,0989 Std. mittlerer Zeit.

Die Erdmasse beträgt $5,974 \times 10^{21}$ t, und ihr spezifisches Gewicht ist 5,515mal so groß wie das des Wassers. Ihr Rauminhalt beträgt 1 083 207 000 000 km^3.

Die Erde sammelt kosmischen Staub auf, doch sind die Mengenschätzungen recht verschieden, wobei die Höchstgrenze 40 000 t pro Jahr beträgt.

Moderne Vorstellungen vom Erdaufbau gehen davon aus, daß die Außenschale, die Lithosphäre, etwa 100 km unter den Ozeanen und bis zu 200 km unter den Kontinenten dick ist. Sie besteht aus der Erdkruste, die im Mittel 24 km stark ist. Unter den Kontinenten kann sie bis zu 80 km mächtig sein, während sie unter den ozeanischen Bruchzonen nur 3 km dünn sein kann. Ihre mittlere Temperatur beträgt etwa 1300°C. Eine seismische Diskontinuität trennt deutlich den inneren und den äußeren Erdmantel. Diese Kruste und der äußere Mantel liegen auf der Astenospäre, die bis in etwa 320 km stark ist. Der innere Erdmantel setzt sich dann bis in eine Tiefe von 2865 km fort. Er schließt einen stark eisenhaltigen Kern von 3482 km Radius ein. Während der äußere Erdkern flüssig ist, mit einem Radius von 2260 km, ist der innere Kern (r = 1222 km) fest. Wenn diese Annahme stimmt, wäre Eisen das mit Abstand häufigste Element auf der Erde. Die Dichte im Erdmittelpunkt beträgt 13,09 g/cm^3, die Temperatur 4530° und der Druck 364 Gigapascal.

Die höchstgelegene geophysikalische Vermessung auf der Erde erfolgte im Rahmen einer chinesisch-deutschen Gemeinschaftsexpedition 1989 im zentralen Tangulashan-Gebirge (400 km nördlich Lhasa). In einer Höhe von 5400 m üNN wurde in diesem tibetischen Hochgebirge ein seismisches Profil der Erde im Bereich der höchstgelegenen Dauerwohnplätze der Erde (5360 m üNN) gewonnen.

Land

Allgemein: Für die Wissenschaft gilt es als erwiesen, daß das gesamte Landgebiet unseres Planeten in einem einzigen Urkontinent von $1,5 \times 10^8$ km^2 Größe vereinigt war, der Pangaea genannt wird. Dieser spaltete sich vor ca. 190 Mio. Jahren während des Juras in zwei Superkontinente, die mit Laurasien (Eurasien, Grönland und Nordamerika) und Gondwanaland (Afrika, Arabien, Indien, Südamerika, Ozeanien und Antarktis) bezeichnet werden.
Der Name des zweiten Superkontinents ist von der indischen Landschaft Gondwana abgeleitet. Seine Aufspaltung begann vor 120 Mio. Jahren. Der Südpol dürfte noch vor ca. 450 Mio. Jahren während des Ordoviziums im Gebiet der Sahara gelegen haben.

Gestein

Das Alter der Erde wird auf 4540 ± 40 Mio. Jahre geschätzt. Zwar existiert auf der Erdoberfläche kein Gestein dieses Alters mehr, doch aus der Analyse von Mondmaterialproben und Meteoriten läßt sich dieser Wert recht genau ableiten.

Das älteste Gestein mit gesicherter wissenschaftlicher Datierung ist 3,962 Mrd. Jahre alt. Wie der Geologe James Bowring von der Universität Washington (USA) im Oktober 1989 mitteilte, handelt es sich um zwei granitartige Gesteinsbrocken, die im Mai 1984 320 km nördlich von Yellowknife in den kanadischen Westterritorien entdeckt wurden. Die 1986 von Bob Pigeon und Simon Wilde in Australien aufgefundenen Zirkonkristalle sind mit 4,276 Mrd. Jahren zwar deutlich älter, gehören aber nicht zu dem Gestein, aus dem man sie isolierte. Die Altersbestimmung wurde jeweils mit einem Analysegerät namens SHRIMP (**S**ensitive **H**igh-mass **R**esolution **I**on **M**icro**P**robe) durchgeführt. Das älteste deutsche Gestein, ein dunkelgrüner Eklogit, ist nach Angaben vom November 1985 2,07 Mrd. Jahre alt.

Der größte Gesteinskomplex ist der berühmte Ayer's Rock (Australien), ein Monolith aus roter kambrischer Arkose, der sich 348 m in die Höhe reckt, 2,5 km lang und 1,6 km breit ist. Die nächstgrößere Stadt ist Alice Springs, 400 km nordöstlich gelegen. Rund 61 355 t wiegt nach Schätzungen aus dem Jahr 1940 La Gran Piedra, ein Felsbrocken aus Vulkangestein in der Sierra Maestra (Kuba).

Kontinente

41,25 Prozent der Erdoberfläche, 210 400 000 km^2, bestehen aus Landmassen. 2/3 davon oder 29,02 Prozent der Erdoberfläche (148 021 000 km^2) liegen über Wasser mit einer mittleren Höhe von 756 m über dem Meeresspiegel, 1/3 entfällt auf die Kontinentalschleife. Die eurasische Landmasse mit einer Ausdehnung von 53 698 000 km^2 (einschließlich Inseln) ist der größte Kontinent. Die afro-eurasische Landmase, die durch den Suezkanal nur künstlich getrennt ist, hat eine Ausdehnung von 84 702 000 km^2, also 57,2 Prozent der über dem Meeresspiegel liegenden Landmasse der Erde.

Der kleinste Kontinent ist das australische Festland mit einer Ausdehnung von 7 618 493 km^2. Zusammen mit Tasmanien, Neuseeland, Neuguinea und den pazifischen Inseln wird die ganze Gruppe auch Ozeanien genannt. Das gesamte Gebiet von Ozeanien hat eine Fläche von ca. 8 935 000 km^2 einschließlich Westirian.

Weitester Küstenabstand: In der Dzoosotoyn-Elisen-Wüste (China) liegt dieser Punkt bei 46°16'8''N und 86°40'2''O, der nach allen Himmels-

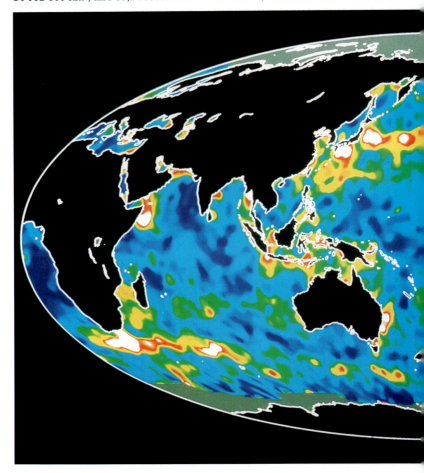

In den Weltmeeren zirkulieren – sowohl horizontal als auch vertikal – Wasserströmungen.
Das größte Gebilde dieser Art ist der antarktische Zirkumpolarstrom oder Westdriftstrom. Er fließt von West nach Ost um die Antarktis mit 195 000 000 m^3 Wasser/s.
Die Karte zeigt die Unterschiede in den Meereshöhen rund um die Erde. Weiße Gebiete deuten weitgehend stabile Meeresspiegel an, dunkelblaue Zonen zeigen Regionen starker Veränderlichkeit. Die bedeutendsten Meeresströmungen sind gut zu erkennen (weiß, rot und gelb).
Foto: Science Photo Library/NASA

richtungen weiter von einer Meeresküste entfernt ist als irgendein anderer Punkt auf der Erde. Er wurde erstmals am 27. Juni 1986 von dem Engländer Richard Crane besucht und ist – Luftlinie gemessen – 2648 km von der nächsten offenen See entfernt. Die nächste größere Stadt südlich dieses Punktes ist Urumtschi.

In Mitteleuropa liegt das Gebiet um die Stadt Heilbronn (BW) im Zentrum zwischen Nordsee, Ostsee, Adria und Ligurischem Meer.

Die größte Halbinsel der Welt ist Arabien mit einer Fläche von 3 250 000 km^2.

WELTALL & ERDE

• Planet Erde

Meere

Allgemein: Die vom Meer bedeckte Oberfläche der Erde – die Hydrosphäre – beträgt 362 033 000 km² oder 70,98 Prozent der Gesamtoberfläche. Die mittlere Tiefe der Hydrosphäre wurde bis vor wenigen Jahren auf 3795 m geschätzt, aber neuere Messungen haben zu niedrigeren Werten (3729 m) geführt.
Das Gesamtgewicht des Wassers liegt bei etwa $1{,}32 \times 10^{18}$ t oder 0,022 Prozent des Gesamtgewichts der Erde. Das Wasservolumen der Ozeane wird auf 1 349 900 000 km³ geschätzt, das Süßwasser nur auf 35 000 000 km³.

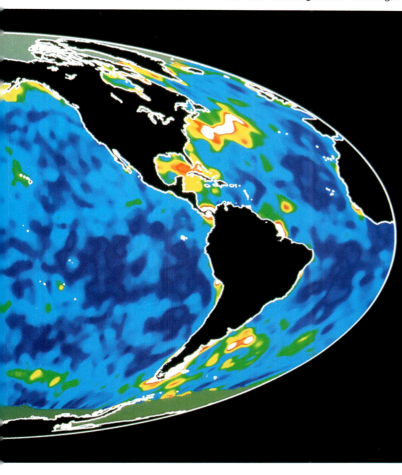

Der größte Ozean ist der Pazifik. Unter Ausschluß der anhängenden Gewässer nimmt der Pazifik 49,5 Prozent der irdischen Ozeanflächen in Anspruch und bedeckt eine Fläche von 166 241 700 km². Seine mittlere Tiefe beträgt 3940 m.

Der kleinste Ozean ist der Arktische Ozean mit einer Fläche von 13 223 700 km². Seine mittlere Tiefe beträgt 1038 m.

Die kürzeste mit Schiffen befahrbare Entfernung über den Pazifik, von Guayaquil in Ecuador nach Bangkok in Thailand, beträgt 17 550 km.

Der längste transkontinentale Wasserweg erstreckt sich über 10 682 km. Er verbindet den Beaufortsee in Nordkanada mit dem Golf von Mexiko und beginnt in Tuktoyaktuk am Mackenzie-Strom. Er endet am Port Eads im Mississippi-Delta. Die Verbindung wurde 1976 endgültig durch die Herstellung des South Bay Diversion-Kanals ermöglicht, der die Flußsysteme des Churchill und des Nelson verknüpft.

Die größte Meerestiefe wurde 1951 im Marianengraben im Pazifik von dem britischen Vermessungsschiff *Challenger* ermittelt. Damals wurde eine Tiefe von 10 863 m durch Abloten und Echolot gemessen. Bei späteren Untersuchungen der *Challenger*-Tiefe mit der Multibeam-Echolottechnik ergab sich eine etwas größere Tiefe von 11 034 m, wie sie schon vom sowjetischen Forschungsschiff *Vityaz* 1957 gemessen wurde. Am 23. Januar 1960 hatte die Tiefsee-Tauchkugel *Trieste* eine Tiefe von 10 916 m erreicht. Neuere Daten (1984) des japanischen Vermessungsschiffes *Takuyo* sprechen für einen Tiefenwert von 10 924 ± 10 m.

Die größte See ist die Südchinesische See mit 2 974 600 km².

Der größte Golf ist der Golf von Mexiko mit einem Flächeninhalt von 1 544 000 km² und einer 5000 km langen Küstenlinie, die von Cape Sable, Florida (USA), bis Cabo Catoche (Mexiko) reicht.

Die größte Meeresbucht, gemessen nach der Länge der Küstenlinie, ist die Hudsonbay im nördlichen Kanada mit 12 268 km und einer Fläche von 1 233 000 km². Die Fläche der Bucht von Bengalen beträgt dagegen 2 172 000 km².

Der längste Fjord ist der Nordvestfjordarm des Scoresby-Sund in Ostgrönland, der 313 km vom Meer ins Land hineinreicht. Der längste norwegische Fjord ist der Sognefjord, der 204 km landeinwärts von Sogneoksen bis zur Spitze des Lusterfjordarmes bei Skjolden reicht. Seine Breitenextreme liegen bei 2,4 und 5,1 km. Seine maximale Tiefe beträgt 1308 m.

Der landfernste Punkt liegt im Südpazifik ca. 48°30'S und 125°30'W. Er ist ca. 2670 km vom nächsten Flecken Land, nämlich der Pitcairninsel, der Ducieninsel und dem Cape Dart in der Antarktis, entfernt. Die diesen Punkt umgebende Wasserfläche hat eine Ausdehnung von 22 421 500 km².

Der südlichste Punkt des Ozeans befindet sich 85°34'S, 154°W am Auslauf des Robert-Scott-Gletschers, 490 km vom Südpol entfernt.

Die längste Seereise, die man machen kann, ist 31 960 km lang. Sie beginnt an einem Punkt westlich von Karatschi (Pakistan) und führt durch die Straße von Mosambik, die Drakestraße und das Beringmeer zu einem Punkt nördlich von Uka'Kamtschatka.

Die Wassertemperatur an der Meeresoberfläche reicht von –2°C im Weißen Meer bis 36°C im Sommer an den seichten Stellen im Persischen Golf. Die Normaltemperatur des Roten Meeres ist 22°C. Durch die »Brennglas«-Wirkung von Eis auf die Sonnenstrahlung können an der Wasseroberfläche in Polarmeeren Temperaturen bis knapp 27°C auftreten.

Die höchste Temperatur, die im Meer gemessen wurde, betrug 404°C. Ermittelt wurde sie von einem Forschungs-Unterseeboot 480 km von der Westküste der USA im Rahmen einer Expedition unter Jack Diamond, Oregon State University (USA). Die Temperatur wurde in einzelnen Wasserproben dieser geothermischen Quelle gemessen. Der hohe Druck verhinderte ein Verdampfen des aufsteigenden Wassers.

Warmer Pazifik: Wie im Februar 1994 bekannt wurde, ist bereits im dritten Jahr hintereinander das Oberflächenwasser des tropischen Pazifiks ungewöhnlich warm. Ende 1993 lag seine Temperatur etwa 1,5° über dem langjährigen Mittel. Das warme Wasser drängt den kalten Humboldtstrom vor Ecuador und Peru weit nach Süden ab. Das Phänomen, meist um die Weihnachtszeit auftretend, ist als »El Niño« bekannt. Es unterbricht nicht nur die Nahrungskette im Meer, sondern bringt auch an der sonst sehr trockenen Pazifikküste heftige Regenfälle. Auf das Konto des »El Niño« gehen weltweit zahlreiche Witterungseinbrüche. Er beschert der amerikanischen Südwestküste ungewöhnliche Regenfälle, während der Nordwesten Brasiliens und sogar der weit entfernte Süden Afrikas dann ungewöhnliche Dürren registrieren.

Das klarste Wasser findet man in der Weddell-See bei 71°S und 15°W in der Antarktis. Am 13. Oktober 1966 haben Wissenschaftler des Alfred-Wegener-Instituts eine sogenannte »Secchi-Testscheibe« (30 cm Durchmesser) noch in einer Tiefe von 80 m erkennen können. Diese Transparenz entspricht etwa der von destilliertem Wasser.

Meerengen

Die längste Meerenge ist der Tatarensund zwischen der Insel Sachalin und dem russischen Festland, der das Japanische Meer mit dem Ochotskischen Meer verbindet. Diese Strecke ist 800 km lang, also kaum länger als die Straße von Malakka.

Die breiteste Meerenge ist die Davisstraße zwischen Grönland und Baffinland (Kanada) mit einer Mindestweite von 338 km.

Die engste schiffbare Meerenge befindet sich zwischen der ägäischen Insel Euböa und dem griechischen Festland. Bei Chalkis ist sie nur 40 m breit.

Meeresströmungen

Die größte Meeresströmung ist der antarktische Zirkumpolarstrom oder die Westwinddrift. Messungen in der Drakestraße zwischen Südamerika und der Antarktis ergaben 1982 einen Strömungsfluß von 130 000 000 m³/s. 1990 wurden Computermodelle veröffentlicht, die einen Strömungsfluß von 195 000 000 m³/s erwarten lassen. Seine Breite liegt zwischen 300 und 2000 km, und seine Oberflächenströmung beträgt 0,75 km/h.

Die stärkste Strömung haben die Nakwakto Rapids in Slingsby Channel (Kanada) (51°05'N, 127°30'W), wo die Strömungsgeschwindigkeit 16 Knoten (30 km/h) erreichen kann.

Gezeiten

Allgemein: Außergewöhnliche Gezeiten entstehen durch die Gravitationskraft des Mondes und der Sonne und der Einwirkung ihres Perigäums, Perihelions und ihrer Konjunktionen. Luftdruck und Wind können zusätzliche Verstärkungen hervorrufen, und der Verlauf der Küsten und des Meeresbodens beeinflußt gleichfalls die Wirkung der Gezeiten. Die Abstände

Rettung für den Aralsee?

Der Aralsee (Usbekistan und Kasachstan) trocknet zusehends aus. Seit den 60er Jahren ist sein Wasserspiegel um mehr als 12 m gesunken. Nur 40 Prozent des ursprünglichen Wasservolumens sind noch vorhanden. Ehemalige Fischereihäfen liegen nun weit auf dem Festland, abgeschnitten vom See. An manchen Stellen beträgt die Verlandung fast 90 km. Wo einst grünes Ufer war, stößt man heute auf Salzwüsten. Wenn der Verlandungsprozeß weiter so voranschreitet, wird der Aralsee in nur wenigen Jahrzehnten auf ein Zehntel seiner ursprünglichen Größe zusammengeschrumpft sein. Experten, die sich Anfang Mai 1994 in Taschkent trafen, haben einen Katalog von Maßnahmen zur Rettung des Sees vorgelegt. Danach sollte ihm in Zukunft kein Wasser mehr für die umliegenden Baumwollplantagen entnommen werden. Im Gegenteil: Es muß sehr viel mehr Wasser aus den Zuflüssen Syr-Darja und Amu-Darja in den See gelangen.

Der deutsche Experte Richard Ressl hat berechnet, daß 70 km^3 Wasser (1 km^3 = 1 Billion Liter) nachgefüllt werden müßten, um den Aralsee auf die Größe der frühen 60er Jahre zu bringen. Wie Ressl in Taschkent berichtete, reichen jedoch bereits 27 km^3 bis zum Jahr 2000 aus, um die Austrocknung zu stoppen.

zwischen den Tiden betragen durchschnittlich 12:25 Std.

Die stärksten Gezeiten gibt es in Kanada in der Bay of Fundy, die zwischen Neuschottland, Maine (dem nordöstlichsten Staat der USA) und der kanadischen Provinz New Brunswick liegt. Burncoat Head im Minasbecken in Neuschottland hat mit 14,5 m den höchsten mittleren Tidenhub in der Welt. Ein Tidenhub von 16,6 m bei Springfluten wurde 1953 im Leafbecken in der Ungara-Bay, Quebec (Kanada), gemessen. Tahiti im Mittelpazifik kennt keinen Tidenhub.

Der größte Tidenhub an der deutschen Nordseeküste wurde 1978 mit 4,17 m an der großen Weserbrücke in Bremen ermittelt.

Wellen

Die höchste Welle wurde von US-Marineleutnant Frederic Margraff gemessen, als er mit dem Schiff *Ramapo* auf dem Weg von Manila (Philippinen) nach San Diego, Kalifornien (USA), in der Nacht vom 6. zum 7. Februar 1933 durch einen Hurrikan fuhr, der mit einer Geschwindigkeit von 126 km/h daherraste. Er errechnete für die Welle vom Wellental bis zum Scheitel eine Höhe von 34 m.

Die höchste mit Instrumenten gemessene Welle war 26 m hoch und wurde vom britischen Schiff *Weather Reporter* im Nordatlantik am 30. Dezember 1972 59°N, 19°W verzeichnet. Statistische Berechnungen zeigen, daß eine von 300 000 Wellen die mittlere Wellenhöhe um den Faktor 4 überschreitet.

Am 9. Juli 1958 löste ein Erdrutsch in der fjordartigen Lituya Bay, Alaska (USA), eine 524 m hohe Welle mit einer Geschwindigkeit von 160 km/h aus.

Höchste Erdbebenwellen: Die höchste Höhe, die man für eine Tsunami (oft zu Unrecht Flutwelle genannt) schätzte, betrug 85 m und erschien bei Ischigaki, einer der Riukiuinseln, am 24. April 1971. Diese Erdbebenwelle schleuderte einen 750 t schweren Korallenblock über 2,5 km weit. Tsunami (ein japanisches Wort, das im Singular und Plural gleich ist) können eine Geschwindigkeit von 790 km/h erreichen.

Rekordhalter könnte jedoch eine Welle sein, die vor 105 000 Jahren die Insel Lanai (Hawaii-Archipel) getroffen hat. Sie wurde durch einen untermeerischen Erdrutsch ausgelöst und lagerte Sedimente bis zu einer Höhe von 375 m ab.

Eisberge

Der größte Eisberg war ein antarktischer Tafelberg von über 31 000 km^2 (335 km x 97 km, also größer als B), der am 12. November 1956 von dem US-Schiff *Glacier* 240 km westlich von der Scott-Insel im südlichen Pazifik gesichtet wurde.
Die 1946 entdeckte, 60 m dicke arktische Eisinsel T. 1 (360 km^2) konnte 17 Jahre lang geortet und gemessen werden.

Der höchste je gesichtete Eisberg hatte eine Höhe von 167 m und wurde vom Deck des US-Eisbrechers *East Wind* aus 1958 nahe der Westküste von Grönland fotografiert.

Der südlichste arktische Eisberg wurde im April 1935 von einem US-

Die zunehmende Verlandung des Aralsees ist aus der Weltraumperspektive besonders deutlich zu erkennen. Bei mehreren *Shuttle*-Missionen der NASA wurden über fast ein Jahrzehnt Bilder des Sees gewonnen, wie zum Beispiel dieses aus 270 km Höhe während des *Spacelab*-2-Fluges.
Foto: NASA

WELTALL & ERDE

• Planet Erde

Der Baikalsee in Rußland ist mit 1637 m der tiefste See der Welt. Er liegt in einer von Bergen umgebenen Senke. Nicht weit von seinen Ufern entfernt findet man erloschene Vulkane.
Foto: Science Photo Library/ Novosti Press Agency

Wetterbeobachtungsschiff im Atlantischen Ozean 28°44'N, 43°42'W gesichtet.

Der nördlichste antarktische Eisberg war ein Eisbergrest, der am 30. April 1894 von dem Handelsschiff *Dochra* im Atlantik 26°30'S, 25°40'W gesichtet wurde.

Klippen

Die höchsten kartographisch erfaßten Klippen sind in Hawaii an der Nordküste von Ost-Molcka'i in der Nähe der Umilehi-Spitze. Sie fallen aus einer Höhe von 1010 m mit einer durchschnittlichen Steilheit von über 55 Grad zum Meer ab.
Die höchsten Klippen in NW-Europa sind die an der Nordküste der Insel Achill (Irland). Sie ragen bei Croaghan in einer Höhe von 668 m senkrecht aus dem Meer.
Die Steilküste der Nordseeinsel Helgoland ist bis zum Hochplateau 58 m hoch.
Bei Stubbenkammer sind die Kreidefelsen der Ostseeinsel Rügen 22 m hoch. Den höchsten Punkt erreichen sie beim 119 m hohen Königsstuhl.

Seen und Binnenmeere

Der größte Binnensee der Welt ist das Kaspische Meer mit den Anrainern Aserbeidschan, Rußland, Turkmenistan und Iran. Es ist 1225 km lang und 371 800 km² groß. Davon gehören 143 200 km² (38,5 Prozent) zum Iran, wo es Darya-ye-Khazar genannt wird. Das Kaspische Meer ist bis zu 1025 m tief und liegt 28,5 m uNN. Es enthält schätzungsweise 89 600 km³ Salzwasser. Das Kaspische Meer unterliegt ständig Veränderungen: Seine Oberfläche lag im 11. Jh. 32 m, Anfang des 19. Jh.s 22 m uNN.

Den größten Flächeninhalt eines Süßwassersees, nämlich 82 350 km², hat der Lake Superior (Oberer See) in Nordamerika. 54 600 km² seiner Fläche gehören zu den USA, 27 750 km² zu Kanada. Der See liegt 180 m üNN und ist bis 393 m tief.

Den größten Rauminhalt eines Süßwassersees hat der Baikalsee (Rußland). Seine Wassermenge wird auf 23 000 km³ geschätzt.

Der größte See Deutschlands ist mit 538,5 km² der Bodensee. Doch nur 319 km² des Sees gehören zu Deutschland. Der österreichische Anteil beträgt 51 km², der der Schweiz 168,5 km².

Der größte See Österreichs ist der Neusiedler See, obwohl von dessen 320 km² ein kleiner Teil auf ungarischem Gebiet liegt. Dieser flache See (max. Tiefe 3,5 m) ist der einzige mitteleuropäische Steppensee und ein berühmtes Vogelparadies.
Der Attersee ist mit seinen 46,7 km² der größte See, der mit seiner Gesamtfläche auf österreichischem Boden liegt.

Der größte Schweizer See ist der Genfer See. Von seinen 581,5 km² liegen 234 km² auf französischem Gebiet. Dort heißt er Lac Léman.

Der tiefste See ist der sibirische Baikalsee (Rußland). Er ist 620 km lang und 32–74 km breit. Nach Messungen aus dem Jahr 1974 ist der Olkhon-Spalt des Sees 1637 m tief, also 1181 m uNN.

Der tiefste deutsche See ist der Bodensee, denn seine tiefste Stelle (252 m) liegt auf deutschem Gebiet.

Der tiefste österreichische See ist mit bis zu 191 m der oberösterreichische Traunsee am Fuß des Traunsteins im Salzkammergut.

Der höchstgelegene See, auf dem Schiffsverkehr möglich ist, ist der Titicacasee (Maximaltiefe 370 m) mit einem Flächeninhalt von 8290 km², wovon 4790 km² zu Peru und 3495 km² zu Bolivien gehören. Er ist 160 km lang und liegt 3811 m üNN.

Der höchste deutsche See ist der Rappensee im Hoch-Allgäu auf einer Höhe von 2046 m.

Der höchste See Österreichs ist der Rötenkarsee in den Stubaier Alpen. Er liegt auf 2930 m.

Höchster See der Schweiz ist der Lai da Rims im Unterengadin in 2834 m Höhe.

Die größte Lagune, die Lagoa dos Patos. Nahe der Küste bei Rio Grande del Sol (Brasilien) gelegen, ist 280 km lang und erstreckt sich über 9850 km². Vom Atlantik ist die Lagune durch lange Sandgebiete getrennt, die eine maximale Breite von 70 km erreichen.

See auf einem See: Der größte See auf einem See ist der Manitousee (106,42 km²) auf Manitoulin, der größten Binneninsel der Welt (2766 km²), im kanadischen Teil des Huronsees, in dem noch einige weitere Inseln liegen.

Der größte unterirdische See soll der Lost Sea sein, der 91 m unter der Erde in den Craighead-Höhlen bei Sweetwater, Tennessee (USA), liegt, 1,8 ha mißt und 1905 entdeckt wurde.

Wasser wird zur Mangelware

Zur Zeit lebt weltweit jeder 15. Mensch in einer Region mit Trinkwassermangel. Schon im Jahr 2025, so eine neue Studie, wird jeder dritte Erdenbürger betroffen sein. Keine Sorgen für die Zukunft brauchen sich die Bewohner von Island zu machen: Hier stehen pro Kopf und Jahr 666 667 m³ des kostbaren Naß zur Verfügung. Katastrophal hingegen ist es in Djibouti: Hier sind es nur 23 m³ pro Kopf und Jahr. 19 weitere Staaten leiden mit weniger als 1000 m³ Trinkwasser pro Kopf und Jahr bereits unter spürbarem Mangel. Dazu zählen Kuwait, Malta, Bahrain, Barbados, Singapur sowie weitere arabische und afrikanische Staaten.
Staaten, die relativ viel Süßwasser besitzen, können durchaus Mangelregionen aufweisen: Ein bekanntes Beispiel ist Kalifornien, wo es seit Jahren nicht mehr ausreichend geregnet hat. Hier muß das Wasser für die Metropolen aus anderen Regionen herantransportiert werden.
In China haben bereits jetzt 200 größere Städte nicht mehr genug Trinkwasser. Im Großraum Peking fällt der Grundwasserspiegel um 90 bis 190 cm pro Jahr. Die Behörden suchen schon in 1000 km Entfernung von der Metropole nach neuen Versorgungsquellen. In nicht zu ferner Zukunft könnte es zu einem ungewöhnlichen Tauschgeschäft kommen: arabisches Öl gegen europäisches Wasser.
Für eine angemessene Lebensqualität benötigt der Mensch etwa 80 l Wasser pro Tag. Der tägliche Durchschnittsverbrauch liegt zwischen 5,4 l in Madagaskar und mehr als 500 l in den USA . . .

Inseln

Die größte Insel, wenn man Australien nicht als Insel, sondern als kontinentale Landmasse betrachtet, ist Grönland mit ca. 2 175 000 km². Allerdings besteht Grönland aus mehreren von einer Eisdecke (durchschnittlich 1500 m, maximal ca. 3400 m mächtig) bedeckten Inseln, ohne die es nur 1 680 000 km² groß wäre.

Die größte Sandinsel der Welt ist die vor der Küste von Queensland (Australien) gelegene Frazer-Insel mit einer 120 km langen Sanddüne.

Die größte deutsche Insel ist Rügen in der Ostsee mit einer Fläche von 926,4 km².

Die größte Insel im Süßwasser ist die Ilha de Marajo (48 000 km²) in der Amazonasmündung in Brasilien. Die größte Binneninsel (das heißt zwischen Flüssen liegendes Land) ist die Ilha do Bananal in Brasilien mit 20 000 km².

Die größte Insel in einem See ist Manitoulin (2766 km²) im kanadischen (Ontario-)Gebiet des Huronsees.

Die größte deutsche Binnenlandinsel ist die Bodenseeinsel Reichenau (BW) mit 4,5 km².

Österreichs größte Insel ist 5,25 ha groß und liegt im Neusiedler See. Es ist die Apetlonen-Schilf-Insel an der Grenze zu Ungarn.

Die größte Schweizer Insel ist die Île de St. Pierre im Bieler See (franz.CH). Da der Seespiegel ständig sinkt, vergrößert sich die Insel von Jahr zu Jahr. 1978 betrug ihre Fläche 89 ha..

Die höchste aus dem Meer ragende Felsspitze ist Ball's Pyramid in der Nähe der Lord-Howe-Insel im Pazifik. Sie ist 561 m hoch, ihre Basisachse ist aber nur 200 m lang. Sie wurde 1965 zum ersten Mal erklommen.

Den nördlichsten Landzipfel entdeckte Uffe Petersen vom dänischen Geodätischen Institut am 28. Juli 1978: die Mini-Insel Odaq (30 m Durchmesser), die 1,36 km nördlich von der grönländischen Kaffeeklubinsel liegt. Die Position der Insel Odaq: 83°40′32,5″N, 30°40′10,1″W. Vom Nordpol ist sie 706,4 km entfernt.

Südlichstes Land: Im Gegensatz zum Nordpol befindet sich der Südpol auf Festland. Die Amundsen-Scott-Südpolarstation wurde dort 1957 in einer Höhe von 2855 m erbaut. Zusammen mit der Eisdecke treibt die Station 8–9 m im Jahr in Richtung 43°W und wurde 1975 durch ein neues Gebäude ersetzt.

Der größte Archipel ist die 5600 km lange, sichelförmige, aus über 17 000 Inseln bestehende Inselgruppe, aus der sich Indonesien zusammensetzt.

Vertiefungen

Die tiefste Senke, die bisher entdeckt wurde, ist der Felsgrund des antarktischen Bentleygrabens, eines Subgletschers. Er liegt 2538 m unter dem Meeresspiegel.

Die größte submarine Senke ist ein großes Gebiet des Meeresbodens im NW-Pazifik mit einer durchschnittlichen Tiefe von 4600 m.

Die tiefste freiliegende Senke an Land ist die Küste des Toten Meeres, die 400 m unter dem Meeresspiegel liegt. Der tiefste Punkt auf dem Grund dieses Sees ist 728 m unter seinem Wasserspiegel. Die Seeoberfläche sinkt seit 1948 jährlich um 0,35 m ab.

Der tiefste Punkt in Deutschland liegt in der Gemeinde Neuendorf bei Wilster, ganz hinten im Marschengebiet Schleswig-Holsteins. Die tiefste Landstelle beträgt 3,54 m uNN.

Österreichs tiefster Punkt befindet sich im Neusiedler See, dessen tiefste Stelle 113 m uNN liegt.

In der Schweiz ist das Ufer des Lago Maggiore (Kanton Tessin) mit 193 m uNN der tiefstgelegene Punkt dieses Alpenstaats.

Die größte freiliegende Senke ist das Becken des Kaspischen Meeres in der aserbaidschanischen, russischen, kasachischen und turkmenischen Republik und dem nördlichen Iran. Sie ist über 518 000 km² groß, wovon 371 800 km² vom Meer eingenommen werden. Das bei weitem größte Landgebiet der Senke ist die Prikaspiyskaya Nizmennost, die das nördliche Drittel des Ufers bildet. Sie reicht bis zu 450 km landeinwärts.

Naturbrücken

Die längste Naturbrücke ist der Landscape Arch (Landschaftsbogen) im Arches-Nationalpark 40 km nördlich von Moab, Utah (USA). Dieser Sandsteinbogen hat eine Spannweite von 88 m und steht ca. 30 m über der Sohle eines Cañons. An einer Stelle ist er durch Erosion nur noch 1,8 m breit. Breiter, nämlich 6,7 m, ist die am 14. August 1909 in Utah entdeckte Rainbow Bridge mit einer Spannweite von 84,7 m.

Die höchste Naturbrücke ist ein Sandsteinbogen in Sinkiang (China), 40 km WNW von K'ashih, der nach Schätzungen aus dem Jahr 1947 312 m hoch ist und eine Spannweite von ca. 45 m hat.

Höhlen und Grotten

Das längste Höhlensystem der Welt ist der Mammuthöhlen-Nationalpark in Kentucky (USA). Die Höhlen wurden 1799 entdeckt. Expeditionen verschiedener Höhlenforschergruppen haben Verbindungen der Höhlen zwischen dem Flint-, dem Mammuthöhlen- und dem Toohey Ridges-System entdeckt und hergestellt. Der erforschte und kartographierte Höhlenverbund hat inzwischen eine Gesamtlänge von 560 km.

Die größte Höhlenkammer, Lubang Nasib Bagus, befindet sich im Gunung-Mulu-Nationalpark von Sarawak (Malaysia). Sie ist 700 m lang, im Durchschnitt 300 m breit und an ihrer niedrigsten Stelle 70 m hoch. Die britisch-malaysische Mulu-Expedition hat die riesige Höhlenkammer 1980 entdeckt. In ihr könnten mühelos 7500 Busse abgestellt werden. Die Höhe einer Höhle in Nordoman erreicht 120 m.

Unterwasserhöhle: Das längste erkundete Objekt ist das Noboch Na Chich-Höhlensystem im Quintana Roo (Mexiko). Seit Beginn der Exploration im November 1987 hat das CEDAM-Höhlentauchteam unter Leitung von Mike Madden in diversen Passagen eine Strecke von 23 744 m erforscht.

Die größte Tiefe beim Abstieg in eine Höhle erreichte ein sechsköpfiges Team aus Lyon im Dezember 1989. Es stieß in der Gouffre Jean Bernard in den Französischen Alpen bis 1602 m vor. Da diese Höhle jedoch nicht ganz erkundet wurde, liegt der offizielle Rekord noch bei 1508 m, erzielt durch eine ukrainische Gruppe 1988 in der Shakta Pantjukhina im Kaukasus. Die längste Tauchfahrt in einer mit Wasser gefüllten Höhle unternahm am 4. April 1991 der Schweizer Olivier Issler. Er legte in der Doux de Coly, Dordogne (F), 4055 m zurück.

Die größte der ca. 4000 deutschen Höhlen ist die Kluterthöhle in Ennepetal-Altenvoerde (Sauerland) mit einem Rauminhalt von 4,75 km³. Sie gilt als Asthmaheilstätte.

Die längste Höhle in Österreich ist die Hirlatzhöhle bei Hallstatt im Salzkammergut. 72 km haben die Höhlenforscher des Vereins Hallstatt-Obertraun bereits vermessen.

Die Schweizer Höhle mit dem längsten Gangsystem ist das Hölloch (Kanton Schwyz), dessen 151 km langen Gänge eine Höhendifferenz von 878 m aufweisen. Im April 1990 wurde das Hölloch zum Verkauf angeboten.

Gebirge

Höchster Gipfel: Seit Ende der 80er Jahre scheint die Höhe des höchsten Berges der Welt genau bekannt zu sein. Doch noch immer wird der Mt. Everest neu vermessen. So hat man 1993 auf dem Gipfel einen Laserreflektor aufgestellt und von einem tiefer gelegenen Basispunkt mittels eines Lasersignals die Entfernung bestimmt. Distanz und Höhenwinkel wurden an Meßpunkte in Indien und Nepal gekoppelt und so die Gipfelhöhe über dem mittleren Spiegel ermittelt. Parallel dazu wurde erstmals mit Hilfe des GPS-Navigationssatelliten-Systems und einer anderen Referenzhöhe, dem Ellipsoid des geodätischen Weltsystems, der Berg vermessen. Das Ergebnis: Der Mt. Everest ist knapp 2 m niedriger als ursprünglich angenommen und damit »nur« 8861 m hoch. Andere Messungen, am 20. April 1993 vorgelegt, kommen auf »nur« 8846,1 m. Doch dürfte das nicht das letzte Ergebnis sein. Der Mt. Everest geht auch spazieren. Jahr für Jahr verschiebt er sich bis zu 30 cm in Richtung Westen. Das hat eine Forschungs-Expedition festgestellt.

Am weitesten vom Mittelpunkt der Erde entfernt ist die Spitze des Chimborasso (6267 m) in den Anden (Ecuador). Er erhebt sich 158 km südlich des Äquators und übertrifft, absolut gesehen, die Gipfelhöhe des Mt. Everest um 2150 m.

Der höchste Berg am Äquator ist der Vulkan Cayambe (5790 m) in Ecuador, 77°58′W. Ein Gipfelbezwinger würde sich – bedingt durch die Erdrotation – mit 1671 km/h relativ zum Erdmittelpunkt bewegen.

Der höchste Inselberg ist der Puncak Jaya, ehemals Puncak Sukarno,

---

Neue Insel aus dem Meer aufgetaucht: Überraschung für Fischer

Auf mysteriöse Weise ist eine neue Insel aus dem Meer aufgetaucht, die Pulau Batu Hairan (Überraschungsfelseninsel) getauft wurde. Sie wurde am 14. April 1988 um 11 Uhr vormittags von drei Fischern gut 65 km nordöstlich von Kudat in malaysischen Gewässern gesichtet.
Zwei Tage zuvor war sie noch nicht da gewesen. Einer der Fischer sagte, daß sie in der vorletzten Nacht ein leises Grummeln gehört hätten, vermutlich das Geräusch der aus dem Wasser aufsteigenden Landmasse.
Die Insel, die möglicherweise der Überrest einer ehemals größeren Insel ist, erhebt sich derzeit nur 1,5 m über die Meeresoberfläche. Einige abergläubische Einheimische haben die Befürchtung geäußert, daß in der Tiefe ein riesiger Krake lauert. Sie nehmen an, daß er die Insel mit seinen gewaltigen Kräften emporgestemmt hat.

WELTALL & ERDE 22/23

• Planet Erde

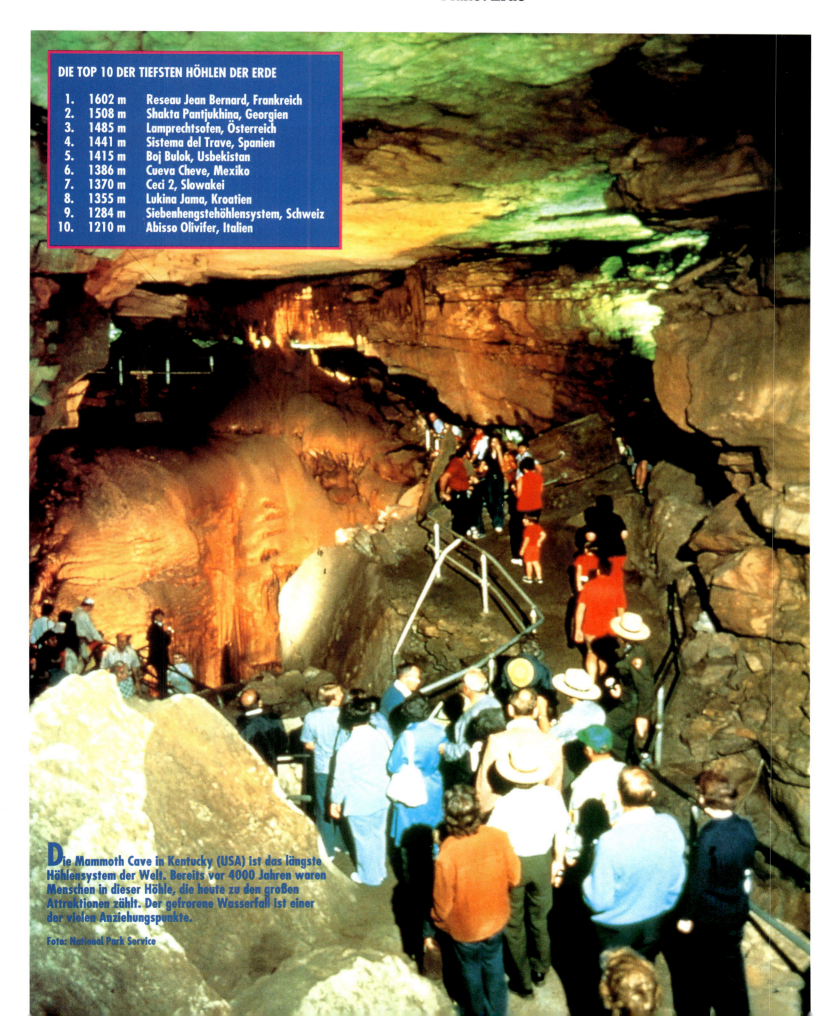

DIE TOP 10 DER TIEFSTEN HÖHLEN DER ERDE

1. 1602 m Reseau Jean Bernard, Frankreich
2. 1508 m Shakta Pantjukhina, Georgien
3. 1485 m Lamprechtsofen, Österreich
4. 1441 m Sistema del Trave, Spanien
5. 1415 m Boj Bulok, Usbekistan
6. 1386 m Cueva Cheve, Mexiko
7. 1370 m Ceci 2, Slowakei
8. 1355 m Lukina Jama, Kroatien
9. 1284 m Siebenhengstehöhlensystem, Schweiz
10. 1210 m Abisso Olivifer, Italien

Die Mammoth Cave in Kentucky (USA) ist das längste Höhlensystem der Welt. Bereits vor 4000 Jahren waren Menschen in dieser Höhle, die heute zu den großen Attraktionen zählt. Der gefrorene Wasserfall ist einer der vielen Anziehungspunkte.

Foto: National Park Service

ehemals Carstensz Pyramide, in Irian Jaya (Indonesien, vormals NL-Neuguinea). Gegenüber der bisher angenommenen Höhe von 5030 m ergaben Messungen einer australischen Forschergruppe 1973 einen Wert von 4884 m. Der ebenfalls in Irian Jaya gelegene Ngga Pulu, jetzt 4861 m, war 1936 vor dem Abschmelzen der Schneekappe etwa 4910 m hoch.

Den größten Gebirgswall bildet der 7788 m hohe Berg Rakaposhi in Pakistan. In der Vertikalen erhebt er sich 5,99 km über das Hunzatal, in der Horizontalen breitet er sich über 10 km aus. Gesamtgefälle: 31 Grad.

Der höchste noch nicht erstiegene Gipfel steht an 10. Stelle unter den höchsten Gipfeln. Es ist der Lhotse Middle Peak (8414 m) im Kumbu-Gebiet im nepalesischen Himalajagebirge. Der Lhotse ist der vierthöchste Berg.

Im Pamir (Kirgisien): der längste außerpolare Gletscher, der 77 km lange Fedtschenko-Gletscher, und das höchste Hochplateau, die 6000 m hohe Pamir-Firn-Hochebene, im Hintergrund der 7495 m hohe Pik Kommunismus.
In Ecuador: in 5880 m Höhe der Gipfelkrater Cotopaxi und in 5790 m Höhe der Cajambe, der höchste Berg am Äquator (v.o.n.u.).
Fotos: Andreas Poppe (2), Sepp Friedhuber (2)

Der höchste unbestiegene Berg ist der Kankar Pünsum mit 7541 m Höhe. Er liegt an der Grenze Bhutan/Tibet. Er ist der 67. höchste Berg der Welt.

Der größte von seiner submarinen Basis bis zur Spitze gemessene Berg ist der Mauna Kea (Weißer Berg) im Hawaiischen Graben auf der Insel Hawaii. Seine Gesamthöhe beträgt 10 205 m, wovon sich 4205 m üNN befinden.
Ein anderer Berg, dessen Ausmaße, aber nicht seine Höhe, über den Mt. Everest hinausgehen, ist der vulkanische Gipfel des Mauna Loa (Langer Berg) auf Hawaii mit 4170 m. Die Achsen seiner elliptischen Basis, 4975 m uNN, messen 119 km und 85 km. Der Cerro Aconcagua, er ist 6960 m hoch, ragt mindestens 11 830 m über den mittleren pazifischen Meeresboden bzw. 13 055 m über den ozeanischen Chile-Peru-Graben, der etwa 290 km entfernt im Südpazifik verläuft.

Höchster Berg Deutschlands ist die 2962 m hohe Zugspitze im Wettersteingebirge. Zum ersten Mal wurde die Zugspitze am 27. August 1820 erstiegen.

Höchster Berg Österreichs ist der Großglockner in den Hohen Tauern. Der 3797 m hohe Berg wurde am 28. Juli 1800 zum ersten Mal erstiegen.

Höchster Berg der Schweiz ist die 4634 m hohe Dufourspitze der Monte-Rosa-Gruppe in den Walliser Alpen. Sie wurde am 1. August 1855 erstmals bezwungen.

Das höchste Gebirge ist der Himalaja-Karakorum mit 96 von den 109 Gipfeln der Welt, die über 7315 m hoch sind.

Das ausgedehnteste aller Gebirge ist der untermeerische Mittelatlantische Rücken, der sich über 65 000 km von der Arktis bis zum Atlantischen Ozean, um Afrika, Asien und Australien herumzieht und dann unter dem Pazifik bis zur Westküste Nordamerikas erstreckt. Seine größte Höhe beträgt 4200 m über dem Tiefseeboden. Das längste Festlandsgebirge sind die Anden mit etwa 7 600 km Länge.

Der Berg, der am weitesten sichtbar ist, ist der Vatnajökull (2118 m) in Island. Ihn kann man von den 550 km entfernten Färöern aus erkennen. Der Mt. McKinley in Alaska (6193 m) ist vom 370 km entfernten Mt. Sanford (4949 m) zu sehen.

Das ausgedehnteste Hochplateau ist das tibetanische Plateau in Zentralasien. Seine mittlere Höhe ist 4900 m und sein Flächeninhalt 1 850 000 km².

Die steilste Felsenwand ist die 975 m breite NW-Seite von Half Dome, Yosemite (USA). Sie ist 670 m hoch, weicht aber nirgends um mehr als 7 Grad von der Vertikalen ab. Sie wurde zum ersten Mal im Juli 1957 von Royal Robbins, Jerry Gallwas und Mike Sherrick erklettert (Klasse VI).

Höchste Haliten: An den nördlichen Ufern des Golfes von Mexiko entlang gibt es über eine Entfernung von 1160 km 330 unterirdische Salz-»Berge«, von denen einige über 18 300 m vom Grundgestein emporragen und als niedrige Salzkuppeln sichtbar sind. Sie wurden 1862 entdeckt.

Gletscher

Allgemein wird angenommen, daß ca. 9,5 Prozent der Festlandoberfläche der Erde, das heißt 13,6 Mio. km², ständig vereist sind. 86 Prozent der Eisflächen entfallen auf die Antarktis, 11 Prozent auf Grönland.

Der längste bekannte Gletscher ist der 1956/57 im australischen Südpolgebiet entdeckte Lambertgletscher.

Die mit 400 km/h hinabstürzende Lawine, ausgelöst durch die Eruption des Mt. St. Helens, hatte ein Volumen von 2800 Mio. m³. Dieser Blick auf die gigantische Aschewolke entstand zwei Monate später.
Foto: Science Photo Library / David Weintraub

Er ist bis zu 64 km breit und hat mit seinem oberen Abschnitt, dem Mellorgletscher, eine Mindestlänge von 402 km. Mit dem Ausläufer des Fishergletschers und seewärts mit dem Amery-Eisschelf bildet der Lambertgletscher eine 700 km lange Eisfläche.

Die längsten Talgletscher auf der Nordhalbkugel findet man in Alaska: Der Hubbard-Gletscher erstreckt sich über 147 km von den St. Elias-Bergen talwärts bis zum Pazifik an der Yakutat-Bucht.

Der längste Gletscher im Himalaja ist der 75,5 km lange Siachen im Karakorumgebirge, obgleich der Hispar und der Biafo zusammen eine 122 km lange Eisfläche bilden.

Der sich am schnellsten bewegende Gletscher ist der Jacobahavn Is-

WELTALL & ERDE 24/25

• Planet Erde

brac in Grönland. Er legt im Mittel 19 m pro Tag zurück.

Der längste Alpengletscher ist der Aletschgletscher in den Berner Alpen, zwischen dem Aletschhorn, der Jungfrau und dem Finsteraarhorn (CH). Er ist 22 km lang und bedeckt eine Fläche von 86,8 km².

Der größte deutsche Gletscher ist der Plattferner auf der Zugspitze. Er ist 0,9 km lang und bedeckt eine Fläche von ca. 0,8 km².

Die Alpengletscher sind auf dem Rückzug. Von den 112 in den Ostalpen vermessenen Gletschern schrumpfen 90 Prozent. Bei 6 Prozent sind gleichbleibende und bei 4 Prozent zunehmende Eismassen festgestellt worden. Innsbrucker Gletscherforscher berichten, daß seit 1850 die Fläche der Alpengletscher um 30 Prozent, das Volumen sogar um die Hälfte zurückgegangen ist. In den vergangenen hundert Jahren ist im Gletschergebiet die Temperatur der bodennahen Luftschichten um 0,7 °C gestiegen. Hält der Trend weiter an, so werden die Ostalpengletscher noch einmal 50 Prozent ihrer Fläche in kurzer Zeit einbüßen.

Lawinen

Die größten Lawinen gehen im Himalaja nieder, werden allerdings kaum von jemandem beobachtet. Schätzungsweise 2,8 Mrd. m³ Schnee hat am 18. Mai 1979 eine Lawine am Mt. St. Helens in Washington (USA) in Bewegung gesetzt. Die Riesenlawine raste mit 400 km/h zu Tal.

Schluchten

Die größte Festlandschlucht ist der Grand Cañon des Colorado im Nordteil von Zentralarizona (USA). Er erstreckt sich über 446 km von der Marble Gorge zu den Grand Wash Cliffs. Seine mittlere Breite beträgt 16 km. Er ist bis zu 1600 m tief. Der untermeerische Labrador-Becken-Cañon zwischen Grönland und Labrador ist 3340 km lang.

Tiefster Cañon: Ein Cañon ist ein Tal mit hohen und steilen Wänden und einer ausgeprägten Tiefe im Verhältnis zu seiner Breite. Der Grand Cañon hat charakteristische Steilwände, ist aber sehr viel breiter als tief. Die Vicos-Schlucht in den Pindusbergen in Nordwest-Griechenland ist 900 m tief und von Rand zu Rand 1100 m breit. Viele Cañons haben zwar ein größeres Verhältnis von Breite zu Tiefe, aber keiner ist so tief. Der Colca-Cañon in Peru hat ein ausgeprägtes Talprofil, ist aber weder so tief noch so steil wie das Yarlung Zangbo-Tal.

Tiefstes Tal: Das Yarlung Zangbo – Tal ist 5075 m tief (Tibet). Die Gipfel des Namche Barwa (7753 m) und Jali Peri (7282 m) sind 21 km voneinander entfernt. Zwischen ihnen zieht sich in 2440 m Höhe der Yarlung Zangbo-Strom dahin.

Der tiefste submarine Abgrund liegt 40 km südlich von Esperance (Australien). Er ist 1800 m tief und 32 km breit.

Die tiefste deutsche Schlucht ist die Breitachklamm bei Oberstdorf in den Allgäuer Hochalpen. Sie hat eine Tiefe von mehr als 100 m.

Wüsten

Die größte Wüste: Fast ein Achtel des Festlandgebietes der Welt ist trocken und hat weniger als 25 cm Regen im Jahr.

Die Sahara in Nordafrika ist die größte Wüste. An ihrer längsten Stelle mißt sie 5150 km von O nach W. Von N nach S mißt sie zwischen 1280 und 2250 km, und ihr Flächeninhalt beträgt 9 269 000 km². Ihre tiefste Stelle, in der Quattárasenke in Ägypten, liegt 132 m uNN; an ihrer höchsten Stelle, dem Berg Emi Koussi im Tschad, hat sie eine Höhe von 3415 m. Die Tagestemperaturspanne kann mehr als 45°C betragen.

Der Wüstensand kann sich bei voller Sonneneinstrahlung bis auf 82°C erwärmen.

Die höchsten Sanddünen wurden in Zentralalgerien im Sandmeer Isaouane-N-Tifernine in der Sahara (26°42'N, 6°43'O) gemessen. Ihre Wellen sind fast 5 km lang und bis zu 465 m hoch.

Die Wüsten dehnen sich aus: In den kommenden zwei Jahrzehnten werden die Wüsten weltweit um ein Areal wachsen, das der Fläche Alaskas entspricht. Das gab die Welternährungsorganisation der UNO, die FAO, im Februar 1994 bekannt. Nach Angaben dieser Institution leben in den von der Verwüstung bedrohten Gebieten rund 900 Mio. Menschen, von denen 135 Mio. in den nächsten 20 Jahren abwandern werden.

In nur einem halben Jahrhundert hat die Erde rund 11 Prozent ihrer landwirtschaftlich nutzbaren Flächen durch Umwandlung in Wüsten verloren. Konsequente Maßnahmen – so die UNO – seien dringend erforderlich, um diesen Trend zu stoppen.

Erdbeben

Anmerkung: Seismologische Angaben basieren nicht auf lokaler, sondern Weltzeit (GMT) und setzen beim Datum immer das Jahr an die erste Stelle. Wir haben für unsere seismologischen Rekorde diese Schreibweise übernommen.

Die schwersten Erdbeben: Pro Jahr werden schätzungsweise 500 000 seismische oder mikroseismische Störungen registriert. 100 000 davon sind fühlbar, etwa 1000 richten Schaden an. Die tiefsten bekannten Hypozentren lagen 720 km tief im Erdinnern Indonesiens (1933, 34 und 1943). Die am meisten gebräuchliche Richter-Skala (1954) geht auf den amerikanischen Seismologen Dr. Charles Richter (1900-85) zurück. Im Bereich schwerster Beben, mit Intensitäten von über 8,0 ist die Richter-Skala nicht mehr genau genug. Hier wird oft ein verbessertes System benutzt, das 1977 von Hiroo Kanamori eingeführt worden ist. Das stärkste Beben auf dieser Skala war der verheerende Lebu-Schock, südlich von Concepcion in Chile am 22. Mai 1980 mit einer Intensität von 9,5. Auf der Richter-Skala rangiert dieses Beben mit 8,3 nur an vierter Stelle. Bei Erdbeben dieser Größenordnung werden Energien von mehr als 10^{19} Joule freigesetzt.

Die meisten Todesopfer: Die meisten notierten Todesopfer dürfte das Erdbeben (*dizhen*) in den chinesischen Provinzen Shaanxi, Shanxi und Henan 1556 Februar 2 neuer Rechnung (Januar 23 alter Rechnung) gefordert haben, bei dem ca. 830 000 Menschen ums Leben kamen. Das oft mit 1 100 000 Toten zitierte Beben im Mittelmeerraum (1202 Mai 20) hat

Die Richter-Skala

Auf dieser Skala wird die Stärke von Erdbeben anhand der Amplitude, der Schwingungsausschläge, von Seismografen gemessen. Die Maßeinheit ist die Magnitude (M). Die Skala ist jedoch nicht arithmetisch sondern logarithmisch. Ein Beben der Stärke M = 2 ist also zehnmal so stark wie eines der Stärke M = 1. Im allgemeinen wird nur die Zahl genannt, das M fällt weg. Im Prinzip wird die Bebenenergie gemessen. Um es zu verdeutlichen: Ein Beben der Stärke 6 auf der Richter-Skala ist 1000mal energiereicher als eines der Stärke 3, bzw. eine millionenmal stärker als ein Beben der Stärke 1. Nur grob kann man den Werten Auswirkungen zuordnen, da es immer auf die spezifischen Gegebenheiten »vor Ort« ankommt. Ganz grob gilt: M 2,5 = spürbares Beben; M 4,5 = leichte Schäden; M 7 = Katastrophe; M 8,6 = bisher höchster gemessener Wert. In dieser Energieregion wird die Richter-Skala ungenau und wird mitunter durch andere Systeme ersetzt.

Etwa 1900 km lang zieht sich die Namib entlang der Atlantikküste von Namibia. Die durchschnittlich 120 km breite Fels- und Sandwüste ist von ungewöhnlichen Dünenbildungen geprägt.

Fotos: Sepp Friedhuber

WELTALL & ERDE

• Planet Erde

vermutlich »nur« 30 000 Menschen das Leben gekostet.
In unserer Zeit forderte das Erdbeben von Tangshan in Ostchina 1976 Juli 27. (Ortszeit 3 Uhr morgens Juli 28.) die meisten Todesopfer (Stärke des Erdbebens 7,9). Meldungen am 4. Januar 1977 sprachen von 655 237 Toten. Später war sogar von 750 000 Toten die Rede.
1979 November 22. korrigierte die chinesische Nachrichtenagentur die Zahl der Todesopfer ohne Erklärungen auf 242 000.

Den größten Sachschaden verursachte das Erdbeben in der Kanto-Ebene (Stärke 8,2 auf der Richter-Skala, Epizentrum 35°15'N, 139°30'O) in Japan 1923 September 1. An einer Stelle in der Sagami Bay senkte sich der Meeresspiegel um 400 m. Nach Angabe der Behörden betrug die Zahl der Toten und Vermißten in dem Shinsai oder großen Erdbeben und den dadurch hervorgerufenen Bränden 142 807. In Tokio und Jokohama wurden 575 000 Häuser zerstört, und der Schaden wurde auf heute 58 Mrd. DM geschätzt.

Vulkane

Allgemein: Insgesamt sind 1343 tätige Vulkane auf der Erde bekannt. Davon sind zahlreiche Objekte submarine Vulkane. Das Wort Vulkan wurde von der Insel Vulcano im Mittelmeer abgeleitet; die Insel wiederum war nach Vulcanus, dem Feuergott, benannt worden.

Die größte Explosion in historischer Zeit ereignete sich gegen 10 Uhr Lokalzeit (oder 3 Uhr GMT) am 27. August 1883 bei einem Ausbruch des Krakatau, einer damals 47 km² großen Insel in der Sundastraße zwischen Sumatra und Java in Indonesien. 163 Dörfer wurden vernichtet, und 36 380 Menschen kamen in der durch den Ausbruch ausgelösten Flut ums Leben. Bimsstein wurde 55 km in die Höhe geschleudert, und noch 10 Tage später fiel mehr als 5000 km von der Insel entfernt Staubregen. Die Explosion wurde 4 Std. später auf der 4776 km entfernten Insel Rodrigues als »Donner von schweren Geschützen« verzeichnet und wurde in einem Gebiet von der Größe Europas (einem Dreizehntel der Landmasse) gehört. Man nimmt an, daß diese Explosion ungefähr 26mal so stark war wie die stärkste Testdetonation einer Wasserstoffbombe, aber dennoch nur einem Drittel der Eruption von Santorin (GR) entsprach.

Der vermutlich stärkste Vulkanausbruch war die Taupo-Eruption in Neuseeland etwa 130 n. Chr. Dabei wurden ca. 30 000 Mio. t Bimsstein mit etwa 700 km/h herausgeschleudert. Nur 20 Prozent der Steine gingen weniger als 200 km vom Krater entfernt nieder. Insgesamt bedeckten sie 16 000 km².

Das größte Lavavolumen ergoß sich beim Ausbruch des Vulkans Tambora auf der Insel Sumbawa (Indonesien) vom 5. bis 10. April 1815. Die Gesamtmenge an ausgeworfenem Material wird auf 150–180 km³ geschätzt. Zum Vergleich: Die entsprechende Menge beim Krakatau-Ereignis betrug etwa 20 km³. Die Energie dieser Eruption betrug $8,4 \times 10^{19}$ Joule. Der Vulkan wurde um 1250 m niedriger, und es bildete sich ein Krater mit einem Durchmesser von 8 km. Der Innendruck, der den Ausbruch des Tambora auslöste, wird auf 3270 kg/cm² geschätzt. Durch den Ausbruch und seine Folgen kamen mehr als 90 000 Menschen ums Leben.

Der längste Lavastrom in historischer Zeit, *pahoehoe* genannt (Erstarrung in der Form eines gedrehten Stranges), ergoß sich 1783 beim Ausbruch des Laki (IS). Er erreichte eine Länge von 65 bis 70 km. Der breiteste bekannte prähistorische Lavastrom ist der Roza-Basaltstrom in Nordamerika. Er entstand vor ca. 15 Mio. Jahren und hatte eine Länge von 300 km, einen Flächeninhalt von 40 000 km² und ein Volumen von 1250 km³.

Der höchste tätige Vulkan ist der Ojos del Salado mit seinen Fumarolen. Er ist 6887 m hoch und liegt an der Grenze zwischen Chile und Argentinien.

Der größte aktive Vulkan ist der Mauna Loa (4170 m) auf Hawaii. Seine elliptische Basis ist 120×50 km groß. Der Lavafluß erstreckt sich auf ein Gebiet von über 5125 km². Das Gesamtvolumen des Vulkans beträgt etwa 42 500 km³, wobei 84,2 Prozent unter Wasser liegen. Der Krater an der Spitze, Mokuaweoweo, ist 150–180 m tief und nimmt eine Fläche von 10,5 km² ein. Seit 1832 hat man im Durchschnitt alle 3 1/2 Jahre einen Ausbruch beobachtet. Das letzte große Ereignis fand im April 1984 statt.

Der nördlichste Vulkan ist der Beeren-Berg (2276 m) auf der zu Norwegen gehörenden Insel Jan Mayen (71°05'N) in der Grönlandsee. Er brach am 20. September 1970 aus, und die 39 Bewohner der Insel (alles Männer) mußten evakuiert werden. Wahrscheinlich wurde die Insel von Henry Hudson 1607 oder 1608 entdeckt, bestimmt wurde sie 1614 von Jan Jacobsz May (NL) besucht. Am 8. Mai 1929 kam sie zu Norwegen. Der Seeberg Ostenso (1775 m) bei 85°10'N und 133°W, 556 km vom Nordpol entfernt, war früher vulkanisch aktiv.

Der südlichste unter den bekannten tätigen Vulkanen ist der Mt. Erebus (3795 m) 77°35'S auf Ross Island in der Antarktis. Er wurde am 28. Januar 1841 bei der Expedition von Captain James Clark Ross (1800–62) entdeckt und erstmalig am 10. März 1908 um 10 Uhr morgens von einer britischen Gruppe unter der Leitung von Prof. Tannatt William Edgeworth David (1858–1934) bestiegen.

Der größte vulkanische Krater (auch Caldera genannt) ist der Toba-See im Norden Sumatras (Indonesien) mit einem Flächeninhalt von 1775 km².

Nehmen die Erdbeben zu?

Seit Ende 1982 haben sich weltweit zahlreiche schwere Erdbeben ereignet, deren Stärke sich zwischen 4,5 und 8,1 auf der Richter-Skala bewegte. Dabei kamen Zehntausende von Menschen ums Leben. Das schwere Ereignis, das in den frühen Morgenstunden des 17. Januar 1994 Kalifornien heimsuchte, hat die Diskussion um die Zunahme der Beben aufleben lassen. Bis zum 23. Januar 1994 folgten rund um den Erdball zehn weitere kräftige Beben.
Das Beben in Kalifornien jedoch war erwartet worden. Schon in den späten 80er Jahren hatten amerikanische Seismologen vorhergesagt, daß sich mit 95prozentiger Sicherheit bis 1992 an der San Andreas-Verwerfung ein Beben der Stärke 6 ereignen würde. Seit 1985 überwachte das Forscherteam mit rund 20 Mio. Dollar teurem Meßgerät einen 40 km langen Abschnitt des San Andreas-Gebiets. Das Beben kam mit über zwei Jahren Verspätung und an einer Stelle, wo man nicht unbedingt damit gerechnet hatte. Die hohen Sachschäden waren auf explodierende Gasleitungen, Rohrbrüche, zusammenstürzende Häuser und berstende Autobahnen zurückzuführen. Der Schutz vor den Folgen eines Bebens dürfte in Zukunft weniger der zeitigen Vorhersage als viel mehr dem bebensicheren Bauen dienen.

Der höchste Geysir

Man stelle sich eine Fontäne aus heißem Wasser vor, die höher ist als das Empire State Building. Dann hat man ein Bild davon, welchen Anblick der höchste Geysir aller Zeiten bot.

Ein Geysir ist eine heiße Quelle, die regelmäßig eine Fontäne aus Wasser und Dampf ausstößt. Der Anblick eines ausbrechenden Geysirs ist eines der spektakulärsten Naturphänomene. Die höchste Fontäne war die des Waimangu-Geysirs (Maori: Schwarzes Wasser) bei Rotorua (Neuseeland), die Anfang des 20. Jh.s 460 m in die Höhe schoß. Er war am 30. Januar 1901 von Dr. Humphrey Haines entdeckt worden, der Erzählungen über riesige Dampfwolken in der Gegend nachging. Seine aktivste Zeit hatte der Waimangu 1903, als er alle 30-36 Std. ausbrach und dabei gewaltige Gesteinsbrocken und schwarzes Wasser ausspuckte.

Der Waimangu wurde rasch zu einem beliebten Ausflugsziel. Seine Bekanntheit wuchs auf dramatische Weise, als im August 1903 vier Schaulustige ums Leben kamen. Sie hatten 27 m vom Geysir entfernt gestanden, als er aktiv wurde und sie bis zu 800 m weit durch die Luft schleuderte. Ende 1904 verebbte die Aktivität des Waimangu. Obwohl in seiner unmittelbaren Umgebung 1917 noch eine Eruption stattfand, brach er selbst nicht wieder aus. Der Boden in diesem Gebiet ist heute noch warm, der dramatische Anblick der Fontäne des Waimangu gehört der Vergangenheit an.

Fotos: Guinness Publishing

Geysire

Der höchste Geysir der Gegenwart ist der Service Steamboat Geysir im Yellowstone National Park (USA). In den 60er Jahren kam es alle 4–10 Tage zum Ausstoß. In den 80er Jahren konnte man Intervalle zwischen 19 Tagen und vier Jahren beobachten. Die Fontänenhöhen lagen zwischen 60 und 115 m.

Die größte Wassermenge, 28 000–38 000 hl, produzierte der Giant Geysir, ebenfalls im Yellowstone National Park (USA), der seit 1955 ruhig ist.

Flüsse

Die beiden längsten Flüsse sind der Amazonas, der in den Südatlantik fließt, und der Nil (Bahr-el-Nil), der ins Mittelmeer mündet. Welcher von beiden länger ist, ist eine Sache der Auslegung und nicht der Messung. Die wahre Quelle des Amazonas wurde erst 1971 durch den Amerikaner Loren McIntyre in den schneebedeckten Anden im südlichen Peru entdeckt. Der Amazonas entspringt in einer Region von schneeumsäumten Seen und Bächen. Das eigentliche Quellgebiet ist McIntyre-Lagune benannt worden. Hier bildet der Apurimac, ein reißender Strom, einen tiefen Cañon. Zusammen mit anderen Zuflüssen wird er dann zum Eno, dann zum Tambo und schließlich zum Ucayali. Vom Zusammenfluß des Ucayali und des Marañon oberhalb von Iquitos (Peru) heißt der Fluß nun auf seinen letzten 3 700 km Amazonas und strömt ostwärts durch Brasilien in den Atlantischen Ozean. Der Amazonas hat mehrere Mündungen, die sich seewärts ausweiten, so daß sein genaues Ende unsicher ist. Zählt man die am weitesten entfernte Mündung des Pará hinzu, so kommt man auf eine Stromlänge von etwa 6 750 km. Jedoch ist es strittig, ob der Pará tatsächlich ein echter Nebenfluß des Amazonas ist.

Die Länge des Nil wurde von M. Devroey (B) mit 6 670 km vermessen. Inzwischen sind jedoch einige Kilometer von Flußwindungen hinter dem Staudamm von Assuan durch den Nassersee verlorengegangen. In hydrologischer Sicht ist dieser Flußlauf eine Einheit, beginnend von der Quelle in Burundi vom Luvironzaarm des Kagerazuflusses des Victoriasees über den Weißen Nil (Bahr-el-Jobel) bis zum Delta im Mittelmeer.

Der längste deutsche Fluß ist der Rhein. Von seinen insgesamt 1320 km verlaufen 867 km durch deutsches Gebiet.

Der längste Fluß Österreichs ist die Donau. Nach der Wolga ist sie der zweitgrößte Strom Europas. Von ihren 2850 km Gesamtlänge liegen 350 km in Österreich, auf 647 km fließt die Donau durch Deutschland.

Der längste Fluß der Schweiz ist der Rhein, der 375 km durch die Schweiz fließt.

Der kürzeste benannte Fluß: Sowohl der D-River in Lincoln City, Oregon (USA), er verbindet Devil's Lake mit dem Pazifischen Ozean, als auch der Roe River bei Great Falls, Montana (USA), er fließt in den Missouri, kommen dafür in Betracht. Die zu verschiedenen Zeiten gemessenen Längen variieren zwischen 61 und 17,7 m. Die Länge des D-Rivers wird offiziell mit 37 ±1,5 m angegeben.

Das weiteste Stromgebiet ist das Becken des 6750 km langen Amazonas, das sich über ein Gebiet von 7 045 000 km² erstreckt. Der Amazonas hat ca. 15 000 Nebenflüsse mit deren eigenen Nebenflüssen, von denen 4 über 1609 km lang sind. Der längste davon ist der Madeira mit einer Länge von 3380 km. Nur 17 Flüsse in der Welt sind länger als er.

Der längste Nebenfluß eines Nebenflusses ist der 1609 km lange Pilcomayo in Südamerika. Er ist ein Nebenfluß des Paraguay (2415 km lang), der wiederum ein Nebenfluß des 4025 km langen Paraná ist.

Die längste Flußmündung, die aber häufig zugefroren ist, hat eine Länge von 885 km und eine Breite bis zu 80 km. Sie gehört zum Ob im Norden Rußlands.

Das größte Delta bilden der Ganges und der Brahmaputra in Bangladesh (ehemals Ostpakistan) und Westbengalen (Indien). Es erstreckt sich über ein Gebiet von 75 000 km².

Die gewaltigste Wasserführung von allen Flüssen hat der Amazonas. Die von ihm in den Atlantik beförderte durchschnittliche Wassermenge beläuft sich auf 120 000 m³/s und steigt im Maximum auf über 200 000 m³/s. Die Durchschnittstiefe seines 1 450 km langen Unterlaufes beträgt 17 m. An einzelnen Stellen ist der Fluß bis zu 90 m tief. Die Wasserführung

WELTALL & ERDE

• Planet Erde

Der höchste Wasserfall ist der Salto Angel in Venezuela in einem Arm des Carrao, der ein oberer Nebenfluß des Caroni ist. Er hat eine Gesamtfallhöhe von 979 m, und sein höchster Wassersturz ist 807 m hoch.
Foto: Sepp Friedhuber

Die Khone-Fälle am Mekong (Laos) bilden den breitesten Wasserfall der Welt.
Foto: Explorer/P. Gontier

des Amazonas ist 60mal größer als die des Nil.

Fluß unter dem Meeresspiegel: 1952 wurde ein 400 km breiter submariner Fluß – der Cromwellstrom – entdeckt, der in östlicher Richtung 90 m unter der Oberfläche des Pazifiks 5625 km den Äquator entlangfließt. Seine Wassermenge ist 1000mal so groß wie die des Mississippi.

Unterirdischer Fluß: Im August 1958 wurde durch Radioisotopen ein Kryptofluß unter dem Nil ermittelt, dessen jährlicher Wassertransport sich auf 50 Mrd. m³ beläuft. Das ist das 6fache des Nil.

Doppelstöckiger Fluß: Ein unterirdischer Fluß, der im Norden Kasachstans entdeckt worden ist, fließt auf 2 Ebenen übereinander. Er ist durch eine wasserundurchlässige Tonschicht getrennt. Die obere wasserführende Schicht ist 30–40 m, die untere zwischen 50 und 200 m mächtig. Die Quelle dieses Flusses wurde im Gebiet von Irtysch entdeckt.

Das größte Sumpfgebiet ist der Grand Pantanal im brasilianischen Bundesstaat Matto Grosso. Es umfaßt eine Fläche von 109 000 km².

Wasserfälle

Die höchsten Wasserfälle in Deutschland sind die Tribergfälle an der Gutach im Schwarzwald. Das Wasser stürzt über 7 Stufen 163 m tief.

Die Krimmler Wasserfälle bei Krimml im Oberpinzgau (Bundesland Salzburg) sind die höchsten Österreichs. In 3 Stufen stürzen sie 390 m tief. Die obere Stufe hat mit 140 m die höchste Fallhöhe.

Der Staubbachfall im Lauterbrunnental stürzt 297 m in die Tiefe. Er ist damit der höchste der Schweiz.

Die Wasserfälle mit der größten Wassermenge, die im Jahresdurchschnitt herabstürzt, sind der Boyoma (früher Stanleyfälle) in Zaïre mit 17 000 m³/s und der 114 m hohe Guairá (auch Salto dos Sete Quedas genannt) im Alto Paraná zwischen Brasilien und Paraguay. Über seinen 4850 m breiten Rand flossen in Spitzenzeiten 50 000 m³/s. Durch die Fertigstellung des Itaipu-Staudammes 1982 ging dieser Rekord verloren. Als sich vor 5,5 Mio. Jahren das Mittelmeer füllte, schossen die Fluten des Atlantiks über die Straße von Gibraltar in Form eines gigantischen Wasserfalls aus 800 m Höhe in das trockene Becken. Der Fall dürfte etwa 26mal größer gewesen sein als der Guairá.

Die breitesten Wasserfälle sind die 15–21 m hohen Khônefälle in Laos. Sie sind 10,8 km breit mit einem Strömungsfluß von 42 500 m³/s.

Hochwasser – Hausgemachte Katastrophen?

Hochwasser sind normalerweise nichts Ungewöhnliches und kommen selten völlig unerwartet. Doch was 1993 über die USA und Deutschland hereinbrach und im April 1994 noch einmal die Bundesrepublik heimsuchte, übertraf alle Befürchtungen. Zwar war die lange Dauer intensiver Niederschläge der auslösende Faktor. Doch das ist nur die eine Seite der Medaille. Die fatalen Auswirkungen gehen zu einem nicht unerheblichen Teil auf das Konto des Menschen. So sind in Deutschland rund 15 Prozent des Bodens mit Beton und Asphalt abgedeckt, doppelt soviel wie zur Jahrhundertwende. Der versiegelte Boden kann keinen Regen aufnehmen. Seit gut 160 Jahren werden zunehmend Flüsse begradigt und eingedeicht. Die Flußbetten werden enger, die Fließgeschwindigkeiten nehmen zu. Das gilt nicht nur für den Mississippi in den USA, sondern auch für Rhein und Mosel. Die Mosel wurde um 30 Prozent schneller gemacht. Der Rhein ist zu 83 Prozent bereits kanalisiert. Man hat ihm zwischen Basel und Bingen zwei Drittel seines alten Hochwasser-Flutungsgebietes genommen. Experten schätzen, daß im Rhein-Moselgebiet allein durch die Strombauten zwischen 1950 und 1977 die Hochwassergefahr um 15 Prozent erhöht wurde.

Einerseits will man durch aufwendige Flutungsbecken den natürlichen Zustand wieder herstellen oder die ursprünglichen Strömungsverhältnisse rekonstruieren. Zum anderen aber forciert man in Deutschland den weiteren Ausbau der Wasserstraßen, die den Schiffen angepaßt werden sollen und nicht umgekehrt. Die nächste »Sintflut« ist bereits programmiert.

Fotos: dpa/Bentley, ap, dpa/Hirschberger, dpa/European Press

Wetter

Die gleichmäßigsten Temperaturen herrschten lange Zeit in Garapan auf Saipan in den Marianen im Pazifik. 9 Jahre lang, von 1927 bis einschließlich 1935, wurde zwischen dem 30. Januar und dem 9. September nie eine größere Temperaturspanne als 11,8°C gemessen. Der niedrigste Wert: 19,6°C am 30. Januar 1934. Der höchste: 31,4°C am 9. September 1931. Auf der küstennahen brasilianischen Insel Fernando de Noronha lagen zwischen 1911 und 1990 die Temperaturen nie mehr als 14,5°C auseinander. Der Höchstwert betrug 32,2°C (3. März 1969, 25. Dezember 1972 und 17. April 1973)), der niedrigste 17,7°C (27. Februar 1980).

Vor ca. 8000 Jahren lag in Mitteleuropa die Sommertemperatur durchschnittlich bei 19°C, also um 3°C höher als heute.

Die wärmste Sommerzeit seit 1000 Jahren hat 1890 begonnen. Eine Untersuchung der Klimageschichte der nördlichen Halbkugel über die letzten 10 000 Jahre zeigte, daß es in den Sommertemperaturen große Schwankungen gegeben hat. Besonders warm waren die Sommer vor 9500 bis 8500 Jahren. Danach wurde es langsam kühler. Dieser Abschnitt endete vor 2500 Jahren. Dann begann ein Abschnitt mit vergleichsweise niedrigen Sommertemperaturen, der vom 14. bis zum 19. Jh. in die »Kleine Eiszeit« mündete. Erst ab 1890 begann ein neuer Anstieg der Sommertemperaturen.

Am Wochenende ist das Wetter schlechter. Diese Alltagserfahrung hat – so der australische Klimatologe Adrian Gorden – einen wissenschaftlichen Hintergrund. Die Analyse der Wetterdaten über 5083 Tage ergab, daß es auf der Nordhalbkugel am Wochenende tatsächlich kühler ist als während der Arbeitstage. Mehrere Ursachen wirken zusammen: Montag beginnt in den Industriestaaten die Arbeit. Das Verkehrsaufkommen wächst, Fabrikschlote rauchen, Büros und Betriebe werden geheizt. Die Atmosphäre wärmt sich zunehmend auf. Ab Donnerstag wird es dann wieder kühler. Statistisch gesehen, häufen sich auf diesem Tag an die Feiertage. Freitag wird, auch ein wichtiger Faktor, in vielen Staaten nur halbtags gearbeitet. In der islamischen Welt ist der Freitag meist völlig frei. Die Wärmezufuhr nimmt also ab und erreicht am Sonntag ihr Minimum.

Die größten Temperaturunterschiede gibt es im Gebiet des sibirischen »kalten Pols« im Osten Rußlands. In Werchojansk (67°33'N, 133°23'O) schwanken sie zwischen – 68°C (nicht offiziell) und 37°C. Spanne: 105°.

Der größte Temperatursturz an einem Tag betrug 56°C (von 7°C auf – 49°C) und wurde vom 23. zum 24. Januar 1916 in Browning (USA) gemessen.

Der sensationellste Temperaturanstieg betrug 27,2°C und wurde in Spearfish (USA) verzeichnet, wo am 22. Januar 1943 die Temperatur innerhalb von 2 Min. von – 20°C auf 7°C stieg. Die Veränderung geschah morgens zwischen 7 Uhr 30 und 7 Uhr 32.

Die tiefste jemals gemessene Temperatur in der Atmosphäre beträgt –173°C in einer Höhe von ca. 90 km. Sie wurde in der Region der leuchtenden Nachtwolken ermittelt.

Die dickste Eisschicht auf der Erde ist 4776 m stark. Amerikanische Antarktisforscher haben sie am 4. Januar 1975 vom Flugzeug aus gemessen – per Funk-Echolotung, 400 km von der Küste in Wilkes Land (69°9'38S, 135°20'25'O).

Langjährige Wetterrekorde

Höchste Temperatur im Schatten: 58°C Al'Aziziyah (Libyen), Höhe 111 m, 13. September 1922

Niedrigste Temperatur: –89,2°C Wostok, Antarktis, 21. Juli 1983. Wostok ist 3 419 m üNN

Kältester ständig bewohnter Ort: das 700 m hoch gelegene sibirische Dorf Oimjakon mit 4000 Einwohnern (63°16'N, 143°15'O) in Rußland, wo 1933 die Temperatur auf –68°C fiel

Größte Regenmenge (24 Std.): 1 870 mm, Cilaos (Höhe 1200 m), La Rèunion, Indischer Ozean, 15/16. März 1952. Dies entspricht 1 870 t Regen pro m^2

Größte Regenmenge (Kalendermonat): 9 300 mm, Cherrapunji, Meghalaya (Indien), Juli 1861

Größte Regenmenge (12 Monate): 26 461 mm, Cherrapunji, Meghalaya (Indien), 1. August 1860-31. Juli 1861

Luftdruck (höchster): 1 083,8 mb, Agata, Sibirien (Rußland), Höhe: 262 m üNN, 31. Dezember 1968

WELTALL & ERDE

• Planet Erde

Überschwemmungen im Mittleren Westen der USA und Hochwasser in Thüringen bei Jena und in Rudolstadt.

Regen

Heftigster Regen: Messungen von Regenmengen während sehr kurzer Zeiten sind schwierig. Dennoch werden die am 26. November 1970 in Barst (Guadeloupe, Karibik) in 1 Min. gefallenen 38,1 mm für den heftigsten registrierten Regenguß unserer Zeit angesehen.
Regentropfen von 9,4 mm Größe wurden am 7. August 1953 auf dem Flugplatz von Illinois (USA) registriert.
In Deutschland lag die größte Niederschlagshöhe bei 222 mm innerhalb von 24 Std. Diese Menge fiel am 13. September 1899 in Bad Reichenhall (BY).
Über den am längsten anhaltenden **Regenbogen** – über 3 Std. – wurde am 14. August 1979 aus Nordwales (GB) berichtet.

Fata Morgana

Die größte Luftspiegelung wurde 1913 von Donald B. MacMillan im Nordpolgebiet bei 83°N, 103°W verzeichnet. Diese Art der Luftspiegelung, die als Fata Morgana bekannt ist, »erstreckte sich über mindestens 120° des Horizonts und zeigte Hügel, Täler und schneebedeckte Bergspitzen« eines Gebietes, das 6 Jahre vorher entdeckt und Crocker-Land getauft worden war.

Am 17. Juli 1939 sah man vom Meer aus eine Luftspiegelung des 540–560 km entfernten Snaefellsjökull (1446 m) auf Island.

Blitze

Allgemein: Die sichtbare Länge von Blitzen ist sehr unterschiedlich. In gebirgigen Gegenden sieht man bei tiefhängenden Wolken oft Blitze, die nicht einmal 90 m lang sind, während im Flachland bei sehr hohen Wolken ein Blitz eine Länge bis zu 6000 m haben kann. In Extremfällen kommen sogar Längen bis zu 32 km vor.
Einige Fachleute behaupten, die sehr helle Mittelader des Entladungskanals hätte nur einen Durchmesser von 1,25 cm. Diese Ader ist von einer Strahlenhülle (Glimmentladung) umgeben, deren Durchmesser 3–6 m beträgt.
Die Geschwindigkeit eines Blitzes liegt zwischen 160 und 1600 km/s und kann mit bis zu 140 000 km/s fast die Hälfte der Lichtgeschwindigkeit beim gewaltigen Rückschlag erreichen.

Größte Entladung: Auf einige Millionen Blitzschläge kommt eine Riesenentladung, bei der die von den Wolken zur Erde und zurücklaufenden Blitzschläge von der Oberseite der Gewitterwolken abblitzen. Bei diesen »positiven Riesen« entwickelt sich manchmal eine Energie bis zu 3000 Mio. Joule (3×10^{16} erg).
Die Temperatur erreicht hierbei ca. 30 000°C, was mehr als fünfmal so hoch ist wie die an der Sonnenoberfläche.

Wasserhose

Die höchste Wasserhose, über die glaubhafte Angaben vorliegen, wurde am 16. Mai 1898 bei Eden (Australien) beobachtet. Eine an der Küste vorgenommene Theodolitenmessung ergab eine Höhe von 1528 m. Ihr Durchmesser betrug rund 3 m.

Die Spithead-Wasserhose, die nahe der Küste von Ryde auf der Isle of Wight (GB) am 21. August 1878 entstand und deren Höhe mit einem Sextanten gemessen wurde, war ca. 1,6 km hoch. Realistischer dürfte der Wert für eine Wasserhose sein, die sich am 6. August 1987 vor Yarmouth, Isle of Wight, entwickelte. Sie war etwa 760 m hoch.

Wolken

Die höchste Normalwolkenbildung ist Zirrus mit einer Durchschnittshöhe von 8200 m. Aber die seltenen Perlmutterwolken erreichen manchmal Höhen von fast 24 500 m. Zirruswolken bestehen aus Eiskristallen von 40°C und kälter.

Die niedrigsten Wolken sind Stratus- oder Schichtwolken in Höhen unter 1100 m.

Die größte Steighöhe hat der Kumulonimbus, der in den Tropen in Höhen von fast 20 000 m beobachtet worden ist.

Wind

Die windigste Ecke der Welt ist die Commonwealth Bay (Antarktis). Stürme erreichen dort eine Geschwindigkeit von 320 km/h.

Ein über dem Brockengipfel (Harz) tobender Orkan erreichte am 24. November 1984 Spitzengeschwindigkeiten von 263 km/h und richtete schwerste Verwüstungen an.

Luftdruck (niedrigster): 870 mb, 480 km westlich von Guam, Pazifik (16° 44'N, 137° 46'O), 12. Oktober 1979 im Taifun Tip.

Höchste Oberflächenwindgeschwindigkeit: 371 km/h, Mt. Washington (1916 m), New Hampshire (USA), 12. April 1934.

Tornado: Die höchste bisher bei einem Tornado gemessene Geschwindigkeit ist 450 km/h am 2. April 1958 bei Wichita Falls, Texas (USA)

Gewitter (Jahr): 251 Tage, Tororo (Uganda), Jahresdurchschnitt 1967–76. Zwischen 35°N und 35°S gibt es alle 12 Nachtstunden 3 200 Gewitter, wovon einige noch in 29 km Entfernung zu hören sind

Wärmste Stelle (Jahresdurchschnitt): Dallol (Äthiopien) 34°C (1960–66). Im Death Valley (USA) wurden an 43 aufeinanderfolgenden Tagen Temperaturen von über 49°C gemessen, und zwar vom 6. Juli bis 17. August 1917. In Marble Bar (Australien) (max. 49°C) wurden 162 Tage hintereinander Höchsttemperaturen von über 38°C gemessen, und zwar vom 30. Oktober 1923 bis 8. April 1924. In Wyndham (Australien) kletterte 1946 das Thermometer an 333 Tagen über 32°C.

Kälteste Stelle (Jahresdurchschnitt): Polus Nedostupnosti, Kältepol (78°S, 96°O) Antarktis, – 58°C

Meiste Regentage (Jahr): Mt. Wai-'ale-'ale (1 569 m hoch), Kauai (Hawaii) – bis 350 Tage im Jahr

Trockenste Stelle (Jahresdurchschnitt): An der chilenischen Pazifikküste zwischen Avica und Antofagasta fällt weniger als 0,1 mm Regen pro Jahr

Längste Trockenheit: ca. 400 Jahre bis 1971, Desierto de Atacama (Chile). Einige Male im Jahrhundert streifte ein Gewitter die Gegend

Feuchteste Stelle (Jahresdurchschnitt): Mawsynram, Megha Laya (Indien), mit 11873 mm Regen pro Jahr

Schwerste Hagelkörner: 1 000 g, Gopalgan-Distrikt (Bangladesh). Bei diesem Hagelsturm am 14. April 1986 sollen 92 Menschen ums Leben gekommen sein

Bernstein

Der größte Bernstein der Welt ist ein zwei Quadratmeter großer, etwa 10 cm dicker, über 70 kg schwerer Sarawak-Bernstein aus einem Kohleflöz von Sarawak (Malaysia) im Norden der Insel Borneo. Er wurde am 3./4. Dezember 1991 von einem malaysisch-deutschen Team unter der Leitung von Dieter Schlee und Chen Shick Pei (Staatliches Museum für Naturkunde in Stuttgart und Geological Survey of Malaysia in Kuching/Sarawak) entdeckt und ausgegraben und dann teilweise in Stuttgart präpariert. Ein Teilstück dieses braunen Bernsteins ist im Stuttgarter Museum am Löwentor ausgestellt, der andere Teil wird aufbewahrt vom Geological Survey of Malaysia in Kuching (Malaysia).

Die größten runden Bernsteinklumpen (Nugget-Form) sind ein 19,875 kg schwerer und 40 x 40 x 25 cm großer Japanischer Bernstein, der 1927 bei Kuji in Nord-Japan gefunden wurde und in Privatbesitz ist, sowie ein größerer 47 x 50 x 34 cm großer, aber nur 16 kg schwerer Brocken, der 1941 ebenfalls in Japan gefunden wurde und sich jetzt im National Science Museum in Tokio befindet. Beide Bernstein-Nuggets sind gelb-orange-weißlich und völlig undurchsichtig.

Der größte Dominikanische Bernstein, der unzerbrochen geborgen wurde, ist möglicherweise das bei der Firma Joyas Criollas in Santo Domingo (Dominikanische Republik) ausgestellte, rundlich-brotlaibartige Stück, dessen Gewicht mit 18 libras (ca. 8 kg) angegeben wird – allerdings ist es allseits von einer Sedimentkruste unbekannten Gewichts umgeben, die mitgewogen wurde. Daher ist ein 7,2 kg schwerer Bernstein ohne Sedimentkruste, der im Geologisch-Paläontologischen Institut und Museum in Hamburg ausgestellt ist, ebenfalls rekordverdächtig. Dieses Stück ist brotlaibförmig, hat eine Länge von 38 cm, eine gelblich-braune Färbung und ist trüb.

Der größte Baltische Bernstein ist ein 1890 nahe der Oder-Mündung landeinwärts gefundenes 9,75 kg schweres, ganz undurchsichtiges, gelb-orange-weißlich gefärbtes Stück, das im Museum für Naturkunde Berlin ausgestellt ist.

Das größte weitgehend durchsichtige Bernsteinstück ist im Staatlichen Museum für Naturkunde Stuttgart ausgestellt: Ein Dominikanischer Bernstein von 48 cm Länge und 4,8 kg Gewicht.

Der größte Blaue Bernstein wiegt 2,8 kg, stammt aus der Dominikanischen Republik, und ist seit 1986 im Staatlichen Museum für Naturkunde Stuttgart ausgestellt. Die Blaufärbung hängt wahrscheinlich mit einer nachträglichen Erwärmung des Bernsteins in der Lagerstätte zusammen.

Der größte Schwarze Bernstein wiegt 1,8 kg und ist im Staatlichen Museum für Naturkunde Stuttgart ausgestellt. Feinverteiltes Holzgewebe oder auch Borke im Harz schlucken das Licht und lassen den Stein schwarz erscheinen.

Die größten grünlichen Bernsteine stammen aus der Dominikanischen Republik und zeigen entweder eine blasse, zart-grüne Tönung (750 g schwer, 19 x 15 x 6 cm groß) oder olivgrüne Tönung (990 g, 20 x 17 x 5 cm). Die Tönung ist durch Erhitzung entstanden. Beide Steine befinden

Ein Bernstein, zu lang für jeden Zollstock: 2,5 m lang, 1,5 m breit und 9 cm dick ist der größte Bernstein der Welt, der in Malaysia gefunden und zum Teil in Stuttgart aufbewahrt wird.

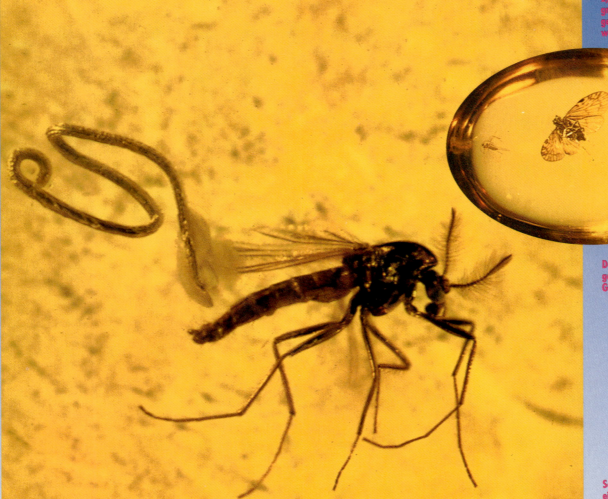

Dominikanischer Bernstein, in Cabochon-Form geschliffen, mit eingeschlossener Zikade und Gallmücke.

Seltene Tiere im Baltischen Bernstein: eine Zuckmücke und ein parasitischer Wasserwurm.

Im Harz gefangen

Ohne Bernstein wäre das nicht möglich gewesen: Die Dinos im Film Jurassic Park sind, so wollte es das Script für den Spielberg-Film, gezüchtet worden aus einer in Bernstein eingeschlossenen Mücke, die sich zuvor am echten Blut eines echten Dinosauriers gelabt hatte. Das geschah, so berichtet es der Film, vor Millionen von Jahren. Bernstein ist tatsächlich in Jahrmillionen verhärtetes Baumharz, das lange unter Luftabschluß im Erdboden oder Meeresschlamm gelagert hat. Gebildet hat sich dieser Stein, dessen früherer Name »Börnstein« darauf verweist, daß es ein brennbarer Stein ist, in vielen Gebieten der Erde auch zu verschiedenen Epochen der Erdgeschichte. Die bedeutendsten Bernsteinlagerstätten liegen im Ostseeraum und in der Karibik. Die Steine aus dem Ostseeraum heißen Baltische Bernsteine, die aus der Karibik Dominikanische Bernsteine – so benannt nach den zahlreichen Fundorten in der Dominikanischen Republik. Bernsteinstücke enthalten manchmal Insekten – soweit hält sich *Jurassic Park* an die Wirklichkeit – Blütenteile und Reste anderer Lebewesen, die am ehemals klebrigen Harz festgeleimt und von darüberfließendem Harz eingeschlossen worden waren. Die auch »Inklusen« genannten Einschlüsse machen den Wert des Bernsteins vor allem für die Forschung aus. Denn nirgends sonst hat sich eine solch perfekt konservierte Formenvielfalt aus der Vorzeit erhalten, dreidimensional und von einer äußerlichen Unversehrtheit, die manches Insekt wie im Fluge erstarrt erscheinen läßt. Das sehen auch Wissenschaftler nicht alle Tage, alle anderen Menschen noch viel seltener. Der Ort in Deutschland mit der umfassendsten und vielfältigsten Bernsteinsammlung ist das Staatliche Museum für Naturkunde in Stuttgart (Museum am Löwentor). Hier ist auch ein Teil des größten Bernsteins der Welt ausgestellt.

• Bernstein

sich im Stuttgarter Museum für Naturkunde.

Der Bernstein mit den meisten Einschlüssen ist ein hühnereigroßes Stück, das dichtgepackt in mehreren Schichten etwa 2000 winzige Ameisen enthält. Das Stück, Teil eines ursprünglich noch größeren Brockens, ist im Staatlichen Museum für Naturkunde Stuttgart ausgestellt.

Die reichhaltigste Insektensammlung in einem Bernsteinstück sind 22 verschiedene Tiergruppen mit insgesamt etwa 200 Tieren in einem 10 x 3 x 3 cm großen Dominikanischen Bernstein. Folgende Tiergruppen sind konserviert: Spinnen, Milben, Termiten, Zikaden, Wanzen, Rindenläuse, Ameisen, Erzwespen, Mymariden, Köcherfliegen, Gallmücken, Trauermücken, Pilzmücken, Schmetterlingsmücken, Zuckmücken, Gnitzenmücken, Tanzfliegen, Langbeinfliegen, Buckelfliegen, Dungfliegen, Essigfliegen, Käfer. Der Stein ist Teil der Sammlung im Staatlichen Museum für Naturkunde Stuttgart.

Das größte Bernsteininsekt ist eine Libelle mit 53 mm Körperlänge und 60 mm Flügelspannweite in einem Dominikanischen Bernstein im Staatlichen Museum für Naturkunde Stuttgart.

Die größten pflanzlichen Einschlüsse sind eine 7 cm lange Nadel, vermutlich vom Erzeuger des Baltischen Bernsteins, der sogenannten Bernsteinkiefer, sowie ein 7,5 x 2,5 cm großes Blatt, das wahrscheinlich vom Erzeuger des Dominikanischen Bernsteins (Leguminosae-Laubbaum *Hymenaea*) stammt. Beide Stücke gehören zum Bestand des Staatlichen Museums für Naturkunde Stuttgart.

Die reichhaltigsten Herbarien im Bernstein sind Dominikanische Bernsteine: zehn Blätter von zweierlei Pflanzen, jeweils 5 x 2,5 cm groß in einem Bernsteinstück, einer ehemaligen Harzpfütze, und Bernsteinstücke mit Moosrasen, die über 1000 Blättchen erhalten.

Der größte Burma-Bernstein wiegt 15,25 kg, mißt 50 x 35 x 18 cm, wurde 1860 entdeckt und 1940 dem Museum für Naturgeschichte in London (GB) geschenkt, wo er in der Mineral Gallery ausgestellt ist.

Eine Gottesanbeterin in geradezu tänzerischer Haltung in Dominikanischem Bernstein.

2000 winzige Ameisen sind es mindestens, die in diesem Dominikanischen Bernstein konserviert worden sind.
Fotos: Dr. Dieter Schlee

Das größte Raubtier der Welt beim Fischen und in abschreckender Pose. Der auf den Inseln Kodiak, Afgonak und Shuyak im Golf von Alaska (USA) lebende Kodiakbär wird, von der Schnauze bis zum Schwanz gemessen, im Durchschnitt 2,44 m lang und erreicht eine Schulterhöhe von 1,32 m sowie ein Gewicht von 476-533 kg.

Fotos: Images Colour Library

- Kleinster Zwergpudel kommt aus Meißen: er heißt Napoleon
- »Hochsprung«-Rekord gelingt englischem Spürhund: er heißt Stag
- Kleinste Katze miaut in Illinois: sie heißt Tinker Toy
- Wellensittich aus Kalifornien beherrscht Rekordvokabular: er heißt Puck
- Größte Kröte ist tot: sie hieß Prinsen
- Ältester deutscher Zoo feiert Jubiläum: er heißt herzlich willkommen

♦ ALLGEMEINE TIERREKORDE

Die ältesten Landtiere verließen, wie Funde belegen, die 1990 bei Ludlow, Shropshire (GB), entdeckt wurden, vor 414 Mio. Jahren die Ozeane. Zu ihnen gehörten zwei Arten von Hundertfüßern und eine winzige Spinne, die zwischen Versteinerungen von Pflanzen gefunden wurde, was vermuten läßt, daß das Leben viel früher, als bisher angenommen, das Festland eroberte.

Das lauteste Organ aller Lebewesen besitzen die Blauwale (*Balaenoptera musculus*). Die Niederfrequenzschwingungen, die bei ihrer gegenseitigen Verständigung entstehen, erreichen eine Phonstärke bis zu 188 Dezibel, ihre Töne sind im Umkreis von 850 km hörbar.

Das fruchtbarste Tier ist die Kohl-Blattlaus (*Brevicoryne brassicae*). Nach Berechnungen ist eine einzige Laus bei unbegrenzt vorhandenem Futter in der Lage, in einem Jahr so viele Abkömmlinge in die Welt zu setzen, daß die alles in allem bis zu 822 000 000 t wiegen könnten – mehr als dreimal soviel wie alle Menschen der Erde. Glücklicherweise ist die Sterblichkeitsrate unter den Blattläusen gewaltig.

Die kräftigsten Tiere sind, im Verhältnis zu ihrem Körperbau, die größeren Käfer aus der Familie der Scarabaeidae, die hauptsächlich in den Tropen vorkommen. Eine Testreihe mit einem Rhinozeroskäfer der Familie Dynastinae ergab, daß er das 850fache seines eigenen Gewichts auf dem Rücken tragen konnte (ein Mensch kann mit einem Traggestell höchstens das 17fache seines Körpergewichts bewältigen).

Den kräftigsten Biß unter den Tieren haben die Haie. Untersuchungen im Lerner Marine Laboratory in Bimini auf den Bahamas brachten an den Tag, daß ein 2 m langer Grauhai (*Carcharhinus obscurus*) zwischen seinen Kiefern eine Druckkraft von 60 kg erzeugen konnte. Dies entspricht an den Zahnkronen einem Druck von 3 t/cm².

Der längste Scheintod ist aus dem Britischen Museum in London überliefert. Dem Museum waren im Jahr 1846 zwei offensichtlich tote Exemplare der Wüstenschnecke *Eremina desertorum* geschenkt worden. Sie wurden auf eine kleine Tafel geklebt und in der naturgeschichtlichen Abteilung ausgestellt. Vier Jahre später, im März 1850, kam Museumsangestellten der Verdacht, daß eine der beiden Schnecken noch leben könnte. Sie lösten das Tier von der Tafel und legten es in lauwarmes Wasser. Die Schnecke bewegte sich und fraß später auch. Das kleine Geschöpf lebte dann noch weitere zwei Jahre, ehe es in Erstarrung fiel und starb.

Die gefährlichsten Tiere sind die Malaria-Parasiten der Gattung *Plasmodium,* die von Moskitos der Gattung *Anopheles* übertragen werden. Wenn wir Kriege und Unfälle einmal außer acht lassen, sind sie direkt oder indirekt für 50 Prozent aller Menschentode seit der Steinzeit verantwortlich. Nach Schätzungen der Weltgesundheitsorganisation von 1993 sterben allein in Schwarzafrika jährlich 1,4-2,8 Mio. Menschen an Malaria.

Das nächste Mal, wenn das Bellen eines Hundes an Ihren Nerven zerrt, denken Sie an den Brüllaffen (*Alouatta*) aus Mittel- und Südamerika, dessen fürchterliches Gebrüll als Mischung aus Hundegebell und Eselsschrei beschrieben wurde – in tausendfacher Verstärkung! Bei den Männchen sitzt am Scheitelpunkt der Luftröhre ein erweitertes Knochengebilde, das die Laute zurückwirft und widerhallen läßt. Haben sich die Brüllaffen erst einmal richtig eingestimmt, sind sie bis zu 16 km weit zu hören. Sie sind die lautesten Tiere der Welt.
Foto: Jacana/J.-P. Varin

Das stärkste bekannte Gift im Körper von Tieren ist das aus Hautabsonderungen des in West-Kolumbien beheimateten Goldenen Pfeilgiftfrosches (*Phyllobates terribilis*) gewonnene Batrachotoxin. Es ist 20mal stärker als das anderer Pfeilgiftfroscharten (wer den Frosch berühren will, muß Handschuhe tragen). Ein ausgewachsenes Durchschnittsexemplar birgt mit 1 900 mg genug Giftstoff, um damit 1 500 Menschen zu töten.

Die größten Tierkolonien bilden die schwarzschwänzigen Präriehunde (*Cynomys ludovicianus*), die im Westen der USA und im Norden Mexikos heimisch sind. Im Jahr 1901 wurde von einer »Tierstadt« berichtet, die sich über eine Fläche von 384 x 160 km erstreckte und von etwa 400 Mio. Präriehunden bevölkert wurde.

Die größte Ansammlung von Tieren war, soweit man weiß, ein unglaublich riesiger Schwarm von Rocky-Mountain-Heuschrecken (*Melanoplus spretus*), der den US-Bundesstaat Nebraska vom 15. bis 25. August 1875 heimsuchte. Nach Aussagen eines Wissenschaftlers, der die Heuschreckenwanderung fünf Tage lang beobachtete, war der Schwarm 514 374 km² groß, als er Nebraska überflog. Wenn der Beobachter das Ausmaß des Schwarms um 50 Prozent überschätzt haben sollte (die meisten Heuschrecken fliegen nicht bei Nacht), wäre er immer noch 257 187 km² groß gewesen, also ungefähr so groß wie Colorado oder Oregon. Es wurde veranschlagt, daß dieser Schwarm von Rocky-Mountain-Heuschrecken aus mindestens 12 500 000 000 000 Insekten bestanden hat, die etwa 25 000 000 t wogen. Aus ungeklärten Gründen hörte die geheimnisvolle Plage im Jahr 1902 auf.

Der gewaltigste Fresser in der Natur ist die Larve des Einaugenfalters (*Antherea polyphemus*), der in Nordamerika lebt. In den ersten 56 Tagen ihres Lebens verzehrt die Larve das 86 000fache ihres Geburtsgewichts. Auf den Menschen übertragen hieße das, ein Säugling von 3,17 kg Gewicht müßte 273 t Nahrung zu sich nehmen.

Den größten Gewichtsverlust haben Blauwalweibchen (*Balaenoptera musculus*), die in der siebenmonatigen Stillzeit von ihren durchschnittlich 120 t Gewicht bis zu 25 Prozent verlieren können, während sie ihr Junges säugen.

Das bizarrste Lebewesen unter den Säugetieren ist das eierlegende Schnabeltier (*Ornithorhynchus anatinus*), das in Flüssen und Seen im Osten Australiens und Tasmaniens zu finden ist. Kopf und Füße könnten von einer Ente sein, der Körper von einem Otter. Die Natur hat das Schnabeltier mit zwei weiteren Merkwürdigkeiten ausgestattet: Die Männchen haben an den Fußknöcheln giftige Spornen. Alle Tiere sind mit einem hochempfindlichen Sensor ausgestattet, der sich im breiten, flachen Schnabel verbirgt und die kleinsten elektrischen Impulse registriert. Wenn etwa eine Garnele in schlammigem Wasser nur mit ihrem winzigen Schwanz zuckt, entgeht das dem Schnabeltier nicht.

Am frühesten fortpflanzungsfähig sind die weiblichen skandinavischen Berglemminge (*Lemmus lemmus*), die schon im Alter von 14 Tagen schwanger werden können. Die Trächtigkeit dauert 16-23 Tage, nach denen sie 1-13 Junge zur Welt bringen. Von einem Lemmingpaar wurde berichtet, daß es in 167 Tagen achtmal Nachwuchs bekommen haben soll. Danach ist das Männchen gestorben.

♦ SÄUGETIERE

Das größte Säugetier und das größte Tier aller Zeiten ist der Blauwal (*Balaenoptera musculus*) aus der Art der Furchenwale (*Balaenopteridae*). Neugeborene Blauwalkälber sind 6,5-8,6 m lang und wiegen bis zu 3 t. Aus dem kaum sichtbaren befruchteten Ei, das nur den Bruchteil eines Milligramms wiegt, wächst das Blauwalkalb in 22 3/4 Monaten zu einem Gewicht von 26 t heran. Das entspricht einer 30milliardenfachen Zunahme während der Trächtigkeit und der ersten 12 Monate des eigenen Lebens. Obwohl die Wale seit 1967 *de jure* geschützt sind und ein weltweites Verbot des kommerziellen Walfangs erlassen wurde, leben nur noch 1 000 Blauwale in den Ozeanen. Um 1920 waren es noch schätzungsweise 250 000.

Das schwerste Säugetier war ein Blauwalweibchen, das am 20. März 1947 in der Antarktis gefangen wurde. Es wog 190 t und war 27,6 m lang.

Das längste Säugetier war ein Blauwalweibchen von 33,58 m Länge, das 1909 im Südatlantik bei Grytviken auf Süd-Georgien (britische Kronkolonie der Falklandinseln und Dependancen) an Land gespült wurde. Ein Blauwal mit dem Spitznamen *Queen Victoria*, der seit 1987 mehrmals in der Beringsee gesichtet wurde, wird auf mindestens 45 m geschätzt, was bisher jedoch nicht eindeutig belegt werden konnte.

Die tiefsten Taucher sind Pottwale (*Physeter catodon*), deren maximale Tauchtiefe amerikanische Wissenschaftler 1970 mittels Dreiecksortung der Schnalzlaute, die sie von sich geben, auf 2 500 m schätzten. Am 25. August 1969 war allerdings 160 km südlich von Durban (Südafrika) ein Pottwalbulle gefangen worden, der vorher 1:52 Std. getaucht war und in seinem Magen zwei kleine Haie hatte, die er ungefähr eine Std. vorher geschluckt haben mußte. Die Haie gehörten zur Gattung *Scymnodon*, die sich nur in unmittelbarer Nähe des Meeresbodens aufhält. Da das Meer im Umkreis von 48-64 km um die Fangstelle bis zu 3 193 m tief ist, kann man schließen, daß Pottwale auf der Nahrungssuche gelegentlich über 3 000 m tief tauchen und die Grenzen ihres Unterwasseraufenthalts eher vom Zeitdruck als vom Wasserdruck gesetzt werden.

Größtes (mit Zähnen ausgestattetes) Meeressäugetier ist der Pottwal oder Cachalot (*Physeter catodon*). Im Sommer 1950 war eine sowjetische Walfangflotte vor den Kurilen-Inseln im Nordwestpazifik einen Rekordbullen von 20,7 m Länge gefangen. Aus der Frühzeit des Walfangs sind noch größere Bullen bekannt. In der Naturgeschichtlichen Abteilung des Britischen Museums ist der 5 m lange Unterkiefer eines Pottwals zu sehen; das

TIERE

36/37

• Allgemeine Tierrekorde • Säugetiere

Der Afrikanische Buschelefant (*Loxodenta africana*) ist das größte heute lebende Säugetier an Land. Ein ausgewachsener Bulle hat eine durchschnittliche Schulterhöhe von 3,2 m und wiegt 5,7 t.

Savi's weißzähnige Zwergspitzmaus (*Suncus etruscus*), auch Etruskische Spitzmaus genannt, ist das kleinste Landsäugetier. Sie wiegt 1,5-2,5 g und hat eine Kopf- und Körperlänge von 36-52 mm sowie einen Schwanz von 24-29 mm. Beheimatet ist sie an der Mittelmeerküste sowie weiter südlich bis Cape Province in Südafrika (s.a.S. 45).

Fotos: Planet Earth Pictures/J. Downer, Jacana/Mammifrance

Fünf auf einen Streich

Sensation im niederösterreichischen Haag: Im Tierpark gebar eine Braunbärin am 13. April 1993 fünf Junge auf einmal. Das ist der größte Bärennachwuchs, der je »in Gefangenschaft« zur Welt kam. Normalerweise umfaßt ein Wurf zwei bis drei Jungtiere.

Die fünf Bärenbabys, die im Januar geboren wurden und bereits zwischen 45 und 60 cm groß und zwischen 8 und 10 kg schwer sind, waren jetzt das erste Mal im Freigehege und sind bereits die Lieblinge der Zoobesucher.

Der Rekordwurf kam gerade recht: Der Tierpark Haag, der auf 30 ha rund 200 verschiedene Arten beherbergt, feiert dieses Jahr sein 20jähriges Bestehen.

Foto: Stadtgemeinde Haag, NÖ

deutet auf einen Bullen von etwa 25,6 m Länge hin.

Kleinstes Meeressäugetier ist der Jacobita Delphin (*Cephalorhynchus commersonii*), der in den Gewässern an der Südspitze Südamerikas anzutreffen ist. Bei sechs ausgewachsenen Exemplaren dieser Kleinwale schwankte das Gewicht zwischen 23 und 35 kg. Der Seeotter (*Enhydra lutris*) aus dem Nordpazifik gleicht ihnen im Umfang (25-38,5 kg), aber diese Gattung kommt gelegentlich bei Stürmen an Land.

Das höchstgewachsene Säugetier ist die Giraffe (*Giraffa camelopardalis*), die heute nur noch in den Savannen Afrikas südlich der Sahara anzutreffen ist. Das höchstgewachsene jemals registrierte Exemplar war eine männliche Giraffe (*Giraffa camelopardalis tippelskirchi*) namens George. Das Tier traf am 8. Januar 1959 aus Kenia im Zoo von Chester (GB) ein. Als es neun Jahre alt war, reichte sein Kopf fast bis an das Dach des 6,09 m hohen Giraffenhauses. George starb am 22. Juli 1969.

Schnellstes Landtier über kurze Strecken (bis zu 550 m) ist der Gepard (*Acinonyx jubatus*), der in den Ebenen Ostafrikas, Irans, Turkmenistans und Afghanistans lebt. Seine geschätzte Höchstgeschwindigkeit dürfte zwischen 96 und 101 km/h auf flachem Gelände liegen.

Das schnellste Landtier über eine Strecke von mehr als 1 km Länge ist die Hirschziegenantilope (*Antilocapra americana*) im Westen der USA. Diese Antilopen wurden abgestoppt mit 56 km/h über 6 km, 67 km/h über 1,6 km und 88,5 km/h über 0,8 km.

Schnellstes Meeressäugetier ist der Killerwal (*Orcinus orca*). Am 12. Oktober 1958 wurde im Ostpazifik ein 6,1-7,62 m langes männliches Exemplar gesichtet, das nach den Stoppzeiten 30 Knoten (55,5 km/h) schnell war. Auf Kürzeststrecken erreicht auch der Tümmler (*Phocoenoides dalli*) eine Spitzengeschwindigkeit von 30 Knoten.

Langsamstes Landsäugetier ist das Ai oder dreizehige Faultier (*Bradypus tridactylus*) im tropischen Amerika. Seine Durchschnittsgeschwindigkeit am Boden beträgt 1,83-2,44 m/min (0,109-0,158 km/h), in den Bäumen jedoch vermag es bis zu 4,57 m/min (0,272 km/h) zu »beschleunigen«. (Zum Vergleich: Die gewöhnliche Gartenschnecke (*Helix aspersa*) bringt es auf 0,05 km/h und die Riesenschildkröte (*Geochelone gigantea*) auf 0,27 km/h.)

Langsamstes Meeressäugetier ist der Seeotter (*Enhydra lutris*), der eine Spitzengeschwindigkeit von 9,6 km/h erreicht.

Am längsten lebende Säugetiere: Kein Säugetier erreicht die extreme Lebensdauer von 120 Jahren, die für den Menschen (*Homo sapiens*) belegt ist. Am nächsten kommt dem wahrscheinlich der Indische Elefant (*Elephas maximus*). Der Elefantenbulle *Rajah* aus Sri Lanka, der seit 1931 die alljährliche Perahera-Prozession durch Kandi angeführt und den Heiligen Zahn Buddhas getragen hatte, war angeblich 81 Jahre alt, als er am 16. Juli 1988 starb. Das höchste nachgewiesene Alter erreichte eine Kuh namens *Modoc*, die 78jährig am 17. Juli 1975 in Santa Clara, Kalifornien (USA), starb. Sie war 1898 im Alter von zwei Jahren aus Deutschland in die USA eingeführt worden.

Langlebigstes Meeressäugetier ist der Bartenwal (*Berardius bairdü*), der etwa 70 Jahre wird.

»Wer stört mich denn schon wieder bei meiner Morgengymnastik?« Braunbären im Berliner Zoo.
Foto: Günter Peters

TIERE

• Säugetiere

Längste und kürzeste Tragzeiten: Die längste Tragzeit aller Säugetiere ist die des indischen Elefanten (*Elephas maximus*). Sie dauert zwischen 609 und 760 Tagen.
Nur 12-13 Tage trächtig sind in der Regel das seltene Wasseropossum oder Yapok (*Chironectes minimus*) und das amerikanische Opossum (*Didelphis marsupialis*), die in Nordamerika und im nördlichen Südamerika vorkommen, sowie die australische Marderart *Dasyurus viverrinus*. Die Tragzeit dieser Tiere kann sogar nur 8 Tage dauern.

Größter Wurf: Die größte bekanntgewordene Anzahl von Jungen (bei einer Geburt) eines wildlebenden Säugetieres ist 31, wovon 30 überlebten; dies geschah beim Großen Tanrek (*Tenrec ecaudatus*), der auf Madagaskar und auf den Komoren zu finden ist. Normalerweise sind es 12-15 Junge bei einem Wurf. Weibchen können bis zu 24 Junge säugen.

Die größten Fleischfresser: Das größte lebende Landraubtier ist der Kodiakbär (*Ursus arctos middendorffi*), der auf den Inseln Kodiak, Afognak

und Shuyak im Golf von Alaska (USA) lebt. Der erwachsene Bär erreicht eine Länge (Schnauze bis Schwanz) von 2,44 m. Der Schwanz mißt nur 10 cm. Seine Schulterhöhe beträgt 132 cm. Sein Gewicht liegt zwischen 476 und 533 kg. Das höchste je verzeichnete Gewicht mit 751 kg erzielte ein 1894 erlegter Bär.
Ein 1960 im Kotzebuesund, Alaska (USA) erlegter Eisbär war 3,38 m groß und soll 1002 kg gewogen haben. Er wurde ausgestopft und im April 1962 auf der Weltausstellung von Seattle, Washington (USA), gezeigt.

Das kleinste Raubtier ist das Zwergwiesel (*Mustela rixosa*), das in den Polarkreisen lebt. Vier Arten dieser Gattung sind bekannt, von denen die kleinste die sibirische *Mustela r. pygmaea* ist. Erwachsene Exemplare erreichen eine Gesamtlänge von 177 bis 207 mm und wiegen 35 bis 70 g.

Größte Raubkatzen: Das größte Mitglied der Katzenfamilie (*Felidae*) ist der langhaarige Sibirische Tiger (*Panthera tigris altaica*), auch Amur- bzw. Mandschurischer Tiger genannt. Erwachsene Männchen sind durchschnittlich 3,15 m lang (Nase bis zur Spitze des gestreckten Schwanzes), haben eine Schulterhöhe von 99 bis 107 cm und wiegen rund 265 kg. 1950 wurde ein männlicher Tiger mit einem Gewicht von 384 kg in den Bergen von Sikhote Alin (Rußland) geschossen.
Ein Bengal- oder Königstiger (*Panthera tigris tigris*), den der Amerikaner David H. Hasinger in Uttar Pradesh (Indien) im November 1967 geschossen hat, war 3,22 m lang und wog 388,7 kg. Das Tier wurde präpariert und ist im US-Museum für Naturgeschichte, Smithsonian Institution, Washington, zu sehen.
Der ausgewachsene afrikanische Löwe (*Panthera leo*) erreicht eine Gesamtlänge von 2,7 m, eine Schulterhöhe von 91 bis 97 cm und wiegt 181-185 kg. Das schwerste in Freiheit lebende Exemplar mit einem Gewicht von 313 kg wurde 1936 bei Hectorspruit (Südafrika) geschossen.
Indiens Königs- oder Bengaltiger werden seit dem Tiger-Projekt 1973 geschützt. Rund 4400 Tiger sollen heute dort wieder leben, davon mehr als 1300 in Reservaten.

Der größte Tiger außerhalb der freien Wildbahn und die schwerste Wildkatze überhaupt ist ein 9 Jahre altes Sibirier-Männchen namens *Jaipur*, das der Tiertrainerin Joan Byron-Marasek aus Clarksburg in New Jersey (USA) gehört. Der Prachtkerl ist 3,32 m lang und brachte im Oktober 1986 423 kg auf die Waage.

Die kleinsten Raubkatzen sind die rostfleckigen Katzen (*Felis rubiginosa*) Südindiens und Sri Lankas. Der erwachsene Kater hat eine Durchschnittslänge von 64 bis 71 cm (Schwanzlänge 23-25 cm) und wiegt etwa 1,3 kg.

Der langlebigste Primat

Der langlebigste Primat war ein Schimpanse (*Pan troglodytes*) namens *Gamma*, der am 19. Februar 1992 im Yerkes-Zentrum für Primatenforschung in Atlanta, Georgia (USA), im Alter von 59 Jahren und 5 Monaten starb. *Gamma* war im September 1932 in der Außenstelle des Yerkes-Zentrums in Florida geboren worden. Ein ähnlich hohes Alter erreichte ein männlicher Orang-Utan (*Pongo pygmaeus*) mit Namen *Guas*, der im Zoologischen Garten von Philadelphia, Pennsylvania (USA), am 9. Februar 1977 gestorben ist. Als er am 1. Mai 1931 in den Zoo kam, war er mindestens 13 Jahre alt.

Foto: Yerkes Regional Primate Research Center

Primaten

Das größte Herrentier ist der in den Waldgebieten des östlichen Zaïre und des westlichen Uganda lebende östliche Flachlandgorilla (*Gorilla gorilla graueri*), der im Durchschnitt 1,75 m groß ist und 165 kg wiegt.
Mit einer durchschnittlichen Größe von 1,725 m und einem Gewicht von 155 kg steht ihm der in den Vulkangebirgen des westlichen Ruanda, des südwestlichen Uganda und des östlichen Zaïre lebende Berggorilla (*Gorilla gorilla beringei*) kaum nach. Die meisten der in Gefangenschaft gehaltenen besonders großen Gorillas gehören dieser Spezies an.
Der größte in freier Wildbahn angetroffene Gorilla, ein 1920 im östlichen Kongo (dem heutigen Zaïre) erlegter männlicher Berggorilla, maß (einschließlich Kopfhaar) 1,88 m. Der größte jemals in Gefangenschaft gehaltene Gorilla ist ein östliches Flachland-Männchen namens *Colossus* (* 1966), der derzeit im Zoo von Gulf Breeze in Florida (USA) zu sehen ist. Er ist angeblich 1,88 m groß und wiegt 260,8 kg, aber diese Angaben sind noch nicht überprüft.
Der schwerste Gorilla in Gefangenschaft war ein Männchen der Bergrasse namens *N'gagi*, das mit 18 Jahren am 12. Januar 1944 im Zoo von San Diego, Kalifornien (USA), starb. Bei seinem Tod wog der Gorilla 288 kg, sein Höchstgewicht hatte er 1943 mit 310 kg erreicht. Er war 1,72 m groß, sein Rekordbrustumfang betrug 198 cm.

Der größte Affe: Die einzige Affenart, von der verläßlich ein Gewicht über 45 kg festgestellt wurde, ist der Mandrill (*Mandrillus sphinx*) des äquatorialen Westafrika. Das größte verläßlich verzeichnete Gewicht beträgt 54 kg für ein gefangenes männliches Exemplar, aber unbestätigte Berichte sprechen auch von einem Gewicht von 59 kg. (Die Weibchen sind ungefähr halb so groß wie die Männchen.)

Das kleinste Herrentier ist der seltene federschwänzige Baumlemur (*Ptilocercus lowii*) Malaysias. Ausgewachsene Exemplare besitzen eine Gesamtlänge von 23 bis 30 cm (Kopf und Körper 100-140 mm; Schwanz 130-190 mm) und ein Gewicht von 35 bis 50 g. Das Zwergseidenäffchen (*Cebuella pygmaea*) vom oberen Amazonasbecken und der Mauslemur (*Microcebus murinus*) aus Madagaskar sind etwa gleich lang (27-30 cm), aber schwerer; erwachsene Exemplare wiegen 50-75 g und 45-80 g. Das Zwergseidenäffchen ist auch der kleinste Affe.

Der älteste Affe war ein männliches Exemplar des weißkehligen Kapuziners (*Cebus capucinus*) namens *Bobo*. Er wurde 53 Jahre alt. *Bobo* ist am 10. Juli 1988 an den Folgen eines Schlaganfalls eingegangen.

Antilopen, Rotwild, Beuteltiere

Die größte Antilope ist die seltene Derby-Elenantilope (*Taurotragus derbianus*), auch Riesenelenantilope genannt, aus West- und Nordzentralafrika. Sie kann mehr als 907 kg wiegen und eine Schulterhöhe von 1,83 m erreichen. Die Gemeine Elenantilope (*Taurotragus oryx*) Ost- und Südafrikas besitzt die gleiche Schulterhöhe bis zu 1,78 m, ist aber nicht ganz so stämmig. Allerdings gibt es eine Aufzeichnung über einen Bock mit einer Höhe von 1,65 m, der 1937 im Nyassaland (heute Malawi) geschossen wurde und 943 kg wog.

Die kleinste Antilope ist die Königsantilope (*Neotragus pygmaeus*) Westafrikas. Ausgewachsene Exemplare haben eine Schulterhöhe von 25 bis 31 cm und nur ein Gewicht von 3 bis 3,6 kg, was dem eines großen Feldhasen (*Lepus europaeus*) entspricht. Die schlanke Eritreadikdik (*Madoqua saltina*) von Nordostäthiopien und von Somalia wiegt 2,2-2,7 kg, erreicht aber eine Schulterhöhe von etwa 35,5 cm.

Das höchste Alter einer Antilope, das verläßlich berechnet wurde, beträgt 25 Jahre, 4 Monate. Rekordhalter ist eine Mendesantilope (*Addax nasomaculatus*), die am 15. Oktober 1960 im Brookfield Zoo von Chikago, Illinois (USA), starb.

Die größte Rotwildart ist der Elch von Alaska (*Alces alces gigas*). Die durchschnittliche Schulterhöhe eines erwachsenen maskulinen Exemplars beträgt 1,83 m; das Durchschnittsgewicht liegt bei 500 kg. Ein männlicher Elch mit einer Höhe von 2,34 m zum Widerrist und mit einem Gewicht von schätzungsweise 816 kg wurde am Yukon (Kanada) im September 1897 geschossen.

Das kleinste Rotwild ist das Pudu (*Pudu mephistophiles*), in Ecuador und Kolumbien verbreitet. Ausgewachsene Tiere haben eine Schulterhöhe von 33 bis 35 cm und erreichen ein Gewicht zwischen 7,2 und 8,1 kg. Der kleinste Wiederkäuer ist das Kleine Malaiische Moschustier (*Tragulus javanicus*) in Südostasien. Es erreicht Schulterhöhen zwischen 20 und 25 cm und wiegt ausgewachsen ca. 3 kg.

Größtes Beuteltier ist das Rote Riesenkänguruh (*Megaleia rufa* oder *Macropus rufus*) Zentral-, Süd- und Ostaustraliens. Erwachsene Männchen werden bis zu 213 cm groß, 85 kg schwer, und einschließlich Schwanz können sie sich bis zu 245 cm lang machen.

Das kleinste Beuteltier ist die seltene Flachkopfbeutelmaus (*Planigale ingrami*) oder Zwergflachkopfbeutelmaus (*Planigale subtilissima*), die ausschließlich im Nordwesten Australiens vorkommt. Erwachsene Männchen haben eine Kopf- und Körperlänge von 55 bis 63 mm, eine Schwanzlänge von 57 bis 60 mm und wiegen 3,9 bis 4,5 g.

Schnellstes Beuteltier war bisher mit 64 km/h ein ausgewachsenes weibliches Exemplar des Grauen Känguruhs.

Ein großes männliches Rotes Känguruh brach nach einem Lauf über 1 Meile (1,6 km) mit einer Geschwindigkeit von 56 km/h tot zusammen. Es war der Anstrengung nicht gewachsen. Offenbar war das Tier zu schwer, um das hohe Tempo über eine längere Strecke durchhalten zu können.

Die höchsten Sprünge taten ein Graues Känguruh mit 2,44 m und ein Rotes Känguruh mit 3,1 m. Das Graue Känguruh war eingesperrt und sprang über einen Zaun, weil es von der Fehlzündung eines Autos erschreckt worden war. Das Rote Känguruh war auf der Flucht vor Jägern und setzte dabei über einen Holzstoß hinweg.

Zu den weitesten Sprüngen wurde ein Rotes Känguruhweibchen auf einer Jagd getrieben. Es tat eine ganze Reihe von Rekordsätzen, darunter einen über 12,8 m (Januar 1951 in Neusüdwales). Einem unbestätigten Bericht zufolge soll ein Graues Riesenkänguruh fast 13,5 m weit gesprungen sein.

Foto: Günter Peters

DAS TIER DES JAHRES 1994

Zum Tier des Jahres 1994 wählte die Schutzgemeinschaft Deutsches Wild das Rotwild, eine weltweit 31 Arten zählende Hirschfamilie. Die Organisation begründete ihre Wahl mit der zunehmenden Bedrohung dieser stärksten freilebenden Tierart in Deutschland, besonders durch immer enger werdende Lebensräume. Für einige Experten kam diese Wahl überraschend, weil die Bestände an Rotwild zur Zeit noch groß sind und Wild oft als »Waldschädling« angesehen wird. Das Wild richtet durch Verbiß große Schäden in Wäldern und auf Feldern an.

Koalas auf Tournee

Zum ersten Mal sind zwei Koalas in einem deutschen Zoo zu bewundern. *Dinki-Di* und *Gidgee*, so heißen die beiden, sind bis zum 15. September 1994 im Tierpark Berlin-Friedrichsfelde zu Gast. Die possierlichen Tiere wurden 1992 im Zoo San Diego, Kalifornien (USA), geboren, wo diese Beuteltierart seit 35 Jahren erfolgreich gezüchtet wird. Als schwierig gestaltet sich die Fütterung der beiden 4 bzw. 5 kg schweren Bären: Koalas ernähren sich ausschließlich von ganz bestimmten Eukalyptusarten, so daß das Futter zweimal wöchentlich eingeflogen werden muß.
Die Tierpfleger, die sich in Berlin um die beiden Neulinge kümmern werden, mußten zunächst in San Diego angelernt werden. In den ersten Wochen steht auch noch ein amerikanischer Experte zur Verfügung.

Foto: Günter Peters

Der Streit um die Heuler

Zwischen 1989 und 1993 landeten allein in Schleswig-Holsteins Seehundaufzuchtstation Friedrichskoog 66 Jungtiere. Behörden und Tierschützer sind sich uneins, ob Seehundbabys, die ihren Müttern verlorengegangen sind, weiterhin in Stationen großgezogen werden sollen, um später wieder ausgewildert zu werden, oder ob Eingriffe in die Natur vermieden werden, die Jungtiere am Fundort gelassen oder auf einer Sandbank ausgesetzt werden sollen, um zu ihren Müttern zurückzufinden.

Foto: dpa

Säugetiere

Flossenfüsser
(Robben, Seelöwen, Walrosse)

Höchstalter: Mindestens 46 Jahre alt war nach dem Zustand des Gebisses eine weibliche Graurobbe (*Halichoerus grypus*), die am 23. April 1969 bei Shunni Wick auf den Shetlandinseln (GB) geschossen wurde. Das Graurobbenmännchen *Jakob*, das von 1901 bis 1942 im Skansen-Zoo, Stockholm (S), gehalten worden war, ist schätzungsweise 41 Jahre alt geworden.

Die am meisten verbreitete Spezies des Flossenfüßers ist die Krabbenfresserrobbe (*Lobodon carcinophagus*) der Antarktis. 1977 lebten rund 15 Mio. Tiere dieser Art.

Der größte Flossenfüßer, von denen 34 Arten bekannt sind, ist die Südliche Elefantenrobbe (*Mirounga leonina*), die auf subantarktischen Inseln lebt. Ausgewachsene Bullen werden ca. 5 m lang (von der ausgestreckten Rüsselspitze bis zu den Enden der Schwanzflossen gemessen). Ihr Körperumfang beträgt bis zu 3,7 m, ihr Gewicht kann 2268 kg erreichen. Größtes genau gemessenes Exemplar war ein Bulle, der am 28. Februar 1913 in der südatlantischen Possession Bay, South Georgia, getötet wurde: Er wog mindestens 4 t und maß nach Abhäutung 6,5 m. Mit seiner Speckhaut war dieser Elefantenrobbenbulle etwa 6,85 m lang. Der größte lebende Flossenfüßer ist ein Robbenbulle mit dem Spitznamen *Stalin*, den britische Antarktis-Inspekteure am 14. Oktober 1989 in South Georgia betäubt und näher in Augenschein genommen haben. Er wog 2662 kg und maß 5,1 m.

Die kleinsten Flossenfüßer sind die Eismeer-Ringelrobben (*Pusa hispida*) der Arktis, die Sibirische Ringelrobbe (*Pusa sibirica*) vom Baikalsee (Rußland) und die Kaspi-Ringelrobbe (*Pusa caspica*) vom Kaspischen Meer (Ukraine). Ausgewachsene (männliche) Exemplare werden 1,67 m lang und werden bis zu 127 kg schwer.

Schnellste Flossenfüßer: Schnellster Schwimmer unter den Flossenfüßern ist der Kalifornische Seelöwe (*Zalophus californianus*), der kurzzeitig eine Spitzengeschwindigkeit von 40 km/h erreicht. Zu Lande ist mit einer Höchstgeschwindigkeit von 19 km/h die Krabbenfresserrobbe (*Lobodon carcinophagus*) am schnellsten.

Tieftauchen: Im Mai 1988 untersuchte ein Wissenschaftler-Team von der kalifornischen Universität in Santa Cruz vor Ano Nuevo Point die Tauchfähigkeiten der nördlichen Elefantenrobben (*Mirounga anguistirostris*). Dabei erreichte ein Weibchen die Rekordtiefe von 1257 m, ein anderes blieb 48 Min. lang unter Wasser Ähnliche Beobachtungen machten australische Wissenschaftler in der Subantarktis bei südlichen Elefantenrobben.

Der größte Flossenfüßer der Welt, die auf subantarktischen Inseln lebende Südliche Elefantenrobbe (*Mirounga leonina*), in majestätischer Gelassenheit. Ausgewachsene Bullen werden ca. 5 m lang und wiegen, bei einem Körperumfang von bis zu 3,7 m, etwa 2268 kg.

Foto: Jacana/Parer-Parer, Cook (Australien)

◆ **HAUSTIERE**

Katzen

Die größte Katze unter den 330 Arten ist die amerikanische Ragdoll, eine Züchtung, die 6,8 bis 9,07 kg schwere Kater hervorgebracht hat. Meistens aber sind die Hauskatzen (Felis catus) erheblich leichter. Ausgewachsene Kater haben ein Durchschnittsgewicht von 3,9 kg, Katzendamen bringen es im Schnitt auf 3,2 kg. Kastrierte oder sterilisierte Tiere legen in der Regel etwas Gewicht zu.

Die schwerste Hauskatze, für die verläßliche Angaben vorliegen, war ein kastrierter Kater namens *Himmy*, der Thomas Vyse aus Redlynch, Queensland (Australien), gehörte. Als das 10 Jahre und 4 Monate alte Tier am 12. März 1986 an Atmungsversagen starb, wog es 21,3 kg und hatte einen Halsumfang von 38,1 cm, eine »Taille« von 83,8 cm sowie eine Länge von 96,5 cm.

Die kleinste Zucht der Hauskatze ist die Singapura. Kater erreichen ein Gewicht von 2,7 kg, Weibchen eines von 1,8 kg. Leichteste Züchtungen erreichen nach zuverlässigen Angaben in einigen Fällen nicht einmal 1,36 kg. Das Normalgewicht ist ca. 4-5 kg.

Die kleinste Katze ist der blaugezeichnete Himalaja-Perser-Kater *Tinker Toy* von Katrin und Scott Forbes aus Taylorville, Illinois (USA). Er ist ganze 7 cm hoch und 19 cm lang.

Älteste Katzen: Katzen leben in der Regel länger als Hunde. Ein wohlgenährter und gut gepflegter Hauskater hat eine durchschnittliche Lebenserwartung von 13-15 Jahren. Katzendamen werden etwas älter, 15-17 Jahre. Bei kastrierten Katzen steigt die Lebenserwartung im allgemeinen um 1-2 Jahre. Das höchste Alter erreichte möglicherweise der getigerte Kater *Puss* von Mrs. T. Holway aus Clayhidon, Devon (GB), der am 28. November 1939 angeblich seinen 36. Geburtstag beging und tags darauf starb. Verläßliche Belege dafür liegen jedoch nicht vor.
Nachgewiesen dagegen ist, daß die getigerte Katzendame *Ma* 34 Jahre alt war, als sie am 5. November 1975 das Zeitliche segnete. Ihre Besitzerin war Alice St. George Moore aus Drewsteignton, Devon (GB).
Kitty warf im Alter von 30 Jahren zwei Junge im Mai 1987. Damit wurde sie zur ältesten Katzenmutter. Kurz nach ihrem 32. Geburtstag starb *Kitty* im Juni 1989. Ihrem Züchter George Johnstone aus Croxton, Staffordshire (GB), hatte sie insgesamt 218 Kätzchen geschenkt.

Die fruchtbarste Katze war *Dusty*, die in Bonham in Texas (USA) zu Hause war und alles in allem 420 Junge zur Welt brachte. Ihren letzten Wurf hatte sie am 12. Juni 1952 im Alter von 17 Jahren: es war ein Einzelkätzchen.

Hunde

Die schwersten Rassen unter den Haushunden (Canis lupus forma familiaris) sind der Bernhardiner und der Altenglische Mastiff, deren männliche Tiere in der Regel 77-91 kg wiegen. Der schwerste (und längste) Hund, von dem man je gehört hat, ist der Mastiff *Aicama Zorba von La-Susa*, der am 26. September 1981 geworfen wurde und Chris Eraclides aus London gehört. *Aicama Zorba* hatte im November 1989 eine Schulterhöhe von 94 cm und wog 155,58 kg. Weitere Körpermaße: Brustumfang – 149 cm; Länge – 2,53 m; Halsumfang – 95,25 cm.

Die größten Hunderassen sind die Deutsche Dogge und der Irische Wolfshund, die als Schulterhöhe bis zu 99 cm und gelegentlich mehr erreichen. Zum Beispiel war *Shamgret Danzas*, eine Deutsche Dogge, die dem Ehepaar Wendy und Keith Comley aus Milton Keynes, Buckinghamshire (GB), gehörte, 105,4 cm groß (mit gesträubten Haaren 106,6 cm) und wog 108 kg. *Shamgret Danzas* starb am 16. Oktober 1984 im Alter von 9 Jahren.

Die kleinsten Hunderassen sind der Yorkshire-Terrier, der Chihuahua und der Zwergpudel. Es gibt Miniaturzüchtungen, bei denen ausgewachsene Tiere weniger als 453 g wiegen. Der kleinste ausgewachsene Hund war ein Yorkshire-Terrier von der Größe einer Zigarettenschachtel, der Arthur F. Marples aus Blackburn (GB) gehörte, einem ehemaligen Redakteur der Zeitschrift *Unsere Hunde*. Dieser Winzling, der 1945 im Alter von knapp 2 Jahren starb, hatte eine Schulterhöhe von 6,3 cm, maß von der Nasenspitze bis zum Schwanz 9,5 cm und wog ganze 113 g!

Kleinster lebender Hund ist ein Yorkshire-Terrier namens *Summerann Thumberlina*, der am 5. Januar 1992 geworfen wurde und Maureen Howes aus Stourport-on-Severn (GB) gehört. Die Hundedame ist 20,3 cm lang, hat eine Schulterhöhe von 14 cm und wiegt 567 g.

Deutschlands kleinster Zwergpudel ist *Napoleon von der Questenberger Höh* (Wurftag 13. Februar 1992). Den schwarzen Rüden züchteten die langjährigen Pudelzüchter Ursula und Heinz Köhler aus Meißen. Stolze Besitzerin des nur 19 cm langen Winzlings mit einer Schulterhöhe von 19 cm ist heute Irmgard Kohl, ebenfalls aus Meißen (S).

Produktivster Hundevater aller Zeiten war der vielfach preisgekrönte Windhund *Timmy*, auch *Tiefdruck* genannt (im September 1957 geworfen). Vom Dezember 1961 bis zu seinem Tod im November 1969 zeugte er 2414 registrierte Junge, von mindestens 600 nicht registrierten ganz abgesehen.

Mit einem Supergespann von 26 Hunden vor dem Schlitten: der kanadische Weltmeister in der Offenen Klasse, Terry Streeper, bei der Schlittenhunde-Europameisterschaft 1994 in Kirchbach, Kärnten (A).
Foto: Fritz-Press/Walter Fritz

Bernhardiner sind mit dem Altenglischen Mastiff die schwersten Haushunde (Canis lupus forma familiaris). Die männlichen Tiere beider Rassen wiegen in der Regel 77-91 kg. Gleich 15 possierliche Bernhardiner-Welpen wurden am 16. Oktober 1993 in Taunton, Somerset (GB), geworfen.
Fotos: Spectrum Colour Library, Carl Montgomery

DIE GRÖSSTEN WÜRFE VON HAUSTIEREN

Tier	Anzahl	Rasse	Land	Jahr
Frettchen	15	Hauszucht	GB	1981
Hamster	26	Goldhamster, 18 getötet	USA	1974
Hund	23	Amerikanischer Jagdhund	USA	1944
Hund	23	Bernhardiner, 14 überlebten	USA	1975
Hund	23	Deutsche Dogge, 16 überlebten	GB	1987
Kaninchen	24	Neuseeländer, Labor-Exemplare	Kanada	1978
Katze	19	Birma/Siam, 4 Totgeburten	GB	1970
Maus	34	Hausmaus, 33 überlebten	GB	1982
Maus	15	Rennmaus, spezielles Futter	USA	1960
Maus	14	Mongolische Wüstenspringmaus	GB	1983
Meerschweinchen	12	Labor-Exemplare		1972

TIERE

• Haustiere

Den weitesten Sprung tat ein Windhund namens *Bang*, der 1849 bei der Verfolgung eines Hasen in Brecon Lodge (GB) 9,14 m weit sprang. Er überwand dabei ein 1,4 m hohes Tor und verletzte sich bei der Landung auf einer Straße an den Fesseln.

Der »Hochsprung«-Rekord über ein glattes Holzhindernis (ohne Leisten oder andere Hilfsmittel) steht bei 3,72 m. Das Sprung- und Kletterkunststück gelang einem 18 Monate alten Spürhund namens *Stag* am 27. September 1993 auf der jährlichen Cotswold Country Fair in Cirencester, Gloucestershire (GB). Der Hund gehört P. R. Matthews aus Redroth, Cornwall (GB). Ein anderer Deutscher Schäferhund, der dreijährige *Duke*, schaffte am 11. November 1986 in der BBC-Fernsehsendung *Rekordbrecher* 3,58 m, doch das Hindernis war mit Leisten verstärkt. *Dukes* Trainer ist Graham Urry, ein Flugkapitän der britischen Luftwaffe.

Meistprämierte Hunde: Die Scotchterrierhündin *Ch. Braeburn's Close Encounter*, die am 22. Oktober 1978 geworfen worden ist und Sonnie Novick aus Plantation Acres in Florida (USA) gehört, heimste auf Zuchtschauen bis 10. März 1985 die stattliche Zahl von insgesamt 203 Preisen ein.
Auf 281 Auszeichnungen bei nationalen und internationalen Zuchtschauen kam die Riesenschnauzerhündin *Arlin von der Hohen Ward* (Wurfjahr 1976) von 1979 bis 85. Stolzer Hundehalter ist Heinz Blumenröther aus Dortmund (NW).
Auf 220 Fährtenhundprüfungen brachte es die gelbe Boxerhündin *Rasty von Schloß Brühl* (Wurfjahr 1982) von 1983 bis 92. Besitzer und Hundeführer sind Beate und Werner Spelsberg in Lüdenscheid (NW).
Auf 180 Leistungsveranstaltungen brachte es in zwölf Jahren von 1978 bis 90 die Terrier-Mischlingshündin *Belli* (Wurfjahr 1976). Stolzer Hundehalter der aus dem Tierheim geholten Kleinhündin ist Bertram Stanzl aus Linz/a. D. (A).
Einhundertmal erhielt der orangefarbene Kleinspitz *Ypka von Hildesia* (Wurfjahr 1976) auf 100 internationalen Rassehundeschauen der United Kennel Clubs International (UCI) die Höchstnote 1. 96mal wurde der Pomeranian-Rüde Rassebester, holte insgesamt von 1976 bis 90 auf nationalen und internationalen Ausstellungen 219 Preise und 21 Champion-Titel. Hundehalterin ist Rita Bienert aus Buchholz (N).
Der Berner Sennenhund *Aion von Wiesmadern* (Wurfjahr 1984) ist der Hund mit der breitesten Gebrauchshundausbildung. Von 1986 bis 92 hat er 98 Schutz-, Lawinen-, Fährten-, Katastrophenschutz-, Fährtensuch-, Trümmersuch- und Flächensuch-Hundeprüfungen vor österreichischen, Schweizer, deutschen und italienischen Verbandskörperschaften abgelegt. Hundehalter ist Dr. Wolfgang Zörner aus Ulrichsberg (A).

Das längste Schlittenhunderennen ist mit 2000 km der Berengia Trail von Esso nach Markowo (Rußland). Das jährlich ausgetragene Rennen führte bei der Premiere im April 1990 noch über 250 km. Die Rekordzeit (über die volle Distanz) fuhr Pawel Lasarew, der 1991 nach 10 Tagen und 18:17:56 Std. als erster das Ziel erreichte.

Schlittenhunde-Europameisterschaft: Vom 18. bis 20. Februar 1994 war Kirchbach im Gailtal, Kärnten (A), Austragungsort der EM. Über 200 Gespanne waren mit 2000 Huskies in sieben Klassen am Start. Sieger der Offenen Klasse wurde der Tiroler Axel Gasser, der erfolgreichste Musher mit dem dritten EM-Titel in Folge der Tiroler Helmut Peer in der 8-Hunde-Klasse.

Nicht nur zoologische Gärten wie die beiden Berliner Zoos, auch viele engagierte private Tierhalter züchten und beobachten exotische Kleinnager.
Hier drei Kleinsäuger: ein afrikanischer Wüstenigel;
ein afrikanischer Springhase, der Sprünge bis zu 10 m Weite ausführen kann;
und ein sechs Tage alter südamerikanischer Degu, der ausgewachsen etwa rattengroß ist.
Fotos: Günter Peters

TIERE

• Säugetiere

Seit über 20 Jahren lebt der Igeltanrek *Ida* aus Madagaskar bei einer Schweizer Familie in Lenzburg.
Foto: Roland Winterhofen

Dank seiner Schwimmhäute zwischen den Zehen kann das Wasserschwein, der größte Nager, hervorragend schwimmen und tauchen.
Foto: Sepp Friedhuber

Fledermäuse

Die größten Fledermäuse: Die einzigen fliegenden Säugetiere sind die Fledermäuse (Gattung *Chiroptera*), von denen es rund 950 Arten gibt. Die größte Flügelspannweite besitzt der Bismarck-Flughund (*Pteropus neohibernicus*), der im Bismarckarchipel und in Neuguinea verbreitet ist. Ein Exemplar, das im Amerikanischen Museum für Naturgeschichte zu bewundern ist, hat eine Spannweite von 165 cm. Wahrscheinlich erreichen die Flughunde Spannweiten von über 180 cm.

Die größte Hörschärfe aller Landtiere haben Fledermäuse durch ihre Ultraschall-Echolotung. Vampir- (*Desmodontidae*) und Obstfledermäuse (*Pteropodidae*) können Schwingungen zwischen 120 und 210 kHz hören; die Obergrenze des menschlichen Ohrs liegt bei 20 kHz, der einfache Delphin (*Delphinus delphis*) kann bis zu 280 kHz hören.

Die schnellste Fledermaus ist schwer zu ermitteln, weil Messungen problematisch sind. Die größte Geschwindigkeit wird der mexikanischen Guanofledermaus (*Tadarida brasiliensis mexicana*) zugeschrieben, die mit 51 km/h gemessen wurde – möglicherweise flog sie mit Windunterstützung.
Bei einem Experiment in einem künstlich angelegten Bergwerksstollen in den USA erreichten nur 4 von 17 Fledermausarten 21 km/h Fluggeschwindigkeit.

Das glaubhaft überlieferte Höchstalter unter den Fledermäusen erlebte ein weibliches Exemplar der Kleinen Braunfledermaus (*Myotis lucifugus*). Das Tier, in den USA zu Hause und an einem Ring kenntlich, war 1987 bereits 32 Jahre alt.

Den am tiefsten gelegenen Schlafplatz hat sich die Kleine Braunfledermaus im Staat New York (USA) ausgesucht: Ihre Ruhestätte lag 1160 m unter der Erde in einer Zinkmine. Die Mine diente als Winterquartier für etwa 1000 Braunfledermäuse, die normalerweise in einer Tiefe von 200 m hausen.

Die größte Fledermaus-Kolonie hat sich nach einem Vogelzug in der Bracken-Höhle in San Antonio, Texas (USA), gebildet. Bis zu 20 Mio. schwanzlose mexikanische Fledermäuse (*Tadarida brasiliensis*) sind dort versammelt.

Nagetiere

Das größte Nagetier ist das Capybara (*Hydrochoerus hydrochaeris*), eine Art südamerikanisches Meerschwein. Erwachsene Exemplare sind 0,99-1,4 m groß und bringen es (im Käfig) auf ein Gewicht bis zu 113 kg.

Das kleinste bekannte Nagetier ist die Pygmäenmaus (*Baiomys taylori*), die 109 mm Gesamtlänge aufweist und zwischen 7 und 8 g wiegt. Sie lebt in Mexiko, Texas und Südarizona.

Das höchste bekannte Alter eines Nagetiers beträgt 27 Jahre und 3 Monate; Rekordhalter ist ein Sumatra-Stachelschwein (*Hystrix brachyura*), das am 12. Januar 1965 im Nationalzoo von Washington DC (USA) starb.

Das seltenste Nagetier ist wahrscheinlich eine kleine Zwergbaumratte (*Capromys sanfelipensis*) auf der Isla Juan Garcia Cay im südlichen Kuba. Seit seiner Entdeckung im Jahr 1970 wurde das Tier nicht mehr gesehen.

Rascheste Fortpflanzung: Das Weibchen der Wiesenwühlmaus (*Microtus agrestis*), die in Mitteleuropa beheimatet ist, kann sich von ihrem 25. Lebenstag an vermehren und 17 Würfe von sechs bis acht Jungen pro Jahr haben.

Insektenfresser

Der größte Insektenfresser ist der Große Rattenigel (*Echinosorex gymnurus*), der in Birma, Thailand, Malaysia, auf Sumatra und Borneo lebt. Ausgewachsene Exemplare erreichen eine Kopf- und Körperlänge von 265 bis 445 mm, eine Schwanzlänge von 200 bis 210 mm und ein Gewicht von 1400 g.

Der schwerste Insektenfresser ist der Europäische Igel (*Erinaceus europaeus*) was die Länge angeht (196-298 mm), ist er kleiner. Wohlgenährte Exemplare bringen es bis zu 1900 g.

Der kleinste Insektenfresser ist Savi's weißzähnige Zwergspitzmaus (*Suncus etruscus*), auch Etruskische Spitzmaus genannt, die an der Nordküste des Mittelmeers sowie im Süden Afrikas bis zur Kapprovinz vorkommt. Ausgewachsene Exemplare erreichen eine Kopf- und Körperlänge von 36 bis 52 mm, eine Schwanzlänge von 24 bis 29 mm und ein Gewicht von 1,5 bis 2,5 g (s.a.S. 37).

Der langlebigste Insektenfresser ist Langstacheltanrek (*Echinops telfairi*) aus Madagaskar, der beim Kauf im Zoo Hasel in Rüfenach am 26. September 1974 ungefähr ein halbes Jahr alt war und heute noch bei der Familie Meyer-Meyer in Lenzburg (CH) lebt. *Ida* ist immer noch sehr munter, genießt in Stücke geschnittene Grillen, Bienenmaden und Mehlwürmer und frißt gelegentlich auch Hackfleisch. Ihre Zähne scheinen schon etwas altersschwach zu sein, vielleicht hat sie einfach nicht mehr die Kraft, normal zu beißen. Der kleine Igeltanrek klettert auch nicht mehr zu seinem Lieblingsschlafplatz hinauf, sondern schläft unter einer Baumrinde am Boden des Terrariums.

◆ VÖGEL

Der größte lebende, aber flugunfähige Vogel ist der afrikanische Strauß (Struthio camelus camelus). Er lebt südlich des Atlasgebirges vom Oberlauf des Senegal und Niger bis hinüber zum Sudan und nach Zentraläthiopien. Hähne dieser Subspezies können 2,74 m groß werden und 156,5 kg wiegen.

Die schwersten Flugvögel der Welt sind die in Süd- und Nordostafrika heimische Kori-Trappe (Ardeotis kori) und die Großtrappe (Otis tarda), die in Europa und Asien vorkommt. Daß die Kori-Trappe bis zu 19 kg schwer wird, ist mehrfach berichtet worden. Ein männliches Exemplar, das in Manchuria geschossen wurde, soll nach einer unbestätigten Meldung 21 kg gewogen haben und zu schwer zum Fliegen gewesen sein. Beglaubigt ist das Höchstgewicht einer Großen Trappe: 18 kg.

Fütterung der Großtrappen in der Naturschutzstation Buckow bei Rathenow (B). Sie zählen zu den schwersten Flugvögeln der Welt und sind in Schweden, England, Frankreich und Polen bereits ausgestorben. In Deutschland gibt es zur Zeit noch 120 bis 150 Vögel, überwiegend im Land Brandenburg.
Foto: ZB-Fotoreport/Steffen Weigelt

Der Höckerschwan (Cygnus olor) zählt gleichfalls zu den Schwergewichten. Die in Mitteleuropa heimischen Tiere erreichen in Ausnahmefällen bis zu 18,14 kg, ein in Polen aufgestöbertes Schwanenmännchen wog sogar 22,5 kg. Es hatte allerdings zeitweise seine Flugfähigkeit eingebüßt.

Der schwerste Greifvogel ist der Anden-Kondor (Vultur gryphus), dessen Männchen durchschnittlich 9,09-11,3 kg wiegen.
14,1 kg soll ein übergroßer männlicher Kalifornischer Kondor (Gymnogyps californianus) gewogen haben, der präpariert wurde und jetzt in der kalifornischen Akademie der Wissenschaften in Los Angeles zu sehen ist. Diese Art ist kleiner als der Anden-Kondor, ein Exemplar wiegt selten mehr als 10,4 kg.

Die größte Flügelspannweite hat der Wanderalbatros (Diomedea exulans), der im Gebiet der südlichen Ozeane lebt. Bei ausgewachsenen Männchen mit völlig ausgebreiteten Flügeln beträgt sie 3,35 m. Den Rekord hält ein am 18. September 1965 im Tasmansee gefangener Albatros mit 3,63 m.
Der einzige andere Vogel, dessen Flügelspannweite über 3,35 m hinausreichen soll, ist der geierähnliche Afrikanische Marabu (Leptoptilus crumeniferus), der im tropischen Afrika vorkommt.

Der kleinste Vogel der Welt ist der Hummelkolibri (Mellisuga helenae), verbreitet auf Kuba und auf Isla de Pinos (Karibik). Ausgewachsene Männchen (Weibchen sind ein wenig größer) sind insgesamt 57 mm lang, davon nehmen Schnabel und Schwanz die Hälfte in Anspruch. Der Vogel wiegt 1,6 g und ist damit leichter als ein Falter aus der Art der Ligusterschwärmer (2,4 g).

Der kleinste Raubvogel ist der 35 g schwere Zwergfalke (Microhierax latifrons) auf Borneo, der die Größe eines Spatzen hat.

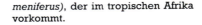

Die grünflügelige Krickente (Anas crecca) im vollen Flug. Sie gehört zusammen mit anderen Enten- und Gänsearten (Anatinae), wie dem rotbrüstigen Mittelsäger (Mergus serrator) und der Spornflügelgans (Pleotropterus gambiensis), zu den schnellsten Vögeln.

Foto: Planet Earth Pictures/J. Downer

VOGEL DES JAHRES 1994 - Der Weißstorch

Der Weißstorch (*Ciconia ciconia*) wurde vom Naturschutzbund zum Vogel des Jahres 1994 gewählt. Um die Jahrhundertwende brüteten in Deutschland noch rund 20 000 Paare, 1993 waren nur noch etwa 3000. Auf der deutschen Roten Liste der gefährdeten Brutvögel wird der Weißstorch als »stark gefährdet« eingestuft. Der Mensch ist heute seine größte Bedrohung: An Hochspannungsleitungen verglühen jährlich bis zu 1000 Tiere. Pestizide auf den Feldern machen die Eier brüchig. Es werden immer mehr Feuchtgebiete trockengelegt, so daß der Storch nicht ausreichend Nahrung findet, um seine Brut zu füttern. Viele Jungstörche verhungern in den Horsten.
Die Störche ziehen in den Wintermonaten nach Südafrika, wo sie als Delikatesse gelten und gejagt werden. Da der Storch im Fliegen schläft, ist er leichte Beute.
Der Volksmund gab dem Storch viele Namen: Klapperstorch, Knickebein, Heilebart. Im alten Ägypten wurde er als Sinnbild kindlicher Dankbarkeit verehrt, bei den Germanen als Glücksbringer Odobaro. Daraus wurde Adebar, der Weißstorch, der die Babys bringt. Ein Haus, auf dem Störche nisten, wird nie vom Glück verlassen.

Foto: Tierarchiv Angermayer/Rudolf H. Berger

Der kleinste Vogel Mitteleuropas ist das Sommergoldhähnchen (Regulus regulus). Die Durchschnittslänge beträgt 9 cm, das Gewicht 4-6 g. Die 580 km zwischen England und Skandinavien legen diese winzigen Vögel in 12 Std. zurück. Das entspricht einer Geschwindigkeit von ca. 48,3 km/h.

Am meisten Artgenossen unter den Wildvögeln hat der Buntschnabelweber (Quelea quelea), der in den afrikanischen Trockengebieten südlich der Sahara vorkommt und sich von Samen ernährt. Man nennt diese Vögel auch »gefiederte Heuschrecken«. Die ausgewachsene Brut-Population wird auf 1 500 000 000 geschätzt. Jahr für Jahr werden 1 000 000 000 Buntschnabelweber getötet, ohne daß dies den geringsten Einfluß auf die Population hätte. Im Sudan gibt es einen riesigen Ruheplatz, an dem sich 32 000 000 Vögel versammeln.

Am zahlreichsten unter den Seevögeln sind die sehr kleinen Buntfuß-Sturmschwalben (Oceanites oceanicus), die auf dem antarktischen Kontinent und den benachbarten subantarktischen Inseln brüten. Über ihre Anzahl wurden bisher keine Angaben veröffentlicht, aber es steht fest, daß es Hunderte Millionen - wenn nicht gar Milliarden - von ihnen gibt.

Die häufigste Vogelart Mitteleuropas sind die Sperlinge.

Der einzige bekannte giftige Vogel ist der Pitohui der Gattung *Pitohui* aus Neuguinea, der 1992 identifiziert wurde. Haut, Federn und innere Organe dieses auffallend orange und schwarz gefärbten Vogels enthalten ein Homobatrachotoxin, wie es von den Pfeilgiftfröschen abgesondert wird, die ähnliche Warnfarben haben wie der Pitohui (s.a.S. 50).

TIERE

• Vögel

Das Ende einer Odyssee

Die Irrfahrt eines Baßtölpels fand im Berliner Zoo Anfang März 1994 ein glückliches Ende. Der verwaiste Jungvogel war 1992 von Mitarbeitern des Naturkunde-Museums Thorshavn auf den Färöern (DK) gefunden worden. Ursprünglich war vorgesehen, den Vogel aufzuziehen und dann wieder freizulassen. Dieser jedoch war selbst mit Tricks nicht zum Verlassen seiner »Pflegeltern« zu bewegen.

Aufgrund persönlicher Beziehungen wandte man sich ratsuchend an den Berliner Zoo, der erklärte, den Baßtölpel gerne aufzunehmen. Doch man hatte die Rechnung ohne die dänischen Behörden gemacht: Weil es Schwierigkeiten bei der Beschaffung der notwendigen Papiere gab, mußte das Jungtier zunächst im Zoo Kopenhagen einquartiert werden. Inzwischen befindet er sich allerdings in Berlin, wo er inmitten einer Kolonie von Felsenpinguinen lebt.

Foto: Günter Peters

Die höchste Geschwindigkeit aller Lebewesen erreicht der Wanderfalke (*Falco peregrinus*), wenn er sich aus großer Höhe herabstürzt. Während einer deutschen Versuchsreihe wurden, je nach dem Winkel des Sturzflugs, Geschwindigkeiten von 270 (30°) bis 350 km/h (45°) gemessen. Der in Asien lebende braunkehlige Spitzschwanzsegler *Hirundapus giganteus* kommt ebenfalls auf 250-300 km/h.

Die schnellsten Vögel im Geradeausflug findet man unter den Enten und Gänsen (*Anatidae*), und einige leistungsfähige Arten wie der rotbrüstige Mittelsäger (*Mergus serrator*), die Eiderente (*Somateria mollissima*), die Riesentafelente (*Aythya valisineria*) und die Spornflügelgans (*Plectropterus gambiensis*) können bei drohender Gefahr bis zu 104 km/h erreichen..

Die langsamsten Vögel sind die Amerikanische (*Scolopax minor*) und die Eurasische Waldschnepfe (*S. rusticola*). Sie schaffen ungefähr 8 km/h und ändern ihr Tempo auch bei Balzflügen nicht.

Höchste Beschleunigungskraft: Experimente amerikanischer Wissenschaftler haben in jüngster Zeit ergeben, daß der Schnabel des Rotkopfspechts (*Melanerpes erythrocephalus*) die Baumrinde mit einer Geschwindigkeit von 20,9 km/h trifft. Das bedeutet, daß beim Zurückfahren des Kopfs das Gehirn eine Bremswirkung von rund 10 g erfährt.

Schnellster Flügelschlag: Mit 90 Flügelschlägen pro Sek. hat der Kolibri (*Heliactin cornuta*) aus den südamerikanischen Tropen den schnellsten verzeichneten Flügelschlag.

Der beste Taucher ist der Kaiserpinguin (*Aptenodytes forsteri*). Eine kleine Gruppe von Tieren erreichte 1969 vor dem Kap Crozier in der Antarktis eine Tiefe von 265 m. Ein Kaiserpinguin blieb dabei 18 Min. unter Wasser, berichteten amerikanische Wissenschaftler.

Ausbrüten: Der Wanderalbatros (*Diomedea exulans*) hat die längste Brutzeit, die normalerweise 75-82 Tage dauert. Aus Australien wird berichtet, daß ein Mallee-Huhn (*Leipoa ocellata*) 90 Tage lang brütet. Doch dies ist ein Einzelfall. Normalerweise dauert die Brutzeit bei dieser Art 62 Tage.
Die kürzeste Zeit zum Ausbrüten – nur 10 Tage – brauchen der Buntspecht (*Dendrocopus major*) und eine Kuckucksart (*Coccyzus erythrophtalmus*).
Zu den untätigsten Männchen gehören der Kolibri (Fam. *Trochilidae*), der Eider-Enterich (*Somateria mollissima*) und der Goldfasan (*Chrysolophus pictus*), deren Weibchen das Brüten ganz allein zu besorgen haben, während das Kiwiweibchen (*Apteryx australis*) diese Arbeit 75-80 Tage lang ausschließlich dem Männchen überläßt.

Höchste Flughöhen: Die meisten Zug- und Wandervögel fliegen relativ niedrig, durchschnittlich in einer Höhe von 91 m. Es gibt nur ein paar Dutzend Arten, die höher als 914 m steigen. Der beglaubigte Rekord liegt bei 11 277 m; aufgestellt wurde er von einem Rüppell-Geier (*Gyps rueppellii*), der am 29. November 1973 über Abidjan an der westafrikanischen Elfenbeinküste mit einem Verkehrsflugzeug kollidierte. Durch den Zusammenstoß wurde eins der Triebwerke so stark beschädigt, daß das Flugzeug notlanden mußte. Von dem Vogel wurden genügend Federn entdeckt, um dem US-Museum für Naturgeschichte eine einwandfreie Identifikation zu ermöglichen. Doch die Flughöhe von 11 277 m ist sogar für einen Höhenflieger wie den Rüppell-Geier anormal. Er wird selten in Höhen über 6096 m gesehen.

Die schnellsten Schwimmvögel sind die Eselpinguine (*Pygoscelis papua*). Sie erreichten im Wasser eine Höchstgeschwindigkeit von 27,4 km/h.

Sprachmächtigster Vogel ist der Wellensittich *Puck*, der sich bis zum 31. Januar 1993 ein Vokabular von 1728 Worten angeeignet hat. Er gehört Camille Jordan aus Petaluma, Kalifornien (USA).

Camille Jordan, die Besitzerin von *Puck*, erzählte: »Am Weihnachtsmorgen saßen mein Mann und ich im Wohnzimmer beim Frühstück, während *Puck* am Tischende spielte. Und plötzlich hielt er eine richtige kleine Rede: 'Es ist Weihnachten. Das ist es, was passiert. Darum dreht sich jetzt alles. Ich liebe dich, Pucky. Ich liebe jeden.' Danach verstummte er für ein paar Minuten, bevor er wieder sein übliches Geschnatter von sich gab. Mark und ich sahen uns nur verblüfft an.«

In den Regenwäldern auf Madagaskar lebt nicht nur das größte Chamäleon der Welt – das Männchen erreicht eine Gesamtlänge von 685 mm – von dort stammt auch das weltkleinste Chamäleon. Der zu den kleinsten Reptilien zählende Winzling *Brookesia minima* mißt von der Schnauze bis zur Schwanzspitze maximal 34 mm (hier in Originalgröße abgebildet). Und beim madegassischen farbigsten Chamäleon (*Furcifer minor*) ist ausnahmsweise das Weibchen das schöne Geschlecht und deutlich bunter und auffälliger gefärbt als das Männchen.

Fotos: Frosch Verlag

◆ AMPHIBIEN

Die größte Amphibienart ist der chinesische Riesensalamander *(Andrias davidianus)*, der in den kalten Bergbächen und Sumpfgebieten von Nordost-, Mittel- und Südchina lebt. Ein ausgewachsenes Durchschnittsexemplar mißt 1,14 m und wiegt 25-30 kg. Ein 1923 in Südchina gefangenes Exemplar war 1,8 m lang und wog fast 65 kg.

Der japanische Riesensalamander *(Andrias japonicus)* ist etwas kleiner, aber ein gefangenes Exemplar wog lebend 40 kg.

Das größte Amphibium war der vor 230 Mio. Jahren lebende *Prionosuchus plummeri.* 1972 wurden in Nordbrasilien die Überreste eines schätzungsweise 9 m langen Exemplars gefunden.

Die kleinsten Amphibien haben sich in den Tropen auf verschiedenen Kontinenten entwickelt. Sie stoßen stets an eine untere Grenze bei 10-12 mm: *Psyllophryne didactyla* aus Südamerika, *Stumpffia tridactyla* und *Stumpffia pygmaea* aus Madagaskar, *Sminthillus limbatus* aus Kuba. Die größten Exemplare von *Stumpffia pygmaea* erreichen eine Länge von 12 mm, liegen vielfach zwischen 10 und 11 mm. Ihr Durchschnittsgewicht beträgt 0,16 g.

Das langlebigste Amphibium wurde ca. 55 Jahre alt. Es war ein Japanisches Riesensalamandermännchen *(Andrias japonicus)*, das am 3. Juni 1881 im Aquarium des Zoos von Amsterdam (NL) starb.

Am längsten trächtig ist der lebendgebärende Schwarze Alpensalamander *(Salamandra atra)*, der in den Schweizer Alpen heimisch ist. In Höhen über 1400 m dauert die Trächtigkeit bis zu 38 Monate, in niedrigeren Lagen sinkt sie auf 24-26 Monate.

Die größte Höhe, in der man ein Amphibium gefunden hat, ist 8000 m. Es handelt sich um eine im Himalaja gefundene Erdkröte *(Bufo vulgaris)*. Dieselbe Gattung lebt auch 340 m tief in Kohlebergwerken.

Das giftigste Amphibium ist der Goldene Pfeilgiftfrosch *(Phyllobates terribilis)*, der im Westen von Kolumbien vorkommt. Das Batrachotoxin, das aus seinen Hautabsonderungen gewonnen wird, ist mindestens 20mal stärker als das Gift aller anderen bekannten Pfeilgiftfroscharten und das stärkste Gift überhaupt. Ein ausgewachsenes Durchschnittsexemplar birgt mit 1900 mg genug Giftstoff in sich, um damit fast 1500 Menschen zu töten. Überraschenderweise wird der hochgiftige Frosch von der Schlangenart *Leimadophis epinephelus* vertilgt, die offenbar gegen das Gift immun ist und sich auch sonst von Fröschen ernährt (s.a.S. 50).

Molche: Der größte von ihnen ist der Rippenmolch *(Pleurodeles waltl)*, der in Marokko, Spanien und Portugal vorkommt. Exemplare mit einer Gesamtlänge von 40 cm und einem Gewicht von über 450 g wurden gefunden. Der kleinste scheint eine Streifenmolchart *(Notophtalmus perstriatus)* aus dem Südosten der USA zu sein. Ausgewachsene Exemplare haben eine Gesamtlänge von 51 mm.

Der größte Frosch ist der seltene Afrikanische Riesenfrosch oder Goliathfrosch *(Conraua goliath)*, der in Kamerun und Äquatorialguinea vorkommt. Ein Prachtexemplar hat Andy Koffman aus Seattle (USA) im April 1989 in Kamerun am Fluß Sanaga gefangen: Es maß von der Schnauze bis zum After 36,83 cm (mit ausgestreckten Beinen 87,63 cm) und wog 3657,15 g.

Der größte in Gefangenschaft lebende Frosch war ein männlicher Afrikanischer Ochsenfrosch *(Pyxicephalus adspersus)* namens *Colossus* (1978-92), der Steve Crabtree aus Southsea, Hampshire (GB), gehörte. Er war 22,2 cm lang, hatte einen Umfang von 45,7 cm und wog 1,89 kg.

Die besten Springer unter den Fröschen werden stets im Dreisprung ermittelt. Der Weltrekord steht bei 10,3 m und wurde am 21. Mai 1977 bei einem Frosch-Derby in Paulpietersburg (Südafrika) von *Santjie* aufgestellt, einem weiblichen Spitznasenfrosch *(Ptychadena oxyrhyncha)*.

Der größte Baumfrosch ist *Hyla vasta,* der nur auf der Insel Hispaniola in Westindien vorkommt. Seine durchschnittliche Körperlänge ist ca. 9 cm, aber ein im März 1928 im San-Juan-Fluß in der Dominikanischen Republik gefundenes Weibchen war 14,3 cm lang.

Den kleinsten Frosch fanden die zwei Kölner Biologie-Studenten Frank Glaw und Miguel Vences auf Forschungsreisen in Madagaskar. Anfang 1992 entdeckten sie frisch von Kaulquappen verwandelte Jungfrösche von *Stumpffia pygmaea* mit einer Körperlänge von weniger als 3 mm – die absolut kleinsten Frösche, die jemals gefunden wurden. Der tiefbraune Winzling wiegt ausgewachsen ganze 200 mg und ist mit seinen 10-12 mm kaum größer als ein Fingernagel. Der Mini-Frosch lebt im Gegensatz zu den heimischen Fröschen nicht an Tümpeln, Seen oder Bächen, sondern unter dem feuchten Urwaldlaub.

Der kleinste Baumfrosch ist der in den südöstlichen USA vorkommende winzige *Hyla ocularis,* dessen maximale Länge vom Maul bis zum After 15,8 mm beträgt.

Die größte Kröte ist wahrscheinlich die Aga *(Bufo marinus)* im tropischen Südamerika. Eine Aga, namens *Prinsen*, im Besitz von Håkan Forsberg aus Åkers, Styckebruk (S), wog im März 1991 2,65 kg, nach einem Schlemmexzeß im September 1993 sogar 3,7 kg, und maß 38 cm, mit ausgestreckten Beinen 53,9 cm. *Prinsen* starb im März 1994 im Alter von 12 Jahren in einer Tierklinik.

Die kleinste Kröte ist eine erstmalig um 1906 in Mosambik entdeckte Subspezies namens *Bufo beiranus.* Ausgewachsene Exemplare haben eine Höchstlänge von 24 mm.

TIERE

• Amphibien • Reptilien

♦ REPTILIEN

Allgemein: Zu den Reptilien gehören Krokodile, Eidechsen, Land- und Wasserschildkröten sowie Schlangen.

Das größte Reptil der Welt ist das Salzwasserkrokodil (*Crocodylus porosus*), verbreitet in Südostasien, Nordaustralien, Neuguinea, auf den Philippinen und den Salomoninseln. Ausgewachsene Männchen werden zwischen 4,2 und 4,8 m lang und wiegen zwischen 408 und 520 kg.

Das größte je in Gefangenschaft gehaltene Krokodil ist ein Mischling (Salzwasserkrokodil/Siamesisches Krokodil) namens *Yai* (* 10. Juni 1972). Es ist 6 m lang und wiegt 1114,27 kg. *Yai* lebt in der berühmten thailändischen Krokodilfarm Samutprakarn, die zugleich ein Krokodilzoo ist. Im Bhitarkanika-Tierschutzgebiet in Orissa (Ostindien) leben derzeit vier Salzwasserkrokodile, die länger als 6 m sind. Eins der unter Naturschutz stehenden Tiere ist sogar über 7 m lang.

Das kleinste Krokodil ist Osborns Stumpfkrokodil (*Osteolaemus osborni*), das man am Oberlauf des Kongo in Westafrika findet. Es wird selten länger als 1,2 m.

Schnellstes Reptil: Die höchste auf Land gemessene Geschwindigkeit erreichte eine sechsstreifige Rennechse (*Cnemidophorus sexlineatus*) mit 29 km/h, die 1941 von einem Auto in Südkarolina (USA) verfolgt wurde. Die höchste Geschwindigkeit, die je ein Reptil im Wasser erreicht haben soll, nämlich 35 km/h, hatte eine verängstigte Pazifische Lederschildkröte.

Eidechsen

Die größte aller Eidechsen ist der Komodo-Waran oder Ora (*Varanus komodoensis*), der auf den indonesischen Inseln Komodo, Rintja, Padar und Flores beheimatet ist. Ausgewachsene Männchen sind im Durchschnitt 2,25 m lang und wiegen um 59 kg. Das größte vermessene Exemplar war ein Männchen, das 1928 der Sultan von Birma einem amerikanischen Zoologen schenkte und 1937 vorübergehend im Zoo von St. Louis, Missouri (USA), zu sehen war. Zu dieser Zeit war es 3,1 m lang und wog 166 kg.

Die längste Eidechse der Welt ist der schlanke Salvadori-Waran (*Varanus salvadori*), der in Neuguinea heimisch ist und nach glaubwürdigen Berichten bis zu 4,75 m lang wird. Nahezu 70 Prozent seiner Gesamtlänge macht allerdings der Schwanz aus.

Die kleinste Eidechsenart scheint der *Sphaerodactylus parthenopion*, ein winziger Gecko, zu sein, der nur auf der Insel Virgin Gorda, einer der Virgin-Inseln in Westindien, vorkommt. Man kennt nur 15 Exemplare davon, darunter ein paar trächtige Weibchen, die man zwischen dem 10. und dem 16. August 1964 fand. Die drei größten Weibchen hatten eine Körperlänge von 18 mm, wozu noch der Schwanz von gleicher Länge kam. Möglicherweise ist ein anderer Gecko (*Sphaerodactylus elasmorhynchus*) noch kleiner. Das einzige bisher bekannte Exemplar war ein anscheinend ausgewachsenes Weibchen mit einer Körperlänge von 17 mm und ebenso langem Schwanz. Am 15. März 1966 wurde es unter den Wurzeln eines Baumes in Haiti gefunden.

Schildkröten

Die größte existierende Schildkröte ist die Lederschildkröte (*Dermochelys coriacea*), die um die ganze Welt verbreitet ist. Ein ausgewachsenes Durchschnittsexemplar mißt von der Schnauze bis zum Schwanz 1,83-2,13 m (Rückenpanzer: 1,52-1,67 m), von Flosse zu Flosse etwa 2,13 m und wiegt bis zu 453 kg.
Die größte Lederschildkröte, von der man je gehört hat, war ein männliches Tier, das am 23. September 1988 am Strand von Harlech in Wales tot aufgefunden wurde. Es war 2,91 m lang, maß 2,77 m von Vorderflosse zu Vorderflosse und wog erstaunliche 961,1 kg. Seit dem 16. Februar 1990 ist das Prachtexemplar im walisischen Nationalmuseum in Cardiff zu sehen. Die meisten Museen lehnen es ab, große Schildkröten auszustellen, weil sie noch 50 Jahre lang Öl absondern können.

Die größte lebende Landschildkröte ist die Aldabra Riesenschildkröte (*Geochelone gigantea*), die auf der Insel Aldabra nördlich von Madagaskar, auf Mauritius und auf den Seychellen (wo sie 1874 eingeführt wurde) im Indischen Ozean anzutreffen ist.
Ein Männchen namens *Esmerelda*, langjähriger Bewohner der zu den Seychellen gehörenden Vogelinsel, hatte im November 1992 ein Gewicht von 304 kg.

Die kleinste Meeresschildkröte der Welt ist die im Atlantik heimische *Lepidochelys kempii*. Ihr Panzer ist 50-70 cm lang, und sie wird keine 36 kg schwer.

Die langsamsten Schildkröten: Bei einem »Geschwindigkeitstest«, der auf den Seychellen abgehalten wurde, konnte eine männliche Riesenschildkröte (*Geochelone gigantea*) trotz eines verlockenden und lockenden Weibchens eine Strecke von 4,57 m nur in 43,5 Sek. zurücklegen.

Tauchen: Eine Lederschildkröte (*Dermochelys coriacea*), die mit einem druckempfindlichen Aufnahmegerät ausgestattet und vor den Virgin Islands in den Westindischen Inseln ausgesetzt worden war, tauchte bis in eine Tiefe von 1200 m. Dies berichtete Dr. Scott Eckert im Mai 1987.

Kälterekord: Die kleine kanadische Schmuckschildkröte *Chrysemys pictamarginata* ist vermutlich das stammesgeschichtlich höchstentwickelte Wirbeltier mit Frostresistenz.
Das Reptil überlebt Frost bis 8°C, der die Hälfte des Wassers in seinem Körper zu Eis gefrieren läßt. Eine für Tiere immer tödliche Eisbildung innerhalb von Körperzellen verhindert die Schildkröte durch ein Frostschutzmittel. Es besteht aus einer Mischung von Glyzerin, Traubenzucker und der Aminosäure Taurin.

Vorsicht, giftig!

Die Waffen der Tiere sind meistens dazu bestimmt, ihre Beute außer Gefecht zu setzen, oder werden, wenn nötig, instinktiv zur Selbstverteidigung eingesetzt. Es gibt allerdings Ausnahmen, die beim Zusammentreffen mit Menschen, so selten es ist, tödlich sind. Die giftigsten Arten sind hier abgebildet: Exotische Tiere, die ebenso schön wie gefährlich sind.

Ein Frosch, mit dem man 50 Menschen töten kann. Diese kleinen, bunten Kreaturen – *Dendrobates und Phyllobates* – sondern das tödlichste biologische Gift ab, das wir kennen. Sie können unterschiedlich gefärbt sein: rot, hellgrün, rosa, orange oder golden, und dunklere Punkte oder Streifen aufweisen. Von dem Gift des in Kolumbien lebenden Kokoi-Pfeilgiftfroschs genügt ein Tausendstel Gramm, um einen durchschnittlichen Mann zu töten. Die Indianer der Regenwälder können mit den Absonderungen eines einzigen dieser Tierchen 50 Pfeilspitzen vergiften.
Vorkommen: Am Boden der Regenwälder von Mittel- und Südamerika.

Blaugeringelt und schreckenerregend. Der Biß dieses hübschen Tintenfischs führt in wenigen Minuten zum Tod. Dabei sind diese Weichtiere nicht größer als 10-15 cm im Durchmesser. Die beiden Hauptarten *Hapalochlaena masculosa* und *H. lunulata* bilden ein Nervengift, das so stark ist, daß es kaum möglich ist, rechtzeitig ein Gegengift zu verabreichen.
Vorkommen: An den Küsten Australiens.

Wespenstiche unter Wasser. Nähert sich ihr eine potentielle Jagdbeute, stößt die Australische Würfelqualle plötzlich aufgerollte Nesseln ab, die sich von innen nach außen entfalten, wobei manchmal tödliche Widerhaken zum Vorschein kommen. Einige der Nesseln sind hohl und enthalten ein Gift, das beim Eintritt in den Körper der Beute Herzlähmung verursacht. Besonders gefährlich sind die Seewespen der Arten *Chironex* und *Chiopsalmus*, deren Stich bei Menschen binnen 3 Min. Lähmung und Tod bedeuten kann.
Vorkommen: An den Küsten Australiens, insbesondere denen von Queensland, und nördlich bis zur Malaysischen Halbinsel.

Die tödlichste Schlange. Die Seeschlangen sind alle giftig, verursachen aber nur wenige Unfälle. Das Gift der *Hydrophis belcheri* ist hundertmal stärker als das des australischen Taipans (*Oxyranus scutellatus*), dessen Biß einen Menschen in wenigen Minuten töten kann.
Vorkommen: Ashmore-Riff in der Timorsee nordwestlich von Australien.

Monströse Weichtiere. Es gibt ungefähr 400-500 Arten von Kegelschnecken, die allesamt ein Nervengift absondern können. Als gefährlichste gelten die Landkarten- und die Hof-Kegelschnecke (*Conus geographus* und *aulicus*). Sie injizieren ihr Gift mit einem einzigartigen fleischigen, harpunenartigen Rüssel. Die Folgen reichen von verminderter Sehkraft, Schwindelanfällen und Übelkeit bis hin zu Lähmungen und Tod.
Vorkommen: Polynesien bis Ostafrika.

Tödlicher Fang. Die giftigsten Fische der Welt sind die Steinfische (*Synanceidae*), vor allem die Vertreter der Art *Synanceia horrida*, die die größten Giftdrüsen aller bekannten Fische besitzen. Direkter Kontakt mit den Flossenstacheln, die ein starkes Nervengift enthalten, endet oft tödlich.
Vorkommen: Die tropischen Gewässer des Indischen Ozeans.

Ein Vogel in der Hand. Vögel galten überwiegend als harmlos, bis vor drei Jahren ein Student der Universität von Chikago, Illinois (USA), ein taubes Gefühl und ein Brennen im Mund verspürte. Er hatte an seiner Hand geleckt, nachdem er mit einem Pitohui zu tun gehabt hatte. Wie sich herausstellte, produzieren Pitohuis dasselbe Gift wie der Pfeilgiftfrosch, nur in wesentliche geringerer Konzentration.
Vorkommen: Neuguinea.

Seeschlange
(*Hydrophis belcheri*)

Steinfisch
(*Synanceia verrucosa*, oben)
Kegelschnecke
(*Conus marmoreus*, rechts)

Pfeilgiftfrosch (*Dendrobates pumillo*)

Pfeilgiftfrosch
(*Dendrobates tinctorius*, oben)
Pfeilgiftfrosch
(*Dendrobates auratus*, links)

TIERE

• Reptilien

Schlangen

Die längste Schlange (mittlere, ausgewachsene Länge) ist der Netzpython (Python reticulatus) in Südostasien, Indonesien und den Philippinen, der über 6,25 m lang wird. 1912 wurde an der Nordküste von Celebes (Indonesien) ein 10 m langes Exemplar erschossen.

Von der Anakonda (Eunectes murinus) in den südamerikanischen Tropen wird behauptet, es gäbe bis zu 13,7 m lange Exemplare. Aber diese Größen beziehen sich wahrscheinlich auf gestreckte Häute. Die größte geprüfte Länge einer Anakonda war 8,45 m, wobei es sich um ein Weibchen handelte, das 1960 in Brasilien erlegt wurde.

Die ungefährliche Äskulapnatter (Elaphe longissima), die bis zu 1,85 m lang werden kann, ist in ganz Mitteleuropa verbreitet. In der Steiermark (A) wurde 1929 eine Äskulapnatter von 2,18 m Länge gefangen. In den Schweizer Kantonen Wallis und Tessin erreicht die ungiftige Coluber viridiflavus eine Länge von 1,8 m.

Die kürzeste Schlange der Welt ist die sehr seltene Fadenschlange (Leptotyphlops bilineata), die nur auf den westindischen Inseln Martinique, Barbados und St. Lucia vorkommt. In einer Reihe von acht Exemplaren waren die zwei größten Schlangen gerade 108 mm lang.

Die schwerste Schlange ist die Anakonda (Eunectes murinus), die fast doppelt soviel wiegt wie ein Netzpython (Python reticulatus) derselben Länge. Ein um 1980 in Brasilien erlegtes weibliches Exemplar wurde nicht gewogen; seiner Länge (8,45 m) und seinem Umfang (111 cm) nach dürfte es aber ungefähr 227 kg schwer gewesen sein. In der Regel werden ausgewachsene Anakondas 5,48-6,09 m lang.

Giftschlangen

Die längste Giftschlange der Welt ist die Königskobra (Ophiophagus hannah), die in Südostasien und auf den Philippinen zu Hause ist. Ausgewachsene Tiere werden in der Regel 3,65-4,57 m lang. Ein im April 1937 in Malaysia gefangenes Exemplar erreichte im Londoner Zoo eine Länge von 5,71 m. Es wurde bei Kriegsausbruch 1939 getötet.

Die kürzeste Giftschlange ist die in Namibia heimische Namaqua-Zwergnatter (Bitis schneideri). Ausgewachsene Exemplare werden im Schnitt nicht länger als 200 mm.

Die schwerste Giftschlange ist wahrscheinlich die Östliche Diamant-Klapperschlange (Crotalus adamanteus), die im Südosten der USA heimisch ist. Ausgewachsene Tiere werden im Durchschnitt 1,52-1,83 m lang und wiegen 5,5-6,8 kg. Ein riesiges Exemplar war 2,36 m lang und 15,4 kg schwer.

Die westafrikanische Gabun-Viper (Bitis gabonica), die sich in tropischen Regenwäldern aufhält, ist womöglich noch massiger gebaut als die Diamant-Klapperschlangen, wird aber nicht so lang. Im Durchschnitt mißt die Gabun-Viper 1,22-1,52 m, die Höchstgrenze liegt bei 2,06 m. Ein 1,83 m langes weibliches Tier wog 11,34 kg; ein anderes Weibchen, 1,74 m lang, war 8,2 kg schwer.

Die längsten Giftzähne aller Schlangen hat die Puffotter (Bitis gabonica) aus dem tropischen Afrika. Die Giftzähne eines 1,83 m langen Exemplars hatten eine Länge von 5 cm. Am 12. Februar 1963 schlug im Zoo von Philadelphia (USA) eine Puffotter unter großem Streß ihre Zähne in den eigenen Körper. Dabei wurde ein lebenswichtiges Organ so schwer verletzt, daß die Schlange einging. Sie starb nicht, wie es damals in vielen Berichten hieß, an ihrem eigenen Gift.

Ein reizendes Paar Zähne hat die Puffotter (Bitis gabonica).

Die schnellste Landschlange ist wahrscheinlich die schlanke Schwarze Mamba (Dendroaspis polylepis). Am 23. April 1906 stellte man fest, daß eine wütende Schwarze Mamba in der Serengeti-Ebene (Tansania) eine Strecke von 43 m mit einer Geschwindigkeit von 11 km/h zurückgelegt hat. Für kurze Strecken auf ebenem Boden sind Geschwindigkeiten von 16 bis 19 km/h schon möglich.

Die giftigste Landschlange ist der 2 m lange Taipan (Oxyuranus microlepidotus), der vorwiegend im australischen Bundesstaat Queensland vorkommt. Sein Gift ist neunmal so stark wie das der südaustralischen und tasmanischen Tigerschlange (Notechis scutatus). Als einem Taipan-Exemplar das Gift entzogen wurde, kamen 110 mg zusammen, eine Dosis, mit der man 125 000 Mäuse töten kann.

Die längste präparierte Haut einer lebenden Riesenschlange hat eine Gesamtlänge von 440 cm. Sie gehörte einem Tigerpython (Python molurus bivittatus). Der Hamburger Schlangenzüchter Gerd Kunstmann hat die Häutung nach seiner Präparationstechnik BIO-DERM verarbeitet.

Australische Würfelqualle (Cubmedusae Chironex Fleckeri)

Pitohui-Nestlinge (Pitohui dichrous, rechts)
Südlicher blaugeringelter Tintenfisch (Hapalochlaena maculosa, unten)
Fotos: Planet Earth Pictures; NHPA/B. Beehler

**FISCH DES JAHRES 1994
Die Nase**

Der Verband der Sportfischer wählte die vom Aussterben bedrohte Nase zum Fisch des Jahres 1994. Der Bestand der Nase ist aufgrund von Umweltverschmutzung in mitteleuropäischen Flüssen stark gefährdet. Die zur Familie der Karpfen gehörende Nase verdankt ihren Namen der stark vorstehenden Schnauzenspitze. Der Fisch findet in Deutschland immer weniger Laichplätze, in den neuen Bundesländern, in Elbe und Oder, ist der silbrig glänzende Fisch inzwischen ausgestorben.
Foto: Tierbildarchiv Angermayer/ Hans Reinhard

Dieses skurrile, 20 cm lange Fetzenseepferdchen stammt aus Australien. Der streßanfällige Fisch braucht auch im Berliner Zoo-Aquarium nachts eine schwache Beleuchtung entsprechend dem natürlichen Mondlicht.

Foto: Günter Peters

TIERE

• Fische • Seesterne • Krustentiere

◆ FISCHE

Der größte Fisch der Welt ist der seltene, planktonfressende Walhai (*Rhincodon typus*), der in den wärmeren Teilen des Atlantischen, Pazifischen und Indischen Ozeans vorkommt. Der größte Walhai, der den Wissenschaftlern bisher zu Gesicht kam, war 12,65 m lang, hatte am dicksten Körperteil einen Umfang von 7 m und wog etwa 15 t. Das Prachtexemplar war am 11. November 1949 vor der Insel Baba bei Karatschi (Pakistan) gefangen worden.

Der längste Knochenfisch ist der in allen Meeren zu findende Band- oder Riemenfisch (*Regalecus glesne*), der als »König der Heringe« bezeichnet wird. Ein 7,6 m langes Exemplar wurde vor Pemaquid Point, Main (USA), gefangen. Nach unbestätigten Berichten sollen sogar schon 15,2 m lange Bandfische gesichtet worden sein.

Der schwerste Knochenfisch ist der Sonnenfisch (*Mola mola*), der in allen tropischen, subtropischen und gemäßigten Gewässern vorkommt. Am 18. September 1908 wurde vor Birs Island in der Nähe von Sydney (Australien) versehentlich ein Riesenexemplar von einem Schiff gerammt. Dieser Sonnenfisch maß 4,26 m und wog 2,235 t.

Der größte Raubfisch ist der relativ seltene Weißhai oder Menschenhai (*Carcharodon carcharias*). Das größte exakt vermessene Exemplar wurde im Juni 1978 im Hafen von San Miguel auf den Azoren an Land gebracht. Es war 6,2 m lang und wog 2268 kg.

Der kleinste Seefisch – und das kleinste bekannte Wirbeltier – ist die Zwerggrundel (*Trimmatom nanus*), die im Chagos-Archipel des Indischen Ozeans vorkommt. Die während der Chagos-Expedition der britischen Streitkräfte 1978/79 untersuchten Männchen waren im Durchschnitt 8,6 mm, die Weibchen 8,9 mm lang.

Der kleinste bekannte Hai ist eine Zwerghaiart (*Squaliolus laticaudus*) im westlichen Pazifik. Die Fische haben eine Länge von 15 cm.

Der kleinste Speisefisch der Welt ist der inzwischen gefährdete Sinarapan (*Mistichthys luzonensis*), eine Grundel-Art, die nur im See Buhi auf den Philippinen vorkommt. Erwachsene männliche Exemplare werden 10-13 mm lang – um eine Fischfrikadelle von etwa 112,5 g herzustellen, wären 17 500 Grundeln nötig!

Der schnellste Fisch ist vermutlich der eigentliche Fächerfisch (*Istiophorus platypterus*), jedenfalls über kurze Distanzen. Praktische Schwierigkeiten bei der Geschwindigkeitsmessung lassen genaue Angaben kaum zu. In einer Testreihe im Long Key Fishing Camp von Florida (USA) bewältigte ein Seglerfisch 100 Yards (91 m) in 3 Sek. Das entspricht einer Geschwindigkeit von 109 km/h. Der gelbflossige Thunfisch (*Thunnus albacares*) und der Wahoo (*Acanthocybium solandri*) zählen gleichfalls zu den ganz schnellen Fischen. Sie erreichten auf Sprints über 10-20 Sek. Spitzengeschwindigkeiten von 74,59 bzw. 77,05 km/h.

Das kürzeste Leben haben die sogenannten Killi-Fische aus der Kategorie *Cyprinodontei*, die man in Seen Afrikas und Südamerikas findet und die in der Freiheit nur ca. acht Monate am Leben bleiben.

Die in der größten Tiefe lebenden Wirbeltiere sind nach allgemeiner Ansicht die Brotulids der Art *Bassogigas*. Die größte Tiefe, aus der ein Fisch geholt wurde, waren 8300 m. Dr. Gilbert L. Voss vom US-Forschungsschiff *John Elliott* fing im April 1970 im Puerto-Rico-Graben (8366 m) im Atlantik aus dieser Tiefe einen 16,5 cm langen *Bassogigas profundissimus*.

Die meisten Eier, nämlich bis zu 30 Mio., laicht der Sonnenfisch (*Mola mola*). Jedes Ei hat einen Durchmesser von 1,3 mm.

Die wenigsten Eier laicht der Zahnkarpfen (*Jordanella floridae*), der in den Gewässern von Florida (USA) lebt. Er stößt nur 20 Eier ab und braucht dazu mehrere Tage.

Der spannungsgeladene Fisch ist der Zitteraal (*Electrophorus electricus*), der in den Flüssen von Brasilien, Kolumbien, Venezuela und Peru lebt. Ein durchschnittliches Exemplar erreicht Entladungen von 1 Ampere bei einer Spannung von 400 Volt, aber es sind auch schon 650 Volt registriert worden.

Der größte Süßwasserfisch, der nur in Süß- oder Brackwasser lebt, ist der seltene Pa beuk oder Pla beuk (*Pangasianodon gigas*), der nur im Mekong und seinen wichtigeren Nebenflüssen in China, Laos, Kambodscha und Thailand lebt. Das größte, im Fluß Ban Mee Noi in Thailand gefangene Exemplar war, wie berichtet wird, 3 m lang und wog 242 kg. Früher war der europäische Wels (*Silurus glanis*) sogar noch größer – im 19. Jh. wurden Längen bis 4,57 m und Gewichte bis 336 kg von russischen Exemplaren notiert. Aber jetzt gilt bereits alles, was über 1,83 m lang ist und mehr als 91 kg wiegt, als groß.

Der Arapaima (*Arapaima glauis*), auch Pirarucu genannt, der im Amazonas und anderen südamerikanischen Flüssen vorkommt und oft für den größten Flußfisch gehalten wird, mißt durchschnittlich 2 m und wiegt 68 kg. Der größte »authentisch verzeichnete« war 2,48 m lang und wog 147 kg. Er wurde 1836 im Rio Negro in Brasilien gefangen. Im September 1978 wurde ein 188,6 kg wiegender Nilbarsch (*Lates niloticus*) im östlichen Teil des Victoriasees in Kenia gefangen.

Der kleinste und leichteste Süßwasserfisch ist die Zwergpygmäen-Grundel (*Pandaka pygmaea*), ein farbloser und fast durchsichtiger Fisch, der sich in den Flüssen und Seen von Luzon auf den Philippinen tummelt. Ausgewachsene Männchen werden höchstens 7,5 bis 9,9 mm lang und wiegen 4-5 mg. Der kleinste in mitteleuropäischen Gewässern lebende Süßwasserfisch ist der Zwergstichling, der ca. 3-4 cm lang wird.

Die gefährlichsten und grausamsten Süßwasserfische sind die Sägesalmler oder Pirayas der Arten *Serrasalmus*, *Pygocentrus* und *Pygopristis*. Diese Piranhas leben in den trägen Gewässern der großen Flüsse Südamerikas und sind wegen ihrer legendären Wildheit berüchtigt. Mit ihren rasierklingenscharfen sägeartigen Zähnen greifen sie in Schwärmen jedes Lebewesen im Wasser an, das verletzt ist und blutet, egal, was und wie groß es ist.

◆ SEESTERNE

Der größte Seestern von allen 1600 bekannten Arten ist, nach der gesamten Armlänge gemessen, der sehr zarte *Midgardia xandaros*. Ein im Sommer 1968 im Golf von Mexiko von einem US-Forschungsschiff gefundenes Exemplar maß von Spitze zu Spitze 138 cm, während der Scheibendurchmesser nur 2,6 cm betrug. Sein Trockengewicht war 70 g.

Der schwerste Seestern ist der fünfarmige *Thromidia catalai* im westlichen Pazifik. Ein am 14. September 1969 nahe der Küste Neukaledoniens gefundenes Exemplar hatte ein geschätztes Gewicht von 6 kg und eine Gesamtarmspannweite von 63 cm.

Der kleinste Seestern ist der *Patiriella parvivipara*, den Wolfgang Zeidler im Jahr 1975 an der südaustralischen Westküste vor der Insel Eyre entdeckt hat. Er hat einen Radius von höchstens 4,7 mm und einen Durchmesser von weniger als 9 mm.

Der zerstörerischste Seestern ist die Dornenkrone (*Acanthaster planci*), die im Indischen Ozean und im Roten Meer vorkommt, 12-19 Arme besitzt und bis zu 60 cm im Durchmesser mißt. Sie kann pro Tag 300-400 cm^2 Korallen vernichten und ist für die Zerstörung großer Teile des Great-Barrier-Riffs verantwortlich.

Die größte Tiefe, in der ein Seestern gefangen wurde, war 7584 m. Es handelte sich um einen *Porcellanaster ivanovi*, der 1962 von einem sowjetischen Forschungsschiff im Marianengraben (Westpazifik) gefunden wurde.

◆ KRUSTENTIERE

Allgemein: Zu Krustentieren rechnen Taschenkrebse, Hummer, Krabben, Garnelen, Langusten, Entenmuscheln, Wasserflöhe, Wasserasseln, Bohrasseln, Sandhüpfer, Kiemenschwänze usw.

Die größte (aber nicht die schwerste) Krebsart ist die japanische Riesenkrabbe (*Macrocheira kaempferi*), die vor der Südostküste von Japan in tiefen Gewässern lebt. Ausgewachsene Exemplare haben gewöhnlich einen 25,4-30,5 cm breiten Körper mit einer 2,43-2,74 m großen Spannweite zwischen den Beinen.

Die schwerste Hummerart ist der amerikanische oder nordamerikanische Hummer (*Homarus americanus*). Am 11. Februar 1977 wurde ein 20,14 kg schweres, vom Schwanzende bis zur Spitze der größten Schere 1,06 m langes Exemplar nahe der Küste von Neuschottland (Kanada) gefangen. Ein New Yorker Feinschmeckerrestaurant erwarb das Exemplar.

Das größte Süßwasser-Krustentier ist der Flußkrebs *Astacopsis gouldi*, der im australischen Tasmanien heimisch ist. Er wird bis zu 61 cm lang und wiegt ungefähr 4 kg. Im Jahr 1934 soll in Bridport ein übergroßes Exemplar gefangen worden sein, doch die Angaben – 73,6 cm lang und 6,35 kg schwer – sind nicht bestätigt.

Die kleinsten Krustentiere sind Wasserflöhe der *Alonella*-Familie. Sie sind nicht einmal 0,25 mm groß und leben im Nordatlantik.

Die kleinsten bekannten Hummer sind die Kaphummer (*Homarus capensis*) aus Südafrika, deren Gesamtlänge 10-12 cm beträgt.

Der kleinste Krebs der Welt, der Muschelwächter *Pinnoteres pisum* und andere Arten der Pinnoteridenfamilie, hat einen Schalendurchmesser von nur 6,3 mm. Er lebt in der Nordsee.

Das langlebigste aller Krustentiere ist der amerikanische Hummer (*Homarus americanus*). Sehr große Exemplare können 50 Jahre alt werden.

Die größte Höhe, in der Krustentiere gefunden wurden, beträgt 4053 m. Amphipoden (Flohkrebse) und Isopoden wurden in dieser Höhe in den Anden Ecuadors festgestellt.

Die größte Tiefe, in der Krustentiere gefunden wurden, beträgt 10 500 m. In dieser Tiefe entdeckte im November 1980 eine amerikanische Forschungsexpedition mehrere lebende Amphipoden im Marianengraben (Westpazifik).

◆ SPINNENTIERE

Die Spinnen sind wie die Milben und Skorpione eine Ordnung der Spinnentiere (*Chelicerata*). Zu dieser Klasse gehören mehr als 30 000 Arten.

Die größten Spinnentiere sind die Schwertschwänze (*Xiphosura*). Zu ihnen zählen der karibische Pfeilschwanz *Limulus plyphemus* und der indopazifische Schwertschwanz *Trachypleus*. Beide Gattungen erreichen eine maximale Länge von ca. 60 cm. Sie leben tagsüber im Sandboden der Flachmeere vergraben und wandern zur Fortpflanzung an die Küste. Ausgewachsene Exemplare werden gelegentlich am Strand angespült.

Das größte lebende Spinnentier (*Trachypleus gigas*) wurde am 10. Mai 1975 in Qui Kim, ca. 15 km östlich von Haiphong (Nordvietnam) gefangen. Es hatte eine Länge von 85 cm. Die Schwertschwänze (*Xiphosura*) kommen zwischen April und Mai zur Paarung und Eiablage in die Flachwasserbereiche Südostasiens. Die Wattflächen Nordvietnams beherbergen wenigstens zwei Arten dieser Gattung (*T. tridentatus* und *T. gigas*). Der Diplom-Biologe Dr. Henry Witt aus Greifswald (M-V) hatte neben diesem Weibchen noch einen 63,5 cm und einen 75,5 cm großen Vertreter dieser Spinnenartigen gefangen.

Die größte bekannte Spinne der Welt ist die Riesenvogelspinne *Theraphosa leblondi*, die in den Küstenregenwäldern von Surinam, Guyana und Französisch-Guyana im Nordosten Südamerikas vorkommt; einzelne Exemplare sind auch in Venezuela und Brasilien gesichtet worden. Ein männliches Exemplar, das Mitglieder der Pablo-San-Martin-Expedition im April 1965 am Rio Cavro entdeckten, hatte eine Beinspannweite von 28 cm. In der Regel aber sind die Spinnenweibchen viel kräftiger gebaut als die Männchen.

Die schwersten Spinnen sind die Weibchen der Riesenvogelspinne *Theraphosa leblondi*, die schwerer sind als die Männchen. Charles J. Seiderman aus New York (USA) hat im Februar 1985 bei Paramaribo (Surinam) ein weibliches Tier gefangen, das das Rekordgewicht von 122,2 g erreichte, bevor es im Januar 1986 aufgrund von Häutungsproblemen einging. Die Beinspannweite dieser Spinne betrug 267 mm (Körperlänge: 102 mm und 25 mm lange Greifbeine).

Die kleinste Spinne ist die *Patu marplesi* (Fam. *Symphytognathidae*), die im Westen Samoas heimisch ist. Ein (männliches) Musterbeispiel, das im Januar 1965 in Madolelei, in einer Höhe von etwa 600 m und in Moos versteckt, entdeckt wurde, war gerade 0,43 mm groß – die Spinne war also ungefähr so groß wie der Punkt hinter diesem Satz.

Die am weitesten verbreitete Spinne ist die Krabbenspinne (Familie *Thomisidae*). Sie ist auf der ganzen Welt zu Hause.

Die langlebigsten Spinnen sind die primitiven *Mygalomorphae* (Vogelspinnen und verwandte Sorten), die bis zu 28 Jahre alt werden können. Obwohl für Menschen harmlos, haben sie doch einen kräftigen Biß, wenn sie gereizt werden. Ein 1935 in Mexiko gefundenes und damals auf 12 Jahre geschätztes Tarantelweibchen lebte 16 Jahre in einem Laboratorium, wurde also 28 Jahre alt.

Die giftigsten Spinnen sind die brasilianischen Wanderspinnen von der Gattung *Phoneutria*, vor allem die *Phoneutria fera*, die das aktivste Nervengift aller lebenden Spinnen besitzt. Diese großen und äußerst angriffslustigen Tiere dringen häufig in menschliche Behausungen ein und verstecken sich in Kleidern und Schuhen. Werden sie aufgeschreckt, beißen sie mehrere Male zu, jährlich werden Hunderte Angriffe dieser Spinnenart registriert. Glücklicherweise gibt es ein wirksames Serum gegen das Gift.

Die größten Skorpione sind die Kaiserskorpione (*Pandinus imperator*). Diese Riesenskorpione aus dem äquatorialen Afrika und Guinea werden bis zu 18 cm groß. Tiere aus Feuchtgebieten oder höheren Bergregionen sind an ihrer schwarzen Farbe erkenntlich. Im Gegensatz zu ihrem gefährlichen Aussehen sind sie für den Menschen harmlos.
Zu den größten Skorpionen unter 600 existierenden Arten zählt auch der in Südindien heimische *Heterometrus swammerdami*. Männchen messen von den Scheren zum Stachel 18 cm. Ein Exemplar, das am 14. September 1869 in der Provinz Madras gefangen wurde und heute im Besitz der Naturgeschichtlichen Gesellschaft von Bombay ist, war 24,7 cm lang (Kopfteil bis Schwanz 18,7 cm, Körperteil: 8,2 cm). Ein anderes Exemplar, das während des Zweiten Weltkriegs unter einem Stein in dem westbengalischen Dorf Krishnarajapuram entdeckt wurde und im örtlichen Militärhospital untersucht wurde, war mit 29,2 cm sogar noch größer.

Der kleinste lebende Skorpion (*Microbuthus pusillus*) vom Golf von Aden ist ausgewachsen nur 1,3 cm klein.

Zu den gefährlichsten Skorpionen gehören die afrikanischen Dickschwanzskorpione (*Androctonus australis*). Zusammen mit den Arten *Tityus*, *Centruroides* und *Leiurus* können sie eine tödliche Gefahr für den Menschen darstellen. Schon 0,091 mg des Giftes von *Androctonus australis* können eine Maus töten. Jährlich gibt es um die 1500 Unfälle mit *Androctonus* und *Tityus*, bei denen 20-30 Menschen sterben.

◆ INSEKTEN, KÄFER

Es wird geschätzt, daß es nicht weniger als 30 Mio. Insektenarten gibt – mehr als alle anderen Ordnungen zusammengenommen haben –, aber Tausende von ihnen sind nur durch ein einziges Exemplar belegt.

Die schwersten Insekten sind die Goliathkäfer (Fam. *Scarabaeidae*) in Äquatorialafrika. Größte Vertreter dieser Gruppe sind *Goliathus regius*, *Goliathus goliathus* oder *Goliathus giganteus* und *Goliathus druryi*. Ausgewachsene Männchen (die Weibchen sind kleiner) werden 70-100 g schwer und bis zu 110 mm lang (Vorderfühler bis Hinterleib). Die Elefantenkäfer (*Megasoma*) von Mittelamerika und den Westindischen Inseln sind vom Umfang her die größten Insekten, doch ihnen fehlen die massiven Schalenplatten, die bei den Goliathkäfern Brust und vorderes Brustbein formen. Deshalb sind die Elefantenkäfer leichter.

Das längste bekannte Insekt ist die in den Regenwäldern von Borneo heimische Stabheuschrecke *Pharnacia kirbyi*. Im Britischen Naturgeschichtlichen Museum in London wird ein Exemplar mit einer Körperlänge von 328 mm und einer Gesamtlänge, einschließlich der Beine, von über einem halben Meter aufbewahrt. In der Wildnis fehlen den Tieren häufig einige Beine, da sie so lang sind, daß sie sich beim Häuten leicht verfangen.

Bienenmantel

Einen Bienenmantel von schätzungsweise 343 000 Bienen mit einem Gesamtgewicht von 36,3 kg trug Jed Shaner am 29. Juni 1991 in Staunton, West Virginia (USA). Jed Shaner erklärte vor dem Rekordversuch mit dem Bienenmantel: »Es ist nicht so schlimm, wie es aussieht. Es erregt nur Aufmerksamkeit. Die Leute sagen, du bist verrückt. Aber auf diese Weise ist jeder von uns verrückt. Ich halte auch manches von dem, was andere Leute tun, für verrückt.« Als alles vorbereitet war, wurde er gefragt, ob er Angst habe. Er erwiderte voller Zuversicht: »So weit, so gut. Fangen wir an. Es wird eine honigsüße Zeit werden.« Am Tag nach seinem erfolgreichen Rekordversuch meinte er furchtlos: »Rekorde sind dazu da, um gebrochen zu werden. Wir können es jederzeit wiederholen.«
Die *News-Virginian* bemerkte zu dem Rekord: »Jed Shaner hatte eine bienenfleißige Zeit.«

Der längste Käfer, ohne Fühler gemessen, ist der mittel- und südamerikanische Herkuleskäfer (*Dynastes hercules*), der bis zu 190 mm groß wird. Mehr als die Hälfte seiner Länge nimmt der obere Hornpanzer ein.

Die kleinsten Insekten sind bis heute die »fransenflügligen« Käfer der Familie *Ptiliidae* (*Trichopterygidae*) und eine Schmarotzerwespenart der Familie *Myrmaridae*. Sie sind nur 0,2 mm lang, und der Flügelspann der Zwergwespe mißt nur 1 mm. Demnach sind sie kleiner als gewisse Protozoen (einzellige Lebewesen).

Die leichtesten Insekten sind die blutsaugende gestreifte Laus der Art *Enderleinellus zonatus* und die parasitische Wespe der Art *Caraphractus cinctus*, die beide nur 0,005 mg wiegen. Die Eier der *Caraphractus cinctus* wiegen 0,0002 mg.

Am zahlreichsten von allen Insekten sind die Springschwänze (*Collembola*). Die oberste Schicht von ca. 4050 m² Weideland beherbergt bis zu einer Tiefe von etwa 29 cm mindestens 230 Mio. Springschwänze.

Die höchste Fluggeschwindigkeit von Insekten, einschließlich der Dasselfliege der Art *Cephenemyia pratti*, der Rinderbremse (*Tabanus bovinus*), der Schwärmer (*Shingidae*) und einiger tropischer Schmetterlinge (*Hesperiidae*), liegt für den Dauerflug bei 39 km/h. Die australische Libelle der Art *Austrophlebia costalis* kann auf kurze Strecken maximal 58 km/h erreichen. Experimente haben auch bewiesen, daß die 1926 aufgestellte Behauptung eines amerikanischen Wissenschaftlers, die Dasselfliege der Art *Cephenemyia pratti* könne in einer Höhe von 3 657 m mit einer Geschwindigkeit von 1 316 km/h fliegen, maßlos übertrieben war. Stimmte die Behauptung, müßte die Fliege eine Leistung von 1,1 kW entwickeln

TIERE

• Spinnentiere • Insekten, Käfer

und pro Sekunde das 1 1/2fache des eigenen Gewichts an Nahrung zu sich nehmen, um die benötigte Energie zu erhalten, und selbst dann würde sie vom Luftdruck zerquescht und von der Reibung verbrannt werden.

Die Höchstgeschwindigkeit eines Bienenschwarms ist 18 km/h. Bei einer mittleren Geschwindigkeit von 11 km/h würde ein solcher Schwarm für einen 6,5 Mio. km langen Flug nur etwa 4,5 l Nektar verbrauchen.

Die größte Beschleunigung (g) in der Natur entwickelt ein häufig vorkommender kleiner Käfer (*Althous haemorrhoidalis*) aus der Familie der Elateridae. Wenn er einem Feind entgehen will, schnellt er sich mit 400 g in die Luft. Ein 12 mm langes und 40 mg wiegendes Exemplar dieses Schnellkäfers überlebte laut einer Berechnung bei einem Sprung in 30 cm

Eine Schwammspinnerraupe auf der Baumrinde, aufgenommen in Oberfranken.
Foto: dpa/Kiefer

Höhe eine Spitzenbelastung seines Gehirns von 2300 g.

Die schnellsten Insekten auf dem Land sind die großen tropischen Schaben der Familie *Periplaneta americana*, deren Spitzengeschwindigkeit 1991 an der University of California in Berkeley, Kalifornien (USA), mit 5,4 km/h oder 50 Körperlängen pro Sek. gemessen wurde.

Die größte Küchenschabe der Erde ist die in Kolumbien heimische *Megaloblatta longipennis*. Ein präpariertes weibliches Exemplar aus der Sammlung des Japaners Akira Yokokura ist 97 mm lang und 45 mm breit.

Die langlebigsten Insekten sind die Prachtkäfer (*Buprestidae*). Am 27. Mai 1983 tauchte aus dem Holz der Trep-

pe im Haus von W. Euston in Prittlewell, Essex (GB), ein Exemplar der Art *Buprestis aurulanta* auf, nachdem es 47 Jahre als Larve zugebracht hatte.

Am lautesten von allen Insekten sind die Zikadenmännchen (Fam. *Cicadidae*). Bei 7400 Schwingungen in der Minute erzeugen ihre Trommelorgane ein Geräusch, das man in einer Entfernung von über 400 m hören kann.

Den schnellsten Flügelschlag von allen Insekten unter natürlichen Bedingungen – 62 760 Schläge/min – hat eine winzige Mücke der Gattung *Forcipomyia*. Bei Experimenten mit beschnittenen Flügeln und einer Temperatur von 37°C erhöhte sich die Geschwindigkeit auf 133 080 Schläge/min.

Den langsamsten Flügelschlag von allen Insekten hat mit 300 Schlägen/min der Schwalbenschwanz (*Papilio machaon*). Der Flügelschlag der meisten Schmetterlinge beträgt 460-636/min.

Laubheuschrecken: Den größten Spann hat die *Siliquofera grandis*, ein Grashüpfer aus Neuguinea, der bei den Weibchen über 25,4 cm messen kann. Der *Pseudophyllanax imperialis*, der auf Neukaledonien im westlichen Südpazifik vorkommt, hat bis zu 20,3 cm lange Fühler.

Flöhe: Siphonapterologen unterscheiden 1830 Floharten. Der größte bekannte Floh (*Hystrichopsylla schefferi schefferi*) wurde nach einem einzigen 1913 in Puyallup (USA) in einem Biberbau gefundenen Exemplar beschrieben. Weibchen werden bis zu 8 mm lang, was immerhin dem Durchmesser eines Bleistifts entspricht.

Libellen

Die größte Libelle ist die in Mittel- und Südamerika lebende *Megaloprepes caeruleata*, deren Spannweiten bis zu 19,1 cm und deren Körperlängen 12 cm betragen können.

Die kleinste Libelle der Welt ist die in Myanmar (früher Birma) heimische *Agriocnemis naia*. Ein Exemplar aus dem Britischen Museum hat eine Flügelspannweite von 17,6 mm und eine Körperlänge von 18 mm.

Schmetterlinge

Der größte Schmetterling ist der unter Naturschutz stehende Königin-Alexandra-Falter (*Ornithoptera alexandrae*). Er kommt nur noch in der Popondetta-Ebene von Papua-Neuguinea vor. Die Flügelspannweite der Weibchen kann über 28 cm und ihr Gewicht über 25 g betragen.

Die größte (aber nicht die schwerste) Motte ist die im tropischen Australien und in Neuguinea vorkommende Herkulesmotte (*Cosdinoscera hercules*), deren Flügelfläche eine Größe von 263,2 cm² und deren Flügelspannweite 28 cm erreichen können.

Die größten Tagfalter Mitteleuropas sind der Schwalbenschwanz (*Papilio machaon*) und der Große Eisvogel (*Limenitis populi*). Ihre Weibchen können Flügelspannweiten von 8 bis 10 cm erreichen.

Unter den mitteleuropäischen **Nachtfaltern** ist das Nachtpfauenauge (*Saturnia pyri*) mit einer Flügelspannweite bis zu 13,2 cm der größte. Der Totenkopf (*Acherontia atropos*) hat zwar einen längeren Körper, aber seine Flügelspannweite ist kleiner.

Kleinster Falter unter 140 000 bekannten Schmetterlings- und Mottenarten ist *Stigmella ridiculosa*. Flügelspannweite und Körperlänge sind gleich – jeweils 2 mm. Der Winzling ist auf den Kanarischen Inseln heimisch.

Den schärfsten Geruchssinn aller Lebewesen hat das männliche Kleine Nachtpfauenauge (*Eudia pavonia*), das nach deutschen Experimenten aus dem Jahr 1961 den Geruch eines paarungsbereiten Weibchens aus der fast unglaublichen Entfernung von 11 km gegen den Wind wahrnehmen kann. Dieser Geruch ist als der eines der höheren Alkohole identifiziert worden ($C_{16}H_{29}OH$), von dem das Weibchen weniger als 0,0001 mg an sich hat.

Die weiteste Wanderung eines Schmetterlings wurde am 15. Januar 1987 festgestellt, als ein weiblicher Monarchfalter (*Danaus plexippus*) auf einem Berg bei Anguangeo (Mexiko) wieder eingefangen wurde, den Donald Davis am 6. September 1986 im Presqu'ile-Provinzpark in der Nähe von Brighton, Ontario (Kanada), ausgesetzt hatte. Die Luftlinie zwischen beiden Orten beträgt 3432 km. Der tatsächlich zurückgelegte Flugweg könnte jedoch leicht doppelt so lang gewesen sein.

Tausendfüßer

Die längsten Tausendfüßer sind der afrikanische *Graphidostreptus gigas* und der *Scaphistostreptus seychellarum* von den Seychellen im Indischen Ozean. Beide Riesenschnurfüßer können 28 cm lang werden und einen Durchmesser von 20 mm erreichen.

Der kürzeste Tausendfüßer ist die Spezies *Polyxenus lagurus*, die 2,1-4 mm lang wird. Der Pinselfüßer ist besonders auf den Britischen Inseln anzutreffen.

Die meisten Beine, nämlich 375 Paar (750 Beine) hat eine kalifornische Art namens *Illacme plenipes*.

Sieg über den Schwammspinner

Die Gefahr für die Eichenwälder im Süden Deutschlands scheint vorerst gebannt: Nach dem umstrittenen Insektizideinsatz gegen die Raupen des Schwammspinners im Mai 1994 ist der Schädlingsbefall deutlich zurückgegangen.
Nach dem riesigen Kahlfraß, den die Schmetterlingslarven bereits 1993 anrichteten, beschlossen Länder- und Kommunalverwaltungen, *Dimilin* flächendeckend einzusetzen. Umweltschützer kritisierten, daß das Gift, das die Häutung der Schädlinge verhindert, auch nützliche Insekten wie Marienkäfer und Schlupfwespe bedrohe. Die Schwammspinnerraupen fressen nach dem Schlüpfen etwa zwei Monate lang. Dann, mit einer Größe von etwa 7 cm, verpuppen sie sich drei Wochen. So lange dauert die Metamorphose zum Schmetterling.

Die längste Hundertfüßerart ist eine größere Variante des weitverbreiteten *Scolopendra morsitans*, der auf den Andamaninseln in der Bucht von Bengalen (Indien) vorkommt. Messungen ergaben, daß die Riesenläufer bis zu 33 cm lang und 3,8 cm breit werden.

Der kürzeste Hundertfüßer ist eine nichtidentifizierte, nur 5 mm lange Spezies.
Der kürzeste Hundertfüßer in Mitteleuropa ist der *Lithobius dubosequi*, der 9,5 mm lang und 1,1 mm breit wird.

Die meisten Beine eines Hundertfüßers hat der südeuropäische *Himantarum gabrielis*; er hat ausgewachsen 171-177 Paar Beine.

Der schnellste Hundertfüßer ist wahrscheinlich *Scutigera coleoptrata*, der in Südeuropa zu finden ist und 50 cm/s, umgerechnet also 1,8 km/h, zurücklegen kann.

◆ WÜRMER

Die längsten Riesenregenwürmer sind die in Südafrika beheimateten *Microchaeta rappi*. Ein durchschnittlich großes Exemplar hat eine Länge von 1,36 m (zusammengezogen 65 cm), aber es liegen Berichte über viel größere Exemplare vor.
In Transvaal (Südafrika) wurde 1937 ein Wurmgigant von 6,7 m Länge (bei natürlicher Streckung), aber nur 20 mm Durchmesser entdeckt.
Regenwürmer können nur im feuchten Erdreich überleben und graben sich normalerweise durch die oberste Erdschicht. Bei ständigen Vibrationen jedoch, die aus ihrer unterirdischen »Sicht« wirken, als würde es regnen, zieht es sie in ihrem Verlangen, so viel Feuchtigkeit aufzusaugen wie möglich, zur Oberfläche hinauf.

Der kürzeste Ringelwurm ist der nicht einmal 0,5 mm lange *Chaetogaster annandalei*.

Die längsten von allen 550 verzeichneten Schnurwürmerarten, auch *Nemertinen* genannt, sind die in den seichten Gewässern der Nordsee vorkommenden Schnurwürmer (*Lineus longissimus*). Ein im Jahr 1864 nach einem schweren Sturm in St. Andrews (Schottland) an Land geschwemmtes Exemplar war über 55 m lang. Der Durchmesser betrug nur 1 cm.

Selbstaufopferung: Manche Schnurwürmer fressen sich selber auf, wenn keine Nahrung vorhanden ist. Bei einem Versuch verzehrte ein Exemplar in wenigen Monaten 95 Prozent seines eigenen Körpers, ohne Anzeichen von Krankheit zu zeigen. Sobald dem Schnurwurm wieder Nahrung zugeführt wurde, erneuerte sich sein Körpergewebe.

◆ WEICHTIERE

Das größte Weichtier ist der Atlantische Riesenkalmar *Architeuthis dux*. Der gewichtigste Tintenfisch, von dem jemals berichtet wurde, war ein 2 t schweres Monster, das am 2. November 1878 in der Thimble Tickle Bay, Neufundland (Kanada) strandete. Der Körper war 6,1 m lang, und einer der Fangarme maß 10,6 m.

Das längste Weichtier war ein 17,37 m messender Riesenkalmar der Art *Architeuthis longimanus*, der im Oktober 1887 in der Lyall Bay (Neuseeland) an der Cook-Straße an Land gespült wurde. Seine beiden langen, schlanken Tentakel maßen je 15,01 m.

Das langlebigste Weichtier ist die Meeres-Quahog (*Arctica islandica*), eine dickschalige Venusmuschel, die im Nordatlantik lebt. Eine Muschel mit 220 Jahresringen wurde 1982 gefunden.

Der größte Krake ist, soweit bekannt, der *Octopus dofleini*, der sich im Pazifik tummelt – von Kalifornien bis Alaska (USA) sowie vor Ostasien und südlich von Japan. Genaue Größenangaben sind bislang nicht möglich, doch ein ausgewachsenes männliches Durchschnittsexemplar wiegt ungefähr 23 kg, und die Spannweite seiner Fangarme beträgt etwa 2,5 m. Rekordexemplar war ein Krake, der 1957 vor Westkanada entdeckt wurde: Seine Fangarme hatten eine Spannweite von 9,6 m, und er war ca. 272 kg schwer.

Der kleinste Kopffüßer ist der Tintenfisch *Idiosepius*, der nur selten eine Länge von 25,4 mm erreicht.

Die Kopffüßer mit den meisten Tentakeln sind manche Arten der Ordnung *Nautilus*, die bis zu 94 Fangarme ohne Saugnäpfe haben, mit denen sie den Meeresboden nach Nahrung abgrasen. Die meisten Kopffüßer haben nur 8 oder 10 Tentakel.

Muscheln

Die größte Muschel unter den noch lebenden ist die *Tridacna gigas*, eine Riesenmuschel, die auf den Korallenriffen im Indischen Ozean vorkommt. Ein 115 cm langes und 333 kg schweres Exemplar wurde 1956 vor der japanischen Insel Ishigaki gefunden, aber erst im August 1984 wissenschaftlich untersucht worden. Die Muschel wog zu Lebzeiten wahrscheinlich etwas über 340 kg (die Weichteile wiegen bis zu 9,1 kg).

Die längste Muschel ist 137 cm lang und wiegt 230 kg. Sie wurde vor 1817 bei Tapanoeli (Tapanula) an der Nordwestküste von Sumatra gefunden und wird jetzt in Arno's Vale in Nordirland aufbewahrt.

Das langsamste Wachstum im Tierreich weist die Tiefsee-Muschel *Tindaria callistisormis* auf. Sie kommt im Nordatlantik vor und braucht etwa 100 Jahre, um eine Länge von 8 mm zu erreichen.

Die tiefste bekannte Muschelkolonie entdeckten französische und japanische Forscher 1985 an einer Schwefelquelle 3830 m unter dem Meeresspiegel im Tenryu-Graben vor der japanischen Pazifikküste. Die bis zu 15 cm großen Muscheln der Gattung *Calyptogena* leben dichtgepackt in Kolonien.

Die bekannteste Muschel in den küstennahen Gewässern um Europa (Atlantik, Mittelmeer, Wattgebiete der Nord- und Ostsee) ist die Miesmuschel (*Mytilus edulis*). Sie wird seit längerer Zeit nicht nur frei aus dem Meer gefangen, sondern meistens auf sogenannten »Muschelweiden« gezüchtet. Diese »Auster des kleinen Mannes« gilt als Delikatesse.

Der Wert einer Kaurimuschel (Porzellanschnecke) hängt nicht zwangsläufig davon ab, ob sie selten vorkommt oder weit verbreitet ist. Manche raren Muscheln sind nicht teuer, weil sie nicht gefragt sind, während gewisse gemeine Muscheln hohe Preise erzielen, weil sie schwer erreichbar sind.

Die begehrteste Muschel ist derzeit vermutlich *Cypraea fultoni*, von der 1987 russische Fischer im Indischen Ozean vor Mosambik zwei lebende Exemplare erbeutet haben. Die größere der beiden Porzellanschnecken wurde später in New York für 24000 Dollar an den italienischen Sammler Dr. Massilia Raybaudi verkauft. Die andere wurde für 17000 Dollar angeboten. Ein weiteres Exemplar der *Cypraea fultoni* ging im Juni 1987 für 6600 Dollar an einen Sammler aus Carmel in Kalifornien (USA). Dieser Sammler erwarb für 6500 Dollar noch in der gleichen Woche auch eine *Cypraea teramachii*. Ein weiteres Exemplar der *Cypraea fultoni*, das sich im Besitz des amerikanischen Museum für Naturgeschichte in

Auf dem australischen Great-Barrier-Riff, dem größten Korallenbauwerk der Welt, leben gegenwärtig über 350 Korallenarten.
Foto: Planet Earth Pictures/K. Amsler

New York befindet, wurde vor einigen Jahren auf 14 000 Dollar geschätzt.

Schnecken

Die größte Schnecke ist die australische Trompetenschnecke *(Syrinx auranus)*. Ein übergroßes Exemplar, das 1979 in West-Australien aufgesammelt wurde und jetzt Don Pisor aus San Diego (USA) gehört, ist 77,2 cm lang und hat einen Umfang von maximal 1 m. Die Schnecke hatte ein Lebendgewicht von ungefähr 18 kg. Pisor erwarb sie im November 1979 von einem Fischer in Kaohsiung (Taiwan).

Die größte Landschnecke ist die Afrikanische Riesenschnecke *(Achatina achatina)*. Ein Musterexemplar namens *Gee Geronimo*, das aus Sierra Leone in Westafrika stammte und im Besitz von Christopher Hudson aus Hove (GB) war, maß im Dezember 1978 39,3 cm (Gehäuselänge: 27,3 cm) und wog exakt 900 g.

Die schnellste Schnecke ist die Bananenschnecke der Spezies *Ariolimax*. Die schnellste gemessene Geschwindigkeit war 0,734 cm/s über eine Strecke von 91 cm (für die sie 2:04 Min. brauchte). So schnell war ein Exemplar der Art *Ariolimax columbianus* in einem Schneckenrennen, das im Juli 1983 in Northwest Trek, Washington (USA), ausgetragen wurde.

Die schnellsten Landschnecken sind vermutlich die fleischfressenden (und kannibalistischen) Arten wie die *Euglandia rosea*, die bei der Jagd nach Beute andere Schnecken einholen. Dann können sie in 3 Min. 61 cm bewältigen. Ein Exemplar der gemeinen Gartenschnecke *(Helix aspersa)* schaffte am 20. Februar 1990 in der West Middle School von Plymouth in Michigan (USA) einen 31 cm langen Kurs in der Rekordzeit von 2:13 Min. Das entspricht einer Geschwindigkeit von 0,233 cm/s.

Das kleinste Lebewesen mit einem Schalengehäuse ist die Schnecke *Ammonicera rota*, die in den britischen Gewässern vorkommt. Sie hat einen Durchmesser von 0,5 mm. Vor den Nansha-Inseln bei Zheng Genhai, Shanghai (China), wurde eine Schale der Gattung *Bittium* gefunden, die 0,39 mm lang und 0,31 mm breit ist.

Quallen

Die größte Qualle ist die Arktische Riesenqualle *(Cyanea capillata arctica)*, die im nordwestlichen Atlantik heimisch ist. Ein Exemplar, das in der Massachusetts Bay an Land gespült wurde, hatte 36,5 m lange Tentakel. Der Durchmesser des glockenförmigen Körpers betrug 2,28 m.

Das größte »Bauwerk«, das jemals von Lebewesen errichtet wurde, ist das 2027 km lange Great-Barrier-Riff vor Queensland (Australien). Es bedeckt eine Fläche von 207 000 km² und besteht aus Abermillionen abgestorbener und lebender Korallen der Gattungen *Madreporaria* und *Scleractinia*. Gegenwärtig sind auf dem Riff, das in schätzungsweise 600 Mio. Jahren zu seiner heutigen Größe herangewachsen ist, 350 verschiedene Korallenarten zu finden.

Die größte Korallenbank wird, soweit bekannt, von einer Kolonie versteinerter *Galaxea fascicularis* in der Sakiyama-Bucht vor der japanischen Insel Irimote gebildet. Dr. Shohei Shirai vom Institut zur Erschließung natürlicher Quellen im Pazifik hat sie am 7. August 1982 entdeckt. Die Korallenbank ist 4 m hoch, hat eine Längsachse von 7,8 m und einen Umfang von maximal 19,5 m.

Schwämme

Der größte Schwamm ist der zylinderförmige, in den Gewässern Westindiens und Floridas vorkommende *Spheciospongia vesparium*. Einzelne Exemplare erreichen 1,05 m Höhe und einen Durchmesser von 91 cm.

Die größte Regenerationsfähigkeit verlorener Körperteile haben die Schwämme *(Porifera)*. Sie haben die ungewöhnliche Fähigkeit, sich zum Beispiel nach Verletzungen stets erneuern zu können. Selbst ein winziges Körperfragment genügt, um den Organismus vollständig wiederherzustellen. Drückt man einen Schwamm durch ein engmaschiges Seidengeflecht, entwickeln die getrennten Gewebe jeweils ihr eigenes Leben.

Das Berliner Zoo-Aquarium hält und züchtet als drittes Aquarium der Welt neben dem Enoshima-Aquarium in Japan und dem kalifornischen Monteray-Bay-Aquarium freischwimmende Quallenarten.
Foto: Günter Peters

Im Flugzeug über das Great-Barrier-Riff gehört zu den außergewöhnlichsten Australienerlebnissen.
Foto: ATC/expert PR

Am mehr als 4000 m hohen Mt. Kirkpatrick im Transarktischen Gebirge sind amerikanische Geologen auf Überreste einer bisher unbekannten Dinosaurierart aus der frühen Jurazeit gestoßen. Unweit des Südpols entdeckten sie den Schädel eines Raubtierfuß-Dinosauriers, *Cryolophosaurus ellioti* (kammtragender, gefrorener Saurier), der vor etwa 180 Mio. Jahren in dieser Region bei einem damals verhältnismäßig milden Klima lebte.

Foto: ap/Augustana College

◆ DINOSAURIER

Der erste Dinosaurier, der in die Wissenschaft einging, war *Megalosaurus bucklandi* (Große versteinerte Eidechse): Er wurde 1824 beschrieben. Schieferbruch-Arbeiter hatten die Überbleibsel dieses zweifüßigen Fleischfressers vor 1818 bei Woodstock (GB) gefunden. Später wurden die Fossilien im Universitätsmuseum von Oxford ausgestellt. Ein versteinerter Knochen des *Megalosaurus* war schon 1677 dargestellt worden. Doch die wahre Natur des Fossilienfundes wurde erst sehr viel später entdeckt. Der Name Dinosauria (Schreckliche Eidechsen) kam nicht vor 1841 auf.

Das plötzliche Sauriersterben vor 65 Mio. Jahren ist immer noch nicht befriedigend erklärt worden. In der Hell-Creek-Formation in Montana (USA) gemachte Funde lassen vermuten, daß die Dinosaurier, möglicherweise aufgrund klimatischer Veränderungen, während einer Übergangszeit von 5-10 Mio. Jahren immer mehr an Boden verloren und in zunehmendem Maß Säugetieren weichen mußten. Eine andere Theorie spricht von der plötzlichen Vernichtung der Saurier durch den Einschlag eines Asteroiden, der einen Durchmesser von gut 9 km gehabt haben müßte, oder eines Kometenschauers, der zur Bildung riesiger Staubwolken führte, die die Sonne verdunkelten. Diese Theorie wird dadurch gestützt, daß an zahlreichen Orten der Erde große Mengen des Elements Iridium gefunden wurden, dessen Vorkommen ein Anzeichen für eine außerirdische Einwirkung darstellt. Eine dritte Hypothese besagt, daß eine Periode großer vulkanischer Aktivität, die ebenfalls zu einer Verdunkelung durch Staubwolken sowie zu saurem Regen und Iridiumanhäufungen geführt hätten, für das Sauriersterben verantwortlich war.

Der früheste Dinosaurier ist der urtümliche *Eoraptor lunensis*, benannt nach einem 1993 in den Ausläufern der Anden (Argentinien) im Gestein gefundenen Skelett, das etwa 230 Mio. Jahre alt sein dürfte. Der Dino war

Dinosaurier

1 m lang und ist als Theropode klassifiziert, als Mitglied der zweibeinigen aufrechtgehenden Fleischfresser. Er gilt als der am wenigsten entwickelte Saurier dieser Art, da er nicht wie seine Artgenossen den Kiefer bereits in zwei Richtungen bewegen konnte.

Ein weiterer Dino dieser Region, der auch vor etwas 230 Mio. Jahren gelebt haben dürfte, ist der *Herrerasaurus*. Er war 2-2,5 m groß und wog mehr als 100 kg.

Die größten Landtiere aller Zeiten waren die *Sauropoden*, langhalsige, langschwänzige, vierfüßige Pflanzenfresser, die sich in der Jura- und Kreidezeit, vor 208-65 Mio. Jahren, beinahe auf der ganzen Erde tummelten. Es ist jedoch sehr schwer zu bestimmen, welcher dieser Riesendinosaurier nun der größte (längste, höchste oder schwerste) war. Das liegt u.a. daran, daß von ihnen oft nur noch fossile Fragmente zeugen. Zudem neigten viele Forscher dazu, die Größenangaben ihrer Saurierfunde übertrieben hoch anzusetzen. Wenn ein Skelett vollständig erhalten blieb, ist es relativ einfach, Länge und Höhe des Tieres zu schätzen. Die *Sauropoden* werden in fünf Hauptgruppen eingeteilt: *Cetiosaurier, Brachiosaurier, Diplodocus, Camarasaurier* und *Titanosaurier*. Als »größter Dinosaurier der Welt« sind bereits ein *Brachiosaurus*, ein *Diplodocus* und ein *Titanosaurus* vorgestellt worden.

Der größte durch ein vollständiges Skelett dokumentierte Saurier ist ein *Brachiosaurus brancai* aus dem Spätjura vor 150 Mio. Jahren. Eine deutsche Expedition hatte zwischen 1909 und 1911 an der inzwischen berühmten Fundstelle Tendaguru in Tansania die Überreste mehrerer Tiere ausgegraben. Die Knochen wurden verschifft und im Berliner Humboldt-Museum für Naturkunde präpariert und zu einem kompletten Skelett zusammengesetzt, das 1937 zur Ausstellung freigegeben wurde. Es ist das größte und höchste Skelett, das je montiert wurde: 22,2 m lang und mit erhobenem Kopf 14 m hoch (Schulterhöhe: 6 m).

Der Brachiosaurus wog vermutlich 30-40 t. Ein einzelnes Wadenbein, das im selben Museum aufbewahrt wird, legt die Vermutung nahe, daß es noch weit größere Brachiosaurier gab.

Gewichtsgrößen: Die größten bekannten *Sauropoden* haben offenbar um die 50-100 t gewogen. Dies bedeutet aber nicht notwendigerweise das Maximalgewicht von Landwirbeltieren. Theoretische Überlegungen lassen den Schluß zu, daß diese Dinosaurier das für ein Landtier höchstmögliche Gewicht von 120 t erreicht haben könnten. Wäre das Tier schwerer gewesen, hätte es, um die Körperlast zu tragen, so massiger Beine bedurft, daß es sich nicht mehr hätte bewegen können.

Titanosaurier: Mehrere Titanosaurier (Rieseneidechsen) wurden gleichfalls als gewaltig beschrieben, und der *Antarctosaurus giganteus* (Antarctische Eidechse) aus Argentinien und Indien war vermutlich etwa so lang und schwer wie die Brachiosaurier. Gewichtsschätzungen schwanken zwischen 40 und 80 t, wobei die niedrigere Zahl eher wahrscheinlich ist. Die Skelette der Titanosaurier sind durchweg nur sehr unvollständig erhalten. Oberschenkelknochen, die in Argentinien gefunden wurden, können sich aber sehen lassen: Sie sind 2,3-2,4 m lang.

Der längste Dinosaurier, der Brachiosaurier *Breviparopus*, ist zwar nur durch eine versteinerte Fußspur bekannt, die aber läßt auf eine Länge von 48 m schließen. Er wäre damit das längste Wirbeltier aller Zeiten gewesen. Ein in New Mexico (USA) gefundener Diplodocus namens *Seismosaurus halli* wurde auf der Grundlage von Knochenvergleichen auf 39-52 m geschätzt.

Der längste durch ein vollständiges Skelett dokumentierte Saurier ist der *Diplodocus carnegii* im Carnegie-Museum für Naturgeschichte in Pittsburgh, Pennsylvania (USA), dessen Überreste 1899 in Wyoming gefunden wurden. Er ist, einschließlich des extrem langen peitschenähnlichen Schwanzes, 26,6 m lang und wog 5,8-18,5 t, wobei die Obergrenze das wahrscheinlichere Gewicht war. Das zusammengesetzte Skelett wurde als so spektakulär empfunden, daß andere Museen Abgüsse anforderten, die in London, La Plata, Washington, Frankfurt am Main und Paris zu sehen sind.

Der größte fleischfressende Dinosaurier war der *Tyrannosaurus rex*, der vor 70 Mio. Jahren über Teile der heutigen USA und die kanadischen Provinzen Alberta und Saskatchewan herrschte. Das größte und schwerste Exemplar wurde 1991 in South Dakota (USA) gefunden. Es war 5,9 m groß, hatte eine Gesamtlänge von 11,1 m und wog schätzungsweise 6-7,4 t. Das Skelett eines nur wenig kleineren Vertreters dieser zweifüßigen Monster ist im Amerikanischen Museum für Naturgeschichte in New York (USA) zu sehen.

Der längste Fleischfresser unter den Sauriern war der in Masonville, Colorado (USA), gefundene Allosaurier *Epanterias amplexus*, der 15,24 m lang war und über 4 t wog, dessen Skelett aber unvollständig vorliegt.

Der am höchsten gewachsene Fleischfresser war mit 6,1 m der 14 m lange *Dynamosaurus imperiosus* aus der chinesischen Provinz Shadong. Aber dieser Tyrannosaurier war nicht so schwer gebaut wie seine nordamerikanischen Verwandten.

Die kleinsten Dinosaurier waren, soweit bekannt, der einem Huhn ähnelnde *Compsognathus*, der in Süddeutschland und Südostfrankreich vorkam, und ein nicht näher definierter pflanzenfressender *Fabrosaurier*, der in Colorado (USA) heimisch war. Beide Tiere maßen vom Maul bis Schwanzende 75 cm und waren etwa 6,8 kg schwer.

Schnellste Dinosaurier: Auf die Geschwindigkeit von Vorzeittieren kann man nach erhaltenen Spurenabdrücken von Wildwechseln schließen. Eine solche Fährte, die 1981 in Texas entdeckt wurde, deutet auf einen Raubtier-Dinosaurier hin, der bis zu 40 km/h schnell war. Einige der *Ornithomimiden* (Straußen-Dinosaurier) waren sogar noch schneller, und der 100 kg schwere *Dromiceiomimus*, der in der frühen Kreidezeit, vor etwa 140 Mio. Jahren, im südlichen Alberta (Kanada) heimisch war, konnte möglicherweise den Strauß überholen, der eine Spitzengeschwindigkeit von 65 km/h erreicht hat.

Das hirnloseste Tier war der *Stegosaurus*, der vor rund 150 Mio. Jahren in den US-Bundessstaaten Colorado, Oklahoma, Utah und Wyoming sein Unwesen trieb. Er war bis zu 9 m lang, hatte ein walnußgroßes Gehirn, das nicht mehr als 70 g wog. Es hatte damit nur einen Anteil von 0,004 Prozent am geschätzten Körpergewicht von 1,75 t. (Beim Elefanten sind es 0,074 und beim Menschen 1,88 Prozent.)

Mehr als 100000 Dinosaurier-Eier entdeckten chinesische Paläontologen vor allem im versteinerten Schlamm des Xixia-Beckens in der Provinz Henan. Die Wissenschaftler erhoffen sich von den über 70 Mio. Jahre alten Eiern Antworten über das Leben und die Fortpflanzung der Dinosaurier. In London wurden im September 1993 diese Dino-Eiernester für 46000 Pfund versteigert. Foto: ap/Gil Allen

◆ GEFÄHRDETE ARTEN

Das seltenste Großwild der Welt ist nach allgemeiner Ansicht das javanische Nashorn (*Rhinoceros sondaicus*), das eine Schulterhöhe von 1,7 m und ein Gewicht von 1400 kg erreichen kann. Das einst weit verbreitete Tier existiert heute nur noch in 50-70 Exemplaren, was zum größten Teil auf die illegale Jagd nach seinem Horn, das in der traditionellen asiatischen Medizin verwendet wird, und auf die Zerstörung seines Lebensraums zurückzuführen ist.

Der Rotwolf (*Canis rufus*), der im Südosten der USA heimisch war und in Freiheit Anfang der siebziger Jahre ausgestorben ist, wird von amerikanischen Tierschützern gehegt. Inzwischen gibt es wieder 50 Tiere, die allerdings nicht immer rasserein sind. Im Juni 1988 haben zwei Zucht-Pärchen, die in Nordkarolina ausgesetzt worden waren, Junge bekommen.

Die seltenste Katze ist die Iriomote-Katze (*Felis iriomotensis*), die nur auf der kleinen (292 km²) japanischen Insel vorkommt, deren Namen sie trägt. Diese Art wurde erst 1967 entdeckt, und ihre Population ist seither auf rund 80 Exemplare zurückgegangen. Die Iriomote-Katze, ein Nachttier von der Größe einer Hauskatze, wurde durch den japanischen Gesetzgeber geschützt und zum nationalen Naturdenkmal erklärt.

Die Anzahl der frei lebenden Tiger, die im Jahr 1900 bei schätzungsweise einer Mio. lag, ist bis heute auf gut 7000 Exemplare zurückgegangen, allein 5000 sind aber Zootiere. Drei Unterarten sind bereits ausgestorben, nämlich der Bali- (*Panthera tigris baltica*), der Kaspi- (*P. t. virgata*) und der Java-Tiger (*P. t. sondaica*).

Das seltenste Herrentier ist der zahme breitnasige Lemur (*Hapalemur simus*) aus Madagaskar, von dem man angenommen hatte, daß er Anfang der siebziger Jahre ausgestorben sei. 1986 wurde aber eine Gruppe von 60-80 Tieren in einem abgelegenen Regenwald bei Ranomafana im Südosten der Insel entdeckt. Aufgespürt wurden die Lemuren von einer Expedition der Duke-Universität Durham, Nordkarolina (USA).

Der goldgefleckte Tamarin (*Leontopithecus chrysopygus*) aus der Gattung der Krallenaffen kommt inzwischen nur noch in zwei Waldgebieten im Staat São Paulo (Brasilien) vor. Bis 1986 hatten im Höchstfall 75-100 Tiere überlebt. In einem abgelegenen Regenwald im Nordwesten Madagaskars entdeckte der Bochumer Biologe Bernhard Meier im April 1989 einen lebenden Büschelohrmaki. Diese Halbaffenart war 1875 erstmals beschrieben worden und galt lange Zeit als ausgestorben. Der zweitkleinste Primat der Erde (*Allocebus trichotis*) wiegt 80 g, ist nur 14 cm lang, sein Schwanz mißt 17 cm. Bisher war er nur in 5 konservierten Exemplaren in den naturkundlichen Abteilungen von Museen in London, Paris und Stockholm aufbewahrt.

Den Titel der seltensten Fledermaus teilen sich mindestens drei Arten, die jeweils nur durch ein Exemplar bekannt sind: der kleinzähnige Flughund (*Neopteryx frosti*), *Paracoelops megalotis* (1945 in Vinh, Vietnam) und *Latidens salimalii* (High Wavy Mountains, Südindien, 1948).

Die seltensten Nagetiere der Welt sind zwei Arten der Greifschwanzferkelratten. Die *Capromys garridoi* lebt auf den Inseln des Archipiélageo de los Canarreos, und die *Capromys sanfelipensis* auf der ebenfalls im Süden Kubas gelegenen kleinen Insel Cayo de Juan Garcia. Die letztere Art wurde seit ihrer Entdeckung im Jahr 1970 nicht mehr gesehen.

Vor dem Aussterben bewahrt wurde der Arabische Spießbock oder Oryx (*Oryx leucoryx*) nur durch ein Zuchtprogramm des Zoos von San Diego, Kalifornien (USA), und strenge Schutzmaßnahmen für die freigelassenen Tiere. Heute leben in den Wüstengebieten von Oman und Jordanien wieder rund 150 Tiere dieser Art.

Das seltenste Rotwild ist der Fea-Muntjak-Hirsch (*Muntiacus feae*), der bis vor nicht allzu langer Zeit nur durch zwei Exemplare bekannt war, die an den Grenzen des südlichen Myanmar (früher Birma) und des westlichen Thailand gefangen wurden. Im Dezember 1977 erhielt der Dusit-Zoo in Bangkok (Thailand) eine Hirsch-

Das gefährdetste Krokodil ist der unter Artenschutz stehende chinesische Alligator (*Alligator sinensis*), der am Unterlauf des Jangtsekiang in den Provinzen Anhui, Zejiang und Jiangtsu heimisch ist. Es wird geschätzt, daß heute nur noch einige hundert Exemplare leben. Trotz erfolgreicher Zuchtprogramme kann der Alligator wegen der Zerstörung seines Lebensraums nicht in die Wildnis ausgesetzt werden. Man nimmt an, daß er spätestens am Ende des Jahrhunderts in freier Wildbahn ausgestorben sein wird.
Foto: Jacana/T. König

Gefährdete Arten

kuh, 1981 zwei weitere Muttertiere und zwischen Februar 1982 und April 1983 kamen noch einmal jeweils drei weibliche und männliche Tiere dazu, die aus Xizang in Tibet (China) stammten.

Das seltenste Beuteltier ist der tasmanische Beutelwolf (*Thylacinus cynocephalus*), den man seit dem 7. September 1936 ausgestorben glaubte, als das letzte in Gefangenschaft lebende Exemplar im Beaumaris-Zoo in Hobart, Tasmanien (Australien), einging. Im Juli 1982 jedoch glaubt ein Wildhüter, im Scheinwerferlicht seines geparkten Autos noch ein Exemplar dieses Raubtiers gesehen zu haben.

Das seltenste Meeressäugetier der Welt ist der Schnabelwal (*Indopacetus pacificus*), der lebend noch nie gesichtet wurde. Lediglich die Hirnschalen von zwei Tieren wurden bisher entdeckt – 1922 bei MacKay im australischen Queensland und 1955 bei Mogadischu in Somalia.

Nachdem der **Golftümmler** oder **Vaquita** (*Phocaena sinus*) 1986 zum ersten Mal seit 1980 wieder im Golf von Kalifornien gesichtet wurde, schätzt man die Population dieses Tümmlers auf etwa 30 Exemplare, was ihn zur wahrscheinlich seltensten Walfischart macht.

Baiji-Delphin oder **Jangsi-Delphin** (*Lipotes vexillifer*). Dieses bis zu 2,5 m lange Tier ist vermutlich das gefährdetste unter den Walen, Delphinen und Tümmlern. Es leben schätzungsweise nur noch 300 Exemplare dieser Art. Tendenz fallend. Denn der Baiji- oder Jangsi-Delphin konkurriert mit Fischern und wird oft in deren Netzen gefangen. Zudem wird infolge der Umweltverschmutzung seine Nahrungsgrundlage immer magerer. Die chinesische Regierung unterstützt den Überlebenskampf der Delphine: Sie hat eigens für die Fischer ein Informationsprogramm erarbeitet.

Die seltenste Robbe, die karibische Mönchsrobbe (*Monachus tropicalis*), wurde zum letzten Mal zuverlässig 1952 auf der Serranilla-Bank vor der mexikanischen Halbinsel Yucatán gesehen. Diese Art ist mit größter Wahrscheinlichkeit ausgestorben. Mönchsrobben waren einst überall im Pazifik, in der Karibik und im Mittelmeer anzutreffen. Der erste, der über Robben berichtete, war Aristoteles (384-322 v.Chr.). Die ersten Mönchsrobben entdeckte Christoph Kolumbus (1451-1506) in der Neuen Welt.
Die Zahl der einst weitverbreiteten Mittelmeer-Mönchsrobben, einer Unterart der Art *Monachus monachus*, ist auf weniger als 300 Exemplare gesunken. Die Gründe dafür liegen in der intensiven Bejagung und der Verschmutzung ihres Lebensraums.

Die Zahl der gefährdeten Vogelarten ist in den letzten 10 Jahren, laut einer im Oktober 1988 veröffentlichten Bestandsaufnahme, aufgrund menschlicher Aktivitäten weltweit von 290 auf 1029 angestiegen. Viele Arten sind heute in der Wildnis ausgestorben und überleben, für gewöhnlich infolge spezieller Zuchtprogramme, nur noch in der Gefangenschaft. Wegen der praktischen Schwierigkeiten bei der Zählung von Vögeln ist es unmöglich, genau festzustellen, welche Vogelart die seltenste ist. Aber es spricht viel dafür, daß der Spix-Ara (*Cyanopsitta spixii*) aus Brasilien nicht nur der gefährdetste der Papageien, sondern auch die bedrohteste Vogelart überhaupt ist. Im Juli 1990 gab es nur noch ein einziges Exemplar, das in Freiheit lebte. 15 weitere leben weltweit in Gefangenschaft. Der Kakapo (*Strigops habrotilus*), ein flugunfähiger Papagei aus Neuseeland, ist trotz mehrerer Versuche, ihn auf immer unzugänglicheren Inseln anzusiedeln, ebenfalls unmittelbar vom Aussterben bedroht, sowohl durch Bejagung als auch durch importierte natürliche Feinde. 1990 gab es noch 43 erfaßte Exemplare, aber da der Kakapo nur sporadisch brütet (einmal alle 4-5 Jahre), könnte er das gleiche Schicksal erleiden wie der bereits ausgestorbene Dodó, der einzige Vogel, mit dem er eine gewisse Ähnlichkeit aufweist.

Tiefgekühlt überleben

Das Rezept könnte aus Spielbergs *Jurassic Park* stammen: Wissenschaftler in Japan wollen eine vom Aussterben bedrohte Ibis-Art aus dem Naturschutzgebiet der Insel Sado an der Westseite der japanischen Hauptinsel Honshu erhalten, indem sie Gewebe aus den beiden letzten noch lebenden Vögeln entnehmen und in Stickstoff bei einer Temperatur von 196°C aufbewahren. Eines Tages, so hoffen die Wissenschaftler, werde es möglich sein, die DNS, das Material des Erbguts, aus den tiefgefrorenen Zellen in die entkernte Eizelle eines anderen Vogels einzubringen und so die Aufzucht der dann längst ausgestorbenen Art zu gewährleisten.

Das seltenste Krokodil der Welt ist der unter Artenschutz stehende chinesische Alligator (*Alligator sinensis*), der am Unterlauf des Janktsekiang in den Provinzen Anhui, Zhejiang und Jiangtsu heimisch ist. Es wird geschätzt, daß heute nur noch einige hundert Exemplare leben. Obwohl erfolgreich Zuchtprogramme durchgeführt wurden, kann der Alligator wegen der Zerstörung seines Lebensraums nicht in der Wildnis ausgesetzt werden. Man nimmt an, daß er am Ende des Jahrhunderts in freier Wildbahn ausgestorben sein wird.

Die seltenste Schildkröte ist die nur in der Nähe der Stadt Perth (West-Australien) lebende kleine Falsche Spitzkopfschildkröte (*Pseudomydura umbrina*). Die geschützte Art zählt noch 20-25 wildlebende Tiere. Im Zoo von Perth werden weitere 22 Exemplare gehalten.

Als seltenste Schlange wird heute die St.-Lucia-Gleiterin oder Couresse (*Liophis ornatus*) betrachtet, die nur auf Maria Island vor St. Lucia in Westindien zu finden ist. Nach Dr. David Corke vom Polytechnikum in Ostlondon gab es 1989 weniger als 100 Exemplare, und kein einziges, das in Gefangenschaft gehalten wurde.
Die Round-Island-Boa (*Bolyeria multicarinata*) ist nur durch zwei in den vergangenen 40 Jahren gefundene Exemplare bekannt und wahrscheinlich seit 1980 ausgestorben.

Das seltenste Amphibium ist der Schwarzbäuchige Scheibenzünder (*Discoglossus nigriventer*), der nur vom ersten Fundort in Israel bekannt ist, seit 1940 wurden nur fünf Exemplare entdeckt.

Eine Rarität stellte der Quastenflosser (*Crossopterygii*) dar, der am 22. Dezember 1938 bei East London (Südafrika) an Land gespült wurde. Der große Tiefseefisch, den man vorher nur von Fossilienfunden her gekannt hatte, die 400-465 Mio. Jahre alt waren, wurde später als Vertreter dieser Gattung erkannt und *Latimeria chalmunae* genannt. Ende der 80er Jahre wurde diese einzige noch lebende Art der Quastenflosser vor den Komoren im Indischen Ozean dann auch in ihrer natürlichen Umgebung in einer Tiefe von 200 m unter der Meeresoberfläche untersucht.

Die seltenste und am schwersten zu findende aller Spinnen ist die primitive atypische Tarantelart *Liphistius*, die nur in Südostasien vorkommt.

Das seltenste Insekt dürfte der St.-Helena-Riesenohrwurm (*Labidura herculeana*) sein, der zuletzt 1967 gesichtet wurde und vermutlich kurz vor dem Aussterben steht. Es ist die größte Art der Ordnung der *Dermaptera* und erreicht eine nachgewiesene maximale Gesamtlänge (Körper und Zange) von 78 mm. Der Niedergang dieser Art ist auf das Auftauchen von Ratten in ihrem Lebensraum und die Verfolgung durch den furchterregenden Riesenhundertfüßer zurückzuführen, der die nachtaktiven Ohrwürmer tief in ihren Schutzhöhlen angreifen kann.

Der seltenste Schmetterling ist wahrscheinlich der Königin-Alexandra-Falter (*Ornithoptera alexandrae*), der auf Papua-Neuguinea nur dort vorkommt, wo die Weinrebe *Aristolochia dielsiana* wächst, seine einzige Nahrungsquelle. Angaben über die Population sind kaum möglich, denn dieser Schmetterling fliegt sehr hoch und wird wenig gesehen. Auch die Raupen sind schwer auszumachen, denn sie leben bis zu 40 m über der Erde in den Weinblättern. Im Jahr 1990 ist ein 90-130 ha großes Gebiet systematisch nach Königin-Alexandra-Faltern abgesucht worden, und dabei wurden nur drei Exemplare gesichtet. Der in Bougainville auf den Salomoninseln heimische Falter *Ornithoptera* (*Troides*) *allottei* ist in weniger als einem Dutzend Exemplaren bekannt, doch er gilt nicht als echte Schmetterlingsart. Er ist eine natürliche Kreuzung zwischen *Ornithoptera victoriae* und *O. urvillianus*.

◆ ZOOLOGISCHE GÄRTEN, WILDGEHEGE, AQUARIEN

Zoologische Gärten: Man schätzt die Zahl der zoologischen Gärten auf der ganzen Welt etwa auf 757 und die jährliche Besucherzahl auf 350 Mio.

Das größte Wildschutzgebiet der Welt ist der 1907 gegründete Etosha-Nationalpark in Namibia. Er ist 99 525 km² groß.

Das größte Großwildreservat Europas liegt in der Nähe von Fallingbostel (N). Dort leben auf 185 ha ca. 1000 Tiere, darunter Löwen, Tiger, Elefanten und Nashörner.

Der erste deutsche Wild- und Wanderpark wurde 1973 bei Silz im Pfälzer Bergwald eröffnet. Auf 100 ha sind Wege und Kinderspielplätze in unmittelbarer Nachbarschaft zu freilebenden Tieren angelegt.

Europas einziges Wildpferdgehege liegt in Nordrhein-Westfalen, 12 km westlich von Dülmen im Merfelder Bruch. Die Brüche Westfalens waren seit Urzeiten ein idealer Zufluchtsort für das Wild, so auch für Wildpferde, die bis zum frühen Mittelalter als erlesenes Jagdwild galten. Schon 1316 sicherte sich der Herr von Merfeld das Recht an den dort umherstreifenden Wildpferden. Später überließ man den Pferden rund 3 km² Wald-, Moor- und Heidegebiet als Lebensraum. Die heute etwa 300 Dülmener Wildpferde sind wie zu Urzeiten einer sehr harten Auslese durch die Natur unterworfen. Sie leben das ganze Jahr über im Freien, ernähren sich aus der Wildbahn und müssen mit Krankheiten und Geburten selbst fertig werden. Durch diese Primitivhaltung ist wertvolles Erbgut aus der Wildpferdzeit erhalten geblieben.

Der älteste Tiergarten soll von Schulgi, einem Herrscher der 3. Dynastie (2097-2094 v. Chr.), in Puzurisch im heutigen Irak angelegt worden sein.

Der älteste Tiergarten, dessen Gründung durch Dokumente belegt werden kann, ist der Tiergarten Schönbrunn (A). Er wurde 1752 von Kaiser Franz I. für seine Frau Maria Theresia eingerichtet. Seitdem ist er auf dem Gründungsgelände ununterbrochen in Betrieb. Er bedeckt eine Fläche von 12 ha. Nach schweren Bombenschäden des Zweiten Weltkrieges wurde der historische Kern bei tiergärtnerischer Modernisierung restauriert und wurden moderne Freisichtanlagen errichtet. Am 31. Dezember 1993 wurden in Schönbrunn 3015 Tiere in 491 verschiedenen Arten betreut (410/88 Säugetiere, 384/120 Vögel, 254/63 Reptilien und Amphibien, 1325/162 Fische, 135/7 Lurche und 507/51 Wirbellose).

Der erste Zoo ohne Gitterkäfige wurde 1907 in Stellingen bei Hamburg eingerichtet. Gegründet wurde der Zoo von Carl Hagenbeck (1844-1913), der die Tiere lieber in tiefen Gruben und großen Gehegen als in Käfigen unterbrachte.

Der größte Zoo der Schweiz ist der von Basel. Er hat 4936 Tiere von 557 verschiedenen Arten (Stand 31. Dezember 1993).

Das erste Ozeanarium war das 1938 eröffnete Marineland in Florida (USA). Bis zu 26,3 Mio. l Seewasser werden täglich durch zwei Riesentanks gepumpt. Einer davon ist rechtwinklig (30,48 x 12,19 x 5,48 m) und faßt 1,7 Mio. Liter, der andere ist rund (71 m Umfang und 3,65 m tief) und hat ein Fassungsvermögen von 1,5 Mio. Liter. In den Tanks gibt es Korallenriffe und sogar ein Wrack.

Das dem Volumen nach größte Aquarium der Welt ist das Living Seas Aquarium im EPCOT Center von Florida (USA), das seit 1986 zu besichtigen ist. Es hat ein Fassungsvermögen von 23,66 Mio. l und beherbergt mehr als 3000 Fische, die 65 Arten repräsentieren.

Das größte Meeresaquarium ist das am 20. Oktober 1984 eröffnete Montery-Bay-Aquarium von Kalifornien (USA). In 95 Becken werden Flora und Fauna des Meeres vorgestellt, zu sehen sind 6500 Exemplare (525 Arten). Wasservolumen insgesamt: 3,375 Mio. l.

Das größte Aquarium Europas wurde Anfang 1994 in Genua (I) eröffnet. In 50 mit insgesamt 4,5 Mio. l Wasser gefüllten Becken sind rund 500 verschiedene Meeres-Tierarten zu sehen. Das Aquarium des Zoologischen Gartens von Berlin ist das artenreichste der Welt. Es beherbergt 11159 Tiere in 643 Arten aus allen Kontinenten. Kernstück des Zoo-Aquariums ist die Krokodilhalle mit 18 Krokodilen 12 verschiedener Arten.

Das größte Aquarium Österreichs ist das Vivarium, Haus des Meeres, in Wien. Es enthält in 3 Etagen auf 2000 m² Fläche 60 Aquarien, das größte hat 13 000 l, und 70 Terrarien mit mehr als 3000 Fischen, Reptilien und niederen Tieren Seit April 1991 zeigt ein Aquaterrarium einen typischen Amazonasausschnitt mit Pflanzen und Fischen.

Urpferde in Brandenburg

Im Rahmen des Europäischen Erhaltungsprojektes Przewalskipferd ist in der Schorfheide in Brandenburg, 100 km nördlich von Berlin, ein Reservat für Urpferde errichtet worden. Auf 44 ha Fläche sollen 12 Przewalski-Stuten darauf vorbereitet werden, wieder in ihrer natürlichen Heimat, der Wüste Gobi in der Mongolei, ausgesetzt zu werden. Die Tiere gelten in freier Wildbahn als ausgestorben, wurden dort zuletzt 1972 gesehen. In verschiedenen Zoos rund um die ganze Welt leben noch etwa 2500 der etwa 1,5 m großen Wildpferde.

Foto: Zentralbild

Berliner Zoo

Der älteste, heute noch existierende zoologische Garten Deutschlands ist der in Berlin. Er wurde 1841 gegründet und 1844 eröffnet. Am 31. Dezember 1993 wurden 14 924 Tiere in 1409 Arten betreut (1398/252 Säugetiere, 2367/514 Vögel, 357/76 Reptilien, 515/34 Amphibien, 2712/315 Fische, 7575/218 Wirbellose). Er ist der artenreichste Zoo der Welt. Genau 3,394 Mio. Personen besuchten Zoo und Aquarium 1991. Mit dieser Besucherzahl lag der Berliner Zoo an der Spitze aller europäischen Tiergärten.

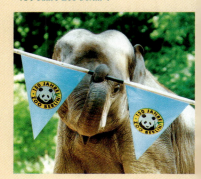

Das indische Elefanten-Jungtier *Phang Pha* mit der Jubiläumsfahne »150 Jahre Zoo Berlin«.

TIERE 62/63
• Zoologische Gärten, Wildgehege, Aquarien

Viacunja-Herde mitten in der Stadt? Gesehen im Tierpark Friedrichsfelde, wo die Hochhäuser im Hintergrund daran erinnern, daß auch dieser Berliner Zoo mitten in der Stadt liegt.

Perspektive ist alles: Das Rhinozeros ruht sich natürlich nicht in der wartenden Menschenmenge am Bahnhof Zoo aus, sondern in sicherem Gehege im Zoologischen Garten. Der ist nicht nur der artenreichste Europas, sondern er liegt auch als »Großstadt-Dschungel« mitten im Herzen einer Millionen-Metropole.
Fotos: Günter Peters

Riesige Kerzen-Schopfbäume im Paramo, dem durch Grasflure aus Rosetten- und Polsterpflanzen geprägten Feuchtgebiet der Anden. Die bis zu 3 m hohen Riesenmönche – *Fraijelones* – tragen an der Spitze ihrer Stämme Blattrosetten, aus denen kerzenförmige Blütenstände emporragen.

Foto: Sepp Friedhuber

- **Mainz: Wo eine der größten Blüten blüht**
- **Walsall (GB): Wo die eifrigsten Baumpflanzer pflanzen**
- **Deutschland: Wo die meisten Schnittblumen in die Vase kommen**
- **St. Pölten: Wo eine Stangenbohne Rekordlänge erreicht**
- **Zürich: Wo eine Knoblauchzwiebel in Rekordgröße riecht**
- **Osaka (Japan): Wo die Blumen high-technisch blühen**

PFLANZEN

◆ ALLGEMEINE PFLANZENREKORDE

Die älteste Pflanze ist der Klon (»Königsklon«) einer Kreosotpflanze (*Larrea tridentata*), der in Südwest-Kalifornien entdeckt wurde. Prof. Frank C. Vasek schätzte 1980 das Alter des Klons auf 11 700 Jahre. Krustenflechten, die im Extremfall einen Durchmesser bis zu 500 mm haben, sind möglicherweise genauso alt.

Eine der ersten Blütenpflanzen, die auf der Erde entstanden sind, wurde 1989 identifiziert: Dr. Leo Hickey und Dr. David Taylor von der Universität Yale in Connecticut (USA) erkannten in einer Versteinerung, die bei Melbourne (Australien) gefunden worden war, ein als Koonwarra-Pflanze bekanntes Gewächs. Die bedecktsamige Blütenpflanze gedieh vor ungefähr 120 Mio. Jahren und glich den heutigen (schwarzen) Pfefferpflanzen. Sie hatte zwei Blätter und eine Blüte.

Der größte lebende Organismus ist ein Netzwerk von Zitterpappeln (*Populus tremula*) mit einem gemeinsamen Wurzelstamm, das in der Wasatch Range, einem Gebirge in Utah (USA), wächst. Wie im Dezember 1992 berichtet wurde, bedeckt es eine Fläche von 43 ha und wiegt schätzungsweise 6000 t. Dieser »Wald« aus rund 47 000 einzelnen Baumstämmen, der 1975 zum ersten Mal beschrieben wurde, stellt ein genetisch gleichförmiges Klonsystem dar und verhält sich wie ein einziger Organismus, das heißt, die Blätter sämtlicher Bäume wechseln unisono die Farbe und fallen gleichzeitig ab.

Der seltenste Baum ist die auf den Maskarenen im Indischen Ozean heimische Palme der Gattung *Hyophorbe*, von der es nur fünf Arten gibt, die allesamt als gefährdet gelten, insbesondere die Mauritius-Palme (*Hyophorbe amaricaulis*), von der noch ein einziges Exemplar im Botanischen Garten Curepipe auf Mauritius existiert. Versuche, neue Pflanzen dieser Art zu ziehen, sind bisher stets fehlgeschlagen, und so steht sie vor dem sicheren Aussterben.

Die größte blühende Pflanze ist eine riesige chinesische Glyzinie in Sierra Madre, Kalifornien (USA). Sie wurde 1892 gepflanzt und hat jetzt 152 m lange Zweige. Sie bedeckt fast 0,4 ha, wiegt 228 t und hat während ihrer fünf Wochen andauernden Blütezeit schätzungsweise 1,5 Mio. Blüten. Ca. 30 000 zahlende Besucher bewundern in dieser Zeit die Blütenpracht.

Die kleinste blühende Pflanze ist das schwimmende Wasserlinsengewächs *Wolffia angusta* Australiens, das 1980 beschrieben wurde. Es ist nur 0,6 mm lang und 0,33 mm breit. Es wiegt ganze 0,00015 g. Die Samenkörner sind eine noch schwerer vorstellbare Winzigkeit: Sie wiegen jeweils 0,00007 g.

Die kleinste regelmäßig in Deutschland blühende Pflanze gehört der Primelfamilie an und heißt *Centunculus minimus*. Ein einzelner Samen wiegt 0,00003 g.

Die größte fleischfressende Pflanze: Fast 2 m hoch wird die erst 1987 entdeckte größte fleischfressende Pflanze *Heliamphora tatei*. Abgeschlossen von der übrigen Welt, wächst sie im Urwald Venezuelas auf dem Marahuaca Tepui. Hier wurde zugleich auch die größte Ansammlung fleischfressender Pflanzen überhaupt entdeckt. Sie ernähren sich allerdings nur von kleinen Insekten und Wirbellosen.

Nördlichste Pflanzen sind der gelbe Mohn (*Papaver radicatum*) und die arktische Weide (*Salix arctica*). Beide überleben – letztere recht verstümmelt – auf nördlichstem Gebiet (83°N).

Südlichste Pflanzen sind Flechten, die der *Rhinodina frigida* ähnlich sind. Sie wurden im Moraine Cañon (86°09'S, 157°30'W) im Jahr 1971 und im Gebiet der Horlickberge (86°09'S, 131°14'W) im Jahr 1965 in der Antarktis entdeckt.

Die südlichsten blühenden Pflanzen sind das antarktische Haargras (*Deschampsia antarctica*) und die Nelkenart *Colobanthus crassifolius*. Das blühende Haargras wurde am 11. März 1981 auf der Insel Refuge (68°21'S) entdeckt, die Nelke hatte auf der Antarktisinsel Jenny in der Margaret Bay (67°15'S) geblüht.

Die höchste Höhe, in der noch eine blühende Pflanze gefunden wurde, ist 6400 m. In dieser Höhe gibt es auf dem auf der Grenze von Tibet (China) und Indien gelegenen Kamet (7756 m) die 1955 von N. D. Jayal gefundenen *Ermania himalayensis* und *Ranunculus lobatus*.

Die größte Tiefe, in der eine Pflanze gedeiht, ist 269 m unter der Erde, wie Mark und Diane Littler im Oktober 1984 vor der Insel San Salvador (Bahamas) feststellten. Die kastanienbraune Alge, die sie fanden, überlebt in dieser Tiefe, obwohl die Sonne dort bereits 99,9995 Prozent ihrer Kraft eingebüßt hat.

Die tiefsten Wurzeln gruben sich 120 m tief ins Erdreich. Es handelte sich um einen wilden Feigenbaum in Echo Caves bei Ohrigstad (Südafrika). Eine Winterroggenpflanze (*Secale cereale*) hat einmal 622,8 km Wurzeln in 0,051 m³ Erde getrieben.

Das schnellste Wachstum unter den Pflanzen legen einige der 45 Arten der Bambusgräser an den Tag. Sie schießen pro Tag bis zu 91 cm in die Höhe, was einer Geschwindigkeit von 0,00003 km/h oder 3,8 cm pro Std. entspricht.

Schlimmste Unkräuter: Das hartnäckigste Unkraut ist die *Salvinia auriculata*, eine in Afrika vorkommende Art Wasserfarn. Man entdeckte es, als im Mai 1959 der Karibasee (Sambia) gefüllt wurde. Bis zum Jahr 1963 hatte es bereits 1002 km² überwuchert. Die schlimmsten Unkrautarten sind u. a. Bermudagras, gewisse Schilfarten, die Reisquecke, das kletternde Labkraut, Johnsongras, Guineagras, Cogongras und die Lantane.

Die am weitesten verbreiteten wilden Getreide sind die Haferarten *Avena fatua* und *Avena ludoviciana*. Samen dieser Arten können 15 Min. lang Temperaturen bis 115,6°C aushalten.

Die größte Ausbreitung durch klonare (vegetative) Vermehrung erreicht eine Heidelbeerenart (*Gaylussacia brachyera*). Von diesem immergrünen, strauchförmigen Gewächs, das sich wie ein Teppich ausbreitet, wurde 1920 zum ersten Mal berichtet. Eine mehr als 100 Morgen große Heidelbeerkolonie wurde am 18. Juli 1920 in der Nähe des Flusses Juniata in Pennsylvania (USA) entdeckt. Die Keimzelle zu dieser Kolonie war schätzungsweise 13 000 Jahre zuvor gelegt worden.

Der größte Baumschwamm war ein 142x94 cm großer *Oxyporus* (*Fomes*) *nobilissimus*, der mindestens 136 kg wog und 1946 von J. Hisey im Staat Washington (USA) gefunden wurde.

Der größte Kaktus der Welt ist der Saguaro (*Cereus giganteus* oder *Carnegiea gigantea*), der in Arizona und Kalifornien (USA) sowie in Mexiko vorkommt. Die grüne, kannelierte Stammsäule trägt kronleuchterartige Zweige, die bei einem Exemplar, das am 17. Januar 1988 in den Maricopa-Bergen in der Nähe von Gila Bend, Arizona (USA), aufgefunden wurde, 17,67 m in den Himmel ragen.

High-Tech-Gärtnerei

Auf 420 000 m² produziert die erste High Tech Flower Farm der Welt beim Land- und forstwirtschaftlichen Forschungsinstitut der Präfektur Osaka (Japan) 300 000 Topfpflanzen im Jahr. In der computergesteuerten Anlage werden zunächst die Stecklinge von Roboterarmen in Blumentöpfe gepflanzt, die zuvor automatisch mit einer präparierten Erdemischung gefüllt wurden. Eine Transportanlage bringt die Blumentöpfe in ein Gewächshaus, wo sie maschinell bewässert werden, während ein Umweltmanagementsystem ihr Wachstum kontrolliert. Überwacht wird diese vollautomatische Produktion mit Videokameras und einem Bildverarbeitungscomputer, der unter anderem an der Verfärbung der Blüten erkennt, wann die Pflanzen reif für die Auslieferung sind.

Das Paradies in der grünen Hölle

Die Hälfte aller bekannten 400 000 Pflanzenarten, allein 3500 Baumarten, zwei Drittel aller Vogelarten, bis zu 50 Mio. Tier- und Pflanzenarten schätzungsweise, von denen bisher nur 1,4 Mio. Arten bekannt und beschrieben sind, leben in den Regenwäldern der Tropen. Auf einem Hektar Regenwald wurden 50 000 Tierarten gefunden...

Diese Artenvielfalt des immergrünen tropischen Regenwaldes ist ohnegleichen – aber täglich fallen Hunderte von Quadratkilometern dem Feuer und der Kreissäge zum Opfer, 50 000 km² Regenwald gehen jährlich durch die Fällerkolonnen verloren. Nicht nur in Malaysia, Indonesien, Brasilien, Burma oder Thailand, auch in Kanada und Alaska, in Sibirien und Finnland schwinden durch Raubbau und Kahlschläge die Urwälder auf der Nordhalbkugel – zurück bleiben Baumstümpfe. Weitgehend intakt sind noch die grünen Kathedralen im Orinoko-Amazonas-Gebiet von Kolumbien über Venezuela bis Ecuador. Die einzigartige Lebensgemeinschaft zwischen Menschen, Pflanzen und Tieren in dieser Region zeigen die Abbildungen auf dieser Seite.

PFLANZEN

• Allgemeine Pflanzenrekorde

Fotos: Sepp Friedhuber

Ganze 24 m hoch war nach Mitteilungen des Amerikaners Hube Yates im April 1978 ein astloser Kaktus in Cave Creek (Arizona). Im Juli 1986 wurde der etwa 150 Jahre alte Kaktus von einem Sturm umgerissen.

Längste Algen: Immer wieder hört man, daß in Feuerland Algenarten existieren sollen, die Längen zwischen 180 und 300 m erreichen. Doch liegen exakte Messungen nicht vor. Wissenschaftlich registriert wurden Längen von 60 m beim Riesenblatt-Tang *(Macrocystis pyrifera)*, der im Pazifik vorkommt. Er wächst bis zu 45 cm am Tag.

Die höchste Hecke der Welt ist die Meikleour-Rotbuchenhecke im schottischen Perthshire, die im Jahr 1746 von Jean Mercer und ihrem Ehemann Robert Murray Nairne gepflanzt worden war. In gestutztem Zustand ist die 550 m lange und kegelförmig gestaltete Hecke zwischen 24,4 und 36,6 m hoch. Geschnitten wird sie ungefähr alle zehn Jahre. Zuletzt war dies 1988 der Fall – eine Arbeit, die sechs Wochen in Anspruch nahm.

Der größte Weinstock wurde 1842 in Kalifornien (USA) gepflanzt. Vor 1900 gab es Jahre, in denen er bis zu 9000 kg Trauben trug. Der normale Jahresdurchschnitt lag bei 7000 kg. 1920 ging er ein. Eine einzige Weintraube (kernlose Rote Thomson), die im Mai 1984 in Santiago (Chile) gepflückt wurde, wog 9,4 kg – auch dies ein Rekord.

Das größte Weinanbaugebiet erstreckt sich in Frankreich zwischen der Rhône und den Pyrenäen in den Departements Hérault, Gard, Aude und Pyrénées Orientales. Es hat eine Größe von 840 000 ha, wovon 52,3 Prozent nur für den Weinanbau genutzt werden.

Nördlichster Weinberg der Welt, der kommerziell genutzt wird, dürfte der von Whitworth Hall in Sherrymoor, Durham (GB), sein. Er liegt auf 54° 42' nördlicher Breite und gehört Derek Parnaby.

In Sabile (Lettland) gibt es nördlich von 57°N noch einen Weinberg.

Das nördlichste Weinanbaugebiet Europas liegt etwa auf 51° 50' N im ehemaligen Kreis Grünberg und Freystadt (Schlesien) jetzt Zielona Góra (Polen).

Der südlichste kommerziell genutzte Weinberg befindet sich in Zentral-Otago, South Island (Neuseeland). Die Rebstöcke liegen südlich von 45° S. Das Weingut Renton Burgess, südlich von Alexandra, South Island, ist auf 44°36' S zu finden.

Der südlichste Weinberg Deutschlands liegt bei Lindau (47° 33') am Bodensee (BY).

UNO-Weingarten: Auf 2000jährigem historischem Grinzinger Rebengrund haben bis Mai 1994 bereits 6876 Rebstöcke Besitzer aus 49 Nationen gefunden. 1979 wurde die Grinzinger Weinstock-Aktion ins Leben gerufen, um den Wiener Weinort Grinzing vor der Bebauung zu retten und »Grün statt Beton« der Nachwelt zu erhalten.

Die Titanenwurz (*Amorphophallus titanum*), eine der größten Blüten der Welt, entfaltete am 6. Mai 1994 im Botanischen Garten der Johannes-Gutenberg-Universität Mainz ihre Blüte. 1,75 m Umfang hatte das kragenförmige Hochblatt der 2,05 m hohen Dolde des Ahornstabgewächses aus Sumatra. Das Mainzer Exemplar stammt allerdings aus Frankfurt.
Foto: ap/Bernd Kammerer

◆ BLÜTEN UND BLUMEN

Die größte Blüte hat die ziegelrotgefleckte Schmarotzerlilie (*Rafflesia arnoldii*), die auf den Wurzeln einer wilden Weinrebe (*Cissus*) im Dschungel Südostasiens wächst. Die 1,9 cm dicken Blütenblätter können bis zu 7 kg wiegen, ihr Durchmesser kann bis zu 91 cm betragen. Die Lilie ist äußerst geruchsintensiv. In Südostasien heißt sie deshalb im Volksmund »stinkender Leichnam«. Die Blütenscheiden und -kolben der weniger grünen und purpurfarbenen Sumatra-Blume *Amorphophallus titanicum* können eine Länge von mehr als 1,5 m erreichen. Waldvernichtung, landwirtschaftliche Entwicklung und Verwendung der Riesenblume für medizinische Zwecke und nicht zuletzt das Sammeln der seltenen Blüten durch Liebhaber führten zu einem drastischen Rückgang aller 15 Rafflesia-Arten. Selbst die Versuche in Sabah, Sarawak und Sumatra, die seltene Blume durch Zellkultur zu züchten, blieben wenig erfolgreich.

Minipflanzen züchtet der Puchheimer Elektroniker Bruno Gruber (* 1941) in einem patentierten fingerhutgroßen Metallblumentopf. Blumen, Pflanzen und Sträucher bleiben darin winzig klein, entwickeln sich im übrigen aber normal. Seine kleinste bisher gezüchtete Sonnenblume (*helianthos – tall Sungold*) ist 6 cm hoch.

Das schnellste Blumen-Wachstum wurde im Juli 1978 aus Tresco Abbey auf den Scilly-Inseln (GB) gemeldet, wo eine *Hesperoyucca whipplei* aus der Familie der Liliengewächse (*Liliaceae*) in 14 Tagen 3,65 m gewachsen sein soll, rund 254 mm pro Tag.

Langsamstes Wachstum: Am längsten warten muß man auf die Blüte der höchst seltenen *Puya raimondii*, die im Jahr 1870 in Bolivien (Südamerika) entdeckt wurde. Erst wenn die Pflanze 150 Jahre alt ist, wächst der Blütenstand heraus. Danach stirbt sie ab. Einige Agaven, fälschlich »Jahrhundertpflanzen« genannt, bringen ihre ersten Blüten erst nach 40 Jahren hervor.

Den größten Hängekorb schuf 1987 das Gartenzentrum Rogers in Exeter (GB). Der Korb mißt 6,1 m im Durchmesser, hat ein Volumen von ungefähr 118 m^3, ein Gewicht von 4 t und enthält rund 600 verschiedene Pflanzen. Denselben Durchmesser hat ein Korb aus Frankreich, der jedoch stärker kegelförmig geschnitten ist und daher weniger Volumen hat.

Den größten Adventskranz haben Mitarbeiter der Fruit Coop HMC und Mitglieder der Vereinigung Gaard an Heem aus Kehlen-Olm (L) am 28. November 1992 gewunden. Bei einem Durchmesser von 42,04 m wog der Kranz 49 410 kg.

Die längste Girlande aus Tannengrün und Dahlien haben zum 125. Erntefestjubiläum über 900 Bürgerinnen und Bürger, darunter Scharen von Jugendlichen, am 14. August 1992 im Stadion von Osterholz-Scharmbeck (N) in 2:08:30 Std. aus 103 Seilstücken gebunden. Das Erntefestkomitee Osterholz e.V. von 1853 ließ anschließend die 3090 m lange Girlande zwischen der St. Willehadikirche im Stadtteil Scharmbeck und der Klosterkirche St. Marien im Stadtteil Osterholz aufhängen und hatte damit den bisherigen Rekord einer Girlande aus Gänseblümchen um 970 m überboten.

Überlebenskünstler in der südafrikanischen Namib-Wüste: Die *Welwitschia mirabilis*, eine der ausdauerndsten Pflanzen, hat nur zwei bis zu 9 m lange an der Spitze zerschlissene, ledrige Blätter. Deren bizarre Form erweckt den Eindruck, als ob die auf dem Boden aufliegende Pflanze einen Haufen Blätter hätte.
Foto: Sepp Friedhuber

PFLANZEN

• Blüten und Blumen

Die größte Chrysantheme züchtete M Comer aus Desford, Leicestershire (GB), 1993. Sie wurde 2,7 m hoch.

Die größte Dahlie hat das Ehepaar Blythe aus Nannup (Australien) gezüchtet. 1990 war das Prachtexemplar in eine Höhe von 7,8 m geschossen.

Die größte Orchideenblüte besitzt die *Paphiopedilum sanderianum*, deren Blütenblätter in der Wildnis Berichten zufolge bis zu 91 cm lang werden können. Sie wurde 1886 auf dem Malaiischen Archipel entdeckt. Eine in Somerset gezogene Pflanze dieser Art hatte 1991 drei Blüten, die vom Rückenkelchblatt bis zum unteren Rand des Blütenkranzes im Durchschnitt 61 cm lang waren und ausgestreckt eine Rekordlänge von 122 cm besaßen.

Die höchste freistehende Orchidee ist *Grammatophyllum speciosum* aus Malaysia, die bis zu 76, m hoch werden kann.

Bis zu 15 m wurden bei der *Galeola foliata* gemessen, einer Moderpflanze aus der Familie *Vanilla*, die in den tropischen Regenwäldern von Queensland (Australien) auf verwitterten Bäumen rankt.

Die kleinste Orchidee ist *Platystele jungermannoides*, die in Zentralamerika vorkommt. Ihre Blüten sind nur 1 mm groß.

Die teuerste Orchidee dürfte eine *Odontoglossum crispum* (var. *pittanum*) gewesen sein, für die 1906 bei einer Auktion in London 1207,50 Pfund Sterling (entsprechen heute rund 24 000 DM) gezahlt wurden.

Eine *Cymbidium*-Orchidee mit dem hübschen Namen »Rosanna Pinkie« wurde 1952 in den USA für 4500 Dollar verkauft.

Die größte Passionsblume haben Dennis und Patti Carlson aus Blaine in Minnesota (USA) mit Hilfe von Hormongaben gezüchtet. Nach Berichten vom November 1974 war die Pflanze 182 m lang.

Die längsten Pelargonien zieren einen Balkon des Ferienhauses in Agarone II (CH) von Adolf Walker aus Pfäffikon. Die 432 cm langen Geranientriebe der Sorten *Ville de Paris* und *Cocorico* wurden im Frühjahr 1987 gepflanzt.

Der größte Philodendron war 1984 stattliche 339,55 m lang. F. Francis hat ihn an der University of Massachusetts (USA) gezüchtet.

Die größte Rhododendronart ist das scharlachrote *Rhododendron arboreum*, von dem es am Mt. Japfu (Indien) Exemplare gibt, die über 20 m hoch werden.

Den größten Rhododendronpark Deutschlands hat Bremen. Auf einer Fläche von 1800 m² werden in Schaugewächshäusern 1700 ausschließlich tropische und subtropische Arten dieser Zierpflanze gezeigt.

1844 entstand in der Nähe von Weißwasser (BR) der spätere Rhododendronpark in Kromlau. Auf einer Fläche von 80 ha sind die Rhododendronpflanzungen ein besonderer Anziehungspunkt.

Der größte Rosenstock steht in Tombstone (USA). An ihm blühen »Lady-Banks«-Rosen. Er hat einen 1 m dicken Stamm, ist über 2,74 m hoch, und seine Zweige reichen fast über 5000 m². Er wird von 68 Pfählen gestützt, dadurch können sich 150 Personen in dieser »Laube« aufhalten. Der Steckling kam 1884 aus Schottland.

Nicht der größte, wohl aber der älteste Rosenstock Deutschlands dürfte der Rosenstock am Hildesheimer Dom sein. Sein Alter wird großzügig mit 1000 Jahren angegeben: Bistumsgründer Kaiser Ludwig der Fromme habe im 9. Jh. den Platz für den Rosenstock gewählt. Urkundlich wird das Gewächs erstmals 1570 erwähnt – immerhin damals bereits als »uralt«.

Die größte Schusterpalme (*Aspidistra*) der Welt gehört Cliff Evans aus Kiora, Moruya (Australien). Im April 1983 maß sie 142 cm.

Der größte Weihnachtsstern erreichte im Dezember 1992 einen Umfang von 5 m. Seine bis zu 44 cm messenden 50 Blüten reihten sich zu einer 240 cm breiten Strahlenpracht zusammen. In der Sammlung Oskar Reinhart am Römerholz in Winterthur, Zürich (CH), betreute der Gärtner Gerd Gnauck den Stern. Auf 42 cm Durchmesser kam die größte Blüte mit dem kleinsten Topf (5 cm Durchmesser) in dieser Sammlung.

Die beliebteste Blume in Deutschland ist die Rose. Das ergab eine Umfrage im Frühjahr 1994. Sie wird am liebsten verschenkt und wächst in 86 Prozent der deutschen Gärten. Tulpen, Osterglocken, Stiefmütterchen, Krokusse und Margeriten folgen auf der »Gartenliste«, während auf der »Verschenkliste« die Orchidee noch vor Nelke, Tulpe und dem Veilchen rangiert. Dennoch: 55 Prozent der Befragten meinen, die Orchidee komme besonders gut an, aber nur 7 Prozent nennen die exotische Pflanze ihre persönliche Favoritin.

Den größten Schnittblumenverbrauch weltweit hat Deutschland. Rund eine Viertelmillion Tonnen Schnittblumen wurde 1993 importiert (über 80 Prozent allein aus den Niederlanden). Den Rest produzieren die 13 500 Zierpflanzenbaubetriebe in Deutschland. Derzeit gibt ein Bundesbürger im Jahresdurchschnitt rund 150 DM für Zierpflanzen aus.

Kleeblatt-Sammlung. Mit 107 550 nicht dreiblättrigen Kleeblättern, die er von 1985 bis 1993 zusammengetragen hat, wartet Franz Jachmanovsky aus Ingolstadt (BY) das 100 000. Kleeblatt fand er am 29. Juni 1993 auf der Landesgartenschau. Neben 188 einblättrigen gibt es ein dreizehnblättriges Kleeblatt.

Herbarien: Dr. Julian A. Steyermark vom Botanischen Garten in St. Louis, Missouri (USA), betreute bis zu seinem Tod am 15. Oktober 1988 eine konkurrenzlose Sammlung getrockneter Pflanzen. Sie umfaßte 138 000 Gruppen, davon hatte er 132 223 selber klassifiziert.

Von 465 verschiedenen Efeusorten hat Ekkehard von Blücher (* 1965) aus Lübeck (SH) ein Herbarium angelegt. Von jeder Efeusorte hat der Gärtner bis Oktober 1988 ein bis drei Blätter gesammelt, gepreßt und nach botanischen Namen, Sorten und Heimat sortiert.

1000-Sonnenblumen-Fest

Zu einem Gottesdienst mit 1000 Sonnenblumen hatte das Pfarramt Harksheide-Falkenberg in Norderstedt (SH) am 26. September 1993 geladen. Die Gemeindemitglieder brachten »nur« 695 echte Sonnenblumen mit. Alle anderen – immerhin 261 – waren gebastelt, gemalt oder ausgeschnitten. Sonnenblumen über Sonnenblumen wurden an diesem Sonntagmorgen in die Kirche gebracht. Ob jung oder alt, ob gerade laufen gelernt oder schon nicht mehr so gut zu Fuß: Jeder hatte bei diesem Sonnenblumen-Fest nicht nur eine Blume in der Hand, sondern auch ein bißchen Sonne im Herzen. Überall leuchteten riesige Sonnenblumen. Vor dem Altar drängten sich Kinder, hielten ihre Blumen hoch oder zählten schon mal die Sonnenblumensamen fürs nächste Jahr. Gleich am Eingang war an jeden, der eine Blume mitgebracht hatte, eine Tüte mit neuem Samen für gigantische Blumen verteilt worden.
Die größte Blume mit 3,3 m überragte alles, was sonst noch an gelben Blumen mitgebracht wurde. Die nächstgrößte war nur 3 cm kürzer.
Übrigens: Die größte Sonnenblume wurde in Oirschot (NL) von M.Heijms gezüchtet; sie erreichte 1986 exakt 7,76 m.

Quelle: Norderstedter Zeitung

BLUME DES JAHRES 1994 – Das Breitblättrige Knabenkraut

Das Breitblättrige Knabenkraut (*Dactylorhiza majalis*), auch Fingerwurz genannt, wurde von der Stiftung Naturschutz und der Stiftung zum Schutze gefährdeter Pflanzen zur Blume des Jahres gewählt. Diese Orchideenart, die von Mai bis Juli auf feuchten Wiesen und in Quellsümpfen blüht, ist durch die Trockenlegung von Feuchtgebieten und durch starke Düngung gefährdet. Die kräftige, gedrungene Pflanze wird 50 cm hoch. Die Blüten stehen dicht beieinander und sind rosarot bis purpur gefärbt. Früher schrieb man der Knolle des Breitblättrigen Knabenkrauts magische Kräfte zu, die sich am Mittag des 24. Juni, dem Johannistag, entfalten.

Foto: Tierbildarchiv Angermayer/ Hans Reinhard

GEMÜSE- & FRÜCHTEREKORDE

Bernard Lavery und seine Rekordprodukte

Bernard Lavery, der seit 20 Jahren Riesenexemplare von Blumen und Gemüse züchtet, hält gegenwärtig 15 Weltrekorde auf diesem Gebiet. »Obwohl ich von Beruf Samen- und Pflanzenzüchter bin, sind Blumen- und Gemüsegiganten mein Hobby. Es macht mir enorm viel Spaß, die Natur bis an die Grenzen zu dehnen. Und was die kulinarische Seite betrifft, so ist Riesengemüse nicht anders als solches von 'normaler' Größe. Wenn es frisch geerntet und nicht überreif ist, schmeckt es phantastisch.

Wenn man Samen benutzt, der die genetischen Anlagen hat, um zu Riesenpflanzen heranzuwachsen, braucht man, um Weltmeister zu werden, nur noch etwas fruchtbaren Boden, ein bißchen Liebe und Fürsorge und eine Glücksfee, die in der Wachstumsphase über einen wacht.

Aus Amerika kommt traditionell großes Gemüse, doch jetzt hat die Begeisterung für die Züchtung von 'Riesen' auch Kanada, Europa, Afrika, Asien und Australien erfaßt. Riesengemüse zu züchten, ist zu einer breiten Bewegung geworden. Es macht viel Spaß; es ist einfach, und jeder kann es tun. Manche 'Riesen', wie Kürbisse aller Art, wachsen fünf oder sieben Zentimeter am Tag. Man hat fast den Eindruck, als könnte man ihnen beim Wachsen zusehen.«

Fotos: Bernard Lavery

Mit Obstzüchtung in Flaschen erfreut der Hobby-Obst- und Weinbauer Janos Schiszl aus Pfinztal-Wöschbach (BW) sich und seine Besucher. Kirschen, Renekloden, Zwetschgen, Äpfel und Birnen, Goldener Delicious und immer wieder Williams-Christ-Birnen hinter Glas sind für den Spalierobstzüchter keine Seltenheit. Zu 7, 9 oder 10 Stück stecken sie an einem Zweig in Flaschen und werden bis zur Reife herangezogen. Rekordergebnis waren 1993 gleich 5 Williams-Christ-Birnen in einer 1,2-l-Flasche.
Foto: Janos Schiszl

Der Zürcher »Chabis-Aschi« überrascht seit Jahren mit Riesengemüse, hier ein Kohlrabi, den Ernst Roth 1993 in seinem Schrebergarten Juchhof züchtete. Ebenfalls im Sommer 1993 konnte er dort eine Knoblauchzwiebel ernten, deren größte Zehe 171 g auf die Waage brachte.
Fotos: Ernst Roth

Den höchsten Kaloriengehalt der 38 Früchte, die man roh verzehren kann, hat die Avocadobirne (Persea americana). 100 g ihres Fruchtfleisches haben 163 Kilokalorien. Die aus Mittelamerika Avocado enthält außerdem die Vitamine A, C und E sowie 2,2 Prozent Protein.

Den geringsten Kaloriengehalt mit 16 Kilokalorien pro 100 g hat die Gurke (Cucumis sativus).

Von einem sagenhaften Tomaten-Rekord wurde am 28. Februar 1988 auf einer Wissenschafts-Schau im japanischen Tsukuba berichtet: Danach soll eine einzige Pflanze 16 897 Früchte getragen haben.

Der größte Johannisbeerbusch wächst seit 30 Jahren in Haßfurt (BY). Der 2,6 m hohe ungeschnittene Strauch erreicht einen Umfang von 11,5 m bei einem Durchmesser von 3,5 m. Die 50-kg-Ernte großer roter Johannisbeeren an langen Trauben erfreut jedes Jahr Hedwig Wohlleben.

Kräuterpflanzen: Botanisch sind Kräuter nicht näher definiert, ihre Blätter oder Wurzeln sind aber nach allgemeiner Erkenntnis von medizinischer oder kulinarischer Bedeutung. Das meistverwendete Gewürzkraut ist vermutlich Koriander (Coriandrum sativum), den man u. a. im Currypulver, in Süßwaren und Schnäpsen, im Brot und im Öl findet.

Die teuerste Frucht war eine Weintraube, die Anthony Baskeyfield aus Deeping St. James, Lincolnshire (GB), im Gartencenter von Helpston, Cambridgeshire (GB), am 28. März 1993 für 700 Pfund (1771 DM) erstand. Durch den Kauf wurde das sonntägliche Verkaufsverbot umgangen: Als Beigabe zu der Weintraube erhielt Mr. Baskeyfield eine Apollo-Statue (Preis: 700 Pfund).

Die meisten Kürbislaternen an einem Ort erstrahlten am 29. Oktober 1993 in Keene, New Hampshire (USA). Die Einwohner des Ortes hatten für ihr jährliches Erntefest 4817 Kürbisse ausgehöhlt.

PFLANZEN 70/71

• Gemüse- & Früchterekorde

Der Fairneß halber, und um das Risiko von auftretenden Fehlern zu verringern, sollten alle Pflanzen, wenn möglich, an offiziellen internationalen, nationalen oder lokalen Garten-Wettbewerben teilgenommen haben. Ausschließlich Pflanzen, die für den »Küchenzettel« bestimmt sind, werden bei der Veröffentlichung berücksichtigt.

APFEL: 1,43 kg, Familie Miklovic, Caro, Michigan (USA), 1992
BROKKOLI: 15,87 kg, J. & M. Evans, Palmer, Alaska (USA), 1993
KOHL: 56,24 kg, B. Lavery, Llanharry, Mid Glamorgan (GB), 1989
KAROTTE: 7 kg, I. Scott, Nelson (Neuseeland), 1978
Längste: 5,14 m, B. Lavery, Llanharry, Mid Glamorgan (GB), 1991
STAUDENSELLERIE: 20,89 kg, B. Lavery, Llanharry, Mid Glamorgan (GB), 1990
SALATGURKE: 9,1 kg, B. Lavery, Llanharry, Mid Glamorgan (GB), 1991
KNOBLAUCH: 1,19 kg, R. Kirkpatrick, Eureka, Kalifornien (USA), 1985
GRAPEFRUIT: 2,97 kg, J. und A. Sosnow, Tucson, Arizona (USA), 1984
GRÜNE BOHNE: 109 cm, F. Etheridge, North Carolina (USA), 1993
LAUCH: 5,5 kg, P. Harrigan, Linton, Northumberland (GB), 1987
GARTENKÜRBIS: 49,04 kg, B. Lavery, Llanharry, Mid Glamorgan (GB), 1990
HONIGMELONE: 28,12 kg, G. Daughtridge, Rocky Mount, Nord Karolina (USA), 1991
ZWIEBEL: 5,05 kg, R. Holland, Cumnock, Strathclyde (GB), 1992
PASTINAK: 4,36 m, B. Lavery, Llanharry, Mid Glamorgan (GB), 1990
ANANAS: 7,96 kg, Dole Philippines Inc., South Cotabato (Philippinen), 1984
KARTOFFEL: 3,2 kg, J. East, Spalding, Lincolnshire (GB), 1963, J. Busby, Atherstone, Warkwickshire (GB), 1982
KÜRBIS: 379,2 kg, N. Craven, Stouffville, Ontario (Kanada), 1993
RETTICH: 12,73 kg, B. Lavery, Llanharry, Mid Glamorgan (GB), 1990
RHABARBER: 2,67 kg, E. Stone, East Woodyates, Wiltshire (GB), 1985
ERDBEERE: 231 g, G. Anderson, Folkestone, Kent (GB), 1983
STECKRÜBE: 24,27 kg, P. Lillie, Uxbridge, Ontario (Kanada), 1993
TOMATE: 3,51 kg, G. Graham, Edmond, Oklahoma (USA), 1986
TOMATEN-PFLANZE: 16,3 m, G. Graham, Edmond, Oklahoma (USA), 1985
WASSERMELONE: 118,84 kg, B. Carson, Arrington, Tennessee (USA), 1990

Erdbeeren gehören zu den beliebtesten Früchten, und was ihren Preis betrifft, so dürfte Leslie Cooke alle geschlagen haben. Am 5. April 1977 blätterte sie bei einer Auktion auf dem Obstmarkt von Dublin (Irland) für ein Körbchen mit 30 Erdbeeren 530 Pfund hin. John Synott, der Verkäufer, war sicherlich nicht unglücklich darüber, sie für 17,70 Pfund das Stück an die Frau gebracht zu haben.

Foto: Images Colour Library

REKORDE AUS DEM DEUTSCHSPRACHIGEN RAUM

Art	Größe	Züchter, Ort, Jahr
Apfel	1 kg	W. Steingräber, Rümmelsheim (Rheinland-Pfalz), 1989
Batate-Staude	4,89 m	E. Roth, Zürich (CH), 1987
Johannisbeerbusch	2,6 m	H. Wohlleben, Haßfurt (Bayern),
Karotte	2,25 kg	L. Wiora, Kirchhain (Hessen), 1992
Keulenzucchetti	5,2 m	E. Roth, Zürich (CH), 1991
Kohlrabi	29,65 kg	F.-J. Lauer, Nohfelden-Bosen (Saarland), 1989
Pastinak	1,7 kg	L. Wiora, Kirchhain (Hessen), 1992
Radieschen	1,28 kg	H. Kühn, Seligenstadt (Hessen), 1988
Rettich	151 cm	Ch. Steeb, Hönig-Ruppertshofen (Baden-Württemberg), 1992
Rettich	7,1 kg	H. Schuller, Hamburg, 1992
Speisekürbis	121,5 kg	E. Techt, Fehring, Steiermark (A), 1987
Stangenbohne	12,4 m	B. Brandner, St. Pölten (A), 1993
Weißkohl	28,1 kg	E. Roth, Zürich (CH), 1988
Winterrettich	7,4 kg	A. Schill, Schwenningen (Baden-Württemberg), 1988
Zucchini	16 kg	D. Caldarelli, Samichlaus, Wallisellen (CH), 1989

Die grüne Fläche auf dieser Abbildung ist kein Rasenstück, sondern besteht aus Wasserhyazinthen, die so dicht wuchern, daß sie das Wasser, auf dem sie wachsen, völlig verdecken. Sie sind die verbreitetste Wasserpflanze der Welt.
Foto: Jacana/R. Konig

♦ FARNE, MOOSE, GRÄSER, BLÄTTER, SAMEN

Die größten unter den mehr als 6000 Farnen sind die Baumfarne *(Alsophila excelsa)* auf Norfolk Island im Südpazifik, die bis zu 18,3 m hoch wachsen.

Die kleinsten Farne sind der in Mittelamerika vorkommende *Hecistopteris pumila*, mit Wedeln von 12 mm und der in den USA wachsende *Azolla caroliniana*, der sogar noch kleinere Blätter hat.

Das kleinste aller Moose ist das Schwindmoos *(Ephemerum)* und das längste das Quellmoos *(Fontinalis)*, das in fließendem Wasser 91 cm lange Sprosse entwickelt.

Die größten Blätter von allen Pflanzen haben die Raffiapalme *(Raphia raffia)* von den Mascareneninseln im Indischen Ozean und die Amazonas-Bambuspalme *(Raphia toedigera)* Südamerikas, deren gefiederte Blätter 19,81 m lang werden und 3,96 m lange Stiele haben können.

Ein Exemplar der Wasserlilie *Victoria amazonica* (ein Hybridengewächs), das auf der Schmetterlingsfarm von Stratford-upon-Avon (GB) gedeiht, hatte am 2. Oktober 1989 Blätter mit einem Durchmesser von 2,4 m.

Das gewöhnlichste Gras der Welt ist das Bermudagras oder *Cynodon dactylon*. Das am schnellsten wachsende Gras ist eine Hybridenzüchtung aus dem Jahr 1966 namens Callie, die 15,2 cm pro Tag wächst und bis zu 5,5 m lange Ausläufer hat.

Ein nordamerikanisches Unkraut *(Ambrosia artemisiifolia)* kann in 5 Std. 8 Mrd. Pollenkörner erzeugen.

Der höchste Bambusstengel war ein sogenannter Dornstrauch *(Bambusa arundinacea spinosa)*, der in Pattazhi, Travancore (Indien), im November 1904 gefällt wurde, als er 37,03 m hoch war.

Den kleinsten Samen haben die *Epiphytischen Orchideen*, von denen ca. 1 Mio. Samen 1 g wiegen.

Den größten Samen hat die Meereskokosnuß, auch Coco de Mer *(Lodoicea seychellarum)* genannt, deren Frucht ein Gewicht von 18 kg erreichen kann. Sie gilt als biologische Sensation und wächst nur auf den Seychelleninseln Praslin und Curieuse im Indischen Ozean. Jede Frucht enthält nur einen Samen. Zwei bis drei dieser wie ein großes grünes Herz geformten Früchte entwickeln sich zu einem Fruchtstand. Jede der Coco-de-Mer-Palmen produziert drei, vier solcher Bündel im Jahr. Die größte bisher gefundene Meereskokosnuß erreichte 22,5 kg und war über 60 cm lang.

Den widerstands- und lebensfähigsten Samen besitzt die arktische Lupine *(Lupinus arcticus)*. Samenkörner, die Harold Schmidt im Juli 1954 bei Miller Creek in Kanada im gefrorenen Schlamm des Yukon gefunden hatte, keimten 1966. Mit Hilfe der Radiokarbonmethode wurde festgestellt, daß der Lupinensamen mindestens aus der Zeit um 8000 v. Chr. stammte, eher aber noch 5000 Jahre älter war. Mit einem Rekordzapfen von Pinus lambertiana erfreut die Biologiesammlung des Hardenberg-Gymnasiums in Fürth (BY) die Schüler(innen). Der 45 cm lange Kiefernzapfen stammt aus einem um 1900 aufgelassenen Nürnberger Museum, das für die Fürther Schule erworben wurde.

♦ PILZE UND URTIERPFLANZEN

Der größte Pilz ist ein Exemplar der Art *Armillaria ostoyae*, der in den Wäldern des US-Bundesstaates Washington gefunden wurde. Nach Angaben aus dem Mai 1992 erstreckt sich sein unterirdisches Fadennetz über eine Fläche von über 600 ha. Sein Alter wird aufgrund der Größe mit 500-1000 Jahre angegeben. Eine Schätzung des Gewichts wurde bisher noch nicht vorgenommen. Die oberirdischen Fruchtkörper des auch als Honig- oder Schnürsenkelpilz bekannten Pilzes sind eßbar.

Der schwerste Pilz mit ähnlich gigantischem Wachstum ist das Fadennetz eines Pilzes der Art *Armillaria bulbosa*. Wissenschaftler der Universität von Toronto (Kanada) und der Technischen Universität von Michigan (USA) haben seine Entdeckung am 2. April 1992 bekanntgegeben. Der in den Wäldern von Michigan gefundene biologische Riesenpilz hat sich aus einer einzelnen Spore entwickelt, die vor mindestens 1500 Jahren befruchtet wurde. Er bedeckt eine Fläche von mehr als 15 ha und hat ein geschätztes Gewicht von über 100 t, läßt sich also mit dem von Blauwalen *(Balaenoptera musculus)* vergleichen. Die Riesenmammutbäume *(Sequoiadendron giganteum)* erreichen zwar ein größeres Gewicht, bestehen aber zum Teil aus totem Holz.

Der größte eßbare Pilz war ein Bovist *(Calvatia gigantea)* mit einem Umfang von 2,64 m und einem Gewicht von 22 kg, den Jean-Guy Richard aus Montreal (Kanada) 1987 fand.

Der schwerste eßbare Pilz war ein junges, also noch eßbares Exemplar eines Schwefel-Porlings *(Laetiporus sulphureus)* von 45,4 kg, das Giovanni Paba aus Broadstone, Dorset (GB), am 15. Oktober 1990 im New Forest in Hampshire (GB) fand.

PFLANZEN

- Farne, Moose, Gräser, Blätter, Samen
- Pilze und Urtierpflanzen
- Bakterien und Viren

Giftigster Pilz: Der Grüne Knollenblätterpilz *(Amanita phalloides)* dürfte der giftigste Pilz in Mitteleuropa und Nordamerika sein. Er verursacht 90 Prozent der tödlich verlaufenden Vergiftungen. Ein Exemplar enthält 7-9 mg Gift (Trockengewicht), während die für den Menschen tödliche Dosis, je nach Körpergewicht, mit 5-7 mg angenommen wird, wofür weniger als 50 g des frischen Pilzes ausreichen. 6-15 Std. nachdem man von ihm gekostet hat, treten Erbrechen, Delirium, Kollaps und schließlich der Tod in über 50 Prozent der Fälle ein. Zu seinen Opfern gehörte Giulio de' Medici (* 1478, später Papst Clemens VII.). Nach dem Genuß des Pilzes starb er am 25. September 1534.

Protisten: Der holländische Naturwissenschaftler Antonie van Leeuwenhoek aus Delft (1632-1723) war der Entdecker der Protisten, die Eigenschaften von Tieren und Pflanzen in sich vereinten. Die den Pflanzen ähnlichsten Protisten heißen *Protophyten*. Zu dieser Gruppe gehören z. B. einzellige Algen. Die tierähnlichsten Protisten heißen *Protozoen*, zu ihnen gehören Amöben und Geißeltierchen.

Älteste Spuren von Leben hat 1988 der Freiberger Geologe Thomas Heuse in Gesteinsproben in der Nähe Großbreitenbachs (TH) nachgewiesen. Die 7-20 tausendstel mm großen Mikroorganismen, Plankton aus dem Präkambrium, sind 600 Mio. Jahre alt. Die Fossilien sind kugelige Gebilde mit wenig strukturierter Oberfläche, wahrscheinlich Dauersporen von Algen.

Die größten Protozoen (Urtierchen) waren dem Umfang nach die Foraminiferen, einzellige Wassertiere mit Kalkschalen, die zur Gattung der *Nummulite* (Wurzelfüßer) gehörten und – Versteinerungen aus mittleren Eozän-Formationen in der Türkei belegen es – eine Größe von 22 cm erreichen konnten.

Die kleinsten Protophyten (einzellige Pflanzen) sind die geißelförmigen Seealgen *Micromonas pusilla*. Sie haben einen Durchmesser von weniger als 2 Mikrometer (2×10^6 m).

Das sich am schnellsten vermehrende Protozoon ist das Urtierchen *Glaucoma*. Es pflanzt sich durch binäre Zellteilung fort, und zwar in der Regel alle 3 Std. Im Verlauf eines Tages können also derartige Urtierchen 5fache Urgroßeltern und damit Vorfahren von 256 Nachkommen werden.

Schnellstes Urtierchen ist das *Monas stigmatica*, das sich in 1 Sek. über eine Strecke bewegt, die dem Vierzigfachen seiner eigenen Länge entspricht. Ein Mensch schafft nicht einmal das Siebenfache seiner eigenen Länge pro Sek.

♦ BAKTERIEN UND VIREN

Früheste Lebensform: Im Juni 1980 berichtete Prof. J. William Schopf über die Entdeckung von fadenähnlichen Zellularresten, die blaugrüne Algen oder bakterienähnliche Organismen vor 3,5 Mrd. Jahren im Kalkgestein abgelagert hatten. Entdeckt wurden sie in der »Nordpolregion« des nordwestlichen Australiens.

Entdecker der Bakterien: Als erster beobachtete 1676 der Niederländer Antonie van Leeuwenhoek (1632-1728) Bakterien.

Das größte Bakterium ist *Epulopiscium fishelsoni*, ein 1993 beschriebener Symbiont, der im Darmtrakt des im Roten Meer und am Great-Barrier-Riff lebenden braunen Doktorfischs *(Acanthurus nigrofuscus)* vorkommt. Dieser Mega-Mikroorganismus mißt 80x600 μmm oder mehr und ist deshalb mit bloßem Auge zu erkennen. Er wurde aufgrund seiner Größe – er ist immerhin 1 Mio. mal größer als die Lebensmittelverseucher *Escherichia coli* – von den israelischen Wissenschaftlern, die ihn 1985 entdeckten, zunächst für ein Protozoon gehalten. Das *Epulopiscium*, dessen Name »Gast bei einem Fischessen« bedeutet, scheint sich jedoch auf diesen Fisch zu beschränken.

Die kleinsten Organismen, die eigenständiges Leben führen, sind die pleuropneumonieähnlichen Mykoplasmen. Das zum ersten Mal 1936 im Abwasser entdeckte *Mycoplasma laidlawii* hatte während seines Anfangsstadiums einen Durchmesser von nur 100 Millikron (100×10^9 m). Exemplare des H.39 genannten Bakterienstammes haben einen Höchstdurchmesser von 300 Millimikron und wiegen schätzungsweise $1,0 \times 10^{16}$ g. Zum Vergleich: Ein Blauwal von 190 t wiegt $1,9 \times 10^{24}$ oder 1,9 quadrillionenmal soviel.

Die größte Höhe, in der Bakterien gefunden wurden, meldete im April 1967 die US-Raumfahrtbehörde NASA. Sie hatte noch in 41,13 km Höhe Bakterien entdeckt.

Der schnellste Bazillus ist der rutenförmige *Bdellovibrio bacteriovorus*. Bei einer hundertfachen polaren Rotation in der Sek. kann er sich um das 50fache seiner Länge von 2 μmm pro Sek. fortbewegen. Bei entsprechender Leistung müßte ein Mensch 320 km/h schnell rennen oder ein Schwimmer den Ärmelkanal in 6 Min. bewältigen.

Die langlebigsten Bakterien wurden 1991 in Ohio (USA) im Fleisch eines Mastodons gefunden, das vor 12 000 Jahren starb und den frühesten Beleg für ein von Menschen erlegtes prähistorisches Tier darstellt. Die Bakterien gaben dem Fleisch selbst nach so langer Zeit noch einen »üblen Geruch«.

Widerstandsfähigstes Bakterium ist das *Micrococcus radiodurans*. Es kann radioaktiven Strahlen widerstehen, die 10 000mal so stark sind wie eine für den Menschen tödliche Dosis. Bei Temperaturen von 306°C, die auf dem Meeresgrund von Schwefelquellen erzeugt werden, blüht eine Bakterienart erst richtig auf. Das berichtete John Barras von der Universität in Oregon (USA) im März 1983.

Erste Berichte über Viren stammen von Dmitri Iwanovskij (1864-1920) aus dem Jahr 1892. Aber konkret nachgewiesen wurden Viren 1698 von Martinus Willem Beijerink (1851-1931). Definiert werden die Viren heute als Aggregate von zwei oder mehr chemischen Substanzen (die jeweils DNA oder RNA enthalten), die durch Infektion übertragen werden und potentielle Krankheitserreger sind.

Das größte bekannte Virus ist das rutenförmige *Citrus tristeza*. Es hat die Maße 200x10 nm (Nanometer, 1 nm ist 1 Millionstel von 1 mm).

Die Viroiden wurden im Februar 1972 von Theodor O. Diener entdeckt. Viroiden sind Infektionserreger, die kleiner sind als Viren und nur aus einer nackten Nukleinsäurekette ohne Eiweißmantel bestehen.

Prion: Über die Entdeckung eines wahrscheinlich neuen, submikroskopischen Infektionserregers ohne Nukleinsäuren namens Prion berichtete im Februar 1982 die Universität Kaliforniens.

Der erste chemisch erfaßte lebende Organismus ist das Poliovirus. Die Formel – $C_{332.652}H_{492.388}N_{98.245}O_{131.196}P_{7501}S_{2340}$ – wurde im Dezember 1991 von A. Molla, A.V. Paul und Eckard Wimmer von der New Yorker Staatsuniversität publiziert. Sie ist vermutlich die umfangreichste Formel einer organischen Verbindung, die jemals aufgestellt wurde.

Der schwerste Pilz und zugleich größte lebende Organismus gehört zur Art *Armillaria bulbosa*. Wie am 2. April 1992 berichtet wurde, bedeckt der in den Wäldern von Michigan (USA) wuchernde Pilz eine Fläche von 15 ha. Er hat ein geschätztes Gewicht von 100 t und ist damit so schwer wie ein Blauwal. Man nimmt an, daß er sich aus einer einzigen Spore entwickelt hat, die vor mindestens 1500 Jahren befruchtet wurde.

Foto: Planet Earth Pictures/F. C. Millington

BAUM DES JAHRES 1994
Die Eibe

Mit der Eibe *(Taxus baccata)* wurde der älteste Nadelbaum zum Baum des Jahres gewählt, auch der älteste Baum Deutschlands ist eine Eibe. Bei uns steht der Baum auf der Roten Liste für gefährdete und bedrohte Pflanzenarten. Die Giftigkeit der Eibe ist ein Grund für ihre Seltenheit. Zur Zeit der Pferdefuhrwerke wurde sie entlang von Wegen und Straßen radikal beseitigt, da bereits 100 Eibennadeln für ein Pferd tödlich sein können. Widerkäuer (Kühe und Rehe) hingegen sind immun gegen das Gift, für sie ist die Eibe ein ausgesprochener Leckerbissen. Im Mittelalter galt das Holz als Mittel gegen Tollwut, Menschen und Hunde wurden mit einem Sud aus dem Holz behandelt. Aber auch wegen ihres wertvollen Holzes ist die Eibe selten geworden. Als »deutsches Ebenholz« wurde es früher für Messer und Kämme verwendet, später für Drechslerarbeiten und Musikinstrumente. Die Eibe wird bis zu 15 m hoch, wächst aber sehr langsam, so daß 100 Jahre alte Bäume lediglich einen Stammdurchmesser von 30 cm haben, sie trägt nicht, wie die meisten Nadelhölzer, Zapfen, sondern kleine rote Beeren.

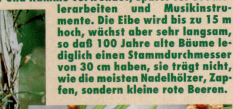

Die Eibe mit Blüten, Früchten, Rinde und in der Totalen.
Fotos: Toni Angermayer/ Hans Reinhard

◆ BÄUME UND HOLZ

Der schwerste lebende Baum ist der kalifornische Riesenmammutbaum *(Sequoiadendron giganteum)* namens »General Sherman«, der im Sequoia-Nationalpark Kaliforniens (USA) 81,82 m hoch gewachsen ist. Er hat einen Durchmesser von 11,1 m und einen Umfang von 31,3 m. Aus »General Sherman«, so wurde errechnet, könnte man 606 100 Holzleisten gewinnen, genug, um 5 Mrd. Streichhölzer herzustellen. Das Blattwerk ist blaugrün, die rotbraune Rinde bis zu 61 cm dick. Inklusive seines Wurzelsystems wiegt der Riesenmammutbaum nach Schätzungen 2000 t. Sein Holz ist vergleichsweise leicht (288,3 kg pro m^3). Der 2500-3000 Jahre alte Riesenmammutbaum wächst pro Jahr um fast einen Millimeter – um ein Volumen, das einem 15 m hohen Baum mit einem Durchmesser von 30 cm entspricht.

Der höchste Baum war, wenn die überlieferte Zahl zutrifft, ein australischer Eukalyptus *(Eucalyptus regnans)* am Mt. Baw Baw in Victoria (Australien), der 1885 143 m hoch gewesen sein soll. Nach den Forschungsergebnissen von Dr. A.C. Carder war der höchste jemals vermessene Baum ein anderer australischer Eukalyptus, der, ebenfalls in Victoria, am Watts River wuchs und nach Angabe des Försters William Ferguson 1872 132,58 m hoch war. Ursprünglich maß er höchstwahrscheinlich sogar 152,4 m.

Der höchste lebende Baum der Welt ist der Eibennadlige Mammutbaum *(Sequoria sempervirens)* der National Geographic Society im Redwood-Nationalpark im Humbold County, Kalifornien (USA). Seine Höhe wurde, laut Ron Hildebrant aus Kalifornien, im Oktober 1991 nach Berichtigung früherer Fehlberechnungen mit 111,25 m ermittelt.

Der größte nicht zu den Nadelhölzern zählende Baum ist der australische Eukalyptus *(Eucalyptus regnans)*, der über 96 m hoch werden kann. Der größte ist derzeit ein im Styx-Tal in Tasmanien (Australien) stehender Baum von 95 m Höhe.

Der höchste Mammutbaum Europas steht im Staatspark »Fürstenlager« des Kurorts Bensheim-Auerbach an der Bergstraße (HE). Seine Maße nehmen sich allerdings gegen das amerikanische Exemplar bescheiden aus: Höhe 53 m, Stammumfang in 1 m Höhe: nur 5,63 m.

57 m hoch ist die höchste Douglasie *(Pseudotsuga taxofolia)* im Forstrevier Kiekindemark bei Parchim (MV). Sie wurde im Jahr 1894 gepflanzt.
53 m Höhe und einen Stammumfang von knapp 5 m hat eine etwa 250 Jahre alte Fichte. Sie steht im Waldschutzgebiet Hinterhermsdorf in der Sächsischen Schweiz.

Der höchste Baum Österreichs war eine Weißtanne im Urwaldgebiet »Rothwald« (Niederösterreich). Sie war rund 500 Jahre alt und hatte eine Höhe von 54 m erreicht. Ihr Festmetergehalt: ca. 32. Durch Immissionen ist sie abgestorben.

Der höchste Baum der Schweiz war eine Tanne von Dürsrüti bei Langnau (Kanton Bern) mit einer Höhe von 57,35 m. Ein Teil des Stammes ist im Heimatmuseum Langnau im Emmental ausgestellt. Die vom Blitz geschädigte 350jährige Tanne mußte im Winter 1975/76 gefällt werden.

Der Samen eines Riesenmammutbaums wiegt 4,7 mg. Das bedeutet, daß sich sein Gewicht um mehr als das 1 300 000 Millionenfache vergrößert, bis der Baum ausgewachsen ist.

Die flächenmäßig größte Baumkrone hat der vor 1787 angepflanzte große Banyan *(Ficus bengalensis)* im Botanischen Garten von Kalkutta (Indien), der mit seinen 1775 Stützwurzeln und einem Umfang von 412 m eine Fläche von gut 1,2 ha überdacht. Ein 550 Jahre alter Banyan namens »Thimmamma Marrimanu« in Gutibayalu, einem Dorf in der Nähe von Kadiri Taluk, Andhra Pradesh (Indien), soll, wie berichtet wird, sogar über 2,1 ha abdecken.

Den größten Stammumfang hatte eine (zwecks buschigeren Wuchses gestutzte) Edelkastanie *(Castanea sativa)* auf dem Ätna auf Sizilien (I), die unter dem Namen »Kastanie der 100 Pferde« *(Castagno di Cento Cavalli)* bekannt war. Ihr Umfang wurde 1770 und 1780 mit 57,9 m angegeben. Der Baum wächst heute in drei weit voneinander entfernten Teilen.
»El Arbo del Tule« ist eine im mexikanischen Bundesstaat Oaxaca wachsende 41 m hohe Montezumazypresse *(Taxodium mucronatum)*, deren Stamm 1982 in einer Höhe von 1,52 m über dem Erdboden einen Umfang von 35,8 m hatte. Die dicksten Stämme werden im allgemeinen jedoch den afrikanischen Affenbrotbäumen *(Adansonia digitata)* nachgesagt, von denen bereits Stämme mit einem Umfang von 43 m vermessen wurden.
12 m mißt der Stammumfang der Kirchenlinde bei Elbrinxen in der Nähe von Bad Pyrmont (N). Sie ist fast 2000 Jahre alt, und ihre ausladende Krone erreicht einen Durchmesser von 23 m.
Eine 1000jährige Linde in Ernegg (Niederösterreich) hat mit 10,4 m den größten Stammumfang eines Baumes in Österreich. Ihre Krone mißt ca. 22 m.

Der älteste Baum war eine Bristleconekiefer *(Pinus longaeva)* mit der Bezeichnung WPN-114, die in 3275 m Höhe am Nordosthang des Mt. Wheeler in Nevada (USA) wuchs und 5100 Jahre alt war, als sie gefällt wurde. Dendrochronologen schätzen die po-

PFLANZEN

• Bäume und Holz

tentielle Lebensspanne von Bristleconekiefern auf annähernd 5500 Jahre und diejenige von Riesenmammutbäumen (*Sequoiadendron giganteum*) auf vielleicht 6000 Jahre. Eine einzelne Zelle dagegen lebt nicht länger als 30 Jahre.

Das größte geschlossene Baumschulgebiet befindet sich im Kreis Pinneberg (SH). 512 Betriebe bewirtschaften hier eine Produktionsfläche von 3528 ha. Der Schwerpunkt der Produktion liegt bei laubabwerfenden Ziersträuchern und Heckenpflanzen (30 Mio.) und Forstgehölzen (625 Mio.).

Die früheste noch existierende Baumart ist der Gingkobaum (*Gingko biloba*) aus der chinesischen Provinz Zhejiang, den es schon im Jura vor rund 160 Mio. Jahren gab. Er wurde 1690 von dem Holländer Engelbert Kaempfer »entdeckt« und um 1754 in England eingeführt. In Japan, wo er als *ginkyo* (Silberaprikose) bekannt war und heute *icho* genannt wird, wurde er seit etwa 1100 angepflanzt.

Das schnellste Wachstum hatte mit 10,74 m in 13 Monaten ein am 17. Juni 1974 in Sabah (Malaysia) gepflanzter *Albizzia falcato*. Bambus scheidet als Rekordkandidat aus, da er botanisch kein Baum, sondern verholztes Gras ist.

Das langsamste Wachstum hat, wenn man die Bonsais, die seit dem 14. Jh. in Asien gezüchteten Miniaturbäume, ausscheidet, der *Dioon edule* aus der Gattung der Zykasgewächse (*Cycadaceae*). Dr. Charles M. Peters hat zwischen 1981 und 1986 in Mexiko ein durchschnittliches jährliches Wachstum von 0,76 mm beobachtet. Ein 120 Jahre altes Exemplar war nur 10 cm hoch.

Das Züchten von Miniaturbäumchen oder Bonsais geht auf einen asiatischen Kult zurück, der schon um 1320 erwähnt wird. Bonsai-Bäume sind lebende Pflanzen, nur ca. 50mal kleiner als das Original.

Den ältesten bekannten Bonsai-Wacholderbaum »Moltsanysybons« pflegt der Bonsaizüchter Klaus Kerstan auf Ibiza (Balearen). Nach einer Studie der Universität Hamburg ist der *Juniperus thurifera* wenigstens 1000, wahrscheinlich um 1100-1200 Jahre alt.

Erstes »Bonsai-Museum« Europas: Miniaturbäume aus der ganzen Welt bietet im Heidelberger Vorort Wieblingen (BW) das erste Bonsai-Museum seit dem 10. Mai 1985. Auf einer 350 m² großen Ausstellungsfläche werden mehr als 100 ausgewählte Prachtexemplare der Minibäume (Bonsais) aus Japan gezeigt. Star des Hauses ist ein 800jähriger kalifornischer Wacholder, Kostenpunkt 250 000 DM. Diese Sammlung will

Liebhabern und vor allem Anfängern Impulse und Anregungen zum Verständnis der uralten asiatischen Kunst geben.

Veredelungsrekord: 84 verschiedene Apfelsorten trägt ein Apfel-Wildling in Memmelsdorf, Landkreis Bamberg (BY). Zusammen mit seinem Sohn Rainer hat der Gärtnermeister Herwig Patzelt die Edelreiser von vielen alten Sorten, die teilweise in Oberfranken auszusterben drohen, 1992/93 aufgepfropft.
Auf 102 Apfelsorten hat es der Oberschulrat und Hobbygärtner Karl Schemitsch aus Villach-Landskron, Kärn-

ten (A), mit seinem 4 m hohen Wunderbaum im Sommer 1994 gebracht. 60 Sorten kamen bis zum Herbst zum Tragen.

Der einsamste Baum, der am weitesten von einem seiner Artgenossen entfernt seht, ist vermutlich eine Rotfichte (*Picea abies*) auf der zu Neuseeland gehörenden antarktischen Campbell-Insel. Der nächste Baum steht über 220 km entfernt auf den Auckland-Inseln (Neuseeland).

Eifrigste Baumpflanzer waren 300 Schüler und Erwachsene aus der Gegend von Walsall, West Midlands

(GB), die während der Nationalen Baumwoche vom 25. November bis 5. Dezember 1993 an sechs Tagen in insgesamt 17:20 Std. 1774 Bäume pflanzten.

Die längste Allee der Welt wurde 1628-48 in Imaichi in der japanischen Präfektur Tochigi angelegt. Sie ist als Nikko-Cryptomeria-Allee bekannt und besteht aus drei zusammenlaufenden Straßenzügen, die insgesamt 35,41 km lang sind. Von ursprünglich 200 000 japanischen Zedern (*Cryptomeria japonica*) haben bis heute 13 500 überlebt, die im Durchschnitt 27 m hoch sind.

Patient Wald

Die jährliche Waldschadensstatistik ergab für 1993, daß die Tanne mit 51 Prozent, die Fichte mit 22 Prozent, die Kiefer mit 20 Prozent, die Eiche mit 45 Prozent und die Buche mit 32 Prozent deutlich geschädigt sind. Nur noch ein knappes Drittel, 36 (1992: 32) Prozent der Bäume sind ohne erkennbare Schäden. In den neuen Bundesländern gelten 29 Prozent der Waldflächen durch Nadelverfärbungen der Fichten, frühzeitigen Blattbefall bei Buchen und lichten Kronen als betroffen. Schwere Schädigungen durch Schwefeldioxyd werden seit langem vor allem im Erzgebirge festgestellt.

Nach Angaben der UNO-Wirtschaftskommission für Europa und der EG mußten 1992 in den knapp 30 europäischen Ländern, für die Zahlen vorlagen, im Durchschnitt 23,5 Prozent der Bäume als stark geschädigt eingestuft werden, 1,3 Prozent mehr als im Jahr zuvor.

Das Überangebot an Stickstoff und den Ausstoß an Luftschadstoffen auf die Bäume untersucht in Tharandt das Institut für Pflanzen- und Holzchemie der Abteilung Forstwirtschaft der TU Dresden. In Glaskabinen wird mit computergesteuerten Dosiergeräten die Schadstoffwirkung auf Pflanzen simuliert. Den Forschungsauftrag dafür gaben verschiedene Bundesministerien und das EU-Projekt »Eurosilva«.

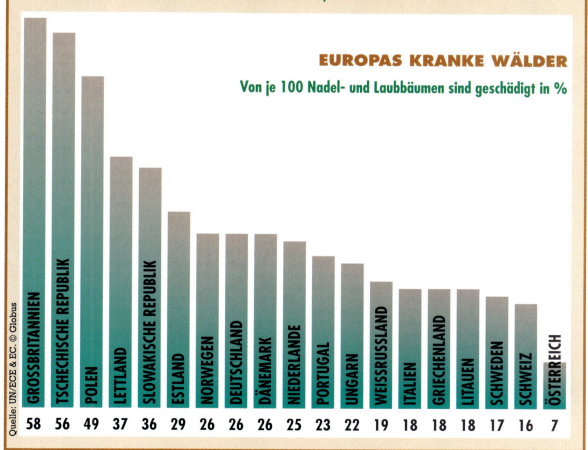

EUROPAS KRANKE WÄLDER
Von je 100 Nadel- und Laubbäumen sind geschädigt in %

GROSSBRITANNIEN	TSCHECHISCHE REPUBLIK	POLEN	LETTLAND	SLOWAKISCHE REPUBLIK	ESTLAND	NORWEGEN	DEUTSCHLAND	DÄNEMARK	NIEDERLANDE	PORTUGAL	UNGARN	WEISSRUSSLAND	ITALIEN	GRIECHENLAND	LITAUEN	SCHWEDEN	SCHWEIZ	ÖSTERREICH
58	56	49	37	36	29	26	26	26	25	23	22	19	18	18	18	17	16	7

Quelle: UN/ECE & EC, © Globus

Amerikanische Nationalparks

Charles und Eloise Shields, 76 bzw. 75 Jahre alt, sind seit 45 Jahren von den amerikanischen Nationalparks begeistert. Als die Verwaltung der Nationalparks 1985 einen Parkpaß herausgab, ließen ihn die Shields in jedem Park, den sie besuchten, abstempeln. 1991 wurde ein neuer Paß ausgegeben, und die Shields beschlossen, so viele Nationalparks wie möglich zu besuchen.

»Wir dachten, es würde Spaß machen, all die Parks zu sehen. Es brachte uns in Gegenden, in die wir sonst nie gekommen wären. Wir lernten etwas über unsere Nationalhelden und unsere Geschichte, sahen wundervolle Landschaften und hatten aufregende Erlebnisse, wie wir sie uns nie erträumt hatten. Unser Hauptziel war, andere dazu anzuregen, die Parks zu besuchen und eine ganz neue Welt voller Freuden und Vergnügen zu entdecken, in der ihnen das breite Spektrum der Vergangenheit und Gegenwart unseres Landes vor Augen geführt wird. Wir hoffen, daß andere unserem Beispiel folgen und selbst entdecken, wie schön und aufregend die amerikanischen Nationalparks sind.« 1992, nachdem sie fast ein Jahr mit dem neuen Paß unterwegs waren, hörten Charles und Eloise von Wächtern und anderen Parkangestellten immer wieder, daß sie noch nie so viele Stempel in einem Paß gesehen hätten. Daraufhin beschlossen die Shields, in alle Nationalparks zu reisen. Sie verfolgen dieses Ziel jetzt seit zwei Jahren und haben bis zum Frühjahr 1994 351 der 368 Parks und nationalen Gedenkstätten der USA besucht.

PFLANZEN

- Parks, Botanische Gärten
- Biosphärenreservate und Nationalparks

Monument Valley, Utah/Arizona
Grand Cañon, Arizona
Niagarafälle, New York
Fotos: Charles und Eloise Shields

◆ PARKS, BOTANISCHE GÄRTEN

Der größte Nationalpark ist derjenige von Nordostgrönland, der sich von Liverpool Land im Süden bis zur nördlichsten, vor Pearyland gelegenen Insel (Odaaqø) über eine Fläche von 972 000 km² erstreckt. Der in weiten Teilen von Eis bedeckte Park, der seit 1972 besteht und 1988 vergrößert wurde, ist die Heimat vieler geschützter Pflanzen und Tiere, unter anderem von Eisbären, Moschusochsen und Greifvögeln.

Der größte Naturpark Deutschlands ist mit 2908 km² das Altmühltal (BY).

Der artenreichste botanische Garten Deutschlands ist der von Berlin. Auf 43,3 ha werden über 18 000 Pflanzenarten gepflegt. Kernstück des Gartens ist die 13 ha große pflanzengeographische Abteilung, die erstmalig in der Welt versucht, das Pflanzenkleid der gemäßigten Breiten der Nordhalbkugel darzustellen – von den Pyrenäen über den Himalaja und Ostasien bis zum pazifischen und atlantischen Nordamerika. Im Gewächshausbereich darf das Große Tropenhaus als Wahrzeichen des Gartens gelten. Der aus dem Jahr 1907 stammende freitragende Hallenbau ist mit 60 m Länge, 30 m Breite und 25 m lichter Höhe eines der größten Gewächshäuser der Welt. Besondere Abteilungen des Gartens sind der 1984 entstandene Duft- und Tastgarten sowie der 1989 eingeweihte Sumpf- und Wasserpflanzengarten.

Zu den ältesten noch heute bestehenden **botanischen Gärten** der Welt gehören die Gärten von Leipzig (1542), Pisa (1543, nach anderen Angaben 1545, I) und Padua (1545, I).

Der größte österreichische botanische Garten mit ca. 10 000 Pflanzenarten auf 9 ha befindet sich in Frohnleiten (Steiermark).

In der Schweiz ist der Botanische Garten von Basel mit 15 ha der größte.

Der erste Blindengarten Deutschlands wurde 1975 in Hamburg eröffnet. In ihm sind 80 verschiedene Gehölze, Stauden, Sommerblumen, Gewürze und Getreidesorten angepflanzt. Die Beete sind ca. 70 cm hoch. An Führungskanten können sich die Blinden an ihnen entlangtasten, Tafeln in Blindenschrift nennen Namen und optische Eigenarten der einzelnen Pflanzen.

Ein Blindenpark entsteht zur Zeit auch in Leipzig (S). Rund um die Rosentalwiese soll ein 6,5 ha großer Park im Zentrum der Messestadt angelegt werden, in dem sich der blinde Besucher an Duft- und Gewürzpflanzen sowie Blüten- und Blattstrukturen orientieren kann.

Der 1959 eröffnete, 6000 m² große Blindengarten im Wertheimsteinpark von Wien enthält neben Sträuchern und Gehölzen etwa 35 Arten Blumenpflanzen.

Das Rosarium Sangerhausen (SA) ist mit seinen ca. 6500 Rosenarten und -sorten das älteste wissenschaftliche Zentrum der Rosenzucht. Der Rosengarten besteht seit 1903. Auf einem Freiluftgelände von 15 ha sind über 60 000 Rosenstöcke angepflanzt, darunter Raritäten wie die grüne und die schwarze Rose.

Landschaftspark: Dank der Bundesgartenschau 1985 wurden für die große grüne Lunge von Berlin 875 000 m³ Erde bewegt und eine künstliche Freizeitlandschaft geschaffen.

Auf einem 90 ha umfassenden, ursprünglich landwirtschaftlich genutzten und baumlosen Gelände entstand in der Gemarkung Britz zwischen Buckower Damm und Marienfelder Damm ein neuer Landschaftspark mit natürlich geformten Hügeln und Tälern, einer zentralen nahezu 10 ha großen Wasserfläche und Quellen.

Mitten in einem Industrierevier liegt der Wörlitzer Park (SA). Rund 500 000 Menschen besuchen jährlich diesen 112 ha großen (davon 22 ha Wasser) Landschaftspark aus der Zeit von 1764 bis 1813. Einst der erste Landschaftspark in Mitteleuropa, steht die Anlage heute mit ihren architektonischen Sehenswürdigkeiten und schmalen Sichtachsen unter Natur- und Denkmalschutz.

LANDSCHAFT DES JAHRES 1995/96

Seit fünf Jahren werden von der Naturfreunde-Internationale (NFI) grenzüberschreitende Regionen, die »besonders schutzwürdig, belastet oder gefährdet« sind, zur Europäischen Landschaft des Jahres erkoren. Für 1993/94 hatte die NFI das deutsch-polnische Odermündungsgebiet ausgewählt; für 1995/96 wurden die gefährdeten Alpenregionen im österreichisch-schweizerischen Grenzgebiet zur Landschaft des Jahres ausgerufen. Die grenzüberschreitende NFI-Initiative für den Erhalt schutzwürdiger Naturlandschaften hatte 1989 mit dem Bodenseegebiet (D, CH, A) begonnen.

◆ BIOSPHÄRENRESERVATE UND NATIONALPARKS

Die UNESCO hat im Rahmen ihres Programms »Der Mensch und die Biosphäre« insgesamt neun repräsentative Natur- und Kulturlandschaften Deutschlands als Biosphärenreservate (BR) anerkannt. Damit sind 7324 km², das sind 2,1 Prozent der Fläche Gesamtdeutschlands, besonders schutzwürdig.

In diesem Gebietsnetz, das von der Nord- und Ostsee bis zu den Alpen reicht, gehört der Mensch ausdrücklich mit zur Biosphäre. Er soll ebensowenig ausgegrenzt werden wie die Reservate renaturiert werden. Diese Biosphärenreservate bilden – ähnlich wie die Naturparks mit ihrem sanften Tourismus – die vorgelagerten Schutz- und Pufferzonen für die strenger durch Naturschutzbestimmungen abgeschirmten Nationalparks wie beispielsweise die Sächsische Schweiz mit ihrem bizarren Felsengebirge.

Weltweit umfaßt das UNESCO-Programm 300 solcher Reservate in 74 Staaten.

Neben dem Bayerischen Wald, dem Alpen- und Nationalpark Berchtesgaden und dem Schleswig-Holsteinischen, Hamburgischen und Niedersächsischen Wattenmeer gehören sechs Biosphärenreservate in den neuen Bundesländern mit einer Fläche von 3002 km² zu diesem Schutzprogramm:

Südost-Rügen mit 228 km² Fläche, Schorfheide-Chorin mit 1258 km² Fläche, Spreewald mit 476 km² Fläche, Mittlere Elbe mit 430 km² Fläche, Vessertal mit 127 km² Fläche, Rhön mit 483 km² Fläche.

Sieben entstehende Nationalparks in den neuen Bundesländern gehören zu den wertvollsten Landschaften Mitteleuropas und repräsentieren charakteristische Ausschnitte der wichtigsten Großlandschaften. Der Anteil natürlicher, naturnaher Kernzonen beträgt im Gegensatz zu den Biosphärenreservaten mehr als 75 Prozent. Nationalparks sollen einzigartige Naturlandschaften vor Zerstörung bewahren: vielen heimischen Pflanzen- und Tierarten Lebensraum bieten; die Natur sich weitgehend frei entfalten und selbst regulieren lassen; durch wirtschaftliche Nutzung möglichst nicht gestört werden, aber der Allgemeinheit zugänglich sein:

Vorpommersche Boddenlandschaft mit 805 km² Fläche, Jasmund mit 30 km² Fläche, Mühritz mit 308 km² Fläche, Harz mit 158 km² Fläche, Hochharz mit 59 km² Fläche, Unteres Odertal mit 95 km² Fläche auf deutscher und 105 km² auf polnischer Seite, Sächsische Schweiz mit 93 km² Fläche.

Foto: Silvestris/Wallis

DER MENSCH

- **Neueste Altersbestimmung:** *Homo erectus* in Asien
- **Älteste Steinzeitmode:** Ötzi trug Strapse
- **Längste Haare:** Mata Jagdamba trägt sie stolz
- **Sensationsdiät:** Schwerste Frau ist nur noch mollig
- **Jüngste Mutterschaft:** Achtjährige kriegt Zwillinge
- **Suche im Innersten:** Gentechnik auf dem Prüfstand

◆ ENTWICKLUNGSSTUFEN

Allgemein: Wenn man das Alter des Erde-Mond-Systems (laut neuester Schätzung mindestens 4540 ± 40 Mio. Jahre) als ein einziges Jahr annimmt, dann erschienen die ersten Hominiden am 31. Dezember um 16 Uhr 15, die ersten Einwohner Deutschlands um ca. 23 Uhr 10; die christliche Zeitrechnung fing etwa 14 Sek. vor Mitternacht an, und die Lebensspanne eines 120jährigen Menschen entspräche 0,45 Sek.
Der Mensch (*Homo sapiens*) ist eine Gattung der Unterfamilie *Homininae* der Familie *Hominidae*, die zur Superfamilie *Hominoidea*, einer Unterordnung der *Simiae* (oder *Anthropoidea*) aus der Ordnung der Primaten zur Infraklasse *Eutheria*, gehört, wie auch zur Unterklasse *Theria* der Klasse der Säugetiere des *Sub-Phylum* der Wirbeltiere (*Craniata*) und zum *Phylum Chordata* des Unterreiches *Metazoen* des Tierreiches. Alles klar? Klingt doch wirklich sehr einfach!

Primaten: Die ersten Primaten tauchen im Paläozän vor etwa 65 Mio. Jahren auf. Als die Unterfamilie der *Anthropoiden* (Menschenaffen) im frühen Oligozän, vor 30–34 Mio. Jahren, in Afrika und Südamerika in Erscheinung trat, hatte der Tier-Mensch die Trennung in *Platyrrhini* und *Catarrhini* (Neue und Alte Welt) bereits vollzogen. Neue Funde aus Fayum in Ägypten stammen nach den bisherigen Untersuchungen aus dem frühen Oligozän und repräsentieren möglicherweise Primaten, die vor etwa 37 Mio. Jahren gelebt haben.

Wann kam der Mensch nach Asien?

Eine sensationelle Entdeckung machten die US-Forscher Carl Swisher und Garniss Curtis im Februar 1994 an der Universität Berkley in Kalifornien. Bei der Untersuchung eines Schädelfragmentes des *homo erectus*, des Vorfahren des heutigen Menschen, datierten sie sein Alter auf 1,8 Mio. Jahre, 800 000 Jahre älter als ursprünglich angenommen.
Das Schädelstück, das auf Java gefunden wurde, beweist damit, daß es bereits zu diesem Zeitpunkt Frühmenschen in Asien gab. Bisher war man davon ausgegangen, daß der Mensch von Afrika aus vor 1 Mio. Jahren den asiatischen Kontinent besiedelte.
Das Alter des sogenannten »Mojokerto-Kindes« wurde mittels eines Verfahrens bestimmt, das auf der Messung des Edelgases Argon beruht.

Hominoiden: Das älteste Fossil eines Hominoiden ist ein Kieferknochen mit drei Molarzähnen. Martin Pickford (* 1943) vom Pariser Nationalmuseum für Naturgeschichte hat die Versteinerung am 4. Juni 1991 in den Otavi-Bergen von Namibia entdeckt. Der Hominoiden-Fund, der nach ersten Untersuchungen 10–15 Mio. und nach späterer Auffassung 12–13 Mio. Jahre alt ist, erhielt den Namen *Otavi pithecus namibiensis*.

Hominiden (Menschenartige): Die für die Hominiden typischen Merkmale wie großes Gehirn und Fortbewegung auf zwei Füßen entwickelten sich erst sehr spät. Die zweifellos ältesten Überreste eines Hominiden wurden im Februar 1984 bei Kiptalam Chepboi unweit des Baringo-Sees (Kenia) entdeckt: ein Kieferknochen und zwei Backenzähne eines Urmenschen (*Australopithecus*). Nach Vergleichen mit anderen Fossilienfunden sind die Hominiden-Spuren aus Kenia 4 Mio. Jahre alt, nach chemischen Gesteinsuntersuchungen (Kalium-Argon-Methode) sogar 5,4–5,6 Mio. Jahre.
Das zu größten Teilen erhaltene Skelett eines frühen Hominiden ist das von »Lucy« (zu 40 Prozent vollständig), das Dr. Donald C. Johanson und T. Gray am 30. November 1974 in der Nähe des Flusses Awash bei Hadar in der äthiopischen Region Afar entdeckt haben. Das Skelett ist etwa 3 Mio. Jahre alt. »Lucy« war 106 cm groß und schätzungsweise 40 Jahre alt, als sie starb.
Neue Zeugnisse »menschlichen« Lebens, die 1989 in Südwestchina gefunden wurden, sollen bis zu 500 000 Jahre älter als die afrikanischen Hominiden sein. Bis jetzt fehlen allerdings weitere Angaben, die diese Vermutung erhärten.
In Vulkanasche konserviert wurden 24 m lange Parallelspuren von Fußabdrücken, die Hominiden vor 3,6 Mio. Jahren in Laetoli (Tansania) hinterlassen hatten. Sie wurden 1978 von Paul Abell und Dr. Mary Leakey entdeckt. Die Spuren stammen wahrscheinlich von drei Geschöpfen, das kleinste war schätzungsweise 120 cm groß.

Genus Homo (Echtmensch): Erster Vertreter des Genus Homo ist der *Homo habilis* oder *Handy Man* (Geschickter Mensch), wie der Echtmensch aus der Olduvai-Schlucht in Tansania 1964 von Louis Leakey, Philip Tobias und John Napier auf Vorschlag von Professor Raymond Arthur Dart (1893–1988) genannt wurde. Als ältestes Fossil dieser Menschengattung gilt der im Nationalmuseum von Kenia aufbewahrte Schädel »1470«, den Bernard Ngeneo 1972 bei Koobi Fora am See Turkana (Nordkenia) entdeckt hat. Der Schädel hat vor rund 1,9 Mio. Jahren einem Echtmenschen gehört und wurde von Dr. Meave Leakey rekonstruiert.

Homo erectus (Frühmensch): Den ältesten Vertreter des *Homo erectus*, direkter Vorfahre des *Homo sapiens*, hat der Holländer Eugène Dubois (1858–1940) 1891 in Trinil auf Java entdeckt. Er lebte, wie man 1994 bei einer Neudatierung herausfand, vor 1,8 Mio. Jahren.

Der älteste Europäer wurde im März 1980 in der Arago-Höhle bei Perpignan (F) entdeckt. Formen seines Schädels wie auch die Abnutzung der Zähne verrieten den Wissenschaftlern, daß der Mann 18–25 Jahre alt gewesen sein muß. Arago XXI muß vor etwa 450 000 Jahren gelebt haben.
Ein *Homo-erectus*-Schädel, der bei Bilzingsleben (SA) gefunden wurde, ist laut Uran-Bestimmung mindestens 350 000 Jahre alt. Möglicherweise hat der Frühmensch sogar vor mehr als 400 000 Jahren gelebt.

Der früheste Hominiden-Fund in Deutschland: 1907 wurde in Mauer bei Heidelberg der Unterkiefer eines *Pithecanthropus* gefunden. Diese Kinnlade des *Homo heidelbergensis* dürfte aus der Zeit um 500 000 v. Chr. stammen – also zwischen den ersten zwei Eiszeiten. Der berühmte Neandertaler-Mensch ist viel jünger – »nur« etwa 100 000 Jahre alt.

Der älteste Tote aus dem Eis wurde am 19. September 1991 in 3210 m Höhe des Similaun-Gletschers im oberen Ötztal entdeckt. Wissenschaftliche Untersuchungen ergaben, daß der Eismann Ötzi, wie dieser Jahrhundertfund inzwischen genannt wird, vor rund 5300 Jahren ums Leben gekommen war, also in der Jungsteinzeit. Die Gletschermumie ist damit älter als die ältesten ägyptischen Mumien (seit 2600 v. Chr. nachweisbar). Inzwischen ruht der etwa 30jährige Gletschermann wie ein Heiligtum bei -6°C und 98 Prozent Luftfeuchtigkeit in einer Einzelkühlzelle des Anatomischen Instituts der Universität Innsbruck.

Goliath von Gath

Der Riese, der um 1060 v. Chr. gelebt hat, soll 6 Ellen groß gewesen sein und eine Armspannweite von 290 cm gehabt haben. Diese Angaben dürfen allerdings bezweifelt werden. Völlig glaubwürdig sind dagegen die Maße, die Goliath von dem jüdischen Historiker Flavius Josephus (37/38–ca. 100 n. Chr.) und manchen Manuskripten der *Septuaginta*, der ersten griechischen Bibelübersetzung, zugeschrieben werden: Danach war der Riese von Gath 4 griechische Ellen groß und hatte eine Armspannweite von 208 cm.

In Vulkanasche konserviert wurden 24 m lange parallele Fußspuren, die Hominiden vor 3,6 Mio. Jahren in Laetoli (Tansania) hinterließen. Entdeckt wurden sie 1978 von Paul Abell und Dr. MaryLaekey. Die Abdrücke zeigen eine gut entwickelte Fußsohle.
Foto: Science Photo Library/John Reader

Kleidung vor 5000 Jahren: Ötzi trug Leggins aus Ziegenfell, mit Strapsen an einem Hüftgurt befestigt, darüber ein Oberkleid ohne Ärmel und einen Umhang aus Stroh.
Foto: dpa

Das älteste Hominoidenfossil, einen Kieferknochen mit drei Molarzähnen, fand Martin Pickford am 4. Juni 1991 in den Otavi-Bergen Namibias (rechts).
Foto: Muséum National d'Histoire Naturelle

DER MENSCH 80/81
- Entwicklungsstufen

Der längste Deutsche, Konstantin Gerhard Klein (2,23 m), mit seiner Ehefrau Christine.

Foto: BILD am Sonntag/Karin Knobloch

◆ KÖRPERGRÖSSE UND -GEWICHT

Die menschlichen Riesen schießen durch Übertreibung oder aus kommerziellen Gründen oft in eine unwahrscheinliche Höhe. Glaubwürdig sind allein die Größenmaße, die in den letzten 100 Jahren unter objektiver ärztlicher Kontrolle ermittelt wurden. Leider aber sind sogar Medizinautoren nicht schuldlos daran, daß wider besseres Wissen phantastische Angaben verbreitet werden.

Das Körperwachstum wird von Wachstumshormonen bestimmt. Produziert wird das Wachstumshormon in der Hypophyse, der Hirnanhangsdrüse. Überproduktion in der Kindheit hat abnormales Wachstum und echten Riesenwuchs zur Folge.

Der nachweislich größte Mann in der Medizingeschichte war Robert Pershing Wadlow, der am 22. Februar 1918 um 6 Uhr 30 in Alton, Illinois (USA), geboren wurde. Am 27. Juni 1940 haben ihn Dr. C. M. Charles, Anatomie-Professor an der Washington-Universität von St. Louis (Missouri) und Dr. Cyril MacBryde gemessen. Da war Wadlow 272 cm groß und hatte eine Armspannweite von 288 cm. 18 Tage später, am 15. Juli 1940 um 1 Uhr 30, starb er in einem Hotel in Manistee (Michigan) an den Folgen einer Zellgewebsentzündung am rechten Knöchel, die durch einen schlecht sitzenden Stützverband hervorgerufen worden war. Wadlow wuchs noch während seiner letzten Krankheit, und hätte er ein weiteres Jahr gelebt, wäre er 274 cm groß geworden. Als er starb, wog er 199 kg, sein Rekordgewicht hatte er mit 222,7 kg an seinem 21. Geburtstag erreicht. Seine Schuhe waren 47 cm lang, und seine Hände maßen vom Handgelenk bis zur Spitze des Mittelfingers 32,4 cm.

Der größte deutsche Mann war Christoffel Münster (1632–76) aus Varlosen (Landkreis Göttingen). Durch seine Größe von 248 cm (4 Ellen, 6 Zoll) wurde der Gänsehirt weit und breit bekannt. Herzog Christian Ludwig von Hannover ernannte ihn zu seinem Leibwächter.

Der größte lebende Deutsche ist Konstantin Gerhard Klein (* 15. März 1957 in Hainburg, Hessen). Er ist 223 cm groß und wiegt 130 kg. In seiner Familie gab es vor ihm keine Riesen. Seine Schuhgröße: 54.

Der Österreicher, der »Dörfler Riese« Viktor Prenner (1930–82) aus Steinberg-Dörfl, soll als 20jähriger in Prag 234 cm groß gewesen sein. Als der Müller im Alter von 52 Jahren starb, maß er nur noch 218 cm.

Der größte lebende Mensch zu sein – dies ist ein Rekord, den sich derzeit zwei Männer und eine Frau streitig machen: Haji Mohammad Alam Chan-

DER MENSCH

• Körpergröße und -gewicht

na (* 1953) aus Bachal Channa, Sehwan Sharif (Pakistan), der am 24. April 1992 in der Londoner Show *Guinness World of Records* gemessen wurde, und die größte lebende Frau der Welt, Sandy Allen (* 18. Juni 1955) aus den USA (s. a. größte lebende Frau), bringen es alle auf 231,7 cm.

Der größte Österreicher heute ist Peter Zankl (* 20. März 1964) aus Kötschach-Mauthen (Kärnten). Der Basketballspieler mißt inzwischen 219 cm und wiegt 115 kg. Er hat Schuhgröße 55.

Die größten (eineiigen) Zwillinge sind die Brüder Michael und James Lanier (* 27. November 1969) aus Troy, Michigan (USA), die jeweils 223,5 cm messen. Mit 14 Jahren waren sie 216 cm groß. Ihre Schwester Jennifer bringt es gerade auf 157 cm.

Größte Frau in der Geschichte war Zeng Jin-Lian (* 26. Juni 1964) aus Yujiang in der zentralchinesischen Provinz Hunan. Bei ihrem Tod am 13. Februar 1982 maß sie 247 cm. Ihr abnormes Wachstum hatte schon im Alter von 4 Monaten eingesetzt, vor ihrem 4. Geburtstag war sie bereits 156 cm groß und 217 cm mit 13 Jahren. Zeng Jin-Lians Hände waren 25,5 cm und ihre Füße 35,5 cm lang. Sie hat sowohl an *Skoliose* als auch an Diabetes gelitten. Ihre Eltern sind nur 163 cm und 156 cm groß, ihr Bruder brachte es mit 18 Jahren auf 158 cm.

Die größte lebende Frau ist Sandy Allen (* 18. Juni 1955 in Chikago, Illinois, USA). Am 14. Juni 1977 unterzog sie sich einer Hypophysenoperation, wodurch weiteres Wachstum unterbunden wurde. Sie mißt 231,7 cm. Bei der Geburt wog sie 2,95 kg, und schon kurz danach fing ihr abnormes Wachstum an. Jetzt wiegt sie 209,5 kg und hat Schuhgröße 54.

Von Anna Hanen Swan (1846-88) aus Neu-Schottland (Kanada) wurde behauptet, sie wäre 246 cm groß gewesen, in Wirklichkeit waren es aber »nur« 227 cm. Am 17. Juni 1871 heiratete sie den 219 cm großen Martin van Buren Bates (1845-1919) aus Whitesburg (USA), wodurch beide **das größte Ehepaar der Welt** wurden.

Die größte deutsche Frau ist Antje Dethloff (* 2. Februar 1963 in Kiel). Sie ist 206 cm groß und wiegt 68 kg.

Die größte Schweizerin ist Ursula Zimmermann (* 2. Januar 1952 in Solothurn/Kanton Solothurn). Bei 196 cm ist sie 85 kg schwer.

Die größten Zwillingsschwestern der Welt sind mit jeweils 195 cm Heather und Heidi Burge (* 11. November 1971) aus Palos Verdes in Kalifornien (USA). Die gleichfalls eineiigen Zwillingsschwestern Anne und Elizabeth Johnson (* 7. August 1958) aus Madison in Wisconsin (USA) sind 185 bzw. 188 cm groß.

Sandy Allen ist die größte lebende Frau der Welt. Sie ist hier bei der Vorstellung des *Guinness Book of Records* von 1994 mit Michelle Benkel, der Rekordhalterin im Bettenmachen, zu sehen.

Foto: K. Herschell für Guinness Publishing

Kleinwuchs hat viele Ursachen. Dazu zählen genetische Abnormitäten, ein Mangel an wichtigen Hormonen (zum Beispiel an Wachstumshormonen), eine Stoffwechselstörung oder eine Hemmung des Knochenwachstums mit unbekannter Ursache.

Der kleinste erwachsene Mensch, über den objektive Zeugnisse vorliegen, war Pauline Musters (»Prinzessin Pauline«), eine niederländische »Liliputanerin«. Sie wurde am 26. Februar 1876 in Ossendrecht geboren und war bei der Geburt 30 cm lang. Mit neun Jahren hatte sie es auf 55 cm gebracht und wog nur 1,5 kg. Sie starb in New York am 1. März 1895 im Alter von 19 Jahren an Lungenentzündung und Meningitis sowie einem durch übermäßiges Trinken geschwächten Herzen. Obgleich sie im Zirkus mit 48 cm Größe angekündigt wurde, hatte eine ärztliche Messung eine Größe von 59 cm gezeigt. Eine Untersuchung nach ihrem Tod ergab eine Länge von genau 61 cm (nach dem Tod war eine Streckung eingetreten). Als sie erwachsen war, schwankte ihr Gewicht zwischen 3,4 und 4 kg, und ihre Körpermaße waren 47-48-43 cm.

50 cm groß und 1,98 kg schwer war 1979 ein 9 Jahre altes griechisches Mädchen namens Stamatoula, das bei der Geburt im September 1969 gerade 15 cm gemessen hatte. Stamatoula, die Überlebende eines Zwillingspärchens, litt am Seckel-Syndrom und starb am 22. August 1985 im Athener Kloster Lyrion. Zuletzt war sie 67 cm groß und wog 5 kg.

Der kleinste lebende erwachsene Mensch, der sich normal bewegen kann, ist Gul Mohammed (*15. Februar 1957) aus Delhi (Indien). Bei einer Untersuchung im Ram-Manohar-Krankenhaus von New Delhi wurde am 19. Juli 1990 festgestellt, daß er 57 cm groß ist und 17 kg wiegt. Die anderen Mitglieder seiner Familie sind normal gewachsen.

Die kleinsten Zwillinge waren Matjus und Bela Matina (* 1903) aus Budapest (H). Sie lebten 1935 noch und wurden später Amerikaner. Beide kamen auf je 76 cm. Die kleinsten lebenden Zwillinge sind John und Greg Rice (* 1952) aus Maitland, Florida (USA). Sie messen jeweils 86,3 cm.

Das unterschiedlichste, total gegensätzliche Wachstum machte der Österreicher Adam Rainer durch. 1899 in Graz geboren, war er mit 21 Jahren 118 cm groß. Dann schoß er in die Höhe. 1931 hatte er es auf 218 cm gebracht. Das schwächte ihn so, daß er für den Rest seines Lebens bettlägerig war. Am 4. März 1950 starb er mit 51 Jahren. Er hatte zuletzt vom Scheitel bis zur Sohle 234 cm gemessen. Er war der einzige Mensch, der Zwerg und Riese zugleich gewesen ist.

Das gegensätzlichste Paar bilden Fabien Pretou (* 1968) und Natalie Lucius (* 1966), die sich am 14. April 1990 in Seyssinet-Pariset (F) das Jawort gaben: Er ist 188,5 cm groß, sie 94 cm.

Der schwerste Mann in der Geschichte der Medizin war Jon Brower Minnoch (1941-83) aus Bainbridge Island, Washington (USA). Ein Notarztteam hatte ihn im März 1978 auf einer großen Bohle erstmals in die Universitätskliniken von Seattle gebracht. Der Endokrinologe Dr. Robert Schwartz kam aufgrund von Hochrechnungen über Minnochs Nahrungs- und Ausscheidungsmengen zu dem Ergebnis, daß sein Patient »wahrscheinlich mehr« als 635 kg wog. 13 Pfleger waren nötig, um ihn in seinem Krankenhausbett umzudrehen. Nachdem Minnoch fast zwei Jahre lang auf eine Diät von 1200 Tageskalorien gesetzt worden war, brachte er nur noch 216 kg auf die Waage. Im Oktober 1981 mußte er wieder in die Klinik, weil er innerhalb einer Woche 91 kg zugenommen hatte. Der ehemalige Taxifahrer – 185 cm groß – hatte 1963 noch 181 kg gewogen; 1966 waren es schon 317 kg und im September 1976 dann 442 kg.

Schwerster lebender Mensch ist T. J. Albert Jackson aus Canton, Mississippi (USA), der als »Fat Albert« (fetter Albert) einige Berühmtheit erlangte. Er hat einen Brustumfang von 305 cm, eine Taillenweite von 294 cm, der Umfang seiner Oberschenkel beträgt 178 cm und der seines Nackens 75 cm. Jacksons Höchstgewicht lag bei 408 kg, jetzt sind es 404 kg.

Die schwerste Frau aller Zeiten war die Amerikanerin Rosalie Bradford (* 1943), die im Januar 1987 ein Höchstgewicht von 476 kg erreicht haben soll. Im August desselben Jahres wurde sie aufgrund eines Herzversagens ins Krankenhaus eingeliefert. Dort wurde sie auf eine sorgfältig kontrollierte Diät gesetzt, die dazu führte, daß sie im Frühjahr 1994 nur noch 128 kg wog. Ihr Wunschgewicht sind 68 kg.

Die schwersten Zwillinge sind bzw. waren Billy Léon und Benny Loyd McCrary alias McGuire (* 7. Dezember 1946) aus Hendersonville, North Carolina (USA), die im November 1978 337 kg (Billy) und 328 kg (Benny) wogen und einen Taillenumfang von 213 cm hatten. Bei ihren Auftritten als Ringkämpfer wurde ihnen auf den Plakatanschlägen ein Gewicht bis zu 349 kg zugeschrieben. Nach einer sechswöchigen Schlankheitskur hatten beide nicht ab-, sondern 2,26 kg zugenommen. Billy starb am 13. Juli 1979 bei den Niagarafällen in Ontario (Kanada) nach einem Motorrad-Unfall.

Der leichteste Mensch war Lucia Zarate (1863-89) in San Carlos (Mexiko), eine ausgemergelte mexikanische, 67 cm große Kleinwüchsige, die mit 17 Jahren 2,13 kg wog. Bis zu ihrem 20. Geburtstag hatte sie es auf 5,9 kg gebracht. Bei der Geburt wog sie 1,1 kg.

Gewichtsverluste: Die gewaltigste Abmagerungskur hat Jon Brower Minnoch (1941-83, s.o.) durchgemacht. Er brachte im Juli 1979 noch 216 kg auf die Waage und hatte damit 419 kg in 16 Monaten abgespeckt. Per Schwitzkur hat Ron Allen (* 1947) im August 1984 in 24 Std. 9,7 kg verloren. Er war zuvor 113 kg schwer.

Den Rekord der Gewichtszunahme stellte Jon Brower Minnoch (s. o.) auf, als er in sieben Tagen 91 kg schwerer geworden war und erneut im Oktober 1981 wieder in die Universitätsklinik eingeliefert wurde. Der Amerikaner Arthur Knorr (1916-60) nahm in seinen letzten sechs Lebensmonaten 136 kg zu.

340 Kilogramm abgenommen

Wonach soll man noch streben, wenn man bereits 340 kg abgespeckt hat? Rosalie Bradfords Antwort lautet: »Ich muß noch über 45 kg loswerden.« Sie war schon als Kind pummelig gewesen und bis zu ihrer Heirat zu einer korpulenten Frau herangewachsen. Nach der Geburt ihres ersten Kindes eskalierte ihr Gewicht und nahm aufgrund gesundheitlicher Probleme, die teilweise von ihrem Körpergewicht herrührten, ständig weiter zu. Dann schrieb eine Nachbarin, die sie häufig besuchte, an den im amerikanischen Fernsehen auftretenden Diät-Guru Richard Simmons.

»Er rief mich an und sagte mir zwei Dinge: 'Gott produziert keinen Abfall', und: 'Sie sind der Mühe wert', und ich nahm es mir zu Herzen. Er schickte mir ein Diätpaket, das ich monatelang einfach nicht aufmachen konnte. Es zu öffnen, hätte bedeutet, daß ich es versuchen mußte, um dann vielleicht wieder zu scheitern. Am Anfang bekam ich meinen täglichen Essensplan nicht in den Griff. Ich mußte 230 kg verlieren, bevor ich auch nur aufstehen konnte.« Sie hatte acht Jahre im Bett verbracht, und für die Rückkehr zur normalen Lebensweise war neben weiteren Diätanstrengungen auch eine Physiotherapie nötig.

»Es ist erstaunlich«, sagte sie. »Ich habe immer gebetet, daß Gott in einer Nacht, in der er sich nicht zu lausig fühlt, zu mir heruntersteigen und seinen Zauberstab schwingen möge, um das ganze Fett wegzufegen. Aber so geht das nicht. Ich habe inzwischen gelernt, was es heißt, kleine, langsame Schritte in die richtige Richtung zu tun. Ich werde mein Leben lang damit zu tun haben. Und jetzt? Jetzt warte ich einfach nur auf den Spielfilm!«

Rosalie Bradford
Fotos: Guinness Publishing

◆ GEBURTEN

Die meisten Kinder geboren hat, soweit offiziell beglaubigt, mit 69 die erste von zwei Frauen des Bauern Fjodor Wassiljew (1707–82) aus Schuja, einer Ortschaft etwa 240 km von Moskau (Rußland), geboren. Sie brachte in 27 Schwangerschaften 16 Paar Zwillinge zur Welt, siebenmal Drillinge und viermal Vierlinge. Über den Fall hat am 27. Februar 1782 das Kloster Mikolskaja nach Moskau berichtet. Die Kinder, von denen mindestens 67 das Säuglingsalter überstanden, waren etwa zwischen 1725 und 1765 geboren worden.

Die gegenwärtig gebärfreudigste Frau der Welt ist Leontina Albina geb. Espinosa (* 1925) aus San Antonio (Chile), die 1981 ihr 55. und letztes Kind auf die Welt brachte. Ihr Mann Gerardo Secunda Albina oder Alvina (* 1921) sagt, daß sie 1943 in Argentinien geheiratet haben und schon fünfmal Eltern von Drillingen (alles Jungen) geworden waren, ehe sie nach Chile kamen. Nur 40 (24 Jungen und 16 Mädchen) von den 55 Kindern überlebten. Elf Kinder starben bei der Geburt oder verloren ihr Leben bei einem Erdbeben.
Die Bäuerin Maria Olivera (* 1939) aus San Juan (Argentinien) soll am 31. Januar 1989 ihr 32. Kind zur Welt gebracht haben. Alle Kinder sollen noch leben.

Die älteste Mutter war 63 Jahre alt. Die Menopause bedeutet das Ende der Fruchtbarkeit und tritt bei den meisten Frauen zwischen dem 45. und 55. Lebensjahr ein. Moderne Hormontechniken machen es allerdings möglich, daß Frauen nach dem Klimakterium wieder fruchtbar werden. Deshalb können heute Frauen jedes Alters schwanger werden.

Nach der kürzesten Schwangerschaft wurde am 20. Mai 1987 in Ottawa James Elgin, der Sohn von Brenda und James Elgin aus Ottawa, Ontario (Kanada), geboren. Er kam 128 Tage zu früh und wog 624 g.

Zwillingsfrühgeburt: Die Zwillinge Saskia und Michael Kohler kamen am 10. März 1989 im Kreiskrankenhaus Lörrach (BW) in der 25. Schwangerschaftswoche zur Welt. Beide Kinder hatten ein Geburtsgewicht von je 540 g.

Vierlinge entband nach genau 26 Wochen am 10. April 1988 Tina Piper aus St. Leonards-on-Sea, Sussex (GB). Oliver, im Februar 1989 gestorben, wog bei der Geburt 1,6 kg, Francesca 0,96 kg, Charlotte 1,03 kg und Georgina 1,05 kg. Die Vierlinge waren in Brighton (Sussex) auf die Welt gekommen.

Schwerste Säuglinge. Große Babys (mehr als 4,5 kg) werden in der Regel von Müttern geboren, die groß und übergewichtig sind oder unter Krankheiten wie Diabetes leiden. Das bisher schwerste Baby einer gesunden Mutter war ein 10,2 kg wiegender Junge, den Carmelina Fedele aus Aversa (I) im September 1955 auf die Welt brachte.
Anna Bates, geb. Swan (1846–1888), eine 227 cm große Riesin aus Kanada verhalf am 19. Januar 1879 bei einer Hausgeburt in Seville (USA) einem 10,8 kg schweren und 76 cm großen Sohn zum Leben, doch das Baby starb noch in den ersten 24 Std. Ihr erstes Kind, ein 8,16 kg schweres und 61 cm großes Mädchen, war eine Totgeburt (1872).

Der leichteste Säugling war ein nur 280 g wiegendes Mädchen, das 1989 bei einer Frühgeburt im Medizinischen Zentrum der Loyola-Universität in Illinois (USA) zur Welt kam.

Künstliche Befruchtung kann nach mehreren Methoden durchgeführt werden. Diese Kinder sind allgemein als »Retortenbabys« bekannt; die künstliche Befruchtung wird kurz IVF (*Invitro-Fertilisation*) genannt.

Erstes Baby aus dem Reagenzglas ist Louise Brown (2,6 kg). Ihre Mutter, Lesley Brown (damals 31 Jahre), wurde am 25. Juli 1978 um 23 Uhr 47 im Allgemeinen Krankenhaus von Oldham (GB) durch Kaiserschnitt entbunden. Louise war am 10. November 1977 extern empfangen worden.

Das erste »Retortenbaby« aus Deutschland, Oliver, wurde am 16. April 1982 in der Erlanger Universitätsfrauenklinik durch einen Kaiserschnitt entbunden. Seine Mutter, Maria Wimmelbacher, kommt aus dem oberfränkischen Dorf Langensendelbach bei Erlangen. Das Kind wurde am 3. August 1981 durch extrakorporale Befruchtung, also außerhalb des Mutterleibs in einem Reagenzglas, gezeugt.

Die ersten Retorten-Zwillinge, Stephen und Amanda, wurden am 5. Juni 1981 im Queen Victoria Medical Centre von Melbourne (Australien) per Kaiserschnitt entbunden. Mutter: Radmilla Mays (31). Amanda wog 2,43 kg, Stephen 2,29 kg.

Die ersten Retorten-Drillinge (zwei Mädchen, ein Junge) wurden am 8. Juni 1983 im Flinders Medical Centre in Adelaide (Australien) geboren. Auf Wunsch der Eltern wurden keine Namen bekanntgegeben.

Die ersten Retorten-Fünflinge waren Alan, Brett, Connor, Douglas und Edward, die am 26. April 1986 im University College Hospital von London auf die Welt kamen. Ihre Eltern sind Linda und Bruce Jacobssen.

Die älteste Frau, die nach einer künstlichen Befruchtung entbunden hat, war eine 49 Jahre und 54 Tage alte Zypriotin. Sie brachte im Oktober 1990 per Kaiserschnitt ein 2850 g

Der Begriff siamesische Zwillinge für ein miteinander verwachsenes Zwillingspaar geht auf das 1811 in Meklong in Siam, dem heutigen Thailand, geborenen Zwillingspaar Chang und Eng Bunker zurück.

Foto: Ann Ronan Picture Library

schweres Mädchen auf die Welt. Ein Team unter der Leitung von Dr. Krinos Trokoudes, Direktor des Pedieos-IVF-Zentrums in Nikosia (Zypern), hatte der Frau das befruchtete Ei in die Gebärmutter verpflanzt.

Die am längsten auseinanderliegende Zwillingsgeburt erlebte Danny Petrungaro (* 1953) aus Rom (I). Die Frau hatte sich nach vier Fehlgeburten einer Hormonbehandlung unterzogen. Sie brachte am 22. Dezember 1987 bei einer normalen Geburt ihre Tochter Diana zur Welt. Von der Zwillingstochter Monica wurde sie aber erst am 27. Januar 1988, also 36 Tage später, per Kaiserschnitt entbunden. Die Britin Mary Wright brachte ihre Töchter Amy und Elizabeth im Abstand von 18 Monaten zur Welt. Die Eier waren im März 1984 von ihrem Ehemann befruchtet worden. Elizabeth wurde am 22. April 1987 in Stoke-on-Trent, Staffordshire, geboren; das Ei war 29 Monate lang eingefroren gewesen.

Die sensationellste Drillingsgeburt: Im Abstand von sechs Wochen wurden im Grace Hospital in Vancouver (Kanada) Drillinge geboren. Clayton March war bereits 45 Tage auf der Welt, als sein Bruder und seine Schwester folgten.

Zweimal Siebenlinge gebar 1390 und 1391 Brigitta von Stingelheim in Hailing. Landkreis Straubing-Bogen (BY). Diese Kinder (alles Söhne) sind auch groß geworden. Eine Erinnerungstafel in der Kirche St. Pauli Bekehrung hält das Ereignis fest.

Die schwersten Zwillinge wogen 12,59 kg. Geboren wurden sie am 20. Februar 1924 von J. P. Haskin aus Fort Smith, Arkansas (USA).

Die schwersten Drillinge werden aus dem Iran gemeldet. Nach unbestätigten Berichten wogen die am 18. März 1968 geborenen Säuglinge (2 Jungen, 1 Mädchen) 12 kg.

Die schwersten Vierlinge (2 Mädchen, 2 Jungen) brachte Tina Saunders zur Welt. Die am 7. Februar 1989 im St. Peter's Hospital in Chertsey, Surrey (GB), geborenen Babys wogen 10,426 kg.

Die schwersten Fünflinge gibt es gleich doppelt: Die am 7. Juni 1953 geborenen Kinder von Liu Saulian aus Zhejiang (China) wie auch die fünf Säuglinge von Frau Kamalammal aus Pondicherry (Indien), geboren am 30. Dezember 1956, wogen jeweils 11,35 kg.

Die leichtesten Zwillinge wogen zusammen nur 991 g. Es waren die am 16. August 1931 geborenen englischen Schwestern Mary (453 g) und Margaret, die 538 g wog. Mutter war Florence Stimson aus Old Fletton (Peterborough).

»Siamesische Zwillinge«: Zusammengewachsene Zwillinge verdanken diese Bezeichnung dem berühmten Paar Chang und Eng Bunker, die am 11. Mai 1811 in Meklong (Siam, jetzt Thailand) geboren wurden. Sie waren durch ein knorpeliges Gewebe an der Brust verbunden und heirateten im April 1843 die Schwestern Sarah und Adelaide Yates. Sie zeugten zehn bzw. zwölf Kinder und starben, 62 Jahre alt, am 17. Januar 1874 im Abstand von drei Stunden.

Achtjährige bringt Zwillinge zur Welt

Eine achtjährige Amerikanerin ist die jüngste Mutter der Welt. Das Mädchen, das in einer ländlichen Gegend von Arkansas (USA) lebt, brachte im Juni 1994 Zwillinge zur Welt, meldete die englische Zeitung *The People*.

Die Geburt verlief ohne Probleme. Die beiden Säuglinge mußten nach der Entbindung in einen Brutkasten gelegt werden. Sie werden später zur Adoption freigegeben. Die Mutter geht inzwischen wieder zur Schule.

Der Vater, ein erwachsener Mann, wurde nicht strafrechtlich belangt. Im Süden der USA stellt die Schwangerschaft von Kindern ein großes Problem dar; ein derartig junger Fall ist allerdings einzigartig.

Bisher wurden weltweit nur zwei weitere Fälle gemeldet, in denen achtjährige Mädchen Mutter wurden: 1988 in Kolumbien und 1993 in Mexiko. Dort kam aber jeweils nur ein Kind zur Welt.

Erstmals mit Erfolg getrennt wurden siamesische Zwillinge am 14. Dezember 1952 im Mount Sinai Hospital von Cleveland, Ohio (USA). Dr. J. S. Geller führte die Operation an zwei Mädchen durch, die an *Xiphopagus* (Doppelmißbildung mit Verwachsung in der Gegend des Schwertfortsatzes) gelitten hatten.

Die seltenste Form zusammengewachsener Zwillinge ist *Dicephales tetrabrachius dipus* (2 Köpfe, 4 Arme und 2 Beine). Das einzige belegte Beispiel sind die am 4. Januar 1950 geborenen Mascha und Dascha Kriwoschlijapowi aus der ehemaligen UdSSR.

Älteste siamesische Zwillinge, die nicht getrennt wurden, waren Yvonne und Yvette McCarther (* 1949-93), ein *Craniopagus*-Paar aus Los Angeles, Kalifornien (USA). Ihre Köpfe waren am Scheitel zusammengewachsen.

Schnellste Drillingsgeburt: Innerhalb von 2 Min. wurden am 21. März 1977 in Memphis, Tennessee (USA), Bradley, Christopher und Carmon Duck geboren.

Zehnlinge: Mehr als 10 Kinder kamen, soweit bekannt, bei einer Geburt noch nie auf die Welt. Am 22. April 1946 wurde eine Brasilianerin in Bacacay von 2 Jungen und 8 Mädchen entbunden. Zehnlingsgeburten wurden auch aus Spanien (1924) und China (12. Mai 1936) gemeldet.

Durch medizinische Akten belegt ist jedoch nur die Neunfachgeburt von Geraldine Brodrick, die am 13. Juni 1971 im Royal Hospital für Frauen in Sydney (Australien) von fünf Jungen (zwei wurden tot geboren) und vier Mädchen entbunden wurde. Keines der Kinder lebte länger als sechs Tage. Über Neunfachgeburten wurde außerdem aus Philadelphia, Pennsylvania (USA, 29. Mai 1971), und Bagerhat (Bangladesch, 11. Mai 1977), berichtet.

Das am längsten getrennte Zwillingspaar, die am 13. Januar 1914 geborenen Geschwister Iris und Aro Haughie, wurde nach 75 Jahren wieder zusammengeführt – dank der Fernsehsendung *Missing* (Vermißt), die am 27. April 1989 in Neuseeland ausgestrahlt wurde. In den 75 Jahren ihrer Trennung war durch Heirat aus Iris Iris Johns geworden und aus Aro Aro Campbell.

Die größte Nachkommenschaft hatte Samuel S. Mast aus Fryburg, Pennsylvania (USA), dessen Tod am 15. Oktober 1992 von 824 lebenden Nachkommen betrauert wurde (11 Kindern, 97 Enkeln, 634 Urenkeln und 82 Ururenkeln).

Sieben-Generationen-Familie: Augusta Bunge, geb. Pagel (* 13. Oktober 1879), aus Wisconsin (USA) erfuhr am 21. Januar 1989, daß ihre Ur-Ur-Ur-Enkelin Mutter eines Sohnes geworden war. Geboren wurde an diesem Tag ihr Ur-Ur-Ur-Ur-Enkel Christopher John Bollig.

Die Zwillinge Saskia (links) und Michael (Zweiter von rechts) Kohler mit ihren Geschwistern. Sie kamen schon in der 25. Schwangerschaftswoche zur Welt.
Foto: Familie Kohler

DER MENSCH

• Geburten • Langlebigkeit

◆ LANGLEBIGKEIT

Nichts reizt mehr zu Lug und Trug als das menschliche Lebensalter, nichts verführt mehr zu Eitelkeit und arglistiger Täuschung. Wenn es um sehr alte Menschen geht, werden irreführende Angaben eher von anderen Leuten als von den Betroffenen selbst in die Welt gesetzt. Außer zufälligen Merkmalen, zum Beispiel bleibenden Folgen eines nachweis- und datierbaren Ereignisses wie dem Unfall von Tschernobyl, gibt es keine Anhaltspunkte, mit wissenschaftlichen Methoden am lebenden Menschenkörper sein Alter zu ermitteln.

Im Laufe der Geschichte hat es immer wieder Berichte über Menschen gegeben, die weit über 100, ja sogar über 200 Jahre alt geworden sein sollen. Tatsächlich gibt es nur sehr wenige Menschen, die über 113 Jahre alt geworden sind. Es gibt keinen dokumentarisch belegten Fall von Langlebigkeit, der bestätigt, daß jemand mehr als seinen 120. Geburtstag gefeiert hat.

Aufgrund der gegenwärtig verfügbaren Daten haben Versicherungsmathematiker errechnet, daß von 2,1 Mrd. Menschen höchstens ein Mensch eine Lebenserwartung von 115 Jahren hat. Mitte 1994 beherbergte die Erde schätzungsweise 5,66 Mrd. Bewohner.

Die längste Lebensdauer, die bislang zuverlässig nachgewiesen wurde, hat mit 120 Jahren, 237 Tagen der Japaner Shigechiyo Izumi erreicht. Am 29. Juni 1865 wurde er in Asan auf der Insel Tokunoshima (1320 km südwestlich von Tokio) geboren und ist als Sechsjähriger bei der ersten japanischen Volkszählung im Jahr 1871 erfaßt worden. Am 21. Februar 1986 starb er um 12 Uhr 15 in seinem Heimatort an einer Lungenentzündung.

Der älteste lebende Mensch der Welt ist – unter der Voraussetzung gesicherter Daten – die am 21. Februar 1875 geborene Französin Jeanne Louise Calment. Sie lebt heute in einem Pflegeheim in Arles (Provence), wo sie inzwischen ihren 119. Geburtstag feierte. Sie hat den 29. Juli 1890 verstorbenen Vincent van Gogh im Laden ihres Vaters getroffen.

Die ältesten Vierlinge der Welt waren die Geschwister Annemarie Prim, Adolf Ottmann, Emma Quednau und Elisabeth-Charlotte Narciß (* 5. Mai 1912 im pfälzischen Neustadt). Adolf Ottmann verstarb am 17. März 1992 im Alter von 79 Jahren und 316 Tagen.

Die ältesten Drillinge waren die am 27. März 1868 in Marlboro, Massachusetts (USA), geborenen Faith, Hope und Charity Caughlin. Als erste von ihnen starb (Ellen) Hope Daniels am 2. März 1962 im Alter von 93 Jahren.

Eineiige Zwillinge werden sehr selten gemeinsam 100 Jahre oder älter. Die Chancen, daß es beide schaffen, stehen angeblich 1 zu 50 Mio. Die ältesten Zwillinge waren Eli Shadrack und John Phipps (* 14. Februar 1803 in Affington, Virginia, USA). Eli starb am 23. Februar 1911 in Hennessey (Oklahoma) im Alter von 108 Jahren und 9 Tagen, John lebte damals noch in Shenandoah (Iowa). Die eineiigen Zwillingsschwestern Mildred Widman Philippi und Mary Widman Franzini aus St. Louis (USA) konnten am 17. Juni 1984 ihren 104. Geburtstag feiern. 44 Tage vor ihrem 105. Geburtstag, am 4. Mai 1985 starb Mildred Widman Philippi.

Shigechiyo Izumi, der älteste Mensch, dessen Alter sich dokumentieren ließ, mit einer Statue, die zu Ehren seiner Langlebigkeit angefertigt wurde.
Foto: Guinness Publishing

Tatsuro Murano gewann in diesem Jahr den alljährlich stattfindenden Schreiwettbewerb in Tokio (Japan). Mit einem Aufruf an die japanischen Bauern, etwas gegen die schlechten Ernten zu tun, erreichte er 113,8 Dezibel.
Foto: dpa/European Press

Die längsten Haare hat Mata Jagdamba (*1917) aus Ujjain (Indien). Sie fallen 4,23 m herab, waren aber schon länger; doch falsche Pflege und eine unglückliche Hand bei der Wahl des Shampoos zwangen sie dazu, sie zu kürzen.
Foto: Guinness Rishi

Der am vollständigsten tätowierte Mensch ist Tom Leppard von der Isle of Skye (GB). Er hat sich ein Leoparden-Design anlegen lassen, bei dem seine Haut zwischen den dunklen Flecken safrangelb leuchtet. Leppards Körper ist zu 99,2 Prozent tätowiert – ein Rekord, der kaum zu überbieten sein dürfte.
Bernard Moeller aus Pennsylvania (USA) hatte nach dem Stand vom Oktober 1991 seinen Körper mit 14 000 einzelnen Tätowierungen verzieren lassen. Auch Frauen mögen den Körperschmuck. Die Frau mit den meisten Tätowierungen ist die Striptänzerin »Krystyne Kolorful« (* 1952) aus Alberta (Kanada). Sie hat sich im Laufe von zehn Jahren ein Hautkleid zugelegt, das 95 Prozent ihres Körpers bedeckt.
Foto: Guinness Publishing

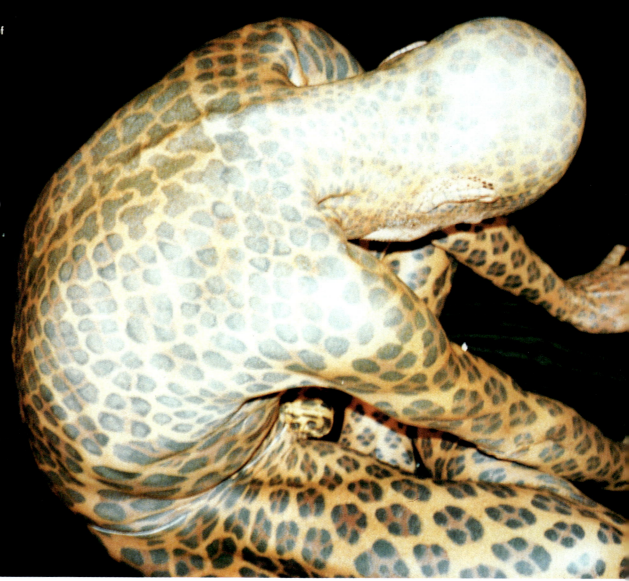

DER MENSCHLICHE KÖRPER

Der menschliche Körper

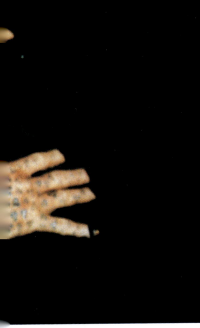

Ist dies der größte Lippenpflock der Welt? Obwohl sie für gewöhnlich als Schmuck getragen werden, haben diese Pflöcke bei den Surma in Äthiopien eine wirtschaftliche Bedeutung. Die Frauen (die sie selbst aus Ton formen, mit Ocker oder Holzkohle färben und im Feuer brennen) beginnen ungefähr ein Jahr vor ihrer Heirat damit, sich die Pflöcke einzusetzen. Die endgültige Größe zeigt dann an, wie viele Rinder die Familie des Mädchens von ihrem zukünftigen Gatten als Brautpreis erhalten hat. Das abgebildete Beispiel steht für 50 Rinder.
Foto: Robert Estall Photographs/ A. Fisher & C. Beckwith

Tastsinn: Die Empfindlichkeit der Finger ist derart hoch, daß damit eine Schwingungsbewegung von 0,02 eines Mikrons wahrgenommen werden kann.
Am 12. Januar 1963 berichtete die sowjetische Zeitung *Iswestija* über ein Mädchen, Rosa Kulgeschowa, das mit verbundenen Augen Farben einzig und allein durch ihren Tastsinn zu erkennen imstande sein sollte. Spätere Berichte aus dem Jahr 1970 widerlegten jedoch diese Behauptung.

Die längsten Fingernägel hat sich Shridhar M. Chillal (* 1937) aus Pune, Maharashtra (Indien), wachsen lassen. Am 7. März 1994 maßen die fünf Nägel seiner linken Hand zusammen 549 cm (Daumen: 127 cm, Zeigefinger: 97 cm, Mittelfinger: 104 cm, Ringfinger 112 cm, kleiner Finger: 110 cm). Chillal hatte seine Fingernägel zuletzt im Jahr 1952 geschnitten. Fingernägel wachsen im Schnitt ungefähr 0,05 cm pro Woche, viermal schneller als Fußnägel.

Die meisten Finger: 14 Finger und 15 Zehen hat ein Baby in Shoreditch, East London (GB), gehabt. Das wurde am 16. September 1921 nach der Leichenschau in London berichtet.

Die größten Füße hat, Fälle von Elephantiasis ausgenommen, Matthew McGrory (*17. Mai 1973) aus Pennsylvania (USA). Der Amerikaner trägt Schuhgröße 69, entspricht 22 1/2 in den USA.

Die wenigsten Zehen, nur zwei, haben zwei kleine afrkanische Stämme, die Wadomo im Sambesital an der Grenze zwischen Sambia und Simbabwe und die Kalanga aus der östlichen Kalahari, Botswana. Das als »Hummerscheren-Syndrom« bekannte Leiden ist durch die Mutation eines einzelnen Gens entstanden und erblich. Dennoch können diese Menschen ohne Mühe große Strecken gehen.

Die längste Haarpracht trägt Mata Jagdamba (* 1917) aus Uijain (Indien). Sie hatte am 21. Februar 1994 eine Länge von 4,23 m. Menschenhaar wächst monatlich ungefähr 1,27 cm. Bleibt es ungeschnitten, wird es in der Regel kaum länger als 61 bis 91 cm wachsen.

Die Frau mit den längsten Haaren in Deutschland ist Georgia Sebrantke (* 1943). Die seit vielen Jahren in Stuhr-Varrel bei Bremen lebende Griechin wies Anfang 1990 eine dunkelbraune Haarpracht von exakt 325 cm Länge auf. Der Ehemann und die drei Kinder wachen darüber, daß das Haar auch bei verlockenden Fernsehwetten nicht gestutzt wird, selbst dem Berliner Star-Figaro Udo Walz gelang das nicht.

Das kräftigste Haar hat vermutlich der Münchner Dominik Fahr (* 1971). Für Digitalwaage und Mikrometerschraube opferte Dominik eines der dicken Haare seines Rotschopfs, klemmte es zwischen Gewicht und Waage. Bei 261 g Belastung riß das Haar am 25. Oktober 1989. Dominik könnte übrigens mit seiner ganzen Haarpracht ca. 17,6 t aushalten – geht man davon aus, daß er 88 000 Haare hat.

Das wertvollste Haar ist eine Locke von Lord Nelson (1758-1805), für die ein Buchhändler aus Cirencester, Gloucestershire (GB), am 18. Februar 1988 bei einer Auktion in Crewkerne, Somerset (GB), 5575 Pfund (9250 DM) bezahlte.

Der längste Bart gehörte Hans N. Langseth (* 1846 in N); als Hans 1927 in den USA starb, hatte der Bart eine Länge von 533 cm. Der Bart wurde 1967 dem Smithsonian-Institut, Washington, zum Geschenk gemacht. Seit 1973 läßt Birger Pellas (* 21. September 1934) aus Malmö (S) seinen Bart wachsen: Im Februar 1992 hatte der Schnurrbart eine Weite von 312 cm erreicht.

Den längsten Schnurrbart hat sich Kalyan Ramji Sain aus Sundargarth (Indien) seit 1976 wachsen lassen. Er hatte im Juli 1993 eine Spannweite von 3,39 m erreicht (rechte Seite: 1,72 m; linke Seite: 1,67 m).

Der Backenbart von Ergen Hasan (* 1932) aus Bretten (Landkreis Karlsruhe) maß am 17. März 1994 stattliche 200 cm. Der gebürtige Türke, der seit 1963 in Deutschland lebt, pflegt seine Manneszierde seit 1980.

Die frühesten Milchzähne: Die ersten Milchzähne erscheinen gewöhnlich bei Kleinkindern im Alter von fünf bis acht Monaten, und zwar zuerst die Schneidezähne des Unter- und Oberkiefers. Zahlreiche Aufzeichnungen berichten von Kindern, die mit Zähnen zur Welt kamen. Gleich mit neun Milchzähnen wurde am 11. März 1961 Jörg Netzband (* 2. April 1972) in Hamburg geboren. Über dieses Tempo staunten Ärzte und Zahnärzte der Eppendorfer Universitätsklinik.

Die Backenzähne bekommt man gewöhnlich im Alter von 24 Monaten, aber nach dem in Dänemark veröffentlichten Fall Pindborg wies 1970 ein um sechs Wochen zu früh geborenes Baby bei seiner Geburt acht Zähne, davon vier Backenzähne, auf.

Zahnschmelz ist der einzige Bestandteil des menschlichen Körpers, der sich das ganze Leben lang nicht verändert, weil sich die Zellen nicht erneuern. Zahnschmelz ist zugleich die härteste Substanz im menschlichen Körper.

Die meisten Zähne: Der Wuchs dritter Zähne im vorgerückten Alter wurde wiederholt registriert. In Frankreich erregte 1896 der sogenannte Lison-Fall Aufsehen: Eine Französin namens Lison hatte im Alter vierte Zähne bekommen.

Sehschärfe: Das menschliche Auge ist fähig, auseinanderliegende Punkte mit bemerkenswerter Genauigkeit getrennt wahrzunehmen. Die Grenzwerte liegen zwischen 3 und 5 Winkelsekunden.
Dr. Dennis M. Levi vom Optometrischen Institut der Universität Houston (USA) gelang es im April 1984 mehrmals, die relative Position eines dünnen hellgrünen Strichs im Bereich von 0,85 Winkelsekunden zu bestimmen. Er konnte also den Strich aus einer Entfernung von etwa 6 mm bis 1,6 km erkennen.

Die größte Lichtempfindlichkeit bewies Maurice H. Pirenne, als er 1942 in Chikago, Illinois (USA), einen in totaler Dunkelheit aufleuchtenden Blitz von nur 500 nm Größe wahrnahm. Die Stäbchen der Netzhaut seiner Augen reagierten dabei auf nicht mehr als fünf Lichtquanten oder -photonen.

Farbsinn: Das menschliche Auge kann, unter optimalen Sichtverhältnissen, 10 Mio. verschiedene Farbflächen unterscheiden. Die genauesten fotoelektrischen Spektrometer besitzen nur etwa 40 Prozent dieser Trennschärfe. Rund 7,5 Prozent aller Männer und 0,4 Prozent aller Frauen sind farbenblind. Die extremste Form der totalen Farbenblindheit, die Monochromasie, ist höchst selten.
Die größte Häufigkeit von Rot-Grün-Blindheit wird aus der CSFR gemeldet, die geringste von den Fidschiinseln und von Indianern Brasiliens.

Die längsten Knochen: Im normalen menschlichen Körper gibt es 206 Knochen. Der längste ist das Oberschenkelbein. Normalerweise macht dieses 27,5 Prozent des Knochengerüstes einer Person aus und sollte bei einem 183 cm großen Mann 50 cm lang sein.

Der längste gemessene Knochen war das Oberschenkelbein des deutschen Riesen Constantin, der am 30. März 1902 in Mons (B) im Alter von 30 Jahren starb. Der Knochen war 76 cm lang.

Der kleinste Knochen ist der sogenannte Steigbügel, eines der drei Gehörknöchelchen im Mittelohr. Er ist 2,6-3,4 mm lang und wiegt 2-4,3 mg.

Die aktivsten Muskeln sind die Augenmuskeln. Sie bewegen sich nach Schätzungen bis zu 100 000 mal pro Tag. Viele Augenbewegungen fallen in die Traumphasen während der Nachtruhe.

Größter und schwerster Muskel (von insgesamt 639 bekannten Muskeln, die im Schnitt 40 Prozent des

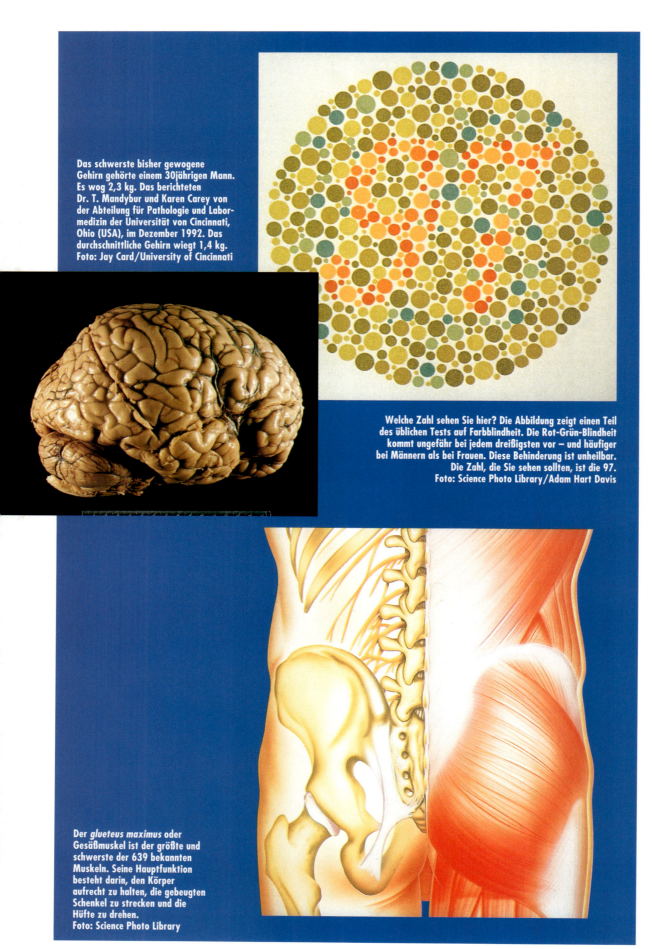

Das schwerste bisher gewogene Gehirn gehörte einem 30jährigen Mann. Es wog 2,3 kg. Das berichteten Dr. T. Mandybur und Karen Carey von der Abteilung für Pathologie und Labormedizin der Universität von Cincinnati, Ohio (USA), im Dezember 1992. Das durchschnittliche Gehirn wiegt 1,4 kg.
Foto: Jay Card/University of Cincinnati

Welche Zahl sehen Sie hier? Die Abbildung zeigt einen Teil des üblichen Tests auf Farbblindheit. Die Rot-Grün-Blindheit kommt ungefähr bei jedem dreißigsten vor – und häufiger bei Männern als bei Frauen. Diese Behinderung ist unheilbar. Die Zahl, die Sie sehen sollten, ist die 97.
Foto: Science Photo Library/Adam Hart Davis

Der *gluteus maximus* oder Gesäßmuskel ist der größte und schwerste der 639 bekannten Muskeln. Seine Hauptfunktion besteht darin, den Körper aufrecht zu halten, die gebeugten Schenkel zu strecken und die Hüfte zu drehen.
Foto: Science Photo Library

Körpergewichts ausmachen) ist in der Regel der *gluteus maximus* oder Gesäßmuskel, der sich bis in den Oberschenkel erstreckt. Bei schwangeren Frauen jedoch kann der Uterus (Gebärmutter) von etwa 30 g auf über 1 kg anwachsen.

Der kleinste Muskel ist der *Musculus stapedius,* der den Steigbügel, eines der Gehörknöchelchen, bewegt und knapp 0,127 cm lang ist.

Der längste Muskel im menschlichen Körper ist der *sartorius*, der einem schmalen Band gleicht und sich vom Becken über den vorderen Oberschenkel bis zum Schienbein zieht. Seine Aufgabe besteht darin, die unteren Glieder in eine Position zu bringen, die als Schneidersitz bekannt ist (*sartor* = Schneider). Weil es andere, kräftigere Körpermuskeln gibt, die diese Aufgabe erledigen könnten, muß der *sartorius* als eine etwas zweifelhafte »Zugabe« angesehen werden, zumal er auch sehr schmerzanfällig ist.

Über den größten Bizeps verfügt Isaak Nesser aus Greensburg, Pennsylvania (USA). Sein Oberarmumfang mißt in ruhendem Zustand (nicht angespannt) 73 cm.

Die größten Brustkörbe findet man bei endomorphen Menschen (Tendenz zu einen dicken, untersetzten, wohlgerundeten Körper). Der Amerikaner Robert Earl Hughes (1926-58) hatte mit 315 cm einem extrem großen Brustumfang. T. J. Albert Jackson, derzeit der schwerste lebende Mensch (s. a. S. 84), bringt es auf einen Brustumfang von 305 cm.
Unter kräftigen Menschen (Mesomorphen) normaler Statur ist ein Brustumfang von mehr als 142 cm selbst nach dem Einatmen sehr selten.

Den muskulösesten Brustkasten besitzt mit 188 cm Isaac Nesser aus Greensburg, Pennsylvania (USA).

Das schwerste bisher gewogene Gehirn gehörte einem 50jährigen Mann. Es wog 2049 g. Das berichtete am 23. Oktober 1975 der medizinische Leiter des Distrikts 9 von Florida (USA).
Im Normalfall gibt es keine Wechselbeziehung zwischen Intelligenz und der Größe des Gehirns.

Das leichteste »normale« oder nicht geschwundene Gehirn war 1096 g schwer und hatte einer 31 Jahre alten Frau gehört. Dr. P. Davis und Professor E. Wright vom King's College Hospital in London berichteten darüber im Jahr 1977.

Die schnellsten Rechner sind die Hamburger und Rostocker Schüler Kai Spieckermann (14), Patrick Uecker (16), Tonio Hauschildt (16), Matthias Gronau (16), Sebastian Kleist (16), Mark Weyer (16), Eike Lau (17), Dirk Woywod (18) und der Physiker

- Der menschliche Körper
- Medizin

Dierk Schleicher (26). Am 11. Dezember 1991 zogen sie in Moskau im Rahmen der Moskauer Offenen Mathematik-Olympiade die 13. Wurzel aus einer 100stelligen Zahl ohne Verwendung technischer Hilfsmittel in 2:13 Min. Das mathematische Verfahren, das sie dabei verwendeten, haben sie vollständig selber entwickelt.

Menschlicher Computer: In 28 Sek. multiplizierte Shakuntala Devi (Indien) zwei 13stellige Zahlen, die am 18. Juni 1980 von einem Computer in London nach dem Zufallsprinzip ausgewählt wurden. Die Rechenaufgabe lautete: 7 686 369 774 870 x 2 465 099 745 779. Das korrekte Resultat: 18 947 668 177 995 426 462 773 730. Manche Experten wollen den Rechenkunststücken von Frau Devi einfach keinen Glauben schenken. Die Erfahrungen mit anderen Rechengenies, so argumentieren sie, lasse sie daran zweifeln, daß die Inderin die Aufgabe tatsächlich gelöst habe. Die Experten glauben lieber an einen Kontrollfehler.

Menschliches Gedächtnis: 16 000 Abschnitte aus buddhistischen Texten sagte im Mai 1974 Bhandanta Vicitsara in Yangon (Rangun), Myanmar (Birma) aus dem Gedächtnis auf. Mehr als 15 000 Telefonnummern aus Harbin konnte der 26 Jahre alte Chinese Gon Yangling wiederholen. Dies bestätigte die Nachrichtenagentur Xinhua.

Das beste Kartengedächtnis hat Frost McKee aus Georgetown, Texas (USA), der sich am 17./18. Oktober 1992 im Hotel Ramada Inn in Georgetown 26 Kartenspiele (1872 Karten) merkte, die ihm gemischt und in zufälliger Reihenfolge vorgelegt wurden. Nach einmaligem Ansehen unterliefen ihm dabei nur acht Fehler. Dominic O'Brian aus Buntingford, Hertfordshire (GB), memorierte am 29. Mai 1992 in der Guinness World of Records in London (GB) ein gemischtes Kartenspiel in 55,62 Sek.
Die Wissenschaft kennt auch ein eidetisches Gedächtnis. Die menschliche Fähigkeit, visuelle Vorgänge zu speichern und die Bildfolgen »wahrnehmungsnah« wieder abzurufen, ist allerdings nicht weit verbreitet. Nach nur einmaligem Ansehen memorierte Dominic O'Brien aus Gaildford, Surrey (GB), 40 Kartenspiele (2080 Karten), die gemischt und ihm dann in zufälliger Reihenfolge vorgelegt worden waren. Bei diesem Kunststück unterliefen O'Brien am 22. Juli 1990 im Star Inn von Furneux Pelham, Hertfordshire (GB), nur zwei Fehler.
Ein einzelnes gemischtes Kartenspiel (52 Karten) memorierte er am 25. März 1994 in der Guinness World of Records in London (GB) in der Rekordzeit von 43,59 Sek.

Als Gedächtniskünstler tritt auch Erich Zenker (* 1929) aus Kiel (SH) auf. Auf Veranstaltungen merkt er sich die Vornamen von Anwesenden. Auch wenn die Personen anschließend ihre Plätze gewechselt haben, ist er in der Lage, sie mit dem richtigen Vornamen anzusprechen. 501 Vornamen hat er bereits richtig wiedererkannt.

Gedächtnisleistung: Fehlerfrei kann Rufus Pfützner (* 1986) aus Berlin zu 1310 Fahr- und Flugzeugen die jeweilige Spitzengeschwindigkeit zuordnen. Dabei handelt es sich in der Hauptsache um Autos (ca. 90 Prozent). Nun gehen ihm die Autoquartette, von denen er die Spitzenwerte lernt, langsam aus, deshalb hat er sein Wissensgebiet um Eisenbahnen, Flugzeuge und andere Geschwindigkeiten erweitert.

Als **Lottogenie** entpuppte sich die Hausfrau Hedl Bäurle (* 1932) aus Eigeltingen am Bodensee. Dank ihres fotografischen Gedächtnisses kann sie die Samstags-Lottozahlen mit Zusatzzahl der Jahre 1980-90 komplett auch in variabler Reihenfolge auswendig aufsagen – in etwa 65 Min. sind alle Wochenziehungen bewältigt: insgesamt 4011 Zahlen!

Brüllrekorde: Ihrer höheren Stimmfrequenz wegen erreichen Frauen beim Schreien eine größere Phonstärke als Männer. Den wissenschaftlich belegten Höchstwert beim Schreien schaffte mit 128 Dezibel aber Simon Robinson aus Südaustralien am 11. November 1988 bei einem Guinness-Wettbewerb in Adelaide.
Als einer der größten Schreihälse hat sich Donald H. Burns aus St. George's auf den Bermudas erwiesen. Bei Aufnahmen zu dem Fuji-TV-Film Narvhodo the World brachte er es am 18. Januar 1989 im Liberty State Park, New Jersey (USA), auf 119 Dezibel.
Annalisa Wray (* 21. April 1974) aus Comber (Nordirland) kam auf der 7. International Rally Arura, die am 11. August 1992 in der Colraine Academical Institution in Colerain (Nordirland) stattfand, auf 119,4 Dezibel.

Schnellsprechen: Nur wenige Leute sind in der Lage, mehr als 300 Wörter/min klar und deutlich zu sprechen. Extrem schnell war der in Oxford (GB) lebende Kanadier Sean Shannon, der am 26. Oktober 1990 im BBC-Studio in Oxford Hamlets Monolog »Sein oder Nichtsein« (im Englischen 260 Worte) in 24 Sek. herunterratterte. Das macht einen Schnitt von 650 Worten pro Min. Stephen Woodmore aus Orpington in Kent (GB) schaffte am 22. September 1990 in der ITV-Sendung Motor Mouth 595 Wörter in 56,01 Sek. oder 637,38 Wörter/min.

Rückwärtssprechen: Der Brite Steve Briers rezitierte am 6. Februar 1990 in Tenby während einer BBC-Rundfunksendung (Radio 4) sämtliche Liedtexte aus Queens A Night at the Opera (Eine Nacht in der Oper) von hinten nach vorne. Für 2343 Wörter brauchte er 9:58,44 Min.

Blutgruppen: Das Vorherrschen einer bestimmten Blutgruppe ist in den einzelnen Gebieten der Erde höchst verschieden.

Die häufigste Blutgruppe der Welt ist 0 (46 Prozent); in gewissen Gebieten jedoch, z. B. in Norwegen, herrscht Gruppe A vor.

Die seltenste Blutgruppe der Welt ist eine Art des Bombay-Bluts (Untergruppe h-h), die bisher nur 1961 bei einer tschechoslowakischen Krankenschwester festgestellt wurde sowie 1968 bei einem Amerikaner und seiner Schwester namens Jalbert aus Massachusetts (USA).

Größte Bluttransfusion: Der 50jährige Warren C. Jyrich, ein Bluter, benötigte für seine »offene« Herzoperation im Dezember 1970 2400 Spendereinheiten, das sind 10 080 l Blut.

Die größte Vene ist die inferior vena cava, die das Blut aus der unteren Körperhälfte wieder zum Herz zurücktransportiert.

Der größte Zellkörper ist das Ovum (Eizelle), das im weiblichen Eierstock gebildet wird. Es hat ungefähr die Größe des Punktes am Ende dieses Absatzes.

Zu den kleinsten Zellen gehören die Gehirnzellen im Cerebellum: Sie sind ungefähr 0,005 mm groß.

Die längsten Zellen sind Neurone des Nervensystems. Motorische Nerven sind 1,3 m lang und haben im unteren Rückenmark Zellkörper (graue Substanz) mit Achsenzylinderfortsatz (weiße Substanz). Sie transportieren Nervenimpulse vom Rückenmark bis zum großen Zeh. Noch länger sind Zellorganismen, die bestimmte Gefühle (Schwingungen und Standortempfindungen) vom großen Zeh zurück ins Gehirn melden. Ihre ununterbrochene Länge vom großen Zeh über das Rückenmark bis zum verlängerten Mark des Gehirns entspricht ungefähr der Körpergröße.

Die am schnellsten verbrauchten, das heißt kurzlebigsten Körperzellen sitzen in den Därmen. Sie werden alle drei Tage erneuert.

Die langlebigsten Zellen sind Gehirnzellen, die ein Leben lang funktionsfähig bleiben. Sie können etwa dreimal so alt werden wie Knochenzellen, die es auf ein Höchstalter von 25-30 Jahren bringen.

Die Zellen mit dem längsten Gedächtnis sind die Lymphozyten. Obwohl im Lauf eines Menschenlebens mehrere Generationen dieser weißen Blutkörperchen gebildet werden, vergessen sie einen einmal erkannten Feind nie wieder. Sie sind Teil des körpereigenen Immunsystems.

◆ MEDIZIN

Krankheiten

Die häufigste nicht ansteckende Krankheit sind Zahnleiden wie Gingivitis (Zahnfleischentzündung) oder Karies, der nur wenige Menschen entgehen.

Die häufigste ansteckende Krankheit ist der Schnupfen (Katarrh des Nasenrachenraums) oder die Erkältung.

Höchste Sterblichkeit: Es gibt mehrere Krankheiten, die als absolut tödlich gelten. Am bekanntesten sind AIDS (Acquired Immune Deficiency Syndrome) und die vom Tollwutvirus hervorgerufene Infektion des Zentralnervensystems. Die Krankheit Tollwut sollte jedoch nicht mit dem Biß eines tollwütigen Tieres verwechselt werden. Bei sofortiger Behandlung kann das Nervensystem vor dem Virus geschützt werden, und die Überlebenschancen liegen bei 95 Prozent. Von der Lungenpest (bakterielle Infektionskrankheit) gab es in früheren Zeiten, etwa während des Schwarzen Tods, der Europa 1347-52 heimsuchte, kein Entrinnen. An ihr starben ein Viertel der damaligen Bevölkerung Europas und weltweit über 75 Mio. Menschen.

Die häufigste Todesursache in den Industrieländern sind Herzkrankheiten und Erkrankungen der Blutgefäße, die für 50 Prozent der Todesfälle verantwortlich sind. Am verbreitetsten sind Herzattacken, Schlaganfälle und Brand (Nekrose) der unteren Extremitäten, für gewöhnlich infolge von Arteriosklerose (durch Verkalkung bewirkte Verdickung der Arterienwände). Sie ist die Ursache zahlreicher Koronar-, Hirn- und Gefäßerkrankungen.

Medizinische Extreme

Höchste Körpertemperatur: Der 52jährige Willie Jones wurde am 10. Juli 1980 mit einem Hitzschlag in das Grady-Memorial-Krankenhaus in Atlanta, Georgia (USA), eingeliefert – an einem Tag mit 32,2°C und 44 Prozent Luftfeuchtigkeit. Seine Temperatur lag bei 46,5°C. Nach 24 Tagen konnte er wieder entlassen werden.

Tiefste Körpertemperatur: Die meisten Menschen würden bei einer Körpertemperatur unter 35°C an Unterkühlung sterben. Die niedrigste bestätigte Temperatur lag bei 14,2°C. Die zweijährige Karlee Kosolofski aus Regina, Saskatchewan (Kanada), war am 22. Februar 1994 sechs Stunden lang bei einer Temperatur von -22°C versehentlich ausgeschlossen worden. Abgesehen von ernsten Erfrierungen, die zu einer Amputation ihres linken Beins oberhalb des Knies führten, hat sie sich wieder völlig erholt.

Post-mortem-Geburt: Klinisch tot war eine Frau aus Roanoke, Virginia (USA), nach einem Herzinfarkt. Sie wurde jedoch künstlich am Leben erhalten und 84 Tage später von einem 1,67 kg schweren Mädchen entbunden (5. Juli 1983).

Den längsten Herzstillstand überlebte der norwegische Fischer Jan Egil Refsdahl (* 1936), der am 7. Dezember 1987 über Bord gegangen und in das eisige Wasser vor Bergen gefallen war. Als er in das nahe gelegene Haukeland-Krankenhaus gebracht wurde, war seine Körpertemperatur auf 24°C gefallen. Sein Herz hatte zu schlagen aufgehört. Doch nachdem er an eine Herz-Lungen-Maschine, die normalerweise in der Herzchirurgie verwendet wird, angeschlossen worden war, erholte sich Refsdahl vollständig. Nach 4 Std. Stillstand begann sein Herz wieder zu schlagen.

Schnellste Reflexe: Versuche, die 1966 veröffentlicht wurden, ergaben, daß Mitteilungen des menschlichen Nervensystems mit einer Geschwindigkeit bis zu 360 km/h übertragen werden. Mit zunehmendem Alter werden die Impulse um 15 Prozent langsamer übermittelt.

Schwerstes Organ ist die Haut, denn in der Medizin wird sie als Organ betrachtet. Bei einem Durchschnittserwachsenen wiegt die Haut ungefähr 2,7 kg. Schwerstes inneres Organ ist mit etwa 1,5 kg die Leber. Sie ist viermal schwerer als das Herz.

Der längste (belegte) Schluckauf plagte Charles Osborne (1894-1991) aus Anthon, Iowa (USA). Er litt darunter 69 Jahre, 5 Monate lang, seit 1922. Der Schluckauf hatte ihn überfallen, als er ein Mastschwein schlachtete. Er wurde ihn nicht mehr los; denn kein Mittel half dagegen. Trotz allem führte Osborne ein einigermaßen normales Leben: Er war zweimal verheiratet und hatte acht Kinder. Der Schluckauf hatte ihn alle eineinhalb Sekunden geplagt, bis zu einem Februarmorgen im Jahr 1990. Am 1. Mai 1991 starb Charles Osborne.

Niesen: Bedauernswertestes Opfer ist Donna Griffiths (* 1969) aus Pershore (GB). Ihr erster Anfall dauerte 194 Tage – vom 13. Januar bis 27. Juli 1981. Im ersten Jahr ihres Leidens hat Donna schätzungsweise eine Mio. Male »Hatschi« gemacht. Bis zum 16. September 1983 (978 Tage lang) mußte sie warten, ehe sie ihren ersten niesfreien Tag hatte. Die Partikel, die beim Niesen ausgestoßen werden, erreichen eine Höchstgeschwindigkeit von 167 km/h.

Bewegungsloses Stillstehen demonstrierte der Zirkuspädagoge Martin Bukovsek (* 1970) aus Stuttgart-Degerloch am 19. Januar 1993. Mit 16:16:16 Std. überbot er den bisherigen Rekord eines Portugiesen um 73:21 Min. auf dem Killesberg. Bei diesem Rekord sind außer den unwillkürlichen Wimpernschlägen keine Bewegungen erlaubt.

Stehen. Am längsten ununterbrochen gestanden, nämlich mehr als 17 Jahre lang, hat der Inder Swami Maujgiri Maharaj (1955-November 1973). Es war religiöse Buße (*Tapasya*), die ihn dazu veranlaßte. Als Schlafstütze diente ihm ein Brett. Swami Maujgiri Maharaj, der seine Stehbuße in Shahjahanpur (Uttar Pradesh) absolviert hat, starb im September 1980 im Alter von 85 Jahren.

Hungerstreik und Hungerkur: Etwa 30 Tage lang kann ein wohlgenährter Mensch nur mit Zuckerwasser überleben, schätzen die Ärzte, ohne gesundheitliche Folgen befürchten zu müssen. Am längsten ohne feste Nahrung hat es bisher Angus Barbieri (* 1940) aus Tayport (GB) ausgehalten – nämlich 382 Tage. Von Juni 1965 bis Juli 66 lebte er im Maryfield-Hospital von Dundee allein von Tee, Kaffee, Wasser, Mineralwasser und Vitaminen. In dieser Zeit nahm Barbieri von 214,1 auf 80,74 kg ab.
Anmerkung: Rekordanmeldungen werden nur dann angenommen, wenn die Hungerkur aus medizinischen Gründen notwendig war.

Essen: Michel Lotito (* 15. Juni 1950) aus Grenoble (F) verspeist seit 1959 auch Metall und Glas und ist als *Monsieur Mangetout* bekannt. Gastroenterologen haben seinen Magen geröntgt und seine Fähigkeit, täglich bis zu 900 g Metall zu konsumieren, als einzigartig bezeichnet. Seine Diät bestand seit 1966 u.a. aus 18 Fahrrädern, 15 Einkaufswagen, 7 Fernsehgeräten, 6 Kronleuchtern, 2 Betten, 1 Paar Skiern, 1 Sportflugzeug vom Typ *Cessna* und 1 Computer.

Gefräßigster Feuerschlucker ist der Franzose Marcel Stey (* 1958) aus Berlin-Reinickendorf. Beim Deutsch-Französischen Volksfest spie er am 6. Juli 1991 eine 9,5 m lange Flamme in den Berliner Nachthimmel. Im Feuerlöschen ist Inge Widar Svingen alias »Benifax« aus Norwegen die Nummer eins: Am 10. August 1990 erstickte er in Kolvereid in 2 Std. 25 270 Fackeln in seinem Mund. Den Rekord für Frauen stellte am 26. Juli 1986 Sipra Ellen Lloyd in Port Lonsdale (Australien) auf: Sie machte 8357 Fackeln das Licht aus.

Schnellster im Feuerschlucken ist Rannug, The Snake Boy (eigentlich Gunnar Ehmsen), aus Jagsthausen-Olnhausen (BW). In der Diskothek Seehaus in Widdern schluckte der gelernte Schlangendompteur bei einem Varietéabend am 10. Dezember 1989 150 brennende Fackeln in nur 19,74 Sek. – *Feuerschlucken ist eine sehr gefährliche Beschäftigung.*

Die meisten Tabletten schlucken mußte C. H. A. Kilner (1926-88) aus Bindura (Simbabwe) – nämlich 565 939 zwischen dem 9. Juni 1967 und dem 19. Juni 1988. Kilner war auf die Tabletten seit einer Bauchspeicheldrüsenoperation angewiesen.

Die meisten Injektionen erhielt Samuel L. Davidson (*30. Juli 1912) aus Glasgow (GB), dem nach vorsichtiger Schätzung seit 1923 rund 77 200 Insulinspritzen verabreicht wurden.

Operationen

Die langwierigste Operation dauerte 96 Std. Patientin war die Amerikanerin Gertrude Levandowski (* 1893). Während des Eingriffs vom 4. bis 8. Februar 1951 mußten die Ärzte mit äußerster Vorsicht vorgehen, denn die Frau hatte ein schwaches Herz. Bei der Operation ist eine Zyste entfernt worden. Die Patientin hat dabei von 280 auf 140 kg abgenommen.

Die meisten Operationen durchgeführt hat der Inder Padmabhushan Dr. M. C. Modi, Augenchirurg seit 1943. Er operierte zusammen mit seinen Assistenten an einem einzigen Tag bis zu 833 Menschen, die am Grauen Star erkrankt waren, er besuchte 46 120 Dörfer und 12 118 630 Patienten. So hat es der indische Augenarzt bis Februar 1993 auf 610 564 Operationen gebracht.

Der älteste Patient, der sich je einer Operation unterzog, war James Henry Brett jr. (1849-1961) aus Houston, Texas (USA). Er war 111 Jahre und 105 Tage alt, als er sich am 7. November 1960 an der Hüfte operieren ließ.

Der meistoperierte Patient ist Charles Jensen aus Chester, South Dakota (USA), der seit dem 22. Juli 1954 insgesamt 934 Operationen über sich ergehen ließ, bei denen durch das Basalzellnävussyndrom hervorgerufene Tumore entfernt wurden. Dies ist eine seltene, erblich bedingte Krankheit, die sich in zahlreichen, meist gutartigen Hauttumoren (Basaliomen) äußert, die häufig schon in der Kindheit auftreten und in der Spätpubertät an Zahl und Größe zunehmen. Die auch *Epithelioma basocellulare* oder *Ulcus rodens* genannten Geschwülste greifen nicht auf andere Körperteile über und können einzeln chirurgisch entfernt werden.

Das kleinste chirurgische Instrument ist ein in der Augen-Mikrochirurgie verwendetes Miniaturskalpell, das für Einschnitte in den Linsenkörper benutzt wird. Der Arbeitsteil ist 0,1 mm lang und 0,08 mm breit. Die kleinste Klinge ist ein natürlicher Diamant mit einer Schneide von 200 Å (200 nm). Beide Instrumente werden vom Mikrochirurgischen Forschungs- und Technologiekomplex in Moskau (Rußland) nach Patenten von Swjatoslaw Fjodorow, dem Direktor des Moskauer Instituts für Mikrochirurgie, hergestellt.

Das kleinste Arztbesteck besteht aus einem Miniaturskalpell (17 mm groß, 0,049 g schwer) und einer 15 mm großen Pinzette mit drei ineinander greifenden Zähnchen. Die Teile hat der Instrumentenschleifmeister Heinz A. Benkewitz (* 1936) aus Burg bei Magdeburg (SA) aus einer Ampullensäge eigenhändig mit Hilfe einer 10fachen Augenlupe gefertigt.

Transplantationen

Die erste Herztransplantation wurde an Louis Washkansky im Alter von 55 Jahren im Groote Schuur Hospital, Kapstadt (Südafrika), zwischen ein Uhr und sechs Uhr morgens am 3. Dezember 1967 vorgenommen. An der Operation wirkte eine dreißigköpfige medizinische Gruppe unter Leitung von Professor Christiaan Neethling Barnard (* 1922) mit. Die Spenderin war Denise Ann Darvall, die 25jährig starb. Washkansky überlebte die Operation um 18 Tage und starb am 21. Dezember 1967.

Am längsten mit einem fremden Herzen überlebte William George van Buuren aus Kalifornien (USA), der 21 Jahre, 10 Monate und 24 Tage mit einem fremden Herzen lebte, bevor er am 3. Januar 1970 starb.

Der jüngste Patient, bei dem eine Herztransplantation vorgenommen wurde, war Paul Holt, Vancouver (Kanada). Er war, als die Operation am 16. Oktober 1987 im Loma Linda Hospital in Kalifornien (USA) durchgeführt wurde, gerade 2:34 Std. alt. Paul war sechs Wochen zu früh auf die Welt gekommen und hatte 2,9 kg gewogen.

Die erste Lungentransplantation fand am 11. Juni 1963 durch ein Team unter der Leitung von Dr. James Hardy im Mississippi Medical Centre in Jackson, Mississippi (USA), statt. Empfänger war der 55jährige John Russell.

Eine Fünffachtransplantation wurde am 31. Oktober 1987 in der Kinderklinik von Pittsburgh (USA) vorgenommen. Tabatha Foster (1984-88) aus Madisonville, Kentucky (USA), wurden im Alter von drei Jahren und 143 Tagen Leber, Pankreas, Dünndarm, Teile des Magens und Dickdarms eingepflanzt. Vor der 15 Std. dauernden Operation hatte das Mädchen nie feste Nahrung zu sich genommen.

Die erste Dreifachtransplantation wurde am 17. Dezember 1986 im Papworth Hospital von Cambridge (GB) durchgeführt. Dabei wurden Herz, Lunge und Leber verpflanzt. Patientin war Davina Thompson (* 28. Februar 1951) aus Rawmarsh, South Yorkshire (GB). Die Operation dauerte 7 Std., das 15köpfige Operationsteam wurde von John Wallwork und Professor Sir Roy Calne geleitet.

Kunstherz: Am 2. Dezember 1982 wurde in der Universitätsklinik von Salt Lake City, Utah (USA), dem Zahnarzt Barney Clark (61) aus Des Moines, Washington (USA), ein künstliches Herz eingepflanzt. Der Chirurg William De Vries benutzte das von Dr. Robert Jarvik gefertigte Kunststofforgan »Jarvik Mark 7«. Am 24. März 1983, 112 Tage nach dieser ersten Verpflanzung eines Kunstherzens, verstarb der Patient. Am längsten lebte William Schroeder in Louisville, Kentucky (USA), mit einem Kunstherzen: 620 Tage. Anfang 1990 hat die US-Arzneimittelbehörde die Genehmigung für den Herzersatz zurückgezogen. Das Aus für die faustgroße Pumpe aus Kunststoff und Metall wurde mit ungenügender Qualitätskontrolle bei der Herstellung und negativen Nebenwirkungen begründet.

Der erste Deutsche mit einem künstlichen Herzen lebte 17 Std. Es war der 57jährige Berliner Helmut Mellentin. Professor Emil S. Bücherl und sein zwölfköpfiges Operationsteam hatten den Patienten im Juni 1979 für 17 Std. an ein Kunstherz angeschlossen. Während dieser Zeit ersetzten sie ein abgestorbenes Herzgewebestück durch ein Stück Vene vom Bein des Patienten. Das von Bücherl entwickelte Berliner Kunstherz wird in Serie hergestellt. Das mechanische Pumpsystem unterstützt bis zu einer Herztransplantation den Kreislauf von herzkranken Patienten.

Die erste Nierentransplantation gelang dem Amerikaner R. H. Lawler (* 1895) am 17. Juni 1950 im Mary Hospital von Chikago, Illinois (USA).

Mit einer verpflanzten Niere am längsten überlebt hat Johanna Leanora Rempel (* 1948) aus Red Deer, Alberta (Kanada), der am 28. Dezember 1960 eine Niere ihrer eineiigen Zwillingsschwester Lana eingepflanzt wurde. Sie war die erste Empfängerin eines Transplantats, die ein Kind gebar, das 7. September 1967 zur Welt kam. Die Operation erfolgte im Peter Brigham Hospital in Boston, Massachusetts (USA).

Die erste Nervenverpflanzung nahm Oberarzt Dr. Jacoby 1968 in der Neurochirurgischen Klinik der Universität München vor. Es gelang ihm, durch Kältetrocknung die Nerven Verstorbener zu konservieren.

Die effektivste Chemiefabrik der Welt: In der Zelle werden rund um die Uhr viele tausend Proteine hergestellt – manche von ihnen in Sekundenschnelle in »riesigen« Mengen. Die einzelnen Zellbestandteile lassen sich durchaus mit den Einrichtungen einer »großen« Chemiefabrik vergleichen. Die Zelle verfügt sogar über ihre eigenen Kraftwerke.

Grafik: Bayer AG

Hoffnung für Krebspatienten?

Zum ersten Mal wurden im April 1994 in Berlin und in Freiburg Gentherapien durchgeführt. Diese Behandlungsart könnte für Krebskranke, aber auch für Menschen mit Erbkrankheiten wie Chorea Huntigton (genetischer Veitstanz) oder Sichelzellenanämie (eine Form der Blutarmut) eine neue Hoffnung sein.
In Berlin entwickelten Professor Burghardt Wittig, Professor Dieter Huhn und Dr. Ingo Schmidt-Wolf ein Behandlungsverfahren, das an einem 53jährigen schwer Nierenkrebskranken erprobt wurde. Dem Patienten werden zunächst Blutzellen entnommen, die mit Goldkügelchen beschossen werden, auf denen sich ein Gen befindet, das für die Produktion des Hormons Interleukin 7 verantwortlich ist. Anschließend werden die Blutzellen mit bestrahlten Tumorzellen des Patienten vermischt und dem Kranken injiziert. Die so veränderten Fibroblasten besitzen jetzt die Fähigkeit, den Krebs anzugreifen und so den Tumor zu »killen«.
In Freiburg arbeiten die Wissenschaftler Roland Mertelsmann, Thomas Boehm und Albrecht Lindemann mit Elektroschocks, um die Zellmembran zu erweitern und so zur Aufnahme des neuen Gens zu stimulieren.
In Deutschland gilt diese Form der Behandlung als absolutes Neuland. Im Gegensatz dazu behandelte der Arzt French Anderson schon am 14. September 1990 in Bethesda, Maryland (USA), zum erstenmal ein 4jähriges Mädchen, das an ADA-Defizens (einer seltenen Immunschwäche) litt; seitdem wurde bei mehr als 100 Menschen die Gentherapie angewandt; auch in Staaten wie Italien, Frankreich und den Niederlanden wird seit längerem mit Gentherapien experimentiert. Inzwischen wurde sogar ein erster Erfolg verbucht: Ärzte der University of Pennsylvania heilten eine 30jährige Frau aus Quebec, die an krankhaft erhöhtem Cholesterinspiegel (Hypercholesterinämie) litt.
Die Gentechnologie gehört laut Experten zu der Technik der Zukunft. Neben der Therapie umfaßt sie auch die Diagnose von Erbkrankheiten und der gentechnischen Produktion von Arzneien und Ersatzstoffen wie Insulin. Umstritten ist der Einsatz dieser Technologie zur Veränderung von Nutzpflanzen, um diese gegen Pestizide resistent zu machen. Auch das sogenannte Klonen, die Schaffung eines perfekten Ebenbildes eines Lebewesens, findet seine Kritiker und ist in Deutschland verboten.

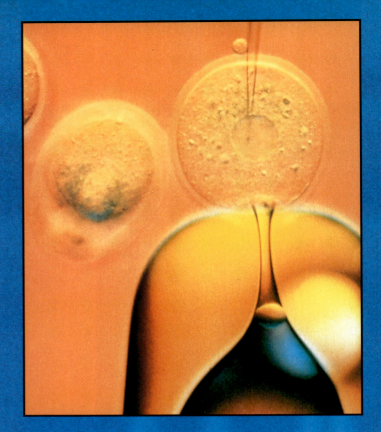

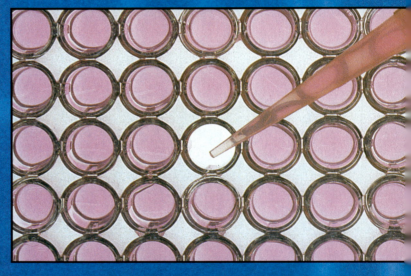

Züchtung von Zellkulturen für die Aufklärung von Rezeptor-Strukturen.
Rezeptoren (Empfänger) sind auf der Oberfläche von Zellen angesiedelte Proteinmoleküle, die dank ihrer spezifischen Struktur für bestimmte andere Substanzen – etwa Krankheitserreger oder Wirkstoffe – mit komplimentären Strukturen nach dem Schlüssel-Schloß-Prinzip empfänglich sind (oben).

Mit Hilfe der Gel-Elektrophorese können selbst winzigste Substanzmengen analysiert werden. Die elektrische Spannung läßt Bruchstücke eines Gens unterschiedlich schnell bzw. weit durch eine Gel-Schicht wandern. Anhand ihrer Position können die getrennten Protein- bzw. DNA-Fragmente des Gens identifiziert werden (links).
Fotos: Möller/Bayer AG

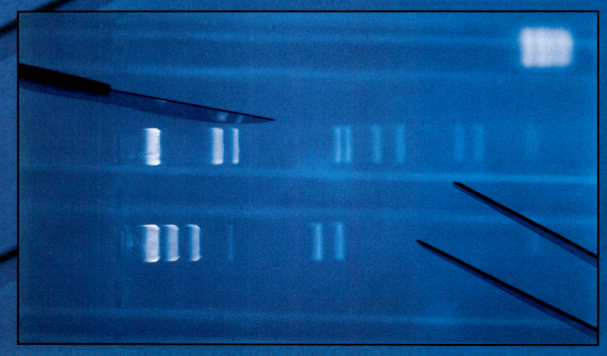

DER MENSCH 94/95

• Medizin

Ein wissenschaftliches Geduldspiel: Mit einer nicht einmal 1000stel Millimeter dicken Mikrosonde wird ein fremdes Gen in den männlichen Vorkern einer Eizelle geschleust.
Foto: Bayer AG

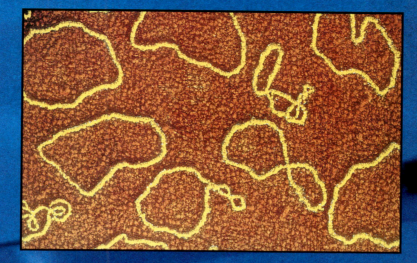

Mikroskopische Aufnahme der Desoxyribonukleinsäure (DNA), der Trägerin unserer Erbinformation. Ihre großen, fadenförmigen Riesenmoleküle liegen als Chromosome im Zellkern. Die DNA aus allen 65 Billionen menschlichen Zellen aneinandergereiht wäre fast 100 Mrd. km lang – über 600mal die Entfernung Erde-Sonne.
Foto: Bayer AG

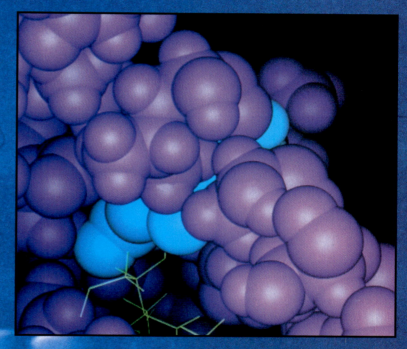

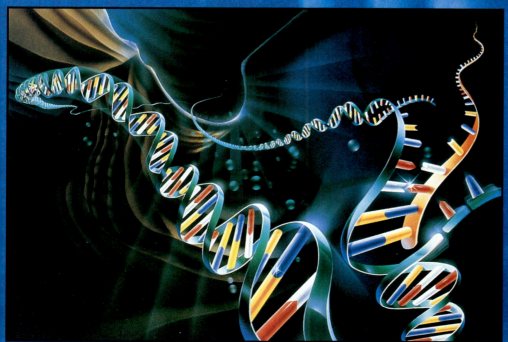

Wenn die Struktur des Moleküls eines unerwünschten Proteins aufgeklärt ist, kann man – wie hier an dem Kalottenmodell eines Hormons sichtbar – ganz gezielt Wirkstoffe maßschneidern. Die feinen Striche zeigen die Struktur des Wirkstoffs, der die Wirkung des Hormons hemmen soll (oben).
Illustration: Bayer AG

Die DNA liegt als fadenförmiges, spiralig gewundenes Riesenmolekül im Zellkern vor oder schwimmt bei Mikroorganismen, die keinen Zellkern haben, in der Zelle. Sie besteht aus zwei Einzelsträngen, die durch Basenpaare miteinander verbunden sind. Diese Leiter ist außerdem noch der Länge nach um sich selbst gedreht – zu einer Doppelhelix (links).
Illustration: Fotofabrik/Bayer AG

Die Radioastronomie ist eine junge Disziplin der Himmelskunde, deren Entwicklung erst nach dem 2. Weltkrieg richtig einsetzte. Die größte Teleskopanlage ist das VLA (*Very Large Array*). Die 27 Radioteleskope, die in der Form eines Y verschiebbar angeordnet sind, erlauben eine extrem hohe räumliche Auflösung am Himmel.

Fotos Science Photo Library/R. Ressmeyer, Starlight

- **Abgeschafft:** Inch, Fuß, Unze
- **Entdeckt:** Quarks komplett
- **Abgelaufen:** Greenwich-Time
- **Gebohrt:** Tiefstes Eisloch
- **Erhitzt:** 450 Mio. °C
- **Notiert:** Größtes Notebook

NATUR-WISSENSCHAFT & TECHNIK

▶ ELEMENTE

Allgemein: Von den bekannten 109 Elementen sind 94 in der Natur nachzuweisen. Bei Zimmertemperatur sind zwei von ihnen flüssig. Elf sind Gase und 85 Elemente sind Festkörper. Wenn man die Elemente 85, 87 und 101 bis 109 in größeren als atomare Mengen isolieren könnte, wären sie ebenfalls fest.

Subatomare Teilchen: Elektronvolt (eV), eine Energieeinheit, die einer Masse von $1.7826627 \times 10^{-36}$ kg äquivalent ist.

Quarks und Leptonen: Es existieren e drei Quark- und Leptonenfamilien mit jeweils zwei Mitgliedern. Das eichteste Quark ist der sogenannte *up*-Quark mit einer Masse von 6 MeV, das schwerste Teilchen, das *top*-Quark mit einer Masse von 150 GeV konnte, wie im April 1994 bekannt wurde, nachgewiesen werden. Damit sind alle sechs kleinsten Bausteine der Materie auch im Experiment aufgefunden worden. Die drei elemtaren »Leichtgewichte«, die Neutrinos und ihre Antiteilchen sind masselos. Neueste Experimente zeigen, daß die Ruhemasse des Elektron-Neutrinos unter 10 eV liegen muß. Das schwerste Lepton, das Tau, entdeckt 1975, hat eine Masse von 1,784 GeV.

Quanten: Das Photon und das theoretisch vorhergesagte Graviton sollten masselos sein. Obere Grenzwerte für die Massen, abgeleitet aus kosmologischen Überlegungen, liegen bei 3×10^{-27} eV bzw. $4,3 \times 10^{-34}$ eV.

Schwerstes Teilchen: Das schwerste Eichboson (Weakon) beziehungsweise. Teilchen überhaupt ist das Z°, entdeckt bei CERN 1983, mit einer Masse von 91,17 GeV. Es hat mit $2,65 \times 10^{-25}$ Sek. die kürzeste Lebenszeit aller Teilchen.

Die 109 Elemente. Bekannt sind heute 92 »natürliche« Elemente, dazu 17 Transurane, von denen auch zwei in der Natur nachzuweisen sind (Ordnungszahlen von 93-109).

Namen für die Elemente 107, 108 und 109: Am 7. September 1992 wurden die drei schwersten bekannten Elemente offiziell getauft. 107 heißt nun Nielsbohrium nach Niels Bohr (1885-1962), 108 trägt den Namen Hassium (latinisiert für Hessen, dem Entdeckungsland). Element 109 schließlich wurde nach Lise Meitner (1878-1968) Meitnerium benannt. Die Taufe fand bei der Gesellschaft für Schwerionenforschung in Darmstadt statt. Dort wurden die drei Elemente 1981, 1984 und 1982 entdeckt.

Eine mikroskopische Aufnahme zeigt Goldatome in gelb, rot und braun auf einem Graphitsubstrat, dessen Kohlenstoffatome hier grün erscheinen.

Gold (Au) ist das dehnbarste der 109 Elemente. Ein Gramm kann auf 2,4 km Länge ausgewalzt werden. Das Foto zeigt ein dünnes Blatt aus gehämmertem Gold.
Fotos: Science Photo Library/Erich Schrempp
Science Photo Library/Philippe Plailly

Wasserstoff ist das häufigste Element im Kosmos 90 Prozent der direkt nachweisbaren Masse des Universums bestehen aus dem leichtesten Element. Auch im Sonnensystem dominiert der Wasserstoff mit 70,68 Massen-Prozent.

Das häufigste Element in der Atmosphäre ist Stickstoff (N), sein Anteil beträgt 78,08 Volumen-Prozent bzw. 75,52 Massen-Prozent.

Das seltenste natürliche Element in der Atmosphäre ist das radioaktive Gas Radon. Seine Konzentration beträgt nur 6×10^{-20} ppm. Das sind, bezogen auf die gesamte Erdatmosphäre, nur etwa 2,4 kg. Dennoch ist die Radonkonzentration in manchen granitreichen Regionen so hoch, daß sie für zahlreiche tödliche Kresbserkrankungen verantwortlich gemacht wird.

Das seltenste Element in der Erdkruste ist Astatin mit insgesamt nur 0,16 g. Das Isotop Astatin 215 (At-215) liegt in einer Menge von nur 4,5 Nanogramm vor.

Die höchste Dichte eines Elements bei besitzt das platinähnliche Osmi-

NATURWISSENSCHAFT & TECHNIK 98/99

• Elemente

Das Element in Gasform mit der höchsten Dichte ist Radon mit 0,01005 g/cm^3.

Die geringste Dichte eines festen Elements bei Zimmertemperatur weist Lithium mit 0,5334 g/cm^3 auf. Deutlich kleiner ist natürlich die Dichte von festem Wasserstoff an seinem Schmelzpunkt bei -259,192°C. Sie beträgt nur 0,0871 g/cm^3.

Die geringste Gasdichte bei Raumtemperatur besitzt Wasserstoff mit 0,00008989 g/cm^3.

Höchster Schmelzpunkt: Wolfram (W) schmilzt bei 3420°C. Unter bestimmten Annahmen ist Kohlenstoff das nichtmetallische Element mit dem höchsten Schmelzpunkt, der dann bei 3530°C liegen müßte. Möglicherweise ist Kohlenstoff in Form von Graphit jedoch so stabil, daß er direkt bei 3704°C sublimiert. Geschmolzener »flüssiger« Kohlenstoff existiert vermutlich erst bei einem Druck von über 10 MPa und Temperaturen von über 4430°C.

Niedrigster Schmelz- und Siedepunkt eines Metalls: Quecksilber schmilzt bei -38,829°C und siedet bei 356,58°C. Helium kann bei normalem Druck überhaupt nicht verfestigt werden. Der Druck muß 2,532 MPa betragen, um Helium bei -272,375°C in den festen Zustand zu überführen.

Höchster Siedepunkt: Das Schwermetall Wolfram siedet bei 5860°C.

Niedrigster Siedepunkt: Helium siedet bei -268,928°C.

Reinstes Element: Im April 1978 berichtete P. V. E. McClintock (Universität Lancaster), daß die Darstellung des Helium-Isotops He-4 gelungen sei, wobei der Verunreinigungsgrad weniger als 2 Teile auf 10^{15} beträgt.

Härtestes Element: Kohlenstoff in Form von Diamant weist auf der Härteskala nach Knoop einen Wert von 8400 (N/mm^2) auf.

Thermische Ausdehnung: Cäsium hat mit 9,4 x 10^{-5} pro °C den höchsten thermischen Ausdehnungskoeffizienten. Der niedrigste Wert wird mit 1 x 10^{-6} pro °C bei Kohlenstoff in Form von Diamant gemessen.

Größte Dehnbarkeit: Ein Gramm Gold kann bis auf eine Länge von 2,4 km ausgezogen werden.

Größte Zugfestigkeit: Das Element Bor besitzt die höchste Zugfestigkeit mit einem Wert von 5,7 GPa. Das ergeben Messungen des Technischen Forschungszentrums Finnlands.

Isotope: Es sind mindestens 2550 Isotope bekannt. Cäsium besitzt mit 37 die meisten Isotope. Davon ist eines stabil, 36 zerfallen mit unterschiedlichen Halbwertszeiten.

Die größte Zahl stabiler Isotope ist 10 und wird bei Zinn gefunden.
Die wenigsten Isotope besitzt Wasserstoff. Stabil davon sind Protium und Deuterium, während Tritium radioaktiv zerfällt.
Völlig isotopenfrei, also nur aus einer Atomart bestehend, sind 20 der in der Natur vorkommenden Elemente.
Das langlebigste zerfallende Isotop ist Tellur 128 (Te-128). Es zeigt doppelten Beta-Zerfall mit einer Halbwertszeit von 1,5 x 10^{24} Jahren. Dies konnte 1968 bestimmt werden, 44 Jahre nach der Entdeckung des Isotops. Den »Langzeitrekord« für den Alpha-Zerfall hält Samarium 148 (Sm-148) mit 8 x 10^{15} Jahren Halbwertszeit. Für den Beta-Zerfall liegt er bei 9 c 10^{15} Jahren, der für den Beta-Zerfall wird bei Cadmium 113 (Cd-113) mit 9 x 10^{15} Jahren beobachtet.
Die kürzeste Halbwertszeit eines Isotops hat man bei Lithium 5 (Li-5) im Jahr 1950 gemessen. Sie beträgt nur 4,4 x 10^{-22} Sek. Das leichteste Nuklid ist der Wasserstoff 1 oder Protium (H 1). Das schwerste ist Meitnerium 266 (Mt 266), das 1982 entdeckt wurde.

Flüssigkeitsbereich: Gemeint ist hier die Temperaturspanne zwischen Schmelz- und Siedepunkt. Sie ist am kleinsten bei Neon und beträgt nur 2,5°C (- 248,6°C/- 246,1°C). Die größte Spanne ist beim Transuran-Element Neptunium mit 3453°C zu beobachten. Sein Schmelzpunkt liegt bei 637°C, sein Siedepunkt bei 4090°C.
Definiert man den Flüssigkeitsbereich vom Schmelzpunkt bis zum Kritischen Punkt, dann ist die kleinste Temperaturspanne bei Helium anzutreffen. Sie beträgt 5.19°, vom absoluten Nullpunkt - 273,15°C bis - 267,95°C. Die größte Spanne ist bei Wolfram: 10 200° – von 3420 bis 13 620°C.

Giftigste Elemente: Unter den nichtradioaktiven Grundstoffen ist Beryllium mit Abstand das giftigste. Toxisch sind schon Werte von über 2 Mikrogramm pro m^3 Luft. Für radioaktive Isotope in der Luft und einer Expositionszeit von über sechs Monaten darf der Wert – berechnet als Thorium 228 – 2,4 x 10^{-16} g/m^3 Luft nicht überschreiten. Das entspricht einer Strahlungsintensität von 0,0074 Becquerel/m^3.
Die Belastungsgrenze für Wasser mit Radium - 228 beträgt 1,1 x 10^{-13} g/l, was einer Strahlungsintensität von 1,1 Bq/l entspricht.

Substanzen mit geringster Dichte bei Normaltemperatur sind extrem poröse Silicagele von besonderer molekularer Struktur. Im Februar 1990 stellte das Lawrence Livermore Laboratorium, Kalifornien (USA), ein solches »Aerogel« mit einer Dichte von nur 0,005 g/cm^3 vor. Das Produkt soll in der Weltraumforschung zur Sammlung von Mikrometeoriten und Staubteilchen von Kometen eingesetzt werden.

Die hitzebeständigste Substanz ist Tantalcarbid (TaC$_{0.88}$). Sie schmilzt erst bei 3390°C.

Die am stärksten magnetische Substanz ist Neodymeisenborid (Nd$_2$Fe$_{14}$B). Sie hat ein sogenanntes maximales Energieprodukt, das ist die höchste Energie, die ein Magnet an einem bestimmten Arbeitspunkt liefern kann, von bis zu 280 kJ/m^3.

Der längste Index: Der 12. Sammelindex der *Chemical Abstracts*, ein Übersichtsjournal, in dem alle Arbeiten aus der Chemie referiert werden, enthält auf 215 880 Seiten 35 137 626 Eintragungen. Das im Dezember 1992 fertiggestellte 115bändige Werk wiegt 246,7 kg. Es verweist auf 3 052 700 Arbeiten.

Der stärkste Aromastoff, der je in der Natur gefunden und isoliert werden konnte, ist ein Schwefelalkohol des Menthens, der aus dem herbfruchtigen Saft der Grapefruit destilliert wird. Als reine Substanz riecht die Verbindung extrem stark, erregt Übelkeit, aber in hoher Verdünnung (10millionstel g) entfaltet das Duftmolekül das charakteristische Aroma des Grapefruitsaftes.

Top-Quark entdeckt

Die Elementarteilchen-Physiker können aufatmen: Ihr Weltbild ist komplett. Nach fast zwanzigjähriger Suche ist das letzte und sechste Mitglied der Quark-Familie am Forschungszentrum Fermilab bei Chikago, Illinois (USA), nachgewiesen worden. Das wurde Ende April 1994 bekanntgegeben. 440 Forscher aus fünf Ländern waren an dieser Entdeckung beteiligt. Nach dem sogenannten Standardmodell gibt es nur zwei Arten von Teilchen: Quarks und Leptonen, die sich in jeweils drei Teilchenfamilien sortieren lassen. Normale Materie – Protonen und Neutronen – besteht nur aus zwei Quarks, *up* und *down*. Hinzu kommen die Leptonen Elektron und das Elektron-Neutrino. *top*-Quark ist extrem schwer, es bedurfte also sehr hoher Energien, um ihn endlich zu »erzeugen«. Mit 174 Gigaelektronenvolt »wiegt« er fast soviel wie ein Goldatom und ist damit rund 35 000mal schwerer als die anderen Quarks. Für den Aufbau der sichtbaren Materie im Kosmos spielt der *top*-Quark zwar keine Rolle. Sein Nachweis aber beweist die Richtigkeit unserer Vorstellungen vom Aufbau des Mikrokosmos.

Süßestes Molekül: Talin, aus Keimen der Samen der Katemfe-Pflanze (*Thaumatococcus daniellii*), entdeckt in Westafrika, ist 6150mal süßer als eine einprozentige Zuckerlösung.

Die bitterste Substanz leitet sich vom Kation Denatonium ab, das kommerziell als Bezoat oder Saccharid produziert wird. Man schmeckt diese Substanzen bereits in einer Verdünnung von 1 zu 400 Mio. In der Verdünnung von 1 zu 100 Mio. ist der bittere Geschmack bereits ausgeprägt.

Stärkstes Gift: Das durch Rickettsien verursachte »Q-Fieber« kann durch einen einzelnen Organismus hervorgerufen werden, verläuft jedoch nur bei einem von 1000 Fällen tödlich. Rund 10 Organismen von *Francisella tularenesis* (ehem. *Pasteurella tularenesis*) können Tularämie oder Hasenpest hervorrufen, die auch Alkalikrankheit, Francis-Krankheit oder Hirschzeckenfieber genannt wird und in mehr als 10 Fällen von 1000 tödlich verläuft.

Die tödlichste künstlich erzeugte Chemikalie ist TCDD (2,3,7,8-Tetrachlorodibenzo-p-dioxin), eines von 75 bekannten Dioxinen, soll 150 000mal tödlicher als Zyanwasserstoff sein. Die letale Dosis beträgt 3,1 x 10^{-9} Mol pro kg Körpergewicht.

Stärkster Gaskampfstoff: Anfang der 50er Jahre wurden im Versuchsinstitut für Verteidigung durch chemische Substanzen in Porton Down, Wiltshire (GB), sogenannte V- und vor allem VX-Stoffe entwickelt, die 300mal giftiger sind als Phosgen (COCl$_2$), das im Ersten Weltkrieg verwendet wurde. 1 mg dieser V-Stoffe genügt, um einen Menschen zu töten. Die Patentanträge dafür wurden 1962 angemeldet, die Patente im Februar 1974 veröffentlicht. Daraus ging hervor, daß es sich bei dem Wirkstoff um Ethyl-S-2-Diisopropylaminoethylmethylphosphonothiolat handelt. Die tödliche Dosis liegt bei 10 mg-Min./m^3 Luft oder 0,3 mg oral.

Stärkstes Absorptionsmittel: Der Forschungsdienst des US-Landwirtschaftsministeriums gab am 18. August 1974 bekannt, daß »H-span« oder »Superschlürfer« bei Behandlung mit Eisen eine Wassermenge binden kann, die 1300mal größer ist als sein Eigengewicht. Das Präparat setzt sich zur Hälfte aus einem Stärkederivat und zu je einem Viertel aus Akrylamid und Akrylsäure zusammen.

Das feinste Pulver ist festes Helium, dessen Struktur als einatomiges Pulver bereits 1964 vorhergesagt wurde

◆ ZAHLENLEHRE

Allgemein: Wissenschaftler, die mit vielstelligen Zahlen arbeiten, schreiben diese Zahlen nicht aus, sondern verwenden verschiedene Potenzen der Zahl 10, um dadurch das Niederschreiben vieler Nullen zu umgehen. So schreibt man für 19 160 000 000 000 einfach $1,916 \times 10^{13}$. Ähnlich schreibt man sehr kleine Zahlen, z. B. 0,0 000 154 324 g: $1,54\,324 \times 10^{-5}$ g.

Das kleinste Präfix einer Zahl ist *yocto* (y) und steht für 10^{-24} vor Maßeinheiten.

Das höchste Präfix ist Yotta (Y). Es steht für 10^{24} vor Maßeinheiten. Beide Bezeichnungen leiten sich vom griechischen »octo« acht ab, für die achte Potenz von 10^{-3} bzw. 10^{3}.

Die höchste lexikographisch akzeptierte Zahlenbenennung in einer Folge von Potenzen der Zahl 10 ist die Zentillion, das heißt die 600. Potenz von 10 oder 1 gefolgt von 600 Nullen. Sie wurde erstmals 1852 erwähnt. Die höchste mit einem Namen versehene Zahl außerhalb des Dezimalsystems ist die buddhistische *Asankhyeya*, die 10^{140} bedeutet. Sie wurde erstmals um 100 v. Chr. in religiösen Schriften erwähnt.

Die höchste Zahl, die jemals in einem mathematischen Beweis verwendet wurde, ist ein Grenzwert, der 1977 veröffentlicht wurde und als Grahams Zahl bekannt ist. Hierbei handelt es sich um eine Größe bei der Betrachtung von zweifarbigen Hyperwürfeln, die nur durch die von Knuth 1976 ausgearbeitete Pfeil-Schreibweise ausgedrückt werden kann.

Das komplexeste Objekt in der Mathematik: Die sogenannte Mandelbrot-Menge, benannt nach Benoit Mandelbrot, ist ein optisch interessantes Produkt, das aus komplizierter Mathematik, aus der Chaos-Theorie, resultiert. Diese Theorie hat in vielen naturwissenschaftlichen Bereichen wie Flüssigkeitsmechanik, Meteorologie und Astronomie ihren Einzug gehalten. Aber auch die Volkswirtschaft oder die Linguistik profitieren von der Chaos-Theorie.

Die Zahl 10^{100} nennt man Googol, ein Wort, das von dem neunjährigen Neffen des Mathematikers Dr. Edward Kasner (USA; * 1955) vorgeschlagen wurde. 10^{Googol} wird Googolplex genannt. Vielleicht kann man sich einen Begriff von der Größe solcher Zahlen machen, wenn man bedenkt, daß die Zahl der Elektronen im Universum 10^{87} betragen dürfte.

Kleinste und größte Primzahlen: Unter Primzahlen versteht man alle ganzen Zahlen (mit Ausnahme von 1), die nur durch sich selbst bzw. 1 teilbar sind, zum Beispiel 2, 3, 5, 7 oder 11. Die kleinste Primzahl ist also 2. Die größte bekannte Primzahl (bekannt als Mersenne-Primzahl) ist $2^{859\,433}-1$. Sie wurde im Januar 1994 von David Slowinski und Paul Gage von Cray Research Inc, Minnesota (USA), bei Testläufen des Cray 90-Supercomputers berechnet. Die Zahl enthält 258 716 Ziffern und dürfte knapp 21 Seiten des *Guinness Buch der Rekorde* füllen. Die niedrigste Nicht-Primzahl ist die 4.

Die größten Zwillings-Primzahlen sind $1\,706\,595 \times 2^{11235}-1$ und $1\,706\,595 \times 2^{11235}+1$. Sie wurden am 6. August 1989 in Santa Clara, Kalifornien (USA), auf einem Amdahl 1200-Supercomputer ermittelt.

Eine perfekte Zahl ist gleich der Summe ihrer Divisoren (mit Ausnahme ihrer selbst): zum Beispiel 1+2+4+7+14=28. Die kleinste vollkommene Zahl ist 6(=1+2+3). Die größte bekannte vollkommene Zahl, die 33., die bisher entdeckt wurde, ist $(2^{859\,433}-1) \times 2^{859\,433}$. Sie besitzt 517 433 Stellen und ist eine Konsequenz der größten Mersenne-Primzahl.

Der Schweizer Mathematiker Leonard Euler (1707-83), der in St. Petersburg und in Berlin lehrte, war von beispielloser Schaffenskraft. Noch 50 Jahre nach seinem Tod wurden zahlreiche seiner fast 900 wissenschaftlichen Arbeiten erstmals veröffentlicht. Die 1910 begonnene Gesamtausgabe seiner Werke ist auf 75 dickleibige Bände angelegt.
Fotos: Ann Ronan at Image Select

Die neueste mathematische Konstante stammt aus der Chaos-Theorie und spielt bei der Untersuchung entsprechender Phänomene in der Meteorologie oder bei turbulenten Strömungen eine wichtige Rolle. Nach ihrem Entdecker Mitchell I. Feigenbaum heißt sie Feigenbaum-Konstante und hat den Wert von 4.669 201 609 102 990.

Der am meisten untersuchte Lehrsatz ist der Satz des Pythagoras. In einem 1940 erschienenen Buch (*The Pythagorean Proposition*) sind 370 verschiedene Beweise des klassischen Lehrsatzes enthalten. Einer davon stammt von dem amerikanischen Präsidenten James Garfield (1831-81).

Der längste mathematische Beweis stammt aus der Gruppentheorie. Er erstreckt sich über rund 14 000 Seiten in nahezu 500 Veröffentlichungen. Mehr als 100 Mathematiker waren über einen Zeitraum von 35 Jahren an der Beweisführung beteiligt.

Ältestes mathematisches Rätsel: »Als ich nach St. Ives ging, traf ich einen Mann mit sieben Frauen. Jede Frau hatte sieben Säcke und in jedem Sack waren sieben Katzen und jede Katze hatte sieben Junge. Kätzchen, Katzen, Säcke und Frauen: Wie viele gingen nach St. Ives?«
In etwas anderen Worten findet man dieses Rätsel bereits im berühmten *Papyrus Rhind*, der verschiedene mathematische Tafeln und Probleme enthält. Er wurde aus dem Jahr 160 v. Chr. überliefert.

Das schwierigste klassische mathematische Problem, die Fermatsche Vermutung, ist jetzt gelöst worden, das wurde Ende Juni 1993 bekannt. Hierbei geht es um die berühmte Gleichung $x^n+y^n=z^n$, wobei n eine natürliche Zahl ist. Wenn n = 2 ist, gibt es ganzzahlige von null verschiedene Lösungen für x, y und z. Fermat hatte 1637 behauptet, daß es für solche n, die größer als zwei sind, keine ganzzahligen von null verschiedene Lösungen gibt. Pierre de Fermat kritzelte an den Rand eines klassischen Lehrbuchs: »Ich habe einen wahrhaft wunderbaren Beweis dieses allgemeinen Satzes entdeckt, der auf diesem Rand nicht Platz findet.« Der Beweis tauchte nirgendwo auf, das Problem erwies sich als eine der härtesten Nüsse, die die Mathematik je zu knacken hatte.

Nun hat der 41jährige englische Mathematiker Andrew Wiles (Universität Cambridge) einen Beweis vorgelegt, der allerdings 200 Manuskriptseiten umfaßt. Rund um den Erdball unterziehen derzeit Experten die Arbeit einer strengen Prüfung. Die Beweisführung Wiles wird nach Ansicht von Fachleuten ganz neue Gebiete der Mathematik erschließen.

Der größte Preis für die Lösung eines mathematischen Problems wurde 1908 von Dr. Paul Wolfskell ausgesetzt. Für den Beweis des Großen Fermatschen Satzes auch Fermatsche Vermutung genannt (Pierre Fermat 1601-65 s. o.) bot er 100 000 Goldmark. Noch scheint der Preis nicht vergeben. Sein materieller Wert durch Inflation und Währungsreform erheblich gesunken und dürfte heute 7 500 DM betragen.

Genaueste und ungenaueste Angabe für »Pi«: Die größte Anzahl von Dezimalstellen, die für Pi (π) errechnet wurde, beträgt 1 073 740 000. Sie wurde am 19. November 1989 von Yasumasa Kanada und Yoshiaki Tamura (Universität Tokio) auf dem Hitac S-820/80E Supercomputer berechnet.

1853 veröffentlichte William Shanks eine Berechnung von π in Handarbeit über 707 Stellen. 92 Jahre später, 1945, stellte man fest, daß die letzten 180 Stellen sämtlich falsch waren. 1897 beschloß die erste Kammer des US-Bundesstaats Indiana das Gesetz Nr. 246, nach dem von Rechts wegen Pi den Zahlenwert 4 erhielt.

Das früheste bekannte Gewichtsmaß ist das *Beqa* aus der amratischen Periode der ägyptischen Zivilisation, um 3800 v. Chr. Ein Exemplar wurde in Naqada in Ägypten gefunden. Diese Gewichte sind zylindrisch mit abgerundeten Ecken und wiegen 189-211 g.

Aus für Inch, Fuß und Unze: Die Tage für die klassischen Maße und Gewichte in den USA sind gezählt. Seit dem 14. März 1994 soll zunächst auf Etiketten und Verpackungen von Konsumgütern auch die Angabe der metrischen Maße zu finden sein. Grundsätzlich sind jetzt die Weichen für die Umstellung gestellt. Die Vereinigten Staaten sind die einzige Industrienation, die noch am alten Maßsystem festhält, von Birma und Liberia einmal abgesehen. Selbst Großbritannien und Kanada haben offiziell die Umstellung vollzogen. Der beliebte »Viertelpfünder« Hamburger wird nun zum 125-g-Hamburger und der »Sechs-Fuß-Mann« wird 1,80 m groß werden.

Das längste bekannte Zeitmaß ist das *para* in der Hindu-Chronologie. Es entspricht rund 311 Billionen Jahren. In der Astronomie bezeichnet man gelegentlich einen Umlauf der Sonne um das Zentrum der Milchstraße als kosmisches Jahr, was 225 Mio. Jahren entsprechen würde. Vor rund 85 Mio. Jahren rotierte die Erde schneller, so daß das Jahr 370,3 Tage aufwies. Vor 600 Mio. Jahren waren es vermutlich sogar über 425 Tage pro Jahr.

NATURWISSENSCHAFT & TECHNIK

- Zahlenlehre
- Teleskope

◆ TELESKOPE

Früheste: Es ist nicht genau bekannt, wann die ersten Fernrohre gebaut wurden. Die lichtbündelnden und lichtbrechenden Eigenschaften von Linsen kannte man bereits im Altertum, und Brillen wurden schon im 13. Jh. benutzt. Möglicherweise haben Wissenschaftler zur Zeit Elisabeth I. in England, aber auch Leonardo da Vinci, bereits primitive Fernrohre benutzt. Roger Bacon (1214-92) in England beschrieb die Eigenschaften von Linsen. Sein Landsmann John Pecham (1230-92) beschäftigte sich mit den Eigenschaften von Spiegeln und Linsen, ebenso wie der Schlesier Witelo (1230-75). Das erste Fernrohr, das genauer datiert werden kann, stammt von dem Holländer H. Lippershey aus dem Oktober 1608. Erste astronomische Beobachtungen, darunter eine rohe Karte des Mondes, wurden 1609 von Thomas Harriot vorgenommen. Die ersten systematischen Himmelsbeobachtungen gehen auf Galileo Galilei im Januar 1610 zurück.

Das erste Spiegelteleskop wurde von Isaac Newton entwickelt und 1671 der Royal Society in London vorgestellt. Es dürfte um 1668 oder 1669 entstanden sein.

Das größte Ein-Spiegelteleskop steht im Kaukasus (Rußland), auf dem 2080 m hohen Semirodriki, in der Nähe von Zelenchukskaya. Das 1976 fertiggestellte Teleskop hat einen Spiegeldurchmesser von 6 m. Seine Leistungsfähigkeit wird sowohl durch optische Mängel als auch durch den ungünstigen Beobachtungsstandort eingeschränkt. Das beste Instrument dieser Art ist nach wie vor das Hale-Teleskop auf dem Mount Palomar (Kalifornien) mit seinem 5,08 m großen Spiegel.

Größter Metallspiegel: Das Teleskop von Lord Rosse, 1845 auf Birr Castle (Irland) errichtet, hatte einen Spiegeldurchmesser von 183 cm. Der Spiegel war aus Messing gefertigt. Mit ihm entdeckte Lord Rosse die Spiralstruktur der Galaxien. Er wurde letztmals 1909 benutzt.

Der größte Teleskopspiegel der Welt entsteht gegenwärtig bei der amerikanischen Firma Corning. Der fertige Spiegel aus ULE-Glas wird einen Durchmesser von 8,31 m und ein Gewicht von ungefähr 35 t haben. Er soll in einem japanischen Teleskop auf dem 4305 m hohen Mauna Kea auf Hawaii zum Einsatz kommen, das im Jahr 2000 bertriebsbereit sein soll.

Das größte Spiegelteleskop ist der Keck-Reflektor, der auf dem Mauna Kea, Hawaii (USA), im Frühjahr 1993 seinen Betrieb aufgenommen hat. Sein Spiegeldurchmesser beträgt 10 m. Er besteht aus 36 einzelnen Segmenten, die – computergesteuert – die optimale Krümmung erzeugen. Am 9. Juni 1993 berichteten amerikanische Astronomen über erste Entdeckungen mit dem Teleskop-Giganten. Darunter sind u. a. das leuchtkräftigste Objekt im Universum und die entfernteste bisher bekannte Galaxie. Diese Erfolge beschleunigen die Pläne für ein zweites Keck-Teleskop gleicher Abmessungen, das in unmittelbarer Nachbarschaft installiert werden soll. Gekoppelt könnten beide Instrumente als Interferometer mit extrem hoher Winkelauflösung zusammenwirken.

Das größte Fernrohr des Jahrhunderts dürfte allerdings das VLT (*Very Large Telescope*), das Sehr Große Teleskop, werden, das von der ESO, der Europäischen Südsternwarte, geplant wird. Es wird aus vier 8,2-m-Teleskopen bestehen, die – verkoppelt – soviel Licht wie ein 16-m-Spiegel sammeln können. Man hofft, die ersten Einheiten um 1995 und das vollständige Teleskop im Jahr 2000 in den Bergen der Atacama-Wüste (Nordchile) in Paranal, nördlich des La Silla Observatoriums, in Betrieb nehmen zu können.

Sonnenteleskop: Das McMath-Sonnenteleskop auf dem Kitt Peak, Arizona (USA), ist das größte seiner Art und verfügt über einen Primärspiegel von 2,1 m Durchmesser. Das Sonnenlicht wird mit einem Zölostaten eingefangen und in einen Tunnel von 32° Neigung zum Primärspiegel gelenkt. Große Erweiterungen sind geplant.

Mehrfachspiegel: Das erste MMT (*Multi-Mirror-Telescope*) das Mehrfach-Spiegelteleskop des Whipple-Observatoriums auf dem Mount Hopkins, Arizona (USA), besteht aus sechs Spiegeln von je 183 cm Durchmesser. Es entspricht vom Lichtsammelvermögen her einem Spiegel mit 447 cm Durchmesser. Beim Betrieb gibt es jedoch erhebliche operationelle Probleme und man plant, die sechs Einzelspiegel durch einen großen einzelnen Reflektor zu ersetzen.

Infrarot-Teleskop: Das von Großbritannien auf dem Mauna Kea, Hawaii (USA), betriebene Infrarot-Teleskop (UKIRT) ist mit einem Spiegeldurchmesser von 374 cm das größte der Welt. Es kann sowohl für visuelle als auch für Infrarot-Beobachtungen verwendet werden.

Submillimeter-Bereich: Das James Clerk Maxwell-Teleskop auf dem Mauna Kea (Hawaii) hat einen 15-m-Primärspiegel, dessen Form ein Paraboloid ist. Es wird für die Untersuchung des Sub-Millimeter-Bereichs des elektromagnetischen Spektrums (0,3-1 mm) benutzt. Es produziert daher kein visuelles Bild.

Größter Refraktor: Mit einem Objektivdurchmesser von 101,6 cm ist der 1897 fertiggestellte Refraktor des Yerkes-Observatoriums in Williams Bay, Wisconsin (USA), das größte Linsenfernrohr der Welt. Seine Länge beträgt 18,9 m. Ein noch größeres Objektiv mit 150 cm Durchmesser wurde in Frankreich fertiggestellt und auf der Pariser Weltausstellung im Jahr 1900 gezeigt. Es kam jedoch nie zum wissenschaftlichen Einsatz.

Größtes Radioteleskop: Radiowellen aus der Milchstraße wurden 1931 erstmals von Karl Jansky von den Bell-Laboratorien in Holmdel, New Jersey (USA), entdeckt, als er mit einer 30,5 m langen Antenne vermeintliche Funkstörungen lokalisieren wollte. Das erste bewußt gebaute Radioteleskop entstand 1939 vor Ausbruch des Krieges. Der Funkamateur Grote Reber entdeckte mit seinem improvisierten 9,5-m-Parabolspiegel Radioemissionen von der Sonne.

Das größte Parabolradioteleskop der Welt ist die Anlage für die Ionosphäre, die in eine Bodenmulde in Arecibo (Puerto Rico) gebaut und im November 1963 mit einem Kostenaufwand von 9 Mio. Dollar (damals 36 Mio. DM) fertiggestellt wurde. Die Parabolantenne hat einen Durchmesser von 305 m und bedeckt eine Fläche von

Die Entdeckung von Radiostrahlung aus dem Kosmos geht auf Karl Jansky (1905-50) in den frühen 30er Jahren zurück. Seine einfache Antennenanlage ist der Vorläufer der Radioteleskope.

7,48 ha. Seine Empfindlichkeit wurde inzwischen vertausendfacht, was mittels neuer Aluminiumplatten erreicht wurde, seine Reichweite erstreckt sich jetzt bis zu den Grenzen des erforschbaren Weltraums über 15 Mrd. Lichtjahre.

Das größte vollbewegliche Radioteleskop gehört dem Max-Planck-Institut in Bonn. Es steht im Effelsberger Tal (Eifel) und wurde im Mai 1971 in Betrieb genommen. Die Kosten für das Instrument betrugen knapp 37 Mio. DM. Die gesamte Anlage wiegt 3048 t, und seine schwenkbare Parabolantenne hat einen Durchmesser von 100 m. Radiostrahlung bis hinab zu 7 mm Wellenlänge kann mit dem Teleskop empfangen werden.

Die größte radioastronomische Anlage befindet sich in Australien und besteht aus der Kombination der Antennen von Parkes (64 m), Siding Spring (22 m) und Culgoora (22 m). Diese Anlagen wurden auch elektronisch mit den japanischen Radioteleskopen in Usuda und Kashima sowie mit dem geostationären Kommunikations- und Relais-Satelliten TDRS verkoppelt. So entstand ein Radioteleskop mit einer effektiven Größe von 2,16 Erddurchmessern, 27 523 km. Das Radioteleskop von Parkes (Australien), ein Teil der Gesamtanlage.

Das VLA (Very Large Array) in Socorro, New Mexiko (USA), ist eine y-förmige Anordnung von 27 Parabolantennen mit je 25 m Durchmesser. Jeder Arm des Ypsilons ist knapp 21 km lang. Da die einzelnen Antennen fahrbar sind, kann die »Größe« dieser am 10. Oktober 1980 fertiggestellten Anlage verändert werden..

Das längste Linsenfernrohr der Welt, ist der Refraktor der Archenhold-Sternwarte in Berlin-Treptow. Das 1896 errichtete Fernrohr ist 21 m lang, hat einen Objektivdurchmesser von 68 cm und ist 130 t schwer. Wegen seiner Größe steht der Refraktor im Freien.

Der größte deutsche Refraktor steht mit einem Linsendurchmesser von 80 cm in Potsdam (BR). Es wurde 1899 installiert.

Die höchste Sternwarte der Welt ist das Observatorium der Universität Denver (USA) in einer Höhe von 4300 m üNN. Sie wurde 1973 in Betrieb genommen. Das Hauptinstrument ist ein 61-cm-Spiegelteleskop. Nur knapp niedriger liegen die Observatorien auf dem Mauna Kea, Hawaii (USA), in 4195 m Höhe.

Die höchste astronomische Beobachtungsstation in Deutschland ist die Sonnenwarte auf dem Wendelstein (BY) in 1845 m üNN.

Die höchste astronomische Beobachtungsstation Österreichs ist das Sonnenobservatorium auf der Kanzelhöhe in Kärnten. Der sogenannte Gerlitzen-Turm steht 1903 m üNN.

Die höchste Sternwarte der Schweiz befindet sich auf dem Jungfraujoch 3567 m üNN. Das Hauptinstrument des 1936 eröffneten Observatoriums ist ein 76-cm-Spiegelteleskop mit Coudé-Fokus und Cassegrain-Fokus. Das Sphinx-Observatorium gehört zur Hochalpen-Forschungsstation Jungfraujoch. An ihm sind fast alle europäischen Länder beteiligt. Die Station verfügt über 5 Labors, Ställe für Tieruntersuchungen, Dunkelkammer, Bibliothek, 10 Schlafzimmer. Noch höher, 4570 m üNN, liegt die Margaritha-Hütte oberhalb von Zermatt an der schweizerisch-italienischen Grenze. Auch sie besitzt ein Observatorium, das im Sommer von der italienischen Seite bedient wird.

Planetarien: Der Vorläufer des modernen Planetariums ist der drehbare Gotthorp-Globus, der von Andreas Busch um 1660 in Dänemark konstruiert wurde. Sein Umfang beträgt 10,54 m, sein Gewicht 3,5 t. Das Objekt steht jetzt in St. Petersburg. Die Sterne waren auf der Innenseite des betretbaren Globus aufgemalt. Das erste moderne Planetarium wurde 1923 in Jena eröffnet. Sein Konstrukteur war Walther Bauersfeld (Zeiss Jena).

Das größte Planetarium mit einem Kuppeldurchmesser von 27 m befindet sich in Miyazaki (Japan). Es wurde am 30. Juni 1987 fertiggestellt.

Das größte deutsche Planetarium steht in Berlin am Insulanerberg. Seine Kuppel hat einen Durchmesser von 20 m. 330 Zuschauer haben Platz. Auch die Planetarien in Hamburg und Bochum haben einen Kuppeldurchmesser von 20 m, jedoch wesentlich weniger Zuschauerplätze.

Österreichs größtes Planetarium steht in Wien. Sein Kuppeldurchmesser beträgt 20 m, und 240 Sitzplätze sind vorhanden.

Der Schweiz größtes Planetarium steht in Luzern. Kuppeldurchmesser: 18 m, 300 Plätze.

Das modernste Planetarium der Welt wurde am 9. Dezember 1993 in München im Forum der Technik eröffnet. Kernstück der 175 Sitze umfassenden Institution ist der Planetariumsprojektor Zeiss Modell VII, der durch eine computergesteuerte Laseranlage, 80 Projektoren, eine Videoprojektionsanlage und ein Surround-Sound System ergänzt wird.

Den glattesten Spiegel der Welt, einen 83-cm-Spiegel für das deutsche Röntgenteleskop *Rosat* stellte Carl Zeiss, Oberkochen, her. Seine mittlere Mikrorauhigkeit beträgt nur 0,0000003 mm. Diese außerordentliche Oberflächenqualität wurde durch die Messung der Streuung von Röntgenstrahlen nachgewiesen.

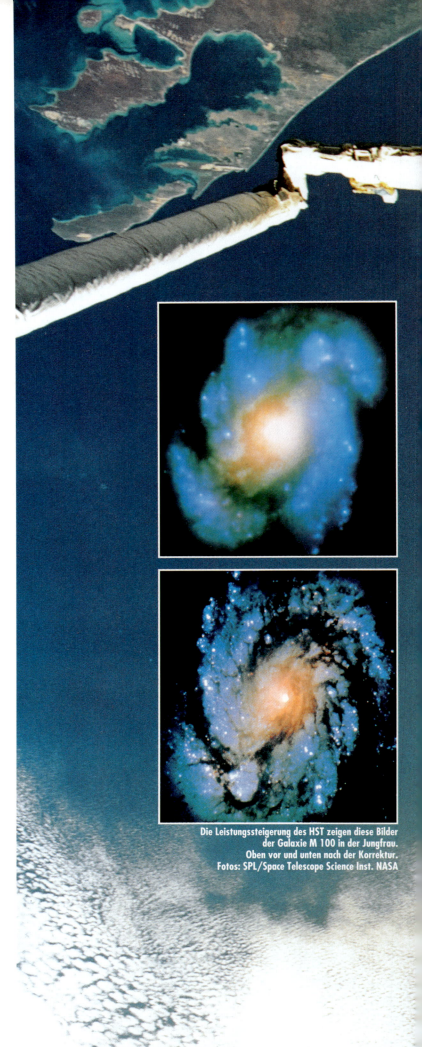

Die Leistungssteigerung des HST zeigen diese Bilder der Galaxie M 100 in der Jungfrau. Oben vor und unten nach der Korrektur.
Fotos: SPL/Space Telescope Science Inst. NASA

• Teleskope

Eine Brille für das Weltraumteleskop

Im Mittelpunkt der wichtigsten Weltraummission 1993 standen die Reparatur- und Wartungsarbeiten am *Hubble*-Weltraumteleskop (HST). Bekanntlich hatte man erst in der Umlaufbahn – kurz nach dem Start am 24. April 1990 – entdeckt, daß der 2,4 m große Hauptspiegel mit Computer-Präzision falsch geschliffen war. Der Fehler, eine sphärische Aberation, bewirkte, daß die Objekte nicht mehr so scharf abgebildet wurden, wie es theoretisch möglich gewesen wäre. Die erwartete hohe Auflösungsgüte konnte so nicht erreicht werden. Dennoch gelangen mit dem HST sensationelle Entdeckungen. In vielen Fällen konnte der Abbildungsfehler im Computer »weggerechnet« werden. Zunehmend beeinträchtigten technische Probleme die Leistungsfähigkeit der »fliegenden Sternwarte«, so daß sich die amerikanische Raumfahrtbehörde NASA schnell zu einem Reparatur-Unternehmen entschloß. Dabei sollte auch der Spiegelfehler kompensiert werden. Als einfachster Weg erwies sich die Entwicklung von optischen Korrektursystemen für die einzelnen »elektronischen Augen« des HST. Dieser COSTAR genannte Spiegelkomplex – von der Größe einer Telefonzelle – wurde in nur 18 Monaten konstruiert. Erst im Weltraum war es möglich zu prüfen, ob das Konzept wirklich stimmte.

Am 1. Dezember 1993 startete die Raumfähre *Endeavour* mit einer hochkarätigen Besatzung an Bord zum HST. Sie hatte zuvor ein Training absolviert, wie man es bei der NASA kaum gekannt hatte und in seinem Schwierigkeitsgrad mit der Vorbereitung auf die Mondlandung verglichen wurde. Knapp 48 Std. nach dem Start hatte man das Teleskop mit dem Greifarm des *Shuttles* eingefangen. Bei insgesamt fünf Ausstiegen wurden – am servicefreundlichen HST – unter anderem die Solarzellenflächen einschließlich ihrer Antriebselektronik ausgewechselt, ein »Auge« – die Wide Field/Planetary Camera – gegen ein verbessertes Gerät ausgetauscht und mehrere kleine Wartungsarbeiten durchgeführt. Höhepunkt des Fluges war zweifellos der Einbau des COSTAR-Systems während des vierten Ausstiegs, eine Prozedur, die einen erheblichen und unvorgesehenen Eingriff in das HST bedeutete. Alle Arbeiten wurden im vorgesehenen Zeitplan durchgeführt. Mit besonderer Spannung sah man im Januar 1994 den Tests und der vom Boden gesteuerten Justierung der COSTAR-Optik entgegen. Die Resultate waren sensationell: Das HST lieferte Bilder, deren Güte alle Erwartungen übertrafen und die Grenze des theoretisch Möglichen erreichen. Das Weltraumteleskop dürfte in der Lage sein, die vor dem Start in ihm gesetzten Erwartungen voll zu erfüllen. Eine weitere Mission ist für 1997 bereits in der Planung. Bis zum Jahr 2005 hofft man das HST nutzen zu können. Danach soll es zwecks gründlicher Überholung zur Erde zurückgeführt werden.

Das Weltraumteleskop über dem Indischen Ozean.
Die Wartungsarbeiten am Weltraumteleskop unter Schwerelosigkeit werden an einem naturgetreuen Modell im Wassertank trainiert.
Über Australien werden die Solarzellenflächen ausgetauscht.
Kathryn Thornton transportiert das COSTAR-System zum HST. Unten links ihr Assistent Tom Akers.
Fotos: NASA

♦ WISSENSCHAFTSTECHNIK

Kleinstes optisches Prisma: Wissenschaftler des National Institute of Standards in Boulder, Colorado (USA), haben ein Glasprisma von nur 0,004 mm Kantenlänge hergestellt, das gerade noch mit dem bloßen Auge zu erkennen ist. Es findet Anwendung in der Forschung und Instrumentierung im Bereich der Glasfaser-Optik.

Kernfusion: Wie Anfang Juni 1994 bekannt wurde, konnte im amerikanischen Kernfusionsreaktor TFTR (**T**okamak **F**usion **T**est **R**eaktor) in Princeton, New Jersey (USA), für einige Sekunden 9 Megawatt Fusionsenergie erzeugt werden. Dabei wurde eine Temperatur von 450 Mio. °C erreicht. Damit haben die Forscher ihren eigenen Rekord vom Dezember 1993 mit

Im Tokamak-Fusionstestreaktor (TFTR) des Plasmaphysik-Laboratoriums der Universität Princeton, New Jersey (USA), wurden bei Versuchen zur Kernfusion mit 9 Mio. W Fusionsenergie für einen Sekundenzeitraum die bisher höchsten Temperaturen erzeugt.

Wissenschaftler überprüfen vor einem Fusionstest das Innere des TFTR.
Fotos: Roger Ressmeyer/ Starlight/Science Photo Library, US Department of Energy/ Science Photo Library

6,4 MW deutlich übertroffen. Mit einer kommerziellen Nutzung der Kernfusion ist dennoch vor dem Jahr 2040 nicht zu rechnen.

In Hochdruckentladungslampen, wie sie beispielsweise in Stadien benutzt werden, entstehen in der Mitte der Lampe außerordentlich hohe Gastemperaturen zwischen 5000 und 6000°C. Das sind die höchsten Temperaturen in Verbrauchsgütern.

Tiefste Temperatur: Absolute Temperaturen werden vom absoluten Nullpunkt aus gerechnet, der bei 0 K (Kelvin) 273,15°C liegt. Der absolute Nullpunkt bei 0 K ist grundsätzlich nicht erreichbar; man kann sich ihm jedoch nähern. Die niedrigste Temperatur, die bisher erzeugt werden konnte, beträgt $28 \cdot 10^{-10}$ K, also rund zwei Milliardstel über dem absoluten Nullpunkt. Der Wert wurde im Tieftemperatur-Laboratorium der Universität Helsinki erreicht und im April 1993 bekanntgegeben.

Höchste Supraleitungstemperatur: Im Mai 1991 gelang im Laboratorium für Festkörperphysik in Zürich (CH) eine Sprungtemperatur von -140,7°C zu erreichen. Bei dieser Temperatur geht der elektrische Widerstand auf Null zurück. Das verwendete Material ist ein Mischoxid aus Quecksilber, Barium, Calcium und Kupfer (Hg-$Ba_2Ca_{2,3}Cu_3O_x$).

Tiefste Umwandlungstemperatur: Die tiefste Temperatur, bei der eine Umwandlung beobachtet wurde, beträgt 0,0003 K. Bei dieser Temperatur ist in der Kernforschungsanlage Jülich im Sommer 1982 eine Umwandlung von Rhodium in den supraleitenden Zustand beobachtet worden.

Kleinstes Thermometer: Der Biophysiker Dr. Frederich Sachs von der State University von New York in Buffalo (USA) hat ein Ultramikro-Thermometer für die Temperaturmessung einzelner lebender Zellen entwickelt. Die Spitze hat einen Durchmesser von 1 Mikrometer, was einem Fünfzigstel der Stärke eines Menschenhaares entspricht.

Größtes Barometer, 13 m hoch und mit Öl gefüllt, wurde 1991 von Allan Mills und John Pritchard, Universität Leicester (GB), konstruiert. 12,2 m entsprechen auf ihm den Normaldruck von 760 mm Quecksilber beziehungsweise 1013 Millibar.

Der höchste anhaltende Labordruck beträgt 170 GPa. Das meldeten im Juni 1978 Wissenschaftler des geophysikalischen Laboratoriums des Carnegie-Instituts in Washington. Momentane Drücke von 7000 GPa wurden, wie 1958 aus den USA berichtet, mit Hilfe dynamischer Methoden und Aufschlaggeschwindigkeiten von 29 000 km/h erreicht.

Das höchste Vakuum (Ultrahochvakuum), das auf experimentellem Wege erzeugt wurde, betrug etwa $1,3 \cdot 10^{-12}$ Pa und wurde im Thomas J. Watson-Forschungsinstitut der IBM, Yorktown Heights, New York (USA), im Oktober 1976 mit einer Kryopumpe bei Temperaturen bis zu -269°C erzielt. Das entspricht etwa der »Verdünnung« von baseballgroßen Molekülen von einem Abstand von 1 m auf 80 km.

Die rascheste Zentrifuge: Die höchste künstlich erzeugte Drehzahl und damit die größte Rotationsgeschwindigkeit, die bisher erreicht werden konnte, von 7250 km/h wurde im Januar 1975 an der Universität Birmingham (GB) bei Experimenten mit einem konischen, 15 cm langen Kohlefaserstab erzielt, der in einem Vakuum herumgewirbelt wurde.

Der Fallturm in Bremen hat im Frühjahr 1990 seinen Betrieb aufgenommen. Technologische und wissenschaftliche Experimente unter den Bedingungen der Schwerelosigkeit können in dem 146 m hohen Turm unter Verwendung einer speziellen Kapsel erprobt werden. Sie fällt in einer 110 m langen Röhre von 3,5 m Durchmesser herab. Während des freien Falls herrscht für 4,5 Sek. eine Mikrogravitation.

Das leistungsfähigste Mikroskop dürfte das Scanner-Tunnelmikroskop sein, das 1981 in den Züricher IBM-Laboratorien entwickelt wurde. Es verfügt über eine 100millionenfache Vergrößerung und kann noch Größen von einem Hundertstel eines Atomdurchmessers (3×10^{-10} m) auflösen.

Das stärkste Ultraschallmikroskop, für dessen Bau die Stanford-Universität Kalifornien (USA) im März 1980 eine Lizenz an die Firma Leitz in Wetzlar (HE) vergeben hat, arbeitet nach dem Prinzip, Objekte, die mit bloßem Auge nicht wahrnehmbar sind, mit Schallwellen sehr hoher Frequenz – 500 Mio.-1 Mrd. Schwingungen in der Sek. – abzutasten, die am Objekt entstehenden Echosignale mittels eines piezo-elektrischen Transducers in elektrische Signale umzuwandeln und auf einem Bildschirm sichtbar zu machen.

Wissenschaftstechnik

Das kleinste Mikrofon wurde 1967 von Professor Ibrahim Kavrak von der Universität Istanbul (TR) für Druckmessungen in Flüssigkeitsströmungen entwickelt. Es hat einen Frequenzbereich von 10 Hz bis 10 kHz und mißt nur 1,5 x 0,76 mm

Die kleinste Pumpe der Welt wurde am Fraunhofer-Institut für Festkörpertechnologie in München entwickelt. Wie im April 1990 bekannt wurde, hat die Mikropumpe Abmessungen von 5 x 5 x 0,7 mm und ist damit kleiner als ein Pfennigstück. Die steuer- und regelbare Pumpe schafft trotz ihres geringen Volumens von nur 3 Mikroliter die beachtliche Leistung von 15 Milliliter/min. Die Basis dieser Mikropumpe ist ein Siliziumchip.

Die heißeste Flamme läßt sich mit Kohlensubnitrid (C_4N_2) erzeugen, das laut Berechnungen bei dem Druck von einem Bar eine Temperatur von 4988°C erzeugt.

Das stärkste Geräusch, das in einem Labor erzeugt wurde, waren 210 Dezibel oder 400 000 akustische Watt. Dieser Lärmrekord gelang der NASA im Oktober 1965 in einem Versuch auf einem 14,6 m langen Stahl- und Beton-Teststand mit 18 m tiefen Fundamenten in Huntsville, Alabama (USA). Mit dieser Lärmenergie kann man in feste Körper Löcher bohren.

Den stillsten Raum der Welt mit den Abmessungen 10,67 x 8,5 m hat das Laboratorium des Bell-Telephone-System-Konzerns in Murray Hill (USA). Es ist der echofreieste Raum der Welt. 99,98 Prozent des reflektierten Schalls werden ausgeschaltet.

Das längste Echo, das jemals in einem Gebäude beobachtet wurde, dauert 15 Sek. Es tritt nach dem Schließen der Tür der Kapelle des Mausoleums in Hamilton, Strathclyde, auf. Das Bauwerk entstand zwischen 1840 und 55.

Die exakteste Waage der Welt ist das Sartorius-Modell 4108 aus Göttingen. Mit dieser Waage können Gegenstände bis zu 0,5 g mit einer Genauigkeit von 0,01 µmg (gleich 0,00 000 001 g) gewogen werden, und dies ist kaum mehr als 1/60 des Gewichts der Druckerschwärze in dem Punkt am Ende dieses Satzes.

Geringste Viskosität: Das California Institute of Technology (USA) gab am 1. Dezember 1957 bekannt, daß flüssiges Helium II, das nur bei Temperaturen nahe dem absoluten Nullpunkt vorkommt (273,15°C), keine meßbare Zähflüssigkeit besitzt, mithin als reibungsfreie Flüssigkeit bezeichnet werden kann.

Geringste Reibung: Den geringsten statischen und dynamischen Reibungskoeffizienten aller Festkörper hat Polytetrafluoroethylen – PTFE – $[(-C_2F_4)n]$ mit 0,02. Es besitzt also ebensowenig Reibung wie nasses Eis auf nassem Eis. Die Massenfertigung begann 1943. Es wird u. a. in den USA und in der Bundesrepublik Deutschland als Teflon zur Beschichtung von Kochtöpfen und Pfannen benutzt.

In der Zentrifuge der Universität von Virginia (USA) dreht sich ein magnetisch gestützter **Rotor** von 13,6 kg mit 1000 U/s in einem Vakuum von $1,3 \times 10^{-4}$ Pa. Der Drehkörper verliert nur eine U/s am Tag, kann daher jahrelang weiterkreisen.

Langsamste Maschine: Eine Maschine zur Kontrolle von Korrosionsprozessen in der Kernenergietechnik führt eine Bewegung von nur einem Milliardstel Millimeter/min aus. Das entspricht etwa 1 m in rund 2 Mrd. Jahren. Das Geräte wurde von Nene Instruments in Wellingborough (GB) hergestellt.

Der stärkste elektrische Strom wird vom Zeus-Mehrfachkondensator im wissenschaftlichen Laboratorium von Los Alamos, New Mexico (USA), erzeugt. Seine 4032 Kondensatoren würden bei gleichzeitiger Zündung während einiger Mikrosek. zweimal soviel Strom erzeugen wie die Generatoren der ganzen Welt.

Die höchste Geschwindigkeit eines festen Gegenstands wurde mit 150 km/s mit einer Plastikscheibe im Marineforschungslabor im August 1980 in der US-Hauptstadt Washington erzielt.

Die höchste in einem Labor erzeugte Stromspannung war 32 ± 1,5 Mio. Volt am 17. Mai 1979 durch die National Electrostatics Corporation in Oak Ridge, Tennessee (USA).

Der stärkste Teilchenbeschleuniger ist das 2 km Durchmesser große Protonensynchrotron im Fermi-Laboratorium in Batavia, Illinois (USA). Am 14. Mai 1976 wurde ein Energiewert von 500 GeV erreicht. Am 3. Mai 1987 wurde erstmals eine Energie von 1,8 Tera-Elektronvolt ($1,8 \times 10^{12}$ eV) bei der Kollision von Protonen und Antiprotonen erzielt. Zu diesem Zweck mußten 1000 supraleitende Magneten mit Hilfe der größten 4500 l/h-Temperatur-Helium-Verflüssigungsanlage der Welt auf einer Temperatur von -268,8°C gehalten werden. Die Anlage ist seit dem 18. April 1980 in Betrieb.

Der größte Teilchenbeschleuniger der Welt wurde am 13. November 1989 im Europäischen Kernforschungszentrum CERN in Meyrin bei Genf offiziell in Betrieb genommen. Mit 27 km Umfang ist der »Große Elektronen-Positronen-Beschleuniger« (LEP) die leistungsfähigste Anlage ihrer Art und damit die größte wissenschaftliche Maschine. Sie ist in einem kreisförmigen Tunnel von 3,8 m Durchmesser untergebracht, der zwischen 50 und 150 m tief unter der Erdoberfläche verläuft und durch 18 Vertikalschächte zugänglich ist. Im Tunnel und seinen acht unterirdischen Arbeitsbereichen sind mehr als 60 000 t technischer Einrichtungen installiert.

Hohe Präzision war überall erforderlich: Die 3821 Magnete und 128 Beschleunigungsresonatoren, die die Elementarteilchen durch den Ring treiben, sind mit einer Genauigkeit von 1/10 mm angeordnet. Die »größte, je von Menschenhand gebaute Maschine« kostete rund 1,5 Mrd. DM.

Cosy, der weltweit modernste und leistungsfähigste **Protonenbeschleuniger** seiner Art, wurde am 1. April 1993 im Großforschungszentrum Jülich in Betrieb genommen. Cosy, die Abkürzung von *Cooler Synchrotron*, ist ein spezieller, hoch präziser Protonenbeschleuniger, der besonders gut gebündelte und in sich geordnete (*coole*) Protonenstrahlen erzeugen kann. Mit Cosy können spezielle Fragen hinsichtlich der Quarks und der Gluonen sehr viel genauer untersucht werden als in hochenergetischeren Beschleunigeranlagen mit ihren qualitativ »schlechteren« Protonenströmen.

Superbeschleuniger: Am 16. August 1983 beschloß das amerikanische Energieministerium die Planung für einen Superconducting Super Collider (SSC), der maximal 6 Mrd. Dollar kosten sollte. 2 Proton-Antiproton-Maschinen mit je 20 TeV sollten in dem 85 km Durchmesser aufweisenden Beschleuniger arbeiten. Als Standort wurde Waxahachie im amerikanischen Bundesstaat Texas bestimmt. Am 30. Januar 1987 gab die Regierung endgültig grünes Licht. Die Kosten stiegen dramatisch. Im Oktober 1993 hat der amerikanische Kongreß die Gelder für den bisher größten geplanten Beschleuniger ersatzlos gestrichen.

Der schwerste Magnet der Welt hat einen Durchmesser von 60 m, er wiegt 36 000 t und gehört zum 10-GeV-Synchrophasotron im Unionsinstitut für Kernforschung von Dubna in Moskau (Rußland).

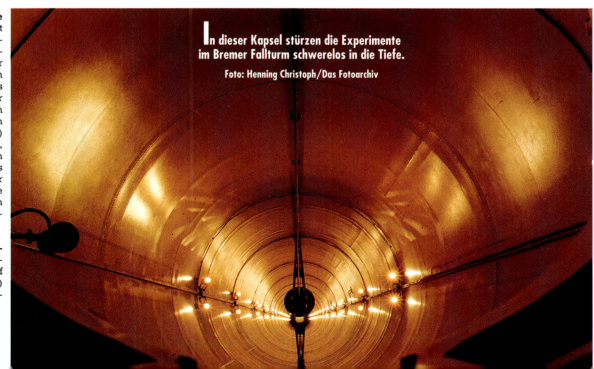

In dieser Kapsel stürzen die Experimente im Bremer Fallturm schwerelos in die Tiefe.
Foto: Henning Christoph/Das Fotoarchiv

Extrem starke Magnetfelder: Das stärkste – kontinuierlich aufrechterhaltene – Feld konnte mit 35,3 ± 0,3 Tesla am 26. Mai 1988 im Francis Bitter National Magnet Laboratory des MIT (USA) erzeugt werden. Eingesetzt wurde ein Hybrid-Magnet mit Holmium-Polen. Diese verstärkten das zentrale Feld des Hybrid-Magneten von 31,8 Tesla entsprechend.

Das schwächste Magnetfeld wurde im stark isolierten Versuchsraum des Francis-Bitter-Laboratoriums, Massachusetts Institute of Technology, Cambridge (USA), mit 8×10^{-15} Tesla gemessen. Die Einrichtung dient der Erforschung der äußerst schwachen Magnetfelder im Herzen und Gehirn.

Kleinster Roboter: Der kleinste Roboter der Welt ist der *Monsieur*, der von der japanischen Firma Seiko Epson 1992 entwickelt wurde. Das über Licht gesteuerte Gerät hat ein Volumen von weniger als 1 cm^3 und wiegt nur 1,5 g. Er besteht aus 97 Einzelteilen und kann sich mit einer Geschwindigkeit von 11,3 mm/s über 5 Min. bewegen. Der Roboter gewann einen Preis im Wettbewerb für das »Hügel-Erklimmen« von mikromechanischen Systemen.

Mikrorobotersystem. Im April 1991 stellte Toshiba, Tokio (Japan), erstmals ein Mikrorobotersystem vor, das Ende 1992 fertigungsreif wurde. Das »sechsfingrige« Aggregat ist in drei Ebenen beweglich und wird in Größen von 1 bis 20 mm hergestellt. Der Roboter soll vor allem im Umgang mit radioaktivem oder hochtoxischem Material eingesetzt werden.

Dünnstes Glas: Unter der Typenbezeichnung D263 stellt die Deutsche Spezialglas AG in Grünenplan ein Glas her, dessen minimale Stärke nur 0,025 mm beträgt, während es maximal nur 0,035 mm dick ist. Es findet in der Medizintechnik und Elektronik Anwendung.

Die kleinste Halogen-Glühlampe stellte OSRAM auf der Hannover Messe Industrie '94 vor. Der mit fünf bis 20 W angebotene Lampenzwerg ist kaum größer als eine Büroklammer. Eine neue Sockelgeometrie und ein besonders kleiner Glaskolben erlauben diese Miniaturisierung der Halogen-Glühlampe, die Halostar Starlite genannt wird.
Foto: dpa/Weihs

Feinster Schnitt: Die 13 Mio. Dollar teure Large Optics Diamond Turning Machine im Lawrence Livermore National Laboratory in Kalifornien (USA) soll, wie es im Juni 1983 hieß, in der Lage sein, ein menschliches Haar 3000mal der Länge nach zu spalten.

Stärkste Laserstrahlen: Die erste Beleuchtung eines anderen Himmelskörpers von der Erde aus gelang am 9. Mai 1962, als ein Lichtstrahl vom Mond reflektiert wurde. Dies gelang mit einem optischen Maser (Abkürzung für *microwave amplification by stimulated emission of radiation*) bzw. Laser (Abkürzung für *light amplification by stimulated emission of radiation*). Das System war an einem Teleskop von 122 cm Öffnung montiert, das vom MIT, Cambridge (USA), betrieben wurde. Es sandte ein Lichtbündel in Richtung Mond aus. Das ausgeleuchtete Gebiet auf dem Mond besaß einen Durchmesser von schätzungsweise 6,4 km.

Stärkster Laser: Theoretische Grundlagen sind bereits bei Albert Einstein (1879-1955) in einer Veröffentlichung aus dem Jahr 1917 zu finden. Die erste praktische Umsetzung war ein Gas-Maser, entwickelt 1954 von J. Gordon, H. Zeiger und C. Townes. Maser sind Mikrowellenverstärker, Laser Lichtverstärker. Der erste Laser wurde 1960 von Theodore Maiman am Hughes-Forschungslaboratorium (Kalifornien) gebaut. Unabhängig davon entwickelten die sowjet-russischen Physiker N. Bassov und A. Prokhorov einen funktionsfähigen Laser. Die Bezeichnung – eigentlich eine Abkürzung – stammt von Richard Gould.

Der leistungsfähigste Laser ist der NOVA im Lawrence Livermore Laboratorium, Kalifornien (USA). Seine zehn »Kanonen« können Laserpulse von 10×10^{13} W Leistung produzieren. Fokussiert auf ein sandkorngroßes Target in der kurzen Zeitspanne von 1×10^{-9} Sek., ist die Leistung 200mal größer als die kombinierte Output aller Kraftwerke in den Vereinigten Staaten. Nova hat eine Länge von 91 m und ist drei Stockwerke hoch.

Die hellsten künstlichen Lichtquellen sind Laserpulse, die im nationalen Forschungslabor von Los Alamos, New Mexico (USA), erzeugt werden. Im März 1987 teilte Dr. Robert Graham mit, daß ein extrem kurzer UV-»Blitz« von 1 Pikosek. (1×10^{-12} Sek.) Länge mit einer Leistung von 5×10^{15} W hergestellt wurde.

Die stärkste ständig leuchtende Lichtquelle hat Vortek Industries Ltd. aus Vancouver, British Columbia (Kanada), im März 1984 entwickelt: die 313 kW Argon-Hochdruck-Bogenlampe mit 1 200 000 Candela.

Die Lichtquelle mit der höchsten Leuchtdichte liefert die Xenon-Kurzbogenlampe XBO 500 W/R, die die Münchner Firma OSRAM GmbH 1954 entwickelt hat. Ihr Lichtbogen hat eine Leuchtdichte von 500 000 Candela/cm^2. Sie blendet viermal so stark wie die Sonnenoberfläche.

Kürzester Lichtblitz: Im April 1988 gelang es Charles V. Shank und seinen Mitarbeitern in den AT&T-Laboratorien in New Jersey (USA), einen Lichtblitz von nur 6 Femtosek. (6×10^{-15} Sek.) Dauer zu erzielen. Der Lichtblitz enthielt 3 oder 4 Wellenlängen des sichtbaren Lichts.

Die höchste direkt gemessene Frequenz bezieht sich auf ein sichtbares gelbes Licht. Gemessen wurde eine Frequenz von $5,202\,068\,085 \times 10^{14}$ Hz (520 Terahz). Dieser Wert wurde im Februar 1979 vom US National Bureau of Standards (Boulder) und dem kanadischen National Research Council Laboratory (Ottawa) bekanntgegeben. Er bezieht sich auf die o-Komponente der 17-1 P(62) Übergangslinie von Jod-127. Die höchste über eine Präzisionszeitmessung gemessene Frequenz ist grünes Licht mit 582,491703 Terahz für die b_{21}-Komponente der R(15) 43-0 Übergangslinie von Jod-127.

Das kleinste Loch: Löcher mit Durchmessern von 3,16 Angström (3.16×10^{-10} m) wurden mittels einer chemischen Methode in die Oberfläche von Molybdänsulfid gebohrt. Das Experiment mit Hilfe eines Quecksilber-Bohrers gelang am 17. Juli 1992 in München den Wissenschaftlern Wolfgang Heckl (Universität München) und John Maddocks (Universität Sheffield).

Der größte Windkanal der Welt ist ein Niedergeschwindigkeitskanal mit einer 12,19 x 24,38 m langen Meßstrecke. Er wurde 1944 im Ames-Forschungsinstitut Moffett Field, Kalifornien (USA), gebaut und kostete 7 Mio. Dollar (damals 28 Mio. DM). Der Kanal hat ein Fassungsvermögen von 800 t Luft und kann ein Maximal-Luftvolumen von 1,7 Mio. m^3 in der Min. bewegen. Am 30. Juli 1974 gab NASA bekannt, den Kanal auf 24,38 x 36,57 m für Geschwindigkeiten von 555 km/h mit einem System von 100 690 kW Leistung zu vergrößern.

Der stärkste Windkanal ist die 161 075-kW-Anlage des Arnold Engineering Test Center in Tullahoma, Tennessee (USA). Im September 1956 wurde der Windkanal in Betrieb genommen.

Die höchste Luftgeschwindigkeit mit einer Machzahl M27 wurde in einem Windkanal bei den Boeing-Flugzeugwerken in Seattle, Washington (USA), erzielt. Für Mikrosekunden wurden Werte von 30 Mach (36 735 km/h) in Stoßwellenröhren in der Cornell-Universität, Ithaca (USA), gemessen.

Dieser mikroskopisch kleine Ausschnitt aus dem von IBM und Siemens entwickelten Labormuster des 64-Megabit-Speicherchips realisiert Linienbreiten bis herunter zu 350millionstes Millimeter (0,35 µmm). Die entstehenden Strukturen sind von hohem ästhetischen Reiz und zeigen Teile der Zellenanordnung sowie Adressleitungen.

Foto: Siemens

NATURWISSENSCHAFT & TECHNIK

• Wissenschaftstechnik • Computer

◆ COMPUTER

Der erste Computer mit gespeichertem Programm war Mark I der Universität Manchester (GB), der die Williams-Röhre enthielt, die am 11. Dezember 1946 patentiert wurde. Sein erstes Programm, entwickelt von Professor Tom Kilburn (* 1921), lief am 21. Juni 1948 52 Min. lang.

Das Prinzip integrierter Schaltkreise, das Mikro-Miniaturisierung ermöglicht, wurde am 7. Mai 1952 von Geoffrey W. A. Dummer (* 1909) in Washington (USA) entwickelt.

Der Mikrocomputer wurde 1969-73 von M. E. Hoff jr. von der Intel Corporation in Zusammenhang mit der Fertigung des Chip-4004-Mikroprozessors entwickelt. Die Priorität wurde am 17. Juli 1990 jedoch überraschend Gilbert Hyatt (* 1938) zuerkannt. Er hatte zwischen 1968 und 71 einen Einchip-Mikrocomputer bei der kalifornischen Firma Micro Computer Inc. entwickelt, für den das US-Patent Nr. 4 942 516 erteilt wurde.

Schnellster Computer: Anfang 1992 wurde von der Firma Cray-Resarch ein Parallelvektorsystem auf den Markt gebracht. Der Supercomputer mit der Bezeichnung Y-MP C 90 verfügt über einen Zentralspeicher von 2 Gigabyte sowie über 16 CPU's. Daraus resultiert eine maximale Leistungsfähigkeit von 16 Mrd. Gleitkomma-Operationen/Sek. (16 Gigaflops).

Deutschlands schnellster und größter Supercomputer hat Anfang Januar 1994 bei der Deutschen Forschungsanstalt für Luft- und Raumfahrt in Göttingen seinen Betrieb aufgenommen. Es handelt sich um das japanische Gerät NEC SX-3 Model 14R, bei dem die Zugriffszeiten auf den Hauptspeicher nur 20 Nanosekunden betragen. Die Zentraleinheit ist mit vier sogenannten Pipeline-Sets ausgestattet, die mit insgesamt 6,4 Gigaflops arbeiten. Das sind 6,4 Mrd. Fließkomma-Operationen pro Sekunde.

Schnellster Neuro-Computer: Im Januar 1993 stellte Siemens den Neuro-Computer Synapse 1 vor, der in der Lage ist, sehr viele Informationen parallel von einem Netzwerk aus künstlichen Neuronen zu verarbeiten – ähnlich wie das menschliche Gehirn. Synapse 1 kann 5 Mrd. Verknüpfungen pro Sek. zwischen den künstlichen Neuronen herstellen, ein Weltrekord.
Der Neuro-Computer basiert auf speziellen Chips, die jeweils auf einer Fläche von 187 mm^2 610 000 Transistoren enthalten. In Synapse 1 sind 8 dieser Chips integriert.

Schnellster Chip: Wissenschaftler des Siemens-Forschungszentrums und der Ruhr-Universität Bochum haben einen Chip entwickelt, der in einer Sekunde eine Datenmenge von 40 Mrd. Bit verarbeiten kann. Das wurde im Februar 1993 bekannt. Damit ließen sich der Text von mehr als 2 Mio. Schreibmaschinenseiten oder rund 600 000 digital kodierte Telefongespräche mit Glasfaserkabeln übertragen. Allerdings dürfte der neue Chip erst in etwa zehn Jahren anwendungsreif sein. Er basiert auf der Silizium-Technologie, der man so hohe Geschwindigkeiten noch nicht zugetraut hatte.
Der schnellste im praktischen Einsatz befindliche Chip ist der 1991/92 von DIGITAL entwickelte 64-Bit-Prozessor Alpha, der mit Taktfrequenzen bis zu 200 Mhz arbeiten kann. Der Alpha-Chip kann in modernen PCs mit dem neuen Windows-NT (Microsoft) und in Großrechnern eingesetzt werden.

Das kleinste Text-Verarbeitungssystem der Welt, Easi-Text 1350, wurde im April 1986 von Minimicro in Huntington, Yorkshire (GB), vorgestellt. Es basiert auf dem Sharp PC-1350-Computer mit den Maßen 182 x 72 x 16 mm und dem kompletten System einschließlich einem Epson-P-80-Drucker im Format DIN A 4. Es paßt in jeden handelsüblichen Aktenkoffer.

Das kleinste Modem der Welt wurde von der Firma RAD in Tel Aviv (Israel) entwickelt. Das Gerät mit der Bezeichnung SRM-3A ist 61 mm lang, 31 mm breit, 19,8 mm hoch und wiegt nur 31 g.

Bis zu 40 Mrd. Informationen können diese Siliziumschaltkreise in einer Sekunde verarbeiten. Sie werden für die Übertragung von Telefongesprächen und digitaler Fernsehprogramme über eine einzige Glasfaserleitung gebraucht.
Foto: Siemens

Schnellster Chip

Die drei Elektronikkonzerne Siemens, Toshiba und IBM wollen den Hochleistungsspeicher der übernächsten Generation, den 256-Megabit-Chip, gemeinsam entwickeln. Die Kosten der Entwicklung bis zur Produktionsreife werden auf rund 1 Mrd. Dollar geschätzt. Teams aus den drei Unternehmen haben inzwischen die Arbeit im Advanced Technology Center (ASTC) nahe New York aufgenommen. Eine wichtige Rolle wird hier die sogenannte Röntgenstrahl-Lithographie spielen, die neue Fertigungstechnik, mit deren Hilfe extrem feine Strukturen auf den Chip geätzt werden können. Der zu entwickelnde Super-Chip bietet eine Speicherkapazität von rund 25 000 Schreibmaschinenseiten.
Bei Endprodukten und Systemen werden die drei Kooperationspartner jedoch weiterhin in hartem Wettbewerb zueinander stehen.

Das größte Notebook, ein überdimensionales Bildschirmgerät, können die Besucher der am 7. November 1993 neueröffneten, ganzjährigen Deutschen Arbeitsschutzausstellung (DASA) in Dortmund bewundern. Das 3,71 x 2,73 m große Notebook mit beweglichen Tasten und Farb-LC-Display wurde fast 100prozentig dem Original, einem Mitsubishi Apricot NT 386SL, nachempfunden. Das 12,5fach vergrößerte Exponat ist mit seinen 1,2 t so schwer wie ein Mittelklassewagen. Mit ihrem »Riesenbaby« will Mitsubishi demonstrieren, daß trotz technischen Fortschritts der Mensch immer im Mittelpunkt der Aktivitäten Mitsubishis stehen wird.
Foto: Mitsubishi Electric Europe GmbH

◆ BOHRUNGEN UND BERGBAU

Die kontinentale Tiefbohrung Deutschlands nahe dem Ort Windischeschenbach in der Oberpfalz hat zum 1. Juni 1994 eine Tiefe von 8700 m erreicht. Die Temperatur beträgt hier 260°C. Wenn das Bohrtempo von 2 m pro Std. gehalten werden kann, könnte das angestrebte Ziel, die Tiefe von 10 000 m und einen Temperaturbereich von etwa 300°C, im letzten Quartal 1994 erreicht werden. Seismische Messungen in dieser Tiefe zeigen eine hohe Bebenaktivität. Die relativ schwachen, aber häufigen Beben dringen jedoch nicht bis an die Oberfläche.

Das tiefste Eisbohrloch mit 3008 m liegt in Grönland. Diese Tiefe wurde nach fünfjähriger Bohrtätigkeit von amerikanischen Experten im Juni 1993 erreicht. Nur 30 km davon entfernt haben europäische Techniker eine Bohrtiefe von 2980 m erzielt. Damit wurden Eisschichten erreicht, die vor 250 000 Jahren entstanden sind. Die gewonnenen Eiskerne aus den beiden Bohrungen dienen dazu, Aufschlüsse über Klimawechsel, Vulkanaktivitäten und Entwicklungen in der Atmosphäre im Verlauf der jüngeren Erdgeschichte zu gewinnen.

Die tiefste Bohrung im Meeresboden - nämlich 1740 m - gelang *Glomar Challenger,* einem Tiefseebohrschiff eines amerikanischen Unternehmens, an der Nordwestküste Spaniens im Jahr 1976, und die tiefste Bohrstelle liegt 7034 m unter der Wasseroberfläche im Marianengraben (Mai 1978).

Die größte Bohrlänge, die innerhalb eines Monats erreicht werden konnte, war 10 477 m. Dieser Rekord wurde im Juni 1988 aufgestellt, als die Firma Harkins & Company in McMullen County, Texas (USA), vier Bohrungen niederbrachte.

Den größten Braunkohletagebau der Welt erschließt die Rheinische Braunkohlenwerke AG seit 1979 im Hambacher Forst westlich von Köln, zwischen Düren, Jülich und Bergheim. Auf einer Fläche von 35 km^2 soll die riesige Braunkohlengrube bis zum Jahr 2000 470 m tief werden. Man schätzt, daß in diesem Gebiet insgesamt 2,4 Mrd. t Braunkohle lagern, die bis zum Jahr 2040 abgebaut sein werden. Seit Mitte 1984 wird die erste Kohle gefördert.

Der tiefste Wasserschacht der Welt liegt in der Rosebud County in Montana (USA). Er ist 2231 m tief und wurde im Oktober/November 1961 von der Firma Great Northern Drilling Co. Inc. gebohrt. Die Thermal Power Co. bohrt in der Sonoma County von Kalifornien schon seit 1955 nach Wasser und ist jetzt in 2752 m Tiefe.

Der größte Erdölproduzent der Welt war 1993 Saudi-Arabien mit 8,198 Mio. Barrel pro Tag.

Den höchsten Erdölverbrauch hatten die USA mit 781 Mio. t im Jahr 1992, das entspricht 25 Prozent des Weltverbrauchs.

Die größte Erdölraffinerie der Welt ist die Petroleos de Venezuela S. A. in Judibana, Falcón (Venezuela). Sie produziert täglich 530 000 Barrel Rohöl.

Das größte Ölfeld der Welt, das Ghawarfeld in Saudi-Arabien, wurde von Aramco erschlossen und mißt 240 x 35 km.

Die tiefste Bohrung in der Nordsee schaffte am 11./12. Juni 1986 das in Großbritannien gebaute Bohrschiff *Sovereign Explorer.* Dabei stieß die Scotdrill Offshore Company, eine Firma aus Aberdeen, die im Auftrag von Chevron Petroleum bohrte, 795,8 m weit vor.

Der größte Erdgasproduzent ist Rußland. 1991 (damals noch UdSSR) wurden 811,6 Mrd. m^3 gefördert. An zweiter Stelle liegen die USA mit 526 Mrd. m^3 (1990). Als größter europäischer Erzeuger liegt Großbritannien mit 55 Mrd. m^3 auf dem 5. Platz.

Das größte Erdgasdepot der Welt ist das von Urengoi (Rußland). Bei Bedarf könnte es über 6 Pipelines jährlich 200 000 Mio. m^3 liefern. Sichere Reservekapazität: 7 000 000 Mio. m^3. Der billionste (10^{12}) Kubikmeter Erdgas ist am 23. April 1986 gefördert worden.

Das größte Offshore-Erdgasfeld der Welt befindet sich im nördlichen Eismeer. Vor der Küste von Murmansk, rund 400 km entfernt, lagern schätzungsweise 3-4 Billionen m^3 abbauwürdiges Erdgas. Allerdings dürfte die technische Umsetzung Schwierigkeiten bereiten, denn die Barentsee, in der man abbauen müßte, ist über lange Zeit des Jahres mit Eis bedeckt.

Die schwerste Ölplattform der Welt ist die *Pampo*-Plattform im Campos-Becken vor Rio de Janeiro (Brasilien). Sie wiegt 24 100 t und hat eine Fläche von 3000 m^2. Sie produziert 30 000 Barrel Rohöl pro Tag. Die von der Pe-

NATURWISSENSCHAFT & TECHNIK

• Bohrungen und Bergbau

trobrás seit den siebziger Jahren betriebene Plattform ist – vom Meeresboden gemessen – 115 m hoch.

Die höchste Ölplattform der Welt ist die *Auger*-Plattform, die auf hydraulischen Stützsäulen im Golf von Mexiko steht. Die von Shell entwickelte Bohrinsel stellt sowohl für die Bohrtiefe als auch für die Produktionsmöglichkeiten neue Rekorde auf. Sie erhebt sich 872 m vom Meeresboden bis zur Wasseroberfläche.

Der größte Erdölausbruch, ereignete sich am 26. August 1956 an der Bohrstelle Alborz Nr. 5 bei Qum (Iran). Die Fontäne erreichte eine Höhe von 52 m, wobei täglich 120 000 Barrel Rohöl mit einem Druck von 62 055 kPa ausströmten. Erst 90 Tage später gelang es B. Mostofi und Myron Kinley, Texas (USA), das Bohrloch zu schließen.

Beim Ölausbruch am Lake View Bohrloch Nr. 1, Kalifornien (USA), am 15. März 1910 sind vermutlich in den ersten 24 Std. 125 000 Barrel freigesetzt worden.

Der größte Ölverlust bei Bohrungen ereignete sich bei Unterwasserbohrungen im Golf von Campeche (Golf von Mexiko). In der Zeit vom 3. Juni bis 5. August 1979 breitete sich die Öllache über 640 km aus. Am 24. März 1980 gelang es, den Ölaustritt zu stoppen. Bis dahin waren bereits 500 000 t Öl ins Meer geflossen.

Der größte Ölverlust beim Transport war das Auslaufen von 236 000 t Öl aus den Supertankern *Atlantic Empress* und *Aegean Captain*, als sie am 19. Juli 1979 auf der Höhe der westindischen Insel Tobago zusammenstießen.

Die erste beabsichtigte großflächige Ölverschmutzung wurde am 19. Januar 1991 vom irakischen Präsidenten Saddam Hussein angeordnet. Rohöl wurde von verschiedenen Terminals, Bohrinseln und 7 Tankern in den Persischen Golf gepumpt. Etwa 816 000 t sind so in die See gelangt und haben schwere ökologische Schäden verursacht.

Erdgasfeuer: Das größte Erdgasfeuer brach am 13. November 1961, 9 Uhr 30, bei Gassi Touil in der algerischen Sahara aus. Mit Flammen bis zu 137 m und Rauch bis zu 182 m Höhe brannte das Gas bis zum 28. April 1962. Es wurde von Red Adair (* 1916) mit 245 kg Dynamit gelöscht. Der Texaner erhielt dafür 1 Mio. Dollar plus Unkosten.

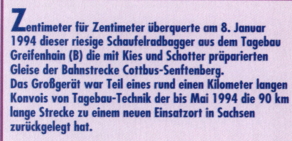

Zentimeter für Zentimeter überquerte am 8. Januar 1994 dieser riesige Schaufelradbagger aus dem Tagebau Greifenhain (B) die mit Kies und Schotter präparierten Gleise der Bahnstrecke Cottbus-Senftenberg.
Das Großgerät war Teil eines rund einen Kilometer langen Konvois von Tagebau-Technik der bis Mai 1994 die 90 km lange Strecke zu einem neuen Einsatzort in Sachsen zurückgelegt hat.

Foto: ZB/Rainer Weisflog

Von den brennenden Ölfeldern Kuwaits steigt eine Rauchfahne auf, die sich als dunkler Streifen fast 1000 km weit über saudiarabisches Gebiet erstreckt. Das Bild veranschaulicht, wie genau sich mit den Instrumenten an Bord *ERS-1* Umweltkatastrophen aus dem Weltraum beobachten lassen.

Foto: ESA/NASA

◆ ENERGIE

Die älteste Dampfmaschine ist die Smethwick-Maschine, die im Jahr 1779 gebaut wurde und deren Entwurf auf James Watt zurückgeht. Sie war bis 1891 in Smethwick in Betrieb und kam 1960 in ein Museum nach Birmingham, wo sie von Zeit zu Zeit in Gang gesetzt wird.

Die älteste Dampfmaschine in betriebsfähigem Zustand, die noch an ihrem ursprünglichen Standort steht, wurde 1812 von Boulton & Watt gebaut. Sie hat eine Leistung von 26 PS, einen Hub von 107 cm und wird noch immer als Balancier-Dampfmaschine auf dem Kennet & Avon-Kanal bei Great Bredwyn, Wiltshire (GB), eingesetzt. 1971 wurde sie von der Crofton Society restauriert und von Zeit zu Zeit in Betrieb genommen. Die erste Dampfmaschine Deutschlands wurde 1799 in der Königlichen Porzellanmanufaktur in Berlin aufgestellt. 25 Jahre lang, bis 1824, arbeitete diese »Feuermaschine«.

Die größte Einzylinder-Dampfmaschine aller Zeiten wurde von Matthew Loam aus Cornwall (GB) entworfen und von der Hayle Foundry Company 1849 gebaut. Sie diente zur Bodenentwässerung in Haarlem (NL). Der Zylinder mit einem Durchmesser von 3,65 m war so konstruiert, daß jeder Hub (Höhe 3,65 m) 61,1 t Wasser entziehen konnte.

Die effektivste Dampfmaschine war die 1840 von Michael Loam für die United Mines in Gwennap, Cornwall (GB), gebaute Taylor's Maschine. Sie verbrauchte nur 771 g Kohle pro PS/h.

Der erste Atommeiler der Welt wurde auf einem nicht mehr benutzten Squash-Platz auf dem Sportgelände Stagg Field der Universität von Chikago, Illinois (USA), gebaut. Am 2. Dezember 1942 um 15 Uhr 25 Ortszeit wurde er kritisch.

Die kleinste Dampfmaschine der Welt ist ein Produkt der Mikrotechnologie. Sie wurde von einem Forscherteam um Jeff Sniegowski von den staatlichen Sandia-Laboratorien (New Mexico) entwickelt. Sie ist nur 50 Mikrometer lang und besitzt einen Kolben, der nur 12 Mikrometer Durchmesser aufweist. Die winzige Maschine ist nur unter dem Mikroskop zu erkennen. Sie besteht aus Silizium und wird mit Verfahren hergestellt, die bei der Produktion von Mikrochips üblich sind. Anwendungsmöglichkeiten sieht der Erfinder in der Operationstechnik bei höchster Anforderung an die Präzision oder bei mikroskopisch genauen Montagearbeiten.

Das größte Kraftwerk der Welt ist das Itaipu-Kraftwerk am Paraná (zwischen Brasilien und Paraguay) liefert seit 25. Oktober 1984 Energie und erzeugt zur Zeit aus 18 Turbinen 12 600 MW (projektiert sind 13 320 MW). Die Kosten für das 1975 begonnene Mammutprojekt: 11 Mrd. Dollar (27 Mrd. DM). Der Bau eines 20 000-MW-Kraftwerks in Turuchansk an der unteren Tunguska (Rußland) wurde im Februar 1982 angekündigt, ist aber noch immer nicht realisiert worden.

Das **1800-MW-Pumpspeicherkraftwerk in Dinorwig** (GB) ist mit einer Gefällhöhe von 530 m und einer Kapazität von 390 m³/s das größte Europas. 1984 wurde die Anlage mit einer Kapazität von 1681 MW für 425 Mio. Pfund (1,38 Mrd. DM) fertiggestellt.

Das größte kohlebeheizte Kraftwerk der Welt nahm im Mai 1982 in Ekibastuz (Kasachstan) die Stromerzeugung auf.

Das erste Strom produzierende Atomkraftwerk der Welt war die Anlage EBR-81 in den USA am 20. Dezember 1951. In Großbritannien arbeitete als erstes Calder Hall (Einheit 1) am 27. August 1956.

Das weltgrößte Atomkraftwerk ist mit zehn Reaktoren und einer Leistung von 8814 MW die Anlage in Fukushima (Japan).

Der größte Reaktor zur Energiegewinnung steht in der Anlage CHOOZB 1 in Frankreich. Er ist seit Ende 1991 mit einer Leistung von 1455 MW in Betrieb. Der Reaktor ist Teil eines größeren noch nicht fertiggestellten Komplexes. Der größte einzelne Kernreaktor erzeugt im Ignalina-Kraftwerk in Litauen 1380 MW und wurde im Januar 1984 in Betrieb genommen.

Das erste Strohkraftwerk Deutschlands ging am 7. Oktober 1993 ans Netz. Es steht in Schkölen in der Nähe von Jena (TH). Das Heizkraftwerk wurde für 9,5 Mio. DM gebaut und arbeitet kostengünstig: 3 kg Stroh erzeugen genausoviel Wärme wie 1 l Heizöl; das Stroh kostet aber 8 Pfennig weniger. Die anfallende Asche wird als hochwertiger Dünger in der Landwirtschaft genutzt.

Die größte Kernkraftwerkanlage in Deutschland ist Biblis am Rhein in der Nähe der Stadt Worms. Mit seinen beiden Kraftwerkblöcken Biblis A und B kommt es auf eine Nettoleistung von 2386 MW. Die größte Strommenge aller 20 Kraftwerke produzierte 1985 das Kernkraftwerk Grohnde mit 11,48 Mrd. kWh.

Das größte Solarkraftwerk, »Solar One«, mit einer Leistung von 10 MW hat im April 1982 bei Daggett, Kalifornien (USA), seinen Betrieb aufgenommen. Es besteht aus 1818 Hohlspiegeln, die das Sonnenlicht auf einen Sammelpunkt auf einem 77,7 m hohen Turm konzentrieren.

Das größte Solarkraftwerk Europas mit einer Leistung von maximal 500 kW steht im Berner Oberland auf dem Mt. Solei und lieferte im April 1992 den ersten Strom in das Netz der Schweiz. Auf dem Areal von 20 000 m² ist eine Solarzellenfläche von 4500 m² installiert worden, bestehend aus 10 560 Modulen mit monokristallinen Zellen.

Mit dem Projekt der Siemens Solar Industries in Kalifornien sollen vor allem neue Verfahren beim Aufbau des Solarfeldes erprobt werden. Die Baukosten für das Kraftwerk betragen umgerechnet 9,5 Mio. DM.

Eines der acht Kraftwerke, die ihre Energie von Sonnenenergiefarmen der LUZ in der kalifornischen Mojave-Wüste beziehen.
Foto: Hank Morgan/Science Photo Library

Energie

Der größte Sonnenofen der Welt ist LUZ. Er steht in der kalifornischen Mojave-Wüste und betreibt die neun größten Solar-Elektrogeneratoren der Welt (SEGS). Hier wird allein 92 Prozent des derzeit weltweit erzeugten Solarstroms produziert, etwa 354 MW. In einer weiteren Ausbaustufe soll bis 1994 die Leistung auf 675 MW erhöht werden.

Das solarthermische Kraftwerk der Packerland Packing Co. in Green Bay, Wisconsin (USA), für 30 Mio. Dollar (75 Mio. DM) im Januar 1984 fertiggestellt, umfaßt 9750 Kollektoren mit je 1,21 x 2,43 m und einer Gesamtfläche von 28 985 m². Seine Maximalleistung beträgt 3,2 MW.

Super-Solarzelle: Einen Weltrekord in der Umwandlung von Sonnenenergie in elektrischen Strom mit Silizium meldet die Firma Kyocera. Mit einer 15 x 15 cm großen Zelle aus polykristallinem Silizium – einem relativ billigen Ausgangsmaterial – wurde ein Wirkungsgrad von 16,4 Prozent erreicht. Die Leistungsverbesserung wurde durch die Verminderung der Reflexionsverluste beim Lichteinfall auf die Zelle ermöglicht.

Die größten Dampfkraftwerke wurden mit einer Kapazität von 1330 MW von der amerikanischen Babcock & Wilcox Company in den USA errichtet. Ihre Dampfturbinensätze werden von 4,232 Mio. kg/h Dampf angetrieben.

Generatoren in der Größenordnung von 2000 MW befinden sich in den USA und in Großbritannien noch im Planungsstadium. Der größte ist ein 1450-MW-Turbogenerator im Ignalina-Atomkraftwerk in Litauen.

Die größten hydraulischen Turbinen, ausgelegt für 815 MW, messen 9,7 m im Durchmesser. Der Läufer (der für die Energieumwandlung sorgt) wiegt 407 t, die Antriebswelle 317,5 t. Die Riesenturbinen wurden von der Firma Allis-Chalmers im dritten Kraftwerk am Grand Coulée im US-Staat Washington installiert.

Die größte Gasturbine der Welt, der Typ GT 13 E der BBC Brown Boveri AG, verfügt über eine Maximalleistung von 140 MW. Die erste Maschine wird zur Zeit in den Niederlanden installiert, um den Gesamtwirkungsgrad eines ebenfalls von BBC gebauten 500-MW-Dampfkraftwerks (Hemweg 7) auf mehr als 46 Prozent zu erhöhen.

Die kleinste Gasturbine hat einen Kompressor und Schaufelblätter von 5 cm Größe. Sie wurde von Geoff Knights in London gebaut und arbeitet mit 50 000 Umdrehungen/min.

Eine mikroskopisch kleine Turbine, deren Durchmesser nur etwa doppelt so groß wie der eines Haares ist, haben Ingenieure am Kernforschungszentrum Karlsruhe entwickelt. Das winzige Gerät, es wurde mit Verfahren aus der Mikroelektronik entwickelt, läßt sich zum Beispiel dazu nutzen, den Durchsatz kleiner Gas- und Flüssigkeitsmengen zu messen.

Das größte Gasturbinenwerk Österreichs hat seit 1975 Wien. Das Werk hat eine Leistungskapazität von 100 MW.

Die größte konventionelle Wärmekraftwerkanlage Deutschlands ist das Kraftwerk Scholven (Gelsenkirchen) mit einer Gesamtleistung von 3700 MW.

Was eine Kilowattstunde (kWh) alles schafft: Sie kostet im Durchschnitt 27 Pfennig. Damit kann man eine Modelleisenbahn 100 Std. betreiben, das Radio 15-20 Std. 1 kWH bohrt 300 Löcher mit der Bohrmaschine, putzt sieben Jahre lang dreimal täglich die Zähne und rasiert zwei Jahre lang mehr oder weniger kräftige Bartstoppeln. Die »Maschine« Mensch setzt etwa 1 kWh beim Nachtschlaf um.

Höchste Arbeitsverfügbarkeit: Nach der Inbetriebnahme am 15. Oktober 1972 erreichte der 300-MW-Monoblock A im Braunkohlenkraftwerk Neurath der Rheinisch-Westfälischen Elektrizitätswerke AG am 28. Februar 1985 nach nur 108 484 Kalenderstunden die 100 000ste Betriebsstunde und erzielte eine Arbeitsverfügbarkeit von 93,23 Prozent.

Als größte Einphasentransformatoren der Welt gelten die acht von der American Electric Power Service Corporation betriebenen Transformatoren mit einer Leistung von je 1 500 000 kVA. Fünf von ihnen können von 765 auf 345 kV heruntertransformieren.

Der kleinste Weihnachtsbaum der Welt erstrahlte im Dezember 1993 unter dem Mikroskop. Wissenschaftler der Technischen Universität Delft (NL) hatten entdeckt, daß Silizium unter bestimmten Bedingungen auch Licht abgeben kann. Um diesen Effekt zu demonstrieren, formten die Techniker mit Chip-Technologie einen 0,001 mm großen Weihnachtsbaum mit leuchtendem Rand.

Die höchste Stromleitung erstreckt sich über die Meerenge von Messina. Die Masten sind 205 m (auf der sizilianischen Seite) und 224 m (in Kalabrien) hoch und stehen 3627 m weit auseinander.

Die höchste durch Fernleitungen beförderte Stromspannung beträgt 1230 kW, die über 1970 km durch die Pacific Inter-tie in den USA transportiert werden. Es handelt sich um eine Gleichstrom-Fernleitung. Eine vom Kraftwerk Ekibastuz (Kasachstan) abgehende Gleichstromleitung soll 1500 kV über 2400 km transportieren.

Windenergie im Kommen: In Deutschland sind seit 1989 rund 1000 Windkraftanlagen mit einer Leistung von insgesamt 110 Megawatt installiert worden. Damit könnte der Strombedarf von etwa 50 000 Haushalten gedeckt werden.

Das größte Windrad Deutschlands ist der *Aeolus II* mit einer Leistung von 3 MW. Die Betreibergesellschaft Preußen Elektra rechnet bei mehr als 2000 Vollaststunden mit »Ernten« bis zu 7 Mio. Kilowattstunden.

Der Windenergie-Generator MOD-5A an der Nordküste von Oahu, Hawaii (USA), erzeugt bei Windgeschwindigkeiten von 51,5 km/h rund 7300 kW. Die Rotoren haben eine Länge von 122 m. Mit der Installation der Anlage wurde 1984 begonnen.

Das erste Aufwindkraftwerk der Welt wurde im Juni 1982 rund 150 km südlich von Madrid in Betrieb genommen. In dem 200 m hohen »Sonnenkamin«, stieg die unter einem 50 000 m² großen Foliendach erwärmte Luft nach oben und trieb eine Turbine an. Im Winter 1988/89 wurde das Kraftwerk durch einen Sturm völlig zerstört.

Eine Nahaufnahme der computergesteuerten Parabolspiegel des größten Sonnenkraftwerks der Welt. Sie folgen dem Lauf der Sonne und lenken das Licht auf Rohre, die mit synthetischem Öl gefüllt sind. Das bis auf 391°C erhitzte Öl erzeugt seinerseits den Wasserdampf, mit dem die Dampfturbinen von fünf Elektrizitätswerken angetrieben werden.

Foto: Hank Morgan/Science Photo Library

◆ MASCHINENBAU

Die leistungsfähigsten Produktionsmaschinen sind Schmiedepressen in den USA. Die Loewy-Gesenkschmiedepresse, die in einem Werk der Wyman-Gordon Company in North Grafton, Massachusetts (USA), steht, wiegt 9469 t und ist 34,79 m hoch; 20,1 m der Maschine sind unter der Erde installiert. Sie hat eine Nennleistung von 44 600 t. Sie ging im Oktober 1955 in Betrieb. Eine ähnliche Maschine steht im Werk der Aluminium Company of America in Cleveland, Ohio (USA).
Die Bêché-und-Grohs-Schmiedehämmer, hergestellt in Deutschland, haben eine Nennleistung von 60 000 t.

Die größte Drehmaschine der Welt ist die 40,7 m lange, 433 t schwere Drehmaschine, die von der Fa. Hoesch Maschinenfabrik Deutschland AG in Dortmund im Jahr 1987 gebaut und an die Fa. NEI Parsons Ltd. in Newcastle (GB) geliefert wurde. Auf der Drehmaschine werden Werkstücke mit einem Durchmesser von 5,1 m bis zu und einem Gewicht von 300 t bearbeitet.

Die stärksten Dieselmotoren wurden bei Sulzer in Winterthur (CH) für die Containerschiffe der American President Lines konstruiert. Die Einheiten mit der Bezeichnung 12RTA84 haben je 12 Zylinder und produzieren bei 95 Umdrehungen/min 41 920 kW. Das erste Schiff mit diesem Motor, die *President Truman*, wurde im April 1988 in Dienst gestellt.

Den größten Schaufelradbagger der Welt baute 1978 die Firma O & K Orenstein & Koppel, Lübeck (SH). Vier Bagger dieser neuen Generation sind für den Aufschluß des größten Tagebaus der Welt, des Tagebaus Hambach der Rheinischen Braunkohlenwerke, eingesetzt. Jedes Großgerät wiegt 13 500 t und hat eine Motorleistung von 16 600 kW. Er kann 240 000 m³ gewachsenen Boden in einer Arbeitszeit von 24 Std. fördern. Der Baggergigant ist 85 m hoch und fast 222 m lang und kann von nur fünf Bedienungskräften geführt werden.

Der größte Hydraulikbagger der Welt wird von der gleichen Firma hergestellt. Sein Gewicht: 475 t, Antriebsleistung: 1730 kW, Schaufelinhalt: 30 m³. Nicht minder eindrucksvoll ist die 23 m³ fassende Schaufel des 500 t schweren Hydraulikbaggers H 485 von Mannesmann-Demag. Der Stahlgigant ist 2164 PS stark, bringt es auf eine Reichweite von 18,8 m und eine Höhe von 20,3 m. Im Juli 1986 hatte er seine Premiere, er ist für den Kohle- und Erzabbau in Schottland bestimmt.

Der größte Schleppschaufelbagger der Welt, der ES-25 (100) mit einem 100 m langen Ausleger und einem Fördergefäß mit einem Fassungsvermögen von 24 m³ befindet sich im Ural-Maschinenwerk in Jekaterinburg (früher Swerdlowsk, Rußland). Er wurde im März 1962 fertiggestellt.

Der weltgrößte Löffelbagger, der *Marion 6360*, hat eine Reichweite von 72,16 m, eine Ladehöhe von 46,63 m, ein Fassungsvermögen von 138 m³ und wurde 1963 von der Marion Power Shovel Company, Ohio (USA), gebaut. Der Baggerriese wiegt 11 Mio. kg und benötigt zum Betrieb seines 67,2 m langen Auslegers 20 Elektromotoren, die 45 000 PS erzeugen. Er wird im Kohletagebau nahe Percy, Illinois (USA), eingesetzt.

Der größte fahrbare Kranschürfbagger ist *Big Muskie*, der Bucyrus Erie 4250 W, mit einem Gesamtgewicht von 12 192 t und einem Eimerfassungsvermögen von 168 m³ an einem 94,4 m langen Ausleger. Diese Maschine arbeitet zur Zeit auf dem Muskingum-Gelände der Central-Ohio-Kohlegesellschaft im Staat Ohio (USA).

Die stärksten Kräne der Welt operieren an Bord des ›Halbtauchers‹ *Micoperi 7000* (190 m lang, 89 m breit), am 15. Dezember 1986 vom Stapel gelassen und von der Firma Officine Meccaniche Reggiane betrieben. Jeder der beiden Kräne hat eine Kapazität von 6895 t. Im Tandembetrieb schaffen die beiden Kräne fast 14 000 t. In den ersten sechs Monaten des Betriebs wurde mit 5700 t ein Rekordhub erreicht.

Der größte Autokran der Welt ist der straßenfahrbare Schwerlastkran AK 1200 mit einer maximalen Tragfähigkeit von 1200 t bei 5 m Ausladung. Dieser von Kranbau Gottwald GmbH (Düsseldorf) hergestellte Gittermastkran wurde im Dezember 1982 nach Italien geliefert. Bei dem maximalen Hauptausleger von 128 m kann der Kraftprotz 104 t heben.

Der höchste Autokran der Welt ist der 810 t schwere Demag-Vesper K 10001 Gittermastkran mit einer Tragfähigkeit von 1000 t und einer kombinierten Turm- und Auslegerhöhe von 202 m. Er ruht auf 10 Fahrgestellen, von denen jedes 23,06 m groß ist und ein Achsgewicht von 118 t hat. Er kann 30 t 160 m hoch heben.

Der größte Teleskop-Autokran ist der AMK 1000-103 mit einer Tragfähigkeit von 1000 t. Er wurde am 1. August 1985 von Riga Mainz mit einer Rollenhöhe von 156 m und einem maximalen Lastmoment von 4000 m/t in Betrieb genommen. Der Teleskopausleger ist 62 m lang, der Spitzenausleger ist bis auf 93 m für Wippbetrieb geeignet. Der 615-PS-Motor erreicht bis zu 72,1 km/h.

Der größte Schneepflug hat ein 15,3 m langes und 1,24 m hohes Schaufelblatt und eine »Reinigungskapazität« von 31 m³. Die für den Einsatz auf dem New Yorker John-F.-Kennedy-Flughafen bestimmte Maschine wurde 1992 von der Aero Snow Removal Corporation aus New York hergestellt.
Foto: V. Dejana

Maschinenbau

Der größte Hochofen der Welt befindet sich in einem Stahlwerk in Cherepovets (Rußland). Der Ofen mit der Nr. 5 hat ein Volumen von 5500 m³.

Der größte Hochofen Deutschlands gehört der Thyssen Stahl AG in Duisburg. Er hat ein Fassungsvermögen von 3600 m³ und eine Jahreskapazität von knapp 3,5 Mio. t Roheisen.

Das größte Schmiedestück wurde im Oktober 1973 von der Bethlehem Steel Corp. in Pennsylvania (USA) mit einer 204,4 t schweren und 16,76 m langen Generatorwelle für eine Anlage in Japan hergestellt.

Das größte Sphärogußstück wurde Ende August 1991 aus Gußeisen mit Kugelgraphit in der Siempelkamp Gießerei, Krefeld, hergestellt. Die Mahlschüssel für eine Zementmühle in Übersee wiegt 195 t, hat einen Durchmesser von 6320 mm und eine Höhe von 2820 mm. Die größte Wanddichte beträgt etwa 620 mm. Damit übertraf Siempelkamp seine eigene Bestmarke aus dem Jahr 1987 um 7 t bei einem Flüssigeiseneinsatz von 205 t.

Das größte Abzweigstück einer Druck- und Verteilrohrleitung baute die Voest-Alpine M. C. E., Linz, im Kraftwerk Tarbela Dam (Pakistan). Mit seinen Durchmessern von 13,26/11,89/7,32 m und einem Sichelmaß im Zentralbereich von 16,34 m hält der 800 t schwere Abzweiger seit Oktober 1991 einen Weltrekord. Er wurde aus 59 unterschiedlichen konischen Einzelteilen im Zuge der 3. Ausbaustufe des Wasserkraftwerks hergestellt.

Die längste Rohölpipeline der Welt führt über 2856 km von Edmonton, Alberta (Kanada), nach Buffalo im US-Staat New York. 13 Pumpstationen an der Strecke sorgen dafür, daß täglich mehr als 31 Mio. l Öl durch die Rohre fließen. Die endgültige Länge der transsibirischen Pipeline soll 3732 km betragen. Sie wird von Tuimasy über Omsk und Nowosibirsk bis Irkutsk führen. Das erste Teilstück (48 km lang) wurde im Juli 1957 in Betrieb genommen.

Die längste Erdgaspipeline der Welt ist die Trans-Kanada-Pipeline, die 1974 eine Rohrnetzlänge von 9099 km hatte. Die Rohre hatten einen Durchmesser bis zu 106,6 cm.
Die Erdgasleitung von Tyumen (Rußland) über Tscheljabinsk und Moskau nach Brandenburg erstreckt sich über 4330 km.
Die großkalibrige Urengoi-Uschgorod-Pipeline nach Westeuropa, begonnen im November 1982, erstreckt sich über 4451 km und wurde am 25. Juli 1983 fertiggestellt. Ihre Kapazität beträgt 32 Mrd. m³ jährlich. Die Ekofisk-Emden-Pipeline in der Nordsee ist 418 km lang und wurde im September 1977 in Betrieb genommen.

Die tiefste Nordsee-Pipeline führt vom Cormorant Feld nach Firths Voe (Schottland) und liegt 162 m unter dem Meeresspiegel.
Die längste Unterwasser-Pipeline für Erdgas führt über eine Länge von 425 km von der Union Oil Plattform nach Rayong, Thailand. Sie wurde am 12. September 1981 eröffnet.

Die längste Wasserpipeline der Welt reicht über eine Strecke von 563 km aus der Nähe von Perth (Australien) zu den Goldfeldern von Kalgoorlie. 1903 installiert, wurde das Rohrleitungssystem durch Abzweigungen seitdem auf das Fünffache verlängert.

Die teuerste Pipeline der Welt liegt in Alaska und verbindet Prudhoe Bay mit Valdez; sie ist 1287 km lang. Als der erste Bauabschnitt 1977 fertiggestellt wurde, hatte er mindestens 8 Mrd. Dollar (damals 17,3 Mrd. DM) gekostet. Die Rohrleitungen haben einen Durchmesser von 1,21 m und befördern 2,1 Mio. Barrel Rohöl täglich.

Die größten Öltanks, die bisher gebaut wurden, sind die fünf Aramco-Sammelbehälter in Ju'ay-mah (Saudi-Arabien). Sie sind 21,94 m hoch, haben einen Durchmesser von 117,6 m und wurden im März 1980 fertiggestellt. Sie fassen 1,5 Mio. Barrel.

Der größte katalytische Kracker der Welt ist die Bayway-Raffinerie der Exxon Co. in Linden, New Jersey (USA), mit einer Schwerölzufuhr von 19 Mio. l pro Tag.

Die größte Huboperation in der Geschichte des Ingenieurwesens war das Anheben der gesamten 1,6 km langen Ekofisk-Bohranlage in der Nordsee, notwendig geworden durch die Senkung des Meerbodens. Die Anlage, bestehend aus acht Plattformen mit einem Gesamtgewicht von ca. 40 000 t, wurde am 17./18. August 1987 von 122 Hydraulik-Hebevorrichtungen um 6,5 m angehoben. Das computergesteuerte Hydrauliksystem wurde von der niederländischen Mannesmann-Rexroth Gruppe, der Firma Hydraudyne Systems & Engineering in Boxtel, entwickelt und eingesetzt.

Der größte Untertage-Gasspeicher Deutschlands ist in dem ehemaligen Gasfeld Bierwang, 70 km östlich von München, eingerichtet. Für die Speicherung werden die ca. 1500 m unter der Erdoberfläche anstehenden porösen und meist gasführenden Sandsteine der Chatt-Formation genützt. Beim derzeitigen Ausbaustand (1986) hat der Speicher ein Fassungsvermögen von 1800 Mio. m³.

Das größte Ventil der Welt ist ein von der Firma Boving & Co. Ltd., London, hergestelltes Drosselklappenventil mit einem Durchmesser von 9,75 m und einem Gewicht von 170 t. Es wurde für die Versuchsstation des amerikanischen Luftwaffenstützpunktes Arnold, Tennessee (USA), konstruiert.

Der Weltrekord für das Pumpen von fertig gemischtem Beton ohne eine Zwischenpumpe liegt bei 1520 m. Diese Distanz wurde im Sommer 1989 bei einem Bauprojekt am Chiemsee in Bayern überbrückt.

Das schwerste Wälzlager der Welt ist ein vierreihiges Axial-Radial-Zylinderrollenlager mit integriertem Zahnkranz, das FAG Kugelfischer im Jahr 1985 für die Lagerung einer Tunnelvortriebsmaschine der Fa. Mannesmann-Demag, Duisburg, fertigte. Das Speziallager, das den 65 t schweren Bohrkopf abstützt; wiegt selbst schon 28,5 t und hat einen Außendurchmesser von 4800 mm, einen Innendurchmesser von 3 777 und eine Breite von 675 mm. 10 Antriebsmotoren mit je 184 kW Leistung übertragen das Drehmoment von 2700 kNm über 10 Ritzel auf den integrierten Zahnkranz am Innenring des Lagers, das sich 6,5/min dreht: Mit der Tunnelvortriebsmaschine wird im südamerikanischen Ecuador ein Kraftwerksstollen von 7,8 m Durchmesser und 6,8 km Länge gebohrt.

Der größte Freilauf, der bisher gebaut wurde, ist DINO. Die beiden ersten Exemplare dieses 13-t-Freilaufs sind als Rücklaufsperren für ein 15 km langes Förderband in einem Bergwerk in York (GB) eingesetzt. DINO ist für ein Drehmoment von 1,7 Mio. Nm ausgelegt. Um seine Kräfte zu veranschaulichen, muß man sich vorstellen, daß der Freilauf an einem 3 m langen Hebelarm eine 57 t schwere Lokomotive tragen muß. Die Heidelberger Stieber Antriebselemente GmbH stellte das Freilaufmonster im Dezember 1988 vor.

Die größte Papiermaschine der Welt wurde von den Vereinigten Papierfabriken im finnischen Kaipola in Betrieb genommen. Die Maschine stellt pro Minute 1560 m Zeitungsdruckpapier her. Der alte Rekord stand bei 1501 m und wurde von einer Maschine in der Steyermark in Österreich gehalten.
Die fast 9 m breite Papierbahn läuft mit einer Geschwindigkeit von rund 90 km/h durch die Maschine. Die tägliche Produktionskapazität beträgt 748 t Papier.

Die größte Werkstoffprüfmaschine der Welt, die auf servohydraulischer Basis arbeitet, wurde in den Jahren 1939/40 in der Versuchsanstalt für Stahl, Holz und Steine der Universität Karlsruhe errichtet. Mit dieser Maschine können Werkstücke bis zu einer Höhe von 8000 mm, einer Breite von 2000 mm und einer Länge von 11 000 mm mit einer maximalen Prüfkraft von 50 000 kN belastet werden.

Die Anlage steht in einem für diesen Zweck errichteten Turm und hat heute einen Wert von ca. 12 Mio. DM.

Der größte Preßdruck, der bei der Blechumformung in der Automobilindustrie ausgeübt wird, beträgt 106 000 t. Er wird mit einer Quintus Fluidzellpresse von ABB Metallurgy, geliefert an Mercedes Benz AG, Sindelfingen (BW), erreicht.

Die höchste Drehleiter der Welt mit einer Rettungshöhe von 62 m hat die Firma Carl Metz (Krupp-Konzern) aus Karlsruhe (BW) konstruiert. Der 11 000 kg schwere Leitersatz (einschließlich Drehturm) kann in 200 Sek. zu voller Länge ausgefahren werden.

Die schnellsten Personenaufzüge der Welt hat der Yokohama Landmark Tower in Yokohama (Japan). Weit höhere Geschwindigkeiten werden in den Förderkörben von Minenschächten erzielt. Der 2072 m lange Lastenzug der Western Deep Levels Ltd. in Südafrika fährt mit 65 km/h.

Der Begriff Rolltreppe wurde in den USA am 28. Mai 1900 registriert, aber die erste aufsteigende Rolltreppe wurde von Jesse W. Reno bereits 1896 am Pier von Coney Island in New York in Betrieb genommen. Die Rolltreppen der Untergrundbahn von St. Petersburg (Rußland) haben 729 Stufen und eine Steighöhe von 59,68 m.

Die längste Rolltreppenfahrt ist auf der vierteiligen Freiluft-Rolltreppe im Ocean Park in Hongkong möglich. Auf einer Gesamtlänge von 227 m hat sie eine Steighöhe von 115 m.

Die Rolltreppen-Rekordstrecke von 214,34 km legten David Beattie und Adrian Simons zwischen dem 17. und 21. Juli 1989 im Top Shop in der Oxford Street, London, zurück. Auf der »rauf-und-runter-Strecke« fuhren sie 7032 Runden.

Im 296 m hohen, 70stöckigen Yokohama Landmark Tower in Yokohama (Japan) befinden sich die schnellsten Personenaufzüge der Welt. Sie wurden am 16. Juli 1993 für den Publikumsverkehr geöffnet. Diese Express-Aufzüge wurden von dem japanischen Elektronikunternehmen Mitsubishi entwickelt und gebaut. Sie sind bis zu 45 km/h schnell und bringen die Passagiere in 40 Sek. von 2. zum 69. Stockwerk.

Fotos: Mitsubishi Electric Corporation

Der längste Paternoster Europas fährt im Verlagshaus Axel Springer in Berlin. Der Nostalgie-Lift hat 36 Kabinen an zwei 156 m langen Stahlketten und führt über 20 Etagen.

Der schnellste Drucker der Welt war eine elektronische Anlage der Radiation Inc. im Lawrence Radiation Laboratory in Livermore, Kalifornien (USA). Bis zu 36 000 Zeilen/min konnte das Gerät drucken. Dies wurde durch Steuerung von Stromstößen mittels chemisch imprägnierten Schreibpapiers erreicht, das mit hoher Geschwindigkeit unter feststehenden, eng angeordneten Schreibspitzen hinweglief. Die Anlage konnte den gesamten Bibeltext, immerhin 773 746 Wörter, in 65 Sek. drucken, das war 3048mal so schnell wie die schnellste Maschinenschreiberin der Welt.

Das längste einteilige Förderband der Welt hat die Firma Cable Belt Ltd. in Westaustralien erstellt. Es ist 29 km lang.

Das längste mehrteilige Förderband ist 100 km lang und verbindet die Phosphatminen bei Bucraa mit dem marokkanischen Hafen El Aaiun. Hersteller war die Firma Krupp, Essen. Das 1972 fertiggestellte Band besteht aus 11 Teilen, die zwischen 9 und 11 km lang sind. Die Fördergeschwindigkeit betrug 4,5 m/s. Aufgrund der Aktivitäten der Guerilleros der Polisario wurde der Betrieb des Förderbands eingestellt.

Die längste Drahtseilbahn der Welt gehört der Compagnie Minière de l'Ogooué (COMILOG) und wurde 1959-62 für das Manganbergwerk Moanda in Gabun (Afrika) errichtet. Sie erstreckt sich über 76 km, hat 858 Türme und 2800 Förderkübel; 155 km Drahtseil laufen über 6000 Spannrollen.

Die längsten Drahtseile der Welt wurden in einer Länge von jeweils 24 km von British Ropes Ltd. in Wallsend, Tyne and Wear (GB), hergestellt. Die vier Seile haben einen Durchmesser von 35 mm, wiegen je 108,5 t und wurden von der CEGB für den Einsatz in der 2000-MW-Starkstromleitung durch den Kanal in Auftrag gegeben.

Der dünnste Draht ist aus Wolfram und hat einen Durchmesser von 5tausendstel mm. Der Draht wird durch mehrere Diamanten auf diesen kleinen Durchmesser gezogen. Als Glühfaden dient er einfach oder mehrfach gewendelt in elektrischen Glühlampen.

Die größte Schraubenmutter, die jemals gefertigt wurde, hat einen Außendurchmesser von 132 cm. Innen mißt sie 63,5 cm. Die von der Firma Pilgrim Moorside in Oldham (GB) gefertigten Muttern haben ein Gewicht von 4,74 t.

Das kleinste Zahnrad der Welt stellte der japanische Elektronik-Konzern Toshiba im März 1993 vor. Sein Durchmesser beträgt 0,3 mm. Es dürfte ein wichtiger Baustein für zukünftige Mikromaschinen sein, die zum Beispiel in der Medizintechnik eingesetzt werden können – etwa zur Entfernung von Ablagerungen in Gefäßen oder als implantierte Medikamentenspender.

Der kleinste Elektromotor der Welt kommt aus Deutschland. Das nur 2 mm große Gerät wurde von Wolfgang Ehrfeld vom Institut für Mikrotechnik in Mainz entwickelt. Der Rotor in diesem Mikromotor dreht sich 6000mal/min.

Die kleinste Etikettiermaschine baute der Nachrichtentechniker Ingenieur Gerhard Lehner (* 1936) aus Wien (A). Sein am 18. März 1992 nach 350 Arbeitsstunden fertiggestellter vollfunktionsfähiger Modellnachbau eines MR-Etikettierautomaten für universellen Einsatz im Maßstab 1:5 entstand aus Messing und Stahl mit einer durch Chrom, Nickel, Gold und Lack geschützten Oberfläche. Die 320 mm hohe, 270 mm breite und 160 mm tiefe Miniatur des Ingenieurs und Hobbytüftlers findet auch im kleinsten Büro Platz.

◆ ZEITMESSER

Das genaueste Zeitmeßgerät ist eine Atomuhr, die Hewlett-Packard aus Palo Alto, Kalifornien (USA), im Dezember 1991 herausgebracht hat. Die Uhr mit der Bezeichnung HP 5071A nutzt die Cäsium-2-Technologie für höchsten Frequenzstandard, der dafür sorgt, daß sie in 1,6 Mio. Jahren nur eine Sekunde vor- oder nachgeht. Sie ist etwa so groß wie ein Personalcomputer und kann für die Kleinigkeit von 54 000 Dollar (90 000 DM) käuflich erworben werden.

Die größte Sonnenuhr der Welt ist das Samrat-Yantra mit einem Sonnenzeiger von 27 m Länge und einer vertikalen Höhe von 36 m. Sie wurde 1724 in Jaipur (Indien) als Teil eines Observatoriums gebaut. Der polwärts orentierte Schattenstab, ist 387,14 m lang und treppenartig angeordnet. Auf dem halbkreisartigen Zifferblatt bewegt sich der Schatten alle 5 Min. rund 30 cm weiter.

Die größte zylindrische Sonnenuhr, 36,5 m hoch und 37,2 m Durchmesser an der Basis, wurde am 1. März 1991 in Disney-Land, Orlando, Florida (USA), enthüllt. Der Entwurf stammt von Arata Isozaki, Tokio (Japan).

Die größte Fläche einer Sonnenuhr beträgt 3877,86 m². Diese Uhr wurde von Shin Minohara vom Tadashi Minohara Design Studio entworfen und ist auf der Keihanna Interaction Plaza in Kyoto (Japan) zu bewundern.

Aus für die Greenwich-Zeit: Eine der letzten klassischen englischen Bastionen, die Greenwich-Zeit, wird im Zuge der europäischen Vereinigung fallen. Bis 1995 wird Großbritannien die Einführung der mitteleuropäischen Zeit beschließen müssen. Längst wird die Greenwich-Zeit – oder Weltzeit – nicht mehr von Greenwich aus gemacht oder definiert. Die alte Tradition für das Zeitwesen und die geographische Positionsfestlegung wird jedoch im Nullmeridian von Greenwich weiterleben, auf den sich als Bezugspunkt 1884 zunächst 25 Länder einigten, der dann bald weltweit verbindlich wurde.

Die älteste mechanische Uhr, das heißt eine Uhr mit Hemmung, wurde im Jahr 725 in China von Y.Xing und Liang Lingzan gebaut.

Die älteste Uhr, die heute noch geht, ist eine Uhr ohne Zifferblatt in der Kathedrale von Salisbury (GB). Sie wird in das Jahr 1386, möglicherweise noch früher, datiert. 1956 wurde sie überholt, nachdem sie mehr als 500millionenmal getickt hatte. Bis auf etwa 1335 zurückdatiert wird die von Gewichten angetriebene Uhr in der Kathedrale von Wells, Somerset (GB). Doch von der Originaluhr ist nur noch das Eisengehäuse erhalten. 1962 wurde ein Nachbau der siebeneckigen astronomischen Uhr von Giovanni de Dondi aus den Jahren 1348-64 fertiggestellt.

Die größte Uhr der Welt ist die astronomische Uhr in der Kathedrale von St. Pierre in Beauvais (F), die zwischen 1865 und 1868 gebaut wurde. Sie besteht aus 90 000 Teilen und ist 12 m hoch, 6 m breit und 2,7 m tief.
Die astronomische Uhr in der St.-Marien-Kirche von Rostock (MV) stammt aus dem Jahr 1472. Mit ihrem Apostelumgang und dem stündlichen Glockenspiel ist sie die einzige noch original erhaltene Uhr dieser Art in Europa.
Die 1088-92 in Kaifeng (China) gebaute *Su-Song*-Uhr hatte eine 20,3 t schwere bronzene Armillarsphäre für 1,52 t Wasser. Sie wurde 1126 nach Peking geschafft und dort in einem 12,1 m hohen Turm untergebracht. Der letzte Bericht darüber, daß sie ihre Funktion erfüllte, stammt aus dem Jahr 1136.
Eine weitere große Uhr *Timepiece* (15,54 x 15,54 x 15,54 m) erstreckt sich durch fünf Stockwerke im Lichthof des International Square Gebäudes in Washington (USA). Die Riesenuhr ist computergesteuert und bis auf die hundertstel Sekunde genau. Sie wiegt 2 t und ist von 122 m Neonröhren beleuchtet. 460 m Kabel- und Leitungsdrähte wurden bei der Konstruktion verbraucht. Entworfen hat sie der Bildhauer John Safer. Das Wunderwerk zeigt sogar an, wann die Sonne genau über 12 internationalen Städten steht.

Die größte öffentliche Uhr Deutschlands ist die 1928 am Wasserturm des Nähmaschinenwerks Wittenberge (BR) angebrachte Turmuhr. Ihr Durchmesser beträgt 7,57 m, der Minutenzeiger ist 3,3 m und der Stundenzeiger 2,25 m lang.

Die größte und älteste Turmuhr Österreichs befindet sich in Graz (Steiermark). Die Uhr stammt aus dem Jahr 1522, doch ihre 5,5 m großen Zifferblätter erhielt sie erst 1712.

Das größte Zifferblatt ist mit einem Durchmesser von 31 m das der Blumenuhr in Matsubara Park in Toi (Japan), die am 18. Juni 1991 installiert wurde.
Die zweiseitige elektronische Digitaluhr auf dem Dach des Texas Building in Fort Worth, Texas (USA), mißt 13,4 x 13,4 x 8,5 m.
Die größte Uhr mit einem Zifferblatt ist die achteckige Colgate-Uhr in Jersey, New York (USA), mit einem Durchmesser von 15,24 m und einem Minutenzeiger von 8,31 m Länge. 1989 wurde sie von ihrer Position, die sei seit 1908 innehatte, demontiert. Sie soll auf einem anderen Gebäude installiert werden.

Das größte Kirchenzifferblatt Europas hat die Sankt-Peter-Kirche in Zürich. Durchmesser: 8,7 m.

Das längste Pendel mißt 22,5 m. Es gehört zur Wassermühlenuhr, die 1983 von Hattori Tokeiten Co. im Shinjuku-NS-Gebäude in Tokio installiert wurde.

Die kleinste mechanische Penduluhr hat der Luzerner Uhrmacher Fredy Süess (* 1941) aus 150 Einzelteilen in nur 30 Std. Arbeitszeit gefertigt. Das kleine Wunderwerk ist ganze 9,9 mm hoch, 1,6 g leicht und damit etwa so groß wie ein mittlerer Zeigefingernagel. Das Pendel zappelt mit 10 800 Schwingungen pro Std.

Die weltgrößte original Schwarzwälder Kuckucksuhr erbaute der Uhrmacher Josef Dold aus Schonach im Maßstab 50:1. Das Gehäuse ist 6,5 m hoch, das Holzräderwerk ist 3,6 m lang, 3,1 m hoch, 1 m tief, hat 12 Holzräder und einen 90 cm großen Kuckuck, der volle und halbe Stunden ausruft.

Miniatur-Wanduhren in Präzisionsarbeit fertigt der Uhrmacher Paul Gerber (* 1950) aus Zürich an. Nach dem Vorbild einer Schwarzwälder Holzräderuhr entstand im Frühjahr 1988 eine 26 x 18 x 28 mm große Holzräderuhr mit 50 mm langem Vorderpendel, Stundenschlagwerk und Augenwendermechanik aus Buchsbaumholz.

Die erste Mengenlehre-Standuhr der Welt wurde in Berlin am Kurfürstendamm aufgestellt. Rote und grüne Rechtecke zeigen durch Aufleuchten die Stunden-, Minuten- und Sekundenmengen auf dieser von Dieter Binninger erfundenen Berlin-Uhr an.

Die größte Sanduhr der Welt steht in der kleinen japanischen Küstenstadt Nima in der Nähe von Tokio. Sie ist 5 m hoch, hat einen Durchmesser von einem Meter, wiegt eine Tonne und hat eine Laufzeit von einem Jahr. Nach exakt 365 Tagen, um Mitternacht des 31. Dezember 1991, war das letzte der 640 Mio. Sandkörner durch die 0,8 mm schmale Öffnung der Uhr nach unten gerieselt.

Einen Rekordpreis - umgerechnet 2,69 Mio. DM – erzielte eine seltene Cartier-Uhr im »ägyptischen Stil« aus dem Jahr 1927. Sie ist, mitsamt Figuren und Hieroglyphen, einer altägyptischen Tempeltür nachempfunden und wurde aus Perlmutt, Koralle und Lapislazuli hergestellt. Sie ist am 24. April 1991 bei Christie's in New York (USA) von einem privaten Bieter ersteigert worden.

Die erste Taschenuhr der Welt konstruierte Peter Henlein (1480-1542) im Jahr 1504 in Nürnberg. Voraussetzung für diese erste eiserne Taschenuhr, die Nürnbergisch Ei genannt wurde, war die Erfindung der Unruh, ebenfalls durch Henlein.

Die größte Armbanduhr war eine Swatch mit 162 m Länge und 20 m Durchmesser, hergestellt von D. Thomas Feliu. Sie wurde vom 7. bis 12. Dezember 1985 am Gebäude der Bank von Bilbao in Madrid angebracht.

Die flachste Armbanduhr der Welt ist die Delirium-IV-Quarzuhr mit analoger Anzeige von Stunden und Minuten. Das von der Firma ETA SA, Fabriques d'Ébauches in Grenchen (CH) entwickelte Modell ist 0,98 mm hoch. Das entspricht der Dicke eines der Länge nach halbierten Streichholzes. Diese Uhr wird unter den Markennamen Concord, Longines und Eterna verkauft. Auf einer Auktion in Hongkong am 27. Oktober 1989 erreichte sie 250 000 Hongkong Dollar.

Planetariumsuhr: Eine vollständig mechanisch arbeitende Armbanduhr mit der Bezeichnung Kopernikus ist in der Lage, Uhrzeit, Datum, Mondphasen und die astronomischen Positionen von Sonne, Mond und der klassischen Planeten zu zeigen. Auch die astrologischen Aspekte sind auf dieser von Ulysse Nardin (CH) konstruierten Uhr abzulesen.

Die teuerste serienmäßig hergestellte Herrentaschenuhr ist, sieht man von den Uhren mit edelsteinbesetzten Gehäusen ab, wohl die von Patek-Philippe gefertigte Taschenuhr *Heaven at Hand*. Sie wurde 1922 für den amerikanischen Automobilmagnaten James Packard entworfen. Sie enthielt unter anderem eine Himmelskarte, die den Anblick des Nachthimmels beim Blick aus Packards Schlafzimmer zeigte. Im September 1988 kaufte Patek-Philippe das Meisterwerk für 750 000 Pfund zurück.

Die größte Pause von Big Ben in London, dessen Uhrwerk erstmals 1859 in Gang gesetzt wurde, betrug 13 Tage. Vom 4. April mittags bis 17. April 1977 mittags stand die Uhr. 1945 verlangsamte eine Schar von Staren den Minutenzeiger um 5 Min.

Die kostspieligste Uhr war eine aus 1728 Teilen bestehende Patek Philippe *Calibre '89*, für die am 9. April 1989 bei Habsburg Feldman in Genf (CH) 5,915 Mio. DM bezahlt wurden.
Foto: Patek Philippe

Mobil mit Telefon

Die Welt der Telekommunikation hat sich in den letzten zehn Jahren seit der Einführung des Mobiltelefons dramatisch gewandelt. Die 1979 in Japan vorgestellte Erfindung galt zunächst als Domäne von Managern und Yuppies, wird heute jedoch, ob nun für Geschäfts- oder Privatgespräche, von Menschen aller Schichten benutzt.
Aus einer im Sommer 1993 durchgeführten weltweiten Untersuchung geht hervor, daß es in den USA die größte Anzahl von Mobiltelefonen gibt, während sie – gemessen an der Bevölkerungszahl – in Schweden am verbreitetsten sind. Wie die untere Graphik zeigt, sind die nordischen Länder in dieser Beziehung generell führend.

◆ TELEKOMMUNIKATION

Telefone: Weltweit gab es nach Schätzungen der International Telecommunication Union (ITU) Ende 1991 537 Mio. Telefone. Die meisten befanden sich in den USA, 130,11 Mio. Stück.
Die Stadt mit den meisten Telefonen ist Tokio, mit 5 511 000 Geräten. Die größte Zahl von Gesprächen wurde 1991 in den USA geführt. Es waren immerhin 436,220 Mrd. im Jahr. Die größte Telefondichte hat Monaco mit 810 je 1000 Einwohner.

Die am häufigsten benutzte internationale Telefonverbindung ist die zwischen den USA und Kanada, über die 1992 Gespräche mit einer Dauer von insgesamt rund 3,7 Mrd. Min. geführt wurden.

Die längste Telefonverbindung der Welt wurde am 28. Dezember 1985 über eine geschätzte Entfernung von 158 850 km hergestellt, ausgehend von der Royal Institution in London und zurück dorthin. Die Verbindung kam zustande während einer Weihnachtslesung von David Pye, Professor für Zoologie am Queen Mary College, London. Die »Regel« im internationalen Fernmeldewesen, daß für eine Gesprächsverbindung auch nur ein Satellit benutzt wird, wurde eigens für diesen Demonstrationszweck außer Kraft gesetzt. So konnten beide geostationären Intelsats – einer über dem Indischen Ozean und einer über dem Pazifik – in Anspruch genommen werden.

Die größte Telefonzentrale steht im Pentagon in Washington mit 34 500 Leitungen. Eine Million Gespräche werden täglich abgewickelt. Rund 322 000 km Telefonkabel sind installiert.

Telefonbücher: Das am schwersten zu zerreißende Telefonbuch dürfte das von Houston, Texas (USA) sein, das auf 2889 Seiten 939 640 Eintragungen aufführt. Jetzt wird es allerdings in zwei Bänden ausgegeben. Am leichtesten fällt das Telefonbuchzerreißen ebenfalls in Texas: Knippa hat auf 2 Seiten 221 Eintragungen. Für Anguilla (eine westindische Insel) gab es 1972 ein Telefonverzeichnis mit 26 Nummern – maschinengeschrieben.

Telefonkarten: Die ersten Plastik-Telefonkarten wurden im Januar 1976 in Rom ausgegeben. Die derzeit teuerste Karte stammt aus Japan, die im Januar 1992 für knapp 80 000 DM ihren Besitzer gewechselt hat.

Das längste Unterwasser-Telefonkabel der Welt ist das ANZCAN, das von Australien via Auckland (Neuseeland) und Fidschi nach Port Alberni in Kanada – über eine Entfernung von 15 151 km – reicht. Es wurde 1984 eingeweiht und kostete 379 Mio. Dollar.

Die erste direkte Glasfaserverbindung zwischen den USA und Deutschland, das Transatlantikkabel TAT 10, wurde im November 1992 in Betrieb genommen. Es ist 7 500 km lang und verbindet Greenhill im US-Bundesstaat Rhode Island und Norden in Ostfriesland. Mit der neuen Verbindung können bis zu 60 000 Telefonate gleichzeitig geführt werden. Das Projekt hat rund 500 Mio. DM gekostet.

Die längste Strecke, über die in **optischen Faserkabeln** Signale ohne Verstärker gesendet wurden, ist 251,6 km, erreicht im Februar 1985 im Forschungslabor der British Telecom in Martlesham Heath (GB). Die Laser-Wellenlänge war 1525 nm, die Datenrate 35 Megabits/s.

Das längste »nahtlose« Glasfaserkabel ist 13,6 km lang. Es wurde im Februar 1991 von der British Telecom zwischen Gloucester und Painswick installiert. Das von der Firma OPTICAÕ FIBRES hergestellte Kabel hat eine Kapazität von 8000 Telefonverbindungen.

Der erste Briefkasten: Dokumentarisch verbürgt ist die Aufstellung eines Briefkastens 1653 in Paris. Der erste Briefkasten Deutschlands wurde 1766 angebracht. Er war aus Holz und hing auf dem Flur des Zentralen Berliner Posthauses. Da die Berliner keinen rechten Gebrauch von ihm machten, wurde er bald wieder entfernt. Hölzerne Briefkästen (mit weißem Anstrich) gab es dann erst wieder nach 1815. Seit etwa 1840 bestanden die Briefkästen aus Metall; zuerst aus Blech, später aus Gußeisen. Jetzt sind sie aus Plastik.

Der älteste Briefkasten, der noch in Betrieb ist, steht in der Union Street in St. Peter Port auf der Kanalinsel Guernsey. Entworfen wurde er von John Vaudin (Jersey). Im Oktober 1981 wurde das gute Stück in der ursprünglichen kastanienbraunen Aufmachung restauriert.

Größtes Postaufkommen. Das Land mit dem weltweit größten Postaufkommen sind die USA, dessen Bevölkerung im 1992 endenden Steuerjahr 166,4 Mrd. Briefe und Päckchen abschickte. Im selben Jahr beschäftigte die US-Post 725 290 Mitarbeiter und hatte die weltgrößte Kraftfahrzeugflotte mit 179 925 PKW und LKW.

Das höchstgelegene Postamt gehört der nepalesisch-indischen Postverwaltung und liegt im Himalaja in einer Höhe von 5610 m üNN. Das höchstgelegene Postamt Europas befindet sich bei der Station Eismeer der Zahnrad-Bergbahn zum Jungfraujoch (CH). Seine Höhe ist: 3161 m üNN. Eine Postagentur befindet sich auch auf der Jungfraujochhöhe, 3454 m üNN.

Das höchstgelegene deutsche Postamt ist die Posthilfsstelle »Münchner Haus« auf der Zugspitze (2962 m üNN). Die Poststelle I liegt knapp darunter im Schneefernerhaus, auf 2650 m Höhe.

Das erste Telegramm wurde in Deutschland am 22. November 1794 über eine Strecke von 1,5 km nach Karlsruhe befördert, noch mit dem optischen Telegrafen. Es war ein Huldigungsgedicht zum Geburtstag des Markgrafen Karl Friedrich von Baden.

Die erste elektromagnetische Telegrafenlinie mit nur einem Draht wurde 1844 zwischen Wiesbaden und Mainz-Kastell in Betrieb genommen.

Morsen: Die höchste Aufnahmegeschwindigkeit von Morse-Zeichen dürfte 75,2 Wörter pro Min. (über 17 Zeichen pro Sek.) sein. Diesen Rekord erzielte Ted McElroy am 2. Juli 1939 bei einem Wettbewerb in Asheville, North Carolina (USA).
Die größte Geschwindigkeit beim Handtasten-Morsen sind 175 Zeichen pro Min., erreicht von Harry A. Turner (US Army Signal Corps) in Damp Crower, Missouri (USA), am 9. November 1942.

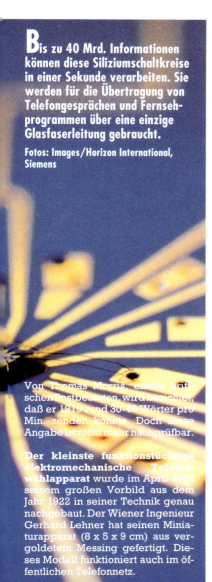

Bis zu 40 Mrd. Informationen können diese Siliziumschaltkreise in einer Sekunde verarbeiten. Sie werden für die Übertragung von Telefongesprächen und Fernsehprogrammen über eine einzige Glasfaserleitung gebraucht.
Fotos: Images/Horizon International, Siemens

Von Thomas Morris, einem britischen Postbeamten, wird berichtet, daß er 1919 rund 30-40 Wörter pro Min. senden konnte. Doch diese Angabe ist nicht mehr nachprüfbar.

Der kleinste funktionstüchtige elektromechanische Telefonwählapparat wurde im April 1989 seinem großen Vorbild aus dem Jahr 1922 in seiner Technik genau nachgebaut. Der Wiener Ingenieur Gerhard Lehner hat seinen Miniaturapparat (8 x 5 x 9 cm) aus vergoldetem Messing gefertigt. Dieses Modell funktioniert auch im öffentlichen Telefonnetz.

Das kleinste betriebsfähige Telefon wurde von Zbigniew Rózanek, Pleszew (Polen), entwickelt. Es mißt 6,7 x 1,9 x 2,8 cm. Das Gerät wurde im September 1992 vorgestellt.

Das größte Telefon der Welt wurde am 16. September 1988 auf einem Festival in Apeldoorn (NL) vorgeführt. Es ist 2,74 m hoch und 6,06 m breit, hatte ein Gewicht von 3,5 t. Der Hörer, 7,14 m lang, mußte mit einem Kran angehoben werden, um ein Telefonat zu führen.

Die größte und kleinste Faksimilemaschine: Das größte Gerät dieser Art, »Wide Fax«, kann Formate bis zu 91 cm Größe verarbeiten. Es wird von der Firma WideCom Group in Ontario (Kanada) hergestellt. Die kleinste Maschine ist die »Pagentry«, hergestellt von der Firma Real Time Strategies Inc. Das in der Hand zu haltende Gerät kann mehrere Funktionen wahrnehmen. Es mißt nur 7,6 x 12,7 x 1,9 cm und wiegt knapp 142 g.

- Telekommunikation
- Raketentechnik und Raumfahrzeuge

◆ RAKETENTECHNIK UND RAUMFAHRZEUGE

Der erste künstliche Satellit wurde in der Nacht des 4. Oktober 1957 von Tyuratam, einem Ort 275 km östlich des Aralsees (Kastachstan) und 250 km südlich der Stadt Baikonur in Höhen zwischen 229 und 946 km und mit einer Geschwindigkeit von 28 565 km/h erfolgreich in die Umlaufbahn gebracht. Dieser kugelförmige Satellit *Sputnik 1* (das heißt »Weggenosse«), der offiziell als »Satellit 1957 Alpha 2« bezeichnet wurde, wog 83,6 kg bei einem Durchmesser von 58 cm. Seine Lebensdauer betrug vermutlich 92 Tage und endete demnach am 4. Januar 1958. Er wurde, wie auch die 29,5 m hohe SL-4-Trägerrakete, unter der Leitung von Dr. Sergej Pawlowitsch Koroljow (1907-66) – zeitweise Gulag-Häftling – entworfen. Die sowjetische Trägerrakete *N 1* hatte einen Schub von 4620 t. Bei ihrem ersten Flugversuch auf dem Kosmodrom Baikonur (Kasachstan) am 21. Februar 1969 explodierte sie 70 Sek. nach dem Start. Drei weitere Versuche schlugen fehl, so daß die *N 1* niemals ihre Leistungsfähigkeit unter Beweis stellen konnte.

Die sowjetische Trägerrakete *Energia* startete erstmals am 15. Mai 1987. Ihre Schubleistung wird mit 3483 t angegeben. Das zweistufige Trägersystem hat eine Gesamtmasse von 2400 t und kann rund 105 t in die Erdumlaufbahn bringen. Sie ist 58,7 m hoch, mit einem maximalen Durchmesser von 16 m. Am 15. August 1988 diente die *Energia* als Träger beim Testflug der Raumfähre *Buran*. Seitdem ist sie nicht wieder zum Einsatz gekommen.

Die leistungsfähigste Trägerrakete, die diesen Anspruch auch unter realistischen Bedingungen unter Beweis gestellt hat, ist die *Saturn V*, die für die *Apollo*- und *Skylab*-Programme verwandt wurde, mit deren Entwicklung im Januar 1962 im heutigen John F. Kennedy Space Center in Florida (USA) begonnen worden ist. Die Rakete war 110,85 m hoch mit einer Nutzlast von 74 783 kg (im Fall von *Skylab 1*) und verbrauchte für 2:30 Min. 13,6 t Treibstoff pro Sek. Das sind mehr als 2000 t. Die Gesamtrakete erzeugte einen Schub von 39 000 Kilo-Newton und wog vollbeladen bis zu 3347 t im Fall von *Apollo 17*. Sie wurde zum ersten Mal am 9. November 1967 von Cape Canaveral (vorübergehend Cape Kennedy) in Florida (USA) gestartet.

Eine einstufige Trägerrakete, die die Raumfahrt revolutionieren könnte, wurde am 18. August 1993 erstmals erfolgreich getestet. Der 13 m hohe Prototyp des **D**elta **C**lipper **E**xperimental, abgekürzt *DC-X*, ist eine Entwicklung von McDonnell Douglas. Beim Erstflug auf dem Versuchsgelände in White Sands, New Mexico (USA), stieg die Rakete 45 m in die Höhe, stoppte dann, schwebte 105 m waagerecht und landete problemlos in der Ausgangsstellung. Ein zweiter erfolgreicher Start fand am 11. September 1993 statt. In der endgültigen Version wird der *DC-X* dann 39 m hoch sein und eine Nutzlast von knapp 115,5 t in eine erdnahe Umlaufbahn bringen können. Ein Start dürfte dann nur noch 10 Mio. Dollar kosten. In die weitere Entwicklung jedoch müßten allerdings noch 2 Mrd. Dollar gesteckt werden.

Das leistungsfähigste Raketentriebwerk wurde 1980 in der ehemaligen Sowjetunion gebaut. Es entwickelt einen Vakuumschub von 806 t bzw. von 740 t am Boden. Das RD-170 verbrennt Kerosin mit flüssigem Sauerstoff. Das Triebwerk wurde erstmals 1980 eingesetzt.

Höchste Nutzlast: *Skylab 1* (gestartet am 14. Mai 1973) wog 74 783 kg. Die Raumstation trat am 11. Juli 1979 um 16 Uhr 32 GMT bei ihrem 34 981. Umlauf über der westaustralischen Küste in die dichteren Schichten der Erdatmosphäre ein. Große Stücke von *Skylab 1* wurden 12 km südlich von Rawlinna gefunden und nach Hongkong verkauft.

Raketen-Höchstgeschwindigkeit: Das erste Raumfahrzeug, das die Dritte Kosmische Geschwindigkeit erreichte – sie genügt, um aus dem Sonnensystem zu entweichen –, war die amerikanische Jupiter-Sonde *Pioneer 10*. Der Raketenträger *Atlas* SLV-3C mit einer modifizierten *Centaur-D*-Zweitstufe und einer *Thiokol*-Te-364-4-Drittstufe verließ die Erde am 2. März 1972 mit einer bisher nie wieder erreichten Geschwindigkeit von 51 682 km/h.

Die höchste Entweichgeschwindigkeit von der Erde jedoch, wurde von der europäischen Raumsonde *Ulysses* mit 54 614 km/h erreicht. Sie wurde am 7. Oktober 1990 von der Raumfähre *Discovery* ausgesetzt. Eine amerikanische *Ius Pam*-Oberstufe wurde dann gezündet, um *Ulysses* auf einen Kurs über die Pole der Sonne zu bringen, wobei der »Umweg« über Jupiter gewählt wurde.

Die höchste registrierte Geschwindigkeit überhaupt erreichte mit 240 000 km/h während der Sonnenannäherung die amerikanisch-deutsche Sonnensonde *Helios B*, die am 15. Januar 1976 gestartet wurde.

Die entfernteste Raumsonde: *Pioneer 10*, gestartet von Cape Canaveral am 2. März 1972, hatte Ende Oktober 1990 die Entfernung von 50 Astronomischen Einheiten, entsprechend 7,5 Mrd. km, erreicht und liefert noch immer wertvolle Meßdaten. Ihr erstes Rendezvous mit einem Fixstern, mit dem 10,3 Lichtjahre entfernten Objekt Ross 248, wird im Jahr 34 593 stattfinden. *Voyager 1* wird aufgrund seiner höheren Geschwindigkeit *Pioneer 10* überholen und damit der am weitesten entfernte Raumflugkörper sein. *Pioneer 11* und *Voyager 2* verlassen ebenfalls das Sonnensystem.

Die älteste noch in Betrieb befindliche Raumsonde ist *Pioneer 6*, die am 17. Dezember 1990 25 Jahre alt wurde. In dieser Zeit hat sie bei 29 Sonnenumrundungen rund 25 Mrd. km zurückgelegt. Ihre Aufgabe war es, Daten über den Sonnenwind, Magnetfelder und Kosmische Strahlung zur Erde zu funken. Das macht sie partiell bis heute.

Satellitenstart vom Flugzeug: Erstmals in der Geschichte der Raumfahrt wurde am 6. April 1990 eine Rakete mit einem Satelliten von einem Flugzeug aus gestartet. Ein *B-52*-Bomber transportierte die 15 m lange und 18 t schwere dreistufige *Pegasus*-Rakete, die unter der rechten Tragfläche montiert war, auf 14 000 m Höhe. Hier wurde die Rakete ausgeklinkt. Nach 5 Sek. freiem Fall zündeten die Triebwerke.

Satellitenreparatur: Am 10. April 1984 gelang es erstmals, einen defekten Satelliten in der Umlaufbahn zu reparieren. Die Besatzung der Raumfähren-Mission 41-C, Crippen, Scobee, Nelson, Hart und van Hoften, fing den Sonnenforschungssatelliten *Solar Max* mit dem Greifarm der *Challenger* ein. In der Ladebucht wurde der Raumflugkörper durch den Austausch von Elektronikmodulen wieder funktionsfähig gemacht und in die Umlaufbahn entlassen.

Der erste Satellit an einer Leine wurde am 4. August 1992 von Bord der Raumfähre *Atlantis* ausgesetzt. Der Versuch, dem hohe Erwartungen vorausgingen, gelang jedoch nur teilweise, da das Seil beim Abspulen eingeklemmt wurde.

Kommunikationssatelliten für die Raumfahrt sind heute, nicht nur für bemannte Missionen, von größter Bedeutung. Die NASA benutzt dafür Satelliten vom Typ TDRS (**T**racking and **D**ata **R**elay **S**atellite), die auf einer geostationären Bahn in 36 000 km Höhe die Erde umkreisen. Sie nehmen Daten und Informationen von tiefer fliegenden Satelliten und Raumfähren auf, verstärken sie und strahlen sie an eine Bodenstation ab. Bis zu 40 Satelliten – davon 26 gleichzeitig – kann das TDRS-Netz aus der Weltraumperspektive kontrollieren. Mit seiner Hilfe ist es möglich geworden, für die bemannten Raumflüge auf die meisten der früher rund um den Erdball positionierten Bodenstationen zu verzichten.

Die erste Bergung zweier defekter Satelliten mit Hilfe des *Space Shuttle* gelang im November 1984. Während eines Fluges der Raumfähre *Discovery* wurden von der Besatzung die Nachrichtensatelliten *PALAPA-B2* und *WESTAR 6* geborgen, im Frachtraum verstaut und zur Erde zurückgebracht.

Bemannte Raumflüge: Zum Stichdatum 1. Mai 1994 gab es insgesamt 169 bemannte Weltraum-Missionen. 92 davon waren amerikanische Unternehmen, 72 Flüge wurden von der ehemaligen Sowjetunion und fünf von Rußland durchgeführt. Am 12. September 1993 kam mit Carl Walz der 300. Mensch in die Umlaufbahn an Bord der Raumfähre *Discovery*.

Der erste erfolgreiche bemannte Raumflug begann am 12. April 1961 um 9 Uhr 07 (Moskauer Zeit) oder 7 Uhr 07 MEZ. Der Kosmonaut Fliegermajor (später Oberst) Jurij Aleksejewitsch Gagarin (1934-68) vollbrachte in 89:34 Min. eine Erdumrundung in dem 4,72 t schweren Raumfahrzeug *Wostok 1*. Er startete vom Kosmodrom Baikonur in Kasachstan und landete 108 Min. später im Gebiet von Saratow (Rußland) mit dem Fallschirm, wie alle anderen *Wostok*-Kosmonauten auch. Die Kapseln gingen jeweils separat nieder. Die Höchstgeschwindigkeit betrug 28 260 km/h und die Maximalhöhe 327 km bei einer Flugstrecke von 40 868,6 km. Gagarin, der als Held der Sowjetunion ausgezeichnet wurde und hohe sowjetische Orden erhielt, kam am 27. März 1968 bei einem Düsenflugzeugabsturz in der Nähe Moskaus ums Leben.

Die erste Frau, die die Erde umkreiste, war Leutnant (jetzt Oberstleutnant) Valentina Wladimirowna Tereschkowa (* 6. März 1937), die am 16. Juni 1963 um 10 Uhr 30 MEZ mit *Wostok 6* vom Kosmodrom Baikonur (Kasachstan) gestartet wurde und am 19. Juni um 9 Uhr 16 nach einem Flug von zwei Tagen 22:42 Std. landete, währenddessen sie über 48 Erdumkreisungen vollführte (fast 2 Mio. km) und einen Moment lang in einer Entfernung von 4,9 km an dem zwei Tage vorher gestarteten *Wostok 5*, mit dem sowjetischen Kosmonauten V. F. Bykowskij an Bord, vorbeikam.

Bis zum 18. April 1994 haben 24 Frauen an Raumflügen teilgenommen: 20 aus den USA, 2 aus der ehemaligen Sowjetunion, und jeweils eine aus Großbritannien und Kanada.

Amerikas erste Frau im Weltraum war die Astrophysikerin Sally K. Ride (* 1951). Sie nahm am 7. Raumfährenflug im Juni 1983 teil und umkreiste 146 Std. die Erde. Ein zweiter Flug folgte im Oktober 1984.

Der erste Deutsche im Weltraum war Sigmund Jähn (* 1937), damals Oberleutnant der Luftwaffe der DDR. Er startete am 26. August 1978 zusammen mit dem Sowjet-Kosmonauten V. F. Bykowskij (bereits mit *Wostok 5* im All gewesen) im Raumschiff *Sojus 31*. Das Schiff koppelte an den Komplex *Saljut 6/Sojus 29* an. Nach Durchführung von Experimenten kehrten Jähn und Bykowskij am 3. September 1978 mit *Sojus 29* wieder zur Erde zurück.

Der erste tödliche Unfall während einer Raumfahrt ereignete sich, als Oberst Wladimir Michailowitsch Komarow (* 1927) am 23. April 1967 um 1 Uhr 35 MEZ mit *Sojus 1* startete. Das Raumfahrzeug befand sich 25:15 Std. in der Umlaufbahn, zerschellte aber bei der Landung wegen Fallschirmversagens. Komarow war damit der erste Mensch, der während eines Raumfluges ums Leben kam.

Der bisher größte Unfall in der bemannten Raumfahrt ereignete sich am 28. Januar 1986, als im Rahmen der Mission 51 L die Raumfähre *Challenger* 73 Sek. nach dem Start in 14 326 m Höhe explodierte. Die gesamte Besatzung, zwei Frauen und fünf Männer, kam bei der Katastrophe ums Leben.

Den ersten Weltraumspaziergang unternahm der sowjetische Kosmonaut Aleksej A. Leonow (* 20. Mai 1934) am 18. März 1965. Gesichert durch eine Verbindungsleine verließ er das Raumschiff *Voskhod 2* für 17 Min. Am 3. Juni 1965 folgte der inzwischen verstorbene Edward H. White II, der 21 Min. lang neben dem Raumschiff *Gemini IV* von Hawaii bis zur Atlantikküste schwebte. Die erste Frau im freien Weltraum war Swetlana Sawitzkaja am 25. Juli 1985 während der Mission *Sojus T12/Saljut 7*.

Die größte Anzahl von Weltraumausstiegen eines Raumfahrerteams ist 8, ausgeführt von Leonid Kizim und Wladimir Solowjow bei zwei Missionen 1984 und 86.

Die größte Zahl von Einzelausstiegen hat der Kosmonaut Alexander Serebrow, der am 23. Oktober 1993 zum 9. Mal die Raumstation *Mir* für Wartungsarbeiten verließ.

8:29 Std. arbeiteten die Astronauten Pierre Thuot, Rick Hieb und Tom Ackers außerhalb der Raumfähre *Endeavour* am 13. Mai 1992.

Der längste Ausstieg auf der Mondoberfläche, wurde der *Apollo 17*-Mission von Eugene Cernan und Jack Schmitt mit einer Dauer von 7:27 Std. absolviert.

Der sowjetische Rekord steht bei 7:16 Std. So lange waren Anatoli Solowjow und Alexander Balandin am 1. Juli 1990 bei einer Außenbord-Reparatur an der Orbitalstation *Mir* beschäftigt. Der längste Ausstieg einer Frau wurde mit 7:45 Std. von Kathryn Thornton während des *STS 49*-Fluges am 14. Mai 1992 absolviert.

Der erste frei im Weltraum schwebende Mensch war NASA-Astronaut Bruce McCandless (* 8. Juni 1937). Mit der Freiflug-Manövriereinheit bewegte er sich am 7. Februar 1984 erst 50 und dann 100 m von der *Challenger* fort in den freien Raum. Der »Feuerstuhl« kostet rund 15 Mio. Dollar.

Den längsten bemannten Raumflug hat der Kosmonaut Wladimir Titow (* 1. Januar 1947) mit 365 Tagen 22:39:47 Std. absolviert. Mit dem Raumschiff *Sojus TM4* startete er am 21. Dezember 1987 zur Orbitalstation *Mir* und kehrte am 21. Dezember 1988 an Bord von *Sojus-TM6* mit dem Franzosen Jean Loup Chretien zur Erde zurück.

Der Kosmonaut mit der längsten Weltraumerfahrung ist Musa Manarov, der nach Beendigung seiner letzten Weltraummission am 20. Mai 1991 insgesamt 541 Tage, 31 Min. und 10 Sek. im Orbit zugebracht hat.

Der kürzeste bemannte Raumflug war die Mission von Alan Bartlett Shepard (* 18. November 1923) in einer *Mercury*-Kapsel, die am 5. Mai 1961 mit einer *Redstone*-Trägerrakete gestartet wurde. Der ballistische Flug dauerte nur 15:28 Min.

Die größte Zahl von Raumfahrern im Orbit ist zwölf. Vom 2. bis 10. Dezember 1990 umkreisten gleichzeitig sieben amerikanische Astronauten (*Columbia STS 35*), zwei sowjetische Kosmonauten (Orbitalstation *Mir*) und zwei sowjetische Kosmonauten und ein japanischer Journalist (*Sojus TM 11*) die Erde.

Zwischen dem 23. und 24. März 1992 waren sechs Amerikaner und ein Belgier an Bord der Raumfähre *Atlantis*, zwei GUS-Kosmonauten in der Orbitalstation *Mir* sowie zwei russische und ein deutscher Raumfahrer an Bord von *Sojus TM 14*. Am 31. Juli 1992 waren vier GUS-Kosmonauten und ein französischer Raumfahrer an Bord von *Mir*, in der US-Raumfähre *Atlantis* befanden sich fünf Amerikaner sowie je ein Astronaut aus der Schweiz und Italien. Damit befand sich auch die größte Anzahl von Nationalitäten im Orbit, nämlich fünf: GUS, Frankreich, Italien, Schweiz und USA.

Die größte Höhe, die eine Frau je erreicht hat, wird für die Astronautin Kathryn Sullivan (* 3. Oktober 1951) registriert. Während ihres Fluges mit der Raumfähre *Discovery* im April 1990 gelangte sie auf die Höhe von 531 km.

Die größte Entfernung, die Menschen in der Raumfahrt bisher zurücklegten, beträgt 400 171 km. Dieser Erdabstand wurde am 15. April 1970 um 7 Uhr 21 MEZ vom Raumschiff *Apollo 13* erreicht, das nach der Explosion im Service-Modul der *Apollo*-Kapsel nicht auf dem Mond landen konnte, sondern um den Erdtrabanten herum zur Erde zurückfliegen mußte. An Bord waren J. A. Lovell, F. W. Haise und J. L. Swigert (1931-82).

Die größte Geschwindigkeit, mit der sich Menschen jemals bewegten, betrug 39 897 km/h. Sie wurde am 26. Mai 1969 bei Eintritt der Landekapsel von *Apollo 10* in die Erdatmosphäre in 122 km Höhe erreicht. Dabei waren T. P. Stafford, J. W. Young und E. A. Cernan.

Den Geschwindigkeitsrekord für Frauen im Weltraum hält Kathryn Sullivan mit 28 582 km/h beim Beginn der Wiedereintrittsphase während der *Discovery*-Mission am 29. April

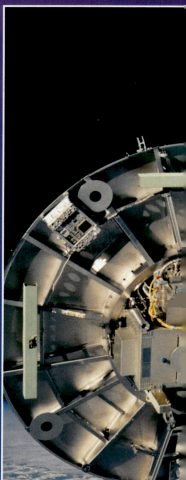

NATURWISSENSCHAFT & TECHNIK 118/119

• Raketentechnik und Raumfahrzeuge

Die einstufige Trägerrakete *DX-C* vor dem Start in White Sands.

Die ehemals sowjetische nun russische Raumstation *Mir* beherbergte ein Jahr lang die Kosmonauten Vladimir Titow und Musa Manarow.
Foto: Science Photo Library/Novosti Press Agency

Der erste Kosmonaut an Bord einer amerikanischen Raumfähre war der weltraumerfahrene Sergej Krikaljew. Er nahm an der *Discovery*-Mission STS-60 im Februar 1994 teil.

Ein Höchstvakuum sollte auf der im Bild sichtbaren Rückseite dieses »Schildes« (*Wake Shield Facility*) während des Fluges der Raumfähre *Discovery* im Februar 1994 erzeugt werden, da selbst in Flughöhe um 250 km noch zahlreiche Gasatome aus der Hochatmosphäre der Erde vorhanden sind. Aus technischen Gründen scheiterte das Experiment. Es soll 1995 wiederholt werden.
Fotos: NASA

Shannon Lucid: viermal im All

Im Alter von fünf Jahren beschloß Shannon Lucid, Pilotin zu werden. Sie träumte schon davon, den Weltraum zu erkunden, als das Wort »Astronaut« noch unbekannt war. Heute ist ein Flug zum Mars ihr Traum. Die NASA hat ihre körperliche Leistungsfähigkeit getestet (wie die anderer Astronauten auch), um die Auswirkungen von langen Raumflügen einschätzen zu können. Falls ihr Traum Wirklichkeit werden sollte, würde Shannon Lucid nur eines bedauern: »Die zwei Wochen, die ich im All verbracht habe, waren die längste Zeit in meinem ganzen Leben, in der ich kein Buch gelesen habe. Wenn das kein Rekord ist!«
»Ich könnte auf unbegrenzte Zeit im All bleiben«, sagt Shannon Lucid, obwohl die Bedingungen im Weltraum natürlich gewöhnungsbedürftig sind. »Es wird nie zur Routine.« Wenn Shannon Lucid im Orbit ist, merkt sie, wie sich ihr Herzschlag verlangsamt, und nach der Landung auf der Erde spürt sie dann, welche Anstrengung es das Herz kostet, den normalen Rhythmus wieder aufzunehmen. Auch die Muskulatur der Beine leidet unter der mangelnden Beanspruchung. »Unmittelbar nach der Rückkehr auf die Erde könnte ich keine Bergwanderung machen«, sagt Shannon Lucid. Es wäre zu anstrengend. Außerdem verteilt sich die Körperflüssigkeit im ganzen Körper um. »Aber das ist mir ganz recht«, meint sie und fügt erklärend hinzu: »Mein Gesicht wird voller, wärend Beine und Taille schmaler werden.« Sie lacht auf. »Manche haben eben eine Figur, die im All besser aussieht.«

Die Astronauten Eugene Cernan und Harrison Schmitt verbrachten im Rahmen des *Apollo*-Programms während der letzten Mission, *Apollo 17*, die längste Zeit auf dem Erdtrabanten. Die beiden Bilder zeigen Harrison Schmitt, der einzige professionelle Geologe auf dem Mond, einmal nahe einem großen Felsen und bei der amerikanischen Fahne an der Landestelle.

Fotos: Science Photo Library/NASA

• Raketentechnik und Raumfahrzeuge

1990, für die sowjetische Raumfahrt Valentina Tereschkowa an Bord von *Wostok 6* am 19. Juni 1963 mit 28 115 km/h. Möglicherweise jedoch hat Svetlana Sawitzkaja an Bord von *Sojus TM 7* und *TM 12* am 27. August 1982 und am 28. Juli 1984 diese Marke minimal überboten.

Der älteste Astronaut bisher war der Amerikaner Vance DeVoe Brand (* 9. Mai 1931), der bei seinem Raumflug mit der *Columbia* am 2. Dezember 1990 59 Jahre alt war. Die älteste Frau war Shannon Lucid, die bei ihrem Flug mit der Raumfähre *Atlantis* am 18. Oktober 1989 ein Alter von 46 Jahren hatte. Sie ist die erste Frau, die vier Raumflüge absolviert hat. Auch Kathryn Sullivan kann bereits auf drei *Shuttle*-Missionen zurückblicken.

Der jüngste war Major (später Oberst) German Stepanowitsch Titow (* 11. September 1935), der 25 Jahre und 329 Tage alt war, als er am 6. August 1961 mit *Wostok 2* in den Erdorbit startete.
Die jüngste Frau im Weltraum war Valentina Tereschkowa, die zum Zeitpunkt ihres Fluges 26 Jahre alt war.

Die meisten Raumflüge: Der einzige Mensch, der sechsmal im Weltraum war, ist Captain John W. Young (* 24. September 1930, USA). Nach seinem letzten Flug als Commander der *Spacelab*-Mission mit der *Columbia* am 8. Dezember 1983 konnte Young auf 34 Tage, 19:42:13 Std. im Weltraum zurückblicken. Seine Missionen: *Gemini*, *Gemini 10*, *Apollo 10* und *16* sowie *STS 1* und *9*. Die größte Zahl von Flügen für die Ex-UdSSR, nämlich fünf, hat zwischen 1978 und 1985 Vladimir Dzhanibakov absolviert.

Die erste bemannte Mondlandung fand am 21. Juni 1969, 2 Uhr 56 Min. und 15 Sek. Weltzeit statt. Neil Amstrong, Kommandant der Mission *Apollo 11*, betrat als erster Mensch den Mond im Mare Tranqillitatis. Als Zweiter verließ Edwin »Buzz« Aldrin die Landefähre *Adler*. Im mondumkreisenden Mutterschiff *Columbia* verblieb Michael Collins.

Das erste Räderfahrzeug auf dem Mond war *Lunochod 1*, das am 17. November 1970 seine von der Erde gesteuerten Reisen begann. Es bewegte sich 10,54 km auf Gefällen bis zu 30 Grad im Mare Imbrium und war bis 4. Oktober 1971 in Betrieb.

Den Geschwindigkeits- und Entfernungsrekord auf dem Mond hält der von *Apollo 16* mitgeführte *Rover*, gefahren von John Young, mit 18 km/h eine Strecke von 33,8 km bergab.

Die Gesamtkosten des Programms der bemannten Raumfahrt der USA bis Februar 1992 werden auf 78,3 Mrd. Dollar geschätzt. Die ersten 15 Jahre des sowjetischen Raumfahrtprogramms von 1958 bis September 1973 sollen über 100 Mrd. DM gekostet haben. Die Kosten für das *Space-Shuttle*-Programm der US-Raumfahrtbehörde NASA betrugen bis Anfang 1993 etwa 45 Mrd. Dollar.

Raumanzüge: Für Weltraumausstiege hat die US-Raumfahrtbehörde NASA Raumanzüge für die *Shuttle*-Mission entwickelt, deren Preis derzeit bei 3,4 Mio. Dollar liegt.

Das erste voll wiederverwendbare bemannte Raumfahrzeug ist der amerikanische Shuttle-Orbiter *Columbia*, der im März 1994 zum 16. Mal in die Erdumlaufbahn startete.

Das erste Gemälde im Orbit – zumindest von einem westlichen Künstler – stammt von Christian Hofmann aus Wien und wurde im Oktober 1991 anläßlich des Austromir-Flugs in der Raumstation *Mir* von den Kosmonauten Oberst Alexander Wolkow, Tachtar Aubakirow und Sergej Krikaljiow signiert. Der Austronaut Franz Viehböck hatte das 13,6 x 13,6 cm große und 5,9 g schwere Rhombus-Ölbild *Mikado im All* als Gepäck im Weltall.

Raumstation Alpha

Amerikaner und Russen werden gemeinsam eine Raumstation in der Erdumlaufbahn errichten. Dabei sind auch die europäische Raumfahrtorganisation ESA, Kanada und Japan. Die USA haben ihre ehrgeizigen, aber kostspieligen Pläne für den Bau der Raumstation *Freedom* aus finanziellen Gründen aufgegeben. Der größte Teil der bisher geleisteten Entwicklungen wird in das internationale Unternehmen einfließen. Für die russische Raumfahrt, die hier ihr umfangreiches und preiswertes Raketenpotential einbringen kann, bedeutet dieses Kooperationsprojekt eine entscheidende Zukunftssicherung. 16 amerikanische und 13 russische Flüge werden notwendig sein, um die Station bis zum Jahr 2002 zu montieren. Der kanadische Greifarm wird im August 1998 installiert. Im Frühjahr 2000 soll das japanische Modul folgen, im Juni 2001 schließlich das Labor der ESA. Vier bis sechs Raumfahrer werden dann in der Station arbeiten. Vorangehen, beginnend 1995, zehn gemeinsame bemannte Missionen von Russen und Amerikanern mit Rendezvous-Manövern zwischen dem *Shuttle* und der Orbitalstation *Mir*, in der auch NASA-Astronauten fliegen werden.

Die internationale Raumstation *Alpha* mit ihren vielseitigen Ausbau- und Kopplungsmöglichkeiten.
Foto: ESA/NASA

Das Acrylglas-»Zelt« des Münchener Olympiastadions ist mit einer Fläche von 85 000 m² das größte durchsichtige Dach der Welt. Es ruht auf einem von Masten gestützten Stahlnetz.

Foto: Images

- **Hongkong: größtes Industriegebäude fertiggestellt**
- **Las Vegas: größtes Hotel der Welt eröffnet**
- **Pennsylvania: Riesen-Labyrinth ins Maisfeld geschnitten**
- **Illinois: längstes Abwassersystem im Bau**
- **Frankfurt/M.: Grundstein für das höchste Gebäude Europas gelegt**

BAUTECHNIK

◆ BÜROS, VERWALTUNGEN, WERKHALLEN

Das größte Bauprojekt der Neuzeit ist das Madinat-al-Jubail-al-Sinaiyah-Unternehmen in Saudi-Arabien, eine Industriestadt vom Reißbrett, die 1976 in Angriff genommen wurde und bei Fertigstellung 101 460 ha umfassen soll. Zeitweise waren an dem Riesenwerk fast 52 000 Arbeiter aus 62 Nationen beschäftigt. Insgesamt wurden bisher 270 Mio. m³ Erde bewegt, genug, um einen 1 m hohen Erdhügel siebenmal um den Äquator zu legen. Auch das Kanalsystem, das die Industrieanlagen der neuen Stadt mit Kühlwasser versorgen soll, ist rekordverdächtig. Es soll täglich 10 Mio. m³ Meerwasser heranschaffen, eine Leistung, die bisher beispiellos ist auf der Welt.

Als »**größte kommerzielle Nutzbarmachung der Welt**« ist der Ausbau der Londoner Hafenanlagen, den Docklands mit ihren Großbauten, beschrieben worden. 1992 wurden die Kosten auf über 9 Mrd. Pfund (25,67 Mrd. DM) beziffert.

Das größte mehrgeschossige Industriegebäude der Welt beherbergt die Containerabfertigung der Asia Terminals Ltd. im Containerhafen Kwai Chung in Hongkong. Das 1994 fertiggestellte Gebäude hat in 15 Stockwerken eine Gesamtgeschoßfläche von 865 937 m². Es erhebt sich auf einer Grundfläche von 276 x 292 m und ist 105 m hoch. Der Rauminhalt beträgt 5 853 092 m³. Jedes Stockwerk ist von 14 m langen Container-Lastern zu erreichen und in ganzer Größe befahrbar. Die Fahrwege sind zusammen 26,84 km lang, und für die Container-Laster stehen insgesamt 2609 Parkbuchten zur Verfügung.

Das Gebäude mit dem größten Rauminhalt der Welt ist die Hauptmontageabteilung der Firma Boeing in Everett, Washington (USA), die bei ihrer Fertigstellung 1968 ein Volumen von 5 564 200 m³ hatte. Aufgrund der zur Zeit durchgeführten Vergrößerung hat sich das Volumen bereits auf 13,4 Mio. m³ erhöht. Bis zum Abschluß der Bauarbeiten, der für Ende 1993 durchgeführt war, hat sich der Rauminhalt der Halle, in der die neuen Flugzeuge der 777er Serie künftig gebaut werden, noch einmal um die Hälfte vergrößert. Sie bedeckt eine Fläche von gut 410 ha.

Das geräumigste Wissenschaftsgebäude ist das Vehicle Assembly Building (VAB) im Komplex 39 des John F. Kennedy Space Center (KSC) auf Merritt Island, Cape Canaveral, Florida (USA). Hier fand die Endmontage der *Apollo*-Raumschiffe statt, und von hier aus startete die Trägerrakete *Saturn V* zum Mond. Der Stahlgerüstbau ist 218 m lang, 158 m breit und 160 m hoch; er umfaßt vier Hallen, jede mit eigenem Eingang von 140 m Höhe. Der Bau wurde im April 1963 vom Ursum-Konsortium in Angriff genommen, die Bodenfläche mißt 3,18 ha, der Fassungsraum beträgt 3 666 500 m³. Zum Zeitpunkt der Fertigstellung, am 14. April 1965, beliefen sich die Baukosten für das VAB auf 108,7 Mio. Dollar (damals 434,8 Mio. DM).

Das Wirtschaftsgebäude mit der größten Grundfläche unter einem Dach ist der Blumenmarkt der Kooperative VBA (**V**ereinigde **B**loemenveilingen **A**alsmeer) in Aalsmeer (NL). Der Markt erstreckte sich ursprünglich über 343 277 m², wurde inzwischen aber auf 489 656 m² (776 x 631 m) vergrößert.

Das flächenmäßig größte Verwaltungsgebäude ist das Pentagon in Ar-

> Die Hauptmontagehalle der Firma Boeing in Everett, Washington (USA), ist das Gebäude mit dem größten Rauminhalt der Welt. Bei seiner Fertigstellung im Jahr 1968 hatte es ein Fassungsvermögen von 5 564 200 m³. Danach wurde es jedoch mehrmals vergrößert, zuletzt 1993 für die Produktion der neuen *Boeing 777*, wobei das Volumen noch einmal um 50 Prozent anwuchs, so daß die Halle heute 13,4 Mio. m³ umschließt. Sie erstreckt sich über eine Fläche von 410 ha.
>
> Foto: Boeing Commercial Airline Group

BAUTECHNIK

• Büros, Verwaltungen, Werkhallen

lington, Virginia. Das Domizil des amerikanischen Verteidigungsministeriums wurde am 15. Januar 1943 fertiggestellt und kostete schätzungsweise 83 Mio. Dollar (damals ca. 332 Mio. DM). Die Außenmauern des Pentagons sind je 281 m lang. Umfang des Gebäudes: etwa 1405 m. Insgesamt haben die fünf Stockwerke des Ministeriums eine Bodenfläche von 604 000 m². Die Korridore im Pentagon haben eine Gesamtlänge von 27 km, und es sind 7748 Fenster zu putzen. In dem Riesenbau gehen 29 000 Menschen ihrer Arbeit nach.

Das Bürogebäude mit der größten Mietfläche ist das World Trade Center (Welthandelszentrum) in New York (USA), dessen beide Türme jeweils 406 000 m² umfassen. Turm Zwei ist 420 m hoch und hat eine Aussichtsplattform auf dem Dach. Die Spitze der Fernsehantenne auf Turm Eins befindet sich 521 m über dem Straßenniveau, 91 cm höher als die Antenne auf dem Sears Tower. Jeder der beiden Türme verfügt über 99 Fahrstühle und 43 600 Fenster mit einer Glasfläche von 182 880 m². In dem Komplex, der täglich 90 000 Besucher zählt, arbeiten 50 000 Menschen.

Das höchste Bürogebäude der Welt ist mit 110 Stockwerken und einer Höhe von 443 m der Sears Tower, die US-Zentrale von Sears, Roebuck & Co. am Wacker Drive in Chikago, Illinois (USA). Seine Bruttogeschoßfläche beträgt 418 050 m². Baubeginn war im August 1970, und das Richtfest konnte am 4. Mai 1973 gefeiert werden, nachdem am 6. März um 14 Uhr 35, als der erste Stahlträger das 104. Stockwerk erreichte, das World Trade Center übertroffen worden war. Nach dem Aufbau zweier Fernsehantennen beträgt die Gesamthöhe des Wolkenkratzers jetzt 520 m. Er hat 104 Fahrstühle, 18 Rolltreppen und 16 100 Fenster.

Das höchste Gebäude Europas wird der Büroturm der Commerzbank mit 258 m werden, zu dem Anfang Juni 1994 im Frankfurter Bankenviertel der Grundstein gelegt wurde. Gekrönt werden soll das Bauwerk durch eine 40 m hohe Antenne. Als Designer, Konstrukteur und Erfinder fungiert Sir Norman Foster aus London. Der Rekordturm wird 45 Bürogeschosse mit 2400 Arbeitsplätzen umfassen.
Das bisher höchste Gebäude ist mit 256,5 m und 70 Stockwerken der 1990 fertiggestellte Frankfurter Messeturm.

Das größte Bürogebäude Deutschlands wurde im August 1987 bezogen. 2900 Angestellte der Firma Lurgi GmbH fanden in sechs Stockwerken auf insgesamt 70 000 m² einen neuen Arbeitsplatz in ihrem Frankfurter Bürohaus. Das spinnenförmige Gebäude wurde in drei Jahren errichtet. Zentrum ist ein Lichthof mit riesiger Glaskuppel, von dem sieben »Arme« abzweigen.

Das größte Bürogebäude Österreichs ist das Hauptgebäude der UNO-City (Vienna International Center) in Wien. Seine Errichtung kostete 1,2 Mrd. DM. Das Gebäude hat 24 000 Fenster und 6000 Türen. Sollten die 4700 Schreibtisch-Arbeitsplätze eines Tages nicht ausreichen, so hat der Architekt Johann Staber diesem Parkinsonschen Effekt bereits Rechnung getragen: Der Komplex kann durch entsprechende Zubauten verdoppelt werden. Die Gesamtfläche der Anlage beträgt 170 000 m², die Büro-Netto-Nutzfläche hat 80 000 m² und die Gesamtgeschoßfläche 230 000 m². Am 23. August 1979 wurde das 119,5 m hohe Gebäude offiziell in Betrieb genommen. Die UNO hat das aus österreichischen Steuergeldern finanzierte Gebäude zu einer symbolischen Jahresmiete von einem Schilling für 99 Jahre gepachtet.

Das höchste Bürogebäude der Schweiz steht in Winterthur und gehört zur Maschinenfabrik Gebrüder Sulzer. Es ist 92 m hoch.

Als teuerstes Bürohaus der Welt gilt das 1986 nach fünfjähriger Bauzeit eröffnete Gebäude der Hongkong and Shanghai Banking Corporation in Hongkong. Es kostete fast 2 Mrd. DM. Mit seinen 52 Stockwerken ist es 178,5 m hoch und verfügt über ein 52 m hohes Atrium. Die Konstruktion besteht fast nur aus Stahl und Glas. 62 Rolltreppen und »nur« 23 Lifte durchziehen das Haus. Im Bankgebäude arbeiten 3700 Angestellte, es werden täglich 20 000 Kunden erwartet.

Das größte Rathaus Deutschlands hat die Stadt Essen. Es war Ende 1979 bezugsfertig. 106,3 m ist das Gebäude hoch, 2 m mehr als geplant, weil der Hubschrauberlandeplatz auf dem Dach aus Sicherheitsgründen mit einer Mauer eingefaßt werden mußte. 339 000 m³ umbauter Raum bietet 1900 Arbeitsplätze. In dem Mammutbau mit 23 Stockwerken gibt es 24 Dienststellen.

Die höchsten Rathäuser Deutschlands haben Leipzig und die Hansestadt Hamburg. Über den vier Hauptstockwerken des Hamburger Rathauses erhebt sich ein Turm bis auf 110 m Höhe. Das Gebäude wurde 1897 nach zehnjähriger Bauzeit eingeweiht. Kostenpunkt: 11 Mio. Goldmark. Auf 4000 Eichenpfählen wurde das 111 m breite Rathaus gebaut. Mit seinen 647 Räumen hat es mehr Räume als der Buckingham-Palast in London. Der Turm des Neuen Rathauses und Stadthauses (1899-1912 erbaut) in Leipzig (S) ist 115 m hoch.

Der Sears Tower in Chikago, Illinois (USA), ist mit 520 m das höchste Bürohaus der Welt.
Foto: Spectrum Colour Library

◆ INDUSTRIE- UND WOHNBAUTEN

Der höchste Schornstein der Welt ist die 420 m hohe Esse des Kohlekraftwerks Nr. 2 in Ekibastuz (Kasachstan). Die Anlage wurde in der Zeit vom 15. November 1983 bis zum 15. Oktober 1987 vom damaligen sowjetischen Energieministerium für 7,89 Mio. Rubel errichtet. Der Durchmesser des Schornsteins verengt sich von 44 m am Boden zu 14,2 m am oberen Rand. Sein Gesamtgewicht beträgt 60 000 t. Er ist seit 1991 in Betrieb.

Der massivste Schornstein ragt in Puentes de Garcia Rodriguez in Nordwestspanien 350 m hoch in den Himmel. Gebaut hat ihn die Firma M. W. Kellogg – mit 15 750 m³ Beton und 1315 t Stahl. Innenvolumen: 189 720 m³.

Der höchste jemals gesprengte Schornstein gehörte zum Kraftwerk Matla in Kriel (Südafrika). Er war 275 m hoch und wurde am 19. Juli 1981 von den Firmen Santon (Steeplejack) aus Greater Manchester (GB) und Dykon aus Tulsa, Oklahoma (USA), dem Erdboden gleichgemacht.

Der höchste europäische Schornstein gehört zum Zasavje-Heizkraftwerk in Trbovlje (Slowenien). Er übertrifft den von Puentes noch um 10 m. Die Bauarbeiten wurden von Karrena, Düsseldorf, durchgeführt und am 1. Juni 1976 abgeschlossen.

Der höchste Schornstein in Deutschland ist 302 m hoch, gerechnet vom Fundament bis zur Oberkante. Er ist einer von sechs Schornsteinen der VEBA-Kraftwerke bei Gelsenkirchen – erbaut von Karrena, Düsseldorf.

Die erste Schornsteinverschiebung fand am 21. August 1933 in Hamburg-Altona statt. Auf einem Fabrikgrundstück wurde ein im Jahr 1900 erbauter, 30 m hoher, 179 014 kg schwerer, Schornstein genau um 20 m versetzt. Der Hamburger Architekt/Schornsteinbauer Franz Sedlag schaffte diese Verschiebung in etwa 4 Std.

Den größten Parkplatz der Welt gibt es an der West Edmonton Hall im kanadischen Edmonton. Er hat Platz für 20 000 Autos. Bei Überfüllung kann auf einem angrenzenden Grundstück ein zusätzlicher Parkplatz für 10 000 weitere Fahrzeuge genutzt werden. Die Parkflächen rund um das Frankfurter Messegelände sind die größten in Deutschland. Sie bieten Platz für über 28 000 Fahrzeuge.

Das größte Fließband der Welt befindet sich in Nyborg auf der Insel Fünen. In einer 32 ha großen Feldfabrik am Ende des Nyborg-Fjords werden auf fünf Produktionsstraßen 62 Senkkästen, 2 x 62 Brückenpfeiler, 63 Straßenüberbauten und 63 Eisenbahnüberbauten mit einem Einzelgewicht bis zu 7000 t im Taktverfahren für die 6611,4 m lange Westbrücke von Fünen nach Sprogø im Zuge der Querung des Großen Belts gebaut. Am Ende des Fließbands übernimmt der selbstfahrende Schwimmkran Svanen die vorgefertigten Stahlbetonteile, transportiert sie zur Einbaustelle in der Brückenlinie und plaziert sie.

Das größte Lagerhaus der Welt ist die Speicherstadt in Hamburg. In dem 1888 in siebenjähriger Bauzeit errichteten Komplex entstanden 300 000 m² Lagerfläche für Kaffee, Tee, Kakaobohnen und Gewürze.

Das größte Traglufthallendach der Welt überspannt das 80 638 Zuschauer fassende, achteckige Silverdome-Stadion in Pontiac, Michigan (USA). Es ist 159 m breit, 220 m lang. Der Luftdruck, der das 4 ha große, lichtdurchlässige Dach aus Fiberglas hält, beträgt 34,4 kPa. Das Stadionhauptgeschoß ist 123 x 73 m groß, das Dach ist 62 m hoch. Die Statik hat Geiger-Berger Associates aus New York (USA) ausgetüftelt.

Die größte Standard-Traglufthalle der Welt hat die Firma Irvin Industries aus Stamford, Connecticut (USA), in Lima, Ohio, errichtet. Die Halle ist 262 m lang, 42,6 m breit und 19,8 m hoch. Die Ladenstraße im »Marler Stern« – einem Einkaufs- und Bildungszentrum in Marl (NW) ist mit einem Luftkissendach überdeckt. Die Rekordmaße der drei Luftkissen: 184,8 m lang und 29,4 m breit.

Die größte Reparaturwerkstatt ist das von Kowloon Motor Bus Co. in Hongkong betriebene KMB Overhaul Centre (gegr. 1933). Speziell für die Wartung von Doppeldeckerbussen gebaut, nehmen die 4 Stockwerke eine Fläche von über 47 000 m² ein.

Die höchstgelegenen Wohngebäude der Welt gehören zur Festung Bāsisi an der indisch-tibetanischen Grenze am Māna-Pass (31°04'N, 79°24'O). Die Menschen leben dort 5988 m üNN. Noch höher haben allerdings um das Jahr 1480 Bergbewohner auf dem Cerro Llullaillaco (6723 m) an der argentinisch-chilenischen Grenze gehaust. In 6600 m Höhe wurde dort im April 1961 eine 3-Zimmer-Wohnung entdeckt. Eine kleine Siedlung am Gebirgspfad T'eli-mo im südlichen Tibet liegt vermutlich in einer Höhe von 6019 m.

Das höchstgelegene Gebäude Deutschlands ist das Münchner Haus des Alpenvereins auf der Zugspitze in einer Höhe von 2962 m.

Das höchstgelegene Haus Österreichs ist die Erzherzog-Johann-Schutzhütte an der Adlersruhe auf dem Großglockner in 3454 m Höhe. Das höchstgelegene Gebäude der Schweiz ist die Hochalpine Forschungsstation Jungfraujoch in 3570 m Höhe.

Die nördlichste Behausung der Welt ist die dänische Wissenschafts-Station, die 1952 in Pearyland (Nordgrönland) 1450 km nördlich des Polarkreises errichtet wurde. Eskimo-Feuerstellen, die aus der Zeit um 1000 v. Chr. stammen, wurden 1969 in Pearyland entdeckt. Polareskimos waren 1818 auf dem Inglefield Land im Nordwesten Grönlands aufgestöbert worden. Die sowjetische Forschungsstation *Nordpol 15*, auf Treibeis errichtet, driftete im Dezember 1967 in nur 2,8 km Entfernung am Nordpol vorbei.

Die nördlichste dauernd bewohnte Behausung ist der Stützpunkt des kanadischen Verteidigungsministeriums in Alert auf Ellesmere Island, Nord-West-Territorium, auf 82°30' nördl. Breite und 62° westl. Länge, der 1950 errichtet wurde.

Die südlichste dauernd bewohnte menschliche Behausung ist die Amundsen-Scott South Polar Station der Vereinigten Staaten, die 1957 fertiggestellt und 1975 durch einen Neubau ersetzt wurde.

Das älteste Fachwerkhaus in Deutschland steht in der Webergasse 8 in der Altstadt von Esslingen am Neckar (BW). Das 15 m lange und

Mit Haus und Hof über Stock und Stein

Das 1908 erbaute Hotel Fairmount in San Antonio, Texas (USA), ein dreistöckiges, 1451 t schweres Ziegelsteingebäude, wurde auf 36 Montagewagen mit pneumatischen Reifen verladen und auf normalen Straßen um etwa 5 Blocks versetzt. Dabei wurde auch eine Brücke überquert, die eigens für diesen Zweck verstärkt werden mußte. Die Firma Emmert International aus Portland, Oregon (USA), brauchte für die Umsetzung 6 Tage, vom 30. März bis 4. April 1985, und stellte dafür 650 000 Dollar (damals 1,95 Mio. DM) in Rechnung.

Das Hotel stand hinter dem Areal, das heute die Plaza del Rio Mall einnimmt. Als das Einkaufszentrum geplant wurde, stand die Stadt vor der Wahl, das Hotel so zu belassen, wie es war, es zu modernisieren – oder es umzusetzen. »Es ist ein Wahrzeichen, ein Stück Geschichte, und war es wert, gerettet zu werden«, sagte Terry Emmert von Emmert Construction. »Sicher, es war eine schwierige Arbeit, aber auch eine interessante. So etwas würden wir gern jeden Tag tun, wenn wir könnten.«

Auch das Hotel Fairmount hielt der Herausforderung stand. Vor der Umsetzung wurde es von innen und außen stabilisiert und in einen Käfig aus Stahlträgern und Kabeln eingehüllt. Anschließend wurde es mit hydraulischen Winden an 34 Punkten des Fundaments angehoben und 2,6 m hoch gehievt. Da das Hotel auf beiden Straßenseiten über den Gehweg ragte, mußten vor dem Transport Laternenmasten, Ampeln und Parkuhren entfernt werden.

Foto: Emmert International

Der Tempel von Mnadjra in Malta, eines der ältesten freistehenden Bauwerke der Welt.
Foto: Spectrum Colour Library

BAUTECHNIK
• Industrie- und Wohnbauten

16 m hohe Gebäude hat einen riesigen Weinkeller und eine besondere Dachkonstruktion. Nach einer Jahresringdatierung des verbauten Eichen- und Tannenholzes wurde festgestellt, daß das Haus aus dem Jahr 1267 stammt.

Das vermutlich älteste Haus der Schweiz steht in Sachseln (Kanton Obwalden). Eine dendochronologische Untersuchung datiert das sogenannte Götschi- oder Farbhaus um 1269-79.

Höchster Wohnblock der Welt ist mit 343,5 m das John Hancock Center in Chikago, Illinois (USA). Allerdings beherbergen von den 100 Stockwerken nur die Etagen 44-92 Wohnungen. Der höchste reine Wohnblock ist der Lake Point Tower von Chikago in Illinois (USA). Auf 70 Stockwerken, die 194,88 m emporragen, sind insgesamt 879 Wohneinheiten untergebracht.

Der höchste Wohnblock Europas steht in Köln. Es ist das 1973 fertiggestellte Colonia-Hochhaus, das mit 147 m Höhe das Uni-Center in Köln um gut 9 m überragt.

Das größte Hotel der Welt ist das MGM Grand Hotel in Las Vegas, Nevada (USA). Es besteht aus vier Türmen mit 30 Stockwerken und insgesamt 5009 Zimmern, darunter Suiten von bis zu 557 m². Zu dem Komplex, der sich über eine Fläche von 45,3 ha erstreckt, gehören eine Arena mit 15 200 Sitzplätzen, ein 13,3 ha großer Vergnügungspark und das größte Spielkasino der Welt. Baubeginn war 1991, Richtfest im Februar 1993 und Eröffnung im Dezember 1993. Die Baukosten betrugen 1 Mrd. Dollar.

Die größte Hotelhalle hat das Hyatt Regency in San Franzisko (USA). Sie ist 106,6 m lang, 48,7 m breit und 51,8 m hoch. Die Höhe der Halle entspricht 17 Stockwerken.

Das höchste Hotel ist, vom Straßenniveau des Haupteingangs bis zum Dachfirst gemessen, mit 226,1 m das 73stöckige Westin Stamford Hotel in der Raffles City von Singapur, dessen Richtfest im März 1985 begangen wurde. Das 235 Mio. Dollar teure Hotel wird von der Westin Hotel Co. geführt und gehört der DBS Land und der Overseas-Chinese Banking Corporation. Es wurde 1990/91 für rund 155 Mio. DM renoviert. Das Westin Stamford Detroit Plaza Hotel ist allerdings, vom Hintereingang gemessen, noch höher, nämlich 227,9 m.

Teuerste Hotelunterkunft ist mit 25 000 Dollar pro Nacht die Galactic Fantasy Suite im Crystal Tower des Kasinohotels Crystal Palace Resort in Nassau auf den Bahamas. Wer viel Geld im Kasino läßt, hat allerdings die Chance, auf Kosten des Hauses in der Suite unterzukommen. Die Ausstattung umfaßt *Ursula* – eine persönliche Roboterdienerin –, ein rotierendes Sofa und Bett, eine Ton- und Lichtshow, die einem ein Gewitter samt Blitzen vorgaukelt, und von der Körperwärme aktivierte pulsierende Lichtsäulen.

Das teuerste jemals gebaute Privathaus ist die Hearst Ranch in San Simeon (USA). William Randolph Hearst (1863-1951), der Zeitungsmagnat, ließ es von 1922 bis 39 mit einem Kostenaufwand von mehr als 30 Mio. Dollar bauen. Das Haus mit über 100 Räumen, einem 32 m langen geheizten Schwimmbad, einem 25 m langen Konferenzsaal und einer Garage für 25 Limousinen erforderte 60 Hausangestellte.

Den höchsten Preis, der 1992 weltweit auf dem Immobilienmarkt für ein Haus gezahlt wurde, erzielte mit 142,6 Mio. DM das Casa Batlló im Zentrum von Barcelona (Spanien). Es war 1887 für José Batlló gebaut und später von Antonio Gaudi (1852-1926) erheblich umgebaut worden.

Das Haus mit den meisten Räumen heißt Knole und steht bei Sevenoaks in Kent (GB). Es hat 365 Zimmer, für jeden Tag des Jahres ein anderes, und wird von National Trust verwaltet. Das Haus wurde um sieben Innenhöfe gebaut und mißt von der Fassade bis zur Rückseite etwa 120 m. Thomas Bourchier, Erzbischof von Canterbury (1454-86), hatte das Grundstück 1456 erworben und war der erste Bauherr von Knole. Sir Thomas Sackville, seit 1566 Pächter des Anwesens, gab Knole dann von 1603 bis 1608 sein endgültiges Gesicht.

Foto: FLABEG GmbH

◆ BURGEN, SCHLÖSSER

Das größte bewohnte Schloß der Welt ist die königliche Residenz Schloß Windsor in Berkshire (GB). Der größte Teil stammt aus dem 12. Jh., hat die Form eines Parallelogramms mit verengtem Mittelteil und mißt 576 x 164 m.

Das meistbesuchte Schloß Deutschlands ist Neuschwanstein (BY). König Ludwig II. von Bayern (1864-86) hatte sich diese Traumburg errichten lassen. Die Besichtigung gehört als »Muß« ins Programm jedes Europatouristen. 1990 besuchten mehr als 1,4 Mio. Touristen aus dem In- und Ausland das Märchenschloß.

Das am meisten besuchte Schloß Österreichs ist mit Abstand Schönbrunn in Wien. 1981 besuchten 1,12 Mio. Schaulustige die Räume des Schlosses.

Die größte Burg der Welt ist der Prager Hradschin (Tschechische Republik), der aus dem 9. Jh. stammt. Das langgestreckte unregelmäßige Polygon mit einer Achse von 570 m und einem Durchmesser von ca. 128 m steht auf einem Gelände von 7,28 ha.

Die größte deutsche Burg, die erhalten geblieben ist, liegt bei dem bayerischen Ort Burghausen, nahe der österreichischen Grenze, auf einer Erhebung zwischen der Salzach und dem Wöhrsee. Sie besteht aus einer Kernburg und fünf kleineren Vorburgen. Ihre Gesamtlänge beträgt 1,2 km.

Als stärkste Festung nicht nur Österreichs, sondern des Abendlandes galten die Schloßberg-Befestigungen der Stadt Graz (Steiermark). Weder die Türken (15.-16. Jh.) noch die Franzosen (1809) konnten sie erstürmen.

Die dicksten Mauern waren mit 27 m die Ur-nammu-Stadtmauern von Ur (jetzt Muquajjar, Irak), die 2006 v. Chr. von den Elamiten zerstört worden sind.

Der größte Palast der Welt ist der kaiserliche Palast (Gugong) in der Stadtmitte Pekings (Bei-jing, chinesisch für nördliche Hauptstadt), dessen Areal ein Rechteck von 960 x 750 m bildet und 72 ha mißt. Der äußere Grundriß entspricht noch dem ursprünglichen Bau, der unter Yongle (1402-24), dem dritten Kaiser der Mingdynastie, entstanden ist. Danach kam es jedoch zu ständigen Umbauten, so daß die meisten Gebäude des Palastes innerhalb der Außenmauern aus dem 18. Jh. stammen. Die gesamte Palastanlage besteht aus fünf großen Hallen und 17 verschiedenen Palästen. Einen davon, den Palast der Gesammelten Vornehmheit (Chu xia gong), bewohnte die letzte chinesische Kaiserin bis 1924.

Das Schloß von Versailles, 23 km südwestlich von Paris gelegen, hat auf seiner 580 m langen Fassadenseite 375 Fenster. Die Anlage, 1682 für Ludwig XIV. fertiggestellt, hatte unter der Leitung von Jules Hardouin-Mansart (1646-1708) mehr als 30 000 Arbeiter beschäftigt.

Die größte Residenz der Gegenwart, die »Istana Nurul Iman«, wurde für den Sultan von Brunei in der Hauptstadt Bandar Seri Begawan errichtet. Der im Januar 1984 fertiggestellte Palast hat 1788 Zimmer und angeblich 300 Mio. Pfund (damals 1,172 Mrd. DM) gekostet. Die Palastgarage ist groß genug, um die 110 Wagen des Sultans aufnehmen zu können.

Das Schloß?

Auf dem Platz vor dem Palast der Republik wurde in Berlin-Mitte am 30. Juni 1993 ein riesiges Gerüst aus Hunderten von Stahlrohren errichtet. Aus 9000 m² ockergelber Polyesterfolie war die imaginäre Fassade des Berliner Stadtschlosses mit einer Länge von 220 m im Maßstab 1:1 entstanden. Die Französin Catherine Feff (Paris) hatte die Fassaden dem Original nachentworfen. Nach einer Idee von Wilhelm von Boddien aus Bargteheide (Schleswig-Holstein) sollte mit dem Projekt für den Wiederaufbau des Berliner Stadtpalais geworben werden – zunächst vom 30. Juni bis 10. Oktober 1993, dann verlängert bis zum 15. September 1994. Danach wurde die Attrappe nach 15 Monaten Luftschloß-Zeit abgebaut. Die größte Spiegelwand (1000 m²) verdeckte im Sommer 1993 den Palast der Republik und brachte die Fassade des Berliner Schlosses auf doppelte Länge. Die Fürther Firma FLABEG hatte die 200 Einzelspiegel von 6 mm Stärke auf Spanplatten verklebt.

Innenaufnahmen aus dem Winchester House: eine der Treppen, die nirgendwohin führen, zwei Zimmer und der große Ballsaal mit Shakespeare-Zitaten auf den Fenstern.

Fotos: Winchester Mystery House

BAUTECHNIK
• Burgen, Schlösser

Versteckspiel mit den Geistern

Das Winchester House in San Jose, Kalifornien (USA), war 36 Jahre lang Wohnhaus und Baustelle zugleich. Ursprünglich war es einmal ein Farmhaus mit 8 Zimmern und einer separaten Scheune gewesen, die auf einem 65 ha großen Anwesen standen, das Oliver Winchester gehörte, dem Sohn des Herstellers des Winchester-Repetiergewehrs – dem berühmtesten Gewehr in der Zeit der Eroberung des Westens der Vereinigten Staaten. Nach seinem Tod im Jahr 1886 konsultierte seine Witwe Sarah einen Bostoner Geisterseher, der ihr erklärte, daß die Geister all der Menschen, die mit den von ihrer Familie hergestellten Gewehren erschossen worden waren, sie verflucht hätten und in alle Ewigkeit verfolgen würden. Sie könne diesem Fluch offenbar dadurch entkommen, daß sie nach Westen gehe, ein Haus kaufe und es unter der Anleitung der Geister ständig umbaue. Nur auf diese Weise sei der Fluch zu entkräften und vielleicht sogar der Schlüssel zum ewigen Leben zu finden.

Mrs. Winchester zog also nach Kalifornien und verwandte von Stund an ihr tägliches Einkommen von 1000 Dollar dafür, das Farmhaus in ein Herrenhaus umzuwandeln, das schließlich über 13 Bäder, 52 Oberlichter, 47 Kamine, 10 000 Fenster, 40 Treppen, 2000 Korridore und drei 10 000 Dollar teure Aufzüge verfügte. Bis zu ihrem Tod im Jahr 1922 wurde unablässig an dem Haus gebaut. Viele der Ein- und Umbauten waren dazu gedacht, die Hausgeister zu verwirren: Schranktüren ohne Schränke dahinter, Geheimgänge, Falltüren und Hunderte von verkehrt herum stehenden Säulen und Pfeilern.

Eine Luftaufnahme des weitläufigen Herrenhauses. Manche der Bediensteten fanden sich nur mit Hilfe von Karten in dem Gebäude zurecht.

◆ STADIEN, SPORTHALLEN

Das größte Stadion der Welt ist das Strahov-Stadion in Prag (Tschechische Republik). Es wurde 1934 fertiggestellt und hat Raum für 240 000 Zuschauer bei Massenvorführungen von bis zu 40 000 Kunstturnern.

Das größte Fußballstadion der Welt ist das Städtische Stadion Maracaña von Rio de Janeiro (Brasilien) mit einem Normalfassungsraum von 205 000, davon 155 000 Sitzplätzen. Beim Weltmeisterschaftsendspiel zwischen Brasilien und Uruguay am 16. Juli 1950 waren 199 854 Zuschauer im Stadion. Ein Graben von 2,13 m Breite und 1,5 m Tiefe schützt die Spieler vor den Zuschauern und umgekehrt.

Deutschlands größtes Stadion ist das Leipziger Zentralstadion mit 95 000 Plätzen. Das Olympiastadion in Berlin hat ein Fassungsvermögen von 76 009 Zuschauern.
Das Olympiastadion in München, für die Olympischen Spiele 1972 erbaut, faßte 75 500 Zuschauer, nach dem Umbau von 1988 bietet es Platz für 72 308 Zuschauer.

Das größte Sportstadion Österreichs ist das Praterstadion. Es hat nach der Überdachung von 1986 einen Fassungsraum für 60 000 Zuschauer.

Das größte Stadion der Schweiz ist das Sportstadion St. Jakob bei Basel. Es faßt insgesamt 60 000 Zuschauer bei 51 816 Stehplätzen.

Größtes überdachtes Stadion der Welt ist das 1968 eröffnete Azteken Stadion, Mexico City (Mexiko), das bei Fußballspielen 107 000 Menschen Platz bietet. Bei einem Boxkampf wurde jedoch eine Rekordzuschauerzahl von 132 274 erreicht. Fast alle Plätze des Stadions sind überdacht.

Das größte mobile (ein- und ausfahrbare) Dach der Welt hat das in der Nähe des CN-Towers in Toronto (Kanada) gelegene Stadion der Baseballmannschaft Toronto Blue Jays. Das SkyDome genannte Stadion wurde im Juni 1989 fertiggestellt und bietet bei Konzerten 67 000, bei Footballspielen 53 000 und bei Baseballspielen 50 600 Menschen Platz.

Die größte Spannweite hat das Dach des 1971 fertiggestellten Texas-Stadions in Irving, Texas (USA). Sie beträgt in der Hauptachse des elliptischen Stadions 240 m.

Das größte durchsichtige Dach ist mit einer Fläche von 85 000 m² das Acrylglas-»Zelt« des Münchener Olympiastadions. Es ruht auf einem von Masten gestützten Stahlnetz.

Das größte Stadion in einem Berg wurde im norwegischen Gjövic, 60 km nördlich von Lillehammer, gebaut. Die 91 m lange und 61 m breite Höhle bietet 5600 Zuschauern Platz. Anläßlich der Olympischen Winterspiele 1994 wurden in dem unterirdischen Stadion die Eishockey-Wettkämpfe ausgetragen. Seitdem wird die Halle für Kongresse und Konzerte genutzt.

Das größte Hallenstadion der Welt ist mit 5,26 ha Fläche und einer Höhe von 83,2 m der Superdome von New Orleans (USA), der im Mai 1975 für 173 Mio. Dollar (damals 425 Mio. DM) errichtet wurde. Für Versammlungen usw. bietet er 97 365 Sitzplätze, bei Fußballspielen 76 791. Logen sind für 35 000 Dollar zu mieten, der Eintrittspreis ist in diesem Betrag nicht enthalten. Ein Wagen mit 8 m großen Fernsehschirmen ermöglicht die sofortige Wiederholung einzelner Spielphasen.

Die größte Sporthalle Deutschlands ist die 1952 neu erbaute Westfalenhalle in Dortmund. 23 000 Zuschauer haben in ihr Platz. Mit allen Nebenanlagen wie Tattersall und Boxschule hat die Anlage eine Grundfläche von 20 000 m². Sie verfügt über die größte Hallenkuppel Europas – mit einer 1680 t schweren Stahlkonstruktion.
Die größte Sporthalle Österreichs ist das Wiener Hallenstadion mit einem Fassungsraum für 5600 Zuschauer.
Die größte Sporthalle der Schweiz hat die Stadt Magglingen. Es ist eine reine Trainings- und Wettkampfhalle, die 5000 Zuschauer faßt. Die Sportfläche ist 44 x 84 m, und die lichte Höhe beträgt 11 m.

Das Azteken-Stadion in Mexico City, das größte überdachte Stadion der Welt mit 107000 Sitzplätzen.
Foto: Allsport

◆ GASTSTÄTTEN

Das größte Restaurant der Welt ist das Royal Dragon (Mang Gorn Luang) in Bangkok (Thailand), das im Oktober 1991 seine Tore öffnete und 5000 Gästen Platz bietet, die von 1200 Angestellten umsorgt werden. Die Bedienung fährt wegen der Weiträumigkeit ihres Arbeitsplatzes (3,37 ha), und um lange Wartezeiten möglichst zu vermeiden auf Rollschuhen.

Das höchstgelegene Restaurant befindet sich im Wintersportort Chacaltaya (Bolivien) in 5340 m Höhe.

BAUTECHNIK

- Stadien, Sporthallen
- Gaststätten

Das Royal Dragon in Bangkok (Thailand) ist mit einer Grundfläche von 3,37 ha das größte Restaurant der Welt. Damit das Essen heiß bei den Gästen ankommt, wird es auf Rollschuhen serviert.

Foto: Gamma

Das höchstgelegene Restaurant Europas dürfte das Drehrestaurant auf dem Mittelallalin oberhalb von Saas Fee im Schweizer Kanton Wallis sein. Es liegt 3456 m üNN.

Die größte Restaurantkette der Welt wird von der McDonald's Corporation mit Sitz in Oak Brook, Illionois (USA), betrieben. Sie wurde 1955 von Ray A. Kroc (1902-84) gegründet, nachdem er die Brüder Dick und »Mac« McDonald, Pioniere auf dem Gebiet der Schnellimbißlokale, ausbezahlt hatte. Im Dezember 1992 gehörten, direkt oder über Konzessionen, 13 093 Restaurants in 60 Ländern zu McDonald's. Das mit einer Grundfläche von 2807 m² größte befindet sich am Will-Rogers-Highway in Vinita, Oklahoma (USA). Die meisten Gäste, nämlich 700, finden jedoch in der am 23. April 1992 eröffneten Pekinger Filiale Platz. McDonald's konnte 1992 weltweit einen Umsatz von 21,9 Mrd. Dollar (36,2 Mrd. DM) erzielen.

Die höchste Bar der Welt ist mit 7,69 m das Spirituosen-Sortiment in Humperdink's Seafood and Steakhouse Bar in Dallas, Texas (USA). Die Bar hat Platz für mehr als 1000 Flaschen und besteht aus zwei Regal-Ebenen. Die vier unteren Reihen sind insgesamt 131,23 m lang und vom Boden aus zu erreichen. Die obere Bar-Ebene hat fünf Reihen und ist nur über eine Leiter zu erreichen.

Das größte Nachtlokal ist Gilley's Club (früher Shelly's), gebaut 1955 und erweitert 1971, in Houston, Texas (USA); es hat mehr als 6000 Sitzplätze und erstreckt sich über eine Fläche von 1,6 ha. Im klassischen Sinn ist jedoch Der Mikado im Stadtteil Akasaka von Tokio (Japan) mit 2000 Sitzen **die größte Bar der Welt**. Für die Betreuung der Kundschaft sorgt ein Aufgebot von 1250 Bardamen. Zum Genuß der Darbietungen auf der Bühne empfiehlt sich ein Opernglas.

Das größte Bierlokal der Welt ist das Mathäser in München. Täglich werden dort 48 000 l ausgeschenkt. Das Lokal wurde 1829 gegründet, im Zweiten Weltkrieg zerstört und 1955 wieder eröffnet. Heute hat das Mathäser Platz für 5500 Gäste.

Der größte Biergarten ist der Augustiner Biergarten in München, der 1901 eröffnet wurde und Platz für 5200 Gäste hat. Im Augustiner Biergarten werden bis zu 100 hl Bier pro Tag verkauft.

◆ VERGNÜGUNGSPARKS, AUSSTELLUNGEN

Größter Vergnügungspark der Welt ist mit 11 332 ha Disney World im Herzen von Florida (USA). Er liegt 32 km südwestlich von Orlando und erstreckt sich über die Bezirke Orange und Osceola. Der Park hat 400 Mio. Dollar gekostet und ist im Oktober 1971 eröffnet worden.

Der meistbesuchte Vergnügungspark der Welt ist das Disneyland im kalifornischen Anaheim (USA, 1955 eröffnet). Am 24. August 1985 wurde um 9 Uhr 52 der 250millionste Besucher begrüßt. Disneyland empfing 1989 den 300millionsten Besucher.

Deutschlands größter und meistbesuchter Freizeitpark ist Phantasialand, das »Land der unbegrenzten Möglichkeiten«, an der B 51 zwischen Köln und Bonn, südlich Brühl gelegen. Der 1967 eröffnete Park bietet auf 280 000 m² über 26 Hauptattraktionen, darunter das Indoor-Bahn Space Center, China-Town und Magic-Shows. 2,2 Mio. Besucher kamen im Jahr 1988.

Das größte Volksfest ist das Münchner Oktoberfest, das alljährlich im September stattfindet. In den USA wird es als *Beerfestival* bezeichnet. 1978 gab es neue Oktoberfest-Rekorde: 6,6 Mio. Besucher tranken und aßen: 4,5 Mio. l Bier, 759 751 Brathendl und 542 842 Schweinswürstl.

Der größte Vergnügungspark Europas ist das am 12. April 1992 eröffnete Euro-Disneyland in Marne-La-Vallée, 32 km von Paris entfernt. Auf 600 ha – das sind 6 Mio m² – stehen Gebäude mit einer Grundfläche von 300 000 m². 32 km Straßen durchziehen das Gelände mit 20 Brücken. Ein Jahr nach der Eröffnung haben fast 10 Mio. Menschen den Disney-Park besucht. Bis zum Jahr 2017 soll weitergebaut und erweitert werden. 21-24 Mrd. DM wird dies dann gekostet haben – nur der Kanaltunnel zwischen Frankreich und Großbritannien war bisher in Europa teurer.

Das größte Stadtstrandbad Europas ist das Gänsehäufel in Wien. Die erstmals 1907 (1950 erneut) eröffnete »Badefabrik« bietet auf fast 400 000 m², davon 1300 m Strand, 33 000 Bade- und Sonnenfreunden Erholung.

Das größte Ausstellungsgelände aller Zeiten hatte 1904 die Louisiana-Purchase-Ausstellung in St. Louis, Missouri (USA), nämlich 514,66 ha. 19 694 855 Menschen besuchten die Ausstellung. Zur gleichen Zeit fanden in St. Louis auch die Olympischen Spiele statt.

Größtes Ausstellungsgelände der Welt ist das Internationale Messezentrum von Cleveland in Ohio (USA). Es umfaßt 70,8 ha und grenzt unmittelbar an den Cleveland Hopkins International Airport. Die Passagiere werden in einem 232 250 m² großen Hallenkomplex abgefertigt, in dem sie direkten Anschluß an den Schienenverkehr haben und in dem Parkplätze für 10 000 Autos zur Verfügung stehen.

Die älteste Luftfahrt-Ausstellung der Welt ist die ILA, die Internationale Luftfahrt-Ausstellung. Die 1. ILA fand 1909 in Frankfurt/Main von Juli bis Oktober statt, der erste Aérosalon in Paris fand erst vom 25. September bis 17. Oktober 1909 statt. Nach der ILA 1928 in Berlin war 1958-90 Hannover Heimat der Ausstellung gewesen. Seit dem 15. Juni 1992 findet sie in Berlin-Schönefeld statt.

Das größte Riesenrad unserer Zeit heißt *Weltuhr 21* und wird im japanischen Yokohama betrieben. Es ist 105 m hoch und hat einen Durchmesser von 100 m. In jeder der 60 Gondeln haben acht Leute Platz. Die 60 Speichen,

The Ultimate im Vergnügungspark Lightwater Valley in Yorkshire (GB) macht ihrem Namen alle Ehre: Die *Endgültige* bietet die längste Achterbahnfahrt der Welt.

Fotos: Barry Norman – WKVL

BAUTECHNIK

• Vergnügungsparks, Ausstellungen

welche die Gondeln tragen, dienen zugleich als Sekundenzeiger einer 13 m großen Uhr, die in der Nabe montiert ist. Weitere Attraktionen des Riesenrads sind Laser-Illuminationen und Klangeffekte aus dem Synthesizer.

Das größte transportable Riesenrad mit einer Höhe von 61 m, einem Gewicht von 450 t und einer Standfläche von 25,2 x 27,5 m ist im Besitz der Firma Steiger in Bad Oeynhausen. 420 Fahrgäste finden in seinen 42 Gondeln Platz.

Das größte mobile Karussell mit dem größten künstlichen See gehört dem Schausteller Wilhelm Hohmann (* 1919) aus München. 50 000 l Wasser faßt dieses Rundfahrgeschäft mit 23 m Durchmesser, das bei dem eigenen See natürlich auch mit einer Fontäne und einem Wasserfall aufwartet. Seit 1967 lockt es nicht nur Oktoberfest-Besucher in seine 32 Gondeln.

Das größte Flugkarussell der Welt mit dem Namen *Evolution* feierte auf dem Hamburger Herbstdom 1992 Weltpremiere. Es besteht aus einem 120 t schweren Drehkörper, der eine Flughöhe von 40 m erreicht. 18 Antriebsmotoren sorgen für eine noch nicht dagewesene Multifunktionsbewegung.

Das größte transportable doppelstöckige Karussell kommt aus dem bayerischen Sulzbach/Aibach. Der Kunstmaler und Bildhauer Peter Petz hat ein altes doppelstöckiges Etagen-Pracht-Dampf-Karussell von 1888 von 11 m Durchmesser, 11 m Höhe nachgebaut. Das 11-t-Gefährt bietet mit seinen ornamentverzierten Tieren, Schiffen, Fesselballons und Kutschen 100 Personen Platz, ist TÜV-geprüft, im Straßenverkehr zugelassen und kann sogar noch mit einer dreistöckigen Variante aufwarten – einem Café als oberstem Stockwerk mit Platz für 30-40 Gäste.

Die schnellste Achterbahn: Spitzengeschwindigkeiten und Dimensionen von Achterbahnen und ähnlichen Attraktionen werden aus kommerziellen Gründen häufig übertrieben. Die 8-Mio.-Dollar-Bahn *Magnum XL-200* wurde Anfang 1989 im Cedar Point Park bei Sandusky, Ohio (USA), eröffnet. Die Bahn hat ein Gefälle von 59,37 m, auf dem eine Spitzengeschwindigkeit von 115,86 km/h erreicht wird. Cedar Point ist mit seinen neun Bahnen größer als jede andere Parkanlage.

Die längste Achterbahn der Welt ist *The Ultimate* (die Endgültige) in Lightwater Valley, Ripon, Yorkshire (GB). Die Stahlrohrbahn ist 2,29 km lang.

Die Achterbahn mit der tiefsten Sturzfahrt und zugleich die schnellste ist das *Steel Phantom* (Stahlphantom) im Kennywood-Vergnügungspark in West Mifflin, Pennsylvania (USA). Sie rast mit einer Geschwindigkeit von 128 km/h in eine 68,55 m tiefe natürliche Schlucht hinab.

Desperado, eine neue Achterbahn des Buffalo Bill's Resort and Casino im Primadonna-Erholungskomplex in Jean, Nevada (USA), wird nach ihrer Fertigstellung im Jahr 1995 ebenfalls über eine Sturzfahrt in 68,55 m Tiefe verfügen.

Die höchste Achterbahn ist mit 63 m *Moonsault Scamble* im Fujikyu-Hochland-Park in der Nähe des Kawaguchisees in Japan. Sie wurde am 24. Juni 1983 in Betrieb genommen.

Die Achterbahn mit den größten Loopings, sieben Luftschleifen mit einer Gesamtlänge von 1 167 m, deren höchster Punkt 42,7 m über dem Erdboden liegt, ist die *Viper* im Six Flags Magic Mountain in Valencia, Kalifornien (USA).

Die größte transportable Achterbahn der Welt wurde Pfingsten 1986 in Freiburg/Br. eingeweiht. In 20 Sek. rasen die Züge mit einer Geschwindigkeit von 90 km/h über die 1100 m lange Strecke mit ihren vier Loopings bis zu einer Höhe von 35 m.

Die älteste noch in Betrieb befindliche Achterbahn ist die 1913 erbaute und 1914 eingeweihte *Rutschbahnen Mk. 2* im Kopenhagener Tivoli (DK).

Der Vergnügungspark mit den meisten Achterbahnen ist mit elf Cedar Point in Sandusky, Ohio (USA), wo man zwischen zwei Holz- und neun Stahlkonstruktionen wählen kann.

Die längste Rutschbahn der Welt gibt es in Peru im US-Staat Vermont. Die Route 11 der *Bromley Alpine Slide* ist 1402 m lang und weist einen Höhenunterschied von 250 m auf.

Die längste deutsche Rutschbahn gibt es seit 1979 in Bad Tölz (BY). Mitten durch Hochwälder können Kinder, aber auch Erwachsene, 1240 m hinunterrutschen und dabei einen Höhenunterschied von 220 m überwinden.

Die größte mobile Wildwasserbahn ist 650 m lang und erreicht eine Höhe von 26 m. 2000 Menschen können in 1 Std. in den 28 Kanus mit Schußfahrten durch einen Wildbach fahren. Sie ist die größte reisende Volksfestattraktion. Die Deutsche Bahn AG stellt für den Transport zu den Festplätzen einen Sonderzug mit 60 Container-Tragwagen zur Verfügung.

Das größte auf Dauer angelegte Labyrinth ist der 1891 geschaffene Irrgarten in Ruurlo (NL), dessen Buchenhecken sich über eine Fläche von 8740 m² erstrecken. Die größte Pfadlänge hat der am 6. Juni 1978 eröffnete Irrgarten in Longleat bei Warminster, Wiltshire (GB). Seine Pfade sind 2,72 km lang und werden von 16180 Eiben gesäumt.

Phantastische Labyrinthe

Im September und November 1993 konnte man sich auf einem Maisfeld des Lebanon Balley College in Lebanon, Pennsylvania (USA), im größten Labyrinth der Welt verirren. Es hatte die Form eines Stegosaurus, war 152 m lang und bedeckte eine Fläche von 11 700 m².

Der Stegosaurus, der den Namen *Cornelius* erhielt, war die Idee von Adrian Fisher von Minotaur Designs aus St. Albans, Hertfordshire (GB), der über 100 Labyrinthe entworfen hat. Er schildert, wie es zu diesem speziellen Projekt kam: Es war einer jener Momente, in denen alles zusammenkommt. Don Frantz, ein ehemaliger Schüler, wollte, daß das Lebanon Valley College dem Aufruf des Roten Kreuzes folgte und den Opfern der Überschwemmung im Mittelwesten half. Dort waren Millionen Maisfelder vernichtet worden. Was lag also näher, als ein Maisfeld zu benutzen, um Spenden zu sammeln? Das größte Labyrinth der Welt würde das Interesse der Medien finden! Wir beschäftigen uns mit der Idee, und so wurde das Mais-Monster geboren.

Den ganzen Sommer über wurden Pfade durch den 1,8 m hohen Mais geschnitten. Zusammen mit Chase Senge schufen wir eine Irrgartenatmosphäre, mit einem großen Aufgebot von Helfern, mit Fahrten auf Heuwagen, einem ganztägigen Barbecue, einem Soundsystem für das Labyrinth, einem Rätselpfad, innerhalb der Hecken und einem Toilettenhäuschen auf halbem Wege (es ist so ein großes Labyrinth, daß man es vielleicht braucht). Darüber hinaus fand eine Performance statt. Die Rekordgröße und das aus der Luft zu erkennende gigantische Bild sorgten dafür, daß überall in den USA und weltweit in den Medien darüber berichtet wurde. Während eines Wochenendes spendeten 6000 Besucher 32 000 Dollar für die Kampagne des Roten Kreuzes.

Foto: Dwayne Arehart

◆ BRÜCKEN

Die älteste Steinbrücke Deutschlands, über die heute noch der Verkehr rollt, ist die Steinerne Brücke in Regensburg. Ihre Bauzeit von 1135 bis 47 ist urkundlich belegt.

Die größte Holzbrücke, die neue Thalkirchner Brücke, überspannt seit 1991 Isar und Isarkanal am Münchner Tierpark. Mit ihrer Gesamtlänge von 194,45 m und einer Gesamtbreite von 14,8 m ersetzt sie die seit 1903 bestehende hölzerne Straßenbrücke in diesem Erholungsgebiet. Geplant wurde der Ingenieur-Holzbau aus Fichtenleimholz von dem Münchner Architekten und Konstrukteur Richard J. Dietrich vor allem für den Fußgängerverkehr.

Die größte Auslegerspannweite aller Brücken hat die Quebec-Brücke (Pont de Quebec) über den Sankt-Lorenz-Strom in Kanada, nämlich 549 m zwischen den Pfeilern und 987 m insgesamt. Sie trägt eine Bahnstrecke sowie zwei Straßenbahnen. Der Bau begann 1899, der Betrieb wurde am 3. Dezember 1917 aufgenommen.

Die längste Stabbogenbrücke der Welt ist die New-River-Schlucht-Brücke bei Fayetteville, West Virginia (USA), die 1977 mit einer Stützweite von 518 m fertiggestellt wurde.

Deutschlands längste Stahlbetonbrücke (Bogen liegt oberhalb der Fahrbahn) ist die Rheinbrücke in Duisburg-Rheinhausen mit einer Stützweite von 256 m.

Die längste Stahlbetonbrücke Österreichs ist die Tal- und Hängebrücke Kremsbrücke im Verlauf der Tauernautobahn mit einer Länge von 2607 m im Liesertal (Kärnten).

Die längste Stabbogenbrücke Österreichs ist die Salzachbrücke bei Anif (Land Salzburg) mit einer Stützweite von 135 m.

Die längste Stabbogenbrücke der Schweiz ist die Kirchenfeldbrücke in Bern. Sie hat eine Stützweite von 229,2 m.

Die längste überdachte Brücke ist die Trans-Canada-Highway-Bridge über den St. John River in Kanadas Provinz New Brunswick. Sie ist 390,8 m lang.

Die größte Steinbogenbrücke der Welt ist die 1901 fertiggestellte 1161 m lange Rockville-Brücke nördlich von Harrisburg, Pennsylvania (USA). Zum Bau ihrer 48 Pfeiler wurden 196 000 t Steine verwendet.

Die größte deutsche Steinbogenbrücke ist mit 500 m Länge und 40 m Höhe die Elstertalbrücke bei Pirk im Vogtland (Sachsen) auf der A 72. Seit Oktober 1992 ist sie zunächst einspurig befahrbar.

Die längste aus Ziegelsteinen erbaute Brücke Deutschlands ist die 578 m lange und 78 m hohe Göltzschtalbrücke im sächsischen Vogtland bei Mylau. Täglich fahren rund 150 Züge über die 81 Brückenbögen. Das unter Denkmalschutz stehende Viadukt auf der Eisenbahnstrecke Leipzig-Hof wurde von 1846 bis 1851 aus 26 Mio. Ziegelsteinen errichtet.

Die Hängebrücke mit der längsten Spannweite, sie beträgt 1410 m zwischen den Hauptpfeilern, ist die Humber Estuary Bridge in England. Ihre Pfeiler sind 162,5 m hoch; sie weichen 36 mm von der Parallele ab, um die Erdkrümmung auszugleichen. Einschließlich der Verlängerung zu den Hessle- und Barton-Ufern erstreckt sich die gesamte Brücke über 2220 m.

Die längste Hängebrücke der Welt wird die 1988 begonnene Akashi-Kaikyo-Straßenbrücke zwischen den japanischen Inseln Honshu und Shikoku sein, deren Fertigstellung für 1998 geplant ist. Bei einer Mittelöffnung von 1990 m Länge wird sie insgesamt 3910 m überspannen. Die beiden Türme werden 297 m hoch in den Himmel ragen.

Die längste und höchste Hängebrücke Deutschlands ist die Köhlbrandbrücke in Hamburg, die die neuen und die alten Teile des Hafens verbindet. Ihre lichte Höhe beträgt bis zu 53 m. Diese Schrägseil-Hängebrücke ist 3940 m lang, sie wurde von 1970 bis zum 20. September 1974 für 113 Mio. DM errichtet.

Die größte Spannweite aller Schrägseilbrücken hat mit 530 m die 1991 fertiggestellte Skarnsundet-Brücke über den Trondheimsfjord in Norwegen.

Die längste kombinierte Straßen- und Eisenbahnbrücke der Welt ist mit 12 306 m die am 10. April 1988 eröffnete Seto-Ohashi-Brücke, die Kojima auf Honshu mit Sakaide auf Shikoku (Japan) verbindet. Ihr Bau verschlang 4,9 Mrd. Pfund und kostete 17 Menschen das Leben. Die Gebühren für eine Strecke betragen 33 Pfund (40 DM) pro Auto. Die Straßen- und Eisenbahnbrücke mit der größten Spannweite wird die Tsing-Ma-Brücke in Hongkong sein, die nach ihrer Fertigstellung eine Mittelöffnung von 1377 m haben wird.

Die größte kombinierte Eisenbahn- und Straßendrehbrücke Europas verbindet in Bremerhaven den Columbusbahnhof mit dem Kaiserhafen. Die von MAN gebaute 45 m lange, 19 m breite und 2760 t schwere Brücke mit zwei Gleisen und einer zweispurigen Straße wurde im August 1930 für den Verkehr freigegeben.

Die längste Eisenbahnbrücke der Welt ist die Huey-P.-Long-Brücke von Metairie in Louisiana (USA). Ihre Bahnstrecke ist 7 km lang bei einem maximalen Pfeilerabstand von 241 m. Sie wurde am 16. Dezember 1935 fertiggestellt.

Das längste Brückenbauwerk der Erde ist der zweite Damm über den Pontchartrainsee (Second Lake Pontchartrain Causeway), der Mandeville mit Metairie, Louisiana (USA), verbindet und am 23. März 1969 fertiggestellt wurde und 38 422 m lang und damit 69 m länger ist als der daneben liegende First Causeway, der 1956 eingeweiht wurde.

Die breiteste Brücke der Welt mit langer Stützweite ist die Brücke über den Hafen von Sydney (Australien) mit einer Spannweite von 502,9 m und einer Breite von 48,8 m. Sie trägt zwei Gleise für Oberleitungseisenbahnen, hat acht Fahrbahnen sowie je einen Weg für Radfahrer und Fußgänger. Die offizielle Eröffnung fand am 19. März 1932 statt.

Die höchste Brücke der Welt führt über die Königsschlucht im Arkansas-Stromgebiet in Colorado (USA) und erhebt sich 321 m über dem Flußspiegel. Die Hängebrücke, deren Hauptpfeiler einen Abstand von 268 m haben, wurde 1929 in sechs Monaten gebaut.

Die höchste Eisenbahnbrücke der Welt wurde am 1. Juni 1976 bei Kolasin in Jugoslawien für den Verkehr freigegeben. Der Mala-Rijeka-Viadukt, eine Konstruktion aus Stahlträgern und Betonpfeilern, ist 198 m hoch und liegt an der Strecke Belgrad-Bar.

Die höchste Brücke Österreichs und die höchste Pfeilerbrücke der Welt ist die Europa-Brücke der Autobahn Kufstein-Brennerpaß (A). In 190 m Höhe führt sie über das Silltal. Sie ist 820 m lang und 34 m breit. Diese Brücke ruht u. a. auf dem höchsten europäischen Brückenpfeiler. Dieser Stahlbeton-Hohlkastenpfeiler ist 181 m hoch, trotzdem sind seine Wände nie stärker als 55 cm.

Deutschlands höchste Eisenbahnbrücke ist die Müngstener Brücke. Die 107 m hohe und 500 m lange Eisenkonstruktion wurde am 15. Juli 1897 dem Verkehr übergeben. Sie überspannt einen Taleinschnitt beim Solinger Ortsteil Müngsten.

Die höchste Brücke der Schweiz ist auch gleichzeitig die längste schweizerische Auslegerbrücke. Es ist die Ganterbrücke auf der Nationalstraße Nr. 6, Simplon (Kanton Wallis). Sie führt 150 m über die Talsohle, ihre größte Spannweite beträgt 174 m. Der Ausleger überbrückt 87 m.

Die höchste deutsche Talbrücke ist die Kochertalbrücke bei Geislingen am Kocher. Sie überquert in einer Höhe von ca. 185 m das Kochertal nördlich von Schwäbisch-Hall und hat eine Länge von 1128 m.

Ankerblock-Montage

Die größten Senkkästen der Welt wurden für die beiden Ankerblöcke der 6790 m langen Ostbrücke über den Großen Belt in Kalundborg betoniert, mit jeweils vier Schleppern an die Einbaustellen bugsiert und auf den Meeresboden abgesenkt. Die 122 m langen, 35 m breiten und mit Verschalung 30 m hohen Betonklötze werden im Endausbau je 325 000 t wiegen und sollen die Last aus den beiden 3000 m langen und 85 cm starken Tragseilen der Straßenhochbrücke aufnehmen.

BAUTECHNIK
134/135

• Brücken

Brückenschläge in Nordeuropa

Das größte Verkehrsbauwerk in der Geschichte Dänemarks ist die Querung des Großen Belts. Sie besteht aus einer 6611 m langen kombinierten Eisenbahn- und Straßenbrücke von Fünen zur Insel Sprogo, die 1994 im Rohbau fertiggestellt wurde, und einer 6790 m langen Straßenhochbrücke von Sprogo zur dänischen Hauptinsel Seeland, die Ende 1997 dem Verkehr übergeben werden soll. Die Eisenbahn wird durch zwei 7400 m lange Tunnelröhren von Sprogo unter der Hauptschiffahrtsrinne nach Seeland fahren.

Mit dem Bau der festen Querung des Øresunds zwischen Kopenhagen und Malmö wurde 1994 begonnen. Die wesentlichen Elemente sind: eine künstliche Halbinsel vor der dänischen Küste bei Kastrup, ein 3750 m langer Tunnel für Schiene und Straße unter dem Drogden-Kanal, zwei künstliche Inseln von 1730 m und 1880 m Länge, verbunden durch eine 600 m lange Brücke und die eigentliche 7470 m lange Brücke über den Hauptschiffahrtsweg.

Der Brückenschlag über den Fehmarnbelt, die letzte noch fehlende Verbindung zwischen Nord- und Mitteleuropa, befindet sich noch in der Planungsphase.

Die Humber Estuary Bridge in England ist die Hängebrücke mit der längsten Spannweite. Sie beträgt 1410 m.
Foto: Spectrum Colour Library

Die längste Hängebrücke Europas entsteht derzeit über dem Großen Belt und wird die dänischen Inseln Seeland und Fünen miteinander verbinden.

So könnte die Querung des Fehmarnbelts aussehen. Im Bildvordergrund der Fährhafen Puttgarden.
Fotos: dpa Politikens Pre, Günther Meier

♦ KANÄLE UND SCHLEUSEN

Der längste Schiffahrtskanal ist der Weißmeer-Ostsee-Kanal in der Karelischen ASSR (Rußland), der über 227 km von Belomorsk nach Powenetz führt. Der von Zwangsabeitern errichtete Kanal wurde 1933 fertiggestellt und verfügt über 19 Schleusen, ist aber nur von Schiffen mit einem Tiefgang von höchstens 5 m befahrbar.

Die längste künstliche Wasserstraße der Welt ist mit 304 km der St.-Lorenz-Seeweg, der Montreal (Kanada) und den Ontariosee verbindet. Der Seeweg ist für Schiffe mit einer Länge bis zu 222 m, einem Tiefgang bis zu 8 m und Ladungen bis zu 26 400 t befahrbar. Durch ihn wird die 3769 km lange Wasserstraße vom Nordatlantik zu den großen Seen und weiter nach Duluth am Lake Superior (USA) hergestellt. Der Seeweg wurde am 25. April 1959 eröffnet.

Das längste europäische Binnenschiffahrtssystem, der Rhein-Main-Donau-Kanal (RMD), ist seit dem 25. September 1992 geflutet. Die neue Verbindung zwischen Main und Donau verhilft künftig der Binnenschiffahrt auf 3500 km langen europäischen Wasserstraßen vom Nordseehafen Rotterdam bis nach Odessa am Schwarzen Meer. 6 Mrd. DM kostete das Großprojekt. Nach 31 Jahren Bauzeit wurde das 55 m breite, 4 m tiefe und 171 km lange Kernstück des Kanals von Bamberg am Main über Nürnberg nach Kelheim an der Donau mit seinen 16 Schleusen eingeweiht und ein europäischer Traum erfüllt.

Der größte Kanal der Welt für Hochseeschiffe ist der am 16. November 1869 eröffnete Suezkanal (Ägypten), der das Rote Meer mit dem Mittelmeer verbindet. Er ist vom Leuchtturm von Port Said bis Suez 161,9 km lang und 60 m breit. Der Kanal wurde von dem französischen Diplomaten Graf Ferdinand de Lesseps (1805-94) geplant. An den Bauarbeiten, die am 25. April 1859 begannen, waren 1,5 Mio. Menschen beteiligt, von denen 120 000 während der Arbeiten ums Leben kamen.
Pro Tag passieren etwa 47 Schiffe den Kanal – das sind fast 17 000 im Jahr.

Der meistbefahrene Kanal für Großschiffe (befahrbar für Schiffe bis zu 61 000 tdw) ist der Nord-Ostsee-Kanal (früher Kaiser-Wilhelm-Kanal, international heute auch Kiel-Kanal), der die Elbmündung an der Nordsee bei Brunsbüttel mit dem Ostseehafen von Kiel verbindet. Er wurde zwischen 1887 und 95 erbaut, ist 98,7 km lang und 11 m tief. 1993 nutzten 43 000 Schiffe den künstlichen Wasserweg, der den Weg von der Nordsee in die Ostsee gegenüber der Fahrt um das Skagerrak um 250 km verkürzt. An der Tonnage gemessen, ist der Suez-Kanal der meistbefahrene Kanal – 1992 waren es fast 338 Mio. BRT.

Die größte künstliche Wasserstraße auf deutschem Gebiet ist der zwischen 1905 und 1938 erbaute Mittellandkanal, der den Binnenhafen Duisburg über den Rhein-Herne-Kanal und den Dortmund-Ems-Kanal mit der Elbe bei Magdeburg (SA) verbindet. Er ist 465 km lang.

Der längste Bewässerungskanal der Welt ist der Karakum-Kanal, der über 1200 km von Haun-Khan nach Aschabad, der Hauptstadt Turkmeniens, führt. Der Kanal war 1991 auf 800 km schiffbar.

Der größte Stichkanal ist der 1893 eröffnete Kanal von Korint. Er ist 6,33 km lang, 8 m tief und an der Oberfläche 24,6 m breit. Die größte Tiefe des Durchstichs beträgt 79 m. Der vom Panamakanal abzweigende Gaillard-Graben hat zwischen Gold Hill und Contractor's Hill eine Tiefe von 82 m und eine Breite von 152 m.

Die größte Schleuse der Welt ist die Berendrecht-Seeschleuse. Sie verbindet die Schelde mit dem Hafen von Antwerpen (B). Die im April 1989 in Betrieb genommene Anlage ist 500 m lang, 68 m breit und 13,5 m tief. Jedes ihrer vier Schleusentore wiegt 1500 t.

Die tiefste Schleuse der Welt befindet sich im Dnjepr-Bug-Kanal. Sie kann Lastkähne um 39,2 m anheben oder senken, ist jedoch nicht in Betrieb.

Die größte Flußschleusen-Anlage der Welt ist mit neun Piers und zehn Toren die Themse-Schleuse in Woolwich/London (GB). Die sechs Schleusentore im Hochwasser-Bereich sind 61 m breit, die vier Tore im Niedrigwasser-Bereich 31,5 m. Der Standort für die Schleusen ist 1971 bestimmt worden.

Das Schiffshebewerk mit der größten Hubhöhe befindet sich bei Ronquières (B) im Charleroi-Brüssel-Kanal. Es überbrückt einen Höhenunterschied von 68,58 m. Die beiden 236rädrigen Schiffströge, die je 1270 t befördern können, brauchen 22 Min., um den 1432 m langen Anstieg zu bewältigen.

Das größte Schiffshebewerk ist Scharnebeck am Elbe-Seitenkanal beim niedersächsischen Lüneburg. Die 1957-65 erbaute Anlage hat eine Normalhubhöhe von 38 m bei einer Troglänge von 100 m. Die beiden Tröge fassen je 5700 t Wasser.

Die größte Hubbrücke Europas ist die 1963 im Hamburger Freihafen errichtete Kattwyckbrücke. Mit 100 m lichter Weite und 53 m Durchfahrthöhe bietet sie den größten Hamburg anlaufenden Schiffen die Passage. Täglich überqueren 7000 Autos und 30 Güterzüge die Brücke.

♦ DÄMME, TALSPERREN UND STAUSEEN

Der höchste Staudamm der Welt wird der 335 m hohe, mit Erde gefüllte Rogunskaya-Damm am Wachsch in Tadschikistan sein. Seine Kronenlänge wird, bei einem Volumen von 71 Mio. m³, nur 602 m betragen. Der Bau wurde im März 1981 nach fünfjährigen Vorarbeiten in Angriff genommen. Die Fertigstellung war für 1992 vorgesehen, aber dieser Termin konnte aufgrund des Auseinanderbrechens der Sowjetunion nicht eingehalten werden. Der zur Zeit höchste Staudamm ist mit 300 m der ebenfalls am Wachsch errichtete Nurek, der ein Volumen von 58 Mio. m³ hat.

Die höchste Staumauer der Schweiz ist der Grande Dixence, der im September 1961 für 1,6 Mrd. Schweizer Franken fertiggestellt wurde. Er ist vom Fuß bis zur Krone 285 m hoch, 695 m lang und enthält insgesamt 5 957 000 m³ Beton.

Der höchste Staudamm Österreichs ist die Kölnbreinsperre mit 200 m Höhe. Sie gehört zur Kraftwerksgruppe Malta der Österreichischen Draukraftwerke AG.

Deutschlands höchste Staumauer besitzt die Rappbode-Talsperre zwischen Rübeland und Wendefurth, Magdeburg (SA). Sie bildet einen Stausee von 109,1 Mio. m³. Ihre Mauer hat eine Überlaufhöhe von 87 m.

Die massivsten Dämme sind der New Cornelia Tailings am Ten Mile Wash in Arizona (USA) mit einem Fassungsvermögen von 209,5 Mio. m³ und der Syncrude-Tailings-Damm in Alberta, Kanada, mit einem geplanten Volumen von 540 Mio. m³.

Der größte Betondamm der Welt ist die Grand-Coulee-Talsperre am Columbia-Strom im Staat Washington (USA). Die Arbeit am Damm begann 1933, die Fertigstellung erfolgte 1942, obwohl der Betrieb bereits am 22. März 1941 aufgenommen wurde; die Gesamtkosten beliefen sich auf 56 Mio. Dollar. Die Dammkrone ist 1272 m lang, die Dammhöhe beträgt 167 m. Er enthält 8 092 000 m³ Beton und wiegt rund 19 595 000 t.

Der höchste Betondamm ist mit einer Höhe von 285 m der Grande Dixence, der den Schweizer Fluß La Dixence staut. Er wurde 1953-1961 aus 5 960 000 m³ Beton errichtet und hat eine Kronenlänge von 700 m.

Der längste Flußdamm der Welt ist der 1964 fertiggestellte Kiew-Damm am Dnjepr in der Ukraine. Seine Kronenlänge beträgt 412 km.

Der längste Seedamm der Welt ist der Afsluitdijk, der das Ijsselmeer (die ehemalige Zuidersee) gegen die Nordsee abschließt und Nordholland mit Friesland verbindet. Ursprünglich (1927-32) war der Abschlußdeich in zwei Teilen angelegt, nämlich 2,5 km von Nordholland zur damaligen Insel Wieringen und 30 km von Wieringen nach Friesland: zusammen 32,5 km. Seit 1930 aber ist Wieringen durch einen Polder Teil des nordholländischen Festlands geworden, so daß der Deich auf neueren Landkarten nur mit einer Länge von 30 km verzeichnet ist. Am Meeresspiegel ist der Deich 89 m breit und 7,5 m hoch.

Der größte Polder oder Koog (eingedeichtes Marschland) wird mit 603 km² der Markwaard sein, einer der fünf großen Polder in der ehemaligen Zuidersee (NL). Die Arbeiten an dem Projekt wurden inzwischen allerdings eingestellt. Baubeginn des 106 km langen umgebenden Deichs war 1957. Die nach der Errichtung des 32 km langen Abschlußdeichs (1927-32) verbliebene innere Wasserfläche wird Ijsselmeer genannt. Sie wird nach Beendigung des gesamten Deichbauwerks 1262,6 km² umfassen.

Die längsten und massivsten Uferdämme sind die aus dem Jahr 1717 stammenden Dämme des Mississippi, die durch die US-Regierung nach den katastrophalen Überschwemmungen des Jahres 1927 erheblich ausgebaut wurden. Sie erstrecken sich nun über 2787 km längs des Hauptstroms, von Cape Girardeau, Missouri, bis zum Golf von Mexiko und bestehen aus mehr als 765 Mio. m³ aufgeschüttetem Erdreich. Dämme an den Nebenflüssen erstrecken sich über weitere 3200 km.

Das dem Volumen nach größte Staubecken, das Menschen je angelegt haben, ist das Kakhovskaya-Reservoir am Dnjepr in der Ukraine. Es faßt 182 km³ und erstreckt sich über 2160 km². Der Stausee wurde 1955 gefüllt.

Flächenmäßig ist der größte Stausee der Welt der Voltasee in Ghana, den der 1965 fertiggestellte Akosombodamm bildet. 1969 hatte sich der See auf eine Fläche von 8482 km² gefüllt, mit einer Küstenlinie von 7250 km.

Deutschlands Stausee mit dem größten Rauminhalt ist der der Saale-Talsperre bei Bleiloch (TH). Er ist 28 km lang, hat eine Fläche von 9,2 km² und bei einer Stauhöhe von 59 m ein Fassungsvermögen von 215 Mio. m³. Er wurde 1932 zum ersten Mal gefüllt.

Der größte Stausee Österreichs ist der im Bereich der Sameralm gelegene Hauptspeicher Kölnbrein der Kraftwerksgruppe Malta. Sein Inhalt: 200 Mio. m³.

Der größte Stausee der Schweiz ist der Lac des Dix. Sein Inhalt: 400 Mio. m³.

BAUTECHNIK 136/137

- Kanäle und Schleusen
- Dämme, Talsperren und Stauseen

Staudämme gehören zu den mächtigsten Betonbauwerken, die von Menschen je geschaffen wurden.
Foto: Silvestris

♦ TÜRME UND MASTEN

Das höchste Bauwerk aller Zeiten war der verankerte Sendemast von Radio Warschau in Konstantynów, 96 km nordwestlich der polnischen Hauptstadt. Bevor er bei Renovierungsarbeiten am 10. August 1991 umstürzte, war er 646,38 m hoch. Der von Jan Polak konstruierte und 550 t schwere Mast war am 18. Juli 1974 fertiggestellt und am 22. Juli 1974 in Betrieb genommen worden. Er war so hoch, daß jemand, der von seiner Spitze gefallen wäre, vor dem Aufprall auf dem Boden die Endgeschwindigkeit erreicht hätte und nicht mehr schneller geworden wäre. Die Arbeit an der Stahlrohrkonstruktion mit ihren 15 Abspannseilen hatte im Juli 1970 begonnen. Damit hatte sich Europa, zeitweise, den Rekord zurückgeholt, den die USA 1929 gebrochen hatten, als das Chrysler-Gebäude über den Pariser Eiffelturm »hinauswuchs«. Nach dem August 1991 wird der Mast in Polen spöttisch »der längste Turm der Welt« genannt. Das gegenwärtig höchste Gebäude der Welt ist ein zwischen Fargo und Blanchard in Nord-Dakota (USA) stehender Fernsehsendemast mit 629 m Höhe wieder das höchste Bauwerk der Welt. Der 500 000 Dollar teure Mast wurde für Channel 11 des Senders KTHI-TV gebaut, der der Pembina Broadcasting Company of North Dakota gehört, einem Tochterunternehmen der Polaris Corporation aus Milwakee, Wisconsin (USA). Er wurde 1963 von 11 Männern der Firma Hamilton Erection aus New York, Süd-Carolina (USA), bei der der Mast entworfen und hergestellt worden war, in 30 Tagen (2. Oktober-1. November) errichtet. Bis zum Bau des Masts in Konstantynów war er schon einmal das höchste und danach 1974-91 das zweithöchste Bauwerk der Welt.

Der höchste Turm, der vor dem Zeitalter der Fernsehmasten erbaut wurde, ist der Eiffelturm, den Alexandre Gustave Eiffel (1832-1923) für die Pariser Weltausstellung konstruierte und der am 31. März 1889 fertiggestellt wurde. Er war damals 300,51 m hoch, wurde durch eine Fernsehantenne auf 320,75 m erhöht und wiegt 7224 t. Das Stahlgerüst mit 1792 Stufen erforderte eine Bauzeit von 2 Jahren, 2 Monaten und 2 Tagen.

Der höchste Ziegelsteinturm der Welt steht in Landshut (BY). Es ist der Turm der St.-Martins-Kirche. Seine Höhe: 130,6 m.

Das höchste freistehende Bauwerk (im Gegensatz zu durch Kabel verankerten Türmen) ist der 553,34 m hohe und 63 Mio. Dollar teure CN Tower in Toronto (Kanada). Die Arbeiten am Fundament für das 130 000-t-Bauwerk aus nachgespanntem Beton begannen am 12. Februar 1973, die Fertigstellung erfolgte am 2. April 1975. Das Restaurant mit 416 Sitzen dreht sich in einer Höhe von 347 m. Aus seinen Fenstern kann man bis zu den 120 km entfernten Bergen blicken. Blitze treffen den Turm bei einem jährlichen Durchschnitt von ca. 30 Gewittern etwa 200mal.

Höchster Sendeturm der Schweiz ist St. Chrischona. Mit 248 m Höhe soll der Riese im Dreiländereck zwischen dem schweizerischen Riehen und dem deutschen Inzlingen den Fernsehempfang für 0,5 Mio. Menschen verbessern.

Die Höhe der größten Bauwerke der Welt hat sich in den letzten 200 Jahren vervierfacht.
Heute ist der 629 m hohe KTHI-TV-Sendemast in Nord-Dakota (USA) das höchste Bauwerk. Vor 200 Jahren war es das gerade einmal 142 m hohe Straßburger Münster. Die Abbildungen geben einen Eindruck von der himmelstürmenden Entwicklung der letzten beiden Jahrhunderte.

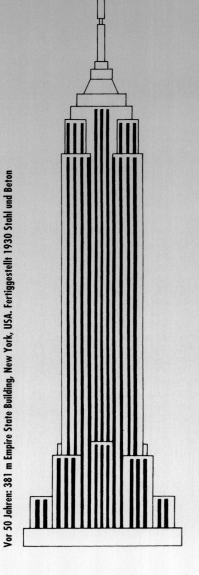

Vor 200 Jahren: 142 m Straßburger Münster, Frankreich. Fertiggestellt 1439 Sandstein

Vor 125 Jahren: 145 m St. Nikolai Kirche, Hamburg, Deutschland. Fertiggestellt 1847 Stein und Eisen

Vor 100 Jahren: 300,5 m Eiffelturm, Paris, Frankreich. Fertiggestellt 1889 Eisen

Vor 50 Jahren: 381 m Empire State Building, New York, USA. Fertiggestellt 1930 Stahl und Beton

Heute: 629 m KTHI-TV-Mast, Fargo, Nord-Dakota (USA). Fertiggestellt 1963 Stahl

Zeichnungen: Peter Harper, Foto: dpa/Sperling

BAUTECHNIK

• Türme und Masten • Tunnel

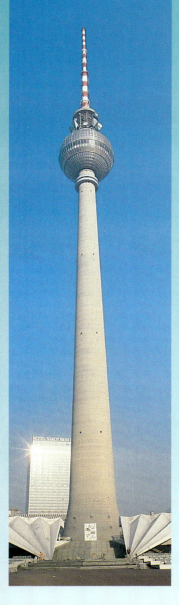

Deutschlands höchster Sendeturm ist der Fernsehturm auf dem Alexanderplatz in Berlin. Er hat eine Höhe von 365 m, der Schaft ist 250 m hoch, der Antennenträger 115 m lang, die Masse beträgt 26 000 t, die Masse der Kugel 4800 t. In 203 m Höhe befindet sich der Aussichtsrundgang für 125 Personen, in 207 m Höhe das Telecafé für 200 Personen, das sich einmal pro Stunde um die eigene Achse dreht. Das Café hat einen Durchmesser von 29 m, der Turmfuß von 32 m, Baubeginn war am 4. August 1965, die Inbetriebnahme erfolgte am 3. Oktober 1969.

Berlins höchstes Bauwerk, der Fernsehturm am Alexanderplatz, wird am 3. Oktober 1994 25 Jahre alt. Foto:

◆ TUNNEL

Der längste Tunnel der Welt ist der New-York-City- und West-Delaware-Wasserversorgungstunnel, der von 1937 bis 1944 gebaut wurde. Sein Durchmesser ist 4,1 m, seine Länge vom Round-out-Reservoir zum Hillview-Reservoir an der Grenze zwischen Yonkers und New York City (USA) beträgt 168,9 km.

Der längste Tunnel in Deutschland ist der zwischen 1928 und 1930 gebaute Zugspitztunnel auf der Bergbahnstraße von Garmisch-Partenkirchen zum Schneefernerhaus. Er ist 4,466 km lang.

Der längste Eisenbahntunnel der Welt ist der Seikan-Tunnel in Japan mit 53,85 km. Er wurde 240 m unter dem Meeresspiegel und 100 m unter dem Meeresboden in der Meerenge von Tsugaru gebohrt und verbindet Tappi Saki auf der japanischen Insel Honshu mit Fukushima auf der Nachbarinsel Hokkaido. Die Testarbeiten für die Unterwasser-Strecke (23,3 km) waren 1964 begonnen worden, die Bohrungen im Juni 1972. Bis zum Durchbruch am 27. Januar 1983 forderte der Bau 66 Menschenleben. Im März 1985, nach 20 Jahren und 10 Monaten, war der Eisenbahntunnel fertiggestellt. Kosten und Folgekosten bis Februar 1987: 700 Mrd. Yen. Ein Hochgeschwindigkeitstest wurde am 13. März 1988 durchgeführt.
Der in der Schweiz zwischen Erstfeld und Bodio geplante Gotthard-Tunnel soll 57 km lang werden.

Deutschlands längster Eisenbahntunnel ist seit 1991 der Landrückentunnel mit 10 780 m Länge im Verlauf der Neubaustrecke zwischen Fulda und Würzburg.

Österreichs längster Eisenbahntunnel ist der 12,72 km lange Inntaltunnel, der im Zuge der künftigen Umfahrungsstrecke von Innsbruck 1993 fertiggestellt wurde. Mit dem Bau wurde im September 1989 begonnen. Die Umfahrungsstrecke soll ab 1994 die im Inntal verlaufende Westbahnstrecke mit der in Innsbruck nach Süden abzweigenden Brennerbahn verbinden.
Bislang galt der von 1880 bis 1884 gebaute 10,25 km lange Arlbergtunnel als längster Eisenbahntunnel der Alpenrepublik.

Der längste Eisenbahntunnel der Schweiz, zugleich der größte Alpentunnel, ist der am 16. Oktober 1922 nach über vier Jahren Bauzeit eröffnete Simplon II. Er verbindet Brig (CH) und Domodossola (I) durch die Alpen hindurch. Bis 1979 war er mit 19,823 km der längste Eisenbahntunnel der Welt.

Der längste Bergbahntunnel der Schweiz gehört zur Jungfraubahn. Er wurde zwischen 1898 und 1912 fertiggestellt und verläuft in 3500 m üNN mit einer Länge von 7,12 km unter dem Jungfrau- und dem Aletschgletscher (Walliser Alpen, Kanton Wallis).

Der längste Unterwassertunnel ist der 10 Mrd. Pfund teure Europatunnel unter dem Ärmelkanal zwischen Cheriton bei Folkestone, Kent (GB), und Sangatte bei Calais (F), dessen Bau am 1. Dezember 1987 begonnen und der 1994 für den auf Shuttlezüge verladenen Straßenverkehr sowie für Personen- und Güterzüge freigegeben wurde. Die erste Landverbindung zwischen Großbritannien und Frankreich wurde hergestellt, als der von beiden Seiten vorangetriebene Servicetunnel am 1. Dezember 1990 unter dem Ärmelkanal verbunden wurde. Die beiden Röhren des Eisenbahntunnels haben einen Durchmesser von 7,6 m und sind 49,94 km lang.

Der längste U-Bahn-Tunnel der Welt wurde für die Kaluschskaja-Linie der Moskauer Metro von Medwedkowo zum Bitzewskij-Park erbaut. Die Anfang 1990 fertiggestellte Strecke ist rund 37,9 km lang.

Der längste Straßentunnel der Welt ist mit 16,32 km der St.-Gotthard-Tunnel, der Göschenen im Kanton Uri mit Airolo, Tessin (CH), verbindet. Er hat zwei Fahrspuren und wurde am 5. September 1980 für den Verkehr freigegeben. Der Tunnel kostete 686 Mio. sfr.

Der längste Straßentunnel Österreichs ist der 14 km lange Straßentunnel durch den Arlberg von St. Anton nach Langen in Vorarlberg, der am 9. Dezember 1978 dem Verkehr übergeben wurde.

Der längste und größte deutsche Straßentunnel ist mit einer geschlossenen Tunnelstrecke von 2653 m der neue Elbtunnel in Hamburg. Hinzu kommen noch 240 m Rasterstrecke an den Tunneleinfahrten. 1983 wurden seine drei Röhren täglich von durchschnittlich 79 000 Fahrzeugen durchfahren. Am Gründonnerstag 1984 gab es einen neuen Rekord mit 112 883 Fahrzeugen.

Der Straßentunnel mit dem größten Durchmesser wurde durch die Insel Yerba Buena, San Franzisko (USA), gesprengt. Er ist 23 m breit, 17 m hoch und 165 m lang. Die zwei Fahrbahnen des Tunnels passieren jährlich mehr als 90 Mio. Fahrzeuge.

Der längste Bewässerungstunnel der Welt ist der 82,9 km lange Orange-Fish-Rivers-Tunnel in Südafrika. Er wurde zwischen 1967 und 73 gebaut und kostete schätzungsweise 240 Mio. DM. Bei einer Ummantelung von mindestens 23 cm Dicke hat der Tunnel einen Gesamtdurchmesser von 5,33 m. Das Lesotho-Hochland-Projekt wird nach der Fertigstellung aus mehreren miteinander verbundenen Abschnitten mit einer Gesamtlänge von 84 km bestehen.

Das Majes-Projekt in Peru (Wasserversorgung und Stromgewinnung durch Wasserkraft) hat einen Tunnelabschnitt von 98 km Länge. Der Staudamm wurde in einer Höhe von 4200 m errichtet.

Das längste Abwassertunnelsystem der Welt wird nach dem Chikagoer TARP (*Tunnels and Reservoire Plan*) in Illinois (USA) verwirklicht. Es wird nach der Fertigstellung Abwasserkanäle mit einer Länge von insgesamt 211 km umfassen. 177 km davon werden in Phase I gebaut. Im März 1994 waren 103 km in Betrieb, 33,8 km im Bau und die restlichen 40,2 km in Planung. Das System wird die Abwässer eines Gebietes mit 971 km^2 mit 3,9 Mio. Bewohnern und 52 Gemeinden entsorgen. Die geschätzten Baukosten belaufen sich auf 3,6 Mrd. Dollar, 2,4 Mrd. für Phase I und 1,2 Mrd. für Phase II.
In Helsinki (SF) soll, erstmals in der Welt, eine zentrale Abwasserkläranlage unter der Erde gebaut werden. Dazu müssen u. a. fast 1 Mio. m^3 Gesteinsmassen gesprengt werden. Geht alles nach Plan, ist die Anlage 1997 fertig.

Die größte Brückentunnelanlage der Welt ist der Chesapeake-Bay-Bridge-Tunnel (USA), der über 28,4 km von Eastern Shore auf der Halbinsel Virginia nach Virginia Beach führt. Die Kosten des Baues beliefen sich auf 200 Mio. Dollar (damals 780 Mio. DM). Nach 42 Monaten Bauzeit wurde der Tunnel am 15. April 1964 in Betrieb genommen. Der längste überbrückte Abschnitt ist 7,34 km lang, und der längste Tunnelabschnitt ist der Thimble-Shoal-Channel mit 1,75 km.

Der älteste Schiffahrtstunnel ist der 1681 fertiggestellte und 161 m lange Malpas-Tunnel im Canal du Midi, der es Schiffen erlaubte, vom Atlantik ins Mittelmeer zu fahren, indem sie bis Toulouse zunächst die Garonne und dann den Canal du Midi nach Sète entlangfuhren.

Der längste Kanaltunnel war Teil eines Kanals von Marseille zur Rhône in Südfrankreich. Er wurde 1927 fertiggestellt und war 7120 m lang, 22 m breit und 11,4 m hoch. 1963 stürzte der für seetaugliche Schiffe gebaute Tunnel ein und wurde gesperrt. Seitdem ist er nicht wieder erneut für den Schiffsverkehr freigegeben worden.

Der längste ungestützte und maschinell gebohrte Tunnel der Welt ist der Three-Rivers-Walter-Tunnel von Atlanta in Georgia (USA). Er hat einen Durchmesser von 3,2 m und erstreckt sich über 9,37 km (Luftlinie). Der Tunnel mußte durch Granit, Schiefer und Gneis getrieben werden und wurde von der Firma S & M Constructors aus Cleveland in Ohio gebaut (April 1980-Februar 1982). Tagesleistung: 54,5 m.

◆ BAUTEN FÜR SONDERZWECKE

Die höchste Reklame steht mit dem Logo T auf der Spitze des First Interstate World Centre (310 m hoch) in Los Angeles, Kalifornien (USA).

Die längste Neonreklame ziert die Great Mississippi River Bridge in Memphis, Tennessee (USA): 200 Starkstromlampen bilden über eine Länge von 550 m den Buchstaben »M«.

Reklame am laufenden Band: 356,17 m lang ist ein Neonfries, den die Firma Adco Sign im April 1983 innerhalb eines Gebäudes in Clearwater, Florida (USA), installiert hat.

Die größte Neonreklame der Welt mißt 111,4 x 19,05 m und wirbt für 999, eine traditionelle chinesische Medizin der pharmazeutischen Fabrik Nanfang. Sie wurde zwischen November 1992 und April 1993 auf Hongkong Island errichtet und besteht aus 13,14 km Neonröhren.

Das größte Freudenfeuer sahen Tausende von Schaulustigen am 1. August 1991 in Utzenstorf, Kanton Bern (CH). In acht Wochen hatten 40 Mitglieder und Helfer des Clubs Aktiv Utzenstorf 1000 m³ Holz in 5800 Arbeitsstunden zu einem 50,9 m hohen Holzstoß von 78 m Umfang von Hand bis zum 29. Juli 1991 aufgeschichtet. Anläßlich der 700-Jahr-Feier der Eidgenossenschaft loderte dieses größte 1. August-Feuer mit einer gigantischen Glutfahne, die 200 m in die Höhe stieg.

Die größte und höchste freistehende Reklametafel der Welt steht vor dem Hilton-Kasinohotel in Las Vegas, Nevada (USA). Die im Dezember 1993 fertiggestellte zweiseitige Reklametafel hat eine Gesamtfläche von 7648,5 m² und ist 110,3 m hoch. Sie wurde von der in Las Vegas ansässigen Firma John Renton Young Lighting and Sign gebaut.

Die auffälligste Leuchtreklame war der Namenszug *Citroën*, der am 4. Juli 1925 am Eiffelturm in Paris (F) aufleuchtete und noch aus 38 km Entfernung zu erkennen war. Die sechsfarbige Lichterkette bestand aus 250 000 Glühbirnen und elektrischen Leitungen von insgesamt 90 km Länge. Der Buchstabe N, der zwischen dem zweiten und dritten Absatz erstrahlte, war 20,8 m hoch. Die *Citroën*-Reklame wurde 1936 abmontiert.

Das größte Reklameschild der Welt stellte das Werbeunternehmen Bassat Ogilvy Promotional Campaigns am 27. April 1989 für Ford España an der Plaza de Toros Monumental in Barcelona auf. Es ist 145 m lang und 15 m hoch.

Die längste illuminierte Reklametafel der Welt mißt 60 x 20 m und wurde von der israelischen Schilderfirma Abudi installiert. Die Reklametafel wird von 62 400 W starken Scheinwerfern beleuchtet.
Eine noch größere Reklametafel von 52 x 42 m befand sich das Jahr 1988 über am Australien Mutual Provident Building in Sydney, Neusüdwales (Australien). Sie bestand aus 6,91 km LUMENYTE®-Faseroptik und verkündete die Jahreszahlen »1788-1988«.

Die größte sich drehende Neonreklame in Deutschland ist der 10 m hohe Mercedesstern auf dem 88 m hohen Europa-Center in Berlin. Zur Reinigung (zweimal im Jahr) des 28 t schweren Sterns kann er durch seinen Elektromotor, der die Drehungen ermöglicht und auch dafür sorgt, daß der Stern sich bei Sturm automatisch so zum Wind stellt, daß er möglichst wenig Angriffsfläche bietet, horizontal gekippt werden. Das Zeichen auf dem Europa-Center ist nicht der größte Mercedesstern; der befindet sich in der Hafeneinfahrt von Hongkong. Er hat einen Durchmesser von 20 m, kann sich jedoch nicht drehen.

Kunst am Bau - mal als Glas-Elefant. Der Welt größter Jumbo entstand zur Landesgartenschau Hamm 1984 auf der Maximilian-Kohlenwäsche in Hamm (NW). Der Stuttgarter Architektur-Künstler Horst Rellecke verwandelte eine leerstehende Betonkonstruktion mit Hilfe einer Stahl- und Glaskonstruktion in einen gläsernen Elefanten von 35 m Rückenhöhe und 60 m Länge. Die begehbare Plastik bietet am Rückenteil dem Besucher seit dem 14. April 1984 eine Aussichtsplattform, die um 15 m höher ist als die Sphinx von Gizeh.

Die ausgedehntesten Erdwälle aus der Zeit vor der Mechanisierung waren die Grenzwälle des früheren Königreiches Bénin (um 1300) im heutigen nigerianischen Bundesstaat Edo (früher Bendel). Zuerst über sie berichtet wurde im Jahr 1900; 1967 fand eine Teilvermessung statt, im März 1993 schätzte man ihre Gesamtlänge auf rund 16 000 km und die aufgeschüttete Erdmasse auf 75 Mio. m³.

Der längste Pier der Welt ist mit 10,93 km der am Persischen Golf gelegene Dammanpier von Saudi-Arabien. Er wurde von Juli 1948 bis März 1950 gebaut. Bis 1980 entstand dann dort der König-Abdul-Aziz-Hafen mit 39 Ankerplätzen. Die ursprüngliche Dammstraße wuchs dabei mit dem Hafen auf 12,8 km.

Foto: J. Seibold

Miniwelt unter Glas

Am 26. September 1993 ging im US-Bundesstaat Arizona nach genau zwei Jahren das erste der Biosphäre 2-Experimente zu Ende. Die acht »Bionauten« – vier Frauen und vier Männer – verließen ihren von der Außenwelt abgeschlossenen Lebensraum, in dem sie den Beweis antreten wollten, daß es möglich ist, in einem der Erde nachgebildeten abgeschlossenen System autark zu leben. Zunächst gab es Probleme in der 1,3 ha großen Glas-Stahl-Konstruktion, dem weltweit größten Terrarium, die erhebliche Zweifel an der wissenschaftlichen Seriosität des Unternehmens hervorriefen. Die Besatzung von Biosphäre 2, die einen Weltrekord für das Leben in einem abgeschlossenen System aufstellte, hatte bis 16 Prozent ihres Körpergewichts verloren.
Anfang März 1994 ist ein neues Team – fünf Männer und zwei Frauen – für mindestens 10 1/2 Monate in das ökologische Labor eingezogen.

Deutschlands längste Kaimauer ist die Containerkaje im Überseehafengebiet von Bremerhaven. Unter Federführung der Philipp Holzmann AG wurde von 1969 bis 82 bei einer Wassertiefe (Ebbe) von 14,21 m und einer Mauerhöhe von 23,5 m eine Rekordlänge von 2150 m erreicht. Die Gesamtkosten beliefen sich auf 448 Mio. DM.

Das größte Trockendock der Welt ist mit einer Schiffsbau-Kapazität von 1,2 Mio. t das Trockendock Daewoo Okpo Nr. 1 auf der südkoreanischen Insel Koje. Es wurde 1979 fertiggestellt, ist 530 m lang und 131 m breit. Auch die 14 m hohen und an der Basis 10 m dicken Docktore sind die größten der Welt.

Das größte überdachte Baudock wurde im November 1987 in Papenburg an der unteren Ems in Betrieb

BAUTECHNIK

• Bauten für Sonderzwecke

genommen. Die Schiffbauhalle der Meyer Werft (Jos. L. Meyer GmbH & Co) ist 370 m lang, 101,5 m breit und 60 m hoch; sie umfaßt ein Baudock und Montageflächen. Das Baudock ist 358 m lang und 39 m breit. Der Hallenhauptkran hebt Sektionen bis zu 600 t Gewicht.

Der längste Wellenbrecher der Welt schützt den Hafen von Galveston, Texas (USA). Der South Breakwater aus Granit ist 10,85 km lang.

Auf dem Empire State Building, New York City (USA), befinden sich **die am weitesten sichtbaren Lichtquellen** 332 m über dem Boden. Jede der Vierbogen-Quecksilber-Glühlampen besitzt eine Lichtstärke von 450 Mio. Candela (cd), so daß die Lichter in einer Entfernung von 130 km auf Boden- und See-Ebene und 490 km weit vom Flugzeug aus wahrgenommen werden können. Sie wurden erstmals am 31. März 1956 eingeschaltet.

Der Leuchtturm mit der stärksten Leuchtkraft in Deutschland ist der im Greifswalder Bodden (MV) mit 38,6 m Höhe. Sein Lichtstrahl ist 26 Seemeilen weit sichtbar.

Der mächtigste deutsche Leuchtturm ist der Kampenleuchtturm auf Borkum (Nordsee), der 59,25 km weit sichtbar ist.

Der älteste Leuchtturm Deutschlands ist der Alte Leuchtturm in Lindau. Er wurde 1270-80 erbaut. Dort steht mit dem neuen Leuchtturm auch das südlichste Leuchtfeuer. In der Hafeneinfahrt bildet es mit dem Löwen das Wahrzeichen der Bodenseestadt.

Der höchste Leuchtturm der Welt ist der 106 m hohe Stahlturm nahe dem Yamashita-Park, Yokohama (Japan). Das Leuchtfeuer besitzt 600 000 cd und ist 32 km weit sichtbar.

Der erste mit Atomenergie betriebene Leuchtturm wurde 1974 vor der baltischen Küste in der Ostsee installiert. Er ist 30 m hoch und wird elektronisch gesteuert.

Die höchsten Lichtsäulen der Welt reichen 63,5 m in den Himmel. Das französische Unternehmen Petitjean & Cie aus Troyes hat die vier hochragenden Lichtmasten im Sultan-Qaboos-Sportzentrum von Maskat (Sultanat Oman) errichtet.

Das größte Kuppelgewölbe der Welt ist der Louisiana Superdome New Orleans (USA). Sein Durchmesser beträgt 207,26 m.

Der Kuppelbau einer Multi-Arena aus Stahl, Beton und Glas entstand südlich der Stockholmer Innenstadt. Die im Februar 1989 von der Würzburger Baufirma MERO-Raumstruktur fertiggestellte Globe Arena von 85 m Höhe und 110 m Durchmesser bietet 16 000 Zuschauern Platz.

Die größte Kuppel des Altertums besitzt das 112 n. Chr. in Rom gebaute Pantheon mit einem Durchmesser von 43,2 m.

Die größte freitragende Gipskuppel entstand im Rahmen der Handwerk '89 auf der Messe Stuttgart-Killesberg am 23. September 1989. Zwölf Stukkateuren der Stukkateur-Innung Stuttgart gelang es in 8 Std. eine 6,45 m hohe Gewölbe-Kuppel aus 3 t Alabaster-Gips mit einer Armierung aus Sisal-Fasern zu bauen. Das riesige Gewölbe hatte einen Durchmesser von 9,97 m, eine Wandstärke von nur ca. 10 mm am Boden, 3-5 mm an der Spitze und trug sich ohne Stützen selbst. Verglichen mit einem Hühnerei war die Wandstärke der Kuppel um ein Mehrfaches dünner.

Die größten Tore der Welt sind die vier Eingänge des Raumfahrzeugmontagegebäudes (VAB) im Kennedy Space Center in der Nähe von Cape Canaveral in Florida (USA), die 140 m hoch sind.

Das größte Rolltor wurde 1972 an eine holländische Großwerft bei Rot-

Die 10stöckige Memorial Necrópole Ecumênica in Santos bei São Paulo (Brasilien) ist der höchste Friedhof. Der Bau des 1,8 ha großen Friedhofs begann im März 1983. Das erste Begräbnis fand am 28. Juli 1984 statt. Foto: Acervo Memorial

Die größten Einzelfenster besitzt der Palast der Industrie und Technologie am Rondpoint de la Défense, Paris (F). Jedes hat eine Breite von insgesamt 218 m bei einer maximalen Höhe von 50 m.

Foto: Gamma

Der größte unvollendete Obelisk, der wahrscheinlich von der ägyptischen Königin Hatschepsut um 1490 v.Chr. in Auftrag gegeben wurde, befindet sich in Aswan (Ägypten). Er ist 41,75 m lang und wiegt 1168 t.
Foto: Spectrum Colour Library

terdam geliefert. Das 25,5 m hohe und 28 m breite Tor schließt eine Docköffnung von 28 m Breite und 18 m Höhe. Das von der Fa. Günther GmbH Metallwerk aus Neunkirchen/Westerwald erbaute Großrolltor hat ein Eigengewicht von 16 220 kg.

Die schwerste Tür wiegt 600 t und hat die Abmessungen 6 m (L) x 1,5 m (B) x 8 m.(H) Das Abschirmtor wurde 1985 für die Neutrino-Forschungsanlage in Rutherford, Shilton (GB), von der Noell GmbH Würzburg geliefert.

Die höchsten beweglichen Trennwände von Hüppe Form (Oldenburg) unterteilen seit September 1990 den Bühnenbereich des großen Festsaales der Stadthalle Bielefeld. Zwei 11,46 m hohe Wände mit insgesamt 22 Einzelelementen ermöglichen eine variable Raumaufteilung für eine multifunktionale Raumnutzung. Jedes Element ist in Deckenschienen mühelos verfahrbar.

Der größte Springbrunnen der Welt in Fountain Hills, Arizona (USA), erreicht eine Höhe von 171,2 m und wiegt dann mehr als 8 t. Die Firma McCulloch Properties Inc. ließ ihn sich 1,5 Mio. Dollar kosten. Beim Höchstdruck von 26,3 kg/cm² speit der Springbrunnen 26 500 l/min aus. Wenn alle drei Pumpen in Betrieb sind, schießt die Wasserfontäne unter günstigen Bedingungen (zum Beispiel bei Windstille) sogar 190 m hoch in die Luft. Die 600 PS starken Pumpen drücken das Wasser mit einer Geschwindigkeit von 236 km/h durch die Düsen.

Den tiefsten Brunnen Europas hat die 1178 zerstörte Burg Kyffhausen am Nordostrand des Thüringer Beckens. Der Burgbrunnen ist 176 m tief, also 10 m tiefer als der ca. 1650 angelegte Brunnen der Burgfeste Wülzburg bei Weissenburg im Naturpark Altmühltal.

Der ergiebigste Brunnen wurde 1973 bei Orlando in Florida (USA) entdeckt. Er liefert 757 hl/min Wasser.

Die höchsten Säulen der Welt (im Gegensatz zu Obelisken) sind die 36 kannelierten Säulen aus Vermont-Marmor, die die Kolonnade des Education Building in Albany im Staat New York (USA) bilden. Ihre Höhe beträgt 27,5 m, ihr Fuß hat einen Durchmesser von 1,98 m.

Die größte Mülldeponie ist die der Reclamation Plant No. 1 auf Staten Island, New York (USA). Die 1947 in Betrieb genommene Deponie erstreckt sich über 1200 ha und enthält derzeit, einschließlich der 14 000 t, die 1993 hinzukamen, das sind schätzungsweise 100 000 t Abfall.

Der größte einzelne Getreidesilo der Welt gehört der C-G-F-Grain Company in Wichita, Kansas (USA). Mit einer dreifachen Reihe von Lagerbehältern, von denen je 123 auf beiden Seiten des Zentralladeturmes oder »Haupthauses« aufgestellt sind, hat der Silo eine Länge von 828 m und eine Breite von 30 m. Jeder Behälter ist 37 m hoch und hat einen Innendurchmesser von 9 m, was ein Gesamtfassungsvermögen von 7,3 Mio. hl Weizen darstellt.

Die größte Siloanlage steht in City of Thunder Bay am Lake Superior in Kanada, 23 Einzelsilos haben ein Fassungsvermögen von 37,4 Mio. hl.

Das höchste Baugerüst wurde 1988-92 rund um das New York City Municipal Building von Regional Scaffolding & Hoisting Co., Inc. errichtet. Das 198 m hohe freistehende Gerüst hatte ein Volumen von 135 900 m³.

Das größte Gerüst entstand im Juni 1993 für die Nachbildung des Berliner Stadtschlosses. Die Firma Thyssen Hünnebeck GmbH, Ratingen, hatte bei einer Länge von 300 m, einer Breite von 30 m und einer Höhe von 31 m mit dem Stahlgestell einen Raum von 180 000 m³ umbaut. Die verwendeten 800 t Stahlrohr aneinandergereiht die Entfernung Berlin-Hannover überbrücken (266 km).

Die größte Kläranlage der Welt ist die Wasseraufbereitungsanlage in Stickney, Illinois (USA), die 1939 auf einem 231 ha großen Gelände außerhalb von Chikago in Betrieb ging und die Abwässer aus einem Gebiet mit 2 200 000 Bewohnern klärt. 1993 wurden in der Anlage, in der 656 Menschen beschäftigt sind, täglich 3126 Mio. l Wasser aufbereitet.

Die erste große unterirdische Kläranlage der Welt war die Hendriksdal-Anlage in Stockholm (S). Sie wurde zwischen 1941 und 1971 erbaut, wobei fast 1 Mio. m³ Gestein entfernt wurden. Die gegenwärtig im Bau befindliche Erweiterung soll 1997 fertiggestellt sein.

Der längste Treppenaufgang der Welt ist der Betriebsaufgang zur Niesenbahn, einer 2365 m hohen Drahtseilbahn bei Spiez (CH). Er hat 11 674 Stufen und ein Treppengeländer. Die 6600 aus Stein gehauenen Tai-Shan-Tempelstufen, die in das chinesische Shantung-Gebirge führen, reichen 1428 m in die Höhe.

Die längste Wendeltreppe der Welt hat 1520 Stufen und führt in der Mapco-White-County-Kohlenzeche von Carmi, Illinois (USA), 336 m in die Tiefe. Sie wurde im Mai 1981 von der Firma Systems Control gebaut.

Die höchste Wendeltreppe der Welt hat 217 Stufen und führt 63,2 m hinauf

Wieder am Deutschen Eck

Das Reiterstandbild von Kaiser Wilhelm I. wurde am 2. September 1993 wieder auf seinen 20 m hohen Sockel gehoben und am 25. September 1993 offiziell an seinen alten Platz über dem Zusammenfluß von Rhein und Mosel am Deutschen Eck in Koblenz eingeweiht. Die 14,5 m hohe und 53 t schwere Nachbildung des im Zweiten Weltkrieg zerstörten Standbildes von 1897 kehrte ausgerechnet am Tag von Sedan, dem Tag der Kapitulation Frankreichs im Krieg 1870/71, zurück.

BAUTECHNIK

• Bauten für Sonderzwecke

zum Schornstein Bobila Almirall in Terrassa, Barcelona (ES). Sie wurde 1956 von Mariano Masana i Ribas gebaut.

Das größte Denkmal der Welt ist die am 28. Oktober 1965 fertiggestellte Pforte aus rostfreiem Stahl zum sogenannten West Arch in St. Louis, Missouri (USA), zur Erinnerung an den großen Zug nach Westen, der 1803 nach dem Kauf von Louisiana einsetzte. Die Stahlpforte des Denkmals besteht aus einem Bogen mit 192 m Spannweite und ist ebenfalls genau 192 m hoch und kostete 29 Mio. Dollar (damals 116 Mio. DM). Der Entwurf stammte von dem 1961 verstorbenen Eero Saarinen.

Das höchste Denkmal Europas ist das 91 m hohe Völkerschlachtdenkmal, das 1898-1913 bei Leipzig (S) zur Erinnerung an die Völkerschlacht 1813 nach dem Entwurf von Bruno Schmitz errichtet wurde.

Die größte jemals hergestellte Glasfensterscheibe maß 50 m² und wurde von der Fa. Saint Gobain (F) auf der Internationalen Spiegelausstellung im März 1958 gezeigt.

Die größte Sicherheitsglasscheibe der Welt hat P. T. Sinar Rasa Kencana aus Djakarta (Indonesien) hergestellt. Sie war 7 m lang, 2,13 m breit und 12 mm dick.

Das höchste Glasmalerei-Fenster der Welt ist die 41,41 m hohe und 746,9 m² große, beleuchtete Glaswand, die 1979 im Atrium des Ramada Hotels in Dubai (Vereinigte Arabische Emirate) errichtet wurde.

Der größte Wasserturm wurde von Chicago Bridge and Iron 1986 in Edmond, Oklahoma (USA), errichtet. Er ist 66,5 m hoch und hat ein Fassungsvermögen von 1 893 000 l.

Das größte Wasserrad der Welt ist mit einem Durchmesser von 40 m das Mohammadieh-Noria-Wasserrad in Hamah (Syrien).

Der größte Friedhof ist der Piskarevsko-Friedhof in Leningrad, auf dem mehr als 470 000 Menschen beerdigt wurden – Opfer der deutschen Wehrmacht, die 1941-44 die Stadt belagert hatte. Der 20. Februar 1942 war der Tag, der die meisten Menschenleben forderte: An diesem Tag mußten 10 043 Opfer begraben werden.

Der höchste Friedhof ist die 10stöckige Memorial Necrópole Ecumênica in Santos bei São Paulo (Brasilien). Der Friedhof, dessen Bau im März 1983 begonnen wurde, erstreckt sich über 1,8 ha. Das erste Begräbnis fand am 28. Juli 1984 statt.

Der größte Friedhof Deutschlands ist der Hamburger Friedhof Ohlsdorf. Auf dem 404 ha großen Areal mit seinen 12 Kapellen fanden bis 31. Dezember 1993 insgesamt 967 774 Erd- und 397 966 Feuerbestattungen statt. Die Ruhestätte wird seit 1877 genutzt.

Das größte Grabmal ist das von Cheng, »Erstem Erhabenen Herrscher (Kaiser) der Ch'in«, am Berg Li, 40 km östlich von Xianyang (China), aus dem Jahr 221 v. Chr. Die beiden das Grab umgebenden Mauern messen 2173 x 974 und 685 x 578 m.

Eine Armee aus 8000 lebensgroßen Terrakotta-Kriegern füllte die Kammern dieses größten Grabmals in China.
Foto: Jens Schumann

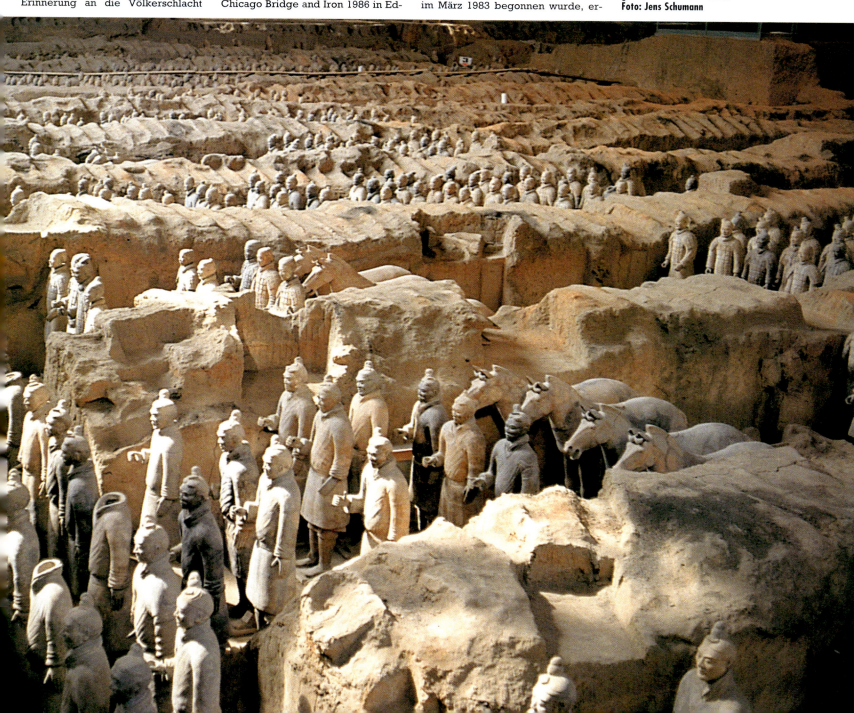

DIE SIEBEN WELTWUNDER

◆ ARCHITEKTURREKORDE

Die größten Trilithen (Steinblöcke in Dreiergruppen) finden sich in Stonehenge, südlich der Ebene von Salisbury (GB). Die einzelnen Steinpfeiler wiegen mehr als 45 t und mußten von etwa 550 Mann eine Steigung von 9 Grad bergauf geschleppt werden. Die früheste Bauphase des Rundgrabens wurde mit 2800 v. Chr. errechnet. Ob Stonehenge als Mondkalender, Tempel zur Beobachtung von Luftspiegelungen oder zur Vorhersage von Sonnen- und Mondfinsternissen diente, ist noch immer umstritten.

Der größte Menhir, der bisher gefunden wurde, ist der Grand Menhir Brisé in der bretonischen Gemeinde Locmariaquer (F). Er war ursprünglich 18 m hoch und wog über 300 t, ist inzwischen aber in vier Stücke zerfallen.

Die älteste bekannte Pyramide ist die 62 m hohe Stufenpyramide des Djoser in Sakkara (Ägypten), die um 2650 v. Chr. von Imhotep erbaut wurde und ursprünglich mit Blöcken aus Tura-Kalkstein belegt war.

Der größte bekannte Einzelblock einer Pyramide wiegt 290 t. Er gehört zur (dritthöchsten) Pyramide, die der Pharao Mykerinos (um 2470 v. Chr.) bei Gizeh errichten ließ.

Die älteste Pyramide der Neuen Welt wurde auf der Insel La Venta in Südostmexiko vom Indianerstamm der Olmeken um 800 v. Chr. gebaut. Sie ist 30 m hoch, mit einem Umfang der Grundfläche von 128 m.

Die größte Pyramide ist die Pyramide des Quetzalcóatl in Cholula de Rivadabia, 100 km südöstlich von Mexico City (Mexiko). Sie ist 54 m hoch, und die Grundfläche mißt nahezu 18,2 ha. Das Gesamtvolumen der Pyramide wurde auf 3,3 Mio. m^3 geschätzt (zum Vergleich: die Cheopspyramide hat 2,5 Mio. m^3 mit einer Basis von 230 m).

Die höchsten tragenden antiken Steinsäulen sind 21 m hoch und befinden sich in der Säulenhalle des Amun-Tempels von Karnak am Nilufer gegenüber Theben, der Hauptstadt Oberägyptens im Altertum. Die Säulen stammen aus der 19. Dynastie unter Ramses II. um 1270 v. Chr.

Der größte erhaltene Turmtempel (Zikkurat) (das Wort leitete sich von dem Verb *zaquaru* »hoch bauen« ab) ist der von Ur, dem heutigen Muquaijar (Irak). Er hatte eine Basis von 61 x 45,7 m, war drei Terrassen hoch und auf der Spitze von einem Altar gekrönt. Übriggeblieben sind die erste und Teile der zweiten Plattform. Seine heutige Höhe beträgt 18 m. Der Tempelturm war in der Regierungszeit von Urnammu (2047-29 v. Chr.) gebaut worden.

Den größten Turmtempel (Zikkurat genannt), hat der Elamitenkönig Untaschnapirischa um 1250 v. Chr. in Dur-Untasch (Iran) errichten lassen. Er ist als Zikkurat von Tjoga Zanbil in die Geschichte eingegangen, maß an der Basis 105 x 105 m und verjüngte sich auf der fünften Plattform in fast 50 m Höhe auf 28 x 28 m. Die rechteckigen Turmtempel waren im alten Mesopotamien aus rohen Ziegelsteinen um einen künstlichen Hügel gebaut worden und stiegen terrassenförmig an.

Der höchste Obelisk ist das Washington-Denkmal in Washington. Es steht auf einem 42,89 ha großen Gelände und ragt 169,3 m empor. Errichtet wurde das Denkmal zu Ehren von George Washington (1732-99), des ersten Präsidenten der USA.

Der größte Obelisk (abgeleitet vom griechischen *obelós* Bratspieß, Spitzsäule) der Welt ist der Obelisk des Königs Thutmosis III., den der römische Kaiser Konstantin 357 n. Chr. im ägyptischen Aswan abreißen und in seine Heimat schaffen ließ. Am 3. August 1588 wurde der Obelisk auf der Piazza San Giovanni vor dem Papstpalast in Rom wieder aufgestellt. Ursprünglich 36 m hoch, mißt die Spitzsäule heute nur noch 32,81 m.

Der größte Grabhügel der Welt ist jener Kieshügel, der zum Gedächtnis an den Seleukidenkönig Antiochos I. (um 325-261 v. Chr.) auf dem Gipfel des Nemrud Dagi (2494 m) südöstlich von Malatya (TR) errichtet wurde. Er ist 59,8 m hoch und bedeckt eine Fläche von 3 ha.

Der größte Grabhügel Europas ist Silbury Hill, 9,7 km westlich von Marlborough, Wiltshire (GB), dessen 39 m hoher Kegel mit seiner 2 ha großen Basis eine Kalkaufschüttung von schätzungsweise 681 000 t erfordert haben muß. Professor Richard Atkinson, der mit den Ausgrabungen im Jahr 1968 betraut war, wies darauf hin, daß dieser Hügel einen inneren Grabhügel umgibt, der den aus derselben Zeit stammenden Rundgräbern ähnlich ist und aus dem Jahr 2745 ±185 v. Chr. stammt.

Längste Mauer der Welt ist die Große Mauer Chinas, die während der Herrschaft Kaiser Ch'in Shihhuang-ti (221-10 v. Chr.) begonnen wurde. Sie ist 3460 km lang. Hinzu kommen weitere 3530 km an Abzweigungen und Ausläufern. Die Höhe schwankt zwischen 4,5 und 12 m. Die Mauer ist bis zu 9,8 m stark. Sie verläuft von Schanhaikuan am Golf von Pohai nach Juman-Kuan und Jang-Kuan und wurde bis ins 16. Jh. hinein instand gehalten. Seit dem Jahr 1966 sind etwa 51,5 km der Mauer zerstört worden, und im Juli 1979 wurde ein weiteres Stück der Mauer durch Sprengung demoliert, um Platz für eine Talsperre zu schaffen.

Die sieben Weltwunder wurden erstmals im 2. Jh. v. Chr. von Antipater aus Sidon genannt. Dazu gehörten die Pyramiden von Gizeh, die unter drei ägyptischen Pharaonen der 4. Dynastie – Chufu oder Cheops, Chafre oder Chephren, Menkaure oder Mykerinos – bei El Gizeh südwestlich von Kairo erbaut wurden.

Die große Pyramide: Der »Horizont des Chufu« wurde um 2580 v. Chr. unter Rededef vollendet. Ursprünglich 146,7 m hoch, heute nur noch 137,5 m, weil die obersten Steine und das Pyramidion abgebröckelt sind, mit einer Basis von 230 m, nimmt die Große Pyramide mehr als 5 ha ein. Nach Schätzungen erforderte es 100 000 Arbeitskräfte und 30 Arbeitsjahre, um die 2,3 Mio. Kalksteinblöcke mit einem Durchschnittsgewicht von 2,5 t zu transportieren und aufzutürmen. Gesamtgewicht: 5,84 Mio. t. Gesamtvolumen 2,595 Mio. m^3. Manche Steinblöcke wogen 15 t.

Fragmente sind erhalten vom: Tempel der Artemis (Diana) in Ephesus (TR), um 350 v. Chr. erbaut und 262 n. Chr. von den Goten zerstört; Grabmal des Königs Mausolus von Karia in Halikarnassos, dem heutigen Bodrum in der Türkei (um 325 v. Chr.).

Restlos verloren sind: Die hängenden Gärten von Semiramis, die um 600 v. Chr. in Babylon (Irak) anlegt waren;
die 12 m hohe Zeus-(Jupiter-)Statue, die der Grieche Phidias im 5. Jh. v. Chr. in Olympia aus Marmor, Gold und Edelstein schuf. Sie ist bei einem Brand in Istanbul verschollen;
die 35 m hohe Statue des Gottes Helios (Apollo), die Chares von Lindos 292-280 v. Chr. schuf und die als Koloß von Rhodos bekannt ist (224 v. Chr. bei einem Erdbeben zerstört);
der 122 m hohe Leuchtturm von Pharus, der erste Leuchtturm der Welt, den Sostratos von Knidos um 270 v. Chr. als pyramidenförmigen weißen Marmorturm auf der Alexandria (Ägypten) vorgelagerten Insel Phasus (griechisch für Leuchtturm) errichtet hatte und der im Jahr 1375 bei einem Erdbeben zerstört wurde.

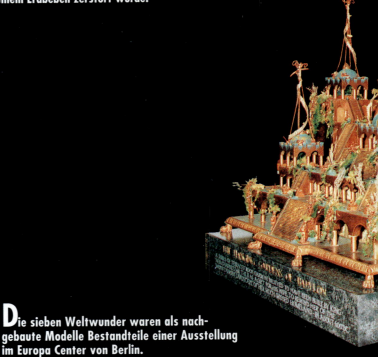

Die sieben Weltwunder waren als nachgebaute Modelle Bestandteile einer Ausstellung im Europa Center von Berlin.

Fotos: Europa Center, Thomas Hartmann (Mitte unten)

BAUTECHNIK 144/145

- Architekturrekorde

Zwischengeparkte Fahrzeuge am Hamburger Hafenrand, bevor sie dem Verkehr übergeben werden. Im Winter sehen alle gleich aus, nur die schneefreien Stellen markieren die gefragtesten Modelle.
Foto: Reimer Wulf aus *Über den Dächern von Hamburg*

VERKEHR

- **Am kleinsten:** das Tandem aus Niedersachsen
- **Am schnellsten:** das Tret-U-Boot aus Florida
- **Am höchsten:** die Menschenpyramide auf Motorrädern in Indien
- **Am längsten:** der Modellbahnzug aus Schwaben
- **Am stärksten:** das Rekordtriebwerk eines Jumbo-Jets
- **Am größten:** das Volumen eines Transportflugzeugs
- **Am billigsten:** wenn Autos vom 3-Liter-Verbrauch träumen

◆ **SCHIFFE**
Passagierschiffe

Das größte und längste Passagierschiff der Welt ist die *Norway* mit 76 049 BRT und einer Gesamtlänge von 315,53 m. 2022 Passagiere und 900 Besatzungsmitglieder finden auf ihr Platz. 1960 als *S. S. France* gebaut, wurde sie im Juni 1979 umbenannt, nachdem sie Knut Kloster (N) erworben hatte. Normalerweise wird sie von der Royal Viking Line für Kreuzfahrten in der Karibik eingesetzt und ist in Miami, Florida (USA), stationiert. Bei umfangreicher Neuausrüstung im Herbst 1990 wurde die Zahl der Passagierdecks auf elf erhöht. Die *Norway* hat 10,5 m Tiefgang, eine größte Breite von 22,5 m und bringt es auf eine Reisegeschwindigkeit von 18 Knoten.

Die beiden größten Kreuzfahrtschiffe der Welt sind die unter norwegischer Flagge fahrende *M/S Monarch of the Seas* und die *M/S Majesty of the Seas* der Royal Caribbean Cruise Line (RCCL). Die 73 192 BRZ großen Schiffe kosteten je 513 Mio. DM und bieten Raum für 2354 Passagiere. Bauwerft der 1991 und 1992 in Dienst gestellten 268,3 m langen und 32,2 m breiten Schiffe war L'Atlantique in St.-Nazaire bei Bordeaux.
Die größten Kreuzfahrtschiffe der Welt, die derzeit in Planung sind, sollen 1997 fertiggestellt werden. Die 100 000-t-Schiffe, von der italienischen Fincantieri-Werft für P & O gebaut, sollen 2600 Passagiere befördern und werden umgerechnet 676 Mio. DM kosten.

Das größte Passagierschiff unter britischer Flagge ist die *Queen Elizabeth 2* mit 69 053 BRT und einer Länge von 293 m. Die Jungfernfahrt für die Cunard Line fand am 2. Mai 1969 statt, und am 14. Dezember 1993 stellte sie mit 3:18 Std. in New York City einen »Abfertigungsrekord« auf. Das Schiff wurde auf der Werft John Brown & Co in Clydebank (Schottland) gebaut und von November 1986 bis April 1987 bei Lloyd in Bremen mit Dieselelektromotoren ausgerüstet, die ihm eine Höchstgeschwindigkeit von 32,5 Knoten geben. Die *Queen Elizabeth 2* ist das letzte Passagierschiff im transatlantischen Linienverkehr zwischen Southampton (GB) und New York. Sie nimmt 1929 Passagiere auf und hat 1007 Besatzungsmitglieder.

Das größte Passagierschiff Deutschlands ist die *Europa* der Hapag-Lloyd-Reederei, Hamburg. Sie ist 33 819 BRT groß und bietet mit ihren 316 Kabinen 758 Passagieren Platz.

Der größte und luxuriöseste Kreuzfahrt-Katamaran der Welt ist die Ende April 1992 von der Finnyards Ltd. abgelieferte *Radisson Diamond*. Das 140 Mio. Dollar teure und 20 295-BRZ-Schiff, das auf elf Decks über 177 Kabinen und große Gesellschaftsräume für 354 Personen verfügt, bietet auch umfassende Konferenzeinrichtungen. Das unter finnischer Flagge fahrende Doppelrumpfschiff ist mit 131,2 m Länge und 32,2 m Breite gerade noch panamakanalgängig.

Die größten Tragflächenboote im Passagierverkehr sind die drei 165 t großen *Supramar-PTS 150-MK-III*-Schiffe mit einem Fassungsvermögen von 250 Passagieren und einer Geschwindigkeit von 40 Knoten (74 km/h). Sie verkehren regelmäßig zwischen Malmö (S) und Kopenhagen (DK) und wurden von der Westermoen Hydrofoil Ltd. in Mandal (N) gebaut.

BRT/BRZ
Bis 1982 wurde nach dem Osloer Vermessungsverfahren für Schiffsgrößen die Bruttoregistertonne (BRT) festgelegt. Durch das Internationale Schiffsvermessungsübereinkommen vom 23. Juni 1969 (Londoner Übereinkommen) wird seit 1982 für neugebaute Schiffe die Bruttoraumzahl (BRZ) festgelegt. Ab 18. Juli 1994 müssen die Meßbriefe aller Schiffe auf Bruttoraumzahl (BRZ) umgeschrieben werden. Es gilt dann nur noch einheitlich die Bezeichnung BRZ.

Wrack!
Die *Energy Determination*, ein VLCC (Großer Rohstoff-Frachter) mit 321 186 t Eigengewicht, explodierte am 12. Dezember 1979 in der Straße von Hormuz im Persischen Golf und zerbrach in zwei Stücke. Das Schiff war zum Zeitpunkt des Unglücks ohne Ladung, doch war allein der Rumpf 58 Mio. Dollar (damals 114 Mio. DM) wert.

Frachtschiffe

Das größte Frachtschiff der Welt ist der Öltanker *Jahre Viking* (früher *Happy Giant* und *Seawise Giant*) mit 564 650 t Tragfähigkeit. Der 1976 in Yokosuka (Japan) gebaute Turbinentanker ist 485,45 m lang, hat eine größte Breite von 68,8 m und 24,61 m Tiefgang. Nach schweren Bombardements im iranisch-irakischen Krieg 1987/88 galt das Schiff schon als Totalverlust, wurde dennoch in Singapur und Dubai (Vereinigte Arabische Emirate) für über 60 Mio. Dollar (105 Mio. DM) repariert und unter seinem neuen Namen im November 1991 wieder in Dienst gestellt.

Die größten Ro-Ro- (Roll-on-, Roll-off-) Lastschiffe der Welt: die vier 16 700-t-Schiffe der *El-Rey*-Klasse mit einer Länge von je 176,8 m. Sie gehören der Crowley Maritime Corporation von San Franzisko (USA) und verkehren zwischen Florida und Puerto Rico mit Ladungen bis zu 376 LKW-Anhängern, die in drei Ebenen untergebracht sind.

Die größten Containerschiffe sind *President Adams*, *President Jackson*, *President Kennedy*, *President Polk* und *President Truman* mit jeweils 50 206 BRZ. Die für die US-Reederei American President Lines Ltd. von der Howaldtswerke-Deutsche Werft AG, Kiel, gebauten Schiffsriesen sind für den schnellen Linienbetrieb zwischen den USA und Fernost bestimmt. Diese CONBULK-Frachter werden als Post-Panamax bezeichnet, weil es sich um die ersten Containerschiffe handelt, die für die Durchfahrt durch den Panamakanal zu groß sind. Sie messen 275,14 m in der Länge und 39,41 m in der größten Breite; Maximalbreite für die Durchfahrt durch den Panamakanal sind 32,3 m. Diese Schiffe haben eine nominelle Ladekapazität von 4300 TEU (Standard-Container von 6,1 m Länge), haben aber im normalen Einsatz auch schon größere Mengen befördert.

Eines der größten Ro-Ro-Lastschiffe der Welt. Foto: Aero-pic Jacksonville

Fähren und andere Wasserfahrzeuge

Die größten und stärksten Schlepper der Welt sind die *Nikolay Chiker* (SB 131) und die *Fotiy Krylow* (SB 135), für die ehemalige UdSSR bei Hollming Ltd. in Finnland hergestellt und 1989 in Dienst gestellt. Sie sind 98,8 m lang, 19,45 m breit, verfügen über 25 000 PS Leistung und einen Pollerzug von über 291 t. Die SB 135 wurde dem Vernehmen nach von der griechischen Firmengruppe Tsavliris erworben und soll in *Tsavliris Giant* umbenannt werden.

Das weltgrößte Fährschiff ist die *Silja Europa* der Papenburger Fährschiffsreederei GmbH & Co. KG. Das 59 914 BRZ große, 202 m lange und für 3000 Passagiere ausgelegte Schiff wurde an die Silja Line verchartert und hat im März 1993 auf der Route Stockholm-Helsinki die *Silja Serenade* ersetzt.

Die schnellste kombinierte Personen- und Kraftfahrzeugfähre der Welt ist die 1993 gebaute 3800 BRZ große *Guizzo* vom Typ Aquastrada. Das 101,7 m lange und 14,5 m breite Schiff wird auf der 124 sm langen Strecke zwischen dem italienischen Hafen Civitavecchia und Olbia auf Sardinien eingesetzt und erreicht eine Geschwindigkeit von 43 Knoten. Pro Fahrt kann das supermoderne Schiff der italienischen Werft Rodriquez in Pietra Ligure 450 Passagiere und 120 Autos befördern.
Der MTU-Antrieb besteht aus zwei seitlich angeordneten Dieselmotoren mit insgesamt 7 130 kW und einem mittig angeordneten Gasturbinenmodul von 20800 kW, das außerhalb des Hafens zugeschaltet wird. Im Mai 1994 hat die italienische Betreibergesellschaft Tirrenia eine zweite, baugleiche Fähre auf der Strecke La Spezia-Olbia eingesetzt.

Die größten Fährschiffe Deutschlands sind die baugleichen Schiffe *Nils Holgersson* und *Peter Pan* der Hamburger TT-Line, die seit 1992 bzw. 1993 zwischen Travemünde und Trelleborg verkehren. Die 30 740 BRZ großen Umbauten sind 177,2 m lang, 26 m breit und bieten 1044 Passagieren Platz. In den beiden Ladedecks können auf 1450 laufenden LKW-Metern 110 LKW/Trailer oder 535 PKW aufgestellt werden.

Die größten Eisenbahnfähren werden im Ostseeraum eingesetzt. Als weltgrößte Fähre gilt die *Railship III*, die auf drei Decks mit 15 Gleisen und 1980 m Normalspurgleisen 88 Waggons transportieren kann. Das 1990 in Dienst gestellte Schiff mit einer Länge von 189,7 m und einer Breite von 21,6 m wird von der Railship-Gruppe im Verkehr zwischen Travemünde und dem südfinnischen Hanko eingesetzt.

Die britische *Queen Elizabeth II* ist das letzte Passagierschiff auf der Transatlantikroute zwischen Southampton (GB) und New York.

Foto: Quadrant Picture Library/Matthews

Die größten Doppelend-Bahnfähren *Tycho Brahe* und *Aurora af Helsingborg* verkehren seit November 1991/März 1992 auf der Øresund-Verbindung Helsingør-Helsingborg. Die 110,2 m langen und 27,6 m breiten Schiffe können 1250 Passagiere und 240 PKWs oder neun Reisezugwagen aufnehmen.

Die größten Zweideck-Bahnfähren sind die zwischen 1986 und 1988 gebauten Schiffe *Mukran*, *Klaipeda* und *Greifswald* (22 404 BRZ). die 190,5 m langen und 28 m breiten Einheiten können auf 2 x 5 m Breitspurgleisen mit insgesamt 1539 m 108 Güterwagen unterschiedlicher Länge aufnehmen. Die Schiffe verkehren auf der 278 sm langen Strecke zwischen Mukran auf Rügen und dem litauischen Klaipeda. Sie befördern jetzt auch Straßenfahrzeuge und Passagiere.

Die längste Eisenbahnfähre der Welt ist die 6300-t-*Trekroner* der Dänischen Staatsbahnen. Das Zweideckschiff ist 15 Knoten schnell, 198,5 m lang und 21 m breit. In dem fünfgleisigen Eisenbahndeck mit 815 m Gleislänge finden 50 Güterwagen Platz. Das Oberdeck ist für die Aufstellung von Trailern vorgesehen. Die Fähre wird seit dem 22. Dezember 1986 auf der neuen Kontinent-Linie für den Schienengüterverkehr zwischen Kopenhagen Freihafen und Helsingborg eingesetzt.

Als das teuerste Forschungsschiff der Welt gilt die deutsche *Polarstern*, ein Luxusliner der Wissenschaft – erbaut von der Howaldtswerke-Deutsche Werft AG in Kiel und der Rendsburger Werft Nobiskrug. Dieses 118 m lange Vielzweck-Forschungsschiff hat vier 20 000 PS starke Diesel und bietet 106 Menschen an Bord allen Komfort.

Das modernste deutsche Forschungsschiff: Die neue *Meteor*, die am 15. März 1986 in Dienst gestellt worden ist, setzt eine sechs Jahrzehnte alte Forschungstradition fort. Das 98 m lange und 16,5 m breite Schiff, dessen Baukosten rund 100 Mio. DM betrugen, kann auf sieben Vorgängerinnen gleichen Namens zurückblicken.

Das größte Tragflächenboot ist die 64,6 m lange *Plainview* mit 314 BRT, die von der Lockheed Shipbuilding and Construction Co. in Seattle, Washington (USA), am 28. Juni 1965 vom Stapel gelassen wurde. Sie hat eine Betriebsgeschwindigkeit von 50 Knoten (92 km/h).

Das weltgrößte Binnen-Flußschiff ist die 3220 PS starke, 120,6 m lange und 22,86 m breite *M.S. Mozart*. Das »Fünf-Sterne-Hotel« auf der Donau bietet 239 Passagieren Platz. Das in Deggendorf gebaute Binnenschiff erreicht eine maximale Geschwindigkeit von 23.05 km/h. Eigner des größten Donau-Passagierschiffs ist die Erste Donau-Dampfschiffahrts-Gesellschaft in Wien.

Das längste, speziell als Eisbrecher konstruierte Schiff ist die 140 m lange *Rossiya*, in Leningrad (jetzt St. Petersburg, Rußland) vom Stapel gelassen und 1985 fertiggestellt. Der 25 000-t-Eisbrecher wird atomar angetrieben, seine Motoren erzeugen 75 000 PS (56 250 kW).

Die Höchstgeschwindigkeit eines von Menschenkraft angetriebenen U-Bootes ist 5,94 + 0,05 Knoten (3,06 m/sek), am 8. März 1994 erreicht von einem F. A. U-Boot, entworfen und gebaut vom Florida Atlantic University Engineering Department in Boca Raton, Florida (USA). Der Antrieb bestand aus einer Zweischaufelschraube mit großer Flügelstreckung. Unter Führung von Karl Heeb bildeten Charles Callaway und William Fay die Besatzung.

Die Höchstgeschwindigkeit eines schraubenlosen, von Menschenkraft angetriebenen U-Bootes sind die 1,49 m/sek der *SubDUDE* am 21. August 1992. Das von der Scripps Institution of Oceanography, University of California, San Diego (USA) konstruierte Boot verwendet ein horizontales Schwingblattantriebssystem.

Das kleinste bemannte Unterseeboot, der *Subastir 2*, ging am 19. September 1987 erstmals auf Tauchstation. Der Schiffbau-Student Carsten Standfuß (* 1965) aus Langen bei Bremerhaven hat das Mini-U-Boot mit 2,98 m Länge und einem Gewicht von 575 kg konstruiert. Es ist ausgerüstet mit vier Steuermotoren, Sonar, Echolot und Funk, gefahren wird der *Subastir 2* liegend – maximale Tauchtiefe: 60 m.

Die schnellste Autofähre *Finnjet* ist noch schneller geworden: Nachgerüstet schafft sie 31 Knoten seit Mai 1994 auf der Strecke zwischen Helsinki und Travemünde. 1977 wurde das von Gasturbinen angetriebene Schiff gebaut.

Foto: Silja Line

VERKEHR

• Schiffe

Die baugleichen Fährschiffe *Nils Holgersson* und *Peter Pan* sind Deutschlands größte Fähren.
Foto: Günther Meier

Höchste Geschwindigkeiten

Die höchste Geschwindigkeit, die jemals auf Wasser erreicht wurde, sind geschätzte 300 Knoten (555 km/h), erzielt von Kenneth Peter Warby (* 1939) am 20. November 1977 auf dem Blowering-Stausee in Neusüdwales (Australien) in seinem Gleitboot der Offenen Klasse *Spirit of Australia*.

Der offizielle Weltrekord für Geschwindigkeit zu Wasser liegt bei 511,11 km/h. Er wurde ebenfalls von Kenneth Peter Warby auf dem Blowering-Stausee am 8. Oktober 1978 aufgestellt.

Die offizielle Höchstgeschwindigkeit eines propellergetriebenen Bootes liegt bei 368,54 km/h. Erreicht hat sie der Amerikaner Eddie Hill am 5. September 1982 bei Chowchilla, Kalifornien (USA), mit seinem Superrenner *The Texan*.

Die schnellste Frau auf dem Wasser ist Mary Rife aus Flint, Texas (USA). Mit ihrem Gleitboot *Proud Mary* erreichte sie bei einem inoffiziellen Rekordversuch 332 km/h in Tulsa, Oklahoma (USA), am 23. Juli 1977. Ihr anerkannter Rekord liegt bei 317 km/h.

Ozeanüberquerungen

Die erste Atlantiküberquerung durch ein Schiff mit Maschinenantrieb (im Gegensatz zu Segelschiffen oder Schiffen mit Hilfsmotor) war eine 22-Tage-Reise, die 1819 von dem Schaufelraddampfer *Savannah* unter Kapitän Moses Rogers auf der Strecke Savannah-Liverpool durchgeführt wurde.

Die schnellste Atlantiküberquerung gelang vom 6. bis 9. August 1992 mit dem 68-m-Boot *Destriero*. Die Überquerung dauerte 2 Tage, 10 Std., 34:47 Min., der Skipper war Cesare Fiorio (I).

Nach den Regeln der Hales Trophy – besser bekannt als Blaues Band –, die nicht auf die kürzeste Fahrtdauer, sondern auf die höchste Durchschnittsgeschwindigkeit abheben, gelang der *United States* (damals 51 988, jetzt 38 216 BRT), dem früheren Flaggschiff der United States Lines. Auf ihrer Jungfernfahrt vom 3. bis 7. Juli 1952 von New York (USA) nach Le Havre (Frankreich) und Southampton (GB) betrug ihre Durchschnittsgeschwindigkeit in einer Zeit von 3 Tagen, 10:40 Std. (3. Juli, 19 Uhr 36 MEZ, bis zum 7. Juli, 5 Uhr 16 MEZ) 35,59 Knoten (65,95 km/h). Die Strecke (vom Ambrose-Leuchtschiff bis zum Leuchtfeuer von Bishop's Rock auf den Scillyinseln in Cornwall) war 2949 sm (5465 km) lang. Während dieser Fahrt gelang ihr am 6./7. Juli mit 1609 km die größte Strecke, die ein Schiff jemals binnen 24 Std. zurücklegte, und sie erreichte damit eine Durchschnittsgeschwindigkeit von 36,17 Knoten (67,02 km/h). Ihre Höchstgeschwindigkeit hatte die *United States* mit ihren Maschinen von 240 000 PS (177 500 kW) bei einem Probelauf am 9. und 10. Juni 1952 mit 38,32 Knoten (71,01 km/h) erreicht.

> **Die schnellste Überquerung des Ärmelkanals durch eine Autofähre** gelang am 9. Februar 1982 Townsend Thoresens *Pride of Free Enterprise*, die in 52:49 Min. von Dover nach Calais gelangte. Mit Rückenwind; es herrschte Windstärke 7!
> Am 15. Oktober 1991 fuhr die Katamaranfähre *Hoverspeed France* in 34:23 Min. von Dover nach Calais. Das entspricht einer Durchschnittsgeschwindigkeit von 70 km/h.

Die schnellste Pazifiküberquerung von Yokohama (Japan) bis Long Beach in Kalifornien (USA), 4840 sm, 8960 km, dauerte 6 Tage, 1:27 Std. und wurde von dem Containerschiff *Sea-Land-Commerce* (50 315 BRT) mit einer Durchschnittsgeschwindigkeit von 33,27 Knoten (61,65 km/h) durchgeführt.

Mit einem mit Solarzellen betriebenen Boot überquerte erstmals der Japaner Kenichi Horie (damals 46) den Pazifik. Er startete im Sommer 1985 auf Honolulu (Hawaii) und erreichte nach 75 Tagen und 7 Std. mit seinem 9 m langen Boot Japan.

Die schnellste West-Ost-Weltumseglung in seinem 30 m langen Katamaran *Commodore Explorer* beendete der französische Skipper Bruno Peyron mit seiner vierköpfigen Crew nach 79 Tagen, 6:15:44 Std. am 20. April 1993. Der 37jährige, der schon auf 27 Atlantiküberquerungen zurückblicken kann, war am 31. Januar in Brest (Bretagne) in See gestochen und konnte seine 43 500 km-Reise mit dem Rekord des schnellsten Doppelrumpfbootes abschließen

Die 1921 in Kiel gebaute *Sedow*, die heute der russischen Marine als Schulschiff dient, ist mit 109 m Länge das derzeit größte Segelschiff der Welt. Es ist 14,6 m breit, hat eine Wasserverdrängung von 6300 t, 3556 BRT und eine Segelfläche von 4192 m².

Foto: Quadrant Picture Library/A. R. Dalton

Segelschiffe

Das größte in der Ära der Segler gebaute Schiff war die *France II* mit 5806 BRT, 1911 in Bordeaux (F) vom Stapel gelassen. Die Fünfmastbark (Rahsegel an vier Masten, Schratsegel am Heckmast) hatte einen Stahlrumpf von 127,4 m Länge. Zwar war sie als Gaffelsegler gebaut, verfügte aber über zwei Hilfsmotoren, die jedoch 1919 entfernt wurden, so daß die *France II* als reiner Segler fuhr, bis sie am 12. Juli 1922 vor Neukaledonien Schiffbruch erlitt.

Das derzeit größte aktive Segelschiff ist die 109 m lange *Sedow*, die 1921 in Kiel gebaut wurde und jetzt von den Russen zu Ausbildungszwecken genutzt wird. Sie ist 14,6 m breit, hat eine Wasserverdrängung von 6300 t, 3556 BRT und 4192 m² Segelfläche.
Auch das zweitgrößte Segelschiff der Welt, die 104 m lange Viermastbark *Kruzenstern* mit 3400 m² Segelfläche, fährt heute unter russischer Flagge, eingesetzt von den GUS-Marineschulen von Kaliningrad und Murmansk. Als *Padua* war das Schulschiff 1926 in Bremerhaven vom Stapel gelassen.

Das längste Segelschiff ist die 187 m lange *Club Med I*. Der in Frankreich gebaute Segler hat fünf Aluminiummasten und Polyestersegel mit 2800 m² Gesamtfläche. Im Grunde ist das Schiff, das vom Club Mediterranée für 425 Passagiere als Kreuzfahrer in der Karibik eingesetzt wird, bei der kleinen Segelfläche und den leistungsstarken Motoren ein Motorsegler. Ein Schwesterschiff, die *Club Med II*, ist in Auftrag gegeben.

Das größte Segelschulschiff Deutschlands ist die Dreimastbark *Gorch Fock* (Heimathafen Kiel). Sie ist 89,3 m lang, 12 m breit, hat eine Segelfläche von 1953 m² und eine Stammbesatzung von 274 Mann.

Als höchste einmastige Yacht der Welt gilt die *Velsheda*, ein Segelschiff der J-Klasse. Von Mastfuß bis zu Mastrolle mißt sie eine Höhe von 51,6 m. 1933 als zweite von vier britischen J-Klasse-Yachten erbaut, ist sie die einzige, die nicht zum Einsatz beim Rennen um den America's Cup vorgesehen war. Bei einer Wasserverdrängung von 145 t besitzt sie eine Segelfläche von 1500 m².

Modellschiffe

24-Std.-Rekorde: Mitglieder des Lowestoft Model Boat Club sind am 17./18. August 1991 im Dome Leisure Park in Doncaster (GB) in einen funkgesteuerten Modellschiff gefahren und haben einen Streckenrekord von 178,92 km aufgestellt.
David und Peter Holland aus Doncaster (GB), Mitglieder der Conisbrough and District Modelling Association, verbrachten 24 Std. als Besatzung auf der 71 cm langen Modellnachbildung des Trawlers *Margaret H*; das Kleinschiff legte in Doncaster am 15./16. August 1992 mit einer Batterie 53,83 km zurück.
Die Modellbau-Dampfbarkasse *Pionier* fuhr am 10./11. Juli 1992 exakt 390 Runden und erreichte 39 km im Oberlaarer Kurpark von Wien-Favoriten (A). Der Schulrat Lorenz Windisch (* 1949) bastelte drei Jahre an seinem gasbetriebenen, 164 cm langen, 32 cm breiten und 40 kg schweren Modell mit 12 cm Tiefgang.

Das kleinste ferngesteuerte Modellboot fuhr am 9. November 1991 in einem Kinderplanschbecken von 80 cm Durchmesser eines Laborgebäudes der Höheren Technischen Bundes Lehr- und Versuchsanstalt Mödling (A). Der Elektronikprofessor Kurt Lerch hatte das 90 mm lange, 35 mm breite und 31 g leichte Boot mit Schülern der Klasse N 5b, Jahrgang 1990/91, konstruiert und fertiggestellt.

Das kleinste vollfunktionsfähige Dampfboot fertigte der Maschinenschlosser Gerriet Müller (* 1960) aus Moormerland-Neermoor (NS) im Mai 1993. Die Verkleinerung einer alten Hafenbarkasse ist 103 mm lang, 32 mm breit und 43 mm hoch, wiegt 38 g und ist aus Kupfer und Messing gearbeitet. Das Miniaturschiff hat pro Kesselfüllung 42 Sek. Laufzeit bei 2 bar Druck und 1700 U/min.

Das kleinste U-Boot-Modell ist im Maßstab 1:50 die Mini-Ausgabe des 6 m langen Drei-Mann-U-Bootes *Tours 60* des Industrie-Kontors Lübeck. Jörg Sellnow (* 1954) aus Augsburg hat das 123 mm lange, über Motoren 82 mm breite, mit Turm 69 mm hohe und 130 g schwere Modell gebaut. Mit einem Rumpf von nur 39 mm Durchmesser kann der Winzling – funkferngesteuert – in einer Kaffeekanne tauchen.

Das kleinste funkferngesteuerte Luftkissenboot, das sich dank eines Verbrennungsmotors COX 0,3 cm³ mit Auspuffdrossel auf jeder ebenen Fläche – egal ob naß oder trocken – mit ca. 15 km/h fortbewegen kann, hat der Augsburger Jörg Sellnow ganz aus Balsaholz erstellt. Das 210 g leichte, 203 x 160 x 114 mm messende Hovercraft wird über Luftruder und Drehzahlregelung des Motors gesteuert.

VERKEHR

• Schiffe

Luftkissenfahrzeuge

Die erste Fahrt mit einem Luftkissenfahrzeug wurde am 30. Mai 1959 mit der 4 t schweren *Saunders-Roe SR-N 1* bei Cowes (GB) durchgeführt. Dieses Fahrzeug erreichte im Juni 1961 mit einem Viper-Turbojet-Motor von 680 kg Schubkraft eine Geschwindigkeit von 68 Knoten (126 km/h).

Der erste Liniendienst mit Luftkissenfahrzeugen wurde von Juli bis September 1962 mit der 60 Knoten (111 km/h) schnellen, 24 Passagiere fassenden *Vickers-Armstrong VA-3* über die Dee-Mündung (GB) durchgeführt.

Die schnellste Überquerung des Ärmelkanals gelang mit 24:8,4 Min. von Dover nach Calais am 1. September 1984 dem *SRN4 Mark II* Mountbatten Class Hovercraft *The Swift*.

Das größte zivile Luftkissenfahrzeug der Welt ist das 305 t schwere britische *SRN 4 Mark III* mit einem Fassungsvermögen von 418 Personen und 60 Fahrzeugen. Es hat eine Länge von 56,38 m und ist mit vier Motoren vom Typ Bristol Siddeley Marine Proteus ausgerüstet, die ihm eine Höchstgeschwindigkeit verleihen, die über der zulässigen Verkehrsgeschwindigkeit von 65 Knoten liegt.

Die größte von einem Luftkissenschiff erreichte Höhe sind 4983 m üNN. So hoch hinaus schaffte es am 11. Juni 1990 die *Neste Enterprise* samt ihrer zehnköpfigen Crew, als sie die schiffbare Quellregion des Jangtsekiang erreichte.

Die größte Höhe, in der ein Luftkissenfahrzeug verkehrt, liegt mit 3811 m üNN in Peru, wo seit dem Jahr 1975 eine *HM-2-Hoverferry* den Dienst auf dem höchstgelegenen schiffbaren See der Welt, dem Titicacasee, versieht.

Die längste Reise per Luftkissenfahrzeug

Zwischen dem 15. Oktober 1969 und dem 3. Januar 1970 fand eine ungewöhnliche Hovercraft-Expedition quer durch Afrika statt, bei der unter der Leitung von David Smithers in 83 Tagen 8047 km bewältigt wurden. Es war die längste Fahrt mit einem Luftkissenfahrzeug, eine SR.N6 der Winchester-Klasse, und seine internationale Mannschaft durchquerte auf ihrer Reise elf Länder in West- und Mittelafrika. Vom Ausgangspunkt Dakar (Senegal) ging es zunächst nach St. Louis an der Mündung des Senegals, dem man dann ins Innere des Kontinents folgte. Ziel der Reise war Kinshasa, die Hauptstadt von Zaire, doch vorher mußte sich die Expedition ihren Weg durch entlegene, unzugängliche und sogar noch völlig unerforschte Gebiete suchen.

Die Expedition war nur zum Teil eine Abenteuerfahrt. Sie sollte auch beweisen, daß sich Luftkissenfahrzeuge für die Erschließung von Gegenden eignen, die bislang als unzugänglich galten. Und sie hatte einen erheblichen wissenschaftlichen Wert. Während der Reise, die auch durch Gebiete mit sehr hohem Krankheitsrisiko führte, wurden Untersuchungen über medizinische und andere Aspekte des Überlebens von Expeditionen, über die Schiffbarkeit von Gewässern, tropische Krankheiten, Bewässerung, Anthropologie, Zoologie und den Schutz der Wildnis angestellt.

Das Luftkissenschiff bei der Überquerung des Benue River in Kamerun. Der Verkehrsstau im Hintergrund wurde von Schaulustigen verursacht. Der Kapitän der Fähre von Garoua ließ sich so stark ablenken, daß es zu einem Zusammenstoß kam und sein Boot sank.

Die Überquerung von Wasserscheiden in den Bergen war so schwierig, daß das Schiff in drei Fällen zum Transport zerlegt werden mußte. Hier in Yagoua (Kamerun) wurden Leiharbeiter aus dem örtlichen Gefängnis – verurteilte Schwerverbrecher – angeheuert.

David Smithers, der Führer der Expedition, in Kinshasa.
Fotos: David Smithers, FRGS

◆ STRASSENFAHRZEUGE

Fahrräder

Das kleinste Tridem-Fahrrad hat nur noch eine Länge von 48 cm über alles. Die Schweizer Rad-Akrobaten PEDALOS zeigen es in ihrer Show der Superlative. Die drei Basler können mit diesem Tridem beliebige Figuren fahren. Seit 1982 präsentieren die PEDALOS bei internationalen Gala- und TV-Einsätzen 20 weitere Exklusiv-Fahrräder.

Das längste Tandem (ohne ein drittes Stabilisierungsrad) ist 20,4 m lang, bietet 35 Radlern Platz und wurde von den Pedaalstompers Westmalle (B) konstruiert. Den Streckenrekord stellte die Truppe am 20. April 1979 mit 60 m auf. Das Gefährt wiegt 1100 kg.

Das höchste Tandem schweißten die niedersächsischen Hobbybastler Winfried Ruloffs aus Neudorf-Platendorf und Otto Troppmann aus Weyhausen in 150 Std. Arbeitszeit aus Stahlrohr: 1,4 m hoch, 3,45 m lang, mit einem Raddurchmesser von 1,14 m ist das Jumbo-Tandem 240 kg schwer.

Das kleinste Tandem baute ebenfalls das Bastler-Duo Ruloffs/Troppmann. Das 4 kg schwere Gefährt hat einen Achsabstand von 180 mm, eine Rahmenhöhe von 100 mm mit einem Raddurchmesser von 50 mm. Am 19. März 1994 konnten die beiden Tüftler es in Weyhausen (NS) vorstellen.

Das längste Fahrrad mit 22,24 m Länge und einem Gewicht von 154,2 kg hat Terry Thessman aus Pahiatua (Neuseeland) entworfen und gebaut. Am 27. Februar 1988 wurde auf dem Gefährt 246 m weit geradelt.

Das größte Fahrrad stellte der Kolpiner Dieter Senft (* 1952) am 17. September 1992 in seiner brandenburgischen Heimatstadt vor. Mit seinen Ausmaßen (7,8 m lang, 3,7 m hoch, 150 kg schwer, 3,32 m Raddurchmesser, gleich großem Vorder- und Hinterrad) übertrifft es alle bisherigen Rekordräder. Das aus 150 m Alu-Rohr gebaute Riesenrad schafft mit einer Radumdrehung 10,5 m Wegstrecke.

Mit dem Vorgängermodell, einem 2,89 m hohen und 6,25 m langen Stahlroß, fuhr Didi Senft am 13. Juni 1992 bei der 19. Thüringer Burgenfahrt über eine Distanz von 558 m auf der Straße vom Rasthaus Freudenthal in Richtung Wandersleben.

Das höchste Fahrrad stellte der Velo-Designer Dieter Senft (* 1952) aus Kolpin (BR) am 20. Dezember 1989 auf dem Zentralflughafen Berlin-Schönefeld vor. Seine 8,08 m hohe Konstruktion aus 100 m Rohr ist 1,5 m höher als das bisher höchste Fahrrad, dürfte aber im Straßenverkehr etwas unpraktisch sein. Der Hobbykonstrukteur hat es in 450 Arbeitsstunden gebaut, allein 22 Fahrradketten und 25 Kettenspanner zusammengesetzt. Die Lenkerhöhe beträgt 8,18 m.

Das kleinste fahrbare Zweirad der Welt hat Räder von 1,9 cm Durchmesser und wurde am 25. März 1988 von seinem Konstrukteur Neville Patten aus Gladstone (Australien) 4,1 m weit gefahren.

Ein klassisches Hochrad mit einem Vorderrad von 165,7 cm Durchmesser und einem Hinterrad von 45,7 cm Durchmesser wurde 1881 von der Coventry Machinist Co. (GB) konstruiert. Es befindet sich jetzt im Besitz von Paul Foulkes-Halbard in Crowborough (GB).

Der Geschwindigkeitsrekord für ausschließlich mit Menschenkraft angetriebene Fahrzeuge (ein Fahrer, 200 m mit fliegendem Start) ist 105,383 km/h, am 11. Mai 1986 von Fred Markham in Mono Lake, Kalifornien (USA), erreicht.

Auf dem Ontario Speedway in Kalifornien (USA) stellten Dave Grylls und Leigh Barczewski am 4. Mai 1980 mit 101,25 km/h den Rekord für mehrere Fahrer auf.

Der 1-Std.-Rekord (stehender Start) wird von Pat Kinch gehalten, der am 8. September 1990 in Millbrook (GB) auf der Kingcycle Bean eine Geschwindigkeit von 75,57 km/h erreichte.

Die Höchstgeschwindigkeit eines mit Menschenkraft angetriebenen Fahrzeugs im Wasser (ein Fahrer, 2000 m) erreichte mit 20,66 km/h Steve Hegg im *Flying Fish* am 20. Juli 1987 in Long Beach, Kalifornien (USA).

24-Std.-Rekord: Durch acht europäische Länder fuhr der Aargauer Lehrling David Wenger (* 1976) aus Dintikon (CH) am 1./2. August 1992 in 23:48 Std. Nach 732 km erreichte er mit seinem Rennvelo Athus (B). Sein Begleiter Ivan Widmer (* 1975) aus Dottikon (CH) begnügte sich mit sechs Ländern in 10:52 Std. und brachte es auf 316 km.

Den längsten Tretroller konstruierte in ca. 100 Arbeitsstunden die Freiwillige Feuerwehr aus Heiningen bei Wolfenbüttel (NS). 35 Wehrmänner setzten das 40,5 m lange Gefährt am 13. August 1982 in Bewegung und hatten nach 1:30 Std. die 11,8 km lange Strecke zwischen Heiningen und Wolfenbüttel rollernd bewältigt.

Einräder

Das höchste Einrad, das jemals gefahren wurde, war 31,01 m hoch. Steve McPeak lenkte es im Oktober 1980 in Las Vegas (USA) 114,6 m weit. Es war durch eine Sicherheitsleine mit einem Kran verbunden. Ohne Sicherheitseinrichtungen dieser Art käme es beim Fahren von Einrädern solcher Größe unvermeidlich zu schweren Unfällen.

Ein Mondem (ein zu zweit zu fahrendes Einrad) stellten die Safrany's am 14. April 1994 im Hamburger Hauptbahnhof vor. Anläßlich der NDR-Sendung *Das Abendstudio* fuhren sie mit dem 2,9 m hohen Einrad 1:17 Min. im Kreis. Das Mondem (**Mon**ocycletan**dem**) wiegt nur 30 kg, die Kopfhöhe des »Obermanns« liegt bei schwindelerregenden 3,65 m.

Leichtestes Rad

Das vom Schweizer Diplom-Ingenieur Jean-Pierre Schiltknecht in einjähriger Entwicklungszeit gebaute Mountainbike *SchilbiMontanara* wiegt mit 5,855 kg nur wenig mehr als die Hälfte der handelsüblichen Mountainbikes. Konsequente Anwendung der Hightech-Materialien Titan und Carbon sowie die Fertigung genau dimensionierter Teile waren Voraussetzung für eine maximale Berggängigkeit, die zusammen mit optimal aufeinander abgestimmten 24 Gängen und einer Beruntersetzung von 20:28 erreicht wurde. Eine Exklusivität bilden die Carbonfelgen mit je 145 g und das Carbon-Lauf-Tretkurbelpaar mit 225 g. In Serie geht der Renner allerdings nicht: Der Preis müßte bei 50 000 DM liegen.

Foto: Jean-Pierre Schiltknecht

VERKEHR 154/155

• Straßenfahrzeuge

Distanz-Rekord: Mit einem 2,1 m hohen Einrad (20 Zoll-Rad) bewältigte der Schauspieler, Musiker und Komiker Martin Rüdel (* 1964) aus Boppard (RP) im Bopparder Hamm die große Weinbergschleife. Die einstündige Fahrt mit der »Giraffe« ging über 6,2 km am 28. Juni 1992.

Rekord-Langstreckenfahrt: Der Inder Deepak Lele aus Maharashtra kam mit seinem Einrad vom 6. Juni bis 25. September 1984 von New York nach Los Angeles und bewältigte 6378 km.

Eine europäische Langstreckenfahrt startete der Hannoveraner Udo Tiedemann (* 1946) am 1. September 1984 in Pornic, Westfrankreich. Über Nantes, Paris, Koblenz ging es nach Bückeburg (N). Am 13. September 1984 waren nach 13 Tagen 1596,6 km bewältigt (Tagesdurchschnitt 122,81 km).

Auf Höhenfahrt ging der Schweizer Guido H. Frey (* 1971) aus Bubendorf am 2. September 1989 mit seinem Einrad. In 13:45 Std. bewältigte er 4096 m Höhendifferenz auf einer Distanz von 105 km. Mit einer Durchschnittsgeschwindigkeit von 11 km/h überquerte er von Andermatt über den Gotthardpaß via Tremola die Alpen und erreichte über Airolo, Biasca den Lukmanierpaß.

Einen 24-Std.-Rekord erreichte der RTV-Elektriker Stefan Gauler (* 1969) aus Landschlacht (CH) auf der Kreuzlinger Sportanlage Burgerfeld. Nach 140 000 Pedaltritten und 700 Runden auf der 400-m-Tartanbahn hatte er am 26./27. Oktober 1991 mit 279,274 km auf seinem Einrad (Übersetzung 1:1, 26 Zoll Radgröße, 130 mm Kurbellänge) Rekord gefahren.

Das kleinste Einrad, 20 cm hoch und mit einem Rad von 2,5 cm, wurde am 25. März 1994 in Las Vegas, Nevada (USA), von Peter Rosendahl (S) 3,6 m weit gefahren. Das Minigefährt hatte keinerlei Anbauteile oder »Ausleger«.

Rückwärts fuhr Peter Rosendahl (S) am 19. Mai 1990 in 9:25 Std. in Las Vegas, Nevada (USA), auf einem Einrad mit einem Raddurchmesser von 60,96 cm eine Strecke von 74,75 km.

Einen Sprintrekord auf dem Einrad mit 12,11 Sek. über 100 m bei stehendem Start erzielte Peter Rosendahl (S) am 25 März 1994 in Las Vegas, Nevada (USA).

Das kleinste Hochrad (Stangenrad) mit einer Sattelhöhe von 45 cm und einer Radbreite von nur 12 mm präsentierte Andy Safrany (* 1983) aus Eiken (CH) am 22. September 1990 im *Supertreffer* des Schweizer Fernsehens in Zürich. 16 Sek. konnte er stolz damit fahren.

Jacques Puyoou aus Pau (F) mit seiner Frau auf dem kleinsten fahrbaren Tandem der Welt.
Foto: J. L. Cachou/Galerie Commerciale Baratnau

Das Tüftler-Duo Otto Troppmann und Winfried Ruloffs präsentierten ihr kleinstes Tandem auch im Fernsehen.
Foto: Otto Troppmann

Das Dillon Colossal Tricycle, gefahren von seinem Konstrukteur Arthur Dillon und seinem Sohn Christopher. Die von David Moore gebauten hinteren Räder des Dreirads sind 3,35 m hoch, das Vorderrad hat einen Durchmesser von 1,77 m.
Foto: Sidney Cooper

Mit ihrem doppelstöckigen Zweipersonen-Einrad Mondem kurvten Verena und Janos Safrany gekonnt.
Foto: Safrany's

Kuriose Radtour

Mit einem Tandem-Einrad balancierten die in München studierenden Brüder Klaus und Roland Bartl aus dem oberpfälzischen Eschenbach Pfingsten 1993 für zwei Tage auf dem Donauradweg von Passau bis Aschach an der Donau. 70 km radelten sie mit ihrer Eigenkonstruktion aus einem Mopedreifen und einem selbstgeschweißten Rahmen – teils mit den Armen rudernd, teils in die Pedale tretend.

Motorräder

Die schnellste Serien-Straßenmaschine ist die *1-1 TU Atara Y B 6 EL* mit einer straßengetesteten Geschwindigkeit von 300 km/h. Sie bringt eine Leistung von 151 PS (112 kW).

Die schnellsten getunten Straßenmaschinen dürfte der Schweizer Tuner Fritz W. Egli bauen. Mit einem 320 PS starken und 330 km/h schnellen Turbo-Bike des Hauses erreichte der Schweizer Urs Wegner auf dem Hochgeschwindigkeitskurs im süditalienischen Nardo über 10 km eine Durchschnittsgeschwindigkeit von 283,2 km/h.

Die schnellsten Rennmotorräder stammen aus japanischer Produktion. Alle zur Zeit gebauten *Honda*-, *Suzuki*- und *Yamaha*-Maschinen sind darauf abgestellt, unter Rennbedingungen

Das erste Motorrad mit geregeltem 3-Wege-Katalysator ist das 100 PS (74 kW) starke *BMW K 1*. Auf Wunsch und mit Aufpreis ist auch eine mit ABS ausgestattete Maschine lieferbar.

Offizielle Geschwindigkeitsweltrekorde müssen in zwei Touren über eine abgemessene Entfernung in entgegengesetzten Richtungen innerhalb eines Zeitlimits aufgestellt werden. Dieses Limit ist 1 Std. für Rekorde des internationalen Verbandes (FIM) und 2 Std. für AMA-Rekorde. Dave Campos (USA) fuhr auf einem 7 m langen stromlinienförmigen *Easyriders*, angetrieben von zwei Harley-Davidson-Maschinen mit 1490 m³ Hubraum, AMA- und FIM-Rekorde mit einer Durchschnittsgeschwindigkeit von 518,45 km/h; die schnellste der beiden Touren wurde am 14. Juli 1990 auf den Bonneville Salt Flats in Utah (USA) mit 519,609 km/h gemessen.

91 766 km durch sechs Kontinente bewältigten Jim Rogers und Tabitha Eastabrook aus New York (USA) auf ihren Motorrädern. Im März 1990 starteten sie in New York, das sie im November 1991 wieder erreichten.
Als erste Motorradfahrerin reiste Monika Vega (* 9. Mai 1962) aus Rio de Janeiro (Brasilien) solo um die Welt. Ihre Tour auf einer 125-cm³-*Honda* begann am 7. März 1990 in Mailand (I). Nach 83 500 km und dem Besuch von 53 Ländern kehrte sie am 24. Mai 1991 nach Italien zurück.

Akrobatik: Eine Nonstop-Strecke von 331 km legte Yasuyuki Kudoh am 5. Mai 1991 in Tsukuba (Japan) auf dem Hinterrad einer *Honda TLM 220 R* (216 cm³) zurück.

Mit seinem Einrad-Motorrad *King* ging Anton Wallner aus Gangkofen (BY) am 12. September 1993 auf Re-

rädern. Zwei Runden lang standen sie den Balanceakt in der Festhalle durch.

Rückwärts-Motorrad-Kunstfahren nach Zeit demonstrierte Hans-Martin Pipirs (* 1941) aus Falkenberg (S). Am 7. Oktober 1993 kreiste der Journalist und Liedermacher rücklings solo mit einer 800-cm³-*Suzuki*-Maschine 17:14 Min. lang auf dem Magdeburger Domplatz. Beflügelt durch das Fernsehteam des MDR lenkte er anschließend mit seiner neunjährigen Tochter Simone auf den Schultern seine Maschine 5:2,5 Min., beide saßen dabei mit dem Rücken zur Fahrtrichtung.

Mit Seitenwagen, aber auf nur zwei Rädern fuhr Graham John Martin am 21. August 1988 in Pretoria (Südafrika) auf einer 1100-cm³-*Yamaha XS 1100* in 3:05 Std. eine Strecke von 320,1 km.

Geschwindigkeiten von knapp über 300 km/h erreichen zu können.

Der erste Motorradmotor mit acht Ventilen pro Zylinder wurde von Honda für den Motorradrennsport entwickelt. Da diese Anzahl von Ventilen bei einem runden Kolben nicht untergebracht werden kann, hatten die Techniker hier auf einen Oval-Kolben zurückgegriffen, der mit zwei Pleueln mit der Kurbelwelle verbunden ist. Der Motor konnte sich bis jetzt im Rennsport noch nicht durchsetzen, da es Vibrations- und Abdichtungsprobleme gibt. Im nicht ganz so strapaziösen Alltagsbetrieb sind die Probleme nun jedoch gelöst: Seit dem Herbst 1991 hat Honda die *NR 750* zum Stückpreis von 100 000 DM auf den Markt gebracht. Der 750-cm³-Vierzylindermotor mit seinen 32 Ventilen leistet die 14 000/min die in Deutschland zulässigen 74 kW oder 100 PS – damit ist dieses 240 km/h schnelle Motorrad auch zugleich das teuerste Serienmotorrad der Welt.

Der Weltrekord für 1 km mit stehendem Start gelang Henk Vink (NL, * 24. Juli 1939) mit 16:68 Sek. am Tag seines 38. Geburtstags auf dem Flugplatz von Elvington (GB) auf seiner 984-cm³-*Kawasaki* mit vorverdichtetem Motor.

Die längste Zeit, in der ein Motorrad, eine *Kinetic Honda DX* 100 cm³, ununterbrochen in Bewegung gehalten wurde, sind 1001 Std.; die Fahrer waren Har Parkash Rishi, Amarjeet Singh und Navojot Chadha. Vom 22. April bis zum 3. Juni 1990 legten sie im Traffic Park von Pune (Indien) eine Strecke von 30 965 km zurück.

Längste Motorradreise legte Jari Saarelainen (* 4. April 1959, SF) auf einer 1500-cm³-*Honda Gold Wing* zurück. Am 1. Dezember 1989 begann der Weltenbummler in Helsinki (SF) seinen Trip, der ihn über 108 000 km durch 43 Länder führte, bevor er nach 742 Tagen, am 12. Dezember 1991, zurückkehrte.

kordfahrt. 74226 km/h erreichte er mit dem von ihm erbauten Motorrad Nr. 2 (Außendurchmesser 185 cm, 125 kg schwer, bestückt mit einem Zweitakt-Moto-Cross-Motor mit 246 cm³) auf der Piste des Flughafengeländes Straubing Wallmühle.

Die höchste Geschwindigkeit auf dem Hinterrad eines Krads erreichte mit 254,07 km/h Jacky Vranken (B) am 8. November 1992 auf dem Militärflughafen St. Truiden (B) auf einer *Suzuki GSXR 1100*.

Die größte Menschenpyramide bildeten mit 81 Männern auf 9 Motorrädern die Dare Devils vom Fernmeldecorps der indischen Armee. Die Pyramide wurde durch Muskelkraft zusammengehalten und rollte am 25. Januar 1994 in Pune (Indien) 300 m . Einen Hallenrekord im Pyramidenfahren stellten 31 Polizisten von der Krad-Staffel der Frankfurter Polizei am 7. März 1992 bei der 18. Polizeisport- und Musikschau auf fünf Motor-

Das längste Motorrad der Welt, eine 4,57 m lange 250-cm³-Maschine mit einem Gewicht von 235 kg, wurde von Gregg Reid in Atlanta, Georgia (USA) entworfen und gebaut. Es ist für den Straßenverkehr zugelassen.

Das kleinste Motorrad der Welt zu haben und zu fahren wird immer wieder neu versucht. Simon Timperley und Clive Williams von Progressive Engineering Ltd, Ashton-Lyne, Lancashire (GB), haben ein Motorrad mit einem Radstand von 107,9 mm konstruiert; die Sitzhöhe ist 95,2 mm, das Vorderrad hat 19 mm, das Hinterrad 24,1 mm Durchmesser. Simon fuhr den Mini 1 m weit und erreichte dabei eine Spitze von 3,2 km/h. Noch kleiner ist das Mini-Motorrad von Pit Lengner (* 1953) aus Riesburg (BW). Der Mechaniker hat ein fahrbares Motorrad konstruiert, das ganze 6,3 cm lang, 8,3 cm hoch ist, einen Radstand von 4 cm und einen Raddurchmesser von 2,2 cm (vorne) und 2,4 cm (hinten) hat.

VERKEHR 156/157

• Straßenfahrzeuge

Eine Superleistung schaffte Anton Wallner, als er mit seinem Einradmotorrad *Nr. 2* eine Geschwindigkeit von 74,226 km/h erreichte.
Foto: Anton Wallner

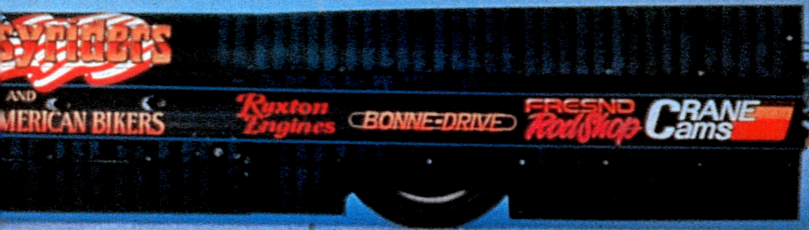

Schnellster Motorradpilot der Welt wurde der Amerikaner Dave Campos am 14. Juli 1990 auf dem Bonneville-Salzsee im Staat Utah mit seinem 7 m langen, von zwei 1,5-l-Harley-Davidson-Motoren angetriebenen *Easyriders Streamliner* mit 519,609 km/h.

Foto: Motor Show Essen

Die erste Frau, die als Solofahrerin den Globus auf einem Motorrad umrundete, war die Brasilianerin Moniika Vega. Das Foto zeigt sie mit ihrer zuverlässigen 125-cm^3-*Honda* während ihres Aufenthalts in Japan. Die Reise dauerte 444 Tage.
Foto: Moniika Vega

Rekordgeschwindigkeiten

348,15 km/h (elektronisch gemessen) fuhr Siegfried Haltmayr (* 1961) aus Augsburg mit einem getunten *Porsche 911 RS-Turbo* auf einem freien Autobahnteilstück der A 7 (Ulm-Kempten) am 1. Juni 1989.

301,4 km/h erreichte der Rennfahrer Harald Ertl (†1982) am 15. Oktober 1981 auf der VW-Versuchsstrecke in Ehra-Lessien (N). Der im Auftrag der Deutschen BP umgerüstete *BMW M 1* leistete mit 2 Turboladern 410 PS und erzielte den Rekord für autogasbetriebene PKW.

399 km/h erreichte am 15. Februar 1981 auf dem Lake George, New York, der schnellste raketengetriebene Eisschlitten, gesteuert von Sammy Miller (* 1945).

246,23 km/h Geschwindigkeit erzielte der Freizeit-Stuntman Hubert Weishaupt (* 1952) aus Leutkirch (BW) stehend freihändig auf Skiern, die auf einem *Irmscher DTM Opel Omega Evolution 500* festgeschnallt waren, auf einer 50 m langen Meßstrecke des Autobahn-Teilstücks Altmannshofen B 18 zwischen Memmingen und Leutkirch am 27. Oktober 1991.

229,88 km/h schnell war Weishaupt auf handelsüblichen Skiern im Schlepp eines *BMW*-Formel 2-Rennwagens auf der gleichen Strecke am 27. Oktober 1991.

221,94 km/h glitt Weishaupt bei derselben Veranstaltung nur auf handelsüblichen Skischuhen an dem Formel 2-Wagen hängend über die Meßstrecke.

224,1 km/h erzielte der KFZ-Mechaniker Jürgen Günter Köhler (*1967) aus Hennef (NRW) auf Rollschuhen, gezogen von einem *Porsche 935* als Schrittmacher. Festgekrallt an einem Spezialgestänge erreichte der Rekordjäger auf einer 1500 m langen Gerade im Motodrom in Hockenheim in 30 Sek. diese extreme Beschleunigung am 10. Oktober 1993.

194 km/h maß das Radargerät der Autobahnpolizeidirektion Karlsruhe, als der Stuntman Marko König aus Karlsruhe (BW) am 5. November 1992 auf dem Hockenheimring seinen Geschwindigkeitsrekord aufstellte – freiliegend, ohne Sicherung und Haltegriffe auf dem Dach eines *Porsche 911*.

129,4 km/h erreichte das GM-Solarmobil *Sunrayer* mit Batterie- und Solarzellenantrieb bei dem Solar Challenge-Race quer durch Australien im November 1987.

The Blue Flame, das schnellste raketengetriebene Landfahrzeug der Welt.

Foto: Quadrant Picture Library

Kraftfahrzeuge

Fahrzeugproduktion: 1991 wurden weltweit 46 420 210 Fahrzeuge gebaut, 34 998 534 davon waren Autos. Im Rekordjahr 1989 wurden insgesamt 47 697 698 Fahrzeuge hergestellt, darunter 35 195 749 Autos. Die meisten Autos (35 277 986) rollten 1990 vom Band. In Deutschland waren am 31. Dezember 1993 insgesamt 45 770 294 Kraftfahrzeuge zugelassen – davon 39 202 066 PKW, 2 068 554 Nutzfahrzeuge, 1 935 105 Motorräder.

Schweiz: 3 116 623 PKW, 272 176 Nutzfahrzeuge, 250 891 Motorräder.

Österreich: 3 367 626 PKW, 676 206 Nutzfahrzeuge, 525 452 Motorräder.

Der 15millionste *Golf* fuhr am 30. Mai 1994 in VW-Werk in Wolfsburg vom Band. Das Fahrzeug kam 1974 auf den Markt und etablierte eine neue Klasse – das klassenlose Auto – und mit dem *GTI* eine weitere, die der kleinen Sportlimousine. Die erste Mio. erreichte der *Golf* im Oktober 1976, die zehnte im Oktober 1988 und im Juni 1994 wird der *Golf* die *Tin Lizzie* von Ford überrunden. Nur von diesem Modell und vom *Toyota Corolla* wurden bisher mehr als 15 Mio. Fahrzeuge gebaut. Der *Golf* wird heute in Wolfsburg, Brüssel, Mosel in Sachsen, Mexiko und Südafrika produziert, dazu als Kabriolett bei Karman in Osnabrück.

Das erste voll funktionsfähige Automobil war einer von zwei Dampftraktoren, die Nicolas-Joseph Cugnot (1725-1804) konstruiert hatte. Er wurde 1769 im Pariser Zeughaus für den Militärdienst in Betrieb genommen und erreichte eine Geschwindigkeit von 3,6 km/h. Cugnots zweiter, größerer Traktor, der im Mai 1771 fertiggestellt wurde, ist noch heute im Conservatoire Nationale des Arts et Métiers in Paris zu sehen.

Den ersten Viertakt-Benzinmotor baute der Ingenieur Nikolaus August Otto (1832-91) zusammen mit dem Zuckerfabrikanten Eugen Langen (1833-95) im Jahr 1867. Für diesen benzingetriebenen Kolbenmotor (*Ottomotor*) bekam er 1876 das Reichspatent Nr. 532 erteilt.

Auto des Jahres 1994

Mit dem Titel »Auto des Jahres 1994« darf sich Ford schmücken. Von 58 führenden Autojournalisten aus 20 europäischen Ländern wurde der *Ford Mondeo* gewählt. Überzeugt hat vor allem das Sicherheitskonzept des *Mondeo*: serienmäßig Airbag auf der Fahrerseite, ABS, Seitenaufprallschutz und Gurtstrammer. Der *Mondeo* siegte mit 290 Punkten vor dem *Citroen Xantia* (264 Punkte) und der C-Klasse von Mercedes (192 Punkte).

Den ersten Kraftwagen mit vier Rädern baute Gottlieb Daimler (1834-1900) im Jahr 1886. Der Einzylinder-Viertaktmotor (Bohrung 70 mm, Hub 120 mm) leistete bei 600/min 1,1 PS (0,81 kW) und erreichte 18 km/h. 1883 hatte er mit Wilhelm Maybach (1846-1929) eine Versuchswerkstätte gegründet, in der der schnellaufende Verbrennungsmotor mit Glührohrzündung entwickelt wurde (Patent 1883). Maybach erfand auch den Spritzdüsenvergaser, verbesserte das Wechselgetriebe und entwickelte den Wabenkühler.

Den ersten betriebsfähigen Dieselmotor der Welt baute von 1893 bis 97 die Maschinenfabrik Augsburg, eine Vorgängerfirma der heutigen MAN Aktiengesellschaft, München, in enger Zusammenarbeit mit Rudolf Diesel (1858-1913) und der Firma Fried. Krupp, Essen. Rudolf Diesel hatte 1892 sein erstes Patent beantragt, das ihm unter dem Titel *Arbeitsverfahren und Ausführungsart für Verbrennungskraftmaschinen* erteilt wurde. Der Motor ist im Deutschen Museum in München ausgestellt.

Der kompressorlose Dieselmotor wurde 1923 vom Werk Augsburg der Maschinenfabrik Augsburg-Nürnberg Aktiengesellschaft (M. A. N.) gebaut. Der erste serienmäßige Fahrzeug-Dieselmotor mit direkter Kraftstoffeinspritzung wurde zum Antrieb von Lastkraftwagen und Omnibussen genutzt.

Den ersten serienmäßig hergestellten luftgekühlten Fahrzeug-Dieselmotor hat 1934 ebenfalls die Fa. Fried. Krupp in Essen gebaut.

Der Wagen mit dem hubraumgrößten Motor ist der *Dodge Viper*. Der zweisitzige Sportwagen von Chrysler besitzt einen 7994 cm³

VERKEHR

• Straßenfahrzeuge

großen Zehnzylinder, der bei 5150/min 290 kW oder 394 PS leistet. Das maximale Drehmoment liegt bei 620 Nm bei 3600/min. Der *Viper* beschleunigt in 4,6 Sek. von Null auf 100 km/h, die Spitze beträgt 266 km/h. Der *Viper* verfügt über ein Sechsganggetriebe und kostet 131 150 DM.

Den kleinsten funktionsfähigen Verbrennungsmotor hat der Dipl.-Ingenieur Detlef Abraham (* 1954) aus Hamburg konstruiert. Der Einzylinder-Viertaktmotor hat einen Hub von 4,4 mm bei einem Volumen von 345 mm^3. Er wird mit Methanol betrieben, hat hängende Ventile, die Nockenwelle wird über Zahnräder betrieben, die Kurbelwelle ist kugelgelagert. Der Mikromotor erreicht eine Drehzahl von 13 000/min.

Die schnellsten und größten Autos

Das erste Raketenauto der Welt steuerte Fritz von Opel 1928 über die Berliner Avus (**A**utomobil-**V**erkehrs- und **Ü**bungs**s**traße). Seine verbürgte Höchstgeschwindigkeit: über 250 km/h.

Der offizielle Geschwindigkeitsrekord zu Lande beträgt 1019,467 km/h und wurde am 4. Oktober 1983 von Richard Noble in der Black-Rock-Wüste in Nord-Nevada (USA) aufgestellt. Sein Fahrzeug, der düsenangetriebene *Thrust 2*, wurde von John Ackroyd entworfen.

Die höchste Geschwindigkeit für ein raketengetriebenes Landfahrzeug (Mach 1,0106), erreicht am 17. Dezember 1979 bei der Edwards Air Force Base, Kalifornien (USA), von Stan Barrett (USA) in der *Budweiser Rocket*, einem raketengetriebenen dreirädrigen Wagen. Die Geschwindigkeit von 1,0106 Mach wird von der USAF jedoch offiziell nicht anerkannt, da das digitale Radarmeßgerät nicht amtlich geeicht war. Die Radarmessung wurde zudem nicht am Fahrzeug direkt vorgenommen, sondern mit Hilfe eines Fernsehschirms.

Die höchste Geschwindigkeit für ein radangetriebenes Fahrzeug ist 696,331 km/h, erreicht von Al Teague (USA) im *Speed-O-Motive/Spirit of '76* am 21. August 1991 auf den Bonneville Salt Flats, Utah (USA), auf den letzten 402 m der Meilenstrecke (1,609 km; 684,2 km/h für die Gesamtstrecke).

April 1978 bei Testfahrten auf dem Nardo-Rundkurs auf 327,3 km/h und erreichte ebenfalls im April 1978 über 12 Std. eine Durchschnittsgeschwindigkeit von 314,5 km/h.

Rennwagen: Der schnellste Rennwagen der Welt, der bisher produziert wurde, war der *Porsche 917/30 Can-Am*, der mit einem 12-Zylinder-Boxer-Motor mit Abgas-Turbolader von 5374 cm^3 eine Leistung von 1100 PS (780 kW) erbrachte. Auf dem Versuchsstand waren sogar 1500 PS erreicht worden. Auf der Rennstrecke von Talladega, Alabama (USA), erreichte der Amerikaner Mark Donohue im August 1973 eine Geschwindigkeit von 413,6 km/h. Die beiden Modelle dieses Wagens benötigten 2,2 Sek. für eine Beschleunigung von 0 auf 96 km/h, 4,3 Sek. von 0 auf 160,9

Das erste Serienauto mit einem Dieselmotor war der *Mercedes-Benz 260 D*, der von November 1935 bis April 1940 in 1967 Exemplaren gebaut wurde. Der Reihen-Vierzylinder (Bohrung x Hub 90 x 100 mm – 2545 cm^3 Hubraum) leistete bei 3000/min 45 PS (33 kW). Die Höchstgeschwindigkeit des 1600 kg schweren *260 D* betrug 95 km/h.

Den ersten Drehkolbenmotor, der bei NSU lief, entwickelte Felix Wankel (1902-88) in den Jahren 1924-54. 1957 kam der erste Kreiskolbenmotor im NSU-Wankelspider zum Einsatz.

Die erste Serienlimousine mit Wankelmotor war der *RO 80*. Heute wird der Wankelmotor nur von der japanischen Firma Mazda serienmäßig produziert – der in Deutschland lieferbare Wagentyp *RX-7 Turbo* und leistet mit einem Zweischeibenmotor und Turbolader 185 PS (138 kW).

Im November 1989 stellte Mazda auf der Tokyo Motor Show den *Cosmo* vor, den ersten Serienwagen der Welt mit einem Dreischeiben-Wankelmotor und 300 PS (220 kW) Leistung.

Den größten Motor eines Serienwagens besaßen mit einem Hubraum von 13,5 l der amerikanische *Pierce-Arrow 6-66 Raceabout* (1912-18), der amerikanische *Peerless 6-60* (1912-14) und der *Fageol* (1918).

zeug auf Rädern ist 1016,086 km/h über die ersten gemessenen Kilometer, erreicht von dem Vierradfahrzeug *The Blue Flame*, das am 23. Oktober 1970 von Gary Gabelich (* 23. August 1940, USA) auf den Bonneville Salt Flats in Utah (USA) pilotiert wurde. Kurzzeitig kam Gabelich auf eine Geschwindigkeit von 1046 km/h. Der Raketenmotor des Fahrzeugs wurde von einer flüssigen Naturgas-Wasserstoffsuperoxidmischung angetrieben, entwickelte einen maximalen Schub von 10 000 kg und hätte damit theoretisch 1488 km/h erreichen können. Das Fahrzeug ist heute im Technik-Museum im schwäbischen Sinsheim zu besichtigen.

Die höchste bekannte Geschwindigkeit (in einer Richtung) für ein Landfahrzeug ist 1190,377 km/h Bei fliegendem Start erreichte Donald Malcolm Campbell (1921-67) über eine Strecke von 609,342 m eine Durchschnittsgeschwindigkeit von 690,909 km/h. Den Rekord stellte er am 17. Juli 1964 in seinem 9,1 m langen, 4354 kg schweren *Bluebird* auf der Salzebene des Lake Eyre (Südaustralien) auf. Der Wagen wurde von dem Gasturbinenmotor Bristol-Siddeley Proteus 705 angetrieben, der 4500 PS entwickelte. Die Spitzengeschwindigkeit betrug 716 km/h.

Dieselmotor: Ein Prototyp des *Volkswagens ARVW* (Aerodynamic-Research-Volkswagen) erreichte am 19. Oktober 1980 bei Probefahrten auf dem Rundkurs von Nardo (Italien) eine Geschwindigkeit von 362,07 km/h. Der Prototyp *C-111-III* des *3-l-Mercedes* (230 PS) kam am 30.

Ein Auto aus Aluminium

Nach einer Entwicklungszeit von mehr als zwölf Jahren präsentierte AUDI im Mai 1994 den A 8 – das erste Serien-Automobil der Welt mit einer Voll-Aluminiumkarosserie. Bei diesem Wagen wird die Fahrzeugstruktur von einem Aluminium-Rahmen gebildet, über den die Karosserie montiert ist. Durch den Einsatz des Leichtmetalls Aluminium liegt das Leergewicht des 4,2-l-Achtzylinders mit 220 kW (300 PS) Leistung und einem permanenten Allradantrieb bei nur 1750 kg. Die 2,8-l-Sechszylinder-Variante mit 128 kW (174 PS) Leistung und Frontantrieb wiegt sogar nur 1460 kg. Obwohl Aluminium bei der Produktion einen sehr hohen Energieaufwand besitzt, soll der A 8 diesen Energieaufwand spätestens beim Recyceln wieder eingespielt haben, da Aluminium praktisch vollständig wiederaufbereitet werden kann – und die dafür anfallende Energie sehr gering ist.

Das längste Auto der Welt. Konstruiert wurde die 30,5 m lange, 26rädrige Limousine von Jay Ohrberg aus Burbank, Kalifornien (USA). Zur Ausstattung gehören ein Swimmingpool mit Sprungbrett, ein übergroßes Wasserbett und ein Hubschrauberlandeplatz. Das Luxusgefährt wird von zwei Fahrern gesteuert und bietet 75 Passagieren Platz.
Foto: Jay Ohrberg

und 12,6 Sek. von 0 auf 321,8 km/h. Nahezu 400 km/h erreichte den Penske-Indy-Rennwagen von Al Unser jr. beim 500-Meilen-Rennen im Mai 1994. Angetrieben wurde der Wagen von einem Mercedes-Acht-Zylinder-Motor mit über 900 PS Leistung.

Teure Exklusivität: Mit dem *Jaguar XJ-220* hat Jaguar im Sommer 1992 einen der teuersten und schnellsten Supersportwagen der Welt auf den Markt gebracht. Bis zur Produktionseinstellung im Juni 1994 wurden nur 280 Exemplare des ursprünglich 1,2 Mio. DM teuren Zweisitzers gebaut. Die letzten Exemplare wurden für knapp 850000 DM verkauft, da die Nachfrage nach derart teuren Spekulationsobjekten nachgelassen hatte – für den Preis bekam der Kunde einen 3,5-l-Sechszylinder mit zwei Turboladern und 542 PS Leistung. Wer den Mut hat, diesen Wagen auszufahren, ist nach 4 Sek. 100 km/h schnell und erreicht knapp 340 km/h Höchstgeschwindigkeit.

Rennwagen mit Allradantrieb: Im Frühjahr 1986 erreichte ein *Audi 200 Turbo quattro* auf der Rennstrecke von Talladega, Alabama (USA), eine Rundengeschwindigkeit von 332,88 km/h (206,8 mph). Der modifizierte Wagen hatte einen überarbeiteten Fünfzylindermotor des *Sport-quattro* mit etwa 650 PS. Der *Audi 200 Turbo quattro* wog noch 1072 kg. Am Steuer saß der Amerikaner Bobby Unser.
Der stärkste Rennwagen mit Allradantrieb kam ebenfalls aus dem Hause Audi. Walter Röhrl fuhr im Sommer 1987 bei dem Pike's-Peak-Bergrennen in Colorado (USA) einen *Sport-quattro* mit nahezu 700 PS. Röhrl siegte in einer neuen Rekordzeit von 10:47,85 Min. für die 19,9 km lange Strecke, deren Start in 2866 m üNN liegt und deren Ziel auf dem Gipfel des Pike's Peak 4301 m hoch liegt. 1988 wurde der Rekord mit einem 650 PS starken *Peugeot 405 turbo 16* unterboten. Der Schwede Ari Vatanen benötigte 10:47,22 Min.

Dampfwagen: Am 19. August 1985 brach Robert E. Barber den 79 Jahre alten Rekord für einen Dampfwagen, erzielt mit einem *744-Steamin' Demon*, der von Barber-Nichols konstruiert worden war. In Bonneville Salt Flats, Utah (USA), erreichte er 234 km/h.

Der Geschwindigkeitsrekord für ein Elektroauto – fliegender Start, 1 km Strecke – wurde mit 100,48 km/h am 25. Juni 1990 von Christopher Sleath aus Market Harborough (GB) auf dem Trainingsgelände von Bruntingthorpe erzielt.

Eine der schnellsten Limousinen der Welt dürfte der von der Bottroper BRABUS GmbH getunte *Mercedes 600 SEL* sein. Elektronische Messungen bestätigten der 509 PS starken Nobelkarosse eine Geschwindigkeit von 304 km/h. Der serienmäßige *600er*, Grundpreis 200 000 DM, hat 408 PS, beschleunigt in 6,7 Sek. von 0 auf 100 km/h und erreicht eine Spitzengeschwindigkeit von 250 km/h. Ist die erreicht, riegelt die Motorelektronik ab. Anders das BRABUS-Modell, das es auf 509 PS und ungedrosselte Geschwindigkeiten bringt. Dafür wurde der Hubraum von 6 auf 6,9 l vergrößert, die Zylinderköpfe überarbeitet und veränderte Nockenwellen eingebaut. Äußerlich unterscheidet sich der getunte *Mercedes 600* nur wenig vom Original. Lediglich die 19-Zoll-Räder und die dicken, schräg abgeschnittenen Auspuffrohre geben Hinweise auf sein rasantes Temperament. Die Kosten für's Frisieren liegen bei 75 000 DM – zuzüglich Mehrwertsteuer. Dafür schafft der 2,2 t schwere Wagen es in nur 5,5 Sek von 0 auf 100 km/h.

Straßenwagen: Mehrere »entschärfte« Rennwagen sind für den normalen Straßenverkehr zugelassen, sind aber keine seriengefertigten Fahrzeuge. Hersteller sehr schneller – und teurer – Modelle lassen Messungen von Höchstgeschwindigkeiten verständlicherweise nur widerwillig zu. Die höchste auf der Straße geprüfte Beschleunigung von 0 auf 100 km/h erreichte mit 3,7 Sek. der *Porsche 959*; der *Vector W2-A* schafft nach Angaben des Herstellers Vector Cars dieselbe Beschleunigung in 3,5 Sek. Ein Serienwagen, *AC Cobra 427*, erreichte sie 1965 in 13,6 Sek. von 0 auf 100 Meilen/h (161 km/h). Doppelturbolader-Motor 360 PS (265 kW) erreicht und den Viertürer auf 290 km/h beschleunigt. Der Preis: 143 000 DM.
Mit dem *Bugatti EB 110 S* hat nun die in Campogalliano ansässige Firma Bugatti einen neuen Aspiranten für den Titel des schnellsten Sportwagens auf vier Rädern vorgestellt. Der 4-l-Zwölfzylinder mit 60 Ventilen (5-Ventil-Technik) verfügt bei 8000/min über 442 kW (600 PS) Leistung, die über ein 6-Gang-Getriebe an den Allradantrieb weitergegeben werden. Das maximale Drehmoment beträgt 618 Nm (63 kgm) bei 3600/min. Für die hohe Leistung sorgen vier Turbolader, die jeweils drei Zylinder mit Ladeluft versorgen. Die beeindruckenden Fahrleistungen: Null auf 100 km/h in 3,26 Sek., der stehende Kilometer wird nach 19,61 Sek. mit 276,5 km/h passiert – und die Höchstgeschwindigkeit beträgt 351 km/h.
Aber auch der *Bugatti EB 110 S* hat einen noch stärkeren Rivalen bekommen: den *McLaren F 1*, der von einem Sechs-Liter-Zweölfzylinder von BMW angetrieben wird. Mit der Hilfe von Vierventilköpfen und mehr Hubraum hat die BMW Motorsport GmbH dem Triebwerk 461 kW oder 627 PS verschafft, die dem 1,4 Mio. DM teuren Dreisitzer (der Fahrer sitzt in der Mitte, die Passagiere links und rechts daneben) 370 km/h schnell macht. Die Beschleunigung von 0 auf 100 km/h vollzieht der Hightechwagen mit Kevelarkarosserie in 3,4 Sek., 200 km/h sind nach 9,4 Sek. erreicht.
Das schnellste deutsche Auto baut aber Alois Ruf aus Pfaffenhausen. Sein *Porsche 911 CTR* bietet zum Preis von 300 000 DM (plus MwSt.) einen 3,4-l-Sechszylinder mit zwei Turboladern und 345 kW oder 469 PS Leistung. Die Höchstgeschwindigkeit des *CTR* beträgt 340 km/h, die 100-km/h-Grenze wird nach 4,1 Sek. durchbrochen.

Die größten Automobile für den privaten Straßenverkehr waren der *Bugatti Royale, Modell 41*, von dem nur sechs Exemplare von dem Italiener Ettore Bugatti in Molsheim (F) gebaut wurden, die es alle noch gibt. 1927 erstmals produziert, erreichte der Typ einen 8-Zylinder-Motor mit 12,7 l Hubraum. Die Leistung beträgt 300 PS bei 1800/min. Er ist 6,7 m lang. Allein die Motorhaube mißt 2 m in der Länge. Der Preis änderte sich je nach Ausführung, betrug jedoch mindestens 420 000 Dollar – das Vierfache eines *Rolls-Royce*.

Das gegenwärtig stärkste Straßenfahrzeug der Welt ist ein *Jameson-Merlin* mit sechs Rädern. Es ist mit einem Rolls-Royce-V-12-Merlin-Flugzeugmotor von 27 000 cm^3, 1760 PS (1300 kW) ausgerüstet, der ihm eine Höchstgeschwindigkeit von 298 km/h verleiht.

Der schwerste heute hergestellte Serienwagen (etwa ein Dutzend jährlich) ist wahrscheinlich die sowjetische Limousine *Sil-41047* mit 3335 kg Gewicht und einem Radstand von 3,88 m. Der »gestreckte« *Sil* (2 oder 3 Stück jährlich produziert) wurde bis Dezember 1991 vom ehemaligen Präsidenten Michail Gorbatschow benutzt, wiegt 6 t und besteht aus 3 Zoll starkem Panzerstahl. Der Achtzylindermotor mit 7 l Hubraum schluckt knapp 45 l Sprit auf 100 km.

Der antriebsstärkste Serienwagen der 60er Jahre war der *AC Cobra 427*, der von 1965 bis 68 in 401 Exemplaren gebaut wurde. Sein 7,4-l-Ford-V8-Motor leistete bis zu 450 PS (331 kW). Der Neupreis betrug 1965 rund 7000 Dollar, heute werden über 250 000 Dollar für ein gut erhaltenes Exemplar bezahlt. Einer der antriebsstärksten Serienwagen ist nach dem *Bugatti 110 S* der *Lamborghini Diablo* mit einem 5703 cm^3 großen V-Zwölfzylinder mit vier obenliegenden Nockenwellen und 48 Ventilen, der bei 7000/min 492 PS (362 kW) leistet. Das Drehmoment beträgt 580 Nm bei 5200/min. Danach folgte der *Ferrari F 40* mit 2936 cm^3 großem V-Achtzylinder, mit vier Ventilen pro Zylinder und zwei IHI-Turboladern, Leistung 478 PS (351 kW) bei 7000/min. Gleich darauf folgt der *Porsche 959* mit 450 PS (331 kW). Die Produktion dieser Wagen ist jedoch mittlerweile eingestellt.
Zu den stärksten Serienwagen gehört auch der *Cizeta V16T*, der es mit seinem 16-Zylindermotor auf 520 PS (388 kW) bringt. Allerdings wurden bislang erst elf Fahrzeuge ausgeliefert.

Die höchste straßengetestete Beschleunigung für einen Serienwagen sind 3,275 Sek. von 0 auf 96,5 km/h (= 60 Meilen) für einen *Ford RS 200 Evolution*, gefahren von Graham Hathaway am 28. April 1993 auf dem Boreham Proving Ground in Essex (GB).

Den Beschleunigungsrekord mit einem Raketenfahrzeug (Heißwasser-Thermo-Rakete) aus dem stehenden Start über die Distanz einer 1/8 Meile (201,17 m) erzielte der Aargauer Andy Ochsner aus Brunegg (CH). Am 18 Juli 1992 erreichte er in 3,378 Sek. eine Geschwindigkeit von 343,52 km/h auf dem Armee-Flugplatz Payerne/VD mit dem *Waterthunder* – einem von Arnold Neracher entwickelten Dragster, der mit Wasserdampf angetrieben wird und bis zu 460 km/h in 2 Sek. beschleunigt.

Der Mythos Ferrari und die Kunst

Mythos Ferrari hat sich nun auch in der Kunst etabliert – wie sonst wäre es erklärbar, daß sich 48688 Zuschauer zwischen Mai und Juli 1994 in der renommierten Neuen Nationalgalerie in Berlin die Ausstellung *L'idea Ferrari* betrachteten. Hier waren aber nicht nur klassische *Ferraris* – darunter der *166 Mille Miglia* von 1949, der *250 GTO* von 1963 oder ein *F 40* – zu bewundern, hier konnten die Besucher auch anhand der Design- und Konstruktionszeichnungen, sowie einiger 1:1-Holzmodelle nachvollziehen, warum diese Sportwagenschmiede aus Maranello einen derart legendären Ruf besitzt.

Für Wolf-Dieter Dube, den Generaldirektor der Galerie, war diese Ausstellung ein erster Schritt hin zu einem neuen Konzept, das das Thema Design stärker berücksichtigen soll. Und was lag näher, als die Mobilität als erstes Thema zu wählen – »die unser Leben in diesem Jahrhundert so entscheidend verändert hat?«

VERKEHR

160/161

• Straßenfahrzeuge

Modell 166 MM

Modell Testarossa 250

Modell 250 Berlinetta Competizione

Modell F 40

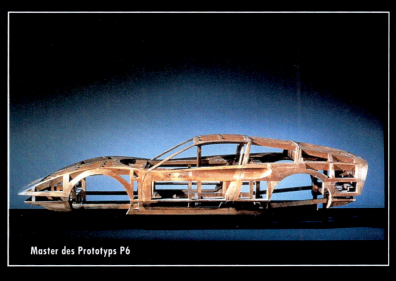
Master des Prototyps P6

Fotos: Ferrari (5), Thomas Hartmann

Die sparsamsten Autos

Sparmobil-Rekord: Ein Studententeam aus Nantes (F) erreichte am 17. Juni 1992 beim Shell Mileage Marathon in Silverstone (GB) mit einem Versuchsfahrzeug einen Miniverbrauch von 3227 km/l.

Einen Distanzweltrekord über 50 000 km erzielte der *Mercedes-Benz E 2,3-16* im August 1982 in Nardo (I). In knapp 202 Std. fuhr der 16-Ventil-Vierzylindermotor eine Durchschnittsgeschwindigkeit von 247,939 km/h.

Die längste mit einer Tankfüllung zurückgelegte Distanz schaffte ein serienmäßiger, modifizierter *Audi 100 TDI*. Mit einem für die Serie neu entwickelten 2,5-l-Turbodieselmotor mit elektronisch geregelter Direkteinspritzung legten vier Fahrer – es saß nur jeweils eine Person im Rekordauto – auf der Strecke Rotterdam-Hanau vom 17. bis 24. August 1989 4818,4 km mit einer Tankfüllung (84,667 l DIN-Kraftstoff) zurück. Die Gesamtfahrzeit betrug 80:05 Std. Die Durchschnittsgeschwindigkeit betrug 60,2 km/h, und das Startgewicht des Wagens lag bei 1490 kg plus Gewicht des Fahrers. Auf ihrer Rundreise durch Europa passierten die Fahrer elf Grenzen und erzielten einen Verbrauchssparrekord von 1,76 l auf 100 km.

Die größte Kilometerleistung eines PKW sind 2 434 575 km, die ein *VW-Käfer* (Bj. 1963) von Albert Klein aus Pasadena, Kalifornien (USA), bis zum 25. Januar 1994 auf den Blechbuckel lud.

Öko-Tour um die Welt: Genau 40 273 km legte der Tiroler Gerhard Plattner auf seiner im Oktober 1992 beendeten Weltumrundung durch Asien, Australien, Amerika, Afrika und Europa mit einem serienmäßigen *Audi 80 1,9 TDI* zurück.

Der Langstreckenspezialist benötigte mit seinem Diesel-Direkteinspritzer pro 100 km nur 3,78 l Kraftstoff – und das trotz der vergleichsweise hohen Durchschnittsgeschwindigkeit von 85,8 km/h. Die Sparroute führte ihn sowohl über gutausgebaute Autobahnen als auch über längere Schotterstrecken auf dem Alaska-Highway und über die Sandpisten in Marokko wie über 14 Pässe. Trotz unterschiedlichster Temperaturen – zwei Grad Kälte im Norden Kanadas und bis zu 50 Grad Hitze in der Wüste Arizonas – verbrauchte der *Audi 80* in den durchfahrenen 20 Staaten auf fünf Kontinenten auf seiner Öko-Welttour weniger als vier Pfennig pro Kilometer.

Die strömungsgünstigste Karosserie aller Serienwagen haben derzeit die *Omega*-Limousine und das *Calibra*-Coupé von Opel mit einem Luftwiderstandsbeiwert von c_w 0,28 bzw. 0,26. Dieser Bestwert wurde im Deutsch-Niederländischen Windkanal in Emmerloord gemessen.

Der Traum vom 3-Liter-Automobil

Die individuelle Mobilität dürfte als der entscheidende Fortschritt unseres Jahrhunderts in die Geschichte eingehen – die Freiheit, jederzeit an jeden Ort fahren zu können, hat unseren Horizont erweitert, unsere Lebensgewohnheiten verändert und unsere Umwelt revolutioniert. Diese individuelle Mobilität gerät jedoch immer öfter ins Gerede – und ein Blick auf unsere Straßen genügt, um zu wissen warum: Die Verkehrsdichte nimmt weiter zu, die Durchschnittsgeschwindigkeiten sinken und die Umweltfragen werden drängender.

Es gilt also, neue Formen der individuellen Mobilität zu entwickeln und die bestehenden Formen besser miteinander zu integrieren. Trotz der Stärkung der öffentlichen Verkehrsmittel und der Renaissance des Fahrrads besteht jedoch kein Zweifel daran, daß das Automobil auch weiterhin seine dominierende Rolle spielen wird – dafür erfüllt es seine Aufgabe als Transportmittel und Lastenesel zu allen Tages- und Nachtzeiten zu perfekt. Es hat jedoch – gerade in den Städten, in denen seine Abgase nachweisbar zur Gesundheitsgefährdung beitragen – neue

Mitsubishi MUM 500

VW Chicco

Renault ZOOM

Mercedes-Benz eco speedster

Mazda HR-X 2

Anforderungen zu erfüllen: es sollte weniger Verkehrsfläche einnehmen, es darf weniger Abgase in die Luft entlassen und es muß voll recyclebar sein, damit wertvolle Ressourcen gespart werden können – und weniger Abfälle zurückbleiben.

Die so oft geforderten Stadtautos gibt es bereits seit den 50er Jahren – um sie zu fahren, muß man allerdings nach Japan reisen. Wegen der großen Parkplatznot haben die Käufer, die keinen reservierten Parkplatz nachweisen können, mit einem Gefährt vorliebzunehmen, das maximal 329,5 cm lang und 139,5 cm breit ist, wobei die maximale Leistung von 46 kW oder 64 PS aus einem Hubraum von maximal 660 ccm entstammen darf. Allerdings entsprechen diese Modelle nicht unseren Anforderungen in bezug auf Sicherheit und Verbrauch (und damit zwangsläufig auch Abgas).

Die schärfsten Anforderungen stellt derzeit der US-Bundesstaat Kalifornien, der von 1999 an (in gewissen Stückzahlen) das abgasfreie Automobil fordert – also den Elektro-Wagen. Nun kommt auch in Kalifornien nicht der Strom aus der Steckdose, sondern aus einem Atom- oder Fossil-Kraftwerk, das seinerseits Abgase in die Luft pustet – aber dennoch verlangt die Gesetzgebung, daß sich die großen Her-

VERKEHR

• Straßenfahrzeuge

steller dieser Erde mit dem Elektromobil auseinandersetzen und Fahrzeuge entwickeln, die zwar nur den Bruchteil dessen können, was ein Fahrzeug mit Ottomotor kann – die sich aber zu interessanten Nischen-Fahrzeugen entwickeln könnten, mit denen kürzere Fahrten lautlos und praktisch erledigt sind. Die Hauptproblematik des Elektrofahrzeugs liegt darin, daß die zur Verfügung stehenden Batterien nur geringe Reichweiten ermöglichen – und daß sie zudem noch sehr schwer und

---

THE GUINNESS TIMES
Weltrekord!

Auf Rekord-Fahrt ging vom 29. Oktober bis 1. November 1993 ein serienmäßiger *Audi 100 TDI* mit einem 84-l-Tank, der abwechselnd von Peter Isenbort und seinen 12 Mitstreitern auf dem Flughafengelände in Gütersloh (NRW) gefahren wurde. Nach 76:21 Std. und genau 3145,8 km bei einer Durchschnittsgeschwindigkeit von 41,202 km/h stand der neue Rekord mit einem Verbrauch von 2,67 l auf 100 km.

---

sehr teuer sind. Das Elektroauto wird deshalb in den nächsten Jahren nur als begrenzt einsetzbares Stadtfahrzeug für kurze Strecken und den Transport von maximal zwei Personen zum Einsatz kommen.
Wir werden also auch noch in zehn oder 20 Jahren mit Verbrennungsmotoren fahren, wobei der Dieselmotor – als hervorragender »Futterverwerter« – weiter an Bedeutung gewinnen wird. Hier sorgen Direkteinspritzermotoren für sensationell niedrige Verbrauchswerte – wie man an den TDI-Motoren, die bei VW und Audi zum Einsatz kommen, leicht erkennen kann. So dürfte der *VW Golf Ecomatic* mit TDI-Triebwerk und Abschaltautomatik (hier stellt sich der Motor automatisch ab, wenn keine Leistung benötigt wird und springt nach einem kurzen Tritt auf das Gaspedal sofort wieder an) zusammen mit dem *Citroën AX Diesel* mit Verbrauchswerten zwischen 4 und 6 l Diesel auf 100 km (je nach Fahrweise) zu den sparsamsten Fahrzeugen überhaupt gehören.
Parallel dazu arbeitet die Industrie an der Weiterentwicklung des Hybridantriebs, bei dem ein Verbrennungsmotor für den Vortrieb bei Fahrten über Land und außerhalb der Innenstädte sorgt, während ein Elektroantrieb für den schadstoffreien Antrieb in den Innenstädten zuständig ist. Die Vorteile dieser Konstruktion: Die belasteten Innen-

Mercedes-Benz Vision A 93

städte werden von den Abgasen entlastet und die Batterien können während der Fahrten, bei denen der Verbrennungsmotor läuft, von diesem wieder aufgeladen werden. Der Nachteil: Zwei unterschiedliche Motoren mit zwei Energiespeichern (Batterie und Treibstofftank) drücken schwer auf die Waage und den Geldbeutel – Hybridfahrzeuge werden deshalb ziemlich teuer werden und damit nur für sozial stärkere Käuferschichten erschwinglich sein.
Und all diese Varianten sollen noch ein Mindestmaß an Komfort und ein Höchstmaß an Sicherheit bieten – verbunden mit möglichst vollständiger Recyclingfähigkeit und geringster Nutzung neuer Ressourcen.
Das umweltfreundliche Automobil wird es niemals geben, denn jedes Fahrzeug verbraucht auf seine Weise während des Baus und seines Einsatzes Energie und Ressourcen und produziert bei der Ent-

Renault Vesta 2

Daihatsu Ultra Mini

sorgung Abfälle. Man kann allerdings mit noch aufwendigerer Elektronik und dem Einsatz von intelligentem Leichtbau die Verbrauchswerte weiter senken – ob dabei allerdings das 3-Liter-Automobil herauskommen wird, hängt weniger an den Automobilfirmen, sondern mehr am Gesetzgeber, der den Firmen vorgeben muß, wie er den Verkehr der Zukunft organisieren will – und wie er den Begriff »Stadtauto« definiert. Wie klein soll es sein? Wie viele Personen und Last soll es befördern? Welcher Antrieb soll bevorzugt werden? Bekommen derartige Fahrzeuge Sonderrechte (Fahrerlaubnis bei Smog? Benutzen von Bus-Spuren? etc.), damit es auch Käufer für diese Fahrzeuge gibt? Oder könnte es Vergünstigungen für Fahrgemeinschaften oder Car-Sharing geben?
Eines scheint klar: Solange unser individueller Verkehr in der Fläche nicht von öffentlichen Verkehrsmitteln übernommen werden kann – und hier wird es in den nächsten Jahrzehnten aus Kostengründen wohl keine Alternative zum Automobil geben – wird das Automobil auch in der Fläche das Transportmittel Nummer Eins bleiben. Deshalb wird das »Stadtauto« auch auf lange Zeit hin ein Zweit- oder Drittwagen bleiben, den sich nur diejenigen leisten können und besitzen wollen, die über die finanziellen Mittel verfügen. Um die Städte wieder lebenswerter zu gestalten, wird man deshalb vielleicht

BMW E 1

neue Wege begehen müssen – beispielsweise Wechselkennzeichen einführen, mit denen man auf Langstrecken oder bei Einkaufsfahrten die Limousine einsetzt, während in den Städten das 3-Liter-Modell benutzt wird.
Man merkt – in den nächsten Jahren werden nicht nur Techniker, sondern auch phantasievolle Politiker gefragt sein, die dem Automobil eine neue, vernünftige Rolle zuweisen.

Die teuersten und billigsten Autos

Das teuerste Auto, das jemals gebaut wurde, war der als Sonderanfertigung für den amerikanischen Präsidenten hergestellte 1969er *Lincoln Continental Executive,* der am 14. Oktober 1968 an den US-Geheimdienst geliefert wurde. Er hatte eine Gesamtlänge von 6,56 m, einen Radstand von 4,06 m und, mit 2,03 t zusätzlichen Panzerplatten, ein Gesamtgewicht von 5443 kg. Die geschätzten Forschungs-, Entwicklungs- und Herstellungskosten beliefen sich auf 500 000 Dollar (damals 2 Mio. DM), aber das Fahrzeug wird für 5000 Dollar (8500 DM) pro Jahr gemietet. Selbst wenn alle 4 Reifen zerschossen würden, könnte es mit einer Geschwindigkeit von 80 km/h auf innen angebrachten Stahlscheiben mit Gummieinfassung weiterfahren.
Die Firma Carriage House Motor Cars Ltd. in New York (USA) beendete im März 1978 die vier Jahre andauernden Umbauarbeiten an einem 1973er *Rolls-Royce,* einschließlich einer Verlängerung um 76,2 cm. Die Kosten beliefen sich auf 500 000 Dollar (damals 1 Mio. DM). Der höchste Listenpreis für einen britischen Serienwagen ist 1,4 Mio. DM für den *McLaren F 1.*

Die höchsten Preise, die jemals für einen Gebrauchtwagen gezahlt wurden, erreichten die *Bugatti Royale*-Fahrzeuge. 15 Mio. Dollar (24,8 Mio. DM) war der Preis für den *Bugatti-Sportcoupé Royale Typ 41* (Bj. 1931), mit dem Nicholas Harley (GB) den Verkauf an die japanische Meitec Corporation am 12. April 1990 besiegelte. Nach den extrem raren *Bugatti-Royale*-Modellen hat sich *Ferrari* an den zweiten Rang gesetzt: Ein *Ferrari 250 GTO* (Bj. 1962) wurde am 22. Mai 1990 für knapp 18 Mio. DM in Monte Carlo (Monaco) von Sotheby's verkauft und von dem schwedischen Sammler Hans Thulin für ein Automuseum ersteigert. Thulin ist mittlerweile bankrott und hat seine Sammlung auf Druck der Banken auflösen müssen. Einer von drei gebauten *Ferrari 330 P 4-Rennwagen* soll 1990 für über 20 Mio. DM den Besitzer gewechselt haben.

Das billigste Auto aller Zeiten war der 1922er *Red Bud Buckboard* von der Briggs and Stratton Co. in Milwaukee, Wisconsin (USA). Er kostete 125-150 Dollar (damals etwa 600 Vor-Inflations-Mark). Er hatte einen Radstand von 1,57 m und wog 111 kg.
Die ersten Typen der *King-Midget*-Autos wurden noch bis 1948 im Baukastensystem zur Selbstmontage für nur 100 Dollar verkauft.
Als 1938 die ersten *Volkswagen* in Deutschland in Produktion gingen, sollte ihr (Propaganda-)Verkaufspreis 990 RM betragen. Tatsächlich hätte der VW (bei einer vorgesehenen Jahresproduktion von 300 000 Stück) mindestens 1500 RM kosten müssen. Als 1946 – mehr als zehn Jahre nach seiner Erstkonstruktion durch Professor Ferdinand Porsche (1865-1951) – der VW-Käfer in den Nachkriegshandel kam, kostete das Standard-Modell 5000 RM, das Export-Modell (ab Juli 1950) 5450 DM.

Das am längsten produzierte Auto, der *Morgan 4/4,* feierte am 27. Dezember 1994 den 59. Geburtstag. Die von der Morgan Motor Car Co. in Malvern, Hereford & Worcester (gegründet 1910) gebaute Autolegende verlangt Geduld: Die Lieferzeit beträgt sechs bis acht Jahre.

Bei den Massenproduktions-Modellen blicken sowohl die Ente, der *Citroën 2CV* als auch der VW-Käfer aufs Geburtsjahr 1938 zurück. Beim *2CV* endete die Produktion am 27. Juli 1990 mit dem 6 956 895. *Ente.* Der 21millionste *Käfer* lief am 24. Juni 1992 in Puebla (Mexiko), dem letzten Produktionsstandort, vom Band. Nachdem die Produktion im Frühjahr 1994 auch in Brasilien wieder aufgenommen wird, wird der *Käfer* seit Frühjahr 1994 wieder nach Deutschland exportiert.

Die längste deutsche Autoproduktionsserie erreichte die Volkswagenwerk Wolfsburg am 17. Februar 1972 mit der Endmontage des *Käfers* Nr. 15 007 034. Diesen Rekord hatte vorher das amerikanische Ford-T-Modell *(Tin Lizzie)* innegehabt, von dem zwischen den Jahren 1908 und 23 15 007 033 Stück gebaut worden waren. Seit dem 19. Januar 1978 wird er in der Bundesrepublik Deutschland nicht mehr gebaut. Seit Herbst 1985 wird der *Käfer* auch wegen der Abgasgesetze nicht mehr offiziell nach Deutschland eingeführt – allerdings gibt es seit einem Jahr wieder einige private Importeure, die den *Käfer* aus Mexiko importieren und mit einem Katalysator durch den TÜV bekommen.

Spezielle Rekorde

Weltumrundung: Die Österreicher Gerhard Plattner (*1939) und Ko-Pilot Stefan Fuisz (* 1953) schafften in 28 Tagen und 16 Std. auf der Strecke Berlin-Berlin mit 40 077 km die schnellste Erdumrundung und befuhren dabei vom 6. September bis 5. Oktober 1990 alle Kontinente mit ihrem *Audi Coupé S 2* (Allradantrieb).
Das indische Trio Navin Kapila, Man Bahadur und Vijay Raman startete am 22. November 1992 mit einem *Contessa Classic* in Neu-Delhi und erreichte die Stadt wieder am 31. Dezember 1992. Ihre Fahrt durch die 6 Kontinente mit einer Gesamtstrecke über der Äquatorlänge (40 075 km) dauerte 39 Tage, 7:55 Std.

Die einzige Weltumrundung mit einem Amphibienfahrzeug gelang Ben Carlin (Australien, * 7. März 1981) in dem Amphibien-Jeep *Half-Safe.* Das letzte Stück der Atlantiküberquerung, den Ärmelkanal, überwand er am 24. August 1951. Als er am 8. Mai 1958 nach Montreal (Kanada) zurückkehrte, hatte er 62 765 km über Land und 15 450 km über Meer und Flüsse zurückgelegt. Auf dem transatlantischen Reiseabschnitt begleitete ihn seine Ex-Frau Elinore (USA), während der langen Pazifiküberquerung war Broye Lafayette De-Mente - (* 1928, USA) der Beifahrer.

Transamerikanische Fahrt: Von Feuerland nach Alaska steuerten Garry Sowerby (Kanada) und Tim Cahill (USA/Beifahrer und Navigator) einen vierradgetriebenen Pick-up-LKW vom Typ *GMC Sierra K3500,* angetrieben von einem 6,2-l-V8-Detroit-Dieselmotor. Die transamerikanische Fahrt mit Startpunkt Ushuaia (Argentinien) und Zielort Prudhoe Bay (Alaska) führte in 23 Tagen, 22:43 Std. vom 29. September bis 22. Oktober 1987 über eine Strecke von 23 720 km. Fahrzeug und Besatzung wurden zur Umgehung der Kluft von Darién von Cartagena (Kolumbien) bis Balboa (Panama) per Schiff befördert. Die Kluft von Darién wurde auf dem Landweg erstmals 1960 von dem Landrover *La Cucaracha Carinosa* (Die zärtliche Kakerlake) überwunden. Er gehörte zur Trans-Darien-Expedition (1959-60) und war bemannt mit Richard E. Bevir (GB) und Terence John Whitfield (Australien). Am 3. Februar 1960 verließen sie Chepo (Panama) und erreichten Quibdó (Kolumbien) am 17. Juni. Bei dieser Fahrt, während der sie unbeschreibliche Schwierigkeiten zu überwinden hatten, kamen sie auf eine Durchschnittsgeschwindigkeit von 201 m/h.

15-Staaten-Fahrt durch Europa: Mit einem serienmäßigen weißen *Peugeot 605 SV 24* fuhren die Schweizer Journalisten Giorgio Keller (* 1957) und Andreas Turner (* 1956) in Zürich 2679 km in 22:22 Std. 15 europäische Länder an. Gestartet wurde am 15. September im schwedischen Hafen Helsingborg, den Abschluß bildete die Ankunft am 16. September 1990 in Bratislava (CSFR). Ausgerechnete Durchschnittsgeschwindigkeit: 119 km/h.

Fahrt durch die 12 EG-Länder: John Waldron und Ken McDonnell aus Dublin (Irland) statteten in einem *Toyota Corolla 180 XL* den 12 EG-Ländern einen Besuch ab und legten dabei zwischen dem 30. April und dem 5. Mai 1991 in einer Fahrzeit von 86:37 Std. 7647 km zurück.

Besuch in den 12 Hauptstädten der EG. Drei Mitglieder des Welwyn Round Table Number 821, Stephen Long, Andrew Nation und John Orlandi (alle GB), bereisten mit einem *Ford Granada Scorpio Estate* alle 12 Hauptstädte der Europäischen Gemeinschaft und legten dabei vom 2. bis 7. Dezember 1992 in 117:52 Std. 8802 km zurück.

Weltmeister im Rückwärtsfahren wurden Charles Creighton (1890-1970) und James Margis aus Maplewood, Missouri (USA), als sie vom 26. Juli bis zum 13. August 1930 mit ihrem *Ford S-Roadster,* Baujahr 1929, die 5375 km von New York (USA-Ostküste) bis Los Angeles (USA-Westküste) im Rückwärtsgang fuhren, ohne den Motor auch nur einmal abzuschalten. Am 5. September trafen sie, ebenfalls im Rückwärtsgang, wieder in New York ein und hatten somit 11 555 km in 42 Tagen zurückgelegt.
Mit einem *DAF 44,* Baujahr 1968, fuhr der Österreicher Matthias Theissl (* 1941) aus Klagenfurt am 1. August 1985 auf dem Österreichring 170 Runden à 5911 m rückwärts. Dabei legte er 1004,87 km mit einer Durchschnittsgeschwindigkeit von 48,285 km/h in insgesamt 20:48:39 Std. zurück.

Brian »Cub« Keene und James »Wilbur« Wright fuhren ihren *Chevrolet Blazer* in 37 Tagen (1. August-6. Sep-

---

Im Kinder-Tretauto auf Rekordfahrt

Auf Rekordfahrt in einem 60 Jahre alten Kinder-Tretauto ging Manfred Klauda auf der Strecke zwischen München und Dresden. Am 2. April 1993 traf er nach sechs Fahrtagen und 458,8 km rechtzeitig zum Beginn der MDR-Fernsehsendung *Außenseiter - Spitzenreiter* am Dreh- und Sendeplatz im Hotel Hilton in Dresden ein. Trotz unwirtlicher Wetterverhältnisse hielt Klauda sein tägliches Pensum von 70-90 km mit einem Durchschnittstempo von 7 km/h auf den Landstraßen durch.

Straßenfahrzeuge

Extremer Härtetest

Bei einem bisher nicht gekannten Vollast-Härtetest, der am 14. März 1992 auf der Versuchsstrecke im süditalienischen Nardo durchgeführt wurde, schaffte der *Porsche 968* eine Bestleistung besonderer Art: Innerhalb von 24 Std. legte das mit dem automatischen Tiptronic-Getriebe ausgerüstete Coupé eine Strecke von 5586 km zurück und erzielte (einschließlich aller Tankstopps) eine Durchschnittsgeschwindigkeit von 232,75 km/h. Dies bedeutet eine Weltbestleistung. Nie zuvor fuhr ein serienmäßiges Fahrzeug mit Automatikgetriebe innerhalb eines Tages mehr Kilometer. Die 24-Std.-Fahrt war vor allem ein Sieg für den *Porsche*-Metall-Katalysator.

Der 24-Std.-Marathon in Nardo war ein Höhepunkt des Extrem-Dauerlaufs, bei dem der österreichische Langstreckenspezialist Gerhard Plattner mit seinem serienmäßigen *Porsche* innerhalb von 97 Tagen im Frühjahr 1992 in Europa, Amerika und Afrika 100 000 km zurücklegte.

Einen weiteren Weltrekord stellten Franz Doppler, Horst Felbermayr jun., Horst Felbermayr sen. sowie der Ex-Skirennläufer Werner Grissmann mit einem serienmäßigen *Porsche 928 GTS* in Nardo auf. Das Team erreichte auf einer 24stündigen Rekordfahrt eine Durchschnittsgeschwindigkeit von 265,72 km/h, wobei die Zeiten für Tankstopp und Fahrerwechsel voll berücksichtigt wurden. Die Gesamtstrecke, die in diesen 24 Std. zurückgelegt wurde: 6377,25 km.

tember 1984) 14 533 km durch 15 US-Staaten und Kanada. Trotz des ausdrücklichen Hinweises »Rückwärtsgang klemmt« stellten sich die Behörden des US-Bundesstaats Oklahoma quer und bestanden darauf, daß sie den Bundesstaat rückwärts-rückwärts – also vorwärts – verließen.

Den Streckenrekord auf zwei Rädern fuhr Bengt Norberg (* 23. Oktober 1951) aus Äppelbo (S), der am 24. Mai 1989 auf der Pferderennbahn von Rattvik (S) einen *Mitsubishi Colt GTi-16V* in 7:15:50 Std. 310,391 km weit balancierte. Bei dieser Gelegenheit schaffte er auch den zweirädrigen Stundenrekord von 44,805 km.

Einen Geschwindigkeitsrekord von 164,38 km/h (fliegender Start, 100 m Distanz) erreichte Sven-Erik Söderman (S) am 2. August 1990 auf den zwei Rädern seines *Opel Kadett* auf dem Flugplatz von Mora (S). An derselben Stelle erreichte er am 24. August 1990 eine Rekordgeschwindigkeit von 152,96 km/h für den fliegenden Kilometer.

Einen 7,5-Tonner *DAF 2800* fuhr Sven-Erik Söderman schließlich am 19. Mai 1991 auf dem Flughafen von Mora (S) über eine Strecke von 10,83 km auf zwei Rädern.

Die längste Fahrt auf den Hinterrädern bewältigte Steve Murty beim National Power Sports Festival am 28. Juni 1991 in Blackpool (GB). Er schaffte dieses Kunststück mit seinem LKW *Pirelli High Performer* über eine Wegstrecke von 547,1 m.

Die größte Last, die jemals über eine Straße bewegt wurde, wog 4960 t. Es handelte sich um ein Modul von 26 m Breite und 40 m Länge für eine Ölplattform, die 80 m transportiert werden sollte. Im Juli 1986 schafften 168 Achsen mit 832 Reifen in 6 Std. diesen Rollrekord. Ermöglicht wurde diese Leistung durch die von der Firma Mammoet Transport B.V. in Amsterdam entwickelten Modul-Transporter. Mit ihnen ist es möglich, Nutzlasten von 120 bzw. 180 t entsprechend der zu transportierenden Last zu 4- oder 6achsigen Einheiten zusammenzustellen. Künftig wird nicht mehr das Gewicht die Traglast der Fahrzeuge begrenzen, sondern die Fahrbahn.

Der längste transportierte Gegenstand war eine 91,21 m lange brückenähnliche Konstruktion, die für den Einsatz in einem Flugzeughangar bestimmt war. Sie wog 62 t und wurde am 29. November 1990 zur Sprühlackieranlage des Flughafens Stansted (London) befördert. Die Gesamtlänge des Zugs betrug 101,12 m. Die Stahlkonstruktion wurde von Fabriweld Ltd (Irland) gebaut.

Die größten Reifen der Welt wurden von der amerikanischen Goodyear Co. im Werk Topeka, Kansas, für überdimensionale Schuttkipper vorgestellt. Sie haben einen Durchmesser von 3,65 m, wiegen 5670 kg und kosten mehr als 74 000 Dollar (etwa 140 000 DM). Es wird angenommen, daß ein Reifen mit einem Durchmesser von 5,18 m die Grenze des Möglichen erreichen würde.

Der breiteste Reifen aus der Serienproduktion ist der *Pirelli P Zero* mit der Größe 335/35 ZR 17.

Der größte Reifenhersteller in Deutschland ist der Continental-Konzern (Continental und Uniroyal) in Hannover. Europas führende Unternehmen sind Michelin (F) und Pirelli (I).

Reifenschutzketten. Die größten von der Steirischen Kettenfabrik Pengg-Walenta KG (PEWAG) in Graz (A) hergestellten Reifenschutzketten haben einen Durchmesser von 3,6 m und eine Breite von 1,27 m. Sie werden vor allem bei Erdbewegungsmaschinen eingesetzt.

Größte Steigfähigkeit demonstrierte ein *Unimog U 1450* der Mercedes Benz AG am 9. Mai 1992 auf der IAA Nutzfahrzeuge in Hannover. In Vorwärtsfahrt bewältigte das allradgetriebene Serien-Nutzfahrzeug eine Steilstrecke – längere Wegstrecke als die Fahrzeuggradstand – mit einer Steigung von 100 Prozent, das sind 45°, freifahrend.

Der breiteste Rasenmäher der Welt ist die 5 t schwere, 18,28 m breite *Big-Green-Maschine* mit 27 Scherblättern, die von dem Rasenfarmer Jay Edgar Frick aus Monroe, Ohio (USA), verwendet wird. Sie mäht einen Morgen Rasen in 60 Sek.

Den kleinsten voll funktionsfähigen Rasenmäher (85 mm lang, 53 mm breit, 117 g schwer) mit einem 0,016 PS-Motor (Schnittbreite 53 mm) haben Esther und Pit Lengner aus Riesbürg (BW) in 6:30 Std. Bauzeit entwickelt und am 6. Dezember 1992 in der Fernsehshow der *Rekorde Wennschon – dennschon* (MDR) vorgestellt.

Die längste Fahrt auf einem Rasenmäher führte über 4882 km, als Ian Ireland aus Harlow (GB) einen *Iseki SG 15* vom 13. August bis zum 7. September 1989 von Harlow nach Southend Pier steuerte. Unterstützt wurde er von Mitgliedern des Round Table Luton, die Rekordfahrt brachte Spenden in Höhe von 15 000 Pfund (43 000 DM) für die Leukämieforschung ein.

Die längste Strecke, die beim alljährlichen 12-Std.-Rasenmäherrennen (unter dem strengen Reglement des britischen Rasenmäher-Rennverbandes) erreicht wurde, war 468 km. Den Rekord schafften John Gill, Robert Jones und Steve Richardson in Wisborough Green, West Sussex (GB) am 1./2. August 1992.

Ein 12-Std.-Rekord im »Hinterherlaufen« wurde mit 169,13 km am 28./29. Juli 1990 in Wisborough Green (GB) vom Team »Doctor's Flyers« erzielt.

Der Streckenrekord für Go-Karts – 24 Std. auf einem Rundkurs, vierköpfiges Team – ist 1638,3 km auf dem Ersville Kartway in Waterloo (Kanada). Der *Honda*-Go-Kart, angetrieben von einem 5-PS-Honda-Motor mit 140 cm^3 Hubraum, wurde am 4./5. September 1983 von Owen Nimmo, Gary Ruddock, Jim Timmis und Danny Upshaw gesteuert.

2730 km in 48 Std. im Go-Kart bewältigt: Diesen Weltrekord schafften Denis Wedes, Stephen Mantle, Len Nicholson und Janice Bennett vom 25. bis zum 27. März 1983 auf der Mount-Sugarloaf-Rennstrecke in Newcastle (Australien) mit einem Go-Kart vom Typ *Yamaha RC100SE*, angetrieben von einem 100-cm^3-Motor *KT100J*.

Tretautos aus den Jahren 1902-80 trägt der Münchner Jurist Manfred Klauda (* 1936) zusammen. Auf 436 verschiedene Kinder-Autos hat der Kuriositätensammler es bereits gebracht. 100 Modelle werden seit dem 27. November 1990 im Ersten Tretauto-Museum, im Münchner ZAM (Zentrum für Außergewöhnliche Museen), gezeigt.

Dieser Lego Technic Super-Car ist die exakte Kopie des größten jemals gebauten Lego-Modellautos. Der größere Super-Car besteht aus fast 650000 Bausteinen und verschlang für Planung und Bau die enorme Arbeitszeit von 5850 Std. Die im Handel erhältliche Version hat nur 1346 Einzelteile, deren Zusammenbau - hoffentlich - nicht ganz so lange dauert.
Fotos: Lego-System A/S

Busse, Wohnwagen, Sonderfahrzeuge

Der größte Omnibus, der je gebaut wurde, der Flughafen-Doppelstockbus *Neoplan Galaxy Lounge N 980*, hatte im September 1981 Weltpremiere. Dieses Riesenbaby aus Stuttgart (17 m lang, 4,5 m breit und 4,8 m hoch) bietet 342 Passagieren Platz. Das entspricht der Kapazität eines ausgelasteten Jumbo-Jets. Eine hydraulisch verstellbare Anlegebrücke hilft beim Ein- und Aussteigen.

Der längste Bus ist der in Zaire verkehrende Gelenkomnibus *DAF Super City Train* mit 110 Fahrgastsitzen und 140 Stehplatzgelegenheiten im vorderen sowie 60 Sitz- und 40 Stehplätzen im hinteren Teil, insgesamt also Raum für 350 Passagiere. Der Bus, 32,2 m lang mit 28 t Leergewicht, wurde vom Präsidenten der Republik Zaire, Mobutu Sese Seko Kuku Ngbendu wa za Banka, entworfen.

Der weltgrößte Caravan hat fünf Stockwerke, ist 12 m hoch, 20 m lang und 12 m breit. Er enthält acht Schlafzimmer – jedes mit eigenem Bad, versteht sich – und Garagenplätze für vier PKW. Angefertigt wurde die rollende Villa für Scheich Hamad Bin Hamdan Al Nahyan, Mitglied der Herrscherfamilie von Abu Dhabi (Vereinigte Arabische Emirate).

Das schwerste Fahrzeug, das jemals hergestellt wurde, ist der *Marion-Trecker* mit acht Gleisketten, der zum Transport der *Saturn-V*-Raketen an ihre Abschußrampen in Cape Canaveral, Florida (USA), verwendet wird. Er hat die Ausmaße von 40x34,7 m, und die beiden von diesem Typ gebauten Fahrzeuge kosteten 12,3 Mio. Dollar (damals 49,2 Mio. DM). Das Gewicht mit voller Beladung beträgt 8165 t. Die Scheibenwischer sind mit Blättern von 106 cm Länge die weltgrößten.

Das massivste Kraftfahrzeug ist *Big Muskie*, der von Bucyrus Erie für die Musk-Grube gebaute 10 890 t schwere mechanische Bagger. Er hat eine Länge von 148,43 m, eine Breite von 46,02 m und eine Höhe von 67,66 m sowie ein Greifvermögen von 325 t.

Das längste jemals gebaute Fahrzeug ist der *Arctic Snow Train*, der dem weltberühmten amerikanischen Seiltänzer Steve McPeak gehört. Dieses 54rädrige, 174,3 m lange Fahrzeug war von R. G. Le Tourneau Inc. aus Longview, Texas, für die amerikanische Armee angefertigt worden. Es hat ein Bruttogewicht von 400 t mit einer Höchstgeschwindigkeit von 32 km/h und hatte eine Mannschaft von 6 Fahrern, als es vom Militär als Überland-Lastzug verwendet wurde. McPeak reparierte das Fahrzeug sowie auch jeden geplatzten Reifen ohne jegliche Hilfe bei Temperaturen, die in Alaska oft weit unter Null °C lagen. Der *Arctic Snow Train* verfügt über 4680 PS und hat ein Fassungsvermögen von 29 648 l Treibstoff.

Der stärkste Abschleppwagen der Welt ist der 20,6 t schwere, 10,9 m lange *969 International M6-23 Hulk* (Bj. 1969) vom Twin City Garage and Body Shop, stationiert in Scott City, Missouri (USA). Er kann mit seinem Kurzausleger über 295 t heben.

Der größte Traktor der Welt ist das *Wide Tractive Frame Vehicle* (Breitzug-Gerüst-Fahrzeug) des US-Landwirtschaftsministeriums, das unter einem Kostenaufwand von 459 000 Dollar (1,01 Mio. DM) von Ag West in Sacramento, Kalifornien (USA), im Juni 1982 fertiggestellt wurde. Es hat eine Spurweite von 10,05 m. Das Gefährt wiegt 22,22 t.

Die längste Traktortour führte über 23 335 km. Die Young Farmers Group aus Devon (GB) verließ ihre Heimat am 18. Oktober 1990 und fuhr auf dem Landweg nach Zimbabwe (Afrika), wo sie am 4. März 1991 eintraf.

Die längste Planwagenfahrt mit Traktor führte über 402 Orte entlang dem 8. Längengrad von Reckenroth bei Koblenz (RP) nach Neuharlingersiel an der Nordsee (N) und zurück vom 11. bis 29. August 1992. Mit 86:30 Std. an 13 Tagen fuhren der Maler Dr. Dr. Rolf Endris und Helmut Stockenhofen mit einem 14 PS starken *Deutz D-15*-Traktor (Bj. 1961) und 139 l Diesel mit einer Durchschnittsgeschwindigkeit von 13,9 km/h insgesamt 1201 km weit. Für Übernachtung und Proviant diente ein Planwagen.

Eine LKW-Rekordgeschwindigkeit von 411,98 km/h in 6,36 Sek. über eine Viertelmeile (stehender Start) erreichte Les Shockley aus Galena, Kansas (USA), mit seinem Jet Truck *Shock Wave*, angetrieben von drei Düsenmotoren, die 36 000 PS Leistung erreichen. Der Rekord wurde am 4. Juni 1989 auf dem Autodrom von Monterrey (Mexiko) aufgestellt. Derselbe Fahrer erzielte am 18. August 1991 in Everett, Washington (USA), einen Rekord von 605 km/h für die stehende Meile.

Der größte Schuttkipper der Welt ist der *Terex Titan 33-19*, der von der amerikanischen General Motors Corp. hergestellt wird und jetzt in British Columbia (Kanada) in der Westar Mine in Betrieb ist. Er hat ein Gesamtgewicht von 548,6 t und ein Fassungsvermögen von 317,5 t. Beim Kippen erreicht er eine Höhe von 17,06 m. Der 16-Zylinder-Motor hat eine Leistung von 3300 PS (2370 kW) und der Treibstofftank einen Inhalt von 5904,6 l.

Der Feuerwehrwagen mit der größten Pumpkapazität ist der 60 t schwere, achträdrige *Oshkosh*-Feuerwehrwagen, der auf Flughäfen eingesetzt wird. In nur 150 Sek. kann er durch zwei Türme 190 000 l Löschschaum versprühen.

Mini-Fahrzeuge

Das kleinste Elektro-Cabrio fährt seit 1983 in Westheim (RP). In 7000 Arbeitsstunden hat der Schlosser Rudi Augustin (* 1923) seinen silberfarbenen Einsitzer *Audi X1* gebastelt. Bei 2,12 m Länge, 1,18 m Breite, 0,98 m Höhe und einem Gesamtgewicht von 400 kg bringt es der Mini auf 25 km/h Höchstgeschwindigkeit. Die beiden Elektromotoren werden von vier Batterien gespeist. Eine Ladung reicht für 35 km.

Den niedrigsten Wagen bastelte sich Ralph Morgan aus Grantham (GB) zurecht: Durch Umbau brachte er seinen *Probe 15*, ein zweisitziges Sportcoupé, auf die Gesamthöhe von 82,55 cm, gemessen von der höchsten Stelle des Hardtop-Dachs bis zur Straße.

Das größte funkferngesteuerte Kinderspielzeug-Cabrio mit Benzinmotor ist das neueste Produkt des Westheimer Rentners Rudi Augustin. In 1800 Arbeitsstunden bastelte er sein 34 kg schweres Alu-Auto (152x68x66 cm), das mit 1,2 PS und 24 cm^3 eine Höchstgeschwindigkeit von 30 km/h erreicht.

Der kleinste Gelenkbus, der für den Straßenverkehr zugelassen ist, wurde von den Künstler André M. Wachter (* 1949) aus Ennahofen (BW) von 1980 bis 84 gebaut. Mit seinen 23 PS (17 kW) bringt es der Minibus auf 6 km/h Spitzengeschwindigkeit. Der 7 m lange, 1,3 m breite und 1,5 m hohe Bus verfügt neben dem Fahrersitz über acht Sitze für Fahrgäste.

Mini zieht Maxi: Am 23. April 1994 zog ein Modell-Truck im Maßstab 1:15 mit einem Gewicht von 18 kg seinen großen Bruder, einen LKW mit Kastenaufbau (Leergewicht 8700 kg) und einer Ladung Getränke (10371 kg) aus dem Stand auf einer ebenen geraden Fläche. Dieses Kunststück gelang dem Erbauer des Modells, dem Feinmechaniker Hans Seiffert (* 1945) aus Berlin in seiner Heimatstadt. Möglich macht diese Leistung die Zuladung des Erbauers auf den Sattelschlepper, wodurch ein Zuggesamtgewicht von ca. 113 kg entsteht. Die Bauzeit des ca. 50 cm langen und 28 cm hohen Trucks betrug etwa 2000 Std.

Modellautos

Das teuerste Modellauto ist ein Bernstein-*Porsche 356 A-Speedster* im Maßstab 1:10. Der Grafiker Nick Bock (* 1940) aus Kampen, Sylt, hat den 40 cm langen und 5,5 kg schweren Mini-Wagen aus 4,7 kg blauem dominikanischen Bernstein, 400 g gelbem Bernstein mit Inklusen und 1 kg 925-Silber gebaut. Am 9. Februar 1988 war das Prachtstück nach 1300 Arbeitsstunden für das Haus ADC Georg Dommel, Düsseldorf, fertig. Sein Wert beträgt ca. 300 000 DM: dreimal teurer als ein Original-Fahrzeug.

Den Dauerfahrrekord für Modellautos stellte ein *Scalextric Jaguar XJ 8* vom 2. Mai bis zum 7. Juni 1989 auf, als er nonstop 866:44:54 Std. fuhr und dabei eine Strecke von 2850,39 km zurücklegte - organisiert von Reverend Bryan G. Apps und Gemeindemitgliedern von Southbourne in Bournemouth, Dorset (GB).

Einen 24-Std.-Streckenrekord für Modellautos im Maßstab 1:32 erzielten mit 492,364 km am 5./6. Juli 1986 Mitglieder der North London Society von Model Engineers in Southport (GB) mit einem Gruppe-C-Sportwagen *Rondeau M482C*.

VERKEHR

• Straßenfahrzeuge

Der längste Kurs für Modellautos beträgt 333,52 m. Michael Nuss (* 1967) aus Göppingen (BW) hat seine Märklin-Modellrennbahn am 27. Dezember 1992 im Waldstettener Squash- und Fitness-Center nach wochenlangen Vorbereitungen in drei Tagen aufgebaut

Den kleinsten Dampftraktor baute der Wiener Ingenieur Gerhard Lehner (* 1936). Die Kesselfüllung des 67 x 46 x 52 mm Live-Steam-Modells eines Traktors der Jahrhundertwende reicht für eine 7-Min-Fahrt.

Das kleinste ferngesteuerte Doppeldecker-Reisebus-Modell im Maßstab H0 (13,8 x 2,9 x 4,6 cm) baute der KFZ-Mechaniker Lothar Anders (* 1955) aus Wülfrath (NW). In viermonatiger Bauzeit wurde das dreiachsige Modell eines *Neoplan*-Busses mit lenkfähiger Vorderachse, Antriebsachse mit Antriebsmotor und zweiter Schleppachse gebaut, um stufenloses Vorwärts- und Rückwärtsfahren sowie naturgetreue Fahrbewegungen zu ermöglichen – in einer eigens geschaffenen mobilen Modellfahrzeug-Anlage im H0-Maßstab.

Der größte Mini-LKW fährt mit 30 km/h durch Fürth. Der KFZ-Schlosser Harald Herrmann (* 1964) baute in mehr als 5000 Arbeitsstunden einen *MAN 26.361 DFS*-Sattelschlepper im Maßstab 1:5 originalgetreu nach. Abgesehen vom Getriebe, einem Zweitaktmotor und den aus Japan beschafften Reifen entstanden alle Teile in Herrmanns Werkstatt in mühsamer Handarbeit. Alle Teile sind selbstverständlich funktionsfähig – das gilt auch für Fern- und Abblendlicht, Hupe und Scheibenwischer. Alle Funktionen werden funkferngesteuert. Das 3,5 m lange Fahrzeug mit einem von 3 bis 4,2 m ausziehbaren Sattelzug verschlang ca. 18 400 DM Materialkosten.

Das kleinste funkferngesteuerte Auto kommt aus München. Der Industriemeister Metall Manfred Gibisch (* 1963) hat einen *VW LT 28* nachgebildet, der 7,656 cm lang, 2,885 cm breit und 3,808 cm hoch ist und 116 g wiegt. Nach gut 2 Jahren hat er bis zum 1. November 1987 das Modell gebastelt, das stufenlos in Lenkung und Geschwindigkeit vorwärts und rückwärts dirigiert werden kann, von einem E-Motor angetrieben und mit 8 Nickel-Cadmium-Knopfzellen versorgt wird – natürlich elektronischen Fahrtenregler und Achsschenkellenkung hat.

Das kleinste Auto mit Verbrennungsmotor konstruierte und baute der Diplom-Ingenieur der Produktionstechnik Ronald Schlecker (* 1961) aus Neu-Ulm (BY) mit dem Neu-Ulmer Maschinenbautechniker Walter Neumann. Angetrieben wird das 12,9 x 5,5 x 7,4 cm kleine Gefährt von einem Verbrennungsmotor des Typs COX PEE WEE mit 0,33 cm^3 mit Nitromethan-Gemisch.

Volkswagen-Spielzeugmodelle sammelt seit März 1981 der Lastwagenfahrer Rolf Borner (* 1959) aus Wohlen (CH) aus ganz Europa hat er seine *Käfer*, vom kleinsten 2-mm-Modell bis zum 2100 mm großen ausgedienten Karussell-Blechauto, zusammengetragen. Am 1. April 1992 umfaßte seine VW-Kuriositätenschau insgesamt 3559 verschiedene Modelle aus 23 Materialien.

Sein deutscher Konkurrent, Reinhard Sokoll aus Königslutter (NS), hatte es bis März 1994 auf 2711 Modelle (ausschließlich VW-Käfer) gebracht.

KFZ-Holzmodelle baut seit 1945 originalgetreu im Maßstab 1:25 in Leistenbauweise der Leipziger Blech- und Karosserieschlosser Fritz Beck (* 1928). Alle seine Modelle sind naturholzfarbig, teils dunkel gebeizt, nur geleimt und farblos lackiert. Er baut ausschließlich Anhänger, LKWs, Sattelzugmaschinen und -auflieger, Traktoren, Tank- und Silofahrzeuge. Seine Sammlung umfaßt bereits 135 Einzel-Nutzfahrzeug-Modelle.

Aus Streichhölzern fertigt der Zahntechniker Harald Wirth aus Hof/Saale (S) Modellautos und -motorräder im Maßstab 1:16, 1:24 bzw. 1:8. In durchschnittlich 500-600 Std. entsteht aus mehr als 3000 Zündhölzern jeweils ein Miniaturmodell, ausgestattet mit vielen beweglichen Teilchen, Fenstern zum Kurbeln, Hebeln zum Schalten, Rädern, die wirklich rollen.

Aus Papier entstehen detailgetreue Modellautos im Maßstab 1:10 in Tiefenbach (BY). Der Energieelektroniker Johann Stockbauer (* 1969) fertigt die in Lenkung, Federbeinen, Achsaufhängungen und Reifen vollfunktionsfähigen Modelle in jeweils ca. 200 Std. Bauzeit. Prachtstück ist ein *Ferrari GTO Roadster* aus 8000 ausschließlich aus Papier gefertigten Einzelteilen.

Les Shockleys Düsenlastwagen *Shock Wave* ist der stärkste Truck der Welt.

Foto: Les Shockley

◆ EISENBAHNEN/ SCHIENENFAHRZEUGE

Loks, Strecken, Geschwindigkeiten

Das schnellste Schienenfahrzeug ist ein unbemannter Raketenschlitten, der am 5. Oktober 1982 mit 9851 km/h (Mach 8) über die 15,2 km lange Gleisstrecke des White Sands Missile Range in New Mexiko (USA) raste. Die Höchstgeschwindigkeit eines Zugs mit Passagieren ist 400,7 km/h, erreicht am 4. Februar 1987 von dem Testzug *Maglev* (Magnetbahn) *ML-500* auf der 7 km langen Versuchsstrecke der Japanischen Eisenbahngesellschaft in Miyazaki (Japan).

Die höchste Geschwindigkeit in einem Eisenbahnnetz sind 515,3 km/h, am 18. Mai 1990 zwischen Courtalain und Tours (F) vom französischen Hochgeschwindigkeitszug *TGV (Train à Grande Vitesse)* erreicht. Der *TGV Sud-Est* wurde am 27. September 1981 in Dienst gestellt. Bis zum September 1983 hatte er die planmäßige Fahrzeit über die 425-km-Strecke Paris-Lyon auf exakt 2 Std. reduziert und erreichte damit die Durchschnittsgeschwindigkeit von 212,5 km/h.

Die schnellste Drehstrom-Lokomotive der Welt hat am 6. August 1993 auf der Neubaustrecke Würzburg-Fulda der DB die Geschwindigkeit von 310 km/h erreicht. Die Hochleistungs-Universallok *EuroSprinter* Nr. 127 001 hat eine Leistung von 6400 kW und ist eine Entwicklung der Siemens AG Bereich Verkehrstechnik und der Krauss-Maffei Verkehrstechnik GmbH.

Die leistungsstärksten Lokomotiven der Deutschen Bundesbahn sind die E-Loks der Baureihe *103*. Mit einer Oberleitungsspannung von 15 000 V, 16 2/3 Hz Einphasen-Wechselstrom erreichen sie ihre größte Dauerleistung von 10 100 PS (7440 kW) bei 191 km/h. Die Fahrmotorspannung beträgt dabei 640 V. Die 10-Min.-Kurzzeitleistung ist 14 120 PS (10 400 kW) bei 152 km/h. Die größte zulässige Geschwindigkeit ist 200 km/h. (Für die Lok *103 103* sind es 250 km/h.) Sie werden vor allem im IC- (Intercity-) und D-Zug-Verkehr eingesetzt.

Die Höchstgeschwindigkeit einer Dampflokomotive betrug 201 km/h über eine Strecke von 402 m. Sie wurde am 31. Juli 1938 von der *Mallard* (Wildente) mit der Typenbezeichnung L. N. E. R. 4-6-2 Nr. 4468 (später 60 022) erreicht, die sieben Waggons mit einem Gesamtgewicht von 243 t über Stoke Bank zwischen Grantham und Peterborough (GB) zog. Der Lokomotivführer hieß Joseph Duddington, der Heizer Thomas Bray. Die Lokomotive wurde dabei beschädigt.

Die schnellsten Dampflokomotiven in Deutschland bauten vor dem Zweiten Weltkrieg 1936 die Borsig-Werke in Berlin. Es waren drei Loks der Baureihe *05*, über 26 m lang, mit einer Leistung von 2360 PS (1740 kW). Am 11. Mai 1936 fuhr eine von ihnen (Lok *05 002*) mit 200 t Zuglast auf der Strecke Berlin-Hamburg zwischen den Städten Neustadt a. d. Dosse und Nauen 200,4 km/h. Zwei dieser Loks wurden 1958 verschrottet, die dritte und letzte ist seit 1963 im Verkehrsmuseum von Nürnberg ausgestellt.

Pumpen!

Ein fünfköpfiges Team (1 Anschieber, 4 Pumper) erreichten mit einer Draisine eine Geschwindigkeit von 33,12 km/h auf einer 300-m-Strecke in Rolvenden (GB), die sie am 21. August 1989 in der Rekordzeit von 32,61 Sek. bewältigten.

Einen Weltrekord für Dieselzugkraft stellte am 1. November 1987 die Britische Eisenbahn auf. Ein Zug mit zwei Intercity-Triebwagen 125, der die Fahrgestell-Prototypen vom Typ SIG für die MK-IV-Intercity-Waggons testete, erreichte zwischen Darlington und York 238,9 km/h.

Der erste dieselelektrische Triebwagen der Welt mit wassergekühltem Transistor-Wechselrichter wurde von der Eisenbahn-Aktiengesellschaft Altona-Kaltenkirchen-Neumünster in Dienst gestellt. Der Doppeltriebwagen mit 96 Sitzplätzen wird durch einen 485 kW-Dieselmotor angetrieben und erreicht eine Geschwindigkeit von 105 km/h.

Die stärkste Dampflokomotive, gemessen an ihrer Zugkraft, war die *Nr. 700*, eine dreiteilige Gelenklokomotive vom Typ 2-8-8-8-4, eine 6-Zylinder-Lok, die 1916 von den Baldwin Locomotive Works für die Eisenbahn von Virginia (USA) gebaut wurde. Sie besaß eine Zugkraft von 75 434 kg bzw. 90 520 kg, je nach Ausnutzung des Dampfdrucks. Die stärksten Dampflokomotiven zwischen 1941 und 1961 die amerikanische Union Pacific Railroad. Von den 25 Maschinen der Baureihe *4000* sind noch sieben erhalten.

Der stärkste Bahnfrachtwagen mit einer Kapazität von 807 t ist der 36achsige *Schnabel*. Der 336 t schwere und 92 m lange Transportwagen wurde im März 1981 von Krupp (Essen) für eine amerikanische Bahngesellschaft gebaut.

Der längste Personenzug war 1732,73 m lang, bestand aus 70 Waggons und wog 2786 t, die von einer Elektrolok gezogen wurden. Der Zug der Belgischen Staatsbahn benötigte am 27. April 1991 für die 62 km von Gent nach Ostende 1:11:05 Std.

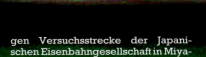

Der InterCityExpress (ICE) der Deutschen Bundesbahn: Der Hochleistungstriebzug für den Hochgeschwindigkeitsverkehr InterCityExpress ist federführend von der Krupp Industrietechnik GmbH in Arbeitsgemeinschaft mit fünf deutschen Schienenfahrzeugherstellern entwickelt und gebaut worden.

Im schnellen Personenfernverkehr fahren die ICE-Züge auf den Neubaustrecken Mannheim-Stuttgart und Hannover-Würzburg sowie zwischen Hamburg/Frankfurt (Main)/München und seit Juni 1992 auch zwischen Hamburg/Würzburg/Nürnberg/München 250 km/h Höchstgeschwindigkeit. Auf besonderen Schnellstrecken und auf Teilstücken der Neubaustrecken erreichen sie sogar 280 km/h.

Schwerstladungen auf der Schiene sind von der Kapazität des rollenden Materials abhängig. Der stärkste Bahn-Transportwagen mit einer Kapazität von 807 t ist der 36achsige *Schnabel* mit 336 t Eigengewicht, im März 1981 von Krupp (Essen) für eine US-Eisenbahngesellschaft gebaut. Der Kraftprotz ist 92 m lang.

Die längste Eisenbahnstrecke der Welt führt auf der Transsibirischen Eisenbahn über eine Entfernung von 9438 km von Moskau nach Nachodka (Rußland) am Japanischen Meer. Die Gesamtreise dauert 8 Tage, 4:25 Std., und der Zug hält dabei an 97 Bahnhöfen.

Die längste und neueste Überland-Eisenbahn der Welt ist die 3145 km lange Strecke Baikal-Amur, deren Bau 1938 begonnen und 1974 neu aufgenommen wurde; am 27. Oktober 1984 wurde sie in Betrieb genommen. Die Strecke führt vom ostsibirischen Ust-Kut nach Konsomolsk an der russischen Pazifikküste. Für den Bau wurden schätzungsweise 382 Mio. m³ Erdreich und Gestein bewegt.

Die längste gerade Schienenstrecke der Welt gibt es bei der Nationalen-Trans-Australien-Eisenbahn. Sie führt von Meilenstein 496 zwischen Nurina und Loongana

VERKEHR 168/169
• Eisenbahnen/Schienenfahrzeuge

(Westaustralien) über die Ebene von Nullarbor bis zum Meilenstein 793 zwischen Ooldea und Watson (Südaustralien) über eine pfeilgrade, wenn auch nicht ebene Strecke von 478 km.

Die breiteste Spurweite im normalen Gebrauch beträgt 1,676 m. Diese Weite ist in Spanien, Portugal, Indien, Pakistan, Bangladesch, Sri Lanka (Ceylon), Argentinien und Chile üblich. 1885 gab es im US-Bundesstaat Oregon eine Holztransportlinie mit einer Spurweite von 2,4 m.

Die schmalste benutzte Spurbreite beträgt ganze 26 cm und wird noch auf zwei Strecken in Norfolk (GB) ein-

Die niedrigstgelegene Bahnlinie in Europa verbindet unter dem Ärmelkanal in 127 m uNN Festlandeuropa mit Großbritannien.

Die steilste Eisenbahnstrecke der Welt ist der Katoomba Scenic Railway in den Blue Mountains Australiens. Sie ist 310 m lang bei einem Gradienten 1 zu 0,82. Eine 220 PS starke Motorwinde zieht den Zug an zwei Stahlkabeln von je 22 mm Durchmesser. Die Fahrt dauert 1:40 Min. und wird jährlich von 420 000 Passagieren in Anspruch genommen.

Das steilste Gefälle mit Schienenhaftung befindet sich mit 1 : 11 zwischen Chedde und Servoz (F) auf der

en, Österreich, Deutschland, wieder zurück nach Österreich, durch Liechtenstein, die Schweiz, Frankreich, Luxemburg und Belgien in die Niederlande, wo sie 22:10 Std. nach ihrem Start eintrafen.

24-Stunden-Eisenbahnfahrten: Um 181 km überbot Oliver Klein (* 1972) aus Solingen (NW) den 24-Std.-Eisenbahnrekord, den Sascha von Ahlen aus Seesen-Engelade (N) zuletzt gehalten hatte. Am 4./5. September 1992 fuhr er mit 17 ICE-, IC-, EC-, D- und E-Zügen 3460 km auf Gleisen der Deutschen Bundesbahn.

Eine noch höhere 24-Std.-Leistung glückte dem Walliser Fritz Brügger

> **THE GUINNESS TIMES**
> ### Schneckentempo im Eurotunnel
> **21. Juni 1993**
> Zum ersten Mal ist am 20. Juni 1993 ein Personenzug durch den Tunnel unter dem Ärmelkanal vom französischen Calais nach dem britischen Folkestone gefahren. Für die 37 km lange Strecke benötigte der Prototyp des *Eurostars*, ein Halbzug mit sieben Waggons, bei Tempo 30 km/h, gezogen – geschoben von zwei Diesellokomotiven mit 30 Technikern, Ingenieuren und Zugführern an Bord, zwei Stunden statt der fahrplanmäßig nach der regulären Eröffnung der Strecke vorgesehenen 30 Minuten.

gesetzt: bei den Wells Harbour Railways (über 1,12 km) und den Wells-Walshingham Railways (6,5 km).

Die höchstgelegene Bahnlinie ist die Central Railway der Peruanischen Staatsbahn von Lima nach Oroya. Sie erreicht eine Höhe von 4818 m üNN. 57 Tunnel und 59 Brücken ermöglichen die Streckenführung.

Die höchstgelegene Eisenbahn Europas, die ohne Zahnradantrieb fährt, verkehrt zwischen St. Moritz (CH) und Tirano (I) über den 2323 m hohen Berninapaß mit 7 Prozent Gefälle.

Die tiefste Bahnstrecke der Welt befindet sich im Seikan-Tunnel zwischen den japanischen Inseln Honshu und Hokkaido. Die Gleise wurden 240 m unter der Tsugaro-Meerenge verlegt. Der 53,8 km lange Tunnel wurde am 13. März 1988 eröffnet.

Chamonix-Linie der französischen Staatsbahn SNCF, die 1 m Spurweite hat.

Die größte Steigung im Netz der Deutschen Bahn AG muß bei Boppard-Kastellaun (RP) auf dem Weg in den Hunsrück hinauf überwunden werden. Das Steigungsverhältnis auf der 7 km langen Strecke ist 1 : 16,4.

Die Bahnlinie mit den meisten Passagieren ist die East Japan Railway Co. (Japan), die täglich 16,306 Mio. Fahrgäste befördert und damit einen Jahresumsatz von umgerechnet 31 Mrd. DM erzielte.

Die meisten Länder in 24 Std. bereisten am 1./2. Mai 1993 Alison Bailey, Ian Bailey, John English und David Kellie, die es auf 11 Länder brachten. Ihre Bahnreise begann in Ungarn, führte durch die Slowakei, Tschechi-

(* 1959) aus Blattern b. Naters (CH) – allerdings auf dem Streckennetz der französischen Staatsbahnen. Am 24./25. November 1991 benutzte er sechs *TGV Atlantique* von Bordeaux nach Bordeaux und kam auf 3568 Reisekilometer.

Auf Rekordjagd mit den Deutschen Bahnen durch die 16 Bundesländer gingen die Schweizer Eisenbahnfreaks Eugen Märkt, Dietmar Reiner, Werner Schnabl und Bruno Strobel am 15. März 1993. Mit sechs Zugverbindungen hatten sie in 19:46 Std. auf 2048 Bahnkilometern Deutschland durchquert.

Mit 21 Zügen der Schweizerischen Bundesbahnen fuhren die Kenzinger Rekordjäger Eugen Märkt, Dietmar Reiner, Werner Schnabl und Bruno Strobel in 23:44 Std. am 14. September 1992 durch alle 26 Kantone mit

mindestens einem Halt in jedem. Mit 20maligem Umsteigen erzielten sie auf ihrer Tour de Suisse 1478 km vorbei an 594 Bahnhöfen mit 164 Haltestellen.

Der Eisenbahnclub Kenzingen ging mit seinen Mitgliedern Bruno Strobel, Eugen Märkt, Werner Schnabl und Michael Kühl erneut auf Rekordjagd – jetzt in schnellstmöglicher Zeit mit den wenigsten Zügen durch alle neun österreichischen Bundesländer zu fahren. Vorsichtshalber führten sie am 13. und tags darauf am 14. März 1994 gleich zwei Schnellrekordfahrten mit Zügen der Österreichischen Bundesbahnen durch: Von St. Veit bis Langen/Arlberg schafften sie es zunächst mit vier Zügen in genau 14 Std. und mit dem Versuch zwei vom Halt Friesach bis Langen/Arlberg beendeten sie ihre Österreich-Exkursion mit fünf Zügen sogar in 13:28 Std.

Der *Train à Grande Vitesse* ist der schnellste Eisenbahnzug der Welt. Er rast mit bis zu 515,3 km/h durch die französische Landschaft.
Foto: Sipa Press/Chamussy

Bahnhöfe

Der weltgrößte Bahnhof ist der Grand Central Terminal in New York City, erbaut von 1903 bis 1913. Auf zwei Etagen bedeckt er eine Fläche von 19 ha, in der oberen Etage befinden sich 41, in der unteren 26 Gleisstrecken. Im Tagesdurchschnitt benutzen 550 Züge und 200 000 Fahrgäste den Bahnhof im Herzen von Manhattan.

Als größter Bahnhof in Europa gilt der Hauptbahnhof von Leipzig (S). Die Sandsteinfassade des Empfangsgebäudes hat eine Länge von 298 m. Die 26 Gleise münden auf dem 32 m breiten Querbahnsteig, von dem sechs Längshallen abgehen, die die Gleise überspannen. Jede Halle ist 45 m breit und 220 m lang. Nach 13 Jahren Bauzeit wurde der Sackbahnhof im Jahr 1915 dem Verkehr übergeben.

Der flächenmäßig größte deutsche Bahnhof ist der Rangierbahnhof Maschen (N). Er umfaßt mit einem Gleisnetz von 287 km Länge, 280 ha und hat 285 Weichen, 29 Brücken und 38 Gebäude. Seine Kapazität beläuft sich auf 11 000 Waggons täglich. Mit Zulaufstrecken sind es 300 km Gleise, 310 ha, 1014 Weichen, 47 Brücken und 54 Gebäude.

Der höchstgelegene Bahnhof der Welt ist Condor in Bolivien, 4786 m üNN, an der Meter-Spurstrecke von Rio Mulato nach Potosi.

Der höchstgelegene Bahnhof Europas liegt in der Schweiz an der elektrischen Zahnradbahn auf die Jungfrau. Es ist die Bergstation Jungfraujoch mit einer Höhenlage von 3454 m üNN.

Der höchstgelegene IC-Bahnhof Deutschlands liegt an der Strecke Garmisch-Partenkirchen-Mittenwald: Bahnhof Klais in 963 m Höhe.

Der höchstgelegene deutsche Bahnhof liegt an der Schwarzwaldstrecke Titisee-Seebrugg (BW). Es ist der 967 m hoch gelegene Bahnhof Bärental am Feldberg.

Die meisten Fahrgäste Deutschlands hat der Hauptbahnhof München mit an Werktagen etwa 410 000 Personen (einschl. S-Bahn-Verkehr). Er hat auch die meisten Bahnsteiggleise (insgesamt 32). Die Länge der Bahnhofsanlage beträgt 1,9 km, die der Frontfassade 174 m.

Der größte Güterbahnhof ist Bailey Yard in North Platte, Nebraska (USA), mit einer Fläche von 1153 ha und 418 km Gleislänge. Durchschnittlich werden dort pro Tag 108 Züge und 8500 Waggons abgefertigt.

Das größte Magnetschwebefahrzeug der Welt, die Magnetbahn Transrapid, steht seit Mai 1984 auf der Versuchsanlage im Emsland zwischen Lathen und Papenburg im Dauertest. Der von der Krauss-Maffei AG hergestellte und von der Messerschmitt-Bölkow-Blohm GmbH mit einem magnetischen Trag- und Führungssystem ausgestattete Zug ist 54,2 m lang, wiegt 122 t und kann 196 Personen befördern.

Auf der insgesamt 31,5 km langen *Transrapid* Versuchsanlage Emsland (TVE) wurde am 1o. Juni 1993 die Rekordgeschwindigkeit von 450 km/h erreicht. Die von Thyssen-Henschel in Kassel neugebaute Magnetschnellbahn *Transrapid 07* ist um 20 t leichter und soll eine Betriebsgeschwindigkeit von 460 km/h bekommen mit einer Höchstgeschwindigkeit von 500 km/h.

Ab 1996 soll die erste reguläre *Transrapid*-Trasse gebaut werden. Die Magnetbahn soll dann ab 2004 die 285 km lange Strecke Hamburg-Berlin in 53 Min. überwinden.

Den Rekord für ein unbemanntes Magnetschwebefahrzeug hält das japanische Versuchsfahrzeug *ML 500* der Japanischen Eisenbahn (JNR) mit 517 km/h (erreicht am 21. Dezember 1979).

Der *Transrapid* ist nicht nur das schnellste Magnetschwebefahrzeug, sondern hält auch den Rekord der Dauerfahrt. Am 6. Mai 1993 legte der *TR 07* auf der 31,5 km langen Transrapid Versuchsanlage Emsland (TVE) eine Strecke von 1675 km in Dauerfahrt zurück. Das entspricht in etwa einer Entfernung von Hamburg bis Rom.

»Unternehmen Zukunft«: Die Reform der Bahn

Seit dem 1. Januar 1994 erscheint der Zugverkehr in Deutschland in neuem Gewand: Deutsche Bundesbahn und Deutsche Reichsbahn haben sich zur Deutschen Bahn AG zusammengeschlossen. Damit wurde die Wiedervereinigung auch auf dem Gleis vollzogen: Die beiden Bundesbehörden haben sich zu einem Privatunternehmen zusammengeschlossen, das allerdings dem Bund zu 100 Prozent gehört. Die DB AG ist ein Unternehmen der Superlative: Mit 360 960 Mitarbeitern ist sie der größte Arbeitgeber Deutschlands. Täglich fahren auf 40 457 km Strecke insgesamt 13 607 Lokomotiven, 16 273 Reise- und 233 066 Güterwagen. 1993 wurden insgesamt 1993 856,2 Mio. km Strecke zurückgelegt, 1435,1 Mio. Reisende und 315,4 Mio. t Gut befördert.

Foto: *DER TAGESSPIEGEL*/Thilo Rückeis

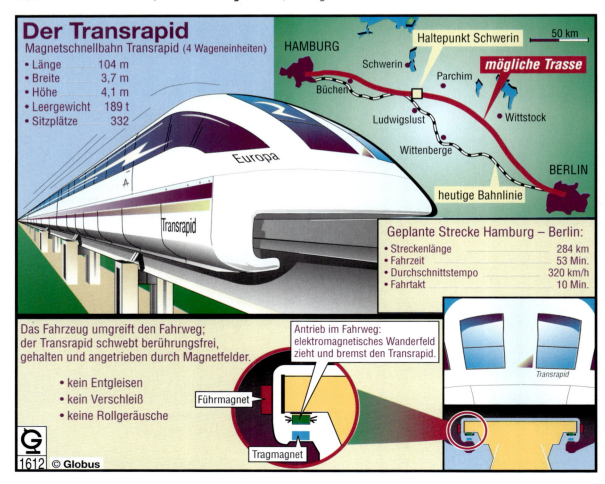

VERKEHR 170/171
• Eisenbahnen/Schienenfahrzeuge

Eine Luftaufnahme des gewaltigen Güterbahnhofs Bailey Yard in North Platte, Nebraska (USA).
Foto: Union Pacific Railroad

Der längste Modellbahnzug

Der längste Modellbahnzug der Welt in Spurweite H0 mit einer Länge von 242,42 m ohne Lokomotiven fuhr am 1. November 1993 auf Gleis 1 im Stuttgarter Hauptbahnhof (BW). Die Mitglieder des Modelleisenbahn-Club Stuttgart und der Modellbahngruppe Stuttgart des Bundesbahn-Sozialwerks hatten 2108 Güterwagen aufgegleist und aneinandergekoppelt, die von 10 Güterzuglokomotiven DB 194 (*Krokodil*) 35,14 m weit gezogen wurden. Umgerechnet auf den Maßstab 1:1 entspricht das einer Zuglänge von 24,473 km. Eine Lokomotive der Baureihe 151 von Märklin, Spurweite Z, zog im November 1989 aus eigener Kraft 174 Güterwagen (Gesamtlänge 10 m) auf einem geraden Schienenstrang 15 m weit. Damit konnte Klaus Niggemann aus Unna-Massen (NW) seinen Rekord vom November 1985 um 74 Güterwagen verbessern.

Eine Rekordfahrt schaffte am 2. April 1989 eine serienmäßige Roco-Lok auf einem 108 m langen Oval in der Lehrter Turnhalle (N). Der Modelleisenbahnverein Lehrte hatte einen 74 m langen und 40 kg schweren Zug aus 400 6achsigen Erzwagen (2400 Achsen) zusammengestellt. Im zweiten Anlauf zog die 20-cm-Lok den Rekordzug eine Runde durch das Oval.

Der längste Modellbahnzug der Welt fuhr am 1. November 1993 auf Gleis 1 des Stuttgarter Hauptbahnhofs.

Fotos: Messe Stuttgart International

VERKEHR

• Eisenbahnen/Schienenfahrzeuge

U-Bahnen

Das ausgedehnteste U-Bahn- oder Schnellverkehrsbahn-System der Welt - insgesamt gibt es 80 Nahverkehrsunternehmen dieser Art- ist die London Underground mit 270 Bahnhöfen auf 408 km Strecke, von denen 135 km gebohrte Tunnel sind und 32 km in abgedeckter Tieflage verlaufen. Die Underground beschäftigt 17000 Mitarbeiter und fährt 273 Bahnhöfe an. Die 570 Züge bestehen aus insgesamt 4134 Waggons und haben 1992/93 728 Mio. Fahrgäste befördert. Die längste Fahrt ohne Umsteigen führt von Epping nach West Ruislip über eine Strecke von 54,9 km.
Der Rekord für das Abfahren aller 270 Stationen (einschließlich des am 12. April 1986 eröffneten Bahnhofs Heathrow Terminal 4) ist 18:41:41 Std., aufgestellt am 30. Juli 1986 von dem Quintett Robert A. Robinson, Peter D. Robinson, Timothy J. Robinson, Timothy J. Clark und Richard J. Harris.

Das am stärksten beanspruchte U-Bahn-System ist das der russischen Hauptstadt Moskau. In seinen Glanzzeiten kam das 1935 in Betrieb genommene Netz auf 3,3 Mrd. Benutzer, obschon die Zahl bis 1991 auf 2,5 Mrd. zurückging. Zur Moskauer U-Bahn gehören 122 Bahnhöfe (von insgesamt 21 Umsteigebahnhöfen tragen elf Bahnhöfe mehr als einen Namen) auf 239,3 Streckenkilometern. Seit Inbetriebnahme 1935 ist der Fahrpreis von 5 Kopeken bis 1991 stabil geblieben, wurde dann jedoch auf 3 Rubel erhöht.
Die Rekordfahrt über alle 122 Bahnhöfe dauerte 9:39:50 Std., absolviert am 9. Dezember 1988 von Dr. Peter Altman aus Edgware und Jackie Smith aus Bobblestock (GB).

Die U-Bahn mit den meisten Bahnhöfen ist das Netz der New York City Metropolitan Transportation Authority, dessen erster Tunnelabschnitt am 27. Oktober 1904 (vorher gab es schon Hochbahnlinien) in Betrieb genommen wurde. Das Netz mit insgesamt 469 Bahnhöfen, von denen 277 unterirdisch liegen, umfaßt eine Strecke von 383 km und hat täglich schätzungsweise 5 Mio. U-Bahn- und Busfahrgäste.

U-Bahn-Fan

Der Berliner Klaus-Martin Kersten ist auch der eifrigste U-Bahn-Rekordhalter: Von den 80 U-Bahnen, Metros und Subways, die es zur Zeit weltweit gibt, hat er inzwischen 60 befahren (Stand März 1994). Jetzt plant er, in Berlin ein U-Bahn-Museum aufzubauen. Im Gegensatz zu den Museen, die es in verschiedenen Städten gibt, die aber immer nur ihre eigenen Nahverkehrsmittel zeigen, soll das Untergrundbahn-Museum in Berlin die außerordentliche Vielfalt der 80 U-Bahn-Systeme darstellen.

Das älteste und längste U-Bahn-Netz mit den meisten Linien von allen deutschen Städten hat Berlin. Die erste (Teil-)Strecke wurde bereits am 15. Februar 1902 offiziell dem Verkehr übergeben.
Zehn Jahre nach seinem ersten Rekord fuhr der Kaufmann Klaus-Martin Kersten mit seinem Sohn Kai-Uwe erneut, diesmal das gesamte Berliner U-Bahn-Netz, in Bestzeit ab. Mit nur 7:32 Std. schaffte er am 22. November 1991 die schnellste Abfahrt auf dem Netz mit 160 Bahnhöfen auf 142 km Streckenlänge. Allerdings mußte er insgesamt 234 km zurücklegen und 264 Bahnhöfe anfahren, um in einer Fahrt mit nur 14maligem Umsteigen seinen neuen Rekord zu erzielen.
Von den weltweit 80 Städten, die ein Untergrundbahn-System betreiben, sind neben London, Moskau und New York besonders Paris und Tokio zu nennen. Sie alle haben ein Netz von über 200 km Länge.
Die Métro in Paris zählt zu den ältesten der Welt. Die erste Linie wurde am 19. Juli 1900 zur Weltausstellung eröfffnet. Auf einer Länge von 202,9 km sind 293 Bahnhöfe, davon 55 Umsteigebahnhöfe, vorhanden. Das unterirdische Gewirr von Zu-, Über- und Ausgängen innerhalb der Sperren ist so angelegt, daß sich die Fahrgäste auf ihren entgegengesetzten Wegen nicht treffen. Ein solches Einbahn-Wege-System ist einmalig auf der Welt und hat zur Folge, daß sich die in die verschiedenen Richtungen strömenden Menschen gegenseitig nicht in die Quere kommen und so zum Beispiel das Umsteigen wesentlich schneller vonstatten gehen kann. Mit zahlreichen Jugendstil-Eingängen hat die Metro das Pariser Stadtbild mitgeprägt.
Das Hamburger U-Bahn-Netz hat auf 3 Linien 87 Bahnhöfe, davon 10 Umsteigebahnhöfe (nur auf die U-Bahn bezogen) und 98,1 km (davon 31,2 km im Tunnel) Streckenlänge.
Am 8. Oktober 1988 erneuerte Kai Bruchmann (* 1968) seinen Rekord und fuhr das Hamburger U-Bahn-Netz in Rekordgeschwindigkeit ab. Der Postangestellte erreichte zusammen mit dem Bundeswehrsoldaten Karsten Filor (* 1965) die Zeit von 4:01 Std. für alle drei U-Bahn-Strecken.
Das Münchner U-Bahn-Netz mit seinen 6 Linien und 65 Stationen bei 58,2 km Netzlänge hält den Mathematikstudenten Thomas Kantke (* 1964) auf Trab. Seinen eigenen Rekord im schnellsten Abfahren des Münchner U-Bahn-Netzes überbot er am 10. März 1989. In 2:11:27 Std. legte er 63 379 m mit durchschnittlich von 28,929 km/h zurück. Auf seiner Fahrt mußte er neunmal umsteigen.

Modelleisenbahnen

Die längste überwachte Fahrt einer Modell-Dampflokomotive fand am 7./9. September 1979 in Thames Ditton (GB) statt. Sie dauerte 27:18 Std. und erstreckte sich über 231,7 km. Die Bahn namens *Winifred* (gebaut 1974 von Wilf Grove) mit einer Spurweite von 18,4 cm arbeitet mit einem Druck von 5,6 kg/cm^2, wird mit Kohle geheizt, hat einen Zylinder mit einem Innendurchmesser von 54 mm und einen Hub von 79 mm.

Der Nonstop-Dauerrekord für eine Modelleisenbahn (Lokomotive mit 6 Wagen) beträgt 1219 Std. Die »mini-club-Lokomotive 8885« (Märklin) war bei der Rekordfahrt, dem Maßstab 1 : 220 entsprechend, auf ein 130-km/h-Tempo eingestellt und erreichte ohne Reparatur und Pflege umgerechnet 158 400 km, die reale Entfernung betrug 720 km, bei einem Test im Jahr 1981.

Die kleinste Miniaturbahn, eine 3 mm lange Lok, hat der Betriebsingenieur Günter Brenner (* 1923) aus Hohenpeißenberg (BY) Eisenbahnfreunden am 15. März 1992 vorgestellt. Der Winzling fährt mit Beleuchtung auf dem Rand eines Pfennigstücks mit 0,75 mm Spurbreite, angetrieben von 3 V Wechselstrom. Drei Jahre zuvor hatte er bereits mit einer 4,2 mm langen Mini-Bahn, die auf einer Spurbreite von 0,8 mm um ein 2-Pfennigstück fuhr, überrascht.

Mit der Modelleisenbahn nach St. Petersburg

Die längste Modelleisenbahn-Strecke der Nennweite TT wurde am 15. Januar 1994 im Haus der Wissenschaft und Kultur der russischen Föderation in Berlin vom Club Weinbergsweg e. V. und dem Veranstalter ConCultura geschaffen. Die aus gebrauchten und fabrikneuen Gleisstücken zusammengesetzte Trasse ohne Weichen, jedoch mit Kreuzungen, war 364,6 m lang. Ein Dampflok- und ein Diesellok-Modell durchfuhren die Gleisschleife, nachdem über Anschlußgleisstücke an acht Punkten Spannung eingespeist wurde. Alles Material war von der Berliner und der Brandenburger Bevölkerung gespendet worden. Die Strecke soll in St. Petersburg wieder aufgebaut werden und den Grundstock bilden für ein Museum der Technischen Spielzeuge und des Spielens innerhalb eines Hauses für obdachlose Kinder und Jugendliche.

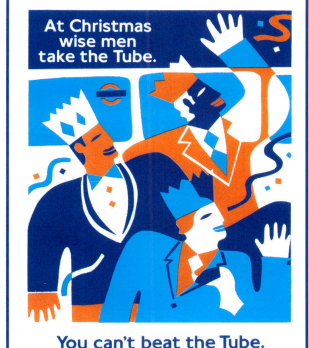

> ### Geschwindigkeit!
>
> Der Mach-Maßstab für Flugzeuggeschwindigkeiten wurde von Professor Ackeret aus Zürich eingeführt. Die Machzahl ist das Verhältnis der Geschwindigkeit eines sich bewegenden Körpers zur lokalen Schallgeschwindigkeit. Dieses Verhältnis hat 1887 als erster Dr. Ernst Mach (1838-1916) aus Wien festgestellt. Mach 1 entspricht in Meereshöhe bei 15°C einer Geschwindigkeit von 1224,67 km/h und wird vereinbarungsgemäß mit konstant 1061,81 km/h über 11 000 m Höhe angenommen.

◆ LUFTFAHRT

Der erste Flug mit einem Düsenflugzeug wurde von dem deutschen Flugkapitän Erich Warsitz am 27. August 1939 bei Marienehe nahe Rostock in der mit einem Strahltriebwerk der Firma Heinkel ausgerüsteten *He 178* ausgeführt. Das Flugzeug war mit einem Heinkel-He-S3-b-Motor ausgerüstet (378 kg Schub im Stand, eingebaut mit langem Auspuffrohr), der von Dr. Hans Pabst von Ohain entwickelt und erstmalig im August 1937 erprobt worden war.

Den ersten Überschallflug gelang am 14. Oktober 1947 Captain (später Brigadegeneral) Charles Elwood Yeager (* 13. Februar 1923) in einem Raketenflugzeug *Bell X-1* über dem Lake Muroc, Kalifornien (USA). In einer Höhe von 12 800 m erreichte er Mach 1,015 (1078 km/h). Die Maschine befindet sich heute in der Smithsonian Institution, Washington D.C. (USA).
Die ehemals sowjetische *Tupolew TU-144*, erstmals am 31. Dezember 1968 geflogen und damit das erste in Betrieb genommene Überschall-Linienflugzeug, war ursprünglich als Frachtflugzeug in Dienst gestellt worden.

Die erste Überquerung des Nordatlantiks in der Luft in West-Ost-Richtung wurde von Korvettenkapitän (später Konteradmiral) Albert Cushion Read (1887-1967) und seiner Besatzung (Stone, Hinton, Rodd, Rhoads und Bresse) mit dem 84 Knoten (155 km/h) schnellen *Curtiss-Flugboot NC-4* der amerikanischen Marine auf der Strecke von Trepassey Harbour in Neufundland (Kanada) über die Azoren nach Lissabon (P) vom 16. bis 27. Mai 1919 durchgeführt. Die gesamte Flugzeit über eine Strecke von 7951 km, die am 8. Mai in Long Island, New York (USA), begann und am 31. Mai in Plymouth (GB) endete, betrug 53:58 Std.

Den ersten Nonstopflug über den Atlantik gelang 18 Tage später. Der Pilot, Captain William Alcock (1892-1919), und sein Navigator, Leutnant Arthur Whitten Brown (1886-1948), starteten am 14. Juni 1919 um 16 Uhr 13 GMT in St. Johns, Neufundland (Kanada), und landeten am 15. Juni um 8 Uhr 40 GMT in Derrygimla in der irischen Grafschaft Galway. Die 3154 km lange Strecke flogen sie in einer *Vickers Vimy*, die von zwei je 360 PS (300 kW) starken *Rolls-Royce*-Motoren vom Typ Eagle VIII angetrieben wurde.

Die erste Ost-West-Atlantiküberquerung gelang am 12. April 1928 den Deutschen Hermann Köhl (1888-1938), Freiherr Ehrenfried Günther von Hünefeld (1892-1929) zusammen mit dem Chef des irischen Luftcorps, Oberst James C. Fitzmaurice (1898-1965), mit einer auf den Namen *Bremen* getauften *Junkers*-Maschine W 33. Sie starteten in Irland und landeten nach 36:20 Std. auf der Insel Greenly Island vor Neufundland (Kanada). Nach einer Triumphfahrt durch die Vereinigten Staaten verlieh ihnen US-Präsident Calvin Coolidge (1872-1933) die höchste amerikanische Fliegermedaille.

> ### Kürzester!
>
> Der kürzeste Linienflug wird seit September 1967 von Loganair zwischen den schottischen Orkney-Inseln Westray und Papawestray angeboten und seitdem mit zweimotorigen, zehnsitzigen *Britten-Norman-Islander*-Maschinen durchgeführt. Zwar weist der Flugplan eine Flugdauer von 2 Min. aus, doch bei günstigem Wind gelang Captain Andrew D. Alsop schon einmal ein 58-Sek.-Flug. Das Einchecken dauert übrigens 20 Min.

Der erste Alleinflug über den Atlantik: Captain (später Brigadegeneral) Charles August Lindbergh (1902-74) war der 79. Pilot, der eine Atlantiküberquerung durchführte, aber er war der erste, der sie allein vornahm. Er startete am 20. Mai 1927 mit seinem 220-PS-Einsitzer *Spirit of St. Louis* vom Typ Ryan um 12 Uhr 52 GMT vom Roosevelt-Flugplatz in Long Island, New York (USA), und landete am 21. Mai 1927 um 22 Uhr 21 GMT auf dem Flugplatz von Le Bourget in Paris (F) nach einer Flugzeit von 33:29:29 Std. über eine Strecke von 5810 km. Er gewann den schon 1919 von dem New Yorker Hotelier und Millionär Raymond Oröfg für die Ein-Mann-Nonstop-Atlantiküberquerung von New York nach Paris ausgesetzten Preis von 25 000 Dollar.

Den ersten Nonstop-Transpazifikflug führten Major Clyde Pangborn und Hugh Herdon vom 3. bis 5. Oktober 1931 in einer Zeit von 41:31 Std. über eine Strecke von 7335 km mit dem *Bellanca*-Kabinenflugzeug *Miss Veedol* von Sabishiro Beach (Japan) nach Wenatchee, Washington (USA), durch.

Das Flugzeug mit der größten jemals konstruierten Spannweite ist das *Hughes-H4-Hercules*-Flugboot, bekannt unter dem Namen *Spruce Goose* und 1947 für 40 Mio. Dollar gebaut. Die achtmotorige 193 t schwere Maschine hat eine Spannweite von 97,51 m bei einer Länge von 66,64 m. Am 2. November 1947 wurde sie vor der Küste von Long Beach Harbor, Kalifornien (USA), bei einem Testflug über 1000 Yards (914 m) von Pilot (und Multimillionär) Howard Hughes 21,3 m hoch in die Luft gebracht, ist danach aber nie wieder geflogen.
Unter den derzeit gebauten Flugzeugen hat die ukrainische *Antonow An-124* eine Spannweite von 73,3 m und die *Boeing 747-400* eine Spannweite von 64,92 m. Eine modifizierte sechsmotorige Version der *An-124*, auf das Kürzel *An-225* getauft, hat eine Flügelspannweite von 88,4 m.
Am 26. Januar 1984 wurde der 40 Mio. Dollar (103 Mio. DM) teure *Piasecki Heli-Stat* in Lakehurst, New Jersey (USA), ausgestellt. Er besteht aus einem »Gerippe« aus Leichtmetall und Verbundmaterialien, an das vier Helikopter vom Typ *Sikorsky SH-34J* und die Hülle eines Luftschiffs *Goodyear 2PG-2* montiert werden können. Konstruiert für den Einsatz bei der amerikanischen Waldschutzbehörde, hat der *Heli-Stat* eine Gesamtlänge von 104,55 m und ist für eine Zuladung von 21,4 t ausgelegt. Am 1. Juli 1986 machte er eine Bruchlandung.

> ### 1088 Menschen in einem Flugzeug
>
> Am 24. Mai 1991 wurde ein Rekord aufgestellt, als 1086 äthiopische Juden in einem einzigen Flugzeug nach Israel ausgeflogen wurden. Das waren mehr als doppelt so viele Passagiere, wie der Jumbo Jet normalerweise faßte. Es dürfte nicht überraschen, daß sich noch nie so viele Menschen in einem Verkehrsflugzeug gedrängelt hatten. Während des Fluges wurden zwei Kinder geboren, so daß bei der Ankunft in Israel 1088 Menschen an Bord waren.
> Der Flug war einer von 40 Flügen, mit denen innerhalb von 24 Std. 14 200 Juden aus der belagerten äthiopischen Hauptstadt Addis Abeba in das Gelobte Land evakuiert wurden. Die Operation mit dem Kodenamen *Salomon* war mit diplomatischer Unterstützung der USA mehrere Wochen lang vorbereitet worden. Dabei hatte sich Präsident Bush persönlich eingeschaltet, indem er die äthiopische Regierung bat, die Luftbrücke zu gestatten. Die Leitung der Operation lag in den Händen der Jewish Agency for Israel und der israelischen Fluggesellschaft El Al.

Einen Triebwerkweltrekord stellte dieser Jumbo Jet vom Typ *Boeing 747-200* der Lufthansa im September 1993 auf: Innerhalb von 5 Jahren erreichte die Maschine 24 000 Flugstunden, ohne daß das Triebwerk – ein Motor von General Electric CF 6-50 – ausgewechselt und überholt werden mußte. Lufthansa feiert diesen Erfolg als Ergebnis einer guten, auf langfristige Wirtschaftlichkeit ausgelegten Wartung und laufender Überwachung. Triebwerke sind hohen Belastungen ausgesetzt. Beim Start müssen sie in kurzer Zeit ihre maximale Leistung entwickeln – bei einem CF 6-50 sind das rund 26 t. Bei der Verbrennung des Kerosin-Luftgemisches im Inneren des Motors entstehen Temperaturen von bis zu 1300°C.

Fotos: Deutsche Lufthansa

VERKEHR

• Luftfahrt

Das erste Elektroflugzeug ist die *MB-E 1*. Ausgestattet mit einem Bosch-8-kW-Motor (10,7 PS) und einer Flügelspannweite von 12 m, wiegt es 400 kg und ist 7 m lang. Seinen Jungfernflug machte der von dem amerikanischen Flugzeugmodellbauer Fred Militky entworfene Flieger am 21. Oktober 1973.

Ein ultraleichtes Flugzeug (Höchstgewicht 111 kg, Höchstgeschwindigkeit 104,6 km/h, 19 l Treibstoffkapazität) wurde am 3. August 1985 von Anthony A. Cafaro (* 30. November 1951) in Maryville, New York (USA), 7:31 Std. geflogen. Während des Flugs nahm die einsitzige Maschine *Gypsy Skycycle* 9mal Treibstoff auf.

Mit einem Ultraleicht-Flugzeug flog der Wachmann Manfred Reiter (* 1961) aus Moosburg innerhalb von 9:17 Std. 10 Flugplätze in Bayern an, wobei die reine Flugzeit 5:54 Std. betrug. Gestartet war ManfredReiter am 7. August 1993 um 9 Uhr 05 in Landshut-Ellermühle, wo er um 18 Uhr 22 auch wieder landete. Auf seiner Flugstrecke von 450 km mit einer Durchschnittsgeschwindigkeit von 70 bis 80 km/h verbrauchte er 50 l Benzin.

Das mit Sonnenenergie betriebene Flugzeug *Solar Challenger,* entwickelt von einer Gruppe unter Leitung von Dr. Paul MacCready, wurde am 20. November 1980 erstmals allein mit Solarantrieb geflogen. Am 7. Juli 1981 wurde die *Solar Challenger* das erste Flugzeug seiner Kategorie, das den Ärmelkanal überquerte; Pilot war Steve Ptacek (USA). Vom Startort Pontois-Corneilles bei Paris flog er die 262,3 km in 3353 m Höhe bis Manston (GB) in 5:23 Std. Die Spannweite des Flugzeugs ist 14,3 m.

Das kleinste jemals geflogene Flugzeug ist die *Bumble Bee Two*, entworfen und gebaut von Robert H. Starr aus Arizona (USA). Sie war 2,64 m lang bei einer Flügelspannweite von 1,68 m und hatte ein Leergewicht von 179,6 kg. Die höchste erreichte Geschwindigkeit war 306 km/h. Am 8. Mai 1988 stieg sie annähernd 120 m hoch, stürzte ab und erlitt Totalschaden.

Der kleinste jemals geflogene Eindecker ist die *Baby Bird*, entworfen und konstruiert von Donald R. Stits. Sie hat bei einer Flügelspannweite von 1,91 m eine Länge von 3,35 m und ein Leergewicht von 114,3 kg. Der Antrieb besteht aus einem 55-PS-Zweizylinder-Hirth-Motor, der *Baby Bird* zu 177 km/h Spitzengeschwindigkeit beflügelt. Erster Pilot war Harold Nemer am 4. August 1984 in Camarillo, Kalifornien (USA).

Jungfernflug erfolgreich absolviert

Das neue Langstrecken-Verkehrsflugzeug, die *Boeing 777*, ist fertig. Es wurde am 8. April 1994 in den Boeing-Werken in Everett, Washington (USA), vorgestellt und bestand knapp zwei Monate später seinen ersten Flug. Das mit 63,7 m längste zweistrahlige Flugzeug der Welt wird ab Mai 1995 für die Fluggesellschaft United fliegen. Weitere 15 Gesellschaften, darunter British Airways und Lauda Air, haben bereits insgesamt 147 Stück des Fliegers bestellt, der als direkter Konkurrent des europäischen *Airbus A330* und der amerikanischen *McDonell-Douglas MD 11* gilt.
Die *Boeing* »triple seven« kann bis zu 375 Passagiere aufnehmen und besitzt eine Reichweite von maximal 13 584 km, was der Strecke London-Los Angeles entspricht. Kosten wird der Jet zwischen 191 und 241 Mio. DM.
Boeing plant bereits ein weiteres Langstreckenflugzeug für 600 Fluggäste. Innerhalb von zehn Jahren soll ein dreigeschossiger Super-Jumbo fertiggestellt werden. Neben dem normalen Innenraum soll er dann eine Bar, Büros, ein Kino und einen Duty-Free Shop beinhalten. British Airways zeigt bereits jetzt Interesse.

Foto: ap

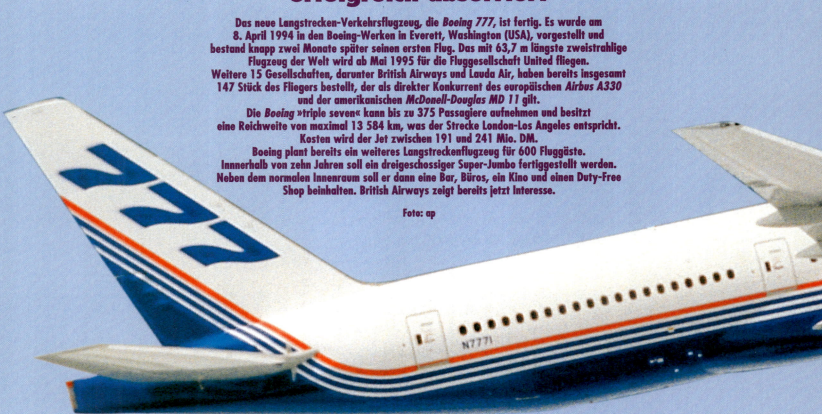

Als kleinstes zweimotoriges Flugzeug gilt die die *Colomban MG15 Cricri*, die erstmals am 19. Juli 1973 geflogen wurde. Sie hat eine Flügelspannweite von 4,9 m und eine Gesamtlänge von 3,91 m. Angetrieben wird sie von aus zwei JPX PUL-Motoren mit je 15 PS (11kW) Leistung.

Der kleinste Jet ist die *Silver Bullet* mit einer Spannweite von 5,2 m. Die von Bob Bishop (USA) konstruierte Maschine wiegt 196 kg und bringt es auf 450 km/h.

Das größte Verkehrsflugzeug der Welt ist der Jumbo Jet – die *Boeing 747-400*. Den ersten Flug unternahm der Jumbo am 9. Februar 1969; er hat eine Kapazität von 385 bis zu mehr als 560 Passagieren bei einer Höchstgeschwindigkeit von 969 km/h. Die Flügelspannweite beträgt 59,6 m, die Länge 70,7 m. Am 22. Januar 1970 ging der Jumbo Jet in den Liniendienst.

Als schnellstes Verkehrsflugzeug gilt die *Tupolew Tu-14*, am 31. Dezember 1968 in Dienst gestellt, die schon 2,4 Mach (2587 km/h) erreicht haben soll. Die normale Fluggeschwindigkeit lag jedoch bei 2,2 Mach. Als erste Zivilmaschine erreichte die *Tu-14* Mach 1 am 5. Juni 1969 und Mach 2 am 26. Mai 1970. Fahrplanmäßig verkehrt der Jet seit dem 26. Dezember 1975 als Fracht- und Postflugzeug.
Die *Concorde*, britisch-französisches Gemeinschaftsprodukt von BAC und Aérospatiale, flog zum ersten Mal am 2. März 1969, erreicht bis zu Mach 2,2 (2333 km/h) und war am 21. Januar 1976 das erste zivile Überschall-Passagierflugzeug. Der Rekord für die Strecke New York-London steht bei 2:54:30 Std. und datiert vom 14. April 1990.

Das geräumigste Flugzeug ist die *Super Guppy* der Aero Spaceline mit einem Frachtraumvolumen von 1415 m³ und einem maximalen Startgewicht von 79,38 t. Die Spannweite beträgt 47,63 m, die Länge 43,05 m. Der Frachtraum ist 33,17 m lang und bildet einen Zylinder von 7,62 m Durchmesser.
Die ukrainische *Antonow An-124 Ruslan* hat einen nutzbaren Frachtraum von 1014 m³ und ein maximales Startgewicht von 405 t.
Eine spezielle Schwerlastversion der *An-124*, benannt *An-225 Mriya* (Traum), wurde mit gestrecktem Rumpf entwickelt und bietet ein Nutzvolumen von 1190 m³. Der Frachtraum schließt eine freie Ladefläche von 43 m Länge bei maximal 6,4 m Breite und 4,4 m Höhe.

Den schwersten zivilen Luftfrachttransport beanspruchen die ukrainischen Antonow-Werke und die britische Chartergesellschaft Air Foyle; zwischen dem 10. und 14. Januar 1991 beförderten sie drei Umformer von je 43 t Gewicht und weiteres Material mit einem Gesamtgewicht von 140 t in der *An-124 Ruslan* von Barcelona nach Nouméa (Neukaledonien). Air Foyle und Antonow halten auch den Rekord für die Beförderung des schwersten Einzelfrachtstücks: Am 22. September 1993 wurde ein 136 t schwerer Kraftwerksgenerator von Düsseldorf nach Neu-Delhi (Indien) geflogen, auch in diesem Fall in der ukrainischen *An-124 Ruslan*.

Meiste Flüge eines Jet-Verkehrsflugzeugs: In derselben Ausgabe berichtet die Zeitschrift von einer *Boeing 747*, die mit 94 804 Flugstunden das »erfahrenste« Düsenverkehrsflugzeug sein dürfte und immer noch in die Luft geht.

Der längste Nonstop-Linienflug, 12 825 km, wird gemeinsam von den Fluggesellschaften South African Airways und American Airlines von New York nach Johannesburg (Südafrika) durchgeführt. Den längsten Flug bietet Air France von Taipeh (Taiwan) nach Paris an; er dauert 15:35 Std.

Der längste Überführungsflug einer zweistrahligen Zivilmaschine dürfte der Flug einer *Boeing 767-200ER* vom 8./9. Juni 1990 von Seattle (USA) nach Nairobi (Kenia) gewesen sein. Die *Boeing 767* der Royal Brunei Airlines flog in 18:29 Std. 14 890 km Großkreisdistanz und verbrauchte 75,4 t Treibstoff.

Die erste Kanalüberquerung mit einem Flugzeug erfolgte am 26. Juli 1909. Damals flog der Franzose Louis Blériot (1872-1936) mit seinem *Blériot-XI*-Einsitzer, der von einem 23-PS-(17-kW-)Anzani-Motor angetrieben wurde, nach seinem Start um 4 Uhr 41 früh in 36:30 Min. die Strecke von 41,8 km von Les Baraques (F) bis nach Northfall Meadow in der Nähe von Dover Castle (GB).

Die erste Kanalüberquerung durch einen Flug mit Menschenkraft erreichte am 12. Juni 1979 der Amerikaner Bryan Allen mit dem von Dr. Paul MacCready entworfenen *Gossamer Albatross*. Er startete um 5 Uhr 51 in Folkestone (GB) und landete nach einem 36-km-Flug um 8 Uhr 40 in Cap Griz Nez (F). Die 2:49 Std. lange Angststrecke über den Kanal brachte dem Trampelpiloten und dem Konstrukteur den von Henry Kremer ausgesetzten Preis von 400 000 DM ein.

Pierre Bau, der Kapitän des Airbus *A 340-200*, der ohne Zwischenstop von Auckland nach Paris flog und den längsten Nonstop-Flug absolvierte.
Foto: Airbus Industrie

VERKEHR

• Luftfahrt

Über Antipoden rund um die Welt

Bruder Michael Bartlett aus Balham, London (GB), ein »exzentrischer Globetrotter«, flog mit Linienflügen in 67:04 Std. einmal um die Welt und berührte dabei zwei exakte Antipodenpunkte. Er startete am 10. Juni 1993 in London, flog über Tokio (Japan) und Auckland nach Palmerston (beides in Neuseeland) und fuhr von dort mit dem Auto auf dem Highway 52 nach Ti Tree Point. Später wechselte er in Madrid (ES) das Flugzeug, das heißt an dem Punkt, der Ti Tree Point auf der anderen Seite der Erde genau gegenüberliegt. Als er am 13. Juni wieder zu Hause eintraf, hatte er insgesamt 41 619 km geschafft. Der Halter mehrerer Flugrekorde sagte selbst: »Zuerst wurde meine Absicht, Eingang ins Guinness Buch der Rekorde zu finden, belächelt, doch heute sind Planung, Recherchen, die Geldsuche und die Vorbereitungen für eine neue Reise ein Teil meines alltäglichen Lebens. Der Spaß kommt beim Reisen von selbst. Die Probleme sind selten die erwarteten. Aber der Preis des Abenteuers ist ein Rekord!«

Die meisten Flüge in 24 Std.: Pater Michael Bartlett aus London, ein »exzentrischer Globetrotter«, absolvierte am 13. Juni 1990 binnen 13:33 Std. mit Heli Transport (Nizza) 42 planmäßige Passagierflüge zwischen Nizza, Sophia, Antipolis, Monaco und Cannes.

12 EG-Länder: Am 13. Juni 1989 flogen Michael Hamlin und Robert Noortman von Hamlin Jet Ltd. eine Cessna Citation Biz Jet One eine Strecke von 5954 km und landeten dabei innerhalb von 18:55 Std. auf 12 verschiedenen Landebahnen in den 12 EG-Staaten.
12 Länder der Europäischen Union mit 12 verschiedenen Linienflügen bereiste am 21./22. November 1993 David Beaumont aus London in 27:14 Std.

Europa-Flug: Am 17. Juni 1992 waren die drei Hobbyflieger Florian Helmers (* 1973), Alexander Lipsky (* 1973) und Andy Meckel (* 1970) aus Hamburg mit einem einmotorigen Sportflugzeug (Typ Aerospatiale Morana MS 893 E, 4 Zylinder, 180 PS, ca. 200 km/h) zu einem 33tägigen Flug durch 16 europäische Länder aufgebrochen. Nach 112 angeflogenen Flugplätzen über 18 000 Flugkilometern und 92 Flugstunden kehrte die jüngste Flugschüler-Crew am 19. Juli 1992 zum Start- und Zielflugplatz Uetersen bei Hamburg zurück.

Den Geschwindigkeitsweltrekord für Muskelkraftflugzeuge schraubte der Münchner Holger Rochelt auf 44,26 km/h. Mit der speziell für den Schnellflug konstruierten Musculair 2 benötigte er für den 1500-m-Rundkurs auf dem Flugplatz Oberschleißheim im Landkreis München am 2. Oktober 1985 lediglich 2:02 Min. Das von dem Münchner Designer Günter Rochelt, dem Vater des »bayerischen Ikarus« – wie Holger Rochelt genannt wird –, entwickelte Fluggerät ist nur 25 kg schwer, 6 m lang und hat eine Spannweite von 19,5 m. Angetrieben wird es durch einen Heckpropeller (Durchmesser 2,68 m), der durch Pedaltreten des Piloten in Bewegung gehalten wird.
Eine Weltumrundung erfordert streng genommen, daß das Flugzeug zwei Antipoden-Punkte überquert und somit mindestens 40 007,86 km zurücklegt. Die FAI (Fédération Aéronautique Internationale) erkennt Flüge an, die mindestens die Länge des südlichen oder nördlichen Wendekreises (36 787,6 km) zurücklegen.

Einen ersten Weltrundflug führten zwei Douglas-D.-W.-C.-Wasserflugzeuge der US Army in 57 Etappen über eine Strecke von 42 398 km durch. Die Chicago war mit Leutnant Lowell H. Smith und Leutnant Leslie P. Arnold und die New Orleans mit Leutnant Erik H. Nelson und Leutnant John Harding bemannt. Der Flug fand vom 6. April bis 28. September 1924 statt.

Die schnellste Weltrundung unter FAI-Regeln war der Flug einer Concorde der Air France über

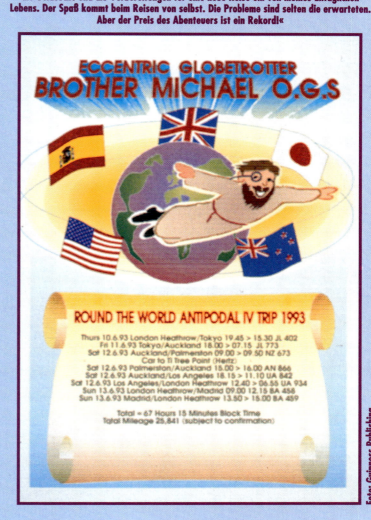

Foto: Guinness Publishing

32:49 Std. von Lissabon (Portugal) über Santo Domingo, Acapulco, Honolulu, Guam, Bangkok und Bahrain am 12./13. Oktober 1992. Anlaß für Flug Nummer AF 1492 war der 500. Jahrestag der Entdeckung der Neuen Welt durch Christoph Columbus.

Die erste Weltumrundung ohne Nachtanken gelang Dick Rutan und Jeana Yeager in ihrer Spezialmaschine *Voyager*, konstruiert von Dicks Bruder Burt Rutan. Sie flogen vom 14. bis 23. Dezember 1986 mit Startpunkt Edwards Air Force Base, Kalifornien (USA). In neun Tagen, 3:44 Min. legten sie bei einer Durchschnittsgeschwindigkeit von 186,11 km/h 40 212,139 km zurück. Das Flugzeug mit einer Spannweite von 33,77 m konnte 5636 l Treibstoff mit einem Gewicht von 4052 kg aufnehmen. Die Konstruktion nahm über zwei Jahre und 22 000 Arbeitsstunden in Anspruch. Der Pilot saß in einem Cockpit mit den Maßen 1,7 x 0,54 m, die »Freizeit-Kabine« für das jeweils andere Besatzungsmitglied war 2,3 x 0,6 m groß.

Die erste Allein-Polarumrundung führte Hauptmann Elgen M. Long (44) vom 5. November bis 3. Dezember 1971 mit einer *Piper PA-31 Navajo* durch. Er legte in 215 Flugstunden eine Strecke von 62 597 km zurück. Die Kabinentemperatur sank über der Antarktis auf -40 °C.

Die erste Weltumrundung per Hubschrauber gelang H. Ross Perot jr. und Jay Coburn in der *Spirit of Texas*. Sie benötigten vom 1. bis 30. September 1982 nach Start in Dallas, Texas (USA), 29 Tage, 3:08:13 Std.

Die erste Solo-Umfliegung mit einem Helikopter beendete am 22. Juli 1983 der Australier Dick Smith. Er ließ sich mit seinem *Bell-Modell 206 L Long Ranger III* reichlich Zeit: Der Rekordflug begann am 5. August 1982 in der Bell-Helikopter-Fabrik bei Fort Worth, Texas (USA), und endete dort nach einer Distanz von 56 742 km - 11 Monate, 17 Tage später.

Die erste Weltumrundung in einer einmotorigen Maschine gelang dem Amerikaner Richard Norton, Kapitän bei einer Fluggesellschaft, und Calin Rosetti, Chef des Satelliten-Navigationssystems der Europäischen Raumfahrtbehörde. Ihre *Piper PA-46-310-P Malibu* startete am 21. Januar 1987 auf dem Pariser Flughafen Le Bourget, wo sie am 15. Juni 1987 auch wieder landete. Die reine Flugzeit betrug 185:41 Std., in denen die beiden Piloten 55 266 km zurücklegten.

Fluggeschwindigkeiten

Beluga – der fliegende Wal

Am 23. Juni 1994 wurde in Toulouse (F) das mit 1400 m³ Frachtvolumen größte Transportflugzeug der Welt, der Airbus *A 300-600 ST* vorgestellt. Der Riesenluftfrachter ist 56,16 m lang, über 17 m hoch und kann bis zu 45,5 t Fracht aufnehmen. Sein geöffnetes Ladetor hat die Rekordhöhe von 16,8 m. Bis 1998 sollen vier solcher Giganten gebaut werden, die Airbus zum Transport von Flugzeugteilen zwischen den europäischen Airbus-Standorten benutzen will. Innerhalb von 20 Jahren sollen weltweit 20-30 Stück der Riesentransporter den Luftraum bevölkern.
Schon kurz nach der Ablieferung hatte das Flugzeug wegen seiner ungewöhnlichen Form seinen Spitznamen erhalten: »Beluga«. Es wird den bisherigen Airbus-Schwertransporter, die *Super Guppy*, ablösen, da er nicht nur mehr Fracht aufnehmen kann, sondern mit 780 km/h fast doppelt so schnell wie sein Vorgänger ist.

Foto: Deutsche Aerospace Airbus

Den offiziellen Fluggeschwindigkeitsrekord stellten Captain Eldon W. Joersz und Major George T. Morgan jr. am 28. Juli 1976 in einer *Lockheed SR-71 A Blackbird* mit einer Geschwindigkeit von 3529,5 km/h über einen Rundkurs von 25 km Länge des US-Luftwaffenstützpunktes Beale in Kalifornien (USA) auf.

Das schnellste Starrflügelflugzeug der Welt war die amerikanische *North American Aviation X-15 A-2* (eine Weiterentwicklung der *X-15 A*), die zum ersten Mal am 28. Juni 1964 flog. Sie war mit einem durch flüssigen Sauerstoff und Ammoniak angetriebenen Raketensystem ausgerüstet. Ableitende Materialien an der Außenhaut gaben ihr eine Widerstandsfähigkeit gegen eine Temperatur von 1650 °C. Die Landegeschwindigkeit betrug vorübergehend 389,1 km/h. Die höchste Geschwindigkeit, 7274 km/h (Mach 6,7), erreichte Major William J. Knight (* 1930) am 3. Oktober 1967. Eine frühere Version der Maschine erreichte mit Pilot Joseph Walker (1920-66) am 22. August 1963 eine Höhe von 107 960 m über der Edwards Air Force Base, Kalifornien (USA).

Mit Menschenkraft!

Kanellos Kanellopoulos (* 25. April 1957) erreichte am 23. April 1988 eine Durchschnittsgeschwindigkeit von 30,3 km/h. In seinem Fluggerät mit 34,1 m Flügelspannweite flog er die 119 km lange Strecke von Kreta zur Insel Santorin in 3:56

Die höchste Landegeschwindigkeit eines Starrflügelflugzeugs erzielte Siegfried Heltzel-Castel (* 1935), Hauptmann der deutschen Luftwaffe, aus Karlsruhe-Rüppurr am 2. Juni 1965. Nach einem Luftzusammenstoß mit einer *D-28* über Rhens/Rhein mußte er seinen *F-104 G (Starfighter)* wegen der Rammbeschädigungen mit 242 KIAS (*Knots indicated airspeed*) landen. Diese Geschwindigkeit lag 6-8 Knoten über der Reifen-Höchstbelastungsgeschwindigkeit – mit umgerechnet über 435 km/h ein Landerekord!

Er hat die größte Klappe der Welt - der neue Airbus-Transporter *A 300-600*.

VERKEHR

178/179

• Luftfahrt

Luftraumschiffe: Die NASA-Raumfähre *Columbia* wurde am 12. April 1981 im Kennedy Space Center, Cape Canaveral, Florida (USA), gestartet. Kommandant an Bord war John W. Young, Pilot Robert L. Crippen. Die *Columbia* brach sämtliche Rekorde für Starrflügelmaschinen beim Abschalten des Hauptantriebs mit 26 715 km/h. Nach dem Wiedereintritt in die Atmosphäre in 122 km Höhe am 14. April 1981 wog die *Columbia* 97 t und hatte bei einer Landegeschwindigkeit von 347 km/h auf dem Rogers Dry Lake, Kalifornien (USA), wieder Bodenkontakt. Die schnellste Landegeschwindigkeit einer Raumfähre mit 407 km/h erreichte die STS 3 *Columbia* am 30. März 1982. Unter FAI-Regeln der Kategorie P für Raumfahrtschiffe hält die *Columbia* den absoluten Dauerweltrekord mit 14 Tagen, 13 Min. beim Aufsetzen des Hauptfahrwerks. Der Start zur 15. Mission (STS 58) mit sieben Besatzungsmitgliedern war am 18. Oktober 1993 erfolgt.

Der schnellste Jet der Welt war die *Lockhjead SR-71*, ein Aufklärungsflugzeug der US Air Force. Zum ersten Mal in ihrer endgültigen Form am 22. Dezember 1964 geflogen, soll sie eine Höhe von fast 30 000 m erreicht haben. Die *SR-71* hatte eine Spannweite von 16,94 m, eine Länge von 32,73 m und wog beim Start 77,1 t. Die Reichweite bei Mach 3 und 24 000 m Flughöhe wurde mit 4800 km angegeben.

Der schnellste Doppeldecker war der italienische *Fiat C. R. 42 B,* der mit einem 1010-PS-(750-kW-)*Daimler-Benz*-Motor vom Typ DB 601 A im Jahr 1941 eine Geschwindigkeit von 520 km/h erreichte. Es wurde nur ein Flugzeug dieser Art gebaut.

Den Geschwindigkeitsweltrekord für Flugzeuge mit Kolbenmotor mit 850,24 km/h über eine Strecke von 3 km stellte am 21. August 1989 Pilot Lyle Shelton mit der *Rare Bear*, einer modifizierten *Grumman F8F Bearcat*, in Las Vegas, Nevada (USA), auf.

Das schnellste propellergetriebene Flugzeug, das noch in Dienst steht, ist die (ehemals sowjetische) *Tu-95/142* (Nato Codename *Bear*) mit einer Höchstgeschwindigkeit von 925 km/h (Mach 0,82). Die vier Motoren mit je 14 795 PS (11 033 kW) Das US-Jagdflugzeug *Republic XF-84H*, ein Versuchsflugzeug mit Turboprop-Antrieb, sollte nach Konstruktionsangaben 1078 km/h Höchstgeschwindigkeit erreichen. Am 22. Juli 1955 fand der einzige Testflug statt, der Bau wurde nicht weiterverfolgt.

Flughäfen und Hangars

Der größte Flughafen der Welt ist der für 8,4 Mrd. DM gebaute King Khalid International Airport vor den Toren von Riad (Saudi-Arabien) mit einer Fläche von 225 km². Der am 14. November 1983 eröffnete Flughafen besitzt den größten Kontrollturm der Welt mit einer Höhe von 81 m.

Der Haji-Terminal im für 16 Mrd. DM gebauten King Abdul-Azie Airport von Dschidda ist das größte überdachte Gebäude mit einer Fläche von 1,5 km².

Der Flughafen von Dallas/Fort Worth, Texas (USA), zur Zeit mit 6 Start- und Landebahnen und 5 Terminals ausgestattet, soll auf 9 Bahnen und 13 Terminals mit 260 Toren ausgebaut werden. Geplante Kapazität: 150 Mio. Fluggäste im Jahr.

Der neue Denver International Airport in Colorado (USA) bedeckt eine Grundfläche von 137 km², soviel wie die Flughäfen Dallas/Forth Worth und Chikago/O'Hare zusammen. Ende 1993 war die erste Bauphase, zu der fünf Start- und Landebahnen gehören, abgeschlossen. Jetzt besitzt der neue Flughafen 86 Gates. Bis zum Jahr 2020 soll er auf 12 Pisten und 206 Gates ausgebaut werden. Bisher belaufen sich die Baukosten auf 3,2 Mrd. Dollar (5,1 Mrd. DM). Die Eröffnung des Flughafens sollte im März 1994 stattfinden, verzögerte sich jedoch aufgrund einer Panne im elektronischen Koffertransportsystem.

Der weltgrößte Flughafen-Terminal gehört zum Hartsfield International Airport von Atlanta, Georgia (USA), eröffnet am 21. September 1980, und bedeckt eine Fläche von 23,3 ha. 1993 wurden an 145 Gates 47 751 000 Passagiere abgefertigt, die Gesamtkapazität liegt sogar bei 75 Mio. Der letzte Abschnitt des Flughafens soll in Kürze eröffnet werden und erhöht die Zahl der Gates auf 179.

Europas größter Flughafen ist Heathrow Airport (London) mit 1197 ha Ausdehnung. Heathrow wird von über 80 Fluggesellschaften aus 65 Ländern mit Linienflügen bedient. 1993 wurden 394 100 Flugbewegungen registriert, die von insgesamt 53 100 Mitarbeitern der Luftfahrtunternehmen, Behörden und der Flughafengesellschaft abgewickelt wurden. Die Gesamtzahl der landenden und startenden Fluggäste betrug 47,6 Mio.

Die meisten Flüge, die an einem Tag in Heathrow abgefertigt wurden, waren 1232 am 6. Juli 1990 und 160 333 Passagiere am 31. Juli 1992. Der größte Andrang in einer Stunde wurde am 18. August 1990 registriert, als 12 434 an- und abreisende Passagiere abgefertigt wurden.

Der City Airport von London, im Gebiet der ehemaligen Themse-Hafenanlagen gebaut, liegt weniger als 10 km vom Finanzviertel der Metropole entfernt.

Der größte deutsche Flughafen ist der Rhein-Main-Flughafen bei Frankfurt am Main. Er ist mit Abfertigungsvorfeld, Lufthansabasis, Frachtzentrum und Startbahn 18 West 1700 ha groß und rangiert unter den 592 für den internationalen Linienverkehr zugelassenen Flughäfen im Fluggastverkehr an neunter (in Europa nach London-Heathrow an zweiter) Stelle mit 32 550 083 Passagieren vor Charles de Gaulle, Paris, mit 20 700 000. Im Luftfrachtverkehr nimmt er in der Welt den zweiten, in Europa den ersten Platz ein. Er hat eine Jahreskapazität von 30 Mio. Fluggästen. In der Sommersaison 1993 wurde er im Linienverkehr von 113 Fluggesellschaften angeflogen und bot pro Woche mehr als 6000 Verbindungen zu 221 Zielorten in 97 Ländern auf fünf Kontinenten. Dazu kommen im Laufe eines Jahres etwa 63 Chartergesellschaften im Gelegenheitsverkehr. 1993 wurden insgesamt 352 143 Starts und Landungen registriert. Das Luftfrachtaufkommen wuchs auf 1 117 291 t. 160 174 t Luftpost wurden befördert.

Der größte Flughafen Österreichs ist der von Wien-Schwechat, wo 1993 von 57 Linien- und 110 Chartergesellschaften 7,2 Mio. Fluggäste befördert wurden.

Der größte Flughafen der Schweiz ist Zürich-Kloten. Hier wurden 1993 bei 233 884 Starts und Landungen 13 574 085 Passagiere abgefertigt. Frachtaufkommen: 376 531 t Fracht; 16 307 t Luftpost.

Den stärksten Flugverkehr bewältigt das Chicago International Airport mit insgesamt 64 441 087 Passagieren und 808 759 Flugbewegungen im Jahr 1991.

Das Städtepaar mit den meisten internationalen Linienflugverbindungen bilden London und Paris. 1991/92 flogen zwischen den beiden Metropolen 3,4 Mio. Passagiere, im täglichen Durchschnitt mehr als 4700 in jede Richtung.

Der höchstgelegene Flugplatz der Welt ist der La Sa (Lhasa) Airport in Tibet, 4363 m üNN.

Das tiefstgelegene Landefeld ist El Lisan an der Ostküste des Toten Meers, 360 m uNN. Während des Zweiten Weltkriegs operierten BO-AC Short C-class-Flugboote von der Oberfläche des Toten Meeres, 394 m uNN, aus.

Der tiefstgelegene internationale Flughafen ist Schiphol, Amsterdam (NL), mit 4,5 m uNN.

Der Flughafen mit der größten Entfernung vom Zentrum der Stadt, der er eigentlich dienen soll, ist Viracopos, der 96 km von São Paulo (Brasilien) entfernt ist.

Hubschrauber, Drehflügler, Luftschiffe, Ballons

Der Geschwindigkeitsrekord für Hubschrauber nach FAI-Regeln wurde von John Trevor Eggington mit Ko-Pilot Derek J. Clews aufgestellt, die am 11. August 1986 in einem Demonstrationshelikopter von Westland Lynx eine Durchschnittsgeschwindigkeit von 400,87 km/h erreichten.

Der größte Hubschrauber der Welt, der russische Mil Mi-12, wurde von vier Turbinenwellenmotoren mit je 6500 PS (4847 kW) angetrieben; er hatte einen Rotordurchmesser von 67 m, eine Länge von 37 m und ein Gewicht von 103,3 t. Ein Prototyp wurde 1971 bei der Luftfahrtschau in Paris vorgestellt, doch wurde der fliegende Riese nie in Serie gebaut.

Der kleinste Hubschrauber ist der einsitzige ultraleichte Hubschrauber Seremet WS-8. Er wurde 1976 in Dänemark gebaut, hatte ein Leergewicht von 53 kg und wurde von einem 35-PS-Motor angetrieben. Der Rotordurchmesser betrug 4,5 m.

Die schwerste Last hob am 3. Februar 1982 ein Mil-Mi-26-Schwerlast-Hubschrauber, besetzt mit G. V. Alfeurow und seinem Kopiloten L. A. Indeew, in Podmoskownoe (ehemalige UdSSR) mit 56,77 t 2000 m hoch.

Der Höhenrekord für Hubschrauber liegt bei 12 442 m. Er wurde am 21. Juni 1972 mit einer Aérospatiale AS 315 B Lama von dem Piloten Jean Boulet über Istres (F) aufgestellt.

Die höchste Landung eines Hubschraubers fand in 7500 m Höhe während eines Demonstrationsflugs des SA315B 1969 im Himalaja statt.

Den längsten Nonstopflug nach FAI-Regeln unternahm Robert Ferry am 6. April 1966 über eine Strecke von 3561,6 km von Culver City, Kalifornien, nach Ormond Beach, Florida (USA).

Den längsten Schwebeflug schafften die Amerikaner Doug Daigle, Brian Watts, Dave Meyer und Rod Anderson von Tridair Helicopters und Helistream in Kalifornien. Mit einem 1947er Bell 47 B-Modell blieben sie zwischen dem 13. und 15. Dezember 1989 für 50:00:50 Std. durchgehend in der Luft.

Den Drehflüglerrekord im Geradeausflug, den er mit seinem WA-116-F-Drehflügler am 28. September 1975 in einem Nonstopflug von Lydd in Lent (GB) nach Wick im schottischen Hochland über eine Strecke von 874,32 km aufstellte, hält der Engländer Kenneth H. Wallis. Er flog dann seinen WA-116, mit einem 72 PS (53 kW)-McCulloch-Motor ausgestattet, am 18. September 1986 mit der Rekordgeschwindigkeit von 193,9 km/h über eine gerade 3-km-Strecke.

Am 20. Juli 1982 stellte er auf dem Flug von Boscombe Down, Wiltshire (GB), den neuen Höhenrekord von 5643,7 m in seinem WA-121/MC auf. Dieser zur Zeit kleinste und leichteste Wallis-Drehflügler wird von einem 100-PS-(74-kW)-Wallis/MC-Motor angetrieben. Berichten zufolge erreichte die Amerikanerin Amelia Earhart am 8. April 1931 über dem Flugfeld von Pitcairn, Pennsylvania (USA), eine Höhe von 5791 m.

Das größte starre Luftschiff, das jemals gebaut wurde, war der 213,9 t schwere deutsche Graf Zeppelin II (LZ 130) mit einer Länge von 245 m und einem Rauminhalt von 199 891 m³. Er startete am 14. September 1938 zu seinem Jungfernflug und führte im Mai und August 1939 Radar-Erkundungsaufträge über dem britischen Luftraum durch. Im April 1940 wurde er demontiert.

Das größte halbstarre Luftschiff, das jemals gebaut wurde, war das ZPG 3-W der US-Marine, das ein Fassungsvermögen von 42 950 m³, eine Länge von 123 m, einen Durchmesser von 25,9 m und eine Besatzung von 21 Personen hatte. Es flog zum ersten Mal am 21. Juli 1958, stürzte dann aber im Juni 1960 ins Meer ab.

Der längste Flug eines halbstarren Luftschiffes (ohne nachzutanken) dauerte 264:12 Std. und wurde von Fregattenkapitän J. R. Hunt mit dem von Goodyear gebauten ZPG-2 der US-Marine vom 4. bis 15. März 1957 durchgeführt. Der Flug begann in South Weymouth, Massachusetts, und endete in Key West, Florida, nachdem das Luftschiff eine Strecke von 15 205 km zurückgelegt hatte.

Den offiziellen Streckenrekord hält die deutsche Graf Zeppelin, der unter dem Kommando von Kapitän Hugo Eckener vom 29. Oktober bis zum 1. November 1928 6384,5 km weit flog. Der deutsche Zeppelin L 59 flog von Yambol (Bulgarien) südlich Khartum (Sudan) und wieder vom 21. bis 25. November 1917 zurück, wobei er mindestens 7250 km zurücklegte.

Den Streckenflugrekord eines Ballons hält der heliumgefüllte Double Eagle V, der vom 9. bis 12. November 1981 von Nagashima (Japan) nach Covello, Kalifornien (USA), 8382,54 km zurücklegte. Die Mannschaft dieses ersten bemannten Ballons, der den

VERKEHR

● Luftfahrt

Pazifik überquerte, bestand aus: Ben L. Abruzzo, Rocky Aoki, Ron Clark und Larry M. Newman. *Double Eagle V* faßt 11 300 m³ Gas.

Der erste Mensch, der allein den Atlantik im Ballon überquerte, ist Joe Kittinger, ehemals Colonel in der US Air Force. Am 14. September 1984 startete er mit dem 2850 m³ Helium fassenden Ballon *Rosie O'Grady* in Caribou, Maine (USA), und überwand annähernd 5701 km, bevor er nach 86 Std. bei Montenotte (I) landete.

Die größte Höhe - nämlich 51,8 km - erreichte ein unbemannter *Winzen*-Ballon von 1,35 Mio. m³, der im Oktober 1972 in Chico, Kalifornien (USA), aufgelassen wurde.

Die größte Höhe in einem bemannten Ballon erreichte Nicholas Piantanida (1933-66) aus Bricktown, New Jersey (USA), am 1. Februar 1966 mit inoffiziellen 37 750 m bei einem Start in Sioux Falls, South Dakota (USA). Bei der Landung in einem Kornfeld in Iowa kam es ums Leben.

Den offiziellen Höhenrekord erzielten Fregattenkapitän Malcolm D. Ross und Korvettenkapitän Victor E. Prother, beide von der US-Marine, bei ihrem Aufstieg vom Deck des amerikanischen Schiffs *Antietam* am 4. Mai 1961 über dem Golf von Mexiko mit einer Höhe von 34 668 m. Aufgrund einer Fehlberechnung stiegen Harold Froelich und Keith Land, Wissenschaftler aus Minneapolis (USA), am 26. September 1956 in einer offenen Gondel ohne Schutzanzüge auf eine Höhe von 12,84 km. Während ihres 6:30-Std.-Flugs fiel die Temperatur auf -58°C.

Höhenflug: Mit einem faßförmigen, 24 m hohen Ballon von 3000 m³ Inhalt und 13 m Durchmesser startete der Schweizer Pilot Peter Blaser (* 1945) aus Hasle-Rüegsau am 19. Februar 1991 und stieg auf 8050 m Höhe. Seine Cameron-Heißluftballon-Spezialform erreichte damit einen inoffiziellen Höhenrekord (für *special shape*).

Die erste Atlantiküberquerung im Heißluftballon gelang Richard Branson (GB) und seinem Piloten Per Lindstrand (S) am 2./3. Juli 1987 von Sugarloaf, Maine (USA), nach Limavady (Nordirland) in 31:41 Std. - das ist eine Strecke von 4947 km. Ihr Gefährt, getauft *Virgin Atlantic Challenger*, war der mit 65 000 m³ Fassungsvermögen größte jemals geflogene Ballon und erreichte Geschwindigkeiten von mehr als 210 km/h.

Erste Pazifiküberquerung im Heißluftballon: Richard Branson und Per Lindstrand überquerten vom 15. bis 17. Januar 1991 im *Virgin Otsuka Pacific Flyer* den Pazifik von der Südspitze Japans zum Lac la Matre in Nordwestkanada. Bei der Fahrt in dem 73 600-m³-Heißluftballon (dem größten jemals geflogenen) stellten sie FAI-Rekorde für Dauer (46:15 Std.) und Distanz (Großkreis 7671,9 km) auf.

Die inoffiziell beste Leistung wurde zudem für die schnellste Durchschnittsgeschwindigkeit von Start bis Landung mit 237 km/h erzielt.

Kenneth Wallis in einem seiner Drehflügler, mit denen er Geschwindigkeits-, Höhen- und Weitenrekorde aufstellte. Sein berühmtestes Fluggerät ist wahrscheinlich *Little Nellie*, die in dem James Bond-Film *Man lebt nur zweimal* zu sehen ist.

Foto: Guinness Publishing

Höhenrekord im Heißluftballon: Durch riskante Klettermanöver in mehr als 6000 m Höhe konnte der britische Ballonfahrer Per Lindstrand den Höhenrekord für Heißluftballons auf 19 800 m schrauben. Diese Rekordhöhe erreichte er am 6. Juni 1988 über Laredo im US-Staat Texas.

Die erste Ballonfahrt über den Mt. Everest gelang zwei Ballons: *Star Flyer 1*, pilotiert von Chris Dewhirst und Leo Dickinson, und *Star Flyer 2* mit Andy Elson und Eric Jones (alle GB) überquerten den Gipfel am 21. Oktober 1991. Den beiden 6800-m³-Heißluftballons gelang zudem der höchste Aufstieg bei 4735 m und die höchstgelegene Landung bei 4940 m üNN.

Die größten Ballons mit einem Volumen von 2 Mio. m³ werden von der Firma Winzen Research Inc. in Minnesota (USA) gebaut. Sie sind 300 m hoch und fahren unbemannt.

Eine Ballonfahrt à la Abruzzo

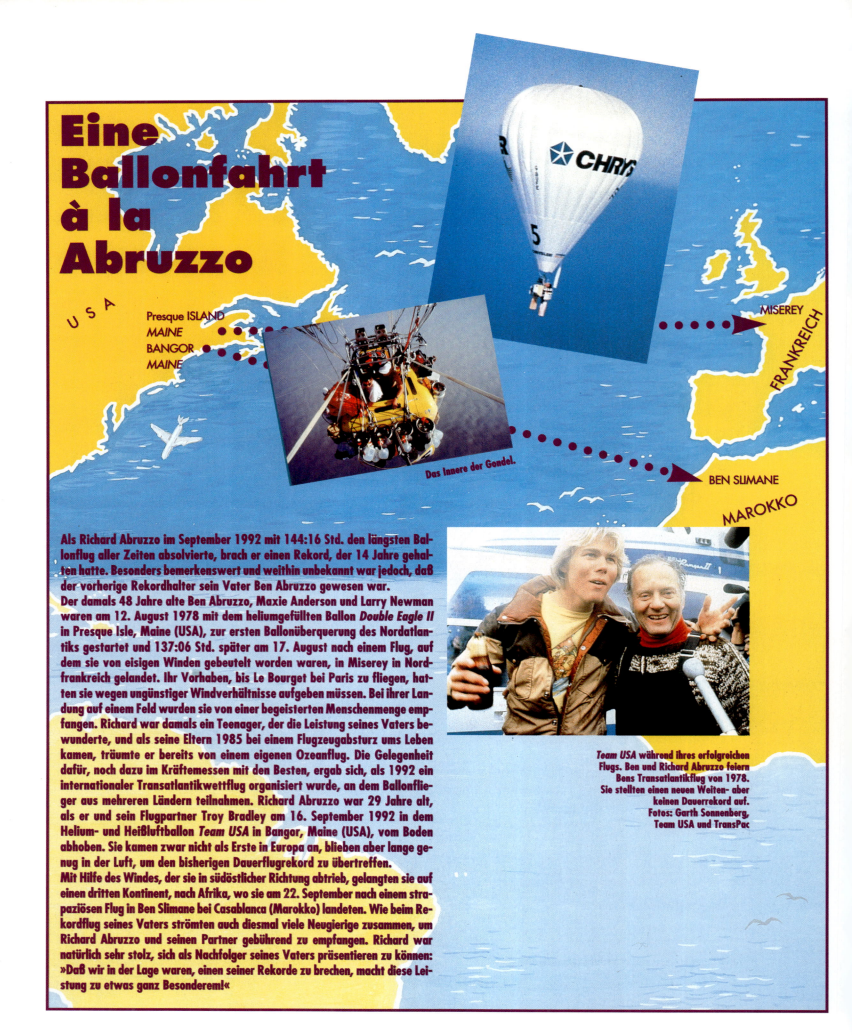

Das Innere der Gondel.

Team USA während ihres erfolgreichen Flugs. Ben und Richard Abruzzo feiern Bens Transatlantikflug von 1978. Sie stellten einen neuen Weiten- aber keinen Dauerrekord auf.
Fotos: Garth Sonnenberg, Team USA und TransPac

Als Richard Abruzzo im September 1992 mit 144:16 Std. den längsten Ballonflug aller Zeiten absolvierte, brach er einen Rekord, der 14 Jahre gehalten hatte. Besonders bemerkenswert und weithin unbekannt war jedoch, daß der vorherige Rekordhalter sein Vater Ben Abruzzo gewesen war.
Der damals 48 Jahre alte Ben Abruzzo, Maxie Anderson und Larry Newman waren am 12. August 1978 mit dem heliumgefüllten Ballon *Double Eagle II* in Presque Isle, Maine (USA), zur ersten Ballonüberquerung des Nordatlantiks gestartet und 137:06 Std. später am 17. August nach einem Flug, auf dem sie von eisigen Winden gebeutelt worden waren, in Miserey in Nordfrankreich gelandet. Ihr Vorhaben, bis Le Bourget bei Paris zu fliegen, hatten sie wegen ungünstiger Windverhältnisse aufgeben müssen. Bei ihrer Landung auf einem Feld wurden sie von einer begeisterten Menschenmenge empfangen. Richard war damals ein Teenager, der die Leistung seines Vaters bewunderte, und als seine Eltern 1985 bei einem Flugzeugabsturz ums Leben kamen, träumte er bereits von einem eigenen Ozeanflug. Die Gelegenheit dafür, noch dazu im Kräftemessen mit den Besten, ergab sich, als 1992 ein internationaler Transatlantikwettflug organisiert wurde, an dem Ballonflieger aus mehreren Ländern teilnahmen. Richard Abruzzo war 29 Jahre alt, als er und sein Flugpartner Troy Bradley am 16. September 1992 in dem Helium- und Heißluftballon *Team USA* in Bangor, Maine (USA), vom Boden abhoben. Sie kamen zwar nicht als Erste in Europa an, blieben aber lange genug in der Luft, um den bisherigen Dauerflugrekord zu übertreffen.
Mit Hilfe des Windes, der sie in südöstlicher Richtung abtrieb, gelangten sie auf einen dritten Kontinent, nach Afrika, wo sie am 22. September nach einem strapaziösen Flug in Ben Slimane bei Casablanca (Marokko) landeten. Wie beim Rekordflug seines Vaters strömten auch diesmal viele Neugierige zusammen, um Richard Abruzzo und seinen Partner gebührend zu empfangen. Richard war natürlich sehr stolz, sich als Nachfolger seines Vaters präsentieren zu können: »Daß wir in der Lage waren, einen seiner Rekorde zu brechen, macht diese Leistung zu etwas ganz Besonderem!«

VERKEHR

• Luftfahrt

Modellflugzeuge

Das größte Modellflugzeug ist der originalgetreue Nachbau einer *Piper PA-18*. Ernst Müller aus Lana, Südtirol (I), hat die Sportmaschine mit einer Spannweite von 6,2 m, einer Länge von 4,1 m und einem Fluggewicht von 90 kg gebaut. Das ferngesteuerte Riesenbaby wird von einem HYRO-30-PS-Motor angetrieben.

Der größte Gleiter ist der funkgesteuerte *Eagle III* mit einer Flügelspannweite von 9,8 m und einem Gewicht von 6,5 kg. Konstruiert wurde er von Carlos René Tschen und Carlos René Tschen jun. aus Colonia San Lázaro (Guatemala).

Den Höhenrekord hält mit 8208 m für ein funkgesteuertes Modell seit dem 6. September 1970 der Amerikaner Maynard L. Hill.

Den Distanzrekord in einem geschlossenen Rundflug hält Gianmaria Aghem (I) mit 1239 km, aufgestellt am 26. Juli 1986.

Der Geschwindigkeitsrekord im freien Flug wurde am 10. Juni 1977 von Walter Sitar (A) mit 390,92 km/h aufgestellt.

Den Dauerrekord mit 33:39:15 Std. erzielte Maynard Hill (USA) mit einem motorbetriebenen Modell am 1./2. Oktober 1992.
Jean-Pierre Schiltknecht (* 1938) aus Zollikerberg (CH) flog am 10. Juli 1991 bei Wetzlar (HE) ein solargetriebenes Modellflugzeug zu einem Dauerrekord von 10:43:51 Std.

Modellhubschrauber: Einen ferngesteuerten Modellhubschrauber mit Kolbenmotor, erbaut von den Brüdern Walter und Gottfried Andersch aus Heimstetten bei München, ließ Walter Andersch die Rekordzeit von 3:35:6 Std. am 30. Dezember 1979 fliegen.

Den kleinsten flugfähigen, ferngesteuerten Modellhubschrauber stellte Rudolf Herrmann aus Neu-Isenburg (HE) am 30. März 1989 vor. Das von einem 4-cm³-Zweitaktmotor (0,3 PS) betriebene, 2100 g schwere Modell ist 81,5 cm lang, 31 cm hoch und mit einem Hauptrotordurchmesser von 58,5 cm ausgestattet.

Das kleinste lenkbare Luftschiff (in Länge und Volumen) ist über vier Kanäle funkferngesteuert, verfügt über zwei Höhen- und ein Seitenruder, wird von zwei Elektromotoren mit je 1 W Leistung angetrieben und ist mit Wasserstoff gefüllt. Der Wiener Josef Mayer (* 1968) hat das 2,725 m lange Luftfahrzeug mit 0,595 m Durchmesser und einem Gasvolumen von 0,724 m³ in anderthalb Jahren geplant und am 31. Mai 1990 vorgestellt.

Den kleinsten flugfähigen Heißluftballon konstruierte der Fotograf Horst Fenchel (* 1958) zusammen mit dem Schüler Martin Postweiler (* 1975). Am 28. März 1992 gelang es in Bad Sachsa (Harz) nach sieben gescheiterten Versuchen endlich, einen nur 29 cm hohen und 6 g leichten Heißluftballon aus Seidenpapier und dünnem Draht mit eigenem Antrieb (spiritusgetränkte Wattekügelchen) aufsteigen zu lassen.

Kleinste und leichteste Motorflieger fertigt der Eisenwarenhändler Hermann Holzhauser (* 1926) aus Taubenfedern und Grashalmen an. Der Hobbykonstrukteur aus Fürth hatte als Zehnjähriger seine ersten gefiederten Flugmodelle gebaut. Nach seinem 60. Geburtstag packte es ihn erneut, »federleichte« zu basteln. Über 170 Federflieger sind es inzwischen.

Im Original ein Oldtimer

Walter Zahn (* 1929) aus Obernburg (HE) von der Fliegergruppe Wolf Hirth hat im Maßstab 1:2 das größte Oldtimer-Modellflugzeug von 10 m Flügelspannweite nachgebaut. Das 3,4 m lange Modell *Moazagotl* hat ein Fluggewicht von 19,7 kg und eine Flächenbelastung von 38 g/cm². Das Original war in den Jahren 1931/32 konstruiert worden und hatte damals erstmalig eine drehbare Flügelstrebe als Luftbremse. Das Material des Modells wurde – wie das große Vorbild – aus Kiefern- und Birkensperrholz gebaut. Nach 1500 Std. Bauzeit erfolgte der Erstflug mit Gummiseil am 1. November 1991

Fotos: Walter Zahn

Das kleinste und leichteste Gleitflugzeugmodell (Schulterdecker) hat eine Spannweite von 10 mm, wiegt 2,5 my g und führt einwandfreie Gleitflüge aus. Gestartet wird das Modell am besten, wenn es aus einem Fingerhut oder einem Schnapsglas gleitet. Vorgeführt am 15. März 1988 in Nürnberg. Das kleinste und leichteste Motorflugzeugmodell (Doppeldecker) wurde ebenfalls am 15. März 1988 in Nürnberg gezeigt. Das 0,2 g leichte Modell wurde aus der Hand gestartet und führte einwandfreie, stabile Motorflüge mit anschließender glatter Landung im Gleitflug durch. Als Motor dient ein Gummifaden von 0,3 mm². Die Spannweite des Fliegers beträgt 40 mm.

Den kleinsten, funktionsfähigen Kolbenmotor konstruierte der Diplomingenieur Rainer Gaggl aus Graz (A). Der im Herbst 1992 gebaute Motor mit einem Hubraum von 0,79 mm³, einem Gewicht von 0,5 g und einer Drehzahl von 3000-13 000 UPM wird von komprimiertem Kohlendioxid angetrieben. Eingebaut in ein Saalflugmodell mit 25 cm Spannweite und einem Gesamtgewicht von 1,3 g, wurde er beim Wettbewerb für Saalflugmodelle in Flemalle (B) 1993 vorgeführt und erreichte in einer 15 m hohen Halle eine Flugzeit von 5,5 Min.

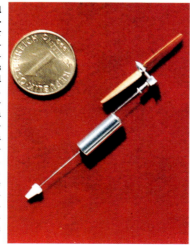

Ein Saalflugmodell mit 25 cm Spannweite und einem Gesamtgewicht von 1,3 g treibt dieser kleinste funktionsfähige Kolbenmotor an.
Foto: Rainer Gaggl

Das kleinste funkferngesteuerte Motormodell (148 mm Spannweite, 90 g Fluggewicht) baute und flog der Fotografenmeister Horst Fenchel (* 1958) aus Siegen (NW). Erstmals vorgeführt wurde das von einem Glühzündermotor COX 0,16 cm³ angetriebene *UFO* auf einem Modell-Großflugtag auf dem Flugplatz Mümlingtal bei Aschaffenburg. Es wird nur über Seitenruder gesteuert, seine Flugzeit beträgt bei vollem Tank ein bis zwei Minuten.

Das kleinste funkferngesteuerte Segelflugmodell, der Mikro-Gleiter *UFO* (Spannweite 122 mm, Länge 230 mm, Fluggewicht 49 g), hatte am 16. Februar 1992 auf dem Flugplatz des Siegerländer Modellsport Clubs e.V. Siegen, seinen Erstflug. Mit einer Schleppmaschine auf Höhe gebracht und per Funk ausgeklinkt wird der Miniflieger von seinem Piloten Horst Fenchel (* 1958) auf Wettbewerben für Minimodelle oder Schauflugtagen eingesetzt. Das *UFO* wird nur über Seitenruder gesteuert, das Höhenruder ist jedoch trimmbar, ermöglicht durch die kleinste seriemäßige Fernsteuerung, einen 2,5-g-Empfänger von Joseph Qagish Modelltechnik, Bonn.

Den kleinsten ferngesteuerten Huckepack-Schlepp zweier Modelle haben Horst Fenchel und der Modellbautechniker Joseph Qagish (* 1963) aus Bonn im September 1991 vorgestellt. Der Mini-Huckepack *One Cent* (Motormodell, 160 g) und *Six Pence* (Segler) ist mit Spannweiten von 620 und 600 mm, Gesamtfluggewicht 250 g und dem Motor COX 03 der kleinste und leichteste Schlepp dieser Art. Der Segler löst sich per Funk von der Schleppmaschine, kann aber auch aus dem Handstart am Hang gesegelt werden. Die Flugdauer reicht bis zu einer Stunde. *One Cent* ist ein Bauplanmodell, *Six Pence* eine Eigenkonstruktion.

Das größte tatsächlich fliegende Papierflugzeug wurde von 17 Schülern aus vier High Schools in Hampton, Virginia (USA), gebaut. Mit einer Flügelspannweite von 9,15 m flog die Papierschwalbe am 25. März 1992 im NASA-Forschungszentrum in Hampton eine Strecke von 35 m.
Die Schweizer Werner Heise aus Guggimoos und Beat Schück aus Adliswil hatten am 18. Dezember 1988 mit ihrem 3,04 m großen Papierflieger im Kongresshaus Zürich eine Weite von 21,36 m erreicht.

Der Gemeinsame Stahlmarkt wird durch die Staatssubventionen zum Europa-Klassiker. Hier Stahlkocher beim Hochofenabstich im Eko-Stahlwerk in Eisenhüttenstadt.

Foto: dpa/Zentralbild

WIRTSCHAFT

- **Gewaltig: Deutsche Kaufhaus-Elefanten heiraten**
- **Die Nase vorn: Deutsche Versandhäuser im Weltvergleich**
- **Neu geknüpft: Das größte Fluglinennetz der Welt**
- **Klimpert fast komplett: Die größte Münz-Raritäten-Sammlung der Welt**
- **Genug ist nicht genug: Die Reichen werden reicher – und jünger**
- **Gut gequiekt: Englische Superzuchtsau wirft Weltrekord**

◆ HANDEL
Industrie, Banken

Älteste Firma. Zwar ist sie keine Firma im strengen Sinne, doch reichen die Ursprünge der Royal Mint, der Königlichen Münze Großbritanniens, bis 287 n. Chr. zurück. Schiffstransporten den Zehnten zu erheben. Die Faversham Oyster Fishery Co. (GB) wird in der Faversham-Austernfischer-Verordnung von 1930 als »aus undenklichen Zeiten stammend« bezeichnet. Das bedeutet nach englischem Recht: aus der Zeit vor dem Jahr 1189. Die älteste in Dokumenten erwähnte Firma ist Stora Kopparbergs Bergslags in Falun (S). Das schwedische Industrie- und Forstunternehmen ist seit dem 11. Jh. wirtschaftlich aktiv. Erstmals wird es 1288 in historischen Berichten erwähnt, als ein schwedischer Bischof einen Achtelanteil des Unternehmens erwarb; 1347 wurde ihm eine Konzession gewährt. Ursprünglich befaßte sich das Unternehmen mit der Gewinnung und Verarbeitung von Kupfer, heute ist es der größte private Energieerzeuger Schwedens.

Familienunternehmen. Das Hotel Hoshi Ryokan im japanischen Dorf Awaza läßt sich bis auf das Jahr 717 zurückführen und wird seit 46 Generationen als Familienunternehmen geführt.

Das Automontagewerk von General Motors - dem größten produzierenden Industrieunternehmen der Welt.
Foto: Gamma/Caputo/Liaison

Größte Unternehmen: Das größte produzierende Unternehmen ist – nach Vermögen, Umsatz und Beschäftigtenzahl – die General Motors Corporation mit Sitz in Detroit, Michigan (USA), GM arbeitet weltweit und hat 710 800 Mitarbeiter. Neben dem Schwerpunkt Automobile und Zubehör stellt das Unternehmen auch wehrtechnische sowie Luft- und Raumfahrtprodukte her und bietet Dienstleistungen in den Bereichen Computer und Kommunikation an. Der Gesamtumsatz 1993 betrug 138,2 Mrd. Dollar (230,79 Mrd. DM), das Unternehmensvermögen 188,2 Mrd. Dollar (314,29 Mrd. DM). Der Konzern hat für dasselbe Jahr einen Gewinn von 2,5 Mrd. Dollar (1,04 Mrd. DM) angekündigt – (siehe auch: Höchster Verlust).

Der größte Nettogewinn, den jemals ein Unternehmen innerhalb von 12 Monaten erzielte, beträgt 7,64 Mrd. Dollar (ca. 16 Mrd. DM). Den Rekordgewinn brachte die American Telephone and Telegraph Company (AT & T) vom 1. Oktober 1981 bis zum 30. September 1982 unter Dach und Fach.

Höchster Verlust: Der weltweit höchste Jahresverlust wurde 1992 mit 23,5 Mrd. Dollar (38,84 Mrd. DM) bei General Motors (USA) registriert. Der größte Teil der Summe resultiert allerdings aus den ca. 21 Mrd. Dollar (34,7 Mrd. DM) für Gesundheitsaufwendungen und Pensionen, die wegen neuer Vorschriften zum Rechnungswesen in den USA erstmals offengelegt werden mußten.

Fauxpas

Den größten Fauxpas, gemessen an den finanziellen Folgen, beging der junge Multimillionär James Gordon Bennet (1841-1918) am 1. Januar 1877 in der New Yorker Villa der Familie seiner Verlobten, Caroline May, an der Fifth Avenue. Bennett fuhr verspätet und offenbar betrunken in einem zweispännigen Schlitten vor. Torkelnd fand er Zugang zum Salon, wo er alle Blicke auf sich zog. Dort angekommen, verwechselte er den Kamin mit einer Sanitäreinrichtung. Die Familie May löste die Verlobung, und Bennett mußte den Rest seines freien und ungebundenen Lebens in Paris verbringen, wodurch dem amerikanischen Fiskus viele Mio. Dollar Steuereinnahmen entgingen.

Der größte Arbeitgeber der Welt ist die Indische Staatsbahn (Indian Railways) mit 1 654 066 Mitarbeitern am 31. März 1992. Europas größter Arbeitgeber ist der britische Nationale Gesundheitsdienst, der am 30. September 1990 eine Mitarbeiterzahl von 1 217 000 aufwies.

Größte Verkaufserlöse: Die *Fortune*-Liste der 500 größten Unternehmen vom April 1994 wird von General Motors Corporation, Detroit, Michigan (USA), angeführt. (s. a. Größtes Unternehmen; Höchster Verlust) Als erstes Unternehmen übertraf United States Steel (heute USA), Pittsburg, Pennsylvania (USA), die Grenze von 1 Mrd. Dollar Jahresumsatz im Jahr 1917.

Das höchste Übernahmeangebot eines Unternehmens betrug 21 Mrd. Dollar (34,83 Mrd. DM) für RJR Nabisco Inc., die Tabak-, Nahrungsmittel- und Getränkegruppe, durch die Wall-Street-Gruppe Kohlberg Kravis Roberts mit 90 Dollar (149,30 DM) je Aktie am 24. Oktober 1988. Bis zum 1. Dezember 1988 steigerte sich das Angebot von Henry Kravis auf 109 Dollar (180,83 DM) je Aktie und trieb das Gebot auf insgesamt 25 Mrd. Dollar (41,47 Mrd. DM).

Der größte Lebensmittelhersteller der Welt ist der Schweizer Nahrungsmittelkonzern Nestlé AG in Vevey am Genfer See, der 1993 einen Umsatz von 57,5 Mrd. sfr (62,5 Mrd. DM) verbuchen konnte. Der Renner unter den Nestlé-Produkten war der Schokoriegel KitKat, von dem weltweit 11,3 Mrd. Stück abgesetzt wurden (360 KitKat-Riegel/Sek).

Das größte Pharmazieunternehmen der Welt ist Johnson & Johnson in New Brunswick, New Jersey (USA). 1992 hatte es 84 900 Mitarbeiter, die einen Umsatz von 13,753 Mrd. Dollar (22,73 Mrd. DM) erzielten. Das Firmenvermögen im selben Jahr wird mit 11,884 Mrd. Dollar (19,64 Mrd. DM) beziffert.

Die größte Werbeagentur-Gruppe der Welt ist die WPP Group in London. Die Fachzeitschrift *Advertising Age* beziffert die Bruttoumsätze (sogenannte Billings) für 1990 mit 18,1 Mrd.

WIRTSCHAFT

• Handel

Dollar (31,7 Mrd. DM). Die weltgrößte einzelne Werbeagentur ist Dentsu in Tokio mit – laut *Advertising Age* – Billings von 9,7 Mrd. Dollar (17 Mrd. DM) im Jahr 1990.

Die umsatzstärksten Chemiekonzerne der Welt haben 1993 die konjunkturelle Wende geschafft. Im Ergebnis-Vergleich der Großen Drei führte 1993 die Hoechst AG Frankfurt/Main mit 46,0 Mrd. DM und 172 500 Mitarbeitern vor der BASF AG, Ludwigshafen, mit 43,12 Mrd. DM bei 112 000 Mitarbeitern und der Bayer AG, Leverkusen, die auf 41,0 Mrd. DM und 151 900 Mitarbeiter kam. Bei diesen drei »IG-Farben-Nachfolgern« setzte sich der Personalabbau fort. Einsparerfolge gab es durch zusätzliche Kostensenkungen auch im Sozialbereich.

Die größte Public-Relations-Firma der Welt ist Burson Marsteller (Zentrale in New York) mit Netto-Honorareinnahmen 1988 von 154,3 Mio. Dollar (250 Mio. DM). Hill and Knowlton Inc. hat mit 68 die meisten Niederlassungen in der Welt, eine davon in Peking (VR China).
Das erste Public-Relations-Magazin, *Public Relation News,* wurde 1944 von Denny Griswold gegründet und ist heute in 91 Ländern verbreitet.

Die Basler Pharma-Industrie erzielte 1993 Gewinne in Milliardenhöhe. Zusammen machten Ciba-Geigy, Roche und Sandoz mehr als 56,12 Mrd. DM Umsatz. An der Spitze der Basler Vorzeige-Industrie steht Ciba-Geigy mit 25,58 Mrd. DM. Allein mit ihren drei erfolgreichsten Medikamenten sorgten die Basler für 4,31 Mrd. DM Umsatz. Die drei Unternehmen gehören zu den zwölf größten Chemiekonzernen der Welt.

Die größte Investitionsgüterschau der Welt, die »Messe der Messen«, ist die Hannover-Messe Industrie. Im April 1994 zeigten 6848 Aussteller aus 60 Ländern den neuesten Stand ihrer technischen Entwicklung. Mit rund 395 000 Besuchern hatte die Industriemesse einen Zuwachs von 22 000 Besuchern und wurde zur erfolgreichsten Messe seit zehn Jahren.
Die Büro-, Informations- und Telekommunikationsmesse Cebit in Hannover erzielte im März 1994 einen neuen Besucherrekord: das Vorjahresergebnis von 660 000 Interessenten wurde mit 675 000 Besuchern übertroffen. 5850 Aussteller aus 54 Ländern zeigten ihre Produkte.

Die internationalste Messe der Welt ist die Internationale Tourismus-Börse (ITB) in Berlin. Keine andere Messe

Die deutsche Chemie-Industrie erreichte im ersten Halbjahr 1994 ein Absatzplus von vier Prozent.
Foto: Hoechst AG/Walter Kloos

zählt so viele Länder zu ihren Gästen. 1994 waren es bei der 28. Internationalen Tourismus-Börse 5023 Aussteller aus 168 Ländern und Gebieten auf einer Ausstellungsfläche von 101 000 m² brutto in 26 Hallen des Messegeländes Berlin und im ICC Berlin. Insgesamt kamen 136 243 Besucher, darunter etwa 50 000 Fachbesucher aus 193 Ländern und Gebieten.

Bankrotte. Am 3. September 1992 wurde Kevin Maxwell, Sohn des ehemaligen Pressezaren Robert Maxwell (1923-91) mit Schulden in Höhe von 406,8 Mio. Pfund (1,16 Mrd. DM) der größte Pleitier der Welt. Die Bankrotterklärung folgte einer vertraulichen Anhörung vor dem britischen Obersten Gerichtshof: In der Bishopsgate Investment Management Company waren, wie die Liquidatoren vortrugen, viele Mio. Pfund aus dem Pensionsfonds der Maxwell-Angestellten veruntreut worden.

Der größte Firmenbankrott – gemessen am Unternehmensvermögen – war die 35,9-Mrd.-Dollar-Pleite (65,4 Mrd. DM) von Texaco im Jahr 1987.

Die größte Steuer- und Unternehmensberatung mit den weltweit höchsten Honorareinnahmen ist Arthur Anderson & Co. SC mit insgesamt 6,017 Mrd. Dollar (16,08 Mrd. DM) im Geschäftsjahr, das mit Juli 1993 endete. Das Unternehmen beschäftigt in 324 Niederlassungen 66 478 Mitarbeiter.

Die größte Beratungsgesellschaft – gemessen an der Zahl der Mitarbeiter und Niederlassungen – ist KPMG Peat Marwick McLintock mit 73 000 Mitarbeitern und 837 Büros in 124 Ländern. Das weltweite Jahreshonorar bis Juli 1993 summiert sich auf 6 Mrd. Dollar (10,02 Mrd. DM).

Der längste Firmenname, der unter dem britischen Aktiengesetz, dem Companies Acts, registriert ist, lautet »The Only Ordinary People Trying to Impress the Big Guys with Extraordinary Ideas, Sales, Management, Creative Thinking and Problem Solving Consultancy Company Ltd« und hat die Firmennummer 1 660 603. Es handelt sich um den eigens formulierten Firmennamen von The Planet Hollywood Restaurant Company Ltd, deren Eigentümer die Hollywood-Stars Arnold Schwarzenegger, Sylvester Stallone und Bruce Willis sind.

Die weltgrößte multilaterale Entwicklungsbank ist die International Bank for Reconstruction and Development, gegründet am 27. Dezember 1945 und gemeinhin als Weltbank bezeichnet. Die Bank mit Sitz in Washington D. C. (USA) hatte am 30. Juni 1993 ein genehmigtes Stammkapital von 167,8 Mrd. Dollar (280,22 Mrd. DM). Zum selben Zeitpunkt hatte die Weltbank Reserven von 14 Mrd. Dollar (23,38 Mrd. DM) und akkumulierte Nettogewinne von 1,13 Mrd. Dollar (1,88 Mrd. DM).

Die größte Geschäftsbank der Welt ist die Dai-Ichi Kangyo Bank in Japan mit Aktiva von umgerechnet 713 Mrd. DM am 31. März 1993.

Die größte Bank in Deutschland ist die 1870 gegründete, 1957 wiedergegründete Deutsche Bank mit dem (jetzigen) Sitz in Frankfurt am Main. Die Konzern-Bilanzsumme lag 1993

Flohmarkt für soziale Zwecke

Am 18./19. Oktober 1983 wurde beim White Elephant Sale (gegründet 1933) in Cleveland, Ohio (USA), Trödel für 427 935,21 Dollar (damals 1,04 Mio. DM) verkauft. Der größte Geldbetrag, der an einem Tag erlöst wurde, waren 203 247,12 Dollar (damals 325 000 DM) am 13. Mai 1993 beim 61. Trödelmarkt der Winnetka Congregational Church, Illinois (USA).

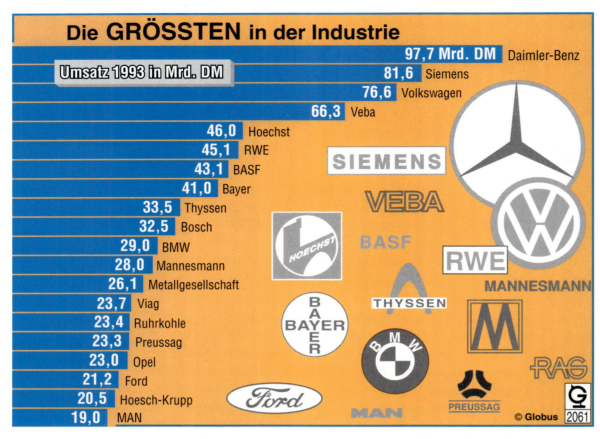

Die GRÖSSTEN in der Industrie

Umsatz 1993 in Mrd. DM

Umsatz (Mrd. DM)	Unternehmen
97,7	Daimler-Benz
81,6	Siemens
76,6	Volkswagen
66,3	Veba
46,0	Hoechst
45,1	RWE
43,1	BASF
41,0	Bayer
33,5	Thyssen
32,5	Bosch
29,0	BMW
28,0	Mannesmann
26,1	Metallgesellschaft
23,7	Viag
23,4	Ruhrkohle
23,3	Preussag
23,0	Opel
21,2	Ford
20,5	Hoesch-Krupp
19,0	MAN

© Globus 2061

EU-Stahl-Liga

In 16 stahlerzeugenden Ländern der Erde ist ausschließlich der Staat Eigentümer der Stahlwerke. Die Frage der nationalen Subventionen und Kapazitäten hat in der Europäischen Union (EU) zu erheblichen Belastungen geführt. Italiens und Spaniens Stahlkonzerne und die Eko Stahl AG in Eisenhüttenstadt haben 1993 für Schlagzeilen gesorgt. Um so überraschender: Die Nachfrage nach Stahlprodukten hat sich in Westeuropa und Deutschland in der ersten Jahreshälfte 1994 deutlich verbessert, die deutsche Rohstahlerzeugung ist bis Mai 1994 um mehr als zehn Prozent auf knapp 16,8 Mio. t gestiegen.

Foto: dpa/Ruppenthal

bei 556,6 Mrd. DM. Die Bilanzen der nächsten beiden Großbanken lagen bei 380,7 Mrd. DM für die Dresdner Bank und bei 285,3 Mrd. DM für die Commerzbank.

Die Bank mit den meisten Zweigstellen ist die Bank von Indien, die am 1. Januar 1994 insgesamt 12 704 Filialen und Aktiva in Höhe von umgerechnet 63 Mrd. DM hatte.

Die wenigsten Geldinstitute gibt es in Japan. Dort steht im Durchschnitt je 7000 Bürgern nur eine Bankfiliale zur Verfügung.

Die größte Bankdichte hat dagegen die Schweiz: Für je 1316 Einwohner gibt es eine Bank.

Der größte Banktresor mißt 106,7 x 30, 4 x 2,4 m und wiegt 893 t. Er wurde im Mai 1961 im Gebäude der Chase Manhattan Bank in New York City (USA) fertiggestellt. Jede seiner sechs Türen wiegt 40,6 t, kann aber mit einem Finger geschlossen werden.

Die älteste Sparkasse Deutschlands ist die Kreissparkasse in Detmold (NW), die am 13. März 1786 als »Gräflich-Lippische Spar- und Leihcasse« gegründet wurde.
In Oldenburg (N) wurde am 1. August 1786 die »Ersparungscasse« gegründet. Auf dieses Geldinstitut beruft sich die Landessparkasse zu Oldenburg im Streit um die älteste Sparkasse.
In der Bundesrepublik Deutschland gab es bis zum Fall der Mauer 586 Sparkassen. Die zusammengefaßte Bilanzsumme der Sparkassen betrug 800 Mrd. DM bei 223 000 Mitarbeitern. Die Hamburger Sparkasse, Hamburg, führt die Rangliste mit 25,5 Mrd. DM an.

Das größte Sparkassenbuch (70 x 50 cm, 1,5 kg schwer) wurde am 19. Mai 1989 in der Sparkasse Bruck a. d. Leitha (Niederösterreich) eröffnet. Die erste Einlage, 300 000 öS, war eine Spende für das Rote Kreuz. Hergestellt hat das Buch der Sparkassenangestellte Robert Sollak (* 1965) aus Mannersdorf in zweijähriger Handarbeit.

Am 3. September 1992 wurde Kevin Maxwell, Sohn des ehemaligen Pressemagnaten Robert Maxwell (1923-91), mit Schulden von 406,8 Mio. Pfund (1,16 Mrd. DM) der größte Pleitier der Welt.
Foto: Rex Features/Today Newspaper

Schwerindustrie

Der größte Stahlproduzent der Welt ist derzeit die Nippon Steel Corporation in Japan, die im Geschäftsjahr 1991/92 27 687 Mio. t Rohstahl erzeugt hat. Das Unternehmen beschäftigt gegenwärtig 37 388 Mitarbeiter. Der Pohang-Betrieb der Firma POSCO (Südkorea) hat 1988 9 Mio. t Rohstahl produziert. Das ist die größte Menge, die je ein Unternehmensteil hergestellt hat.

Stahlindustrie: In der Rohstahlerzeugung der Welt 1992 lag die ehemalige UdSSR mit 101,2 Mio. t an erster, Japan mit 98,1 Mio. t an zweiter Stelle vor den USA mit 83,2 Mio. t, China folgte mit 80,2 Mio. t. Deutschland lag mit 39,8 Mio. t noch vor Südkorea mit 27,8 Mio. t. In den ersten neun Monaten 1993 erzeugte die Stahlindustrie der Welt 532,4 Mio. t Rohstahl. Deutschland produzierte in diesem Zeitraum 28,4 Mio. t Rohstahl, lag damit vor Südkorea auf dem 6. Rang unter den Stahlerzeugern der Welt.

Welt-Rohölreserven: Der Ölpreis ist an den Weltmärkten seit Anfang 1994 im Aufwärtstrend. Die Organisation Ölproduzierender Länder (Opec) strebt einen Abgabepreis von 21 Dollar/Barrel an, im Juli 1994 lag er bei 20,75 Dollar. Die Welt-Rohölreserven haben in den vergangenen zehn Jahren durch bessere Fördermethoden zugenommen, liegen bei den Opec-Ländern 1993 bei 104,92 Mrd. t (im Vergleich 60,969 Mrd. t 1983).

WIRTSCHAFT 188/189

• Handel

Versicherungen, Krankenkassen

Die **größte Krankenversicherung** und zugleich der Welt größter Einzelverband ist die Blue Cross and Blue Shield Association; 1993 hatte die Organisation der amerikanischen Krankenversicherung 65,8 Mio. Mitglieder und zahlte im selben Jahre Leistungen in Höhe von 62 Mrd. Dollar (103,5 Mrd. DM) aus.

Die **größte private Krankenversicherung** in Deutschland und Europa mit knapp 2,6 Mio. Versicherten und 4,403 Mio. Versicherungen ist die Deutsche Krankenversicherung AG (DKV) mit Hauptsitz in Köln (NW) und einer Beitragseinnahme von 4,121 Mrd. DM (1993).

Die **größte deutsche Angestellten-Ersatzkasse** mit rund 9 Mio. Versicherten bundesweit ist die Barmer Ersatzkasse (BEK), Hauptsitz Wuppertal (NW).

Die **älteste Versicherung** der Welt ist die Hamburger Feuerkasse. Sie schloß bereits 1591 den ersten »Feuer Contract« ab. Am 21. September 1676 beschloß der Rat der Stadt Hamburg die erste »Feuer-Ordnung«. Bis zum 30. Juni 1994 galt die Hamburger Feuerkasse als Pflicht- und Monopolversicherung für alle Gebäude der Freien und Hansestadt Hamburg.

Die **ersten Vorsorgeuntersuchungen** ihrer Mitglieder führte 1919 die Betriebskrankenkasse der Fa. Fried. Krupp in Essen ein, und zwar regelmäßig wiederkehrend, kostenlos und freiwillig.

Den **größten Versicherungsverlust zur See** verursachte die *Piper-Alpha*-Ölbohrinsel in der Nordsee, die mit 836 Mio. Dollar (1,34 Mrd. DM) versichert war. Am 6. Juli 1988 entzündete sich ein Leck einer Gasdruckkammer unter den Unterkünften und löste eine Serie von Explosionen aus, die *Piper Alpha* zerstörten. Von den 232 Menschen auf der künstlichen Insel überlebten nur 65.

Die **höchste jemals ausgestellte Lebensversicherungspolice** lautete auf 100 Mio. Dollar (175 Mio. DM), erworben von einem Unternehmen der amerikanischen Unterhaltungsindustrie, um eine der führenden Personen aus dem US-Unterhaltungsgeschäft zu versichern. Die Police wurde im Juli 1990 von Peter Rosengard (London) verkauft und von Shel Bachrach von der Albert G. Ruben & Co. Inc. in Beverly Hills, Kalifornien (USA), und Richard Feldman von Feldman Agency in East Liverpool, Ohio (USA), bei neun Versicherungsgesellschaften plaziert, um das Risiko zu streuen.

Der **höchste und auf eine einzige Lebensversicherung ausgezahlte Betrag** waren 18 Mio. Dollar (damals über 50 Mio. DM), die laut Bericht vom 14. November 1970 an Linda Mullendore, der Witwe eines Farmers in Oklahoma (USA), gezahlt wurde. Ihr Mann, der ermordet wurde, hatte im Jahr 1969 Prämien in Höhe von 300 000 Dollar eingezahlt.

Längste Pensionszahlung

Millicent Barclay wurde am 10. Juli 1872 geboren, drei Monate nach dem Tod ihres Vaters, Col. William Barclay, und hatte damit bis zu ihrer Eheschließung Anspruch auf eine Pension aus dem Madras Military Fund. Sie starb, ohne je geheiratet zu haben am 26. Oktober 1969 nach 97 Jahren und drei Monaten als Pensionsbezieherin.

Die größte Versicherungsgesellschaft

ist die Metropolitan Life Insurance Co. in New York (USA) mit 1,24 Billionen Dollar (2,07 Billionen DM) Ende 1993. Die Prudential Insurance Company of America mit Sitz in Newark, New Jersey (USA), hatte 1993 mit 218 Mrd. Dollar (364 Mrd. DM) das größte konsolidierte Vermögen.

Die Allianz AG ist mit einem weltweiten Beitragsaufkommen von jährlich 65,50 Mrd. DM von ihren 200 Allianz-Töchtern die größte Versicherungsgruppe in Europa und gemessen am Börsenwert – unter den größten Firmen der Welt die Nummer 35. Die Allianz Versicherungs-AG, München-Berlin, ist in Deutschland der größte Schaden- und Unfallversicherer, die zur Allianz-Gruppe zählende Allianz Lebensversicherungs-AG, Stuttgart, der größte Lebensversicherer mit einem Versicherungsbestand von 227,3 Mrd. DM.

Immobilien

Den **größten Großgrundbesitz** der Welt hält die Regierung der USA mit einem Besitz von 295 Mio. ha, eine Fläche, die 12mal größer als Großbritannien ist. Streng formell gesehen war die ehemalige sowjetische Regierung Eigentümerin allen Grund und Bodens der UdSSR, vielleicht mit Ausnahme der Grundstücke, auf denen ausländische Botschaften stehen – insgesamt handelt es sich um 22 402 200 km².

Der **weltgrößte private Grundbesitz** gehört vermutlich der International Paper Co. in Purchase, New York (USA); das Unternehmen verfügt über 3,64 Mio. ha.

Der **größte private Grundbesitz in Deutschland** gehört dem Fürstenhaus von Thurn und Taxis in Regensburg (BY). Er wird auf 32 000 ha Land geschätzt.

Der **teuerste Grundbesitz**, die Flächen um das Mediya-Gebäude im Ginza-Distrikt von Tokio, wurde im Oktober 1988 von der japanischen Grundstücksbehörde mit umgerechnet 775 000 DM/m² bewertet.

Kleinster Landbesitz. Der Electricity Trust of South Australia ist Eigentümer eines im Grundbuch erfaßten und einzeln vermessenen Landstücks in Adelaide (Australien), das genau einen Quadratzoll mißt – ein Quadrat mit einer Kantenlänge von 25,4 mm.

Das **kleinste Grundstück** nennt der Bauingenieur Georg Künemund aus Krefeld sein eigen. Amtlich registriert und im Grundbuch

Spaß und Nutzen für Häuslebauer

Die Schwäbisch Hall AG, kundenstärkste deutsche Bausparkasse, baut auf ihre Kunden und läßt ihre Kunden bauen. Am Monitor kann eine Bauidee entstehen und alles wieder fix verändert werden. Mehrere 100 000 Variationen sind denkbar und auch ausführbar. »Virtueller Hausumbau« nennt sich diese von der Berliner Multimedia Produktionsgesellschaft Pixelpark 1994 entwickelte Möglichkeit einer ganz persönlichen Planung der eigenen vier Wände, ohne Architekt oder Handwerker. Der kleine Fuchs hilft, daß jeder per Knopfdruck sein eigener Architekt sein kann.

Abbildungen: Schwäbisch Hall/Pixelpark

eingetragen ist ein Flurstück von 0,13 m² Größe. Es liegt in der Gemeinde Gleichen, Ortsteil Groß-Lengden bei Göttingen, und ist als Hof- und Gebäudefläche erbverpachtet.

Die höchste Mietforderung erhob Kasachstan, das im Januar 1994 für die Nutzung des Weltraumbahnhofs Baikonur von Rußland eine Jahresmiete von 115 Mio. Dollar (201 Mio. DM) verlangte. Der Vertrag sollte eine Laufzeit von 20 Jahren haben.

Baugenossenschaft: Der größte Kreditgeber der Welt ist die von der japanischen Regierung kontrollierte House Loan Corporation. Die weltgrößte Bausparkasse ist die Halifax Building Society in Halifax (GB). 1992 verfügte sie über Aktiva von über 62 Mrd. Pfund (176,8 Mrd. DM) und vergab im selben Jahr Kredite in Höhe von 8,3 Mrd. Pfund (23,7 Mrd. DM). Das Unternehmen hat in 2707 Filialen 20 621 Mitarbeiter. Vier von zehn britischen Haushalten haben heute ein Konto bei der 1853 gegründeten Halifax Building Society.

Die kundenstärkste deutsche Bausparkasse ist die Schwäbisch Hall AG, Schwäbisch Hall. Die Bausparkasse der Volks- und Raiffeisenbanken verbuchte 1993 mit 31,6 Mrd. DM im Neugeschäft ein Rekordergebnis in der Branche und steigerte ihren Anteil von 20,9 auf 21,5 Prozent. Mit einer Bilanzsumme von 40,1 Mrd. DM baute sie ihre Führungsrolle im Jahr 1993 weiter aus.

Hotels

Die größte Hotelkette der Welt, Holiday Inns North America, wurde im Februar 1991 von Bass plc, dem führenden britischen Brauereiunternehmen, erworben. Das Unternehmen besitzt, betreibt oder vergibt jetzt im Franchise-System 1645 Hotels mit insgesamt 327 059 Zimmern in 52 Ländern.

Die führenden Hotelunternehmen in Deutschland sind die Maritim Hotels mit 33 Häusern, 7700 Beschäftigten und einem Nettoumsatz von 556 Mio. DM vor der französischen Gruppe Accor mit 99 Häusern der Hotelketten Novotel, Ibis, Arcade, Mercure, Altea, Pullman/Sofitel und Formule I bei einem Nettoumsatz von 519,7 Mio. DM.

Umsatzstärkstes Hotel unter den deutschen Hotelbetrieben war im Jahr 1992 das Sheraton Hotel am Frankfurter Flughafen mit einem Umsatz von 96 Mio. DM vor dem Bayerischen Hof in München mit einem Bruttoumsatz von 73,5 Mio. DM, dem Hotel Intercontinental, Frankfurt mit 57,4 Mio. DM und dem Hotel Intercontinental, Berlin mit 57,1 Mio DM.

New York, Broadway 1540. Hinter dieser Adresse verbirgt sich eine der größten Immobilienpleiten der Welt. 1000 Männer und Frauen arbeiteten fünf Jahre lang rund um die Uhr, um am Ende 200 Mio. Dollar in den Sand zu setzen. Heute residieren in diesem Hochhaus die Bertelsmann Inc., die Bertelsmann Music-Group und die Bantam Doubleday Verlagsgruppe.
Foto: Bertelsmann AG

Kaufhäuser, Ladenketten

Das größte Kaufhaus der Welt ist R. H. Macy & Co. Inc. an der Kreuzung von Broadway und 34. Straße in New York City (USA). Es umfaßt 20,3 ha und beschäftigt 14 000 Mitarbeiter, die 400 000 verschiedene Artikel betreuen. Im Geschäftsjahr 1990 erzielte das Unternehmen in seinen insgesamt 150 Häusern 7,3 Mrd. Dollar (12,8 Mrd. DM). Als Rowland H. Macy am 27. Oktober 1858 sein Galanteriewarengeschäft an der 6. Avenue von New York eröffnete, betrugen die Tageseinnahmen elf Dollar und sechs Cents, also nach damaligem Wert nicht ganz 50 DM.

Das Kaufhaus mit dem höchsten Verkaufsumsatz war Nordstrom mit Hauptsitz in Seattle, Washington (USA). Die 70 Niederlassungen erreichten 1992 Verkaufserlöse von 3,4 Mrd. Dollar (5,6 Mrd. DM).

Das größte Kaufhaus in Europa ist Harrods in London (GB), so benannt nach Henry Charles Harrod, der 1849 im Stadtteil Knightsbridge ein Kolonialwarengeschäft eröffnete. Auf einer Verkaufsfläche von 10,5 ha (mit 50 Aufzügen und 36 Rolltreppenanlagen) arbeiten je nach Saison zwischen 3500 und 4000 Menschen. Im am 30. Januar 1994 endenden Geschäftsjahr wurde ein Rekordumsatz von 395 Mio. Pfund (1,015 Mrd. DM) erzielt. Der Rekord für einen Einzeltag ist 11 Mio. Pfund (28,2 Mio. DM) im Januar 1994.

Das größte Kaufhaus auf dem europäischen Festland ist das zum Hertie-Konzern gehörende Kaufhaus des Westens (KaDeWe) in Berlin. Es war am 27. März 1907 gegründet worden und hatte schon damals eine Verkaufsfläche von 20 000 m² in vier Etagen. Im Krieg zerstört, wurde das KaDeWe am 3. Juli 1950 wiedereröffnet, weiter ausgebaut und am 5. April 1978 in vergrößerter Gestalt der Öffentlichkeit übergeben. Das Haus hat 45 000 m² Verkaufsfläche und durchschnittlich 2700 Mitarbeiter. 250 000 verschiedene Artikel (zehn Prozent davon Lebensmittel auf 5800 m² Verkaufsfläche) sind im Warensortiment. 1992 erzielte das KaDeWe einen Umsatz von ca. 600 Mio. DM. 28 Mio. Kunden kauften im umsatzstärksten Warenhaus Deutschlands, das nach dem Totalumbau (Erweiterung durch eine Glaskuppel in der neugebildeten 7. Etage) und Übernahme durch Karstadt laut Vorlage der Karstadtbilanz vom Juni 1994 zum »weltbesten Warenhaus« werden und Harrods übertreffen soll.

Die größte Kaufhauskette der Welt ist die Woolworth Corporation, die derzeit weltweit 8368 Warenhäuser betreibt. Sein erstes Geschäft, The Great Five Cent Store, eröffnete Frank Winfield Woolworth am 22. Februar 1879 in Utica, New York State (USA). Der Umsatzerlös 1993 belief sich auf 9,6 Mrd. Dollar (16,03 Mrd. DM).

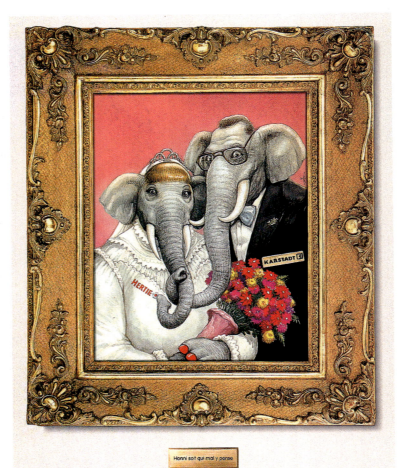

Elefantenhochzeit Karstadt-Hertie: Karikatur aus dem Karstadt-Geschäftsbericht 1993. Abbildung: Karstadt AG

Das größte Warenhausunternehmen der Welt ist Wal-Mart Inc. in Bentonville, Arizona (USA). Das 1962 von Sam Walton (1920-92) gegründete Unternehmen setzte im Geschäftsjahr, das am 31. Januar 1994 endete, in ca. 2308 Filialen 67,3 Mrd. Dollar (112,4 Mrd. DM) um.

Das größte deutsche Warenhaus-Unternehmen ist – mit einem 1993 erreichten Außenumsatz von 20,94 Mrd. DM – der Karstadt-Konzern (einschließlich Tochtergesellschaften) mit Sitz der Hauptverwaltung in Essen-Bredeney (NW). Der Konzern hat 1993, allein im Bereich der Stammgesellschaft Karstadt AG, 166 Verkaufshäuser mit einer Verkaufsfläche von 1,54 Mio. m². Im Gesamtkonzern incl. NUR Touristic GmbH und Neckermann Versand AG sind 63 572 Mitarbeiter tätig.

Die größte Lebensmittelladenkette in der Welt ist The Kroger Co. in den USA mit einem Jahresumsatz von 19,1 Mrd. Dollar (31,7 Mrd. DM) 1988 und einem Umlaufvermögen, das mit 4,5 Mrd. Dollar (7,5 Mrd. DM) bewertet wird. Kroger betreibt 1235 Supermärkte sowie 958 kleinere Einzelhandelsfilialen und beschäftigt 170 000 Mitarbeiter.

Versandunternehmen

Otto Versand und Quelle sind nicht nur die beiden größten Versandhäuser in Deutschland, sie sind Spitzenreiter auch im internationalen Vergleich. Erst an dritter Stelle liegt das US-Unternehmen Sears. Jeder Deutsche gibt durchschnittlich etwa 510 DM jährlich beim Kauf per Katalog aus.
Quelle: HANSA-PRESS

Das größte Versandhaus der Welt ist der Otto Versand in Hamburg mit einem weltweiten Jahresumsatz 1993/94 von 23,8 Mrd. DM und einer Umsatzsteigerung von 12,8 Prozent. Das Unternehmen, das in den USA (Spiegel Konzern), Großbritannien, Italien, Spanien, Frankreich und Japan eigene Versandhäuser besitzt, steigerte den Konzernumsatz in Deutschland durch die Konzerngesellschaften mit 3,8 Prozent 1992/93 auf 11,5 Mrd. DM. Die Zahl der Mitarbeiter beträgt 42 000.

Das größte Einkaufszentrum der Welt ist die für 1,1 Mrd. Dollar (damals 2,3 Mrd. DM) gebaute West Edmonton Mall, Alberta (Kanada), deren erster Bauabschnitt am 15. September 1981 eröffnet wurde. Vier Jahre später wurde der Komplex beendet, der auf einem Grundstück von 49 ha eine Grundfläche von 483 080 m² bedeckt.

• Handel

Er umfaßt über 800 Geschäfte sowie elf große Kaufhäuser. Die Parkplätze reichen für 20 000 Fahrzeuge, so daß über 500 000 Kunden pro Woche das Einkaufszentrum besuchen können.

Der größte Einkaufskomplex in Europa ist das MetroCentre in Gateshead (GB). Auf dem knapp 55 ha großen Grundstück finden sich 340 Einzelhandelsgeschäfte (einschließlich der größten Filiale von Marks and Spencer mit 17 279 m^2) mit einer Bruttoverkaufsfläche von 204 380 m^2. Zu dem Komplex gehören ein Freizeitzentrum, eine Bowlinganlage mit 28 Bahnen, Parkplätze für 12 000 PKW und ein eigens errichteter Bahnhof.

Der größte Großhandelsmarkt der Welt ist mit einer über sechs Gebäude verteilten Fläche von 864 000 m^2 das Dallas Market Center am Stemmons Freeway in Dallas, Texas (USA). Zusammen mit zwei weiteren Gebäuden umfaßt der Komplex ein 70 ha großes Gelände. Er verfügt über 2580 ständige Ausstellungsräume, in denen die Waren von 30 000 Herstellern gezeigt werden. Die jedes Jahr durchgeführten 107 Messen und Ausstellungen ziehen 760 000 Besucher an.

**Für die gigantischen ca. 30 m hohen Lichthöfe des KaDeWe wurden schnellfahrende Panorama-Aufzüge konstruiert.
In das Wintergarten-Le Buffet-Restaurant im KaDeWe gelangt man über gläserne Aufzüge oder auf Rolltreppen.
Fotos: KaDeWe**

Fluggesellschaften

Die größte Fluggesellschaft der Welt war die ehemalige sowjetische staatliche Aeroflot, die seit 1932 diesen Namen trug. Sie wurde am 9. Februar 1923 gegründet. Im letzten vollständigen Jahr ihrer Existenz (1990) hatte sie 600 000 Beschäftigte (mehr als die 18 größten US-Gesellschaften zusammen) und beförderte mit 20 000 Piloten 139 Mio. Passagiere auf einem Streckennetz von 1 Mio. km Gesamtlänge durch 11 Zeitzonen. Die exakte Größe der Luftflotte ist unbekannt, Schätzungen sprechen aber von 14 700 Luftfahrzeugen. Ende 1991 wurde die Flotte von mindestens 46 Betreibergesellschaften verwaltet. Nach dem Auseinanderfallen der Sowjetunion ist derzeit American Airlines die Fluggesellschaft mit den meisten Passagieren, 86 007 000 im Jahr 1992.

Die älteste noch bestehende Fluggesellschaft ist die niederländische Koninklijke Luchtvaart Maatschappij N. V. (KLM), die am 17. Mai 1920 ihren ersten Liniendienst von Amsterdam nach London aufnahm, nachdem sie am 7. Oktober 1919 gegründet worden war.

Als erste deutsche Fluggesellschaft wurde die Delag (Deutsche Luftschiffahrt AG) am 16. November 1909 in Frankfurt am Main gegründet und nahm im Juni 1910 einen Liniendienst mit Luftschiffen auf.

Trägerin des zivilen Luftverkehrs in Deutschland - abgesehen von einigen Regional- und Chartergesellschaften – ist die Deutsche Lufthansa Aktiengesellschaft. Ursprünglich am 6. Januar 1926 durch Zusammenschluß des Deutschen Aero-Lloyd mit dem Junkers Luftverkehr in Berlin gegründet, entwickelte sich das Unternehmen weltweit bald zu einer der größten Fluggesellschaften. Nach der Einstellung des Flugbetriebs bei Kriegsende im Mai 1945 ging die Firma auf Anordnung der alliierten Siegermächte in Liquidation. Am 6. Januar 1953 entstand in Köln die Aktiengesellschaft für Luftverkehrsbedarf, kurz Luftag, die am 6. August 1954 wieder den Firmennamen Deutsche Lufthansa Aktiengesellschaft annahm. Der planmäßige Flugdienst wurde – zunächst innerdeutsch – am 1. April 1955 aufgenommen, nach der Wiedererlangung der nationalen Souveränität der Bundesrepublik Deutschland im Mai 1955 auch auf internationalen Routen. Seit dem 28. Oktober 1990 fliegt die Lufthansa wieder Berlin an. Der Kranich ist wieder im Aufwind. Im Konzern konnte die Lufthansa 1993 bei 60 514 Mitarbeitern um 2,9 Prozentpunkte auf 17,73 Mrd. DM Umsatzerlöse zulegen. Die Zahl der Passagiere stieg um 2,4 Prozent auf 28,4 Mio. insgesamt.

Die schweizerische Fluggesellschaft Swissair hat sich auch 1993 durch die Überkapazitäten der 80er Jahre noch nicht erholt. Bei derzeit 108 Maschinen stieg zwar der Umsatz um 3 Prozent auf 6,214 Mrd. sfr, doch der andauernde Preiskrieg und der Druck auf die Gewinnmargen gleichen das Plus durch ein größeres Pas-

TOP 10 der größten Fluggesellschaften im internationalen Frachtflug

Platz	Gesellschaft	Fracht (in 1000 t)
1.	Lufthansa	669
2.	Federal Express	659
3.	Air France	507
4.	Korean	431
5.	JAL	411
6.	Singapore Airlines	387
7.	British Airways	377
8.	KLM	375
9.	Cathay Pacific	342
10.	Northwest	305

Stand 1992

TOP 10 der größten Fluggesellschaften im internationalen Passagierflug

Platz	Gesellschaft	Passagiere (in Mio.)
1.	British Airways	20,2
2.	Lufthansa	15,2
3.	American	12,8
4.	Air France	11,8
5.	United	9,7
6.	Alitalia	8,7
7.	Singapore Airlines	8,5
8.	SAS	8,5
9.	JAL	8,3
10.	KLM	8,3

Stand 1992

Die Lufthansa und die amerikanische United Airlines haben mit der Aufnahme ihres gemeinsamen Flugbetriebs am 1. Juni 1994 das größte weltweite Liniennetz geschaffen. Lufthansa und United bieten zusammen täglich mehr als 3000 Flüge zu über 400 Zielorten in 90 Ländern der Erde an.

Foto: dpa/Roosen

WIRTSCHAFT

• Handel • Volkswirtschaft

Die größten Auto-Produzenten
Welt-Produktion von Pkw und Lkw
1993: insgesamt 47,5 Millionen
(2 % weniger als 1992)

Veränderungen gegenüber dem Vorjahr in %

- Osteuropa: 3,1 (+15)
- Lateinamerika: 2,3 (+17)
- Kanada: 2,2 (+14)
- Frankreich: 3,0 (-17)
- Deutschland: 4,0 (-23)
- USA: 10,9 (+12)
- Japan: 11,3 Mio. (-10)
- Schweden: 0,3 (-14)
- Südkorea: 2,0 (+15)
- Spanien: 1,7 (-19)
- Großbritannien: 1,6 (+3)
- Italien: 1,2 (-27)
- Belgien: 0,4 (+35)
- Türkei: 0,4 (+30)

Quelle: VDA z.T. geschätzt

---

sagieraufkommen auf den europäischen Strecken nicht aus.

Das weltgrößte Luft- und Raumfahrtunternehmen ist Boeing in Seattle, Washington (USA), mit einem Umsatz von 25,3 Mrd. Dollar 1993 (42,25 Mrd. DM) und weltweit 134 400 Mitarbeitern. Cessna Aircraft in Wichita, Kansas (USA), setzte 1991 insgesamt 818 Mio. Dollar (1,39 Mrd. DM) um. Seit Clyde Cessna 1911 die erste Maschine baute, hat das Unternehmen über 178 800 Luftfahrzeuge hergestellt.

Kraftfahrzeuge

(s. Kapitel Verkehr und Kapitel Sport)

Der weltgrößte Hersteller von Kraftfahrzeugen und Kraftfahrzeugteilen, zugleich das größte produzierende Unternehmen, ist die General Motors Corporation mit Sitz in Detroit, Michigan (USA). Der Konzern beschäftigt durchschnittlich 710 800 Mitarbeiter. 1978 wurde ein Rekordwert von 948 000 Fahrzeugen produziert, der höchste Jahresumsatz wurde 1989 mit 126 Mrd. Dollar (238 Mrd. DM) erzielt.

Der größte Kraftfahrzeughersteller Deutschlands ist der Volkswagen-Konzern mit weltweit 251 600 Beschäftigten bei einem Gesamtumsatz von 76,586 Mrd. DM (31. Dezember 1993).
Die Wolfsburger Volkswagen AG hat 1993 einen Umsatz von 42,949 Mrd. DM bei 108 500 Mitabeitern erzielt, im Vergleich zu 1992 damit 19,2 Prozent weniger Umsatz erreicht. 1993 hatte Wolfsburg nur noch 3,1 Mio. Fahrzeuge an Kunden in aller Welt ausgeliefert: VW verkaufte 10 Prozent weniger, Audi 25,1 Prozent und Seat 15,2 Prozent. Nur Skoda konnte einen Zuwachs von 9,8 Prozent verzeichnen.

Das größte Automobilwerk ist das Volkswagenwerk in Wolfsburg mit annähernd 60 000 Beschäftigten und Produktionsanlagen mit einer Produktionskapazität von 4000 Fahrzeugen. Die Werksgebäude bedecken 150 ha Fläche, das gesamte Werk sogar 760 ha, die von 74 km Bahngleisen durchkreuzt werden.

Schiffbau

Weltweit wurden 1993 Schiffe mit insgesamt 20 Mio. BRT gebaut; dabei sind Segelschiffe, Schiffe ohne Antrieb sowie Schiffe unter 100 BRT nicht mitgerechnet. Das Datenmaterial für Rußland, die Ukraine und die VR China ist unvollständig.
In Japan wurden 1993 mit 9,1 Mio. BRT 45 Prozent der weltweiten Produktion fertiggestellt.

Die führende Schiffswerft war 1993 Daewoo-Shipbuilding & Heavy Machinery Ltd. in Südkorea, die 13 Schiffe mit insgesamt 1,55 Mio. BRT baute.

Die größte Reederei Deutschlands ist die Hapag-Lloyd AG., Hamburg/Bremen. Der norddeutsche Reederei- und Touristikkonzern hat 1993 durch die Überkapazitäten am Weltmarkt und die schlechte Konjunktur nur einen Umsatz von 3,909 Mrd. DM im Konzern erzielt. In der Linienschiffahrt fuhren die Hapag-Lloyd-Schiffe in einem schwierigen Schiffahrtsjahr ein Minus von gut 50 Mio. DM ein.

Die deutsche Handelsflotte ist nach Angaben des Verbands Deutscher Reeder (VDR) 1993 leicht gewachsen, doch hat sich der Trend zur Ausflaggung verstärkt. Unter dem Einfluß deutscher Reeder befuhren 691 (1992=676) Schiffe die sieben Meere. Davon fuhren 287 (322) Handelsschiffe unter deutscher Flagge, während 404 (354) Schiffe eine fremde Flagge führten. Gemessen an der Tonnage sank der Anteil der deutschen Flagge an der Handelsflotte von 52,1 Prozent auf 48,9 Prozent.

◆ VOLKSWIRTSCHAFT
Börsen, Aktien, Wertpapiere

Die größte Warenbörse der Welt nach Handelsvolumen war 1992 New York mit umgerechnet 3,311 Billionen DM vor London (2,98 Billionen DM) und den deutschen Börsen mit insgesamt 2,541 Billionen DM.

Die ersten deutschen Börsen wurden im 16. Jh. in Augsburg, Nürnberg, Hamburg und Köln eröffnet.

Die Frankfurter Wertpapierbörse ist die größte deutsche Börse. Sie feierte am 21. August 1985 ihr 400jähriges Bestehen. Weitere Börsen bestehen in Düsseldorf, München, Hamburg, Stuttgart, Hannover, Bremen und Berlin. Daneben gab es in der Bundesrepublik Deutschland 23 Produkten- beziehungsweise Warenbörsen.

Die älteste Aktienbörse ist die von Amsterdam, die 1602 als Effektenhandel für Anteile der niederländischen Ostindiengesellschaft in der Oude Zijds Kapel gegründet wurde.

Für die älteste bekannte deutsche Aktie, die »Aktie Nr. 81« der »Fünften Assekuranz Kompagnie« aus dem Jahr 1808 sind bei einer Auktion in Frankfurt 13 000 DM bezahlt worden. Dieses Gebot für das Papier der hamburgischen Feuer- und Hochwasserversicherung, die 1842 durch Brände und Hochwasser in Zahlungsschwierigkeiten geriet, war das höchste auf der 18. Auktion der Freunde historischer Wertpapiere im März 1986.

FT-SE-Aktienindex: Den Tagesspitzenwert erreichte der FT-SE-Index (für 100 ausgewählte Aktien) mit 3539,2 Punkten am 3. Februar 1994. Die Rekordschlußnotierung von 3520,3 Punkten wurde im Verlauf des Börsentags am 2. Februar 1994 registriert. Die niedrigste Schlußnotierung waren 986,9 Punkte am 23. Juli 1984.

Größter Anstieg und größter Fall: Der größte Anstieg an einem Tag waren 142,2 Punkte auf 1943,8 am 21. Oktober 1987; das größte Tagesminus waren 250,7 Punkte am 20. Oktober 1987, als der Index bei 1801,6 absank.

Der höchste Preis für einen Börsensitz an der New Yorker Börse war 1,15 Mio. Dollar (2,1 Mio. DM) im Jahr 1987.
Der niedrigste Preis war 17 000 Dollar im Jahr 1942.

Die Rekordzahl von Investoren für eine einzelne Wertpapieremission ist 5,9 Mio. für den 1992er Mastergain-Beteiligungsfonds, im April und Mai 1992 von der Unit Trust of India, Bombay (Indien), plaziert.

Die größte Aktientransaktion im Paket erlebte die New Yorker Börse am 10. April 1986, als 48,79 Mio. Anteile der Navistar International Corporation zum Gesamtpreis von 487,888 Mio. Dollar (1,1397 Mrd. DM) den Besitzer wechselten.

US-Schlußquoten: Die höchste Schlußnotierung des Dow-Jones-Index für ausgewählte Aktien, eingeführt am 8. Oktober 1896, wurde am 20. Mai 1994 mit 3981,96 Punkten registriert. Zum ersten Mal über 3000 schloß der Index am 17. April 1991, und zwar mit 3004,46 Punkten. Im Verlauf des 13. Juli 1990 – einem Freitag! – war der Index kurzfristig schon einmal über 3000 Punkte geklettert.
Der Dow-Jones-Industrie-Index, der am 3. September 1929 381,71 erreichte, sackte am 29. Oktober 1929 um 30,57 Punkte auf dem Weg abwärts zum tiefsten Punkt der Depression, der mit 41,22 am 2. Juli 1932 erreicht wurde.

US – Größter Anstieg und Fall: Den höchsten Tagesanstieg erlebte der Dow Jones am 21. Oktober 1987, als er um 186,84 auf 2027,85 Punkte kletterte. Der größte Absturz an einem Börsentag waren 508 Punkte (minus 22,6 Prozent) am 19. Oktober 1987, dem Schwarzen Montag. Der Gesamtverlust bei Wertpapieren vom 1. September 1929 bis zum 30. Juni 1932 betrug 74 Mrd. Dollar. Der größte Verlust innerhalb eines Jahres waren 210 Mrd. Dollar 1974.

Höchstbewertete Unternehmen: Der größte Marktwert eines Unternehmens betrug im März 1994 umgerechnet 199 Mrd. DM für Exxon mit Sitz in Irving, Texas (USA).
Der Marktwert der American Telephone and Telegraph Co. (AT&T), einstmals das Unternehmen mit den größten Vermögenswerten, betrug 59,4 Mrd. Dollar (144 Mrd. DM) am 31. Dezember 1983, aufgeteilt unter über 3 Mio. normalen Anteilseignern. Insgesamt 20 109 Anteilseigner besuchten die Jahreshauptversammlung im April 1961 und stellten damit einen Weltrekord auf.

Den nachweislich höchsten persönlichen Verlust an Aktienwerten erlitt Ray A. Kroc, der Vorsitzende der Restaurantkette McDonald's Corp., mit 64,901 Mio. Dollar (rund 130 Mio. DM) am 8. Juli 1974.

Die größte Kapitalaufnahme durch Ausgabe von Aktien in der Börsengeschichte war der 5,2-Mrd.-Pfund-Verkauf der 12 britischen regionalen Stromunternehmen an 5,7 Mio. Anteilseigner. Mit 12,75 Mio. Aktienzeichnungen war die Offerte deutlich überzeichnet.

Höchster Wert pro Aktie: Den weltweit höchsten Nennwert für eine einzelne Aktie hat ein Anteil an der Moeara Enim Petroleum Corporation, der am 22. April 1992 mit umgerechnet 160 000 DM (165 000 NL-Gulden) beziffert wurde.

Steuern, Geld

Größter Staatshaushalt: Die höchsten Staatsausgaben eines Landes sind die 1,408 Billionen Dollar (2,351 Billionen DM) der USA im Steuerjahr 1993. Die höchsten Steuereinnahmen erzielten die USA im selben Jahr mit 1,154 Billionen Dollar (1,927 Billionen DM). Für das Steuerjahr 1995, das am 1. Oktober 1994 beginnt, wurde dem US-Kongreß im Februar 1994 ein Ausgabenbudget von 1,518 Billionen Dollar (2,656 Billionen DM) vorgelegt.

Den höchsten Steuerüberschuß erzielten im Haushaltsjahr 1947/48 die USA mit 8 419 469 844 Dollar (34 Mrd. DM). Das höchste Defizit registrierten auch die USA im Steuerjahr 1992 mit 290 Mrd. Dollar (479 Mrd. DM).

Auslandshilfe: Der größte Zahler von Auslandshilfen waren die Vereinigten Staaten – die gesamte Netto-auslandshilfe zwischen dem 1. Juli 1945 und dem 1. Januar 1991 betrug 312,7 Mrd. Dollar (nach heutigem Kurs 516,8 Mrd. DM). Die höchsten Zahlungen erhielt Israel mit 3,65 Mrd. Dollar (6,2 Mrd. DM nach heutigem Kurs). Die US-Auslandshilfe begann 1812 mit der Zahlung von 50 000 Dollar an Venezuela nach einer Erdbebenkatastrophe.

Geringste Besteuerung: Die souveränen Länder mit den niedrigsten Einkommensteuerquoten sind Bahrain und Katar, wo die Quote – einkommensunabhängig – bei Null liegt. Von den Sarkesen (Bewohner der Kanalinsel Sark) werden keine Steuern erhoben.

Höchste Besteuerung: Das Land mit dem höchsten Steuersatz ist Norwegen, wo 1992 eine Einkommensteuer ein Spitzensatz von 65 Prozent erhoben wurde – zusätzliche persönliche Steuern ermöglichen sogar eine Steuerlastquote von über 100 Prozent! Im Januar 1974 wurde die Höchstgrenze von 80 Prozent abgeschafft, und damals wurden in den Lignings Boka gut 2000 Norweger aufgelistet, die über 100 Prozent ihres zu versteuernden Einkommens abführten. Der Großreeder Hilmar Reksten (1897–1980) wurde bei 491 Prozent eingestuft.

Die höchste bekanntgewordene Steuerforderung in einem Rechtsstreit lautete 336 Mio. Dollar (612,5 Mio. DM), 70 Prozent des Vermögens von Howard Hughes.

Die höchste Staatsverschuldung haben die USA. Am 30. September 1981 wurde die Grenze von einer Billion (10^{12}) Dollar überschritten. Bis Ende 1993 erreichte sie eine Rekordhöhe von 4,351 Billionen Dollar (7,266 Billionen DM); die Nettozinszahlungen dafür betragen 213 Mrd. Dollar (355,71 Mrd. DM).

Zahlungsbilanz: Das Rekorddefizit in einem Kalenderjahr waren 167,3 Mrd. Dollar (264 Mrd. DM), die 1987 in den USA registriert wurden. Den höchsten Zahlungsbilanzüberschuß verzeichnete Japan mit umgerechnet 208,4 Mrd. DM für 1992.

Das erste Prämiensparsystem führte 1900 die Firma Fried. Krupp in Essen für ihre Arbeiter und wenig verdienenden Angestellten ein. Bereits zehn Jahre nach Gründung wurden 1220 Prämien im Gesamtwert von 62 000 Goldmark an die 16 650 freiwilligen Prämiensparer verlost.

Das reichste Land ist laut UN-Statistik Liechtenstein, das 1992 pro Kopf ein Bruttosozialprodukt (BSP) von umgerechnet 90 000 DM erreichte. Schätzungen zufolge belief sich das Bruttosachvermögen in den USA Ende 1991 auf 26,7 Billionen Dollar (45,27 Billionen DM), das sind 105 659 Dollar (179 145 DM) pro Kopf.

Ärmstes Land: Mosambik hatte mit umgerechnet 99 DM im Jahr 1992 das geringste Bruttosozialprodukt pro Kopf der Bevölkerung. Allerdings gibt es im *World Bank Atlas* mehrere souveräne Staaten, für die keine Daten angegeben sind.

Das Land mit der höchsten Auslandsverschuldung waren Ende 1992 mit 549,7 Mrd. Dollar (908 Mrd. DM), auch wenn die Höhe der Verschuldung im Vergleich zur wirtschaftlichen Stärke der USA gering ist. Unter den Entwicklungsländern hat Brasilien mit umgerechnet 192 Mrd. DM Ende 1992 die höchste Auslandsverschuldung.

Das Land mit dem größten Bruttosozialprodukt sind die USA, die 1981 die Grenze von 3 Billionen Dollar (damals 6,27 Billionen DM) erreichten. Am Ende des Steuerjahres 1993 betrug das BSP 5,904 Billionen Dollar (9,859 Billionen DM).

Goldreserven: Das Land mit den größten Währungsgoldreserven sind die USA, deren Schatzamt Ende 1993 über 261,79 Mio. Feinunzen verfügte. Das entspricht – bei 335,10 Dollar (559,6 DM) pro Feinunze – einem Gesamtwert von 93,036 Mrd. Dollar (155,3 Mrd. DM).

Das Goldbarrenlager Fort Knox, 48 km südwestlich von Louisville, Kentucky, ist seit 1936 der wichtigste Goldlagerplatz der USA. Gold wird dort in 446 000 geprägten Standardbarren von jeweils 400 Troy-Unzen (12,4414 kg) gelagert, die die Maße 17,7 x 9,2 x 4,1 cm haben. Einen Höchstpreis erlebte Gold am 21. Januar 1980 mit 850 Dollar (1490 DM) je Feinunze.

Die schlimmste Inflation der Welt erlebte Ungarn im Juni 1946, als der Goldpengö von 1931 mit 130 Trillionen ($1,3 \times 10^{20}$) Papierpengö bewertet wurde. Am 3. Juni 1946 wurden Noten im Wert von 100 Trillionen (10^{21}) Pengö in Umlauf gesetzt und am 11. Juli wieder eingezogen. 1000-Trillionen-Noten (10^{27}) wurden gedruckt, aber nicht in Umlauf gebracht.
Die bekannteste und am häufigsten analysierte hyperinflationäre Phase erlebte Deutschland, als im November 1923 eine Billion Papiermark auf den Wert von einer Goldmark gesunken war. Am 6. November 1923 waren Reichsmark-Geldnoten im Nennwert

Auf dem Budapester Schwarzmarkt bekam man für zwei der 10-Mio.-Pengö-Banknoten einen US-Dollar.

von 400 Trillionen, 338 Billiarden, 326 Billionen, 350 Milliarden und 700 Millionen in Umlauf: 775,7milliardenmal die Menge von 1913.

Das Land mit der höchsten aktuellen Inflationsrate war Moldavien mit 2707 Prozent von Januar bis Dezember 1993.

Geringste Inflation: Das Land mit der niedrigsten Inflation war 1993 die Zentralafrikanische Republik. Dort fielen die Preise um 4,8 Prozent.

Die souveränen Staaten mit den niedrigsten Einkommensteuern sind Bahrain (unten) und Katar, wo der Steuersatz, unabhängig von der Einkommenshöhe, bei Null liegt.
Fotos: Gamma/Y Gellie, Gamma/K Arell/Spooner

WIRTSCHAFT

• Volkswirtschaft

Papiergeld ist eine Erfindung der Chinesen. Im Jahr 812 wurde es probeweise eingeführt und 970 vorherrschendes Zahlungsmittel.

Die ersten Banknoten (*Banksedlar* genannt) wurden im Juli 1661 in Stockholm (S) in Umlauf gebracht. Die älteste noch existierende Banknote im Wert von fünf Dalers ist vom 6. Dezember 1662 datiert.

Das größte gedruckte Papiergeld war die von 1368-99 während der chinesischen Ming-Dynastie verbreitete 1-Guan-Note, die 22,8 x 33 cm maß. Im Oktober 1983 wurde ein Exemplar für umgerechnet 860 DM verkauft.

Die kleinste staatliche Banknote ist der 1917 vom rumänischen Finanzministerium ausgegebene 10-Bani-Schein, dessen bedruckte Fläche 27,5 x 38 mm maß.

Die Umlaufnoten mit dem höchsten Wert sind die 10 000-Dollar-Noten (16 955 DM) der US-Notenbank mit dem Porträt von Salmon P. Chase (1808-73). 1969 wurde angekündigt, in Zukunft würden keine Banknoten mit einem Nennwert von mehr als 100 Dollar ausgegeben, und von den 10 000-Dollar-Scheinen blieben nur 345 im Umlauf. Der höchste Wert, der jemals vom Notenbanksystem der USA ausgegeben wurde, ist ein Geldschein über 100 000 Dollar (169 550 DM) mit dem Porträt von Woodrow Wilson (1856-1924); diese Noten werden ausschließlich für Transaktionen zwischen der Notenbank und dem Schatzamt verwendet.

Die Banknote mit dem höchsten Nennwert, die je in Deutschland ausgegeben wurde, war die 100-Billionen-Schein von 1924. Er war 9,5 x 18 cm groß, zeigte ein Dürer-Gemälde und wurde am 15. Juni 1925 aus dem Verkehr gezogen.

Die deutsche Banknote mit dem größten Wert, die gegenwärtig in Umlauf ist, ist der 1000-DM-Schein, die niedrigste ist die 5-DM-Note.

Die Banknote mit dem geringsten Geldwert (und zugleich dem niedrigsten Nennbetrag) ist der indische 1-Sen-Schein (1/100 Rupie). Anfang 1993 waren 1300 Sen gerade einen Pfennig wert.

Der Rekordauktionspreis für ein einzelnes Los von Banknoten war (einschließlich Käuferprämie) 240 350 Pfund (713 840 DM), geboten am 14. Februar 1991 im Auftrag eines Konsortiums von Richard Lobel im Auktionshaus Phillips in London. Das Los bestand aus über 17 Mio. britischen Militär-Banknoten, die in einem Gewölbe in Berlin lange verborgen waren.

Banknotensammlung: Seit 1987 sammelt Torsten Hampel (* 1967) aus Heuchelheim (RP) Banknoten aus aller Welt. Bis Ende Februar 1994 besaß er 241 verschiedene Währungen aus 211 Ländern, von denen zur Zeit noch 199 gültige Zahlungsmittel sind.

Die größten Münzen in Deutschland waren 10-Dukaten-Stücke von je 35 g Gewicht. Ein riesiges Einzelstück, die böhmische 100-Dukaten-

Die 10-Mio.-Pengö-Banknote, die kurze Zeit im April 1945 ausgegeben wurde, als die ungarische Inflation verheerende Ausmaße annahm.
Fotos: Hulton Deutsch Collection

Münze Kaiser Ferdinands III. (1608-57), wiegt 350 g und hätte demnach heute einen reinen Goldwert von ca. 16 000 DM. Ihr Sammlerwert dürfte aber das Zehnfache betragen.

Die größte Münze Österreichs war das quadratische 50-Dukaten-Stück mit Rundprägung des Grafen Guido-

Diese 1941 von der Bank von England ausgegebene Half-Crown-Note (12 1/2 P) hat heute einen Wert von über 1500 Pfund.
Foto: Norris McWhirter

Raritäten-Sammler Burkhard Graichen.

bald von Thun-Hohenstein aus dem Jahr 1654, das 165 g wog.

Die größte Schweizer Münze war das 82,5 g schwere Baseler 25-Dukaten-Stück, das von 1695 bis 1710 in Umlauf war.

Die kleinste deutsche Münze war der 1 32-Dukat aus Gold, um 1700 in Nürnberg geprägt. Er wog nur 0,1 g und hatte einen Durchmesser von 5 mm.

Der größte jemals gefundene Schatz waren rund 80 000 Goldmünzen, die 1714 in Brescello bei Modena (I) entdeckt wurden und dort vermutlich um 37 v. Chr. versteckt worden waren. Der größte absichtlich vergrabene Schatz, der jemals entdeckt wurde, war der Brüsseler Schatz von 1908 mit etwa 150 000 Münzen.

Der größte durch Unfall »entstandene« Schatz gehörte zur spanischen Silberflotte, die 1715 vor der Küste Floridas sank. Seriöse Schätzungen gehen von 60 Mio. Münzen aus, von denen die Hälfte kurz nach dem Ereignis von spanischen Behörden geborgen wurde. Von den restlichen 30 Mio. wurden vielleicht etwa 500 000 durch moderne Schatzberger aufgespürt. Vermutlich liegen also noch 29,5 Mio. Münzen auf dem Grund des Meers und harren ihres Entdeckers.

Der Rekordschatz nach Gewicht sind die 43 t Gold auf dem White Star Liner *Laurentic*, der 1917 vor Fanad Head (Irland) auf eine Mine lief und 40 m tief sank. 3191 der insgesamt 3211 Goldbarren wurden seitdem von der Royal Navy, dem Cossum Diving Syndicate und dem Consortium Recovery Ltd. geborgen.

Der größte in England entdeckte Römerschatz im Wert von 5 Mio. DM bestehend unter anderem aus knapp 14 000 Silbermünzen, über 500 Goldmünzen sowie 29 prächtigen Goldgeschmeiden wurde in Hoxne, 100 km nördlich von London, ausgegraben. Er stammt aus der Zeit um 400 n. Chr., der Endzeit des Römischen Reiches.

Raritäten-Sammlung

Deutsche Klein- und Kursmünzen mit Proben und Verprägungen von 1873 bis heute trägt Burkhard Graichen (* 1955) aus Frankfurt/Main (HE) seit 1967 zusammen. Seine Sammlung umfaßt die 1-Pf.-, 2-Pf.-, 5-Pf.- und 10-Pf.-Stücke seit Gründung des Deutschen Kaiserreiches ab 1873-1948: jeder Buchstabe, jedes Jahr, außerdem Bank Deutscher Länder und die Bundesrepublik Deutschland von 2-Pf. bis 10 DM komplett. Rohlinge, Dezentrierungen, Proben, Klippen, einseitige Abschläge, Verprägungen, Fehlprägungen, doppelte Randinschriften, Riffelrand, Seilkreis ... sind bei jedem Typ seit 120 Jahren vorhanden. Ein Großteil der Sammlung besteht aus Unikaten, die noch niemals in einer vergleichbaren Sammlung waren. Ende März 1994 fehlten Graichen von allen bekannten Dezentrierungen nur noch zehn Exemplare. Es ist nur noch eine Frage der Zeit, bis er auch sie besitzt.

Münzprägeanstalten: Die größte Münzpräge der Welt ist die des US-Schatzamts. Sie wurde 1965 bis 69 in Philadelphia gebaut und bedeckt 4,7 ha. Sie hat eine jährliche Kapazität von 12 Mrd. Münzen (früher sogar 15 Mrd.). Eine neue Hochgeschwindigkeits-Prägemaschine mit der Bezeichnung Graebner Press kann 42 000 Münzen/Std. produzieren. Die Rekordproduktion in den USA gab es 1982, als die Münzprägen in Philadelphia und Denver zusammen 19,5 Mrd. Münzen ausspuckten.

Die kleinste Münzprägeanstalt der Welt gehört dem Orden der Malteserritter in Rom. Die Münzpräge, bestehend aus einer einzigen Presse, befindet sich in einem kleinen Raum und gibt seit 1961 Münzen aus.

Münzen

ÄLTESTE: ca. 630 v. Chr. Elektron-Stater des Königs Gyges (ca. 685-652 v. Chr.) von Lydien (TR).[1]
FRÜHESTE MIT JAHRESZAHL GEPRÄGTE: Saminaische Silber-Tetradrachmen, geprägt in Zankle (dem heutigen Messina) auf Sizilien, datiert auf das Jahr 1 – und zwar 494 v. Chr. – durch den Buchstaben A.
IN MODERNER ZEITRECHNUNG: MCCXXXIIII (1234) die Münzen des Bischofs von Roskilde (D); sechs bekannte Exemplare.
SCHWERSTE: 19,71 kg, eine schwedische 10-Daler-Kupferplatte aus dem Jahr 1644.[2]
LEICHTESTE: 0,002 g, ein silberner 1 4-Jawa oder -Dam aus Nepal, ca. 1740.
TEUERSTE: 3,19 Mio. Dollar (5,58 Mio. DM) für einen Satz von amerikanischen Münzen von 1804 und 34, der einstmals dem König von Siam überreicht worden war; am 28. Mai 1990 erwarben Iraj Sayah und Terry Brand die Münzen bei Superior Galleries in Beverly Hills, Kalifornien (USA). Zu dem Satz, bestehend aus neun Münzen, zählt der Silberdollar von 1804 mit einem Schätzwert von 2 Mio. Dollar (3,6 Mio.DM). Der Rekordpreis für eine einzelne Münze ist 1,5 Mio. Dollar (2,6 Mio. DM) für eine 20-Dollar-Goldmünze von 1907, den Hochrelief-Doppeladler, der am 9. Juli 1990 von der MTB Banking Corporation in New York an einen privaten Anleger verkauft wurde.
ECU-MÜNZEN: Belgien hat erstmals eine Ecu-Münze in Silber und Gold herausgebracht. Anlaß war der 30. Gründungstag der Europäischen Gemeinschaft. Die Ecu (Europäische Währungseinheit) war im Jahr 1979 von den Mitgliedern des europäischen Währungssystems geschaffen worden. Die 50-Ecu-Goldmünze hat einen Wert von rund 100 DM. Beide Münzen sind in Belgien als Zahlungsmittel anerkannt. 2 Mio. werden in Umlauf gebracht. Auf der Vorderseite der Münze ist ein Porträt von Kaiser Karl V. zu sehen, nach dem Vorbild des »Carolus-Guldens«, der Mitte des 16. Jh.s in Brügge geprägt worden war.

1 Das ungeprägte »Spatengeld« aus der Choudynastie wird auf 550 v. Chr. datiert.

2 Die größte münzförmige Münze war das indische 200-Mohur-Goldstück mit einem Durchmesser von 136 mm und einem Gewicht von 2177 g; von ihr ist kein Exemplar mehr bekannt.

Die größte Gedenkmünze wurde am 21. März 1986 für die Expo '86 in Vancouver, British Columbia (Kanada), hergestellt – ein 1-Mio.-Dollar-Goldstück (95,25 cm Durchmesser, 19,05 mm dick und 166 kg schwer).

Münzspenden: Der wertvollste Münzstapel hatte einen Gesamtwert von 126 463,61 Dollar (209 019,15 DM) und bestand aus 1 000 298 amerikanischen Münzen unterschiedlicher Nennwerte. Errichtet wurde er von YMCA-Mitgliedern des Seattle-King-County in Redmont, Washington (USA), am 28. Mai 1992. Die wertvollste Münzreihe bestand aus 1,724 Mio. US-Quarters (Vierteldollar) und hatte einen Wert von umgerechnet 712 000 DM. Sie war 41,68 km lang und wurde am 25. Juli 1992 von Mitgliedern des National Exchange Club in Atlanta, Georgia (USA), gelegt. Die längste Münzreihe hatte eine Gesamtlänge von 48,89 km und bestand aus 1 886 975 britischen 2-Pence-Münzen. Ausführende der Rekordleistung waren am 16. August 1992 in Windsor (GB) The Friends of the Samaritians.

Den größten Groschenteppich aus 10-Pf.-Stücken legten während des Lebacher Stadtfestes vom 25. bis 27. Juni 1993 MitarbeiterInnen und FreundInnen der Kinderhilfe Chillan Lebach e. V. aus. In der Fußgängerzone Lebachs (Saarland) entstand aus Tausenden von gespendeten Groschen eine 311,65 m² große ausgelegte Fläche von 70 654,40 DM Wert mit einem Gewicht von 2,825 t. Das Geld wurde für die Kinder in den Elendsvierteln der chilenischen Stadt Chillan gesammelt.

Eine Groschenkette aus 88 958 öS (889 580 10-Groschen-Stücken) hatten Wiener Schüler des GRG 19 für das Entwicklungshilfeprojekt in Burkina Faso (früher Obervolta) am 19. Mai 1992 ausgelegt und eine Länge von 17 140 m erreicht.

Einen Groschenturm aus 10-Pf.-Stücken bauten zum Weihnachtsmarkt im historischen Ortskern von Levern (NRW) am 4./5. Dezember 1993 Jugendliche des CVJM Levern. In einem am Baugerüst der Stiftskirche befestigten Plastikrohr stapelten sie Dank der Spendenfreudigkeit der Besucher die Groschen zunächst auf 16,08 m Höhe und in der Wiederholung am Tag darauf auf 16,1 m. Das ergab rund 2000 DM für den Aufbau eines Jugendzentrums in Tansania.

Die größte Skulptur aus Münzen fertigte der Bildhauer Wu Shaodiang (* 1957) aus Ebental (A) aus insgesamt 28 294 einzelnen österreichischen Münzen, 10 390 1-Schilling- und 17 904 50-Groschen-Stücken. Nach dreimonatiger Arbeit konnte

Die leichteste Münze der Welt: 0,002 g (links).
Die schwerste Münze der Welt: 19,71 kg (oben).
Die älteste englische Münze: die goldene 10-Shilling-Münze von 1548 (unten).

Fotos: Ashmolean Museum Oxford (2); The British Museum

der Künstler im Oktober 1991 seine 185 cm hohe und 180 cm breite Skulptur mit 506 cm Umfang präsentieren. Die Österreichische Nationalbank erwarb sie und gab ihr einen Platz in der Münze Österreichs.

Die größte mit einem einzigen Scheck gezahlte Summe war 1,425 Mrd. Dollar (2,695 Mrd. DM). Ausgestellt am 11. Juli 1989 und unterschrieben von Gareth Jones, Schatzmeister und zweiter Geschäftsführer der britischen Abbey National Building Society, und Jonathan C. Nicholls, zweiter Schatzmeister, stellte der Scheck eine Zahlung der in Auflösung befindlichen Abbey National Building Society zugunsten der neu geschaffenen Abbey National Aktiengesellschaft dar. Ein noch größerer Scheck – über 4 176 969 623,57 Dollar (16,7 Mrd. DM) wurde am 30. Juni 1954 gezogen. Es handelte sich um einen internen Verrechnungsscheck des amerikanischen Finanzministeriums.

WIRTSCHAFT 198/199

• Volkswirtschaft

Eine riesige goldene 1000-Muhur-Münze, die größte Goldmünze aller Zeiten, aus der Zeit der Regentschaft des indischen Großmoguls Nur-ud-din-Muhammad Jahangir (1605-1627). Sie wiegt 11,935 kg, wurde 1613 in Agra geprägt und ist 20,3 cm breit. Die Muhurs waren islamische Münzen von besonderer künstlerischer Qualität. Die 1000-Muhur-Münze wurde ausschließlich an Botschafter vergeben.

Foto: HABSBURG

Briefmarken

Die wertvollste Briefmarke: Den höchsten Preis erzielte eine Lady McGill, 2 Cent Rot-Braun, eine Stadtpostmarke, 1852 von der AJ Dallas Co. in Pittsburgh, Pennsylvania (USA), herausgegeben. Die Firma Marc Rousso's Coach Investment verkaufte die Marke am 9. Oktober 1987 für 1,1 Mio. Dollar (2 Mio. DM) an eine japanische Bank.

Der höchste Auktionspreis betrug (einschließlich Käuferprämie) 1,1 Mio. Dollar (2,08 Mio. DM) für einen mit Seriennummer versehenen Viererblock der amerikanischen »Curtiss-Jenny«-24-Cent-Briefmarke, die ein auf dem Kopf stehendes Flugzeug zeigt; ein ungenannt gebliebener amerikanischer Manager hat den Block am 12. Oktober 1989 bei Christie's in New York gekauft.

Die früheste Briefmarke.
Foto: David Feldman SA (Genf)

Für eine einzelne Briefmarke liegt der Auktionsrekord bei 2,3 Mio. DM, erzielt für den »Baden-Fehldruck«, einer 9-Kreuzer-Marke von 1851 (Blau-grün auf Schwarz), die aus der Sammlung von John R. Boker (New York) stammte; versteigert wurde das wertvolle Stück Papier am 16. März 1985 von Heinrich Köhler, Wiesbaden (HE).

Größte Spezialmarke: 247,5 x 69,8 mm. Expreß-Zustellung, China 1913.

Größte Standardmarke: 160 x 110 mm. 75 Cent, Marshall Islands, ausgegeben am 30. Oktober 1979.

Kleinste: 8 x 9,5 mm. 10 Cent und 1 Peso, Bezirk Bolivar, Kolumbien, 1863-66.

Höchster Nennwert: 100 Pfund. Rot und schwarz, Georg V, Kenia, 1925-27.

Niedrigster Nennwert: 3000 Pengö, Ungarn. Ausgegeben 1946, als 40 Billionen Pengö soviel wie ein Pfennig wert waren.

Die meisten Briefmarken, nämlich 4,5 m 250-Rubel-Marken, kleben auf einem Brief, der 1922 als Einschreiben aus Alexandrowsk (UdSSR) nach Steyr (A) geschickt wurde. Da der Rubel zu jener Zeit nur noch den Wert von Pfennigen hatte, mußte der Brief mit so vielen Marken freigemacht werden, daß allein durch das Gewicht der Markenbogen der Brief immer schwerer wurde und entsprechend höher frankiert werden mußte. Schließlich war das Einschreiben mit 1625 Marken zu einem Gesamtwert von 406 250 Rubel versandfertig. Jede Marke mußte gesondert gestempelt werden! Am 20. März 1954 wurde dieser Brief in Hamburg versteigert.

Früheste

Die britische Penny Black, Queen Victoria, Auflage 68 158 080. Die Penny-Black-Briefmarken waren ab dem 1. Mai 1840 in einigen großen britischen Postämtern erhältlich, aber erst ab dem 6. Mai 1840 zur Frankierung zugelassen. Ein Exemplar, das am 1. Mai von Andrew Smith aus London auf einen Brief an seine Frau Nancy geklebt wurde, ist noch erhalten. Der Brief wurde als unfrankiert behandelt, die Empfängerin mußte 2 Pence Nachgebühr

Die teuersten jemals produzierten Marken - im Verhältnis zu ihrem tatsächlichen Wert - waren diese 1 d- und 2-d-Post-Office-Marken von Mauritius, 1847. J. Barnard sollen zehn Guineen für das Gravieren der Platte und den Druck von 500 Stück der einzelnen Werte bezahlt worden sein. Da sich der Gesamtwert der Marken auf 6,25 Pfund belief, überstiegen die Produktionskosten bei weitem die Einnahmen aus dem Verkauf, ganz zu schweigen von den Kosten der postalischen Dienstleistung, die durch diese Marken eigentlich gedeckt werden sollten.
Foto: Gamma

Größter Geizhals

Wenn Geiz als Verhältnis zwischen liquidem Vermögen und tatsächlichen Ausgaben definiert wird, dann hat Henrietta Howland Green (geb. Robinson, 1835-1916) Anspruch auf den Titel des größten Geizhalses. Allein auf einer Bank hatte sie ein Guthaben von über 31,4 Mio. Dollar. Ihrem Sohn mußte ein Bein amputiert werden, weil es seine Mutter so viel Zeit kostete, ein *kostenloses* Krankenhaus zu finden. Sie selbst aß kalten Haferbrei – die Kosten fürs Aufwärmen wollte sie einsparen. Ihr Nachlaß belief sich auf 95 Mio. Dollar, das entspräche 1994 einem Wert von 1,725 Mrd. Dollar (3,02 Mrd. DM).

Millionäre, Milliardäre

Die ersten Dollar-Milliardäre waren John Davison Rockefeller (1839-1937) und Andrew William Mellon (1855-1937). Vermutlich war Rockefeller der erste der beiden, der die magische Vermögensgrenze erreichte. 1937, im Todesjahr der beiden Männer, stellte 1. Mrd. Dollar nach heutigen Maßstäben eine Kaufkraft von umgerechnet über 14 Mrd. DM dar.

Die reichsten Männer: Ein großer Teil des Vermögens der Monarchen dieser Welt stellt eher nationale als persönliche Besitztümer dar. Am wenigsten eingeschränkt und wohl der monarchischste Herrscher ist Seine Hoheit der Sultan von Brunei, Hassan al Bolkiah Mu'izzadin Waddaulah (* 15. Juli 1946). Am 1.

John D. Rockefeller in den 80er Jahren des vorigen Jahrhunderts (links).
»Und wieviel Geld haben Sie nun wirklich auf dem Konto?« Nubar Gulbenkian (l.) und J. Paul Getty im Gespräch im März 1965.
Der Sultan von Brunei, der alles hat. Hier mit seinen beiden Ehefrauen.
Bill Gates, der jüngste aller Milliardäre.
Fotos: Hulton Deutsch Collection Ltd.; George Hales/Hulton Deutsch Collection Ltd; Gamma; Rex Features; Image Bank (Hintergrundbild Dollar-Meer)

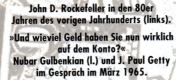

Die reichste Familie ist wahrscheinlich die aus Frankreich stammende Familie Du Pont. Laut vorläufigen Schätzungen belaufen sich die gesamten Vermögenswerte, die sich dem Namen nach im Besitz der aus ungefähr 1600 Mitgliedern bestehenden Familie befinden, auf ca. 150 Mrd. Dollar (254,3 Mrd. DM). Die Familie traf am 1. Januar 1800 aus Frankreich kommend in den USA ein. Das Kapital von Pierre Du Pont (1730-1817) ermöglichte es seinem Sohn Eleuthère Irénée Du Pont, eine Sprengstoffirma in den Vereinigten Staaten zu gründen. Es wird geschätzt, daß 1984 beide Söhne und beide Töchter von Haroldson Lafayette, dem ehemaligen Ölmagnaten, Vermögen von jeweils über 1 Mrd. Dollar (2,6 Mrd. DM) besaßen. Schlüssiger klingt der Anspruch der Familie des Handelsgiganten Walton, deren Vermögen auf 24 Mrd. Dollar (40 Mrd. DM) geschätzt wird.

Höchstes Gehalt: Nach Mitteilung der Financial World über die Geldhändler der Wallstreet

> **Privatvermögen**
>
> Vergleich und Schätzung extrem großer Privatvermögen sind äußerst problematisch. Einmal abgesehen von der Zurückhaltung Betroffener und der Schwierigkeit, annähernd zuverlässige Schätzungen anzustellen, kommt hinzu, was Jean Paul Getty (1892-1976) folgendermaßen formuliert hat: »Wenn du deine Millionen zählen kannst, bist du kein Milliardär.«
> Der Begriff Millionär wurde um 1740, der Begriff Billionär bzw. Milliardär (im Amerikanischen entspricht 1 Billion 1 Mrd. im Deutschen) im Jahr 1861 eingeführt. Der erste Mensch, der als 100facher Dollar-Millionär galt, war Cornelius Vanderbilt (1794-1877), der bei seinem Tod 100 Mio. Dollar hinterließ.

Januar 1984 ernannte er sich selbst zum Premier-, Finanz- und Innenminister. *Fortune* schätzte sein Vermögen im September 1992 auf umgerechnet 61,2 Mrd. DM. Dieselbe Quelle nennt John Werner Kluge von Metromedia mit 8,1 Mrd. Dollar (13,5 Mrd. DM) als die reichste Privatperson. Als einziger weiterer zehnfacher Dollarmilliardär gilt der japanische Immobilien-Magnat Taikichiro Mori (1904-93), dessen Vermögen im Verlauf des Jahres 1991 im Wert von 15 Mrd. Dollar (25,4 Mrd. DM) auf 10 Mrd. Dollar (16,9 Mrd. DM) schrumpfte.

Reichste Frauen: Die britische Königin wird von einigen Beobachtern als die vermögendste Frau der Welt eingeschätzt. Einige Quellen beziffern im April 1993 ihr Vermögen auf 6,75 Mrd. Pfund (17 Mrd. DM). Jedoch sind nur wenige Vermögensteile, die der britischen Krone gehören, persönliches Eigentum, frei verfügbar oder veräußerbar, und ihr persönliches Vermögen wurde auf 500 Mio. Pfund (1,4 Mrd. DM) geschätzt. Eine alternative Schätzung, im Januar 1992 von *Economist* veröffentlicht, beziffert ihr Privatvermögen mit 150 Mio. Pfund (430 Mio. DM).

Die reichste Frau Deutschlands ist Johanna Quandt, Witwe des ehemaligen BMW-Chefs Herbert Quandt. Ihr Vermögen wird mit 6 Mrd. DM beziffert.

ist der New Yorker Devisenhändler George Soros 1993 der erste Einkommens-Dollar-Milliardär geworden (= 1,67 Mrd. DM!).

Der höchstbezahlte Manager war 1991 Leon Hirsch, Chef von U. S. Surgical, der 118 Mio. Dollar (200 Mio. DM), darunter 109 Mio. Dollar (184 Mio. DM) in Aktienbezugsrechten erhielt.

Jüngste Millionäre: Als jüngster Mensch, der es zum Dollar-Millionär brachte, wird der Filmschauspieler Jackie Coogan (1914-84) angesehen, der neben Charles Chaplin (1889-1977) die Titelrolle in *The Kid*, gedreht 1921, spielte.
Der jüngste der 1992 in den USA registrierten 71 Dollar-Milliardäre war William Gates (36), Mitgründer von Microsoft in Seattle, Washington (USA); mit dem von Microsoft entwickelten Betriebssystem MS/DOS arbeiten schätzungsweise 72 Mio. der 90 Mio. Personal-Computer (PC) in den USA. Gates war 20, als er 1976 sein Unternehmen gründete, und brachte es 11 Jahre später zum Milliardär.
Die jüngste Millionärin war Shirley Temple (* 23. April 1928, USA), vormals Mrs. John Agar jun., jetzt Mrs. Charles Black. Bevor sie 10 Jahre alt war, übertraf ihr Vermögen die Millionengrenze. Von 1934 bis 39 währte ihre Karriere als Kinder-Filmstar.

Die größte Mitgift erhielt Elena Patino, Tochter des bolivianischen Zinnmillionärs Don Simon Iturbi Patino (1861-1947), der ihr 1929 Vermögenswerte von 8 Mio. Pfund (1993 umgerechnet 545 Mio. DM) überließ. Sein damaliges Gesamtvermögen wird auf das 16fache geschätzt.

Die höchsten Einkommen entspringen den Förderungsabgaben pro Barrel Öl, die den Herrschern von Öl-Scheichtümern zufließen, wenn sie auf ihre persönlichen Ansprüche nicht formell verzichtet haben. So hat Shaik Zayid ibn Sultan an-Nuhayan (* 1918) als Staatsoberhaupt der Vereinigten Arabischen Emirate Anspruch auf 9 Mrd. Dollar aus dem jährlichen Bruttosozialprodukt des Landes.

Die größte Sammlung gültiger Kreditkarten befindet sich im Besitz von Walter Cavanagh (* 1943) aus Santa Clara, Kalifornien (USA), der über 1384 verschiedene Kreditkarten verfügte. Die Anschaffungskosten waren gleich Null. Der »Kartenhai« bewahrt seine Sammlung in der größten Brieftasche der Welt auf – sie ausgeklappt 76,2 m lang, wiegt 17,36 kg und enthält einen Kreditwert von 1,6 Mio. Dollar (2,71 Mio. DM).

WIRTSCHAFT

• Volkswirtschaft • Landwirtschaft

◆ LANDWIRTSCHAFT

Die Anfänge: Man nimmt an, daß etwa 21 Prozent der Landfläche der Erde anbaufähig sind, wovon aber tatsächlich nur 7,6 Prozent wirklich bebaut werden. Höhlenfunde aus dem Jahr 1971 in Nok Nok Tha und Spirit Cave (Thailand) bestätigen, daß die Hoabinhian-Kultur um 11 000 v. Chr. die Pflanzenzucht kannte, dennoch ist wahrscheinlich, daß Hominiden 99,93 Prozent ihrer bekannten Geschichte überlebten, ohne Pflanzen zu züchten oder Tiere zu domestizieren. Verschiedene Pflanzenarten wurden um 8000- 7500 v. Chr. im Nahen Osten gezüchtet, z.B. im Irak, im Iran, in Syrien und Jordanien. Mais soll um 5000 v. Chr. im Tehuacan-Tal in Mexiko angebaut worden sein, und um die gleiche Zeit wurde Reis in Hemudu bei Schanghai (China) kultiviert.

Ackerbau

Allgemein: Weltweit ist 1986 mit 1,856 Mrd. t insgesamt und einschließlich Reis mehr Getreide geerntet worden als jemals zuvor.

Die größten Agrarbetriebe der Welt sind die Kolchosen und Kollektivbetriebe in der ehemaligen UdSSR. 1940 gab es noch 235 000, bis 1988 wurde ihre Zahl auf 26 900 reduziert. Bei einer kultivierten Gesamtfläche von 169,2 Mio. ha. sind Betriebe von 25 000 ha nicht ungewöhnlich.

Die Getreideernte der Bundesrepublik Deutschland erreichte 1988 mit rund 27,04 Mio. t eine Rekordernte für dieses Jahrzehnt.

Die weltgrößte Pilzfarm gehört Moonlight Mushrooms Inc. und wurde 1937 in einem stillgelegten Kalksteinbruch bei Worthington, Pennsylvania (USA), angelegt. Die Farm beschäftigt 1106 Mitarbeiter, die in einem unterirdischen Labyrinth von 251 km Gesamtlänge jährlich 24 500 t Pilze ernten. Der französische Pilzkonsum liegt bei der unangefochtenen Rekordmenge von 3,17 kg pro Kopf und Jahr.

Anbauflächen

Weizen: Weltweit werden schätzungsweise 230,3 Mio. ha für den Weizenanbau genutzt und geben einen Ertrag von 590,1 Mio. t. Führender Weizenproduzent ist die ehemalige UdSSR, die auf 47,5 Mio. ha 108 Mio. t erntet.

Das größte Weizenfeld der Welt wurde 1951 in Lethbridge, Alberta (Kanada), ausgesät. Die umzäunte Fläche war 14 160 ha groß.

Gerste: Die weltweite Gesamtfläche für den Gerstenanbau 1990/91 ist schätzungsweise 73,2 Mio. ha mit einer Produktion von 181,5 Mio. t und einem Durchschnittsertrag von 2,48 t/ha. Der weltgrößte Gersteproduzent ist die ehemalige UdSSR, die Schätzungen zufolge 57 Mio. t von 26 Mio. ha Anbaufläche erntet.

Hafer: Die Weltproduktion von Hafer 1990/91 wird auf 42,8 Mio. t geschätzt, die Anbaufläche auf 21,6 Mio. ha. 17,5 Mio. t wurden auf 10,5 Mio. ha in der ehemaligen UdSSR geerntet

Reis: Etwa die Hälfte der Weltbevölkerung, darunter praktisch ganz Ostasien, ist völlig abhängig vom Reis als Hauptnahrungsmittel. Die Gesamtfläche für den Reisanbau ist 146,8 Mio. ha, wobei allein in Indien 42,2 Mio. ha genutzt werden. Der weltgrößte Reisproduzent ist China mit geschätzten Ernteerträgen von 185 Mio. t auf 32,7 Mio. ha.

Die größte zusammenhängende Anbaufläche für wilden Reis (*Zizania aquatica*) gehört der Clearwater Rice Inc. in Clearbrook, Minnesota (USA), und erstreckt sich über 809 ha. 1986 wurden hier 261 727 kg Reis geerntet.

Mais: Die weltweite Gesamtfläche für den Maisanbau 1990/91 betrug 128,2 Mio. ha, auf denen geschätzte 472 Mio. t produziert wurden. 88 Mio. t wurden in China auf schätzungsweise 21 Mio. ha geerntet.

Der weltgrößte private Hopfenanbauer ist die John I. Haas Inc. mit Anbauflächen in Oregon und Washington (USA), Tasmanien und Victoria (Australien) sowie Kent (GB); die eine Gesamtnettofläche von 248 7 ha bedecken.

Das größte zusammenhängende Hopfenanbaugebiet der Welt ist die Holledau, auch Hallertau (BY). Es erstreckt sich über eine Fläche von 14 717,64 ha. Rund 4000 Pflanzer ernten hier pro Jahr 600 000 Ztr. Hopfen.

Baumwolle: Für den Baumwollanbau werden ca. 33,6 Mio. ha genutzt, auf denen 1991/92 nach Schätzungen 90,5 Mio. Ballen (je 217,72 kg) erzeugt wurden. Führender Baumwollproduzent ist China, wo schätzungsweise 22 Mio. Ballen erzeugt wurden.

Die höchstgelegenen Getreidefelder Europas befinden sich in Findeln (CH) in einer Höhe von fast 2100 m. Sie werden dort von Alfred und Klara Laauser bestellt. Dabei sind die beiden Züricher lediglich Hobby-Bergbauern. Alfred Laauser, der 1976 als Konstruktionsschlosser pensioniert wurde, hatte sich vorgenommen, eine Tradition zu pflegen, die nur noch auf Ansichtskarten existierte. Inzwischen sind es rund 1000 m², auf denen Roggen, Weizen, Blumenkohl, Spinat, Kopfsalat, Zwiebeln, Rüebli, Rettich und »Kornblumen für die Maria-Himmelfahrt-Prozession der Zermatter am 15. August« wachsen.

Viehzucht

Das Land mit dem größten Rinderbestand ist Indien mit geschätzten 271,3 Mio. Tieren im Jahr 1993; weltweit gibt es 1,05 Mrd. Rinder. Führender Milchproduzent waren 1993 die USA mit 68,7 Mio. t.

Die größte Rinderfarm: Bis 1915 die Victoria River Downs Station in Australien eine Fläche von 90 650 km². Die größte Rinderfarm heute ist die Anna Creek Station in Südaustralien, die sich im Besitz der Familie Kidman befindet. Sie bedeckt 30 000 km², der größte Einzelbetrieb, Strangway, hat 14 000 km² Fläche.
Die Pionierfarm von Laucidio Coelho, die 1901 bei Campo Grande im Mato Grosso (Brasilien) gegründet wurde, hatte eine Fläche von 8700 km² und 1975, als ihr Gründer starb, 250 000 Rinder.

Der weltgrößte Schafproduzent ist Australien mit schätzungsweise 147,1 Mio. Tieren im Jahr 1993.

Die größte Schafzucht der Welt befindet sich in Commonwealth Hill im Nordwesten Südaustraliens. Hier weiden 50 000-70 000 Schafe, ungefähr 100 Rinder und 24 000 (ungeladene) Kängeruhs auf einem Gebiet von 10 567 km². Die Viehzählung auf der 16 579 ha großen Lochinver-Station (Neuseeland) von Sir William Stevenson ergab am 1. Januar 1993 einen Bestand von 127 406 Schafen.

Der größte Schaftrieb fand 1886 statt, als 27 Reiter eine Herde von 43 000 Schafen 64 km weit von Barcaldine zur Beaconsfield Station in Queensland (Australien) überführten.
50 Tage überlebte ein Schaf im Schnee begraben nach einem Blizzard in Schottland. Alex MacLennan barg es am 24. März 1978 in der Nähe des Flusses Skinsdale zusammen mit 15 verendeten Tieren.

Die größte Truthahnfarm der Welt gehört der Firma Bernard Matthews plc in Great Witchingham, Norfolk (GB). 2500 Mitarbeiter kümmern sich um 10 Mio. Truthähne. Die größte Farm bei North Pickenham (GB) erbringt jährlich eine Mio. Truthähne.

Die größte Hühnerfarm der Welt ist die Agrigeneral Company L. P. in Ohio (USA). 4,8 Mio. Hennen legen täglich 3,7 Mio. Eier.

Der weltgrößte Produzent von Hühnerfleisch sind die USA mit 15,02 Mio. t im Jahr 1993. Der weltgrößte Produzent von Hühnereiern ist jedoch China, wo 1993 nach Schätzungen 215 Mrd. Eier gelegt wurden.

Der weltgrößte Schweineproduzent ist China, wo 1993 nach Schätzungen 384,2 Mio. Tiere des weltweiten Gesamtbestands von 754,3 Mio. gehalten wurden.

Die größte Schweinezucht der Welt ist die COMTIM-Anlage bei Timisoara (Rumänien). Ca. 70 000 Mutterschweine bringen pro Jahr ca. 1,2 Mio. Ferkel zur Welt.

Viehpreise

Anmerkung: Manche außergewöhnlich hohen Preise, die bei Versteigerungen erzielt werden, können unter Umständen auch auf Abmachungen zwischen Käufer und Verkäufer zurückzuführen sein, um die Preise für eine bestimmte Zucht zu erhöhen.

Stier: Der höchste Preis, der für einen Stier bezahlt wurde, betrug 2,5 Mio. Dollar (damals 6,5 Mio. DM) für den Beefalo (eine Kreuzung aus Büffel, Charolais, Hereford-Rind), der am 9. September 1974 von D. S. Basalo aus Burlingname, Kalifornien (USA), an die Beefalo Cattle Co. in Calgary, Alberta (Kanada), verkauft wurde.

Kuh: Der höchste Preis für eine Kuh war 1,3 Mio. Dollar (damals 4 Mio. DM) bei einer Auktion in East Montpelier, Vermont (USA), im Jahr 1985 für eine Holstein-Kuh.

Ziege: Für 140 000 neuseeländische Dollar wurde am 25. Januar 1985 ein Angoraziegenbock verkauft. Die Firma Elliott Brown in Waipu (Neuseeland) erwarb das kostbare Zuchttier.

Schaf: Der höchste Preis, der jemals für ein Schaf bezahlt wurde, sind 450 000 Australische Pfund (650 000 DM) für den Collinsville-Schafbock *JC&S43*, den die Willogoleche Pty Ltd. 1989 bei der Schafbockauktion in Adelaide (Australien) ersteigerten. Der höchste jemals bezahlte Preis sind 3008,50 australische Dollar (4182 DM) pro ungewaschener Wolle für einen Ballen tasmanischer Spitzenqualität bei der Wollauktion in Tasmanien am 23. Februar 1989.

Schwein: Der höchste Preis für ein Schwein war 56 000 Dollar (173 000 DM) für einen verschnittenen Eber namens *Bud*, den der Besitzer Jeffrey Roemisch aus Hermleigh, Texas (USA), am 5. März 1985 an E. A. »Bud« Olson und Phil Bonzio verkaufte.

Pferd: Der Höchstpreis von 47 500 Dollar (rund 200 000 DM) für ein Zugpferd – also nicht etwa für ein Reit- oder Sportpferd – wurde für den siebenjährigen belgischen Hengst *Farceur* am 16. Oktober 1917 von E. G. Good in Cedar Falls, Iowa (USA), gezahlt. Ein walisischer Bergpony-Hengst, *Coed Cock Bari*, wurde im September 1978 für 100 000 DM in Wales an einen Australier verkauft.

Esel: Den niedrigsten Preis, der jemals für Vieh erzielt wurde, zahlte man bei einer Auktion in Kuruman (Südafrika) 1934, wo Hunderte von Eseln für zwei Pence (damals etwa 40 Pfennig) verkauft wurden.

Gewichtsrekorde

Huhn: Die schwerste Hühnerrasse ist das White Sully, gezüchtet von Grant Sullens in Westpoint, Kalifornien (USA), im Laufe von sieben Jahren; er kreuzte große Rhode Island Reds immer wieder mit anderen Rassen.
Die größte Gewichtszunahme bei einer Hühnerschar von mindestens 2400 Stück verzeichnete innerhalb von 56 Tagen mit 2901 kg D. B. Marshall in Newbridge (Schottland) im Oktober 1981.

Rind: Das schwerste Rind war eine Holsteiner-Durham-Kreuzung namens Mount Katahdin. Es wurde 1906-10 von A. S. Rand aus Maine (USA) ausgestellt und wurde mehrfach mit 2267 kg gewogen. Seine Schulterhöhe betrug 1,88 m, sein Umfang 3,96 m.
Die größte schwere Rinderrasse sind die Chianini, die in vorrömischen Zeiten aus dem Nahen Osten nach Italien gebracht wurden. Ausgewachsene Stiere haben eine Schulterhöhe von 1,73 m und wiegen 1300 kg. Bei einer Ausstellung in Arezzo, Toskana (I), im Jahr 1955 wog ein Stier namens *Donetto* 1740 kg – ein Rekordgewicht für einen Rassestier.
Die kleinste Rasse von Nutzrindern ist das Owambo in Namibia, Westafrika. Geschlechtsreife Bullen wiegen durchschnittlich 225 kg, Kühe 160 kg. Am 28. Mai 1986 warf eine Holstein-Kuh (Besitzerin: Sherlene O'Brien in Henryette, Oklahoma/USA), ein vollständig ausgebildetes, totes Kalb mit einem Gewicht von 112,4 kg. Der Vater war ein Aberdeen-Angus-Bulle, der einen Seitensprung riskiert hatte.
Als ältestes Rind gilt *Big Berta* (* 17. März 1944), eine Dremon-Kuh (Irland), die am Silvestertag 1993 zweieinhalb Monate vor ihrem 49. Geburtstag starb.
Das geringste dokumentierte Geburtsgewicht für ein Kalb sind 5,4 kg für ein gesundes weibliches Tier, das am 5. März 1992 auf der Farm von Pat

Dieser Merino-Hammel aus Südaustralien ergab im November 1990 aus 65,3 cm langem Schaffell nach 7 ungeschorenen Jahren 29,5 kg Wolle.
Foto: n/a; Hintergrundfoto: Manfred Grohe (In Folie verpackte Frühkartoffelfelder)

und Eileen Dugan in Towner, North Dakota (USA), zur Welt kam. Der Vater war ein Black-Angus-Bulle, die Mutter eine Charlois-Heifer. Ein Angus-Kalb im Besitz von Leroy und Jo Seiner in Humansville, Missouri (USA), wog mit zwei Wochen 7,6 kg und hatte am 12. September 1991 ein geschätztes Geburtsgewicht von 4 kg.
Das größte Gewicht eines lebendgeborenen Kalbs war 102 kg für den Nachwuchs einer britischen Friesenkuh auf der Rockhouse Farm in Bishopston im Jahr 1961.

Schaf: Das größte Schaf war ein Suffolk-Bock namens *Stratford Whisper 23H*, der im März 1991 bei einer Höhe von 1,09 m 247,2 kg wog und 109 cm groß war. Die Besitzer sind Joseph und Susan Schallberger in Boring, Oregon (USA).
Der Weltrekord für das Gewicht eines neugeborenen Lamms wurde 1975 in Clearwater, Kansas (USA), erzielt; es wog 17,2 kg, aber sowohl das Schaf als auch das Lamm gingen ein.
Ein weiteres Lamm mit dem gleichen Gewicht wurde am 7. April 1975 in Howard, South Dakota (USA), geboren, starb aber kurz nach der Geburt.

Die kleinste Schafrasse sind die Ouessants von der Ile d'Ouessant in der Bretagne (F). Die Tiere wiegen 13-16 kg bei 45-50 cm Widerristhöhe.
Das geringste Gewicht eines lebendgeborenen Lamms sind 900 g für ein weibliches Texel (ein Zwillingstier), geboren am 28. März 1991 auf dem Hof von Verner und Esther Jensen in Rodekro (DK). Eingestellt wurde dieser Rekord am 8. Juni 1991 von einem Welsh-Bergplum namens *Lyle*, geboren in Thorpe Park (GB).

Schwein: Der schwerste Eber, *Big Bill* genannt, wog 1157,5 kg und war 2,75 m lang; sein Bauch schleifte über den Boden. Besitzer des 1933 eingeschläferten Tiers war Burford Butler in Jackson, Tennessee (USA).
Das durchschnittliche Geburtsgewicht für ein Ferkel ist 1,36 kg. Eine aus Hampshire und Yorkshire gekreuzte Sau (Besitzer: Reverend John Schroeder aus Mountain Grove, Missouri, USA) brachte am 26. August 1979 einen Wurf von 18 Ferkeln zur

Welt. Fünf von ihnen waren Totgeburten, darunter ein männliches Ferkel mit einem Gewicht von 2,38 kg.
Das höchste Gewicht für ein acht Wochen altes Ferkel hatte mit 36,7 kg ein Eber, eines von neun Geschwistern, die am 6. Juli 1962 von der Prachtsau *Manorport Ballerina 53* (alias *Mary*) auf der Kettle Lane Farm, West Ashton, Wiltshire (GB), geworfen wurden. Der Vater hieß *Johnny*.
Die kleinste Schweinerasse ist das Mini Maialino, in zehnjährigen Zuchtversuchen mit vietnamesischen Hängebauchschweinen von Stefano Morini aus St. Golo d'Enza (I) gezüchtet. Die Ferkel wiegen bei der Geburt 400 g und ausgewachsen 9 kg.

Ziege: Die größte Ziege war ein britischer Saanen-Ziegenbock mit Namen *Mostyn Moorcock* im Besitz von Pat Robinson in Ewyas Harold (GB); er hatte ein Schultermaß von 181,4 kg bei einer Schulterhöhe von 111,7 cm und einer Länge von 167,6 cm. 1977 starb *Mostyn Moorcock* im Alter von vier Jahren. Die kleinsten Ziegen sind die Pygmäen-Ziegen, einige wiegen nur 15-20 kg.

Fruchtbarkeitsrekorde

Kuh: Am 25. April 1964 wurde aus Moghilew (ehemalige UdSSR) gemeldet, daß eine Kuh namens *Ljubik* sieben Kälber geworfen habe.
Ein Fall von fünf Kälbern bei einer Geburt wurde 1928 von T. G. Yarwood in Manchester (GB) gemeldet.

Bulle: Ein dänischer schwarzweißer Bulle namens *Soender Jylland's Jens* hinterließ durch künstliche Besamung 220 000 Nachkommen, er im September 1978 in Kopenhagen im Alter von elf Jahren eingeschläfert wurde.

Schwein: Einen Weltrekordwurf von 37 Ferkeln brachte am 21. September 1993 die Zuchtsau *570* auf der Farm der Familie M. P. Ford in Eastfield bei Melbourne, York (GB), zur Welt. Von den 36 lebendgeborenen Ferkeln überlebten 33.
Die Sau *Gertie*, Besitzer: John Caley in Selby (GB), hatte in weniger als 12 Monaten (vom 18. Juli 1982 bis 20. Mai 1983) drei Würfe mit 19, 19 und 23 Ferkeln, von denen insgesamt 55 lebend geboren wurden.
Die Sau *Lerche* aus dem Zuchtbetrieb von Fritz Karlen aus Oey-Diemtigen, Kanton Bern (CH), wurde im Alter von 13 Jahren und sieben Monaten am 18. Dezember 1993 zur Schlachtbank geführt. Bis dahin hatte sie in 27 Würfen 324 lebende Ferkel zur Welt gebracht, von denen sie 288 selbst aufgezogen hat. Das Edelschwein brachte kurz vor dem letzten Ferkeln im September 1993 ca. 300 kg auf die Waage.

Schaf: Der Rekord bei einer Geburt sind acht Lämmer (fünf Böcke, drei weibliche Schafe) am 4. September

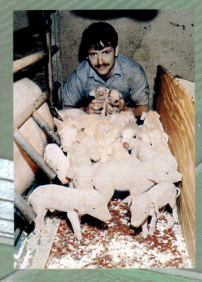

Von diesem größten Ferkelwurf im englischen Melbourne überlebten 33 Tiere.
Foto: Phil Callaghan

1991. Mutterschaf war eine Finnish Landrace im Besitz der D. M. C. Partnership (bestehend aus Trevor und Diane Cooke, Stephen und Mary Moss sowie Ken und Carole Mihaere) in - Fielding (Neuseeland). Am 2. Dezember 1992 brachte ein Charolais-Mutterschaf im Besitz von Graham und Jo Partt in Wem (GB) ebenfalls acht Lämmer zur Welt, von denen sieben überlebten.

Ziege: Als älteste Ziege gilt Naturemade *Aphrodite* (15. Juli 1975-23. August 1993), die im Besitz von Katherine Whitwell in Moulton (GB) war und im Alter von 18 Jahren und einem Monat starb. *Aphrodite* hat 10 Jahre lang Nachwuchs zur Welt gebracht und 26 Nachkommen gehabt, darunter fünfmal Drillinge und einmal Vierlinge.

Geflügel: Die Daten für 1991 zeigen, daß die USA mit 11,84 Mio. t der weltgrößte Produzent von Hühnerfleisch sind; weltweit wurden 39 Mio. t produziert. Führender Eierproduzent ist allerdings China, wo 1990 stolze 159 Mrd. Eier gelegt wurden – in den USA waren es nur 69 Mrd.

Eierlegen: Die höchste Eierlegquote wurde von einer weißen Leghornhenne, *Nr. 2988,* am Landwirtschaftscollege der Universität von Missouri (USA) erreicht. In einem Test über 364 Tage, endend am 29. August 1979, legte sie 371 Eier.
Das schwerste bekannte Hühnerei wog 454 g, hatte ein doppeltes Dotter und eine doppelte Schale und wurde in Vineland, New Jersey (USA), am 25. Februar 1956 von einer Leghornhenne gelegt. Das größte Hühnerei hatte fünf Dotter, einen Umfang von 31 cm um die Längsachse und 22,8 cm um die Querachse und wurde 1896 auf dem Stafford-Bauernhof in Damstead Mellor, Lancashire (GB), gelegt.
Ein Ei mit den Maßen 20,5 x 15,5 mm wurde am 15. Januar 1991 von einer Henne gelegt, die sich im Besitz von David Chippenham, Wiltshire (GB), befindet.

WIRTSCHAFT

• Landwirtschaft

Die größte Anzahl von Dottern in einem Hühnerei ist neun. Sie wurde von Diane Hainsworth von den Hainsworth Poultry Farms, Mount Morris, New York (USA), im Juli 1971 gemeldet. Dieselbe Leistung wurde im August 1977 auch von einem Huhn aus Kirgistan berichtet.

Das größte Gänseei brachte die weiße Gans *Speckle*, Eigentum von Donny Brandenberg, Goshen, Ohio (USA), hervor. Sie legte am 3. Mai 1977 ein Ei, das 680 g wog und dessen Längs- und Querumfang 34 bzw. 24 cm betrug.

Milch und Butter: Der führende Milchproduzent der Welt waren 1992 die USA mit 68,8 Mio. t.
Den Rekordertrag für eine Laktation (365 Tage) lieferte mit 25 247 l die schwarzweiße holsteinische Kuh *Beecher Arlinda Ellen* aus Rochester, Indiana (USA), 1975.
Die größte Milchmenge, die eine Kuh im Laufe ihres Lebens gab, wird der wenig attraktiv benannten Kuh *Nr. 289* im Besitz von M. G. Maciel & Son aus Hanford, Kalifornien (USA), zugeschrieben, die 211 025 l Milch bis zum 1. Mai 1984 lieferte.

Der Jahresrekord für Ziegenmilch liegt bei 3499 l, geliefert 1977 von *Osory Snow-Goose* im Besitz des Ehepaars Jameson in Leppington (Australien). *Cynthia-Jean (Baba)* im Besitz von Carolyn Freund-Nelson in Northport, New York (USA), gibt seit Juni 1980 ständig Milch.

Der Weltrekord für die Erzeugung von Butterfett wird von der Holstein-Kuh *Breezewood Patsy Bar Pontiac* gehalten, die in 3979 Tagen 7425 kg Butterfett produzierte. Ihr 365-Tage-Rekord wurde am 8. Oktober 1976 mit 1011 kg registriert.

Arbeitsrekorde

Apfelpflücken: Eine Hochleistung vollbrachte George Adrian aus Indianapolis, Indiana (USA), am 23. September 1980, als er in 8 Std. 12 879 kg Äpfel pflückte.

Apfelschälen: Den Rekord für die längste beim Schälen unbeschädigte Apfelschale von 52,51 m stellte die damals 17jährige Kathy Wafler aus Wolcott, New York (USA), auf. Zum Schälen des Apfels von 567 g brauchte sie am 16. Oktober 1976 11:30 Std.

Gurkenschneiden: Am 3. April 1983 setzte Norman Johnson aus Blackpool, Lancashire (GB), die Rekordmarke von 13,4 Sek. für das Zerschneiden einer Gurke von 12 Zoll (30,43 cm) Länge und 1,5 Zoll (3,81 cm) Durchmesser in 22 Scheiben pro Zoll, insgesamt 264 Scheibchen. In den WDR-Studios gelang ihm in der Fernsehsendung *Chris Howland* präsentiert Höchstleistungen aus dem Guinness Buch der Rekorde dieser Rekord.

Hopfenernte in Rekordzeit: Der in Berlin Musik studierende Pfaffenhofener Harald Wermund (* 1965) stellte im Hopfengarten des Bauern Huber vom Franz-Hof in Loipertshausen einen typisch bayrischen Rekord auf: Er schnitt in der Rekordzeit von 34,9 Sek. exakt 100 Hopfenreben, das ergibt einen Schnitt von 2,8 Reben des »Grünen Goldes« pro Sek.

Rekordweinlese: 600 Jugendliche der Rheinhessischen Landjugend des Bauern- und Winzerverbandes Rheinland-Pfalz Süd e. V. brachten beim Bundes-Musischen-Festival in Oppenheim am 29. August 1992 in 3:50 Min. 1100 kg Trauben der Sorte Ortega ein. In neun Rebzeilen verteilt und ausgestattet mit Eimern und Scheren hatte der Winzernachwuchs einen 0,5 ha großen Rebberg des Weingutes Sittmann in Rekordzeit gelesen.

Vom Feld zum Brotlaib: Die schnellste Zeit für die Herstellung von 13 Brotlaiben (die Briten nennen das ein Bäckerdutzend) aus wachsendem Weizen ist 12:11 Min. Den Rekord erzielten Vertreter der britischen Dörfer Clapham und Patching am 23. August 1992 unter Mithilfe von 13 Mikrowellengeräten zum Backen der Brote.
Unter Verwendung eines traditionellen Backherds beträgt die Rekordzeit 19:14 Min., am 22. August 1993 von einer Mannschaft unter der Leitung von John Haynes und Peter Rix in Alpheton (GB) erreicht.

Huhn- und Truthahnrupfen: Ernest Hausen (1877-1955) aus Fort Atkinson, Wisconsin (USA), war bei seinem Tod 33 Jahre lang der ungeschlagene Champion. Am 19. Januar 1939 wurde seine Bestzeit mit 4,4 Sek. gestoppt.

Kartoffelschälen: Die größte Menge Kartoffeln, von einem fünfköpfigen Team mit Standardküchenmessern in 45 Min. kochfertig geschält, war 482,8 kg. Diese Leistung erreichten am 19.

Das Welsh-Berglamm Lyle, das mit 900 g als leichtestes Lamm geboren wurde, wird hier gegen eine Tüte Zucker aufgewogen.
Foto: Leisure Sport Ltd./Thorpe Park

Kartoffelschälen

Was macht man mit den Kartoffeln, nachdem man den Rekord für die größte Menge, die in 45 Min. geschält wurde, gebrochen hat? Ein Mitglied des Teams, dem diese Leistung in Shelley gelang, hat sich in der Badewanne einen Vorrat für mehrere Wochen angelegt.
»In gesalzenem Wasser werden sie sich halten.«
Eine andere Kartoffelschälerin hat Krapfen gebacken – »Die anderen haben sie Erdäpfel genannt.«
Eine Frau stellte sogar Eis her. Kartoffeleis?
»Es besteht aus Kartoffeln, ganz richtig. Und Sie können wetten, daß es gut ist!« sagte Marj Killian. Anschließend bewies sie ihre Hingabe an die Sache, indem sie hinzufügte, sie habe noch nie eine Kartoffel kennengelernt, die sie nicht gemocht hätte.

September 1992 beim 64. Annual Idaho Spud Day in Shelley, Idaho (USA), Marj Killian, Terry Anderson, Barbara Pearson, Marilyn Shmall und Janene Utkin.

Spargelschälen: Pünktlich zur Spargelzeit starteten die beliebten Wettbewerbe im Spargelschälen. Am 11. Mai 1993 hatte Helmut Zipner dank einer neuen Schältechnik die Nase vorn. 9:16 Min. brauchte der Kantinenchef des Landeshauses Kiel, um 15 kg Spargel küchenfertig zu schälen. Gleich 1000 kg Spargel nahm Helmut Zipner sich am 21. Juni 1993 vor – für diese Menge reichten 16:15 Std., bei 5 Min. Pause pro Stunde.

Einen Melkrekord schaffte der österreichische Melkmeister Heinrich Cap (* 1929) aus Mistelbach. Bei der Praktischen Prüfung im Melklehrer-Ausbildungslehrgang an der Bayerischen Landesanstalt für Tierzucht in Grub erreichte er im Jahr 1958 in 25 Min. eine Melkleistung von 30,3 l. Das entspricht einer gesamten Milchmenge von 72 l pro Stunde.
Am 25. August 1992 melk Joseph Love von Kilifi Plantations Ltd. (Kenia) 30 Kühe und entlockte ihnen insgesamt 531 l Milch.

Weltmeisterschaften im Pflügen wurden 1953 erstmals ausgeschrieben, bisher in 18 Ländern abgehalten und von Pflügern aus zwölf Ländern gewonnen. Dabei war Großbritannien mit zehn Siegen am erfolgreichsten. Der einzige Teilnehmer mit drei Siegen war bisher Hugh Barr aus Nordirland: er siegte 1954, 55 und 56.

Marathon-Pflügen: In die von den Engländern beherrschte Domäne der Rekorde im Dauerpflügen ist der Linkenheimer Hobbylandwirt Edgar Heyl (* 1960) eingebrochen. Um fast 50 Std. hatte er am 22. November 1990 den Briten Frank Allinson geschlagen, als er um 20 Uhr 01 der letzte Furche über den Acker auf Eggensteiner Gemarkung bei Karlsruhe (BW) gezogen hatte. Mit 300:01 Std. hatte sich der Berufskraftfahrer mit einem Dreischarpflug, gezogen von einem 107 PS starken Traktor, den neuen Rekord im Dauerpflügen geholt.

Die kürzeste Zeit für das Pflügen einer Fläche von einem Acre (0,404 ha; mindestens 32 Rechtskehren und 22 cm Tiefe) nach den Regeln der britischen Society of Ploughmen ist 9:49,88 Min., am 21. Oktober 1989 von Joe Langcake in Brougham (GB) aufgestellt. Er setzte einen Traktor *Case IH 7140 Magnum* und einen *Kverneland*-Pflug mit 4 Pflugscharen ein.

Im 24-Std.-Flächenpflügen gelang Matthias Robrahn (* 1968) aus Pogeez bei Lübeck am 23./24. September 1992 ein Rekord. Mit einem Sechsschar-*Överum*-Aufsattel-Volldrehpflug Typ DVL 6108 H-XL, Pflugtiefe 25 cm, und einem *John Deere*-Schlepper Typ 4955 pflügte er in 23:56 Std. in Ahrenshagen (MV) 91,37 ha.

Im Schafscheren hält Alan McDonald, der am 20. Dezember 1990 auf der Waitanguru Farm (Neuseeland) in 9 Std. 805 Lämmer maschinell schor – durchschnittlich 89,4 Tiere pro Std.! – den Schnelligkeitsrekord.
Beim Schafscheren mit der Hand kam Peter Casserly aus Christchurch (Neuseeland) innerhalb von 9 Std. am 13. Februar 1976 auf 353 Lämmer.

Seinen Spinn-Rekord hat der Pensionär Max Edlinger (* 1922) aus Vorchdorf (Oberösterreich) um fünf Std. auf 55 Std. vom 19. bis 21. Juli 1985 erhöht. An seinem Spinnrad wurden ca. 2 kg hochwertige Milchschafwolle zu einer Gesamtfadenlänge von 10 000 m versponnen. In 1000 Arbeitsstunden, aufgeteilt auf 8 Monate zwischen November 1987 und Juni 1988, wurden von Max Edlinger ca. 21 kg Milchschafwolle zu 100 km (100 000 m) Faden versponnen und auf 150 Knäuel präsentiert.

Den längsten Faden aus einer Wollmischung von Texel- und Merinoschaf hat der Holzschuhmachermeister Bernhard Schmeddes (* 1945) aus Gescher (NW) ohne Abriß gesponnen. Auf 1221 m brachte es der Schafwollspinner in 5 Std. am 7. April 1992 im Nordwest-Zentrum von Frankfurt/Main, dann war der 13 kg schwere Wollhaufen über die Spule des Spinnrads gelaufen und auf eine sechseckige Haspel transportiert.

Das meistverkaufte Video ist *Die Schöne und das Biest*, von dem bis zum April 1994 in den USA 21 Mio. und weltweit weitere 12 Mio. Stück verkauft wurden.

Foto: Walt Disney Co

KUNST, MEDIEN, UNTERHALTUNG

- Das größte Wandgemälde zeigt *Planet Ocean*
- Das größte Edelstein-Ei zeigt 2000 rosa Diamanten
- Das längste Graffiti zeit Hip-Hop und keine Gewalt
- Das Mega-Opernereignis zeigt *Carmen* von Bizet
- Das teuerste Foto zeigt die Hände von Georgia
- Die Multi-Medienstadt zeigt Kult, Cuts und Stunts
- Der erfolgreichste Regisseur zeigt zehn auf einen Streich

Papst Johannes Paul II. zelebrierte nach Abschluß der insgesamt 14jährigen Restaurierung von Michelangelos Fresko *Jüngstes Gericht* in der Sixtinischen Kapelle in Rom am 8. April 1994 eine Messe.
Foto: dpa/European Press

◆ BILDENDE KUNST
Malerei

Das größte Gemälde aller Zeiten wurde am 10. Mai 1990 in der Universität von Neuengland in Armidale, Neu-Süd-Wales (Australien), enthüllt. Es zeigt auf 6727,56 m² gekrumpfter Leinwand leuchtendbunte Quadrate, die von einem lächelnden Gesicht überlagert werden. An dem Riesenbild, das der australische Künstler Ken Done entworfen und vollendet hat, haben Schüler und Studenten vom Robb College aus Armidale und einigen Nachbarorten gemalt.

Das den Ausmaßen nach größte Gemälde eines »alten Meisters« ist *Il Paradiso* (Das Paradies), das Jacopo Robusti alias Tintoretto (1518-94) und sein Sohn Domenico (1565 bis 1637) zwischen 1587 und 1590 auf die mit Leinwand bespannte Ostwand des Saals des Großen Rates im Dogenpalast von Venedig gemalt haben. Das Werk ist 22 m breit und 7 m hoch; es zeigt etwa 350 menschliche Figuren.

Das größte Ölgemälde Deutschlands ist ein historisches Monumentalbild: ein Bauernkriegspanorama. Es füllt die Rotunde der Bauernkriegs-Gedenkstätte oberhalb des thüringischen Bad Frankenhausen. Auf einer riesigen Malfläche von 1722 m², von 123 m Länge bei einer Höhe von 14 m, entstand hier das *Panorama Bad Frankenhausen* mit über 3000 Figuren. 1974/75 hatte der Leipziger Maler-Professor Werner Tübke (* 1929) mit den Arbeiten begonnen.
In dieser Rubrik werden nur die flächenmäßig größten Bilder auf Leinwand aufgeführt.

Mini-Bilder: Kleinst-Künstler Walter Kleinschmidt (* 1917) aus Dortmund malte unter dem Mikroskop mit einem selbstgefertigten Pinsel aus zwei Haaren das Profil Friedrich Schillers wie das von Papst Johannes Paul II. auf einen Nagelkopf von 1 mm Durchmesser.
Der Nürnberger Hobby- und Miniaturmaler Georg Spieler (* 1927) malt mit einem Marderhaarpinsel Stecknadelkopf-Bilder in Öl. Die Porträts der Clowns Grock, Rivel und Popov haben einen Durchmesser von 1,5 mm; ein Frauenkopf auf Leinwand hat eine Größe von 0,9 x 1,2 mm.

Mit Kugelbildern hat sich der Maler György Urbán (* 1936) aus Budapest (H) einen Namen gemacht. Seine über die Oberfläche von Kugeln ausgebreiteten Gemälde geben als geometrische Körper einen Ausblick auf die vierte Dimension. Seit November 1988 zeigt der Künstler die von ihm erfundenen, auf Kugeln gemalten Ölbilder auf Ausstellungen.

Als wertvollstes Gemälde der Welt gilt die *Mona Lisa* (La Gioconda) von Leonardo da Vinci (1452-1519) im Louvre in Paris. Sie wurde für eine

• Bildende Kunst

Versicherung auf die Höchstsumme von 100 Mio. Dollar (damals etwa 400 Mio. DM) geschätzt, als das Bild vom 14. Dezember 1962 bis 12. März 1963 in Washington und New York (USA) ausgestellt war. Es wurde jedoch keine Versicherung abgeschlossen, da die Kosten selbst für die strengsten Sicherheitsvorkehrungen niedriger waren als die Versicherungsprämie. Das Bild entstand um 1503-07 und mißt 77 x 53 cm.

Das berühmteste klassische Gemälde, das von fortschreitender Zerstörung bedroht ist, ist Leonardo da Vincis Fresko *Abendmahl,* das er 1495-98 für das Refektorium des Dominikanerklosters Santa Maria delle Grazie in Mailand (I) schuf. Das Wandgemälde, schon seit langem durch Mauerfeuchte und Bakterienfraß gefährdet, weist seit Anfang 1980 einen daumenbreiten, 2 m langen Riß auf, der vermutlich aufgrund von Bodenerschütterungen durch den Straßenverkehr oder durch ein Absinken der Klosterfundamente verursacht wurde. Das Gemälde wird restauriert.

Höchstpreise

Teuerstes Gemälde der Welt ist das *Porträt des Dr. Gachet* von Vincent van Gogh, das am 15. Mai 1990 bei Christie's in New York innerhalb von drei Minuten den Besitzer wechselte – für 82,5 Mio. Dollar oder rund 135,3 Mio. DM (einschließlich Provision für das Auktionshaus). Das Bild zeigt van Goghs Arzt, der Künstler hatte es wenige Wochen vor seinem Selbstmord im Juni 1890 vollendet. Neuer Besitzer des Porträts ist Ryoei Saito, Japans zweitgrößter Papierhersteller.

Den Rekordpreis für ein Gemälde des 20. Jahrhunderts erzielte *Les Noces de Pierette* von Pablo Picasso (1881-1973), das am 30. November 1989 bei Bincoche et Godeau in Paris (F) für 315 Mio FF (149 Mio. DM) verkauft wurde.

Das größte jemals versteigerte Gemälde war *Midvinterblot* von Carl Larsson, das 1911-15 in Stockholm (S) gemalt und am 25. März 1987 bei Sotheby's in London (GB) für 880 000 Pfund (2,57 Mio. DM) verkauft wurde. Es mißt 13,4 x 2,7 m.

Den höchsten Auktionspreis für eine Druckgrafik erzielte das Rembrandt-Blatt *Christus zeigt sich dem Volk* aus dem Jahr 1655: Es wechselte am 5. Dezember 1985 bei Christie's in London für 561 600 Pfund (ca. 2,13 Mio. DM) den Besitzer. Angeboten worden war das Grafikblatt von der Treuhandgesellschaft Chatsworth Settlement.

Den Höchstpreis für eine Zeichnung erzielte mit 8,36 Mio. Dollar (etwa 14,2 Mio. DM) *Gartenblumen* von Vincent van Gogh. Die 1888 im französischen Arles entstandene Feder- und Tuschezeichnung wurde am 14. November 1990 bei Christie's in New York von einem anonymen Käufer erworben.

Der Höchstpreis, der bisher für ein Poster bezahlt wurde, betrug 62 000 Pfund (236 034 DM). Für diese Summe wechselte am 1. April 1985 bei Christie's in London das von Koloman Moser (1868-1918) entworfene Ausstellungsplakat für die Wiener Messe im Jahr 1902 den Besitzer.

Die produktivsten Maler

Der produktivste aller Maler war der Spanier Pablo Ruiz y Picasso (1881-1973). Man schätzt, daß er im Verlauf seiner 78 Jahre langen Karriere ungefähr 13 500 Gemälde oder Zeichnungen schuf, 100 000 Lithographien, Radierungen und Stiche, 34 000 Buchillustrationen und 300 Skulpturen oder Keramiken anfertigte. Der Wert seines Lebenswerks wird auf 500 Mio. Pfund, also etwa 1,485 Mrd. DM nach heutigem Wert, geschätzt. Im Frühjahr und Sommer 1980 fand im New Yorker Museum of Modern Art die größte Picasso-Ausstellung dieses Jahrhunderts statt. Mehr als tausend Werke waren zu sehen. Nach dieser Ausstellung ging Pablo Picassos Antikriegsbild *Guernica* für immer nach Spanien.

Der jüngste Maler, der je in einer bekannten Galerie ausgestellt hat, war Lewis Melville (Gino) Lyons (* 1962). Gino war drei Jahre alt, als er sein Bild *Bäume und Affen* gemalt hat. 1967 wurde es in der jährlichen Sommerschau der Royal Academy of Arts in London gezeigt.

Bildhauerei

Ursprünge: Ein Tierkopf aus Tolbaga in Sibirien (Rußland), der aus einem Wirbelknochen eines Wollnashorns geschnitzt wurde, soll 34 860 Jahre alt sein. Die älteste Steinfigur ist die 31 790 Jahre alte *Tanzende Venus vom Galgenberg* (A). Vor 32 000 Jahren wurden in drei süddeutschen Höhlen – Hohler Stein, Geißenklösterle und Vogelherd – mehrere Elfenbeinstatuetten gefunden.

Teuerste Skulptur auf einer Auktion war die *Tänzerin von vierzehn Jahren* von Edgar Degas (1834-1917). Sie wurde am 10. Mai 1988 bei Sotheby's in New York für 10,12 Mio. Dollar (ca. 16,7 Mio. DM) von einem anonymen europäischen Bieter erworben. Die Tänzerin ist die berühmteste Bronzeplastik des Künstlers und die einzige Skulptur, die Degas zu seinen Lebzeiten ausgestellt hatte.

Die größten Skulpturen der Welt sind die Reiterstandbilder von Jefferson Davis (1808-89), General Robert Edward Lee (1807-70) und General Thomas Jonathan Jackson (1824-63) bei Atlanta, Georgia (USA). Sie sind 27,4 m hoch und nehmen auf der Stirnseite des Stone Mountain 0,5 ha ein. Roy Faulkner hat mit Hilfe eines Spezialschweißbrenners, des Bildhauers Walter Kirtland Hancock und anderer Mitarbeiter acht Jahre und 174 Tage daran gearbeitet – vom 12. September 1963 bis 3. März 1972.

Nach ihrer Fertigstellung wird die Skulptur eines indianischen Häuptlings das größte Denkmal der Welt sein: Die Skulptur des Ta-Shunca-Witko (um 1840-77), genannt Crazy Horse, vom Oglala-Stamm der Sioux-Gruppe wurde am 3. Juni 1948 in der Nähe des Mount Rushmore in South Dakota (USA) begonnen. Sie soll 1701,6 m hoch und 195 m breit werden und ist das unvollendete Lebenswerk eines einzigen Mannes – von Korczak Ziólkowski (1908-82). Die Arbeit an der Riesenskulptur wird auch nach seinem Tod fortgesetzt. Allein die Nüstern des Pferdes sind 15,2 m tief in den Felsen gehauen und haben 10,7 m Durchmesser. 1985/86 wurden weitere 400 000 t Granit aus dem Felsmassiv gesprengt. Insgesamt mußten bisher 8,2 Mio. t Gestein dem Kunstwerk weichen.

Maxikunstwerke

Das größte Wandgemälde der Welt schmückt das Stadion von Long Beach, Kalifornien (USA). Das Bild, das der Künstler Wyland am 4. Mai 1994 fertigstellte, trägt den Titel *Planet Ocean* und mißt 32 x 378,8 m.

Das längste deutsche Wandbild ist der *Fürstenzug* in der Dresdner Augustusstraße, eine einzigartige Darstellung aller 35 Herrscher des Hauses Wettin. Anläßlich der 1000-Jahr-Feier des berühmten Fürstenhauses wurde 1870-76 das heutige Bild in Sgraffitotechnik von Wilhelm Walther geschaffen. In der Porzellanmanufaktur Meißen wurde dieses Wandbild später auf 24 000 Porzellankacheln übertragen (1907) und fugenlos an der 957 m² großen Fläche angebracht. Dargestellt sind Herrscher des Hauses Wettin – Markgrafen, Herzöge, Kurfürsten und Könige sowie Persönlichkeiten aus Kunst und Wissenschaft.

Das größte Poster der Welt bedeckte eine Fläche von 21 936 m². Hergestellt wurde es am 26. Oktober 1993 vom Hongkonger städtischen Jugendklub. Thema des Bildes, das im Victoria-Park in Hongkong zur Besichtigung ausgelegt wurde, war das internationale Jahr der Familie.

Das größte Computerplakat schmückte die Fassade der Wiener Kunsthalle. Hergestellt wurde das Großbild in einer neuen Technik,

DIE HÖCHSTEN AUKTIONSPREISE FÜR KUNSTWERKE

Künstler, Kunstwerk	Auktionshaus	Datum	Preis
ÖLGEMÄLDE			
Vincent van Gogh, *Porträt Dr. Garchet*	Christie's New York	15.05.1990	135,3 Mio. DM
GEMÄLDE AUS DEM 20. JAHRHUNDERT			
Pablo Picasso, *Pierettes Hochzeit*	Binoche et Godeau Paris	30.11.1989	108,6 Mio. DM
GEMÄLDE EINES LEBENDEN KÜNSTLERS			
Willem de Kooning, *Interchange*	Sotheby's New York	8.11.1989	36,2 Mio. DM
ZEICHNUNG			
Vincent van Gogh, *Gartenblumen*	Christie's New York	14.11.1990	14,2 Mio. DM
DRUCK			
Rembrandt, *Christus zeigt sich dem Volk*	Christie's London	Dezember 1985	1,4 Mio. DM
POSTER			
Charles R. Mackintosh	Christie's London	Februar 1993,	0,17 Mio. DM
SKULPTUR			
Adrie de Vries, *Der tanzende Faun*	Sotheby's London	7.12.1989	17,5 Mio. DM
SKULPTUR EINES LEBENDEN BILDHAUERS			
Henry Moore, *Reclining Figure*	Sotheby's New York	21.05.1982	3,0 Mio. DM

dem CALSI-Verfahren (**C**omputer **A**ided **L**arge **S**cale **I**magery) von der Firma Beko Creativ/Trevision, Wien (A). Hierbei wird das Bild von einer computergesteuerten Airbrush vollautomatisch mit einer Geschwindigkeit von 7 m² pro Std. gemalt. Unter der Leitung des amerikanischen Expressionisten Edward Ruscha entstand das 10 x 54 m große Fassadenbild *20th Century*.

Das längste Graffiti wurde am 28. August 1993 mit 516,3 m Länge von der Schweizer Hip-Hop-Szene in Rothrist, Aargau (CH), präsentiert. Rund 20 Graffiti-Künstler aus ganz Europa hatten es in einer Arbeitswoche im 8stöckigen Parkhaus des Restaurants/Dancing Scharfen Ecken an einer durchgehenden Wand vom 8. bis in den 1. Stock erstellt. Mit dem Motto »Hip-Hop gegen Gewalt« setzten die Top-Sprayer in einer Zeit, in der Toleranz gegenüber Randgruppen ständig abnimmt, ein Zeichen für mehr Frieden.

Das längste Straßenbildermuseum der Welt besitzt die Stadt Geldern (Niederrhein) alljährlich, wenn sich am letzten Wochenende der Sommerferien die Straßenmaler zum Internationalen Wettbewerb treffen. 1993 kamen 618 Künstler jeden Alters und rund 60 000 Zuschauer. Die Gelderner Innenstadt erfreute mit einer vergänglichen Kunstsammlung auf Steinen.

Zwei Kugelgemälde von György Urbán (s.S. 206).

Das größte Mosaik befindet sich an den Außenmauern der Zentralbibliothek der Universität in Mexico City (Mexiko). Es handelt sich um vier Wände, von denen die beiden größten 1203 m² groß sind. Sie stellen die vorspanische Geschichte Mexikos dar. Der mexikanische Künstler Diego Rivera schuf dieses Kunstwerk.

Das größte Mosaik in Deutschland bedeckt die Südwand des Wilhelm-Hack-Museums in Ludwigshafen. Auf einer Breite von 55 m und einer Höhe von 10 m wurde es im Frühjahr 1980 von Joan Miró und Juon Gardy-Artigas nach Entwürfen von Miró ausgeführt. Es ist auch das größte Mosaik Mirós.

◆ ANTIQUITÄTEN

Alle angegebenen Preise enthalten ein vom Käufer zu entrichtendes Aufgeld.

Größtes Auktionshaus der Welt ist die Sotheby-Gruppe mit Sitz in London und New York. Die Firma hat 1744 ihre Geschäfte aufgenommen und bis 1778 hauptsächlich mit Büchern gehandelt. Den Rekordumsatz erzielte Sotheby's 1989 mit 2,9 Mrd. Dollar (5,48 Mrd. DM). Im Mai 1990 wechselte bei Sotheby's in New York Kunst für 360,4 Mio. Dollar (etwa 611 Mio. DM) den Besitzer – mehr ist auf einem einzigen Auktionszyklus noch nie erlöst worden.

Teuerstes Jugendstilobjekt war eine Stehlampe in Form von drei Lotusblüten der Gebrüder Daum und von Louis Majorelle aus Frankreich, die am 2. Dezember 1989 bei Sotheby's in New York (USA) einen Preis von 1,76 Mio. Dollar (3,08 Mio DM) erzielte.

Goldartikel: Der höchste Preis für einen aus Gold gefertigten Gegenstand ist 950 400 Pfund (3,637 Mio. DM) für ein 22karätiges Taufbecken, 1797 von Paul Storr nach dem Entwurf von Humphrey Repton geschaffen. Es wurde von Lady Anne Cavendish-Bentinck zum Verkauf angeboten und am 11. Juli 1985 bei Christie's von Armitage of London erworben.

Der höchste Auktionspreis für eine Ikone wurde am 17. April 1980 für *Das Jüngste Gericht* (aus der Sammlung von George R. Hann, Pittsburgh, USA) erzielt. Die in Nowgorod (Rußland) gefertigte Ikone wurde bei Christie's, New York, für 150 000 Dollar (330 000 DM) versteigert.

Keramik: 3,74 Mio. Pfund (ca. 10,85 Mio. DM) war am 12. Dezember 1989 bei Sotheby's in London einem japanischen Händler ein Keramik-Pferd aus der chinesischen Tang-Dynastie (618-906) wert, das vom Pensionsfonds der britischen Eisenbahn angeboten war. Beinahe hätten Diebe die Rekord-Versteigerung vereitelt: Das Tang-Pferd war am 14. November 1989 aus einem Warenhaus in Hongkong gestohlen worden, wurde aber am 2. Dezember, also noch rechtzeitig vor der Auktion, wieder entdeckt.

Teuerstes Möbelstück war bisher ein italienisches »Badminton-Kabinett« aus dem 18. Jh., das dem Herzog von Beaufort gehört hatte. Es wurde am 5. Juli 1990 bei Christie's in London von Barbara Piasecka Johnson aus Princeton, New Jersey (USA), für 8,58 Mio. Pfund (etwa 24,6 Mio. DM) erworben. 1,1 Mio. Pfund (ca. 3,2 Mio. DM) erbrachte am 6. Juli 1989 bei Christie's in London eine George-III.-Kommode, die um 1760 entstanden ist und John Channon zugeschrieben wird. Die Kommode ist aus Mahagoni und mit Goldbronze überzogen.

Die teuerste Puppe, die bisher auf einer Auktion den Besitzer wechselte, war eine Porzellanpuppe, die 1909 von Kammer & Reinhardt hergestellt worden ist. Die Französin Dina Vierny, die in ihrer Heimat ein Kindermuseum eröffnen will, erstand das Stück am 16. Februar 1989 bei Sotheby's in London für 90 200 Pfund (294 052 DM).

Der höchste Auktionspreis für ein Schmuckstück beträgt 2,825 Mio. Pfund (12,15 Mio. DM) für zwei tropfenförmige Diamant-Ohrhänger. Die beiden Stücke, 58,6 und 61 Karat schwer, wurden am 14. November 1980 bei Sotheby's, Genf, versteigert. Weder Käufer noch Verkäufer wurden bekanntgegeben.

Schnupftabakdose: Das Londoner Handelshaus S. J. Phillips zahlte am 17. November 1992 bei Sotheby's in Genf (CH) 2,53 Mio. sfr (3,3 Mio DM) für ei-

*P*lanet Ocean, das weltgrößte Wandgemälde (s.S. 207).

Fotos: Gamma/Giboux

KUNST, MEDIEN, UNTERHALTUNG

• Bildende Kunst • Sprache und Literatur

Das Argyle Library-Ei ist mit 70 cm Höhe das größte edelsteinbesetzte Ei der Welt. Es wurde nach dem Entwurf des Londoner Juweliers Paul Kutchinsky aus 16,8 kg Gold und 20 000 rosa Diamanten angefertigt. Foto: Gamma/Wada

ne goldene, mit Diamanten, Rubinen und Smaragden verzierte Schupftabakdose, die um 1770 für Friedrich den Großen angefertigt worden war. Sie war eines von 297 Auktionsobjekten, die Fürstin Gloria von Thurn und Taxis an diesem Tag mit einem Gesamterlös von 19,7 Mio. sfr (25,67 Mio. DM) versteigern ließ.

Silber: Für 1,485 Mio. Pfund (ca. 4,4 Mio. DM) wechselte am 22. Mai 1991 bei Christie's in London eine »Maynard«-Anrichtenschüssel des hugenottischen Silberschmieds Paul de Lamerie aus dem Jahr 1736 den Besitzer – mehr ist für ein Einzelstück aus Silber noch nie bezahlt worden.

Teuerstes altes Spielzeug war bisher ein Feuerwehrspritzenwagen, den die Konkursverwalter der Londoner Händler Mint & Boxed angeboten hatten und der am 14. Dezember 1991 von einem telefonischen Bieter bei Christie's in New York erworben wurde – für 231 000 Dollar (rund 390 000 DM) und unter Wahrung der Anonymität.

Teuerster Teddybär war bisher ein deutsches Steiff-Tier von 1926. Der guterhaltene zweifarbige Plüschteddy erzielte am 19. September 1989 bei Sotheby's in London 55 100 Pfund (174 832 DM).

Teppiche: 1 Mio. Dollar zahlte im Jahr 1946 bei einem Privathandel das New Yorker Metropolitan Museum für einen 807 x 414 cm großen Anhalt-Medaillon-Teppich, der um 1590 in Täbris oder Kaschan (Iran) geknüpft worden war. Den höchsten Auktionspreis erzielte ein Ludwig-XV.-Savonnerie-Teppich im Juni 1989 bei Christie's in Monaco mit 1,1 Mio. DM.

Der höchste Preis, der in einer Auktion für einen Teppich erzielt wurde, waren 441 500 Pfund. Soviel wurde am 29. April 1993 bei Christie's in London (GB) für einen persischen Teppich aus dem 17. Jh. gezahlt.

◆ SPRACHE UND LITERATUR

Wie viele Sprachen derzeit auf der Erde gesprochen werden, darüber gibt es keine gültige Übereinkunft. Die einschlägigen Bücher nennen meist 4000-5000; nach Schätzungen könnten es sogar 10 000 oder auch nur 3000 Sprachen sein.

Die älteste geschriebene Sprache ist Chinesisch. Sie hat seit mehr als 6000 Jahren, von der Yangshao-Kultur bis heute, eine ununterbrochene Geschichte.

Die kleinste Sprachinsel (in Europa) ist das Saterland (Seelterlound) im Norden des Landkreises Cloppenburg (N). Die Gemeinde im Dreieck Leer, Oldenburg, Cloppenburg besteht aus den drei Kirchdörfern Scharrel, Ramsloh und Strücklingen. Ca. 1500 bis 1600 Einwohner des 9700 Einwohner großen Saterlandes sprechen noch Saterländisch (oder Saterfriesisch), einen mit niederdeutschen Elementen durchsetzten Dialekt der friesischen Sprache.

Die größte Sprachenvielfalt gibt es aufgrund der vielen isolierten Täler in Papua-Neuguinea. Man schätzt, daß dort 869 Sprachen gesprochen werden, in denen sich jeweils rund 4000 Menschen miteinander verständigen.

Die meistgesprochene Sprache der Welt ist Chinesisch, das ungefähr 1 Mrd. Menschen zur Verständigung dient. Die »Gemeinsprache« (*putonghua*) ist die Standardform, deren Aussprache sich am Pekinger Sprachgebiet orientiert. Dieses Chinesisch ist in Taiwan als *guoyu* (Nationalsprache) bekannt und im Westen des Landes als Mandarin. Nach verschiedenen Versuchen, Chinesisch in lateinischen Buchstaben zu schreiben, wurde am 11. Februar 1958 ein Schriftsystem mit 58 Symbolen fertiggestellt, das auf dem Festland als *Hanyu Pinyin* (Lautschrift) bekannt ist.

An zweiter Stelle kommt Englisch, die Sprache, die am weitesten über die Erde verbreitet ist. Für 300-350 Mio. Menschen ist Englisch die Muttersprache, für 700 Mio. bis 1,4 Mrd. ist es Zweit- oder Drittsprache.

Der in den meisten Sprachen bewanderte Mensch war vermutlich der Neuseeländer Dr. Harold Williams (1876-1928), ein Journalist und ehemaliger Auslandsredakteur der *Times*. In jugendlichen Jahren hatte er im Selbststudium Lateinisch, Griechisch, Hebräisch und viele weitere Sprachen aus Europa und dem Inselreich des Pazifik gelernt. Alles in allem beherrschte Dr. Williams 58 Sprachen und viele Dialekte fließend. Er war der einzige Mensch, der den Debatten im Völkerbund in Genf ohne Dolmetscherhilfe folgen und mit jedem Delegierten in dessen Muttersprache reden konnte.

Das größte lebende Sprachgenie ist der aus Liberia stammende Brasilianer Ziad Fazah (* 1954), der 58 Sprachen spricht und schreibt. Er stellte dies unter Beweis, als er am 30. Juli 1991 bei einem Interview in Athen (GR) sein Publikum damit überraschte, daß er den Fragestellern jeweils in ihrer Muttersprache antwortete. Er ist zur Zeit als privater Sprachlehrer tätig.

Wort und Unwort des Jahres 1993

Die Gesellschaft für deutsche Sprache (GfdS) hat 1993 »Sozialabbau« zum Wort des Jahres gewählt. In aller Munde seien auch die Wörter »Standort Deutschland«, »Blutskandal« und »Umdenken«. Zum Unwort des Jahres wurde die von Bundeskanzler Helmut Kohl verwendete Formulierung »kollektiver Freizeitpark« gewählt. Die Jury hatte erklärt, die Bezeichnung sei eine »unangemessene Pauschalisierung der sozialen Situation«. Allerdings distanzierte sich die GfdS im März 1994 von der Wahl. Diese Begründung, urteilte der Hauptvorstand, sei zu knapp. Damit habe der Eindruck entstehen müssen, der Freizeitpark sei auf die Arbeitsmarktsituation bezogen. »Diese Verbindung ist jedoch dem Sachzusammenhang, in dem die Formulierung steht, nicht zu entnehmen«, erläuterte der Hauptvorstand.
Es entstand eine Diskussion über die Wahl der Wörter und Unwörter, die seit Jahren von einer Jury vorgenommen wird. Es wurde bezweifelt, ob eine Jury wirklich objektiv den Sprachgebrauch analysieren kann, oder ob es nicht besser wäre, die Wörter und Unwörter durch eine Umfrage unter der Bevölkerung auszuwählen.
Als weitere Unwörter des Jahres wurden die Begriffe »Überfremdung« und »Sozialleichen« benannt.

Wörter

Die längsten Wörter: Wortreihen oder auch zusammengesetzte Wörter (Agglutinationen) und aus dem Stegreif gebildete Wörter wurden und werden gelegentlich wie ein Wort geschrieben.

Ein zusammengesetztes Wort aus dem Sanskrit bringt es auf 195 Schriftzeichen. In lateinischer Schrift umschrieben, ist es sogar 428 Buchstaben lang. Das Wort bezeichnet eine Region bei Kanci, Tamil Nadu (Indien), und entstammt einem Werk, das Tirumalāmbā, die Königin von Vijayanagara, im 16. Jh. verfaßt hat.

Das längste Wort, das je in einem literarischen Werk erschien, findet man in der Komödie *Ekklevsiazousai* (Die Weibervolksversammlung) des Aristophanes (445-385 v. Chr.). In Griechisch ist das Wort 169 Buchstaben lang, in lateinischer Schrift 179: *Lopadotemachoselachogaleokranioleipsanodrimhypotrimmatosilphioaraomelitokatakochymenokichlepikossyphophattoperisteralektryonoptekephalliokigklopeleiolageiosiraiobaphetraganopterygon.*

Johann Heinrich Voss verdeutschte das 78silbige Wort mit den 20 Bestandteilen einer Pastete »Austerigpökeligbuttenlampretigesschädelzerstückelungsherbegebrüchetessilfionwürzigeshonigbeträufeltesamseligschnepfigestaubenfasanigeshähneleinhirnigesdrosselgebratenesemmerlinghasigesmostigesgraupigesflügelgericht«.

Wortsuche: Die Gesellschaft für deutsche Sprache hatte 1987 erfolgreich nach dem Wort mit den meisten aufeinanderfolgenden Konsonanten suchen lassen. Mit 13 Konsonanten wurde Borschtschgschnas Sieger. 1988 fand die Wiesbadener Gesellschaft für deutsche Sprache das längste deutsche Wort, in dem sich kein Buchstabe wiederholt: Heizölrückstoßabdämpfung machte mit 24 Buchstaben das Rennen vor Zwölftonmusikbücherjagd, Wildschützbärenjuxkampf und Boxkampfjuryschützlinge mit jeweils 23 Buchstaben.

Den berühmtesten aller langen Sätze in der Literatur der westlichen Welt schrieb Victor Hugo (1802-85) in seinem 1862 erschienenen Roman *Les Misérables* (Die Elenden). Dieser Satz enthält 823 Wörter, 93 Kommata, 51 Strichpunkte und 4 Gedankenstriche.

Den längsten Satz der deutschsprachigen Literatur verdanken wir dem in Ostpreußen geborenen Arno Holz (1863-1929). Er ist in dem lyrischen Zyklus *Phantasus* zu finden und enthält über 6000 Wörter.

Ortsnamen

Der längste Ortsname dürfte der von Bangkok, der Hauptstadt Thailands, sein. Der offizielle Name ist zwar *Krungtep Manahakton,* der vollständige Name lautet jedoch *Krungthep Manahakhon Bovorn Ratanakosin Mahintharayutthaya Mahadilikpop Noparatratchathani Burirom Udomratchanivetmahasathon Amornpiman Avatarnsathit Sakkathattiyavisnukarmprasit* (167 Buchstaben), in genauester Umschrift sind es 175 Buchstaben.

Der längste Ortsname, der heute noch benutzt wird, ist *Taumatawhakatangihangakoauauotamatea (turipukakapikimaungahoronuku) pokaiwhenuakitanatahu,* die inoffizielle 85-Buchstaben-Version, mit der ein Hügel (305 m üNN) im Bezirk der Southern-Hawke-Bucht der Nordinsel Neuseelands bezeichnet wird. Übersetzt heißt der Maori-Name: Der Ort, an dem Tamatea, der Mann mit den großen Knien, der die Berge bestieg und an ihnen hinabglitt, der die Berge verschlang und als Landfresser bekannt war, die Flöte spielte für seine Geliebte. Die offizielle Version hat 57 Buchstaben.

Die kürzesten Ortsnamen bestehen meist nur aus einem Buchstaben. Dafür gibt es Beispiele aus vielen Ländern. Eine Auflistung erübrigt sich.

Der häufigste deutsche Ortsname ist *Hausen.* Das Postleitzahlenverzeichnis nennt ihn 59 mal.

Der Ort, dessen Name sich am häufigsten gewandelt hat, ist Leeuwarden in den Niederlanden. Seit 1046 ist das Städtchen in 225 Schreibweisen bekannt geworden.

Personennamen

Der früheste überlieferte Personenname ist wahrscheinlich der Name eines prädynastischen Königs von Oberägypten, ca. 3050 v. Chr., dessen Hieroglyphe einen Skorpion darstellt. Dieser Name sollte vermutlich *Sekhen* lauten.

Den längsten Vornamen hat Scott Roaul Sör-Lökken aus Missoula (USA) seiner Tochter S. Ellen Georgianna Sör-Lökken (* 1979) verpaßt: Er umfaßt 622 Buchstaben. Das *S* ist die Abkürzung eines 598 Buchstaben zählenden Namens, der folgenden Sachverhalt umschreibt: einen Universalschraubenschlüssel in die Computer der vereinigten Bürokratie werfen. In der Kurzform heißt das Mädchen *Snow Owl* (Schnee-Eule) und in der Kürzestform *Oli.*

Der längste Personenname, der in ein Geburtsregister eingetragen wurde, lautet: Rhosnandiatellyneshiaunneveshenk Koyaanfsquatsiuty. Diesen Namen gab James L. Williams aus Beaumont, Texas (USA), seiner am 12. September 1984 geborenen Tochter. In einem Ergänzungsantrag vom 5. Oktober 1984 streckte der Vater den ersten Vornamen seiner Tochter auf 1 019 Buchstaben und ihren zweiten auf »nur« 36.

Die meisten Vornamen, nämlich 2310, nimmt Laurence Watkins (* 9. Juni 1965) aus Auckland (Neuseeland) in Anspruch. Der Anspruch gründet sich auf eine einseitige Erklärung aus dem Jahr 1991, nachdem das Standesamt Widerspruch eingelegt hatte und einem Gefecht vor Gericht ausgesetzt worden war. John und Margaret Nelson gaben ihrem vierten Kind, das am 13. Dezember 1985 geboren wurde, 140 Vornamen. Für das Standesamt von Chesterfield (GB) benötigten die Eltern ein übergroßes Formular. Der Einfachheit halber soll das Mädchen aber nur Tracy gerufen werden.

Die häufigsten Vornamen in Deutschland waren 1992 Alexander und Julia. Die Gesellschaft für deutsche Sprache (GfdS) in Wiesbaden berichtete im Februar 1993, daß der Jungenname Maximilian an die Spitze drängt, obwohl er im Vorjahr nicht einmal unter den ersten 20 Lieblingsnamen erschien. Eine Erklärung dafür gibt es nicht. Die Beliebtheit des Namens Kevin (nach dem US-Schauspieler Kevin Costner, *Der mit dem Wolf tanzt*), der 1992 noch ganz an der Spitze lag, ging zurück.

Daniel und Michael folgen dem Namen Alexander auf den Plätzen zwei und drei. Bei den Mädchennamen folgen auf Julia Maria und Lisa.

In den neuen Bundesländern führen bei den Jungen Philipp, Patrick und Christian, bei den Mädchen liegen Lisa, Maria und Julia vorn.

Die kürzesten Nachnamen: Im Brüsseler Telefonbuch sind mindestens 12 und in amerikanischen Telefonverzeichnissen (1973-81) gleich 52 Personen verzeichnet, die schlicht und einfach O heißen. Es ist der häufigste

KUNST, MEDIEN, UNTERHALTUNG

• Sprache und Literatur

Das längste Graffiti (s. S. 208).

Fotos: Puls Verlag AG

nur aus einem Buchstaben bestehende Nachname und bereitet all denen, die mit Datenschutz beschäftigt sind, große Schwierigkeiten. Außer dem Q sind laut A. Ross Eckler sämtliche Buchstaben des Alphabets als Familiennamen in die amerikanischen Telefonbücher eingegangen.

Der in der westlichen Welt häufigste Familienname ist *Schmidt,* einschließlich der in USA und England üblichen Form *Smith*. In der Bundesrepublik gibt es rund 590 000 Träger dieses Namens, dagegen allein in den USA etwa 2,38 Mio. *Smith*. Häufigster Familienname in Deutschland war noch 1970 *Müller* mit rund 612 000 Namensträgern.

Phantasienamen: Weil sie sich kommerzielle oder andere Vorteile davon versprechen, wenn sie in den Telefonbüchern ganz am Schluß stehen, legen sich manche Amerikaner die seltsamsten Namen zu. So gibt es zum Beispiel in San Franzisko einen *Zachary Zzzzzzzzzra* (9mal z im Nachnamen).
Umgekehrt machte es ein Schlüsseldienst in Elmshorn (SH). Um im Handelsregister und im Telefonbuch an erster Stelle zu stehen, wählte die Firma den Namen aaaaaaaaaaaaaaaaaa – die Abkürzung für »alle anfallenden arbeiten auch am abend an absicherungen aller art allgemein auch autoöffnungen also auch außerhalb aufgemacht abgesichert«.

Schriften, Drucke, Bücher

Älteste Schriftzeugnisse: Kerbhölzer, die in Tepe Asiab und Ganji-I-Dareh Tepe (Iran) gefunden wurden, waren etwa 8500 v.Chr. in Gebrauch. Die ältesten Belege für eine geschriebene Sprache, die bislang entdeckt wurden, sind Töpferstücke aus der Yangshao-Kultur, welche die Ur-Zeichen für die Ziffern 5,7 und 8 zeigen. Die Keramiken, die 1962 in Paa-t'o bei Sian (Xi'an) in der chinesischen Provinz Schansi (Shaanxi) gefunden wurden, sind ungefähr 5000-4000 v. Chr. entstanden.

Das älteste gedruckte Werk, das erhalten blieb, ist die Dharani-Rolle oder Sutra aus hölzernen Druckstöcken, die 1966 in den Fundamenten der Pulguk-Sa-Pagode in Kyoóngju (Südkorea) gefunden wurde. Sie muß vor 704 entstanden sein. Schriftzeugnisse auf Papier, die im Nordwesten Chinas gefunden wurden, sind zwischen 71 v. Chr. und 21 n. Chr. entstanden. Das bedeutet, daß das Schreibpapier ungefähr 100 Jahre früher als bisher angenommen eingeführt wurde.

Die erste Enzyklopädie wurde, soweit bekannt, um 370 v. Chr. von Speusippos zusammengestellt. Speusippos (um 408-338 v. Chr.) war ein Neffe Platons.

Das erste mechanisch gedruckte Buch ist nach allgemeiner Auffassung die 42zeilige *Gutenberg-Bibel*. Johann Henne zum Gensfleisch zur Laden, Gutenberg genannt (ca. 1398 bis ca. 1468), hat sie wahrscheinlich 1454 in Mainz hergestellt. Nach einem Nachschlagewerk über Wasserzeichen (1967 erschienen) soll um 1450 auch eine lateinische Grammatik *(Donatus)* auf Papier gedruckt worden sein.

> **Bibliothek für Schriften**
>
> Die meisten Schriften für die Computerverarbeitung hat die Firma URW Software & Type GmbH in Hamburg in ihrer größten hauseigenen Schriftbibliothek: insgesamt 37 180 waren es im Juli 1994.

Man neigt auch zu der Ansicht, daß das 192 Blätter umfassende *Konstanzer Meßbuch* aus Basel (CH) – das erste von drei im Jahr 1880 wiederentdeckten Exemplaren – noch älter sein dürfte.

Das erste genau datierte gedruckte Werk ist der *Psalter,* der am 14. August 1457 von Johann Fust (um 1400-66) und Peter Schöffler (1425-1502), der Gutenbergs Hausgehilfe war, fertiggestellt wurde.

Das größte gedruckte und gebundene Buch Europas ist der *Atlas des Großen Kurfürsten* (der sogenannte *Mauritius-Atlas*). Er ist aufgeschlagen 222 x 170 cm groß und enthält 38 Karten. Er befindet sich in der Deutschen Staatsbibliothek Unter den Linden in Berlin. Er ist um 1655 entstanden.

Das größte Gästebuch (3,25 m hoch, aufgeschlagen 3, 7 m breit, 260 kg schwer) wurde am 8. Juni 1992 in Berlin-Mitte, vor dem Portal der Nikolaikirche, aufgeschlagen. Auf 126 Blatt mit 1468,09 m² Fläche bot es Platz für Autogramme, Texte und Zeichnungen. Am 15. April 1993 wurde das Riesenbuch mit Seite 250 geschlossen. Rund 250 000 Berliner(innen) und Berlin-Besucher(innen) nutzten die Chance, sich im *Guinness Gästebuch Berlins* einzutragen.

Der kleinste Atlas der Welt befindet sich in der Universitätsbibliothek Rostock (MV). Der 1831 in Rostock gefertigte Etui-Atlas mit 26 farbigen Kartenabbildungen, der 67 x 68 mm mißt, wurde 1985 als ledergebundene Faksimileausgabe neu aufgelegt.

Das kleinste Buch, das bisher auf den Markt kam, mißt 1 x 1 mm. Es wurde von der schottischen Gleniffer Press hergestellt, enthält die Kindergeschichte *Old King Cole* und ist im März 1985 in einer Auflage von 85 Exemplaren erschienen. Die Seiten können nur mit Hilfe einer Stecknadel und mit viel Vorsicht umgeblättert werden.

Das kleinste Kochbuch *Was ißt und trinkt man in Tirol* enthält auf 214 Seiten 50 Rezepte Tiroler Tellergerichte. Verfaßt hat es Josef Theiner (* 1911), Gastwirt und Koch aus Terlan (Südtirol). Das Mini-Buch mit den Maßen 20 x 20 mm (Buchblock 19 x 19 mm) ist im März 1984 in 200 ledergebundenen Exemplaren in Bozen gedruckt worden.

Eine Miniaturbuch-Sammlung baut der Berliner Dr. Eberhard Lehmann (* 1931) auf. Der Gründer des Freundeskreises Miniaturbuch Berlin hat bereits 5180 Exemplare aus 35 Ländern zusammengetragen, keines überschreitet 10 cm in der Buchblockgröße.

Die größte Publikation aller Zeiten hieß *Yung-lo ta tien* (Das große Wörterbuch der Regierung Yung-lo). Sie ist 1403-08 von 2000 chinesischen Gelehrten geschrieben worden. Das handschriftliche Wörterbuch umfaßte 11 095 Bände mit 22 937 Stichwort-Kapiteln, von denen noch 700 erhalten sind.

Das umfangreichste Wörterbuch unserer Zeit: Jacob Grimm (1785-1863) und Wilhelm Grimm (1786-1859), vielen Kindergenerationen hauptsächlich als Märchenerzähler bekannt, begründeten im Jahr 1854 ihr *Deutsches Wörterbuch,* an dem viele Sprachforscher weiterarbeiteten, bis es nach 107 Jahren anno 1961 vollendet werden konnte. Mit 33 Bänden und 34 519 Seiten ist es das größte Wörterbuch unserer Zeit. Die Gesamtausgabe kostet 5425 DM.

Eine auf der ptolemäischen Geographie basierende Landkarte aus dem Jahr 1486.

Landkarten

Die größte Landkarte ist eine 575 m² große Reliefdarstellung von British Columbia (Kanada), an der Robert Challenger und sein Sohn Robert von 1945 bis 52 gearbeitet haben. Das Relief ist heute in einer ständigen Pazifik-Schau in Vancouver zu sehen.

Die größte Europakarte mit 750 m² wurde am 21. November 1992 auf dem Bahnhofsplatz in Baden, Aargau (CH), verlegt. ABB Asea Brown Boveri (CH) in Baden als Veranstalter beauftragte die Firma Rutschi AG (Zürich) mit der Produktion und dem Verlegen dieser riesigen Karte. Hergestellt wurde sie in sechs Arbeitstagen in 42,5facher Vergrößerung einer Europakarte im Maßstab 1:5 000 000. Während des Stadtfestes, mit dem ABB für ein *Ja zum EWR* warb, konnten die vielen Besucher zumindest symbolisch im weiten Europa spazierengehen.

Die größte dauerhafte zweidimensionale Landkarte mißt 4552 m². Sie wurde im Sommer 1992 von Schülern der O'Hara Park School in Oakley, Kalifornien (USA), gemalt.

Die kleinste Landkarte stellte Dr. Jonathan Mamin im IBM-Labor in Zürich (CH) her, indem er mit Hilfe elektronischer Impulse aus Atomen eine Karte der westlichen Hemisphäre im Maßstab von 10^{18}:1 mit einem Durchmesser von etwa 1 μm (0,001 mm) anfertigte. Ein menschliches Haar ist ungefähr 100mal so dick.

Der teuerste Atlas ist ein Exemplar der *Cosmographia* des Ptolemäus, der am 31. Januar 1990 bei Sotheby's in New York (USA) für 1 925 000 Dollar (3,37 Mio. DM) verkauft wurde.

Tagebücher, Briefe

Der fleißigste Tagebuchschreiber war der englische Oberst Ernest Loftus aus Harare (Simbabwe). Er begann seine täglichen Aufzeichnungen am 4. Mai 1896 als Zwölfjähriger und blieb dieser Gewohnheit treu bis zu seinem Tod am 7. Juli 1987. Loftus wurde 103 Jahre, 178 Tage alt.

Längste und meiste Briefe: Der Japaner Vichi Noda, der seinem Land als stellvertretender Finanzminister und als Bauminister gedient hat, schrieb auf seinen Auslandsreisen stets lange Briefe an seine bettlägerige Frau – insgesamt 1307 vom Juli 1961 bis zu ihrem Tod im März 1985. Diese Briefe, in denen Noda nahezu 50 000 Persönlichkeiten aus aller Welt schilderte, wurden inzwischen veröffentlicht: Sie füllen 25 Bände und umfassen alles in allem 12 404 Seiten.

Die kürzeste Korrespondenz war die zwischen dem französischen Dichter Victor Hugo (1802-85) und seinen Verlegern Hurst und Blackett im Jahr 1862. Der Schriftsteller war im Urlaub und wollte wissen, wie sich sein neuer Roman *Les Misérables* (Die Elenden) verkaufte. Er schrieb »?«, die Antwort war »!«.

Auf die größte Postkarte (40 m lang, 2,5 m hoch) hatte die Jungwacht St. Anton, Ibach (CH), ihre Jungwacht- und Blauringparole *Kindervirus* gemalt und sie am 27. Oktober 1993 zur PTT in Ibach gebracht, um sie an die Bundesleitung nach Luzern zu senden.

Weihnachtsgrüße: Seit 1929 haben Frank Rose aus Burnaby in British Columbia (Kanada) und Gordon Loutet aus Lake Cowichan in British Columbia die selbe Weihnachtskarte ausgetauscht.

Die kleinste Postkarte verschickte Andreas Diekmann aus Pirmasens (RP) am 29 Dezember 1993. Die Maße der Karte: 19 x 22 mm.

Autoren

Produktivster Autor war der Brite Charles Harold St. John Hamilton alias Frank Richards (1876-1961), Schöpfer des Jugendhelden Billy Bunter, der in seinen besten Zeiten (1915-26) bis zu 80 000 Wörter pro Woche schaffte. Er schrieb vor allem für die Jugendzeitschriften *Gem* (1907-39), *Magnet* (1908-40) und *Boy's Friend*. Alles in allem hat Hamilton schätzungsweise 72-75 Mio. Wörter produziert.

Sprache und Literatur

Der Ausstoß von Enid Mary Blyton (Darrell Waters, 1898-1968) läßt sich nur schwer genau beziffern, aber man nimmt an, daß sie nicht weniger als 600 Kinderbücher geschrieben hat – 59 davon allein im Jahr 1955. Manche Quellen sprechen sogar von über 700 Werken. Ihre Bücher wurden in 165 Sprachen übersetzt.

Die meisten Romane, nämlich 904, veröffentlichte die Südafrikanerin Kathleen Lindsay alias Mary Faulkner (1903-73). Sie schrieb unter sechs Pseudonymen, zwei davon waren männlich.

Der größte je für ein Buch bezahlte Vorschuß liegt bei 14 Mio. Dollar (23,14 Mio. DM), die der Verlag Berkeley Putnam im August 1992 für die nordamerikanischen Rechte an Tom Clancys Roman *Without Remorse* gezahlt haben soll. Der amerikanische Horrorautor Stephen King (* 21. September 1947) hat, wenn man den Berichten Glauben schenken darf, am 9. Februar 1989 als Vorschuß für seine nächsten vier Bücher 26 Mio. Dollar (49,2 Mio. DM) kassiert.

Der Welt meistgelesene Autorin ist Agatha Christie später Lady Mallowan (1890-1976). Sie hat 78 Kriminalromane geschrieben, die in 44 Sprachen übersetzt und bisher in schätzungsweise 2 Mrd. Exemplaren verkauft wurden. Ihr berühmter Detektiv Hercule Poirot strengt in 33 Büchern und 56 Erzählungen seine grauen Zellen an; die nicht weniger berühmte Miß Marple beweist in 12 Büchern und 20 Erzählungen ihren Spürsinn. Agatha Christie hat außerdem 19 Theaterstücke und unter ihrem Pseudonym Mary Westmacott auch 6 »romantische« Romane verfaßt. Die Tantiemen werden derzeit auf jährlich etwa 7,5 Mio. DM geschätzt.

Die meistgelesene Autorin der Gegenwart ist Barbara Cartland, von der rund 570 Titel in 30 Sprachen vorliegen und die es bislang auf eine Auflage von 650 Mio. Exemplaren gebracht hat. In den letzten 18 Jahren hat sie durchschnittlich 23 Titel pro Jahr veröffentlicht. In England wurde Barbara Cartland wegen ihrer Verdienste um die Literatur und den Staat 1991 von der Königin der Titel *Dame* verliehen. Die Werke des belgischen Romanciers Georges Simenon (1903-89) sind in 47 Sprachen verbreitet. Geschätzte Gesamtauflage: 600 Mio. Exemplare.

Das erfolgreichste Sachbuch war vermutlich das rote Buch, das *Die Worte des Vorsitzenden Mao Tse-tung* enthielt. Zwischen Juni 1966 und September 1971, als Maos Weggefährte Lin Piao bei einem Flugzeugabsturz ums Leben kam, sollen 800 Mio. Exemplare verkauft oder verteilt worden sein.

Das am häufigsten abgelehnte Manuskript verfaßte Steve Canton aus Port Richey, Florida (USA). Es trug den Titel *Dusty Road* und wurde ihm vom Dezember 1992 an 314mal zurückgeschickt (zuzüglich einiger nicht belegter Ablehnungen), bevor es schließlich im Juni 1993 im Verlag Charles B. McFadden herauskam. Der britische Romancier John Crasey (1908-73) erhielt 743 Ablehnungsschreiben, bevor er zum Bestsellerautor von 564 Büchern wurde.

Meistübersetzte deutsche Schriftsteller waren und sind die Märchensammler Jacob und Wilhelm Grimm, deren Anfang bis Mitte des 19. Jh.s entstandene Werke Übersetzungen in 108 Sprachen erreichten.

Bestseller

Das am weitesten verbreitete Buch der Welt ist die Bibel. Vollständig übersetzt wurde sie bis Ende 1993 in 337 Sprachen, Teile von ihr sind in mindestens 2062 Sprachen erschienen. Zwischen 1815 und 1975 wurden von der Bibel schätzungsweise 2,5 Mrd. Exemplare gedruckt, Lenin gibt es in 222 Sprachen, Jules Verne (1828-1905) in 220.

Das meistverkaufte Buch der Welt, das unter die Copyright-Gesetze fällt, ist das *Guinness Buch der Rekorde*. Es wurde erstmals im September 1955 von Guinness Superlatives, einem Tochterunternehmen von Arthur Guinness Son & Co. (Park Royal) Ltd., veröffentlicht und von Norris Dewar McWhirter (* 1925) und seinem Zwillingsbruder Alan Ross McWhirter (1925-75) herausgegeben. Bis April 1994 waren 75 Mio. Exemplare in 37 Sprachen abgesetzt.

Den erfolgreichsten Roman zu nennen, ist mangels nachprüfbarer Daten unmöglich. Von drei Romanen sollen jeweils 30 Mio. Exemplare verkauft worden sein: *Das Tal der Puppen* (1966) von Jacqueline Susann (1921-74), von dem allein im ersten halben Jahr 6,8 Mio. Stück abgesetzt wurden; *Wer die Nachtigall stört* (1960) von Harper Lee; und *Vom Winde verweht* (1936) von Margaret Mitchell.

Unter den meisten Pseudonymen hat der russische Humorist Konstantin

Barbara Cartland ist die erfolgreichste Autorin der Gegenwart.
Von ihren 583 Büchern wurden weltweit über 650 Mio. Exemplare verkauft.
Foto: Rex Features/N. Jorgensen

Nicht zu schlagen: der erfolgsgewöhnte Buch- und Hörspielautor Rolf Kalmuczak.
Foto: Rolf Kalmuczak

Arseniewitsch Michailow (* 1868) geschrieben: Es waren 325, meist Kürzel seines bürgerlichen Namens, die von Ab. bis Z. reichten. Ermittelt hat dies I.F. Masanow, dessen *Wörterbuch der Pseudonyme* 1960 in Moskau erschienen ist.

Auflagenbringer: Bei 1000 Auslandsausgaben und Übersetzungen in 31 Sprachen ist Heinz G. Konsalik, bürgerlich Heinz Günther (* 1921), auch international der meistverkaufte deutsche Autor der Nachkriegszeit. Die Gesamtauflage seiner bisher 144 Bücher erreicht über 75 Mio. Exemplare. Täglich kommen 10 000 Exemplare hinzu.

Auf Erfolgskurs im Buch- und Hörspielbereich fährt Rolf Kalmuczak (* 1938) aus Garmisch-Partenkirchen seit 1961. Unter 84 Pseudonymen beliefert er drei Illustrierte mit Kurz-Krimis. Bis April 1994 waren es 2600, dazu über 200 Kriminal- und Illustrierten-Romane. Als Stefan Wolf hat er 1979 die erfolgreichste deutsche Jugendbuchserie seit 1945 gestartet: *Ein Fall für TKKG*. Bisher wurden 11 Mio. Hardcoverausgaben und 18 Mio. Hörspielcassetten verkauft. Jetzt gibt es auch einen *TKKG*-Kinofilm.

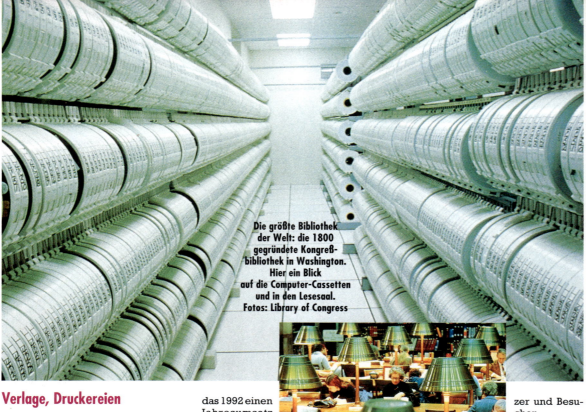

Die größte Bibliothek der Welt: die 1800 gegründete Kongreßbibliothek in Washington. Hier ein Blick auf die Computer-Cassetten und in den Lesesaal. Fotos: Library of Congress

Verlage, Druckereien

Die größte Druckerei der Welt ist die Dai Nippon Printing Corporation mit Sitz in Tokio (Japan). Der Nettoumsatz des Konzerns, der gegenwärtig über Vermögenswerte von umgerechnet 20 040 Mrd. DM verfügt, betrug in dem am 31. März 1993 endenden Geschäftsjahr umgerechnet 10 525 Mrd. DM. Die DNP-Gruppe beschäftigt fast 35 000 Menschen.

Die größte Druckerei unter einem Dach ist die der amerikanischen Regierung in Washington (1861 gegründet). Auf 13,92 ha werden durchschnittlich 1464 Druckaufträge pro Tag erledigt, der jährliche Papierverbrauch beläuft sich auf 42 276 t. Für etwa 83,2 Mio. Dollar im Jahr werden Regierungspublikationen unter die Leute gebracht. Insgesamt hat die Druckerei 16 000 Titel im Angebot.

Den größten Druckauftrag vergab die Deutsche Bundespost für das neue Postleitzahlenbuch des vereinten Deutschlands, das am 1. Juli 1993 in einer Auflage von 42 300 000 Exemplaren erschien. Dafür waren 59 220 t Papier bedruckt und 2480 Lastkraftwagen als Transportmittel eingesetzt worden. Das Buch wurde an 36 300 000 Haushalte und Firmen verteilt.

Am schnellsten publiziert wurden 2000 gebundene Exemplare des beim Zimbabwe International Book Fair Trust erschienenen und von Print Holdings Ltd. gedruckten Titels *The Book Fair Book*. Die Auflage wurde am 5. August 1993 auf der Internationalen Buchmesse von Zimbabwe in Harare mit einer Rohdiskette als Vorlage in 5:23 Std. hergestellt. Die Zeit für 1000 Exemplare lag bei 4:50 Std.; gleichzeitig wurden Ausgaben in Blindenschrift und Großdruck sowie auf CD-ROM und MC produziert.

Der größte Verlag der Welt ist das Pariser Verlagshaus Matra-Hachette, das 1992 einen Jahresumsatz von knapp 20 Mrd. DM erreichte.

Der größte Medienkonzern der Welt ist Time Warner Inc., New York, mit 41 000 Mitarbeitern. Im Jahr 1991 brachte er es auf einen Gesamtumsatz von 19,69 Mrd. DM. Die Bertelsmann AG, Gütersloh (NW), kam 1991 als zweitgrößter Medienkonzern auf 15,955 Mrd. DM Umsatz.

Älteste Verlagshäuser: Die Oxford University Press feierte 1978 den 500. Geburtstag des ersten Buches, das in der Stadt Oxford gedruckt worden war. Zu diesem Zeitpunkt, 1478, gab es die Oxford University Press allerdings noch nicht. Die Cambridge University Press kann ihre Druck- und Verlagsgeschichte bis ins Jahr 1584 zurückverfolgen. Die königliche Erlaubnis, Bücher aller Art zu drucken und zu verkaufen, hatte dieser Universitätsverlag bereits 50 Jahre zuvor erhalten. 1988 publizierte der Verlag 1608 neue Titel.

Das älteste noch bestehende Druck- und Verlagshaus Deutschlands ist der Verlag Schmidt-Römhild in Lübeck. Es wurde 1579 gegründet und ist auch heute noch ein modernes, leistungsfähiges Unternehmen.

Bibliotheken

Die größte Bibliothek der Welt ist die am 24. April 1800 gegründete Kongreßbibliothek in Washington (USA). Sie umfaßt 104 834 652 Schriftstücke aller Art, von denen 16 055 353 zur Sammlung geheimer Dokumente gehören, wärend die restlichen 88 779 299 frei zugänglich sind. Die Bibliotheksgebäude haben eine Grundfläche von 2 654 240 m² und die Regale eine Länge von 925,4 km. 1991 zählte die Kongreß-Bibliothek 5045 Mitarbeiter und 910 565 Benutzer und Besucher.

Die größte nichtstaatliche Bibliothek ist die öffentliche Bücherei von New York (1895 gegründet). Der Komplex an der Fifth Avenue breitet sich über 48 800 m² aus, die Regale haben eine Länge von 141,6 km. Das Angebot umfaßt einschließlich der 82 Zweigstellen 13 887 774 Bücher, 18 349 585 Manuskripte und 381 645 Landkarten.

Die größte Bibliothek Europas ist die Lenin-Bibliothek in Moskau (Rußland), die über 14,5 Mio. Bücher verfügt.

Die größte deutsche Bibliothek ist die Deutsche Bücherei in Leipzig (S), die über 9 825 830 Bücher, Zeitschriften, Patent- und Hochschulschriften, Musikalien und Atlanten enthält (31. Dezember 1993).

Die größte Bibliothek in Österreich ist die Österreichische Nationalbibliothek in Wien, die im 15. Jh. gegründet wurde. Sie umfaßte Ende 1990 insgesamt 2 652 693 Bände und ca. 4,756 Mio. Einheiten sonstiger Medien (Handschriften, Musikalien, Theatralia, Flugblätter, Karten, Papyri, Fotos usw.).

Die größte Bücherei der Schweiz ist die Öffentliche Bibliothek der Universität Basel (gegründet 1460) mit 2 845 554 Bänden.

Die größte CD-ROM-Bibliothek der Welt besitzt MicroPatent in East Haven, Connecticut (USA). Das Unternehmen vertreibt Informationen über Patente und verfügt über 1580 CD-ROMs, auf denen sämtliche Gebrauchsgüterpatente der USA, einschließlich solcher aus Chemie, Maschinenbau und Elektrotechnik, gespeichert sind. MicroPatent vertreibt u. a. einen Satz aus 5 CD-ROMs mit den ersten Seiten sämtlicher Patente.

Comics

Der älteste heute noch erscheinende Comic-Strip ist *Katzenjammer Kids*, der von Rudolph Dirks erfunden wurde und zum ersten Mal 1897 im *New York Journal* erschien; er wird von seinem Sohn weiter fortgeführt. In der »Kids« Hans und Fritz erkennen insbesondere deutsche Leser ohne Zweifel schnell deren Vorbilder Max und Moritz von Wilhelm Busch (1832-1908), dessen Bildergeschichten als Anfänge der Comic-Strip-Kultur angesehen werden können.

Der erste Comic-Strip ist *The Yellow Kid*, der am 18. Oktober 1896 zum ersten Mal in William R Hearsts *New York Journal* gedruckt wurde.

Den größten Comic-Strip legte der Münchner Theatermaler Werner Schmidbauer mi 655,28 m² auf dem Parkdeck des Münchner Roten Kreuzes unter dem Olympiaturm aus. Die 22 Einzelmotive der Riesenleinwand mi dem Titel *Auf der Suche nach dem Ultimate Mix* nach Motiven des französischen Comic-Zeichners Filips und des Texters J. P. Fonk entstanden beim 2. Comic-Fest im Münchner Kulturzentrum Gasteig im September 1991, im Auftrag von L & M Cigarettes.

Die am weitesten verbreiteter und erfolgreichsten Comic-Geschichten liefert Charles Schulz aus Santa Rosa in Kalifornier (USA) mit seinen *Peanuts*. 1950 erstmals erschienen, werden sie heute in mehr als 2300 Tageszeitungen in 68 Ländern und in 26 Sprachen gedruckt. 1990 wurde das monatliche Einkommen von *Peanuts*-Vater Schulz auf 5 Mio Dollar (8,75 Mio. DM) geschätzt.

Die langlebigste und erfolgreichste europäische Comic Serie ist *Tim und Struppi* von Hergé (Georges Remi). Unter dem Originaltitel *Tintin* erschien die erste Folge am 10. Januar 1929 ir der belgischen Zeitschrift *Le Peti Vingtième*. Bis 1976 sind 23 Geschichten entstanden, die in Albumform in 33 Sprachen mit eine Gesamtauflage von 135 Mio. Exemplaren erschienen sind. Hergé ist 1983 im Alter von 75 Jahren gestorben.

Die längste Comic-Geschichte der Welt zeichnete der Japaner Katsuhiro Otomo: Sein rasantes Science-Fiction-Opus *Akira* startete im Dezember 1982 in der japanischen Zeitschrift *Young Magazine* und wurde in bislang fün Bänden von der Stärke eines Telefonbuches nachgedruckt. De letzte Band der Story, die übe 2 000 Seiten umfassen soll, steh

KUNST, MEDIEN, UNTERHALTUNG

• Sprache und Literatur

Happy Birthday, Donald, Micky, Popeye und Tim!

Sie sind die Stars nicht nur im Kinderzimmer. Seit etlichen Jahren stehen sie vor der Kamera, ohne auch nur einen Tag älter zu werden: die Helden der Comic-Strips. Auch 1994 gibt es wieder zahlreiche Jubiläen zu feiern.

60 Jahre alt wird *Donald Duck*, der wohl berühmteste Erpel der Welt. Der notorische Verlierer und Choleriker trat zum ersten Mal am 9. Juni 1934 in dem Walt-Disney-Film *The Wise Little Hen* vor die Kamera. Weil er dort auf einem Hausboot wohnte, bekam die Figur einen Matrosenanzug verpaßt, der später zum Markenzeichen wurde. Seine typische Persönlichkeit und Charakteristik entwickelte *Donald* in den Jahren 1944-66, als Disney-Zeichner Carl Barks ihn unter seine Fittiche nahm.

Ebenfalls 60 Jahre alt wird *Popeye*. Beim Geburtsdatum wurde hier allerdings geschummelt: *Popeyes* Zeichner, Elzie Crisler Segar, entwickelte die Figur bereits 1929, doch erst vier Jahre später wurde der spinatverschlingende Seemann mit Pfeife im Knautschgesicht Star in über 600 Filmepisoden. Mit großem Erfolg: Angeblich soll der Spinatverbrauch in den 30er Jahren in den USA um 25 Prozent angestiegen sein.

Sogar seinen 65. Geburtstag feiert die weltweit wohl beliebteste Figur, *Micky Maus* (im Original *Mickey Mouse*). Damals entwickelte der junge Zeichner Walt Disney den Mäuserich, der eigentlich *Mortimer* heißen sollte. Doch seine Frau sprach sich dagegen und für *Mickey*, eigentlich eine Kurzform von Michael, aus. Nach zwei Nebenrollen feierte *Micky* dann sein Debüt am 18. November 1928 in dem Film *Steamboat Willie* und ist seitdem nicht mehr aus der Comic-Welt wegzudenken.

65 Jahre alt wird auch die Comic-Serie *Tim und Struppi* des belgischen Zeichners Georges Remi, der unter dem Pseudonym Hergé arbeitete. Im Januar 1929 veröffentlichte die katholische Zeitung *Le Vingtiéme Siécle* den ersten Comic-Strip des Detektivs. Bis 1975 erschienen insgesamt 24 *Tim und Struppi*-Alben, von denen weltweit alle 17 Sek. eines verkauft wird.

Die berühmteste Ente der Welt, *Donald Duck*.
Foto: dpa/Reisfeld

noch aus, da Otomo zwischenzeitlich an der Verfilmung seines Stoffes gearbeitet hat. Allein in Japan verkauften sich die Buchnachdrucke bislang 3,5 Mio. mal. Inzwischen ist *Akira* auch in den USA, Frankreich, Spanien, Italien und Deutschland angelaufen.

Den schnellsten Sprung von null auf 1000 Zeitungen schaffte der Comic-Strip *Garfield*, den Jim Davis 1978 ersann. In Amerika hat der biestige Kater mittlerweile bereits *Snoopy* den Rang als beliebtestes Comic-Tier abgelaufen. Inzwischen erscheint *Garfield* in über 1700 Zeitungen. Seine Abenteuer wurden in 44 Büchern zusammengefaßt, von denen zeitweilig bis zu sieben Stück gleichzeitig auf der *New-York-Times*-Liste der 15 bestverkauften Paperbacks zu finden waren.

Die erste Zusammenarbeit von Zeichnern aus Ost und West fand mit dem Album *Durchbruch* statt, mit dem insgesamt 30 Künstler aus 11 Ländern auf die Ereignisse um den 9. November 1989 reagierten. Das Album, an dem neben westlichen Stars wie Enki Bilal, Moebius, Milo Manara und Matthias Schultheiss auch Zeichner aus den ehemaligen Ostblockstaaten: Polen, Jugoslawien, Ungarn, der Sowjetunion und der DDR mitgearbeitet haben, erschien im April 1990 in 13 Ländern gleichzeitig.

Den wichtigsten europäischen Comic-Preis, den Prix Alph' Art, erhielt im Januar 1993 auf dem Internationalen Comic-Salon im französischen Angoulême der satirische Zeichner Gérard Lauzier. Mit der Verfilmung seines Bandes *Der kleine Spinner* hat sich Lauzier seit Anfang der 80er Jahre auch als erfolgreicher Regisseur profiliert.

Als bester deutscher Comic-Zeichner wurde 1993 auf dem 1. internationalen Comic-Salon in Hamburg Walter Moers für seine Figur *Das kleine Arschloch* mit dem Max-und-Moritz-Preis ausgezeichnet. Für sein Gesamtwerk wurde der geniale *Donald Duck*-Zeichner Carl Barks geehrt.

Auflagenstärkster Comic in Deutschland ist die Serie *Asterix*. Der kauzige Gallier, der 1959 von Albert Uderzo und René Goscinny für die französische Zeitschrift *Pilote* erfunden wurde, wehrt sich im Jahr 50 v. Chr. zusammen mit seinem dickleibigen Freund *Obelix* in bereits 28 Alben gegen die ungeliebten römischen Besatzer.

Die erfolgreichste deutsche Comic-Figur ist der Motorrad- und Flaschbier-Fan *Werner* aus der Feder des Kieler Zeichners Brösel (eigentlich Rötger Feldmann). Sechs Bücher sind erschienen. Die Gesamtauflage liegt bei 4 Mio. Exemplaren.

Der Deutschen liebste Comic-Figur ist nach mehreren Umfragen derzeit das *Marsupilami*. Der Belgier André Franquin erfand das gelbe Wundertier mit den schwarzen Flecken und dem acht Meter langen Schwanz 1952 für seine Comic-Serie *Spirou und Fantasio*. Als die Serie ab 1966 von anderen Zeichnern weitergeführt wurde, behielt Franquin die Rechte an seiner Schöpfung. Seit 1987 zeichnet er nun eine eigene *Marsupilami*-Serie, von der mittlerweile drei Alben vorliegen.

Als einziger Publikumspreis für Comics im deutschsprachigen Raum wird alljährlich der Prix Vienne von der Wiener Zeitschrift *Comic Forum* vergeben. Als bester deutscher Comic-Verlag wurde zum zwölften Mal der Hamburger Carlsen Verlag ausgezeichnet.

Den ersten deutschen Computer-Comic legte der 1948 in Brunsbuttelkoog im Kreis Dithmarschen geborene Zeichner Michael Götze mit der Albumreihe *Das Robot Imperium* vor. Darin schildert er den Kampf der letzten überlebenden Menschen gegen die Roboter, die die Macht erlangt und sich gegen ihre Schöpfer gewendet haben.

Die teuerste Comic-Originalzeichnung fand Anfang 1990 in Paris einen Käufer: Für umgerechnet ca. eine Million DM wurde das Cover des *Tim und Struppi*-Albums *Die Zigarren des Pharaos*, von dem Belgier Hergé 1934 gezeichnet, versteigert.

Superman ist zurück

Millionen von Comic-Fans weltweit können aufatmen. *Superman*, der stählerne Held in rotblauem Strampelanzug, bekommt eine neue Chance.
Der Superheld, im November 1992 in Heft 75 — mit dem Titel *Der Tag, an dem Superman starb* — von einer Kreatur namens *Doomsday* umgebracht, tauchte ein Jahr später am 26. August 1993 in dem Heft *Back for Good* (Zurück für das Gute) wieder auf. Somit ist es amtlich: Supie ist von den Toten auferstanden, um uns weiterhin vor dem Bösen zu beschützen.
Die Fan-Gemeinde allerdings glaubte nie wirklich an den Tod des Kryptoniers, sondern eher an einen PR-Gag des amerikanischen Comic-Verlages DC. Wirkung zeigte der Gag jedoch in jedem Fall: *Der Tag, an dem Superman starb* ist der zweithäufigst verkaufte *Superman*-Comic aller Zeiten.

Superman zischt weiterhin erfolgreich durch Comic-Hefte und -Filme.

Foto: dpa

◆ THEATER

Das größte Gebäude, das als Theater benutzt wird, ist das Nationale Volkskongreßgebäude (Ren min dahuitang) an der Westseite des Tian-an-men-Platzes (Platz des himmlischen Friedens) in Peking (China). Es wurde 1959 fertiggestellt und bedeckt eine Fläche von 5,2 ha. Das Theater hat 10 000 Plätze, wird aber nur gelegentlich für Aufführungen genutzt.

Das größte ausschließlich für Theateraufführungen gebaute Theater ist das Perth Entertainment Centre in West-Australien, das am 26. Dezember 1974 für 8,3 Mio. australische Dollar (ca. 17 Mio. DM) mit einer Kapazität von 8500 Plätzen fertiggestellt wurde. Die Bühnenfläche ist 1148 m² groß.

Die größte Freilichtbühne befindet sich in der Stadt Mendoza (Argentinien). Sie hat 40 000 Plätze.

Das größte Amphitheater, das je gebaut wurde, ist das Kolosseum in Rom (I), das im Jahr 80 n. Chr. von Titus eingeweiht wurde. Mit einer Fläche von 2 ha und Platz für 87 000 Zuschauer hatte das einstige Amphitheatrum Flavium eine Ausdehnung von 187 m Länge und 175 m Breite.

Szenenbild aus dem Musical Cats (Theater an der Wien). Foto: dpa/ADN

Die größte Seebühne befindet sich in Bregenz (Vorarlberg) am österreichischen Ufer des Bodensees. Alljährlich im Juli und August finden hier die *Bregenzer Festspiele* statt.

Das größte Theatergebäude hinsichtlich seiner bebauten Fläche ist die Große Oper im Zentrum von Paris (F). Sie bedeckt 11 000 m². Die Korridore sind insgesamt nahezu 20 km lang.

Die größte Bühne der Welt hat das Ziegfeld-Theater in Reno, Nevada (USA), mit einer 53,6 m langen Rampe und drei Aufzügen, die je 1200 Revuegirls (65,3 t) befördern können; sie hat zwei Drehbühnen mit einem Umfang von je 19,1 m und 800 Scheinwerfer.

Das größte und modernste deutsche Varieté ist der neue Friedrichstadtpalast in der Friedrichstraße 107 in Berlin. Am 27. April 1984 wurde das Revuetheater nach dreijähriger Bauzeit neueröffnet. Das Bauwerk ist eine 110 m lange, 80 m breite und 20 m hohe Stahlbetonkonstruktion mit einem 32 m hohen Bühnenturm und bietet in seinem großen Saal 1900 Zuschauern Platz. Die Bühne ist 24 m breit und mit allen technischen Finessen ausgestattet.

Das älteste noch bestehende deutsche Kabarett ist Die Wendeltreppe, Hamburgs Literarisches Kabarett, seit dem 2. Juni 1946. Aus der Taufe gehoben im Konservatorium Othmarschen durch Dirks Paulun, Hans Harbeck, Franz-Rudolf Eckardt, Carl Bay, Max Ettlinger, Hanns Kunz und etliche andere wurde es zu einem Inbegriff der Kleinkunst.

Die kleinste Faustbühne der Welt, Pupilla genannt, richtig mit Bühnenbild, Dekorationen und Repertoire bietet Professor Gustav Dubelowski-Gellhorn (* 1912) aus Wels (A). Mit seinen 7-10 cm großen vollbeweglichen Sockelmarionetten hat der Einmannspieler und Theaterdirektor seit 1970 Zuschauer im In- und Ausland, in der Volksrepublik China wie in der UdSSR, in Australien, in Italien, Polen und Frankreich, in Ungarn und in den USA begeistert und so inzwischen viermal den Erdball umrundet.

Ein modelliertes orientalisches Märchen schuf der Bildhauer Florian Rödl (* 1936) aus Schondorf (BY). 1970 sendete der Bayerische Rundfunk das Märchenspiel *Ali, der Meisterdieb*. An der Stelle von Schauspielern agierten Tonfiguren: 73 in rotbraunen Ton gebrannte 30 cm hohe Plastiken, 36 Tiere, 29 Pflanzen und 86 Kulissenteile. Über 2 t Ton wurden für die Orientgeschichte verarbeitet – sie ist jetzt als Ausstellung zu bewundern.

Das Stück, das am längsten ohne Unterbrechung gespielt wird, ist *The Mouse Trap* (Die Mausefalle) von Agatha Christie (1880-1976). Dieses Kriminalstück hatte am 25. November 1952 im Londoner Ambassadors Theatre (453 Plätze) Premiere und zog dann nach 8862 Aufführungen am 25. März 1974 ein paar Häuser weiter ins St. Martin's Theatre um. Am 9. Mai 1994 gab es die 17 256. Vorstellung, und mittlerweile haben mehr als 9

Musicals weiter auf dem Vormarsch

Immer mehr deutsche Theater bringen aufwendige Musicalproduktionen auf die Bühne. Nachdem 1986 *Cats* sehr erfolgreich im Hamburger Operettenhaus an den Start ging, boomt das Musical. Inzwischen werden Theater eigens für Musicals gebaut. In Hamburg für das *Phantom der Oper*, in Bochum für *Starlight Express*. In Planung ist für Ende 1994 ein Freizeit- und Erlebnispark rund um das Musicaltheater in Stuttgart für 500 Mio. DM. Die Unternehmensgruppe Stella will von Hamburg über das Ruhrgebiet bis nach Stuttgart eine »Deutsche Musical-Straße« errichten. Allein in der Hansestadt Hamburg werden nach Angaben der Tourismuszentrale im Sommer 1994 14 Musicals präsentiert. Selbst altehrwürdige Bühnen wie das Thalia-Theater, Hamburg, und das Schiller-Theater, Berlin, schließen sich dem Musical-Trend an.

KUNST, MEDIEN, UNTERHALTUNG

• Theater

Mio. Besucher *Die Mausefalle* gesehen. Einnahmen: 20 Mio. Pfund (nach heutigem Kurswert etwa 57 Mio. DM).

Das Stück, das am längsten gespielt wird: Seit 1936 spielt, zwar nicht ununterbrochen, aber in jeder Saison aufs neue das Guild-Theater in Vicksburg, Mississippi (USA), das Melodram *Gold in the Hills* (Gold in den Bergen) von J. Frank Davis.

Die meisten Revue-Aufführungen, 47 250 bis zum April 1986, erlebte *The Golden Horseshoe Revue* (Das goldene Hufeisen) im Disneyland Park von Anaheim in den USA. Am 16. Juli 1955 hatte die Show Premiere, beendet wurde sie am 12. Oktober 1986, gesehen haben sie über 16 Mio. Besucher. Die drei Hauptdarsteller Fulton Burley, Dick Hardwick und Betty Taylor gaben pro Tag bis zu fünf der in der Regel 45 Min. dauernden Vorstellungen.

Den Broadway-Rekord hält die Show *A Chorus Line* (Tanzrevue). Sie ging am 25. Juli 1975 erstmals über die Bühne und wurde bis zum 28. April 1990 gespielt. Die von Michael Bennet (1943-87) produzierte Revue erreichte in fast 15 Jahren 6137 Aufführungen.

Das erfolgreichste Musical ist *Cats* des Komponisten Andrew Lloyd Webber. 1983 erhielt *Cats* den Tony Award – das ist der Oscar für Musicals – für das »beste Musical«, das »beste Buch«, die »beste Lichtregie«, die »besten Kostüme«, die »beste Partitur« und die »beste Regie«. Uraufführung war am 11. Mai 1981 im New London Theatre, bald folgten Aufführungen u. a. in Budapest, Osaka, Sydney, Wien und Hamburg. Allein im New London Theatre erlebte *Cats* bis zum 12. Mai 1989, also nach genau acht Jahren, 3358 Vorstellungen und überrundete damit *Jesus Christ Superstar*. Die Einnahmen bis zu diesem Zeitpunkt wurden auf 250 Mio. Pfund geschätzt.

Das erfolgreichste Laien-Musical war *Tangerine – Das goldene Licht* von Herbert Treutinger und Konrad Lents. Mitglieder des Förderkreis »Junge Musik« e. V. hatten in ihrer Freizeit phantasievolle Kostüme für Geister, Trolle und Gnome gefertigt und ein perfekt inszeniertes Musical einstudiert. Premiere war am 4. April 1992. Schnell entwickelte sich das Laien-Musical zum Geheimtip, und die Dorfgaststätte Jungbräu, in der das Stück aufgeführt wurde, war jedes Wochenende gut besucht. Nach 150 Aufführungen kam es im Dezember 1993 zur letzten Aufführung des erfolgreichen Musicals.

Das kürzeste Musical heißt *Die Heiratsannonce*. Am 6. Dezember 1992 wurde es in Sachsens kleinstem Theater, im Eduard-von-Winterstein-Theater Annaberg-Buchholz, in der Fernsehshow der Rekorde *Wennschon – dennschon* (MDR) uraufgeführt. Ganze 7,24 Min. dauert es. Nach einer Idee von MDR-Moderator Hans-Joachim Wolfram schrieb Günther Fischer die Musik. Die Songtexte lieferte Max Beinemann.

Das Off-Broadway-Musical *The Fantasticks* von Tom Jones und Harvey Schmidt, das am 3. Mai 1960 im Sullivan Street Playhouse in Greenwich Village, New York (USA), Premiere hatte, wurde bis zum 5. Mai 1993 insgesamt 13 680mal aufgeführt.

Erfolgreichste Komödie war *No Sex Please We're British* (Kein Sex bitte, wir sind Briten). Vom 3. Juni 1971 bis 1. September 1986 wurde sie am Londoner Strand Theatre gespielt und dann vom Duchess Theatre übernommen, wo sie bis zum 5. September 1987 lief. In diesen 16 1/4 Jahren erlebte die Komödie 6761 Vorstellungen. Regisseur war vom Anfang bis zum Ende Allan Davis.

Die kürzeste Spielzeit hatte am 11. März 1930 *The Intimate Revue* im Duchess Theatre in London. Alles, was schiefgehen konnte, ging schief. Kulissenwechsel dauerten 20 Min., deshalb ließ das Management sieben Szenen aus, um das Finale noch vor Mitternacht zu erreichen. Die Premiere wurde als eine halbe Vorstellung bezeichnet.

Das größte Verlustgeschäft in der Theatergeschichte machten die amerikanischen Produzenten des von der britischen Royal Shakespeare Company aufgeführten Musicals *Carrie*, das am 17. Mai 1988 am New Yorker Broadway schon nach fünf Vorstellungen abgesetzt wurde. Kosten: 7 Mio. Dollar (damals etwa 11,5 Mio. DM). *King*, das Musical über Martin Luther King, hinterließ am 2. Juni 1990, nach sechswöchiger Spielzeit, ein Loch von 3 Mio. Pfund (ca. 8,6 Mio. DM) und stellte damit den vorherigen Londoner Minus-Rekord von *Ziegfeld* (1988) ein.

Die meisten Vorbestellungen erlebte das Musical *Miss Saigon* von Cameron Mackintosh, das im April 1991 am New Yorker Broadway Premiere hatte und in dem u. a. Jonathan Pryce und Lea Salonga mitwirken. Ehe sich der Vorhang zum erstenmal hob, waren im Vorverkauf schon 36 Mio. Dollar (ca. 61 Mio. DM) eingenommen.

Ausdauerndster Mime ist der Japaner Kanmi Fujiyama (* 1929) von der Theatertruppe Sochiku Shikigeki. Von November 1966 bis Juni 1983 spielte er die Hauptrolle einer einzigen Komödie 10 288mal.

Lore Noto spielte zwischen Dezember 1970 und Juni 1986 in 6 438 Vorstellungen von *The Fantasticks*, dem Dauerbrenner unter den Musicals, eine Nebenrolle (s. »Das erfolgreichste Musical«).

Die Engländerin Dame Anna Neagle (1904-86) gab zwischen Dezember 1965 und dem 27. März 1971 in 2062 Vorstellungen die Hauptrolle in *Charlie Girl* im Adelphi Theatre von London. Außerdem spielte sie die Rolle in 327 Vorstellungen außerhalb Großbritanniens.

Frances Etheridge hat die Rolle der Haushälterin Lizzie in dem Stück *Gold in the Hills* in 47 Jahren seit 1936 über 660mal gegeben.

Die meisten Theater-, Film- und TV-Rollen spielte Jan Leighton (USA): Von 1951 bis März 1989 waren es 3385.

Am längsten als zweite Besetzung engagiert war die 79jährige Nancy Seabrooke, die am 12. März 1994 aus dem Ensemble des Theaterstücks *The Mousetrap* (Die Mausefalle) von Agatha Christie ausschied, nachdem sie in 15 Jahren für 6240 Vorstellungen als Zweitbesetzung der Mrs. Boyle aufgestellt worden war.

In die meisten Theaterrollen schlüpfte bisher der Japaner Kanzaburo Nakamura (* Juli 1909). Zwischen November 1926 und Januar 1987 wirkte er in 806 Kabuki-Stücken mit. In Japan dauert ein klassisches Kabuki-Stück 25 Tage; demnach stand Nakamura 20 150mal auf der Bühne.

Jüngster Regisseur eines professionell gemachten Filmprojekts war Sydney Ling (* 1959), der 1972 im Alter von 13 Jahren seinen ersten abendfüllenden Spielfilm drehte, bei dem er nicht nur Regie führte, sondern auch für Drehbuch und Produktion verantwortlich zeichnete sowie die Hauptrolle spielte. Sein Spürhund-Thriller *Lex the Wonderdog* war 92 Min. lang und wurde von der Filmgesellschaft Scandinavian Oswald Brandau Film erworben.

Die längste Theaterinszenierung ging am 17./18. März 1984 im Tom Mann Theatre von Sydney (Australien) über die Bühne. Gespielt wurde von einem zehnköpfigen Ensemble *The Acting Life* (Theaterleben). Die Aufführung dauerte mit Pausen 21 Std.; reine Spielzeit: 19:15 Std.

Die längste Reihe von Revuegirls in der Showgeschichte bildeten 120 Tänzerinnen in den Anfängen der Ziegfeld Follies. Bei der Schlußvorstellung von *A Chorus Line,* der bisher erfolgreichsten Broadway-Show, tummelten sich am 29. September 1983 insgesamt 332 Tänzerinnen auf der Bühne. Ein noch dichteres Gedränge herrschte, als sich am 14. Dezember 1990 in der BBC-Sendung *Rekordbrecher* 369 Tänzerinnen zu einer Revuereihe gruppierten.

Der Schauspieler Jan Leighton, hier als Satan, ist seit 1951 in 3385 Theater-, Film- und Fernsehrollen geschlüpft.
Foto: Jan Leighton

♦ MUSIK
Instrumente

Das früheste noch existierende Hammerklavier wurde 1720 in Florenz von Bartolomeo Cristofori (1655-1731) aus Padua (I) gebaut und befindet sich jetzt im Metropolitan Museum of Art in New York City (USA).

Der größte Flügel, der je gebaut wurde, wog 1,25 t und war 3,55 m lang; hergestellt wurde er 1935 von Chas. H. Challen & Sohn in London. Die längste Baßsaite war 3,02 m lang, und die Zugbelastung auf dem 330 kg schweren Rahmen betrug mehr als 30 t.

Das größte Klavier stammt von der Bonner Klavierbaufirma David Klavins und ist eine aufrechte Hammerflügelkonstruktion mit einer Höhe von 3,7 m und einer Breite von 3,8 m. Das Gesamtgewicht beträgt etwa 2 t. Die längste Baßsaite ist 3,03 m lang. Wer nicht nach Bonn reisen möchte, um das Instrument live zu erleben, kann sich auf mehreren von Michael Ponti eingespielten CDs von der phänomenalen Fülle des Baßregisters überzeugen.

Teuerster Flügel war ein um 1888 gebauter Steinway, der am 26. März 1980 bei Sotheby Parke Bernet in New York 390 000 Dollar (769 470 DM) erzielte. Der Flügel war vom Martin-Beck-Theater angeboten und von einem Nicht-Klavierspieler erworben worden.

Das größte Cembalo, das vor dem 20. Jh. gebaut worden ist, stammte von dem Hamburger Instrumentenmacher Hieronymus Albrecht Hass (1689 – zwischen 1746 und 61) und wurde 1740 gebaut. Es hat drei Manuale, fünf Saitenbezüge, sechs Springer-Reihen und verschiedene Koppelmöglichkeiten. Das Instrument befindet sich im Besitz des Cembalisten Rafael Puyana.

Das größte im 20. Jh. gebaute Cembalo ist ein dreimanualiges Instrument der Firma Senftleben in Lamstedt (N). Es hat sechs Register und fünf Oktaven Spielumfang.

Die kleinsten spielbaren Cembali (Kielflügel) hat der Pariser Erfinder Jean Marius um 1700 gebaut. Es sind dreiteilige Klappinstrumente, die, zusammengeklappt, lediglich 1,5 x 0,25 x 0,2 m groß sind. Eines davon hat Friedrich II. gehört und kann im Musikinstrumenten-Museum des Staatlichen Instituts für Musikforschung, Berlin, bestaunt werden.

Der kleinste spielbare Flügel ist das Modell im Maßstab 1:8 eines Instruments aus dem Jahr 1910 der Baltimorer Klavierbaufabrik Knabe und wurde von Emil J. Cost gefertigt. Der Flügel mißt 19,5 x 8,67 x 16,5 cm.

Das größte und lauteste Musikinstrument, das je gebaut wurde, ist die jetzt nur zum Teil bespielbare Auditoriums-Orgel in Atlantic City, New Jersey (USA). Dieses 1930 vollendete Instrument hat zwei Spieltische, einen mit sieben Manualen und einen weiteren beweglichen mit fünf, 1477 Registerzüge und 33 112 Pfeifen von 4,7 mm bis 19,5 m Größe. Es hat die Lautstärke von 25 Blaskapellen bei einem Umfang von sieben Oktaven. Es hat auch den lautesten Registerzug, den sogenannten Ophicleide-Zug.

Die größte historische Orgel der Welt ist die von 1689 bis 1693 gebaute Arp-Schnitger-Orgel in der Hauptkirche St. Jacobi in Hamburg. Sie wurde 1993 restauriert und verkündete am Ostersonntag die Auferstehungsbotschaft mit allen ihren 3880 Orgelpfeifen.

Die größte voll funktionstüchtige Orgel der Welt ist die 1911 gebaute und bis 1930 erweiterte »Große Hoforgel« im Wanamaker Store von Philadelphia (USA). Sie hat sechs Manuale und 30 067 Pfeifen. Die Gravissima-Pfeife mißt 19,5 m.

Die größte elektronische Orgel steht in Rothenburg ob der Tauber. Der holländische Ingenieur Bo Hanus und Ehefrau Hannelore Hanus-Walther haben das Rekordinstrument in 20 Jahren entwickelt und unter Verarbeitung der modernsten Mikroelektronik gebaut.

Mit 122 Stimmen, 45 Fußlagen, 305 Tasten und fünf Manualen übertrifft die Elektronikorgel an Klangreichtum und Tonumfang alles Vergleichbare. 80 215 Töne können auf einmal erklingen.

Die stärkste elektronische Orgel ist die 7000-W-*Golden Spirit*-Orgel von Robert A. Nye, die Henry N. Hunsicker entworfen hat. Sie hat 700 Lautsprecher und ist am 9. Dezember 1988 in Trump's Castle in Atlantic City, New Jersey (USA), eingeweiht worden.

Die Pfeifen-Orgel in der Kirche der amerikanischen Militärakademie West Point ist seit 1911 ständig gewachsen: von 2406 auf 18 200 Pfeifen.

Die größte Kirchenorgel der Welt befindet sich im St.-Stephans-Dom in Passau (BY). Die Pfeifen-Orgel wurde 1924-28 von D. F. Steinmeyer & Co. eingebaut und 1977-80 von Orgelbaumeister L. Eisenbarth, Passau, umgebaut und erweitert. Sie besteht jetzt aus Hauptorgel, Chororgel, Epistelorgel, Evangelienorgel und Fernorgel. Im ganzen besitzt das mächtige Instrument 231 Register, 17 388 Pfeifen und 134 Glocken. Die größte Pfeife ist 11,3 m lang, hat einen Durchmesser von 50 cm und wiegt 306 kg. Vom großen Hauptspieltisch aus (fünf Manuale) sind alle Teilwerke der Orgel elektrisch bespielbar.

Die älteste noch spielbare Pfeifen-Orgel der Welt stammt aus dem Jahr 1390 und befindet sich in der Cathédrale de Notre Dame de Valère in Sion (Sitten), Schweiz. Sie wurde erstmals 1687 und zuletzt 1954 restauriert. In jedem Sommer wird mit ihr ein Festival mit Aufführungen alter und neuer Orgelmusik veranstaltet. Die Orgel hat acht Register, von denen vier noch aus gotischer Zeit stammen.

Die älteste wieder spielbare Pfeifen-Orgel (nach der Rekonstruktion) steht in Budapest – Aquincum – (H). Die 1959 restaurierte/rekonstruierte mechanische Orgel mit vier Registern und 52 Pfeifen wurde 228 n. Chr. dem Kollegium der Tuchweber in Aquincum, der damaligen Hauptstadt der römischen Provinz Ostpannonien, geschenkt. Sie gilt als vollständigster und wertvollster Fund einer römischen Orgel.

Die älteste und einzige Bambus-Orgel der Welt steht in der katholischen Kirche von Las Piñas, einem Vorort von Manila (Philippinen). Angeblich mangels anderer Materialien begann der Missionar Diego Cerra im Jahr 1794 mit dem Bau dieser Pfeifen-Orgel, die noch heute in Gebrauch ist.

Als größte Freiluft-Orgel der Welt gilt die Heldenorgel im Bürgerturm

Ein Congaspiel unter Wasser bot »Pitti« Hecht (s. S. 221).
Foto: Markus Hecht

• Musik

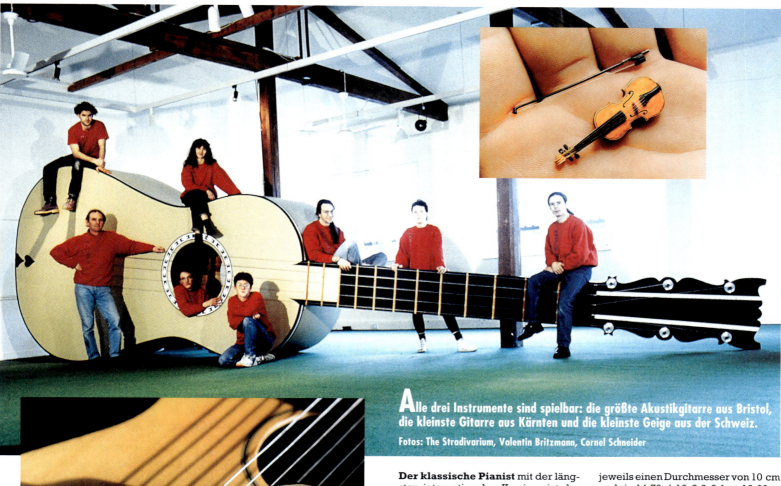

Alle drei Instrumente sind spielbar: die größte Akustikgitarre aus Bristol, die kleinste Gitarre aus Kärnten und die kleinste Geige aus der Schweiz.
Fotos: The Stradivarium, Valentin Britzmann, Cornel Schneider

Der klassische Pianist mit der längsten internationalen Karriere ist der Pole Mieczyslaw Horszowski (1892-1993) gewesen. Sein offizielles Debüt gab er 1902 mit Beethovens Erstem Klavierkonzert. Noch 1991 konzertierte er, u. a. am 4. Juni in Londons Wigmore Hall, drei Wochen vor seinem 99. Geburtstag.

Die kleinste spielbare Pfeifen-Orgel, ein Portativ (eine tragbare Orgel, auf der man mit der rechten Hand spielt, während die linke den Blasebalg betätigt), hat der Berliner Orgelbauer Andreas Hermert (* 1963) gebastelt. Die Mini-Orgel (48 x 33 x 11 mm) ist mit einer voll funktionsfähigen Mechanik, acht Pfeifen aus Messingröhrchen und mit einem zweifachen Blasebalg ausgestattet. Sie hat einen Tonumfang von einer Oktave und wird mit einer Pinzette gespielt.

Im Drehorgelspielen kam Rolf Becker (* 1947) aus Halle (SA) vom 14. bis 16. Februar 1989 auf 48 Std. Dauerspielzeit. Auf drei historischen Walzen-Drehorgeln schaffte der Maschinenbau-Ingenieur mit dem grauen Vollbart, der leicht verbeulten Melone auf dem Kopf und der Nickelbrille seinen Rekord in einem Berliner Studentenklub.

Die größte Panflöte stammt von Simon Desorgher und Lawrence Casserley. Fünf Kontrabaßpfeifen haben jeweils einen Durchmesser von 10 cm und sind 4,79, 4,16, 3,6, 3,1 und 2,66 m lang. Die fünf Baßpfeifen haben jeweils einen Durchmesser von 5 cm und sind 2,39, 2,08, 1,8, 1,52 und 1,33 m lang. Erstmals vorgestellt wurde die Panflöte am 9. Juli 1988 bei einem Konzert in den Londoner Jubilee Gardens.

Die kleinsten und leichtesten Panflöten fertigt Willi Herberling (* 1912) aus Ludwigshafen (BW) aus ausgedienten Fiebermessern. Die leichteste wiegt nur 6 g, ist 9,5 x 5,5 mm groß und wurde am 2. Mai 1992 auf dem Hobby-Künstlermarkt in Ludwigshafen vorgestellt.

Das größte bekannte Blechinstrument ist eine 2,28 m hohe Tuba mit 11,8 m langer Schallröhre und einem Schalltrichter von 1 m Durchmesser. Diese Kontrabaß-Tuba wurde für eine Welttournee der Kapelle des amerikanischen Komponisten John Philip Sousa (1854-1932) um 1896-98 gebaut und wird auch heute noch gespielt. Das Instrument gehört jetzt einem Zirkusunternehmen in Südafrika.

Die älteste erhaltene Zugtrompete stammt von Huns Veit, datiert Naumburg 1651. Sie befindet sich im Musikinstrumenten-Museum des Staatlichen Instituts für Musikforschung in Berlin. Durch Ausziehen des Trompetenzugs kann der tiefste Ton um drei Halbtöne vertieft werden.

der Festung Geroldseck hoch über der Stadt Kufstein am Inn, Tirol (A). Diese Pfeifen-Orgel wurde 1931 erbaut, 1970/71 erweitert und verfügt jetzt über vier Manuale und 4307 Pfeifen. Schallöffnungen im Festungsturm ermöglichen es, das Orgelspiel kilometerweit zu hören.

Die größte Straßenmusik-Orgel ist ein Cordelion mit 2,16 m Höhe, 1,4 m Breite und 0,7 m Tiefe. Gebaut hat der Orchestermusiker Erwin Giessler (* 1933) aus Colmar (F) das Glocken- und Saitenspiel mit über elf verschiedenen Musikinstrumenten. Wenn keine Wetterunbilden dazwischenkommen, erklingen die 653 Stimmen des Instruments an jedem Wochenende vor dem Museum Bartholdy in der oberelsässischen Stadt.

Die größte noch erhaltene spielbare Kino-Orgel Europas steht im Musikinstrumenten-Museum des Staatlichen Instituts für Musikforschung, Berlin. Es ist eine 1929 für den Industriellen Werner Ferdinand von Siemens gebaute Orgel der Rudolph Wurlitzer Company mit viermanualigem Spieltisch. Neben normalen Orgelpfeifen hat die elektrisch-pneumatische Orgel eine Vielzahl von Schlagzeug- und Effektinstrumenten eingebaut, Marimbaphon, große und kleine Trommel, Kastagnetten, Glockengeläut, Vogelgezwitscher, Sturmgeheul und Tusch.

Die größte transportable Kirmes-Orgel der Welt mit 125 Tonstufen gehört dem Bonner Schausteller Rudolf Barth. Die Konzertorgel kommt aus dem Schwarzwald, ist 9,5 m lang und 3,1 m hoch. Sie ist pneumatisch gesteuert und sorgt schon seit Jahrzehnten für Vergnügen bei jung und alt.

Jeffrey Carlo aus Brentwood, New York (USA), baute 1990 ein Schlagzeug mit 112 Instrumenten und diversem Zubehör: 88 Trommeln, 18 Becken, 4 Hi-hats, einem Gong und einer Kuhglocke.
Foto: Guinness Publishing

Die älteste noch erhaltene datierbare Trompete wurde 1523 von Ubaldo Montini in Siena gearbeitet. Im Lauf der Jahrhunderte mehrfach restauriert, ist nur noch der Zierkranz original. Das Instrument befindet sich im Staatlichen Institut für Musikforschung, Berlin.

Größtes Alphorn. Jahr für Jahr hatten ein Schweizer und ein amerikanischer Alphornbauer einander mit neuen längsten Alphörnern überboten. 1989 hatte der gebürtige Schweizer Peter Wüthrich aus Boise (Idaho) zuletzt mit einem 47 m langen und 103 kg schweren Alphorn den Rekord für das längste Instrument in die USA geholt. 1992 machte es ihm der Schweizer Josef Stocker aus Kriens (Luzern) nach und baute gleich zwei 47 m lange Alphörner. Nun gaben sich beide das Versprechen, bei dieser Länge zu bleiben und Alphornfrieden zu schließen. Diesem Pakt schloß sich gleich ein weiterer Alphorn-Konkurrent aus Japan an: Sumio Suda aus Nagano-shi Nagano will die 47-m-Alphornlänge ebenfalls nicht überbieten.

Die größte spielbare Gitarre (und möglicherweise auch die lauteste) ist 11,63 m lang, 4,87 m breit und wiegt 446 kg. Studenten der Shakamak High School von Jasonville in Indiana (USA) haben sie nach dem Modell der Gibson *Flying V* gebaut. Eingeweiht wurde die Riesengitarre am 17. Mai 1991, als sechs High-School-Mitglieder simultan auf ihr spielten, und das war dann über sechs Verstärker zu hören.

Die größte Akustikgitarre ist 8,66 m lang und 97,2 cm tief. Die maßstabgetreue Vergrößerung der im Oxforder Ashmolean Museum aufbewahrten klassischen Gitarre von Antonio Stradivari wurde auf einer Stradivari-Ausstellung in Bristol (GB) ausgestellt und mit bemerkenswertem Ergebnis gespielt.

Die kleinste Elektrogitarre hat Daniel Kalbermatten (* 1969) aus Rüfenacht, Bern (CH), gebastelt. Das Kleinstinstrument ist 31,5 cm lang, 0,8 cm tief, 8 cm (Korpus) und 1,5 cm breit (Hals), komplett mit allem technischen Zubehör, voll funktionsfähig und aus Qualitäts-Gitarrenholz gefertigt.

Die kleinste spielbare Gitarre hat Valentin Britzmann (* 1960) aus Sittersdorf, Kärnten (A), im Maßstab 1:6 aus Fichten- und Nußholz mit 15,3 cm Länge im Dezember 1993 konstruiert.

Teuerste Gitarre war bisher eine *Fender Stratocaster*, die dem legendären Rock-Gitarristen Jimi Hendrix (1942-70) gehört hatte und von dessen ehemaligem Schlagzeuger Mitch Mitchell angeboten worden war. Bei Sotheby's in London hat sie am 25. April 1990 ein anonymer Käufer für 198 000 Pfund (568 260 DM) erworben.

Am schnellsten Gitarre spielen konnte bisher Peter Prestel (* 1965) aus Ismaning (BY). Am 2. September 1990 erzeugte er ohne irgendwelche Hilfsmittel auf einer sechsaitigen Gitarre 8600 Töne in einer Minute. Außerdem hat der junge Künstler perfekt die *Capricci* von Niccolò Paganini (1782-1840) auf Akustikgitarre transkribiert.

Das größte Mimiafon (ein seltenes Instrument aus dem Elsaß) hat die Maße 1,8 x 0,9 x 1,05 m und umfaßt 187 Töne. Das Mimiafon von Erwin Giessler aus Colmar ist eine Kombination von Gong, Glocken, Violinzither mit Harmonika. Die Epinetten-Walze ist von Hand zu drehen, bei jeder Umdrehung erklingen 24 Töne.

Der größte Kontrabaß, der je gebaut wurde, war 4,26 m hoch und wurde 1924 (angeblich nach Aufforderung durch den Erzengel Gabriel) von Arthur K. Ferris in Ironia, New Jersey (USA), hergestellt. Der Baß wog 590 kg mit einem Resonanzboden von 2,43 m Breite und hatte lederne Saiten von insgesamt 31,7 m Länge. Die tiefsten Töne konnten nicht gehört, sondern nur gefühlt werden.

Nicht ganz diese Rekordmaße erreicht der am 27. Januar 1983 in Oberwesel (RP) hergestellte voll spielbare Kontrabaß mit 3,6 m Höhe, 1,1 m Breite und 0,48 m Tiefe. Der Winzer Bern-

• Musik

hard Becker (* 1957) und der Bankkaufmann Christoph Neubauer (* 1958) bauten ihre mit vier Kunststoffsaiten bespannte Baßgeige in drei Wochen. Klangfarbe und Tonproduktion entsprechen einem Original-Kontrabaßinstrument.

Daß ein Kontrabaß von 16 Musikern gleichzeitig gespielt werden kann, wurde am 6. Juni 1989 bei einer Aufführung von Strauss' *Perpetuum mobile* in der Stadthalle von Blandford in Dorset (GB) demonstriert. Fünf Musiker entlockten dem Kontrabaß die Töne mit Fingern, elf mit einem Bogen.

Den höchsten Preis, der bisher für ein Violoncello auf einer Auktion bezahlt wurde, erzielte mit 682 000 Pfund (etwa 2,13 Mio. DM) ein Instrument, das Antonio Stradivari um 1698 in Cremona (I) gebaut hatte. Das als *Cholmondeley* bekannte Violoncello wechselte am 22. Juni 1988 bei Sotheby's in London den Besitzer.

Für den teuersten Geigenbogen wurden bei Sotheby's 79 200 Pfund (umgerechnet ca. 235 224 DM) geboten. Er wurde von François Tourte (1747-1835), dem berühmtesten Bogenmacher aller Zeiten, gefertigt.

Der erste Geiger, dem es gelang, unter Wasser zu spielen, ist Mark Gottlieb. Im Schwimmbad des Evergreen State College in Olympia, Washington (USA), gab er im März 1978 ein Unterwasserkonzert von Händels *Wassermusik*. Er arbeitet noch am Problem der Bogengeschwindigkeit und am abgesetzten Bogenstrich.
In der japanischen Fernsehsendung *Überbieten Sie Guinness* stellte sich am 7. Oktober 1979 auf Kanal 7 ein unter Wasser fiedelndes Violin-Quartett vor.

Die kleinste spielbare Geige ist nur noch 34,7 mm hoch, aus Bruyère-Holz gefertigt, das Griffbrett, die Wirbel und der Frosch sind aus Ebenholz. 33 feine blonde Kinderhaare wurden als Bogenhaar verwendet, die Saiten sind aus Chrom-Nickel-Draht. Der Schweizer Cornel Schneider (* 1964) aus Kleinlützel baute das Instrument im Sommer 1991.
Auf dieser kleinsten Geige spielte zu seinem 30. Geburtstag am 18. Oktober 1992 der Geigenvirtuose Gergely W. Szücz aus Wien auf. Er hatte die Saiten neu aufziehen und seinen ungarischen Czardas durch Mikro und Mischpult für die Geburtstagsgäste in einem Wiener Nobel-Heurigen verstärken lassen.

Das größte Akkordeon ist im Besitz des Musikinstrumentenmuseums Markneukirchen im sächsischen Vogtland. Es besitzt 123 Drucktasten, 360 Bässe, ist dreichörig und muß von sechs Personen gespielt werden.

Das längste Örgeli hat das Musikhaus Josef Gwerder aus Steinen (Schwyz) gebaut. Ausgezogen ist die Handharmonika über 10 m lang, hat 31 Melodietasten, 18 Bässe und erfreut seit September 1987 die nähere und weitere Umgebung.

Die kleinste Harmonika fertigte der Harmonika-Baumeister Johann Herbst (* 1960) aus Unken-Gföll (A) in der eigenen Werkstatt in etwa 100 Std. Seine 16tönige steirische Alpenklang im Kleinformat (19 x 11,5 x 7,5 cm) befindet sich bereits in Serienproduktion.

Die größte Trommel, die je konstruiert wurde, gab es mit einem Durchmesser von 3,65 m und einem Gewicht von 272 kg beim Weltfriedensjubiläum in Boston (USA) im Jahr 1872.

Der erste Unterwasserpercussionist dürfte Markus »Pitti« Hecht aus Hannover sein, seit er am 7. Juni 1990 auf einem Muränenriff vor Fuerteventura 30 m uNN eine Stunde lang auf einer Conga trommelte. Zuvor hatte Pitti auf Bühnen, in Straßen, im Bus, in der U-Bahn, im Flugzeug, auf einem Berg, am Strand und im Bett musiziert. Die Trommel aus Fiberglas und das Wasserbüffelfell waren nach kurzer Reinigung wieder landfein.

Die größte Schlagzeugausrüstung besitzt Jeffrey Carlo aus Brentwood, New York (USA). Sie besteht aus 112 Instrumenten (88 Trommeln, 18 Becken, 4 Hi-hat, 1 Gong und 1 Kuhglocke u. a.).

Orchester

Das älteste existierende Sinfonieorchester ist das Leipziger Gewandhausorchester. Mit seinen 200 Planstellen ist es außerdem das größte feste Orchester. Es geht zurück auf 16 Musiker, die sich 1743 zusammenfanden, um eine Konzertreihe mit dem Namen *Das Große Concert* abzuhalten. Der heutige Name des Orchesters bezieht sich auf die seit 1781 im damals neu erbauten Gewandhaus zuerst von Johann Adam Hiller veranstalteten Konzertabende.

Das erste moderne Sinfonieorchester – das im wesentlichen aus vier Gruppen besteht: Holzbläsern, Blechbläsern, Schlaginstrumenten und Streichern – wurde 1743 am Mannheimer Hof des pfälzischen Kurfürsten Karl Theodor gegründet.

Das größte Orchester, das je zusammengestellt wurde, hatte 20 100 Mitglieder; im Ullevaal Stadion in Oslo (N) spielten am 28. Juni 1964 dem Norges Musikkorps Forbund angehörende Kapellen aus ganz Norwegen. Am 17. Juni 1872 dirigierte Johann Strauß Sohn (1825-99) ein Orchester mit 987 Mitwirkenden, unterstützt von einem Chor von 20 000; das Konzert fand im Rahmen eines Weltfriedensfests in Boston, Massachusetts (USA), statt. Am 14. Dezember 1991 vereinigten Orchester und Chor der Jugend von Mexiko im Magdalena-Mixhiuca-Sportzentrum in Mexico City Musiker aus 53 mexikanischen Jugendorchestern sowie aus Venezuela und der ehemaligen Sowjetunion. Das 2000 Musiker zählende Ensemble spielte unter der Stabführung von Fernando Lozano und anderen Stücke des klassischen Repertoires.

Das größte Cello-Orchester – 341 Cellisten – spielte am 14. Juni 1992 vor dem Neuen Palais im Schloßhof von Potsdam-Sanssouci vor rund 7000 Zuschauern. Als Stimmführer des *Cellissimo Grandioso* spielten die zwölf Cellisten der Berliner Philharmoniker – anläßlich ihres 20jährigen Jubiläums und zum Gruß an das 1000jährige Potsdam (1993). Dirigent Gernot Schulz hatte die Cellisten von 8 bis 93 Jahren gut im Griff.

Als Gustav Mahlers *Sinfonie Nr. 8* 1910 in Wien erstmals aufgeführt wurde, hatten Orchester und Chor ca. 1000 Mitwirkende, deshalb erhielt die Sinfonie auch den Beinamen *Sinfonie der Tausend*.

Die größte Marschkapelle bestand aus 6017 Mitgliedern, darunter allein 927 Majoretten und Fahnenträger. Sie paradierte am 27. Juni 1993 unter der Leitung von Odd Aspli, dem Vorsitzenden des Kreisrats von Hamar, 940 m über den Flughafen Stafsberg in Hamar (N).

Am 27. Juni 1993 paradierte die größte Marschkapelle über den Flughafen Stafsberg in Hamar (N).
Foto: Brox Reklamefoto

Herbert von Karajan (1908-89) war der produktivste Dirigent aller Zeiten. Er spielte über 800 Schallplatten mit allen wesentlichen Werken der Musikgeschichte ein. Neben seiner Tätigkeit als Chefdirigent des Berliner Philharmonischen Orchesters, die er bis zu seinem Rücktritt kurz vor seinem Tod 35 Jahre lang ausübte, dirigierte er das Londoner Philharmonia Orchestra, die Wiener Philharmoniker sowie an der Wiener Staatsoper und der Mailänder Scala. 1967 gründete er die Salzburger Festspiele.
Foto: Deutsche Grammophon/Image Select

Die längste Zusammenarbeit verband das Sinfonieorchester von Cork (Irland) und den Dirigenten Dr. Aloys Fleischmann (1910-92), die 58 Spielzeiten (1935-92) lang miteinander harmonierten.

Das größte Akkordeon-Orchester spielte am 5. August 1993 zum 75jährigen Jubiläum des Turnvereins Dotzigen im Festzelt in Dotzigen bei Büren, Bern (CH) die volkstümlichen Stücke *Am Marktsamstag* und *Dr. Seppel*. 747 Schwyzerörgeli bildeten eine Großformation, der jüngste Teilnehmer war sieben Jahre alt, der älteste zählte 82 Lenze.

Die größte Laien-Guggenmusik fand beim »Festival der schrägen Töne«, dem 11. Internationalen Guggenmusiktreffen, am 6. Februar 1994 in Schwäbisch Gmünd (BW), dem Mekka der Guggenmusik, statt. 3000 Besucher intonierten gemeinsam auf den von ihnen mitgebrachten Rhythmus-, Blas- und ungewöhnlichsten tragbaren Musikinstrumenten zwei schrill klingende Lieder in der Großsporthalle.

Der größte Posaunenchor war am 5. Juni 1988 zum 32. Landesposaunentag der evangelischen Christen in Ulm versammelt. 726 Posaunenchöre mit 10 000 Bläsern bliesen gemeinsam den triumphalen Schlußchor *Gloria sei Dir gesungen* auf dem Münsterplatz.

Der größte Chor - Freuden- oder andere Gesänge bei Fußball- oder anderen Stadionfesten ausgenommen – bestand aus 60 000 Sängern. Gemeinsam bestritten sie am 2. August 1937 das Finale bei einem Sängerwettstreit in Breslau, zu dem insgesamt 160 000 Teilnehmer angetreten waren.

Der älteste weltliche Kinderchor ist der Stadtsingechor Halle (SA), der im Jahr 1116 erstmals urkundlich erwähnt wurde. Er gehört heute der Hallischen Philharmonie an und widmet sich dem klassischen Erbe, insbesondere der Pflege Händelscher Musik. Der Leipziger Thomanerchor wurde im März des Jahres 1212 gegründet. Aus dieser Zeit stammt die Gründungsurkunde des Augustiner-Chorherrenstifts, aus dem die Schule Thomana, die Geburtsstätte des Chores, hervorging.

Konzertbesucher

Die größte Zahl von Konzertbesuchern, die je bei einem Konzert klassischer Musik erreicht wurde, betrug geschätzte 800 000. Sie waren zu einem Open-Air-Konzert im New Yorker Central Park am 15. Juli 1986 zusammengekommen, als Zubin Mehta das New Yorker Philharmonische Orchester im Rahmen der Feierlichkeiten zum 100. Geburtstag der amerikanischen Freiheitsstatue dirigierte.

Das bestbesuchte Popkonzert war Steve Wozniaks US-Festival in San Bernadino, Kalifornien (USA), zu dem 725 000 Fans gekommen sein sollen. Zur Woodstock Music and Art Fair, die vom 15. bis 17. August 1969 in Bethel, New York (USA), stattfand, zog es 300-500 000 Menschen. Beim dritten Pop-Festival auf der East Afton Farm in Freshwater, Isle of Wight (GB), am 30. August 1970 will der Veranstalter (Fiery Creations) 400 000 Besucher gezählt haben.

Die meisten zahlenden Zuschauer bei einem Solokonzert wurden am 21. April 1990 im Maracaña-Stadion von Rio de Janeiro (Brasilien) gezählt: 180 000 bis 184 000 waren gekommen, um Paul McCartney (* 1942) zu hören. Für das Konzert, das Tina Turner (* 1938) 1988 am selben Ort gegeben hatte, wurde ebenfalls eine Zuschauerzahl von 180 000 angegeben. Trotz naßkalten Wetters konnte Herbert Grönemeyer am 20. Mai 1991 Tausende zu einem Open-Air-Konzert auf eine Wiese der Landwirtschaftlichen Produktionsgenossenschaft Concordia Ahrensfelde (BR) locken. Die Angaben variieren zwischen 80 000 und 140 000 Fans – sicher ist jedoch, daß 80 000 Eintrittskarten verkauft wurden.

Erfolgreichste Konzerttournee war »Steel Wheels«, die 1989 die Rolling Stones durch Nordamerika führte. Die Gastspielreise lockte in 30 Städten 3,2 Mio. Fans an und erbrachte schätzungsweise 310 Mio. Dollar.

Die meisten Fans lockte der amerikanische Superstar Michael Jackson an. Bei 7 Konzerten im Londoner Wembley-Stadion (14., 15., 16., 22. und 23. Juli, 26. und 27. August 1988) waren jeweils 72 000 Plätze restlos besetzt. Macht zusammen 504 000 Besucher.

Das größte Spektakel in der Rockgeschichte fand am 21. Juli 1990 unterm Berliner Himmel statt. Am Potsdamer Platz, auf dem ehemaligen Todesstreifen, ging *The Wall,* die Rock-Oper des Pink-Floyd-Vormannes Roger Waters, über die größte Bühne, die je gebaut worden ist: Die Stahlkonstruktion war 168 m breit und – am höchsten Punkt – 25 m hoch. Schätzungsweise 300 000 Zuschauer verfolgten die Show, an der 600 Menschen mitwirkten und die in einem symbolischen Finale gipfelte: Eine Mauer aus 3 000 Styroporblöcken wurde zum Einsturz gebracht.

Komponisten

Der produktivste Komponist aller Zeiten war wahrscheinlich der Deutsche Georg Philipp Telemann (1681-1767). Er komponierte 1043 Kirchenkantaten, 78 Messen, 40 Opern, gegen 1000 Orchestersuiten (von denen allerdings nur etwas über 100 erhalten sind), 53 Passionen, dazu Konzerte und Kammermusik.

Der produktivste Sinfonie-Komponist war ebenfalls ein Deutscher: Johann Melchior Molter (1695-1765), der 170 Sinfonien schrieb.
Der Österreicher Joseph Haydn (1732-1809) schrieb 108 Sinfonien, von denen viele heute noch regelmäßig gespielt werden.
Das größte Musikergeschlecht des Abendlandes ist die Bach-Familie. Während zweier Jahrhunderte Musikgeschichte zählte dieses Geschlecht in sechs Musikergenerationen 70 Berufsmusiker, darunter 20 Komponisten.

Der schnellste Komponist der Wiener Klassik war Wolfgang Amadeus Mozart (1756-91), zugleich auch der produktivste. Er schrieb allein 625 im KV verzeichnete Opern, Singspiele, Sinfonien, Violinsonaten, Divertimenti, Serenaden, Motetten, Konzerte für Klavier und viele andere Instrumente, Streichquartette, andere Kammermusik, Messen und Kantaten, von denen nur 70 veröffentlicht wurden, bevor er im Alter von 35 Jahren starb. Seine Oper *La Clemenza di Tito* (1791) stellte er in 18 Tagen fertig, und drei sinfonische Meisterwerke, die *Sinfonie Nr. 39,* die *Sinfonie Nr. 40 in g-Moll* und die *Jupitersinfonie in C-Dur* (Nr. 41), schrieb er angeblich im Jahr 1788 im Zeitraum von 42 Tagen. Seine Ouvertüre zu *Don Giovanni* schrieb er 1787 in Prag in einem Zuge und vollendete die Oper erst am Tag ihrer Uraufführung in der Prager Oper.

Die längste von allen klassischen Sinfonien ist die *3. Sinfonie in d-Moll* von Gustav Mahler (1860-1911). Dieses Werk aus dem Jahr 1896 erfordert eine Altstimme, einen Frauen- und einen Knabenchor sowie ein großes Orchester. Eine komplette Aufführung dauert 1:40 Std., davon allein der erste Satz zwischen 30 und 36 Min.
Havergal Brians (1876-1972) *Sinfonie Nr. 1* (die *Gotische*), komponiert in den Jahren 1919-27, wurde 1981 im Rundfunk gespielt; die Aufführung dauerte 1:45:30 Std. Eine 1990 veröffentlichte Aufnahme dieser Sinfonie benötigt für das Mammutwerk sogar 111 Min. und mehr als 600 Musiker und Sänger. Für diese Compact-Disc-Produktion des Labels Marco Polo wurden sieben Chöre, mehrere Solisten und zwei Sinfonieorchester engagiert. Brian schrieb sogar ein noch längeres Werk, das auf der Dichtung *Prometheus Unbound* (Der entfesselte Prometheus) des englischen Dichters Shelley basiert und mehr als 4 Std. dauert. Die vollständige Partitur wird jedoch seit 1961 vermißt.

KUNST, MEDIEN, UNTERHALTUNG

• Musik

Im Konzert der Primadonnen sangen am 19. Februar 1994 in der Hamburger Musikhalle sechs junge Damen -
von links: Ana Maria Sanchez Navarro (ES), Heidrun Blase (D), Annette Luig (D), Iride Martinez (Costa Rica), Serenella Fraschini (I), Pamela Pantos (USA/GR) - die Uraufführung des für sie vom Dirigenten Walter Gehlert umgeschriebenen *Carnevale di Venezia (Mein Hut, der hat drei Ecken)*, von Rossini.
Foto: Hamburger Konzertchor

Eine Aufführung der Komposition *Sequentia Cyclica* von Kaikhosru Shapurji Sorabji (1892-1988) würde mehr als 5 Std. in Anspruch nehmen; das Werk ist aber noch nicht publik gemacht worden. Die Sinfonie *Sieg auf dem Meer* des Amerikaners Richard Rodgers (1902-79), die 1952 für das NBC-Fernsehen arrangiert wurde, dauerte 13 Std. und ist damit zweifellos **die längste Sinfonie eines zeitgenössischen Komponisten**.

Der Komponist der meisten Flötenkonzerte war Johann Joachim Quantz (1697-1773). Als Flötenlehrer Friedrichs des Großen schrieb er rund 300 Konzerte für den Monarchen. Friedrich der Große komponierte selbst mindestens 121 Flötensonaten, womit er an der Spitze dieser Werkgattung liegt.

Erfolgreichster Komponist von Marschmusiken war der Kapellmeister Hermann Ludwig Blankenburg (1876-1956) aus Wesel. Er komponierte 1350 Märsche für großes Orchester, darunter *Gladiators Farewell* oder auch *Klar zum Gefecht*.

Das längste fortlaufende, sich nicht wiederholende Klavierstück, das bisher öffentlich gespielt worden ist, heißt *The Well-Tuned Piano* (Das gut gestimmte Klavier). Der Komponist ist La Monte Young (* 1935); das 1964 komponierte Stück wurde zum ersten Mal von der Dia Art Foundation am 28. Februar 1980 in New York aufgeführt und dauerte 4:12:10 Std.

Die leiseste Komposition stammt von John Cage (* 1912). Sein Werk mit dem Titel *433* aus dem Jahr 1952 besteht aus 4:33 Min. Stille und ist in drei Sätzen für beliebige Instrumente bestimmt. Diese Komposition von Stille ist wegen ihrer Umstürzung ästhetischer Normen zu einem Schlüsselwerk der neuen Musik zu zählen.

Musiker

Pianisten: Wladziu Valentino Liberace (1917-87, USA) hat innerhalb einer Saison von 26 Wochen mehr als 2 Mio. Dollar (3,4 Mio. DM) verdient. Seine Spitzengage von 138 000 Dollar bekam er 1954 für einen einzigen Abend im Madison Square Garden, New York City (USA).

Der höchstbezahlte klassische Pianist war Ignacy Jan Paderewski (1860-1941), 1919/20 Ministerpräsident von Polen, der ein Vermögen von schätzungsweise 5 Mio. Dollar (21 Mio. DM) anhäufte, von denen er 500 000 Dollar (damals 2,1 Mio. DM) während einer einzigen Saison 1922/23 verdiente.

Unter den von Sängern verdienten Vermögen sind die größten das von Enrico Caruso (1873-1921), dem italienischen Tenor, dessen Besitz sich auf 9 Mio. Dollar (damals 37,8 Mio. Goldmark) belief, und das der italienisch-spanischen Koloratursopranistin Amelita Galli-Curci (1889-1963), die etwa 3 Mio. Dollar (12 Mio. DM) verdiente.

Die längste Musikerkarriere war die der rumänischen Pianistin Cella Delavrancea (1887-1991), die ihr letztes öffentliches Konzert, das mit sechs Zugaben endete, im Alter von 103 Jahren gab. Yiannis Pipis (* 25. November 1889) aus Nikosia (Zypern) geht seit 1912 dem Beruf eines Folkloregeigers nach.

Zugkräftigste Sängerin: 1850 wurden bis zu 653 Dollar für einen einzigen Platz bei den Konzerten bezahlt, die Johanna (»Jenny«) Maria Lind (1820-87), die schwedische Nachtigall, in den USA gab. Ihre Stimme, deren Mittelregister noch heute als unübertroffen gilt, hatte eine Reichweite von g bis e'''.
Die Stimme des deutschen Basses Ivan Rebroff umfaßt spielend vier Oktaven – vom niedrigen bis zum hohen F, 11/4 Oktaven oberhalb des C. Dan Britton aus Branson, Missouri (USA), ist in der Lage, die Note E° (18,84 Hz) hervorzubringen.

Der ehemalige Bandleader, Komponist, Gesangsvirtuose und heutige Künstler-Manager Richard Deutsch (* 1950, s. Foto) verfügt über einen Stimmumfang von vier Oktaven und zwei ganzen Tönen. Der heute in Rosenheim (BY) lebende Österreicher bringt als tiefsten Ton das Kontra-As und das dreigestrichene C als höchsten Ton.

Den höchstdotierten Werbevertrag hat vermutlich Michael (Joseph) Jackson (* 29. August 1958) erhalten. Nach Berichten vom 21. März 1991 soll darin das japanische Unternehmen Sony dem amerikanischen Popstar 500 Mio. Pfund (etwa 1,5 Mrd. DM) in 15 Jahren zugesichert haben – für Musikserien, TV- und Filmprojekte. Kein Wunsch blieb offen, und im gleichen Monat hat auch Michaels Schwester Janet einen ansehnlichen Vertrag unter Dach und Fach gebracht: Virgin Records sicherte ihr angeblich für zwei Langspielplatten stolze 32 Mio. Dollar (ca. 54 Mio. DM) zu.

Eine Super-Gage von 1,5 Mio. Dollar strich der Popsänger David Bowie für einen einzigen Auftritt ein – am 26. Mai 1983 beim US-Festival im Glen Helen Regional Park von Kalifornien. Eine ähnlich hohe Summe kassierte die vierköpfige Rockband Van Halen.

Als schlechteste Sängerin aller Zeiten gilt allgemein Florence Foster Jenkins (1868-1944). Die Exkursionen der Amateur-Sopranistin ins Reich der Lieder und sogar zur hohen Koloratur gipfelten 1944 in einem ausverkauften Konzert in der New Yorker Carnegie Hall. Die Aufnahmen von Madame Jenkins' *Clavelitos*, begleitet von Cosme McMoon, wurden 30 Jahre unter Verschluß gehalten, bis sie Anfang der 70er Jahre als Langspielplatte in den Handel kamen und inzwischen auf CD erhältlich sind. Aus Pietät zögerte man, sie früher zu veröffentlichen.

Oper

Die erste Oper, von der wir wissen, war *La Dafne* von Jacopo Peri (1561-1633). Sie wurde 1597 während des Karnevals in Florenz uraufgeführt. Ihre Musik ist verloren, wohl aber das Libretto vorhanden.

Die längste der regelmäßig gespielten Opern ist *Die Meistersinger von Nürnberg* von Richard Wagner (1813-83). Eine normale ungekürzte Aufführung der Oper dauert 5:15 Std.

Die kürzeste Oper ist *The Sands of Time* von Simon Rees und Peter Reynolds, deren Uraufführung am 27. März 1993 im Theater The Hayes in Cardiff, South Glamorgan (GB), durch Rhian Owen und Dominic Burns 4:09 Min. dauerte. Noch kürzer war eine Aufführung, die Peter Reynolds am 14. September 1993 im BBC-Fernsehzentrum in London (GB) leitete: Sie war bereits nach 3:34 Min. zu Ende.

Die erste deutsche Oper mit dem Titel *Daphne* schrieb Heinrich Schütz (1585-1672) im Jahr 1627; von ihr ist allerdings nur noch der Text erhalten. Die erste in Berlin gespielte Oper, von der noch die Noten vorhanden sind, war *Cefalo* von Giovanni Bononcini (1670-1747). Das Werk wurde 1702 im Schloß Charlottenburg, das damals noch Lietzenburg hieß, aufgeführt. Die Königin Sophie Charlotte spielte in der Aufführung das Cembalo, und unter den Zuhörern weilte der Komponist Georg Philipp Telemann.

Der meistgespielte Opernkomponist aller Zeiten wird Wolfgang Amadeus Mozart (1756 bis 91) sein, von dessen Opern *Die Zauberflöte*, *Le nozze di Figaro* und *Don Giovanni* in allen Statistiken vordere Plätze einnehmen.

Die längste Opernarie ist Brünnhildes Schlußgesang *Starke Scheite schichtet mir dort* in Richard Wagners *Götterdämmerung*. Sie dauert etwa 15 Min.

Das kürzeste Opern-Finale hat die Oper *Halka* (1848) des Polen Stanislaw Moniuszko (1819-72): Es dauert nur 1:20 Min.

Das größte Opernhaus ist die Metropolitan Opera, New York City (USA), die im September 1966 zum Preis von 45,7 Mio. Dollar (damals ca. 180 Mio. DM) vollendet wurde. Die Met bietet 4065 Zuschauern Platz, wobei die 3800 Sitzplätze in einem 137 m tiefen Auditorium angeordnet sind. Die Bühne ist 70 m breit und 45 m tief.

Das größte Opernhaus in Deutschland ist die Deutsche Oper in Berlin mit 1900 Sitzplätzen. Sie wurde im September 1961 mit einem Aufwand von 35 Mio. DM fertiggestellt. Die Fassade ist 200 m lang und 38,4 m hoch.

Denyce Graves als Carmen beim Berliner Opernspektakel.

Foto: kranichphoto

KUNST, MEDIEN, UNTERHALTUNG

• Musik

Das Berliner Opernhaus wird im Fassungsvermögen allerdings vom Nationaltheater in München, der Bayerischen Staatsoper, übertroffen. Durch zusätzliche Partiturplätze und Galeriestehplätze hat sie ein Fassungsvermögen von 2100 Plätzen.

Die Deutsche Staatsoper in Berlin, von Knobelsdorff 1741-43 in der Straße Unter den Linden erbaut, ist der erste deutsche Theaterbau außerhalb einer Schloßanlage. Die Oper brannte 1843 und nach Wiederaufbau 1941 völlig aus und wurde 1945 total zerstört. 1955 wurde der Bau mit Wagners *Meistersinger von Nürnberg* wiedereröffnet. Der Zuschauerraum bietet 1396 Plätze.

Das größte Opernhaus Österreichs ist die Wiener Staatsoper. Sie wurde 1861-69 erbaut, erlitt durch Kriegseinwirkung 1945 schwere Zerstörungen und wurde bis 1955 wiederaufgebaut. Die Kosten dafür beliefen sich auf etwa 50 Mio. DM. Das Haus besitzt einen der größten Bühnenräume der Welt mit ca. 1700 m² Bühnenfläche und einer Gesamthöhe von 53 m. Der Fassungsraum des Auditoriums beträgt 2209 Plätze einschließlich 567 Stehplätzen.

Das größte Opernhaus der Schweiz steht in Genf. Es wurde 1879 erbaut, brannte 1951 ab und wurde nach dem Wiederaufbau 1962 wiedereröffnet. Die Genfer Oper hat 1498 Plätze.

Älteste Opernsängerin: Danshi Toyotake geb. Yoshie Yokota (1891-1989) aus Hyogo sang das traditionelle japanische *Musume Gidyu* 91 Jahre lang – seit ihrem 7. Lebensjahr.

Das längste Dacapo nach einer Opernaufführung war die Wiederholung der ganzen Oper *Il Matrimonio Segreto* von Domenico Cimarosa bei ihrer Premiere im Jahr 1792. Dies geschah auf die Bitte des österreichischen Kaisers Leopold II. (1790-92).

Den stärksten Applaus bei einer Opern-Aufführung bekam Luciano Pavarotti (* 1935). Der italienische Tenor stellte am letzten Februar-Wochenende 1988 mit 165 Vorhängen in 67 Min. an der Deutschen Oper Berlin einen neuen Weltrekord auf: in der Partie des Bauernjungen Nemorino in Gaetano Donizettis *Der Liebestrank*.

Opern-Spektakel

Es war eins der größten Musik-Ereignisse des Jahres in Deutschland: vom 17. bis 20. Juni 1994 gastierte George Bizets *Carmen* als riesige Arena-Inszenierung in der Deutschlandhalle in Berlin.
Das Opern-Spektakel, das 1989 in London uraufgeführt wurde und danach in Tokio, Sydney, Birmingham, Dortmund, Zürich und München gezeigt wurde, führten insgesamt 600 Mitwirkende, Tänzer, Sänger, Musiker und sogar Stierkämpfer und Flamencotänzer auf einer 3 m hohen, kreisrunden Bühne mit 28 m Durchmesser auf. Als Stars des Abends waren Denyce Graves als Carmen und José Carreras in der Rolle des Don José verpflichtet worden.
Für die Oper mußten auf 21 Lastwagen insgesamt 20 t Kulissen, 50 t Beleuchtungsmaterial (7000 Spots mit insgesamt 33 000 Watt Leistung) und 410 t Stahl für die Bühne nach Berlin gebracht werden. Außerdem wurden 14 400 m Stoff zu 1200 Kostümen verarbeitet. Die Kosten der Riesenproduktion betrugen ca. 6,5 Mio. DM.

Vorbereitungen für die *Carmen*-Inszenierung in der Deutschlandhalle: die Lichtbatterien hängen noch über dem Boden.
Foto: Olaf Selchow/*BZ*, Ullstein Verlag

Ballett

Längster Entrechat: Der Entrechat oder Kreuzsprung ist ein senkrechter Sprung aus der fünften Position mit gestreckten Beinen, die über der Wade gekreuzt werden, wobei Ausgangs- und Endposition jeweils als ein Sprung zählen, so daß im Entrechat Douze die Beine fünfmal gekreuzt und gestreckt werden. Dies gelang Wayne Sleep in einem BBC-Programm am 7. Januar 1973. Er benötigte für diese Leistung weniger als eine Sekunde.

Die meisten »Grand jetés«, nämlich 158 in 2 Min., gelangen Wayne Sleep am 28. November 1988 in Gateshead (GB).

Die meisten Pirouetten, also die größte Zahl von Kreisdrehungen, die das klassische Ballett vorschreibt, sind die *32 Fouettés rondes de jambe en tournant* in *Schwanensee* von Tschaikowski (1840-93).

Delia Gray (* 30. Oktober 1975) aus Bishop's Stortford, Hertfordshire (GB), schaffte am 2. Juni 1991 im Playhouse von Harlow bei einem Workshop der örtlichen Ballettschule 166 Pirouetten.

Die meisten Vorhänge, nämlich 89, erhielten Margot Fonteyn de Arias (eigentlich Margaret Evelyn Hookham, 1919-91) und Rudolf Nurejew (1938-93) im Oktober 1964 nach einer Aufführung von *Schwanensee* in der Wiener Staatsoper.

Die größte Besetzung an Tänzern und Tänzerinnen hatte 1962 eine Ballettinszenierung der Royal Albert Hall, London. Im London Coster Ballett unter der Leitung von Lilian Rowley wirkten 2000 Personen mit.

Lieder

Als ältestes deutsches Liebeslied darf das Lied *All mein Gedanken* gelten, das sich bereits im *Lochamer Liederbuch* findet, einer Sammlung von Minneliedern aus dem 14. und 15. Jh., die zusammen mit der (älteren) *Manesseschen Liederhandschrift* (um 1320), der *Jenaer* und der *Weingartener Liederhandschrift* die wichtigsten Quellen des deutschen mittelalterlichen Liederschatzes, vor allem des Minnesangs, einer lyrisch-epischen Literaturform, bilden.

Das meistverbreitete Weihnachtslied auf Schallplatten ist *White Christmas* von Irving Berlin. Man schätzt die verkaufte Schallplattenmenge (Single) dieses Titels auf über 200 Mio.

Die größte private Musik-Wunschliste mit 4421 Titeln hat Dr. Hans-Rudolf Beierlein (*1936) aus Erftstadt-Lechenich (NW) zusammengetragen. Der Alleinunterhalter bei vielen Veranstaltungen hat sie in seinem Computer abgespeichert und kann die Musikstücke auswendig in eigenen Interpretationen, Sounds und Arrangements von Bach bis Michael Jackson auf seiner Orgel spielen.

Die meistgesungenen Lieder im englischen Sprachraum sind: *Happy Birthday to You* (das auf *Good Morning to All* basiert), von den New Yorker Sonntagsschullehrerinnen Mildred Hill und Patty Smith Hill geschrieben und seit 1935 und bis 2010 copyrightgeschützt; *For He's a Jolly Good Fellow* (ein Lied, das sich ans französische *Malbrouk* anlehnt), mindestens seit 1781 bekannt; *Auld Lang Syne* (das in *I Fee'd a Lad at Michaelmass* sein Vorbild hat), zu dem Robert Burns (1759-96) ein wenig Text beisteuerte. *Happy Birthday* erklang sogar schon aus dem Weltraum, gesungen am 8. März 1969 von den Astronauten der Raumfähre *Apollo IX*.

Das meistgespielte Film-Lied ist *Jugend, erwach!*. Der ehemalige Musiklehrer Reinhold Limberg (* 1927) aus Burg (SA) hat es im Frühjahr 1947 komponiert und getextet. Von 1950 bis 92 erklang das Lied in 39 Spiel-, Fernseh- und Dokumentarfilmen. Obwohl es von dem Lied 1984 nur einige Schallplatten zu kaufen gab und es erst 1989 in den Schulliederbüchern erschien, dürfte es das meistgesungene Lied in den neuen Bundesländern sein.

Die erfolgreichsten Liedermacher sind John Lennon (1940-80) und Paul McCartney (* 1942). In den USA landeten McCartney-Songs 32mal auf Platz 1 der Hitliste, Lennon stand 6mal weniger ganz oben. In Großbritannien brachte es John Lennon auf 29 Spitzenplätze, Paul McCartney auf 28. Gemeinsam geschrieben haben sie 23 US-Toptitel und 25 britische Spitzenhits.

◆ TONTRÄGER UND CHARTS

Die kleinste abspielbare Schallplatte hat der Ingenieur Gerhard Lehner (* 1936) aus Wien (A) im Januar 1993 vorgestellt. Die Miniatur mit ihren 30 mm Durchmesser hat eine Geschwindigkeit von 160 U/min und eine Spieldauer von ca. 10 Sek. Wie jede Schallplatte gibt es eine A- (*Amerika*) und eine B-Seite (*Yes Sir, that's my Baby*). Sie wurde mit eigens dafür gebauter Folienbeschichtungsmaschine, Tonschneideeinrichtung, galvanischer Beschichtungsanlage, 5-t-Plattenpresse, Etikettendruck- und Stanzwerk sowie Rundzentriermaschine gefertigt. Um sie abspielen zu können, baute der Wiener das kleinste mit Federwerk betriebene Trichtergrammophon nach einem Vorbild aus dem Jahr 1918 aus Nußbaumgehäuse, Messingtrichter, Messingteller, Messingschallrohr, Glimmermembrane. Das 140 g leichte Grammophon hat die Maße 52 x 80 x 115 mm und ist mit seinen Metallteilen vernickelt bzw. handlackiert.

Die weltweit größte Schallplattensammlung ist die der BBC (British Broadcasting Corporation) in London. Sie besteht aus 1,3 Mio. Tonträgern (Walzen, Schellackplatten, Singles, LPs und CDs), die auf 4 CD-ROM katalogisiert sind, die mehr als 800 000 Kompositionen von 125 000 Komponisten in 2,7 Mio. Interpretationen von 350 000 Interpreten auflisten. Darunter befinden sich auch die ältesten noch erhaltenen Schallaufnahmen, die 1888 mit Wachswalzen gemacht wurden.

Die erste ungekürzte Schallplattenaufnahme einer Sinfonie wurde 1913 von der Odeon in Berlin veröffentlicht. Das Odeon-Streichorchester spielte Beethovens *Fünfte Sinfonie* auf acht Schallplattenseiten und die *Sechste* auf zehn Schallplattenseiten unter anonymer Leitung. Wenige Monate später nahm der berühmte Dirigent Arthur Nikisch mit dem Berliner Philharmonischen Orchester am 10. November 1913 ebenfalls Beethovens *Fünfte Sinfonie* auf.

Die frühesten Operngesamtaufnahmen entstanden um 1906. Dabei handelte es sich um bereits veröffentlichte Einzelplatten, die in Cassetten zusammengefaßt wurden und mehr oder weniger eine Einheit bildeten. Zu den ersten so zusammengestellten Opernaufnahmen zählen *Il Trovatore* (auf fünfzehn 25- und fünf 30-cm-Platten) und *Ernani* (auf 23 Platten), beides Opern von Giuseppe Verdi (1813-1901).

Die erste Jazzschallplatte, die aufgenommen wurde, war *Indiana* und *The Dark Town Strutters Ball* bei der Firma Columbia in New York (USA), und zwar am oder um den 30. Januar 1917. Es spielte die Original Dixieland Jass Band unter der Leitung von Dominick (»Nick«) James La Rocca (1889-1961). Diese Schallplatte kam am 31. Mai 1917 auf den Markt. Als erste erhältlich war jedoch die Platte mit dem *Livery Stable Blues* (aufgenommen am 24. Februar 1917) mit der Rückseite *The Dixie Jass Band One-Step* (aufgenommen am 26. Februar), die die Firma Victor am 7. März 1917 herausbrachte.

Die erfolgreichsten Schallplattensolisten aller Zeiten: Für Elvis Aaron Presley (1935-77) gibt es keine von unabhängiger Seite überprüften Zahlen. Angesichts seiner 170 Single-Hits und mehr als 80 Langspielplatten, die über seinen Tod hinaus überaus populär geblieben sind, kann aber angenommen werden, daß Elvis Presley Bing Crosby den Rang abgelaufen hat. Mehr als 100 Mio. DM haben bisher schon die in sechs Sprachen aufgenommenen Langspielplatten von Julio Iglesias (* 1943) eingespielt. Das gab die Plattenfirma CBS im August 1983 bekannt.
Die Handelskammer von Hollywood (USA) überreichte am 9. Juni 1960 Harry Lillis (alias Bing) Crosby jr. (1904-77) eine Platin-Schallplatte zur Erinnerung an den Verkauf von angeblich 200 Mio. Exemplaren seiner 2600 Singles und 125 Langspielplatten. Am 15. September 1970 erhielt er eine zweite Platin-Schallplatte, als die Firma Decca den Verkauf von 300,65 Mio. seiner Platten melden konnte. Eine detaillierte Aufstellung seiner Gesamtverkäufe wurde allerdings nie veröffentlicht. Fachleute halten derartig hohe Verkaufsziffern aus der Zeit vor dem großen Aufschwung dieser Industrie für übertrieben.

Erfolgreichste Sängerin der Welt ist der Popstar Madonna (* 16. August 1958), die mit vollem Namen Madonna Louise Veronica Ciccone heißt. Ihre LP *True Blue* wurde mehr als 11 Mio. mal verkauft und war die Nr. 1 in 28 Ländern – ein bisher einzigartiges Ereignis. Allein in Großbritannien landete Madonna (bis Mai 1992) nicht weniger als 25 Titel unter den Top Ten. Mit *Vogue* eroberte sie zum siebten Mal die Spitzenposition. 1986 stellte sie alle anderen Pop-Artisten weit in den Schatten: Es gelang Madonna als erster Frau, sowohl die meisten Singles als auch die meisten LPs abzusetzen. Ihre Alben *Like A Virgin* (1985) und *True Blue* (1986) enthielten jeweils fünf Single-Titel, die unter den Top Five kamen.

Die erfolgreichste Rockgruppe waren die Beatles. George Harrison (* 1943), John Ono oder John Winston Lennon (1940-80), James Paul McCartney (* 1942) und Richard Starkey alias Ringo Starr (* 1940) hatten ihren Siegeszug von Liverpool (GB) aus angetreten. Nach Schätzungen von EMI sind bis heute mehr als 1 Mrd. Platten und Cassetten der Beatles verkauft worden. Viele weitere Mio. Aufnahmen haben die 4 Musiker auch als Solisten unter die Leute gebracht.

Die erfolgreichste Frauen-Band in der Hitliste für Singles ist Bananarama. Zwischen 1982 und 88 hat die Gruppe (Keren Woodward, Sarah Dallin und Siobhan Fahey) 15 eigene Platten und zwei weitere mit den Funboy Three als Partner in den Charts gelandet. Fahey verließ die Gruppe, nachdem sie Dave Stewart von den Eurythmics geheiratet hatte, um eine Solokarriere zu starten und wurde 1988 durch Jacqui O'Sullivan ersetzt.

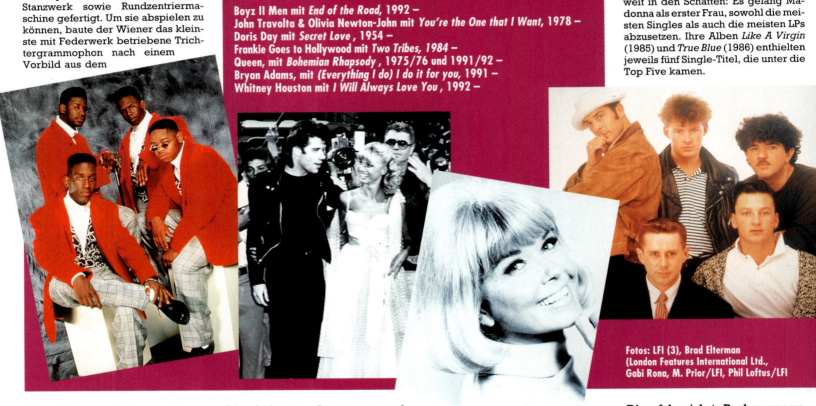

Number One Hits

Ihre Songs gehören zu den erfolgreichsten Number One Hits aller Zeiten. In den US-amerikanischen und britischen Single-Charts belegten sie am längsten Platz 1:

Boyz II Men mit *End of the Road*, 1992 –
John Travolta & Olivia Newton-John mit *You're the One that I Want*, 1978 –
Doris Day mit *Secret Love*, 1954 –
Frankie Goes to Hollywood mit *Two Tribes*, 1984 –
Queen, mit *Bohemian Rhapsody*, 1975/76 und 1991/92 –
Bryan Adams, mit *(Everything I do) I do it for you*, 1991 –
Whitney Houston mit *I Will Always Love You*, 1992 –

Fotos: LFI (3), Brad Elterman (London Features International Ltd., Gabi Rona, M. Prior/LFI, Phil Loftus/LFI

KUNST, MEDIEN, UNTERHALTUNG

• Tonträger und Charts

Goldene Schallplatten wurden anfangs für jeweils 1 Mio. verkaufter Platten vergeben. Die ersten Aufnahmen, die das erreichten, waren Platten des Tenors Enrico Caruso (1873-1921) der Arie *Vesti la giubba* aus *Bajazzo* von Ruggiero Leoncavallo (1858-1919), von der die erste Version mit Klavierbegleitung am 12. November 1902 aufgenommen wurde.

Die erste Single, die eine Mio. überschritt, war *Carry Me Back to Old Virginny* der Firma Victor, von Alma Gluck, und zwar als 30,48 cm einseitig bespielte Platte.

Die erste tatsächlich goldene Schallplatte hat R. C. A. Victor für den amerikanischen Posaunisten und Bandleader Alton »Glenn« Miller (1904-44) aus Clarinda, Iowa (USA), und seinen *Chattanooga Choo Choo* am 10. Februar 1942 geprägt.

US-Rekorde: Goldene Schallplatten sowie Platin- oder Super-Platinplatten werden in den USA seit dem 14. März 1958 von der Vereinigung der amerikanischen Plattenindustrie (RIAA) vergeben. Kriterium sind Verkaufszahlen, die einer Prüfung standhalten. Bis zum 31. Dezember 1990 hat die RIAA insgesamt 5943 Aufnahmen veredelt (1206 Gold-Singles, 3433 Gold-Alben, 98 Platin-Singles und 1206 Platin-Alben). Mit 55 Plattenpreisen (34mal Gold, 15mal Platin und 6mal Super-Platin für mehr als 2 Mio. verkaufte Scheiben) sind die Rolling Stones die erfolgreichste Gruppe.
Der Musiker, der die meisten Gold- und Platinplatten bekommen hat, ist Elvis Presley, dem diese Auszeichnungen nach neuen, beglaubigten Angaben von August 1992 insgesamt 110mal zuteil wurde.

Die Solistin, die die meisten Preise erhielt, ist Barbra Streisand mit 56 (7 Gold-Singles, 30 Gold- und 19 Platin-Alben).
Das erste Platin-Album ging 1976 an die Eagles für *Greatest Hits 1971-75*. Die meisten Platin-Alben für Gruppen, nämlich 17, sammelte die Gruppe Chicago. Barbra Streisand hält gleich zwei Solisten-Rekorde: Sie heimste mit 19 die meisten Platin- und mit 7 die meisten Super-Platin-Scheiben ein. Erfolgreichster männlicher Solist ist Paul McCartney mit 12 Platin-Platten, und Billy Joel holte sich mit 8 die meisten Super-Platin-Alben unter den Solisten.

Unter den deutschsprachigen Interpreten, die goldene Schallplatten erhielten, war der erste, der für ein einziges Lied gleich dreimal mit dieser Trophäe ausgezeichnet wurde, Freddy Quinn (Manfred Petz, * 1931): Er erhielt für das Lied *Heimweh* im Jahr 1956 zwei und 1958 eine dritte goldene.

Die erste deutsche Schallplattenproduktion, die über einmillionenmal verkauft wurde, war *Lili Marlen*, gesungen von Lale Andersen (1910-72). Der Schlager wurde 1938 von Norbert Schultze (* 1911) auf einen Text von Hans Leip komponiert, nachdem die Andersen bereits eine andere Vertonung gesungen hatte. Im März 1939 nahm sie Schultzes Komposition für die Schallplatte auf, und mehr oder weniger durch Zufall wurde der Schlager als Erkennungsmelodie des Deutschen Soldaten-Rundfunks in Belgrad 1940 populär.

Kommerziell erfolgreichste Märchenregisseurin im Bereich der Kinder- und Jugendschallplattenproduktion ist die Rechtsanwältin Heikedine Körting (* 1945) aus Hasselburg über Neustadt (SH) – besser bekannt als »Deutschlands Märchentante Nr. 1«. Seit 1969 entstanden unter ihrer Regie 1270 Hörspiele: 106 goldene und acht Platin-Schallplatten für 126 Mio. verkaufte Tonträger sind die Ausbeute.

Die meistaufgenommenen Songs mit mehr als 1000 Aufnahmen sind *Yesterday* von Paul McCartney und John Lennon mit 1600 Versionen zwischen 1965 und dem 1. Januar 1986, *Tie a Yellow Ribbon Round the Old Oak Tree* von Irwin Levine und L. Russell Brown mit mehr als 1200 Aufnahmen von 1973 bis 1. April 1985 und *My Way* nach der Musik von Jacques Revaux, dem verstorbenen Claude François und mit dem englischen Text von Paul Anka (* 30. Juli 1941 in Ottawa, Kanada).

Die meisten Aufnahmen als Interpret hat die Inderin Lata Mangeshkar (* 1928) gemacht. Sie hat zwischen 1948 und 87 angeblich nicht weniger als 30 000 Solo-, Duett- und von Chor begleitete Lieder in 20 indischen Sprachen aufgenommen. Sie sang die Hintergrundmusik zu über 2000 Filmen.

Die erfolgreichste Schallplattensängerin in Europa ist Caterina Valente (* 1931). Im Lauf ihrer Karriere hat sie insgesamt 1500 Schlager, Lieder und Chansons auf 390 Singles und 383 Langspielplatten gesungen und weit über 1000 Fernsehauftritte gehabt.

Größte in der volkstümlichen Musik sind Slavko Avsenik (* 1929) und seine Original Oberkrainer aus Jugoslawien. Sie erspielten 30 goldene, 1 Platin- und 1 diamantene Schallplatte.

Als erster Klassik-Künstler in Deutschland ist der Dirigent Lorin Maazel (* 1930) mit einer Platin-Schallplatte ausgezeichnet worden. Seine 1966 veröffentlichte Platte mit Georg Friedrich Händels *Feuerwerksmusik* und *Wassermusik*-Suite wurde allein in der Bundesrepublik mehr als 500 000mal verkauft.

Die weltweit meistverkaufte Schallplatte ist bis heute *White Christmas* von Irving Berlin (eigentlich Israel Bailin, 1888-1989) in der Bing-Crosby-Version (aufgenommen am 29. Mai 1942). Bis 30. Juni 1987 waren allein in Nordamerika 170,89 Mio. Platten verkauft. Das wurde Heiligabend 1987 bekanntgegeben.
I Want to Hold Your Hand von den Beatles, 1963 herausgekommen, ist weltweit in 13 Mio. Exemplaren verkauft worden.
Die Single *Do They Know It's Christmas*, die Bob Geldof und Midge Ure geschrieben und aufgenommen haben, ist bis Mai 1987 in Großbritannien 3,6 Mio. mal abgesetzt worden. Weltweit wurden weitere 8,1 Mio. Exemplare verkauft.

Das meistverkaufte Album aller Zeiten ist *Thriller* von Michael (Joseph) Jackson (* 1958), von dem bislang weltweit über 47 Mio. Exemplare verkauft wurden. Bestgehendes Album einer Gruppe ist *Rumours* von Fleetwood Mac, das bis Mai 1990

Drei Grammys erhielt der britische Rockmusiker Sting am 1. März 1994. Foto: dpa/Rehder

TOP 10 der Pop-Musik 1993

1.	Soundtrack	Bodyguard	(Arista/BMG)
2.	Bon Jovi	Keep The Faith	(Jambco/PV)
3.	Ace Of Base	Happy Nation	(Metronome/PV)
4.	Eric Clapton	Unplugge	(Reprise/WEA)
5.	4 Non Blondes	Bigger, Better, Faster, More	(Atlantic/East West)
6.	Michael Jackson	Dangerous	(Epic/Sony)
7.	R.E.M.	Automatic For The People	(Warner Bros./WEA)
8.	Paul McCartney	Off The Ground	(Pearlphone/EM)
9.	Abba	More Abba Gold	(Polydor/PV)
10.	Herbert Grönemeyer	Chaos	(EMI/Electrola)

Quelle: STERN

Die erste tatsächlich goldene Schallplatte hat RCA Victor am 10. Februar 1942 für den amerikanischen Posaunisten und Bandleader Alton »Glenn« Miller (1904-44) für dessen *Chattanooga Choo Choo* geprägt.

Foto: Hulton-Deutsch Collection

mehr als 21 millionenmal abgesetzt wurde.

Das meistverkaufte Debüt-Album aller Zeiten ist Whitney Houstons *Whitney Houston*, das 1985 herauskam und von dem über 14 Mio. Exemplare verkauft wurden (davon 9 Mio. in den USA, 1 Mio. in GB und 1 weitere Mio. in Kanada).

Das meistverkaufte Album mit klassischer Musik ist *In Concert*, von dem bis jetzt weltweit 5 Mio. Exemplare abgesetzt wurden. Es wurde 1990 während der Fußball-WM in Rom von den bekanntesten Tenören der Welt José Carreras, Placido Domingo und Luciano Pavarotti aufgenommen.

Gefragteste Filmmusik ist *Saturday Night Fever*, die bis Mai 1991 über 26,5 Mio. mal verkauft wurde.

Von der Soundtrack-Schallplattenaufnahme des US-Films *Sound of Music* (deutscher Titel: *Meine Lieder, meine Träume*), der Musical-Fassung des Ruth-Leuwerik-Films *Die Trapp-Familie*, wurde das Album, das am 2. März 1965 in den amerikanischen Schallplattengeschäften erschien, bis Januar 1973 19millionenmal verkauft. Der Film erhielt fünf Oscars, war jedoch in Europa kein überragender Erfolg.

Die US-Charts, die Hitlisten für Singles, sind zum ersten Mal am 20. Juli 1940 in der Musikzeitschrift *Billboard* veröffentlicht worden. Die erste Nr. 1 war *I'll Never Smile Again* von Tommy Dorsey (1905-56). Im Jahr 1947 führte Francis Craig mit *Near You* 17 Wochen lang die Hitliste an. 43 Wochen lang behauptete 1982 *Tainted Love* von Soft Cell die Spitzenposition. Am häufigsten an der Spitze der Hitliste standen die Beatles (20mal). Die meisten Titel unter *Billboard's Hot 100* landete Elvis Presley mit 149 zwischen 1956 und Mai 90.

US-Charts für Alben: Am 15. März 1945 veröffentlichte *Billboard* zum ersten Mal auch eine Hitparade für LPs, als das King-Cole-Trio mit Nat »King« Cole (1919-65) die Nummer eins war. *South Pacific* war von Mai 1949 an 69 Wochen lang die Nummer eins. *Dark Side of the Moon* von Pink Floyd hielt sich insgesamt 730 Wochen (bis April 1989) in den *Billboard*-Charts. Am häufigsten auf Platz 1 standen die Beatles (15mal), Elvis Presley war erfolgreichster Solist (9mal), Simon und Garfunkel schafften es im Duo 3mal an die Spitze. Elvis Presley hat sich alles in allem 94mal zwischen 1956 und April 1989 einen Platz in den Hitlisten erobert.

Die Solistin, die am häufigsten in den LP-Charts auftauchte, ist Barbra Streisand. Sie schaffte 6mal den Sprung an die Spitze und sicherte sich insgesamt 40mal zwischen 1963 und April 1989 einen der vorderen Plätze.

Die am schnellsten verkaufte Platte aller Zeiten ist *John Fitzgerald Kennedy – A Memorial Album* (Premium Albums), eine LP, die am 22. November 1963, am Tag der Ermordung des US-Präsidenten, aufgenommen wurde und von der innerhalb von sechs Tagen (7.-12. Dezember 1963) vier Mio. zum Preis von 99 Cents (damals ca. 4 DM) pro Stück verkauft wurden.

Zu den am schnellsten produzierten Schallplatten gehört auf jeden Fall *Make my heart fly* von The Proclaimers, der Mitschnitt eines Live-Konzerts, das am 10. März 1988 im Londoner Trocadero stattfand. Die Platte, die von EMI M&D Services hergestellt wurde, landete umgehend wieder im Trocadero, wo sie erstmals abgespielt und in der *Steve Wright Show* der BBC vorgestellt wurde. Vom letzten Akkord des Live-Konzerts bis zum ersten Takt der Übertragung waren gerade 2:19:31 Std. vergangen.

Das größte Rock'n'Roll-Museum der Welt ist die Memorabilien-Sammlung des Hard Rock Cafes mit seinen über 20 Niederlassungen auf der ganzen Welt (u. a. in New York, Washington, Orlando, London, Paris, Tokio, seit 1994 in Peking und – einzig in Deutschland – Berlin). Mehr als 20 000 wertvolle Erinnerungsstücke berühmter Rock-Stars (goldene Schallplatten, Autogrammkarten, Fotos, Briefe, Kleidungsstücke, Instrumente, Plakate etc.) hat man bereits

KUNST, MEDIEN, UNTERHALTUNG

• Tonträger und Charts

Seit März 1994 gehört zum Hard Rock Cafe dieser bunte *Trabant*, bemalt vom Graffiti-Künstler Thierry Noir. Foto: POP-EYE, Ziebe

gesammelt und ausgestellt.

Grammys: Die meisten Auszeichnungen in einem Jahr, nämlich acht, heimste 1984 Pop-Star Michael (Joseph) Jackson ein. Mit den insgesamt meisten Grammys wurde der Chefdirigent des Chikagoer Sinfonieorchesters, Sir Georg Solti (* 21. Oktober 1912 in Budapest), geehrt: Er erhielt seit 1958 bereits 31 (einschließlich eines Sonderpreises, der ihm 1967 verliehen wurde), sein Orchester 46.

Das umfangreichste geschlossene Aufnahmeprojekt in der Geschichte der Schallplatte gilt dem Schaffen William Shakespeares auf 137 Langspielplatten. Musik betreffend, sind derzeit die Gesamteinspielungen aller 194 Kirchenkantaten Johann Sebastian Bachs (1685-1750) unter Helmuth Rilling auf 100 Langspielplatten und das konkurrierende Unternehmen mit den sich die Interpretationen teilenden Dirigenten Nikolaus Harnoncourt und Gustav Leonhardt die größten abgeschlossenen Aufnahmeserien. Ihre Realisierung hat fünfzehn (Rilling) bzw. zwanzig Jahre (Harnoncourt/Leonhardt) gedauert und wurde 1985 bzw. 89 beendet.

Das größte, einem einzigen Komponisten gewidmete Veröffentlichungsprojekt der Schallplattengeschichte ist die Gesamtausgabe der Werke Wolfgang Amadeus Mozarts anläßlich der 200. Wiederkehr seines Todesjahres 1791. Auf 180 CDs von Philips Classics, die in 45 Ausgaben aufgeteilt sind, erschienen mehr als 650 Kompositionen in Aufnahmen, die in einem Zeitraum von 26 Jahren gemacht wurden. Anderthalb Stunden davon gelten bisher nie öffentlich aufgeführter Musik, den Fragmenten, unter denen das kürzeste 17 Sek. dauert. Insgesamt haben etwa 250 Solisten und Ensembles an dieser Mammutedition mitgewirkt, die in einem Zeitraum von anderthalb Jahren veröffentlicht wurde.

Die am häufigsten auf Schallplatten eingespielte und gekaufte Komposition Mozarts ist seine Serenade Nr. 13 G-Dur KV 525 *Eine kleine Nachtmusik*. Nur die wenigsten wissen, daß diese Gelegenheitskomposition aus dem Jahr 1787 nur als Torso ohne das erste Menuett überliefert ist. Möglicherweise ist *Eine kleine Nachtmusik* die am häufigsten erklingende Komposition eines Komponisten der E-Musik.

Die Schallplatteneinspielung mit den meisten Auszeichnungen ist die Ersteinspielung von Gioacchino Rossinis *Il Viaggio a Reims*, die 1984 während des Rossini Opera Festival in Pesaro unter der Leitung von Claudio Abbado aufgenommen wurde. Sie erhielt elf Schallplattenpreise.

Die umfangreichste CD-Box gilt der Gesamteinspielung aller 555 Sonaten von Domenico Scarlatti (1685-1757), die der Cembalist Scott Ross (1951-89) aufgenommen hat. Die 34 CDs wurden 1988 geschlossen veröffentlicht.

Im Discomixing holte sich der Elektriker Patrick Dohmen (* 1967) vom Disco-Team Radio Unterwegs aus Jülich (NW) seinen Zeitrekord zurück. Im Café Trend bot er vom 29. September bis zum 4. Oktober 1992 in 111:11:10 Std. ein abwechslungsreiches Programm. Um 1:10 Min. blieb er dabei vor Giuseppe »Eddy« Mancino (* 1960) aus Bern (CH«, der es vom 13. bis 21. Januar 1993 im Dancing Roulette nur auf 111:10 Std. mit über 2000 Platten im Mixen brachte.

Schnellster Rapper (Rap = Sprechgesang) ist Rebel X. D. aus Chikago, Illinois (USA), der am 27. August 1992 im Aufnahmestudio Hair Bear in Alsip, Illinois (USA), in 54,9 Sek. 674 Silben schaffte. Das sind genau 12,2 Silben pro Sek.

Der fixeste Discjockey ist der Student Marc-André Lauber (* 1973) aus Brig-Glis, Wallis (CH). In der Disco Black Jack spielte er vor 720 Zuschauern auf zwei Decks innerhalb von 2 Min. 158 Titel am 19. September 1992 ein. Durchschnittlich benötigte der Disco-Freak 0,759 Sek. für das Wechseln der CD's, die einzelnen Titel klangen etwa 0,1 Sek. an.

Die Compact Disc (CD), 1982 auf dem Weltmarkt eingeführt, hatte 1989 erstmalig die Schallplatte überrundet. Inzwischen befindet sich die LP auf dem Rückzug. Der Welt-Gesamtabsatz an Langspielplatten betrug 1993 nur noch ca. 80 Mio. Stück, an CDs dagegen knapp 1,4 Mrd. Stück. Freilich ist die MusiCassette noch verbreiteter: Weltweit wurden davon 1,45 Mrd. Stück verkauft; besonders in den Ländern der Dritten Welt hat die MusiCassette die höchsten Absätze.

In Deutschland wurden 1993 152,8 Mio. CDs und 47,2 Mio. MusiCassetten abgesetzt, während nur noch 1,6 Mio. LPs über den Ladentisch gingen, die meisten mit Pop-Repertoire.

Der größte Tonträgermarkt sind die USA mit einem Jahresumsatz 1993 von 9,8 Mrd. Dollar, gefolgt von Japan (knapp 5,1 Mrd. Dollar). In Deutschland betrug 1993 der Jahresumsatz bei Tonträgern (Schallplatten, MusiCassetten, Compact Discs, Laser Discs) 4,5 Mrd. DM.

Seit 1986 hat sich damit in Deutschland der Tonträgerabsatz verdoppelt. Rund zwei Drittel des deutschen Gesamtumsatzes fällt auf Pop, Rock und Schlager. Die Klassik ist immerhin mit 9,4 Prozent am Umsatz beteiligt, während nur 1,1 Prozent auf den Jazz entfallen. Am häufigsten werden im Oktober Tonträger gekauft (12,5 Prozent des Jahresumsatzes), während die Saure-Gurken-Monate Juni und Juli in jeweils etwa 5 Prozent des Jahresumsatzes fallen.

1984 konnte der deutsche Schallplattenkäufer aus knapp 2000 lieferbaren CDs auswählen, 1992 hingegen betrug das Gesamtangebot an Pop-, Rock-, Schlager-, Jazz- und Klassik-CDs (ohne Importprodukte 24 804 verschiedene Titel.

Musikhören ist vor Fernsehen und Zeitunglesen die liebste Freizeitbeschäftigung der Bundesbürger. In jedem zweiten deutschen Haushalt befindet sich inzwischen ein CD-Player.

CD – MC – LP Absatz in Mio. Stück ab 1990 Gesamtdeutschland

Jahr	CD	MC	LP
1984	3,0	43,3	71,1
'86	13,3	50,6	68,8
'88	39,2	59,9	57,6
'90	76,2	74,7	43,9
'92	131,8	58,2	5,1
1993	152,8	47,2	1,6

© Globus

Sebastian und Nina hören ihre Popidole in Originalqualität (s.S. 236). Foto: Lutz Reinecke

◆ FOTOGRAFIE

Die früheste Flugaufnahme der Welt wurde 1858 gemacht, und zwar aus einem Luftballon über Villacoublay in der Umgebung von Paris, von Gaspard Félix Tournachon (alias Nadar, 1820-1910).

Die größte Kamera ist die 27 t schwere *Rolls-Royce*-Kamera, die 1956 fertiggestellt wurde. Sie ist 2,69 m hoch, 2,51 m breit und 14,02 m lang. Die Linse ist eine 160 cm f 16 *Cooke Apochromatic*. Die Riesenkamera ist im Besitz der britischen Firma BPCC Graphics und war 1988 voll einsatzfähig.

Die größte Linse ist im britischen Museum für Fotografie, Film und Fernsehen in Bradford, West Yorkshire (GB), zu sehen. Sie wurde von der Firma Pilkington-Spezialglas (St. Asaph, Clwyd) hergestellt und hat eine Brennweite von 8,45 m. Durchmesser: 1,372 m. Gewicht: 215 kg. Die riesige Brennweite macht es möglich, daß normale Schriftzüge von den Museumswänden noch aus einer Entfernung von 12,19 m zu lesen sind.

Die kleinste Kamera hat 1955 der Hamburger Chemiker Dietrich Cura (* 1933) in einen Ring eingebaut. Der Fotospion am Ringfinger hat die Abmessungen: 13 mm Durchmesser und 8 mm Höhe; seine Brennweite ist 5 mm und seine Negativbreite 3,5 mm. Die Filme werden in Cognacgläschen entwickelt. Unter einer Briefmarke haben 42 Negative Platz, die sich 15fach vergrößern lassen.

Die kleinste handelsübliche Fotokamera - Spezialkameras für die Herzchirurgie oder Spionagekameras sind also ausgenommen – ist das japanische Fabrikat Petal. Sie ist kreisförmig, 1,65 cm dick und hat einen Durchmesser von 2,9 cm. Brennweite: 12 mm. Kleinste funktionstüchtige Balgenkamera ist das Modell einer edwardianischen Geländekamera, 1989 von William Pocklington aus Ascot (GB) entworfen und gebaut. Pocklingtons Miniaturkopie, eine Konstruktion aus Streichhölzern und Messingbeschlag, ist gebrauchsfertig – auf ein zusammenlegbares Stativ montiert – 150 mm hoch. Ausgeklappt hat der Kamerakörper die Maße 34 x 34 x 50 mm, zugeklappt ist er nur 34 x 34 x 19 mm groß. Die schnellste Fotokamera wurde vom Blackett-Laboratorium des Imperial College für Wissenschaft und Technologie in London gebaut, um Hochleistungs-Laser zu erforschen. Die Kamera kann bis zu 33 Mrd. Bilder pro Sek. registrieren.

Das schnellste Serienmodell ist derzeit die *Imacon 675* der Firma Hadland Photonics aus Bovington, Hertfordshire (GB), die bis zu 600 Mio. Bilder pro Sek. aufnehmen kann.

Ein Fotoobjektiv mit der welthöchsten Lichtstärke 1:0,7 wurde erstmals von Carl Zeiss, Oberkochen, entwickelt. Mit diesem Planar 1: 0,7, Brennweite 50 mm, konnten Filmaufnahmen von bewegten Szenen bei Kerzenlicht gedreht werden (*Barry Lyndon* von Kubrick).

Der teuerste Kamerasatz der Welt stammt von der Firma Nikon, Tokio (Japan). Er bestand im Mai 1992 aus 29 Kameras, 90 Objektiven und 659 Zubehörteilen mit einem Gesamtwert von rund 443 000 DM.

Der Auktionshöchstpreis für eine Kamera liegt bei 29 700 Pfund (84 700 DM). Für diese Summe wechselte am 12. März 1992 bei Christie's in London (GB) eine Boxkamera, die um 1890 von Lancaster and Son in Birmingham (GB) hergestellt wurde, den Besitzer.

Die einträglichste Fotoapparat-Auktion fand am 9. Dezember 1991 bei Christie's in London (GB) statt und erbrachte 296 043 Pfund. Versteigert wurde eine Sammlung von »Agenten«-Miniatur- und Detektivkameras.

> Das teuerste Foto ist eine Aufnahme von Alfred Stieglitz mit dem Titel *Georgia O'Keeffe – Ein Porträt mit Symbol*, auf dem die Hände seiner Frau Georgia O'Keeffe abgebildet sind. Es wechselte am 8. Oktober 1993 bei Christie's in New York (USA) für 398 500 Dollar den Besitzer.

Das größte Farbfoto der Welt, die Color-Papier-Vergrößerung einer einzigen Panorama-Aufnahme mit 587,52 m² Fläche (81,6 x 7,2 m) stellte das Fotolabor Stutz Foto-Color-Technik AG, Bremgarten (CH), 1984/85 her. Das aus 136 Bahnen à 120 x 3,6 m entstandene 360-Grad-Rundum-Panorama des Fotografen Emil Schulthess zeigt das Engadin mit dem Silvaplaner See im Vordergrund. Es wurde im Schweizer Pavillon während der Weltausstellung der Technologie 1985 in Tsukuba (Japan) ausgestellt.

Das größte Polaroid-Bild entstand aus 1600 Einzelfotos der 1600 Gäste beim Fest des Art Directors Club am 27. Februar 1993 in der Mall der Messe Düsseldorf. Die Polaroid-Bilder (5,4x7,3 cm) montierten Götz Schwan und Heiner Schmitz im Auftrag des *STERN* mosaikartig zu einem fiktiven Marilyn-Monroe-Titel (nach Andy Warhol). Das Cover erreichte 3,65 x 2,7 m – eine 40fache Vergrößerung des normalen Polaroid-Vision-Formates.

Das längste Negativ mißt 712,5 x 25,4 cm. Es wurde von Thomas Bleich aus Austin, Texas (USA), am 6. Mai 1992 mit Hilfe eines 26,7-cm-Objektivs von Turner-Reich und einer *Kodak-10-Cirkut*-Kamera belichtet, als er in Austin rund 3500 Konzertbesucher auf Film bannte.

◆ FILM UND KINO

Der erste komplette Tonfilm war *Lights of New York* (Die Lichter von New York), der am 6. Juli 1928 in The Strand in New York City gezeigt wurde. Erstmals öffentlich vorgeführt wurde ein Tonfilm am 17. September 1922 im Berliner Alhambra-Kino. Das Tri-Ergon-Lichttonverfahren hatten Hans Vogt (1890-1979), J. Massolle (1889-1961) und Jo Engl (1893-1942) entwickelt.

Der erste abendfüllende Spielfilm war *The Story of the Kelly Gang*. Der 1906 in Melbourne (Australien) von der Theatergruppe J. & N. Tait für 450 Dollar produzierte Film war 60-70 Min. lang und erzählte die Geschichte des berüchtigten Ned Kelly (1855-80). Die Uraufführung fand am 26. Dezember 1906 im Rathaus von Melbourne statt.

Der erste deutschsprachige Tonspielfilm war E. A. Duponts *Atlantik*, eine in London gedrehte deutsch-englische Gemeinschaftsproduktion, die am 28. Oktober 1929 im Berliner Gloria-Palast uraufgeführt wurde.

Der erste in Deutschland gedrehte vollwertige deutschsprachige Tonfilm war *Die Nacht gehört uns*. Unter der Regie von Carl Froelich spielten u. a. Hans Albers, Charlotte Ander, Ida Wüst, Lucie Englisch die Hauptrollen. Premiere war am 23. Dezember 1929 im Berliner Capitol.

Die ersten Tonfilme mit weltweitem Erfolg waren die amerikanischen Produktionen der Warner Brothers *The Jazzsinger* (Der Jazz-Sänger) und *The Singing Fool* (Der singende Narr), beide 1927 mit Al Jolson in der Hauptrolle.
Mit *The Singing Fool* gab es auch den ersten Tonfilmschlager, der weltweit gesungen wurde: *Sunny Boy*.

Der erste kommerziell produzierte Film im Farbe war G. A. Smiths *Ein Besuch am Meer*, 1908 in Großbritannien gedreht. Es war ein achtminütiger Kurzfilm über die White Coons Pierrot-Truppe und die Band der Cameron Highlanders. Der in Brighton aufgenommene Film zeigte Kinder, die ruderten oder Eis aßen, ein schönes Mädchen, das aus dem Boot fällt, und Männer, die ein Auge auf sich umkleidende Badeschönheiten werfen. Die erste öffentliche Präsentation von Kinemacolor vor zahlendem Publikum fand am 26. Februar 1909 im Palace Theatre in der Shaftesbury Avenue statt. Die Vorführung bestand aus 21 Kurzfilmen.

Der erste deutsche Farbspielfilm war die Ufa-Produktion *Frauen sind doch bessere Diplomaten* mit Marika Rökk und Willy Fritsch in den Hauptrollen (Regie: Rökk-Ehemann Georg Jacoby). Er war nach dem Agfacolor-Farbverfahren aufgenommen und wurde am 31. Oktober 1941 in Berlin uraufgeführt.

Die meisten Spielfilme werden in Indien gedreht. Seit 1979 waren es jährlich mindestens 700. Rekordjahr war 1990 mit 948 Spielfilmen.

Teuerster Film war *Terminator 2, Tag der Abrechnung*, der im Juli 1991 in die Kinos kam. Er soll Carolco Pictures 95 Mio. Dollar (161 Mio. DM) gekostet haben (frühere Berichte sprachen von 104 Mio. Dollar). Dazu kamen noch 20 Mio. Dollar (33,9 Mio. DM) für Druck- und Werbeaufträge. Hauptdarsteller Arnold Schwarzenegger soll, so wird gemunkelt, eine Gage von 15 Mio. Dollar (25,43 Mio. DM) kassiert haben.
An den realen Kosten gemessen, war jedoch *Cleopatra* (USA 1963) der teuerste Film aller Zeiten. Sein Budget von 44 Mio. Dollar entspricht heute, unter Berücksichtigung der Inflation, einem Wert von über 200 Mio. Dollar.

Der teuerste deutsche Film seit Jahrzehnten wurde das Fantasy-Spektakel *Die unendliche Geschichte*. Die

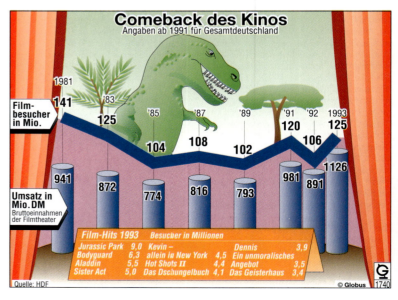

Comeback des Kinos
Angaben ab 1991 für Gesamtdeutschland

Filmbesucher in Mio.: 1981: 141; '83: 125; '85: 104; '87: 108; '89: 102; '91: 120; '92: 106; 1993: 125

Umsatz in Mio. DM (Bruttoeinnahmen der Filmtheater): 941; 872; 774; 816; 793; 981; 891; 1126

Film-Hits 1993 – Besucher in Millionen
Jurassic Park 9,0; Bodyguard 6,3; Aladdin 5,5; Sister Act 5,0; Kevin – allein in New York 4,5; Hot Shots II 4,4; Das Dschungelbuch 4,1; Dennis 3,9; Ein unmoralisches Angebot 3,5; Das Geisterhaus 3,4

Quelle: HDF © Globus

KUNST, MEDIEN, UNTERHALTUNG 230/231

• Fotografie • Film und Kino

Foto: dpa/UIP

Yabba-Dabba-Doo!

Nach *Batman* (1987) kam Mitte 1994 eine weitere Comic-Serie in die Kinos. Eine der erfolgreichsten Fernseh-Comic-Serien – *Familie Feuerstein* – wurde von Steven Spielberg verfilmt und spielte in den USA bereits nach drei Wochen die Rekordsumme von 100 Mio. Dollar ein. Die von den Cartoonprofis William Hanna und Joseph Barbera 1960 geschaffenen Figuren Fred Feuerstein, seine Frau Wilma und ihre Nachbarn Betty und Barney Geröllheimer eroberten das Kinopublikum im Sturm. Die wahren Stars des Films sind die Steinzeitkulissen, die mit neuer Trickfilmtechnologie in der Werkstatt von George Lucas (*Star Wars, Jurassic Park*) entstanden: ein Mammutrüssel als Duschkopf, ein Krebs als Rasenmäher, ein Papagei als Diktiermaschine, ein Brontosaurus als Kran, ein Haus-Dino als Müllschlucker. Begleitet wurde der Start des Kinofilms mit einer Fülle von Fan-Artikeln wie Krawatten, T-Shirts, Puzzles, Comics, Computerspielen und mehr – alles im Steinzeitlook.

Verfilmung des Welt-Bestsellers von Michael Ende (deutsche Gesamtauflage allein über 1 Mio. Exemplare) durch Produzent Bernd Eichinger und Regisseur Wolfgang Petersen hat einen 60-Mio.-DM-Etat verschlungen.

Billigster Spielfilm war der australische Film *The Shattered Illusion* (Der zerschlagene Wahn), der 1927 in normaler Länge gedreht wurde. Das Leinwand-Drama der Victorian Film Productions kostete nur 300 Pfund. Es dauerte 12 Monate, bis der Film fertig war, in dem u. a. ein Schiff in einem Sturm untergeht.

Der höchste Preis für Filmrechte, der je bezahlt wurde, beträgt ca. 18,5 Mio. DM. Columbia bezahlte diesen Betrag am 20. Januar 1978 für *Annie*, das Broadway-Musical von Charles Strouse mit Andrea McCarlie, Dorothy Loudon und Reid Shelton.

Teuerstes Original-Drehbuch war ein Skript, das Joe Eszterhas für einen Film über den Niedergang von John Gotti, dem Kopf der Mafiafamilie Gambino, schreiben sollte. Der Vertrag, den Eszterhas im April 1993 mit Columbia abschloß, sicherte ihm, wie es heißt, 3,4 Mio. Dollar zu, falls der Film produziert würde und er der einzige Drehbuchautor war.

Die größte Summe, die je für ein unverlangt eingeschicktes Drehbuch (im Gegensatz zu einem Drehbuchauftrag wird ein solches Skript an denjenigen verkauft, der den höchsten Preis bietet) gezahlt wurde, waren 3 Mio. Dollar, die Carolco Pictures 1990 für *Basic Instinct* (USA, 1992) an Joe Eszterhas zahlte. Eszterhas wirkte an der Produktion des Films nicht mit, weil er und der Regisseur Paul Verhoeven kreative Differenzen hatten.

Der längste kommerziell produzierte Film ist der deutsche Film *Die zweite Heimat* von Edgar Reitz mit 25:32 Std. Länge. Der Film wurde in München uraufgeführt. Die Vorführung begann am 2. September, 14 Uhr und dauerte (mit Pausen) bis 9. September 1992, 1 Uhr 30. Der Film ist die Fortsetzung des Reitz-Films *Heimat* von 1984, der mit 15:40 Std. ebenfalls nicht gerade ein Kurzfilm ist.
Der längste Kinofilm ist Rainer Werner Fassbinders *Berlin Alexanderplatz* mit 15:21 Std. Am 6./7. August 1983 wurde der Film in voller Länge im Vista-Kino in Hollywood, Kalifornien (USA), mit einer Pause von 2 Std. für das Abendessen gezeigt.

Schnellste Filmproduktion war der Spielfilm *Mohabbat Ka-Mashiba*, der 1990 von einem 90köpfigen Team in 48 Std. gedreht wurde. Drehbuchautor, Produzent und Regisseur in einer Person war M. Maroof aus Lucknow (Indien).

Kassenfüller Nr. 1 ist der Universalfilm *Jurassic Park* (USA, 1993), der bis Ende 1993 weltweit 868 132 005 Dollar einspielte (337 832 005 Dollar in Nordamerika und 530,3 Mio. Dollar anderswo). Zwei weitere Rekorde hält Spielbergs Kinohit *Jurassic Park* (UIP): Er brachte den 2404 nordamerikanischen Kinos, in denen er vom 11. bis 13. Juni 1993 anlief, mit 50 159 460 Dollar die höchsten Einnahmen, die jemals an einem Premierenwochenende erzielt wurden, und kam dabei am 12. Juni mit 18 Mio. Dollar auch auf die höchste Tageskasse aller Zeiten.

Zum erfolgreichsten deutschen Gegenwartsfilm avancierte innerhalb kürzester Zeit *Otto – der Film* von und mit dem ostfriesischen Komiker Otto Waalkes. Am 19. Juli 1985 lief der Film in Deutschland an und wurde bis zum Februar 1986 in rund 750 deutschen Kinos ausgestrahlt. Die Gesamtzuschauerzahl betrug 9,5 Mio. Das brachte die Goldene Leinwand für den Film. Der Umsatz dieses Kassenknüllers liegt bei 65 Mio. DM.

Das größte Verlustgeschäft war *Inchon!* mit Laurence Olivier (1907-89) in der Hauptrolle. Der Film über die Landung von UN-Truppen in der Inchon-Bucht während des Koreakrieges wurde im Südwesten der USA in begrenztem Umfang in die Kinos gebracht, aber schon nach vier Tagen wieder zurückgezogen, nachdem er ganze 5000 Dollar eingespielt hatte. Die Produktionskosten hatten 102 Mio. Dollar betragen.

Medienstadt Babelsberg

Empfang zur Studiotour.

Im größten Mischatelier Europas.

Ein kurzer Dreh.

Die Kultfigur Marlene Dietrich überstrahlt die Filmstadt.

KUNST, MEDIEN, UNTERHALTUNG 232/233

• Film und Kino

Blick über die Filmstadt.

Immer noch gehört die Babelsberger Filmstadt vor den Toren Berlins zu den wichtigen Produktionsstätten für Film und Fernsehen in Europa. Die Hallen auf dem etwa 450 000 m² großen Gelände waren schon zu Bauzeiten in den 20er und 30er Jahren mit ihren enormen Dimensionen für große und allergrößte Produktionen ausgelegt. Doch Größe allein reicht heute nicht mehr aus. Die gesamte Babelsberger Filmstadt, die 1992 von der Treuhandanstalt an den französischen Mischkonzern CGE (Compagnie Generale des Eaux) verkauft wurde, wird gegenwärtig auf höchsten Stand der Technik gebracht, damit auch künftig hier die besten Voraussetzungen für jede Filmproduktion gegeben sind. Denn von der Geschichte allein – so beeindruckend sie auch ist – können auch diese Studios nicht leben.

Als der deutsche Filmpionier Guido Seeber hier draußen, zwischen Potsdam und Berlin, 1911 eine Kunstblumen- und Düngemittelfabrik erwarb, daneben gleich noch ein Glashaus als Atelier errichtete und ein großes Freigelände kaufte, da legte er den Grundstock für die Babelsberger Filmstudios. Kaum vorstellbar, daß er ahnte, welche Bedeutung diese Studios für den Film erhalten würden. Hier auf diesem Gelände, das mit einem Asta-Nielsen-Film eröffnet wurde, drehten die wichtigsten Regisseure des deutschen Films, hier agierten die besten Schauspielerinnen und Schauspieler, hier baute man 1929 die ersten deutschen Tonfilmateliers, und hier begann nach dem Zweiten Weltkrieg mit Wolfgang Staudtes Film *Die Mörder sind unter uns* auch die Geschichte der DEFA, der Deutschen Film AG.

An die 700 Kinofilme entstanden zu DDR-Zeiten in den Studios, dazu noch einmal gut 600 Spielfilme im Auftrag des DDR-Fernsehens. Der personelle und materielle Aufwand war gewaltig. Zu DDR-Zeiten standen 2270 Künstler, Techniker und Kaufleute fest im Brot der Studios. Nur wenige von ihnen arbeiten noch heute dort. Geblieben aber ist die Requisite mit einem weltweit absolut einmaligen Bestand von etwa einer Million Einzelteilen. Dieser Fundus lagert auf einer Fläche von 26 000 m². Zu ihm gehören 150 000 komplette Kostüme aus allen Stilepochen, 2000 Echthaar-Perücken, Geschirr aus allen Zeiten, Möbel in allen Stilen, Fahrzeuge jeder Bauart und selbst Coca-Cola-Flaschen in allen Größen und Formen – damit auch im sozialistischen Film die kapitalistische Warenwelt in ihrer ganzen Abscheulichkeit enthüllt werden konnte. Verborgen in der Requisite auch die nach dem Brand von 1933 noch erhaltene Bestuhlung des Reichstages aus dem ehemaligen großen Sitzungssaal. Spuren deutscher Geschichte auch im Boden der Filmstadt: 1945 hatten hier die Siegermächte ihre Nachrichtenzentrale für die Potsdamer Konferenz aufgebaut. Die Leitungen zu Stalins Quartier liegen noch ebenso im Boden wie jene zu den Quartieren Roosevelts und Churchills. Sie sind verborgen, vielleicht sogar versteckt.

Ansonsten ist die Filmstadt Babelsberg, die auf dem besten Weg zu einer hochmodernen Medienstadt ist, offen für viele. Attraktion ist die Babelsberger Studiotour, bei der die Besucherinnen und Besucher einen Blick hinter die Kulissen werfen können und dabei alles zu sehen bekommen, was die Bilder überhaupt erst zum Laufen bringt.

Zu diesem einmaligen Freizeitangebot gehört, neben der filmhistorischen Ausstellung *Cinefantastic – Dinos, Kong und Die unendliche Geschichte* auch die spektakuläre Stuntshow *Final Countdown*, in der während einer halben Stunde Action pur geboten wird mit Kampfszenen, Explosionen und vielen Tricks, mit denen die Doubles immer wieder überleben.

Stuntshow der spektakulären Art.
Fotos: Babelsberg Studiotour GmbH

Über die bestbezahlte Filmrolle in der Kinogeschichte darf sich Jack Nicholson freuen. Für den Joker in dem 50 Mio. Dollar teuren *Batman* kann er bis zu 60 Mio. Dollar erhoffen, weil er statt einer Gage eine Gewinnbeteiligung ausgehandelt hatte.

Barbra Streisand kassierte für *Nuts – Durchgedreht* (1988) als erste Filmschauspielerin eine Gage von 5 Mio. Dollar, und für *Herr der Gezeiten* (1991) erhielt sie mit 6 Mio. Dollar eine neue Rekordsumme.

Höchstbezahlter Kinderstar war bisher Macauley Culkin (*28 August 1980), der als 11jähriger nach seinem Erfolg in *Kevin allein zu Haus* (1990) 1 Mio. Dollar für *My Girl* (1991) erhielt. Daraufhin durfte er sich über einen 5-Mio.-Dollar-Vertrag (plus 5 Prozent aus dem Karten-Erlös) für die Fortsetzungsgeschichte *Kevin allein in New York* (1992) freuen.

Die längste Laufzeit in einem Kino erreichte *The Rocky Horror Picture Show* in Münchens Museum Lichtspielen. Seit dem 19. September 1976 läuft im Kino 2 täglich ununterbrochen dieser Kultfilm. Selbstverständlich gibt es für alle Besucher die *Rocky-Horror*-Mitspieltüte mit Reis, *Rocky*-Streichhölzern, Wunderkerzen, Luftrüsseln und Ratschen. Seit dem 4. November 1983 gibt es in Kino 1 die *Blues Brothers* – täglich ohne Unterbrechung.

Der meistdargestellte Kinoheld ist Sherlock Holmes, den Sir Arthur Conan Doyle (1859-1930) erfunden hat. Seit 1900 wurde der geniale Detektiv in über 211 Filmen von 75 verschiedenen Schauspielern dargestellt.

Die am häufigsten dargestellte Figur in Horrorfilmen ist Graf Dracula, der von dem irischen Schriftsteller Bram Stoker (1847-1912) ins Leben gerufen wurde. Der Graf oder seine direkten Nachkommen geisterten bisher durch 160 Filme. Frankenstein, der härteste Rivale, brachte es bis jetzt auf 115 Kinostreifen.

Die höchste Gage für einen Stuntman war bisher 100 000 Dollar. Für diesen Preis machte Dar Robinson im November 1979 einen 335-Meter-Sprung vom CN-Turm in Toronto (Kanada) für den Film *High Point*. Sein Fallschirm öffnete sich erst 91 m über dem Boden. Robinson starb am 21. November 1986 mit 39 Jahren.

Die größten Filmstudios der Welt befinden sich in der Universal City von Hollywood (USA). Zu ihnen gehören neben einem riesigen Freigelände 561 Gebäude, darunter 34 Aufnahmestudios für Farbtonfilme.

Die längste Kinoserie sind die in Hongkong gedrehten 101 Filme über Huang Fei-Hong, einen Meister der Kampfkunst aus dem 19. Jh. Der erste Film, *The True Story of Huang Fei-Hong*, wurde 1949 gedreht, und der vorläufig letzte, *Once upon a Time in China 2*, 1992. Die längste Serie mit demselben Hauptdarsteller sind die *Tora-San*-Komödien, in denen Kiyoshi Atsumi (* 1929) 46mal seine »chaplinesken« Fähigkeiten beweisen konnte. Der erste Film flimmerte im August 1969 über die Leinwand, der bislang letzte im Dezember 1992.

Die erfolgreichste Spielfilmreihe sind die 18 James-Bond-Filme von *James Bond – 007 jagt Dr. No* (GB 1962) mit Sean Connery (*1930) in der Hauptrolle bis zu *James Bond 007 – Lizenz zum Töten* (1989) mit Timothy Dalton (*1944). Die Filme haben bis heute weltweit mehr als 1 Mrd. Dollar eingespielt.

Der größte Studio-Schauplatz wurde 1976 für den James-Bond-Film *The Spy Who Loved Me* (Der Spion, der mich liebte) gebaut. Der Schauplatz in den Pinewood Studios von Buckinghamshire (GB), den Ken Adam und Michael Brown entworfen hatten, war 102 x 42 x 12 m groß und mit 4,54 Mio. l Wasser gefüllt. Darin lagen ein maßstabsgetreuer 600 000-Tonnen-Öltanker und drei Atom-U-Boote.

Die größten Filmstudios Österreichs sind die der Wien-Film in Sievering und auf dem Rosenhügel in Wien.

Das größte Filmatelier der Schweiz ist das Studio Bellerive in Zürich.

Die größte filmhistorische Fotosammlung mit 3,3 Mio. Bildern und Farbdias hat der Journalist Peter W. Engelmeier (* 1941) aus München zusammengetragen. In 191 Stahlschränken mit Hängeregistraturen und 1100 Leitzordnern mit Dias und Sheets stecken 100 Jahre der bisherigen Filmgeschichte.

Steven Spielberg bei der Oscar-Verleihung 1994, bei der *Jurassic Park* und *Schindlers Liste* (oben bei den Dreharbeiten) zehn Oscars erhielten.
Fotos: David James/Universal Studios; Gamma/B. King/Liaison

Älteste Leinwand- oder Bildschirmdarstellerin aller Zeiten ist Jeanne Louise Calment (* 1875), die sich 1990 im Alter von 114 Jahren in dem kanadischen Film *Vincent und ich* selbst spielte. Der Film ist eine moderne Fantasie über ein junges Mädchen, das durch die Zeit ins 19. Jh. reist, um Vincent van Gogh kennenzulernen. Jeanne Louise Calment ist der letzte lebende Mensch, der den Maler persönlich gekannt hat.

Die längste Filmkarriere erlebte der deutsche Schauspieler Curt Bois (1901-92), der als Achtjähriger in *Der fidele Bauer* sein Debüt gegeben hatte und 1986/87 seinen letzten Film drehte (*Der Himmel über Berlin*).

Die begehrteste Filmtrophäe ist der Oscar, seit 1928 von der amerikanischen Filmakademie verliehen.

Die meisten Oscars bekam Walt Disney (1901-66), »Vater der Mickymaus«, nämlich 20 Statuetten und 12 andere Plaketten und Urkunden, darunter einige postum, verliehen.

Die einzige vierfache Oscar-Gewinnerin als Hauptdarstellerin ist Katharine Hepburn (* 12. Mai 1907 in Connecticut, USA). Sie wurde für die

KUNST, MEDIEN, UNTERHALTUNG 234/235

• Film und Kino

Steven Spielbergs Erfolgsfilme:
Die Farbe Lila;
Der weiße Hai;
E. T. - Der Außerirdische;
Jurassic Park.

Fotos: Kobal Collection Warner Brothers;
Kobal Collection Universal; Kobal Collection (2)

Filme *Morning Glory* (1932/33), *Guess Who's Coming to Dinner* (Rat mal, wer zum Essen kommt, 1967), *The Lion in Winter* (Der Löwe im Winter, 1968) und *On Golden Pond* (Am goldenen See, 1981) ausgezeichnet. Insgesamt wurde sie zwölfmal für diese Auszeichnung nominiert.

15 Schauspieler sind für Hauptrollen mit zwei Oscars ausgezeichnet worden: Ingrid Bergman 1945 und 56, Marlon Brando 1955 und 73, Gary Cooper 1942 und 53, Bette Davis 1936 und 39, Olivia de Havilland 1947 und 50, Sally Field 1980 und 85, Jane Fonda 1972 und 79, Jodie Foster 1989 und 92, Dustin Hoffman 1980 und 89, Glenda Jackson 1971 und 74, Vivien Leigh 1940 und 52, Frederic March 1933 und 47, Luise Rainer 1937 und 38, Elizabeth Taylor 1961 und 67, Spencer Tracy 1938 und 39. Edith Head (1907-81) wurde für ihre Kostümentwürfe 8mal ausgezeichnet.

Die meisten Oscar-Nominierungen erhielt der Film *All About Eve* (Alles über Eva, 1950) mit vierzehn. Er gewann sechs Auszeichnungen.

Jüngste Oscar-Gewinnerin unter Wettbewerbsbedingungen war Tatum O'Neal (*5. November 1963), die 10 Jahre alt war, als sie 1974 den Preis für die beste Nebenrolle – in *Paper Moon* (1973) – erhielt. Shirley Temple (*23. April 1928) wurde für Filmrollen, die sie 1934 als 6jährige gespielt hat, mit einem Sonderpreis ausgezeichnet. Älteste Oscar-Preisträger waren mit jeweils 80 Jahren George Burns und Jessica Tandy. Der am 20. Januar 1896 geborene Burns erhielt ihn 1976 für *The Sunshine Boys*. Die am 7. Juni 1909 geborene Jessica Tandy durfte den Oscar 1990 für *Miss Daisy und ihr Chauffeur* in Empfang nehmen.

Die meisten Oscar-Auszeichnungen erhielt der Film *Ben Hur* (1959), nämlich elf, gefolgt von *Vom Winde verweht* (1939) und *West Side Story* (1961) mit jeweils zehn Auszeichnungen.

Höchstdekorierte Künstler sind Helen Hayes (* 1900), Richard Rogers und Rita Moreno (* 1931). Nur sie haben den Oscar und den Tony, Grammy und Emmy dazu gewonnen. Barbra Streisand (* 24. April 1942 in Brooklyn, New York) erhielt einen Oscar sowie Grammy- und Emmy-Preise und außerdem noch den Tony-Sonderpreis *Star des Jahrzehnts*.

Erster deutscher Oscar-Preisträger war 1928 Emil Jannings (1886-1950). Er erhielt den Preis als bester Hauptdarsteller für die Filme *Sein letzter Befehl* (1927, Regie Joseph von Sternberg) und *Der Weg allen Fleisches* (1927, Regie Victor Fleming).

Das größte Kino der Welt ist die Radio City Music Hall in New York, die am 27. Dezember 1932 eröffnet wurde. Ursprünglich gab es dort 5945 Plätze, heute sind es 5874. Kinepolis in Brüssel (B), 1988 eröffnet, ist der größte Kinokomplex der Welt. Insgesamt stehen dort 27 Leinwände und 7000 Sitzplätze zur Verfügung.

Oscar-Preisträger

Der Oscar für die beste weibliche bzw. männliche Hauptrolle, wurde bisher 15 Schauspielern zweimal verliehen:

Ingrid Bergman	1945/1956
Marlon Brando	1955/1973
Gary Cooper	1942/1953
Bette Davis	1936/1939
Olivia de Havilland	1947/1950
Sally Field	1980/1985
Jane Fonda	1972/1979
Jodie Foster	1989/1992
Dustin Hoffman	1980/1989
Glenda Jackson	1971/1974
Vivien Leigh	1940/1952
Frederic March	1933/1947
Luise Rainer	1937/1938
Elizabeth Taylor	1961/1967
Spencer Tracy	1938/1939

◆ RUNDFUNK

Älteste Rundfunksendung der Welt ist die Spielserie *Rambling with Gambling* im Frühprogramm von WOR-NY, die im März 1925 gestartet worden ist und seitdem drei Generationen unterhalten hat. Am 30. April 1992 wurde die 20 969. Spielshow ausgestrahlt.

Auf über 12 500 Live-Sendungen brachte es *Autofahrer unterwegs* des Österreichischen Rundfunks (ORF) bis 1992. Die älteste bestehende tägliche Sendung wurde erstmals am 5. April 1957 ausgestrahlt und ist die meistgehörte und bekannteste Sendung des ORF.

Dauermoderieren am Mikrophon bot der Chemnitzer Steffen Lukas (24) beim Leipziger Privatsender RADIO PSR – Erster Privater Sächsischer Rundfunk. Vom 24. bis 27. November 1993 hat er 69 Std. lang über 130 Verkehrsfunkansagen, rund 400 Zeitansagen, 400 Musiktitel und über 50 Beiträge verlesen bzw. moderiert – als Volontär erledigte er bei seinem Rekord die Arbeit von 18 regulären RADIO PSR-Moderatoren.

Die meisten Rundfunksender gibt es in den USA. Am 31. März 1994 waren dort 11 608 lizensierte Sender registriert, die auf Mittelwelle und auf Ultrakurzwelle senden.

Steffen Lukas: 69 Std. am Mikro. Foto: Klaus-Dieter Gloger

Kurzwellenempfang. Dem Dozenten Dieter K. Reibold (*1937) aus Kirchheim bei München (BY) gelang es, am 31. Mai 1992 innerhalb von 30 Min. Radiostationen aus 30 Ländern von sechs Radiokontinenten zu empfangen. Er benutzte dazu in der Weltzeit von 4 Uhr bis 4 Uhr 30 (6 Uhr–6 Uhr 30 MEZ) simultan drei Empfänger (Sony CRF-320, Sony ICF-2001 D, Sony ICF-7600 D). Von allen 30 gehörten Stationen liegen die Hörbestätigungen (QSL-Karten) vor. Für diese Leistung erhielt Dieter K. Reibold ein fünffach (Quintuple) HAC-Diplom (**H**eard **A**ll **C**ontinents) vom Sender DS-Kultur Berlin.

Das größte Echo auf eine Hörfunksendung wurde vom 21. bis 27. Juni 1993 in Osaka (Japan) erzielt, als im Rahmen einer Telefon-Lotterie 8 091 309 Menschen beim Sender FM Osaka 85,1 anriefen. Als Preis winkten 100 000 Yen, und die Zuhörer hatten täglich 10 Std. lang jeweils 20 Min. pro Stunde Zeit, ihn zu gewinnen. Der Tag mit den meisten Anrufen war der 23. Juni, als in den zur Verfügung stehenden 3:20 Std. 1 540 793mal das Telefon klingelte.

Die längste Hörer-Hitparade lief vom 20. bis 27. Juli 1990 in Radio RT.1, Augsburg. Die beiden Moderatoren Peter Ostanski (* 1950) und Michael Falke (* 1948) spielten, nur unterbrochen von Nachrichten, 183 Std. im Wechsel 2222 Musiktitel. *Power auf Dauer* endete mit *Ding Dong* von der Ersten Allgemeinen Verunsicherung.

Die einzige deutsch-deutsche Hitparade aller Zeiten lief neun Tage vom 17. bis 25. August 1990. In 8-Std.-Schichten moderierten vier Moderatorenpaare von SDR 3 und vom Jugendradio DT 64 ihr Hitparaden-Programm *Top 2000 D* rund um die Uhr – nur unterbrochen durch Nachrichten und Werbung. Südwest 3 sendete diese Radio-Show zweier Anstalten sogar live im Fernsehen. Mit 14:30 Std. wurde das Medienereignis mit seiner 2008 gespielten Titeln zur bisher längsten Radio-TV-Show, zur ersten Radiosendung, die jemals abgefilmt wurde.

Rekord-Publikum bei einer Radiosendung der BBC waren 30 Mio., die sich am 6. Juni 1950 die Übertragung des Boxkampfes zwischen Lee Savold (USA) und Bruce Woodcock (GB) anhörten.

Der in 39 Sprachen ausgestrahlte weltumspannende **Radiodienst der BBC** wurde 1993, wie Umfragen in 90 Ländern ergaben, von schätzungsweise 130 Mio. Menschen regelmäßig gehört – also von 10 Mio. mehr als 1992. Er erreichte damit mehr Hörer als die Stimme Amerikas, Radio Moskau und die Deutsche Welle zusammen. Die Zahl ist eher zu vorsichtig geschätzt, denn aus mehreren Ländern – darunter China, Kuba, Myanmar (Burma), Iran und Vietnam – waren keine Hörerzahlen zu erhalten.

Der größte und teuerste Hifi-Verstärker für den Heimbereich kommt aus Elze (NS). Unter der Typenbezeichnung *The Sovereign* verbergen sich zwei 3000-W-Verstärkertürme von je 1,5 m Höhe (30 cm breit, 40 cm tief). Die schrankhohe exklusive Bauserie der Firma HighEND Vertriebs GmbH kostet 125 000 DM.

Ein Radiomuseum aus 2 756 historischen Geräten der Radiotechnik hat Hans Necker aus Bad Laasphe (NW) seit 1981 aufgebaut. Erste Oldtimer-Radios in »guter alter« Röhrentechnik hat er bereits in den 50er Jahren zusammengetragen. Die Nostalgiesammlung aus Röhrenradiogeräten ist unverkäuflich, die Einzelstücke werden funktionsfähig gehalten.

◆ FERNSEHEN

Die ersten Versuche in Deutschland, die durch den Krieg und die erste Nachkriegszeit unterbrochene Entwicklung des Fernsehens wieder zu beleben, unternahmen acht Techniker 1948 beim Nordwestdeutschen Rundfunk (NWDR) Hamburg mit Hilfe eines Bildabtasters, der über den Krieg hinweg gerettet worden war. Am 25. Dezember 1952 begann offiziell das Fernsehen in der Bundesrepublik Deutschland. Der NWDR strahlte täglich von 20 bis 22 Uhr (bzw. 22 Uhr 30) ein Programm aus, zusätzlich ein halb- bis einstündiges Nachmittagsprogramm.

Das erste Programm der Eurovision, des europäischen Fernsehgemeinschaftsprogramms, war die Übertragung der englischen Krönungsfeierlichkeiten am 2. Juni 1953. Angeschlossen waren England, Frankreich, die Niederlande, Belgien und die Bundesrepublik Deutschland.

Die erste transatlantische Übertragung über Satellit wurde am 11. Juli 1962 um 1 Uhr nachts per *Telestar 1* von Andover, Maine (USA), nach Pleumeur Boudou in Frankreich erreicht. Auf dem Bildschirm sah man Frederick R. Kappell, den Vorsitzenden der amerikanischen Telefon- und Telegrafengesellschaft, der der Satellit gehörte.

Die erste Live-Übertragung via Satellit aus den USA, die in Deutschland empfangen wurde, war eine Reportage aus einem Baseball-Stadion in Chicago am 23. Juli 1963, bevor eine Pressekonferenz des US-Präsidenten John F. Kennedy übertragen wurde.

Die längste Sendung in der Fernsehgeschichte war die Übertragung des Mondfluges von *Apollo 11* bei GTV 9 in Australien: Sie dauerte, ununterbrochen, 163:18 Std. – vom 19. bis zum 26. Juli 1969.

Die längste Sendung, die ein einziger Regisseur ohne Pause durchgestanden hat, dauerte 48:03 Std. und war vom 17. bis 19. Februar 1990 im WOOC TV 2 vom Otterbein College in Westerville, Ohio (USA), zu sehen. Regisseur der Studentenproduktion war Ben Kehoe.

Die erste reguläre Farbfernsehsendung in Deutschland wurde am 25. August 1967 von der Internationalen Funkausstellung Berlin aus ausgestrahlt.

Ein Videorekorder wurde erstmals 1956 von Alexander M. Poniatoff vorgestellt, dessen System als Ampex (seine Initialen plus »ex« für Exzellenz) bekannt wurde. Der erste Heim-Videorekorder ist am 24. Juni 1963 im Londoner Nachrichtenstudio der BBC erläutert worden. Entwickelt wurde er im Auftrag der Firma Nottingham Electronic Valve Co. von Norman Rutherford und Michael Turner.

Die schnellste Video-Produktion schaffte das britische Unternehmen Thames Video Collection. Thema der Blitz-Cassette: die Hochzeit von Prinz Andrew und Sarah Ferguson am 23. Juli 1986. Der Videofilm wurde live aufgenommen und endet vor dem Chelsea Hospital, wo ein Hubschrauber abhob und das Paar auf den Weg in die Flitterwochen brachte. Das war um 16 Uhr 42. Die ersten Cassetten, in vollständiger Fassung und verpackt,

25 Mio. Videos des Zeichentrickfilms Aladdin *wurden schon in den USA verkauft. Foto: Walt Disney Co*

Das Video Das Dschungelbuch *erzielte in den USA über 19 Mio. Verkäufe, in Großbritannien wurde es das meistverkaufte Video. Foto: Walt Disney Co*

KUNST, MEDIEN, UNTERHALTUNG

• Rundfunk • Fernsehen

neunzigste Geburtstag zum festen Bestandteil des Silvesterprogramms von NDR III. 1986 gab es das Jubiläum, als zusätzlich auch im 1. Programm die Sendung um 23 Uhr zum 25. Mal lief.

Teuerste Fernsehrechte. 8 Mio. Dollar soll eine amerikanisch-europäische Investorengruppe unter Führung von CBS für die TV-Rechte an Alexandra Ripleys *Scarlett*, der Fortschreibung von Margaret Mitchells *Vom Winde verweht*, bezahlt haben. Das wurde im November 1991 berichtet.

Die meisten Zuschauer einer einzelnen Sendung zog die NBC-Übertragung des 27. Football-Endspiels (Super Bowl) am 31. Januar 1993 an, das 133,4 Mio. Menschen auf der Mattscheibe verfolgten.

Weltweit meistgesehene Fernsehserie ist die *Muppet Show*. Bis August 1989 erreichte sie schätzungsweise 235 Mio. Zuschauer in 106 Ländern.

Die längste deutsche Fernsehserie ist die *Lindenstraße* im 1. Programm der ARD. Für den »Vater« der *Lindenstraße* Hans W. Geißendörfer war die englische Serie *Coronation Street*, die 1990 ihr 30jähriges TV-Jubiläum feierte, Vorbild seiner Serie. In Köln-Bocklemünd entstand 1985 eine 150 m lange Straße aus 5 t Stahl, 50 000 m Bauholz, 11 000 m² gemauerten Wänden mit 165 Fenstern und 84 Türen. Auch im 9. Pro-

wurden um 22 Uhr 23 von Fenella Lee und Lucinda Burland in einem Geschäft an der Londoner Oxford Street verkauft, also 5:41 Std. nach der letzten Aufnahme.

Die dauerhafteste Fernsehserie der Welt ist *Meet the Press* (Begegnung mit der Presse) der amerikanischen Fernsehgesellschaft NBC, die am 6. November 1947 startete und seit dem 12. September 1948 allwöchentlich ausgestrahlt wird. Die Idee zu diesem Programm hatte Lawrence E. Spivak, der bis 1975 jede Woche als Moderator oder Teilnehmer mitwirkte.

Wiederholungsrekord: Seit 1972 gehört das *Dinner for one* oder *Der*

duktionsjahr läuft die Serie weiter auf Erfolgskurs. Bis zu 10,4 Mio. Zuschauer sehen Sonntag für Sonntag die neueste Folge. Am 21. August 1994 lief Folge 455 – ein Ende ist vorerst nicht abzusehen.

Die teuerste Produktion in der Fernsehgeschichte war die siebenteilige Paramount-Serie *The Winds of War*, eine Saga über den Zweiten Weltkrieg, die von ABC (USA) ausgestrahlt wurde. Die Dreharbeiten hatten 14 Monate gedauert. Gesamtkosten: 42 Mio. Dollar (76,6 Mio. DM). Die Schlußepisode am 13. Februar 1983 verfolgten allein 41 Prozent aller britischen Fernsehzuschauer.

Den größten Fernsehvertrag aller Zeiten schloß, wie Mitte März 1994 berichtet wurde, Oprah Winfrey (* 1954) im Namen ihrer Firma (Harpo) mit der King World Corporation

TOP 10 der bestverdienenden Entertainer

			JAHRESGAGE
1.	Oprah Winfrey	(Talkmasterin)	98 Mio. Dollar
2.	Steven Spielberg	(Regisseur)	72 Mio. Dollar
3.	Bill Cosby	(TV-Komiker)	66 Mio. Dollar
4.	Guns'n'Roses	(Rockband)	53 Mio. Dollar
5.	Prince	(Rockmusiker)	49 Mio. Dollar
6.	Charles Schultz	(Cartoonist)	48 Mio. Dollar
7.	Kevin Kostner	(Schauspieler)	48 Mio. Dollar
8.	U2	(Rockband)	47 Mio. Dollar
9.	Gath Brooks	(Countrysänger)	47 Mio. Dollar
10.	David Copperfield	(Zauberer)	46 Mio. Dollar

ab. Er soll Harpo in den 6 1/2 Jahren bis zum 31. Dezember 2000 insgesamt 300 Mio. Pfund oder 45,15 Mio. Pfund pro Jahr zusichern.

Höchstdotierter Vertrag: 5 Mio. Dollar jährlich soll die amerikanische TV-Anstalt NBC dem früheren Gastgeber der *Tonight-Show*, John William Carson (*23. Oktober 1925), zugesichert haben. Dessen Gegenleistung: viermal pro Woche eine einstündige Abendshow.

Höchstbezahlter Fernsehunterhaltungskünstler ist der Komiker Bill Cosby, der in zwei Jahren – 1990/91 – 115 Mio. Dollar verdient haben soll.

Der produktivste Fernsehautor der Welt war Lord Willis (1918-92), der seit 1949 nicht weniger als 41 Serien, 37 Bühnenstücke und 39 Spielfilme geschrieben hat. 29 seiner Stücke hat er auch inszeniert. Die Serie *Dixon of Dock Green*, die die BBC von 1955 bis 76 ausstrahlte, stammte in den ersten 7 Jahren ausschließlich von ihm. Diese Serie verschlang 2,25 Mio. von den insgesamt 20 Mio. Wörtern, die Lord Willis seit 1942 geschrieben hat.

Die teuerste Werbezeit kostete pro Minute 1,7 Mio. Dollar (2,81 Mio. DM). So viel verlangte der Fernsehsender NBC am 26. Januar 1992 für die Werbeeinblendungen während der Übertragung des 26. Super Bowl (Endspiel im American Football), die von über 120 Mio. Menschen verfolgt wurde.

Die erfolgreichste Wohltätigkeitssendung war die von Jerry Lewis zum Labor Day 1989. Sie erbrachte 78 438 573 Dollar (etwa 148 Mio. DM).

Teuerster Werbeträger ist der amerikanische Sänger Michael Jackson. Pepsi-Cola soll ihm für vier TV-Werbeauftritte 21 Mio. DM bezahlt haben.

Der am schnellsten produzierte Fernsehwerbespot wurde während des 27. Super-Bowl-Spiels im Atlanta Georgia Dome (USA) geschrieben, gedreht und ausgestrahlt. Die Filmaufnahmen endeten vor Beginn des letzten Spielviertels; Mitte des dritten Viertels begann man mit der Bearbeitung, und der fertige Spot wurde in der Werbepause während der zweiminütigen Ankündigung des letzten Viertels ausgestrahlt. Star des 30 Sek. langen Werbefilms war Emmitt Smith von den Dallas Cowboys.

Der kürzeste TV-Werbespot bestand aus ganzen vier Takes (Aufnahmen) – für 1 Sek. benötigt man 30 Takes. Die Werbung für Bon-Marche's-Frango-Bonbons kostete 3780 Dollar und wurde am 29. November 1993 im *Evening Magazine* des Senders KING-TV ausgestrahlt.

Mönchische Tradition prägt den Buddhismus Thailands.
Foto: Silvestres/Robert Hafollig

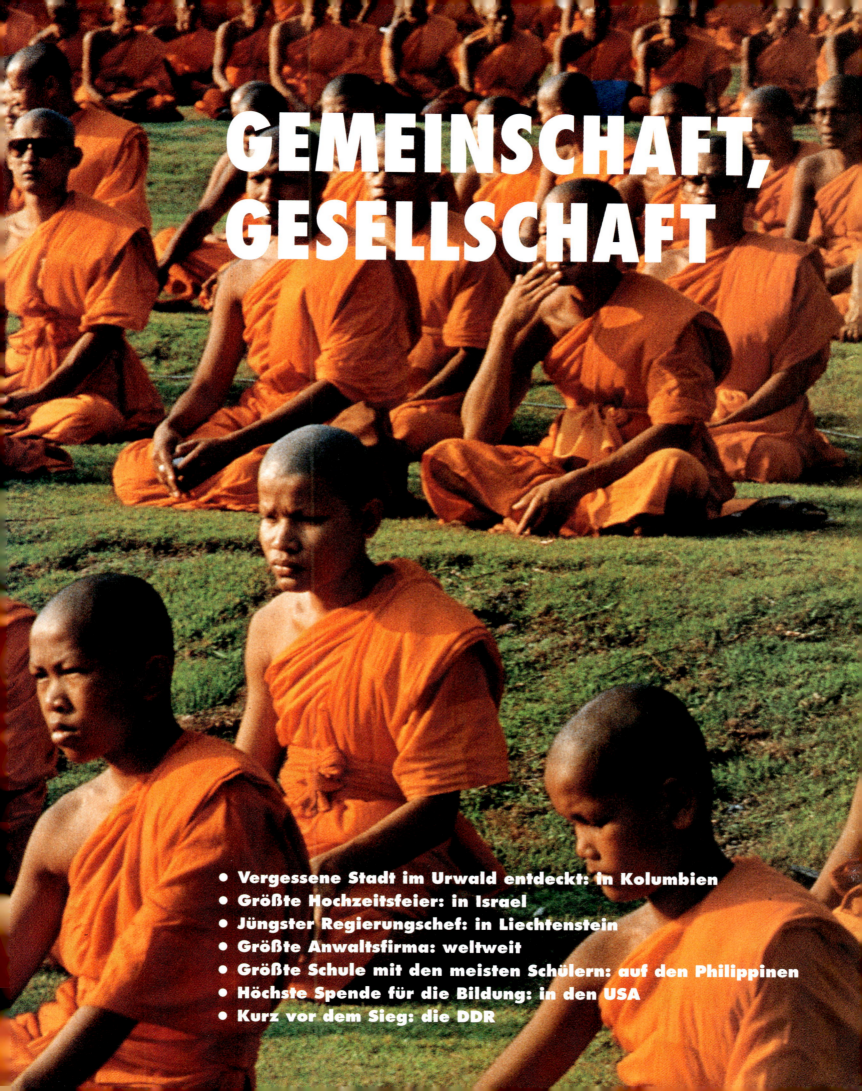

GEMEINSCHAFT, GESELLSCHAFT

- Vergessene Stadt im Urwald entdeckt: in Kolumbien
- Größte Hochzeitsfeier: in Israel
- Jüngster Regierungschef: in Liechtenstein
- Größte Anwaltsfirma: weltweit
- Größte Schule mit den meisten Schülern: auf den Philippinen
- Höchste Spende für die Bildung: in den USA
- Kurz vor dem Sieg: die DDR

◆ NATIONEN, LÄNDER, STÄDTE

Die größte politische Einheit, das British Commonwealth of Nations, eine freie Vereinigung von 51 souveränen Staaten und den von ihnen abhängigen Territorien, bedeckt eine Fläche von 30 554 762 km² mit einer Bevölkerung von schätzungsweise 1 547 303 000. Fast alle Mitgliedsländer gehörten dem ehemaligen britischen Empire an. Die Ausdehnung des Empires begann, als Heinrich VII. im März 1496 Handelsmonopole an John Cabot verlieh und später, am 31. Dezember 1600, als die East India Company (Ostindische Kompanie, aufgelöst 1858) gegründet wurde. Die Staaten bekennen sich zur Demokratie und zu gleichen Rechten für alle Männer und Frauen ungeachtet ihrer Rasse, Hautfarbe, Religion oder politischen Anschauung. Das Commonwealth setzt sich für den Weltfrieden, internationale Verständigung und die Beendigung von Armut und Rassismus ein.

Die Europäische Gemeinschaft (EG), die seit Januar 1958 aufgrund der am 25. März 1957 geschlossenen Römischen Verträge besteht, umfaßt gegenwärtig die Staaten Belgien, Bundesrepublik Deutschland, Dänemark, Frankreich, Großbritannien, Irland, Italien, Luxemburg, Niederlande, Griechenland und durch die Süderweiterung seit 1986 Portugal und Spanien.

In der Welt gibt es 191 **souveräne Länder** und 65 nichtsouveräne oder sonstige Territorien (Schutzgebiete souveräner Staaten, beanspruchte Territorien in der Antarktis und umstrittene Territorien), insgesamt also 254 (Stand vom April 1994) Länder und Territorien.

Das kleinste unabhängige Land der Welt ist mit 0,44 km² die Vatikanstadt (Stato della Città del Vaticano), ein Stadtstaat, der am 11. Februar 1929 eine Enklave von Rom wurde.

Die kleinste Republik der Welt ist Nauru, knapp ein Grad südlich des Äquators im Westpazifik gelegen; sie wurde am 31. Januar 1968 unabhängig. Sie hat eine Fläche von 2129 ha und – nach der jüngsten Schätzung 1993 – 10 000 Einwohner.

Die kleinste Kolonie ist Gibraltar mit einer Fläche von 5,8 km² und ca. 2000 Einwohnern.

Pitcairn, die einzige bewohnte (55 Bewohner Ende 1993) in einer Gruppe von vier Inseln (insgesamt 48 km² Fläche), hat eine Fläche von 388 ha. Benannt wurde die Insel im Juli 1767 nach Fähnrich Robert Pitcairn von der HMS Swallow.

Der offizielle Sitz des Großmeisters des Ordens der Malteserritter besteht seit 1834 aus der Villa del Priorato di Malta (1,2 ha) auf dem Aventin, dem niedrigsten der sieben Hügel von Rom (I), und bewahrt, ebenso wie die römische Residenz 68 via Condotti, bestimmte diplomatische Privilegien. Er hat akkreditierte Gesandte im Ausland und wird daher manchmal **der kleinste Staat der Welt** genannt.

Das Land mit dem niedrigsten höchsten Punkt sind die Malediven, deren »Spitze« 2,4 m üNN liegt.

Das beliebteste Urlauberziel ist Frankreich, wo sich 1992 nach Erhebungen der World Tourism Organization 59 590 000 ausländische Urlauber aufhielten. Das Land mit den größten Einnahmen aus dem Tourismus sind die USA mit 53,9 Mrd. Dollar (89 Mrd. DM) 1992. Das meiste Urlaubsgeld geben die Amerikaner aus, die im selben Jahr 39,9 Mrd. Dollar (66 Mrd. DM) im Auslandsurlaub ließen.

Das Land mit der höchsten tiefsten Stelle ist Lesotho, wo die Mündung des Senqu-Flusses (Oranje) 1380 m üNN liegt.

Schnellster Nutzer des freien Warenverkehrs wurden der Weiler Radiohändler Erwin Lang und sein türkischer Auszubildender Nedim Yildiz am 1. Januar 1993, als sie abspracheg emäß einem Kunden des Elsaß in der ersten Sekunde des neuen Jahres einen Farbfernseher und einen Videorekorder lieferten. Ohne Visum und ohne Reisepaß dürfte der angehende Einzelhandelskaufmann als Erster vom gemeinsamen Markt der 346 Mio. Menschen profitiert haben. Hunderte von feiernden Besuchern und ein Team des französischen Fernsehsenders Antenne 2 waren Zeuge der einfallsreichen Idee des Radiohändlers.

Staatsgrenzen: In der Welt gibt es 319 Staatsgrenzen. Der Kontinent mit den meisten Grenzen, nämlich 109, ist Afrika. Von den geschätzten 420 Grenzlinien auf dem Meer sind bislang erst 140 ratifiziert. Im Verhältnis zur Landfläche hat Europa die meisten Grenzen.

Die längste zusammenhängende Grenze liegt zwischen Kanada und den USA, die (inklusive der Großen Seen, aber ohne die 2547 km lange Grenze mit Alaska) 6416 km lang ist. Nimmt man die durch die Großen Seen in Nordamerika führende Grenzlinie aus, erstreckt sich die längste Landgrenze – mit 5255 km – zwischen Chile und Argentinien.

Kürzeste Grenze. 4,07 km mißt die »Landesgrenze« zwischen der Vatikanstadt und der Stadt Rom.

Die am häufigsten überquerte Grenze ist die zwischen den USA und Mexiko. Sie erstreckt sich über 3110 km. In den zwölf Monaten bis zum 30. September 1993 gab es 452 657 133 Grenzüberquerungen.

Die Grenze zwischen China und den GUS-Staaten, die von der chinesisch-mongolischen Grenze unterbrochen wird, ist 7240 km lang. Die Zahl der dortigen Grenzübertritte ist nicht bekannt.

Die Landgrenze zwischen Gibraltar und Spanien bei La Linea, die zwischen Januar 1969 und Februar 1985 geschlossen wurde, ist 1,53 km lang.

An einem Punkt in der Nähe der Victoriafälle des Sambesi im südlichen Afrika treffen Sambia, Simbab-

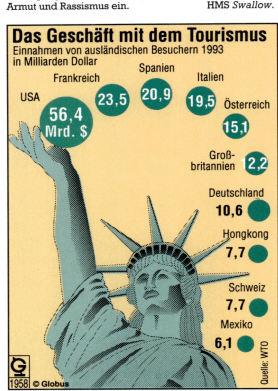

Das Geschäft mit dem Tourismus
Einnahmen von ausländischen Besuchern 1993 in Milliarden Dollar

- USA 56,4 Mrd. $
- Frankreich 23,5
- Spanien 20,9
- Italien 19,5
- Österreich 15,1
- Großbritannien 12,2
- Deutschland 10,6
- Hongkong 7,7
- Schweiz 7,7
- Mexiko 6,1

Quelle: WTO — © Globus 1958

Die Metropolen der Welt

Schon im Jahr 2000 wird mehr als die Hälfte der Bevölkerung in Ballungsgebieten wohnen. Weltweit wird es 23 Megastädte mit je 10 Mio. oder mehr Menschen geben, die meisten davon in Pazifik-Anrainerstaaten. Eine der Prognosen, die 175 Experten auf einer Umweltkonferenz im kalifornischen San Franzisko im Oktober 1992 stellten. Ein Großteil der Menschheit lebt weltweit bereits in den städtischen Metropolen Mexico City, Tokio und Sao Paulo. Die Megastädte ziehen Millionen von Menschen an, die dorthin auf der Suche nach Arbeit, Glück und Wohlstand strömen. Allein 40 Mio. Menschen leben in Mexico City (21,5) und in Tokio (18,5). Ein fast unkontrolliertes Wachstum macht vor allem die Metropolen der Dritten Welt zu urbanen Notstandsgebieten.

Teuerste Städte

Tokio und Osaka bleiben mit Abstand die teuersten Städte der Welt. Das diritteuerste Pflaster ist nach Angaben der Beraterfirma Corporate Resources Group vom Juni 1994 in Genf (die zweimal im Jahr einen Warenkorb mit 151 Artikeln und Dienstleistungen zur Berechnung dieser Rangfolge auf Dollar-Basis veröffentlicht) die russische Hauptstadt Moskau, die im letzten Jahr noch auf Platz 5 rangierte. Ganz oben liegen noch Buenos Aires, Hongkong, Zürich, Genf und St. Petersburg. Platz 15 auf der Rangliste nehmen die deutschen Großstädte Berlin und München zusammen mit Brüssel und Luxemburg ein. Düsseldorf und Hamburg stehen mit Peking, London und Helsinki auf Platz 16, Frankfurt/Main ist Nummer 17. Immer kostspieliger wird auch Osteuropa. Allerdings rangieren Prag, Budapest und Warschau erst auf den mittleren Plätzen. Am billigsten lebt man in Harare und in Neu-Delhi.

Treffen der Metropolen in Berlin

Vom 16. bis zum 18. Mai 1994 trafen sich die Bürgermeister, Gouverneure und Oberhäupter aus insgesamt 27 Millionenstädten zur 4. Gipfelkonferenz der Weltmetropolen in Berlin.
Bei dieser Konferenz, die unter dem Motto »Metropolen in ihrer Region« stand, sollte über Probleme wie Nahverkehr, Verschuldung, Abfallentsorgung, Drogen etc. nachgedacht werden. Außerdem suchte man nach gemeinsamen Lösungen, es erwies sich allerdings als schwierig, so unterschiedliche Städte wie Paris, Kuala Lumpur, Lima und Nairobi unter einen Hut zu bekommen.
Die Gipfelkonferenz wurde das erste Mal 1985 vom Gouverneur von Tokio, Shunichi Suzuki, ins Leben gerufen, und findet seitdem alle drei Jahre statt, 1988 in Istanbul und 1991 in Montreal. Teilnehmen darf pro Nation nur eine Stadt. Der Konferenz gehören insgesamt 24 Städte aus 4 Kontinenten an, in Berlin waren zusätzlich Prag, Lissabon und Warschau als Beobachter geladen.

GEMEINSCHAFT, GESELLSCHAFT 240/241
• Nationen, Länder, Städte

Rußland – das größte Land

Das größte Land der Welt ist Rußland mit 17 075 400 km² Fläche, 11,5 Prozent der gesamten Landfläche des Erdballs. Auch nach dem Zerbrechen der früheren Sowjetunion, die eine Fläche von 22 402 200 km² hatte, ist Rußland deutlich größer als jedes andere Land, nämlich fast zweimal so groß wie Kanada (das zweitgrößte Land der Welt), China und die USA und mehr als doppelt so groß wie Brasilien. Selbst Australien würde zweimal in die russische Landfläche hineinpassen, Frankreich 33mal, Deutschland 47mal und Großbritannien 70mal. Die Entfernung vom östlichsten zum westlichsten Punkt Rußlands entspricht der Strecke von London nach Perth (Australien), von New York nach Neu-Delhi oder von Sydney nach Istanbul. Innerhalb der russischen Grenzen gibt es elf Zeitzonen.

Die Kathedrale des heiligen Johannes in La Valetta auf Malta. Unter den Grabplatten ruhen Ritter des Malteser-Ordens – des kleinsten Staates der Welt.
Foto: Gamma/Studio X/Alain Bou

we, Botswana und Namibia sich fast an einem einzigen Punkt.

Der Staat mit den meisten Landgrenzen ist China, über insgesamt 24 000 km erstrecken sich die 16 Grenzen zu folgenden Nachbarländern: Mongolei, Rußland, Nordkorea, Hongkong, Macao, Vietnam, Laos, Myanmar (früher Birma), Indien, Bhutan, Nepal, Pakistan, Afghanistan, Tschadschikistan, Kirgisien und Kasachstan.

Die längsten Küstenlinien hat Kanada, nämlich 234,789 km einschließlich der kanadischen Inseln. Monaco hat die kürzeste Küstenlinie aller souveränen Staaten, nämlich 5,61 km – ohne Kais und Wellenbrecher.

Die älteste Hauptstadt der Welt ist Dimashq (Damaskus), die Hauptstadt von Syrien, die seit ca. 2500 v. Chr. ständig bewohnt war.

Die älteste noch existierende Stadt Europas ist Cadiz (ES), eine phönizische Gründung aus der Zeit um 1100 v. Chr.

Die jüngste Hauptstadt in Europa und Hauptstadt Niederösterreichs wurde am 10. Juli 1986 durch eine Änderung der Niederösterreichischen Landesverfassung die Stadt St. Pölten mit ca. 50 000 Einwohnern.

Älteste Städte Deutschlands sind Trier (RP) als römische Stadt *Augusta Treverorum* 16 v. Chr. von Kaiser Augustus gegründet und Augsburg (BY) 15 v. Chr. zunächst ein römisches Legionslager, dann unter Kaiser Tiberius *Augusta Vindelicum* (benannt nach den keltischen Vindelikern) Zivilstadt geworden. Nächstälteste Städte sind Worms (RP), als *Borbetomagus* eine keltische Gründung aus der Zeit um

Neue alte Städte

Immer größer werden die Metropolen der Welt. Immer schneller fressen sie sich in die Landschaften hinein. Immer höher werden die Wolkenkratzer in ihren Zentren. Immer größer der Reichtum. Immer ausgeprägter auch die Armut. Schon im Jahr 2000 wird mehr als die Hälfte aller Menschen auf der Erde in Städten wohnen. Weltweit wird es 23 Megastädte mit je mindestens 10 Mio. Einwohnern geben. Die Erde, so will es manchmal scheinen, ist bevölkert bis an den Rand, kein Flecken ist mehr unbekannt, kein Gebiet mehr unerschlossen. Solchen Vermutungen stehen immer wieder Meldungen über entdeckte Städte entgegen, die einst, vor Hunderten von Jahren, Lebensmittelpunkt vieler Menschen waren, und die danach vergessen wurden, weil sie Sand begraben, Urwald verschlungen, Meerwasser überspült hatte.

Anfang 1994 wurde die Kenntnis von der Welt wieder größer: In der Negevwüste fanden sich Reste der israelitischen Stadt Tamar – eine Entdeckung, die nicht nur für die Archäologie Bedeutung hat, sondern auch für die orthodoxen Juden in Israel. Tamar, ehedem an der südlichen Grenze Judäas gelegen, gehört zwar heute zum Staat Israel, liegt aber außerhalb der historischen Grenzen des »Landes Israel«, auf das sich die orthodoxen Juden in ihrem Tun und Handeln beziehen.

Als Ort bekannt schon seit bald 20 Jahren, aber immer noch kaum richtig entdeckt und ergründet und schon gar nicht für interessierte Besucher erschlossen, ist Buritaca 200, die von der Fläche her größte archäologische Entdeckung in diesem Jahrhundert. Die riesige städtische Wohnanlage der Tayrona-Indianer liegt in einem unwegsamen und nicht erschlossenen Gebiet im nördlichen Kolumbien in der Sierra Nevada de Santa Marta. Diese geheimnisvolle Stadt, die sich geradezu labyrinthisch über Berge hinwegzieht, ist zwischen 1100 und 1300 n. Chr. entstanden, widerstand sehr lange den spanischen Eroberungszügen und fiel dann samt der Schätze der Tayrona-Kultur dem Vergessen anheim. Verlorene Stadt, Ciudad Pérdida, nennen die Kolumbianer diesen

Die hochentwickelte Handwerkskultur der Tayrona-Indianer hat Goldschmuck in allen nur denkbaren Formen entstehen lassen, die einfach und raffiniert zugleich sind. 11 000 goldene Ausstellungsstücke der Tayrona-Indianer sind allein in Bogota zu besichtigen.
Fotos: Harro Schweizer

Ort. Infierno Verde, die Grüne Hölle, haben sie jene Grabräuber genannt, die sich bis Mitte der 70er Jahre bei Grabräubereien an den Goldschätzen vergriffen.

Erst seit 1977 wird die Anlage systematisch freigelegt und restauriert. Seit gut zehn Jahren ist sie für Besucher geöffnet, doch die Zahl der Menschen, die sich inmitten des Regenwaldes ein Bild von dieser sagenhaften Stadt machen wollen, ist verschwindend gering. Zu mühsam ist der zweitägige Anmarsch von dem kleinen Flecken El Mamey, nahe der kolumbianischen Karibikküste zwischen Santa Marta und Riohacha, zu den einstigen Wohnstätten der Tayrona-Indianer. Immer wieder, kaum einmal freigelegt, verschwinden die Fundamente, Treppen und Mauern dieser Stadt unter der üppigen tropischen Vegetation. In Bogota im Museo del Oro, dem Museum des Goldes, gibt ein Modell der Stadt einen Eindruck von dieser gewaltigen Anlage. Vor allem aber ist hier in schier unbegreiflicher Fülle Goldschmuck der Tayrona ausgestellt. 11 000 goldene Ausstellungsstücke besitzt das Museum allein von dieser indianischen Kultur. Die meisten hat das Museum über Mittelsmänner bei jenen gekauft, die die Verlorene Stadt und ihre Grabstellen so lange haben ausräubern können.

GEMEINSCHAFT, GESELLSCHAFT

• Nationen, Länder, Städte

Netzartig liegt die Stadt Buritica 200 auf den Hügeln und Bergen am Nordrand der Sierra Nevada de Santa Marta. Das Modell im Museum des Goldes in Bogota zeigt mehr, als die Wirklichkeit erkennen läßt. Auf den richtigen Hügeln und Bergen sind die Reste der riesigen Stadt verborgen unter tropischer Flora.

60 v. Chr. (von den Römern um die Zeitwende *Civitas Vangionum* genannt (als älteste Freie Stadt besteht sie seit 1156) und Köln, um 50 v. Chr. von den Römern gegründet (seit 50 n. Chr. *Colonia Agrippinensis*).

Das bevölkerungsreichste städtische Ballungsgebiet in der Welt ist laut der UN-Publikation World Urbanization Prospects von 1992 Tokio mit 25 Mio. Bewohnern im Jahr 1990. Ende des Jahrhunderts wird dort eine Bevölkerung von 28 Mio. erwartet. Tokio/Yokohama, bis Ende der 80er Jahre das bevölkerungsreichste Ballungsgebiet, wird zur Jahrtausendwende auf dem dritten Rang erwartet, bis dahin überrundet von São Paulo (Brasilien).
Volkszählungen einzelner Länder und andere Veröffentlichungen können leicht abweichende Zahlen beinhalten.

Die größte Stadt Deutschlands ist Berlin. Bei einer Flächenausdehnung von 883 km^2 hatte Berlin in seinen 23 Bezirken am 31. Dezember 1992 insgesamt 3,466 Mio. Einwohner. Die größte Ausdehnung in Ost-West-Richtung beträgt 45 km, in Nord-Süd-Richtung 38 km. Nächstgroße Städte sind Hamburg mit 1,652 Mio. und München mit 1,229 Mio. Einwohnern.

Deutschlands kleinste Stadt ist noch kleiner, als bisher vermutet. Die Volkszählung hat die jahrelange Rechenbasis von »etwa 480 Einwohnern« korrigiert: Arnis an der Schlei, dem fjordähnlichen Ostseearm im Kreis Schleswig-Flensburg im nordöstlichen Schleswig-Holstein, zählt nur 333 Einwohner – kaum mehr als bei der Gründung vor 300 Jahren. Im Jahr 1667 war Arnis von 64 Familien mit damals 300 Köpfen gegründet worden.

In Österreich führt die Hauptstadt Wien mit 1,533 Mio. Einwohnern die Reihe der großen Städte an, gefolgt von den Landeshauptstädten Graz (Steiermark) mit 232 155, Linz (Oberösterreich) mit 202 855 und Salzburg mit 143 971 Einwohnern.

Die kleinste Stadt Österreichs ist die Stadtgemeinde Hardegg a. d. Thaya (Niederösterreich) mit 84 ordentlich gemeldeten Einwohnern am 5. März 1991.

Das kleinste »Dorf« heißt *Liebes Montafon* und steht in St. Gallenkirchen (A). Der zentrale Dorfplatz mit Bäumen und Wasserläufen, überdacht von einer großen Glaskuppel, ist mit 200 Jahre alten Tonpflastersteinen ausgelegt und umgeben von kleinen Montafonerhäusern. Die antike Originaleinrichtungen der Häuser stammt von 1600 bis 1850. In diesem Dorf befinden sich eine Pizzeria, eine Diskothek, ein Pub und ein Restaurant – alles in einem – sowie natürlich auch ein Souvenirgeschäft für die Touristen..

Die größten Städte der Schweiz sind Zürich mit 341 300, Basel mit 171 000, Genf mit 167 200 und die Hauptstadt Bern mit 134 600 Einwohnern (1987).

Die einzige Stadt, die auf zwei Kontinenten liegt, ist Istanbul (TR) mit einem europäischen und einem asiatischen Teil.

Die größte Ausdehnung von allen Städten hat Mount Isa in Queensland (Australien). Das von den Stadtbehörden verwaltete Gebiet hat einen Flächeninhalt von 40 978 km^2, aber nur 22 000 Einwohner.

Die höchstgelegene Hauptstadt der Welt – vor der Angliederung von Tibet an China – war Lhasa, 3684 m über dem Meeresspiegel.
La Paz, administrativ und de facto Hauptstadt Boliviens, liegt 3631 m üNN; sein Flughafen, El Alto, liegt auf 4080 m Höhe. Die Stadt wurde 1548 auf dem Gelände eines Indianerdorfs namens Chuquiapu von Hauptmann Alonso de Mendoza gegründet. Ursprünglich hieß die Stadt Ciudad de Nuestra Senora de La Paz (Stadt unserer Lieben Frau des Friedens), wurde aber 1825 in La Paz de Ayacucho, dem heutigen amtlichen Namen, umbenannt. Sucre, die gesetzmäßige Hauptstadt Boliviens, liegt 2834 m üNN.
Quito, die Hauptstadt Ecuadors, liegt 2850 m hoch in einem von gewaltigen Vulkanen umrahmten Hochbecken, fast am Äquator.

Die höchstgelegene Stadt der Welt ist die neue Stadt Wenchuan (China), die 1955 an der Straße von Qinghai nach Tibet, nördlich vom Tanglagebirge, gegründet wurde. Sie liegt 5100 m hoch
Eine Ansiedlung am T'e-li-mo-Pfad im Süden Tibets liegt bei einer Höhe von 6019 m üNN.

Die höchstgelegene Hauptstadt Europas ist die des gleichnamigen Kleinstaates Andorra in den Pyrenäen. Sie liegt 1061 m üNN.

Als höchste ständig bewohnte Siedlung Europas gilt der auch im Winter bewohnte Weiler Juf im Aversertal (Graubünden, CH) mit 2126 m Höhe. Die höchste selbständige Gemeinde Europas ist Saint-Véran im französischen Département Hautes-Alpes, die auf 2040 m üNN liegt.

Die höchstgelegene Ortschaft Deutschlands ist Oberjoch bei Hindelang im Allgäu (BY) mit einer Höhenlage von 1150 m üNN.

Die höchstgelegenen Dörfer Österreichs sind Hochsölden (2150 m) und Obergurgl (1950 m), beide im Ötztal (Tirol).

Die tiefgelegene Siedlung der Welt ist Ein Bokek (Israel) mit einer Synagoge am Ufer des Toten Meeres: 393,5 m uNN.

◆ **VERKEHRSWEGE**
Straßenverkehr

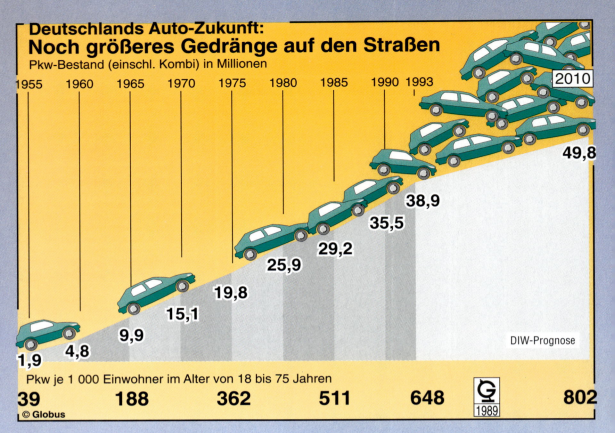

Deutschlands Auto-Zukunft: Noch größeres Gedränge auf den Straßen
Pkw-Bestand (einschl. Kombi) in Millionen

Jahr	1955	1960	1965	1970	1975	1980	1985	1990	1993	2010
Mio.	1,9	4,8	9,9	15,1	19,8	25,9	29,2	35,5	38,9	49,8

DIW-Prognose

Pkw je 1 000 Einwohner im Alter von 18 bis 75 Jahren

| 39 | 188 | 362 | 511 | 648 | 802 |

© Globus G 1989

Das längste Straßennetz der Welt haben die USA mit 6 244 327 km klassifizierter Straßen. Normale Führerscheine sind mit 15 Jahren erwerbbar, Hawaii und Mississippi verlangen keine Fahrschulausbildung. 13 Bundesstaaten geben beschränkt gültige Führerscheine für 14jährige aus.

Die Interstate Autobahn I-80 von New Jersey nach San Franzisko (USA) war im April 1983 bis Echo Junction im Staat Utah fertiggestellt. Damit sind 3448 Straßen-km fertig, weitere 1229 km sollen noch gebaut werden.

Die erste ausschließlich dem Autoverkehr vorbehaltene Straße Deutschlands, praktisch damit die erste Autobahn, war die Avus (Automobil-Verkehrs- und Übungsstraße) in Berlin, die 20 km lang durch den Berliner Grunewald führt. Mit ihrem Bau wurde 1912 begonnen, 1921 wurde sie dem Verkehr übergeben.

Die am meisten befahrenen Straßen sind zwei Abschnitte der Interstate 10 in Los Angeles, Kalifornien (USA), und zwar am Normandie Avenue Interchange (Junction Route 13.30) und am Vermont Avenue Interchange (Junction Route 13.80). 1990 wurden dort in der Rush-hour stündlich jeweils 22 400 Fahrzeuge gezählt. Vermont Avenue erlebt in Spitzenmonaten ein tägliches Fahrzeugaufkommen von 355 000 und im Jahresdurchschnitt von 341 000 Fahrzeugen.

Die größte Verkehrsdichte der Welt hat Hongkong. Am 1. Januar 1987 gab es auf den 1395 km langen Fahrstraßen 300 000 Kraftfahrzeuge, das sind pro Fahrzeug 4,14 m Fahrstraße.

Die verkehrsreichste Straße Deutschlands ist die Stadtautobahn in Halensee zwischen Funkturm und dem Rathenauplatz in Berlin. 164 000 Kraftfahrzeuge fahren hier in 24 Std. Die größte Verkehrsdichte aller österreichischen Verkehrswege hat die berüchtigte Staustrecke zwischen Salzburg und Imlau-Bischofshofen im Salzburger Land.

Die belebteste Brücke ist die Howrah-Brücke über den Fluß Hugli in Kalkutta (Indien). Neben 57 000 Fahrzeugen aller Art wird sie auch von einer unschätzbaren Zahl von Fußgängern überquert.

Die breiteste Straße der Welt ist die 2,4 km lange Monumentalachse in Brasilia, der Hauptstadt Brasiliens, mit den repräsentativen Verwaltungsgebäuden der Bundesregierung. Sie wurde im April 1960 eröffnet, ist 250 m breit und hat sechs Fahrbahnen.
Die zur Bay-Bridge von San Franzisko, Kalifornien (USA), führende Straße hat 23 Fahrbahnen (davon 17 in westlicher Richtung).

Die schmalste Straße der Welt liegt in der Ortschaft Ripatransone, Marken (I). Der Vicolo della Virilità ist ganze 43 cm breit.
In Benediktbeuern im Kreis Bad Tölz (BY) ist die Ägidius-Jais-Straße an ihrer schmalsten Stelle ganze 38 cm breit.

Der Titel kürzeste Straße der Welt wird von dem Ort Bacup (GB) für sich reklamiert. Die Elgin Street, am alten Marktplatz gelegen, mißt nur 5,18 m.

Die längste befahrbare Straße ist der panamerikanische Highway mit 24 140 km von Nordwest-Alaska bis nach Santiago (Chile), dann ostwärts nach Buenos Aires und mit dem Endpunkt Brasilia. Es bleibt eine Lücke in Panama, unter dem Namen Tapon del Darién bekannt, sowie der Atrato-Sumpf in Kolumbien.

Die längste Ring-Umgehungsstraße der Welt ist im Verlauf der M25 der sechsspurige London Orbital Motorway mit einer Länge von 195,5 km, in Angriff genommen 1972 und fertiggestellt am 29. Oktober 1986. Die geschätzten Baukosten betrugen 909 Mio. Pfund (3 Mrd. DM) oder 8 Mio. Pfund (25 Mio. DM) je Meile.

Die längste mit einem Namen versehene Straße der Welt ist die Yonge Street nördlich und westlich von Toronto (Kanada). Der erste, am 16. Februar 1796 vollendete Abschnitt, war 55,78 km lang. Heute reicht die Straße bis Rainy River an der Grenze zwischen Ontario (Kanada) und Minnesota (USA) und hat eine Länge von 1896,2 km.

Als kurvenreichste Straße der Welt gilt die Lombard Street in San Franzisko, Kalifornien (USA), die zwischen zwei Querstraßen acht Kurven aufweist.

Die steilste Straße der Welt ist die Baldwin Street in Dunedin (Neuseeland), die nach Vermessungen einen Gradienten von 1,266 hat.
Als Europas steilste Strecke gilt die Anfahrt zum Loibl-Paß (1398 m, Kärnten, A) zwischen Klagenfurt (Kärnten) und Ljubljana (Slowenien). Ihre Steigung bzw. ihr Gefälle betrug bis zu 29 Prozent, ist durch eine Tunnelstrecke jetzt aber bis auf 17 Prozent reduziert. Die steilste Ortsstraße in Deutschland ist die Schriesheimergasse in Schönau bei Heidelberg (BW). Sie weist eine Steigung von 27 Prozent auf.

Der höchste Pfad der Welt befindet sich auf dem Kantschindschanga zwischen Khaleb und Hsin-chi-fu in Tibet. Er ist 13 km lang und führt an zwei Stellen über Höhen von mehr als 6080 m.

Die höchstgelegene Straße der Welt ist der Khardungla-Paß mit einer Höhe von 5682 m. Er ist einer von drei Pässen der 1976 in Indien fertiggestellten Leh-Manali-Straße.

Der höchste Paß in Europa (ohne die Gebirgspässe im Kaukasus) ist der Col de Restefond (2802 m), der 1962 mit 21 Haarnadelkurven zwischen Jaussiers und Saint-Étienne-de-Tinée in Frankreich vollendet wurde. Gewöhnlich ist er von Anfang Oktober bis Anfang Juni geschlossen.

Die höchste Autostraße in Europa ist der Pico de Veleta in der Sierra Nevada im Süden Spaniens. Die baumlose, 36 km lange Straße steigt bis auf eine Höhe von 3469 m an.

Der niedrigste Paß der Welt ist der Rock-Reef-Paß im Everglades-Nationalpark in Florida (USA), der nur 91 cm üNN liegt.

Die tiefstgelegene Straße der Welt (393 m üNN) geht auf der israelischen Seite am Toten Meer entlang.

Der größte Platz der Welt ist der Platz des himmlischen Friedens (Tianan-Men) in Peking (China); er ist 39,6 ha groß. Er schließt sich im Süden an die Verbotene Stadt, den einstigen Palast der chinesischen Kaiser, an, die größte Palastanlage der Welt. Seine gigantischen Ausmaße erhielt der Platz erst 1958 im Zuge eines Wiederaufbauprogramms. Heute ist dort das Mausoleum von Mao Zedong zu finden. Mehrmals diente der Tianan-Men in der Geschichte als Aufmarschfeld von riesigen Protestversammlungen.
Der Maiden e Shah in Isfahan (Iran) erstreckt sich über 8,1 ha.

Verkehrszeichen fotografiert der Bamberger Fotograf Werner Kohn (* 1940) seit zehn Jahren. Über 15 000 Aufnahmen aus 35 Ländern umfaßt bereits sein Archiv. Seine Verkehrsfundsachen – möglichst vom Rost zerfressen, von Steinwürfen beschädigt oder übermalt – sind für den Dokumentarfotografen bildgewordene Synonyme einer reglementierten Lebenswelt. Für ihn bedeuten sie nicht nur Gebote, Verbote und Warnungen, sie sind vor allem Signale mit künstlerischem Charakter.

Kuriose Straßenschilder aus dem gesamten deutschsprachigen Raum sammelt und fotografiert Jutta Schobel aus Velbert (NW) seit 1986. Über 1400 verschiedene Motive, alphabetisch und thematisch in einer Kartei erfaßt, sind es bereits: Wissenswertes, was Straßen im Schilde führen.

GEMEINSCHAFT, GESELLSCHAFT 244/245

• Verkehrswege

Schienenverkehr

Das Land mit dem längsten Schienennetz sind die USA mit 286 814 km Bahngleisen.

Das kleinste Eisenbahnnetz der Welt hat die Vatikanstadt in Rom (I). Sie verfügt über nur 600 m Anschlußgleise an das Eisenbahnnetz der italienischen Staatsbahnen.

Das Schienennetz der Deutschen Bundesbahn hatte am 31. Dezember 1991 eine Betriebslänge von insgesamt 27 079 km, davon 6 km Schmalspurstrecken. Das geschlossene Fernverkehrsnetz umfaßt rund 5200 km Streckenlänge.
In den neuen Bundesländern umfaßt das Eisenbahnnetz 14 080 km, davon 273 km Schmalspur. Das Gesamtnetz der Deutschen Bahnen umfaßt damit 41 159 km Streckenlänge.
In Österreich verfügt die Eisenbahn über ein 5811 km langes Schienennetz. In der Schweiz befährt die Eisenbahn 3179 km Schienen.

Der am meisten befahrene Eisenbahn-Knotenpunkt der Welt ist Clapham Junction in London, den alle 24 Std. durchschnittlich 2200 Züge passieren. Den Knotenpunkt befahren alle Züge, die von Waterloo Station kommen, und alle Züge der Brighton-Linie, die Victoria Station verlassen.

Der längste Bahnfahrschein. Ein Bahnfahrschein von 34 m Länge wurde von British Rail für Ronald, Norma und Jonathan Carter ausgestellt. Das Trio nutzte das Superticket vom 15. bis 23. September 1992 für eine Reihe von Reisen im britischen Bahnnetz.

Luftverkehr

Das Land mit den am meisten genutzten Fluglinien sind die USA. Die Gesamtzahl der Passagiere auf Inlandsflügen übersteigt jährlich 450 Mio.

Das Fluggastaufkommen an den 16 internationalen deutschen Verkehrsflughäfen stieg 1993 auf über insgesamt 95 Mio. Fluggäste. Allein vom Frankfurter Rhein-Main-Flughafen starten und landen jährlich 32,5 Mio. Passagiere - weit mehr als doppelt so viel wie auf dem nächstgrößeren Flughafen Düsseldorf mit 13 Mio. Passagieren.

Die Fluggesellschaft mit dem längsten Streckennetz ist die Lufthansa mit 942 000 km.

Die am häufigsten genutzte internationale Route ist London-New York. 1991/92 flogen 2,25 Mio. Passagiere zwischen den beiden Metropolen.

Das längste Flugticket wurde im Dezember 1984 für den Belgier Bruno Leunen aus Brüssel ausgestellt: 12 m war es lang, kostete 4500 Dollar und verhalf zu einem Flug über eine Distanz von 85 623 km, einschließlich 109 Zwischenlandungen auf 80 Fluglinien.

Wasserverkehr

Die größte Handelsflotte der Welt fuhr Ende 1993 unter der Flagge von Panama mit insgesamt 57 618 523 BRT.

Der größte Reeder ist die japanische NYK-Gruppe, zu deren Flotte am 1. Februar 1994 Schiffe mit insgesamt 11 096 170 BRT gehörten.

Die weltweit führende Schiffswerft 1993 war Daewoo Shipbuilding & Heavy Machinery Ltd. in Südkorea. Dort wurden 13 Schiffe mit insgesamt 1,55 Mio. BRT gebaut.

Die größte Fährschiff-Flotte der Welt besitzt Japan mit 186 Schiffen und einer Gesamttonnage von 11 44 768 BRZ.

Die größte Fährschiff-Reederei der Welt ist die Stena Line. Sie verfügt über 30 Schiffe und beförderte 1993 14 Mio. Passagiere und 2,4 Mio. PKW.

Die meistbefahrene Wasserstraße der Welt ist die Themsemündung bei London, die täglich von etwa 300 Schiffen befahren wird.

Die Wasserstraße mit dem größten Schiffsverkehr in Deutschland ist die Elbmündung bei Hamburg; sie wird täglich von etwa 200 Schiffen passiert.

Die größte Ostseefährverbindung ist die gemeinsam von der Deutschen Fährgesellschaft Ostsee mbH und den Dänischen Staatsbahnen betriebene Vogelfluglinie von Puttgarden auf Fehmarn nach Rödby auf Lolland. Ihre Marktanteile im Ostseefährverkehr liegen bei über 60 Prozent. 1992 wurden mit den sieben Fährschiffen 8 Mio. Reisende, 1,2 Mio. PKW, 273 000 LKW und 42 000 Busse neben dem starken Schienenverkehr über den 19 km breiten Fehmarnbelt gesetzt. 1993 feierte die Linie ihr 30jähriges Bestehen.

Der größte Hafen der Welt ist – seiner Ausdehnung nach – der Hafen von New York/New Jersey (USA). Bei einer Fläche von 238 km^2 beträgt die schiffbare Länge 1215 km (weitere 474 km im Staat New Jersey schließen sich an). Mit 261 Anlegeplätzen für Güterumschlag und -transport und weiteren 130 Piers können dort 391 Schiffe gleichzeitig anlegen. Die Bodenfläche der Lagerhäuser beläuft sich auf insgesamt 170,9 ha.

Der Hafen mit dem größten Umschlag, zugleich der größte künstliche Hafen, ist der Hafen von Rotterdam mit einer Fläche von 100 km^2 und Kais mit einer Gesamtlänge von 122,3 km. 1991 wurden in Rotterdam 292 Mio. t Seefracht abgefertigt.

Der größte Hafen Deutschlands ist der Hafen von Hamburg mit einer Flächenausdehnung von 8700 ha und rund 39 km Kaimauern sowie 10 km Dalbenplätzen zum Festmachen von rund 300 Seeschiffen. Der Hafen besitzt ferner 378 Kaikräne sowie 11 Schwimmkräne und 34 Schlepper. Im Hamburger Hafen befinden sich auch die größten deutschen Docks: das Schwimmdock 11 von Blohm & Voss mit einer Länge von 320 m für Schiffe bis ca. 230 000 t Tragfähigkeit sowie – ebenfalls auf der Werft von Blohm & Voss – das Trockendock Elbe 17 mit einer Länge von 350 m, einer Breite von 56 m und einer Höhe von 15 m. 1993 wurden 65,85 Mio. t Güter umgeschlagen, davon 33,5 Mio. t Massengut und 32,3 Mio. t Stück- und Sackgut.

Der größte Binnenhafen der Welt ist der von Duluth am Oberen See in Minnesota (USA). Er hat seine Hauptbedeutung als Verschiffungsplatz für Eisenerz und Weizen.

Das größte Binnenhafensystem Europas und zugleich den größten Flußhafen der Welt bilden die Duisburg-Ruhrorter Häfen am Zusammenfluß von Rhein und Ruhr. Ihr Gesamtgebiet umfaßt 904 ha. Das Güteraufkommen erreichte 1974 mit 63,6 Mio. t einen Rekord, 1993 waren es 45,1 Mio. t. 1993 gingen 37 154 Schiffe hier vor Anker.

Als größter Kanalhafen gilt der Dortmunder Hafen mit seiner direkten Verbindung zu den Seehäfen. Der Güterumschlag betrug 1992 rund 4,643 Mio. t. Die Beförderungsleistung 1992 erreichte insgesamt, einschließlich des öffentlichen Verkehrs, 39,4 Mio. t.

Zu Lande – zu Wasser – in der Luft
Verkehrsleistungen in Deutschland 1994

Personenverkehr insgesamt 885 Milliarden Personenkilometer
- 725 Pkw
- 23 Flugzeug
- 79 Straßenbahn, Bus, U-Bahn
- 58 Eisenbahn

Güterverkehr insgesamt 360 Milliarden Tonnenkilometer
- 229 Lkw
- 1 Flugzeug
- 60 Eisenbahn
- 14 Pipeline
- 56 Binnenschiff

Quelle: ifo-Schätzung
© Globus 1850

Die Welthandelsflotte in Zahlen

Die Gesamttonnage der Handelsschiffe auf der Welt – Schiffe unter 100 BRT, Segelschiffe und Frachtkähne ausgenommen – betrug am 31. Dezember 1993 445 Mio. BRT/BRZ und 680 Mio. tdw. Die Welthandelsflotte bestand zum selben Zeitpunkt aus 79 726 Schiffen.

DIE FLAGGENSTATISTIK SIEHT WIE FOLGT AUS:

RANG	FLAGGE	SCHIFFE	BRT/BRZ	TDW
1.	Liberia	1661	55,9 Mio.	97,6 Mio
2.	Panama	5424	52,5 Mio.	82,5 Mio.
3.	Griechenland	1887	25,7 Mio.	47,7 Mio.
20.	Deutschland	1320	5,4 Mio.	6,4 Mio.

Nach der Nationalität der Schiffseigner führt Griechenland mit 3308 Schiffen mit 100,6 Mio. tdw vor Japan mit 7444 Schiffen mit 90,2 Mio. tdw.
Der weltgrößte Schiffseigner ist die japanische Nippon Yusen Kaisha NYK-Gruppe, Tokio (Japan), zu deren Flotte am 31. Dezember 1993 Schiffe mit 10 Mio. tdw oder 7 Mio. BRT/BRZ gehörten.
Die deutsche Handelsflotte hat im Vergleich zu 1992 geringfügig abgenommen. Ende 1993 fuhren 287 (1992 = 322) Handelsschiffe mit insgesamt 4,152 Mio. BRT/BRZ und 5,341 Mio. tdw unter deutscher Flagge.

◆ BEVÖLKERUNG

Allgemein: Der durchschnittliche tägliche Zuwachs der Weltbevölkerung nähert sich der Zahl 256 000, knapp 178 pro Minute. Übers Jahr gibt es jedoch saisonale Veränderungen der Geburts- und Sterbezahlen. Am 11. Juli 1987 hat irgendwo auf der Welt der fünfmilliardste Erdenbürger das Licht der Welt erblickt: Symbolisch wurde das jugoslawische Baby Matej Gaspar in einer Zagreber Frauenklinik vom UNO-Generalsekretär dazu auserkoren. Die derzeitige Weltbevölkerung (1994) wird auf 5,666 Mrd. geschätzt. Zu Beginn unseres Jahrhunderts lebten 1,633 Mrd. Menschen auf der Welt, im Jahr 2000 wird mit 6,228 Mrd. gerechnet.

Das bevölkerungsreichste Land der Welt ist China, in Pinyin *Zhongguo* (Reich der Mitte) genannt. Es hatte Mitte 1993 eine Bevölkerung von schätzungsweise 1 179 467 000 und eine natürliche Zuwachsrate von 13,6 Mio. pro Jahr oder knapp 37 000 pro Tag. Es gibt mehr Chinesen, als die gesamte Weltbevölkerung vor 150 Jahren zählte.

Die geringste Bevölkerung hat Vatikanstadt mit 1800 Einwohnern im Jahr 1993 und einer Geburtenrate von Null.

Am dichtesten bevölkert ist die portugiesische Provinz Macau an der Südküste Chinas. Auf 18 km² lebten 1993 schätzungsweise 378 000 Menschen, das entspricht einer Bevölkerungsdichte von 21 000/km².

Das Fürstentum **Monaco** hatte 1993 eine Einwohnerzahl von 30 500 auf einer Staatsfläche von 1,95 km² – das entspricht einer Bevölkerungsdichte von 15 642/km².

Die größte Bevölkerungsdichte von Ländern mit über 2500 km² Fläche hat Bangladesch. 1993 hatte es 110 602 000 Einwohner, die auf 148 383/km² lebten – eine Bevölkerungsdichte von 7776/km².
Die indonesische Insel Java mit einer Fläche von 132 186 km² hat eine Bevölkerung von 112 159 200 (1993), was einer Bevölkerungsdichte von 848/km² entspricht.

Gesamtdeutsche Daten: Am 3. Oktober 1990, dem Tag der Wiedervereinigung, lebten in Deutschland 79,67 Mio. Menschen. Das Gebiet der bisherigen Bundesrepublik wurde um 108 000 km² auf fast 357 000 km² erweitert. Wegen der bisher in der ehemaligen DDR deutlich geringeren Bevölkerungsdichte ging die durchschnittliche Einwohnerzahl je km² von 252 in der alten Bundesrepublik auf jetzt 222 zurück. Bis Ende 1993 stieg die Zahl der Deutschen auf 81,3 Mio.

Die geringste Bevölkerungsdichte hat die Antarktis, wo sich seit 1943 Gruppen von Wissenschaftlern als Bewohner auf Zeit ständig ablösen. Die Bevölkerungszahl schwankt je nach Jahreszeit und steigt gelegentlich auf 2000.

Das am dünnsten besiedelte Territorium – abgesehen von der Antarktis – ist Grönland, das 1993 eine Bevölkerung von 55 700 Menschen hatte, die sich auf 2 175 600 km² verteilten – somit standen jedem Grönländer 39,1 km² zur Verfügung.

Auswandererrekord. Aus Mexiko wandern mehr Menschen als aus jedem anderen Land aus, vorwiegend in die USA. Die sowjetische Invasion in Afghanistan (Dezember 1979) hat dazu geführt, daß 2,9 Mio. Afghanen nach Pakistan und weitere 2,2 Mio. in den Iran flüchteten. Bis 1989 war die Zahl der afghanischen Flüchtlinge in Pakistan auf 3 622 000 angewachsen. 1992 wurden weltweit ca. 27 Mio. Flüchtlinge registriert.

Das Land, das regelmäßig **die meisten legalen Einwanderer** aufnimmt, sind die USA. Zwischen 1820 und 1992 haben die USA Schätzungen zufolge 59 795 158 offizielle Einwanderer aufgenommen. Im Steuerjahr bis September 1986 wurden an der Grenze zu Mexiko von der amerikanischen Grenzpolizei 1 615 854 Menschen festgenommen.

Die Geburtenrate wurde für 1985-90 weltweit auf 27,0 je 1000 Einwohner geschätzt. Die höchste von den UN für 1985-90 geschätzte Rate war 55,6 je 1000 in Malawi. Sieht man von Vatikanstadt ab, wo die Rate gleich Null ist, hatte San Marino die geringste Quote mit 9,5 je 1000.

Die Sterbeziffer - die Zahl der Todesfälle je 1000 Einwohner – lag weltweit von 1985 bis 90 Schätzungen zufolge bei 9,7. Ost-Timor hatte von 1975 bis 80 eine Sterbeziffer von 45,0 die in der Periode 1985-90 auf 21,5 sank. Im selben Zeitraum hatte Sierra Leone nach Schätzungen mit 23,4 die höchste Sterbeziffer. Die niedrigste Sterbeziffer wies Bahrein mit 3,5 auf.

Die Bevölkerungszuwachsrate für den Zeitraum 1985-1990 wurde weltweit auf 17,3 (27,0 Geburten minus 9,7 Todesfälle) je 1000 Menschen geschätzt. Die Spitze lag 1965-1970 bei 20,6. Die höchste Zuwachsrate hatte 1985-1900 Oman mit 37,4 (43,0 Geburten minus 5,6 Todesfälle).

Die Anzahl von Selbstmorden pro Tag wird weltweit mit über 2700 angenommen. Das Land mit der höchsten Suizidrate ist Sri Lanka mit 47 Fällen je 100 000 Einwohner 1991. Das Land mit der niedrigsten Rate ist Jordanien mit einem einzigen Fall 1970, was eine Rate von 0,04 je 100 000 bedeutet.

Die meisten Ehescheidungen haben die USA mit insgesamt 1 215 000 im Jahr 1992 – eine Quote von 4,7

Die Welt nach Bevölkerungszahl...
Die Größe der Fläche entspricht der Größe der Bevölkerung

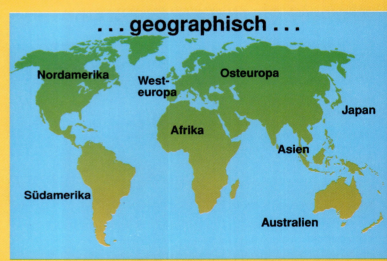

...geographisch...

...nach Wirtschaftskraft
Die Größe der Fläche entspricht der Größe der Wirtschaftsleistung

Grafik: WELT am SONNTAG

GEMEINSCHAFT, GESELLSCHAFT 246/247

• Bevölkerung • Ehe- und Familienrekorde

Scheidungen je 1000 Einwohner. Der höchste Wert wurde 1979 mit 5,4 je 1000 Einwohner registriert.

Geschlechterverhältnis: 1990 kamen Schätzungen zufolge weltweit 1014 Männer auf 1000 Frauen. Das Land mit der größten registrierten »Frauenknappheit« sind die Vereinigten Arabischen Emirate, wo schätzungsweise 484 Frauen auf 1000 Männer kamen. Das Land mit dem größten bekannten Männerdefizit ist die Ukraine, wo schätzungsweise 1154 Frauen auf 1000 Männer kommen.

Säuglingssterblichkeit: Die weltweit registrierte Säuglingssterblichkeit – die Zahl der Todesfälle bis zu einem Lebensjahr auf 1000 Lebendgeburten – betrug 68 je 1000 für die Periode 1985-90. Die geringste Quote in jüngster Zeit hatte Japan mit 5 im Jahr 1987.
In Äthiopien lag die Rate der Säuglingssterblichkeit nach inoffiziellen Schätzungen 1969 bei fast 550 auf 1000 Lebendgeburten. Die höchste in jüngster Zeit geschätzte Quote weist Afghanistan für die Jahre 1985-90 mit 172/1000 auf.

Lebenserwartung bei der Geburt: Die Lebenserwartung in der Welt ist von 46,4 (1950-55) auf 63,3 Jahre (1985-90) gestiegen. Die Lebenserwartung in Europa betrug im 5. Jh. 33 Jahre für Männer und 27 Jahre für Frauen.
Zwischen 1890 und 1900 war die Lebenserwartung bei der Bevölkerung Indiens 23,7 Jahre.
Japan hat die höchste Lebenserwartung mit 83 Jahren für Frauen und 76,3 Jahren für Männer (1992).
Die niedrigste geschätzte Lebenserwartung für die Periode 1985-90 sind 39,4 Jahre für Männer in Sierra Leone und 42 Jahre für Frauen in Afghanistan.

Das Land mit der größten Anzahl von Ärzten ist China mit 1 808 000 Medizinern 1992; darin eingeschlossen sind Zahnmediziner und Praktizierende der traditionellen chinesischen Medizin.
Tschad hat die meisten Einwohner je Arzt, nämlich 47 640; das entgegengesetzte Extrem findet sich dafür in Italien mit je einem Arzt auf 225 Einwohner.

Das Land mit den meisten Zahnärzten sind die USA mit 139 625 eingeschriebenen Mitgliedern des Amerikanischen Dentalverbands Ende 1992.

Das Land mit den meisten Psychiatern und Psychologen sind die USA. 1993 registrierte die 1844 gegründete American Psychiatric Association 37 982 Mitglieder, die Mitgliederzahl der American Psychological Association (gegründet 1892) betrug 118 000.

Das Land mit den meisten Krankenhäusern ist China mit 63 101 im Jahr 1991. Nauru hat die meisten Krankenhausbetten pro Person, nämlich 250 je 10 000 Einwohner; Nepal hat mit zwei je 10 000 Einwohner die wenigsten.

Größte Hilfsorganisation Europas wurde am 1. Januar 1991 das Deutsche Rote Kreuz (DRK, gegründet 1921). Nach dem Beitrittsantrag der fünf Landesverbände aus den neuen Bundesländern bei der 40. Bundesversammlung des DRK in Bonn sind 19 Landesverbände mit 624 Kreisverbänden und dem Verband der Schwesternschaften vom Roten Kreuz mit fast 5 Mio. Mitgliedern organisiert und mehr als 600 000 Personen als freiwillige Helferinnen und Helfer im Rettungsdienst und im Blutspendewesen tätig, in der sozialen Arbeit und im Katastrophenschutz, bei Berg- und Wasserwacht und im Jugendrotkreuz (JRK).

> Von Territorien mit über 1000 km² Fläche und 6 020 000 Einwohnern hatte Hongkong (1075 km²) 1993 eine Bevölkerungsdichte von 5600/km². Die Volkszählung von 1976 ergab, daß im Stadtbezirk Mong Kok auf der Halbinsel Kowloon 252 090 Menschen auf 1 km² lebten. 1959, als die Wohnungsnot am größten war, sollen in einem für 12 Bewohner bestimmten Haus 459 Leute gewohnt haben, wovon 104 in einem Zimmer und vier auf dem Dach lebten.

◆ EHE- UND FAMILIENREKORDE

Das längste Verlöbnis währte 67 Jahre. Dann endlich, im Juni 1969, wagten Octavio Guillen und Adriana Martinez aus Mexico City das Ehe-Abenteuer. Als sie sich das Jawort gaben, waren beide 82 Jahre alt.

Die größte Zahl von Eheschließungen in Ländern mit Einehe, nämlich 27, erreichte der ehemalige Baptistengeistliche Glynn »Scotty« Wolfe (* 1908) aus Blythe, Kalifornien (USA), der 1927 zum ersten Mal heiratete. Nach eigenen Angaben hat der Rekordgemahl 41 Kinder. Die 25 Schwiegermütter (mit zwei Frauen war er jeweils zweimal verheiratet) waren ihm offenbar gut bekommen – wenn auch immer nur kurzzeitig.

Der Rekord für (illegale) Vielehen ist 104, aufgestellt von Giovanni Vigliotto, einer von vielen Decknamen, entweder von Fred Jipp (* 1936 in New York) oder von Nikolai Peruschkow (* 1929 auf Sizilien) benutzt. Die Ehen wurden von 1949 bis 81 in 27 US-Staaten und 14 anderen Ländern geschlossen. Vier Opfer befanden sich 1968 an Bord desselben Schiffes und zwei in London. Am 28. März 1983 wurde er in Phoenix, Arizona (USA), wegen Betrugs zu 28 Jahren und wegen Bigamie zu sechs Jahren Haft verurteilt und mit 840 000 DM Strafe belegt. Er starb im Februar 1991.

Die längste Ehe der Welt dauerte 86 Jahre. Sir Temulji Bhicaji Nariman und Lady Nariman wurden 1853 vermählt, als beide erst fünf Jahre alt waren. Der Ehemann starb im August 1940 in Bombay im Alter von 91 Jahren und 11 Monaten.

Die meisten Trauungen miteinander erlebten Ralph und Patsy Martin aus Quartzsite, Arizona (USA). Sie haben einander insgesamt 51mal geheiratet; ihre erste Trauung fand 1960 statt. Richard und Carole Roble aus South Hempstead, New York (USA), haben inzwischen 53mal einander geheiratet; sie wurden 1969 erstmals getraut. Beide Ehepaare haben jedesmal einen anderen Hochzeitsort gewählt.

Eherekordlerin ist Linda Lou Essex aus Anderson, Indiana (USA), mit 22 Heiraten. Seit 1957 hatte sie 15 verschiedenen Männern das Jawort gegeben, vier von ihnen heiratete sie zweimal, einen sogar dreimal. Im Oktober 1991 fand die letzte Heirat statt. Sie soll sich kurz darauf erneut zu einer Scheidung entschlossen haben.

Die meisten Trauungen in Deutschland dürfte der Schriftsteller Fred Denger (1920-83) aufzuweisen haben. Mit elf Frauen war er zwölfmal auf dem Standesamt. Das Mißverhältnis zwischen Trauungs- und Brautzahl erklärt sich dadurch, daß Denger eine seiner Frauen (Liljana) ein zweites Mal heiratete. Die letzte Ehe wurde am 14. Juli 1980 geschieden. Denger war insgesamt über 34 Jahre verheiratet.

Das jüngste Brautpaar waren ein elf Monate alter Junge und ein drei Monate altes Mädchen, die Berichten zufolge 1986 im Bangladesch-Dorf Aminpur miteinander vermählt wurden, um eine 20 Jahre währende Fehde zweier Familien über den Anspruch auf eine Acker-Grenzmarkierung zu beenden.

Der älteste Bräutigam war Harry Stevens, der als 103jähriger im Caravilla Retirement Home, Wisconsin (USA), am 3. Dezember 1984 die 84jährige Thelma Lucas freite. Die älteste Braut war Minnie Munro, die am 31. Mai 1991 in Point Clare (Australi-

Lebensretter

Die größte Zahl von Menschen, die von einem Mann vor dem Tod bewahrt wurden, sind die annähernd 100 000 Juden in Budapest, die von Juli 1944 bis Januar 1945 von dem schwedischen Diplomaten Raoul Wallenberg (* 4. August 1912) gerettet wurden. Nachdem er einem Mordanschlag der Nazis entgangen war, wurde er ohne Prozeß in der Sowjetunion eingekerkert. Am 6. Februar 1957 sagte der damalige stellvertretende Außenminister Andrej Gromyko, der Häftling »Walenberg« sei am 16. Juli 1947 in einer Zelle des Lubjanka-Gefängnisses in Moskau gestorben. Noch viele Jahre nach Wallenbergs Verschwinden gab es immer wieder Berichte, er sei gesehen worden.

en) als 102jährige den vergleichsweise jungen Hüpfer Dudley Reid, 83, zum Manne nahm.

Die größte Massentrauung fand am 25. August 1992 im Olympiastadion von Seoul (Südkorea) statt, wo der Sektenführer Sun Myung Moon (* 1920) 20 825 Paare verehelichte. Weitere 9800 Paare nahmen rund um die Welt via Satellit an der Zeremonie teil.

Die größte Hochzeitsfeier erlebten Aharon Mordechai Rokeah und Sara Lea Lemberger, zu deren Hochzeit am 4. August 1993 in Jerusalem (Israel) schätzungsweise 30 000 Angehörige der Belz-Hassidic-Gemeinde kamen.

Deutschlands schnellstes Baby, Sascha Patrick, wurde am 6. Juli 1983 um 14 Uhr 45 geboren, nachdem sich seine Eltern exakt zehn Min. zuvor im Kreißsaal des St.-Elisabeth-Hospitals in Meerbusch (NW) das Jawort gaben. Um 14 Uhr 35 wurde aus Anna Maria Schmidt Frau Drießen, Ehefrau von Helmut Drießen.

SOS-Kinderdörfer: Entwurzelten und verwaisten Kindern in der Nachkriegszeit ein Heim zu geben, war die Idee von Hermann Gmeiner (1919-86). Am 25. April 1949 gründete er mit Freunden die Gesellschaft »Societas Socialis – Hilfswerk für Waisenkinder« mit einem Startkapital von 600 Schilling (damals knapp 100 DM) in der 7000-Seelen-Gemeinde Imst im Oberinntal (A). Das erste SOS-Kinderdorf entstand. Aus den bescheidenen Anfängen wurde inzwischen eine weltumspannende Hilfsorganisation mit 1147 SOS-Kinderdorfeinrichtungen, darunter 316 SOS-Kinderdörfer und 831 begleitende Einrichtungen wie Jugendhäuser, Schulen, Kindergärten, Krankenhäuser und Sozialzentren, in 122 Ländern der Erde. Das höchstgelegene Dorf liegt in La Paz (Bolivien) in 3650 m Höhe, das südlichste in Puerto Varas (Chile) am 43. Breitengrad und das nördlichste in Ylintornio am Polarkreis (SF).
Nach der Erdbebenkatastrophe 1988 wurde in Armenien ein Dorf für elternlose Kinder errichtet. Weitere Einrichtungen sind in Rumänien (zwei Dörfer), Tiflis (Georgien) und Minsk (Ukraine) in Bau. Ein Kinderdorf in Moskau ist in Planung. Am 8. Oktober 1994 wurde die Eröffnung des ersten SOS-Kinderdorfes Sachsen in den neuen Bundesländern gefeiert. In Brandenburg an der Havel wurde am 2. Juli 1994 der Grundstein für das zweite SOS-Kinderdorf in den neuen Bundesländern, und damit für das 14. in Deutschland gelegt.
Das Hilfswerk finanziert sich nur aus Spenden, jährlich gehen ca. 200 Mio. DM ein.

Rekord-Spendenergebnisse erzielt das Zweite Deutsche Fernsehen (ZDF) in Zusammenarbeit mit der »Aktion Sorgenkind«. Seit ihr Initiator, Hans Mohl, erstmals am 9. Oktober 1964 in der Sendung *Vergißmeinnicht* in der Öffentlichkeit zu Spenden aufrief, kam es an allen Orten, in allen Bereichen und allen Gruppierungen zu Spenden für die »Aktion Sorgenkind«. Unterstützt durch die TV-Serien *Drei mal neun* (ab September 1970), *Der Große Preis* (ab September 1974) und *Goldmillion* (ab Januar 1994) kamen insgesamt 3 617 464 798,85 DM zusammen (Stand 30. Juli 1994).

Fernsehlotterie: Während der Berlin-Blockade 1948 flogen englische »Rosinenbomber« Berliner Kinder nach Westdeutschland. 1956 wurde diese Aktion erstmals vom Fernsehen durch eine Lotterie unterstützt mit dem Slogan »Mit 5 Mark sind Sie dabei«. Vater der Fernsehlotterie ist Jochen Richert vom Hilfswerk Berlin. 1969 wurde die Deutsche Fernsehlotterie GmbH gegründet, die in den folgenden Jahren Fernsehlotterien im ARD-Programm veranstaltete wie *Miteinander – füreinander* und *Ein Platz an der Sonne*. Seit 1989 heißt die ARD-Fernsehlotterie *DIE GOLDENE 1*. Sie wird ganzjährig veranstaltet. In den Hauptziehungen werden Millionenbeträge und in den Wochenziehungen Autos und Reisen verlost. Der Ertrag der Lotterie wird seit 1967 vollständig dem Deutschen Hilfswerk zur Verfügung gestellt, das damit vor allem Einrichtungen der Alten- und Behindertenhilfe fördert. Bis 1994 sind das rund 1,2 Mrd. DM.

Spendenaktionen: Die weltweit im Fernsehen übertragenen »Live Aid«-Konzerte, von Bob Geldof und Bill Graham mit 60 Rock-Darbietungen in Philadelphia und London am 13. Juli 1985 organisiert, erbrachten allein in den zwei folgenden Wochen umgerechnet 133 Mio. DM und schätzungsweise weitere 190 Mio. DM für die Hungerhilfe in den Wochen danach. Etwa 1,6 Mrd. Menschen, fast ein Drittel der Erdbevölkerung, sahen die Übertragungen, die mit Hilfe von 12 Satelliten – auch ein Rekord – zustande kamen.
Die Hilfsaktion »Sport Aid«, ins Leben gerufen von Chris Long und ebenfalls von Bob Geldof organisiert, fand am 25. Mai 1986 in 277 Städten (78 Ländern) statt und erbrachte weltweit Einnahmen von über 100 Mio. Dollar (233 Mio. DM).

Scheidung in den Neunzigern

Ein trauriges Ereignis spielte sich am 3. Februar 1984 mit der Scheidung des 97jährigen Simon Stern von seiner 91jährigen Ehefrau Ida ab. Zusammen waren beide 188 Jahre alt – Rekord für das älteste Paar, das sich scheiden ließ.
Die Rekordscheidung wurde vom Gericht in Milwaukee Circuit, Wisconsin (USA), ausgesprochen. Das Paar hatte sich zwei Jahre zuvor aufgrund medizinischer Probleme getrennt.
Mit dem Eintreffen von Simon, der auf einen Krückstock gestützt in den Gerichtssaal schlurfte, war offenkundig, daß man Zeuge des unvermeidlichen Endes der zehnjährigen Ehe werden würde. Ida war zwar vor Gericht nicht anwesend, sagte aber in einem Telefoninterview, er habe von ihr stets erwartet, daß sie Putzen, Waschen und Einkäufe allein erledigte – und daß er immer alles umsonst wollte. Sein Anwalt lehnte ein Interview mit seinem Mandanten ab.
Mr. Stern war vorher zweimal, Mrs. Stern einmal verheiratet – in allen Fällen endete die Ehe, als der jeweilige Ehepartner starb.

Vier Jahre, nachdem die Olympischen Spiele die Sportfans ins Olympiastadion von Seoul gelockt hatten, fand dort die größte Massentrauung aller Zeiten statt, bei der sich 20825 Paare das Jawort gaben.
Foto: Gamma

GEMEINSCHAFT, GESELLSCHAFT

- Ehe- und Familienrekorde
- Staatsoberhäupter, Regierungen, Parlamente

◆ STAATSOBERHÄUPTER, REGIERUNGEN, PARLAMENTE

Das älteste Herrscherhaus hat Japan. Kaiser Akihito von Japan (* 23. Dezember 1933) ist der 125. aus dem Geschlecht des ersten Kaisers, Jimmu Tenno oder Zinmu, dessen Regierungszeit laut Überlieferung von 660 bis 581 v. Chr. währte, wahrscheinlich jedoch von 40 bis 10 v. Chr. datiert.

Königin Elizabeth II. von Großbritannien und Nordirland (* 21. April 1926) stammt von Herrscherhäusern ab, die sich historisch mindestens bis ins 4. Jh. zurückverfolgen lassen, und zwar bis zu Tegid, Urgroßvater von Cunedda, dem Gründer des Geschlechts Gwynedd in Wales; sie ist die 54. in der Ahnenreihe. Wäre die Geschichtlichkeit einiger früher schottisch-irischer und piktischern Könige verbürgt, könnte ihre Abstammung etwa 70 Generationen zurückgeführt werden.

Römische Besetzung. Während der 369 Jahre währenden römischen Besetzung von England, Wales und Teilen Südschottlands gab es 40 alleinregierende und 27 mitregierende römische Kaiser. Am längsten von ihnen regierte Konstantin I. (Der Große), nämlich 30 Jahre und zwei Monate vom 31. März 307 bis zum 22. Mai 337.

Am längsten von allen Monarchen regierte Phiops II. (auch als Pepi II. bekannt) oder Neferkare, ein ägyptischer Pharao der 6. Dynastie. Seine Regierungszeit begann ca. 2281 v. Chr., als er sechs Jahre alt war, und dauerte mutmaßlich ca. 94 Jahre.
Minhti, König von Arakan (heute Teile von Myanmar, dem früheren Birma), soll 95 Jahre lang (1279-1374) regiert haben.
Musoma Kanijo, Häuptling des Nzega-Bezirks in West-Tanganjika (heute Teil von Tansania), soll über 98 Jahre regiert haben, von seinem achten Lebensjahr im Jahr 1864 bis zu seinem Tod am 2. Februar 1963.
Die längste Regierungszeit eines europäischen Monarchen war die von Alfonso I. Henriques von Portugal, der den Thron am 30. April 1112 bestieg und am 6. Dezember 1185, 73 Jahre und 220 Tage später, starb.

Längste Regentschaft: Thailands König Bhumibol Adulyadej (Rama IX., * 5. Dezember 1927) ist derzeit der am längsten durchgehend regierende Monarch der Welt. Am 9. Juni 1946 hatte er nach dem Tod seines älteren Bruders die Thronfolge angetreten. Die am längsten bestehende Regentschaft hat Kambodschas König Norodom Sihanouk (* 31. Oktober 1922), der am 16. April 1941 erstmals König wurde, am 2. März 1955 auf den Titel verzichtete und am 24. September 1993 auf den Thron zurückkehrte. Die am längsten regierende Königin ist Queen Elizabeth II. von Großbritannien, die am 6. Februar 1952 den Thron von ihrem verstorbenen Vater übernahm.

Die kürzeste Regentschaft übte der Kronprinz Luis Filipe von Portugal aus, der tödlich verwundet wurde, als sein Vater durch eine Kugel starb, die seine Halsschlagader durchtrennte. Der Anschlag ereignete sich am 1. Februar 1908 in den Straßen von Lissabon. Rein formal war Luis Filipe etwa 20 Min. lang (als Dom Luis III.) König von Portugal.
Der jüngste Monarch regiert in Swasiland, wo König Mswati III. am 25. April 1986 im Alter von 18 Jahren gekrönt wurde. Er wurde als Makhosetive, 67. Sohn von König Subhusa II., geboren. In Dänemark herrscht als jüngste Königin Margrethe II. (* 16. April 1940).

Von allen deutschen Monarchen hatte Friedrich III. von Habsburg (* 21. September 1415), Kaiser des Heiligen Römischen Reiches Deutscher Nation, die längste Regierungszeit, nämlich vom 2. Februar 1440 (als er als Nachfolger seines Vetters Albrecht II. König von Österreich, Ungarn und Böhmen wurde) bis zu seinem Tod am 19. August 1493: insgesamt 53 Jahre, sechs Monate, 17 Tage. Zum Kaiser wurde er 1452 gekrönt; es war die letzte Krönung eines deutschen Kaisers in Rom durch den Papst.

Die kürzeste Regierungszeit als deutscher Kaiser hatte Friedrich III. von Hohenzollern (* 18. Oktober 1831). Er regierte im sogenannten »Dreikaiserjahr« 1888 nur 99 Tage als Deutscher Kaiser und König von Preußen. Am 15. Juni erlag er einem Krebsleiden.

Die längste Regierungszeit eines österreichischen Monarchen hatte Kaiser Franz Joseph I. (* 18. August 1830). Er bestieg den Habsburger Thron am 2. Dezember 1848, regierte 67 Jahre, elf Monate und starb am 21. November 1916 im 87. Lebensjahr.
Die kürzeste Regierungszeit hatte als österreichischer Kaiser Karl I. (1887-1922). Er dankte am 11. November 1918 nach knapp zwei Jahren ab.

Der schwerste Monarch der Welt ist der 1,90 m große König Taufa'ahau von Tonga, der im September 1976 auf der einzigen Waage seines Landes, die so viel Gewicht trug, nämlich der Lastwaage am Flughafen, 209,5 kg auf die Plattform brachte. 1985 soll er auf 139,7 kg abgespeckt haben, und Anfang 1993 wog er nur noch 127 kg. Der Wagen von Tongas Botschaft in London trägt das britische Kennzeichen »1 TON« – »1 Tonne«. Allerdings ist wohl eher die Abkürzung für das Land und nicht für das Gewicht des Monarchen gemeint.

Der kinderreichste von allen monogamen Fürsten war Prinz Hartmann von Liechtenstein (1613-86) mit 24 Kindern, von denen 21 lebendgeboren waren. Seine Gemahlin war Gräfin Elisabeth zu Salm-Reifferscheidt (1623-88). Roberto I. Herzog von Parma hatte auch 24 Kinder, aber von zwei Frauen. Eine seiner Töchter, Zita, Kaiserin von Österreich und Königin von Ungarn (1892-1989), ging am 23. März 1919 ins Exil, besuchte aber unter Führung aller Titel am 17. November 1982 Wien, um den Republikaner daran zu erinnern, daß ihr Vater 1854 die Thronfolge von Parma übernommen hatte.

Das älteste Staatsoberhaupt der Welt ist Joaquín Balaguer, Präsident der Dominikanischen Republik (* 1. September 1907). Der älteste Monarch ist König Taufa'ahau von Tonga (* 4. Juli 1918), der auch der schwerste Monarch ist.

Die erste Präsidentin der Welt wurde Isabel Perón (Argentinien, * 4. Februar 1931), als sie ihrem Mann nach dessen Tod am 1. Juli 1974 im Amt nachfolgte. Sie blieb im Amt, bis sie bei einem unblutigen Staatsstreich am 24. März 1976 abgesetzt wurde. Islands Präsidentin Vigdis Finnbogadottir (* 15. April 1930) wurde am 30. Juni 1980 das erste demokratisch gewählte weibliche Staatsoberhaupt der Welt.

Am längsten von allen Regierungschefs hat Naruhiko Higashikuni gelebt, der am 3. Dezember 1887 geboren wurde und im Alter von 102 Jahren und 48 Tagen am 20. Januar 1990 starb. Er war Japans erster Premier nach dem Zweiten Weltkrieg, blieb aber nicht einmal zwei Monate im Amt, von dem er im Oktober 1945 zurücktrat.
El Hadji Muhammad el Mokri, Großwesir von Marokko, starb am 16. September 1957 im mutmaßlichen Alter von 116 Jahren (nach mohammedanischer Hijri-Zeitrechnung, was 112,5 Jahren gregorianischer Zeitrechnung entspricht).

Der bisher **im höchsten Alter ernannte Ministerpräsident** war der Franzose Marschall Henri Philippe Pétain (1856-1951), der immerhin schon 84 Jahre alt war, als er am 10. Juli 1940 französischer »Staatschef« wurde.

Der am längsten amtierende Premierminister eines souveränen Staats ist derzeit Khalifa bin Sulman al-Khalifa (* 3. Juli 1933) in Bahrein, der sein Amt versieht, seit Bahrein im August 1971 unabhängig wurde. Bis dahin war er bereits eineinhalb Jahre im Amt.
Marschall Kim Il Sung (Geburtsname Kim Sung Chu/1912-94) war vom 25. August 1948 bis zum 8. Juli 1994 Regierungschef oder Staatschef der Demokratischen Volksrepublik Korea.

Die längste Regierungszeit in Deutschland als Ministerpräsident und Reichskanzler hatte Fürst Otto von Bismarck-Schönhausen, Herzog von Lauenburg (1815-98). Er wurde 1862 Ministerpräsident von Preußen, 1867 Bundeskanzler des Norddeutschen Bundes und war von 1871 bis zu seiner Entlassung durch Kaiser Wilhelm II. am 20. März 1890 Kanzler des Deutschen Reiches, also nahezu 20 Jahre lang.

Die kürzeste Amtsperiode als deutscher Reichskanzler hatte Prinz Max von Baden (1867-1929). Er war nur vom 3. Oktober bis zum 9. November 1918 im Amt – ganze 38 Tage.

Die längste **Amtszeit als Bundeskanzler** der Bundesrepublik Deutschland hatte Dr. Konrad Adenauer (1876-1967). Er wurde am 15. September 1949 im Alter von 73 Jahren mit einer (seiner eigenen?) Stimme Mehrheit von den Abgeordneten des ersten Bundestages zum ersten Mal zum Bundeskanzler gewählt und führte vier Kabinette, bis er am 15. Oktober 1963 nach einer Amtszeit von über 14 Jahren mit 87 Jahren zurücktrat. Er starb im Alter von 91 Jahren. Die kürzeste Amtszeit als Bundeskanzler der Bundesrepublik Deutschland hatte Kurt Georg Kiesinger (* 6. April 1904) mit zwei Jahren, elf Monaten vom 1. Dezember 1966 bis zum 21. Oktober 1969.
Als jüngster Bundeskanzler trat der CDU-Politiker Helmut Kohl (* 3. April 1930) am 1. Oktober 1982 im Alter von 52 Jahren, 182 Tagen sein Amt an.

Die erste Ministerpräsidentin war Sirimavo Bandaranaike (* 17. April 1916). Sie war von 1960 bis 64 und noch einmal von 1970 bis 77 Ministerpräsidentin von Sri Lanka.

Der dienstälteste Außenminister war der UdSSR-Diplomat Andrei Andrejewitsch Gromyko (1909-89). 1946 wurde er Vize-Außenminister, vom 15. Februar 1957 bis zum 2. Juli 1985 war er Außenminister; danach wurde er Vorsitzender des Präsidiums des Obersten Sowjets; diese Position bekleidete er bis zum 30. September 1988. Pjotr Lomako (1904-90) bekleidete seit 1940 in der UdSSR-Regierung das Amt eines Ministers für Nichteisen-Metallurgie. Nach 46 Jahren wurde er am 1. November 1986 im Alter von 82 Jahren abgelöst; dem Zentralkomitee der KPdSU hatte er seit 1952 angehört.

Das Umweltgipfeltreffen der Vereinten Nationen am 12./13. Juni 1992 wurde von 92 Staats- und Regierungschefs besucht und wurde damit zum größten Treffen politischer Führer aus aller Welt. Das Gipfeltreffen hatte insgesamt 103 Teilnehmer und war eine der Konferenzen des »Erdgipfels«, der vom 3. bis 14. Juni 1992 in Rio de Janeiro (Brasilien) stattfand.

Die erste gesetzgebende Körperschaft bestand aus zwei Kammern und befand sich ca. 2800 v. Chr. in Erech in Mesopotamien (jetzt Irak).

Die älteste uns bekannte gesetzgebende Körperschaft ist das im Jahr 930 gegründete isländische Althing. Diese Körperschaft, die ursprünglich aus 39 Ältesten bestand, wurde im Jahr 1800 abgeschafft, aber 1843 wurde ihr konsultativer und 1874 ihr legislativer Status von Dänemark wiederhergestellt.

Die gesetzgebende Versammlung mit der längsten kontinuierlichen Geschichte existiert auf der Insel Man. Der Tynwald hat seine Ursprünge möglicherweise im ausgehenden 9. Jh. und wäre damit älter als das Althing. Alle neuen Gesetze werden in der Inselsprache Manx und in Englisch verkündet.

Die größte gesetzgebende Versammlung in der Welt ist der Nationale Volkskongreß der Volksrepublik China. Der Achte Volkskongreß, der im März 1993 zusammentrat bestand aus 2978 Delegierten, die indirekt aus 22 Provinzen, 5 autonomen Regionen, 3 Stadtgemeinden unter der Kontrolle der Zentralregierung, die alle einer einzigen Partei angehören und indirekt für eine fünfjährige Legislaturperiode gewählt werden.

Das kleinste Quorum eines Parlaments (die Mindestzahl von Abgeordneten, die bei einer Abstimmung anwesend sein müssen) hat das britische Oberhaus, das House of Lords. Um gültig abzustimmen, müssen 3 Peers anwesend sein einschließlich des Lordkanzlers oder seines Stellvertreters. Das Quorum des Unterhauses, 40 Abgeordnete (von 651 Parlamentsmitgliedern) einschließlich des Speakers oder seines Stellvertreters, ist 13mal so hoch.

> Von den 191 souveränen Staaten der Welt sind 145 Republiken. Die übrigen 46 haben die unterschiedlichsten Staatsoberhäupter, nämlich: 1 Kaiser, 14 Könige, 3 Königinnen, 2 Sultane, 1 Großherzog, 2 Prinzen, 3 Emire, einen Wahlmonarchen, den Papst, einen aus sieben Erbscheichs gewählten Präsidenten, 1 Staatsoberhaupt, das momentan einem konstitutionellen Monarchen entspricht und 2 nominelle nicht-erbliche »Prinzen« in einem Land. Königin Elizabeth II. ist Staatsoberhaupt von Großbritannien und zusätzlich 15 Commonwealth-Ländern.

Der älteste noch gültige Vertrag ist das Englisch-Portugiesische Bündnisabkommen, das vor über 621 Jahren, am 16. Juni 1373, in London unterzeichnet wurde. Der Text wurde von John de Banketre, Protokollführer, »mit meinem üblichen Schnörkel« bestätigt.

Die meisten Abgeordneten für den deutschen Reichstag wurden am 5. März 1933 gewählt: 647. Die Wahlen zum ersten gesamtdeutschen, dem 12. Bundestag brachten am 2. Dezember 1990 eine Rekordzahl von 662 Abgeordneten.
Die größte Mitgliederzahl im österreichischen Parlament hatte mit 516 das Abgeordnetenhaus von 1907. In der Schweiz amtierten mit 198 Mitgliedern die meisten Abgeordneten in der Legislaturperiode von 1922.

Die größten Wahlen der Welt begannen am 20. Mai 1991 für das indische Lok Sabha, das Abgeordnetenhaus mit 543 Sitzen. Über 315 Mio. Wähler (von 488 Mio. Wahlberechtigten) gaben ihre Stimme ab. 359 Parteien stellten sich zur Wahl, in den 565 000 Wahllokalen waren 3 Mio. Wahlhelfer eingesetzt. Als Ergebnis der Wahl wurde eine neue Regierung unter Führung der Kongreßpartei gebildet.

Die höchste persönliche Mehrheit, die je ein Politiker erreichte, war ein Vorsprung von 4 726 112 Stimmen für Boris Jelzin, den »nicht amtlichen« Moskauer Kandidaten bei den Parlamentswahlen in der ehemaligen UdSSR am 26. März 1989. Jelzin erhielt 5 118 745 der im Wahlbezirk Moskau abgegebenen Stimmen, sein nächster Verfolger bekam 392 633 Stimmen.
Benazir Bhutto errang 1988 im pakistanischen Wahlbezirk Larkana III mit 82 229 Stimmen 96,71 Prozent. Der nächstbeste Kandidat brachte es auf 1979 Stimmen.

Die kleinste je erreichte Mehrheit erzielte am 18. Januar 1961 die Afro-Shirazi-Partei in Sansibar (jetzt Teil von Tansania) mit einem einzigen Sitz, nachdem der Sitz von Chake-Chake auf der Insel Pemba durch eine einzige Stimme gewonnen worden war.

Die kleinste prozentuale Mehrheit bei einer Wahl hatte sicherlich am 7. August 1979 R. E. Joiner mit 133 587 Stimmen gegen W. H. Pyron mit 133 582. Es handelte sich dabei um

Die höchstbezahlten Parlamentarier sind die japanischen Abgeordneten, die hier bei einer Sitzung zu sehen sind. Der japanische Ministerpräsident hat ein Jahresgehalt von umgerechnet 596 000 DM.
Foto: Gamma/K. Kurita

GEMEINSCHAFT, GESELLSCHAFT

• Staatsoberhäupter, Regierungen, Parlamente

Indira Ghandi - Premierministerin mit der längsten Amtszeit. Foto: Popperfoto

das Amt des Southern District Highway Commissioner im Staat Mississippi. Der Verlierer erhielt 49,999 Prozent der abgegebenen Stimmen.

Den unmöglichsten Wahlsieg errang Charles D. B. King (1875-1961) bei den Präsidentschaftswahlen in Liberia 1927. Der offiziell bekanntgegebene Stimmenvorsprung vor dem Gegenkandidaten Thomas J. R. Faulkner von der Volkspartei war 234 000. Präsident King nahm damit eine »Mehrheit« für sich in Anspruch, die 15 1/2mal größer war als die gesamte Wählerschaft.

Den umfangreichsten Stimmzettel gab es bei den Wahlen zur Staatsversammlung von Karnataka (Indien) am 5. März 1985, wo in der Stadt Belguum 301 Kandidaten antraten.

Am längsten an der Macht. In der Mongolei sind die Kommunisten (Mongolische Revolutionäre Volkspartei) seit 1924 ununterbrochen an der Macht, wenn auch erst seit drei Jahren in einem Mehrparteiensystem. Im Februar 1992 wurde der Begriff »Volksrepublik« aus dem Staatsnamen gestrichen.

Der am längsten lebende Premierminister eines Landes war Naruhiko Higashikuni (Japan), der am 3. Dezember 1887 geboren wurde und am 20. Januar 1990 im Alter von 102 Jahren, 48 Tagen starb. Er war der erste Premier des Landes nach dem Zweiten Weltkrieg, blieb aber nicht einmal zwei Monate im Amt, das er im Oktober 1945 verließ.

Die größte nationale Kommunistische Partei der Welt ist die 1920 ge-

Regierungschef mit 28

Sind Sie 28 und haben Interesse daran, ein Land zu regieren? Nun ja, in Liechtenstein hätten Sie derzeit gute Chancen. Das Fürstentum (innerhalb der Schweiz) mit 30 000 Einwohnern hat als Ministerpräsidenten den 28jährigen Dr. Mario Frick. Der frühere stellvertretende Regierungschef hat sein Amt am 15. Dezember 1993 angetreten, nachdem seine Partei, die Vaterländische Union, bei den Wahlen vom 24. Oktober 1993 über 50 Prozent der Stimmen erhielt. Es überrascht nicht, daß Dr. Frick derzeit der jüngste Ministerpräsident der Welt ist. Er hat Rechtswissenschaften an der Hochschule St. Gallen studiert und wurde 1992 über ein Thema promoviert, das für das Fürstentum eine gewisse Aktualität besitzt: die Anerkennung und Vollstreckung ausländischer Urteile, etwa in Bankgeschäften.

Foto: Fürstentum Liechtenstein, Presse- und Informationsamt

EUROPÄISCHE PARLAMENTSREKORDE

Präsidenten des Europaparlaments: Simone Veil (1979), Klaus Hänsch (seit 19. Juli 1994), Pierre Pflimlin (1984).
Fotos: Gamma/D. Simon; dpa/epa

* Ursprünglich hat sich das Parlament als Versammlung der Europäischen Gemeinschaft für Kohle und Stahl (Montanunion) konstituiert, um 1962 den Namen Europäisches Parlament anzunehmen. Direkte Wahlen gibt es seit 1979, die ersten wurden vom 7. bis 10. Juni jenes Jahres abgehalten. Die letzten Europawahlen fanden vom 9. bis 12. Juni 1994 statt.
* In dem 567köpfigen Parlament hat Deutschland mit 99 die meisten und Luxemburg mit 6 die wenigsten Mitglieder.
* Der Präsident des Parlaments wird für eine Amtszeit von 2 1/2 Jahren direkt von den Abgeordneten gewählt. Frankreich und Deutschland sind die beiden Länder, die mehr als einen Präsidenten stellten: Simone Veil, die 1979 gewählt wurde, und Pierre Pflimlin, 1984 gewählt; Egon Klepsch (1992) als 6. Präsident der Volksvertretung und sein Nachfolger Klaus Hänsch.
* Die derzeit größte Gruppe im Parlament ist die Sozialistische Fraktion mit 224 Mitgliedern, die kleinste Gruppe rekrutiert sich aus den 27 fraktionslosen Europaabgeordneten.
* Die höchste Wahlbeteiligung verzeichnete Belgien 1989 mit 93 Prozent (allerdings besteht dort Wahlpflicht), die geringste gab es 1984 in Großbritannien, als gerade 32,5 Prozent der Wahlberechtigten ihre Stimme abgaben.

gründete Kommunistische Partei Chinas mit schätzungsweise 50,3 Mio. Mitgliedern. Das waren dreimal mehr als in der damals noch existenten UdSSR. Die größte Kommunistische Partei in einem nichtkommunistischen oder nichtsozialistischen Land war die Partito Comunista Italiano mit 2,3 Mio. Mitgliedern im Jahr 1946. Bis 1990 sank die Mitgliederzahl allerdings auf 1,32 Mio., und am 3. Februar 1991 änderte sie ihren Namen in Partito Democratico della Sinistra.

Frauenwahlrecht: Seit 1838 führen die Pitcairn-Inseln das Frauenwahlrecht in ihrer Verfassung, obschon es nur de facto galt. Die erste Legislative mit Wählerinnen gab es 1869 im Territorium von Wyoming (USA), gefolgt 1881 von der Isle of Man. Das erste Land mit uneingeschränktem Frauenwahlrecht war 1893 Neuseeland. Die Stimmabgabe von Lily Maxwell am 26. November 1867 in Manchester (GB) wurde am 9. November 1868 für ungesetzlich erklärt.

Als erster europäischer Staat räumte Finnland 1907 den **Frauen das aktive und passive Wahlrecht** ein. Aus diesen Wahlen zum finnischen Reichstag gingen damals 19 Frauen als Abgeordnete hervor.

In Deutschland wurde den Frauen das Wahlrecht erstmals bei den Wahlen zur Verfassunggebenden Nationalversammlung am 19. Januar 1919 gegeben. Von den 423 Abgeordneten, die aus dieser Wahl hervorgingen, waren 41 Frauen, fast zehn Prozent.

◆ GESETZGEBUNG UND GERICHTSWESEN

Die älteste niedergeschriebene Gesetzessammlung stammt von König Urnammu (ca. 2250 v. Chr.) in der 3. Dynastie von Ur (Irak). In der modernen zivilisierten Welt werden die Gesetze – außer in diktatorisch regierten Staaten – von den gesetzgebenden Körperschaften (Legislative) beschlossen. Dies sind in der Regel die Parlamente. Mit der Unterzeichnung durch das Staatsoberhaupt treten sie in Kraft. Ihre rechtmäßige Ausübung überwachen die Gerichte.

Die älteste geschriebene Verfassung der Welt, die ohne Unterbrechung bis heute Gültigkeit hat, ist die der Vereinigten Staaten von Amerika. Sie wurde am 21. Juni 1788 von New Hampshire als erforderlichem 9. Bundesstaat ratifiziert und am 2. Juli desselben Jahres öffentlich für wirksam erklärt.

Die ersten Gerichtsordnungen in Deutschland waren im wesentlichen Strafprozeßordnungen. Die ältesten von ihnen sind das *Mühlhäuser Reichsrechtsbuch* (Anfang des 13. Jh.s), die *Bambergische Halsgerichtsordnung* von 1507 und die sogenannte *Peinliche Gerichtsordnung* Kaiser Karls V. von 1532. Sie schufen ein geregeltes Prozeßwesen und halfen mit, das ungeordnete und willkürliche Rechtswesen des Mittelalters zu überwinden.

Der langwierigste aktenkundige Prozeß endete am 28. April 1966 in Poona (Indien), als der Gerichtshof ein Urteil zugunsten von Balasaheb Patloji Thorat fällte und damit eine Rechtsstreitigkeit regelte, die im Jahr 1205, also 761 Jahre vorher, von seinem Vorfahren Maloji Thorat begonnen worden war. Er hatte damals für sich das Recht verlangt, bei öffentlichen Veranstaltungen den Vorsitz zu führen, und um Klärung der Rangordnung bei religiösen Festen ersucht.

Langwierigster Prozeß: Die Auseinandersetzung über den Anspruch des Domkapitels von Durham Cathedral, die Pfründe der Diözese während einer Vakanz in der Leitung des Erzbistums zu verwalten, wurde erstmals 1283 akut. 1672 und 1890 flammte der Streit mit dem Erzbischof von York erneut auf. Ein Versuch, den mittlerweile 692 Jahre alten Streit im Jahr 1975 beizulegen, blieb erfolglos. Keine der beiden Seiten erkennt die rechtlichen Äußerungen der jeweils anderen an.

Das längste Verfahren vor einer Jury ist der Fall Kemner gegen Monsanto Co., bei dem es um die Verschmutzung durch giftige Chemikalien im Jahr 1979 in Sturgeon, Missouri (USA), ging. Der Prozeß begann am 6. Februar 1984 im Landgericht von Belleville, Illinois (USA). Am 26. August 1987, nach 657 Verhandlungstagen und zweimonatiger Jury-Beratung, schloß Richter Richard P. Goldenhersh das Verfahren. Am 22. Oktober wurde das Strafmaß verhängt. Den Einwohnern von Sturgeon wurden eine Mio. Dollar (damals 1,82 Mio. DM) nomineller Schadenersatz sowie 16,28 Mio Dollar (25,7 Mio. DM) verschärfter Schadenersatz zugesprochen, doch das Revisionsgericht von Illinois hob diese Entscheidung am 11. Juni 1991 auf, weil die Jury im ersten Verfahren nicht festgestellt hatte, ob überhaupt ein Schaden durch das Auslaufen der Chemikalien entstanden war.

Der Oberste Gerichtshof von Sri Lanka hat 527 Tage über die Anfechtung der Wahl von Präsident Ranasinghe Premadasa zum Staatsoberhaupt im Jahr 1988 verhandelt. Während des sich über drei Jahre hinziehenden Verfahrens sagten vom 19. Juni 1989 bis zum 30. Juni 1992 insgesamt 977 Zeugen aus. Am 1. September wurde die Anfechtung des Oppositionsführers Sirimavo Bandaranaike abgewiesen.

Die längste Verhandlung in einem Scheidungsverfahren war der Fall Gibbons gegen Gibbons, Roman und Halperin. Am 19. März 1962, nach 28 Tagen, erreichte Alfred George Boyd Gibbons ein vorläufiges Scheidungsurteil gegen seine Frau Dorothy wegen Ehebruchs mit John Halperin aus New York.

Eine Weltrekord-Kaution wurde mit 100 Mrd. Dollar (189 Mrd. DM) am 16. Oktober 1989 im Gericht von Dade County, Miami, Florida (USA), gegen Jeffrey Marsh, Juan Mercado, Yolanda Kravitz und Alvin Kravitz festgelegt. Die vier Verteidiger in dem Fall, in dem es um bewaffneten Raubüberfall ging, forderten die Festsetzung der Kaution, der später folgende Antrag auf Reduzierung wurde abgelehnt.

Die längste und aufwendigste amtliche Untersuchung galt der Kernkraftanlage Sizewell B in Suffolk (GB) und fand unter Leitung von Kronanwalt Sir Frank Layfield statt. Sie begann am 11. Januar 1983 und endete nach 340 Tagen mit Anhörungen am 7. März 1985. Die Kosten für die öffentliche Hand beliefen sich auf 20 Mio. Pfund (72 Mio. DM), der achtbändige 3000-Seiten-Bericht wog 13,6 kg und kostete je Exemplar 30 Pfund (115 DM).

Der größte persönliche Schadenersatz wurde mit 78 Mio. Dollar (142 Mio. DM) am 29. September 1987 dem Fotomodell Marla Hanson (26) zugesprochen, deren Gesicht im Juni 1987 in New York City mit Rasiermessern entstellt worden war. Die drei überführten Täter, wurden zu Haftstrafen verurteilt. Da sie kein Vermögen besaßen, wurde Miß Hanson der Anspruch auf 10 Prozent ihrer Einkünfte nach Verbüßung der Haftzeit zuerkannt.

Am 18. Juli 1988 sprach das Schöffengericht in New York Agnes Mae Whitaker eine Entschädigung in Höhe von 65 086 000 Dollar (damals 142 Mio. DM) zu. Das Verfahren richtete sich wegen medizinischer Fehlbehandlung gegen die New York Health and Hospitals Corporation.

Erfolgreichster Strafverteidiger. Sir Lionel Luckhoo, Seniorpartner von Luckhoo und Luckhoo in Georgetown (Guyana), war zwischen 1940 und 1985 in 245 aufeinanderfolgenden Mordprozessen erfolgreich.

Der älteste aktive Richter war Albert R. Alexander (1859-1966) aus Plattsburg, Missouri (USA). 1926 wurde er als Mitglied im Kollegium des Amtsgerichts von Clinton County registriert, wo er anschließend als Untersuchungs- und Nachlaßrichter tätig war, bis er am 9. Juli 1965 im Alter von 105 Jahren und 8 Monaten in Pension ging.

Ältester Anwalt: Cornelius Van de Steeg (1889-1994) aus Perry, Iowa (USA), hat im April 1991 im Alter von 101 Jahren, 11 Monaten noch tätig.

Die größte Anwaltsfirma ist Baker & McKenzie, wo am 28. Februar 1994 insgesamt 1864 Rechtsanwälte (528 davon als Partner) in 32 Ländern tätig waren. Das Unternehmen, 1949 in Chikago, Illinois (USA), gegründet, erzielte mit 512 Mio. Dollar (820 Mio. DM) 1993 weltweit die höchsten Umsatzerlöse.

Der höchste Schadensersatz, der gegen eine Einzelperson verhängt wurde, betrug 2,1 Mrd. Dollar (3,45 Mrd. DM). Am 10. Juli 1992 wurde Charles H. Keating Jr., dem ehemaligen Besitzer der Lincoln-Spar- und Darlehenskasse in Los Angeles, Kalifornien (USA), von der Jury eines Bundesgerichts auferlegt, die genannte Summe an 23 000 Kleinanleger zu zahlen, die von seinem Kreditinstitut betrogen worden waren. Diese Summe wurde daraufhin dem Vorsitzenden Richter zur endgültigen Bestätigung vorgelegt.

Die größte Entschädigung für die Katastrophe am 2./3. Dezember 1984 beim Werk der Union Carbide Corporation in Bhopal (Indien) wurde einnehmlich auf 470 Mio. Dollar (888 Mio. DM) festgesetzt. Der Oberste Gerichtshof von Indien verfügte am 14. Februar 1989 die Zahlung nach einer Einigung zwischen dem Unternehmen und der indischen Regierung, die die Interessen von über 500 000 Klägern vertrat, darunter die Familien von 3350 Menschen, die an den Folgen des Unglücks gestorben waren.

Der höchste Schadensersatz in einem Zivilverfahren war 11,12 Mrd. Dollar (damals 34 Mrd. DM), am 10. Dezember 1985 in Houston, Texas (USA), von Richter Solomon Casseb jr. im Zivilverfahren Pennzoil Co. gegen Texaco der Klägerin zugesprochen. Der beklagten Firma war »unsittliche Geschäftspolitik« bei dem Versuch vorgeworfen worden, eine Fusion zwischen der Klägerfirma und der Getty Oil Co. zu verhindern. Die Chefanwälte waren Joe Jamail (Pennzoil) und Richard Miller (Texaco). Nach 48stündiger Verhandlung wurde am 19. Dezember 1987 eine außergerichtliche Einigung auf die Summe von 5,5 Mrd. Dollar (damals 8,7 Mrd. DM) erzielt.

Die höchste Entschädigung für Verleumdung erhielt am 20. April 1991 mit 58 Mio. Dollar (98,3 Mio. DM) Vic Feazell, ehemals Bezirksanwalt in Waco, Texas (USA). Er hatte geklagt, weil er 1985 von einer Fernsehstation in Dallas und einem ihrer Reporter verleumdet worden war, was sein öffentliches Ansehen ruinierte. Am 29. Juni 1991 erzielten die Parteien eine außergerichtliche Einigung.

Die größte Haftentschädigung wurde im Oktober 1989 mit 1,935 Mio. Dollar (3,66 Mio. DM) Robert McLaughlin (29) zugesprochen, nachdem er 1979 in New York für einen Mord verurteilt worden war, den er nicht begangen hatte. Er war zu 15 Jahren Haftstrafe verurteilt worden und hatte 1980-86 sechs Jahre im Gefängnis verbracht, bevor er entlassen wurde, nachdem seinem Pflegevater der Beweis gelungen war, daß er mit dem Verbrechen nichts zu tun hatte.

Die höchste Unterhaltsklage von 3 Mrd. Dollar (damals 7,2 Mrd. DM) erhob die in Belgien geborene Dena Al-Fassi (damals 23) im Februar 1982 in Los Angeles gegen ihren früheren Ehemann, Scheich Mohammed Al-Fassi (damals 28), aus der saudiarabischen Königsfamilie. Marvin Mitchelson verwies beider Begründung der Forderung auf das Vermögen des Scheichs, zu dem allein 14 Anwesen in Florida und zahlreiche Privatflugzeuge zählen. Am 14. Juni 1983 wurden der Klägerin 81 Mio. Dollar (damals 196,5 Mio. DM) zugesprochen, was sie, wie sie erklärte, »sehr, sehr glücklich« machte.

Geduld!
Der indische Beamte Gaddam Hanumantha Reddy hat gegen die Regierung des indischen Bundesstaats Haiderabad sowie gegen die indische Regierung eine ganze Serie von Prozessen angestrengt, und zwar über insgesamt **44 Jahre, 9 Monate und 8 Tage von April 1945 bis Januar 1990**. Die Rechtsstreitigkeiten währten so lange wie seine Dienstzeit in der öffentlichen Verwaltung. In seiner Klage behauptete er, die Ergebnisse seiner Aufnahmeprüfung für die Staatsverwaltung von Haiderabad qualifizierten ihn für einen höheren Dienstgrad und bessere Bezahlung. Nachdem er aus seinem Rechtskrieg als Sieger hervorging, wurde er tatsächlich befördert.

GEMEINSCHAFT, GESELLSCHAFT

- Gesetzgebung und Gerichtswesen
- Erziehung/Bildung

◆ ERZIEHUNG/BILDUNG

Die Schulpflicht wurde erstmals 1819 in Preußen eingeführt. 1870 galt sie auch in Großbritannien.

Die älteste Lehranstalt mit dem Charakter einer Universität ist wahrscheinlich die von Karauyne in Fez (Marokko), die 859 n. Chr. gegründet wurde.

Die Sumerer hatten schon kurz nach 3 500 v. Chr. Schreibschulen oder É-Dub-ba.

Die ersten Universitäten in Europa entstanden im 11. und 12. Jh., so die von Bologna im Jahr 1088 und von Neapel 1224.

Die älteste Universität im Deutschen Reich war die Prager Universität. Ihr Gründungsjahr war 1348.

Die älteste deutsche Universität ist die Ruprecht-Karl-Universität in Heidelberg (BW), die 1386 gegründet worden ist.

Österreichs älteste Universität ist die von Wien aus dem Jahr 1365.

In der Schweiz wurde 1460 die erste Universität in Basel gegründet.

Die Universität mit den meisten eingeschriebenen Studenten in der Welt ist die State University von New York (USA). Ende 1993 hatte sie an ihren 64 Campus im ganzen Bundesstaat 397 637 Studenten. Die meisten Studenten innerhalb einer Stadt hat die Universität von Rom mit 184 000 Studenten 1993. Sie wurde in den 20er Jahren als Einzel-Campus gebaut und ist immer noch am ursprünglichen Ort angesiedelt, auch wenn einige Fakultäten mittlerweile ausgelagert sind.

Das größte bestehende Universitätsgebäude der Welt ist die M.-V.-Lomonossow-Staatsuniversität südlich von Moskau (Rußland). Das Gebäude ist 240 m hoch, hat 32 Etagen und 40 000 Zimmer. Es wurde 1949-53 erbaut.

Die größte deutsche Universität ist die Ludwig-Maximilians-Universität von München, die 1826 gegründet wurde. An ihr waren im WS 1991/92 insgesamt 63 449 Studenten eingeschrieben, davon 32 110 weibliche. 4208 ausländische Studenten waren in München immatrikuliert.

Die größte Universität Österreichs ist die 1365 gegründete Universität Wien.

Die größte Universität der Schweiz ist die von Zürich.

Die kleinste Universität Deutschlands ist die Hochschule für Verwaltungswissenschaft in Speyer (RP). Im WS 1991/92 hatte sie 492 Hörer. Die kleinste private Universität besteht in Berlin.. An der Europäischen Wirtschaftshochschule waren 103 Studenten im WS 1991/92 immatrikuliert.

Der jüngste Akademiker, dem jemals ein Lehrstuhl an einer Universität angeboten wurde, war der 19jährige Colin MacLaurin (1698-1746), der am 30. September 1717 zum Professor der Mathematik am Marischal College in Aberdeen (Schottland) gewählt wurde. 1725 wurde er auf Empfehlung von Sir Isaac Newton (1642-1727), der selbst im Alter von 26 Jahren Professor in Cambridge war, Professor der Mathematik an der Universität Edinburgh.

Die meisten akademischen Ehrentitel, die ein Einzelner erhielt, sind die 127 Titel von Rev. Father Theodore M. Hesburgh (*25. Mai 1917), Präsident der Universität von Notre Dame, Indiana (USA). Seit 1964 betätigt er sich als Titelsammler.

Die längste Zeit als Lehrstuhlinhaber mit insgesamt 63 Jahren verbrachte Thomas Martyn (1735-1825), der von 1762 bis zu seinem Tod Professor der Botanik an der Universität Cambridge (GB) war.

Dr. Joel Hildebrandt (1881-1983), emeritierter Professor für physikalische Chemie an der Universität Berkeley, Kalifornien (USA), wurde 1913 außerordentlicher Professor und veröffentlichte 1981 seinen 275. Forschungsaufsatz.

Der jüngste Student ist Michael Kearney (*18. Januar 1984) aus Mobile, Alabama (USA), der im September 1990 an dem Santa Rosa Junior College in Kalifornien im Alter von 6 Jahren und 7 Monaten sein Studium der Anthropologie aufgenommen hat.

Ganesh Sittampalan (*11. Februar 1979) aus Surbiton (GB) hat als jüngster Absolvent mit 9 Jahren, 4 Monaten im Juni 1988 einen Hochschul-A-Grad in Mathematik und Höherer Mathematik erreicht.

Der jüngste Student der Bundesrepublik Deutschland war Elmar Eder, der 1970 im Alter von 14 Jahren an der Universität München das Vorexamen in Mathematik und Physik mit »sehr gut« bestand.

Jüngste Dozentin: Ruth Lawrence (* 1971) aus Huddersfield (GB) bestand die Schulabschlußprüfung in Theoretischer Mathematik mit 9 Jahren. Als Zwölfjährige wurde sie zum Studium in Oxford zugelassen, wo sie am 4. Juli 1985 ihr Examen als beste von 191 Prüflingen bestand. Seit sie am 19. Juli 1986 ihr Physikdiplom mit Auszeichnung erwarb, hält sie Physikvorlesungen und schreibt an der Doktorarbeit.

Jüngster Doktor: Mit 12 Jahren erhielt der deutsche Mathematiker Carl Witte aus Lochau im Herbst 1814 an der Universität von Gießen den Titel eines Doktors der Philosophie, mit einer Urkunde rückwirkend datiert auf den 13. April 1814.

Das Land mit den meisten Grundschulen ist China mit 893 623 im Jahr 1991. San Marino hat die kleinste Schüler/Lehrer-Quote, dort gibt es 5,5 Kinder je Lehrer.

Bei Realschulen liegt in Indien mit - 219 595 im Jahr 1991 vorn; mit 6,5 Schülern pro Lehrer hat San Marino das günstigste Verhältnis.

Die teuersten Schulen der Welt dürften die internationalen Internatsschulen sein, wie jene in der Schweiz. Eines dieser Internate ist die Internationale Schule in Gstaad (CH), die ihre Jahresgebühr 1991/92 auf 90 000 DM erhöht hat und von sich behauptet, die exklusivste Schule zu sein.

Die größte Schule der Welt ist die Rizal High School in Pasig Manila (Philippinen), die 1992/93 von 16 535 Schülern besucht wurde. Im Schuljahr 1993/94 nahm die Zahl leicht ab.

Höhere Schulbildung. Indien hat mit 6600 die meisten Einrichtungen, während die USA sowohl die größte Zahl von Oberschülern (13 711 000) als auch den höchsten Anteil an der Gesamtbevölkerung (5596 Oberschüler je 100 000 Einwohner) aufweisen.

Stilklassen. Je 12 in zwei Schulen, entstanden 1908/09 in Berndorf (Niederösterreich) mit Hilfe des Industriellen Arthur Krupp. Jedes Klassenzimmer ist einem Stil gewidmet – ein ägyptisches oder ein pompejanisches Lehrzimmer oder ein Raum im Empire-Stil – täglich gibt es in der Volks- und Hauptschule Unterricht.

Höchste Spende. Im Dezember 1993 hat Walter Annenberg mit 500 Mio. Dollar (800 Mio. DM) die höchste Spende an das öffentliche Bildungssystem der USA geleistet. Der Betrag soll mithelfen, die Gewalt an den amerikanischen Schulen einzudämmen.

NOBELPREIS: Die Nobel-Stiftung in Höhe von 3,2 Mio. Pfund Sterling (12,8 Mio. DM) wurde von Alfred Bernhard Nobel (1833-96), dem unverheirateten schwedischen Chemiker und Industriellen, geschaffen, der 1866 das Dynamit erfand. Die Nobelpreise werden jährlich am 10. Dezember, dem Jahrestag von Nobels Tod, verliehen.
DIE ERSTEN 1901 für Physik, Chemie, Medizin und Physiologie, Literatur und Frieden.
ÄLTESTER PREISTRÄGER war Professor Francis Peyton Rous (USA, 1879-1970), der 1966 im Alter von 87 Jahren einen geteilten Preis in Physiologie oder Medizin erhielt.
JÜNGSTE PREISTRÄGER zur Zeit der Verleihung: Professor Sir William Bragg (GB, 1890-1971), Physikpreis 1915 mit 25 Jahren. Zur Zeit der (später ausgezeichneten) Arbeit: Bragg und Theodore W. Richards (USA, 1868-1928), 1914 Preis für Chemie, 23 Jahre.
HÖCHSTER PREIS: 7 Mio. Schwedische Kronen (1,55 Mio. DM) 1994.
NIEDRIGSTER PREIS: 115 000 Schwedische Kronen 1923.

Foto: Gamma/Presens Bild

Am 30. August 1993 wurde die Moschee Hassan II. in Casablanca (Marokko) mit dem höchsten Minarett der Welt offiziell eröffnet.
Foto: Gamma/C. Vionjard

▶ RELIGIONEN

Die frühesten religiösen Zeugnisse sind nach Meinung vieler Archäologen die verzierten europäischen Höhlen der Altsteinzeit (ca. 30 000-10 000 v. Chr.), die als Stätten der Anbetung oder religiöser Riten gedient haben könnten. Die nordspanische El-Juyo-Höhle soll, wie berichtet wurde, eine Kultstätte aus der Zeit um 12 000 v. Chr. enthalten. Für ebenso alt wird eine Holzplattform gehalten, die 1992 in Nordpolen am Rand eines Urzeitsees in der Nähe des Dorfs Tlokowo entdeckt wurde. Von ihr wurden vermutlich geschnitzte Opfergaben in den See geworfen. Im Nahen Osten, wie zum Beispiel in Tell Aswasd in Syrien (um 5200 v. Chr.), gingen kleinere Kultbauten den großen Tempeln voraus. Der älteste Tempelkomplex wurde in der Ebene XVII in Eridu (Irak) gefunden. Er wird auf etwa 3700 v. Chr. datiert.

Die älteste dogmatisch definierbare Religion ist der Hinduismus. Gegen 1500 v. Chr. brachten die Arier seinen Vorläufer, den Wedismus, nach Indien. Gegenwärtig gibt es etwa 518 Mio. Hindus.

Das hinduistische *Rigweda*-Gesangbuch wurde um 900 v. Chr. oder noch früher verfaßt.

Die jüdischen Verhaltensregeln stammen aus der Zeit um 2000 v. Chr.

Die vorherrschende Religion in der Welt ist das Christentum mit ca. 1,87 Mrd. Anhängern 1993, das sind 33,5 Prozent der Weltbevölkerung. Im selben Jahr gab es 1,04 Mrd. Katholiken. Die größte nichtchristliche Religion ist der Islam mit ca. 1,01 Mrd. Anhängern 1993.

Die größte religiöse Organisation der Welt ist die römisch-katholische Kirche mit 155 Kardinälen, 785 Erzbischöfen, 3273 Bischöfen, 403 173 Priestern und 882 111 Nonnen Ende 1990.

Das größte religiösen Zwecken dienende Bauwerk, das je geschaffen wurde, ist der 162,6 ha große Wischnu-Tempel von Angkor (Kambodscha). Der Khmer-König Suryavarman II. ließ ihn in der Zeit zwischen 1113 und 50 errichten. Seine Umfassungsmauern messen 1280 x 1280 m; bevor er 1432 verlassen wurde, lebten 80 000 Menschen in ihm. Der Gesamtkomplex aus 72 Hauptmonumenten, begonnen um 900, erstreckt sich über 24x8 km.

Der größte buddhistische Tempel ist der im 8. Jh. erbaute Borobudur-Tempel von Jogjakarta (Indonesien). Er ist 31,5 m hoch und hat 123 m².

Der größte Mormonentempel der Welt ist der Salt Lake Temple im US-Bundesstaat Utah. Er wurde am 6. April 1893 eingeweiht und bedeckt eine Fläche von 23 505 m².

Die größte Kirche der Welt ist die Basilika Notre Dame de la Paix in Yamoussoukro (Elfenbeinküste), die 1989 für umgerechnet 300 Mio. DM fertiggestellt worden ist. Sie hat 30000 m² Fläche und Platz für 7000 Gläubige. Einschließlich des Goldkreuzes ist sie 158 m hoch.

Die größte Kathedrale der Welt ist St. John the Divine der Diözese New York mit einer Grundfläche von 11 240 m² und einem umbauten Raum von 476 350 m³. Der Grundstein wurde am 27. Dezember 1892 gelegt, 1941 wurden die Bauarbeiten an dem gotischen Bau unterbrochen und im Juli 1979 wiederaufgenommen. Die New Yorker nennen die Kirche »Saint John der Unvollendete«. Mit 183,2 m hat die Kathedrale das längste Schiff der Welt, das Gewölbe ragt 37,8 m hoch.

Die Kathedrale, die die größte Fläche bedeckt, ist Santa María de la Sede in Sevilla (Spanien). Sie wurde im spanisch-gotischen Stil zwischen 1402 und 1519 erbaut, ist 126,2 m lang, 82,6 m breit und im Mittelschiff 30,5 m hoch.

Die größte Kathedrale Deutschlands ist der Dom zu Köln. Mit seinem Bau wurde 1248 begonnen, aber erst 1880 wurde er fertiggestellt. Dieser gotische Dom hat eine überbaute Fläche von 7914 m² (Länge 144,58 m, breiteste Stelle 86,25 m) und ein Fassungsvermögen von 28 000 Menschen. Seine Türme sind 157 m hoch.

Die größte Kathedrale Österreichs ist der Stephansdom in Wien. Er wurde 1147 geweiht, im 13. Jh. erneuert, im 14. Jh. ausgebaut. Seine Grundfläche umfaßt 4000 m². Er ist 107,2 m lang und bietet 8000 Menschen Platz.

Die elliptische Basilika St. Pius X. in Lourdes, 1957 für über 20 Mio. DM fertiggestellt, faßt 20 000 Menschen und ist 200 m lang.

Die längste Krypta der Welt, die Krypta der unterirdischen Kirche im Guadarrama-Gebirge 45 km nördlich von Madrid, mißt in der Länge 260 m. Die Kirche, im Gedenken an den spanischen Bürgerkrieg in 21 Jahren (1937-58) für umgerechnet rund 40 Mio. DM erbaut, wird von einem 150 m hohen Kreuz überragt.

Die größte Kirchenruine Deutschlands ist die der ehemaligen, von 1038 bis 1144 im romanischen Stil erbauten Stiftskirche in Bad Hersfeld (HE). Sie wurde 1761 im Siebenjährigen Krieg durch Brandstiftung zerstört. Seit 1951 dient sie den dort alljährlich im Juli stattfindenden Hersfelder Festspielen als Kulisse.

Die höchstgelegene Kirche in Deutschland ist die Kapelle Maria Heimsuchung auf dem Zugspitzplatt (Wettersteingebirge) in 2700 m Höhe; sie wurde 1981 geweiht.

Die kleinste Kathedrale der Welt – Sitz eines Diözesanbischofs – ist die 1983 in Highlandville, Missouri (USA), erbaute Christ Catholic Church. Sie hat eine Fläche von 4,3 x 5,2 m und Platz für 18 Personen.

GEMEINSCHAFT, GESELLSCHAFT

• Religionen

Die größte Synagoge der Welt ist der Emanu-El-Tempel in der Fifth Avenue in New York (USA). Der 1929 fertiggestellte Tempel hat eine fast 45,7 m lange Frontseite an der Fifth Avenue und eine 77,1 m lange an der 65th Street. Im Tempel haben 2500 Menschen Platz. Die mit ihm verbundene Betstube Beth-El faßt 350 Personen. Wenn alle Räumlichkeiten benutzt werden, haben insgesamt 6000 Gläubige Platz.

Die größte Moschee ist die Moschee Shah Faisal bei Islamabad (Pakistan). Der gesamte Komplex nimmt 18,97 ha in Anspruch, die Gebetshalle allein 0,48 ha. Hof und Gebetshalle können 100 000 Gläubige aufnehmen, die angrenzenden Fächen weitere 200 000.

Das höchste Minarett der Welt ist der Turm der Großen Hassan-II.-Moschee in Casablanca (Marokko) mit 200 m Höhe. Die Baukosten der Moschee beliefen sich auf umgerechnet 1,1 Mrd. DM.

Die höchstgelegene Palastanlage der Welt und ehemals das Zentrum des tibetischen Buddhismus (Lamaismus) ist der Potala-Palast in Lhasa, 3600 m auf dem Dach der Welt. Das Gebäude wurde zwischen 1654 und 93 errichtet. Bauherr war der 5. Dalai Lama (1617-82), der den Beinamen »der Große« erhielt. Der Palast umfaßt 1000 Gemächer sowie 10 000 Kapellen und thront mit 13 Stockwerken mehrere 100 m auf einem Hügel über der Hauptstadt der chinesischen »autonomen Provinz« Tibet.

Die größte hinduistische Gebetsstätte ist der Menakshi-Tempel in der südindischen Stadt Madurai. Prunkstück des Tempels (259 x 229 m) in der »Stadt der Feste«, die auch als eine der ältesten Städte der Welt gilt, ist die Halle der 1000 Säulen, deren riesige Götterfiguren alle aus einem Stein bestehen. Überragt wird der riesige Komplex, der sogar einen Teich umfaßt, von neun Türmen, deren höchster 60 m mißt und bis zur Spitze mit Tausenden von Götterfiguren verziert ist.

Die höchste und älteste Stupa ist mit gut 120 m Höhe die heute weitgehend zerstörte Jetavanarama-Dagoba in der Ruinenstadt Anuradhapura (Sri Lanka). Die 93,3 m hohe Shwedagon-Pagode in Yangon (Myanmar, früher Birma) erhebt sich auf der Stätte einer 8,2 m hohen Pagode aus dem Jahr 585 v. Chr.

Der größte liegende Buddha der Welt (55 m lang und 16 m hoch) ist der Shwethalyaung in Pegu, Myanmar

(früher Birma). Ursprünglich im Jahr 994 erbaut, geriet er in Vergessenheit, als die Stadt Pegu 1757 durch ein Erdbeben vollständig zerstört wurde. Erst in unserem Jahrhundert wurde der in der Zwischenzeit völlig vom Dschungel überwucherte Buddha wiederentdeckt und restauriert.

Die größte Statue der Welt ist ein 120 m hoher, 35 m breiter und 100 t schwerer Buddha aus Bronze. Das japanisch-taiwanesische Gemeinschaftsprojekt wurde im Januar 1993 nach siebenjähriger Arbeit in Tokio (Japan) fertiggestellt.
Der indische Seiltrick, eine Riesenplastik bei Jönköping in Schweden, ist von den Füßen des Fakirs bis zur Seilspitze (25 cm Durchmesser) 103 m hoch. Das 144 t schwere Werk wurde von Calle Örnemark geschaffen.

Den höchsten Kirchturm der Welt hat mit 161,53 m das Münster in Ulm (BW). Der frühgotische Bau wurde 1377 begonnen. Der Turm in der Mitte der Westfassade wurde erst 1890 fertiggestellt. Bis zu seiner obersten Aussichtsgalerie führen 768 Stufen.

Die höchste Kirchturmspitze hat der Tempel der Ersten Methodistenkirche (First Methodist Church) in Chikago, Illinois (USA). Das Gebäude besteht aus einem 22 Stockwerke hohen Wolkenkratzer (1924 errichtet), in dem sich in 100 m Höhe das Pfarramt, in 122 m Höhe eine Himmelskapelle und in 173 m Höhe über der Straße ein Kreuz befinden.

Das größte Glasmalerei-Fenster ist das eine ganze Wand einnehmende, 2079 m^2 große und aus 2448 Scheiben bestehende Auferstehungsfenster des Resurrection-Mausoleums in Justice (USA).

Farbige Glasfenster mit einer Gesamtfläche von 7 430 m^2 hat die Kathedrale Notre Dame de la Paix in Yamassoukro (Elfenbeinküste).

Der wertvollste sakrale Kunstgegenstand steht im Wat-Trimitr-Tempel in Bangkok (Thailand); ein goldener Buddha, der aus dem 15. Jh. stammt. Er ist 3,04 m hoch und wiegt schätzungsweise 5,5 t. Im Mai 1994 lag der Goldwert bei umgerechnet 83 Mio. DM. Das Gold unter dem Mörtelputz wurde erst im Jahr 1954 entdeckt.

Heilige: Weltweit gibt es mehr als 2000 »registrierte« Heilige. Zwei Drittel von ihnen sind entweder Italiener oder Franzosen.

Der gegenwärtige Papst Johannes Paul II. (Karol Wojtyla, * 18. Mai 1920 in Wadowice bei Krakau, PL), der am 16. Oktober 1978 gewählt wurde, ist der erste nichtitalienische Papst seit Adrian VI. aus den Niederlanden, der am 31. August 1522 gekrönt wurde. Seit Johannes Paul II. zum Papst gewählt wurde, hat der 264. Stellvertreter Christi auf Erden bis Mitte Februar 1992 auf 54 apostolischen Visiten 94 Länder in aller Welt besucht.

Die längste Papstwahl dauerte 31 Monate. Ohne *habemus papam* (»Wir haben einen Papst«) erklären zu können, wurden die Kardinäle vom Bürgermeister von Viterbo (I) zu einer Entscheidung gezwungen, indem er ihnen nichts als Wasser und Brot vorsetzte und ihnen das Dach über dem Kopf wegnahm. Daraufhin wählten sie am 1. September 1271 den Erzbischof von Lüttich, Teobaldi Visconti (ca. 1210-76), zum Papst (Gregor X.).

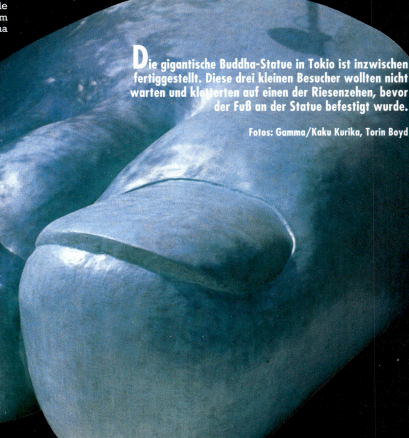

Die gigantische Buddha-Statue in Tokio ist inzwischen fertiggestellt. Diese drei kleinen Besucher wollten nicht warten und kletterten auf einen der Riesenzehen, bevor der Fuß an der Statue befestigt wurde.

Fotos: Gamma/Kaku Kurika, Torin Boyd

◆ GESELLSCHAFTSSPIELE, GLÜCKSSPIELE, KARTENSPIELE

Das größtes Spielcasino der Welt ist das im MGM Grand Hotel in Las Vegas, Nevada (USA). Es umfaßt auf einer Grundfläche von 15 932 m² vier Spielbereiche, in denen 3500 Geldspielautomaten und 165 Spieltische stehen, sowie mehrere Lounges und Bars.

Die größte Spielbank Deutschlands ist die von den Westdeutschen Spielbanken betriebene Spielbank Hohensyburg, Dortmund, mit 1 027 845 Besuchern im Jahr 1987.
Das Casino Baden-Baden folgt an zweiter Stelle der 32 konzessionierten Spielbanken. Es gilt als älteste Spielbank der Welt. Die erste urkundliche Erwähnung für konzessioniertes Glücksspiel stammt aus dem Jahr 1748. Rund eine halbe Mio. Gäste besuchen diese Spielbank alljährlich. Zugleich ist das Casino die einzige Spielbank Europas mit einem goldenen Tisch, an dem mit echten Gold- und Silberjetons gespielt wird. Der höchste Einzelgewinn – Verlust für die Spielbank – war fast 3 Mio. DM.

Die größte und älteste Spielbank Österreichs ist die von Baden bei Wien. Jeden Abend wird sie im Durchschnitt von ca. 700 Gästen besucht. Insgesamt gibt es in Österreich elf Spielcasinos. Die Betriebe wurden 1989 von insgesamt 2,25 Mio. Gästen besucht, die an 729 Spielautomaten, über 80 Roulette-Tischen und 52 gebogenen Tischen für Black Jack ihr Glück versuchten.

Als größter Spielautomat der Welt (oder einarmiger Bandit) galt Super Bertha (15,71 m³) im Four Queens Casino, Las Vegas (USA).
Im Januar 1984 wurde zur Eröffnung der Internationalen Fachmesse Unterhaltungs- und Warenautomaten (IMA) in Frankfurt Big Merkur präsentiert. Der Riesenspielautomat (3,5 m hoch, 2,4 m breit und 1 m tief) wiegt 1,3 t. Lehrlinge der Firma Gauselmann-Spielgeräte aus Espelkamp (NW) haben ihn in vier Monaten konstruiert.

Den größten Gewinn an einem einarmigen Banditen erzielte Delores Adams (60), die am 30. Mai 1992 im Harrah's Reno Casino-Hotel, Nevada (USA), um 9 357 489,41 Dollar reicher wurde.

Der bisher höchste Lotteriegewinn in Deutschland in Höhe von 2 Mio. DM entfiel am 6. März 1981 auf ein Los der Nordwestdeutschen Klassenlotterie.

Erster Rekordgewinner unter den deutschen Tippern ist seit März 1982 ein niedersächsischer Starkstromelektriker. Im »Spiel 77« erreichte er die Quote von 3 555 555,40 DM. Seit dem 1. Juni 1985 kennt das samstägliche **Lottoglück** keine Grenzen mehr. Bis zu diesem Termin gab es bei »6 aus 49« eine Gewinnhöchstgrenze von maximal 3 Mio. DM. Durch die Schaffung eines Jackpots entfällt diese Höchstgrenze nun. Ein Westfale aus dem Großraum Recklinghausen hat am 8. Mai 1993 den Jackpot mit 12 397 315,30 DM geknackt. Das ist der bislang höchste Gewinn einer Einzelperson in Deutschland. Allein von den Zinsen könnte der Lottomillionär täglich – nach Abzug der Steuern – 1300 DM ausgeben. Der größte Lottogewinn, der von einer Spielgemeinschaft erzielt wurde, ging an eine Tippgemeinschaft im bayerischen Voralpenland. Für einen Einsatz von 43,75 DM erhielt sie 16 415 049,20 DM.

Das neu eingeführte Lottosystem bescherte auch der österreichischen Lotto-Toto-Gesellschaft in Wien einen neuen Multi-Millionär in der sechsten Runde im Lotto »6 aus 45« am 11. Februar 1990. Ein 36jähriger Kärntner Bankangestellter und Familienvater aus Klagenfurt kassierte mit 59 360 531 Schilling den höchsten Einzelgewinn, der je in diesem Glücksspiel erzielt wurde.

Dr. Fritz Baumbach, Chef des DDR-Teams.
Foto: M. Gittes

Gewinnt die DDR noch Schach-Gold?

Ende September 1994 soll die Entscheidung um die Schach-Krone fallen, drei Mannschaften können noch Gold gewinnen: England oder die nicht mehr existierenden Staaten der UdSSR und der DDR. Möglich macht dies die 10. Fernschacholympiade, die seit 1987 läuft. Bei dieser Turnierart macht ein Spieler einen Zug, schreibt diesen auf eine Postkarte und schickt sie an den Gegner. So dauert eine Partie rund ein Jahr, das gesamte Turnier normalerweise vier Jahre, bis 1991. Durch den Zusammenbruch der teilnehmenden Staaten Sowjetunion, DDR und CSSR jedoch verzögerte sich die Olympiade, da sich der Posttransport auf einmal als schwierig erwies und länger dauerte. So trat um den 3. Oktober 1990, den Tag der deutschen Vereinigung, das Fernschach-Spiel Bundesrepublik gegen die DDR gerade in seine entscheidende Phase. Seit 1993 läuft bereits das 11. Fernschachturnier. Diesmal nur noch mit einer deutschen Mannschaft, allerdings wieder mit einem Team, das unter dem Namen »UdSSR« spielt.

Im Schweizer Zahlenlotto gab es am 18. August 1990 mit 18 191 215,30 sfr den höchsten je erzielten Einzelgewinn.

Größter Kartenfächer: Um genau eine Karte überbot der Leipziger Mathematiker Ralf Laue (*1968) am 18. März 1994 die alte Marke seines Reutlinger Dauerkonkurrenten, des Gymnasiasten Georgios Stefanidis. Mit 326 nagelneuen Karten in einer Hand erzielte Laue den Weltrekord im Kartenhalten. Farbe und Wert jeder Karten waren am 18. März 1994 im Mockau-Center Leipzig gut sichtbar...

Dame

Die meisten Weltmeistertitel hat der Amerikaner Walter Hellman (1916-75) geholt. Er war zwischen 1948 und 75 insgesamt achtmal der Beste.

Jüngster und später auch ältester Titelträger zu sein, dieses Kunststück schaffte der Amerikaner Asa A. Long (* 20. August 1904). Als er am 23. Oktober 1922 in Boston seine erste US-Meisterschaft gewann, war Long 18 Jahre und 64 Tage alt. Als er am 21. Juli 1984 in Tupelo, Mississippi, seinen 6. Titel holte, war er 79 Jahre und 334 Tage alt.

Die meisten Simultanspiele schaffte Charles Walker, der am 25. Januar 1992 in der International Checkers Hall of Fame in Petal, Mississippi (USA), gegen 229 Gegner spielte und dabei 222mal siegte, ein Spiel mit Remis beendete und eines verlor. Der Amerikaner Newell W. Banks (* 10. Oktober 1887) hatte 1933 in Chikago von 140 Partien 133 gewonnen und 7

Gesellschaftsspiele, Glücksspiele, Kartenspiele

remis gespielt. Spielzeit: 145 Min. Banks brauchte also im Schnitt für einen Zug gerade 1 Sek. Im Jahr 1947 trat Banks 45 Tage hintereinander mit verbundenen Augen gegen wechselnde Gegner an und spielte täglich 4 Std. jeweils 6 Simultanpartien. Ergebnis: 1331 Siege, 54 Unentschieden und nur 2 Niederlagen. 172 Spiele absolvierte nacheinander Nate Cohen aus Portland, Maine (USA), am 26. Juli 1981 in 4 Std. gegen wechselnde Gegner – ohne Niederlage und ohne Unentschieden.

Das längste Spiel dauerte 1958 zwischen Dr. Marion Tinsley (USA) und dem Briten Derek Oldbury 7:30 Std. Im Wettbewerb ist die vorgeschriebene Spielrate nicht weniger als 30 Züge pro Std., wobei das durchschnittliche Spiel etwa 90 Min. dauert.

Domino

Dominosteinsturz: Am 27. Januar 1984 fielen nicht nur in genau 12:57,3 Min. 281 581 Dominosteine, sondern auch gleich der bisherige Einzelrekord im Dominostein-Umsturz. Der Bildtechniker Klaus Friedrich (* 1962) hatte 31 Tage hindurch täglich 10 Std. lang am Aufbau in einer Lagerhalle der BIG-Spielwarenfabrik in Fürth (BY) gearbeitet.
Mit 1 500 000 Dominosteinen stellten 30 niederländische Studenten von den Technischen Universitäten Delft, Eindhoven und Twente Symbole aller Mitgliedsstaaten der Europäischen Gemeinschaft dar. Am 2. Januar 1988 fielen in Minimundus von Rosmalen 1 380 650 Steine zum neuen Dominosteinsturz-Rekord in Kettenreaktion um.

Schach

Der erste Wettkampf auf deutschem Boden fand am 21. September 1476 in Heidelberg zwischen der Heidelberger Gesellschaft des Schaffzabelspiels und den Nördlinger Schachfreunden statt. Ein Jahr später wurde in Nürnberg das erste deutsche Turnier veranstaltet.

Erster offizieller Weltmeister wurde 1886 der aus Prag stammende Wilhelm Steinitz, der mit 12,5:7,5 Punkten Johannes Hermann Zukertort bezwang.

Der jüngste Weltmeister aller Zeiten ist Garri Kasparow (* 13. April 1963, GUS), der am 9. November 1985 mit 22 Jahren und 210 Tagen sich zum erstenmal den Titel holte. Maja Tschiburdanidse (* 17. Januar 1961, GUS) holte sich mit 17 Jahren den Titel bei den Frauen.

Der älteste Weltmeister war Wilhelm Steinitz (Österreich, später USA; 1836-1900), der am 26. Mai 1894 mit 58 Jahren und zehn Tagen seinen Titel an Dr. Emanuel Lasker verlor.

Marathon-Rekorde

DOPPELKOPF: 144 Std., Marcus Engler, Michael Blankenhagen, Carsten Wilden, Alexander Lassalle, Marl (NW), 7.-13. April 1984.
FLIPPER: 163 Std., Hans-Jürgen Agunte, Kerpen-Blatzheim (NW), 18.-25. Juni 1990.
JASS: 135 Std., Heinz und Martin Kellerhals, Hansjörg Rufer, Jürgen Romann, Niederbipp, Bern (CH), 1.-6. November 1992.
KICKERN: 100 Std. Ralph Fiechter, Sascha Wehinger, St. Gallen (CH), 17.-21. April 1993.
83:48 Std., Jürgen Brixle, Christian Gold, Markus Kapfer, Stephan Gruber, Lauingen (BY), 8.-11. April 1991.
MENSCH ÄRGERE DICH NICHT: 121:02 Std., Sejad Catic, Ulrich Droste, Dirk Lorger, Stefan Will, Lübbecke (NW), 26. April-1. Mai 1988.
SCHACH: 200 Std., Roger Long, Graham Croft, Bristol (GB), 11.-19. Mai 1984.
170 Std., Georg Dörflinger, Roland Henkel, Stuttgart (BW), 31. März-7. April 1984.
SCHAFKOPF: 148 Std. Paul Arenth, Frank Bachert, Thomas Kathary, Klaus Kempf, Ludwigswinkel (RP), 4.-10. Januar 1994.
SKAT: 196 Std. Andreas Franke, Michael Klöckner, Jürgen Schmieder, Essen (NW), 11.-19. März 1994.
TAROCK: 81 Std., Dieter Marakovics, Josef Bucking, Alfred Petzl, Erich Macher, Wien (A), 15.-18. September 1989.
TIPP-KICK: 92:10 Std. Mike Bludau, Jan Didjurgeit, Ratzeburg, 19.-23. Juni 1991.

Am längsten im Besitz einer Weltmeisterschaft, nämlich 26 Jahre und 337 Tage, von 1894 bis 1921, war der Deutsche Dr. Emanuel Lasker (1868-1941). Die Weltmeisterschaft bei den Frauen hielt die in Rußland geborene Britin Vera Menchik-Stevenson (1906-44) 17 Jahre lang, von 1927 bis zu ihrem Tod.

Als erfolgreichster Großmeister aller Zeiten gilt nach dem offiziell anerkannten Elo-System, das von Arpad E. Elo (1903-92) entwickelt wurde, der Russe Garri Kasparow. Seine Bewertungszahl lautet 2805 (Ende 1992). Bei den Frauen hat die Ungarin Judit Polgar (* 23. Juli 1976) eine Bewertungszahl von 2595 Punkten erreicht (Ende 1992).

Die wenigsten Verlustpartien eines Weltmeisters waren die 34 Niederlagen von José Raúl Capablanca (Kuba; 1888-1942), die dieser (bei 571 gespielten Partien) in seiner Laufbahn als Erwachsener von 1909 bis 39 hinnehmen mußte. Vom 10. Februar 1916 bis zum 21. März 1924 blieb er in 63 Partien hintereinander ungeschlagen und hielt den Weltmeistertitel von 1921 bis 27.

Der jüngste Spieler, der sich jemals als Internationaler Großmeister qualifizierte, ist Judit Polgar, die mit dem Gewinn der 3. Supermeisterschaft von Ungarn im Dezember 1991 den Titel mit 15 Jahren und 153 Tagen errang.

Als längste Turnierpartie gilt die Auseinandersetzung zwischen Thomas Ristoja und Jan-Michael Nykopp, die sich bei der offenen finnischen Meisterschaft 1991 in Tampere nach knapp 15 Std. Spielzeit erst nach 300 Zügen remis trennten.

Erfolgreichste Nation bei der Mannschafts-Weltmeisterschaft (Schach-Olympiade) ist die UdSSR. Die Männer gewannen die Biennale zwischen 1952 und 90 18mal. Der Damentitel, 1957 ins Leben gerufen, ging bis 1986 elfmal an die UdSSR.

Rekordhalter im Blitzschach ist Ralf Langer (* 1966) aus Westerkappeln im Münsterland. Vom 7. bis 10. Oktober 1985 spielte er 530 Partien in genau 62 Std. ohne Schlaf und machte dabei 22 000 Züge. Seine Erfolgsquote lag bei 59 Prozent.

Simultanschach-Turnier: Zug um Zug setzten 15 Spieler der Schachfreunde Buxtehude e. V. ihre Figuren auf 105 Brettern. Am 22. Juni 1991 spielte auf einer Tischlänge von 80 m gleichzeitig jeder seine 14 Partien. Fünf Stunden lang dauerte dieses Rekord-Turnier-Simultanspiel rund um die Schachbretter in der Buxtehuder Fußgängerzone.

Das größte Schachturnier der Welt, das Hamburger Jugend-Schachturnier »Rechtes Alsterufer« gegen »Linkes Alsterufer«, stellte im 30. Jahr seines Bestehens einen neuen Rekord auf. Am 24. Februar 1988 saßen sich 3616 Spielerinnen und Spieler beim königlichen Spiel im Congress Centrum Hamburg gegenüber – unter ihnen der damalige Bundespräsident Richard von Weizsäcker als mitspielender Ehrengast. Schüler aus 161 Hamburger Schulen nahmen an dem Traditionsturnier teil. Sie setzten an 1808 Brettern 57 856 Schachfiguren in Bewegung: 28 928 Bauern, 7232 Springer, 7232 Läufer, 7232 Türme, 3612 Damen und 3612 Könige.

Sensationssieg

Mit einem Remis gegen die sowjetische Titelverteidigerin Maja Tschiburdanidse bei der WM in Manila am 29. Oktober 1991 holte sich Xie Jun als erste Chinesin die Weltmeisterschaft. Seit 1949 hatte es nur Siegerinnen aus der UdSSR gegeben.

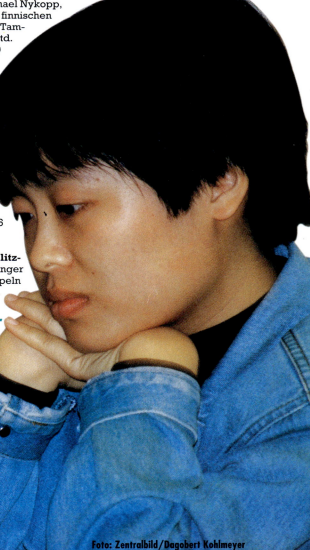

Foto: Zentralbild/Dagobert Kohlmeyer

Einer der spektakulärsten Rekorde im Fallschirmspringen ist der Formationsrekord im freien Fall, wenn Fallschirmspringer sich in der Luft vereinen. Präzises Timing ist erforderlich, das Ergebnis ist atemberaubend - so wie bei diesem erfolgreichen Rekordversuch, als 200 Springer die Formation länger als sechs Sekunden aufrechterhielten.

Foto: Gamma/P. Passe

TOPLEISTUNGEN, SPASSREKORDE

- Kein Heiratsschwindel: der längste Brautschleier
- Heiße Handarbeit: die größte Strick- und Häkeldecke
- Angeschnitten und verputzt: der größte Dreikönigskuchen
- Aus Tirol - und aus Semmeln: die zwei Mega-Knödel
- Rummel auf Tummelum: die Flensburger Spaßolympiade
- Schweizer Präzisionsarbeit: der größte Schneemann
- Dichte Stöpsel: Badewannenregatta auf der Müritz

◆ **WARENWELT**
Gewerbe, Dienstleistungen

Apotheken: Die größte Apothekenkette der Welt ist die britische Firma Boots The Chemists mit 1123 Filialen (März 1994). Das Unternehmen wurde von Jesse Boot (1850-1931) gegründet, dem späteren Ersten Baron Trent. Die älteste Apotheke Europas soll die Farmacia Santa Maria Novella in Florenz (I) sein. Sie wurde im Jahr 1221 zum ersten Mal urkundlich erwähnt. Zuvor diente die Apotheke Dominikaner-Mönchen als Kapelle der Krankenstation ihres Klosters.

Die weltgrößte Drogeriekette ist die Rite Aid Corporation mit Sitz in Shiremanstown, Pennsylvania (USA), die 1993 in den USA 2439 Filialen betrieb. Die Walgreen Co. mit Sitz in Deerfield, Illinois (USA), hat zwar weniger Niederlassungen, aber mit 8,3 Mrd. Dollar (13,3 Mrd. DM) im Jahr 1993 ein höheres Umsatzvolumen.

Das weltgrößte Fish-and-Chip-Restaurant erfreut in White Cross, West Yorkshire (GB), jährlich 1 Mio. zufriedene Gäste. Harry Ramsden's 140 Mitarbeiter servieren ihnen 213 t Fisch und 356 t Kartoffeln. Am 17. Mai 1992 verkaufte und servierte das Glasgower Haus 11 964 Portionen Fish and Chips.

Soft-Drinks: Laut *Fortune* vom April 1994 steht Pepsico mit Sitz in Purchase, New York (USA), mit einem Umsatz von 25 Mrd. Dollar (36,5 Mrd. DM) im Jahr 1993 an der Spitze der 500 größten Getränkehersteller. Die Coca-Cola Company mit Sitz in Atlanta, Georgia (USA), brachte es auf 14 Mrd. Dollar (21,82 Mrd. DM). Der beliebteste Soft-Drink der Welt bleibt jedoch Coca-Cola. 1993 wurden weltweit täglich über 506 Mio. Flaschen Coca-Cola verkauft, was einen Welt-

marktanteil von schätzungsweise 46 Prozent ausmacht.

Die größten Hochregallager: Das größte Versandzentrum für Papier-, Büro- und Schreibwaren, seit 1985 in Berlin-Spandau, hat eine Gesamt-

Hochgestapelt wird in einem der modernsten Hochregallager, beim Otto-Versand in Haldensleben (SA).
Foto: dpa

fläche von 72 700 m². Allein 10 800 m² nimmt das 42 m hohe Hochregallager ein. Die Herlitz AG, Berlin, hat darin 110 000 Lagerplätze für Pool-Paletten untergebracht. Diese werden vollautomatisch von 25 Regalförderfahrzeugen und 16 Etagen-Förderern bewegt. Mit einer Lagerkapazität für 70 Mio. Bücher hat die Vereinigte Verlagsauslieferung GmbH (VVA) in Gütersloh/Westfalen auf einer 10 000-m²-Fläche nur noch 14 prozessorrechnergesteuerte Lagerkräne zwischen 140 m langen und 35 m hohen Hochregalen im Einsatz. Sie befördern täglich maximal 4000 t Bücher im größten Buchlager der Welt.

Die größten deutschen Kaffeeröster sind in einem ständigen Kampf um die Gunst der Verbraucher. Bei einem stagnierenden Markt und einem Rückgang des Pro-Kopf-Konsums 1993 um 0,7 Prozent auf 7,4 kg Rohkaffee liegen die Jacobs-Suchard-Gruppe, Bremen, und die Tchibo Frisch-Röst-Kaffee GmbH, Hamburg, weiterhin im Wettstreit. Nach der Übernahme der Marken Kaffee HAG und Onko erhöhte Jacobs 1993 seinen Marktanteil auf 29,5 Prozent und blieb Marktführer. Tchibo konnte seinen Umsatz mit Kaffee 1993 um 10,5 Prozent auf 2,7 Mrd. DM steigern. Die Eduscho GmbH & Co. KG, Bremen, machte 1993 wie auch Tchibo das größere Geschäft mit den Extras im Kaffeeladen und kam bei einem Gesamtumsatz von 830 Mio. DM bei den Gebrauchsartikeln auf einen Anteil von 47 Prozent.

Auf dem deutschen Getränkemarkt blieben 1993 Kaffee und Bier die Lieblingsgetränke der Deutschen. Der jährliche Pro-Kopf-Verbrauch von Bohnenkaffee lag bei 177,8 l, von Bier bei 137,5 l und von Erfrischungsgetränken bei 86,0 l.

Die weltgrößte Mineralwasserfirma ist Source Perrier bei Nimes (F) mit einer Jahresproduktion von über 2,5 Mrd. Flaschen, von denen 800 Mio. Flaschen von Perrier stammen. In Frankreich werden rund 77 l Mineralwasser pro Kopf im Jahr getrunken. Den höchsten statistischen Durchschnittsverbrauch von Mineralwasser erzielen jedoch die Italiener: Sie kommen jährlich auf 102 l pro Kopf.

Wirtschaftswaren

Größte und kleinste Objekte erscheinen immer wieder als Rekordmeldung. Im *Guinness Buch der Rekorde* werden nur jene Meldungen berücksichtigt, die über tatsächlich nutzbare Produkte erfolgen.

Der größte Abfallbehälter der Welt wurde von der Firma Natsales aus Durban (Südafrika) für die »Woche des Vereins 'Erhaltet Durban schön'«, die vom 16. bis 22. September 1991 stattfand, hergestellt. Der 6,01 m hohe Fiberglasbehälter mit einem Fassungsvermögen von 43 507 l ist ein vergrößertes Exemplar des Natsales-Standardmodells.

Die leichteste Brillenfassung entwickelte und fertigte der Augenoptikermeister Otto Müller (* 1936) aus Schwäbisch Gmünd (BW). Der Flugfan und schwäbische Tüftler stellt das 1,8-1,9 g wiegende Gestell aus Kielen von Falkenfedern her. Seine federleichte Fassung ist um ein Drittel leichter als die bisher bekannte leichteste Variante, die 2,8 g auf die Waage bringt. Die mit Kunststoffgläsern versehene Brille light ist eine normale Brille, die mit der von Otto Müller erfundenen Technik das Patent Nr. 4 312 225 erhalten hat. Bei rund 20 Std. Handarbeit verbietet sich eine Serienfertigung – die Federbrillen bleiben Unikate zwischen 1400 und 1700 DM für Liebhaber.

Die kleinste Eintrittskarte maß 3 x 7 x 1 mm und galt für die Asiatisch-Pazifische Ausstellung Fukuoka '89 in Fukuoka (Japan). Sie bestand aus Keramik, auf der gerade noch 85-280 Mikron kleine Buchstaben Platz hatten.

Mit der größten Eintrittskarte (84,1 x 118,9 cm) lud die Juso-Arbeitsgemeinschaft Langenselbold (HE) am 6. März 1993 zu einem Rockkonzert in der Klosterberghalle mit der Hanauer Lokalband The Kick Inside und den Musikern der Mütze & Z. Band.

Die kleinste Espressomaschine baute der Wiener Ingenieur Gerhard

Federleichte Federbrille.
Foto: Otto Müller

Kleinstes fränkisches Spinnrad.
Foto: Thomas Scholz

• Warenwelt

Lehner (* 1936) in 227 Arbeitsstunden. Im Februar 1991 präsentierte er seine Miniaturmaschine (120 x 145 x 120 mm, 1300 g) im Maßstab 1:5 aus Messing. Heißwasserboiler mit 100 ml Inhalt, Wasserstandsanzeiger sowie ein Kesseldruckmanometer sind neben Heißwasserzapfhahn vorhanden und liefern köstlichen Espresso.

Die größte Pfeffermühle hat der Maschinenschlosser Ernst-Otto Simon (* 1943) aus Mirantiholz gedrechselt. Sie ist 4,25 m lang, ihr größter Durchmesser ist 13 cm, ihr kleinster 8,5 cm. Die Riesen-Pfeffermühle ist mit einem Mahlwerk ausgestattet und voll funktionsfähig; seit 1990 gibt sie den Mahlzeiten von Ernst-Otto Simon in Denklingen (NW) die nötige Würze.

Das kleinste Spinnrad stellte der Möbelschreiner Thomas Scholz (* 1960) aus Erlangen (BY) am 1. Oktober 1993 vor. Das voll funktionstüchtige fränkische Spinnrad ist 5,6 cm groß, 3,3 cm breit und 3,5 cm tief. Das untere Rad hat einen Durchmesser von 1,6 cm und die Spindel von 0,5 cm.

Die größte Waschmaschine, der »Kittel-Jumbo«, sorgt in Berlin dafür, daß die Mietwäsche Stegemann KG in einem Arbeitsgang 500 Kleidungsstücke reinigen kann. Das Riesenprunkstück der Berliner Wäscherei macht täglich 10-12 t Hotelwäsche und Berufskleidung frisch.

Feuerwerk

Riesenfeuerschrift: Seit 1980 brennt jeweils am 1. August (Schweizer Nationalfeiertag) eine Fackelschrift ERIZ mit einem Schweizerkreuz an den Hängen des Hohgant (Kanton Bern). 10-15 Erizer Bürger bringen 220 Fackeln und das Brennmaterial aus dem Tal hinauf und errichten die Riesenfeuerschrift: 105 m hoch sind die Buchstaben, 160 m das Kreuz; Schrift und Kreuz sind insgesamt 295 m lang.

Das größte Feuerwerk aller Zeiten war *Universe I (Teil 2)*. Es wurde am 15. Juli 1988 bei dem Toyasee-Fest in Hokkaido (Japan) abgebrannt. Die 700-kg-Feuerwerkspatrone hatte einen Durchmesser von 139 cm. Nach der Zündung entfaltete sich ein Lichterspiel von 1200 m Durchmesser.

Das größte horizontale Feuerrad maß 14,4 m im Durchmesser. Es wurde von der Feuerwerksinnung von Florida hergestellt und am 14. August 1992 auf einem Kongreß der Feuerwerksinnung in Idaho Falls, Idaho (USA), vorgeführt. Es brannte 3:45 Min. lang. Dort wurde auch ein vertikales Feuerrad gezeigt, das von Essex Pyrotechnica aus Saffron Walden, Essex (GB), hergestellt worden war. Es maß 13,8 m im Durchmesser und drehte sich für 1:20 Min.

Die größte Knallfroschanordnung wurde vom Tourismusbüro von Johore, dem United Malaysian Youth Movement und Yap Seng Hock geschaffen und am 20. Februar 1988 im Pelangi Garden in Johore Bahru, Johore (Malaysia), gezündet. Es dauerte 9:27 Std., bis die 5723,3 m lange Anordnung, die aus 3 338 777 Knallfröschen mit zusammen 666 kg Schießpulver bestand, den letzten Knall von sich gegeben hatte.

Möbel

Die längste Bank steht seit dem 24. August 1989 in der Kanalstadt Rendsburg am nördlichen Ufer des Nord-Ostsee-Kanals. Mit 501,53 m bietet das festmontierte (aus 282 Stück Stahlbetonfertigteilen als Bankfußstützen) hölzerne Möbelstück Platz für 1594 Besetzer. So viele Kinder saßen dicht gedrängt nebeneinander bei der Rekordbesetzung am 16. März 1990. Die überdimensionale Sitzprobe glückte an einem sonnigen Vormittag am Fuß der Böschung.

Das größte Sofa, das serienmäßig hergestellt wird, ist mit einer Länge von 3,74 m das Augustus-Rex-Sofa der britischen Firma Dodge & Son in Sherborne, Dorset (GB). Der Endverbraucherpreis beläuft sich derzeit auf 5276 DM, plus 25 m Bezugsstoff.
Im April 1990 wurde ein 6,63 m langes, mit Jacquard-Webstoff bezogenes Sofa mit einem Schätzwert von 18 400 DM als Spezialanfertigung von der Firma Mountain View Interiors in Collingwood (Kanada) hergestellt.

Porzellan, Glas, Keramik

Den größten Kronleuchter der Welt hat im November 1988 die Firma Kookje Lighting Co. in Seoul (Südkorea) fertiggestellt. Er ist 12 m hoch, 10,67 t schwer, hat 700 Glühbirnen und schmückt den Lichtschacht dreier Stockwerke eines Kaufhauses in Seoul.

Rekorde im Glasblasen: Ein Team unter der Leitung von Steve Tobin fertigte am 26. September 1992 in Wheaton Village, Millville, New Jersey (USA), ein 2,3 m hohes Gefäß mit einem Fassungsvermögen von rund 712 l an. Die Aktion war Teil des »South Jersey Glass Blast«, das im Rahmen der Feiern zu Ehren der örtlichen Glasbläsertradition stattfand.

Die Fa. Borken-Glas aus Borken (Westfalen) spezialisiert sich auf größte mundgeblasene Glasgefäße. 1981 entstand ein Glasrundgefäß (120 x 70 cm); 1982 ein Glasrechteckgefäß (105 x 66 x 55 cm); 1983 ein quadratisches Glasgefäß mit einem Fassungsvermögen von 216 l (70 kg schwer, 60 x 60 x 60 cm) und 1984 eine 129 l fassende 31 kg schwere, 118 cm hohe Supermammutflasche mit 51 cm Durchmesser.

Die größte getöpferte Vase ist (einschließlich eines Deckels von 1,3 m Höhe) 5,345 m hoch und wiegt 600 kg. Sie wurde am 1. Juni 1991 bei Faiarte Ceramics in Rustenberg (Südafrika) fertiggestellt. Der chinesische Keramikexperte Chingwah Lee aus San Franzisko, Kalifornien (USA), soll im August 1978 eine einzigartige, 99 cm hohe K'ang-Hsi-Vase auf 60 Mio. Dollar geschätzt haben.

Schreibzeug

Der teuerste Schreibstift ist der Madison-Kugelschreiber *5003.002 Caran D'Ache* aus massivem 18karätigen Gold mit eingelegten weißen Diamanten mit einem Gesamtgewicht von 6,35 Karat, der exklusiv von Jakar International in London (GB) vertrieben wird. Der empfohlene Verkaufspreis beträgt derzeit, einschließlich Mehrwertsteuer, 65 767,35 DM.

Der teuerste Füllfederhalter ist der *Montblanc Meisterstück Solitaire Royal* aus 18karätigem Gold, besetzt mit 4200 Brillanten, volldiamantiert, der bei Montblanc in Hamburg für 150 000 DM von jedem bestellt werden kann.
Ein japanischer Sammler zahlte im Februar 1988 1,3 Mio. frs (400 000 DM) für die *Anémone*, einen von Réden (F) angefertigten Füllfederhalter. Er war besetzt mit 600 wertvollen Steinen, u. a. Smaragde, Amethyste, Rubine, Saphire und Onyx.

Das größte umweltfreundliche Schulheft (59 x 83,5 cm, 40 Blatt Bio Top à 80 g) entstand im Rahmen eines Kreativwettbewerbs, in dem die österreichische Schuljugend aufgefordert wurde, ihre Ideen zum Thema Umwelt in die chlorfrei gebleichten Ursus-Hefte einzutragen. 20 000 Schulkinder und Jugendliche haben von April bis Juni 1992 daran teilgenommen und 4500 Einträge eingereicht.

Das längste ununterbrochene Fax erreichte eine Länge von 2718,9 m. Es wurde auf der CeBIT 93 in Hannover mit einer Übertragungsdauer von 144:08:21 Std. vom 25. bis 31. März 1993 ausgedruckt. Ein Toshiba Telefax TF 251 lieferte auf überlangen 500-m-Rollen von 32,626 kg Gewicht, die täglich mit dem Anfang der nächsten Rolle verklebt wurden, eine gespeicherte Version der Bibel.

Die längste Holzbank, Big Benn genannt, ist 8,97 m lang, 74 cm breit und 60 cm hoch. Sie wurde

Schuhe und Taschen

Die größten Schuhe fertigen die Brüder Wessels aus Vreden an. Im August 1993 erreichte sie eine neue Herausforderung. Der 19jährige Matthew McGrory aus West Chester, Pennsylvania (USA), der als der Mann mit den größten Füßen (rechter Fuß 43 cm, linker Fuß 45,5 cm) gilt, wandte sich an die Brüder mit der Bitte um ein Paar Schuhe. Der 2,23 m große, 127 kg schwere Mann hat Schuhgröße 69, und selbst diese Größe war bei den Wessels am Lager.

Die teuersten, im Handel erhältlichen Schuhe für normale Füße sind mit Nerz gefütterte Golfschuhe mit 18karätigen Goldverzierungen und Spikes mit Rubinspitzen, die von der Firma Stylo Matchmakers International Ltd. in Northampton (GB) angefertigt werden. Man darf nicht auf kleinem Fuß leben, wenn man sich ein Paar für 13 600 Pfund leistet.

Das größte historische Miniaturschuhmuseum hat Richard Fenchel (* 1913) aus Butzbach (HE) in 50jähriger Hobbyarbeit aufgebaut. Nach historischen Vorbildern entstanden in maßstabsgerechter 1:3-Verkleinerung über 1000 naturgetreue Schuhnachbildungen in 280 Schaukästen. Im Mai 1990 hat Fenchel sich von seiner Sammlung getrennt, die jetzt der Vredener Georg Wessels besitzt.

Spielzeug

Der größte Spiele- und Spielwarenhersteller der Welt ist Hasbro Bradley Inc. in Pawtucket, Rhode Island (USA). Hasbro Bradley deckt weltweit den Spielzeugmarkt mit einem breiten Sortiment ab. Von Spielen, Puzzles, Jungen- und Mädchenspielzeug und Plüschartikeln ist alles zu haben. Das Umsatzvolumen betrug Ende 1988 insgesamt 2,24 Mrd. DM.

Größter Spielzeuganbieter in Deutschland ist der dänische Spielwarenhersteller Lego. Die Tochtergesellschaft Lego GmbH im Hohenwestedt (SH) bringt es mit den quaderförmigen Kunststoffsteinen auf einen Umsatz von 300 Mio. DM (Ende 1990).

Der höchste Lego-Turm war 21,91 m hoch und wurde am 4. April 1994 von

Seit 1928 hat Tom Holmes aus Walsall (GB) 7445 Schlipse gesammelt. Foto: Rex Features/Nils Jorgensen

Das größte Knallbonbon. Foto: Guinness Publishing

der East Asiatic Company in Hongkong errichtet.

Die längste Modell-Hängebrücke aus Kunststoff-Steckbausteinen des von ihm entwickelten Systems ARTO PLAY erbaute der Schweizer Horst Siegfried aus Walzenhausen beim Bregenzer Fest- und Schauspielhaus. Am 8. Oktober 1992 überspannte die Eisenbahnbrücke aus 90 000 weder genieteten noch geklebten oder geschraubten Spielsteinen dort den Symphonikerbrunnen mit 14,09 m Spannweite von Mast zu Mast, 21,75 m Gesamtlänge, 4,35 m Höhe und einer Traglast von ca. 20 kg.

Das größte Spielwarengeschäft ist Hamleys of Regent Street Ltd., London (GB), das 1760 in Holborn gegründet und 1901 in die Regent Street verlegt wurde. Die Verkaufsfläche auf sechs Etagen ist 4180 m² groß, und in der Vorweihnachtszeit werden über 400 Mitarbeiter beschäftigt.

Das größte Knallbonbon, das auch funktionierte, war 45,72 m lang und hatte einen Durchmesser von 3,04 m. Das von Ray Price, einem Spieler der International Rugby League, im Auftrag von Markson Sparks! in Neu-Süd-Wales (Australien) hergestellte Riesending wurde am 9. November 1991 auf dem Parkplatz der Wesfield Shopping Town in Chatswood, Sydney (Australien), gezündet.

Die ersten Puzzles (Mosaikspiele), zerlegte Landkarten, hat der Brite John Spilsbury (1739-69) um 1762 in London hergestellt.
Das größte Puzzle der Welt war 4783 m² groß und bestand aus 43 924 Teilen. Das vom Centre Socio-Culturel d'Endoume in Marseille (F) entworfene Bild zum Thema Umwelt wurde am 9. Juli 1993 zusammengesetzt. Das umfangreichste Puzzle aus 204 484 Einzelteilen wurde vom 25. Mai bis 1. Juni 1991 von Schülern der Gravenvoorder Schule in Almelo (NL) angefertigt. Zusammengesetzt mißt es 96,25 m². Sonderanfertigungen von Stave-Puzzles, hergestellt von Steve Richardson aus Norwich, Vermont (USA), aus 2640 Teilen bestehend, kosteten im Juni 1992 14 346 DM.
Das kleinste Holz-Puzzle mit den Abmessungen 52 x 55 mm besteht aus 156 Teilen. Die Best Matic Sondermaschinen GmbH aus Bad Nauheim (HE) stellt es seit September 1988 her. Es wird mit einem Wasserstrahl von 0,12 mm Durchmesser und einem Wasserdruck von 3200 bar geschnitten.

Das Plüschtier mit den meisten Beinen war 1988 gleich dreimal unterwegs. Der pinkfarbene Riesenschmusefüßer mit seiner Knubbelnase, kugelrunden Augen und einem Wollschal um den Hals hat 1500 Beine. Das 76,2 m lange und 136,8 kg schwere Plüschtier wurde von Commonwealth Toy and Novelty Co. Inc., New York, hergestellt.

Das längste Plüschtier ist eine Schlange von 312 m Länge. Sie wurde im Oktober 1993 von den Schülern der C. E. Primary School in Bucknell, Shropshire (GB), sowie deren Eltern und Lehrern angefertigt.

Riesenkaleidoskop: Ihren eigenen Rekord gebrochen hat die Kaleidoskop Company (Andrea Wittig, Tom und Holger Danneberg, Michael Rentzos) aus Groß Thondorf (N) mit einem 4,65 m langen Kaleidoskop, das einen Durchmesser von 1,15 m hat.

Textilien

Das älteste Gewebe der Welt ist, wie im Juli 1993 gemeldet wurde, im Südosten der Türkei entdeckt und mit der Radiokarbon-Methode auf ca. 7000 v. Chr. datiert worden. Das halb versteinerte Stoffstück, vermutlich Leinen, mißt rund 76 x 38 mm.

Teuerster Kleiderstoff ist Vicuña-Tuch, das von der Firma Fujii Keori in Osaka (Japan) verarbeitet wird. Im Januar 1988 kostete der Meter ungefähr

zwischen April und September 1991 von Norimasa Yabuyamada aus Toyama (Japan) angefertigt.

Foto: Guinness Publishing

TOPLEISTUNGEN, SPASSREKORDE 262/263

• Warenwelt

14 250 DM. Der teuerste Stoff für Abendkleidung ist bei Alan Hershman in der Londoner Duke Street zu haben. Meterpreis: 850 Pfund (2524 DM). Obwohl 155 000 Metallplättchen je Quadratmeter des handgenähten Stoffes befestigt sind, wiegt er ca. 200 g.

Die teuerste Kleidung - schneeweiße EVA-Raumanzüge für den Aufenthalt außerhalb von Raumfahrzeugen konstruiert und seit 1982 von den Besatzungen des *Space Shuttle* getragen – kosten 3,4 Mio. Dollar (5,76 Mio. DM) pro Stück.

Den längsten Brautschleier trug Silke Stuhlmann aus Forst (RP) am, 10. Juli 1994 in Wiehl Bielstein. Mit einem Heißluftballon der Erzquell Brauerei wurde der 205 m lange Feintüllschleier in die Luft emporgehoben. Zwei Schneiderinnen vom Brautatelier Küpper in Bielstein (Oberbergischer Kreis) hatten in 30 Std. den Rekordschleier angefertigt.

Teuerstes Kleid: Ein von Helene Gainville kreiertes Brautkleid mit Edelsteinen von Alexander Reza soll exakt 12 379 841 DM wert sein. Das Kleid ist mit platingefaßten Diamanten besetzt und wurde am 23. März 1989 in Paris vorgeführt.

Der längste Laufsteg lockte am 24. Mai 1992 Tausende von Besuchern der Crailsheimer Maitage (BW) zu einer 1 1/2stündigen Moden- und Autoschau in die Kreisstadt. Auf dem 558,65 m langen Rekordsteg bot der Gewerbeverein Crailsheim eine Open-Air-Show mit 500 Models.

Die Riesendecke

Die größte Decke der Welt – sie wog 4 t und maß 17 298,8 m² – wurde am 30. Mai 1993 in und vor einem Hangar in Dishforth, North Yorkshire (GB), ausgebreitet. 50 Mitglieder der Strick- und Häkel-Zunft hatten 50 Std. damit verbracht, 15-cm-Quadrate und einzelne Decken zu dem Rekordbrecher zusammenzunähen. Die Einzelteile waren ihrerseits von vielen Mitarbeitern diverser Firmen gestrickt worden. Die Riesendecke wurde nach ihrer Präsentation in handliche Teile zerlegt und rund um die Welt zu wohltätigen Zwecken verteilt.
Der Rekordversuch war das Ergebnis der über zweijährigen Planungs- und Organisationsarbeit der Projektkoordinatorin Gloria Buckley, die für ihre Leistung zum lebenslangen Mitglied der Strick- und Häkel-Zunft ernannt wurde.

Fahnen, Flaggen

Die größte Flagge der Welt ist die 154 x 78 m große und 1,36 t schwere amerikanische »Superflagge« von Ski Demski aus Long Beach, Kalifornien (USA). Die von der Firma Humphrey's Flag in Pottstown, Pennsylvania (USA), genähte Fahne wurde am 14. Juni 1993 in Washington entfaltet.

Teppiche

Der größte aller alten Teppiche soll der goldverzierte Seidenteppich Hashims (743 n.Chr.) aus dem Abbasiden-Kalifat in Bagdad (Irak) gewesen sein. Angeblich war er 54,86 x 91,44 m groß.

Der prächtigste Teppich, der jemals hergestellt wurde, war der Frühlingsteppich von Khusraw, der für den Audienzsaal des Sassanidenpalastes in Ktesiphon (Irak) gewirkt wurde. Er war etwa 650 m² groß, aus Silber- und Goldfäden geknüpft und mit Smaragden besetzt. Er wurde im Jahr 635 v. Chr. von plünderndem Militär als Beute zerschnitten und muß, nach dem überlieferten Verkaufspreis der Stücke zu urteilen, ursprünglich etwa 297 Mio. DM gekostet haben.

Der am feinsten geknüpfte Teppich ist ein 35,5 x 55,8 cm großer Seidenteppich mit 655 Knoten/cm². Er wurde bei der Kapoor Rug Corporation in Jaipur (Indien) innerhalb von 22 Monaten 1993 hergestellt.

Wandteppiche

Der größte gewebte Wandteppich bedeckt eine Fläche von 1242,1 m². Das Kunstwerk *Die Geschichte des Irak* wurde von Frane Delale entworfen und 1986 bei Zivtex Regenracija in Zabok (Kroatien) fertiggestellt.

Der längste szenische Wandteppich ist der Bayeux-Wandbehang *Telle du Conquest, dite tapisserie de la reine Mathilde*; er ist 49,5 cm breit und 70,4 m lang, beschreibt 72 Szenen aus der Zeit von 1064 bis 66 und wurde vermutlich um 1086 in Canterbury, in der Grafschaft Kent (GB), hergestellt.

Die längste Stickarbeit ist ein 407,82 m langer und 20,3 m breiter Wandbehang, der Szenen aus den *Narnia*-Kindergeschichten von C.S. Lewis zeigt. Er wurde von Margarete S. Pollard aus Truro, Cornwell (GB), auf Bestellung von Michael Maine hergestellt.

Dieser Heißluftballon trug den längsten Brautschleier.

Fotos: Siegfried Kachel

Fotos: Guinness Publishing

◆ GENUSS- UND LEBENSMITTEL

Essen

Flambieren: In der Aula der Tourismusschule Bischofshofen (CH) brannte es – allerdings gewollt. Fünf Köche waren angetreten, um an fünf Flambierstationen 550 Gerichte gleichzeitig zu flambieren. Unter dem Jubel der 700 Gäste gelang es Christian Fischhofer, Ernst Grießer, Alexander Rieder, Gerhard Zottl (alle Fachlehrer im Bereich Küche und Service) sowie dem Demonstrationskoch Eduard Schmid exakt 550 Schweinemedaillons *Eduard* mit Champignons mindestens 55 Sek. gleichzeitig zu flambieren.

Teuerstes Nahrungsmittel ist Safranpulver, für das bei Harrods in London (GB) 437 Pfund pro 100 g verlangt werden.

Fleisch- und Wurstwaren

Beefburger: 2001 kg schwer, 36 m² groß, Metzgerei »Slager 2001«, Brüssel (B), 26. März 1983.
Bratspieß: 324,9 m lang, George Psarias vom Olive Tree Greek Restaurant in Leeds (GB), 26. August 1990.
Bratwurst: 1715 m lang, 1073,6 kg schwer, Metzgermeister Marcel Kraus (*1962), Thalwil (CH), 29. August 1991.
(Nach original Thüringer Rezeptur): 1638 m, Fleischermeister Karl-Heinz Siebert, Erfurt (TH), 22. Juni 1991.
Fleischkäs: 2525 kg, 20 x 1,4 x 0,2 m, Hans-Otto Bahr, Gelsenkirchen-Buer (NW), 28. Juli 1990.
Fleischpastete: 9030 kg, Denby Dale, West Yorkshire (GB), 3. September 1988.
Fleischspieß: 80 m lang, 810 kg Nackenkoteletts, »Feine Metzgerei« Rattingen, Bochum, 7. Januar 1984.
Fleischwurst: 1111 m lang, 1166 kg schwer, Volkstanzgruppe Röllshausen e.V., Röllshausen, 14. Juli 1991.
Grillrollbraten: 60,5 m, 418,9 kg Fleisch, Metzgermeister Ueli Lüthi, Wangen (CH), 13. Juli 1986.
Gyros: 1700 kg Fleisch, Jeki und Sabahat Gecer aus Würselen (NW), in der Eissporthalle Aachen, 7. Juli 1991.
Hähnchenspieß: 157,29 m lang, 1500 Brathähnchen, Festwirte Hans und Gerd Atz auf dem Cannstatter Wasen, Stuttgart, 28. September 1988.
Hamburger: 2,5 t, Outagamie County Fairgrounds, Seymour, Wisconsin (USA), 5. August 1989.
Kebab: 630 m lang, Namibian Children's Home (Kinderheim), Windhoek (Namibia), 21. September 1991.
Kebab (Döner): bestehend aus 1500 kg Rouladen, Umfang 4,45 m, 1,45 m hoch, Sehymuz Saruhanoglu, Göppingen (BW), 12. September 1992.
Kesselgulasch: 650 kg, 1625 Portionen, Minigolfsportfreunde Brilon, e. V., Hans Starke, Brilon (Sauerland), 6. August 1988.
Kochschinken: 313 kg, 110 x 110 x 45 cm, Firma Emil Tengelmann, Heilbronn, Tengelmann-Markt Leimen-St. Ilgen (BW), 27. Juni 1990.
Leberwurst: 630 m, Verkehrsverein e. V. Ludwigshafen und Fleischerinnung Vorderpfalz, Ludwigshafen, 8. November 1986.
Mortadella: 4,17 m lang, 1,4 m Umfang, 616 kg schwer, 49 Std. Kochzeit, Cactus S.A. Supermarkt, Cactus Howald (L), 18.-20. Oktober 1989.
Paella: 20 m Durchmesser, Juan Carlos Galbis und Helfer, Valencia (ES), 8. März 1992. Sie wurde von 100 000 Menschen verspeist.
Pinkelwurst: 1176 m lang, Firma Karl Könecke, Fleischwarenfabrik GmbH & Co. KG, Hotel am Stadtpark, Delmenhorst (N), 19. Januar 1991.
Salami: 19,5 m lang, 60 cm Umfang, 630 kg schwer, Metzgerei Willy Adler, Ottobrunn (BY), 24. Juni 1989. 2361 m lang, 500 kg Frischgewicht, BIG-Handels-Gesellschaft mbH, Stuttgart, 5. Mai 1990.
Schweinesulz: 2172 kg schwer, 10 m lang (1600 kg Schweine-Kopffleisch von 900 Schweinen), Fleischermeister Herbert Hütthaler, Vöcklabruck (Oberösterreich), 24. Oktober 1989.
Schwartenmagen: 22,8 m lang, Durchmesser 33 cm, 1 974,5 kg schwer, Kurhessische Fleischwarenfabrik im Auftrag der Firma HA WE GE Handels- und Warengesellschaft Fulda (HE) fertiggestellt am 28. August 1991, angeschnitten am 5. September 1991.
Selchwurst: 1206 m, aus dem Fleisch von 10 Schweinen und 2 Stieren, Fleischerei Halper, Fremdenverkehrs- und Verschönerungsverein Wolfau, Wolfau (A), 29. Mai 1994.
Steak: 6,15 x 4,2 m, 713 kg Fleisch, Fleisch-Wurst- und Party-Service Willy Adler, Ottobrunn (BY), im Reitstadion München-Riem anläßlich des Deutschen Schlagerderbys von Radio Arabella München, 25. Mai 1991.
Spießbraten: 81,6 m lang, 768 kg Fleisch, Team des Seehotels Weingärtner, Firma Wolf Geräte GmbH, Bosen (SL), 28. August 1990.
Wiener Schnitzel: 5x3 m, 450 kg Fleisch, 2200 Eier, Mehl, Brösel, 1000 l Öl, Karl Pesendorfer, Lenzing (A), 7. September 1987.
Würstchen: 21,12 km lang, in 15:33 Std., Keith Boxley, Wombourne/Wolverhampton (GB), 18./19. Juni 1988.
Zwiebelwurst: 6749,94 m lang, 6000 kg Schweinefleisch, Schlachterei Lohmeier, Hamburg, 28./29. April 1983.

Der längste Grill war mit 493,94 m eine Rost-Konstruktion, die am 8. Mai 1988 im spanischen Lerida errichtet worden ist. Auf dem Riesen-Grill, installiert von der Federacio de Colles de Lleida, wurden 207 000 Schnecken gegart.

Zur größten ganztägigen Grillparty kamen am 10. Oktober 1993 auf der Warwick-Farm-Rennbahn in Sydney (Australien) 44 158 Menschen zusammen. Das meiste Fleisch wurde am 21. Juni 1988 auf dem Iowa-State-Messegelände in Des Moines, Iowa (USA), verbraten – 9,13 t Schweinefleisch in 5 Std. Noch mehr, nämlich 9,58 t Rindfleisch, wurde beim Sertoma-Club-Grillfest in New Port Richey, Florida (USA), verbraucht, allerdings an mehreren Tagen (7.-9. März 1986).

Die größte Party wurde am 30./31. Mai 1979, anläßlich des internationalen Jahres des Kindes, im Hyde Park von London gefeiert. Partygäste waren 160 000 Kinder und Großbritanniens königliche Familie.

Backwaren

Brotlaibe: 1142 m lang, 3700 kg Roggenmehl, 2000 l Wasser, Bäckermeister Robert Leeb und Helfer, Arriach, Kärnten (A), 11. September 1993. 1064 m langes Rosca-Brot, Hyatt Regency Hotel, Guadalajara (Mexiko), 6. Januar 1991.
Kastenbrot: 3 x 1,25 x 1,1 m, 1435 kg, Sasko, Johannesburg (Südafrika), 18. März 1988.
Krabbenbrot: 8,13 x 3,09 = 25,12 m², 390 kg Brotteig, 160 kg Krabben, Klinik Sonneneck, Wyk auf Föhr/Karl Wessel GmbH, Gelsenkirchen, auf dem Platz vor der Kurverwaltung in Wyk auf Föhr, 18. August 1991.
Sandwich: 1230 m lang, 1250 kg Brot, belegt mit 240 kg Salami, 120 kg Essiggurken, 40 kg Tomaten, 50 kg Trauben, 100 kg Cornichons, 90 kg Gurken, 100 kg Linea Margarine, Metzgermeister Daniel Meier und Georg Fischer mit 120 Helferinnen und Helfern, Bäretswil, Zürich (CH), 21. September 1991.
52,925 m², 2,5 t schwer, belegt mit je 200 kg Käse, Kochschinken, Putenbrust, Mayonnaise, 250 kg Butter, 300 kg Tomaten, 250 kg Eisbergsalat, Verein der Köche von Celle 1967 im Verband der Köche Deutschlands e.V., Celle (N), 28. Mai 1992.
Torten: schwerste: 58,08 t, davon 7,35 t Eis, Bäckerei Earth Grains, Fort Payne, Alabama (USA), 18. Oktober 1989; höchste 30,85 m hoch, 100 Schichten, Beth Cornell Trevorrow und Helfer, Shiawassee, Michigan (USA), 5. August 1990.
Geburtstagstorte: 16,33 m hoch, 33 Stockwerke, 3764 kg, Franzi Kühn vom Hotel Grüner Baum, Badgastein (Salzburger Land), zum 93. Geburtstag von Luis Trenker am 4. Oktober 1985.
Apfelcremeschnitte: 767,2 m lang, 629,1 kg Äpfel, 460,3 kg Vanillecreme, 38,4 kg Blätterteig, Genossenschaft MIGROS, Winterthur, 29. März 1992.
Apfelkuchen: 126,3 m², 1000 Eier, 500 kg Mehl, 500 kg Äpfel, Bäckermeister Harald Gerdes, Steinkirchen (Landkreis Stade), 9. September 1990.
Apfelstrudel: 1389 m, Verein Aargauischer Obstproduzenten, Gränichen und Aargauischer Bäckermeisterverein, Buchs, Aarau (CH), 11. September 1993.
Baumkuchen: 69,90 m hoch, Association des Patrons Pâtissiers-Confiseurs et Glaciers, Luxemburg, 28. Juni 1992.
Biskuit: 84,35 m², 10,36 m Durchmesser, unter Verwendung von nahezu 4 Mio. Schokoladenstücken, Riponfest, Ripon, Wisconsin (USA), 11. Juli 1992.
Biskuitrolle: 631,2 m, 9500 Eier, 430 kg Marmelade, 350 kg Mehl, 350 kg Zucker, Fredi's Cafe, Erika und Fredi Stoppacher, Stubenberg am See (A), 18. Juni 1992.
Blaubeerkuchen: 57,36 m² groß, 1500 kg schwer, 700 kg Blaubeeren, Restaurant Marché Mövenpick, Mannheim, 31. Juli 1993.
Brezel: 508 kg, 10 m lang, 6 m breit, Brezelbäckerei Ditsch GmbH, Kinderfest des Bundeskanzlers, Bonn, 17. September 1992.
Christstollen: 553,1 m lang, Gewerbeverein 1834 Hungen e.V., Hungen und Firma Lieken, Eschwege, Hungener Weihnachtsmarkt, 11. Dezember 1993.
Cremeschnitte: 1037,25 m, Angestellte von Pidy, einer in Ypres (B) ansässigen Bäckerei, 4.-5. September 1992.
Erdbeerkuchen: 138,6 m², 1400 kg Erdbeeren, Bäckermeister Dieter Steyer für die Mainzer Carneval-Gesellschaft e. V., Flughafen-Jubiläum, Mainz (HE), 9. August 1992.
Faschingskrapfen: 320 kg schwer, 4,85 m Umfang, 1,6 m Durchmesser, Richard Hartner, St. Pölten (Niederösterreich), 6. März 1984.
Frankfurter Kranz: 178,19 m, Bäcker- und Konditormeister Wolfgang Störkel im Nordwest Zentrum, Frankfurt, 4. Oktober 1986.
Fruchtschnitte: 638 m lang, 20 Mitgliedsbetriebe der Konditoren-Innung für das Saarland, Kurpark von

Das große Fressen auf dem Neumarkt

Am Dreikönigstag 1994 (6. Januar) präsentierten die Bäckerei Lyner und das Unterhaltungszentrum Planet Maxx einen riesigen Dreikönigskuchen auf dem Neumarktplatz in Winterthur (CH). Der ca. 1000 kg schwere Kuchen hatte einen Durchmesser von 10 m und wurde in exakt 24 651 Einzelteilen verkauft. In 300 Arbeitsstunden wurden 295 l Milch, 41 kg Hefe, 44 kg Zucker, 12 kg Salz, 760 Eier, 104 kg Butter, 45 kg Mandelmasse, 620 kg Mehl und 89 kg Sultaninen verarbeitet. Der Erlös aus dem Verkauf des Dreikönigskuchens kam dem Frauen-Nottelefon Winterthur zu.

TOPLEISTUNGEN, SPASSREKORDE 264/265

• Genuß- und Lebensmittel

Der größte Blaubeerkuchen aus Mannheim.

Der Riesenknödel aus Südtirol (rechts).

Philip Masters, unter dessen Leitung die größten und schwersten Ostereier gefertigt wurden, bewundert mit seiner Familie seine Schöpfung.
Foto: Bert Bannert

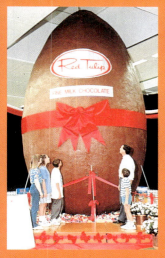

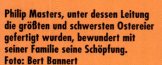

Das weltgrößte Eis am Stiel bei passendem Wetter und in passender Umgebung.
Foto: Lind

Der größte Semmelknödel aus Bayern.

Der riesige Dreikönigskuchen aus Winterthur.

Weiskirchen, Konditorentag, 1. Oktober 1989.
Guglhupf: 3200 kg schwer, 2,03 m hoch, 2,8 m Durchmesser, Gerhard Remy assistiert von N. Dronhofer und H. J. Krawczyk im Auftrag von Dr. Oetker, Frankfurt, 18. Februar 1989.
Hefezopf: 371,44 m lang, 510 kg Mehl, 1120 Eier, 187 l Wasser, Bäckermeister Heinz Bernauer, Schopfheim (BW), 15. September 1991.
Himbeerschnitte: 412,3 m lang, 360 kg Himbeeren, Postverein St. Gallen (CH), 26. August 1987.
Kirschtorte: 17 110 kg schwer, 16 690 kg Kirschen, 6,1 m Durchmesser, Mitglieder des Oliver Rotary Clubs, British Columbia (Kanada), 14. Juli 1990.
Lebkuchen: 242,31 m lang, 55 cm breit (134,48 m^2), Bäckermeister Rudolf Renner und Karl Kronmüller, Schwäbisch Hall (BW), 3. Dezember 1988.
Nußstriezel: 250,4 m, Bäckerinnung Vorderpfalz, Pfalzback & Eis, Eberthalle Ludwigshafen (BW), 15. März 1994.
Pflaumenkuchen: 127,5 m^2, 2050 kg Zwetschgen, 620 kg Hefeteig, 720 Eier, Bäcker- und Konditormeister Herbert Holderied, Lindenberg (Allgäu), 9. Juli 1989.
Salzstange: 800 kg schwer, 158,95 m lang, Peter Pötscher und Horst Singer, Köflach (A), 19. September 1992.
Schaumrolle: 402 m lang, Richard Aumeier, Neuhofen/Krems (A), 10. August 1985.
Vollkornbiskuitherz: 5,4 x 5,2 m, 2171,2 kg, Bäckermeister Erich Petershans, Ludwigsburg, 25. Mai 1987.
Zwiebelkuchen: 250 x 0,6 m, Küchenbrigade von Josef Winkler, Hotel Langener Hof, Langen bei Frankfurt/Main, 15. August 1987.

Mehl- und Eierspeisen

Kartoffelreibekuchen: 9 m^2, 820 kg, Freiwillige Feuerwehr Kausen (Westerwald), 9. August 1987.
Kärntner Käsnudel: 492 kg, 2,8 x 1,03 m, Küchenbrigade (12 Köche) des Romantik Hotel Post, Villach (Kärnten), 25. August 1987.
Lasagne: 3,71 t, 21,33 x 2,13 m, Food Bank for Monterey County, Salinas, Kalifornien (USA), 14. Oktober 1993.
Maultasche: 538,4 m lang, gefüllt mit Kalbsbrät und Spinat, Bernd und Kai Zaun, Ludwigshafen (BW), 21. August 1993.
Nudel: 1020 m lang, 40 Stränge (rot, gelb, grün, braun), Bernd Zaun mit fünf Köchen des Restaurants Weißes Häus'l in 24 Stunden, Ludwigshafen (RP), 7. September 1991.
Pizza: 37,4 m Durchmesser, Norwood (Südafrika), 8. Dezember 1990.
Omelette: 128,5 m^2, 160 000 Eier, Mitarbeiter von Swatch in Yokohama (Japan), 19. März 1994.
Pfannkuchen: 12,55 m Durchmesser, 3 cm dick, 2,68 t schwer, gebacken und gewendet in Bloemfontein (Südafrika), 7. März 1992.
Rührei: 12600 Eier, 12 x 1 m große, 8 cm tiefe Spezialpfanne, Huber & Hu-

ber Gesellschaft m.b.H., Wien, auf dem Parkplatz neben dem Stadtsaal in Waidhofen an der Thaya (Niederösterreich), 16. November 1991.
Spiegelei: 3,5 m Durchmesser, 3500 Eier, Gsundi-Klub, Kerns (CH), 25. Juni 1989.
Ham & Eggs: 700 kg, 10 080 Eier, 61 kg Schinkenspeck, 60 l Speiseöl, 16,24 m² große Pfanne, sechs Köche der Löwa Wertkauf Warenhandels GmbH, Ternitz (A), 10. Oktober 1987.
Salat: 2671 kg, 250 l Salatdressing, Schüssel: 6 m Durchmesser, 5935 l Fassungsvermögen, Wirte-Vereinigung Uhldingen-Mühlhofen (Bodensee), 22. August 1987.
Die längste Gemüsetheke wurde am 26. Juni 1993 in der Fußgängerzone Ludwigshafen (RP) aufgebaut. Von 250 Helferinnen wurden 30 t Gemüse an der 1033 m langen und 60 cm breiten Theke verkauft. Folgende Gemüsesorten wurden in 3125 Steigen angeliefert: Kopfsalat, Eissalat, Lollo Rosso, Endivien, Schalotten, Rettich, Kohlrabi, Karotten, Chinakohl, Blumenkohl, Radicchio, Weißkohl, Rotkohl, Wirsing, Broccoli und Petersilie.
Käse-Fondue: 410 kg Gruyère-Käse, 40 l Weißwein, 160 Knoblauchzehen, Restoroute Motel de la Gruyère, Avrydevant-Pont (CH), 26. September 1992.
Tiroler Knödel: 1900 kg, 1,4 m Durchmesser, 7500 Eier, 500 kg Brot, 200 kg Speck, Rodelverein Gummer '93, Karneid (Südtirol), 15. August 1993.
Semmelknödel: 1,3 m Durchmesser, 700 kg, 3000 Brötchen, 1500 Eier, 200 kg Mehl, Reservistenkameradschaft Großwenkheim, Großwenkheim (BY), 11. Mai 1994.

Schokolade und Süßspeisen

Die erste Tafel Schokolade stellte der Schweizer François-Louis Cailler 1819 in Vevey, Kanton Waadt (CH), maschinell her. Vorher konnte man nur flüssige Schokolade per Hand zu langen »Würsten« rollen.
Schokoladentafel: 10 x 5 x 0,73 m, Lehrlinge der Patissier- und Konditoren-Innung Barcelona (ES), November 1985.
14 x 5,2 m, Hans-Jürgen Roos und Konditoren-Innung Pfalz, Bad Dürkheim, 11. Juni 1988.
Schokoladenhexenhaus: 2,5 m hoch, 2,6 m breit, 1,9 m lang, Peter Lopp, Rottweil, Weihnachten 1983.
Gummibärchen: 72 kg, 1 m hoch, Carsten Meier und der Abiturjahrgang '87 des Gymnasiums Nordenham, 13. Juni 1987.
Keks: 10,67 x 8,71 m (93 m²), Santa Anita Fashion Park, Arcadia, Kalifornien (USA), 15. Oktober 1993. Der Schokoladenkeks enthielt über 3 Mio. Schokoladenstückchen.
Lebkuchenhaus: 5,76 m hoch, 3,67 m breit, 6,07 m lang, Trachtengruppe Original Harzer Rotkehlchen, Weihnachtsmarkt Osterode (Harz), 4. Dezember 1992.
Lutscher: 1,01 t, Stephen Spring und James Alexandrou von Lolly Pops/Johnson's Confectionery, Darling Harbour (Australien), 18./19. August 1990.
Marillenkugel: 1050 kg schwer, 1,4 m Durchmesser, Karl Heinz Hagmann, Krems, 30. Oktober 1992.
Mohrenkopf: 83 kg, 1,1 m hoch, 1 m Durchmesser, 560 Eiklar, 42 kg Zucker, 11 kg Schokolade, Adolf Lunzer, Gols (A), 23. März 1986.
Mozarttaler: 1,5 m Durchmesser, 270 kg, Chefpatissier A. Rust und Küchenchef J. Illinger vom Salzburger Sheraton Hotel (A), 20. September 1985.
Marzipanbrot: 151 m lang, 1500 kg schwer, Firma Zentis, Aachen, 5. Dezember 1984.
Osterei: 7,1 m hoch, 4755 kg schwer, Cadbury Red Tulip, Ringwood (Australien), 9. April 1992.
Osterhase: 155,45 kg Schokolade, 2,7 m hoch, Sepp Fässler, Confiserie Sprüngli AG, Zürich (CH), 4. März 1994.
Eistorte: 2,95 m hoch, 2,02 m Durchmesser, 2,8 t schwer, Eismann Tiefkühl-Heim- und Gastroservice, Gruga-Halle Essen, 7. Januar 1989.
Das längste Eisbüfett stellte mit der Unterstützung des Verkehrsvereins Neuenkirchen e. V. Sergio Fontana und Sohn Tiziano vom Eiscafé Fontana am 13. Juni 1993 in Neuenkirchen (NW) auf. Auf einer Länge von 524,205 m wurden 2200 l Eis (= 40 000 Kugeln) in den Sorten Vanille, Nuß, Schokolade, Erdbeere und Himbeere an ca. 11 000 Besucher verkauft. Der Erlös kam der Jugendarbeit zur Integration behinderter und nicht behinderter Jugendlicher zugute.
Eis am Stiel: 6,36 t Zitronen- und Schokoladeneis, Kinder- und Jugendklub der Polizei von Sisimiut (Grönland), 21. März 1993.
Weihnachtspudding: 3280 kg, Bewohner des Dorfes Aughton, Lancestershire (GB), 3.- 10. Juli, vorgestellt am 11. Juli 1992 beim Puddingfestival in Aughton.
Rote Grütze: 3000 l, Schale 2,55 m im Durchmesser, 1,25 m hoch, Mitarbeiter von real-kauf, Hildesheim (N) 26. September 1992.
Bananensplit: 7,32 km lang, Bewohner von Selinsgrove, Pennsylvania (USA), 30. April 1988.
Tiramisu: 42,9 m², 300 kg Mascarpone, 5280 Eier, Molkerei Steinfelden und Konditorei Köller, Wiener Neustadt (A), 27. Juni 1987.
Zuckerwatte: 4,2 m lang, 60 cm Durchmesser, Adolf Lunzer, Gols (A), 24. März 1986.
Größte Süßigkeit war eine 1850 kg schwere Marzipanschokolade, die vom 11. bis 13. Mai 1990 auf dem internationalen Ven-Markt von Diemen (NL) hergestellt wurde.

Gewürze

Das teuerste Gewürz ist wilder Ginseng (Wurzel der *Panax quinquefolius*) aus dem chinesischen Bergland Chan Pak. Im November 1977 soll er in Hongkong für 821 Dollar/g (1806 DM) gehandelt worden sein. Dem Ginseng werden aphrodisische Eigenschaften zugeschrieben.
Das schärfste Gewürz ist nach allgemeiner Ansicht roter »Savina«-Habanero der Gattung Capsicum, der von der Firma GNS Spice aus Walnut, Kalifornien (USA), entwickelt wurde. Ein einziges Gramm des getrockneten Gewürzes verwandelt 326 kg fade Sauce nachweislich in eine »brennende« Speise.
Das größte Senfsortiment in einem Restaurant bietet Mario Nanni (* 9. Oktober 1950) seinen Gästen an. Aus 75 verschiedenen Senfsorten kann man im Restaurant Pinguin in Basel (CH) wählen.

Trinken

Cocktail: 7574,6 l Margarita, Louisville, Kentucky (USA), 5. Mai 1994, aus Anlaß des Cino de Mayo (eines mexikanischen Festes) und des Kentucky Derby Festival.

Um zu gewährleisten, daß ihr Riesencocktail auch wegging, verzichtete Renate Zemann, Café Kiwi, in Hof (BY) am 25. April 1993 auf Hochprozentiges, damit ihn auch Kinder trinken konnten. Je 1763 l Orangensaft, Kirschsaft und Ginger Ale ergaben einen alkoholfreien Cocktail von 5289 l. Trotz der Vorsichtsmaßnahme blieben 500 l des Getränks übrig.
Erdbeerbowle: 2,39 t Nettogewicht, Kitchener-Waterloo Hospital, Ontario (Kanada), mit Erdbeeren von der Farm von Joe Moss bei Embro in Ontario, 29. Juni 1993.
Punsch: 1600 l, Zeitung *Vorteil*, Hotel Schwarzer Bär, Linz (A), 9. November 1993.
G'spritzter: 1200 l Grüner Veltliner, 1150 l Sodawasser in einem 2465 l fassenden Behälter, Werbegemeinschaft Zistersdorf aktiv, Zistersdorf (A), 17. September 1989.
Milchshake: 7160,8 l Schoko-Shake, Smith Dairy Products Co., Orrville, Ohio (USA), 20. Oktober 1989.
Mostkrug: 2,4 m hoch, 4,55 m Umfang, gefüllt mit 2650 l Apfelsaft, Hans Nobel und Molkerei Möhl, Arboner Seenachtfest, Arbon (CH), 8. Juli 1989.

Die größte Lokalrunde gab Paul Deer am 14. Juli 1982, als er bei U-Zoo & Co. in Atlanta, Georgia (USA), für 1501 Menschen einen Drink spendierte.

Wein

Die älteste Flasche Wein, die auf einer Auktion versteigert wurde, war

TOPLEISTUNGEN, SPASSREKORDE

• Genuß- und Lebensmittel

ein Imperial Tokay aus dem Jahr 1646. Sie wurde von John A. Chunko aus Princeton, New Jersey (USA), und Jay Walker aus Ridgefield, Connecticut (USA), am 16. November 1984 bei Sotheby's in Genf (CH) für 1250 sfr erworben.

Teuerste Flasche Wein ist ein roter Château Lafite des Jahrgangs 1787, die der Amerikaner Christopher Forbes am 5. Dezember 1985 bei Christie's in London für 105 000 Pfund (ca. 400 000 DM) ersteigerte. Daß der Preis dermaßen in die Höhe kletterte, lag nicht nur am Wein: Die Flasche war mit den Initialen von Thomas Jefferson (1743-1826) versehen, dem dritten Präsidenten der USA. Im November 1986 löste sich der vom Ausstellungslicht ausgetrocknete Korken, so daß der Wein heute untrinkbar ist.
Eine kleinere Flasche vom Château Margaux und vom Jahrgang 1784, die gleichfalls Thomas Jeffersons Initialen *Th J* trägt, hat Cristie's am 26. Juni 1987 auf der Vinexpo in Bordeaux (F) ca. 60 000 DM verkauft.

Teuerstes Glas Wein war das erste Glas des 1993er Beaujolais Nouveau des in der französischen Weinregion Burgund gelegenen Weinguts Maison Jaffelin. Es war Robert Denby, der es sich am 18. November 1993 bei Pickwick's, einem englischen Pub in Beaune (F), einschenken ließ, die stolze Summe von 8600 FF (2575,50 DM) wert.

Die älteste Champagnerfirma ist Ruinart Père et Fils (F), die 1729 gegründet wurde.

Die älteste noch bestehende deutsche Sektkellerei ist die 1826 in Esslingen bei Stuttgart von Georg Christian Kessler gegründete Sektkellerei G. C. Kessler u. Co.

Sektsäule: Die höchste erfolgreich gefüllte Säule bestand aus 23 Sektgläsern. Den Prickelrekord erreichten Carl Grover und Peter Sellars am 19. April 1983 in Richmond (Australien).

Die größte Champagner-Kaskade war 7,85 m hoch und besaß 47 Ebenen, auf denen 23 642 langstielige Sektgläser standen. Sie wurde vom 19.-23. Juli 1993 in Caesars Palace in Las Vegas, Nevada (USA), vom Champagnerhersteller Moet & Chandon gebaut und erfolgreich von oben mit Sekt gefüllt.

Den höchsten Alkoholkonsum haben die Polen, die 1991 umgerechnet 4,5 l reinen Alkohol pro Person verbrauchten. Die stärksten Biertrinker sind die Deutschen (1991: 142,7 l pro Kopf), während in Frankreich der meiste Wein getrunken wird (1991: 66,8 l pro Kopf).

Bier

Das älteste Bier. Die erste schriftliche Erwähnung von Bier stammt aus der Zeit um 5000 v. Chr. Damals erhielten die Arbeiter, die den Tempel von Erech in Mesopotamien erbauten, offenbar einen Teil ihres Tageslohns in flüssiger Form. Der älteste Beleg ist allerdings der eines Krugs aus der Zeit um 3500 v. Chr., die 1973 bei Ausgrabungen des Royal Ontario Museum in Godin Tepe (Iran) gefunden, aber erst 1991 untersucht wurden. Man entdeckte Rückstände von Calciumoxalat (Bierstein), das im Gerstenbier entsteht.

Das stärkste Bier der Welt, gemessen am Alkohol- wie am Stammwürzegehalt – und zugleich das teuerste –, ist Samichlaus-Bier aus der Züricher Brauerei Hürlimann AG (CH). Die 0,25-l-Flasche wird für 8,60 sfr angeboten. Bei 20°C hat das Samichlaus-Bier, dunkel, 14,93 Volumenprozent Alkohol und eine Stammwürze von 28,72 Prozent.
Das von der Brauerei Ross gebraute und im Bristol Brewhouse in Bristol, Avon (GB), angebotene »Uncle Igor's Famous Falling Over Water« hat einen Alkoholgehalt von 21 Volumenprozent und wird ausschließlich in Weingläsern ausgeschenkt.
Roger & Out, seit Juli 1985 gebraut in Frog & Parrot in Sheffield (GB) nach einem Rezept von W. R. Nowill und G. B. Spencer, hat einen Alkoholgehalt von 16,9 Volumenprozent.
Einen noch gehaltvolleren Trunk hat Braumeister Rudolf J. Kasper von Vetters Alt-Heidelberger Brauhaus Silvester 1987 kredenzt. Mit seinem »Vetter 33« bot er ein Starkbier als Hausmarke mit einer Stammwürze, die zwischen 33,19 Gewichts- und 37,91 Volumenprozent lag.

Die älteste Brauerei ist die im Jahr 1040 gegründete Brauerei von Weihenstephan in Freising bei München. Heute ist sie Bayerische Staatsbrauerei. Um den Rang der zweitältesten Brauerei können die Klosterbrauerei Weltenburg, Weltenburg b. Kelheim (BY), und das Herzoglich Bayerische Brauhaus Tegernsee, Tegernsee (BY), streiten – beide wurden um 1050 gegründet.

Das weltgrößte Brauereiunternehmen ist die Anheuser-Busch Inc. mit Sitz in St. Louis, Missouri (USA), zu der 13 Brauereien in den USA gehören. Das Unternehmen verkaufte 1993 10,23 Mrd. l Bier und erzielte damit den größten Jahresausstoß, der jemals von einem Brauereiunternehmen erreicht wurde. Dazu trug nicht zuletzt das meistverkaufte Bier der Welt bei, das Budweiser, von dem 4,82 Mrd. l abgesetzt werden konnten. Die Anheuser-Busch-Brauerei in St. Louis bedeckt eine Fläche von 40,5 ha und hat eine Jahreskapazität von 1,53 Mrd. l. Eine ihrer Biermarken, das Budweiser, ist das meistverkaufte Bier der Welt. 1991 wurden 5633 Mio. l Budweiser abgesetzt.
Die größte einzelne Brauerei ist Coors Brewing Company in Golden, Colorado (USA), die 1993 einen Ausstoß von 2,25 Mrd. l hatte. Am selben Ort befindet sich auch der weltgrößte Hersteller von Aluminiumbüchsen mit einem Produktionsvolumen von mehr als 5 Mrd. Büchsen pro Jahr.

Die größte deutsche Getränkegruppe ist die Brau und Brunnen AG, Berlin und Dortmund, mit einem Gruppenumsatz von 7,1 Mio. hl Bier, entsprechend einem Umsatz von 1,025 Mrd. DM für 1993 und einem Gesamtumsatz von 1,682 Mrd. DM. Der Absatz von alkoholfreien Getränken liegt bei 6,0 Mio. hl.

Die Biertradition der Schweiz geht bis auf das Jahr 640 n. Chr. zurück. In der Lebensgeschichte des Mönches Columban aus dem Kloster St. Gallen wird erwähnt, daß bei Festanlässen um diese Zeit dort bereits Bier gebraut und getrunken wurde. Ein Klosterplan von St. Gallen von 820 zeigt mehrere Brauerei-Anlagen. Heute existiert in St. Gallen jedoch keine Klosterbrauerei mehr. Die ältesten Brauereien der Schweiz, die noch produzieren, stammen aus der Zeit um 1670-80. Es sind die Brauerei Schloß Reichenbach in Zollikofen (Kanton Bern), die jetzt zu einer größeren Firmengruppe gehört, und die Brauerei Eichhof in Luzern, deren erste Braustätte 1668 entstanden ist. In der Schweiz produzieren 35 Braustätten Bier. 31 gehören dem Schweizerischen Bierbrauerverein an.
Die größte Brauerei-Gruppe der Schweiz ist die Feldschlößchen-Gruppe in Rheinfelden (Kanton Aargau).
Die schwächsten Biere werden in der Schweiz von mehreren Brauereien mit einem Stammwürzegehalt bis zehn Prozent und einem Alkoholgehalt von etwa 2,25 Vol.-Prozenten gebraut.

Die größte Auswahl an Biersorten bietet der Biermarkt von Bruno Maruhn in Darmstadt-Eberstadt (HE). 1250 Biersorten aus 68 Ländern hat der Antialkoholiker und Milchtrinker Maruhn in seinem Angebot, darunter zwei Biersorten aus der Volksrepublik China. Außerdem betreibt er mit 290 Sorten Mineral- und Heilwasser einen der umfangreichsten Märkte dieser Art.
Chefin über 2 813 Sorten Gerstensaft aus 63 Ländern und 303 verschiedene Heil- und Mineralwassersorten ist die gelernte Hauswirtschafterin Maria Boeven (* 1961) aus Würselen/Aachen. In ihrer Bier- und Weinbrand-Ecke kommt der Sammler von ausgefallenen Bierflaschen voll auf seine Kosten. Die Bierkönigin selbst trinkt aber lieber Saft. Antialkoholiker ver-

sorgt Maria Boeven mit einem 303Sorten umfassenden Mineralwasser-Angebot.

2500 Biersorten aus aller Welt bieten der ehemalige Tankwart Günter Pohlenz (* 1944) und seine Ehefrau Ellen (* 1941) in ihrem Kiosk im Belgischen Viertel von Köln an. Ihr Kiosk ist über die Grenzen Kölns bekannt – selbst aus dem Ausland reisen durstige Kunden an, um sich mit zum Teil exotischen Bieren einzudecken.

Das teuerste deutsche Bier, der Abts Trunk der Klosterbrauerei Irsee im Allgäu, wird in handgearbeiteten salzglasierten Steingutflaschen monatelang gelagert. Es hat eine garantierte Stammwürze von über 22 Prozent und kostet 0,5 l (1 l) 23 DM (33 DM).

Bierflaschen-Sortensammlung: Peter Broeker (* 1943) aus Geesthacht (SH) hat aus 110 Ländern mit 1946 verschiedenen Brauereien eine Sortensammlung von 8131 Bierflaschen zusammengetragen. Der Auslandsanteil beträgt 36,5 Prozent. Aufeinandergestapelt ergäben sie eine Turmhöhe von 1815,9 m. Alle Flaschen sind noch original abgefüllt. (Stand: März 1994). Die Bierflaschensammlung des Amerikaners Ted Shuler aus Germantown, Tennessee, umfaßt 3803 verschiedene Bierflaschen aus 102 Ländern (Stand: Mai 1994).

Auch der EDV-Operator Klaus Hofmacher (* 1940) trägt in seinem Biermuseum in Bergheim verschiedene Bierflaschen zusammen. Bis April 1991 hat er es auf 5589 Flaschenbiere aus 88 Ländern gebracht, darunter alle Kölschsorten, alle belgischen und holländischen Trappisten- und Klosterbiere.

Den größten Bierdeckel mit 75 cm Durchmesser fertigten Dings-Cartonnages, Tegelen (NL), und die Hütt-Brauerei in Baunatal (HE).

Bierdosen: Die größte Sammlung besitzt William B. Christiensen aus Madison, New Jersey (USA), der 75 000 verschiedene Dosen aus über 125 Ländern, Kolonien und Territorien angehäuft hat. Eine Rosalie-Pilsner-Dose erzielte im April 1981 in den USA einen Preis von 6000 Dollar (13 000 DM). Eine Sammlung, bestehend aus 2502 noch verschlossenen Flaschen und Dosen aus 103 Ländern, wurde am 23. März 1990 vom australischen Downer Club ACT für 25 000 australische Dollar erworben.

Spirituosen

Die älteste Cognacbrennerei ist Augier Frères & Co. (F). Sie besteht seit 1643.

Der weltgrößte Spirituosenhersteller ist United Distillers, das Spirituosenunternehmen von Guinness plc, das jährlich 53,6 Mio. Kartons seiner Hausmarken verkauft. Es ist außerdem mit einem Gewinn von 701 Mio. Pfund im Jahr 1993 der ertragreichste Spirituosenhersteller. United Distillers ist zugleich der größte Hersteller und Abfüller von Scotch-Whiskey. Das zu dem Unternehmen gehörende Shieldhall-Werk in Glasgow, Strathclyde (GB), hat eine Kapazität von schätzungsweise 144 Mio. Flaschen Scotch pro Jahr, was annähernd 109 Mio. l entspricht, die überwiegend exportiert werden. Die weltweit am besten verkauften Scotch- und Gin-Marken, Johnnie Walker Red Label und Gordon's, sind Erzeugnisse von United Distillers. Die Old Bushmills Distillery in Country Antrim (Nordirland), die ihre Lizenz im Jahr 1608 erhielt, nimmt für sich in Anspruch, seit dem Jahr 1276 zu produzieren.

Das stärkste alkoholische Getränk war ein Kartoffelschnaps mit einem Alkoholanteil von 98 Volumenprozenten, den das estländische Spirituosenmonopol während der Unabhängigkeit Estlands zwischen den beiden Weltkriegen vertrieb.

Die teuerste Spirituose ist der Springbank 1919 Malt Whisky, der von Fortnum & Mason in London (GB) für 6750 Pfund pro Flasche (19 251 DM, inklusive Mehrwertsteuer) angeboten wird.

Fotos: Bierconvent International e. V.

Flaschenorgel-Spiel

Mit der größten Bierorgel feierte der Bierconvent International e.V. (BCI) sein 25jähriges Bestehen an seinem Gründungsort München im September 1993. Anläßlich der Messe Drinktec Interbrau hatten Bierbrauer aus aller Welt dem Geburtstagskind 1902 Bierflaschen bzw. Dosen zugeschickt. Sie wurden mit der riesigen Bierorgel, einer 1,5 t schweren Stahlkonstruktion auf ca. 50 m² Holzverschalung mit Hilfe von insgesamt 551 kg Scotchkleber fest verbunden. Vor dem an einen Orgelprospekt erinnernden Instrument wurde ein Synthesizer postiert, auf dem eine rumänische Organistin im Rokoko-Kostüm Bach-Stücke spielte.

Genuß- und Lebensmittel

Flaschen

Die größte Flasche ist 3,11 m hoch und hat einen Umfang von 3,5 m. Sie wurde am 17. März 1994 in Melbourne, Victoria (Australien), zur Feier des 200jährigen Bestehens der Firma Schweppes mit 2250 l Schweppes-Limonade gefüllt.

Die größte Bierflasche hatte bei einem Umfang von 2,17 m eine Höhe von 2,54 m. Sie wurde am 27. Januar 1993 in der Brauerei Shepherd Neame in Faversham, Kent (GB), enthüllt. Es dauerte 13 Min., bis sie mit 625,5 l Kinfisher-Bier, dem führenden indischen Lagerbier, gefüllt war.

Die größte Karussell-Bar hat Peter Petz aus Sulzbach-Aichach (BY) entworfen und 1993 verwirklicht: Durchmesser 11m, 9 m hoch, 84 Sitz-, 36 Stehplätze, im Innren eine Bar mit Theke. Foto: Salzberger

Die leichteste Bierflasche fertigt seit 1969 die Glasfabrik Heye-Glas Obernkirchen (N). Diese »Paderborner Flasche« wiegt nur 135 g. Seit 1969 wurden 767,4 Mio. Stück dieser 0,33-l-Recyclingflasche geliefert (Juni 1990).

Die kleinste Bierflasche enthält 10 ml Guinness-Bier. Die Mini-Flasche ist mit einem Kronenkorken verschlossen. Die kleinste Bierflasche mit Bügelverschluß stellte die 1. Zürcher Gasthaus-Brauerei Wädi-Brau-Huus am 24. Februar 1992 in Wädenswil (CH) vor. Die Miniflasche ist 11,5 cm hoch, hat einen Durchmesser von 4 cm und 40 ml Fassungsvermögen.

Der längste Stammtisch entstand am 5. Juli 1992 in Bad Blankenburg (TH) mit 3582 m Länge. 20 000 Gäste wurden bewirtet und 25 000 l Bier ausgeschenkt. 31 Brauereien, 15 Gaststätten und Vereine beteiligten sich an dieser Aktion der Fremdenverkehrsgemeinschaft Bad Blankenburg/Thüringer Wald-Schwarzatal.

Die längste Bar mit 790 m Länge wurde vom 3. bis 5. Juli 1992 in Salgesch, Kanton Wallis (CH), betrieben. Organisator dieser Attraktion war Charly Wenger vom OK' Komitee.

Den längsten Heurigentisch konnten über 2500 Bewohner und Besucher von Gossam (A) am 26. August 1989 bewundern. Aus Fichtenholz hatten bis zum alljährlichen Dorffest die Tischlerei Josef Höchtl und die Dorfgemeinschaft Gossam, Grimsing und Schallemmersdorf die 60 m lange originalgetreue Nachbildung eines Heurigentisches in zwei Monaten Arbeit gefertigt und gleich auch noch die dazugehörigen ebenso langen Bänke hergestellt. Das 4 cm starke (bzw. 3,5 cm) Holz war in voller Länge verleimt, in einem Stück gearbeitet.

Dauermixer: Die Ischgl/Silvretta Skiarena (A) lockte beim 2. Frühlingsschneefest mit einer Cocktailparty. Die beiden Kärntner Profi-Barkeeper Bernd und Klaus Steinbauer traten zum Dauer-Cocktailmixen zwischen dem 20. und 22. April 1990 an. Am Ende hatte Bernd (* 1958) aus Klagenfurt mit 4044 Cocktails in 50 Std. die Nase vorn.

Den größten Apfelweinkrug fertigten zehn Mitglieder der Karnevalsgesellschaft Wohlgemut Wehr e. V. (RP) in 80 Arbeitsstunden. Der 3,05 m hohe steinerne Krug hat einen Durchmesser von 2 m und faßt 4500 l. Seit Februar 1989 wird er auf Weinfesten präsentiert.

Eine Riesen-Milchkanne von 9 m Höhe dient als Tank für 100 000 l Rohmilch in Charalambides Dairies, Nikosia (Zypern). Konstruiert wurde sie von der Firma Alfa-Laval, Glinde. Die Kühlung der Milch erfolgt mittels Eiswasser. Die Milchkanne hat einen Innendurchmesser von 3,75 m (außen 3,9 m).

Eine voll funktionsfähige **Riesenkaffeemühle** ergänzt seit 1988 die über 500 Kaffeemühlen umfassende Sammlung von Otto Dobbelstein aus Duisburg. Nachdem die Funktionsfähigkeit der 1,2 x 1,2 x 2,2 m großen und 470 kg schweren Mühle unter Beweis gestellt war, erhielt sie einen Ehrenplatz an einer Außenwand des Cafés Dobbelstein.

Rauchen

Die längste und die kürzeste Zigarette: Die längste Zigarette war die 27,9 cm lange *Head Plays*, die 1930, um Steuer zu sparen, in den USA in Fünferpackungen verkauft wurde. Die kürzeste war die *Lilliput*, 31,7 mm lang, 3 mm im Durchmesser (1956 in GB).

Das größte Absatzstellennetz der Welt unterhält die Tobaccoland Großhandelsgesellschaft mbH in Mönchengladbach (NW) mit 110 030 Zigarettenautomaten mit über 1 315 000 Wahlmöglichkeiten in Deutschland. Täglich versorgen sich daraus ca. 620 000 Raucher mit Zigaretten. Das entspricht einem jährlichen Umsatz von ca. 4 Mrd. DM bei 21 Niederlassungen, die im gesamten Bundesgebiet über 38 000 Absatzstellen neben den Automaten beliefern.

Die größte Zigarettensammlung wurde von Robert E. Kaufman aus New York (USA) angelegt. Sie bestand aus 8390 verschiedenen Zigaretten aus 173 Staaten und Territorien. Nach Kaufmanns Tod im März 1992 übernahm seine Frau Nadia die Sammlung. Die älteste Marke ist eine *Lone Jack*, die etwa aus dem Jahr 1885 stammt. Außerdem enthält die Sammlung auch Exemplare der kürzesten und der längsten Zigarette der Welt.

Die größte private Sammlung von Zigarettenpackungen besitzt Claudio Rebecchi aus Modena (I), der von 1962 an 118 632 Packungen aus 263 Ländern und Territorien zusammengebracht hat. Das am umfangreichste vertretene Land ist mit 13 411 Packungen Japan.

Die größte Sammlung von Zigarettenbildern besitzt Edward Wharton-Tigar (* 1913) in London, der in rund 45 000 Serien über 1 Mio. Bilder zusammengetragen hat.

Die größte Sammlung von Zigarettenpapier-Heftchen nennt Peter Emmens aus Kenley, Surrey (GB), sein eigen. Seine Kollektion umfaßt 2366 Heftchen für Selberdreher.

Die größte im Handel erhältliche Zigarre ist die 35,5 cm lange *Valdez Emperador*, die im mexikanischen San Andrés Tuxtla (Veracruz) in der Fábrica de Puros Santa Clara hergestellt und exklusiv von Tabacos San Andrés vertrieben wird.

Die größte Zigarrenringesammlung trägt Alfred Manthe (* 1918) aus Langen (HE) seit 1966 zusammen. Der Bauchbindenkönig ist stolzer Besitzer von 207 210 Zigarrenringen aus aller Welt (Stand vom 1. Juli 1994).

Die teuerste handelsübliche Zigarre ist die 29,2 cm lange *Don Miguel Cervantes*, die in England für 15 Pfund (ca. 44 DM) verkauft wird.

Schnupftabak: Die längste Schnupftabakmaschine testeten bei den 3. Schweizer Schnupfmeisterschaften 48 Schnupfer gleichzeitig auf dem Dorfplatz von Reckingen/Wallis. Am 18. Juni 1989 war es soweit: Nach 500 Arbeitsstunden präsentierten drei Mitglieder des Schnupfclubs Hohbachschnupfer eine 15,84 m lange und 0,65 m breite Eigenkonstruktion (200 kg schwer). Ausgelöst durch eine Zündschnur fiel ein Hammer nach dem anderen (im Domino-Effekt), und das braune Pulver schoß den Nasensportlern innerhalb von ca. fünf Min. buchstäblich in die Nase.
Eine kreisrunde Schnupftabakmaschine von 140 cm Durchmesser hat Hans-Dieter Fellmann (* 1955) zum zehnjährigen Jubiläum seines Birra-Ristorante Zum Löweneck in Quartu, nahe der Inselhauptstadt Cagliari (Sardinien), vorgestellt. Gleich 13 Nasensportler gleichzeitig testeten am 22. April 1990 erfolgreich den Schnupf-Mechanismus mit einem erlösenden Hatschi!
Die kleinste vollautomatische Schnupftabakschleuder dürfte der Goldschmied Bernhard Burger (* 1958) aus Burgstall (Südtirol) gefertigt haben. Die 53 g leichte Dose aus 800er Silber ist 22 mm hoch und 38 mm im Durchmesser.
Schnupftabakgläser, -dosen und -behälter sammelt seit 47 Jahren der Altbürgermeister von Regen Alois Reitbauer (* 1916). Die insgesamt 1600 Schmuckstücke sind zum Teil im Museum Fressendes Haus und in seinem Privathaus zu bewundern. Der Gesamtwert der Sammlung beläuft sich auf ca. 80 000 DM.

Zündholzschachteletiketten: Die größte Sammlung von Zündholzschachteletiketten umfaßt 743 512 Exemplare (einschließlich Werbe-Etiketten) aus 153 Ländern. Zusammengetragen hat sie Teiichi Yoshizawa (* 1904) aus Chiba-Ken (Japan), der diesem Hobby seit 1925 frönt. Die prächtigste Sammlung (ohne Zündholzheftchen und Werbe-Etiketten) umfaßt 280 000 Exemplare, zusammengetragen von Robert Jones in Indianapolis (USA).

Das größte Feuerzeug entstand im Sommer 1983 aus Sammler-Platznot in Bad Dürrenberg (S). Der Mechanikermeister Rolf Jarschel (* 1924) konnte seine riesige Feuerzeugsammlung nur noch als Säule stapeln: Das ergab ein voll funktions- und wachstumsfähiges RFZ (Riesenfeuerzeug). Am 5. März 1985 wies es die stattliche Höhe von 2,265 m auf und bestand aus 922 Einwegfeuerzeugen. Inzwischen hat das Prachtstück eine Höhe von 2,43 m erreicht, 1279 Feuerzeuge wurden verarbeitet.

Das kleinste Feuerzeug (8,54 x 7,85 mm) fertigte ebenfalls der Feuerzeugsammler Rolf Jarschel aus Messing ohne Edelmetallauflage. Es zündet durch Reiben auf der Feilenhiebfläche durch Benzin (Februar 1990).

◆ TOPLEISTUNGEN
Sammelleidenschaft

Im Vergleich zu der unendlich großen Anzahl möglicher Sammelobjekte können wir nur eine geringe Zahl von Rekorden berücksichtigen, die Gegenstände betreffen, die erwiesenermaßen auf ein breiteres Interesse treffen.

Eine Sammlung wird eher Berücksichtigung finden, wenn sie einerseits auf privater Basis über einen längeren Zeitraum angelegt und uns andererseits von einem eingeführten, anerkannten Verband oder Verein gemeldet wurde, da dieser den besseren Überblick darüber besitzt, ob eine Rekordmarke erreicht wurde oder nicht.

Ansichtskarten: Rekordsammlungen können angesichts fehlender exakter Vergleichszahlen im In- und Ausland nicht mehr berücksichtigt werden.
Postkarten: Deltiologie gilt – nach dem Sammeln von Briefmarken und Münzen – als drittgrößtes Sammlerhobby. Die ersten Karten gab es 1869 in Österreich.
Airlines: 5000 Abzeichen, Uniformteile, Pilots Wings, Flugpläne, Aufkleber, Literatur etc., Hèctor R. Cabezas (* 1935), Frankfurt/Main (HE).
Aufkleber: 82 600 Sticker aus über 130 Ländern, Guy Gengler (* 1937), Bartringen (L).
Autogramme: 210 777 Unterschriften, Lorenz Schop (* 1946), Bedburg-Lipp (NW).
209 721 Unterschriften, Günter Dürrschmidt, München (BY).
Bierdeckel: 142 950 Filze aus 159 Ländern, Leo Pisker, Langenzersdorf (A).
Bieretiketten: 353 500 Etiketten, Jan Solberg, Oslo (N).
Eierbecher: 2426 Stück, vom Eierbecher für Gänseeier bis zum Mini-Becher für Vogeleier, Hedwig Egger (* 1943), Ferlach (A).
Elefanten: 12 000 Artikel zum Thema Elefant, darunter 4000 Spielzeugelefanten, Rita Kämmerling, Winterberg (NW).
Eulen: 7056 Eulen, Waltraud Stuhlmacher (* 1928), Itzehoe.
Exponate (handsigniert): über 6200 und 4900 Wappen, Manfred Beck (*1942), Friedrichshafen (BW).
Faschingsorden: 9182 Orden auf 203 Tafeln, Georg Papendick (* 1908), Bad Reichenhall.
Fasnachtsmasken: 1055 Miniaturen von Original-Fasnetmasken, Helga Anton, Staufen im Breisgau (CH).
Feuerwehrautos: etwa 4000 Modelle im Maßstab 1:87, 1:16, 1:24 nachgebaut, Siegfried Hülsenbeck (*1943), Wuppertal (NW).
Flaschenöffner: 6491 Öffner, Hans-Hermann Wilkens (* 1949), Hamburg.
Flaschenpost: 144 Stück, Flußwart Andreas Wagner (* 1961), Friedrichshafen (BW).

Insgesamt 792 verschiedene Exponate zeigt das Telefonmuseum von Siegfried Warth.

Unten: Eine ganze Welt aus Draht zaubert Ulrich Volz.

Frösche: mehr als 7000 Exponate aus allen Materialien, Schirmständer, Nachttischlampen, Zahnbürsten, Rolf E. Rindlisbacher und Elfie Hiss-Dinten, Frosch-Museum Münchenstein (CH).
Gartenzwerge: 850 Stück, Elfriede und Hansjoachim Gubisch, Dresden (S).
Getränkedosen: 6720 Dosen aus 65 Ländern, Thomas Listmann (*1968), Darmstadt (HE).
608 Cola-Dosen aus 28 Ländern, Silke Siegel (*1972), Egelsbach (HE).
Giraffen: 4000 Figuren und über 2000 verschiedene Postkarten/Bilder, Giraffen-Museum Heinz J. Preuß (*1943), Dortmund (NW).
Glocken: 1701 Glocken, Wilfried Kunkel, Köln (NW).
Hunde: über 20 000 Exponate, 600 Bücher, Hunde aus Plüsch, Keramik, Holz, auf Kacheln, Münzen, Wandteppichen, Spazierstöcken, Zigarrenbinden und als Schmuckstücke, Margarete (*1922) und Gerhard Laske (*1921), Berliner Hundemuseum, Berlin-Weißensee.
Kaffeerahmdeckel: 7000 verschiedene Motive in über 275 Serien aus 12 Ländern und vier Kontinenten, Philippe Doppler, (*1978), Pratteln (CH).
Kalender: 62 408 verschiedene Kalender in Spielkartenformat aus 120 Ländern und 13 sonstigen Gebieten, Kerstin Marten, Berlin.
Kaugummipäckchen: 1712 Päckchen mit 10 614 Streifen aus 64 Ländern, Thomas (* 1962) und Volker (* 1966) Martins, Freiburg.
Kerzen: 920 Kerzen, Sabine Hoffmann (* 1962), Hamburg.
KFZ-Kennzeichen: 702 Stück aus 1164 Staaten, Erich Albrecht, Wien.
576 Kennzeichen, Bernd Zeine (* 1936), Lörrach (BW).
Kronenkorken: 73 823 aus 179 Ländern, Helge Friholm (* 1909), S(08)borg (DK).
76 500 aus 175 Ländern, Günter Offermann (* 1948), Hamburg.
Kugelschreiber: 53 450 Stück aus aller Welt, Angelika Unverhau (*1956), Dinslaken (NW).
Kühe: 1035 verschiedene Exemplare aus Glas, Holz, Keramik, Papier, Plastik, Martina Auth (* 1978), Bad Vilbel (HE).

Draht-Kunst

Daß ein Hobby zur Kunst werden kann, beweisen die Bilder und Nachbildungen von Tieren, die der frühere Elektriker und jetzige Rentner Ulrich Volz geschaffen hat. Die Dreizimmerwohnung des Lübeckers gleicht einer Kunsthandwerk-Galerie – einer Galerie aus Draht. Begonnen hatte seine Leidenschaft vor 30 Jahren, als in der Werkstatt Drahtreste herumlagen, die in den Abfall sollten. Das war ihm zu schade. Mit Lötkolben, Seitenschneider und Spitzschere fertigte er zu Hause kleine und große Kunstwerke aus buntem Perlondraht. »Man braucht Geduld, Sitzfleisch und Nerven wie Drahtseile«, verrät Ulrich Volz, »weil das Material, das ich verarbeite, nur 0,6 mm stark ist.« Um alle Tiere aufzuzählen, die der Hobbykünstler schon »gedrahtet« hat, würde eine Seite im *Guinness Buch der Rekorde* kaum ausreichen.

TOPLEISTUNGEN, SPASSREKORDE 270/271

● Topleistungen

Künstlerfotos: 4 Mio. Fotos, Josef (Pepi) Treitl (* 1921), Wien (A).
Luftkrankheitsbeutel: 1785 Tüten von 405 Fluggesellschaften, Niek K. Vermeulen (* 1936), Wormer (NL).
Miniaturflaschen: 9847 Scotch- und 323 verschiedene Guinness-Flaschen, David L. Maund, Upham Hampshire (GB).
31 804, George E. Terren, Southboro, Massachusetts (USA).
1076 Flaschen aus 41 Ländern mit Originalfüllung, Christoph Resch, Karlsruhe.
Miniaturtschakos: 58 selbsthergestellte Modelle (7 x 7 x 10 cm), Arno Hörmann (* 1931), Hamburg.
Mützen: 2900 Polizeimützen, 100 Uniformen, davon 64 auf Puppen, Rudolf R. König (*1937), Lustenau (A).
Mützenbänder: 3600 Bänder aus 66 Ländern, Josef Bügelmayer, Modling (A).
Nachrichtentechnik: 1632 Exponate wie Telefone, Fernschreiber, Wählerzentralen, Nachrichtengeräte, Klappenschränke, Gerhard Schmitt sen. (*1917), Schweizitz (S).
Ohrringe: 17 122 Paar, Carol McFadden, Oil City, Pennsylvania (USA).
Orangenpapiere: 24 370 Einwickelpapiere, Hans Peter Weber (* 1914), Zumikon (CH).
Orden: 41 150 Vereins- und Sportabzeichen, Josef Dünhuber (* 1905), Altötting (BY).
Ostereier: 18 000 aus der ganzen Welt, Eduard Polak (* 1921), Wien (A).
Plastik- und Papiertragetaschen:

60 000 Tüten, Heinz Schmidt-Bachem, Düren (NW).
Radiergummis: 12 320 aus 42 Ländern, Alcione und Wolfgang Kullack, Hildesheim-Himmelsthür (N).
Raumfahrt-Sammlung: 25 000 Zeitungsartikel, 10 000 Briefmarken, 3000 Fotodokumente, 200 Medaillen und Plaketten, 120 Schautafeln, 75 Modelle, Gerhard Micksch (* 1930), Berlin.
Raumfahrtmodelle: 205 selbstgebaute Holzmodelle, Maßstab 1:144, Tasillo Römisch (* 1954), Mittweida (S).
Rekorde: 118 Rekord-Bücher (darunter 61 verschiedene Ausgaben des *Guinness Buch der Rekorde*), Daten über 10 000 Weltrekorde, Zeitungsartikel, Ralf Laue (* 1968), Leipzig (S).
Sand: 1800 Sande aus aller Welt, Heinrich Uhlendorf (* 1920), Frankfurt/Main.
Schlüssel: 10 102 Stück an 92 Brettern, Walter Schröfel (* 1926), Lippstadt-Esbeck (NW).
Schlüsselanhänger: 20 058 Anhänger, Manfred Zahn (* 1951), Köln.
Schneekugeln: 1371 Stück, Maria Theresia Gelenkirch (*1962), Bonn (NW).
Schweine: 7000 Artikel zum Thema Schwein, darunter 3000 Schweine im Museum, 1000 Schweine in einer Wanderausstellung, 500 Exponate zum Rahmen und 2500 Postkarten, Erika Wilhelmer, Bad Wimpfen (BW).
Streichholzschachteln: 5690 Schachteln aus 61 Ländern, Uwe und Dieter Bonin, Wiesbaden (HE).
Stumme Diener: 112 Stück, Claus Dixon (* 1953), Darmstadt (HE).
Teebeutel-Anhänger: 4321 Stück aus 51 Staaten von 523 verschiedenen Teefirmen, Student Felix Rotter (* 1973), Wuppertal (NW).
Telefone: 166 Wandapparate, 494 Tischapparate, Siegfried Warth (*1956), Birkenfeld (HE).
T-Shirts: 1976 Shirts aus 78 Ländern, Ernst Sedlak, Wenigzell (A).
Wappen: 40 000 Wappenentwürfe, ca. 1000 Wappenbücher und 2000 Siegel, Kurt Schweder (* 1924), Essen (NW).
Weinetiketten: 40 146 Stück, Hermann Lageder, Reichenburg (CH).
Weinprobiergläser: 3 814 Gläser aus 10 Ländern, Thomas Darmstadt (* 1966), Bodenheim (RP).
Weizenbiergläser: 3 152 Gläser aus 1100 Brauereien, Walter Geißler (* 1955), Nürnberg.
Weinkorken: 15 110 geschälte, flachgeschnittene Weinkorken, 710 Metall-Flaschenkappen, 130 Champagnerkorken aus elf Ländern, Hans Peter Weber, Zumikon (CH)
Witze: 1 500 000 Witze in Büchern, Heften, auf Schallplatten und Kassetten, Anton Maschek, Wittlich (NW).
Zauberkästen: 580 Exemplare, der älteste von 1840, Wittus Witt (* 1949), Krefeld.
Zollstöcke: 9085 Stück aus 22 Ländern, Arnulf Bietsch, Bolsterlang (Allgäu).

ZAM
Das etwas andere Museum

Das ZAM (Zentrum für Außergewöhnliche Museen) in München beherbergt acht außergewöhnliche Museen, die sich einem Thema widmen, das noch nicht in einem anderen Museum Gegenstand kulturgeschichtlicher Darstellung war. Beim Aufbau der Museen hat ihr Begründer Manfred Klauda besonderen Wert auf lebendige Darstellung der jeweiligen Zeitbezüge gelegt. Das ZAM wurde Ende 1990 eröffnet und zählte schon im ersten Jahr 25 000 Besucher. Folgende Sammlungen sind in München zu besichtigen:
TRETAUTOS: über 100 Exponate von 454 sind ausgestellt
OSTERHASEN: 1860 Objekte aus allen Materialien
NACHTTÖPFE: 2000 Exponate von insgesamt 9400 aus zwei Jahrtausenden
SISSI: 320 Objekte aus dem persönlichen Besitz der österreichischen Kaiserin
BOURDALOUS: 480 Damennachttöpfe aus dem 18. und 19. Jh.
KORKENZIEHER: 1920 Exponaten aus 300 Jahren
SCHLÖSSER: 540 Vorhängeschlösser aus 2000 Jahren
WEIHWASSERGEFÄSSE: 1012 Objekte seit dem 9. Jh.

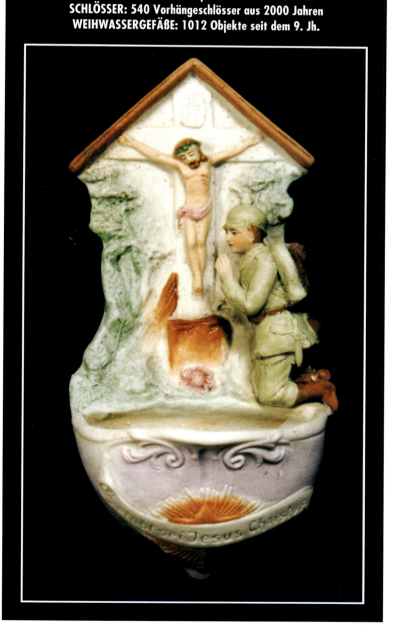

Geschwindigkeitsrekorde

Badewannenrennen: Die Rekordzeit bei einem Badewannen-Rennen über die »klassische« Distanz von 36 Meilen (57,9 km) liegt bei 1:22:27 Std. Erzielt hat sie der Australier Greg Mutton am 8. November 1987 beim Grafton Jacaranda Festival in Neu-Süd-Wales. Die Badewannen-Gefährte dürfen höchstens 1,9 m lang sein und 6-PS-(4,5-kW-)Motoren haben.

Das schnellste Paar beim Bettenmachen sind die Krankenschwestern Sharon Singer und Michelle Benkel vom Royal Masonic Hospital in London (GB). Sie schafften es am 26. November 1993 bei der Vorstellung des Guinness Book of Records von 1994 in Canary Wharf, London, in exakt 14 Sek., ein Bett mit einem Bettuch, zwei Laken, einem Unterlaken und einem nicht bezogenen Kissen, einer Tagesdecke und »Krankenhausecken« zu beziehen.

Bettenrennen: Die Rekordzeit für das alljährlich ausgetragene Bettenrennen von Knaresborough (GB), ins Leben gerufen 1966, ist 12:09 Min. für den 3,27 km langen Kurs, der den Fluß Nidd quert. Die Bestmarke schaffte das Vibroplant-Team am 9. Juni 1990. Das Chew-Valley-Lake-Rennen wird erst seit 1977 ausgetragen. Die Rekordzeit von 50 Min. über den 16,1 km langen Kurs schafften die Westbury Harriers, ein drei Mann starkes Bettenteam.

Den Rekord im Briefmarkentrennen (dem Auseinanderreißen von ganzen Briefmarkenbögen) stellte bei der 5. Internationalen Briefmarkenmesse in der Gruga-Halle in Essen Martin Struth (* 1947) aus Niederwerth (NW) auf. Am 31. Mai 1984 schaffte er 5380 Briefmarken (5 Dpf, Deutsche Dauerserie, Industrie und Technik) in 15 Min.

Im **Briefmarkenkleben** wurde die Schweizerin Sonja Stillhard (* 1940) aus Tobel beim 1. Internationalen Philatelistentreffen vom 19. bis 21. November 1982 in Unterägeri (Kanton Zug) mit 888 bereits gerissenen Briefmarken auf C6-Umschlägen in 30 Min. Rekordhalterin.
Innerhalb von 4 Min. hat am 26. September 1990 der Schotte John Kenmuir aus Hamilton, Strathclyde (GB), 393 Briefmarken aufgeklebt. Der Rekord gelang in den BBC-Fernsehstudios und wurde in der Show Rekordbrecher gezeigt.

Schnellster Brieföffner ist der Elektromechaniker Lothar Stieler (* 1946) aus Berlin mit 1000 geöffneten Briefen in 1:08:12 Std. Diesen Rekord stellte er zur Berliner Kommunalwahl am 24. Mai 1992 in einem Briefwahllokal im Rathaus Berlin-Lichtenberg auf.

Drag-Racing-Rekorde (aus dem Stand über eine Strecke von 440 Yards [404 m] gefahren): Die schnellste Zeit mit einem Dragster mit Kolbenmotor schaffte am 29 Oktober 1992 in Pomona, Kalifornien (USA), mit 4,779 Sek. Eddie Hill. Die höchste Endgeschwindigkeit von 488,66 km/h erreichte Pat Austin am 4. April 1993 in Atlanta, Georgia (USA). Am Am 5. März 1993 erzielte dort Warren Johnson in einem Oldsmobile Cuttlas in Houston, Texas (USA) die schnellste Zeit mit 7,027 Sek. für ein Serienauto. Die höchste Endgeschwindigkeit erreichte er mit 313,90 km/h. Mit dem Motorrad fuhr John Myers am 11. Oktober 1991 in Dallas, Texas (USA), mit 7,615 Sek. die schnellste Zeit, und auf die höchste Endgeschwindigkeit kam am 1. November 1992 in Pomona David Schultz mit 287,01 km/h.

Meister im Einfädeln eines Baumwollfadens in eine Nähnadel Nr. 13 (Ör: 12,7 x 1,6 mm) ist Om Prakash Singh aus Allahabad (Indien), dem es am 25. Juli 1993 in 2 Std. 20 675mal gelang, den Faden durch das Ör zu bringen.

Eisstapeleien: 539 Eiskugeln à 16 ml in den Sorten Banane, Blaubeer und Azzura schichtete Gianni Mucignat (* 1961) aus Wallenhorst (N) am 21. März 1989 im Eiscafé Adria auf eine normale Waffeltüte. In 14 Min. stand der 60 cm hohe und ca. 17 kg schwere Eisturm.

Eskimorollen: Der österreichische Stadtamt-Angestellte Manfred Niedermüller (* 1965) aus Braunau stellte gleich zwei neue Rekorde auf: Am 21. Juni 1986 schaffte er mit seinem Kajak in exakt 60 Sek. 33 Eskimorollen mit Paddel, und am 27. Juni 1986 erreichte er ohne Paddel sogar 35 Rollen, ebenfalls in nur einer Minute. Beide Rekorde erzielte er im Freizeitzentrum Braunau am Inn. Eine um so beachtlichere Leistung, da Niedermüller in seiner Kindheit durch einen Unfall den linken Arm verlor.

Schnellster Fensterputzer ist der Amerikaner Keith Witt aus Amarillo, Texas (USA), der am 31. Januar 1992 mit einem 30 cm langen Scheibenwischer und 9 l Wasser drei 107,9 x 119,4 cm große Bürofenster in 10,13 Sek. schaffte. Der Rekord wurde während einer Tagung des internationalen Fensterputzerverbandes in San Antonio, Texas (USA), aufgestellt.

Eilig hatte es auch der Fensterputzer Mladen Seric (*1965) aus Zeil am Main (BY) am 30. August 1991. Die Fensterfronten des Haßfurter Möbel- und Einrichtungsgeschäfts mit 23 Scheiben (169,56 m²) hat er mit Schwamm und Abzieher gleich 30mal gereinigt. Nach 7:22:42 Std. waren die insgesamt 5086,80 m² durch den Putzteufel so blitzsauber wie noch nie. Die schnellste Runde: 10:50 Min.!

Im Firngleiten (Ski mit 63 cm Länge und 10 cm Breite) stellte Jürgen Strnad (* 1961) aus Unterach (A) eine Bestmarke mit 126,26 km/h bei der Red Bull Speed Ski Trophy in Altaussee (Loser) am 5. April 1992 auf.

Am schnellsten Gitarre spielen konnte bisher Peter Prestel aus Ismaning (BY). Am 2. September 1990 erzeugte er ohne irgendwelche Hilfsmittel auf einer sechssaitigen Gitarre 8600 Töne in einer Minute – bei einer Aufzeichnung für die Südwest-3-Sendung Nimm's Dritte.

Schnellster Jodler ist Thomas Scholl (* 1949) aus München. In einem Wettbewerb vor laufender Kamera in der Fernsehshow Wennschon – dennschon (MDR) am 9. Februar 1992 in Chemnitz (S) glückten dem Formel-1-Jodler in 1 Sek. 15 Jodelschläge und 22 Jodeltöne. Damit schlug er Peter Hinnen aus Zürich (CH), der es auf 15 Jodelschläge und 15 Jodelschläge ebenfalls in 1 Sek. brachte.

Schnellster Nudelproduzent ist Mark Pi aus Hilliard, Ohio (USA), der am 15. Dezember 1993 in der NBC-Fernsehsendung Vicki in 41,34 Sek. aus einem einzigen Teigball 4096 Nudelfäden formte. Das entspricht einer Geschwindigkeit von fast 100 Nudeln/sek.

Einen Pfannkuchen am schnellsten gewendet, nämlich 307mal in 2 Min., hat Philip Artingstall aus Portrush, Antrim (GB). Er schaffte diese Leistung am 23. Februar 1993 in Durban (Südafrika).

Schnellster Schreiber am Personalcomputer (PC) ist Gregory Arakelian aus Herndon, Virginia (USA), mit 158 Wörtern/min (darunter zwei Fehler). Er schaffte diesen Rekord am 24. September 1991 im Semifinale des Key Tronic World Invitational Type-Off, einem Wettbewerb mit ungefähr 10 000 Teilnehmern aus aller Welt. Die Bestmarke wurde bei einem 3-Minuten-Test gemessen.

Schnellster numerischer PC-Schreiber ist Michail Tschestow, der im BBC-Fernsehzentrum in London für die Sendung Record Breakers vom 14. Oktober 1993 die Zahlen 1-795 in 5 Min. fehlerfrei eintippte.

Rückwärtsschreiben: Bei einer Gewerbeschau in Groß-Gerau (HE) verbesserte der Stenosekretär Jens Seiler (* 1966) aus Groß-Gerau am 4. Oktober 1987 seinen eigenen Rekord auf jetzt 626 Anschläge/min. Einen Text mit 701 Anschlägen schrieb er in nur 1:07 Min. rückwärts ab.

Rasieren: Die schnellsten Barbiere zu sein, können Denny Rowe und Tom Rodden für sich in Anspruch nehmen. Denny Rowe rasierte am 19. Juni 1988 in Herne Bay, Kent (GB), mit einem Sicherheitsrasiermesser in 1 Std. 1994 Männer, also alle 1,8 Sek. einen. Dabei floß bei viermal Blut. Noch tapferer waren die 278 Freiwilligen, die sich 10. November 1993 unter Tom Roddens Messer begaben: Er benutzte ein normales Rasiermesser, brauchte dafür aber auch länger, nämlich 12,9 Sek. pro Rasur. Blut mußte er dabei nur einmal stillen.

Rollerfahren: Der 24-Std.-Rekord für Kinderrollerfahren mit einer 25köpfigen

Mannschaft steht bei 540,93 km, aufgestellt am 22./23. März 1980 von einer Gruppe der Wimmera Young Farmers in Victoria (Australien).
Schon 1985 legte der Soldat Andreas Ziebe (* 1965) mit einem luftbereiften Kinderroller 269,2 km in 24 Std. zurück. Das jedoch reichte dem eifrigen Rollerfahrer offenbar nicht, und so überbot er seinen eigenen Rekord am 13./14. Juni 1986 auf einem 50-km-Rundkurs im Kreis Wildeshausen (bei Bremen) mit 303 km. Für seinen Rekord erteilte ihm die Bundeswehr Sonderurlaub.

Die Schnellsten auf Schneeschuhen sind nach den offiziellen Rekorden der IASSRF (Internationale Amateur-SchneeSchuh-Renn-Föderation) Nick Akers aus Edmonton, Alberta (Kanada), der am 3. Februar 1991 die Meile (1,609 km) in 5:56,7 Min. zurücklegte, und Jeremy Badeau aus Canaseraga, New York (USA), der am 31. Mai 1991 für 100 m 14,07 Sek. benötigte.

Schneidern: Die größte Geschwindigkeit, mit der ein dreiteiliger Anzug vom Schaf bis zum Kleidungsstück angefertigt wurde, beträgt 1:34:33 Std. Am 24. Juni 1982 starteten 65 Mitglieder des Melbourne College of Textiles in Pascoe Vale, Victoria (Australien), den Versuch. Das Einfangen und Schafscheren dauerte 2:21 Min., der Rest der Zeit wurde für das Streichen und Krempeln der Wolle, für das Weben, Zuschneiden und Nähen benötigt.
Da hatte es die Österreicherin Lotte Meisl aus Graz (Steiermark) bei ihrem Rekordversuch im Kleidernähen einfacher. Am 8. November 1987 kam die »flotte Lotte« auf 1:52 Min. Ihr Kimonokleid war bei der Sammler- und Kuriositätenmesse auf dem Grazer Mes-

TOPLEISTUNGEN, SPASSREKORDE 272/273

• Topleistungen

Nervenkitzel

Im Trialsport ist Oliver Ronzheimer (* 1967) zu Hause. Der Kölner Sportstudent hat mit seinem Trialmotorrad (*Gas Gas*) Starts bei den Deutschen wie bei Welt-Meisterschaften absolviert, sucht ständig neue Herausforderungen an wechselnden Orten. Am 17. November 1993 übersprang er in einer Show-Vorführung beim 10. Internationalen Hallen-Cross in Köln 15 Schulter an Schulter nebeneinanderliegende Personen – ohne Rampe oder andere Hilfsmittel.

Fotos: Oliver Ronzheimer

segelände in dieser Rekordzeit fertig und wurde sofort vorgeführt.

Schubkarrenrennen: Der Streckenrekord über eine Meile (1,609 km) ist 4:48,51 Min. und wurde von Piet Pitzer und Jaco Erasmus der Transvalia High School in Vanderbijlpark (Südafrika) am 3. Oktober 1987 aufgestellt. Im Rahmen der 800-Jahr-Feier in Wadersloh (Kreis Soest) stellte Reinhold Winkel (* 1953) zusammen mit Franz-Bernhard Meyer (* 1956) erneut einen Rekord im Schubkarrenschieben über 15 km auf. Am 14. Mai 1988 schob sich das Lippstädter Team in 1:02:08 Std. gegenseitig über die Strecke und wechselte sich nach jeweils 500 m ab.

Skateboard: Seit 1966 werden in unregelmäßigem Abstand »Weltmeisterschaften« ausgetragen. David Frank (damals 25) kam am 11./12. August 1985 auf eine Marathonleistung von 435,3 km in 36:43:40 Std. Den Hochsprungrekord mit 1,67 m erzielte der Engländer Trevor Baxter (*1962) aus Burges Hill in Grenoble (F) am 14. September 1982. Einen Weitsprungrekord erzielte der Student Kurt Schönwald (* 1960) aus Bonn am 9. Juni 1984 während des Bonner »Familienfestes« im Rheinauenpark. Im 3. Versuch stand er die Weite von 5,7 m. Einen Dauerrekord stellte David Frank (25) am 11./12. August 1985 in Toronto (Kanada) auf. In 36:43:40 Std. bewältigte er 435,3 km. Die höchste Geschwindigkeit erzielte (stehend) Roger Hickey aus Westminster, Kalifornien (USA), am 3. Juli 1990 mit 89,2 km/h. Noch schneller war er in Bauchlage: am 15. März 1990 kam er auf einem 5,5-km-Kurs bei Los Angeles auf 126,12 km/h.

Die schnellste Strickerin aller Zeiten ist Gwen Matthewman aus Featherstone (GB). Am 29. September 1980 schaffte sie bei einem Test in Leeds 111 Maschen/min. Der einzige Professor für Stricken – ein Japaner – hat ihre Technik im Film festgehalten.

Treppenlaufen: Der 100-Stockwerke-Rekord fürs Treppensteigen wurde am 26. Juni 1978 von Dennis W. Martz im Detroit Plaza Hotel, Detroit (USA), mit 11:23,8 Min. aufgestellt. Russell Gill lief am 20. Februar 1994 die 835 Stufen des Rhodes State Office Tower in Columbus, Ohio (USA), 53mal hinauf (abwärts ging's im Fahrstuhl). Er brauchte für die insgesamt 44 255 Stufen (senkrechte Höhe: 8141,8 m) 9:16:24 Std.
Das höchste freistehende Gebäude der Welt, den CN Tower in Toronto (Kanada), hat Brendan Keenoy in Rekordzeit erklommen. Er brauchte am 29. Oktober 1989 für die 1760 Stufen (senkrechte Höhe: 342 m) 7:52 Min.
Das höchste Hotel der Welt, das Westin Stamford Hotel in Singapur, hat 1336 Stufen. Die schaffte mit 6:55 Min. Balvinder Singh beim 3. Vertikal-Marathon am 4. Juni 1989 in Rekordzeit.

Steve Silva lief am 27./28. Januar 1992 39mal die Stufen des Westin Peachtree Plaza Hotels in Atlanta, Georgia (USA), hinauf (abwärts ging's im Fahrstuhl). Er brauchte für die insgesamt 45 708 Stufen (senkrechte Höhe: 8130 m) 9:50:43 Std.
Brian McCauliff schaffte am 2. Februar 1992 im Westin Hotel in Detroit, Michigan (USA), die senkrechte Meile (1609 m) in 1:38:05 Std. Dabei rannte er die Treppen je achtmal hinauf und hinunter.
Geoff Case rannte die 1575 Stufen des Empire State Building in New York (USA) am 16. Februar 1993 in 10:18 Min. aufwärts.
497 Stufen von 28 Stockwerken mußten bei einem Höhenunterschied von 84 m auf einer Strecke von 110 m überwunden werden – mit einem Ei. Kai Dobersalke gelang das am 2. April 1994 in 3:16,31 Min. im SAS Plaza Hotel Hamburg.

Trommeln und Schlagzeug: 400 verschiedene Schlaginstrumente innerhalb von 20,5 Sek. zu spielen – dieses Kunststück brachte Carl Williams am 4. Oktober 1992 im Alexander Stadion in Birmingham, West Midlands (GB), fertig.

Schnellzeichnen: Auf Rekordjagd im Porträtzeichnen gingen am 17. März 1994 bei der Veranstaltung »realMarkt und THW Celle in Aktion für die Rußland-Hilfe« - der Hannoveraner Künstler Toni All (* 1950) - er zeichnete in 8,86 Sek. ein Porträt und schaffte 300 Porträts in 2:53 Std. - und die Künstlerin Sarawonder (* 1959), ebenfalls aus Hannover. Ihr gelang ein Porträt in 7,58 Sek., für 300 Porträts benötigte sie 3:29 Std. Damit hatten beide den Rekord des Berliner Gero Hilliger von 9,4 Sek. übertroffen.

Artistik

Die Anzahl der angeführten Topleistungen, die ausschließlich auf ihrer Dauer basieren, wird weiterhin zugunsten solcher Rekorde verringert, die größere Fähigkeiten verlangen.

Bierkistenklettern: Zu einem 9,65 m hohen Turm stapelte der Brite Philip Bruxe 38 Bierkästen und kraxelte dabei hinauf. Den Rekord schaffte er am 26. August 1991 in Sowerby Bridge (GB).

Eierlaufen: 42,195 km weit lief am 23. April 1990 Dale Lyons aus Meriden, West Midlands (GB), mit einem rohen Ei auf einem Teelöffel beim London Marathon mit. Er brauchte dazu 3:47 Std.

Gehen – auf Händen: Die längste auf Händen zurückgelegte Strecke brachte der Österreicher Johann Hurlinger hinter sich, der im Jahr 1900 in 55 zehnstündigen Tagesetappen mit einer Durchschnittsgeschwindigkeit von 2,54 km/h die 1400 km lange Strecke von Wien nach Paris auf diese Weise zurücklegte. Shin Don-mok aus Südkorea schaffte am 14. November 1986 im Toda-Sportzentrum von Saitama (Japan) einen Handstandsprint über 50 m in 17,44 Sek. Eine Vierer-Staffel (David Lutterman, Brendan Price, Philip Savage und Danny Scannel) kam am 15. März 1987 in Knoxville, Tennessee (USA), über eine Meile (1,6 km) nach 24:48 Min. ins Ziel.

Hula-Hoop: 81 Reifen hat Chico Johnson (* 1939) am 18. September 1983 in einer BBC-Fernsehsendung – zwischen Schulter und Hüfte – zum Kreiseln gebracht. Die Hula-Hoop-Reifen müssen mindestens dreimal rundum geschwungen werden.
Gleich 72mal rotierte ein 24 kg schwerer, fast 1 m großer Hinterreifen eines Traktors um die Hüften des sechsmaligen Österreichischen Meisters im Ringen, Roman Schedler (*1957) aus Hörbranz, Vorarlberg. Bei der 43. Dornbirner Messe stellte der Ex-Spitzensportler diese Leistung innerhalb von 24 Sek. auf – das entspricht drei Umdrehungen pro Sekunde!

Hüpfstockrekorde: Die meisten Hüpfer schaffte mit 177 737 Stück Gary Stewart am 25./26. Mai 1990 in Huntington Beach, Kalifornien (USA).

Kriechen (bei dieser Art der Fortbewegung muß ein Knie ununterbrochen Bodenhaftung haben): Aus freien Stücken und ohne jede Pause waren bisher die Briten Peter McKinlay und John Murrie am längsten auf Kriechspur: Am 28./29. März 1992 legten sie auf einer Leichtathletikanlage in Falkirk 115 Runden oder 50,6 km zurück.
1400 km, von Aligarh nach Jamma, kroch der Inder Jagdish Chander, weil er seine Lieblingsgöttin Mata gnädig stimmen wollte. Chanders Pilgerreise auf Knien dauerte 15 Monate, am 9. März 1985 war er am Ziel

Balancieren: Den Rekord auf einem Fuß hält Shri N. Ravi aus Sathyamangalam (Indien), der am 17./18. April 1982 genau 34 Std. durchstand. Der freie Fuß darf nicht auf dem Standfuß abgestützt werden, ebenso ist es verboten, irgendwelche Stützen oder Balancehilfen einzusetzen.
Ein Spiel mit drehenden Bällen bietet Bennie Miller aus Ulm (BW). Mit Hilfe seiner Partnerin balanciert der »pfiffige« Jongleur simultan 10 Bälle im Sitzen bzw. 5 Bälle im Handstand.
Lang Martin balancierte am 9. Februar 1980 in Charlotte, North Carolina (USA) sieben Golfbälle übereinander – ohne Klebstoff.
Mit fünf Jonglier-Rekorden mit dem Ball hat der Schweizer Paul Sahli (*1948) aus Winznau sich seinen Stammplatz im *Guinness Buch der Rekorde* erobert. Der Mechaniker schraubte seinen Feuerleiter-Rekord, wobei er rückwärts mit einem FIFA-Ball jongliert, Sprosse um Sprosse auf nunmehr 91 Stufen, insgesamt 29 m, in 3:54 Min. am 30. Oktober 1993 in Meerane (S).
Der Ballakrobat läuft die 100-m-Distanz, mit dem Fußball jonglierend, in 18,55 Sek., schafft im Fußballjonglieren mit Distanz 25 km (marschierend) in 6:40 Std. Auch mit dem Medizinball (3 kg schwer) jongliert der Schweizer Paul Sahli einfach meisterlich. Am 22. Juli 1993 verbesserte er seinen eigenen Rekord in 45:48 Min. in der Stadthalle von Solingen bei der WDR 3-Fernsehsendung *Gesucht – gefunden* auf genau 5000 Ballberührungen – ohne daß der Ball den Boden berührt hat. Mit dem Tennisball erreicht der Amateursportler Paul Sahli immer bessere Leistungen. In Balzers (FL)

Treppenlaufen einmal anders

63:48 Min. benötigte der Wiener Musiker und Ex-Triathlet Michael Korner (* 1967) am 6. November 1993, um 10 303 Stufen zu bewältigen. In dieser Rekordzeit lief er in der Europa-Sportregion Kaprun-Zell am See (Salzburger Land) neben der Gletscherbergbahn von der Talstation (911 m) bis zur Bergstation am Kitzsteinhorn (2452 m) – davon 1722 Stufen auf einer Trasse im Freien, 8581 Stufen im Stollen, Gesamtlänge 3900 m, Höhenunterschied 1541 m. Die erlaufene Stufenzahl entspricht 644 Stockwerken in einem Wohnhaus.

Foto: Michael Korner/Willy Hinterholzer

TOPLEISTUNGEN, SPASSREKORDE

• Topleistungen

François Chotard, der Rekordhalter im Balldrehen aus Frankreich: neun Bälle in einer Hand.

Foto: Guinness Publishing

erzielte er am 15. Mai 1989 mit dem 75 g schweren Ball einen neuen Jonglierrekord: 10 125mal jonglierte er ihn mit den Füßen in 1:21:41 Std.
29 Milchkästen die geforderten mindestens 10 Sek. lang auf dem Kinn zu balancieren – dieses Kunststück gelang am 16. Mai 1994 Terry Cole aus Walthamstow, London (GB).
90 Milchkästen mit einem Gesamtgewicht von 129 kg 10 Sek. auf dem Kopf zu balancieren, dieses Kunststück brachte John Evans aus Marlpool, Derbyshire (GB), am 27. Oktober 1993 in der BBC-Fernsehsendung *Record Breakers* fertig.
Seinen Rekord im Balancieren von Fruchtsaftkästen auf dem Kinn überbot Willi Lüsgen (* 1952) aus Erftstadt-Liblar (NW) am 16. Mai 1987. Er balancierte 20 aufeinandergestapelte Kästen 17 Sek. lang auf seinem Kinn. Der Wiener John Gloser (* 1959) balancierte am 4. September 1985 in der Ottakringer Brauerei gleich 22 leere Bierkisten (Gesamthöhe 5,4 m, 39,1 kg schwer) 5 Sek. lang auf dem Kinn. Der Tennislehrer Ali Soysal (* 1943) aus Fuldatal bei Kassel balancierte am 9. Juni 1985 beim 4. Kasseler Stadtfest 29 Tennisbälle in einer Hand.

Terry Cole aus Walthamstow, London (GB), balancierte am 24. April 1992 220 nicht präparierte Zigarrenkisten 9 Sek. lang auf seinem Kinn.
Die meisten Gläser balancierte John Elliott. Ihm gelang am 16. Dezember 1993 in Tidworth, Hampshire (GB), das Kunststück, 40 Gläser (Fassungsvermögen 0,46 l) 10 Sek. auf dem Kinn zu balancieren.

Jonglieren: 12 Reifen: Albert Lucas (USA), 1985; Anthony Gatto (USA), 1993.
10 Bälle: Enrico Rastelli (I), 20er Jahre; Albert Lucas (USA), 1984.
8 Teller: Enrico Rastelli (I), 20er Jahre; Albert Lucas (USA), 1984.
7 brennende Fackeln: Anthony Gatto (USA), 1989.
Mit sieben Keulen haben jongliert: Albert Petrowski aus der früheren UdSSR (1963), Sorin Munteanu aus Rumänien (1975), der Tschechoslowake Jack Bremlov (1985), die Amerikaner Albert Lucas (1985) und Anthony Gatto (1988). Acht Keulen brachte Gatto 1989 kurz in die Luft.
Drei Gegenstände im Laufen jonglierten: Owen Morse (USA) über 100 m in 11,68 Sek. (1989) und über 400 m in 57,32 Sek. (1990); Kirk Swenson (USA) über eine Meile (1609 m) in 4:43 Min. (1986) und über 5000 m in 16:55 Min. (1986); Michael Hout (USA) über 110 m Hürden in 18,9 Sek. (1993); Albert Lucas (USA) über 400 m Hürden in 1:10,37 Min. (1989); Owen Morse, Albert Lucas, Tuey Wilson und John Wee (alle USA) als Staffel über eine Meile in 3:57, 38 Min. (1990).

Springen: Der höchste regelmäßig stattfindende Turmsprung wird von professionellen Klippenspringern vom La-Quebrada-Felsen in Acapulco (Mexiko) aus einer Höhe von 26,7 m gewagt. Anführer des exklusiven Klubs von 27 Turmspringern, Club de Clavadistas, ist Raul Garcia - (* 1928), der mehr als 35 000 Kopfsprünge gesund überstanden hat. Der 6,4 m breite Sockel des Felsens erfordert einen Weitsprung von 8,2 m. Das Wasser ist 3,65 m tief.
Als erste Frau wagte Barbara Winters (* 1953) am 7. Dezember 1976 den Kopfsprung von den Klippen.

Sprung in die Tiefe: Der Weltrekord, vom Sprungbrett ins Wasser aus 53,9 m Höhe, wurde am 30. August 1987 von Olivier Favre (CH) in Villersle-Lac (F) aufgestellt. Der Rekord für Frauen ist 36,8 m, am 6. April 1985 von Lucy Wardle (USA) im Ocean Park von Hongkong ersprungen.

Den tiefsten Sprung in ein Luftkissen wagte der amerikanische Stuntman Dan Koko. Am 13. August 1984 hüpfte er vom Vegas World Hotel and Casino und fiel 99,34 m tief. Seine Fallgeschwindigkeit betrug kurz vor dem Aufprall 141 km/h.
Kitty O'Neill sprang am 9. Dezember 1979 in 54,8 m Höhe aus einem Helikopter über Devonshire Downs, Kalifornien (USA), für einen Fernsehstunt auf ein Luftkissen von 9,15 x 18,3 m.

Tragflächenfliegen: Roy Castle, der Moderator der BBC-Fernsehsendung *Rekordbrecher*, flog am 2. August 1990 3:23 Std. auf der Tragfläche eines Flugzeugs vom Typ *Boeing Stearman* mit. Die Maschine startete in Gatwick (GB) und landete in Le Bourget bei Paris.

Einen Abseilrekord von 1029 m stellten Wilmer Pérez und Luis Aulestia auf, als sie am 24. August 1989 in 1:15

Std. die Angel Wasserfälle in Venezuela herunterklettern.

Die größte Höhendifferenz beim Abstieg von einem Gebäude, 446,5 m, überwanden zwei Gruppen von jeweils 12 Angehörigen der Royal Marines aus Großbritannien und der Kanadischen Schule für Rettungsmannschaften. Alle 24 Personen seilten sich am 1. Juli 1992 an zwei Seilen vom Space Deck des CN Towers in Toronto (Kanada) ab, wobei die beiden ersten exakt zum gleichen Zeitpunkt das Straßenniveau erreichten.

Einen Mannschaftsrekord stellten zehn Angehörige der 63. Airborne Squadron aus Aldershot, Hampshire (GB), auf, die am 14. September 1992 in 8 Std. eine Höhendifferenz von insgesamt 44,65 km überwanden, indem sie sich 1674mal vom Alexander House in Swindon, Wiltshire (GB), abseilten.

Die längste Klettertour an einer senkrechten Gebäudefassade schaffte Daniel Goodwin aus Kalifornien (USA), als er am 25. Mai 1981 mit Hilfe von Saugschalen mit Metallgriffen den 443,2 m hohen Sears Tower in Chicago, Illinois (USA), »bezwang«. Am 21. Juli 1980 bestiegen Jean-Claude Droyer (* 1946) aus Paris und Pierre Puiseux (* 1953) aus Pau (F) ohne mechanische Hilfsmittel den 300 m hohen Eiffelturm auf der Außenseite. Führ-Kraxler Jean-Claude war in 2:18:15 Std. oben.

Als Bauchredner begeistert Peter Moreno alias Peter Rohrmayr (* 1965) aus Schaafheim (HE), ein gelernter Restaurateur und Stukkateur, sein Publikum mit Bauchstimmen. Am 22. August 1993 legte er in der ZDF-Live-Sendung *4 nach 4* neun Gästen im rasenden Wechsel seine neun verschiedenen Bauchstimmen per Händedruck und Handzeichen in den Mund.

Musik-Clownereien: In Hochstimmung versetzt der Schweizer Werner Luginbühl (* 1950) aus Krattigen sein Publikum, wenn er in seinem Unterhaltungsprogramm gleichzeitig auf zwei Alphörnern bläst. Als international bekannter Musik-Clown Werelli spielt er nicht weniger gekonnt seine Melodien mit drei Trompeten zugleich. Dieses Kunststück gelang ihm erstmals am 9. Oktober 1991 im Kulturpalast Dresden (S).

Entfesselungskünstler: Der berühmteste Entfesselungskünstler war Erich Weiss alias Harry Houdini (1874-1929), der als erster die Unterwasserbefreiung aus Behältern vorführte, während er mit Handschellen und Eisenketten gefesselt war. Erneut verbesserte Hans Moretti (Hans Cewe, * 1928) aus Dillingen (SL) seine spektakuläre Bestleistung im Schnellentfesseln in Balingen (SL). Am 11. Oktober 1993 befreite er sich, gefesselt mit 17 Paar Handschellen, drei Paar Fußfesseln, 30 m Stahlketten und über 100 Schnappschlössern in über 300 m Höhe mit verbundenen Augen am brennenden Hanfseil unter einem Helikopter in der neuen Rekordzeit von 24,9 Sek. Damit überbot er die Fesselung um ein Paar Handschellen und unterbot seine letzte Rekordzeit um 6,49 Sek. Eine Nachahmung dieses lebensgefährlichen Kunststücks ist nicht zu empfehlen.

Massenhypnose: Don Alfredo (Manfred Knoke, * 1950) aus Unterthingau (Allgäu) hypnotisierte in der Zeit vom 27. Juli bis 1. August 1987 insgesamt 1811 Personen im Bochumer Einkaufszentrum Drehscheibe und verbesserte seinen Rekord von 1986 um 56 »Schläfer«.

In der Gelsenkirchener Eishalle stellte Don Alfredo am 12. Juni 1988 zum drittenmal einen Massenhypnose-Rekord auf. Diesmal schlug er gleich richtig zu und überbot seinen eigenen Rekord um 180 Personen und schickte 638 Schlafwillige auf einen Schlag ins Land der Träume.

Wendigster und vielseitigster Zauberer ist Eldon D. Wigton (alias Dr. Eldoonie). In Kilbourne, Ohio (USA), führte er am 21. April 1991 in 2 Min. sensationelle 225 verschiedene Tricks durch.

Mit der kleinsten Zauberschachtel *Wittus Witts gewitzte Zauber-Spiele* mit 21 Tricks in einer Streichholzschachtel verblüfft seit Juli 1991 der Magier Wittus Witt aus Krefeld (NW) seine Zuschauer. Neben dem kleinsten Zauberset hat der Künstler 560 Zauberkästen aus aller Welt zusammengetragen. Das älteste seiner kostbaren Sammlerstücke stammt aus dem Jahr 1840.

Säulensitzen: Moderne Rekorde können nicht an den des heiligen Simon d. J. (ca. 521-97 n. Chr.), genannt Der Stylit (griechisch *stylos* = Säule), heranreichen. Dieser Mönch verbrachte die letzten 45 Jahre seines Lebens auf einer Steinsäule auf dem Hü-

ASHRITA FURMAN, ACHTFACHER WELTREKORDLER

Wer hält den Rekord im Milchkastenbalancieren?
Wer hält den Rekord im Himmel-und-Hölle-Spielen?
Wer hält den Purzelbaumrekord?

JONGLIEREN BEIM LAUFEN. Er hält den Rekord über 50 Meilen (80,5 km), für die er am 12. März 1989 8:52:07 Std. benötigte.

MILCHFLASCHEN-BALANCIEREN. Am 1./2. August 1993 brachte er mit einer Milchflasche auf dem Kopf in 18:46 Std. eine Strecke von 113,76 km hinter sich.

BASKETBALL-DRIBBELN. Am 6./7. Januar 1994 dribbelte er mit einem Basketball in 24 Std. 133,5 km weit.

ZIEGELTRAGEN. Am 13./14. Juni 1993 trug er einen 4,98 kg schweren Ziegelstein mit einer Hand 103 km weit.

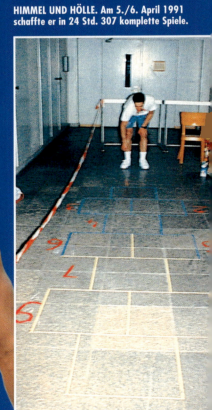

HIMMEL UND HÖLLE. Am 5./6. April 1991 schaffte er in 24 Std. 307 komplette Spiele.

Fotos: Ellen Elizabeth Smith; Ramaniya Zealey; Prashphutito Greco; I.A. Konopiaty; Kailash Beye; Thomas Pliske; Nikunja Ebner; Ando Hixon

Topleistungen

gel der Wunder in der Nähe von Antiochia (Syrien).
Rob Colley verbrachte vom 13. August bis 24. September 1992 im Dartmoor Wildlife Park in der Nähe von Plymouth, Devonshire (GB), 42 Tage und 35 Min. in einem 682-l-Faß, das auf einer 13,1 m hohen Säule stand.

Stemmrekorde: Mit der Beinpressmaschine schafften Walter Köberl (* 1963) und Hans Hinterleitner (* 1959) auf dem Flugplatz Seitenstetten, Bezirk Amstetten (A), das höchste Stemmgewicht. Das Duo drückte am 27. Juni 1990 gleich elf Personen nebst Schlitten und seinen Ketten mit einem Gesamtgewicht von 1194,1 kg in die Höhe.
Der Kraftsportler Rainer Griebl (* 1946) aus Gerbrunn (BY) vom Schwimmverein 05 Würzburg stemmte einen *Trabi* mit seinen Insassen mit seinen Beinen nach oben. Im Würzburger Congress Centrum hielt er vier Sek. lang ein Rekordgewicht von 662,6 kg am 24. April 1990 24 cm hoch.
Ein Gesamtgewicht von 748 kg stemmte der Sportlehrer Wolfgang Bücken (* 1954) aus Würselen (NW). 15 Sek. lang hielt der Kraftsportler einen *Nissan Micra* (695 kg) und eine 53 kg schwere Fahrerin am 25 Mai 1991 im Aachener Autohaus Huppertz in Brusthöhe hoch.
Am häufigsten ein Bierfaß gestemmt hat George Olsen. Das Faß, das er am 25. Juni 1992 in Horsens (DK) in einem Zeitraum von 6 Std. 670 über den Kopf hob, wog 62,5 kg.

Kraftakte: Der schlagfertige Schmied Werner Zägel (* 1954) aus Wemmetsweiler (SL) schlug mit reiner Muskelkraft ein 10 mm starkes kaltes Vierkanteisen mit 27 Hammerschlägen in 11,37 Sek. rotglühend. Mit seinem Kraftakt vom 8. Juli 1989 unterbot er seinen eigenen Rekord, der bei 31 Hammerschlägen in 14,47 Sek. lag, im *Telemagazin* des Saarländischen Rundfunks.

Eisenbiegen mit reiner Körperkraft ohne technische Hilfsmittel, das schafft Horst Alldag (* 1934). Den stärksten Mann Hannovers schreckt auch gehärteter Baustahl nicht. 8-12 mm starke Eisenstangen werden krummgebogen. Anläßlich der Berliner Funkausstellung 1983 schaffte er es, 10 mm starken Baustahl (III b) von 250 mm Länge in nur 7,5 Sek. zu einem »U« zu biegen. Am 2. Mai 1993 bog das Kraftpaket fünf 44 cm lange und 12 mm starke Eisenstangen Industriestahl ST 37 in 2:49,5 Min. in U-Form.

Nägelbiegen: Der Luxemburger Artist Georges Christen (* 1962) bog am 18. März 1989 im Casino 2000 in Bad Mondorf (L) 368 eiserne Nägel (von 21 cm Länge und 7 mm Durchmesser) in 60 Min. in V- bzw. U-Form um.

Flugzeugziehen: Der Australier David Huxley aus Canberra zog am 9. März 1994 eigenhändig eine 105 t schwere *Boeing 767* auf der Rollbahn der Qantas-Basis in Sydney 62,14 m weit.
Der einstige Olympiateilnehmer (1960 Bantamgewicht/Ringen und 1964 Turmspringen) Peter Werner (* 1940 – seit 14 Jahren querschnittgelähmt) zog am 17. April 1992 beim Take Off '92 auf dem Flughafen Berlin-Schönefeld drei miteinander verbundene einmotorige Sportmaschinen vom Typ Z-42 (Zlin) 10 m weit, allein mit seiner Armkraft. In 4:02,02 Min. gelang ihm der ca. 3 t schwere Schlepp mit seinem Rollstuhl.

Ziehen mit Zähnen: Bei der *Guinness-Spectacular*-Fernsehshow in Los Angeles (USA) am 7. April 1979 hinderte John Massis (Wilfried Oscar Morbée, 1940-88) aus Oostakker (B), lediglich mit Hilfe einer Trensenzäumung, einen Hubschrauber am Aufsteigen.
Auf dem Güterbahnhof von Luxemburg erzielte Georges Christen (* 1962) am 18. August 1985 einen neuen Rekord im Ziehen mit den Zähnen. Ganze 200 m zog er einen 20,36 t schweren Güterwaggon über die Schienen. Gezeigt wurde diese Leistung in der Sendung *Weltrekord* von RTL-plus. Am Moselgestade von Stadtbredimus (L) erzielte er am 9. August 1991 einen weiteren Rekord. Mit seinen Zähnen zog er das 95 t schwere und 40,5 m lange Passagierschiff *MS Princessin Marie-Astrid* 93 m weit moselaufwärts durch das Schleusenbecken. Ein weiterer Kraftakt gelang Luxemburgs stärkstem Mann am 4. September 1991 auf der Schobermesse. Er bewegte das 60 t schwere und 45 m hohe Riesenrad etwa 15 m weit. Die Gondeln der Metallkonstruktion mit einem Durchmesser von 41 m werden normalerweise von einem 90 PS starken Motor angetrieben. Nur mit der Kraft seiner Zähne und Arme verhinderte Georges Christen das gleichzeitige Starten von drei *Cessna*-Sportflugzeugen (jeweils 110 PS). Bei vollen Propellertouren (ca. 2500/min)

Die Antwort auf diese drei und fünf andere Fragen derselben Art lautet: Ashrita Furman aus Jamaica, New York (USA). Seit er am 19. November 1980 das erste Mal den Purzelbaumrekord schlug, ist er zum eifrigen Rekordbrecher geworden, der sich durch Meditations- und Konzentrationsübungen auf seine Hochleistungen einstimmt.

Ashritas beeindruckende Sammlung noch gültiger Rekorde beweist, daß er in der Lage ist, auf den verschiedensten Gebieten zu glänzen:
Außerdem weiß man, daß er in der Lage ist, weite Strecken hüpfend zurückzulegen und stundenlang ununterbrochen zu jodeln. Möglicherweise versucht er sich demnächst an einem Rekord im Einradfahren rückwärts oder im Rollschuhfahren.

POGO-STOCKHÜPFEN. In dieser Disziplin stellte er am 8. Oktober 1993 mit 25,75 km den Weitenrekord auf.

ROLLE VORWÄRTS. Am 30. April 1986 vollführte er hintereinander 8341 Vorwärtsrollen. Er brauchte dafür 10:30 Std. und legte dabei 19,67 km zurück.

JONGLIEREN BEIM LAUFEN. Am 4. Juli 1988 legte er die Marathonstrecke von 42,195 km in 3:22:32,5 Std. zurück.

versuchten die Maschinen in entgegengesetzter Richtung aufzusteigen. Der Kraftmann konnte diese Rekordleistung am 15. Juli 1990 in Wincrange (L) aufstellen.

Halterekord: Ein 11-kg-Gewicht hielt Horst Alldag am 27. November 1986 in Hannover 73 Sek. lang mit ausgestrecktem Arm absolut waagerecht. Damit schlug der Meister im Eisenbiegen den Goldmedaillengewinner von Los Angeles im Gewichtheben, Karl-Heinz Radschinsky, um 2 Sek. Besser konnte es Jörg Führing (* 1961) aus Gevelsberg (NW). Am 4. Juni 1989 hielt er die 11 kg noch 10 Sek. länger am gestreckten Arm.
Eine neue Bravourleistung gelang dem Eisenbieger Horst Alldag im September 1993. Gleich zehnmal stemmte der Hannoveraner einen 250 kg schweren Eisenturm aus übereinandergestapelten Ringen 32 Sek. lang in die Höhe, dabei hob er die oberste stählerne Scheibe nur mit den Fingerkuppen an.

Steintragen: Russell Bradley aus Worcester (GB) trug am 20. November 1993 in Worcester in einem 45 kg schweren Tragegestell Ziegel mit einem Gesamtgewicht von 264 kg zunächst auf ebener Erde 5 m weit, bevor er sie eine 2,49 m hohe Leiter hinaufschleppte.
Wolfgang Aigner (* 1959) aus Innsbruck wollte es am 14. Oktober 1988 wissen: Gleich zweimal wuchtete der Fitneßstudiobesitzer sein 15 kg schweres Tragegestell 18 Sprossen einer 3,86 m hohen Leiter hoch, in je 1:25 Min. beladen mit zunächst 55 Ziegelsteinen im Gesamtgewicht von 244,1 kg und dann mit 61 Ziegelsteinen mit einem Gewicht von 270,9 kg.

Ziegelstemmen: Russell Bradley aus Worcester (GB) hob am 14. Juni 1992 31 Ziegelsteine mit gespreizten Armen von einem Tisch hoch bis auf

Humor aus dem Bauch:
Peter Moreno (s. S. 276).

Brusthöhe, wo er sie für 2 Sek. hielt. Das größte Gewicht schaffte Fred Burton aus Cheadle, Staffordshire (GB), der am 21. Januar 1994 20 wesentlich schwerere Ziegel mit einem Gesamtgewicht von 88,45 kg stemmte und für 3 Sek. hielt.

Rollschuh-Akrobatik: Mit 70 km/h hob der Hennefer Jürgen Günter Köhler (* 1967) am 22. August 1990 von der Rampe ab und sprang 3 m hoch und rund 18 m weit vor der laufenden Fernsehkamera – auf Rollschuhen! Die ZDF-Jugendsendung *Pfiff* präsentierte einen neuen Rekord, eine 50-PS-*Honda* hatte dem tollkühnen Rollerskate-Fan zuvor über 50 m die erforderliche Startgeschwindigkeit gegeben. Köhler begann mit zwölf Jahren, auf acht Rollen abzuheben, und steigerte seine Rollschuh-Akrobatik von Jahr zu Jahr. Mal springt er über einen Kleinbus, mal macht er einen Satz über drei bis vier nebeneinander geparkte Personenwagen. Der Sensationsdarsteller vom German Wings Stunt Team ist bisher stets mit heiler Haut davongekommen, ein paar Abschürfungen und Prellungen nicht gezählt.

Den weitesten Sprung auf Schlittschuhen schaffte Yvon Jolin, der am 25. Januar 1981 in Terrebonne, Quebec (Kanada), 8,97 m weit über 18 Fässer sprang. Den Rekord bei den Frauen hält Janet Hainstock, die am 15. März 1980 in Wyandotte, Michigan (USA), auf 11 Fässer oder 6,2 m kam.

Radartistik: Am 30. Juni 1988 kletterten 19 Mitglieder des Jaso Sport Clubs auf ein einziges Rad und fuhren 200 m weit: ein neuer Weltrekord aus Semarang, Zentral-Java (Indonesien)!

Motorradartistik: 7:00:13 Std. fuhr der Schausteller und Steilwandartist Martin Enrico Blume (* 1963) aus Berlin am 18. April 1983 in einer Steilwand. Auf seiner *Yamaha XS 400* schaffte er über 12 000 Runden (292 km) mit einer Durchschnittsgeschwindigkeit von 45 km/h.
Einen Weltrekord stellte der Stuttgarter Peter (Pit) Lengner (* 1953) mit einem Mini-Motorrad am 28. Juni 1984 auf. Er fuhr er in einer 1,7 m hohen **Steilwand** (Durchmesser 5 m) 27 Sek. mit seinem 70 cm langen Motorrad (35 cm^3) mit einer Geschwindigkeit von 60 km/h. Das geschah in Chris Howlands Sendung *Höchstleistungen aus dem Guinness Buch der Rekorde*.
Der elffache österreichische Trialmeister Joe Wallmann (* 1948) aus Laakirchen überquerte mit seinem serienmäßigen *Fantic-200*-Trialmotorrad einen 3,2 m hohen Autobus (Marke *Steyr*). Dieser **Motorrad- »Ritt«** gelang am 8. September 1984 in Laakirchen (Oberösterreich).

Motorrad-Weitsprung: Den längsten Satz tat bisher Todd Seeley mit 74,98 m. Er schaffte den Rekordsprung am 28. Februar 1988 in Tampa, Florida (USA).

Für spektakuläre Kraftleistungen ist Georges Christen immer gut: sei es, daß er mit den Zähnen ein Passagierschiff moselaufwärts zieht, oder sei es, daß er drei Sportflugzeuge mit den Armen und den Zähnen am Aufsteigen hindert.

Fotos: Georges Schneider

TOPLEISTUNGEN, SPASSREKORDE

• Topleistungen

Zirkusrekorde

Ein Team von 59 Qantas-Mitarbeitern zog am 22. Oktober 1988 auf dem Flughafen von Perth (Australien) eine 205 t schwere *Boeing 747* in 62,1 Sek. 100 m weit.

Foto: Jan Cugley

Balancierstange: Einen dreifachen Überschlag mit Balancierstange (5,08 cm Durchmesser) schaffte Corina Colonelu Mosoianu (13, Rumänien) am 17. April 1984 im Madison Square Garden, New York (USA).

Drahtseil: Ausdauerndster Seiltänzer ist Jorge Ojeda-Guzman aus Orlando, Florida (USA), der 205 Tage (1. Januar-15. Juli 1993) in 10,7 m Höhe auf einem 11 m langen Seil verbrachte, wobei er die Schaulustigen damit unterhielt, daß er auf dem Seil spazierenging, auf einem Stuhl balancierte oder tanzte.

Ashley Brophy aus Neilborough (Australien) legte auf einem 45 m langen und in 10 m Höhe gespannten Drahtseil 11,57 km zurück. Die Rekordleistung wurde am 1. November 1985 in 3:30 Std. beim Grand Prix in Adelaide erzielt.

Steve McPeak (* 1945) aus Las Vegas bestieg das Kabel der Zugspitzbahn mit einem Höhenunterschied von 705 m in drei Etappen am 24./25./28. Juni 1981 in 5:04 Std. Das höchste Gefälle auf der 2282 m langen Strecke ist über 30 Grad. Das Kabel hat einen Durchmesser von 46,6 mm.

Den größten Höhenunterschied auf einem Drahtseil, nämlich 1008 m, bewältigte der Franzose Michel Menin über den Angelwasserfällen in Venezuela. Er vollbrachte sein Kunststück gleich zweimal: am 1. und am 2. März 1988.

Trapez: Den dreifachen Zopfhang zeigt als wohl einziger Mann der Welt der chinesische Artist Gerhard Sun, Tseng-Hai (* 1952). Mitwirkende sind seine Frau Sun, Maygy (* 1951) und seine Mutter Sun, Be-li.

Die höchste menschliche Säule (mit nur einer Person pro Ebene) bildeten 1993 mit Hilfe einer Sprungwippe sechs Artisten aus Schanghai (China). Sie kamen dabei ohne jede Stützhilfe aus.

Eine Menschenpyramide bewegte der Kraftfahrer Werner Mostbeck (* 1943) aus Eckental bei Nürnberg am 19. April 1986. Als Untermann der im rotweißgestreiften Nostalgielook auftretenden Akrobatengruppe Artos trug er fünf Männer (311 kg) 19 m weit auf seinen Schultern.

Trampolin: Siebenfache Drehung, Salto rückwärts aufs Gerät und fünffache Drehung. Salto rückwärts auf die Schultern. Marco Canestrelli und Untermann Belmonte Canestrelli, Madison Square, New York (USA), 5. Januar und 28. März 1979. Richard Tison (F) machte am 30. Juni 1981 bei Berchtesgaden (BY) eine dreifache Schraube mit dreifachem Salto rückwärts.

Wippbrett: Die höchsten und gewagtesten Sprünge vollbrachte die bulgarische Kehaiovi-Truppe am 16. Juli 1986 im Tower Circus von Blackpool (GB), indem sie eine 7 Personen hohe »Leiter« bildete.

Stelzenlaufen: Schnellster Stelzenläufer ist, soweit bekannt, der Niederländer Roy Luiking, der am 28. Mai 1992 in Didam (NL) auf 30,5 cm hohen Stelzen 100 m in 13,01 Sek. zurücklegte.

Schnellster Langstrecken-Stelzer war M. Garisoain aus Bayonne (F). Er hatte im Jahr 1892 für die 8 km von Bayonne nach Biarritz 42 Min. gebraucht und dabei eine Durchschnittsgeschwindigkeit von 11,42 km erreicht.

Die längste Strecke auf Stelzen bewältigte der Amerikaner Joe Bowen vom 20. Februar bis 26. Juli 1980. Da stelzte er 4804 km weit, von Los Angeles in Kalifornien nach Bowen in Kentucky. Der Franzose Sylvain Dornon war im Jahr 1891 von Paris (über Wilna) nach Moskau gestelzt. Er brauchte für die 2945 km 50 Tage oder nach einer anderen Quelle 58 Tage. Wie dem auch sei, Bowens Strecke war länger, Dornon war auf jeden Fall schneller.

> ### Berg-Zirkus
> Zum 25jährigen Jubiläum der Luftseilbahn Weggis – Rigi Kaltbad (CH) lud das Festkomitee einen Zirkus ein. Da der Ort jedoch autofrei ist, mußte der Zirkus mit der Vitznau-Rigi-Bahn, der ältesten Zahnradbahn Europas, über 1000 m Höhenunterschied auf 1440 m üNN nach Rigi Kaltbad gebracht werden. Dabei wurden in der Nacht vom 8. zum 9. Juli 1993 insgesamt 40 Wagen, 100 Artisten und etwa 350 t Material auf den Berg gebracht.

Sehr hohe Stelzen sind auch sehr gefährlich. 25 Schritte auf ihnen gelten schon als meisterlich. Die höchsten Stelzen, die je gebaut wurden, maßen vom Boden bis zum Fußtritt 12,36 m. Auf die wagte sich Eddy Wolf (»Steady Eddy«) aus Loyal, Wisconsin (USA), am 9. März 1986 im Traumland-Park von Yokohama (Japan). Er schaffte 27 Schritte, ohne das Sicherheitsgeländer aus Draht zu berühren. Wolfs Aluminiumstelzen waren jeweils 25 kg schwer. Die schwersten Stelzen wogen jeweils 25,4 kg und waren alles in allem 7,31 m hoch. Joe Long (eigentlich: Kenneth Caesar), mit der Erfahrung von fünf Knochenbrüchen ausgestattet, ließ sich davon nicht abschrecken und zeigte am 8. Dezember 1978, daß sich auch auf Riesenstelzen einige Schritte tun lassen.

Auf Riesenstelzen (1,5 m Bodenfreiheit) gelang dem Schweizer Jean Marc Zahno aus Düdingen (Freiburg) am 8. September 1981 die Erstbesteigung der 2186 m hohen Kaiseregg (Schwarzsee). In 2:30 Std. war der höchste Punkt erreicht.

VORHANG AUF!

Der Rekordzirkus beginnt . . .
Ein Besuch im Zirkus ist für jung und alt immer wieder ein großes Erlebnis. Millionen Menschen lassen sich alljährlich von den erstaunlichen Kunststücken der Artisten begeistern. Drahtseilakte, Trapeznummern und menschliche Kanonenkugeln sind nur einige der Attraktionen, die unser imaginärer Zirkus zu bieten hat.

Drahtseilakte. Eine dreistöckige Pyramide aus sieben Personen bildeten die Great Wallendas aus Deutschland 1947 im Zirkus Wallenda in den USA. Den höchsten (bodengestützten) Drahtseilakt vollführte der Franzose Philippe Petit am 7. August 1974 in 411 m Höhe zwischen den beiden Türmen des World Trade Center in New York (USA).

Dompteurkunst. Willy Hagenbeck arbeitete 1904 in einer Vorstellung im Zirkus Paul Busch in Berlin mit 70 Eisbären. Mit 40 Löwen trat 1925 »Captain« Alfred Schneider auf – der größten Gruppe, die jemals von einem einzigen Tierbändiger ohne Hilfe in einem Käfig unter Kontrolle gehalten und gefüttert wurde. Der Amerikaner Clyde Raymond Beatty zeigte 1938 eine Nummer mit 43 Wildkatzen (Löwen und Tiger). Der Dompteur, der stets darauf bestand, als Löwentrainer bezeichnet zu werden, war über 40 Jahre lang die Hauptattraktion jeder Vorstellung, in der er auftrat.

Reitkunststücke. Die meisten Salti in Folge, nämlich 23, schaffte der Amerikaner James Robinson 1856 im Zirkus Spalding & Rogers in Pittsburgh, Pennsylvania (USA). Willy, Beby und Rene Fredianis aus Italien bildeten 1908 im Nouveau Cirque in Paris (F) auf einem Pferderücken eine drei Mann hohe Pyramide – eine Leistung, die einmalig geblieben ist. Am häufigsten im Laufen auf ein Pferd sprang der englischstämmige Ire »Poodles« Hanneford. Er schwang sich 1915 in New York (USA) im Zirkus Barnum & Bailey 26mal ununterbrochen hintereinander hinauf und hinunter.

Trapeznummern. Den ersten Flug an einem Trapez zeigte der Franzose Jules Léotard am 12. November 1859 im Zirkus Napoléon in Paris. Lena Jordan aus Litauen gelang im April 1897 in Sydney (Australien) mit dem Amerikaner Louis Jordan als Fänger der erste dreifache Salto rückwärts. Den Rückwärtssalto mit den meisten Umdrehungen, nämlich vier, vollführte der Mexikaner Miguel Vasquez mit dem Fänger Juan Vasquez am 10. Juli 1982 in Tucson, Arizona (USA), im Zirkus Ringling Bros. and Barnum & Bailey. Die meisten dreifachen Rückwärtssalti in Folge schaffte der Mexikaner Jamie Ibarra: Er flog seinem Fänger, Alejandro Ibarra, zwischen dem 23. Juli und dem 12. Oktober 1989 in verschiedenen amerikanischen Städten 135mal in die Arme.

Luftakte. Den höchsten Trapezakt aller Zeiten riskierte der Brite Ian Ashpole, dessen Arbeitsgerät am 16. Mai 1986 zwischen St. Neots und Newmarket, Cambridgeshire bzw. Suffolk (GB), in 5005 m Höhe an einem Heißluftballon hing. Die Amerikanerin Janet May Klemke schaffte am 21. Januar 1938 im Medina Shrine Zirkus in Chikago, Illinois (USA), einen Rekord von 305 einarmigen Übungen. Als erste mit nur einem Hacken an einer Schaukelstange hing Angela Revelle 1977 in Australien.

Menschliche Kanonenkugeln. Der erste, der sich diese Bezeichnung verdiente, war der Amerikaner Eddie Rivers, der 1871, als »Lulu« angekündigt, in der Royal Cremorne Music Hall in London (GB) einer Farini-Kanone als Munition diente. Der weiteste Schuß wurde 1940 in den USA mit Emanuel Zacchini (I) 53,4 m weit gefeuert.

Menschliche Pyramide. Das größte Gewicht, das jemals auf einem einzigen Untermann lastete, waren 771 kg. Dieser Kraftakt gelang Tahar Douis am 17. Dezember 1979 in den BBC-Studios in Birmingham (GB), als er (in 3 »Etagen«) 12 Mitglieder der Hassani-Truppe trug. Der Höhenrekord wird von Josep-Joan Martines Lozano von den Colla Vella dels Xiquets gehalten, der am 25. Oktober 1981 in Valls (ES) als Untermann einer »neunstöckigen« Pyramide von 12 m fungierte.

Illustration: Frances Button

TOPLEISTUNGEN, SPASSREKORDE

• Topleistungen

Unterwegs

Der am weitesten gereiste Mensch ist John Cluse aus Evansville, Indiana (USA), der bis Anfang 1994 alle bestehenden souveränen Staaten und bis auf sechs auch alle nichtsouveränen und anderen Territorien besucht hatte.

Das am weitesten gereiste Ehepaar sind Dr. Robert und Carmen Becker aus East Northport in New York (USA), die alle souveränen Staaten und mit neun Ausnahmen auch alle nichtsouveränen und anderen Territorien gesehen haben.

Der am weitesten gereiste Mensch vor der Zeit der Motorisierung soll der Methodistenpriester Bischof Francis Asbury (*1745) aus Handsworth, West Midlands (GB), gewesen sein, der zwischen 1771 und 1815 Nordamerika bereiste und dabei 425 000 km zurücklegte, 16 000 Predigten hielt und fast 3000 Geistliche ordinierte.

Auf festem Boden

Der am weitesten gereiste Anhalter ist Stephan Schlei (* 1955) aus Ratingen (NW), der seit 1970 insgesamt 695 597 km getrampt ist.

Anhalter-Mitnehmen: Dieter Wesch (* 1951) hat ein außergewöhnliches Hobby: er sammelt Anhalter. Seit dem 2. Januar 1976 nimmt der Chemielaborant aus Mannheim bei seinen Fahrten Anhalter mit. Der Fahrpreis: ein Eintrag in das Auto-Gästebuch. Bis zum 1. November 1993 brachte er es auf 9012 Anhalter aus über 27 Nationen, 526 342 Kilometer und 24 Gästebücher.

Fahrgäste mitnehmen. Christoph Schwers (* 1964) aus Köln nutzt öffentliche Verkehrsmittel und eine Abonnement-Karte der Kölner Verkehrsbetriebe (KVB) für sein Hobby: Im Rahmen einer Mitnahmeregelung lädt Schwers seit dem 1. April 1991 andere Fahrgäste zur völlig legalen Gratisfahrt mit Bus und Bahn ein. Bis zum 31. März 1994 hat er 1300mal erfolgreich KVB-Kunden an den Fahrausweisautomaten angesprochen und dann ganz legal mit seiner Abo-Karte mitgenommen.

Wanderungen: Ab dem 50. Lebensjahr hatte der Grazer Hofrat a. D. Dr. Ernst Pammer (1911-93) seine Vorliebe für Wanderungen und Bergtouren entdeckt und bis in sein 80. Lebensjahr hinein 57 000 km bewältigt. Der rüstige »Wanderbursch« – wie ihn die heimische Presse etikettierte – bestieg allein 204 Berggipfel zwischen 2000 und 4800 m bei seinem Hochgebirgs-Rekordprogramm.

Dauerbergsteigen: Der Steiermärker Kraftfahrer August Glettler (* 1935) aus Deutschfeistritz bei Graz brachte es vom 1. Januar 1988 bis zum 31. Januar 1994 auf 5110 Besteigungen des Schartnerkogels (931 m). Vom Start an seinem Heimatort auf 400 m Höhe bewältigt er dabei jeweils eine Höhendifferenz von 531 m auf einer Streckenlänge von 8,5 km. Seine Gesamtleistung liegt jetzt bei 43 435 Strecken- und 2713,4 Höhen-Kilometern.

Die längste Wüstenwanderung, 508 km durch das Tal des Todes (Death Valley), Kalifornien (USA), schaffte der Schweizer Peter »Risi« Eggimann in acht Tagen und 13 Std. Der Abenteurer lief vom 16. bis 24. Mai 1981 zu Fuß durch den größten »Backofen« der Welt.

In ein neues Abenteuer stürzte sich Peter Eggimann am 17. Juni 1987. Er rannte in 14 Tagen, 19:55 Std. durch die Hitzehölle rund um den Grand Cañon, insgesamt 800 Meilen weit. Den Höhepunkt – die Durchquerung des Grand Cañon – erledigte Eggimann in nur einem Tag. Die Tagesetappen betrugen rund 80 km.

Gebirgsradtour: 20 Dolomitenpässe, 9000 Höhenmeter und 265 km in 14:30 Std. schaffte Helmut Meraner (* 1966) auf seiner Tagestour am 2. Juli 1992. Dabei bezwang der Hobbyradler aus Köngen (BW) einen Rundkurs um die Sellagruppe in den Dolomiten (Südtirol).

Auf rohen Hühnereiern geht Volkmar Koch (* 1943) aus Mettmann (NW). Koch, der 80 kg schwer ist, hat sich dazu aus Gummischeiben, Holz und den Rollschuhen seines Sohnes »Spezialschuhe« gebastelt, die pro Fuß drei Hühnereier aufnehmen – 30 Eierschritte schafft der Eierläufer. Am besten eignen sich Eier der Güteklasse A und der Gewichtsklasse 3. Bei anderen ist die Schale zu dünn.

Hochradfahrten: Eine Friedensfahrt von Trier nach Rom und zurück unternahm Georg Konder (* 1941) aus Trier vom 25. Mai bis 16. Juni 1987 in 22 Tagesetappen. Höhepunkt der 1650-km-Fahrt war eine Papst-Audienz in Rom. Die strapaziöse Reise führte durch Deutschland, Frankreich, Italien und die Schweiz. Der Trierer Hochradfahrer Matthias Konder (*1964) steigerte seinen Rekord im 1000-m-Schnellfahren. Am 20. März 1987 benötigte er im Autobahntunnel St. Gallen, CH) für diese Distanz nur noch 2:02 Min.

Zur Brandenburger Tor-Tour war das Trierer Hochrad-Team am 2. August 1991 in Weimar (TH) aufgebrochen und erreichte mit seinen Hochrädern im Nostalgie-Look Berlin am 6. August. Nach 310 km Kopfsteinpflaster waren Matthias und Georg Konder, Peter Ruland und Lutz Jaschhof als Gastfahrer aus Weimar pünktlich zur Feier des 200. Geburtstags am Brandenburger Tor.

Mit einem 24-Std.-Rekord auf dem Hochrad stockte Georg Konder sein Rekordkonto auf. Am 21./22. März 1986 erreichte er im Trierer Moselstadion 360 km in exakt 24 Std.

Windskating: Der Kieler Sport- und Geographielehrer Peter Wessel (34) nutzte die Sommerferien 1991 für einen Weltrekord auf dem Surfbrett mit vier Rädern. Gleich 1420 km segelte er mit seinem Speed Sail über die Nationalstraße 3 Argentiniens. Von Rio Gallegos (Patagonien) bis Necochea (Bahia Blanca) benötigte er 12 Tage im Kampf gegen die Andenwinde. Am 16. Juli 1991 war der Rekord, den Arnaud de Rosnay im April 1979 in der westlichen Sahara über 1380 km aufgestellt hatte, gebrochen.

Skate-Bike-Fahren: Mit seinem Fahrrad ohne Lenkstange startete der Student Harry Telfser (* 1972) aus Schlanders (I) am 7. September 1991. Freihändig fuhr er die 48 Kehren der 19 km langen Paßstraße von Gomagoi (1260 m üNN) zum Stilfser Joch (2756 m üNN) hinauf. Nach 2:20 Std. waren 1496 m Höhenunterschied bewältigt. Bei der Talfahrt half die Rücktrittbremse des Skate-Bikes.

Rollschuhlaufen: Ein Langstrecken-Abenteuer auf Rollschuhen überstand der Höchberger Peter Bögelein (* 1961) vom 1. Juni bis 16. September 1986. Genau 108 Tage war der Fernmeldetechniker auf seinen Rollerskates unterwegs, rollte bei seinen jeweils 80-km-Tagesetappen durch acht europäische Länder, überquerte zweimal die Alpen – höchster Punkt war mit 2509 m das Timmelsjoch – und schaffte mit 8596 Kilometern neuen Rekord.

Auf Tretrollerfahrt gingen vom 29. Juli bis 9. August 1988 Hagen Neumann aus Ottendorf-Okrilla (S) und Jörgen Krahl aus Berlin. Zwischen Schmilka (Grenzübergang zur CSFR) und Budapest (H) legten sie 660 km mit ihren Rollern zurück.

Rollstuhlfahren: Der Kanadier Rick Hansen (* 1957), der seit einem Verkehrsunfall im Jahr 1973 von den Hüften abwärts gelähmt ist, legte auf einer Rollstuhl-Reise 40 074,06 km vom 21. März 1985 bis zum 22. Mai 1987 durch vier Kontinente und 34 Länder zurück.

Zur Tour de Luxembourg im Rollstuhl startete am 10. September 1988 eine Staffel von 20 Rollstuhlfahrern aus sechs Nationen. In 9:10:22 Std. hatten die Fahrer die 103,4 km lange Strecke vom nördlichsten Punkt des Großherzogtums beim Grenzposten Huldange-Forge bis zur südlichsten Grenze des Landes in Rumelage durchfahren. 85 Streckenabschnitte unterschiedlicher Länge und Schwierigkeitsgrade waren auf dieser Fahrt zu bewältigen.

Mit einem Elektro-Rollstuhl erreichte Günter Kricke (53) aus Neckargemünd (BW) zwischen dem 23. September 1992 und dem 14. Mai 1993 eine Leistung von 5000 km. Im September 1992 wurden in den Rollstuhl zwei neue Batterien eingebaut sowie ein elektronischer Tachometer angebracht. Von da an hatte er sich vorgenommen, täglich 20 km zu fahren – und zwar bei jedem Wetter. Einen gesamten Satz Reifen hat er inzwischen abgefahren, und es wird sicherlich nicht der letzte Satz gewesen sein. Günter Kricke leidet an Multipler Sklerose und ist völlig gelähmt. Seinen Rollstuhl bewegt er mit Kinnsteuerung.

1111 × 100 m mit der Schubkarre liefen ca. 750 Dillinger (BY) am 18. Juli 1993. Eingeladen zu dieser Gaudi-Veranstaltung hatte der Turnverein 1862 Dillingen-Donau e. V. Die jüngste Teilnehmerin war vier Jahre alt und schob die Schubkarre zwar wackelig, aber erfolgreich über die 100-m-Distanz, der eifrigste Teilnehmer ging gleich 20mal an den Start. Mal wurde die Schubkarre mit menschlicher Fracht, mal ohne über die Strecke gebracht, manche Teilnehmer ließen sich von ihren Hunden begleiten. Trotz dieser Eskapaden wurde die respektable Zeit von 7:38:37 Std. gelaufen.

Mehrspännerfahren. Anläßlich einer Schauveranstaltung in Sonnewalde, Kreis Finsterwalde (BR), bot die letzte Programmnummer am 22. August 1993 einen 24er Haflingerzug vor einer Kutsche. Hermann Richter aus Bornsdorf hatte das Gespann zusammengestellt.

Die längste Langlaufschule gab es am 13. Februar 1994 beim Schneefest in Leutasch, Tirol (A). Auf einer Strecke von 5,5 km standen Ski an Ski 2885 Teilnehmer hintereinander und vollführten mit 28 Langlauflehrern gemeinsame Übungen, nachdem sie zuvor auf der Loipe mit ihren Langlaufskiern durch die Landschaft gerutscht waren.

Trockenrudern: Die größte Strecke, die jemand mit einem Landrudergerät zurücklegte, schaffte Rob Bryant aus Fort Worth, Texas (USA), mit 5278,5 km, als er quer durch die USA »ruderte«. Er startete am 2. April 1990 in Los Angeles (Kalifornien) und erreichte Washington, D. C., am 30. Juli.

Tiefenvorstoß: Der tiefstgelegene Gang, den Menschen in die Erde gegraben haben, ist ein Schacht der Western Deep Levels Mine in Carletonville, Transvaal (Südafrika). Am 12. Juli 1977 waren 3581 m erreicht. Die Gesteinstemperatur in dieser Tiefe beträgt 55°C.

Operation Christopherus

Am 2. April 1994 führte Christoph Schwers einen Mitnahme-Marathon-Tag durch. Ausgestattet mit fünf Abo-Karten hatte er eine Fahrausweis-Kapazität für: 10 Erwachsene, 15 Kinder, 5 Hunde und 5 Fahrräder. In der Zeit von 7 Uhr 28 bis 17 Uhr 55 fuhr er 40 Touren mit der Buslinie 136 und sprach Fahrgäste an. Ergebnis der »Operation Christopherus«: 181 erfolgreiche Mitnahmen, 176 Erwachsene, 4 Kinder und 1 Hund.

Topleistung am Nordpol

Einen Fallschirm-Formationsrekord über dem Nordpol mit einer 30er-Formation erzielte ein deutsches Fallschirmspringer-Team, organisiert von Walter Dorsch aus Lippstadt und Willi Gutsche aus Westenholz (siehe kleines Bild rechts), am 19. April 1994. Eine vergleichbare Formation wurde über dem Nordpol noch nicht gesprungen.

An dieser vermutlich größten Nordpol-Expedition waren insgesamt 88 Personen beteiligt. Es wurde in 9er-, 16er- und dieser erfolgreichen 30er-Formation gesprungen. 75°C betrug der Temperaturunterschied zwischen Deutschland (+ 20°C) und dem Absprung über dem Nordpol (- 55°C). Und noch zwei Besonderheiten der Aktion: Eine Hochzeit wurde am Nordpol gefeiert, und ein VW-Golf wurde über dem Nordpol am Fallschirm abgesetzt und wieder nach Deutschland gebracht.

TOPLEISTUNGEN, SPASSREKORDE

• Topleistungen

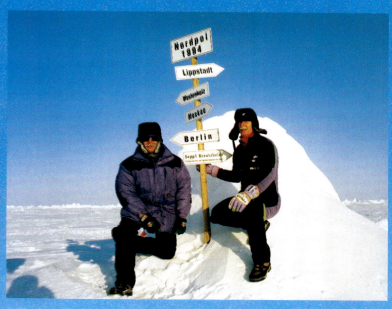

Fallschirmspringen

Längster Sprung: William H. Rankin von der US-Marine, 40 Min. (aufgrund der thermischen Verhältnisse), North Carolina (USA), 26. Juli 1956.

Längster Flug mit ungeöffnetem Fallschirm: Männer - Joseph W. Kittinger, 25,82 km (Absprung aus einem Ballon in der Höhe von 31,33 km), Tularose, New Mexico (USA), 16. August 1960. Er erreichte in 27,4 km Höhe aufgrund der dünnen Luft eine Höchstgeschwindigkeit von 1006 km/h - das heißt fast Schallgeschwindigkeit. Frauen - J. Fomitschewa (Rußland), 14,8 km, Odessa (Ukraine), 26. Oktober 1977.

Höchste Landung: 10 sowjetische Fallschirmspringer (von denen vier ums Leben kamen), 7133 m, Pik Lenin im Transalai (an der Grenze zwischen Tadschikistan und Kirgisien), Mai 1969.

Notausstieg in größter Höhe: J. de Salis und P. Lowe von der Royal Air Force, 17,1 km, Monyash, Derbyshire (GB), 9. April 1958.

Meiste Sprünge: Männer - Don Kellner (USA), 20 000, an verschiedenen Orten in den USA, bis zum 14. November 1993. Frauen - Valentina Zakoretskaja (Rußland), 8000, über der damaligen Sowjetunion, 1964-80.

Größter »Stapel«: 38 US-amerikanische Springer, die 10,3 Sek. zusammenblieben, Richland, Wisconsin (USA), 10. Oktober 1992.

Größte Formation im freien Fall: 200 Springer aus 10 Ländern, die aus 5030 m absprangen und 6,47 Sek. in Formation flogen, Myrtle Beach, Kalifornien (USA). Frauen - 100 aus 20 Ländern, die aus 5200 m absprangen und 5,97 Sek. in Formation flogen, Aérodome du Cannet des Maures (F), 14. August 1992.

Fotos: Peter „Spaghetti" Ebner, Ralf Huppke

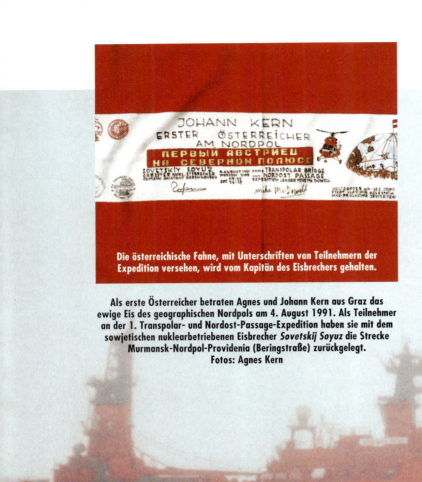

Die österreichische Fahne, mit Unterschriften von Teilnehmern der Expedition versehen, wird vom Kapitän des Eisbrechers gehalten.

Als erste Österreicher betraten Agnes und Johann Kern aus Graz das ewige Eis des geographischen Nordpols am 4. August 1991. Als Teilnehmer an der 1. Transpolar- und Nordost-Passage-Expedition haben sie mit dem sowjetischen nuklearbetriebenen Eisbrecher *Sovetskij Soyuz* die Strecke Murmansk-Nordpol-Providenia (Beringstraße) zurückgelegt.
Fotos: Agnes Kern

Polarforschung

Erste am Nordpol: Die Arktisforscher Dr. Frederick Albert Cook (1865-1940) und Fregattenkapitän (später Vizeadmiral) Robert Edwin Peary (1856-1920) erhoben beide den Anspruch, den Nordpol erreicht zu haben, doch mangelt es in beiden Fällen an eindeutigen Beweisen, und jüngste Nachforschungen haben zu widersprüchlichen Schlußfolgerungen geführt. Wally Herberts Nordpolexpedition von 1968/69 erzielte auf äußerst günstigem Packeis als besten Tagesdurchschnitt 37 km in 15 Std. Cook hat nach eigenen Angaben an zwei Tagen jeweils 42 km bewältigt; Peary will an acht aufeinanderfolgenden Tagen sogar durchschnittlich 61 km geschafft haben, eine Leistung, die viele Glaziologen bezweifeln.

Die ersten Menschen, die unbestritten am Nordpol standen – genau auf dem Breitengrad 90° 00' 00" N (300 m) –, waren die Russen Pavel Afanasjewitsch Geordijenko, Pavel Kononowitsch Senko, Michail Michailowitsch Somow und Michail Jemeljenowitsch Ostrekin. Sie erreichten am 23. April 1948 mit dem Flugzeug den Nordpol.

Geprüft und bestätigt sind folgende Nordpol-Eroberungen: Der Amerikaner Ralph Plaisted, begleitet von Walter Pederson, Gerald Pitzl und Jean Luc Bombardier, erreichte am 19. April 1968 um 15 Uhr nach einer 42tägigen Fahrt in vier Motorschlitten den Pol. Ihre Ankunft wurde 18 Std. später von einem Flugzeug des meteorologischen Dienstes der amerikanischen Luftwaffe bestätigt. Auf dem Luftweg verließen sie den Pol. Naomi Uemura (1941-84), der japanische Forscher und Bergsteiger, erreichte als erster im Alleingang am 1. Mai 1978 um 4 Uhr 45 (Weltzeit) über das Eis des Nordpolarmeers den Nordpol. Seit seinem Aufbruch am 7. März von Kap Edward auf Ellesmere Island (Nordkanada) hatte er mit seinem von 17 Hunden gezogenen Schlitten *Aurora* 725 km zurückgelegt. Sein Tagesdurchschnitt war um 13 km. Er kehrte auf dem Luftweg zurück.

Der erste Mensch, der den Nordpol allein und auch ohne Hunde erreichte, war Dr. Jean-Louis Etienne. Er brauchte dazu 63 Tage, ehe er am 11. Mai 1986 am Ziel anlangte. Shinji Kazama aus Tokio traf am 20. April 1987 auf einem 200 cm^3 starken Motorrad am Nordpol ein. Er war am 8. März auf Ward Hunt Island im Norden Kanadas aufgebrochen und 44 Tage lang unterwegs. Beide verließen den Nordpol mit dem Flugzeug.

Der erste Mensch, der allein und ohne Unterstützung zum Südpol vorstieß, war der 29jährige Norweger Erling Kagge. Er erreichte ihn am 7. Januar 1993 nach einem Marsch über 1400 km, der 50 Tage vorher auf Berkner Island begonnen hatte.

Wettstreit um den Südpol: Die ersten Schiffe, die den südlichen Polarkreis (66°33' S) überquerten, waren die *Resolution* (462 BRT) unter dem britischen Kapitän James Cook (1728-79) mit 139 Mann Besatzung sowie die *Adventure* (336 BRT) unter Tobias Furneaux am 17. Januar 1773 auf 39° O. Der erste Mensch, von dem bekannt ist, daß er das Schelfeis der Antarktis gesichtet hat, war Fabian Gottlieb Benjamin von Bellingshausen, der am 27. Januar 1820 mit dem Segelschiff *Wostok*, begleitet von der *Mirnyy*, in russischem Auftrag so weit südlich kam. Drei Tage später, am 30. Januar 1820, erblickten William Smith (1790-1847) und Edward Bransfield von Bord der Brigg *Williams* aus die Berge von Trinity Land.

Der Südpol (2779 m über dem Meeresspiegel) wurde erstmals erreicht am 14. Dezember 1911 um 11 Uhr von einer norwegischen Expedition unter der Leitung von Roald Amundsen (1872-1928) – und vier Wochen vor dem Briten F. Scott – nach einem 53tägigen Marsch mit Hundeschlitten von der Walfischbai aus, bis wohin sie mit dem Forschungsschiff *Fram* vorgedrungen waren.

Der erste Mensch, der an beiden Polen war, ist der Amerikaner Dr. Albert Paddock Crary. Den Nordpol erreichte er am 3. Mai 1952 mit einem Flugzeug vom Typ *Dakota* und den Südpol am 12. Februar 1961 während einer wissenschaftlichen Expedition quer durch die Antarktis von der McMurdo-Station aus.

Erste Erdumkreisung über die Pole: Sir Ranulph Fiennes und Charles Burton von der Transglobe-Expedition brachen am 2. September 1979 südlich von Greenwich (GB) auf und reisten entlang dem Nullmeridian über den Südpol (15. Dezember 1980) und den Nordpol (10. April 1982). Nach 56 000 km Fahrt kamen sie am 29. August 1982 wieder in Greenwich an.

Der erste Mensch, der beide Pole zu Fuß erreichte, war der Brite Robert Swan (* 1956). Zuerst hatte er eine Drei-Mann-Expedition geleitet, die auf Scotts Spuren wandelte und am 11. Januar 1986 am Südpol ankam. Drei Jahre später führte Swan sieben weitere Eiswanderer zum Nordpol, am 14. Mai 1989 waren sie am Ziel.

Die erste Überquerung des arktischen Meereises gelang der britischen Transarktis-Expedition, die am 21. Februar 1968 Point Barrow (Alaska) verließ und 464 Tage später, am 29. Mai 1969, am Archipel der Sieben Inseln nordöstlich von Spitzbergen eintraf. Sie hatte eine Entfernung von 4699 km zu Fuß und mit Schlitten sowie 1100 km auf Treibeis zurückgelegt (die Entfernung in gerader Linie beträgt 2674 km). Leiter war Wally Herbert.

Die erste Landüberquerung des antarktischen Kontinents wurde am 2. März 1958 um 13 Uhr 47 nach einem 99tägigen Marsch über 3473 km vollendet. Die 12köpfige Forschergruppe, geleitet von dem Briten Sir Vivian Fuchs (* 1908), war am 24. November 1957 an der Shackleton-Basis aufgebrochen und über den Pol zur Scott-Basis gelangt.

Die 4185 km lange Strecke quer durch die Antarktis wurde von den Teilnehmern der Transglobe-Expedition (1980-82) vom 26. Oktober 1980 bis 11. Januar 1981 in 66 Tagen absolviert. Am 23. Dezember 1980 wurde der Südpol erreicht. Die Drei-Mann-Gruppe auf Schneemobilen bestand aus Sir Ranulph Fiennes (* 1944), Oliver Shepard und Charles Burton.

Topleistungen

Im Wasser

Die größte Tauchtiefe im Meer wurde in der sogenannten Challengertiefe des Marianengrabens, 400 km südwestlich von Guam im Stillen Ozean, aufgestellt; der in der Schweiz gebaute Bathyskaph *Trieste* der US-Marine, bemannt mit Dr. Jacques Piccard (* 1922 in CH) und Leutnant Donald Walsh, US-Marine, erreichte am 23. Januar 1960 um 13 Uhr 10 eine Tiefe von 10 916 m. Der Wasserdruck betrug 1183 kp/cm^2, die Temperatur 3°C. Das Untertauchen bis zum Meeresboden erforderte 4:48 Std., das Auftauchen 3:17 Std.

Der Rekord für das äußerst gefährliche Tiefseetauchen mit angehaltenem Atem ist eine Tiefe von 107 m, am 3. Oktober 1989 von der Italienerin Angela Bandini vor Elba erreicht. Sie blieb 2:46 Min. unter Wasser.

Den Tauchrekord mit Gasmischungen als Tauchsimulation in einer Trockenkammer stellten mit 701 m Théo Mavrostomos auf. Er erreichte diese Tiefe am 20. November 1992 in Marseilles (F) im Rahmen der 43 Tage dauernden *Hydra-10*-Operation. Er atmete Hydreliox, eine Mischung aus Wasserstoff, Sauerstoff und Helium.

Arnaud de Nechaud de Feral hielt sich vom 9. Oktober bis 21. Dezember 1989 im Rahmen der *Hydra-9*-Operation in Marseilles 73 Tage lang in einer Überdruckkammer auf, in der eine Tauchtiefe von 300 m simuliert wurde.

Richard Presley verbrachte vom 6. Mai bis 14. Juli 1992 in einer Lagune in Key Largo, Florida (USA), 69 Tage und 19 Min. in einem Unterwassermodul. Der Test war ein Teil einer *Project Atlantis* genannten Untersuchung der Anpassungsfähigkeit des Menschen an das Leben unter Wasser.

Die tiefste Unterwasser-Rettungsaktion betraf das U-Boot *Pisces III*, in dem Roger R. Chapman und Roger Mallinson 76 Std. lang eingeschlossen waren, nachdem es 240 m südöstlich von Cork (Irland) am 29. August 1973 gesunken war. Das U-Boot wurde aus 480 m Tiefe vom Kabelschiff *John Cabot* am 1. September gehoben. An der Rettung waren außerdem *Pisces V*, *Pisces II* und das US-Rettungsschiff *Curv* (**C**ontrolled **U**nderwater **R**ecovery **V**ehicle – ferngelenktes Unterwassergefährt) beteiligt.

Die größte Tiefe, aus der ein Mensch sich ohne Hilfe befreien konnte, war 68,6 m. In dieser Tiefe gelang es Richard A. Slater am 28. September 1970 vor Catalina Island, Kalifornien (USA), aus dem gerammten Tauchboot *Nekton Beta* zu entkommen.

Aus einer Tiefe von 183 m retteten sich Norman Cooke und Hamish Jones am 22. Juli 1987 während eines Marinemanövers an die Meeresoberfläche. Cooke und Jones, die ihr Abenteuer vor Bergen (N) vom U-Boot HMS *Otus* aus gestartet hatten, trugen normale Taucheranzüge, in die Schwimmwesten eingearbeitet waren. Während des Aufstiegs wurden die beiden mit Luft versorgt, die von den Schwimmwesten in eine Art »Kapuze« strömte.

Bergung aus größter Tiefe: Ein Hubschrauber, der in den Pazifischen Ozean gestürzt war, wurde am 27. Februar 1992 aus einer Tiefe von 5258 m erfolgreich geborgen. Dies haben die Crew des US-Schiffes *Salvor* und Mitarbeiter der Firma Bastport International vollbracht, um den Behörden eine Untersuchung des Unfalls zu ermöglichen. Bei dem Absturz waren fünf Menschen getötet worden.

Der Tiefenrekord im Bergungstauchen gelang zwölf Tauchern unter der Führung des ehemaligen britischen Marineoffiziers Michael Stewart vom 17. September bis zum 7. Oktober 1981 in der Barentsee, einem Teil des Nordpolarmeers, vor Nordnorwegen. Dort lag in einer Tiefe von 245 m das Wrack des Kreuzers *Edinburgh*, der am 2. Mai 1942 mit 460 Goldbarren an Bord gesunken war. Die Goldbarren wurden innerhalb von 31 Tagen (7. September-7. Oktober 1981) alle geborgen – bis heute der einzige Fall, in dem ein versunkener Schatz zu 100 Prozent wieder ans Tageslicht befördert werden konnte. Die zwölf Taucher waren von der 1446 t großen *Stephaniturm* in einer Tauchglocke zum Wrack des Kreuzers hinabgeglitten. Der erste Schatztaucher, der das Gold berührte, war John Rossier.

Überleben in Seenot: 177 Tage lang trieben die Fischer Tabwai Mikaie und Arenta Tebeitabu von der Insel Nikunau (Kiribati) auf See, ehe sie gerettet wurden. Sie waren am 17. November 1991 in einem 4 m großen offenen Dingi auf Fang gegangen und kurz nach dem Auslaufen von einem Wirbelsturm überrascht worden. Am 11. Mai 1992 wurden sie, an Land gespült, in Westsamoa gefunden – 1800 km von ihrem Heimathafen entfernt. Ein dritter Mann, der mit an Bord war, ist vor der Rettung gestorben.

Kap-Hoorn-Umschwimmen: Eine unglaubliche Geschichte brachte der ehemalige Kapitän und jetzige Versicherungskaufmann Dietrich Freiherr von Blomberg (* 1955) von seiner Südamerikareise mit: Er umschwamm den seemännischen Prüfstein am Ende der Welt – Kap Hoorn. In ca. 10 Min. bewältigte er die etwa 500 m lange Strecke mit starker Strömung und riesigen Wellenbergen bei einer Wassertemperatur von nur 10 bis 12°C am 26. Dezember 1986. Allerdings hatte er – wie von Einheimischen bestätigt – das für Kap Hoorn seit Menschengedenken beste Wetter.

Wildwasserschwimmen: Ausgerüstet mit einem 7 mm starken Neoprene-Anzug und Schwimmweste, bezwang Manfred Kraus (* 1956) aus Rottenburg (BW) in 72 Stunden reiner Schwimmzeit die 424 km des Colorado im Grand Cañon. Der tollkühne »Crazy Kraus« verteilte sein Wildwasserabenteuer durch 167 Stromschnellen auf 14 Tage im Sommer 1988.

Flaschenpost: Ein Flaschenpostabenteuer erlebte die heute 12jährige Christine Klinkhammer aus Hennef, Sieg (NW). Drei Jahre, nachdem sie eine Flaschenpost an der Mündung des Hanfbachs in die Sieg geworfen hatte, erhielt sie im Mai 1993 Post aus Falmouth, Maine (USA). Die 7jährige Beth Rubinstein fischte die Flaschenpost an der Ostküste der USA aus dem Atlantischen Ozean. Dank außergewöhnlicher meteorologischer Bedingungen im Ärmelkanal – so die Bundesanstalt für Seeschiffahrt und Hydrographie in Hamburg – muß die Flasche gegen die sonst übliche Richtung des Golfstroms in den Atlantik gelangt sein.

Kajak-Rekordleistung: Pünktlich um 14 Uhr 30 am 24. April 1994 verkündeten Olivier Plein und Thomas Heyde stolz: »Wir haben es geschafft!« Exakt 22:50 Std. waren die beiden Sportler mit ihren Kajaks auf dem Rhein unterwegs und stellten damit einen neuen Rekord mit 270,5 erreichten Kilometern auf. Start war Rhein-km 357,5 (Karlsruhe), Ziel Rhein-km 628 (Sinzig).

Schlauchbootfahrten unternimmt Lebracht Knipping (* 1915) aus Altena (NW) seit 1958. Sein Fahrtenrevier sind die Adria, die Ägäis und das Schwarze Meer ebenso wie die amerikanischen Binnenseen zwischen den USA und der kanadischen Provinz Ontario. 59 395 Seemeilen hatte er bis November 1990 in 3759:30 Std. auf seinen abenteuerlichen Seetörns mit seinem Wiking-Schlauchboot zurückgelegt.

Die längste Fahrt mit einem Tretboot unternahm Kenichi Horie aus Kobe (Japan), der am 30. Oktober 1992 in Honolulu auf Hawaii (USA) aufbrach und am 17. Februar 1993 nach 7500 km in Naha auf Okinawa (Japan) eintraf.

Schlepp-Rekord: Ein Ruder-Achter des See-Clubs Luzern lieferte am 27. September 1987 dem Passagierraddampfer *Schiller* einen denkwürdigen Kampf auf dem Vierwaldstättersee. Den neun Ruderern des Stammtisch-Achters gelang es, das 320 BRT schwere Oldtimer-Dampfschiff, das mit blockierter Maschine schwamm, in drei Min. 30 m weit zu ziehen. Das ungewöhnliche Spektakel war Höhepunkt der ZDF-Sendung *Wetten dass . . .?*

Wasserski einmal anders, geboten vom Ersten Deutschen Wasserski Show Team aus Nordwalde (NW), gab es vor 20 Mio. Zuschauern in der ZDF-Sendung *Wetten dass . . .?* Am 29. Juni 1991 bildeten sechs Wasserski-Läufer(innen) und zwei Flaggenläufer eine Drei-Etagen-Pyramide in Xanten am Niederrhein, 70 Sek lang stand die von einem Hubschrauber gezogene Pyramide.

Gehen auf dem Wasser: Mehr als 575 km ist Fritz Weber vom 1. September bis 15. Oktober 1983 auf dem Main gewandert. Weber benutzte bei seiner strapaziösen Flußwanderung zwischen Bayreuth und Mainz ein Paar übergroße Schwimmschuhe.

Eine Wasserwanderung über den Atlantischen Ozean hat 1988 Rémy Bricka aus Paris unternommen. Am 2. April war er in Teneriffa auf seinen 4,2 m langen Wasserski losgezogen, nach 5636 km kam er am 31. Mai in Trinidad an.

Flaschenpost nach 73 Jahren

Auf der Insel Moreton vor der australischen Goldküste wurde am 6. Juni 1983 eine Flasche an Land geschwemmt, die offenbar vor 73 Jahren ins Meer geworfen worden ist.

Die Flasche wurde von Vickie Keller und Alan Mills aus Brisbane entdeckt, als sie an der Südküste der Insel mit dem Fahrrad durch die Dünen fuhren. Obwohl die Botschaft aufgeweicht und kaum noch lesbar war, konnten die folgenden Worte entziffert werden: »Auf dem Weg von Cairns nach Brisbane über Bord der SS *Arawatta* geworfen am 9.6.1910.« Außerdem wird ein gewisser »Linabury, Bürgermeister von Murwillumbah«, erwähnt, und tatsächlich hatte ein Linabury 1909 diesen Posten angetreten.

Die Flasche besteht aus Weißglas und ist rund 10 cm groß. Der noch immer klar zu erkennende Aufdruck lautet: »Tricopheros für Haut und Haare« – ein Traum von einem Werbeträger!

Thunersee

388 Boote aller Art (Ruderboote, Segelschiffe, Motorboote und das Dampfschiff *Blümlisalp*), ca. 1500 Teilnehmer, Bootsbesitzer von Thun bis Interlaken haben am 28. Mai 1994 einen 780 m langen und 120 m breiten Schriftzug THUNERSEE auf das Wasser geschrieben. Der Schiffsbetrieb Thuner- und Brienzersee konnte aufatmen – aber leicht verweht waren die Buchstaben schon durch den früh aufkommenden Westwind einer Schlechtwetterfront.

◆ FREIZEITSPORT
Volkssport

Deutsches Sportabzeichen: Absoluter Rekordhalter ist der Bremer Walter Herrlau (* 1909), der bis 1988 56mal die Bedingungen erfüllte. Er lief die 100 m in 18,4 Sek. und schaffte im Weitsprung aus dem Stand 1,80 m. Außerdem kam der pensionierte Schulleiter im 200-m-Schwimmen auf 5:04 Min., im 100-m-Schwimmen auf 2:01 Min. und im 1000-m-Schwimmen auf 27:00 Min. Bei den Frauen führt die Berlinerin Anne-Lies Hoffmann (* 1914), die als erste und einzige Frau in Deutschland 52mal (bis 1993) die Bedingungen für das Deutsche Sportabzeichen für Frauen erfüllt hat.

In Rekordzeit von 18:47,6 Min. schaffte der Postbeamte Franz-Josef Scherer (* 1937) aus Brechen-Oberbrechen (HE) am 5. Juli 1991 sein Sportabzeichen in Gold. In allen fünf Disziplinen (Lauf-Sprint, Weitsprung, Kugelstoßen, 3000-m-Lauf, 200-m-Schwimmen) erkämpfte sich der Leichtathlet diesen Blitzrekord in Gold auf der Sportanlage Weiherfloß in Hünfelden, Ortsteil Kirberg.

Die meisten Übungen in einem Prüfungsjahr (1992) hat mit 35 Bob Schwerdtfeger (*1926) aus Caracas (Venezuela) abgelegt.

Volksläufer: 3 703 Medaillen und Auszeichnungen hat sich Paul Eppel (* 1918) aus Ludwigshafen/Rhein seit 1962 in allen fünf Erdteilen erlaufen, erwandert, erradelt und erschwommen. Über 77 910 km im Wettkampf hat er dabei zurückgelegt.

Deutschlands Langstreckenläufer Nr. 1 ist der Gebäudereiniger Walter Bähre (*1940) aus Emmerthal/Hameln (N). In 73 Tagen lief er mit dem 6-kg-Rucksack auf dem Rücken 5270 km an den Grenzen Deutschlands im Herbst 1990 entlang.

Zum längsten Lauf startete am 6. Mai 1988 der Hobby-Jogger Alexander Hans-Hermann Parzella (33) aus Wolbeck (Münster). 100 Tage später traf er am 14. August 1988 mittags um 12 Uhr 15 auf dem Prinzipalmarkt in Münster wieder ein und hatte auf seiner Gewalttout quer durch Europa genau 9004,25 km durchlaufen. Parzellas Ziel ist nach wie vor: einmal die Erde im Dauerlauf zu umrunden.

Kopfweitsprung: Jürgen Glas (*1956, D) stellte mit 27,00 m einen neuen Weltrekord am 18. Januar 1992 in Berlin auf.

Gruppenwandern: Das Sextett Matthias Schulze, Wolfgang Knaust, Hans-Georg Kremer, Jürgen Anhöck, Frank Zühlke und Hartwig Gauder hat am 29./30. April 1994 den 168,3 km langen Thüringer Höhenwanderweg Rennsteig in der Rekordzeit von 37:21 Std. durchwandert. Der Rennsteig ist Deutschlands ältester und längster Wanderweg und führt von Hörschel an der Werra bis Blankenstein an der Saale über den gesamten Kamm des Thüringer Waldes und Teile des Frankenwaldes. Der Rennsteigmarsch wird künftig als »Gelbes Band von Erdgas« ausgeschrieben.

Längster Ski: Mit einem 11 m langen Paar Langlaufski legten 17 Mitglieder des Frack-Clubs Stans eine Strecke von 4 km auf der Gerschnialp ob Engelberg, Nidwalden (CH), am 27. Februar 1994 zurück. Da die Langlaufspur nur 1 km lang war, mußten die Frackler dreimal wenden, ohne die Ski abzuschnallen. Nach 1:14:47 Std. hatten sie mit ihrem eigens von dem Skiwagner Hermann Gassner aus Stansstad gebauten Ski (6 cm breit, 2,5 cm hoch) aus Eschenholz die Distanz im Langlauftakt durchmessen: links vor – rechts vor.

Den längsten Rodelzug mit 136 m Länge bildeten 94 Rodlerinnen und Rodler aus neun Nationen und 18 Vereinen aus Südtirol am 13. März 1994 auf der 994 m langen Schwarzsee-Naturrodelbahn Karersee-Welschnofen (I). Die mit Bremsschuhen und Helmen ausgerüsteten Rodler waren mit einem Hanfseil 12 MM im Abstand von 25 cm miteinander verbunden.

Volksrodeln: Beim 1. Wildkogel-Marathon gingen am 2. Januar 1994 in Neukirchen am Großvenediger, Salzburger Land (A), 110 Teilnehmer im Alter von 10 bis 82 Jahren in 1681 m Höhe an den Start und bewältigten jeweils die 7800 m lange Strecke bis zum Ziel in 1150 m Höhe.

Bierkisten-Rekordturm in Leipzig.
Foto: Miller & Partner

◆ SPASSREKORDE

Die größte Anstecknadel wurde auf der 2. Berner Oberländer Pin-Börse am 9. Oktober 1993 vorgestellt. Ein Elefant des Schweizerischen Nationalzirkus Knie präsentierte die mannshohe Tafel mit 174,5 cm Höhe und 152,8 cm Breite, die für den Drachen der St. Beatus-Höhlen am Thunersee, einer Touristenattraktion mit jährlich über 100 000 Besuchern, bestimmt ist. Hergestellt wurde sie von Mario Rihs (Design) und Martin Krenger.

Applaudieren: Der Dauerrekord (160mal In-die-Hände-Schlagen pro Min., hörbar bis 110 m weit) ist 58:09 Std., erzielt vom 12. bis 15. Februar 1988 von V. Jeyaraman aus Tamil Nadu (Indien). Damit wurde der bisherige Rekord um 4:09 Std. für ununterbrochenes Beifallklatschen überboten.

Bahrentragen: Die ausdauerndsten Krankenträger waren zwei Vier-Mann-Teams vom kanadischen Militärstützpunkt Trenton, die vom 29. April bis 1. Mai 1993 in und um Trenton, Ontario (Kanada), eine Bahre mit einem 63,5 kg schweren Körper 270,15 km weit trugen, wofür sie 49:02 Std. benötigten. Der Rekord für Jugendgruppen (unter 20 Jahre) über acht Std. ist 67,62 km von acht Schülern der Henry Meoles School in Moreton (GB) am 13. Juli 1980.

Die größte Ballonskulptur war eine Nachbildung von Vincent van Goghs Gemälde *Boote von Saint-Maries*, die Schüler der Handelsschule von Haarlem am 28. Juni 1992 im Hafen von Ouddorp (NL) aus 25 344 farbigen Luftballons anfertigten.

Am längsten auf einem Baum lebt ein gewisser Bungkas, der 1970 in dem indonesischen Dorf Bengkes auf eine Palme kletterte, wo er seither in einem Nest lebt, das er sich aus Zweigen und Blättern gebaut hat. Bislang sind alle Versuche, Bungkas zum Verlassen des Baums zu bewegen, gescheitert.

Einen neuen Rekord im Bettenschieben stellte der Kerpener Hans-Jürgen Agunte vom 9. bis 23. Mai 1993 auf. Das Metallbett (90 x 200 cm) war mit Rollstuhl-Leichtlaufrädern versehen, hatte ein Gesamtgewicht von ca. 50 kg und keine lenkbare Achse. Um Geld für Behinderte der Partnerstädte Kerpen und Lübben zu sammeln, startete er in Lübben (BR) und kam nach 822 km und 15 Tagen in Kerpen (NW) an.

Einen Bierdeckelturm von 9,7 m Höhe bauten Robert Carbanje, Michael Overbeck, Andreas Schulte, Rolf Schwung und Peter Wolsing aus Bocholt (NW) im Sportzentrum Rhede am 31. Dezember 1988 auf. Für den 2,6 m im Durchmesser starken Turmbau benötigten sie 42 432 Bierfilze.

Eine mittelalterliche Wehranlage entstand aus 215 000 viereckigen Bierdeckeln, die die Brauerei Hirt zur Verfügung gestellt hatte, vom 15. bis 17. Juni 1993 in einer Autowaschhalle in Treibach, Kärnten (A). Sieben Schüler der Hauptschulen I und II von Althofen hatten in je 40 Std. eine sechseckige Anlage mit 3,3 x 4,3 x 4,3 x 3,2 x 3,4 x 3,3 m und fünf Türmen, deren höchster 4 m maß und einen Durchmesser von 1,5 m hatte, errichtet.

Bierkistenstapeln: Den Rekord im Bau des höchsten Bierkistenturms stellten Mitarbeiter von sieben ausstellenden Unternehmen der Leipziger BaumaschinenMesse '94 am 7. Mai 1994 auf dem Gelände der Leipziger Messe auf. Aus 166 Bierkisten Reudnitzer errichteten sie einen 44,84 m hohen Turm, der vier Sekunden frei und ohne Halterung stand.

Bügel-Kunst: Wahre Wunderwerke zaubert der »Bügel-King« Richard Lee (*1950) aus Virginia (USA) mit einfachen Falten. Der in Karlsruhe lebende Manager bügelt Motive, Figuren, Ornamente und Namen auf ganz normale weiße Oberhemden. 10 Std. lang bügelte er ohne Pause am 26. Mai 1994 bei Breuninger in Karlsruhe – an einem Hemd.

Computerspiel: Im Kieler Maritim-Hotel hielt Jörg Kopmann (*1970) aus Uelzen (N) vom 11. bis 18. Mai 1991 in einem Marathonspiel am Computer 166 Std. durch.

Das größte Dankeschön schaufelten der Holzkaufmann Joe L. Schmid und Kanada-Freunde aus Burghagel (BY) von Dezember 1992 bis Februar 1993 aus Sägespänen auf ein Feld. Gut 600 m³ t Sägemehl wurden verteilt, bis ein Ahornblatt mit 60 m Durchmesser, das größte Danke (20 m hoch, 90 m lang), die größte Flagge (140 x 130 m) und das größte Hoheitsabzeichen mit 96 m Durchmesser fertiggestellt waren als Dankeschön für die Dienste der kanadischen Truppen in Deutschland.

Menschendomino: Hand in Hand nahmen am 24. Juli 1987 506 Gäste des Robinson Clubs Lyttos Beach auf Kreta mit den Rücken am Swimmingpool Aufstellung, um sich nacheinander im Dominoverfahren ins Wasser fallen zu lassen. Nach 2:20,44 Min. war der Riesenspaß vorbei, und alles tummelte sich im feuchten Element.

Domino-Turm: Der Schüler Holger Freelandt (*1975) aus Vilshofen (BY) stapelt Domino-Türme in Serie. Bis zum 2. Februar 1994 hatte er 500 – leider aber nicht handelsüblichen – Steine auf einem hochkant stehenden Dominostein gestapelt. Unverdrossen stapelte er neu und erzielte am 25. März 1994 jetzt mit gewöhnlichen gepunkteten Steinen einen 22 cm hohen Turm aus 300 nicht verklebten oder auf eine andere Weise miteinander

TOPLEISTUNGEN, SPASSREKORDE 286/287

• Freizeitsport • Spaßrekorde

10 Schülerinnen errichteten diese größte Dosenpyramide in 28:53 Min. aus 3795 Alu-Dosen in Singapurs Marina City Park.
Foto: Marina Jaycees

Diese Stoffbären waren in Christchurch (Neuseeland) die Stars der größten Teddybär-Party. Begleitet wurden sie von ihren Besitzern, die den Tag ebenfalls genossen, auch wenn sie nicht im Mittelpunkt der Aufmerksamkeit standen.
Foto: Christchurch Press Co. Ltd

J.C. Payne (mit der roten Mütze) mit seinem riesigen Schnurknäuel. Im November 1993 entging er nur knapp einem Zusammenstoß, als es von einem Podium purzelte und auf ihn zurollte.
Foto: Gamma

Münzenbalance: Eine Münze flach auf dem Tisch, darauf hochkant eine zweite Münze. Und darüber stapelte Mohammad Irshadullah Hamidi aus Muzaffarpur (Indien) am 16. März 1993 eine Pyramide von 870 Münzen.
Foto: Guinness Publishing

Höher als ein zweistöckiges Haus war diese Sandburg. Erbaut wurde sie am 26. September 1993 in Harrison Hot Springs, Britisch-Kolumbien (Kanada), von einem Team unter Leitung von Joe Maize, George Pennock und Ted Siebert, das für das 6,56 m hohe Kunstwerk nur die Hände sowie Eimer und Schaufeln benutzte.
Foto: Loretta MacMahon/ Harrison Hot Springs

Rekord: 100 Gläser balancierte Leo Bircher mit einem Tablett auf seinem Kopf.

Rekord: Mit einem Rad im Rad (Außendurchmesser 2000 mm) verblüfften die Radbastler Otto Troppmann und Winfried Ruloffs.

Eine zweistündige Show-Einlage bot das Erste Deutsche Wasserski Show Team auf der Förde.

Rekorde und Rekordler purzelten in Flensburg

Ein gutes Dutzend *Guinness*-Rekordhalter gaben sich beim Flensburger Tummelum vom 8. bis 10. Juli 1994 ein Stelldichein. Zusammen mit neuen Rekordjägern waren sie den Aufrufen der Partner Flensburgs und des rührigen Organisators Michael Reinhardt zu dieser Spaßolympiade »Fremde werden Freunde« gefolgt. Bei strahlendem Sonnenschein gab's auch für die über 200 000 Besucher ein buntes Mixtum neuer Rekordmarken und mancher überraschenden Pannen und Pleiten.

Das Rekordfieber hatte sie alle im Griff: Aus Halle und Leipzig, aus Flensburg (Toni Potratz u.a.) und von nebenan aus Lübeck, aus Berlin (Gero Hilliger), Wolfsburg, Nordwalde, Stuttgart und aus der Schweiz waren sie dabei. Schrotti aus Düsseldorf hatte bereits im Mai mit seiner Computer-Müll- und Musikmaschine einen Besuch in Flensburg gemacht und war wieder zur Stelle. Musikalisches gab es auch mit dem größten Dudelsack, mit der Drehorgel und dem rückwärtsradelnden Geiger. Für Nervenzittern sorgten mit Jonglier- und Balancier-Shows die Schweizer Paul Sahli, Leo Bircher und Manfred Wagner. Geduld, Fingerspitzengefühl und Konzentration waren beim Streichholzstapeln auf dem Flaschenhals, beim Dominosteinstapeln im Kleinen und beim Bierkistenstapeln und der Menschenpyramide im Großen gefragt.

Nicht zu schlagen mit seinem Spaßprogramm war Dreh-Orgel Rolf aus Halle: Er präsentierte den größten Flaschenöffner und mit 19,9 m die längste Krawatte, hergestellt von der Modegestalterschule Halle (SA), die er vom 200 Jahre alten Schiffskran herabwehen ließ.

Als Auftakt zur Spaßolympiade fand am 28. Mai 1994 auf der Innenförde Flensburgs das erste Badewannenrennen über eine festgelegte Distqnz - über 320 m - statt. Die Bedingung bestand darin, diese Strecke in kürzester Zeit zu durchfahren. Schnellster von 12 Teilnehmern wurde in der Sonderklasse Tretschaufelradantrieb das auch originellste Fahrzeug *Captain Ahab* in 6:02 Min.
Foto: Günter Graetsch

TOPLEISTUNGEN, SPASSREKORDE 288/289

• Spaßolympiade

Unterhaltend: Schrottis Spaßmobil und der größte Dudelsack von Troppmann/Ruloffs (Premiere!).

Daneben: Pech auf der Feuerwehrleiter für Paul Sahli.

Vom Wind verweht: Kein neuer Dominostapel-Rekord für Ralf Laue.

Geglückt: Birchers Bleistift-Balance über 2:42 Min.

Bis 43,85 m ging alles gut. Dann fielen die Bierkästen.

Rekord: Martin Bukovsek gelang eine Menschenpyramide aus 50 Personen - jede Person mußte mindestens drei andere berühren.

Rekord: 5500 Ballberührungen mit dem Medizinball schaffte Manfred Wagner.

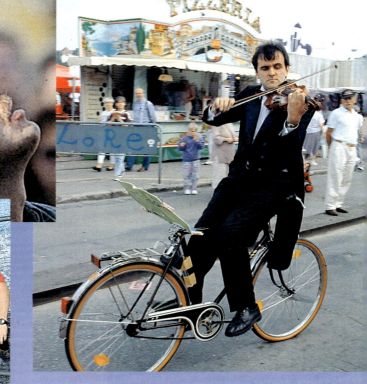

Aufsehen erregend: Christian Patzigs Rückwärtsradeln und Geigenspiel nach Bach.
Fotos: Wilhelm Brinkmeier

An der 5. Badewannenregatta am 5. Juni 1993 nahmen 46 Badewannen aus drei Bundesländern teil. 123 Kinder und Jugendliche steuerten nur mit Muskel- und Windkraft die teilweise abenteuerlich anmutenden Wannen über eine 500-m-Strecke auf der Müritz in Röbel (MV). Originell waren nicht nur die Gestaltung der Wasserfahrzeuge, sondern auch deren Namen wie *Röbel-Airline*, *Käsebrot*, *Hundsmühlener Würstchenpfanne*, *Blitzente* oder *Schwimmender Herd*. Fast 3000 Zuschauer wohnten dem Spektakel bei.

verbundenen Dominosteinen in 37 Schichten.

Dosenbauten: Aus 3 245 000 leeren Bierdosen besteht ein Modell der Basilica di Sant'Antonio di Padova im Maßstab 1:4, das in Zusammenarbeit mit AMNIUP, AIDO, AVIS und GPDS in Padua gebaut wurde. Das 29,15 x 23 x 17,05 m große Modell wurde am 20. Dezember 1990 nach 20 000 Arbeitsstunden fertiggestellt.

Das Völkerschlachtdenkmal, nachgebaut aus 12 032 Kisten und 47 520 Dosen, errichteten sieben Mitarbeiter der Coca-Cola-Niederlassung Eilenburg auf dem Parkplatz eines Leipziger Gewerbeparks (Sachsenpark). Nach zwei Tagen Bauzeit stand das 9,5 m hohe Cola-Kisten-Denkmal im Maßstab 1:10 am 5. September 1992.

Die größte Dosenpyramide bestand aus 3795 Alu-Dosen. Sie wurde am 10. November 1993 im Marina City Park in Singapur von 10 Schülerinnen der dortigen Cedar Girls Secondary School in 28:53 Min. errichtet.

Einen Dosenturm aus 20 627 leeren Alu-Dosen bauten Gernot Spitzenstätter (* 1967), Dieter Steneck (* 1956) und die Kinder des MK-Jugendzentrums Innsbruck in 4 Std. am 10. Juni 1989 auf dem Innsbrucker Landhausplatz. Die 77 Stockwerke erreichten eine Gesamthöhe von 10,54 m.

Der längste tanzende Drache maß von der Nasenspitze bis zum Schwanzende 1559 m und wurde von 2180 Menschen zum Leben erweckt, als sie ihn am 17. April 1994 auf einem zur Einweihung einer Brücke an der Südküste Chinas, die Macau mit der Insel Taipa verbindet, veranstalteten Volksfest 30 Min. lang tanzen ließen.

Drachensteigen (alle Rekorde sind von der Fachzeitschrift *Kite Lines* bestätigt).

Der längste Drachen war 1034,45 m lang. Er wurde von einem Team unter Leitung von Michel Trouillet gebaut und am 18. November 1990 in Nimes (F) auch geflogen.

Die Rekordhöhe von 9740 m erreichte am 1. August 1919 eine Kette aus acht Drachen über Lindenberg.

Der Höhenrekord für einen einzelnen Drachen liegt bei 3801 m, die Henry Helm Clayton und A. E. Sweetland am 28. Februar 1898 an der Blue-Hill-Wetterstation in Milton, Massachusetts (USA), erreichten.

Der Geschwindigkeitsrekord liegt bei 193 km/h, erzielt am 22. September 1989 von Pete DiGiacomo über Ocean City, Maryland (USA).

Das größte Gewicht, das von einem einzelnen Drachen transportiert wurde, sind 330 kg. G. William Tyrrell jun. flog am 23. September 1984 mit dieser Last über Ocean City, Maryland (USA).

Die längste Linie bildeten am 18. Oktober 1990 in Sakurajima, Kagoshima (Japan), 11 284 Drachen, die von einem Team unter der Leitung von Sadao Harada geflogen wurden.

Den längsten bekannten Drachenflug unternahm vom 21. bis 29. August 1982 ein Team des Edmonds Community College in Long Beach, Washington (USA), unter der Leitung von Harry N. Osborne. Es war 180:17 Std. unterwegs.

Der größte Drachen (550 m² Fläche) flog am 26. September 1993 am Strand des Ostseebades Damp (SH) 65 Min. lang. Eigentümer des Drachens ist das holländische Vlieger op-Team, das diesen Rekord beim 7. Internationalen Damper Drachenfest aufstellte.

Eierwerfen: Die längste belegte Entfernung für das Werfen eines rohen Hühnereies, ohne es zu zerbrechen, ist 96,6 m. Dieser Rekord gelang Risto Antikainen und Jyrki Korhonen in Siilinjaroi (SF) am 6. September 1982.

TOPLEISTUNGEN, SPASSREKORDE

• Spaßrekorde

Rückwärts-Fahrradfahren: Der Musikstudent Christian Patzig (* 1963) übertraf sich selbst, indem er am 21. März 1987 rückwärts auf seinem Fahrrad sitzend in 5:08 Std. die Strecke von 60,45 km geigespielend zurücklegte. Ort des Geschehens: ein Teilstreckenstück der Autobahn St. Gallen (CH), das noch nicht für den normalen Verkehr freigegeben war. Anmerkung von Christian Patzig: »Die Akustik im Rosebergtunnel war besonders gut.«

Nonstop rückwärts fährt auch Johann Plattner (* 1964) aus Aidenbach (Landkreis Passau) mit dem Fahrrad und spielt dabei Akkordeon. Am 11. Juli 1987 schaffte der Mechaniker eine Strecke von 70,9 km in 4:15 Std.

Feuerwehr: Die größte Wassermenge, die bisher ein achtköpfiges Team an der Handfeuerspritze in einem 80-Std.-Einsatz »verpumpt« hat, waren 124 624 Liter. Diesen Rekord schaffte die Grampian Fire Brigade vom 17. bis 20. August 1989 in Aberdeen (Schottland).

Die größte Wasserwand aus 125 C-Strahlrohren errichteten auf einer Länge von 155 m 250 Feuerwehrleute an den Strahlrohren und 50 Feuerwehrmänner an der Technik (Pumpen TS 8/8 und Verteiler, die 14 000 l Wasser/min förderten) am 26. Juni 1993 auf den Aurachwiesen in Herzogenaurach (BY). Untermalt wurde das Spektakel zum 125jährigen Bestehen der dortigen Freiwilligen Feuerwehr durch Marschmusik aus zwei Lautsprechertürmen.

Eine Schlauchleitung von 4700 m Länge (B-Schlauch) verlegten 83 Wehrmänner der Freiwilligen Feuerwehren von Gorxheimertal (HE) am 23. April 1994 anläßlich der Frühjahrs-Gewerbeschau der Wirtschafts- und Gewerbevereinigung. Den Höhenunterschied von 100 m überwanden sie in einer Verlegezeit von 1:25 Std.

Den größten Flaschenöffner, mit dem man 21 Flaschen zur gleichen Zeit öffnen kann, stellte der Spaßmacher und Maschinenbauingenieur Rolf Becker (* 1947) aus Halle (SA) im Steintor-Varieté vor. Der erstaunten Presse zeigte Dreh-Orgel Rolf am 27. März 1991, daß sich mit diesem Öffner sogar sein Wunder*trabi*, mit dem er 1990 durch die USA unter dem Motto »Von Halle nach Hollywood« fuhr, anheben läßt. Die Maße des Öffners: 1,5 x 2,5 m, 35 kg schwer.

Das Einschulungsfoto mit den meisten Kindern entstand am 25. August 1990 in Gifhorn (N). 534 Erstklässer kamen mit ihrer Schultüte zum Fototermin auf den Gifhorner Schloßhof.

Im Dauerfunken glückte dem Lackierer Claus-Jürgen Bork (* 1962) aus Göttingen ein neuer Rekord mit 144 Std. Vom 12. bis 18. November 1989 war der Hobbyfunker in seiner Station auf Lambda 1 im Clubraum des Lambda-Funk-Clubs Göttingen in Lenglern auf Sendung. Damit überbot er den jüngsten Rekord eines Schweizers um 4:40 Std. Im April 1989 hatte der Aarburger SBB-Rangiergruppenführer Hans-Peter Berner 139:20 Std. Dauerfunken durchgestanden.

Im Mannschafts-Dauerfunken erreichten sieben CB-Funker vom Funkdienst Bisingen (BW) 91:15 Std. Vom 27. bis 31. März 1986 waren die im Landkreis Rottweil und Zollernalb verteilten Stationen von Bärbel und Jens Reichert, Karlheinz Neith, Alexander Reichert, Wolfgang Holp, Hartmut Stengel und Dirk Baur im Dauereinsatz.

Riesen-Gästeliste: Um die Feierlichkeiten zum 1100jährigen Jubiläum des 3489-Seelen-Dorfes Lippramsdorf (jetzt Haltern, NW) im Jahr 1989 zu finanzieren, schaffte die Interessengemeinschaft Handwerk, Handel und Gewerbe Haltern-Lippramsdorf eine 8,47 m lange, 1,2 m breite und 25 kg schwere lederne Gästekarte. Verbunden mit einer Spende für die 1100-Jahr-Feier konnte sich jeder in dieser Gästekarte verewigen. Die wohl prominentesten der 2956 Unterschriften sind die von Bundespräsident Richard von damaligen Weizsäcker, Bundeskanzler Helmut Kohl und Ministerpräsident Johannes Rau. Der Spendenerlös betrug im Zeitraum von September 1988 bis Januar 1989 20 074 DM. Die Gästekarte ist im Offenbacher Leder-Museum ausgestellt.

Haarschneiden unter Wasser übte der Friseurmeister Jürgen Sommerfeld (* 1943) aus Straubing (BY) am 2. Oktober 1992. In 35 m Tiefe am Muränenriff bei Jandia Playa (Fuerteventura) schnitt er 25 Min. lang bei starker Wasserströmung und einem Druck von 4,5 bar mit einer Jaguar-Satinschere Haare – überwacht von 25-30 Muränen.

Haarspalten: Die Bestleistung im Haarspalten erzielte der frühere Radrennfahrer Alfred West (1901-85), dem es achtmal gelungen ist, ein Menschenhaar 17mal in 18 Teile zu spalten.

Den größten Hampelmann, aus 2,5 m³ Holz gebaut, konnten die Besucher einer Gewerbeausstellung in Meilen, Zürich (CH), vom 24. bis 26. September 1993 bewundern. Der 6 m hohe hölzerne Riese mit einem Geschicklichkeitsspiel wog 1500 kg, stand auf einem 4000 kg schweren Sockel und bewegte seine Arme hydraulisch.

Den Rekord im Händeschütteln in offizieller Funktion hält der frühere amerikanische Präsident Theodore Roosevelt (1858-1919), der beim Neujahrsempfang am 1. Januar 1907 im Weißen Haus in Washington, D.C. (USA), 8513 Gäste per Handschlag begrüßte.

Scott Killon aus Vancouver (Kanada) hat am 8. August 1992 auf der Expo '92 in Sevilla (ES) innerhalb von 8 Std. 25 289 Menschen die Hand gegeben.

Einen unbefestigten Holzturm aus 2720 Nadelholzleisten (90 x 50 x 2000 mm) baute der Sportverein SV 86 Schönberg (BY) einen achteckigen Turm von 20,1 m Höhe am 26./27. Juli 1991.

Den längsten »menschlichen Hundertfüßer« bildeten 1509 Schüler und Lehrkräfte des Anderson Junior College am 31. März 1994 im Bishan-Park in ihrer Heimatstadt Singapur. Sie waren an den Knöcheln zusammengebunden und legten eine Strecke von 30 m zurück, ohne daß ein einziger »Fuß« ins Stolpern kam.

Kammblasen boten 214 sächsische Friseure am 9. Februar 1992 in der Chemnitzer Stadthalle bei der 40. Folge der Fernsehshow *Wennschon – dennschon*. Gemeinsam bliesen sie die Ouvertüre des *Barbier von Sevilla* auf mit Seidenpapier bestückten Kämmen unter Leitung des Freiberger Kapellmeisters Wolfgang Dorschner.

Ein-Mann-Kapelle: 108 verschiedene Instrumente (19 Melodie- und 89 Schlaginstrumente) gleichzeitig zu spielen, gelang dem Briten Rory Blackwell am 29. Mai 1989 in Dawlish, Devonshire (GB). Mit dem linken Fuß bediente er dabei den senkrechten Doppelschlegel, mit dem rechten den 22zackigen Schlegel für drei horizontale Reihen von Schlaginstrumenten. Sein Horngebläse setzte er mit einem zwölf Ventile starken Blasebalg in Gang. Blackwell weist noch einen weiteren Rekord auf: Am 27. Mai 1985 spielte er, gleichfalls in Dawlish, 314 Instrumente in 1:23.07 Min.

Das freistehende Kartenhaus mit den meisten Etagen, nämlich 81, baute vom 20. bis 26. Mai 1994 Bryan Berg aus Spirit Lake, Iowa (USA). Das aus Standardspielkarten ohne jeglichen Klebstoff errichtete Bauwerk war 4,78 m hoch.

Seinen eigenen Rekord im **Zerreißen von Kartenspielen** überbot Georges Christen (* 1963) bei einem »Week-End des Records« im belgischen Pepinster am 4. Juni 1989. 120 handelsübliche Spielkarten wurden auf einmal zerrissen.

Kaugummiblasen: Am 1. November 1987 hatte es Thomas Barro (* 1965) aus Ehingen im Alb-Donau-Kreis geschafft: Nach zweijährigem Üben blies er einen Kaugummiballon mit einem Durchmesser von 57 cm. Weltrekord!

Die größte »Kerze«: Eingehüllt mit 1000 m² rotem Fahnenstoff, präsentierte sich 1991 erstmalig der 36 m hohe Hinterturm in der mittelalterlichen Burgenstadt Schlitz (HE). Die Interessengemeinschaft des Schlitzer Handels und Gewerbes e.V. (IG Kaufladen) hatte das Wahrzeichen der Stadt kurzerhand auf der Turmspitze noch mit der Nachbildung einer Kerzenflamme um weitere 5,73 m erhöht und mit einer Glühbirnenkette bestückt. Diese größte Weihnachtskerze wird künftig ab der Vorweihnachtszeit bis Anfang Januar jährlich leuchten.

Kerzen-Ausblasen: Vor laufenden Kameras einer RTL-Live-Sendung blies der Gastwirt Nicola Haddad (* 1936) aus Lüchow (NS) am 19. April 1994 im Jugendzentrum der Stadt in 2:21,1 Min. 1000 brennende Wachskerzen in Haushaltsgröße aus. Die Kerzen waren auf einer 12 m langen Reihe von Tischen, die diagonal durch den Raum führte, mehrreihig aufgestellt.

Kinderwagenschieben: Die größte Strecke im 24-Std.-Kinderwagenschieben schafften mit 563,62 km 60 Mitglieder der Ostflandern-Gruppe von Amnesty International am 15. Oktober 1988 in Lede (B). Ein zehnköpfiges Team der Royal Marines School of Music in Deal (GB) schaffte mit einem erwachsenen »Baby« im Wagen am 22./23. November 1990 437,2 km in 24 Std.

Im Krankenbett-Dauerschieben erreichten die vier 12-15jährigen Schüler Christian Hamm, Heiko Dotterweich, Thorsten Bruckelmeier und Andreas Krauß vom Jugendrotkreuz Zweibrücken-Stadt in 24:30 Std. 136 km. Mit ihrem rollenden Krankenbett schafften sie diese Leistung trotz Dauerregens auf der Rennwiese Zweibrücken am 21./22. April 1989.

Im Kreiseldrehen (Zwirbeln) gelang Fritz Kropf (* 1956) aus Steffisburg, Bern (CH), am 11. Dezember 1993 in vier Versuchen der Rekord: Von 96 handelsüblichen 3,5 cm großen Holzkreiseln mit 3,5 cm Durchmesser rotierten, einmal von Hand in Bewegung gesetzt, 79 Holzwirbel gleichzeitig.

Kronenkorken-Pyramide: Eine Pyramide aus 362 194 Kronenkorken errichtete vom 17. bis 22. November 1990 in Tschernigow (Ukraine) eine elfköpfige Gruppe unter Leitung von Jewgeni Lepetschow.

Küssereien: Alfred A. E. Wolfram aus New Brighton, Minnesota (USA), küßte am 15. September 1990 beim Minnesota Renaissance Festival in 8 Std. 8001 Frauen – in 3,6 Sek. jeweils eine. Im Unterwasser-Küssen stellten Toshiaki Shirai und Yukiko Nagata am 2. April 1980 den Rekord mit 2:18 Min. auf.
Die größte Kußaktion fand vom April 1992 bei den Internationalen Tennismeisterschaften Hamburg bis zum Alstervergnügen im August 1993 statt. Das internationale Publikum Hamburgs, Männer, Frauen und Kinder, bemalten sich ihre Lippen und gaben ihren Kuß auf einem 1,1 m breiten Leinentuch, umrandeten ihren Kuß mit einem frei gewählten Motiv und schrieben ihren Namen dazu und gaben Spenden. 5505 Küsse konnte die Deutsche Muskelschwund-Hilfe e. V. Hamburg am Ende zählen und 10 000 DM Spendengelder.
Lippenbekenntnisse für das längste Lippenbild suchte der Portrait-Kreis Steiermark (A) am 14. November 1992 auf dem Grazer Hauptplatz. Innerhalb von 2 Std. sollten so viele Abdrucke steirischer Lippen wie möglich auf eine Leinwand gebracht werden: 1014 Küsse von Passanten waren es am Ende.
Unbedingt ins Guinness Buch der Rekorde wollte die in einem Nürnberger Dentallabor tätige Barbara Augustin (* 1966): Das wurde dann ihr Auftritt in der ARD-Sendung Meine Show am 14. April 1994 – in 3 Min. küßte sie 76 Männer im Eilverfahren.

Lenkdrachen: Der längste Schlepp mit einem Lenkdrachengespann gelang Reenhard Gerdes (* 1959) aus Nordhorn am 17. Juni 1987. Auf dem dänischen Fanø-Strand legte er bei einer Windstärke von 6-7 auf Schuhsohlen mit einem Lenkdrachengespann 10,2 km zurück.

Liegestütze auf rohen Eiern übt der Skilehrer und Karatetrainer Johann Schneider (* 1957) aus Alpbach (Tirol) seit 1986. Am 6. September 1991 steigerte er seinen Rekord bei der Berliner Funkausstellung von 93 auf 99 Liegestütze. Sie müssen mit gespreizten Fingern und Daumen gemacht, der Kontakt zwischen Hand/Fingern und Unterlagen gemieden und die beiden Eier müssen vertikal gehalten werden.

Den größten geschlossenen Menschenkreis bildeten am 23. Oktober 1982 im Komazawa-Stadion von Tokio 10 323 Mitarbeiter der Nissan-Motorenwerke. Die Japaner führten dabei vor, wie man auch ohne Stuhl sitzen kann: Sie gingen halb in die Hocke und ließen sich auf den Oberschenkeln des Hintermannes nieder.

Miniaturschrift: Nach einem Bericht aus dem Jahr 1926 hat Alfred McEwen die 56-Wörter-Version des Vaterunsers mit einem Diamantstift auf ein nur 0,04 x 0,02 mm großes Glasplättchen geschrieben. McEwen war für seine Schriftexperimente mit dem Storchenschnabel bekannt. Surendra Apharya aus Jaipur (Indien) brachte im Dezember 1990 Zitate aus Nehru-Reden mit 10 056 Schriftzeichen auf einer indischen Briefmarke unter, die 19,69 x 17,82 mm maß, und am 19. Mai 1991 schrieb er 1749 Schriftzeichen auf ein Reiskorn (Namen von Ländern, Städten und Regionen).
Chang Shi-Qi aus Wuhan (China) schrieb am 2. Juni 1992 in Singapur in der Ausstellung Guinness World of Records 308 Schriftzeichen (28mal »Gott segne dich«) auf ein 2 cm langes menschliches Haar.

Die meisten freiwilligen Müllsammler (an einem Ort und einem Tag) kamen am 2. Oktober 1993 in Kalifornien zusammen, als sich 50 405 Menschen an einer internationalen Aktion zur Reinheit der Küsten beteiligten.

Ein Mundharmonika-Konzert gaben 617 Gäste bei der Internationalen Musikmesse Frankfurt/Main am 11. März 1992. Gemeinsam spielten die Schausteller auf Hohner-Miniatur-Mundharmonikas das Lied I come from Alabama.

Münzstapel: Der höchste Münzstapel auf der Kante einer Münze bestand aus 253 indischen Ein-Rupie-Münzen auf der Querseite einer hochkant stehenden Fünf-Rupien-Münze. Der erfolgreiche Hochstapler war am 3. Mai 1991 Dipak Syal aus Yamuna Nagar (Indien), dem am 1. Mai 1991 ein weiteres Kunststück gelang: Er balancierte zehn Ein-Rupie-Münzen und zehn Paise-Münzen abwechselnd vertikal und horizontal in einer einzigen Säule.
Eine Münzpyramide aus 18 975 Zwei-Pfennigmünzen bauten die Realschüler Tobias Linhart und Harald Schneider aus Altheim (BW) am 31. Januar 1994. Auf einer Grundfläche von 22 Stapeln (42,5 x 42,5 cm) mit jeweils fünf übereinanderliegenden Münzen im Quadrat setzten sie 22 Reihen mit einer Gesamthöhe von 17 cm.

Die längste Murmelbahn bauten Peter Christen, Markus Waser und Hanspeter Zimmermann aus Hakle-Kartonhülsen entlang der Standseilbahn der Stanserhornbahn in Stans, Nidwalden (CH). Am 31. Oktober 1993 legte die Kugel die 1547 m lange Strecke in 4:22 Min. zurück.

Eine Musik- und Computermüllmaschine baute der Musikclown Schrotti (alias Udo Scharnitzki, * 1951) aus ausgedienten Gegenständen aus Industrie und Haushalt in zweijähriger Arbeit. Mit diesem ungewöhnlichen Musikinstrument sorgt der Düsseldorfer bei Straßen- und Betriebsfesten für gute Laune. Das Wunderwerk ist 4,1 m lang, 2,87 m hoch, 1,35 m breit und wiegt 640 kg.

Der größte Nußknacker entstand in Neuhausen (S). Am 4. November 1992 hatte der Maschinenbaumeister Jürgen Löschner (*1945) nach 600 Std. 2,5 m³ Holz und 30 kg Leim und 12 Kaninchenfelle (sie dienten als Haar und Bart) für einen 3,86 m hohen voll funktionstüchtigen Nußknacker verarbeitet. Jürgen Löschner ist Nußknacker-Sammler und besitzt 1549 verschiedene Stücke aus 18 Ländern.

Pfeifen: Am lautesten pfeifen kann der Engländer Roy Lomas. In den BBC-Aufnahmestudios in Manchester brachte er es am 19. Dezember 1983 auf eine Lautstärke von 122,5 Dezibel.

Einen Riesenpurzelbaum schlugen 868 Jugendliche am 24. Mai 1992 auf dem Sportgelände der Stadt Güglingen (BW). Alle Teilnehmer des 17. Württembergischen Jungenschaftstages hielten sich an den Händen, vollzogen auf ein Kommando gleichzeitig eine Rolle vorwärts, ohne einander loszulassen, standen wieder auf und hatten einen neuen Rekord geschafft.

Reise nach Jerusalem: Das bisher größte Spiel wurde am 5. August 1989 an der anglo-chinesischen Schule von Singapur mit 8238 Teilnehmern gestartet. Am Ende saß nur noch Xu Chong Wei auf einem Stuhl.

Der längste handgestrickte Schal entstand mit 1250 m Länge in Dornbirn, Bundesland Vorarlberg (A). Vom 26. September 1987 bis zum 26. März 1988 waren 149 Damen und ein Herr vom Strickfieber umgarnt. Das Wollfachgeschäft Ursula Fitschka Zur

Foto: Bernd Krug

TOPLEISTUNGEN, SPASSREKORDE

• Spaßrekorde

Stricknadel mußte für den 24 cm breiten Schal 132 kg Wolle liefern.

Der größte Schneemann war 27,47 m hoch. Acht Einwohner von Saas-Fee (CH) hatten 21 Tage an ihm gearbeitet, bevor er am 6. November 1993 fertig wurde.

Das größte Schnurknäuel hat einen Durchmesser von 4,03 m und einen Umfang von 12,65 m. Es wurde zwischen 1989 und 1992 von J. C. Payne aus Valley View, Texas (USA), aufgewickelt.

Größter Schreihals, zumindest in Großbritannien, war lange Zeit Ben Johnson aus Fowey in Cornwall. Elfmal gewann er zwischen 1939 und 1973 den traditionellen Wettbewerb der britischen Marktschreier. 1980 ging in Cricklade mit Henrietta Sargent erstmals eine Frau als Siegerin hervor. Als man ihr mitteilte, daß sie 31 Mitbewerber aus dem Feld geschrien hatte, meinte Henrietta Sargent: »Ich bin sprachlos.«

Die größten Seifenblasen der Welt produziert der Schweizer Eisenplastiker Iwan Pestalozzi aus Binz bei Maur (Kanton Zürich). Mit seiner selbstkonstruierten Seifenblasenmaschine erzeugt er über 3 m lange und bis zu 90 cm breite runde oder ovale Rekordblasen.
Die längste Seifenblase gelang dem Amerikaner David Stein aus New York (USA) am 6. Juni 1988 mit einer Länge von 15,2 m. Stein benutzte dazu nur einen einfachen Stabring, Flüssigseife und Wasser.
Mit Menschen in Seifenblasen wartet der vietnamesische Artist Fan-Yang (* 1962) aus Lausanne (CH) auf. Erstmalig entstanden am 27. September 1991 im Kölner Maritim Hotel mit Hilfe eines 65 cm großen Ringes, einem 1 m großen runden Tablett und einer Lauge aus vier verschiedenen Seifen schillernd luftige Gebilde von über 2,3 m Umfang, die in seiner Show sogar seine Assistentin umhüllen.

Spuck-Rekord: Mit einem Kirschkern kam Horst Ortmann aus Langenthal (HE) am 29. August 1992 auf die Rekordweite von 26,96 m. Bester Wassermelonenkernspucker ist Lee Wheelis, der am 24. Juni 1989 in Lulin, Texas (USA), eine Weite von 20,96 m erzielte. Randy Ober aus Bentonville, Arkansas (USA), spuckte am 4. April 1982 auf der bei Barstow, Kalifornien (USA), ausgetragenen 5. Meisterschaft im Tabakkauen und -spucken ein Tabakstück 14,5 m weit.

Steinhüpfen auf dem Wasser: Der durch Videoaufnahmen belegte Rekord liegt bei 38 Sprüngen, die Jerdone am 20. Oktober 1991 in Wimberley, Texas (USA), schaffte.

Der größte »Stern« leuchtet alljährlich vom 1. Dezember bis Anfang Januar im historischen Zentrum der Fuggerstadt Sterzing, Südtirol (I). Weihnachten 1991 wurde der vierzackige vom Zwölferturm ausgehende Weihnachtsstern mit einem maximalen Durchmesser von 21 m montiert und mit 1200 Lampen im Abstand von 50 cm auf 600 m Stahlseil versehen.

Streichholzstapeln: Seinen eigenen Rekord aus dem Vorjahr überbot der Rostocker Grundwehrdienstleistende Peter Both am 8. Januar 1994 um ganze 20,2 cm und schraubte den Rekord im Stapeln von Streichhölzern auf einem Flaschenhals auf stolze 60,4 cm. Der Stapel bestand aus 4756 Hölzern in 282 Schichten und erforderte mehr als 16 Std. Arbeitszeit.
Eine Sparversion erstapelte sich der Schüler Ernst Schobesberger aus Schwanenstadt (A). Mit nur 403 Streichhölzern baute er am 18. März 1994 einen 43 cm hohen Stapel in 199 Schichten.

Einen Streichholzturm von 2,5 m Höhe, bestehend aus 79 800 Hölzchen (alle selbstverständlich nicht verklebt) baute der Tischlerlehrling Theodor Mayr (* 1967) aus Windischgarsten (A) in 230 Arbeitsstunden. Am 31. August 1984 wurde der freistehende Turm in Gegenwart von elf Zeugen umgeworfen.

Streichholzbau: Eine exakte, maßstabgetreue Kopie der Pfarrkirche St. Publius in Floriana (Malta), einschließlich ihres Inneren, stellte Joseph Sciberras aus Malta aus über 3 Mio. Streichhölzern her. Das Modell hat eine Grundfläche von 2 m² und ist 1,5 m hoch.

Zur größten Teddybär-Party versammelten sich am 16. Januar 1994 in Christchurch (Neuseeland) 16 837 Vertreter dieser Spezies samt ihrer Besitzer.

Im **Telefonbuch-Zerreißen** verbesserte der niederösterreichische Herkules Franz Bierbaum (* 1946) aus Preßbaum bei der 4. Amstettner Sportgala am 22. November 1992 seinen Weltrekord und zerriß in nur 29,9 Sek. 20 Stück *Amtliche Wiener Telefonbücher*.
Bei den Frauen benötigte Susanne Witte (* 1971) aus Taufkirchen (BY) 90 Sek. für drei Telefonbücher in der RTL-Sendung *Aber Hallo* am 1. Dezember 1994. Das 990 Seiten starke Postleitzahlenbuch hielt ihr nur acht Sekunden stand.

Das längste Transparent (10 600 m lang und 80 cm breit) legten mehr als 8000 österreichische Atomkraftgegner unter der Schirmherrschaft der Überparteilichen Plattform gegen Atomgefahren zum Gedenken an die Reaktorkatastrophe in Tschernobyl und aus Protest gegen das Atomkraftwerk Temelin aus. Vom Marktplatz im tschechischen Tyn ging es am 27. April 1991 zur Baustelle des Atomkraftwerks Temelin und zurück nach Tyn.

Das größte beleuchtete Transparentbild mit religiösen Motiven wird alljährlich von Schülern des Gymnasiums Haus Overbach in Jülich (NW) hergestellt und in einer dem Gymnasium angeschlossenen Kapelle ausgestellt. 1993 entstand unter der Leitung von P. Friedrich, K. J. Wolf und M. Löw **ein 61,6 m²** (5,5 x 11,2 m) großes Bild. 278 Schüler des Gymnasiums waren 2700 Std. damit beschäftigt, dieses Kunstwerk aus 176 Bögen Tonpapier, 274 Flaschen Klebstoff, ca. 5200 bunten Plastiktüten und 14 000 Tackernadeln herzustellen.

Verbesserungsvorschläge: Ergiebigsten Gebrauch vom betrieblichen Vorschlagswesen machte John Drayton (1907-87) aus Newport, Gwent (GB) – alle zum Nutzen der britischen Eisenbahn. Im Jahr 1924 hatte er seinen ersten Vorschlag eingereicht, bis August 1987 überschwemmte er die Eisenbahner mit sage und schreibe 31 400 Anregungen. Mehr als 100 wurden in die Tat umgesetzt. 1983, zum 60jährigen »Jubiläum«, hatte es bei John Drayton geläutet: die britische Eisenbahn verehrte ihm als Dank eine Glockenuhr. Der Kraftwerker Norbert Gladrow (*1954) aus Dinslaken (NW) hat von Januar 1982 bis Dezember 1993 insgesamt 1879 Verbesserungsvorschläge, davon allein 343 im Jahr 1990 bei der Steag AG, Essen, eingereicht. Von allen Verbesserungsvorschlägen wurden bisher 1121 eingeführt und prämiert.

Die längste Wassereimerkette war 3496,4 m lang. Sie wurde von 2271 Menschen gebildet, die am 11. Juli 1992 entlang der Strecke der Hundertjahresparade in Hudson, New York (USA), 50 Eimer weiterreichten.

Zigarettenschachteldomino: Nach 418tägiger Sammelei reichten die Zigarettenschachteln für einen Rekordversuch. 25 555 leere Zigarettenschachteln wurden untereinander aufgestellt. Herzstück des Kunstwerks war ein Flächenbild des Frankenwappens aus ca. 5000 Schachteln und des Wappens von Sand am Main aus ca. 3500 Schachteln. Am 23. Februar 1992 um 13 Uhr 45 war es endlich soweit – die erste Reihe wurde angetippt, und in 4:40 Min. stürzten 25 555 in langer und mühevoller Arbeit aufgestellte Zigarettenschachteln um. Ein kurzes Vergnügen für die zehn Erbauer um Initiator Patrik Nastvogel (* 1974) aus Sand am Main (HE).

Zigarettenschachtelturm: Im Pfarrheim von Gars am Inn (BY) türmten sich 8682 leere Marlboro-Schachteln zu einem 6,45 m hohen Turm am 18. Januar 1988. In 15 Arbeitsstunden hatten Robert Otter (* 1968) und Walter Eder (* 1967) auf einer Fläche von 100 x 75 cm den freistehenden Turm (nichts war geklebt oder befestigt) errichtet – zwei Jahre hindurch hatte ganz Gars die nötigen Schachteln gesammelt.

Zum Zündholzabbrennen hatten Jochen Pretali (*1971) und Hanspeter Suter (*1965) nach 800 Arbeitsstunden 338 000 Zündhölzern (845 Würfel zu je 400 Streichhölzern) zu dem Schriftzug **MÄNNERRIEGE IBACH SZ** (5,84 m lang, 1,61 m breit) zusammengesetzt und in Schwyz (CH) am 1. Mai 1993 angezündet: in 25 Sek. war alles abgebrannt.

Rausch der Geschwindigkeit. Die Formel 1-Piloten erreichen in ihren windschlüpfrigen Rennern oft mehr als 300 km/h. Da heißt es, vollste Konzentration aufzubringen, denn schon der kleinste Fehler kann schlimmste Folgen haben.

Foto: Zentralbild

SPORT

- **Fußball:** Brasilien wieder die Nummer eins in der Welt
- **Motorsport:** Trauer um den großartigen Piloten Ayrton Senna
- **Wintersport:** Glänzende Spiele in Lillehammer
- **Boxen:** Henry Maske weiter auf Erfolgskurs
- **Rudern:** Zwei Deutsche im siegreichen Cambridge-Achter
- **Eishockey:** Wayne Gretzky schlägt alle Rekorde
- **Skifliegen:** Eine weitere Traumgrenze des Sports fiel

◆ **ALLGEMEIN**

Die jüngste Olympiasiegerin war Marjorie Gestring (*1922, USA), die im Alter von 13 Jahren, 9 Monaten bei den Sommerspielen 1936 in Berlin das Kunstspringen gewann.

Die jüngste Weltmeisterin ist Fu Mingxia (*1978, China), die mit zwölf Jahren das Turmspringen bei der Schwimm-WM in Perth (Australien) am 4. Januar 1991 gewann. **Die jüngste Weltrekordbrecherin** ist Gertrude Caroline Ederle (*1906, USA), die im Alter von 12 Jahren und 298 Tagen am 17. August 1919 in Indianapolis den Weltrekord im 880-Yard-Freistilschwimmen (804,32m) auf 13:19,0 Min. verbesserte.

Der älteste Weltrekordbrecher ist der in Irland geborene John Flanagan (1868-1938, USA), der seinen letzten Hammerwurf-Weltrekord mit 56,18 m am 24. Juli 1909 im Alter von 41 Jahren und 196 Tagen aufstellte.

erstklassiger Rugbyspieler und 1912 Kapitän des englischen Kricket-Teams. Außerdem brachte er es im Angeln und Tennis zu überdurchschnittlichen Leistungen.

Die Rekordzuschauermenge bei einem Fußballspiel beträgt 199 589 (zahlende) Besucher. So viele Menschen kamen, als sich bei der WM am 16. Juli 1950 im Maracana-Stadion von Rio de Janeiro die Nationalmannschaften von Brasilien und Uruguay (1:2) gegenüberstanden.

Wie ein Fisch im Wasser, Franziska van Almsick aus Berlin.

Steffi Graf – die Größte

Die Erste der Tennis-Weltrangliste Steffi Graf ist nach einer repräsentativen Umfrage des Magazins *Sport* die größte deutsche Sportlerin aller Zeiten. Sie bekam 34,4 Prozent vor Fußballidol Uwe Seeler (33,9), dem ehemaligen Box-Weltmeister Max Schmeling (31,2), Franz Beckenbauer (29,7) und Boris Becker (24,4). Die sympathischste Sportlerin ist allerdings die Schwimmerin Franziska van Almsick (31,5) vor Steffi Graf (29,6), dem Skisprung-Olympiasieger Jens Weißflog (26,0), Formel-1-Pilot Michael Schumacher (21,5) und dem Box-Weltmeister Henry Maske (20,49).

Neue olympische Sportart, das populäre Beach-Volleyballspiel
Fotos: Werek, Bongarts, Zentralbild

Die meisten Weltrekorde stellte der Gewichtheber Wassili Alexejew (*1942, UdSSR) mit insgesamt 80 zwischen dem 24. Januar 1970 und dem 1. November 1977 auf.

Die vielseitigste Sportlerin, die es international zu großen Erfolgen brachte, ist Charlotte Dod (1871-1960, GB), die zwischen 1887 und 1893 fünfmal das Wimbledon-Einzel im Tennis gewann und 1904 die britische Damenmeisterschaft im Golf holte. Außerdem spielte sie 1899 für England Hockey und gewann 1908 eine olympische Silbermedaille im Bogenschießen. Sie war auch eine ausgezeichnete Eisschnelläuferin und Rodlerin.

Der vielseitigste Sportler ist ebenfalls ein Engländer. Charles Burgess Fry (1872-1956) stellte 1893 mit 7,17 m den Weltrekord im Weitsprung ein, spielte 1909 in der englischen Fußball-Nationalelf gegen Irland, war ein

24-STUNDEN-REKORDE

BAHNENGOLF (MINIATURGOLF): 144 Runden und 9247 Schläge vom Terzett Andreas Gropp, Annabel Hartmann und Gunther Wegner, Bad Oldesloe (SH), 30. Juni/1. Juli 1990
BASKETBALL: 20 371 von 22 049 Freiwürfen (92,39Prozent) brachte Fred Newman (USA) in den Korb, Caltech (Pasadena, USA), 29./30. September 1990
BOGENSCHIESSEN: 76 158 Ringe von Simon Tarplee und David Hathaway in Evesham (GB) am 1. April 1991
25 996 Ringe vom Trio Paula Haslinger, Mariele Mertinko, Daniela Strohwald, Stein/St. Georgen, 1./2. Juli 1989;,
24745 Ringe vom Trio Roland Lahner, Ludwig Wexlberger, Stefan Mertinko, Stein/St. Georgen, 1./2. Juli 1989
BOWLING: 212 692 Pins vom Sechser-Team aus Bushbury in Wolverhampton (GB), 20./21. Juni 1992.
Das höchste Einzelergebnis: 47 556 Pins von Brian Larkins (USA), Bolton, 9./10. April 1993.
EISSCHNELLAUFEN: 546,650 km von Martinus Kuiper (NL), Alkmar, 12./13. Dezember 1988
GEWICHTHEBEN (BANKDRÜCKEN): 720 000 kg von Horst Kempke mit einer 60-kg-Hantel (12 000 Wiederholungen) in Burgdorf, 23./24. März 1989
GOLF: 201 Löcher von Dieter Cabus und Maximilian Weiss, Ulm, 3. Juli 1983
KANU: 252,900 km von Zdzislaw Szubski (PL) im Einerkajak auf dem Wistrula-Fluß, 11./12. September 1987
220,690 km von Marinda Hartzenberg im Einerkajak in der Logan-Bucht, Bloemfontain, Südafrika, 31. Dezember 1990/1. Januar 1991
KEGELN (BOHLE): 186 155 Holz von sechs Spielern des Weser-Teams Bremen (Frank Borchers, Ralf Bräuer, Walter Sänger, Ralph und Martin Sickfeld, Wolfgang Wachtendorf) auf zwei Doppelbahnen, 1./2. Oktober 1983
97 841 Holz vom Quartett Hilchenbach-Müsen (Werner Binner, Dietmar Guschall, Karl-Günter Klein, Helmut Moll) auf einer Doppelbahn, 27./28. Mai 1987
KEGELN (SCHERE): 37 818 Holz bei 4950 Würfen von Hans-Jürgen Agunte im Keglerheim Rommerskirchen, Kerpen, 29./30. Juni 1989
141 987 Holz bei 20 498 Würfen vom Monheimer Achter-Team (Günter Bruckmann, Fred Lahmeyer, Alecander Nikisch, Josef Pelzer, Bernd und Thomas Prumbaum, Uwe Steinkrauss, Kuno Zachau) im Bamberger Kegel-Center, 12./13. Mai 1990
LEICHTATHLETIK (LAUFEN): 286,463 km von Yiannis Kouros (GR) in New York, 28./29. September 1985
243,659 km von Dr. Sigrid Lomsky (Berlin) in Basel (CH), 1./2. Mai 1993
LEICHTATHLETIK (GEHEN): 228,930 km von Jesse Castafieda (USA) in New Mexico, 18./19. September 1976
220,300 km von Annie van der Meer (NL) in Rouen (F), 30. April/1. Mai 1984
POOLBILLARD: 11 762 Bälle von Christian Krünes, Bruckmühl (D), 2./3. April 1994
RAD (STRASSE): 827,400 km von Franz Jansen (Kevelaer) zwischen Schravelen und Kervenheim (Kreis Kleve), 23. August 1986
RAD (BAHN): 830,790 km von Michael L. Secrest (USA) in Montreal (Kanada), 13./14. März 1985
ROLLSCHUHLAUFEN: 365,17 km von Dieter Rheim (Bensheim) in Heppenheim, 9./10. September 1988
RUDERN: 233 km vom Vierer mit Steuermann der Renngemeinschaft Neuss, Köln, Lingen, Koblenz (Michael Stoffels, Rolf Vomrath, Thomas Büsse, Hartmut Heinen, Rolf Schäfer) auf dem Dortmund-Ems- und Mittelland-Kanal, 25./26. Juni 1988
SCHIESSEN (TONTAUBEN): 2215 von 3176 möglichen Treffern, Joseph Kreckmann (USA) in Cresno, Pennsylvania, 28. August 1983
SCHIESSEN (LUFTPISTOLE): 238 938 Ringe, stehend freihändig, 10-m-Distanz vom Harry Arend, Ralf Fuhrman, Jochen Frevert, Petra Harlos, Jürgen Spittmann, Dirk Theopold, Schützenhaus Lemgo (NRW), 21./22. Mai 1993
SCHIESSEN (LUFTGEWEHR): 223 113 Ringe, stehend freihändig, 10-m-Distanz vom Sextett des St. Matthias Schützenbruderschaft Helenabrunn (Viersen) Jörg Bongarzt, Michael Kempken, Mike Lüpertz, Elke Skott, Thorsten Skott, Wolfgang Skott, 13./14. März 1993
SCHWIMMEN (50-M-POOL): 96,700 km von Evan Barry (Australien) in Brisbane, 19./20. Dezember 1987
73,300 km von Christof Wandratsch (Veitsbronn), 19./20. Dezember 1992 – deutscher Rekord
93,000 km von Melissa Cunningham (Australien), Brisbane, 2./3. Juli 1993
61,500 km von Ute Klaus (Siegen) in Siegen, 17./18. Oktober 1986 – deutscher Rekord
SCHWIMMEN (UNTERWASSER): 78,920 km von Paul Cryne (GB) und Amir Sawanal Awami (Katar), 21./22. Februar 1987
STRECKENTAUCHEN: 50,900 km von Andreas Schmidt aus Ludwigsau-Friedlos (HE) in Bad Hersfeld, mit Preßluftgerät, 12./13. Oktober 1991
SEGELN: 936 km vom Trimaran Fleury-Michon VIII (Skipper Philippe Poupon) während einer Trans-Atlantik-Überquerung, 17./18. Juni 1987
SKI (NORDISCH): 415,500 km von Seppo-Juhani Savolainen (SF) in Saariselkä, 8./9. April 1988
330000 km von Sisko Kainulaisen (SF) in Jyväskylä, 23./24. März 1985

SPORT 296/297

• Allgemein • Olympische Spiele

◆ OLYMPISCHE SPIELE

Fünf Länder nahmen an allen Sommerspielen teil: Australien, Frankreich, Griechenland, Großbritannien und die Schweiz, die 1956 allerdings nur bei den gesonderten Reiterwettbewerben in Stockholm antrat und nicht bei den Spielen in Melbourne. Von diesen Nationen waren Großbritannien, Frankreich und die Schweiz auch stets bei Winterspielen (1924-94) am Start.

Die meisten Teilnehmer verzeichneten bislang die Sommerspiele 1992 in Barcelona(ES) mit 10 517 Sportlern (6489 Männer, 3028 Frauen) aus 172 Nationen. Den Rekord im Winter hält Lillehammer (N) 1994, als 1884 Athleten aus 67 Ländern antraten.

Die meisten Goldmedaillen mit je neun gewannen die Turnerin Larissa Latynina (*1934, UdSSR), der Langstreckenläufer Paavo Nurmi (1897-1973, SF) und der Schwimmer Mark Spitz (*1950, USA), davon allein sieben – einschließlich dreier Staffelwettbewerbe – 1972 in München, ein absoluter Rekord.

Die meisten Goldmedaillen als Einzelwettkämpfer bei einer Veranstaltung kommen auf das Konto von Eric Heiden (*1958, USA), der bei den Winterspielen 1980 in Lake Placid (USA) alle fünf Eisschnellauf-Konkurrenzen für sich entschied.

Die meisten Medaillen überhaupt gewann mit 18 Larissa Latynina (UdSSR). Sie kam zwischen 1956 und 1964 auf neun goldene, fünf silberne und vier bronzene. Auf 15 Medaillen brachte es der sowjetische Turner Nikolai Andrianow (7-5-3). Dahinter folgen mit je 13 sein Landsmann und ebenfalls Turner Boris Schachlin (7-4-2) sowie der italienische Fechter Edoardo Mangiarotti (6-5-2).

Die meisten Medaillen bei einer Veranstaltung erkämpfte der sowjetische Turner Alexander Ditiatin mit acht (3-4-1) bei den Spielen 1980 in Moskau.

Die meisten Medaillen der Schweiz gewann der Turner Georges Miez, der zwischen 1924 und 1936 vier goldene, drei silberne und eine bronzene Medaille holte.

Die jüngste Goldmedaillengewinnerin aller Zeiten ist Marjorie Gestring (*1922, USA), die 1936 im Alter von 13 Jahren und 268 Tagen beim Kunstspringen in Berlin siegte.

Der jüngste Goldmedaillengewinner und zugleich jüngste Teilnehmer war ein Franzose, dessen Name nicht festgehalten ist und der am 26. August 1900 in Paris den niederländischen Zweier (Rudern) steuerte. Der Junge war zwischen sieben und zehn Jahre alt und ersetzte Hermanus Brodemann, der in den Vorläufen im Boot saß, aber zu schwer war.

Der älteste Goldmedaillengewinner und zugleich älteste Teilnehmer war Oscar Gomer Swahn (1847-1927, S). Mit 64 Jahren und 258 Tagen wurde er 1912 in Stockholm mit der Mannschaft Olympiasieger im Schießen auf den Laufenden Hirsch, mit 72 Jahren und 280 Tagen ging er 1920 in Antwerpen noch einmal an den Start und erkämpfte Silber. Sogar für 1924 in Paris hatte sich Swahn qualifiziert, sagte aber wegen Krankheit ab.

Die älteste Goldmedaillengewinnerin ist Liselott Linsenhoff (*1927, D), die mit 45 Jahren und 13 Tagen bei den Sommerspielen 1972 in München in der siegreichen Dressur-Equipe ritt.

Die älteste Teilnehmerin war Lorna Johnstone (*1902, GB), die mit 70 Jahren und fünf Tagen bei den Spielen 1972 in München noch Zwölfte in der Dressur-Einzelwertung wurde.

Der einzige Teilnehmer, der viermal nacheinander die Goldmedaille im gleichen Wettbewerb gewann, war der Diskuswerfer Alfred A. Oerter (*1936, USA) 1956-68.
Zu vier Siegen in Serie brachte es auch der dänische Segler Paul B. Elvström, der 1948 in der Leuchtkäferklasse, 1952 in der Olympiajolle sowie 1956, 1960 im Finn-Dinghy erfolgreich war.

Der vielseitigste Athlet, der sowohl bei den Winterspielen als auch bei den Sommerspielen eine Goldmedaille holte, war Edward F. Eagan (1896-1967, USA). 1920 stand er als Boxer (Halbschwergewicht) auf dem Siegertreppchen, 1932 saß er im erfolgreichen Viererbob der Vereinigten Staaten.

Die vielseitigste Athletin ist Christa Luding-Rothenburger (*1959, DDR), die innerhalb eines Jahres drei olympische Medaillen bei Winter- und Sommerspielen gewann. In Calgary 1988 wurde sie Siegerin im 1000-m- und Zweite im 500-m-Eisschnellaufen, und wenige Monate später in Seoul gewann sie Silber im Radsprint auf der Bahn.

Noch mehr Wettbewerbe

Die ersten Rekorde bei den Sommerspielen 1996 in Atlanta sind bereits gefallen, denn gegenüber Barcelona wurde das Programm um 14 Wettbewerbe erhöht, von 257 auf 271. Den Amerikanern und ihrem Fernsehen zu Liebe wurden Softball, der Baseballsport der Frauen, und Beach-Volleyball neu aufgenommen, außerdem das Montain Bike-Querfeldeinfahren sowie mehrere Konkurrenzen im Segeln, Schießen und der Leichtathletik.

WM 1994

Mit einem Novum endete die 15. Fußball-Weltmeisterschaft vom 17. Juni bis zum 17. Juli 1994 in den USA. Erstmals wurde ein Finale durch Elfmeterschießen entschieden. Das gewann Brasilien mit 3:2 gegen Italien, nachdem in der regulären Spielzeit und der Verlängerung weder der einen noch der anderen Mannschaft ein Tor gelungen war. Die Südamerikaner errangen damit ihren vierten WM-Titel und traten die Nachfolge der deutschen Vertretung an, die im Viertelfinale überraschenderweise mit 1:2 an Bulgarien scheiterte.

Erstmals bei der WM dabei waren drei Länder und zwar Nigeria, Saudi-Arabien und Griechenland.

Die erfolgreichste Nation ist Brasilien mit insgesamt vier Titeln, einem zweiten und zwei dritten Plätzen vor Deutschland (3-3-2) und Italien (3-2-1).

In der ewigen Tabelle aller Weltmeisterschaften führt Brasilien mit 73 Spielen, 50 Siegen, elf Unentschieden und zwölf Niederlagen vor Deutschland, das ebenfalls auf 73 Begegnungen kam (44-14-15). Dritter ist Italien mit 61 Spielen (35-12-14).

Das erste Spiel unter einem Hallendach bestritten die USA und die Schweiz (1:1) am 17. Juni im Silverdome von Detroit. Die Klimaanlage mußte auf Geheiß des Verbandes abgeschaltet werden, um gleiche Bedingungen für alle Teams zu schaffen.

Das schnellste Tor erzielte nach nur 74 Sek. der Argentinier Batistuta beim 4:0-Sieg in der Vorrunde über die Griechen.

Einen WM-Rekord stellte der Russe Oleg Salenko beim 6:1-Sieg über Kamerun mit fünf erzielten Treffern auf. Dabei gelang ihm ein sogenannter Hattrick, das heißt drei Tore in Folge in einer Halbzeit – 1:0 in der 16. Min., 2:0 in der 41. Min., 3:0 in der 45. Min. (Fouelfmeter). Außerdem war er noch in der 74. und 75. Min. erfolgreich.

Bisherige Rekordhalter mit jeweils vier Treffern in einem Spiel waren der Pole und spätere deutsche Nationalstürmer Ernst Willimowski (1938), der Brasilianer Ademir (1950), der Uruguayer Juan Alberto Schiaffino (1950), der Ungar Sandor Kocsis (1954), der Franzose Just Fontaine (1958), der Portugiese Eusebio (1966) und der Spanier Emilio Butragueno (1986).

Gemeinsam Torschützenkönige wurden mit je sechs Treffern der Bulgare Hristo Stoitschkow und der Russe Oleg Salenko. Jeweils fünfmal erfolgreich waren Romario (Brasilien), Jürgen Klinsmann (D), Roberto Baggio (I) und Kennet Andersson (S).

Als bester Spieler der WM wurde Brasiliens Stürmerstar Romario mit dem »Goldenen Ball« ausgezeichnet. Er erhielt von FIFA-Offiziellen und Vertretern der internationalen Medien 2400 Punkte. Auf Platz zwei folgt Roberto Baggio (1500) vor Hristo Stoitschkow (450).

Der jüngste WM-Spieler aller Zeiten ist Norman Whiteside, der 1982 mit 17 Jahren und 72 Tagen für Nordirland gegen Jugoslawien stürmte.

Der älteste WM-Spieler aller Zeiten ist Roger Milla, der bei der 1:6-Niederlage von Kamerun gegen Rußland 1994 zum letzten Mal mit 42 Jahren und einem Monat das Nationaltrikot trug.

Die meisten Legionäre setzte Nigeria ein. Unter den 22 Spielern befanden sich 21, die nicht in ihrer Heimat das Geld verdienen. Auch der Trainer kam aus dem Ausland. Es war Clemens Westerhof aus den Niederlanden. Bei den Norwegern wirkten immerhin 14 »Fremdarbeiter« mit.

Völlig ohne Legionäre kamen nur zwei Länder aus, und zwar Saudi-Arabien und Griechenland.

Den ungewöhnlichsten Zwischenfall gab es im Achtelfinale zwischen Mexiko und Bulgarien im New Yorker Giant Stadium. In der 21. Min. brach im Tor der Mittelamerikaner die Verbindung zwischen Torpfosten und Außennetz, in dem sich der Mexikaner Bernal verfangen hatte. Helfer brachten ein komplett neues Gehäuse auf das Spielfeld und entfernten das nicht mehr intakte. Nach siebenminütiger Unterbrechung wurde die Partie beim Stand von 1:1 fortgesetzt.

Ohne Punktgewinn blieben nur zwei Mannschaften, Griechenland (0:10 Tore) und Marokko (2:5 Tore). Ohne Sieg fuhren auch Südkorea, Bolivien und Kamerun nach Hause.

Die meisten Punkte mit sieben erzielten in der Vorrunde Brasilien und Deutschland, die jeweils zu zwei Siegen und einem Unentschieden kamen.

Die Dauerbrenner bei WM-Endrunden sind mit je 21 Einsätzen Uwe Seeler (D) 1958-70, Wladislaw Zmuda (PL) 1974-86, Diego Maradona (Argentinien) 1986-94 und Lothar Matthäus (D) 1982-94, der gegen Bulgarien sein 117. Länderspiel bestritt.

In der ewigen Torschützenliste führt weiter Gerd Müller (D) mit 14 Treffern, erzielt 1970 und 1974 vor dem Franzosen Just Fontaine (13), dem Brasilianer Pele (12), dem Ungarn Sandor Kocsis (11) sowie Helmut Rahn (D), Teofilo Cubillas (Peru), Grzegorz Lato (PL) und Gary Lineker (GB) mit je zehn.

Der schlechteste Schiedsrichter war Jamal Al-Sharif (Syrien), der beim Spiel Bulgaien-Mexiko (4:2 nach Elfmeterschießen) einen Rekord mit sechs Gelben und zwei Gelb-Roten Karten aufstellte und nach einem Bericht der FIFA die Note mangelhaft erhielt. Seine Linienrichter kamen aus dem Iran und Barain und warenleider ebensowenig auf der Höhe des Geschehens.

WM-Qualifikation

DAS ERSTE SPIEL fand am 1. Januar 1992 zwischen Santa Lucia und Kuba (0:0) statt. Danach haben beide Mannschaften ihre Meldung zurückgezogen.

DIE LETZTE PARTIE wurde am 17. November 1993 in Buenos Aires angepfiffen, als Argentinien in einer Sonder-Qualifikation Australien mit 1:0 schlug und als 24. Team die Endrunde erreichte.

TORE: In den 482 Begegnungen fielen insgesamt 1384 Treffer, also pro Spiel 2,87.

NEGATIVREKORD: Das schlechteste Team war Macao, das in der Asien-Gruppe E bei 0:12 Punkten insgesamt 1:46 Tore kassierte. Völlig leer ging Sri Lanka aus und zwar mit 0:16 Punkten und 0:26 Toren. In Europa waren die Färöer Inseln mit 0:20 Punkten und 1:38 Toren die schwächste Mannschaft.

MAKELLOS. Als einzige Mannschaften blieben Griechenland (6 Siege, 2 Unentschieden), Kolumbien (4 Siege, 2 Unentschieden) und Saudi Arabien (6 Siege, 5 Unentschieden) ungeschlagen.

DIE MEISTEN SPIELE für eine erfolgreiche Qualifikation bestritten mit je zwölf Mexiko (39:8 Tore, 19:5 Punkte), Spanien (27:4/19:5) und Irland (19:6/18:6) — Kanada mußte insgesamt 14mal antreten und wurde durch Elfmeterschießen von Australien aus dem Rennen geworfen.

DIE MEISTEN TORE erzielten Mexiko (39), Irak (37), Japan (35), Iran (33) und Südkorea (32) sowie in Europa Rumänien und die Niederlande (je 29).

TRAGIK. Europameister Dänemark (15:2 Tore) scheiterte in der Europa-Gruppe 3 an Irland (19:6), weil bei gleicher Tordifferenz (+ 13) die Iren aufgrund der mehr erzielten Treffer weiterkamen. Beide Länder hatten 18:6 Punkte erreicht.

GRÖSSTE ENTTÄUSCHUNG. England, der Weltmeister von 1966 (13:7 Punkte), mußte in der Europa-Gruppe 2 Norwegen (16:4) und den Niederlanden (15:5) den Vortritt lassen. Gleichfalls scheiterte in der Gruppe 6 der Ex-Europameister Frankreich (13:7) an Schweden (15:5) und Bulgarien (14:6). In der Südamerika-Gruppe scheiterte mit Uruguay der Weltmeister von 1930 und 1950.

SPORT

• Fußball-Weltmeisterschaft 1994

Das tödliche Ende

Überschattet wurde die WM von dem Mord an dem kolumbianischen Nationalspieler Andres Escobar, der in einem Krankenhaus von Medellin seinen schweren Schußverletzungen erlag, die er bei einem Streit auf einem Parkplatz vor einem Nachtklub erlitten hatte. Dem 27jährigen Abwehrspieler war bei der 1:2-Niederlage seines Teams am 23. Juni in Los Angeles gegen den WM-Gastgeber USA ein Eigentor unterlaufen, als er eine Flanke von Harkes unhaltbar für seinen Torwart Cordoba ins eigene Netz lenkte.

In Kolumbien und bei allen anderen Teilnehmern löste der Mord große Bestürzung aus. Der Präsident des Internationalen Verbandes Havelange ordnete bei allen Achtelfinalspielen eine Gedenkminute an. Nach Angaben der Klinik wurde Escobar im Laufe der Auseinandersetzung von insgesamt zwölf Kugeln getroffen. Augenzeugen berichteten, daß drei Männer und eine Frau auf dem Parkplatz Escobar angegriffen, geschlagen und mit den Worten beleidigt hatten: »Das ist für das Eigentor.« Als der Spieler in sein Auto steigen wollte, eröffnete einer der Täter das Feuer.

Der schlimmste Skandal

Zwei Tage nach dem 2:1-Sieg über Nigeria wurde Argentiniens Superstar Diego Maradona des Dopings überführt. In seinem Urin befanden sich die Stimulanzen Ephedrin, Norephedrin sowie drei weitere Mittel, was den Vorsitzenden der Medizinischen Kommission Michel D'Hooghe (B) zu dem Ausspruch veranlaßte: »Das war ein regelrechter Cocktail.« Der Internationale Fußballverband konnte nicht anders, als den Spieler für den Rest der WM zu sperren. Dabei hatte Argentinien noch Glück, nicht beide Punkte abgezogen zu bekommen.

Nach dem Dopingskandal des kanadischen Sprinters Ben Johnson bei den Olympischen Spielen 1988 in Seoul (ihm wurde die Goldmedaille über 100 m nachträglich wieder aberkannt) ist das der zweite Fall der Sportgeschichte, der weltweit für Aufsehen sorgte, bei allen nur Unverständnis, Enttäuschung, Empörung und Trauer hervorrief.

Bei Maradona kam erschwerend hinzu, daß es sich um eine Wiederholungstat handelte. Im April 1991, als er noch für den SSC Neapel spielte, wurde er wegen Kokainmißbrauchs für 15 Monate vom italienischen Verband gesperrt.

Ansonsten hatte es bis zu dieser WM in den USA nur zwei positive Fälle gegeben. 1974 wurde Ernst-Jean Joseph (Haiti) und 1978 Jimmy Johnstone (Schottland) erwischt.

Die größte Entgleisung

Zum zweiten Mal bei einer Weltmeisterschaft wurde ein deutscher Spieler aus disziplinarischen Gründen nach Hause geschickt – 1986 in Mexiko war es Uli Stein, 1994 in den USA Stefan Effenberg, der sich beim 3:2-Sieg über Südkorea skandalöse Gesten gegenüber dem Publikum erlaubte. Er zeigte nach seiner Auswechslung gegen Thomas Helmer in 75. Min. den Fans den berüchtigten »Stinkefinger«.

Genervt durch die »Effenberg-raus-Rufe« fühlte er sich brüskiert, sagte der Mittelfeldspieler vom AC Florenz hinterher, fand aber keine Worte der Entschuldigung oder der Reue gegenüber den DFB-Verantwortlichen, die daraufhin Effenberg die Rote Karte zeigten. »Er hat sich in den vergangenen Jahren schon zu viel erlaubt«, sagte DFB-Präsident Egidius Braun. »Das war nur der Tropfen, der das Faß zum Überlaufen brachte.« Trainer Berti Vogts wurde noch deutlicher und meinte, daß Effenberg unter seiner Verantwortung nicht mehr in der Nationalmannschaft eingesetzt würde. 1986 war Stein nach Hause geschickt worden, weil er u. a. den damaligen Team-Chef Franz Beckenbauer als »Suppenkasper« bezeichnet hatte.

Fotos: Zentralbild, Eckert, Bongarts (2)

Rekord-Statistik

TORE: Der Offensivgeist wurde wieder entdeckt. Insgesamt landete der Ball 141mal (Schnitt: 2,71 pro Begegnung) im gegnerischen Netz. Vor vier Jahren in Italien fielen nur 115 Treffer in 52 Spielen, was einen Schnitt von 2,21 bedeutete. Die meisten Tore im Durchschnitt gab es 1954 in der Schweiz mit 5,38.
ZUSCHAUER: Insgesamt wurden 3 568 567 Tickets verkauft und damit die bisherige Rekordmarke von Italien mit 2 517 348 Zuschauern klar übertroffen. Mit 68 626 Fans pro Begegnung wurde zugleich auch der beste Schnitt aller WM-Endrunden verzeichnet. 1950 in Brasilien kamen pro Spiel 60 773 Besucher.
PLATZVERWEISE: Acht Rote und sieben Gelb-Rote Karten wurden von den Schiedsrichtern verhängt, damit nur eine Hinausstellung weniger als 1990.
GELBE KARTEN: Mit 221 wurde ein Negativ-Rekord aufgestellt, was aber eine Folge der verschärften Regelauslegungen war. In Italien sprachen die Schiedsrichter 162 Verwarnungen aus.
ELFMETER: Alle 15 Strafstöße in der regulären Spielzeit wurden verwandelt. So treffsicher waren die Schützen noch nie.
EINSÄTZE: Von den 528 gemeldeten Spielern kamen 423 ins Spiel (1990 in Italien 414). Die in der Vorrunde ausgeschiedenen Griechen und Russen setzten alle 22 Akteure des Kaders ein, während Norwegen, das ebenfalls nach den Gruppenspielen die Heimreise antreten mußte, mit nur 14 Kickern auskam.

Torschütze beim 2:1 gegen Deutschland, der Bulgare Stoitschkow.

Harter Zweikampf im Finale zwischen dem Brasilianer Dunga (links) und Italiens Roberto Baggio.

44 MEDAILLEN FÜR 15 NATIONEN

1930 in Uruguay	Uruguay	Argentinien	kein Spiel
1934 in Italien	Italien	Tschechoslowakei	Deutschland
1938 in Frankreich	Italien	Ungarn	Brasilien
1950 in Brasilien	Uruguay	Brasilien	Schweden
1954 in der Schweiz	Deutschland	Ungarn	Österreich
1958 in Schweden	Brasilien	Schweden	Frankreich
1962 in Chile	Brasilien	Tschechoslowakei	Chile
1966 in England	England	Deutschland	Portugal
1970 in Mexiko	Brasilien	Italien	Deutschland
1974 in Deutschland	Deutschland	Niederlande	Polen
1978 in Argentinien	Argentinien	Niederlande	Brasilien
1982 in Spanien	Italien	Deutschland	Polen
1986 in Mexiko	Argentinien	Deutschland	Frankreich
1990 in Italien	Deutschland	Argentinien	Italien
1994 in den USA	Brasilien	Italien	Schweden

DIE DEUTSCHEN WM-SPIELER

21	Uwe Seeler	1958-1970
21	Lothar Matthäus	1982-1994
19	Wolfgang Overath	1966-1974
	Berti Vogts	1970-1978
	Karl-Heinz Rummenigge	1978-1986
18	Franz Beckenbauer	1966-1974
	Sepp Maier	1970-1978
	Pierre Littbarski	1982-1990
17	Karl-Heinz Schnellinger	1958-1970
15	Heinz Schäfer	1954-1962

Jubelt über den WM-Titel, der Brasilianer Romario.

SPORT

300/301

• Fußball-Weltmeisterschaft 1994

Torschützenkönig der WM, der Russe Oleg Salenko.

ALLE SPIELE DER WELTMEISTERSCHAFT 1994

VORRUNDE

Gruppe A

USA	–	Schweiz	1:1
Kolumbien	–	Rumänien	1:3
Rumänien	–	Schweiz	1:4
USA	–	Kolumbien	2:1
USA	–	Rumänien	0:1
Schweiz	–	Kolumbien	0:2

Qualifiziert: Rumänien, Schweiz, USA

Gruppe B

Kamerun	–	Schweden	2:2
Brasilien	–	Rußland	2:0
Brasilien	–	Kamerun	3:0
Schweden	–	Rußland	3:1
Rußland	–	Kamerun	6:1
Schweden	–	Brasilien	1:1

Qualifiziert: Brasilien, Schweden

Gruppe C

Deutschland	–	Bolivien	1:0
Spanien	–	Südkorea	2:2
Deutschland	–	Spanien	1:1
Südkorea	–	Bolivien	0:0
Spanien	–	Bolivien	3:1
Deutschland	–	Südkorea	3:2

Qualifiziert: Deutschland, Spanien

Gruppe D

Argentinien	–	Griechenland	4:0
Nigeria	–	Bulgarien	3:0
Argentinien	–	Nigeria	2:1
Bulgarien	–	Griechenland	4:0
Griechenland	–	Nigeria	0:2
Argentinien	–	Bulgarien	0:2

Qualifiziert: Nigeria, Bulgarien, Argentinien

Gruppe E

Italien	–	Irland	0:1
Norwegen	–	Mexiko	1:0
Italien	–	Norwegen	1:0
Mexiko	–	Irland	2:1
Italien	–	Mexiko	1:1
Norwegen	–	Irland	0:0

Qualifiziert: Mexiko, Irland, Italien

Gruppe F

Belgien	–	Marokko	1:0
Niederlande	–	Saudi Arabien	2:1
Saudi Arabien	–	Marokko	2:1
Niederlande	–	Belgien	0:1
Marokko	–	Niederlande	1:2
Saudi Arabien	–	Belgien	1:0

Qualifiziert: Niederlande, Saudi Arabien, Belgien

ACHTELFINALE

Saudi Arabien	–	Schweden	1:3
Rumänie	–	Argentinien	3:2
Deutschland	–	Belgien	3:2
Spanien	–	Schweiz	3:0
Brasilien	–	USA	1:0
Niederlande	–	Irland	2:0
Mexiko	–	Bulgarien	n.E. 2:4
Nigeria	–	Italien	n.V. 1:2

VIERTELFINALE

Schweden	–	Rumänien	n.E. 7:6
Deutschland	–	Bulgarien	1:2
Brasilien	–	Niederlande	3:2
Spanien	–	Italien	1:2

HALBFINALE

Schweden	–	Brasilien	0:1
Italien	–	Bulgarien	2:1

SPIEL UM PLATZ 3

Bulgarien	–	Schweden	0:4

ENDSPIEL

Italien	–	Brasilien	n.E. 2:3

n.V. = nach Verlängerung, n.E. = nach Elfmeterschießen

JUBILÄUMSTORE BEI WELTMEISTERSCHAFTEN

1. Laurent (F)	1930
100. Schiavio (I)	1934
200. Keller (S)	1938
300. Chico (Brasilien)	1950
400. Morlock (D)	1954
500. Collins (Schottland)	1958
600. Jerkovic (Jugoslawien)	1962
700. Pak Seung Zin (Nordkorea)	1966
800. Müller (D)	1970
900. Yazalde (Argentinien)	1974
1000. Rensenbrink (NL)	1978
1100. Baltacha (UdSSR)	1982
1200. Papin (F)	1986
1300. Lineker (GB)	1986
1400. Ekström (S)	1990
1500. Caniggia (Argentinien)	1994

DIE DEUTSCHEN WM-TORSCHÜTZEN

Tore	Torschütze	Zeit
14	Gerd Müller	1970-1974
10	Helmut Rahn	1954-1958
9	Uwe Seeler	1958-1970
	Karl-Heinz Rummenigge	1978-1986
8	Rudi Völler	1986-1994
	Jürgen Klinsmann	1990-1994
7	Hans Schäfer	1954-1962
6	Max Morlock	1954
	Helmut Haller	1966
	Lothar Mattäus	1982-1994
5	Franz Beckenbauer	1966-1974

Begeisterte Fans, die treu zu ihren Mannschaften standen und das auch farblich dokumentierten.
Fotos: Bongarts (4)/Zentralbild (2)

Sprungsicher, treffsicher, dynamisch unter dem Korb, Michael Jordan, Amerikas populärster und erfolgreichster Basketballspieler.

Foto: Bongarts

◆ BALLSPIELE

American Football

Super Bowl, eingeführt 1967, ist das größte Sport-Ereignis auf dem amerikanischen Kontinent. Je viermal gewannen die Pittsburgh Steelers 1975, 76, 1979, 80, die San Francisco 49ers 1982, 1985, 1989, 90 und die Dallas Cowboys 1972, 1978, 1993, 94 den Wettbewerb.

Erstmals kam es 1994 zu einer Neuauflage des Endspiels aus dem Vorjahr. Dallas gewann 1993 gegen die Buffalo Bills 52:17, im Jahr darauf 30:13.

Der höchste Sieg gelang am 28. Januar 1990 in New Orleans, Louisiana, den San Francisco 49ers mit 55:10 über die Denver Broncos.

Den knappsten Sieg gab es am 27. Januar 1991 in Tampa, Florida (USA), als die New York Giants mit 20:19 gegen die Buffalo Bills gewannen.

Die meisten Punkte in einer Karriere schaffte mit 2002 George Blanda (*1927), der von 1949 bis 1975 bei den Chicago Bears, Baltimore Colts, Houston Oilers und Oakland Raiders als Quaterback und Kicker spielte.

Die meisten Touchdowns in einer Karriere erreichte mit 126 zwischen 1957 und 1965 Jim Brown (*1936), der bei den Cleveland Boys spielte.

Die meisten Yards in einer Karriere legte mit 21 803 Walter Payton zurück, der von 1975 bis 1987 bei den Chicago Bears spielte.

Europameisterschaften, eingeführt 1983: Je zweimal gewannen Italien (1983, 1987), Großbritannien (1989, 1991) und Finnland (1985, 1993).

Eurobowl, eingeführt 1986: Den Europapokal für Vereinsmannschaften errangen je zweimal die Amsterdam Crusaders 1991, 92 und London Olympians 1993, 94. Einmal siegten die beiden finnischen Teams TAFT Vantaa 1987 und Helsinki Roosters 1988, Legnano Frogs/I 1989 und Manchester Spartans/GB 1990.

Deutsche Meisterschaften: Die meisten Titel gewannen mit je vier die Berlin Adler (1987, 1989-91) und die Düsseldorf Panther (1983, 84 und 1986, 1992), die allerdings 1980 und 1981 bereits die AFV-Meisterschaft (Gruppe Nord) erkämpften.

Baseball

Olympische Spiele: Die Premiere fand 1992 in Barcelona statt. Es siegte Kuba vor Taiwan und Japan.

Weltmeisterschaften der Amateure, eingeführt 1938: Die erfolgreichste Nation ist Kuba mit 18 Titeln.

Intercup der Amateure: Kuba siegte viermal 1979, 1983, 1985, 1987. Zweimal waren die USA 1975, 1981 erfolgreich.

Deutsche Meisterschaften, eingeführt 1951: Zu zehn Titeln kamen die Mannheim Tornados 1982, 1984-89, 1990, 91, 1993 vor Germania Mannheim (5) und dem 1. Mannheimer BC (4).

Basketball

Olympische Spiele: Die meisten Siege errangen die USA. Zwischen 1936 und 1968 gewannen sie alle sieben Turniere, ohne dabei auch nur ein einziges Spiel verloren zu haben. Erst 1972 in München wurde die glanzvolle Serie (63 Siege nacheinander) durchbrochen. Im Finale gab es gegen die UdSSR eine umstrittene 50:51-Niederlage. Bei den Spielen 1976, 1984 und 1992 holten die USA dann ihre achte, neunte und zehnte Goldmedaille.
Bei den Frauen kamen die UdSSR zu drei Erfolgen (1976, 1980, 1992).

Weltmeisterschaften, eingeführt 1950: Die meisten Titel gewannen bei den Männern mit je drei die UdSSR 1967, 1974, 1982 und Jugoslawien 1970, 1978, 1990. Bei den Frauen siegte die Sowjetunion sogar siebenmal 1959, 1964, 1967, 1971, 1975, 1983, 1991.

Europameisterschaften, eingeführt 1935: Die meisten Titel gewann die UdSSR bei den Männern zwischen 1947 und 1985 mit 14 und bei den Frauen mit 21.

Beim Championat 1993 in Deutschland holte sich sensationell die deutsche Männermannschaft erstmals den Titel mit 71:70 gegen Rußland.

Europapokal, eingeführt 1957: Die meisten Titel bei den Frauen gewann Daugawa Riga (Lettland) mit 18 zwischen 1960 und 1982. Bei den Männern siegte im Landesmeister-Wettbewerb siebenmal Real Madrid (1964, 65, 1967, 68, 1974, 1978, 1980) und war außerdem dreimal bei den Pokalsiegern (1984, 1989, 1992) und einmal im Korac-Cup (1988) erfolgreich.

Amerikanische Profiliga: Am häufigsten Sieger der seit 1947 bestehenden National Basketball Association (NBA) wurden mit 16 Titeln die Boston Celtics zwischen 1957 und 1986.

Das höchste Ergebnis gab es am 13. Dezember 1983 in Denver, als die Detroit Pistons gegen die Seattle Nuggets mit 186:184 gewannen. Nach regulärer Spielzeit hatte es 145:145 gestanden, dann folgte die notwendige Verlängerung. Das höchste Ergebnis in der normalen Spielzeit lautete 162:158, als am 2. November 1990 in Denver die Golden State Warriors gegen Denver siegten.

Die meisten Punkte in einer Laufbahn erzielte Kareem Abdul Jabbar mit 38 357 (Schnitt pro Begegnung 24,6), davon 15 837 aus dem Feldspiel heraus, plus 5762 Punkte in den Play Offs, ehe er mit 42 Jahren und 59 Tagen aufhörte.

Die meisten Punkte in einem NBA-Spiel erzielte mit genau 100 – davon 72 aus dem Spiel heraus und 28 (von 32) verwandelte Freiwürfe – Norman Chamberlain (*1936, USA), als am 2. März 1962 in Hershey, Pennsylvania, seine Mannschaft Philadelphia gegen New York gewann. Insgesamt kam er auf 31 419 Punkte für seine Klubs Philadelphia (1959-62, 1966-68), San Franzisko (1962-65) und Los Angeles (1968-73), stellte 1961/62 mit 1597 einen Saisonrekord auf und erreichte insgesamt einen Schnitt von 30,1 pro Spiel in seiner Karriere.

Den besten Durchschnitt pro Spiel erreichte mit 32,3 Punkten Michael Jordan (*1963, USA), der für die Chicago Bulls zwischen 1980 und 1993 in 667 Begegnungen 21 541 Punkte schaffte. Außerdem erzielte er im gleichen Zeitraum in 111 Play-Offs 4040 Punkte, was einem Schnitt von 36,4 pro Spiel entspricht.

Den höchsten Sieg in einem internationalen Männer-Spiel feierte der Irak. Er schlug in einem Treffen um die Asien-Meisterschaft mit 251:33 den Jemen am 11. November 1982 in Neu-Delhi.

Deutsche Meisterschaften: Die erfolgreichste Männermannschaft ist mit zwölf Titeln Bayer Leverkusen 1970-72, 1976, 1979, 1985, 86, 1990-94.
Bei den Frauen errang Agon Düsseldorf ebenfalls zwölfmal den Titel 1975, 1980-88, 1990, 91. Siebenmal wurde auch der deutsche Pokal 1980, 81, 1983-86, 1988 erkämpft. Das Superteam blieb vom 1. November 1980 bis zum 15. November 1986 in 136 Meisterschaftsspielen ungeschlagen.

Am häufigsten den Pokal bei den Männern holte sich Bayer Leverkusen mit neun Siegen (1970, 71, 1974, 1976, 1986, 87, 1990, 91, 1993).

Faustball

Weltmeisterschaften, eingeführt 1968: Alle acht bisherigen Turniere gewann Deutschland 1968, 1972, 1976, 1979, 1982, 1986, 1990, 1992.

Europameisterschaften, eingeführt 1965: Siebenmal gewann Deutschland 1965, 1970, 1974, 1978, 1981, 1988, 1991 und einmal Österreich 1984.

Weltcup, eingeführt 1986: Erster Sieger wurde Bayer 04 Leverkusen. 1988 siegte an gleicher Stelle Sogipa Porto Alegre (Brasilien), 1990 der TSV Hagen, 1992 Wacker Burghausen.

Europacup, eingeführt 1963: Erster Gewinner war die ISG Hirschfelde (DDR). Am häufigsten siegte der TSV Pfungstadt (D), und zwar fünfmal, 1970, 1976, 1978, 1982, 1984.
In der Halle gewann der TSV Hagen 1860 fünfmal, 1989-93.

Deutsche Meisterschaften: Je zehnmal den Titel auf dem Feld holten sich bei den Männern der TV Licht-Luftbad Frankfurt und TSV Pfungstadt, der außerdem noch sechsmal in der Halle erfolgreich war. Ebenfalls zehnmal siegten die Frauen der TSG Düsseldorf-Benrath auf dem Feld; dazu kommen acht Erfolge in der Halle.

FAUSTBALL: SIE SPIELTEN FÜR DEUTSCHLAND

	Männer			Frauen	
1.	Dieter Thomas	135	1.	Susanne Mathieu	40
2.	Ulrich Richter	104	2.	Heike Sievers	34
3.	Gerhard Menner	84	3.	Susanne Schmitz	23
4.	Udo Cemera	78		Sabine Carle	23
5.	Udo Schulz	74	4.	Sigrid Leuschner	22
6.	Dirk Schachtsik	72		Marion Schulze	22
7.	Rolf Heisch	71	5.	Karen Mügge	18
8.	Bernd Konprecht	70	6.	Stephanie Schröder	17
9.	Udo Mehle	68	7.	Patricia Hader	15
10.	Stefan Lebert	66		Anja Kraus	15

Bundesliga

Der »Kaiser« und sein Volk. Franz Beckenbauer führte den FC Bayern zum 13. deutschen Titel - und die Zuschauer im Münchener Olympiastadion feierten dieses Ereignis überschwenglich.
Fotos: Zentralbild

Das erste Tor schoß am 24. August 1963 Timo Konietzka in der ersten Minute für Borussia Dortmund bei der 2:3-Niederlage gegen Werder Bremen in Bremen.
Das 30 000. Tor fiel am 6. April 1994 durch Alexander Borodjuk (SC Freiburg) beim 2:3 gegen Werder Bremen.

Der erste Meister wurde im Jahr 1964 der 1. FC Köln, der 1978 noch ein zweites Mal den Titel holte.

Am häufigsten Meister wurde mit zwölf Titeln Bayern München, 1969, 1972-74, 1980, 81, 1985-87, 1989, 90, 1994.

Der erfolgreichste Verein ist der FC Bayern München, der von seinen 990 Spielen immerhin 538 gewann, 236 unentschieden spielte und 216 verlor. Er kam dabei auf ein Torverhältnis von 2172:1242 und wies 1312:668 Punkte auf.

Der schlechteste Verein ist Tasmania 1900 Berlin, der von seinen 34 Spielen der Saison 1965/66 nur zwei gewann, viermal unentschieden spielte und 28mal verlor. Die Mannschaft kam auf 15:108 Tore und 8:60 Punkte.

Die meisten Tore schoß Gerd Müller (Bayern München) mit 365 in 427 Spielen. Außerdem wurde er Schützenkönig 1967, 1969, 70, 1972 (mit 40 Treffern in 34 Spielen), 1973, 74 und 1978. An zweiter Stelle folgt Klaus Fischer mit 268 Treffern vor Jupp Heynckes (220), Manfred Burgsmüller (213), Dieter Müller, Klaus Allofs (je 177).

Die meisten Tore in einem Spiel erzielte Dieter Müller (1. FC Köln), der in der Saison 1977/78 sechsmal gegen Werder Bremen traf.

Die meisten Tore überhaupt fielen in der Saison 1983/84 mit 1097, was einen Schnitt von 3,585 pro Spiel ausmacht.

Die wenigsten Tore fielen in der Saison 1989/90 mit nur 790, was einen Schnitt von 2,582 pro Begegnung bedeutet.

Den höchsten Sieg feierte Borussia Mönchengladbach mit 12:0 gegen Borussia Dortmund am 29. April 1978.

SPORT

• Bundesliga

DIE TOP 10 DER BUNDESLIGA

Spiele	Name	Verein
602	Karl-Heinz Körbel	Eintracht Frankfurt
581	Manfred Kaltz	Hamburger SV
552	Klaus Fichtel	Schalke 04, Werder Bremen
535	Klaus Fischer	VfL Bochum, 1. FC Köln, Schalke 04, 1860 München
520	Willi Neuberger	Eintracht Frankfurt
518	Michael Lameck	VfL Bochum
501	Eike Immel	VfB Stuttgart
495	Bernard Dietz	Schalke 04, MSV Duisburg
493	Ditmar Jakobs	Hamburger SV
485	Reiner Geye	1. FC Kaiserslautern, Fortuna Düsseldorf

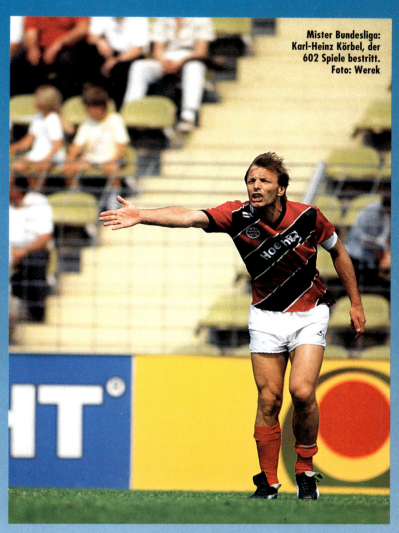

Mister Bundesliga: Karl-Heinz Körbel, der 602 Spiele bestritt. Foto: Werek

Jubel, ausgelassene Freude - und harter Kampf, die Bundesliga lebt von ihrer Faszination. Tor für Bayern München - die Meisterschaft ist unter Dach und Fach (oben). Toller Einsatz zwischen dem Dortmunder Neuzugang Leonardo Rodriguez (vorn) und dem Leverkusener Ion Luspescu im Dortmunder Westfalenstadion (unten).
Fotos: Bongarts, Zentralbild

Bundesliga 1993/94

TORE: 898mal zeigten die Schiedsrichter auf Tor, doch ein Treffer war kein Treffer, und so wurde das Spiel Bayern München-1. FC Nürnberg wiederholt. Statt 2:1 hieß es bei der Neuansetzung 5:0 für Bayern München. Torschützenkönig wurden mit je 18 Treffern Anthony Yeboah (Eintracht Frankfurt) und Stefan Kuntz (1. FC Kaiserslautern).

ZUSCHAUER: Mit 8 232 864 (Schnitt 26 817) wurde die beste Kulisse seit 29 Jahren erreicht. Krösus war Bayern München mit durchschnittlich 49 380 Besuchern vor Borussia Dortmund (42 025) und 1. FC Nürnberg (36 457). Neuling Freiburg sorgte für ein Novum: Alle 17 Heimspiele waren mit 15 000 Fans ausverkauft. Die wenigsten Besucher kamen im Schnitt zu der SG Wattenscheid (9594).

PLATZVERWEISE: Mit 43 Gelb-Roten Karten wurde im dritten Jahr seit Einführung der »Ampelkarte« ein Negativrekord aufgestellt. Bei der Begegnung Borussia Dortmund-Dynamo Dresden am 5. Spieltag gab es insgesamt fünf Hinausstellungen.

ELFMETER: 75mal gab es einen Strafstoß in der 31. Saison, davon wurden 62 verwandelt, 10mal blieben die Torhüter Sieger. Dreimal ging der Ball vorbei.

EINSÄTZE: 413 Spieler – im Vorjahr 394 – wurden von den Klubs in den insgesamt 307 Begegnungen eingesetzt. Den größten Kader benötigten Absteiger Wattenscheid 09 und der 1. FC Köln mit 26 Akteuren, der Karlsruher SC kam dagegen nur mit 20 Spielern aus.

DAUERBRENNER: Sechs Spieler versäumten keine Minute, wurden weder ein- noch ausgewechselt, die Torhüter Stefan Klos (Borussia Dortmund), Richard Golz (Hamburger SV), Andreas Köpke (1. FC Nürnberg), Eike Immel (VfB Stuttgart) und die Feldspieler Horst Heldt (1. FC Köln) und Ingo Anderbrügge (Schalke 04).

Fußball

Das erste Länderspiel der Welt wurde am 30. November 1872 in Glasgow zwischen Schottland und England (0:0) ausgetragen.

Das erste Länderspiel Deutschlands fand am 5. April 1908 in Basel gegen die Schweiz statt. Deutschland verlor mit 3:5 Toren.

Europameisterschaften

Der erste Sieger wurde am 10. Juli 1960 in Paris ermittelt. Die UdSSR gewann 2:1 nach Verlängerung gegen Jugoslawien. Nur 17 der 31 der UEFA angeschlossenen Verbände hatten sich zwei Jahre zuvor an der Qualifikation beteiligt. Nicht dabei waren unter anderem England, Italien und Deutschland (auch 1964 noch nicht).

Die meisten Titel errang mit zwei Deutschland 1972, 1980 und stand zwei weitere Male im Finale – gegen die CSSR 1976 und gegen Dänemark 1992. Außerdem wurde 1988 gemeinsam mit Italien der dritte Platz erreicht.
Die weiteren Sieger: UdSSR 1960, Spanien 1964, Italien 1968, Tschechoslowakei 1976, Frankreich 1984, Niederlande 1988 und Dänemark 1992.

Zwei Finals gab es 1968 in Rom, weil im ersten Spiel zwischen Italien und Jugoslawien (1:1) keine Entscheidung gefallen war. Bei der Wiederholung waren die Italiener mit 2:0 erfolgreich.

Pokal-Wettbewerbe

Weltpokal: Dieser Cup für Vereinsmannschaften wird seit 1960 zwischen den Gewinnern des Europapokals im Landesmeister-Wettbewerb und der Copa Libertatores in Südamerika ausgespielt. Je dreimal hieß der Sieger Penarol Montevideo/Uruguay 1961, 1966, 1982, Nacional Montevideo/Uruguay 1971, 1980, 1988 sowie AC Mailand 1969, 1989, 90.

Europapokal der Landesmeister, eingeführt 1955: Real Madrid gewann insgesamt sechsmal, 1956-60, 1966. Außerdem wurden die Spanier zweimal Sieger im UEFA-Pokal, 1985 und 86.

Fünfmal holte sich der AC Mailand den Meistercup 1963, 1969, 1989, 90, 1994. Ajax Amsterdam 1971-73 und Bayern München 1974-76 siegten dreimal in Reihenfolge. Der Hamburger SV gewann 1983.

Europapokal der Pokalsieger: Dieses Turnier für die Landespokalsieger begann 1960/61. Am erfolgreichsten ist der FC Barcelona mit drei Siegen 1979, 1982, 1989.
Folgende deutsche Mannschaften waren erfolgreich: Borussia Dortmund 1966, Bayern München 1967, Hamburger SV 1977 und Werder Bremen 1992.

UEFA-Pokal: Dieser Vereins-Wettbewerb, aus dem Messestädte-Cup hervorgegangen, begann 1955 und findet seit 1971/72 unter der Oberaufsicht der UEFA statt. Erfolgreichste Mannschaft ist der FC Barcelona mit drei Siegen 1958, 1960, 1966.
Folgende deutsche Mannschaften gewannen: Borussia Mönchengladbach 1975 und 1979, Eintracht Frankfurt 1980, Bayer Leverkusen 1988.

Fußball allgemein

Die meisten Länderspiele für die DDR absolvierte mit 102 Joachim Streich (*1951) vor Hans-Jürgen Dörner 100, Jürgen Croy 94, Konrad Weise 86 und Eberhard Vogel 74.

Die meisten Tore in einem Länderspiel schafften mit je zehn Sofus Nielsen (1888-1963) für Dänemark beim 17:1 gegen Frankreich im olympischen Turnier 1908 und Gottfried Fuchs (1889-1972) für Deutschland beim 16:0 gegen Rußland während der Olympischen Spiele 1912.

FUSSBALL: SIE SPIELTEN FÜR DEUTSCHLAND

1.	Lothar Matthäus	117
2.	Franz Beckenbauer	103
3.	Berti Vogts	96
4.	Sepp Maier	95
	Karl-Heinz Rummenigge	95
6.	Rudi Völler	90
7.	Andreas Brehme	86
8.	Wolfgang Overath	81
	Karl-Heinz Förster	81
10.	Toni Schumacher	76

Die meisten Länderspieltore für Deutschland schoß Gerd Müller mit 68 in 62 Begegnungen von 1966 bis 1974.

Die meisten Landesmeisterschaften in ununterbrochener Folge errang mit zehn Dynamo Berlin (DDR) 1979-88. Auf neun Titel in Serie kamen Celtic Glasgow (Schottland) 1966-74, ZSKA Sofia (Bulgarien) 1954-62 und MTK Budapest (H) 1917-25.

Die erfolgreichste Serie in einer Spitzenliga hält Steaua Bukarest. Die Mannschaft blieb in 104 Spielen um die rumänische Meisterschaft zwischen Juni 1986 und September 1989 unbesiegt.

Der erste Deutsche Fußballmeister wurde 1903 ermittelt: VfB Leipzig schlug DFC Prag 7:2.

Deutscher Rekordmeister mit 13 Titeln ist der FC Bayern München, errungen 1932, 1969, 1972-74, 1980, 81, 1985-87, 1989, 90, 1994 vor dem 1. FC Nürnberg (neun), Schalke 04 (sieben), Hamburger SV (sechs) und Borussia Mönchengladbach (fünf). Einmal (1922) wurde der Titel nicht vergeben, als sich der Hamburger SV und der 1. FC Nürnberg zweimal unentschieden, 1:1 und 2:2, trennten. Der DFB erklärte den HSV zum Sieger, doch der verzichtete.

Rot nach 20 Sekunden

Für einen unrühmlichen Rekord sorgte in der 1. dänischen Liga Peter Larsen, Libero des Spitzenreiters Silkeborg. Im Top-Spiel am 24. April 1994 beim Tabellenzweiten Odense sah er nach nur 20 Sekunden die Rote Karte. Larsen hatte seinen Gegenspieler unfair gestoppt und wurde dafür vom Platz gestellt. Schließlich verlor seine Mannschaft auch noch 0:3.

Am häufigsten DDR-Meister wurde mit zehn Titeln Dynamo Berlin zwischen 1979 und 1988. Es folgen Dynamo Dresden (sieben), Vorwärts Berlin (sechs) sowie 1. FC Magdeburg, Carl Zeiss Jena, Wismut Aue und Karl-Marx-Stadt (je drei).

Die meisten österreichischen Landesmeistertitel errang Rapid Wien mit 29.

Die meisten Landesmeistertitel in der Schweiz errang die Mannschaft von Grasshoppers Zürich mit 22 und holte sich darüber hinaus mit 14 auch die meisten Pokalgewinne.

Am häufigsten den deutschen Vereinspokal gewann Bayern München, und zwar achtmal, 1957, 1965, 66, 1969, 1971, 1982, 1984 und 1986. Der 1. FC Köln 1968, 1977, 78, 1983 und Eintracht Frankfurt 1974, 75, 1981, 1988 waren je viermal erfolgreich, der Hamburger SV 1963, 1976, 1987, der 1. FC Nürnberg 1935, 1939, 1962 und Werder Bremen 1961, 1991, 1994 siegten je dreimal.

Am häufigsten DDR-Pokalsieger wurden mit je sieben Erfolgen Dynamo Dresden 1952, 1971, 1977, 1982, 1984, 85, 1990 und der 1. FC Magdeburg 1964, 65, 1969, 1973, 1978, 79, 1983. Der 1. FC Lokomotive Leipzig gewann viermal 1976, 1981, 1986, 87.

Europas Fußballer des Jahres wurde dreimal nacheinander der Franzose Michel Platini 1983-85. Ebenfalls dreimal fiel die Wahl auf die Niederländer Johan Cruyff 1971, 1973, 74 und Marco van Basten 1988, 89, 1992. Je zweimal kamen die Spanier Alfredo di Stefano 1957, 1959, die Deutschen Franz Beckenbauer 1972, 1976 und Karl-Heinz Rummenigge 1980, 81 sowie der Engländer Kevin Keegan 1978, 79 auf den ersten Platz.

Deutscher Fußballer des Jahres wurde viermal Franz Beckenbauer 1966, 1968, 1974, 1976.

Die meisten Olympiasiege errang mit drei Ungarn 1952, 1964, 1968. Zu zwei Goldmedaillen kamen Großbritannien 1908, 1912 und die UdSSR 1956, 1988.

Frauen-Fußball

Weltmeisterschaften, eingeführt 1991: Den ersten Titel errangen die USA mit 2:1 gegen Norwegen. Dritter wurde Schweden.

Europameisterschaften, eingeführt 1982: Am erfolgreichsten waren bisher mit je zwei Siegen Deutschland 1989, 1991 und Norwegen 1987, 1993. Einmal gewann Schweden 1984.

Das erste Länderspiel einer deutschen Mannschaft fand am 10. November 1982 in Koblenz statt. Gegen die Schweiz gab es einen 5:1-Sieg.

Die meisten Länderspiele für Deutschland bestritten mit 79 Silvia Neid sowie mit 66 Heidi Mohr (TuS Niederkirchen) und mit 63 Doris Fritschen (TSV Siegen).

Deutsche Meisterschaften, eingeführt 1974: Die meisten Titel gewann mit neun die SSG Bergisch-Gladbach 1977, 1979-84, 1988, 89, die darüber hinaus auch noch dreimal den Pokal 1981, 82, 1984 holte und damit auch das begehrte Double schaffte.

Deutscher Pokal: Rekordsieger mit fünf Erfolgen ist der TSV Siegen 1986-89, 1993 vor SSG Bergisch-Gladbach und FSV Frankfurt, die es auf je drei Gewinne brachten.

Jonglieren mit dem Ball

Ausdauer-Weltrekord: Volkhart Caro (Kanada) gelang es am 26./27. Juni 1993 in Edmonton, den Ball 18 Std. mit dem Fuß, Bein und Kopf zu bewegen, ohne daß es eine Bodenberührung gab.

Sprintrekord: Paul Sahli (*1948, CH) benötigte für die 100 m 18,55 Sek. am 17. Oktober 1987 in Magglingen.

Marathon-Rekord: Jan Skorkovsky (CSFR) legte die 42,195 km lange Strecke in 7:18:55 Std. am 8. Juli 1990 in Prag zurück.

Kopfball-Rekord: Jacek Roszkowski (*1975, Polen) kam am 23. Juli 1993 in Danzig innerhalb von 30 Sek. auf 173 Berührungen.

Seinen Feuerwehrleiterrekord, wobei er rückwärts mit einem FIFA-Ball jonglierend Sprosse um Sprosse nimmt, schraubte Paul Sahli auf nunmehr 87 Stufen, umgerechnet 28 m, am 26. Juni 1993 in Zuchwil (CH).

Geschafft! Deutschlands Frauen wurden bei der WM 1993 sensationell Sieger nach einem dramatischen Finale gegen Dänemark mit 22:21 Toren.

Foto: Bongarts

Handball

Das erste Länderspiel auf dem Feld bestritten am 13. September 1925 in Halle/Saale Deutschland und Österreich (3:6).

Die erste Begegnung in der Halle fand am 8. März 1935 in Kopenhagen zwischen Dänemark und Schweden (18:12) statt.

Olympische Spiele: Feldhandball stand nur einmal (1936) auf dem Programm; damals gewann Deutschland vor Österreich und der Schweiz. Seit 1972 kämpfen die Männer, seit 1976 die Frauen in der Halle um Medaillen. Zu drei Goldmedaillen kam bisher bei den Männern die Sowjetunion/GUS 1976, 1988, 1992, während bei den Frauen je zweimal die Sowjetunion 1976, 1980 und Südkorea 1988, 1992 erfolgreich waren.

Weltmeisterschaften: Die meisten Titel auf dem Feld gewannen deutsche Mannschaften: 1938 (Deutschland), 1952 und 1955 (Bundesrepublik), 1959 (gesamtdeutsche Auswahl), 1963 (DDR) und – zum letzten Mal – 1966 (Bundesrepublik).

Die meisten Titel in der Halle errang mit vier Rumänien 1961, 1964, 1970, 1974 vor Schweden mit drei 1954, 1958, 1990 und Deutschland mit zwei 1938, 1978.

Bei den Frauen siegten je dreimal die DDR 1971, 1975, 1978 und die UdSSR 1982, 1986, 1990. Deutschland war 1993 erfolgreich.

Europacup: Die erfolgreichste Mannschaft ist der VfL Gummersbach, der 1967, 1970, 71, 1974 und 1983 den Landesmeister-Wettbewerb, 1978 und 1979 den Pokal der Cupsieger sowie 1982 den IHF-Pokal errang. Insgesamt bestritt der Klub 139 Spiele. 13mal wurden die Frauen von Spartak Kiew zwischen 1970 und 1988 Sieger der Landesmeister.

Deutscher Rekordmeister in der Halle ist der VfL Gummersbach, der es auf zwölf Titel 1966, 67, 1969, 1973-76, 1982, 83, 1985, 1988, 1991 brachte. An zweiter Stelle folgt mit neun Meisterschaften Frisch Auf Göppingen 1954, 55, 1958-61, 1965, 1970, 1972; dazu kommen noch zwei Erfolge im Feldhandball 1954, 1957.
Bei den Frauen ist Bayer Leverkusen Rekordmeister mit elf Titeln 1965, 66, 1974, 1979, 80, 1982-87.
In der DDR kamen bei den Männern SC Empor Rostock (vormals Motor) und SC Magdeburg zu je zehn Titeln, bei den Frauen der SC Leipzig (vormals SC Lok) sogar zu 14 Meisterschaften.

Hockey

Das erste Länderspiel fand am 26. Januar 1895 in Rhyl zwischen Wales und Irland (0:3) statt. Deutschland bestritt das erste offizielle Spiel am 21. Mai 1910 in Frankfurt/Main gegen England und verlor 0:4.

Olympische Spiele: Die meisten Goldmedaillen bei den Herren errang mit acht Indien 1928-56, 1964, 1980.
Deutschland kam bisher zu sieben Medaillen: Gold 1972, 1992, Silber 1936, 1984, 1988, Bronze 1928 und 1956.
Bei den Damen gewannen seit 1980 vier verschiedene Nationen die Goldmedaille: Zimbabwe 1980, Niederlande 1984, Australien 1988 und Spanien 1992.

Weltmeisterschaften, eingeführt 1971: Am häufigsten den Titel bei den Herren gewann mit drei Pakistan, und zwar 1971, 1978 und 1982. Bei den Damen (seit 1974) siegten die Niederlande sogar fünfmal, 1974, 1978, 1983, 1986 und 1990. Zweimal war Deutschland 1976, 1981 erfolgreich.

Europameisterschaften (Feld): Dreimal gewann bei den Herren Deutschland den Titel 1970, 1978, 1991. Bei den Damen waren die Niederlande zweimal erfolgreich 1984, 1987.

Weltklasse mit dem Krummstab: Deutschland (rote Trikots) und Pakistan.
Foto: Zentralbild

Europameisterschaften (Halle): Alle sieben möglichen Titel holte sich bei den Herren Deutschland 1974, 1976, 1980, 1984, 1988, 1991, 1994. Auch die deutschen Damen kamen zu sieben Titeln 1975, 1977, 1981, 1985, 1987, 1990, 1993.

Champions Trophy, eingeführt 1978: Das Turnier der weltbesten Teams gewann bei den Herren sechsmal Australien 1983-85, 1989, 90, 1993. Deutschland war fünfmal erfolgreich 1986-88, 1991, 92.
Bei den Damen siegten 1987 bei der Premiere die Niederlande, 1989 Südkorea und 1991 Australien.

Den höchsten Sieg bei den Herren erreichte Indien beim olympischen Turnier 1932 in Los Angeles mit 24:1 über die USA.

Den höchsten Sieg bei den Damen feierte England am 3. Februar 1923 in Merton (London) mit 23:0 über Frankreich.

Die meisten Tore bei internationalen Vergleichen schoß Paul Litjens (*1947, NL), der in 177 Begegnungen 267mal erfolgreich war. Für Deutschland erzielte Wolfgang Strödter 153 Treffer in 176 Länderspielen.

Eine phantastische Serie in der Halle hat die deutsche Herren-Nationalmannschaft aufzuweisen. Seit 1957 blieb sie in allen 89 Länderspielen ungeschlagen und kam auf ein Torverhältnis von 1141:315. Nur Frankreich gelang bei der EM 1988 in Wien mit dem 7:7-Unentschieden ein Teilerfolg. Die deutschen Damen verloren von ihren 43 Länderspielen nur eins – 1985 mit 5:6 gegen Kanada.

Europacup (Feld): Die meisten Titel bei den Herren erkämpfte sich im Landesmeisterwettbewerb mit sieben Uhlenhorst Mülheim 1988-94.
Bei den Damen brachte es AHBC Amsterdam gar auf zwölf Erfolge zwischen 1975 und 1992.

Europacup (Halle): Zu vier Titeln kamen die Herren von Rot-Weiß Köln 1990, 91, 1993, 94, während die Damen des RK Rüsselsheim dreimal 1991, 92, 1994 erfolgreich waren.

Deutsche Meisterschaften: Erfolgreichster Verein bei den Herren ist mit 14 Titeln (13 auf dem Feld, einer in der Halle) Uhlenhorst Mülheim.

Bei den Damen war Harvestehude Hamburg ebenfalls 14mal erfolgreich, allerdings nur auf dem Feld.

Feld: Uhlenhorst Mülheim gewann 13mal bei den Herren, Harvestehude 14mal bei den Damen.

Halle: TG Frankenthal siegte bei den Herren sechsmal, Rot-Weiß Stuttgart gewann bei den Damen siebenmal.

DDR-Meisterschaften: Erfolgreichster Klub war die BSG Traktor Osternienburg, die bei den Herren 34 Titel (15 Feld, 19 Halle) und bei den Damen 23 Titel (11 Feld, 12 Halle) errang.

Rugby

Olympische Spiele: Nur viermal stand diese Sportart auf dem Programm. Es siegten Frankreich 1900, Australien 1908 und die USA 1920, 1924.
Vier Spieler, Charles Doe, John O'Neil, John Patrick und Rudolph Scholz, standen sowohl 1920 als auch 1924 im Gold-Team.

Weltmeisterschaften, eingeführt 1987: Den ersten Titel sicherte sich Neuseeland mit einem 29:9-Sieg über Frankreich in Auckland. 1991 in Twickenham (GB) gewann Australien mit 12:6 gegen England.

Den höchsten Sieg in einem Länderspiel schaffte am 20. September 1992 in Seoul Japan mit 120:3 gegen Singapur. Frankreich schlug am 28. Juni 1988 in Asuncion (Paraguay) mit 106:12 Paraguay. Bei einem Freundschaftsspiel am 30. Mai 1962 in Quirindi (Australien) gewann Neuseeland sogar mit 125:0 gegen Nord-Neusüdwales (Australien). Ein noch höheres Ergebnis, allerdings von Vereinsmannschaften, gab es in Dänemark: Comet schlug am 17. November 1973 Lindo mit 194:0.

Länderspiele: Deutschland bestritt 206 Begegnungen, gewann 89 und verlor 110, siebenmal gab es ein Unentschieden. Der höchste Sieg wurde am 29. Oktober 1961 mit 52:3 über Belgien errungen, die höchste Niederlage am 20. Februar 1983 mit 0:84 gegen Frankreich erlitten.

HOCKEY: SIE SPIELTEN FÜR DEUTSCHLAND

	Herren	
1.	Heiner Dopp	286
2.	Volker Fried	274
3.	Michael Peter	262
4.	Stefan Blöcher	259
5.	Ekkhard Schmidt-Opper	246
6.	Carsten Fischer	229
7.	Andreas Keller	226
8.	Peter Trump	213
9.	Thomas Reck	193
10.	Wolfgang Strödter	176
	Damen	
1.	Gaby Appel-Reimann	209
2.	Christina Moser	164
3.	Birgit Hagen-Blasberg	145
4.	Caren Jungjohann	134
5.	Susanne Brundert	133
6.	Dagmar Bremer	124
7.	Martina Hallmen	119
8.	Ingrid Bruckert	110
9.	Gabi Schöwe	108
10.	Corinna Bremer	103

• Ballspiele

Beach-Volleyball

Die ersten Weltmeisterschaften gab es 1987. Fünfmal erfolgreich waren bislang bei den Männern Sinjin Smith und Randy Stoklos (USA). 1996 in Atlanta wird der Wettbewerb olympisch. Die ersten Deutschen Meister wurden 1992 ermittelt. Es siegten bei den Frauen Martina Schwarz/Beate Paetow, die ihren Titel 1993 mit Erfolg verteidigten. Bei den Männern gewannen 1992 Lars Freier/Christian Tiemann und 1993 Axel Hager/Jörg Ahmann.

Deutsche Meisterschaften (seit 1909): Am häufigsten gewann mit 19 Victoria Hannover-Linden 1929, 1948, 1951-56, 1958, 1962, 1965, 1969, 1972, 1975, 1987, 1989, 1992-94. Den DRV-Pokal (seit 1962) holte sich neunmal der DSV 1878 Hannover.

Volleyball

Olympische Spiele: Die meisten Goldmedaillen gewann die UdSSR mit drei bei den Männern 1964, 1968, 1980 und vier bei den Frauen 1968, 1972, 1980, 1988.

Erfolgreichste Spielerin mit vier Medaillen ist Inna Ryskal (*1944, UdSSR), die 1964 und 1976 Silber sowie 1968 und 1972 Gold gewann. Den Rekord bei den Männern halten mit drei Medaillen Jurij Pojarkow (*1937, UdSSR), der 1964 und 1968 Gold sowie 1972 Bronze erkämpfte, und Katsutoshi Nekoda (*1944, Japan), der 1972 zu Gold, 1968 zu Silber und 1964 zu Bronze kam.

Weltmeisterschaften, eingeführt 1949: Die meisten Titel gewann mit sechs das Männer-Team der UdSSR 1949, 1952, 1960, 1962, 1978, 1982. Bei den Frauen siegte die Sowjetunion ebenfalls sechsmal 1949, 1952, 1956, 1960, 1970, 1990.

Europameisterschaften, eingeführt 1948: Die meisten Titel sicherte sich die UdSSR, die bei den Männern zwölfmal 1950, 51, 1967, 1971, 1975, 1977, 1979, 1981, 1983, 1985, 1987, 1991 und bei den Frauen sogar 13mal 1949-51, 1958, 1963, 1967, 1971, 1975, 1977, 1979, 1985, 1989, 1991 erfolgreich war.

Europapokal der Landesmeister, eingeführt 1960: Am häufigsten gewann bei den Männern ZSKA Moskau und bei den Frauen Dynamo Moskau. Beide Klubs waren je elfmal erfolgreich.

Deutsche Meisterschaften: Die meisten Titel errangen bei den Frauen der 1. VC Hannover (18) und bei den Männern USC Münster (8).

Meister seines Fachs, Spandaus großartiger Torwart Peter Röhle, der bei allen 15 Titelgewinnen seines Klubs dabei war. Foto: Engler

WASSERBALL: SIE SPIELTEN FÜR DEUTSCHLAND

	Männer	
1.	Frank Otto	467
2.	Peter Röhle	414
3.	Hagen Stamm	318
4.	Rainer Osselmann	312
5.	Dirk Theismann	261
6.	Günter Kilian	254
7.	Roland Freund	238
8.	Thomas Löbb	236
9.	Jügen Stiefel	229
10.	Uwe Sterzik	229
	Frauen	
1.	Anke Hocks	116
2.	Birgit Kempen	109
3.	Sabine Florschütz	95
4.	Rebecca Grund	85
5.	Petra Olek	82
	Sabine Kleine	82
7.	Anja Skibba	73
8.	Sabine Kottig	70
9.	Stefanie Schindelbauer	62
10.	Susanne Borchert	60

Wasserball

Olympische Spiele: Die meisten Turniere gewann Ungarn mit sechs: 1932, 1936, 1952, 1956, 1964 und 1976. Deutschland wurde 1928 Sieger, 1932 und 1936 Zweiter sowie 1984 Dritter.

Die meisten Goldmedaillen, nämlich drei, errangen fünf Spieler: die drei Briten George Wilkinson (1879-1946) 1900, 1908, 1912; Paulo Radmilovic (1886-1968) und Charles Sidney Smith (1878-1951) 1908, 1912, 1920 sowie die beiden Ungarn Deszo Gyarmati (*1927) und György Kárpáti (*1935) 1952, 1956, 1964.
Gyarmatis Frau und Tochter gewannen jeweils Gold- und Silbermedaillen im Schwimmen. Paulo Radmilovic kam 1908 außerdem noch zu einer Goldmedaille in der 4 x 200-m-Freistilstaffel.

Weltmeisterschaften, eingeführt 1973: Je zweimal gewannen den Titel die UdSSR 1975, 1982 und Jugoslawien 1986, 1991, je einmal erfolgreich waren Ungarn 1973 und Italien 1978. Die erste Frauen-Weltmeisterschaft fand 1986 statt und wurde von Australien gewonnen. 1991 siegten die Niederlande.

Europacup: Am häufigsten den Landesmeister-Wettbewerb gewannen mit je sechs Siegen Partizan Belgrad 1963, 1965, 66, 1970, 1974, 75 und Mladost Zagreb 1967-69, 1971, 1989, 90. Die Wasserfreunde Spandau 04 aus Berlin kamen zu vier Siegen 1982, 1985, 86, 1988.

Die meisten Länderspiele bestritt Frank Otto mit 467 Einsätzen für Deutschland.

Die meisten Tore in einem Länderspiel warf beim 16:10-Sieg über Kanada mit 13 der Australier Debbie Handley während der WM 1982 in Guayaquil (Ecuador).

Deutsche Meisterschaften: Der erfolgreichste Verein sind die Wasserfreunde Spandau 04 aus Berlin, die 15mal zwischen 1979 und 1994 den Titel holten. Sie gewannen 1982 erstmals alle 30 Bundesliga-Spiele und blieben zwischen dem 10. September 1980 und dem 12. Juli 1983 insgesamt 101mal ungeschlagen. Außerdem holten sie sich 14mal 1979-88, 1990-92, 1994 den deutschen Pokal, wurden viermal Europacup-Sieger der Landesmeister sowie 1985 und 1986 europäischer Supercup-Gewinner.

◆ SPIEL MIT DER KUGEL
Billard

Spielvarianten: Im gesamten deutschsprachigen Raum sind alle Arten vertreten: Freie Partie, Cadre 47/2, Cadre 47/1, Cadre 71/2, Einband, Dreiband, Fünfkampf, Kunststoß, Poolbillard, Snooker und Kegelbillard.

Erfolgreichster Spieler aller Zeiten ist Raymond Ceulemans (*1935, B), der insgesamt 136 offizielle Titel erkämpfte, 33mal Weltmeister wurde, davon 23mal im Dreiband 1963-73, 1975-80, 1983, 1985, 1987, 1990-92. Außerdem erkämpfte er sich 42 Europameisterschaften, davon 23 im Dreiband, und wurde dreimal Weltcupsieger.

Der erfolgreichste deutsche Spieler ist der Berliner Dieter Müller (*1943), der viermal Weltmeister, zweimal im Fünfkampf 1976, 77 und zweimal im Cadre 71/2, 1978, 79, siebenmal Europameister und 32mal Deutscher Meister wurde. August Tiedtke (1913-72) wurde Weltmeister im Fünfkampf 1936 und Kunststoß 1937, dreimal Vizeweltmeister, zehnmal Vizeeuropameister und 33mal Deutscher Meister.
Deutschland wurde 1991 und 1993 Sieger bei den World Team Championships (Dreikampf) und 1993, 94 Weltmeister im Dreiband durch Christian Rudolph und Maximo Aguirre.

Bundesliga: Je sechs Titel erkämpften – seit 1967 – die Düsseldorfer Billard-Freunde und der DBC Bochum. Mit fünf Siegen folgt BSV Velbert. Den Dreiband-Pokal gewann die Düsseldorfer Mannschaft elfmal.

Poolbillard: Das Spiel mit numerierten Bällen wurde gegen 1890 standardisiert.

Die größten Vertreter waren Ralph Greenleaf (1899-1950, USA), der 19 Welt-Profititel zwischen 1919 und 1937 gewann, sowie William Mosconi (*1913, USA) der zwischen 1941 und 1956 das Spiel dominierte.

Rekord-Weltmeister im Snooker ist Joe Davis (GB) mit 15 Titeln 1927-40, 1946. An zweiter Stelle folgt sein Bruder Fred Davis mit acht Siegen.

Am erfolgreichsten bei den Amateuren sind mit je zwei WM-Titeln Gary Owen (GB) 1963, 1966, Ray Edmonds (GB) 1972, 1974 und Paul Mifsud (Malta) 1985, 86.
Bei den Frauen kam Maureen Bayton-Barrett sogar zu acht Titeln zwischen 1954 und 1968.

Jüngster Snooker-Weltmeister aller Zeiten bei den Profis ist Stephen Hendry (*1969, Schottland), der am 29. April 1990 mit 21 Jahren und 106 Tagen den Titel in Sheffield (GB) gewann.

Jüngster Sieger bei den 1963 erstmals ausgetragenen Amateur-Weltmeisterschaften wurde am 25. November 1990 in Sri Lanka der Ire Stephen O'Connor (*1972, Irland) im Alter von 18 Jahren und 40 Tagen.

Bowling

Weltmeisterschaften wurden 1954 (Männer) beziehungsweise 1963 (Frauen) von der Fédération Internationale des Quilleurs eingeführt.

Weltcup, eingeführt 1965. Die meisten Siege feierte Paeng Nepomuceno (*1957, Philippinen) mit drei, 1976, 1980, 1992.

Das höchste Ergebnis in einem offiziellen Wettkampf (drei Spiele) erreichte Thomas Jordan (*1966, USA) mit 899 Pins am 7. März 1989 in Union, New Jersey (USA).
Bei den Frauen kam Jeanne Maiden (*1957, USA) am 23. November 1986 in Solon, Ohio, auf 864 Pins (300 – 300 – 264).

Die meisten Strikes in Serie erreichte mit 33 in einem offiziellen Turnier John Pezzin (*1930) am 4. März 1976 in Toledo, Ohio (USA).

Die meisten 300er Spiele schaffte mit 42 bis Ende 1993 Robert Learn jr. (*1962, USA). Bei den Frauen hält Jeanne Maiden (USA) mit 20 den Rekord.

Die Weltrekorde (sie können nur bei Weltmeisterschaften aufgestellt werden) halten bei den Männern über ein Spiel Rick Steelsmith (USA) mit 300 Pins, drei Spiele Lars Öagar (SF) mit 774, sechs Spiele Rich Wondres (USA) mit 1411 sowie 24 Spiele Rick Steelsmith mit 5261 und bei den Frauen über ein Spiel Dorette Boelens (NL) mit 289, drei Spiele Delia Milne (Singapur) mit 700, sechs Spiele Cora Fiebig (USA) mit 1330 sowie 24 Spiele Sandra Jo Shiery (USA) mit 4894.

Deutsche Meisterschaften: Die erfolgreichsten Teilnehmer waren Daniela Gruber mit fünf Titeln 1971, 1974, 1977-79 sowie mit je vier Siegen Karl Hartmann 1935-37, 1958 und Fritz Blum 1964, 1966-68.

Deutsche Mannschaftsmeisterschaften: Bei den Männern war der ASC Berlin-Spandau achtmal zwischen 1970 und 1985 erfolgreich.

Bei den Frauen kamen die Neuköllner Sportfreunde aus Berlin sogar zwölfmal zwischen 1975 und 1993 zum Sieg in diesem Wettbewerb.

Deutsche Rekorde. Männer: Ein Spiel 300 Pins Manfred Raich, Till Götz, Norbert Griesert; drei Spiele 758 Jürgen Pelz; sechs Spiele 1529 Utz Dehler. Frauen: Ein Spiel 290 Heidi Scholtheis; drei Spiele 742 Kathy Roos; sechs Spiele 1299 Ute Voht.

Golf

Der längste Platz der Welt befindet sich beim International GC in Bolton, Massachusetts (USA), mit 7612 m. Er hat Par 77.

Der höchste Platz der Welt liegt in Morococha (Peru) mit 4369 m und gehört dem Tuctu-Golf-Club. In Tibet wurde sogar schon in 4875 m Höhe gespielt.

Der niedrigste Platz der Welt war die – inzwischen geschlossene – Anlage von Sodom und Gomorrha am Toten Meer mit 380 m unter dem Meeresspiegel. Der Platz in Death Valley, Kalifornien (USA), hält jetzt den Tiefenrekord mit 67 m unter dem Meeresspiegel.

Das längste Loch der Welt ist mit 867 m das 6. beim Koolan Island Golfclub (Japan).

Das größte Grün der Welt ist das auf der sechsten Bahn des International GC Bolton, Massachusetts (USA), mit einem Gebiet von mehr als 2600 m^2.

Der größte Sandbunker der Welt ist Hell's Half Acre mit 535 m am 7. Loch des Pine-Valley-Platzes in Clementon, New Jersey (USA), der 1912 gebaut wurde.

Den absoluten Weitenrekord hält mit 626 m Kerry Murray (*1957, Kanada), der diese Leistung auf der Flughafenrollbahn im kanadischen Fairmont Hot Springs am 24. September 1990 schaffte.

Den weitesten Schlag auf einem normalen Platz führte mit 471 m Michael Hoke Austin (*1910, USA) bei den US National Seniors Open Championships am 25. September 1974 in Las Vegas, Nevada (USA), aus.
Bei den Frauen kam Helen Dobson (GB) auf 469,1 m in Honnington, Suffolk, am 31. Oktober 1987.

Das größte Turnier der Welt sind die Offenen Amateur-Meisterschaften von Großbritannien. 1984 beteiligten sich 321 778 Golffans (206 820 Männer, 114 958 Frauen.

Erfolgreichster Spieler aller Zeiten ist Jack Nicklaus (*1940, USA), der als einziger Golfer die vier bedeutendsten Turniere der Welt (US Open, US-Masters, US PGA und British Open) mindestens zweimal gewann.

Die beste Spielerin aller Zeiten ist Kathy Whitworth (*1939, USA), die zwischen 1957 und 1986 an insgesamt 717 Turnieren teilnahm und 88 gewann – Weltrekord. Dreimal wurde sie in Amerika zur Sportlerin des Jahres und achtmal zur Golferin des Jahres gewählt.

Die meisten Professionals-Turniere bei den Männern gewann Sam Snead (*1912, USA) mit 134 zwischen 1934 und 1989, davon 84 bei der offiziellen US PGA-Tour. Den Jahresrekord mit 18 Erfolgen hält John Byron Nelson (*1912, USA), erreicht 1945.
Auf der europäischen Tour kam Severiano Ballosteros (*1957, ES) zwischen 1974 und 1993 auf 51 Siege.

Bestverdienender Spieler aller Zeiten ist Tom Kite (*1949, USA), der es auf der US PGA-Tour bis Ende April 1994 auf 8 799 550 Dollar brachte. Den Saisonrekord hält Bernhard Langer (D) mit 2 185 358 Dollar in 1991, einschließlich des Eine-Million-Siegespreises beim Einladungturnier in Sun City (Südafrika).

Das meiste Geld bei den Frauen verdiente Pat Bradley (*1951, USA) mit 4 567 922 Dollar bis Ende April 1994. Den Saisonrekord hält 1990 mit 863 578 Dollar Ann Beth Daniel (USA).

US-Masters in Augusta, Georgia (USA), eingeführt 1934: Sechsmal und damit am häufigsten gewann Jack Nicklaus diesen Wettbewerb, 1963, 1965, 66, 1972, 1975 und 1986.
Den Platzrekord mit 271 Schlägen halten Nicklaus (67, 71, 64, 69) in 1965 und Raymond Floyd (65, 66, 70, 70) in 1976.
Die beste Einzelrunde spielte mit 63 Raymond Leige Price 1986.
Zweimal gewann der Deutsche Bernhard Langer das Turnier und zwar in den Jahren 1985, 1993.

The Open, wechselnde Schauplätze in GB, eingeführt 1860: Am häufigsten gewann mit sechs Harry Vardon (GB) 1896, 1898, 99, 1903, 1911, 1914.
Rekordinhaber mit 267 Schlägen ist Greg Norman (66, 68, 69, 64) in Sandwich/Kent 1993.
Die beste Einzelrunde spielten mit 63 Stephen Hayes 1977, Isao Aoki 1980, Greg Norman 1986, Paul Broadhurst 1990, Joseph Martin Mudd 1991, Nick Faldo und William Payne Stewart 1993.

US Open, wechselnde Schauplätze, eingeführt 1895: Zu je vier Siegen kamen Willie Anderson 1901, 1903-05, Robert Tyre Jones jr. 1923, 1926, 1929, 30, William Ben Hogan 1945, 1950, 51, 1953 und Jack Nicklaus 1962, 1967, 1972, 1980.
Rekordinhaber sind mit 272 Schlägen Jack Nicklaus (63, 71, 70, 68) seit 1980 und Lee Janzen (67, 67, 69, 69) seit 1993, jeweils erreicht in Baltusrol.
Die beste Einzelrunde spielten mit 63 Johnny Miller 1973, Jack Nicklaus und Tom Weiskopf 1980.

PGA-Championship, wechselnde Schauplätze in den USA, eingeführt 1916: Die meisten Siege feierten mit fünf Walter Hagen 1921, 1924-27 und Jack Nicklaus 1963, 1971, 1973, 1975, 1980.
Rekordinhaber ist Bobby Nichols mit 271 Schlägen in Columbus/Ohio 1964.
Die beste Einzelrunde spielte mit 63 Bruce Crampton 1975.

SPORT

● Spiel mit der Kugel

Par-72-Kurs: Den Rekord auf einem erstklassigen Platz hält mit 255 (63, 66, 62, 64) Leonhard Peter Tupling (*1950, GB), aufgestellt im Februar 1981 bei den Nigerian Open in Lagos. Bei der US-Professional-Tour kam Mike Souchak (USA) auf 257 (60, 68, 64, 65) bei den Texas Open in San Antonio 1955.
Bei der European Tour schafften zwei Spieler 258, zuerst David Llewellyn (64, 69, 60, 65) bei den Biarritz Open 1988 und Ian Woosman (66, 67, 65, 60) bei den Monte Carlo Open 1990.

Die größte Anzahl von hole-in-one (Treffer mit einem Schlag) in einer Laufbahn erzielte mit 68 Harry Lee Bonner zwischen 1967 und 1985.
Es gibt mindestens 16 Fälle von Assen, die auf zwei aufeinanderfolgenden Löchern erzielt wurden, das größte war der Doppel-Albatros auf dem 7. (310 m) und 8. Loch (265 m) des GC Course in Saugus (Kalifornien) am 2. September 1964 durch Norman L. Manley. Die meisten Asse innerhalb eines Jahres schaffte mit 28 Scott Palmer zwischen dem 5. Juni 1983 und 31. Mai 1984.

Für das ungewöhnlichste Ereignis sorgte Pete Brown (USA), der Mitte Juni 1991 zwei Hole-in-one innerhalb von fünf Tagen auf ein und derselben Bahn (Par 4) in Ridgetown/Ontario (USA) schaffte. Es handelte sich um die zwölfte, 230 m lange Bahn einer öffentlichen Anlage.
Anläßlich des Eröffnungsturniers des Dolder Golfplatzes Zürich (CH) schaffte Gilbert Pfau innerhalb von nur 29 Min. zwei Hole-in-one, zuerst auf der 8. und dann auf der 10. Bahn.

Der älteste Spieler, der je ein As schaffte, ist Otto Bucher (CH). Mit 99 Jahren und 244 Tagen traf er am 13. Januar 1985 mit einem einzigen Schlag aus 120 m Entfernung das zwölfte Loch auf dem Platz in La Manga (ES).

Der jüngste Golfer, dem ein As gelang, war der fünfjährige Amerikaner Coby Orr. Er traf 1975 auf dem Riverside GC von San Antonio, Texas (USA), das fünfte Loch aus 94 m Entfernung.

Ein seltenes Kunststück gelang Wolf van Elsen (Witten). Auf seinem Heimatplatz in Wuppertal schaffte er dreimal ein As am 11. Loch und zwar am 11. Februar 1982, am 22. April 1993 und am 10. April 1994.

Der älteste Spieler, der sich zu einer Golfpartie aufmachte, war C. Arthur Thompson (1869-1975, British-Columbia), der 1973 mit 103 Jahren den 5682 m langen Uplands Kurs bewältigte und dafür kurioserweise 103 Schläge benötigte.

Deutschlands erfolgreichster Profi ist Bernhard Langer (*1957), der 1985 und 1993 das US-Masters gewann. Insgesamt wurde er zwölfmal nationaler Deutscher Meister 1975, 1977, 1979, 1984-92, fünfmal German Open-Sieger 1981, 82, 1985, 86, 1993 sowie zweimal German Masters-Sieger 1989, 1991. Außerdem errang er 1990 mit Torsten Giedeon die Mannschafts-WM.

Johnnie Walker World Championship:
Larry Mize gewann 1993 den Titel mit einem Rekord
von 17 unter Par (großes Foto) - Sieger bei den
British Open 1993 wurde Greg Norman (oben).

Fotos: Allsport/David Cannon/Zentralbild

Verdient mit Golf viel Geld, Pat Bradley, die seit Jahren zur absoluten Weltspitze zählt.

Foto: Allsport/David Cannon

Bahnengolf

Weltmeisterschaften, eingeführt 1991: Die Titel bei den Damen gewannen Miranda Graf (CH) 1991 und Alice Kobisch (D) 1993 sowie bei den Herren Raffael Noesberger (CH) 1991 und Andreas Winkel (D) 1993. In den Mannschftsdisziplinen siegten bei den Damen Deutschland 1991 und 1993, bei den Herren die Schweiz 1991 und Deutschland 1993.

Europapokal, eingeführt 1966: Sechsmal siegten die Männer des MC Siegen (1975-78, 1980, 1983) und je dreimal die Frauen des MGC Bad Salzuflen (1975-77), MGC Bad Vösendorf/Österreich (1980-82), BSV80 Steinen (1983-85) und 1. MGC Mainz (1989, 90, 1992).

Minigolf

Die erste Anlage in Deutschland wurde am 17. Juni 1955 in Traben-Trarbach eröffnet, wo ein Jahr später auch die ersten Deutschen Meisterschaften ausgetragen wurden.

Europameisterschaften, eingeführt 1959: Die meisten Titel mit je drei holten der Österreicher Fritz Knotzer 1969, 70, 1974 und die Deutsche Andrea Barschdorf 1963-65. Bei den Mannschaften war Deutschland zwölfmal bei den Frauen sowie neunmal bei den Männern erfolgreich.

Deutsche Meisterschaften, eingeführt 1956: Die erfolgreichsten Spieler sind mit fünf Titeln Marlies Funke (Berlin) 1966, 1968, 1970, 1974, 75 sowie bei den Männern mit je drei Titeln der Mainzer Lothar Lieder 1983-85 und der Bochumer Fritz Barschdorf 1962, 1965, 1967.

Die meisten Titel bei den Mannschaften holen sich mit sechs die Männer des MC Siegen 1974, 75, 1979, 80, 1983, 84 sowie mit fünf bei den Frauen MGC Bad Salzuflen 1963, 1974, 1976, 1979, 80.

Miniaturgolf

Europameisterschaften, eingeführt 1962: Beste Spielerin ist die Schwedin Kristina Nohren-Sjöberg, die sechsmal 1972, 73, 1975, 76, 1981, 82 erfolgreich war. Bei den Männern kamen fünf Deutsche zu je zwei Titeln, Klaus Tafel 1964, 65, Hans-Jürgen Witzel 1966, 67, Egon Schacke 1970, 71, Jürgen Daub 1972, 1974 und Rainer Kunst 1975, 1977.

Im Mannschaftswettbewerb siegten die deutschen Männer 19mal und die deutschen Frauen 17mal.

Den Europarekord über drei Runden schraubte Claude Hermes (L) bei den Europameisterschaften am 25. August 1990 in Luxemburg-Stadt auf phantastische und nicht mehr zu unterbietende 54 Schläge. Er schaffte also alle Bahnen mit dem ersten Schlag.

Die eindrucksvollste Serie schaffte der Wetzlarer Hans-Dirk Czerwek am 20./21. Mai 1989 in Jügesheim. Bei einem Ranglistenturnier über zehn Runden kam er auf das Traumergebnis von 194 Punkten (Schnitt 19,4) und spielte dabei folgende Serie: 21 – 20 – 19 – 18 – 20 – 20 – 19 – 19 – 19 – 19.

Deutsche Meisterschaften, eingeführt 1956: Die meisten Titel errangen mit drei der Berliner Detlef Weidenhammer 1974, 75, 1979 sowie bei den Frauen mit vier Elfriede Daub (Schriesheim) 1975, 1977, 1984, 1986.

Rekordmannschaftsmeister sind bei den Männern mit sechs Erfolgen der Tempelhofer MV 65 Berlin 1974, 75, 1977, 1979, 80, 1984 sowie bei den Frauen mit sechs Siegen SG Arheilgen 1981, 82, 1986-89.

Die deutschen Rekorde: zwei Runden Axel Bockelmann (Mönchengladbach) und acht weitere Spieler 36 Punkte (Schnitt 18,0), vier Runden Walter Erlbruch (Köln) 74 (Schnitt 18,5) und sechs Runden Burkhard Kritsch 116 (Schnitt 19,33).

Kegeln

Die Weltrekorde auf einer Scherenbahn halten Arturo Moneta (I) mit 1559 Holz (200 Kugeln) sowie Petra Renner (D) mit 864 Holz (120 Kugeln).

Die Weltrekorde auf einer Asphaltbahn halten Zdenko Pavlic (YU) mit 1023 Holz (200 Kugeln) und Cornelia Budy (D) mit 528 Holz (100 Kugeln).

Die Weltrekorde auf einer Bohlenbahn halten die Deutschen Karl Buckow mit 1587 Holz (200 Kugeln) sowie Rita Mesterharm und Christa Grobe mit je 759 Holz (100 Kugeln).

Die Weltrekorde im Dreibahnen-Spiel halten Dietmar Knörenschild mit 2234 Holz (300 Kugeln) sowie Sylvia Garbe (D) mit 1051 Holz (150 Kugeln).

Die erfolgreichsten deutschen Kegler sind der Berliner Gerd Lehne (*1929), der zweimal Europameister auf der Scherenbahn wurde und insgesamt 41 Deutsche Meisterschaften in der Einzel- und Mannschaftswertung errang, sowie die Braunschweigerin Ingrid Reimann (*1925), die auf 48 nationale Titel kam.

Der Eppelheimer Dieter Zieher (*1936) wurde fünfmal Weltmeister, je einmal im Einzel- und Mannschaftskampf sowie dreimal im Paar-Wettbewerb.

Rekordinhaber beim Bundeskegelsportabzeichen ist Heinz Bruelheide aus Nahe (SH) mit 2500 Goldwiederholungen.

SPORT

• Spiel mit der Kugel • Spiel mit dem Schläger

♦ SPIEL MIT DEM SCHLÄGER

Tennis

Olympische Spiele: Wettbewerbe fanden zwischen 1896 und 1920 sowie ab 1988 statt. Die meisten Medaillen gewann Max Decugis (1882-1978, F) mit viermal Gold sowie je einmal Silber und Bronze zwischen 1900 und 1920. Bei den Damen kam Kitty McKane (*1897, GB) zu einem Sieg sowie je zwei zweiten und dritten Plätzen 1920 und 1924.

Deutschland kam bisher zu zwei Goldmedaillen, durch Steffi Graf 1988 sowie durch das Doppel Boris Becker/Michael Stich 1992.

Der Grand Slam ist die Krone des Tennissports. Um diesen so seltenen Erfolg zu erkämpfen, bedarf es der Turniersiege bei den Internationalen Meisterschaften von Australien (Melbourne), Frankreich (Paris), Großbritannien (Wimbledon) und den USA (Flushing Meadow, früher Forest Hills) innerhalb von zwölf Monaten. Früher galten sogar die – verschärften – Regeln, daß solch ein Triumph innerhalb eines Kalenderjahres erreicht werden mußte.

Der erste Spieler, dem dieses Kunststück gelang, war John Donald Budge (*1915, USA) 1938. Sogar zweimal holte sich Rodney George Laver (*1938, Australien) den großen Wurf, zuerst 1962 als Amateur und dann 1969, als die Turniere auch für Profis offen waren.

Auch vier Damen gewannen den Grand Slam: Maureen Catherine Connolly-Brinker (1934-69, USA) 1953, Margaret Jean Court-Smith (*1942, Australien) 1970 sowie – nach neuer Version – Martina Navratilova (*1956, CSSR/USA) 1983/84. Und schließlich war 1988 auch Steffi Graf (*1969, D) erfolgreich, die sich darüber hinaus in Seoul noch den Olympiasieg holte, so daß man von einem noch nie erreichten Golden Slam sprach.

Die meisten Turniere überhaupt gewann mit 167 Martina Navratilova vor Chris Evert (USA) mit 157. Dazu kommen noch 79 Erfolge im Doppel mit Pam Shriver. Bei den Herren brachte es Jimmy Connors (USA) auf 109 Erfolge. An zweiter Stelle folgt Ivan Lendl (94).

Das meiste Geld verdiente bis Ende April 1994 Ivan Lendl mit 20 400 410 Dollar. Bei den Damen kam Martina Navratilova auf 19 821 645 Dollar.

Auf den höchsten Jahresverdienst kamen 1993 Steffi Graf mit 2 821 337 Dollar bei den Damen und Pete Sampras (USA) mit 3 648 075 Dollar bei den Herren.

Das längste Match dauerte 6:39 Std. So lange standen sich beim Davis-Cup am 25. Juli 1987 im amerikanischen Hartford (Connecticut) John McEnroe (USA) und Boris Becker gegenüber. Die Begegnung endete mit 4:6, 15:13, 8:10, 6:2, 6:2 für den Deutschen.

Die längste Begegnung bei den Damen dauerte 6:22 Std., als beim Turnier im September 1984 in Richmond (USA) Vicky Nelson mit 6:4, 7:6 (13:11) ihre amerikanische Rivalin Jean Hepner bezwang.

Das kürzeste Match bei einem Grand Prix dauerte 30:44 Min. Nur so lange benötigte Steffi Graf, um am 2. Mai 1986 in der dritten Runde des Turniers von Indianapolis die Südafrikanerin Yvonne Vermaak mit 6:0, 6:2 zu schlagen.

Den Tiebreak-Rekord mit 26:24 gab es im vierten Satz der ersten Doppelrunde beim Wimbledon-Turnier am 1. Juli 1985. Jan Gunnarsson/Michael Mortensen (S/DK) gewannen das Match gegen John Frawley/Viktor Pecci (Australien/Paraguay) 6:3, 6:4, 3:6, 7:6.

Wimbledon

Die meisten Titel erreichte mit insgesamt 20 Billie-Jean King-Moffitt (*1943, USA), die zwischen 1961 und 1979 sechs Einzel, zehn Doppel und vier Mixed gewann. Elizabeth Montague-Ryan (1892-1979, USA) kam auf 19 (Doppel-)Erfolge, zwölf bei den Damen, sieben im Mixed, zwischen 1914 und 1934. Ebenso oft war Martina Navratilova siegreich, neunmal im Einzel, siebenmal im Doppel und dreimal im Mixed zwischen 1978 und 1993.

Die meisten Titel bei den Herren errang mit 13 Hugh Laurence Doherty (1875-1919, GB), fünf im Einzel 1902-06 und einen Rekord von acht im Doppel mit seinem Bruder Reginald Frank (1872-1910) 1897-1901, 1903-05.

Die meisten Titel im Einzel: Martina Navratilova gewann neunmal 1978, 79, 1982-87, 1990 und William Charles Renshaw (1861-1904, GB) siebenmal 1881-86, 1889, als der Titelverteidiger noch automatisch für das nächste Finale qualifiziert war. Nach Abschaffung der Herausforderungsrunde schaffte Björn Borg (*1956, S) fünf Triumphe 1976-80.

Die meisten Titel im Doppel: Elizabeth Montague-Ryan gewann zwölfmal, Hugh Laurence Doherty war achtmal erfolgreich wie auch sein Bruder Reginald Frank.

Die meisten Titel im Mixed: Elias Victor Seixas (*1923, USA) 1953-56, Kenneth Norman Fletcher (*1940, Australien) 1963, 1965, 66, 1968, Owen Keir Davidson (*1943, Australien) 1967, 1971, 1973, 74 gewannen je viermal, Elizabeth Montague-Ryan sogar siebenmal zwischen 1919 und 1932.

Die jüngste Siegerin im Einzel ist Charlotte Dod (1871-1960, GB), die erst 15 Jahre und 285 Tage alt war, als sie 1887 das Turnier gewann.

Der jüngste Sieger im Einzel ist Boris Becker (*1967, D), der mit 17 Jahren und 227 Tagen das Turnier gewann und ein Jahr später, als Zweitjüngster, seinen Triumph wiederholte. Außerdem war Becker der erste Deutsche und erste Ungesetzte, der bei dieser inoffiziellen Weltmeisterschaft erfolgreich war.

Der älteste Sieger im Einzel ist Arthur Gore (1868-1928, GB). Er gewann 1909 im Alter von 41 Jahren und 182 Tagen.

Die älteste Siegerin ist Margaret Evelyn du Pont-Osborne (*1918, USA), die sich 1962 mit 44 Jahren und 125 Tagen den Mixed-Titel mit dem Australier Neale Fraser holte.

Das längste Finale dauerte 4:16 Std. Jimmy Connors (USA) siegte 1982 gegen John McEnroe (USA) mit 3:6, 6:3, 6:7, 7:6, 6:4.

Das kürzeste Finale dauerte nur ganze 37 Min. William Renshaw

Beherrschte jahrelang die Szene in Wimbledon, Martina Navratilova, die insgesamt neunmal im Einzel erfolgreich war und 1994 knapp an ihrem Jubiläumstitel scheiterte.

Foto: Bongarts

schlug 1881 John T. Hartley 6:0, 6:1, 6:1.

Ohne Satzverlust zum Titel kamen nur vier Spieler: Donald Budge (USA) 1938, Tony Trabert (USA) 1955, Charles McKinley (USA) 1963 und Björn Borg (S) 1976.

US-Open

Den absoluten Rekord hält Margaret Evelyn du Pont-Osborne (USA) mit 25 Titelgewinnen zwischen 1941 und 1960, davon drei im Einzel, 15 im Doppel (zwölf mit Althea Louise Brough) und sieben im Mixed. Bei den Herren brachte es William Tatem Tilden (USA) auf 16 Erfolge, sieben im Einzel, 1920-25, 1929, fünf im Doppel und vier im Mixed.
Je sieben Einzeltitel holten sich auch Richard Dudley Sears (1861-1943) 1881-87 und William A. Larned (1872-1926) 1901, 02, 1907-11 sowie bei den Damen Molla Mallory Bjurstedl (1884-1959) 1915, 16, 1918, 1920-22, 1926 und Helen Wills-Moody (*1905, USA) 1923-25, 1927-29, 1931.
Die ersten Meisterschaften fanden 1881 statt.

Der jüngste Sieger im Einzel heißt Pete Sampras (*1971, USA), der mit 19 Jahren und 28 Tagen den Titel 1990 errang.

Die jüngste Siegerin im Einzel war Tracy Ann Austin (*1962, USA), die mit 16 Jahren und 271 Tagen 1979 gewann.

Der älteste Sieger im Einzel war William Larned 1911 mit 38 Jahren und 242 Tagen.

Die älteste Siegerin im Einzel war Maud Barger-Wallach 1907 mit 38 Jahren.

Die meisten Einzel bestritten Jimmy Connors mit 116, von denen er 99 gewann, sowie Chris Evert mit 113, von denen sie sogar 101 erfolgreich beendete.

French Open

Am häufigsten siegte Margaret Court-Smith (Australien), die es auf 13 Titel zwischen 1962 und 1973 brachte, davon fünf im Einzel, je vier im Doppel und Mixed. Siebenmal im Einzel war Chris Evert 1974, 75, 1979, 80, 1983, 1985, 86 erfolgreich. Bei den Herren gewann Henri Cochet (1901-87, F) neunmal zwischen 1926 und 1930, vier Einzel, drei Doppel und zwei Mixed. Sechsmal war Björn Borg zwischen 1974 und 1981 im Einzel erfolgreich.

Der jüngste Sieger im Einzel und eines Grand-Slam-Turniers überhaupt ist Michael Chang (*1972), der 1989 sensationell das Finale mit 6:1, 3:6, 4:6, 6:4, 6:2 gegen Stefan Edberg (S) gewann. Der Sohn chinesischer Einwanderer in die USA war bei seinem Triumph 17 Jahre und 109 Tage alt.

Die jüngste Siegerin im Einzel ist Monica Seles (*1973, YU), die 1990 bei ihrem 7:6, 6:4-Triumph über Steffi Graf 16 Jahre und 169 Tage alt war.

Der älteste Sieger im Einzel war Andreas Gimeno (*1937, ES), der 1972 mit 34 Jahren und 301 Tagen gewann.

Die älteste Siegerin war Elizabeth Ryan, die 1934 mit 42 Jahren und 88 Tagen das Doppel mit Simone Mathieu (F) gewann.

Australian Open

Erfolgreichste Spielerin war Margaret Court-Smith, die es im Einzel zu elf Titeln 1960-66, 1969-71, 1973 brachte und außerdem acht Doppel und zwei Mixed gewann – total 21.
Bei den Herren kam Roy Emerson zu sechs Einzelsiegen 1961, 1963-67. Adrian Karl Quist holte sich zehn Doppel- und drei Einzeltitel zwischen 1935 und 1950.

Seit 1972 finden die Meisterschaften – erste Austragung 1905 – in Melbourne (insgesamt 37mal) statt. Weitere Schauplätze waren Sydney (17), Adelaide (14), Brisbane (8), Perth (3) sowie zweimal die neuseeländischen Städte Christchurch 1906 und Hasting 1912.

Der jüngste Sieger im Einzel war Rodney W. Heath (Australien), der mit 17 Jahren 1905 gewann.

Der älteste Gewinner im Einzel ist Ken Rosewall (Australien), der 1972 bei seinem Erfolg 37 Jahre und zwei Monate alt war.

Die jüngste Siegerin im Einzel ist Monica Seles, die 1991 bei ihrem ersten Triumph 17 Jahre und 55 Tage alt war.

Die älteste Gewinnerin im Einzel ist Thelma Long (Australien), die 1954 mit 35 Jahren und 8 Monaten erfolgreich war.

Grand Prix Masters

Den Rekord dieses 1970 eingeführten und jährlich ausgetragenen Wettbewerbs der erfolgreichsten Spieler der Saison hält Ivan Lendl mit fünf Siegen 1982, 83, Januar und Dezember 1986, 87. Neunmal (1980-88) erreichte er das Finale. Auf sieben Doppeltitel kamen John McEnroe (*1959) und sein Partner Peter Fleming (*1955, beide USA) von 1978 bis 1984.

Tokio erlebte die Premiere, danach fand die Veranstaltung in verschiedenen Städten statt, hauptsächlich jedoch in New York (1978-89) und seit 1990 in Frankfurt/Main.

Davis-Cup

Die meisten Siege der 1900 eingeführten Weltmeisterschaft für Herren-Teams errangen mit 30 die USA vor Australien (26), Großbritannien (9), Frankreich (7) und Schweden (4). Deutschland kam zu drei Erfolgen 1988, 89, 1993.

Am häufigsten in einem siegreichen Team stand Roy Emerson (*1936), der mit Australien achtmal 1959-62, 1964-67 erfolgreich war. Bill Tilden gewann siebenmal mit den USA (1920-26) und bestritt einen Finalrekord von 28 Matches. Er gewann im Einzel 17 von 22 und im Doppel vier von sechs Begegnungen.

Nur 13 (von 82) Endspiele wurden erst mit dem Schluß-Einzel entschieden, zuletzt am 22. Dezember 1985, als Schweden gegen Deutschland mit 3:2 gewann. Den entscheidenden Punkt holte Edberg mit 3:6, 7:5, 6:4, 6:3 gegen Westphal.

Dreimal holte Deutschland die begehrte Trophäe, 1988 in Göteborg mit 4:1 und 1989 in München mit 3:2 jeweils gegen Schweden sowie 1993 in Düsseldorf mit 4:1 gegen Australien. Bis ins Finale kam auch das Team 1970 gegen die USA (0:5) und 1985 gegen Schweden (2:3).
Zwischen 1913 und und Juli 1994 (März) bestritt die deutsche Mannschaft 173 Begegnungen. Die Bilanz lautet: 118 Siege, 55 Niederlagen.

Das längste Spiel dauerte 6:39 Std., als sich 1987 im amerikanischen Hartford John McEnroe (USA) und Boris Becker (D) – 6:4, 13:15, 10:8, 2:6, 2:6 – gegenüberstanden. Weil die Begegnung wegen einiger Tumulte unterbrochen werden mußte, wurde als offizielle Spielzeit allerdings nur 6:20 Std. angegeben und das Match zwischen McEnroe und dem Schweden Mats Wilander 1982 in St. Louis mit 6:32 Std. als Rekord geführt.

Unterbrochen wurde der Wettbewerb insgesamt viermal, 1901, 1910 sowie während der Kriegsjahre 1915-18 und 1940-45.

Einen großen Vorteil bedeutet die Heimstärke. In den bisherigen 82 Finals kamen die Gastgeber zu 56 Erfolgen.

Die kurioseste Begegnung gab es 1976. Das Match zwischen Australien und Neuseeland zog sich über vier Monate hin. Es begann am 28. Februar in Brisbane und endete erst am 19. Juni im englischen Nottingham mit 3:1-Sieg für die »Aussis«. Anhaltende Regenfälle und anschließende Turnierverpflichtungen der Spieler führten zu der Unterbrechung von 119 Tagen.

Die längste Siegesserie haben die USA aufzuweisen, die fünf Jahre und 213 Tage ungeschlagen blieben, und zwar vom 5. Mai 1968 (5:0 gegen die Karibischen Inseln) bis zum 2. Dezember 1973, als in Cleveland/Ohio mit 0:5 gegen Australien verloren wurde. Dazwischen lagen fünf Gesamtsiege.
In der ewigen Tabelle führen die USA mit 148:49 Siegen vor Australien 144:47, Italien 129:62, Frankreich 122:67 und England 121:73. Deutschland liegt aufgrund der jüngsten 'Erfolge an sechster Stelle mit 118:55.

Eine makellose Bilanz weist der fünfmalige Wimbledonsieger Björn Borg auf, der zwischen 1973 und 1980 in 33 Einzeln für Schweden ungeschlagen blieb.

Kampflos zum Sieger erklärt wurde bisher nur ein einziges Land, 1974 Südafrika, weil sich Indien wegen der Apartheid-Politik geweigert hatte, in Johannisburg anzutreten.

SPORT

• Spiel mit dem Schläger

Mister Davis

Dwight Filley Davis (1879-1945), Student an der Harvard Universität, hatte 1899 die Idee zu einem Tennisvergleichskampf zwischen den USA und den Britischen Inseln und unterbreitete beiden Verbänden die Stiftung einer International Lawn Tennis Challenge Trophy. Für 1000 Dollar kaufte er, der später US-Kriegsminister und Gouverneur auf den Philippinen wurde, einen Silberpokal, die »häßlichste Salatschüssel der Welt«, um den erstmals vom 8. bis 10. August 1900 in Boston/Massachusetts gespielt wurde. Die Partie endete 3:0 für die Amerikaner gegen England/Schottland.

TOP 10 der Davis-Cup-Einsätze deutscher Spieler

Platz	Name	Zeitraum	Einsätze
1.	Wilhelm Bungert	1958-1971	43
2.	Gottfried von Cramm	1932-1953	37
3.	Dr. Christian Kuhnke	1960-1972	32
4.	Ingo Buding	1961-1971	27
5.	Jürgen Faßbender	1968-1979	23
6.	Boris Becker	1985-1992	20
7.	Eric Jelen	1986-1992	16
8.	Hans-Jürgen Pohmann	1971-1976	14
9.	Ernst Buchholz	1951-1957	12
10.	Michael Westphal	1982-1986	12

Stationen

1899. Angebot von Dwight Filley Davis an die Verbände der USA und Großbritanniens zur Stiftung einer International Lawn Tennis Challenge Trophy.
1900. Erstes Davis-Cup-Match in Boston (Massachusetts). Die USA schlagen mit 3:0 die Britischen Inseln.
1904. Erstmals nehmen auch andere Nationen am Wettbewerb teil: Belgien und Frankreich.
1913. Erstes deutsches Davis-Cup-Match. In Wiesbaden wird Frankreich 4:1 geschlagen.
1923. Schon 17 Nationen dabei. Aufteilung in Europa- und Amerikazonen.
1939. Einziger Finalsieg nach einem 0:2-Rückstand. Australien gewinnt 3:2 gegen die USA in Philadelphia.
1952. Einrichtung der Asienzone.
1960. Zulassung von Zementplätzen.
1965. Zulassung auch von Asphaltplätzen und Spielen in der Halle.
1967. Zulassung von Flutlicht.
1970. Erstmals Teilnahme eines deutschen Teams am Finale – 0:5 gegen die USA in Cleveland.
1972. Zulassung von synthetischen Belägen und Abschaffung der Herausforderungsrunde.
1974. Einziges kampflos gewonnenes Finale, weil Indien wegen der Apartheidspolitik nicht gegen Südafrika antritt.
1975. Zulassung von Holzböden.
1980. Nach neuem Modus spielen die 16 weltbesten Nationen (1. Liga) den Sieger aus.
1988. Erster deutscher Triumph mit 4:1 gegen Schweden in Göteborg. Zwei weitere folgten.
1992. Die Schweiz ist der 18. Finalist bei bisher neun Pokalsiegern.

Eingespieltes Doppel mit viel Erfolg: Patrick Kühnen/Michael Stich.

Schon 104 Länder

Mit zwei Nationen begann der Wettbewerb, inzwischen beteiligen sich 104 Länder, die in vier Klassen, Zonen und verschiedenen Gruppen spielen. Die World Group, auch erste Division genannt, vereinigt seit 1981 die 16 besten Teams.
Bis 1972 gab es die Challenge Round. Da hatte der jeweilige Cupverteidiger bis zum Finale spielfrei und erwartete dann seinen Herausforderer, der sich über mehrere Runden qualifizieren mußte.

Stolzer Triumph - und Freude über den Sieg im deutschen Team.
Fotos: Zentralbild, Bongarts

Die Nummer eins in der Welt, Pete Sampras, der 1993 auf einen Jahresverdienst von 3 648 075 Dollar kam..
Foto: Bongarts

Der jüngste Sieger ist Pete Sampras, der mit 20 Jahren und 104 Tagen in Frankfurt/Main 1991 gewann. Im Finale bezwang er Jim Courier (USA) 3:6, 7:6, 6:3, 6:4.

Der erste deutsche Sieger wurde Boris Becker, der 1988 mit 5:7, 7:6, 3:6, 6:2, 7:6 Ivan Lendl schlug und den Erfolg 1992 mit 6:4, 6:3, 7:5 gegen Jim Courier (USA) wiederholte. Michael Stich triumphierte 1993 mit 7:6, 2:6, 7:6, 6:2 gegen Sampras.

Am häufigsten bei den Damen gewann seit 1971 mit acht Titeln Martina Navratilova zwischen 1978 und 1986. Dazu kommen noch neun Doppelsiege, einer mit Billie-Jean King (1980) und acht mit Pam Shriver (bis 1991).

Federation-Cup

Die meisten Siege der 1963 eingeführten Damen-WM für Mannschaften feierten die USA mit 14 Erfolgen zwischen 1963 und 1990 vor Australien (7) und der Tschechoslowakei (5). Deutschland gewann 1987 und 1992.

Auf einen Rekord von 56 Einzel- und 44 Doppel-Matches kam Virginia Wade, die 17 Jahre lang, von 1967 bis 1983, stets dem britischen Team angehörte und dabei auf insgesamt 66 Siege (36 Einzel, 30 Doppel) kam.

Die beste Ausbeute hat Chris Evert (USA) aufzuweisen, die zwischen 1977 und 1989 auf 40 Einzelsiege bei 42 Spielen und 16 Doppelsiege bei 18 Begegnungen kam.

Badminton

Olympische Spiele: Bei der Premiere 1992 in Barcelona kam Indonesien durch Alan Budi Kusuma und Susi Susanti in den Einzeln sowie Südkorea durch Moon-Soo Kim/Joo-Bong Park und Hyu-Young Hwang/So-Young Chung in den Doppeln zum Sieg.

Weltmeisterschaften, eingeführt 1977: Drei Chinesen gelang es bisher, je zwei Einzeltitel zu gewinnen, bei den Männern Yang Yang 1987, 1989 sowie bei den Frauen Li Lingwei 1983, 1989 und Han Aiping 1985, 1987. Erfolgreichster Spieler insgesamt ist Joo-Bong Park (Südkorea), der es auf fünf Titel brachte, zwei im Männer-Doppel 1985, 1991 und drei im Mixed 1985, 1989, 1991.

Thomas Cup, eingeführt 1948: Die Internationale Mannschafts-Meisterschaft der Männer wurde neunmal von Indonesien 1958, 1961, 1964, 1970, 1973, 1976, 1979, 1984, 1994 gewonnen.

Uber Cup, eingeführt 1956: Die Internationale Mannschafts-Meisterschaft der Frauen wurde je fünfmal von Japan 1966, 1969, 1972, 1978, 1981 so-

• Spiel mit dem Schläger

wie China 1984, 1986, 1988, 1990, 1992 gewonnen.

All England Championships, eingeführt 1899: Die meisten Titel bei dem traditionsreichsten internationalen Turnier gewann mit 21 (Einzel und Doppel) George Alan Thomas (1881-1972, GB) zwischen 1903 und 1928. Er wurde später geadelt (Sir Thomas). Rudy Hartono Kurniawan (*1948, Indonesien) siegte in acht Einzelwettbewerben 1968-74 und 1976.

Bei den Frauen liegen Meriel Lucas (GB) und Judy Hashman (*1935, USA) mit je 17 Titeln an der Spitze.

Den Europacup, eingeführt 1978, holte sich siebenmal der Dänische Meister Gentofte BK zwischen 1978 und 1986.

Deutsche Meisterschaften: Erfolgreichste Spieler sind Wolfgang Bochow mit acht Titelgewinnen 1963, 64, 1966-68, 1970, 1972 und 1975 sowie Irmgard Gerlatzka-Latz mit neun Titelgewinnen 1961-66, 1968, 1971 und 1973.
In der DDR kamen Monika Cassens zwischen 1970 und 1990 zu insgesamt 42 Titeln, davon 17 im Einzel, 16 im Doppel und neun im Mixed, sowie Edwin Michalowsky zu 29 Siegen, davon zehn im Einzel, 15 im Doppel und vier im Mixed.

Den Mannschaftstitel holte sich der 1. BV Mülheim 13mal in Reihenfolge, zwischen 1968 und 1980.

Erste Gewinnerin der Olympischen Spiele, die Indonesierin Susi Susanti.
Foto: Allsport/Mike Cooper

Squash

Weltmeisterschaften, eingeführt 1976: Die meisten Titel gewann mit sechs Jahangir Khan (*1963, Pakistan) 1981-85, 1988. Zwischen dem 10. April 1981 und dem 11. November 1986 blieb er ungeschlagen. Außerdem holte er sich dreimal den ISRF-Titel (früher Amateur-WM) 1979, 1983, 1985. Sein Landsmann Jansher Khan hat es inzwischen auf vier Titel 1987, 1989, 90, 1993 gebracht wie zuvor schon Geoffrey B. Hunt (*1947, Australien), der viermal Profi-Weltmeister 1976, 77, 1979, 80 und dreimal Amateur-Weltmeister 1967, 1969, 1971 wurde.

Die meisten Titel bei den Damen holte mit fünf Susan Devoy (*1964, Neuseeland) 1985, 1987, 1990-92.

Erfolgreichste Nationen bei Mannschafts-Weltmeisterschaften sind bei den Herren mit je sechs Titeln Australien 1967, 1969, 1971, 1973, 1989, 1991 und Pakistan 1977, 1981, 1983, 1985, 1987, 1993 sowie bei den Damen mit vier England 1985, 1987, 1989, 90. Außerdem siegte Großbritannien 1979.

British Open: Die meisten Titel gewann bei den Damen Heather Pamela McKay (*1941, Australien), die 16mal zwischen 1961 und 1976 erfolgreich war. Bei den Herren kam Jahangir Khan zu zehn Erfolgen zwischen 1982 und 1991.
Darüber hinaus gewann McKay zwei WM-Titel 1976, 1979. Noch bemerkenswerter: In ihrer Karriere von 1959 bis 1980 verlor sie nur zwei Spiele, je eines 1960 und 1962.

Das längste Spiel mit 2:46 Std. bestritten Jahangir Khan und der Ägypter Gamal Awad (9:10, 9:5, 9:7, 9:2) am 30. März 1983 beim Finale des internationalen Patrick-Festivals im englischen Chichester, West Sussex. Dabei dauerte der erste Satz allein 1:11 Std.

Das kürzeste Spiel dauerte nur 6:37 Min. In dieser Zeitspanne bezwang Philip Kenyon (*1956, GB) mit 9:0, 9:0, 9:0 den Ägypter Salah Nadi bei den British Open in London am 9. April 1992.

Deutsche Meisterschaften: Rekordgewinner mit sechs Titeln sind Carol Martini 1980-83, 1985, 1987 und Hansi Wiens 1988-93. Bei den Damen brachte es Sabine Schöne ebenfalls zu sechs Erfolgen 1988-93.

Tischtennis

Olympische Spiele: Zu einem Festival der Asiaten wurde 1988 die Premiere in Seoul. Mit zweimal Gold, zweimal Silber und einmal Bronze war China erwartungsgemäß das erfolgreichste Land. Südkorea kam zu zwei Siegen, je einem zweiten und dritten Platz.
1992 in Barcelona kam Jan-Ove Waldner (S) als bislang einziger Europäer zu einem Sieg.
Die erste Medaille für Deutschland gewannen 1992 in Barcelona Jörg Roßkopf/Steffen Fetzner mit Silber im Doppel-Wettbewerb.

Weltmeisterschaften: Die meisten Titel errang Viktor Barna (1911-72, H, nach dem Krieg GB) mit insgesamt 15 – fünf im Einzel 1930, 1932-35, acht im Doppel 1929-35, 1939 sowie zwei im Mixed 1932, 1934. Noch erfolgreicher war mit 19 Titeln Maria Mednyanszki (1901-79, H). Sie gewann sieben Doppel 1928, 1930-35, sieben Mixed 1926, 1928, 1930-34 sowie fünf Einzel 1927-31 und wurde hierbei nur von der jetzt in Israel lebenden Rumänin Angelica Rozeanu (*1921) übertroffen, die zwischen 1950 und 1955 sechsmal in Folge im Einzel siegte.
Barna war außerdem an sieben ungarischen Mannschaftssiegen beteiligt.

Die meisten Mannschaftstitel holten bei den Herren (Swaythling-Cup) Ungarn mit insgesamt zwölf 1926, 1928-31, 1933-35, 1938, 1949, 1952, 1979 vor China mit zehn sowie bei den Damen (Corbillon-Cup) China mit neun 1965, 1975-89, 1993 vor Japan mit acht. Seit 1957 finden die Weltmeisterschaften im Zwei-Jahres-Rhythmus statt.

DIE DEUTSCHEN REKORDNATIONALSPIELER

Männer
1.	Jörg Roßkopf	157
2.	Eberhard Schöler	155
3.	Wilfried Lieck	148
4.	Steffen Fetzner	129
5.	Peter Stellwag	121
6.	Jochen Leiß	116
7.	Conny Freundorfer	102
	Ralf Wosik	102
	Georg-Zsolt Böhm	102
10.	Engelbert Hüging	60

Frauen
1.	Olga Nemes	114
	Ursula Kamizuru	110
3.	Kirsten Krüger	93
	Agnes Simon	93
	Hanne Schlaf	93
6.	Wiebke Hendriksen	89
7.	Nicole Struse	77
	Edit Wetzel	73
9.	Diane Schöler	70
10.	Inge Harst	52
	Katja Nolten	52

Rekordgewinner im Europapokal der Landesmeister sind bei den Damen (eingeführt 1964) Statisztika Budapest mit 20 Titeln 1970-74, 1976-86, 1989-91, 1994 sowie bei den Herren (eingeführt 1961) mit je fünf Siegen CSM Cluj aus Rumänien 1961, 1964-67 und Spartacus Budapest 1970, 71, 1979-81.
Zu vier Siegen brachte es Borussia Düsseldorf 1989, 1991-93 bei den Herren und zu je zwei Außenhandel Berlin (Ost) 1968, 69 und Spvg Steinhagen 1992, 93 bei den Damen.

Deutsche Meisterschaften: Die meisten Titel (ohne Mannschaftswertung) errang Wilfried Lieck mit 16 (5 Einzel, 6 Doppel, 5 Mixed) vor Eberhard Schöler mit 13 (9-1-3) und Conny Freundorfer mit 12 (9-2-1).
Bei den Damen führt Ursula Kamizuru-Hirschmüller mit 15 (5-7-3) vor Trude Pritzi mit 14 (7-3-4) die Rangliste an.

Deutsche Mannschafts-Rekordmeister sind bei den Damen der DSC Kaiserberg (18 Titel) und bei den Herren Borussia Düsseldorf (16 Titel); dabei siegte die Mannschaft zwischen 1978 und 1982 fünfmal und stellte den Serien-Rekord des MTV München 1947-51 ein. Außerdem holten sich die Düsseldorfer zwölfmal den deutschen Pokal.

Die meisten Ballwechsel innerhalb einer Min. schafften die Geschwister Lisa Lomas-Bellinger und Jackie Bellinger (GB) am 7. Februar 1993 in Ipswich (GB) mit 173.

◆ LEICHTATHLETIK

Olympische Spiele: Die meisten Medaillen bei den Männern errang mit zwölf der Langstreckenstar Paavo Nurmi (1897-1973, SF), der zwischen 1920 und 1928 neunmal siegte und dreimal Zweiter wurde. An zweiter Stelle folgen Ray C. Ewry (1874-1937, USA), der achtmal Gold (Hochsprung, Weitsprung und Dreisprung aus dem Stand) zwischen 1900 und 1908 holte, und Carl Lewis (*1961, USA), der zwischen 1984 und 1992 ebenfalls achtmal im Sprint und Weitsprung siegte und dazu noch einmal Silber gewann.

Die meisten Medaillen bei den Frauen gewann mit sieben Shirley de la Hunty, geb. Strickland (*1925, Australien), mit dreimal Gold, einmal Silber und dreimal Bronze bei den Spielen von 1948, 1952 und 1956. Ein kürzlich entdecktes Zielbild zeigt, daß sie beim 200-m-Lauf von 1948 als Dritte und nicht als Vierte durchs Ziel ging, so daß sich ihre Medaillenzahl inoffiziell auf acht erhöht. Irena Szewinska, geb. Kirszenstein (*1946, PL), gewann bei den Spielen von 1964, 1968, 1972 und 1976 drei Gold-, zwei Silber- und zwei Bronzemedaillen und ist die einzige Athletin, die bei vier Spielen nacheinander eine Medaille holte.

> **Zwei neue Disziplinen**
>
> Die Frauen erobern auch die letzten Bastionen in der Männer-Leichtathletik. Die Chinesin Sun Caiyun kam im Stabhochsprung am 31. Juni 1993 in Landau auf 4,01 m. Ebenfalls – noch inoffizieller – Weltrekord sind die 65,40 m im Hammerwerfen der Russin Olka Kuzenkowa, erreicht am 4. Juni 1992 in Bryansk (Rußland).

Die meisten Goldmedaillen bei den Frauen gewannen mit vier folgende vier Athletinnen: Francina E. Blankers-Koen (*1918, NL) über 100, 200 m, 4 x 100-m-Staffel und 80-m-Hürden 1948 in London, Betty Cuthbert (*1938, Australien) über 100, 200 m, 4 x 100-m-Staffel 1956 und 400 m 1964, Bärbel Wöckel-Eckert (*1955, DDR) jeweils über 200 m und 4 x 100 m 1976 und 1980 sowie Evelyn Ashford (*1957, USA), die über 100 m 1984 und 4 x 100 m 1984, 1988 und 1992 erfolgreich war.

Die meisten Goldmedaillen bei nur einer Olympiade gewannen mit fünf Paavo Nurmi 1924 in Paris, und zwar über 1500 m, 5000 m, 10000-m-Geländelauf (Einzel und Mannschaft) sowie im 3000-m-Mannschaftslaufen für Finnland. Die meisten Einzelmedaillen mit vier gewann Alvin C. Kraenzlein (1876-1928, USA) im Jahr 1900 über 60 m, 110-m-Hürden, 200-m-Hürden und im Weitsprung.

Der älteste Olympiasieger war der aus Irland stammende Patrick J. McDonald (1878-1954, USA), der mit 42 Jahren und 26 Tagen am 21. August 1920 in Antwerpen (B) das 25,4-kg-Gewichtwerfen mit einer Weite von 11,265 m für sich entschied.

Die älteste Olympiasiegerin war Lia Manoliu (*1932, RO), die mit 36 Jahren und 176 Tagen am 18. Oktober 1968 in Mexico City das Diskuswerfen mit 58,28 m gewann.

Der jüngste Olympiasieger war Robert »Bob« Mathias (*1930, USA), der im Alter von 17 Jahren und 263 Tagen am 5./6. August 1948 in London den Zehnkampf gewann und diesen Erfolg vier Jahre später in Helsinki wiederholte.

Die jüngste Olympiasiegerin war BarbaraPearl Jones (*1937, USA), die im Alter von 15 Jahren und 123 Tagen am 27. Juli 1952 in Helsinki zur Siegerstaffel über 4 x 100 m gehörte.

Weltmeisterschaften, eingeführt 1983: Erfolgreichster Athlet ist Carl Lewis mit acht Siegen. Er holte sich 1983 die Titel über 100 m, im Weitsprung und mit der 4 x 100-m-Staffel. Vier Jahre später in Rom gewann er im Weitsprung und mit der Staffel; außerdem errang er Silber über 100 m. Da der Kanadier Ben Johnson nachträglich wegen Dopings disqualifiziert wurde, sprach der Internationale Verband später Lewis den Sieg zu. 1991 in Tokio gewann »Carl der Große« die 100 m, mit der Staffel und wurde Zweiter im Weitsprung, 1993 Dritter über 200 m.
Zu vier Titeln bei den Frauen kam Jackie Joyner-Kersee (*1962, USA) 1987, 1991 im Weitsprung, 1987, 1993 im Siebenkampf. Je drei Siege errangen Marita Koch (*1957, DDR), Silke Gladisch (*1964, DDR), Sabine Busch (*1962 DDR) und Tatyana Samolenko (*1961, UdSSR).
Die meisten Medaillen gewann jedoch Merlene Ottey (*1960, Jamaika) mit zehn, je zweimal Gold und Silber, sechsmal Bronze zwischen 1983 und 1993.
Erfolgreichste deutsche Teilnehmerin ist Heike Drechsler mit sechs Medaillen.

Hallen-Weltmeisterschaften eingeführt 1987. Am erfolgreichsten waren Stefka Kostadinova (*1965, Bulgarien), die viermal den Hochsprung 1985, 1987, 1989, 1993 gewann, sowie Michael Schennikow (*1967, Rußland) im 5000-m-Gehen 1987, 1989, 1991, 1993.

Die meisten Weltrekord-Verbesserungen kommen mit 34 auf das Konto des Stabhochspringers Sergej Bubka (*1963, UdSSR/Ukraine), der 16mal im Freien und 18mal in der Halle die bestehenden Bestleistungen übertraf. Dann folgen der finnische Langstreckler Paavo Nurmi (29) sowie zwei weitere Läufer, Emil Zatopek (*1922, CSSR) mit 18 und Ron Clarke (*1937, Australien) mit 17.
Bei den Frauen schaffte die Hochspringerin Jolanda Balas (*1936, RO) in ein und demselben Wettbewerb 14 Rekordverbesserungen, von 1,57 m (1956) bis 1,91 m (1961). Ihre letzte Marke hatte zehn Jahre und 50 Tage Bestand.

Die älteste Weltrekordbrecherin ist Marina Stepanowa (*1950, UdSSR), die mit 36 Jahren und 139 Tagen die 400 m Hürden in 52,94 Sek. lief. Sie erreichte diese Zeit am 17. September 1986 in Taschkent (UdSSR).

Die jüngste Weltrekordbrecherin ist Wang Yang (*1971, China), die mit 14 Jahren und 334 Tagen im 5000-m-Gehen 21:33,8 Min. erreichte. Sie schaffte diese Zeit am 9. März 1986 in Jian (China).

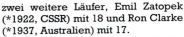

WELTREKORDLER UND WELTMEISTER IN AKTION:

Anna Birjukova, die Dreispringerin aus Rußland.
Leroy Burrell, der 100-m-Sprinter aus den USA.
Merlene Ottey, die schnelle Maid aus Jamaika.
Jackie Joyner-Kersee, die Siebenkämpferin aus Amerika.
Colin Jackson, der Hürdenstar aus Großbritannien.

Fotos: Allsport/Gray Mortimore, Bongarts, Allsport/Mike Powell, Bongarts, Zentralbild

SPORT

• Leichtathletik

Der schnellste 100-m-Läufer der Welt ist – nach der Disqualifikation des gedopten Kanadiers Ben Johnson bei den Olympischen Spielen in Seoul (9,79 Sek.) - Leroy Burrell (USA), der am 6. Juli 1994 in Lausanne die kurze Sprintstrecke in 9,85 Sek. lief.

Die schnellste Frau der Welt ist Florence Griffith-Joyner (*1959, USA), die am 16. Juli 1988 in Indianapolis den 100-m-Weltrekord auf beinahe unglaubliche 10,49 Sek. pulverisierte und dabei eine Durchschnittsgeschwindigkeit von 34,32 km/h erreichte.

Die Weltbestleistung über 100 km hält bei den Frauen Ann Trason (*1961, USA), die 7:09,44 Std. am 26. September 1993 im französischen Amiens lief. Bei den Männern kam Don Ritchie (GB) auf 6:10,20 Std., erreicht am 28. Oktober 1978 in London.

Der 3000-m-Hindernislauf bei den Weltmeisterschaften 1993 in Stuttgart.

Zehn Hürden bis zum Ziel. Solch Anblick bot sich der Weltmeisterin Gail Devers beim Finale der WM 1993 in Stuttgart. Die Hindernisse im 100-m-Wettbewerb der Frauen sind 84 cm hoch und stehen in einem Abstand von 8,50 m.

LEICHTATHLETIK-WELTREKORDE

Sportart	Rekord	Name/Land	Jahr
MÄNNER			
100 m	9,85 Sek.	Leroy Burrell (USA)	1994
200 m	19,72 Sek.	Pietro Mennea (I)	1979
400 m	43,29 Sek.	Harry Reynolds (USA)	1988
800 m	1:41,73 Min.	Sebastian Coe (GB)	1981
1500 m	3:28,82 Min.	Noureddine Morceli (Algerien)	1992
5000 m	12:56,95 Min.	Haile Gebresilasie (Äthiopien)	1994
10000 m	26:52,23 Min.	William Sigei (Kenia)	1994
110-m-Hürden	12,91 Sek.	Colin Jackson (GB)	1993
400-m-Hürden	46,78 Sek.	Kevin Young (USA)	1992
3000-m-Hindernis	8:02,08 Min.	Moses Kiptanui (Kenia)	1992
4x100 m	37,40 Sek.	USA-Nationalstaffel	1993
4x400 m	2:54,29 Min.	USA-Nationalstaffel	1993
Hochsprung	2,45 m	Javier Sotomayor (Kuba)	1993
Weitsprung	8,95 m	Mike Powell (USA)	1991
Stabhochsprung	6,14 m	Sergej Bubka (Ukraine)	1994
Dreisprung	17,97 m	Willie Banks (USA)	1985
Kugelstoßen	23,12 m	Randy Barnes (USA)	1990
Diskuswerfen	74,08 m	Jürgen Schult (DDR)	1986
Hammerwerfen	86,74 m	Juri Sedych (UdSSR)	1987
Speerwerfen	95,66 m	Jan Zelezny (Slowakei)	1993
Zehnkampf	8891 Pkt.	Dan O'Brian (USA)	1992
FRAUEN			
100 m	10,49 Sek.	Florence Griffith-Joyner (USA)	1988
200 m	21,34 Sek.	Florence Griffith-Joyner (USA)	1988
400 m	47,60 Sek.	Marita Koch (DDR)	1985
800 m	1:53,28 Min.	Jarmila Kratochvilova (CSFR)	1983
1500 m	3:50,46 Min.	Yunxia Qu (China)	1993
3000 m	8:06,11 Min.	Yunxia Wang (China)	1993
5000 m	14:37,33 Min.	Ingrid Kristiansen (N)	1986
10000 m	29:31,78 Min.	Yunxia Wang (China)	1993
100-m-Hürden	12,21 Sek.	Jolanka Donkova (Bulgarien)	1988
400-m-Hürden	52,74 Sek.	Sally-Jane Gunnell (GB)	1993
4x100 m	41,37 Sek.	DDR-Nationalstaffel	1985
4x400 m	3:15,17 Min.	UdSSR-Nationalstaffel	1988
Hochsprung	2,09 m	Stefka Kostadinova (Bulgarien)	1987
Weitsprung	7,52	Galina Tschistjakova (UdSSR)	1988
Dreisprung	15,09 m	Anna Birjukova (Rußland)	1993
Kugelstoßen	22,63 m	Natalia Lissowskaja (UdSSR)	1987
Diskuswerfen	76,80 m	Gabriele Reinsch (DDR)	1988
Speerwerfen	80,00 m	Petra Felke (DDR)	1988
Siebenkampf	7291 Pkt.	Jackie Joyner (USA)	1988

Marathon

Aufgrund der wechselnden Schwierigkeitsgrade auf der 42,195 km langen Strecke gibt es keine offiziellen Rekorde.

Die schnellsten Läufer aller Zeiten sind Belayneh Demsimo (*1965, Äthiopien) mit 2:06:50 Std., erreicht am 17. April 1988 in Rotterdam, Ahmed Salah (Djibuti) mit 2:07:07 Std., Carlos Lopez (P) mit 2:07:12 Std., Steve Jones (GB) mit 2:07:13 Std., Comas Ndeti (Kenia) 2:07:15 Std. und Teisuke Kodama (Japan) mit 2:07:35 Std. Die Rangliste bei den Frauen führt Ingrid Kristiansen (*1956, N) an, die am 21. April 1985 in London auf 2:21:06 Std. kam.

Die besten deutschen Läufer sind Jörg Peter mit 2:08:47 Std. und Uta Pippig mit 2:21:45 Std.

Die meisten Rennen bestritt mit 524 Sy Mah (1926-88, Kanada) zwischen 1967 und 1988. Im Durchschnitt brauchte er für jedes Rennen 3:30 Std. John A. Kelley (*1907,

• Leichtathletik

USA) beendete den Boston-Marathon 61mal bis 1992, gewann 1933 und 1945.

Die ältesten Teilnehmer, die ein Rennen durchstanden, sind der 98jährige Grieche Dimitrion Yordanis in 7:33 Std., gelaufen am 10. Oktober 1976 in Athen, sowie die 82jährige Neuseeländerin Thelma Pitt-Turner mit 7:58 Std., erreicht im August 1985 in Hastings.

Rückwärtslaufend bewältigte Albert Freese (*1946, USA) die Strecke beim Long-Beach-Rennen am 18. Februar 1985 in 3:59:07 Std.

Für die größte Aufmerksamkeit sorgte Kjell Schärer (*1935, N), der mit einem zweiten Herzen lief und das Rennen 1985 in London in 6 Std. durchstand. Anderthalb Jahre zuvor war ihm das Herz einer 17jährigen Niederländerin eingepflanzt worden.

Die meisten Teilnehmer wurden mit 28 656 am 2. November 1992 in New York registriert. Das Ziel erreichten 27 797 Läufer und Läuferinnen.

New York-Marathon. Ein Riesenfeld macht sich auf den Weg zum Ziel.

Foto: Allsport/Allsport USA

LEICHTATHLETIK – DEUTSCHE REKORDE

Sportart	Rekord	Name	Jahr
MÄNNER			
100 m	10,06 Sek.	Frank Emmelmann	1985
200 m	20,23 Sek.	Frank Emmelmann	1985
400 m	44,33 Sek.	Thomas Schönlebe	1987
800 m	1:43,65 Min.	Willi Wülbeck	1983
1500 m	3:31,58 Min	Thomas Wessinghage	1980
5000 m	13:09,03 Min.	Dieter Baumann	1992
10000 m	27:24,95 Min.	Werner Schildhauer	1983
110-m-Hürden	13,13 Sek.	Florian Schwarthoff	1992
400-m-Hürden	47,48 Sek.	Harald Schmid	1982
3000-m-Hindernis	8:10,32 Min.	Hagen Melzer	1987
4x100 m	38,81 Sek.	TV Wattenscheid	1994
4x400 m	3:03,91 Min.	Bayer Leverkusen	1979
Hochsprung	2,37 m	Carlo Thränhardt	1987
Weitsprung	8,54 m	Lutz Dombrowski	1980
Stabhochsprung	5,71 m	Andrej Tiwontschik	1994
Dreisprung	17,66 m	Ralf Jaros	1991
Kugelstoßen	23,06 m	Ulf Timmermann	1988
Diskuswerfen	74,08 m	Jürgen Schult	1986
Hammerwerfen	83,40 m	Ralf Haber	1988
Speerwerfen	90,06 m	Raimond Hecht	1994
Zehnkampf	8832 Pkt.	Jürgen Hingsen	1984
FRAUEN			
100 m	10,81 Sek.	Marlies Göhr	1981
200 m	21,71 Sek.	Marita Koch	1984
		Heike Drechsler	1986
400 m	47,60 Sek.	Marita Koch	1985
800 m	1:55,26 Min.	Sigrun Wodars	1987
1500 m	3:57,71 Min.	Christiane Wartenberg	1980
3000 m	8:35,11 Min.	Brigitte Kraus	1983
5000 m	14:58,71 Min.	Kathrin Ullrich	1991
10000 m	31:03,62 Min.	Kathrin Ullrich	1991
100-m-Hürden	12,42 Sek.	Bettine Jahn	1983
400-m-Hürden	53,24 Sek.	Sabine Busch	1987
4x100 m	42,20 Sek.	SC Motor Jena	1984
4x400 m	3:25,84 Min.	SC Turbine Erfurt	1985
Hochsprung	2,05	Heike Henkel	1991
Weitsprung	7,48 m	Heike Drechsler	1988
Dreisprung	14,46 m	Helga Radtke	1994
Kugelstoßen	22,45 m	Ilona Slupianek	1980
Diskuswerfen	76,80 m	Gabriele Reinsch	1988
Speerwerfen	80,00 m	Petra Felke	1988
Siebenkampf	6985 Pkt.	Sabine Braun	1992

Maske: Titel verteidigt

Als fünfter deutscher Weltmeister geht Henry Maske in die Geschichte des Profiboxens ein. Am 20. März 1993 in Düsseldorf besiegte der 29 Jahre alte Halbschwergewichtler aus Frankfurt/Oder klar nach Punkten den amerikanischen Titelverteidiger »Prince« Charles Williams und wurde damit Champion nach Version der International Boxing Federation (IBF). Es war zugleich der 20. Sieg im 20. Kampf. Danach verteidigte er seinen Titel gegen Anthony Hembrick, David Vedder, Ernesto Magdaleno (alle USA) und und Andrea Magi (I). Damit ist er der erfolgreichste deutsche Weltmeister aller Zeiten.

Vor Maske hatten sich schon Max Schmeling (Schwergewicht) 1930, Eckhard Dagge (Super-Weltergewicht – WBC-Version) 1976, Graciano Rocchigiani (Super-Mittelgewicht – IBF-Version) 1988 und Markus Bott (Cruisergewicht – WBO-Version) 1993 den Titel geholt.

Maske wurde in seiner Amateur-Karriere 1988 in Seoul Olympiasieger, ein Jahr später auch Weltmeister und holte sich darüber hinaus noch drei Europameisterschaften.

Fotos: Zantralbild

◆ KAMPFSPORT

Judo

Olympische Spiele: Nur vier Kämpfern gelang es bisher, zwei Goldmedaillen zu gewinnen: Wilhelm Ruska (*1940, NL) beide 1972, Peter Seisenbacher (*1960, A) 1984, 1988, Hitoshi Saito (*1961, Japan) 1984, 1988 und Waldemar Legien (PL) 1988,1992.

Die höchsten Tüchtigkeitsgrade sind aufgeteilt in Schüler(*kyu*)- und Meister(*dan*)-Grade. Die höchste Stufe ist der sehr selten verliehene Rote Gürtel *Judan*. Das Protokoll sieht noch den elften *dan (Juichidan)* den zwölften *dan (Junidan)* sowie den 13. *dan (Shihan)* vor.

Den größten bundesdeutschen Erfolg erreichte Frank Wieneke, der 1984 in Los Angeles die Gold- und 1988 in Seoul die Silbermedaille im Halbmittelgewicht erkämpfte.
Auf die gleiche Anzahl kam der für die DDR startende Dietmar Lorenz (*1950), der 1980 in Moskau in der Offenen Klasse siegte und im Halbschwergewicht Zweiter wurde.

Weltmeisterschaften, eingeführt 1956: Je vier Titel errangen Shozo Fujii (*1950, Japan) 1971, 1973, 1975, 1979, Yashiro Yamashita (*1957, Japan) 1979, 1981 (zwei), 1983 und Naoya Ogawa (Japan) 1987, 1989 (zwei), 1991. Darüber hinaus wurde Yamashita 1984 Olympiasieger in der Allkategorie und blieb von Oktober 1977 bis zu seinem Rücktritt 1985 in 203 Kämpfen ungeschlagen.

Die erfolgreichste Frau ist Ingrid Berghmans (*1961, B) mit zehn WM-Medaillen: Sechsmal Gold in der Offenen Klasse 1980, 1982, 1984, 1986 und in der Klasse bis 72 kg 1984, 1989. Dazu kommen noch dreimal Silber und einmal Bronze. Außerdem gewann sie 1988 in der 72-kg-Klasse das olympische Demonstrationsturnier.

Europacup: Am häufigsten Sieger bei den Mannschaften wurde mit fünf Erfolgen US Orleans 1985-87, 1989, 90. Zu drei Erfolgen in Serie kam auch der VfL Wolfsburg 1979-81.

Deutsche Meisterschaften: Zu neun Einzeltiteln kam Günter Neureuther (München-Großhadern) zwischen 1974 und 1984 im Halbschwergewicht. Auch bei den Frauen kam Regina Philips (Abensberg) bis 1992 zu neun Siegen. Außerdem war sie noch fünfmal mit der Mannschaft von Bayer Leverkusen erfolgreich.

DDR-Meisterschaften: Am erfolgreichsten mit je elf Einzeltiteln waren Henry Stöhr (Hoppegarten) und Petra Sonntag (Schmalkalden), jeweils erreicht im Schwergewicht und der Allkategorie.

Bei den Mannschaften war Dynamo Hoppegarten zwölfmal erfolgreich.

Karate

Kata: Je drei WM-Titel erkämpften sich Tsuguo Sakumoto (Japan) 1984, 1986, 1988 und Mie Nakayama (Japan) 1982, 1984, 1986.

Erfolgreichste deutsche Kämpferin ist Birgit Schweiberer, die es auf fünf Europa- und vier Deutsche Meisterschaften zwischen 1980 und 1984 brachte. Ebenfalls vier Titel holte sich im gleichen Zeitraum Marijan Glad.

Kumite: Die meisten WM-Einzelsiege feierte José Egea (ES), der zwischen 1988 und 1992 vier WM-Titel errang, drei in der Einzel- und einen in der Mannschaftswertung. Außerdem wurde er zehnmal Europameister.
Bei den Frauen kam Guus van Mourik (NL) zu vier Siegen 1982, 1984, 1986, 1988.

Die meisten WM-Mannschafts-Titel (seit 1970) gewann mit sechs Großbritannien 1975, 1982, 1984, 1986, 1988, 1990.

Erfolgreichster Deutscher ist Toni Dietl mit fünf EM-Titeln und zwölf nationalen Meisterschaften. Außerdem wurde er zweimal WM-Dritter 1988, 1992. Einziger deutscher Weltmeister ist der Berliner Dirk Betzin, der 1984 den Titel im Leichtgewicht holte.

Erfolgreichste deutsche Frau ist Silvia Wiegärtner mit fünf nationalen Titeln, der Europameisterschaft 1992 und dem dritten WM-Platz im gleichen Jahr.

Profiboxen

Der längste Kampf mit Handschuhen fand am 6./7. April 1893 in New Orleans (USA) zwischen Andy Bowen und Jack Burke statt. Der Kampf dauerte 110 Runden oder (mit Pausen) insgesamt 7:19 Std., und zwar von 21 Uhr 15 bis 4 Uhr 34. Beide Männer waren schließlich unfähig weiterzukämpfen, so daß der Wettkampf nicht anerkannt und später zu einem Unentschieden erklärt wurde.

Der längste Kampf ohne Handschuhe dauerte 6:15 Std., zwischen James Kelly und Jack Smith in Dalesford (Australien) am 3. Dezember 1855.

Der kürzeste WM-Kampf dauerte 20 Sek., als am 7. August 1993 in Bayamon (Puerto Rico) der Amerikaner Gerald McClellen im Mittelgewicht (WBC-Version) seinen Landsmann Jay Bell bezwang.

Der längste WM-Kampf (unter Queensberry-Regeln) war der zwischen den Leichtgewichtlern Joe Gans (1847-1910) und Oscar Matthew Nelson (1882-1954) am 3. September 1906 in Goldfield (USA). Er wurde in der 42. Runde beendet, als Gans aufgrund eines Fouls, das sein Gegner begangen hatte, zum Gewinner erklärt wurde.

Zuschauerrekorde: 120 757 Besucher waren beim waren beim WM-Kampf zwischen Gene Tunney und Jack Dempsey am 23. September 1926 in Philadelphia.

Die größten Berufsboxer waren Gogea Mitu (*1914, RO), Jim Culley und John Rankin (beide USA), die jeweils 2,23 m maßen.

Der kleinste Berufsboxer, der je einen Weltmeistertitel gewann, heißt Netrnoi Vorasingh (*1959, Thailand), der von Mai bis September 1978 den WBC-Titel im Halbfliegengewicht innehatte. Seine Körpergröße betrug 1,50 m.

Der älteste Weltmeister war Archie Moore (*1913 oder 1916, USA), dem am 10. Februar 1962 der Titel des Halbschwergewichts-Weltmeisters aberkannt wurde. Er war zu diesem Zeitpunkt 48 beziehungsweise 45 Jahre.

Der jüngste Weltmeister war mit 17 Jahren und 176 Tagen Wilfredo Benitez (*1958, Puerto Rico), der am 6. März 1976 in San Juan (Puerto Rico) den WBA-Titel im Junior-Weltergewicht durch einen Punktsieg über Antonio Cervantes (Kolumbien) erkämpfte.

Die meisten WM-Titel in einer Gewichtsklasse erkämpfte mit fünf Sugar Ray Robinson (1920-89, USA), der am 25. März 1958 in Chikago Carmen Basilio (USA) schlug, um den Weltmeisterschaftstitel im Mittelgewicht zum vierten Male zurückzugewinnen.

Die meisten WM-Titel in verschiedenen Klassen erkämpften sich mit je fünf Thomas Hearns (*1958, USA) im Welter-, Superwelter-, Mittel-, Supermittel- und Halbschwergewicht zwischen 1980 und 1988 sowie Ray Leonhard (*1956, USA) im Welter-, Superleicht-, Mittel-, Supermittel- und Leichtschwergewicht zwischen 1979 und 1988. Die beiden Amerikaner profitierten aber von der Gewichtsklassen-Inflation und den inzwischen bestehenden und rivalisierenden vier Verbänden.

Der einzige Boxer, der gleichzeitig Weltmeister in drei verschiedenen Gewichtsklassen war, ist Henry «Homicide Hank» Armstrong (1912-88, USA). Vom August bis zum Dezember 1938 besaß er die Titel im Feder-, Leicht- und Weltergewicht.

Die kürzeste Regentschaft eines Weltmeisters dauerte 33 Tage. Tony Canzoneri (1908-59, USA) war nur vom 21. Mai bis 23. Juni 1933 der Champion im Junior-Mittelgewicht.

Die meisten Knockouts erzielte mit 145 (davon 129 in Profikämpfen) Archie Moore, der von 1936 bis 1963 boxte. Den Rekord mit den meisten aufeinanderfolgenden K.o. hält mit 44 Lamar Clarke (*1934, USA) zwischen 1958 und dem 11. Januar 1960. Er erzielte am 1. Dezember 1958 sechs vorzeitige Siege an einem Abend (fünf in der ersten Runde) in Bingham, Utah (USA).

Die längste Erfolgsserie hat der Mexikaner Julio Cesar Chavez aufzuweisen. Er kam zu 89 Siegen, ehe er am 29. Januar 1994 den WM-Kampf im Halbschwergewicht (WBC-Version) gegen Frankie Randall nach Punkten verlor.

Schwergewicht

Die meisten Kämpfe ohne Niederlage, nämlich 178, bestritt Edward Henry Greb (1894-1926, USA) zwischen 1916 und 1923. 117 Begegnungen endeten unentschieden.

Die längste Regentschaft eines Weltmeisters dauerte elf Jahre und 252 Tage durch Joe Louis (1914-81, USA). Am 27. Juni 1937 schlug er James Braddock (durch K.o. in der achten Runde) in Chikago, stellte einen Rekord mit 25 erfolgreichen Titelverteidigungen nacheinander auf und erklärte am 1.März 1949 seinen Rücktritt.

Der einzige deutsche Weltmeister ist Max Schmeling (*1905), der 1930 den Titel (Disqualifikationssieg über Jack Sharkey in New York) errang. In einem Nicht-Titelkampf schlug er 1936 in New York nach zwölf Runden durch K.o. Joe Louis.

Die kürzeste Regentschaft dauerte nur 64 Tage. So lange konnte sich Tony Tucker (*1958, USA) seines IBF-Titels erfreuen, und zwar vom 30. Mai bis 2. August 1987.

Der einzige Boxer, der die Weltmeisterschaft zweimal wiedererlangte, ist Muhammad Ali (*1942, USA). Ali, der früher Cassius Clay hieß, gewann den Titel erstmals am 25. Februar 1964, als er Sonny Liston in Miami Beach (USA) durch technischen K.o. in der siebenten Runde schlug. Nachdem ihm am 28. April

---

> **Erstmals ein Linkshänder**
>
> Durch einen Punktsieg über Titelverteidiger Evander Holyfield am 22. April 1994 in Las Vegas holte sich Michael Moorer (USA) nicht nur die Championate der Weltverbände WBA und IBF, sondern geht als erster Linkshänder in die Geschichte der Schwergewichts-Weltmeister ein.

1967 der Titel wegen Wehrdienstverweigerung durch die amerikanischen Boxbehörden aberkannt wurde, feierte er am 30. Oktober 1974 in Kinshasa ein Comeback und bezwang George Foreman durch K.o. in der achten Runde. Noch einmal, am 15. September 1978 in Las Vegas, holte er sich die WBA-Krone zurück mit einem Punktsieg über Leon Spinks, gegen den er zuvor am 15. Februar des gleichen Jahres den Titel verloren hatte.

Der einzige unbesiegte Weltmeister, der während seiner gesamten Laufbahn von 1947 bis 1955 niemals verlor, war Rocky Marciano (1923-69, USA). Er gewann alle 49 Kämpfe, davon 43 durch K.o. oder vorzeitige Aufgabe seines Gegners. Ihm dicht auf den Fersen folgt Larry Holmes (USA), der 48mal, davon 33mal vorzeitig, siegte und 19mal seinen Schwergewichts-Titel verteidigte, ehe er erstmals verlor.

Der jüngste Weltmeister aller Zeiten ist Mike Tyson (*1966, USA), der sich mit 20 Jahren und 144 Tagen die Krone (nach WBC-Version) holte. Am 22. November 1986 gewann er in Las Vegas gegen den kanadischen Titelverteidiger Trevor Berbick durch K.o. in der zweiten Runde. Von drei Verbänden wurde Tyson anerkannt, als er am 2.August 1987 auch Tony Tucker bezwang.

Der älteste Weltmeister war Jersey Joe Walcott (*1914-94, USA), der sich mit 37 Jahren und 168 Tagen den Titel am 18. Juli 1951 in Pittsburgh, Pennsylvania, mit einem K.o.-Sieg über Ezzard Charles holte. Mit 38 Jahren und 236 Tagen verlor er seine WM-Krone am 23. September 1952 an Rocky Marciano.

Der größte Weltmeister war mit 1,98 m Ernest Terrell (*1939, USA), der den WBA-Titel zwischen 1965 und 1967 innehatte. Primo Carnera maß – nach neuesten Erkenntnissen der Harvard-Universität – 1,966 m und Jess Willard (1881-1968, USA), der 1915 den Titel errang, 1,96 m.

Der kleinste Weltmeister mit nur 1,70 m war der Kanadier Tommy Burns, der die Championswürde zwischen dem 23. Februar 1906 und dem 26. Dezember 1908 trug. Sein Kampfgewicht lag zwischen 70 und 81 kg.

Der schwerste Weltmeister war Primo Carnera (1906-67, I), der am 29. Juni 1933 in New York City den Titel in sechs Runden gegen Jack Sharkey gewann. Er wog bei diesem Kampf 118 kg.

Der leichteste Weltmeister war Robert Fitzsimmons (1863-1917, GB), der mit 75 kg am 17. März 1897 in Carson City, Nevada (USA), den Titel gewann, als er James Corbett in der 14. Runde k.o. schlug.

Der kürzeste Weltmeisterschaftskampf dauerte 55 Sek., als James J. Jeffries (1875-1953) am 6. April 1900 in Detroit (USA) seinen Gegner Jack Finnegan durch K.o. bezwang.

Amateurboxen

Olympische Spiele: Für einen einmaligen Triumph sorgten Amerikas Boxer 1984 in Los Angeles. Sie erreichten in zehn von zwölf Gewichtsklassen das Finale und kamen zu neun Goldmedaillen.

Die einzigen Kämpfer, die drei Goldmedaillen gewannen, sind Laszlo Papp (*1926, H), der 1948 (Mittelgewicht), 1952 und 1956 (Halbmittelgewicht) siegte, sowie Teofilo Stevenson (*1952, Kuba), der 1972, 1976

Olympiasieger, Welt- und Europameister: Maik Bullmann. Foto: Werek

und 1980 im Schwergewicht erfolgreich war.

Für eine Einmaligkeit sorgte Oliver L. Kirk (USA) 1904 in St. Louis (USA), als er zwei Goldmedaillen bei einer Olympiade erkämpfte, im Bantam- und Federgewicht.

Der älteste Goldmedaillengewinner war Richard Kenneth Gunn (1871-1961, GB), der 1908 in London mit 37 Jahren und 254 Tagen die Federgewichtsklasse gewann.

Weltmeisterschaften, eingeführt 1974: Nur einem Kämpfer gelang es bisher, vier Titel zu gewinnen: Felix Savon (Kuba) im Schwergewicht 1986, 1989, 1991, 1993. Zu je drei Siegen kamen die beiden Kubaner Theofilo Stevenson 1972-86 und Adolfo Horta 1978-86.

Ringen

Olympische Spiele: Die meisten Goldmedaillen, nämlich je drei, gewannen: Carl Westergren (1895-1958, S) 1920, 1924, 1932, Ivar Johansson (1903-79, S) 1932 (zwei), 1936 sowie Alexander Medved (*1937, UdSSR) 1964, 1968, 1972.

Die meisten Medaillen erkämpften mit vier Eino Leino (*1891, SF) mit einmal Gold, einmal Silber und zweimal Bronze sowie Imre Polyak (*1932, H) mit drei silbernen 1952, 1956, 1960 und einer goldenen 1964.

Weltmeisterschaften: Die meisten Titel gewann mit zehn der Freistilspezialist Alexander Medved (*1937, UdSSR) im Halbschwergewicht 1962, 63, 64 (olympisch) und 1966, im Schwergewicht 1967, 68 (olympisch) und im Superschwergewicht 1969-71, 72 (olympisch). Der einzige Ringer, der den Titel in sieben aufeinanderfolgenden Jahren erkämpfte, ist Valeri Resanzew (*1947, UdSSR). Er gewann jeweils im Halbschwergewicht des griechisch-römischen Stils von 1970 bis 1976, einschließlich der Olympischen Spiele 1972 und 1976.

Erfolgreichster deutscher Ringer war Wilfried Dietrich (1933-92), der fünfmal 1956-72 an Olympischen Spielen teilnahm. Er gewann Gold im Freistil 1960, Silber im griechisch-römischen Stil 1956 und 1960, Bronze im griechisch-römischen Stil 1964 und Freistil 1968, war Weltmeister 1961 und Europameister 1967 im Schwergewicht, Sieger bei 30 Deutschen Meisterschaften zwischen 1955 und 1973.
Maik Bullmann war Olympiasieger 1992, Weltmeister 1989-91 und Europameister 1992.

Die meisten Siege bei internationalen Wettkämpfen errang Osamu Watanabe (*1940, Japan), der Freistil-Olympiasieger im Federgewicht von 1964. Er blieb 189 Wettkämpfe nacheinander ungeschlagen.

Der schwerste Ringer war Chris Taylor (1950-79, USA). Der Bronzemedaillengewinner im Superschwergewicht wog bei den Olympischen Spielen 1972 in München 191 kg bei einer Größe von 1,96 m.

Deutsche Mannschafts-Meisterschaften, eingeführt 1922: Heros Dortmund gewann zehn Titel vor KSV Witten und VfK Schifferstadt (je sieben) und Bavaria Goldbach (fünf).

Familienrekord: Einmalig sind die drei Schererbrüder, die in der 48- bzw. 52-kg-Klasse starten. Zwischen 1979 und 1993 haben sie bei Deutschen Meisterschaften insgesamt 18 Titel erkämpft. Fredy (*1960), Vizeweltmeister 1979 kam zu vier Titeln, Bernd (*1961), Vizeeuropameister 1985, zu fünf und Markus (*1962), Olympiazweiter 1984, zu neun Titeln.

SPORT

• Kampfsport

Fechten

Olympische Spiele: Die meisten Goldmedaillen errang der Säbelfechter Aladar Gerevich (1910-91, H) mit sieben, davon allerdings sechs in den Mannschafts-Wettbewerben, zwischen 1932 und 1960. Gerevich, der sich zeitweise auch Gerey nannte, wurde insgesamt 16mal Weltmeister, Einzel und Mannschaft.
Je dreimal Einzelsieger wurden Roman Fonst (1893-1959, Kuba) 1900, 1904 (zweimal) sowie Nedo Nadi (1894-1952, I) 1912, 1920 (zweimal). Nadi gewann 1920 außerdem noch drei Goldmedaillen mit der Degen-, Florett- und Säbel-Mannschaft und kam somit zu fünf Siegen während einer Olympiade, was einen Rekord für den Fechtsport bedeutet.

Die meisten Medaillen holte sich Edoardo Mangiarotti (*1919, I), der zwischen 1936 und 1960 insgesamt 13mal auf Degen und Florett erfolgreich war, sechsmal Gold, fünfmal Silber, zweimal Bronze.

Die meisten Goldmedaillen bei den Frauen gewann mit vier Elena Nowikowa-Belowa (*1947, UdSSR) 1968-76, drei mit der Mannschaft, eine im Einzelwettbewerb 1968.

Die meisten Medaillen bei den Frauen erkämpfte Ildiko Retjö (Ujlaki-Retjö, Sagine-Retjö, *1937, H) mit sieben Medaillen (zweimal Gold, dreimal Silber, zweimal Bronze) zwischen 1960 und 1976.

Weltmeisterschaften: Die meisten Einzel-Titel gewann der Florett-Spezialist Christian d'Oriola (*1928, F) mit sechs, davon erkämpfte er sich zwei bei den Olympischen Spielen 1952 und 1956. Die übrigen Titel holte er sich 1947, 1949, 1953, 54. Alexander Romankow (*1953, UdSSR) erkämpfte sich mit dem Florett fünf Titel 1974, 1977, 1979, 1982, 83.

Je drei Einzeltitel gewannen Helene Mayer (1910-53,) 1929, 1931, 1937, Ilona Schacherer-Elek (1907-88, H) 1934, 35, 1951, Ellen Müller-Preis (*1912, A) 1947, 1949, 50, Cornelia Hanisch (*1952, D) 1979, 1981, 1985 und Anja Fichtel (*1968, D) 1986, 1988, 1990. Außerdem errang Ilona Schacherer-Elek zwei Einzel-Olympiasiege 1936, 1948.

Europacup für Klubmannschaften, eingeführt 1961: Die meisten Siege feierten auf Florett der FC Tauberbischofsheim mit acht, auf Degen der FC Tauberbischofsheim mit neun, auf Säbel ZSKA Moskau mit 15 und bei den Frauen auf Florett Tauberbischofsheim mit acht.

Deutsche Meisterschaften: Je acht Titel errangen Erwin Casmir und Jürgen Nolte auf Säbel, Alexander Pusch auf Degen sowie Anja Fichtel auf Florett.

Erfolgreichste deutsche Fechterin ist Anja Fichtel. Sie holte sich den Einzeltitel bei der WM 1986 und 1990, siegte mit der Mannschaft 1989, 1993 und wurde bei den Olympischen Spielen 1988 in Seoul Doppelsiegerin. Auf ihr Konto kommen auch noch drei Weltcupgewinne und eine Europameisterschaft.

Foto: Werek

Das Horror-Wochenende von Imola am 29. April/1. Mai 1994, an dem Ayrton Senna (Brasilien) und der Österreicher Roland Ratzenberger starben, neun Zuschauer sowie vier Mechaniker zum Teil schwer verletzt wurden, hat weltweit Trauer, Schmerz und tiefe Betroffenheit ausgelöst. Mehr als 120 000 Zuschauer an der Strecke von San Marino und Millionen an den Fernsehschirmen waren Augenzeuge dieser Katastrophe, die es zuletzt in solch einem Ausmaß 1960 in Spa gegeben hatte. Damals beklagte die Formel 1 auch zwei Tote an einem Wochenende. Es kamen die Engländer Chris Bristow und Alan Stacy ums Leben. Senna, der dreimal Weltmeister wurde, erlag seinen schweren Kopfverletzungen, die er beim Aufprall seines *Williams-Renault* gegen eine Betonmauer bei einem Tempo von mehr als 300 km/h erlitten hatte. Der Wagen raste aus der Tamburello-Linkskurve geradeaus weiter. Der 34jährige Südamerikaner, der zu diesem Zeitpunkt in Führung lag, wurde aus dem Wrack geborgen und per Hubschrauber nach Bologna gebracht, wo er vier Stunden später verstarb.

Bereits 24 Std. vor diesem schrecklichen Unfall hatte der Österreicher Roland Ratzenberger beim Abschlußtraining in seinem *Simtek-Ford* bei einer Geschwindigkeit von 314 km/h auf dem selben Kurs sein Leben gelassen. Er erlitt einen Halswirbelbruch.

Glück im Unglück hatte dagegen der Brasilianer Rubens Barrichello, der beim ersten Zeittraining am 29. April in seinem *Jordan-Hart* an einer Schikane von der Strecke abkam, sich mehrmals überschlug und in einem Fangzaun landete.

Brasiliens Präsident Itamar Franco hatte nach dem Unfalltod von Senna eine dreitägige Staatstrauer angeordnet und würdigte den Rennfahrer als den »größten Sportler in der Geschichte des Landes«.

Frank Williams, der Begründer des Rennstalls, erklärte nach dem Tod von Senna: »Wir sind ein Grand Prix-Team und werden weitermachen. Ich bin überzeugt, daß das genau das ist, was Ayrton gewollt hätte.«

Aus dem amtlichen Obduktionsbericht ging hervor, daß Senna die tödlichen Kopfverletzungen erlitt, weil ein Teil der rechten Vorderradaufhängung den Helm des Brasilianers durchschlagen hatte.

Keine zwei Wochen später gab es in Monte Carlo erneut einen schweren Unfall, als der Österreicher Karl Wendlinger beim Training in seinem *Sauber-Mercedes* mit Tempo 270 in der Hafenschikane gegen wassergefüllte Plastiktanks raste, die als seitliche Begrenzung vor den Leitplanken angebracht waren. Wendlinger zog sich ein Schleudertrauma und eine Gehirnprellung zu. Er lag 20 Tage im Koma.

Stimmen von Fahrerkollegen zum Tod von Senna:

STIRLING MOSS (GB): »Er war der Größte seiner Zeit, ein wahrer Zauberer, egal welche Bedingungen herrschten.«
NIGEL MANSELL (GB): »Ayrton und ich haben zusammen an den aufregendsten Rennen teilgenommen, die es je gegeben hat. Es ist unmöglich in Worte zu fassen, welch schwerer Verlust dies für den Rennsport ist.«
JACKIE STEWART (GB): »Er war eines der größten Talente im Rennsport. Solch ein Unfall schockt die ganze Welt.«
NIKI LAUDA (A): »Der liebe Gott hat die Formel 1 während der letzten acht Jahre beschützt. Nun hat er von einem Tag auf den anderen damit aufgehört.«
MICHELE ALBORETTO (I): »Wir sind die einzigen, die wissen, was es heißt, einen Rennwagen mit 300 km/h zu fahren. Uns Piloten wird leider zu wenig zugehört.«
ALAIN PROST (F): »Das Schauspiel geht weiter. Man ändert oder modifiziert die Autos, man ändert das Reglement, aber man tut zu wenig, um die Sicherheit zu verbessern.«
JACK BRABHAM (Australien): »Die Autos müssen endlich langsamer gemacht werden. Die Mehrzahl erkennt überhaupt nicht, welch extremes Risiko dieser Sport in sich führt.«
MICHAEL SCHUMACHER (D): »Wir müssen jetzt die Konsequenzen ziehen. Es ist wohl allen klar, daß ich mich über meinen Sieg von Imola nicht freuen kann.«

Bilder des Grauens: Karl Wendlinger verunglückte in Monaco (oben links), kam aber mit dem Leben davon. Tödlich verunglückten beim Grand Prix von San Marino Ayrton Senna in seinem *Rothmans-Renault* sowie Roland Ratzenberger (unten) in seinem *Simtek-Ford*.

Fotos: Zentralbild (2), ap, AFP, Felix Widler

SPORT

• Formel 1

Formel 1
Das Horror-Wochen-ende von Imola

Porträt Senna

Als einer der erfolgreichsten Piloten geht Ayrton Senna (* 21. März 1960 in Sao Paulo) in die Geschichte der Formel 1 ein. Der Brasilianer bestritt 161 Grand Prix-Rennen, feierte 61 Siege, erzielte 65 Trainingsbestzeiten, was ein einsamer Rekord ist, und errang drei WM-Titel, 1988, 1990 und 1991 jeweils auf *McLaren*. Darüber hinaus wurde er noch zweimal Vize-Weltmeister, einmal Dritter und dreimal Vierter.
Er erhielt von den Fans und Journalisten den Spitznamen »Magic Senna«, weil er ein Perfektionist war und über das größte technische Wissen aller Fahrer verfügte.
Bereits mit fünf Jahren saß er erstmals im Kart, wurde mit 17 Zweiter in der brasilianischen und Sieger in der südamerikanischen Meisterschaft. 1981 holte er sich den britischen Titel in der Formel Ford 1600, im Jahr darauf die Europameisterschaft in der Formel Ford 2000. 1983 wurde er britischer Meister in der Formel 3 und gab 1984 sein Debüt in der Formel 1, wo er auf Anhieb in einem *Toleman* WM-Neunter wurde.
Senna war 1,75 m groß, wog 75 kg. Seine Hobbys waren Modell-Flugzeuge, Jet-Ski und Motorboote. Er war geschieden und mit der Portugiesin Adriana Gallisteo verlobt.

	DIE TOTEN DER FORMEL 1		
1952	Luigi Fagioli (I)	Monaco	Training
1954	Onofre Marimon (Argent.)	Nürburgring	Training
1958	Luigi Musso (I)	GP Frankreich	Rennen
	A. Scott-Brown (GB)	GP Belgien	Rennen
	Peter Collins (GB)	Nürburgring	Rennen
	Stuart Lewis-Evans (GB)	Marokko	Rennen
1960	Chris Bristol (GB)	Spa	Rennen
	Alan Stacy (GB)	Spa	Rennen
1961	Graf Berghe von Trips (D)	Monza	Rennen
1961	Ricardo Rodriguez (Mexiko)	Mexiko	Training
1964	Graf Rodin de Beaufort (NL)	Nürburgring	Training
1966	John Taylor (GB)	Nürburgring	Rennen
1967	Lorenzo Bandini (I)	Monaco	Rennen
1968	Joe Schlesser (F)	Rouen	Rennen
1970	Piers Courage (GB)	Zandvoort	Rennen
	Jochen Rindt (A)	Monza	Training
1971	Joseph Siffert (CH)	GP Großbritannien	Rennen
1973	Francois Cevert (F)	Watkins Glen	Training
	Roger Williams (GB)	Zandvoort	Rennen
1974	Helmut Koinigg (A)	Watkins Glen	Rennen
1975	Mark Donohue (USA)	Zeltweg	Training
1977	Tom Pryce (GB)	Kyalami	Rennen
1978	Ronnie Peterson (S)	Monza	Rennen
1980	Patrick Depailler (F)	Hockenheim	Testfahrt
1982	Gilles Villeneuve (Kanada)	Zolder	Training
	Ricardo Paletti (I)	Montreal	Rennen
1986	Elio de Angelis (I)	Le Castellet	Testfahrt
1994	Roland Ratzenberger (A)	Imola	Training
	Ayrton Senna (Brasilien)	Imola	Rennen

Formel 1-Rekorde

HÖCHSTE AUSFALLQUOTE: Acht von 33 Startern erreichten das Ziel in Indianapolis/USA (1951).

GERINGSTE AUSFALLQUOTE: Alle 15 Wagen kamen ins Ziel beim Großen Preis der Niederlande in Zandvoort (1961).

MEISTE BOXENSTOPPS: 69mal mußten die Autos wegen englischen Aprilwetters die Reifen wechseln beim Großen Preis von Donington/GB (1993).

LÄNGSTE GRAND PRIX-STRECKE: 25,579 km in Pescara/Italien (1957).
KÜRZESTE GRAND PRIX-STRECKE: 3,145 km in Monte Carlo (1950-72).

KÜRZESTER GRAND PRIX: 62,920 km beim Großen Preis von Australien in Adelaide (1991). Abbruch nach 14 Runden wegen Regens.

LÄNGSTER GRAND PRIX: 602,140 km beim Großen Preis von Frankreich in Reims (1951).

SCHNELLSTE TRAININGSZEIT: 259,005 km/h von Keke Rosberg (SF) beim Großen Preis von England in Silverstone (1985).

LANGSAMSTE TRAININGSZEIT: 103,884 km/h von Juan Manuel Fangio (Argentinien) beim Großen Preis von Monaco (1950).

SCHNELLSTES RENNEN: 242,615 km/h von Damon Hill (GB) beim Großen Preis von Italien in Monza (1993).

GRÖSSTES STARTERFELD: 34 beim Großen Preis von Deutschland auf dem Nürburgring (1953).

KLEINSTES STARTERFELD: 10 beim Großen Preis von Argentinien in Buenos Aires (1958).

FAHRER MIT DEN MEISTEN WM-TITELN

	Fahrer	Titel	Jahre
1.	Juan-Manuel Fangio (Argentinien)	5	1951, 1954-1957
2.	Alain Prost (F)	4	1985, 86, 1989, 1993
3.	Ayrton Senna (Brasilien)	3	1988, 1990, 91
	Nelson Piquet (Brasilien)	3	1981, 1983, 1987
	Niki Lauda (A)	3	1975, 1977, 1984
	Jackie Stewart (Schottland)	3	1969, 1971, 1973
	Jack Brabham (Australien)	3	1959, 60, 1966
8.	Emerson Fittipaldi (Brasilien)	2	1972, 1974
	Graham Hill (GB)	2	1962, 1968
	Jim Clark (Schottland)	2	1963, 1965
	Alberto Ascari (I)	2	1952, 1953

Foto: Werek

SPORT

• Formel 1

◆ FORMEL 1

Der erfolgreichste Fahrer in der Weltmeisterschaft, eingeführt 1950, ist Juan Manuel Fangio y Cia (*1911, Argentinien), der fünfmal den Titel 1951, 1954-57 gewann. Er trat 1958 mit 24 Grand-Prix-Siegen in 51 Rennen zurück. An zweiter Stelle folgt Alain Prost mit vier Triumphen 1985, 86, 1989, 1993.
Auf je drei WM-Titel brachten es Jack Brabham 1959, 1960, 1966, Jackie Stewart 1969, 1971, 1973, Niki Lauda 1975, 1977, 1984, Nelson Piquet 1981, 1983, 1987 und Ayrton Senna 1988, 1990, 91.

Der jüngste Weltmeister war Emerson Fittipaldi (*1946, Brasilien), der sich seinen ersten Titel 1972 mit 25 Jahren und 273 Tagen holte.

Der älteste Weltmeister war Juan Manuel Fangio, der seinen letzten Titel mit 46 Jahren und 41 Tagen errang.

Der früheste Weltmeister war der Brite Nigel Mansell auf *Williams-Renault*. Durch seinen zweiten Platz am 16. August 1992 auf dem Hungaro-Ring bei Budapest sicherte er sich bereits fünf Rennen vor Ende der WM-Saison den Titel.

Der jüngste Grand-Prix-Gewinner war Bruce McLaren (1937-70, Neuseeland), der mit 22 Jahren und 104 Tagen in Sebring (Florida) am 12. Dezember 1959 siegte.

Der älteste Grand-Prix-Gewinner war Tazio Giorgio Nuvolari (1892-1953, I), der mit 53 Jahren und 240 Tagen in Albi (F) am 14. Juli 1946 siegte.

Der jüngste Fahrer war Michael Christopher Thackwell (*1961, Neuseeland), der bei seiner Teilnahme am kanadischen Grand Prix am 28. September 1980 erst 19 Jahre und 182 Tage alt war.

Der älteste Fahrer war Louis Alexandre Chiron (1899-1979, Monaco), der bei seinem sechsten Platz beim Grand Prix in Monaco am 22. Mai 1955 genau 55 Jahre und 292 Tage alt war.

Der erfolgreichste deutsche Autorennfahrer war Rudolf Caracciola (1901-59), der 15 Grand-Prix-Siege feierte und außerdem vier große Sportwagenrennen und 13 große internationale Rennen gewann. 1930-32 wurde er Berg-Europameister, 1935-38 Europameister.

Die meisten Grand-Prix-Siege errang mit 51 – bei 199 Rennen zwischen 1980 und 1993 – Alain Prost (*1955). Auf den nächsten Plätzen folgen Ayrton Senna (Brasilien) mit 41 vor Nigel Mansell (GB) mit 30, Jackie Stewart (GB) mit 27, Jim Clark (GB) und Niki Lauda (A) mit je 25.

DIE FAHRER MIT DEN MEISTEN GP-EINSÄTZEN

1.	Riccardo Patrese (I)	256
2.	Nelson Piquet (Brasilien)	204
3.	Andrea de Cesaris (I)	201
4.	Alain Prost (F)	199
5.	Nigel Mansell (GB)	182
6.	Michele Alboreto (I)	178
7.	Graham Hill (GB)	176
	Jacques Laffite (F)	176
9.	Niki Lauda (A)	171
10.	Thierry Boutsen (B)	163

DIE FAHRER MIT DEN MEISTEN GP-SIEGEN

1.	Alain Prost (F)	51
2.	Ayrton Senna (Brasilien)	41
3.	Nigel Mansell (GB)	30
4.	Jackie Stewart (Schottland)	27
5.	Jim Clark (Schottland)	25
	Niki Lauda (A)	25
7.	Juan-Manuel Fangio (Argentinien)	24
8.	Nelson Piquet (Brasilien)	23
9.	Stirling Moss (GB)	16
10.	Jack Brabham (Australien)	14
	Emerson Fittipaldi (Brasilien)	14
	Graham Hill (GB)	14

DIE FAHRER MIT DEN MEISTEN TRAININGSBESTZEITEN

1.	Ayrton Senna (Brasilien)	65
2.	Alain Prost (F)	33
	Jim Clark (Schottland)	33
4.	Nigel Mansell (GB)	31
5.	Juan-Manuel Fangio (Argentinien)	28
6.	Nelson Piquet (Brasilien)	24
	Niki Lauda (A)	24
8.	Mario Andretti (USA)	18
	Rene Arnoux (F)	18
10.	Jackie Stewart (Schottland)	17

Die meisten Grand-Prix-Siege in einem Jahr feierte 1992 auf einem *Williams-Renault* der Weltmeister Nigel Mansell (*1953, GB) mit neun und erreichte mit 108 WM-Punkten so viele, wie noch kein Pilot zuvor in einer Saison.

Die größte Dominanz bewies in der Saison 1988 das *McLaren-Honda*-Team, das 15 von 16 Grand-Prix-Rennen gewann. Senna siegte achtmal und wurde dreimal Zweiter; Alain Prost triumphierte siebenmal und wurde siebenmal Zweiter.
Zu zehn Doppelerfolgen kam das *McLaren-Honda*-Team 1988 durch seine beiden Fahrer Ayrton Senna und Alain Prost.

Die knappste Entscheidung gab es am 13. April 1986 beim Spanien-Grand-Prix auf dem Jerez-de-la-Frontera-Kurs. Senna in einem *McLaren* schlug um 0,014 Sek. Mansell (GB) in einem *Williams*.

Der größte Siegesvorsprung betrug zwei Runden beim Großen Preis von Spanien 1969 in Montjuich, als Jackie Stewart (GB) vor Bruce McLaren (Neuseeland) gewann.

Die meisten Grand-Prix-Rennen bestritt von 1977 bis 1993 mit 256 Riccardo Patrese (*1954, I), konnte aber nur drei Siege feiern. An zweiter Stelle folgt Nelson Piquet (Brasilien) mit 204 Starts vor Alain Prost mit 199, Andrea de Cesaris (I) mit 197, Nigel Mansell (GB) mit 182, Michele Alboretto (I) mit 178, Graham Hill (GB) und Jacques Laffite (F) mit 176 sowie Niki Lauda (A) mit 171.

Die meisten Pole position, also den besten Startplatz nach dem Abschlußtraining, nahm mit 65 Ayrton Senna ein. Auf den nächsten Plätzen folgen Jim Clark und Alain Prost (je 33), Nigel Mansell (31), Juan Manuel Fangio (28), Niki Lauda und Nelson Piquet (je 24). Mansell gelang in der Saison 1992 sogar, 14mal den ersten Platz zu erringen, was einen inoffiziellen Weltrekord bedeutet.

Das erfolgreichste Markenteam ist der italienische Rennstall *Ferrari* mit acht Weltmeisterschaften 1961, 1964, 1975-77, 1979, 1982, 83.

Der härteste Grand Prix ist zugleich der langsamste. Das Rennen von Monaco (Premiere am 14. April 1929) führt durch die Straßen und den Hafen Monte Carlos. Die Strecke ist 3,312 km lang und hat elf scharfe Kurven und mehrere starke Gefälle. Das Rennen geht über 76 Runden (215,7 km) und erfordert über 1600 Gangwechsel. Die schnellste Zeit fuhr am 23. Mai 1982 Riccardo Patrese (*1954, I) auf einem *Brabham-Ford* mit 1:54:11 Std., was einem Schnitt von 132,30 km/h entspricht. Den Rundenrekord hält ebenfalls Patrese mit 1:26,35 Min. (entspricht 138,073 km/h).

Der schnellste Grand Prix fand 1971 in Monza statt. Peter Gethin (GB) siegte mit einer Durchschnittsgeschwindigkeit von 242,615 km/h.

Feierte 30 Grand-Prix-Siege: Nigel Mansell.
Foto: Zentralbild

Sorgte in der Saison 1994 für Furore, Michael Schumacher, der junge deutsche Formel 1-Pilot. In seinem *Benetton-Ford* fuhr er häufig der Konkurrenz auf und davon.
Foto: Werek

◆ MOTORSPORT

Automobilrennen

Le Mans: Die größte Distanz beim 24-Stunden-Rennen (Premiere am 26./27. Mai 1923) auf dem alten Sarthe-Ring schafften mit 5335,724 km Dr. Helmut Marko (* 1943, A) und Jonkheer Gijs van Lennep (* 1942, NL). Sie fuhren einen 4907-cm^3-12-Zyl.-Porsche-917-K-Gruppe-5-Sportwagen am 12./13. Juni 1971. Den Rekord für den heutigen Ring hält mit 5332 km (Durchschnitt 221,63 km/h) das niederländisch-britische Trio Jan Lammers, Johnny Dumfries, Andy Wallace in einem Jaguar XJR 9, gefahren am 11./12. Juni 1988.

Die meisten Siege errangen mit 13 die Porschewagen 1970, 71, 1976, 77, 1979, 1981-87, 1994. Die meisten Siege eines einzelnen Fahrers sind sechs von Jackie Ickx (*1945, B), herausgefahren 1969, 1975-77, 1981, 82.

Indianapolis: Das 500-Meilen-Rennen (805 km, 200 Runden) wurde in den USA am 30. Mai 1911 eingeführt. Die erfolgreichsten Fahrer mit je vier Siegen sind Anthony Joseph »A.J.« Foyt jr. (*1935, USA), der 1961, 1964, 1967, 1977 gewann, Al Unser sen. (*1939, USA), der 1970, 71, 1978, 1987 triumphierte, und Rick Mears (*1952, USA), der 1979, 1984, 1988, 1991 als Erster über den Zielstrich fuhr.

Beim Rennen 1994 erfüllte sich zum zweitenmal ein Mercedes-Traum, denn Al Unser jr. gewann mit dem Penske-Team das Rennen. Das schwäbische Unternehmen hatte einen Extramotor konzipiert. Zuletzt siegte 1915 Ralph de Palma auf einem Mercedes.

Das schnellste Rennen fuhr mit 2:41:18,24 Std. (Schnitt 299,248 km/h) Arie Luyendyk (NL) auf Lola-Chevrolet am 27. Mai 1990. Die schnellste Runde erreichte Jim Crawford (GB) mit 375,663 km/h am 9. Mai 1992.

Dauerbrenner: A. J. Foyt jr. startete 35mal zwischen 1958 und 1992. Rick Mears erreichte sechsmal die beste Trainingszeit, 1979, 1982, 1986, 1988, 89, 1991.

Das höchste Preisgeld, das je ein Fahrer erhielt, sind 1 244 184 Dollar für Al Unser jr., den Sieger von 1992. Insgesamt schütteten die Veranstalter 1993 für die 33 Fahrer die Rekordsumme von 7,681 Mio. Dollar aus.

Rallye

Weltmeisterschaften, eingeführt 1973: Die erfolgreichsten Fahrer sind die Finnen Juha Kankkunen/Juha Piironen, die sich viermal den Titel holten, 1986 auf Peugeot 205 Turbo, 1987 auf Lancia Delta 4 WD, 1991 auf Lancia Integrale und 1993 auf Toyota Cecilia Turbo 4 WD. Zu je zwei Siegen brachten es die Deutschen Walter Röhrl/Christian Geistdörfer 1980, 1982, die Italiener Massimo Biason/Tiziano Siviere 1988, 89 und die Spanier Carlos Sainz/Luis Moya 1990, 1992.

In der Marken-WM führt Lancia mit elf Erfolgen vor Fiat (drei), Audi und Peugeot (je zwei).

Die meisten Siege errangen mit 19 die finnischen Piloten Markku Alen und Hannu Mikkola sowie der Schwede Björn Waldegard. Den Jahresrekord mit sechs hält der Franzose Didier Auriol in 1992.

> **Geschwindigkeits-Weltrekorde**
>
> Ende September 1993 in Nardo (I) stellte auf einer Honda NR 750 Loris Capirossi (I) vier Geschwindigkeits-Rekorde auf:
> 1 km (fliegender Start) 299,219 km/h
> 1 Meile (fliegender Start) 299,790 km/h
> 1 Meile (stehender Start) 221,219 km/h
> 10 km (stehender Start) 283,551 km/h
> Der internationale Motorrad-Verband hat alle Leistungen des italienischen Vize-Weltmeisters der 250-ccm-Klasse anerkannt.

Gewann zum 2. Mal den Rennklassiker, Amerikas Indy-Star Al Unser jr. auf einem *Mercedes*. Jubelnd winkt er dem begeisterten Publikum zu

Crash-Situation kurz vor dem Ende des Rennens. Der bis dahin führende Emerson Fittipaldi jr. kam an die Bande und blieb liegen.
Fotos: Zentralbild

SPORT

• Motorsport

Die meisten Monte-Carlo-Siege (erstes Rennen 1911) feierten mit jeweils vier Munari/Manucci (I) 1972, 1975-77 auf *Lancia Fulvia* bzw. *Lancia Stratos* sowie die Deutschen Röhrl/Geistdörfer 1980, 1982-84, allerdings stets auf einem anderen Fabrikat: *Fiat 131 Abarth*, *Opel Ascona*, *Lancia Rally* und *Audi quattro*.

Motorradrennen

Die höchste Durchschnittsgeschwindigkeit, die je auf einem geschlossenen Kurs erreicht wurde, schaffte mit 257,958 km/h Yvon du Hamel (*1941, Kanada) im März 1973 beim Dayton International Speedway, Florida (USA), auf einer umgebauten *903-cm^3-Vierzylinder-Kawasaki Z1*. Die Rundenzeit betrug 56,149 Sek. auf der 4,02 km langen Bahn.

Die schnellste Rundenzeit, die je auf einem Straßenkurs gefahren wurde, erreichte Andreas Hofmann (CH), der am 14. September 1986 beim Rennen um die Deutsche Superbike-Meisterschaft auf der Berliner Avus (8,1 km) mit seiner *Jung-Kawasaki* 2:08:56 Min. schaffte, was einem Schnitt von 227,100 km/h entspricht.

Weltmeisterschaften, eingeführt 1949: Die meisten Titel gewann mit 15 Giacomo Agostini (*1942, I), und zwar sieben in der 350-cm^3-Klasse 1968-74 und acht in der 500-cm^3-Klasse 1966-72, 1975. Er ist zugleich der einzige Fahrer, der in fünf aufeinanderfolgenden Jahren 1968-72 zwei verschiedene Klassen gewann.

An zweiter Stelle folgt Angel Nieto (ES) mit 13 Titeln, sieben in der 125-cm^3-Klasse (Rekord) und sechs in der 50-cm^3-Klasse (Rekord), vor dem Engländer Mike Hailwood sowie dem Italiener Carlo Ubbiali (je 9).

Der erfolgreichste Fahrer aller Zeiten ist mit 122 Grand-Prix-Siegen Giacomo Agostini, der zwischen dem 24. April 1965 und dem 25. September 1977 insgesamt 68mal in der 500er und 54mal in der 350er-Klasse gewann. Sein Rekordjahr war 1970 mit 19 Siegen. Auf die gleiche Zahl kam 1966 Mike Hailwood. Auf den Plätzen folgen in der Gesamtwertung Angel Nieto mit 90 sowie die beiden Briten Mike Hailwood mit 76 und Phil Read mit 52 Siegen. Bester Deutscher auf Rang sieben ist Anton Mang (*1949), der es auf 42 Erfolge und fünf WM-Titel brachte.

Erfolgreichste Gespannfahrer sind mit je sechs Titeln Klaus Enders (*1937, D) 1967, 1969, 70, 1972-74 und Rolf Biland (*1951, CH) 1978, 79, 1981, 1983, 1992, 93.

Der jüngste Weltmeister ist Loris Capirossi (*1973, I). Mit 17 Jahren und 165 Tagen holte er sich 1990 den Titel in der 125er-Klasse.

Der älteste Weltmeister war Hermann-Peter Müller (1909-76, D), der 1955 in der 250-cm^3-Klasse mit 46 Jahren gewann.

Eisspeedway

Der erfolgreichste Fahrer der Welt ist Gabtrachman Kadyrow (UdSSR), der sechsmal 1966, 1968, 69, 1971-73 den Titel errang. Viermal in Reihenfolge 1975-78 siegte sein Landsmann Sergej Tarabanko.

Die **Team-Weltmeisterschaft** (seit 1979) wurde 13mal von der UdSSR/Rußland 1979-82, 1984, 1986-93 gewonnen. Sechsmal gehörte Juri Iwanow dem siegreichen Team an. Einmal holte sich auch Deutschland den Titel.

Motorbootrennen

Die erfolgreichsten deutschen Fahrer sind Kurt Mischke (*1937), der zweimal Weltmeister, siebenmal Europameister und zwölfmal Deutscher Meister in den Klassen von 175-500 cm^3 zwischen 1958 und 1976 wurde, sowie Dieter König (1931-91), der zweimal Weltmeister, neunmal Europameister und einmal Deutscher Meister zwischen 1955 und 1969 wurde.

Die meisten WM-Titel für Deutschland holte Jörg Steinwascher mit vier. Danach folgen fünf Fahrer mit je drei Titeln, Karl Bartel, Hans-Georg Krage, Volker Steinwascher, Michael Werner und Manfred Loth, der außerdem noch fünfmal Europameister und elfmal Deutscher Meister wurde.

Das längste Rennen ist das von London nach Monte Carlo über 4742 km. Die schnellste Zeit erreichten Mike Bellamy, Eddie Chater, Jim Brooker mit 71:35:56 Std.

Rassiger Sport auf vier und zwei Rädern. Rallye-As Juha Kankkunen war der erfolgreichste Fahrer in der Weltmeisterschaftssaison 1993.
Foto: Allsport/Chris Cole

Auf der Jagd nach Geschwindigkeits-Weltrekorden erfolgreich, der Italiener Loris Capirossi, der der jüngste Weltmeister ist.
Foto: Werek

Pferdesport mit und ohne Sulky.

John Withakers *Milton* ist das gewinnreichste Springpferd, Nicole Uphoffs *Rembrandt*, das erfolgreichste Dressurpferd. Weltmeister und deutscher Dauerchampion bei den Trabrennfahrern, Heinz Wewering.

Fotos: Bongarts (2), Peters, Engler

◆ PFERDESPORT

Galopprennen

Das erste Rennen auf deutschem Boden fand am 17. Oktober 1810 auf der Münchener Theresienwiese statt. Die erste deutsche Rennbahn entstand 1822 in Bad Doberan (Ostsee), im gleichen Jahr wurde auch der erste Rennverein gegründet, der Doberaner RV.

Die größte Rennbahn der Welt ist die von Newmarket in England (1636 angelegt). Der längste Kurs führte über 6,8 km, wird jetzt jedoch nicht mehr für Rennen benutzt.

Die kleinste Rennbahn der Welt ist die 2125 m hoch gelegene Lebong-Rennbahn, Darjeeling, Westbengalen (Indien), deren Gesamtrunde nur 439 m lang ist. Sie wurde 1885 angelegt.

Das teuerste Pferd ist der Hengst *Shareef Dancer* (gefohlt 1980), der im August 1983 für 40 Mio. Dollar von dem Syndikat Sheikh Maktoum al Maktoum (40 Anteile zu je 1 Mio. Dollar) erworben wurde.

Das meiste Geld für ein einjähriges Pferd bezahlte mit 13,1 Mio. Dollar ein von Robert Sangster angeführtes Syndikat am 23. Juli 1985. Dabei handelte es sich um *Seattle Dancer*, ein Fohlen des Elternpaares *Nijinski II* und *My Charmer* in Keeneland, Lexington (USA).

Das Pferd mit der längsten Siegesserie war *Camarero* (gefohlt 1951): Es blieb vom 19. April 1953 bis 17. August 1955 in 56 Rennen ungeschlagen und starb am 26. August 1956 an einer Kolik – einen Tag nach seinem 73. Sieg in 77 Rennen. Eine ähnliche Erfolgsserie hatte die ungarische Stute *Kincsem* (gefohlt 1874) in den Jahren 1876-79 hingelegt. Sie blieb 54mal nacheinander ungeschlagen.

Die meisten Siege errang *Chorisbar* (gefohlt 1935) mit 197 bei 325 Starts in Puerto Rico zwischen 1937 und 1947. Den Jahresrekord hält mit 46 Erfolgen bei 56 Rennen Lenoxbar (gefohlt 1935), erreicht 1946 in Puerto Rico.

Die höchste Geschwindigkeit erreichte mit 69,62 km/h *Big Racket*, der die Viertelmeile (409,26 m) in 20,8 Sek. am 5. Februar 1945 in Mexico City zurücklegte.

Das gewinnreichste Pferd aller Zeiten ist der amerikanische Hengst *Alysheba* (gefohlt 1984), der zwischen 1986 und 1988 für seine Besitzer 6 679 242 Dollar zusammenlief. Die beste Stute ist *Dance Smartly* (gefohlt 1988) mit einer Gewinnsumme von 3 118 346 Dollar zwischen 1990 und 1992.

Die höchste Summe in einem Jahr verdiente *Sunday Silence* (gefohlt

SPORT

• Pferdesport

1986) mit 4 578 454 Dollar in 1989. Darin eingeschlossen waren 1,35 Mio. für den Breeder's Cup Classic und eine Mio. Dollar als Bonus für den Rekord in der dreifachen Krone, Kentucky Derby, Preakness Stakes und Belmont Stakes.

Deutschlands gewinnreichstes Pferd ist der Hengst *Platini* (gefohlt 1990), der bis Ende 1993 insgesamt 2,3 Mio. DM zusammenlief und mit dieser Summe den bisherigen Rekordhalter *Mondrian* (1,88 Mio. DM) von der Spitze verdrängte.

Erfolgreichster Jockey aller Zeiten ist William Lee »Bill« Shoemaker (*1931, USA), der zwischen dem 19. März 1949 und 3. Februar 1990 insgesamt 8833 Rennen bei 40 350 Starts gewann. Shoemaker ist 1,50 m klein und 43 kg leicht. Bei seiner Geburt hatte er nur 1,133 kg gewogen.

Die meisten Siege in einem Jahr schaffte Kent Desormeaux (*1970, USA), der 1989 bei 2312 Ritten 598mal erfolgreich war.

Das meiste Geld verdiente mit 170 235 931 Dollar Laffitt Pincay jr. (*1946, Panama City), der zwischen 1964 und 1993 mehr als 8000 Siege feierte. Shoemaker kam in seiner Karriere auf 123 375 524 Dollar.

Der größte Jahresverdienst geht auf das Konto von Yutaka Take (*1969, Japan) mit 16 250 000 Dollar in 1990.

Erfolgreichster Trainer aller Zeiten ist Dale Baird (*1935, USA), der es zwischen 1962 und 1993 auf mehr 6362 Siege brachte.

Erfolgreichste Besitzerin aller Zeiten ist mit 4775 Siegen Marion H. van Berg (1895-1971, USA), erreicht in 35 Jahren.

Den größten Jahresgewinn verbuchte die Sam-Son Farm (Kanada) mit 6 881 902 Dollar in 1991.

Die meisten Siege in einem Jahr verbuchte mit 494 Dan R. Lasater (USA) in 1974.

Der erfolgreichste deutsche Jockey war Otto Schmidt (1896-1964), der siebenmal das Deutsche Derby 1916, 1918, 1923, 1942, 1944, 1950, 51 gewann sowie 14 Championate und 2216 Siege in seiner Laufbahn von 1915 bis 1952 errang. Inzwischen kam Peter Alafi, der in Deutschland tätig, aber ungarischer Staatsbürger ist, auf mehr als 2250 Siege.
Den Jahresrekord von Schmidt (143) übertraf 1993 Peter Schiergen mit 150 Siegen.

Deutschlands erfolgreichster Trainer ist Heinz Jentzsch (*1920). Er konnte 30 Championate feiern, davon 22 zwischen 1966 und 1987 in ununterbrochener Folge. Außerdem kam er zu acht Derby-Siegen.

Trabrennen

Die schnellste Zeit über eine Meile (1609 m) erreichte mit 1:52,2 Min. der Traber *Mack Lobell*, gefahren von John Campbell am 21. August 1987 in Springfield (USA). Noch schneller war der Pacer *Matt's Scooter*, der mit Michael Lachance eine Zeit von 1:48,4 Min. am 23. August 1988 in Lexington (USA) erreichte.

Der teuerste Traber war *Mack Lobell*, den 1988 der Schwede John Erik Magnusson für 6 Mio. Dollar erwarb. Für den Paßgänger *Nihilator* wurden 1984 von einem amerikanischen Syndikat sogar 19,2 Mio. Dollar gezahlt.

Der erfolgreichste Sulkyfahrer der Welt ist Herve Filion (*1940, Kanada), der bis Ende April 1994 auf 14 194 Siege bei Trabern und Pacern kam. Den Jahresrekord hält Walter Case (USA) mit 843 Siegen seit 1992.

Die größte Gewinnsumme geht auf das Konto von John D. Campbell (*1955, USA), der bis Ende April 1994 auf 120 581 538 Dollar kam und es dabei auf 4742 Siege brachte. Den höchsten Jahresverdienst schaffte der Amerikaner 1990, als ihm 543 Siege gelangen, mit der stolzen Summe von 11 620 878 Dollar.

Weltrekordler nur bei den Trabrennfahrern ist Heinz Wewering (*1950, D), der bis Mitte 1994 auf 10 350 Siege kam. Er wurde 17mal Deutscher Champion und errang außerdem eine Weltmeisterschaft 1993 und vier Europameisterschaften 1978, 79, 1984, 1988 sowie fünf Derby-Siege.
Weltrekordlerin bei den Amazonen ist Marion Jauß, die bis Ende 1993 insgesamt 1118 Siege herausgefahren hatte und erstmals 1994 Deutsche Amateurmeisterin wurde.

Das gewinnreichste Pferd ist die in schwedischem Besitz befindliche *Peace Corps* mit 4 907 307 Dollar zwischen 1988 und 1993. Bester Paßgänger (die Pferde benutzen gleichzeitig die Vorder- und Hinterbeine) ist *Nihilator* mit 3 225 653 Dollar. Er gewann 1984/85 insgesamt 35 von 38 Rennen.

Den Jahresrekord bei den Trabern halten *Mack Lobell* mit 1 878 798 Dollar in 1987 und bei den Pacern *Precious Bunny* mit 2 217 222 Dollar in 1991.

Das erfolgreichste deutsche Pferd ist der Hengst *Brendy* (gefohlt 1985), der mit seinem Fahrer Willi Rode bis Mitte 1994 auf eine Gewinnsumme von 2 001 298 DM kam. An zweiter Stelle folgt *Every Way*, der es auf 1 573 940 DM gebracht hatte.
Die gewinnreichste deutsche Stute ist *Double Crown* (gefohlt 1989), die 1 034 711 DM zusammenlief.

Weltmeisterschaften, eingeführt 1970: Erfolgreichster Fahrer ist der Norweger Ulf Thoresen, der sich viermal den Titel 1973, 1977, 1979, 1981 holte.

Im Deutschen Derby kamen Hans Frömming und Robert Großmann zu je elf Siegen vor Charlie Mills (9), Walter Heitmann und Heinz Wewering (je 5).

Springreiten

Olympische Spiele: Erfolgreichster Teilnehmer ist Hans Günter Winkler (*1926, D). Auf seiner *Halla* holte er sich 1956 in Stockholm die Goldmedaille in der Einzel- und Mannschaftskonkurrenz und verhalf darüber hinaus der Equipe 1960, 1964, 1972 zum Sieg, 1976 zu Silber und 1968 zu Bronze. Insgesamt startete Winkler 107mal in Nationenpreisen für Deutschland.

Der einzige Doppel-Olympiasieger im Einzelwettbewerb ist Pierre Jonqueres d'Oriola (*1920, F), der 1952 und 1964 gewann.

Erfolgreichste Equipe war die deutsche, die sechsmal Gold holte, 1936, 1956, 1960, 1964, 1972 und 1988.

Weltmeisterschaften, eingeführt 1953: Die meisten Titel, nämlich zwei, gewannen Hans Günter Winkler 1954, 55 und Raimondo d'Inzeo (*1925, I) 1956 und 1960.

Weltcup, eingeführt 1979: Drei Reiter siegten bisher zweimal, Conrad Homfeld (*1951, USA) 1980, 1985, Ian Millar (*1947, Kanada) 1988, 89 und John Whitaker (*1955, GB) 1990, 91. Erstmals gewann 1993 in Göteborg mit Ludger Beerbaum auf *Ratina Z* ein Deutscher diesen Wettbewerb.

Den Weltrekord an Grand-Prix-Siegen hält mit 36 der von Hugo Simon (A) gerittene *Gladstone*.

Gewinnreichstes Springpferd der Welt ist John Whitakers (GB) Schimmel *Milton*, der es bis Ende 1993 auf 3,4 Mio. DM brachte.

Deutsche Meisterschaften: Erfolgreichster Teilnehmer ist Paul Schockemöhle mit sechs Titeln 1974, 1980, 1982, 83, 1986, 87. Bei den Frauen siegten je fünfmal Lene Nissen 1971, 1973, 1977, 78, 1980 und Iris Bayer 1979, 1981, 82, 1985, 86.

Der Hochsprungrekord steht bei 2,47 m. *Huaso*, geritten von Capt. Alberto Larraguibel Morales (Chile), erreichte ihn am 5. Februar 1949 in Vina del Mar. Dabei handelte es sich jedoch um kein offizielles Turnier.
Den deutschen Rekord hält Franke Sloothaaks Wallach *Leonardo*, der 2,40 m beim Turnier in Chaudfontaine (B) am 8. Juni 1991 überquerte.

Der Weitsprungrekord über einen Wassergraben beträgt 8,40 m durch *Something*, geritten vom Südafrikaner André Ferreira am 26. April 1975 in Johannesburg.

Dressurreiten

Olympische Spiele: Erfolgreichster Teilnehmer ist Dr. Reiner Klimke (*1936, D) mit insgesamt sechs Gold- und zwei Bronzemedaillen. Er schaffte 1984 – wie zuvor schon 1952 und 1956 der Schwede Henri St. Cyr (1904-79) – das Double, den Einzel- sowie Mannschaftssieg. Gleiches wiederholte 1988 und 1992 Nicole Uphoff (*1967, D) auf *Rembrandt*.

Erfolgreichste Equipe war die deutsche, die achtmal die Goldmedaille gewann, 1928, 1936, 1964, 1968, 1976, 1984, 1988, 1992.

Weltmeisterschaften, eingeführt 1966: Deutsche Equipen haben ein Abonnement auf den Mannschaftstitel, den sie – ausgenommen 1970 – stets gewannen, 1966, 1974, 1978, 1982, 1986 und 1990. Zweimal Einzelsieger wurde Dr. Reiner Klimke, 1974 auf *Mehmed* und 1982 auf *Ahlerich*.

Europameisterschaften, eingeführt 1963: Bei den Titelkämpfen 1993 kam das deutsche Team zum 15. Sieg in Serie.

Weltcup, eingeführt 1986: Einzige Doppelsiegerinnen wurden Christine Stückelberger (CH) auf *Gauguin de Lully* 1987, 88 und Monica Theodorescu (D) auf *Ganimedes* 1993, 94.

Deutsche Meisterschaften: Erfolgreichster Teilnehmer ist mit neun Titeln Dr. Reiner Klimke 1967, 1975, 1978, 1981, 1983-86, 1988 sowie bei den Frauen mit sechs Erfolgen Gabriela Grillo 1977, 1979-83.

Die höchsten Punktzahlen, die je vergeben wurden, erhielt mit 1813 Nicole Uphoff auf *Rembrandt* bei den Deutschen Meisterschaften 1993 in Verden/Aller.

Military

Olympische Spiele: Die einzigen Doppel-Sieger in der Einzelwertung sind Charles Pahud de Mortanges (1896-1971, NL), der 1928 und 1932 erfolgreich war, sowie Mark Todd (*1956, Neuseeland), der 1984 und 1988 gewann. Außerdem triumphierte de Mortanges 1924 und 1928 mit der Mannschaft und wurde 1932 mit ihr Zweiter.

Weltmeisterschaften, eingeführt 1966: Der einzige Reiter, der zweimal den Titel errang, ist Bruce Davidson (*1949, USA), der 1974 auf *Irish Cap* und 1978 auf *Might Tango* siegte.

Deutsche Meisterschaften: Erfolgreichster Teilnehmer ist mit fünf Titeln Horst Karsten 1963, 1965, 1973, 1977, 1981.

◆ RADSPORT

Olympische Spiele: Die meisten Goldmedaillen errangen mit je drei die Franzosen Paul Masson (1874-1945) 1896, Robert Charpentier (1916-66) 1936 und Daniel Morelon (*1944), der zwei 1968 sowie eine 1972 gewann und darüber hinaus noch Silber 1976 und Bronze 1964 holte. Beim inoffiziellen Programm von 1904 gewann Marcus Hurley (1884-1950, USA) alle vier Wettkämpfe.

Weltmeisterschaften: Die meisten Titel auf der Bahn bei den Profis, eingeführt 1895, gewann mit zehn der Sprinter Koichi Nakano (*1955, Japan) zwischen 1977 und 1986.
Bei den Amateuren, eingeführt 1893, kamen zwei Fahrer auf je sieben Titel: der französische Sprinter Daniel Morelon 1966, 67, 1969-71, 1973, 1975 sowie der britische Steher Leon Meredith (1882-1930) 1904, 05, 1907-09, 1911, 1913.

Zu acht Erfolgen bei den Frauen brachte es Jeannie Longo (*1958, F) zwischen 1986 und 1990 auf der Bahn und der Straße.

Tour de France, eingeführt 1903: Die größte Zahl von Gesamtsiegen gelang mit fünf den Franzosen Jacques Anquetil (1934-87) 1957, 1961-64 und Bernard Hinault (*1954) 1978, 79, 1981, 82, 1985 sowie dem Belgier Eddy Merckx (*1945) 1969-72, 1974, der insgesamt 34 Etappen gewann und damit einsamer Spitzenreiter ist. Die beste deutsche Plazierung im Gesamtklassement war ein zweiter Rang von Kurt Stöpel (*1908) im Jahr 1932.

Paris - stets das Tour de France-Ziel.

Die knappste Entscheidung gab es 1989, als nach 3267 km und 87:38:35 Std. Greg Lemond (*1960, USA) mit nur acht Sek. Vorsprung vor dem Franzosen Laurent Fignon gewann.

Die höchste Durchschnittsgeschwindigkeit erreichte Miguel Indurain (*1964, ES) 1992 mit 39,504 km/h.

Auf die meisten Teilnahmen kam der Niederländer Joop Zoetemelk. 1986 – als 39jähriger – startete er zum 16. Mal und übertraf damit Lucien van Impe (B), der 15mal dabeigewesen war. Zoetemelks Erfolge: 1980 gewann er die Tour, sechsmal war er Zweiter.

Das erste Frauenrennen bei der Tour de France fand 1984 statt. Es siegte nach 1059 km die Amerikanerin Marianne Marten. Viermal gewann Jeannie Longo 1986-89.

Giro d'Italia: Erstmals in der 75jährigen Geschichte gewann 1992 ein Fahrer aus Spanien die 22 Etappen lange Rundfahrt, Miguel Indurain.

Das Double, den Sieg im Giro d'Italia und anschließend in der Tour, schafften bislang nur sechs Fahrer, der Italiener Fausto Coppi 1949, 1952, Eddy Merckx 1970, 1972, 1974, Jacques Anquetil 1964, Bernard Hinault 1982, 1985, Miguel Indurain 1992, 93 sowie der Ire Stephen Roche 1988, der im gleichen Jahr auch noch Weltmeister wurde. Dieser dreifache Triumph gelang außerdem nur noch Merckx 1974.

Die Höchstgeschwindigkeit auf einem Fahrrad erreichte mit 245,077 km/h John Howard (USA) hinter einem mit Windschutz versehenen Auto am 20. Juli 1985 auf einem ausgetrockneten Salzsee in Bonneville, Utah (USA).

Ohne Schrittmacher, aber auf einem stromlinienförmigen Rad schaffte Fred Marham am 11. Mai 1986 auf dem Highway 120 in Kalifornien die 200-m-Strecke in 6,832 Sek. Das entspricht einem Schnitt von 105,386 km/h.

Gewann 1994 zum vierten Mal in Folge die Tour de France, Miguel Indurain.
Fotos: Siegfried Kachel, Zentralbild (2)

Absoluter König unter den Sechstage-Fahrern ist Patrick Sercu (*1944, B). Zwischen 1965 und 1983 erreichte er 88 Siege. An zweiter Stelle folgt der Niederländer Rene Pijnen (72) vor dem Australier Danny Clark (65).

Querfeldeinrennen

Weltmeisterschaften, eingeführt 1950: Erfolgreichster Teilnehmer ist Eric de Vlaeminck (*1945, B) mit einem Titel bei den Amateuren 1966 und sechs bei den Profis 1968-73.
Fünfmal Profi-Weltmeister wurde der Schweizer Albert Zweifel 1976-79, 1986. Auf vier Erfolge brachte es der Belgier Roland Liboton 1980, 1982-84.

Amateure: Fünfmal holte sich der Belgier Robert Vermeire den WM-Titel 1970, 71, 1974, 75, 1977.

Der erfolgreichste deutsche Fahrer ist Rolf Wolfshohl (*1938), der Weltmeister 1960, 61 und 1963, fünfmal Vizeweltmeister und viermal WM-Dritter wurde; 14mal hat er die Deutsche Meisterschaft bei den Profis und Amateuren gewonnen.
Klaus-Peter Thaler (*1949) brachte es sogar zu vier WM-Titeln, je zwei bei den Amateuren 1973, 1976 und Profis 1985, 1987. Dazu kommen noch zwölf Deutsche Meisterschaften. Mike Kluge wurde dreimal Weltmeister (zweimal Amateure 1985, 1987, einmal Profi 1992) sowie zehnmal Deutscher Meister.

Große Begeisterung überall an der Strecke der Tour de France, vor allem dann, wenn die Fahrer die steilen Berge nehmen müssen.

RADFAHREN – WELTREKORDE FREILUFTBAHNEN

Disziplin	Leistung	Name/Land	Ort	Datum
MÄNNER				
Stehender Start ohne Schrittmacher				
1 km	1:02,091	Maic Malchow (DDR)	Colorado Springs	28.08.1986
4 km	4:23,562	Philippe Ermenault (F)	Bordeaux	28.07.1993
5 km	5:38,083	Chris Boardman (GB)	Leicester	22.08.1992
10 km	11:39,720	Francesco Moser (I)	Mexico City	19.01.1984
20 km	23:21,592	Francesco Moser (I)	Mexico City	23.01.1984
100 km	2:09:11,312	Kent Bostick (USA)	Colorado Springs	13.10.1989
1 Stunde	52,713 km	Graeme Obree (GB)	Bordeaux	27.04.1994
Fliegender Start ohne Schrittmacher				
200 m	10,118	Michael Hübner (DDR)	Colorado Springs	27.08.1986
500 m	26,993	Rory O'Reilly (USA)	La Paz	23.11.1985
1 km	58,269	Dominguez Rueda Efrain (Kolumbien)	La Paz	13.12.1986
Mit motorisiertem Schrittmacher				
50 km	35:21,108	Alexander Romanow (UdSSR)	Tiflis	06.05.1987
100 km	1:10:29,420	Giovanni Renosto (I)	Bassano del Grappa	16.09.1988
1 Stunde	85,067 km	Giovanni Renosto (I)	Bassano del Grappa	16.09.1988
FRAUEN				
Stehender Start ohne Schrittmacher				
1 km	1:13,899	Zhou Lingmei (China)	Peking	27.09.1990
3 km	3:38,190	Jeannie Longo (F)	Mexico City	05.10.1989
5 km	6:14,135	Jeannie Longo (F)	Mexico City	27.09.1989
10 km	12:59,435	Jeannie Longo (F)	Mexico City	01.10.1989
20 km	25:59,883	Jeannie Longo (F)	Mexico City	01.10.1989
100 km	2:28:26,259	Francesca Galli (I)	Mailand	26.10.1987
1 Stunde	46,352 km	Jeannie Longo (F)	Mexico City	01.10.1989
Fliegender Start ohne Schrittmacher				
200 m	11,383	Isabelle Gautheron (F)	Colorado Springs	16.08.1986
500 m	30,59	Isabelle Gautheron (F)	Cali	14.09.1986
1 km	1:10,463	Erika Salumyae (UdSSR)	Taschkent	15.05.1984

RADFAHREN – WELTREKORDE HALLENBAHNEN

Disziplin	Leistung	Name/Land	Ort	Datum
MÄNNER				
Stehender Start ohne Schrittmacher				
1 km	1:02,576	Alexander Kirichenko (UdSSR)	Moskau	02.08.1989
4 km	4:20,894	Graeme Obree (GB)	Hamar	19.08.1993
5 km	5:40,617	Francis Moreau (F)	Stuttgart	17.08.1991
10 km	11:31,968	Wjatscheslaw Jekimow (UdSSR)	Moskau	07.01.1989
20 km	23:14,553	Wjatscheslaw Jekimow (UdSSR)	Moskau	03.02.1989
100 km	2:10:08,287	Beat Meister (CH)	Stuttgart	22.09.1989
4 km Team	4:03,822	Australien	Hamar	20.08.1993
1 Stunde	51,596 km	Grame Obree (Schottland)	Hamar	17.07.1993
Fliegender Start ohne Schrittmacher				
200 m	10,099	Wladimir Adamaschwili (UdSSR)	Moskau	06.08.1990
500 m	26,649	Alexander Kirichenko (UdSSR)	Moskau	29.10.1988
1 km	57,260	Alexander Kirichenko (UdSSR)	Moskau	25.04.1989
Mit motorisiertem Schrittmacher				
50 km	32:56,746	Alexander Romanow (UdSSR)	Moskau	21.02.1987
100 km	1:05:58,031	Alexander Romanow (UdSSR)	Moskau	21.02.1987
1 Stunde	91,131	Alexander Romanow (UdSSR)	Moskau	21.02.1987
FRAUEN				
Stehender Start ohne Schrittmacher				
1 km	1:11,708	Isabelle Nicoloso F	Bordeaux	17.11.1991
3 km	3:37,347	Rebecca Twigg (USA)	Hamar	20.08.1993
5 km	6:17,608	Jeannie Longo (F)	Grenoble	01.11.1991
10 km	12:54,260	Jeannie Longo (F)	Paris	19.10.1989
20 km	26:51,222	Jeannie Longo (F)	Moskau	29.10.1989
100 km	2:24:57,618	Tea Vikstedt-Nyman (SF)	Moskau	30.10.1990
1 Stunde	45,016 km	Jeannie Longo (F)	Moskau	29.10.1989
Fliegender Start ohne Schrittmacher				
200 m	11,164	Galina Jenjukhina (UdSSR)	Moskau	06.08.1990
500 m	29,655	Erika Salumjae (UdSSR)	Moskau	06.08.1987
1 km	1:05,232	Erika Salumjae (UdSSR)	Moskau	31.05.1987

Aufgereiht wie an einer Perlenschnur, der australische Weltmeistervierer 1993.
Foto: Zentralbild

SCHIESSEN – WELTREKORDE (MÄNNER)

Disziplin	Entfernung	Schüsse	Treffer	Name	Jahr
Kleinkaliber, Freie Waffe	50 m	3 x 40	1287,9 (1186+101,9)	Rajmond Debevec/Slowenien	1992
Kleinkaliber, liegend	50 m	60	703,5 (599+104,5)	Jens Harskov (DK)	1991
Luftgewehr	10 m	60	699,5 (596+103,5)	Rajmond Debevec/Jugoslawien	1990
Freie Pistole	50 m	60	674 (580+94)	Spas Koprinkov/Bulgarien	1992
Schnellfeuer-Pistole	25 m	60	698,7 (596+102,7)	Ralf Schumann (D)	1993
Luftpistole	10 m	60	695,1 (593+102,1)	Sergej Pyshianow/UdSSR	1989
Laufende Scheibe	50 m	60	679 (582+97)	Lubos Racansky/CSFR	1991
Wurftauben, Trap			148 (124+24)	Giovanni Pellielo (I)	1993
			148 (123+25)	Marco Venturini (I)	1993
Wurftauben, Skeet			149 (124+25)	Dean Clark (USA)	1993

SCHIESSEN – DEUTSCHE REKORDE (MÄNNER)

Disziplin	Entfernung	Schüsse	Treffer	Name	Jahr
Kleinkaliber, Freie Waffe	50 m	3 x 40	1266,1 (1168+98,1)	Christian Klees	1993
Kleinkaliber, liegend	50 m	60	702,2 (598+104,2)	Maik Eckhardt	1993
Luftgewehr	10 m	60	701,6 (598+103,6)	Hans Riederer	1992
Freie Pistole	50 m	60	666 (570+96)	Uwe Potteck	1988
Schnellfeuer-Pistole	25 m	60	698 (596+102,7)	Ralf Schumann	1993
Luftpistole	10 m	60	689,6 (587+102,6)	Uwe Potteck	1990
Laufende Scheibe	50 m	60	678 (576+102)	Michael Jakosits	1994
Wurftauben, Trap			148 (123+25)	Björn Hille	1993
Wurftauben, Skeet			146 (122+24)	Axel Wegner	1993

SCHIESSEN – WELTREKORDE (FRAUEN)

Disziplin	Entfernung	Schüsse	Treffer	Name	Jahr
KK Standardgewehr	50 m	3 x 20	689,3 (580+99,3)	Vessela Letcheva (Bulgarien)	1992
Luftgewehr	10 m	40	500,8 (399+101,8)	Valentina Tscherkassowa (UdSSR)	1991
Sportpistole	25 m	60	693,8 (591+102,8)	Nina Salukwadse (Georgien)	1993
Luftpistole	10 m	40	492,4 (392+100,4)	Liselotte Breker (D)	1989

SCHIESSEN – DEUTSCHE REKORDE (FRAUEN)

Disziplin	Entfernung	Schüsse	Treffer	Name	Jahr
KK Standardgewehr	50 m	3 x 20	680,4 (582+98,4)	Carmen Giese	1990
Luftgewehr	10 m	40	502,6 (399+103,6)	Petra Horneber	1993
Sportpistole	25 m	60	682 (585+97)	Liselotte Breker	1990
Luftpistole	10 m	40	492,4 (392+100,4)	Liselotte Breker	1989

◆ SCHIESSEN

Olympische Spiele: Die meisten Medaillen, nämlich elf, gewann Carl Osburn (1884-1966, USA) 1912, 1920, 1924: fünfmal Gold, viermal Silber, zweimal Bronze. Fünf weitere Schützen haben ebenfalls fünf Goldmedaillen gewonnen: Lee Willis 1920, Alfred Lane 1912, 1920 und Morris Fisher 1920-24, alle USA, sowie die Schweizer Konrad Stäheli 1900 und Louis Richardet 1900.
Seit 1984 gibt es Extra-Wettbewerbe für die Frauen bei Olympischen Spielen.

Der jüngste Goldmedaillengewinner aller Zeiten ist der Weißrusse Konstantini Loukatschik, der mit 16 Jahren den Wettbewerb mit der Freien Pistole 1992 in Barcelona gewann und auf 658 Treffer kam.

Weltmeisterschaften: Die meisten Titel im Tontaubenschießen, nämlich sechs, holte Susan Nattrass (*1950, Kanada). Sie gewann 1974, 75, 1977-79 und 1981. Bei den Männern siegte Michel Carrega (*1934, F) viermal: 1970, 71, 1974 und 1979.

Die meisten Treffer in einer Stunde schaffte mit 3172 Tauben Dan Carlisle (USA) in Norco, Kalifornien (USA), am 20. Mai 1990.

BOGENSCHIESSEN – WELTREKORDE

Entfernung	Treffer	Name/Land	Datum
MÄNNER			
Total	1352	Wladimir Eschejew (UdSSR)	1990
90 m	330	Wladimir Eschejew (UdSSR)	1990
70 m	344	Hiroshi Yamamoto (Japan)	1990
50 m	345	Richard McKinney (USA)	1982
30 m	358	Megido Vasquez (ES)	1992
FRAUEN			
Total	1375	Youn-Jeong Cho (Südkorea)	1992
70 m	338	Youn-Jeong Cho (Südkorea)	1992
60 m	347	Soo Nyung Kim (Südkorea)	1992
50 m	338	Youn-Jeong Cho (Südkorea)	1992
30 m	357	Joanne Edens (GB)	1990

Bogenschießen

Olympische Spiele: Die meisten Goldmedaillen gewann mit sechs zwischen 1900 und 1920 Hubert van Innis (1866-1961, B), der außerdem noch dreimal Silber holte.

Weltmeisterschaften, eingeführt 1931: Die meisten Titel gewann mit sieben Janina Spychajowa-Kurkowska (*1901, PL) 1931-34, 1936, 1939, 1947.

Erfolgreichster Mann war Hans Deutgen (1917-89, S), der zwischen 1947 und 1950 viermal in Serie den Titel holte. Oscar Kessels (1904-68, B) nahm an 21 Weltmeisterschaften teil.

Deutsche Rekordhalter bei einer FITA-Runde sind Detlef Kahlert mit 1324 Ringen, erreicht 1989, und Marion Wagner mit 1325 Ringen, erzielt 1991.

SPORT

• Schießen • Rollschuhlauf • Turnen

◆ ROLLSCHUHLAUF

Schnellauf

Weltmeisterschaften: Die meisten Titel errangen mit je 18 zwei Frauen: Alberta Vianello (I) siegte achtmal auf der Bahn und zehnmal auf der Straße zwischen 1953 und 1965, während Annie Lambrechts (B) einmal auf der Bahn und 17mal auf der Straße zwischen 1964 und 1981 erfolgreich war.

Die höchste Geschwindigkeit, die auf der Straße erreicht wurde, beträgt bei den Männern 43,205 km/h. Luca Antoniel (*1968, I) legte bei der EM am 31. Juli 1988 in Gujan-Mestras (F) die 300 m in 24,997 Sek. zurück. Die Bestzeit bei den Frauen über die gleiche Distanz hält Marisa Canafoglia (*1965, I) mit 26,799 Sek., gelaufen am 27. August 1987 in Grenoble (F). Das entspricht einem Schnitt von 40,30 km/h.

Kunstlauf

Weltmeisterschaften: Je fünf Titel gewannen Karl-Heinz Losch (*1942, D) 1958, 1959, 1961, 62, 1966 sowie Sandro Guerra (I) 1987-89, 1991, 92. Sogar fünfmal in Serie war bei den Frauen Rafaella del Vinaccio (I) zwischen 1988 und 1992 erfolgreich. Auf sechs Titel kam im Paarlaufen Tammy Jeru (USA). Er errang vier mit John Arishita 1983-86 und zwei mit Larry McGrew 1990, 91.

Seit 1980 werden im Einzellauf jeweils drei Titel (Pflicht, Kür, Allround) vergeben. Michael Butzke (*1960, D) wurde zwischen 1979 und 1982 insgesamt siebenmal Weltmeister, Claudia Bruppacher (*1964, D) kam von 1982 bis 1984 zu fünf Erfolgen.

Rollhockey

Olympische Spiele: 1992 in Barcelona Demonstrations-Sportart. Sieger wurde Argentinien mit 8:6 gegen Spanien.

Weltmeisterschaften: Die meisten Titel seit 1936 gewann Portugal zwischen 1947 und 1993 mit 14. Es folgen Spanien (10), Italien (4), England und Argentinien (je 2).

Die erste Frauen-WM gewann 1992 in Springe (D) Kanada vor Italien und Neuseeland.

Europameisterschaften: Am häufigsten Sieger seit 1926 wurde Portugal (18) vor England (12), Spanien (8) und Italien (1).

Deutsche Meisterschaften: Rekordsieger ist RESG Walsum (Duisburg) mit 13 Titeln 1949, 1952-54, 1971-75, 1981, 1985, 1987, 1989 vor der Spvgg. Herten mit neun Siegen 1951, 1955-57, 1961, 1964, 65, 1970, 1979.

◆ TURNEN

Kunstturnen

Olympische Spiele: Die erfolgreichste Teilnehmerin ist Larissa Latynina (*1934, UdSSR), die zwischen 1956 und 1964 insgesamt 18 Medaillen (neun goldene, fünf silberne und vier bronzene) im Einzel- und Mannschaftskampf gewann und damit den absoluten Rekord hält.

Der erfolgreichste Teilnehmer ist Nikolai Andrianow (*1952, UdSSR) mit 15 Medaillen, sieben goldenen, fünf silbernen und drei bronzenen, zwischen 1972 und 1980.
Sein Mannschaftskamerad Alexander Ditiatin (*1957) errang bei den Spielen 1980 in Moskau in allen acht Wettbewerben (Mannschafts- und Einzel-Zwölfkampf sowie sechs Geräte) eine Medaille – dreimal Gold, viermal Silber, einmal Bronze.

Die meisten Goldmedaillen bei den Männern holte Sawao Kato (*1946, Japan) mit acht zwischen 1968 und 1976, davon fünf in der Einzel- und drei in der Mannschaftswertung. Außerdem gewann er dreimal Silber und einmal Bronze.

Die meisten Einzel-Goldmedaillen errang Vera Caslavska-Odlozil (*1942, CSFR) mit sieben, drei 1964 und vier 1968. Bei den Männern kam Boris Schaklin (*1932, UdSSR) auf sechs, eine 1956, vier 1960 und eine 1964. Gleiches gelang Nikolai Andrianow mit einer 1972, vier 1976 und einer 1980.

Am häufigsten Mannschafts-Sieger wurden bei den Männern mit je fünf Erfolgen Japan (1960-76) und die Sowjetunion (1952, 1956, 1980, 1988, 1992) sowie bei den Frauen die UdSSR mit zehn Triumphen (1952-80, 1988, 1992).

Die besten Deutschen waren – 1936 in Berlin – Konrad Frey (1909-74), der drei Gold-, eine Silber- und zwei Bronzemedaillen holte, sowie Alfred Schwarzmann (*1912), der drei Gold- und zwei Bronzemedaillen erkämpfte und 1952 Zweiter am Reck wurde.

Die erfolgreichste deutsche Frau ist Karin Janz (*1952) mit zwei Gold-, drei Silber- und zwei Bronzemedaillen bei den Olympischen Spielen 1968 und 1972. Außerdem wurde sie Weltmeister 1970 am Stufenbarren, Europameisterin 1969 im Kür-Vierkampf, Pferdsprung, am Schwebebalken und Stufenbarren.

Weltmeisterschaften: Die größten Erfolge bei den Männern feierte Boris Schaklin (*1932, UdSSR) zwischen 1954 und 1964 mit zehn Einzel- und drei Mannschaftstiteln. Vitali Scherbo (*1972, Weißrußland) gewann elf Einzeltitel zwischen 1972 und 1994. Den Rekord bei den Frauen hält mit zehn Einzel- und fünf Mannschaftstiteln Larissa Latynina zwischen 1956 und 1964.

Der jüngste Weltmeister ist Dimitri Bilosertschew (*1966, UdSSR), der 1983 bei seinem Sieg in Budapest 16 Jahre und 315 Tage alt war.

Die jüngste Weltmeisterin ist Aurelia Dobre (*1972, RO), die 1987 im Alter von 14 Jahren und 352 Tagen den Titel in Rotterdam gewann.

Den Mannschaftstitel bei den Männern gewann achtmal die Sowjetunion 1954, 1958, 1979, 1981, 1985, 1987, 1989, 1991. Bei den Frauen siegte die UdSSR sogar elfmal 1954, 1958, 1962, 1970, 1974, 1978, 1981, 1983, 1985, 1989, 1991.

Weltcup, eingeführt 1975: Zu je zwei Erfolgen kamen Nikolai Andrianow, Alexander Ditiatin (beide UdSSR) sowie Li Ning (China) und bei den Frauen Maria Filatowa (UdSSR).

Rhythmische Sportgymnastik

Olympische Spiele: Die Premiere 1984 in Los Angeles gewann die Kanadierin Lori Fung.

Für die absolut beste Leistung sorgte 1988 in Seoul Marina Lobatsch (*1970, UdSSR), die ohne jeglichen Punktabzug die Goldmedaille gewann. Für alle ihre Übungen erhielt sie die Höchstnote zehn.

Weltmeisterschaften, eingeführt 1963: Die meisten Titel im Vierkampf gewann die Bulgarin Maria Gigowa mit drei Siegen 1969, 1971, 1973.
Auf insgesamt zehn Titel, einschließlich der Erfolge an den Einzelgeräten (Reifen, Ball, Keule, Band oder Seil), kam Alexandra Timoschenko (UdSSR), die 1991 in Athen fünfmal erfolgreich war.

Die meisten Mannschaftstitel erkämpften sich die Bulgarinnen, die insgesamt siebenmal 1969, 1971, 1981, 1983, 1985, 1987, 1989 erfolgreich waren.

Weltcup, eingeführt 1983: Lilia Ignatova (Bulgarien) gewann bei der Premiere sowie 1986 und ist damit am erfolgreichsten.

Größtes deutsches Talent in der Rhythmischen Sportgymnastik: Magdalena Brzeska.
Foto: Sprint Press/Szemerei

◆ WASSERSPORT

Schwimmen

Olympische Spiele: Die meisten Goldmedaillen gewann mit neun Mark A. Spitz (*1950, USA): 1968 über 4 x 100- und 4 x 200-m-Freistil, dann 1972 über 100-, 200-m-Freistil, über 100-, 200-m-Schmetterling, über 4 x 100- und 4 x 200-m-Freistil sowie über 4 x 100-m-Lagen. Außerdem holte er sich 1968 noch eine Silber- und eine Bronzemedaille (100-m-Schmetterling und 100-m-Freistil). Ebenfalls auf insgesamt elf Medaillen (8-2-1) kam Matt Biondi (USA) 1984, 1988, 1992.

Die meisten Goldmedaillen bei den Frauen gewann mit sechs Kristin Otto (*1966, DDR), die 1988 in Seoul die 50-m- und 100-m-Freistil, 100-m-Rücken und 100-m-Schmetterling für sich entschied und der 4 x 100-m-Freistil- und 4 x 100-m-Lagenstaffel zum Erfolg verhalf.

Die meisten Medaillen bei den Frauen errangen mit jeweils acht Dawn Fraser (*1937, Australien) 1956, 1960, 1964, und Kornelia Ender (*1958, DDR) 1972, 1976 – jeweils viermal Gold und viermal Silber – sowie Shirley Babashoff (*1957, USA) 1972, 1976, die zu zweimal Gold und sechsmal Silber kam.

Die meisten Goldmedaillen in Einzelwettbewerben holten sich mit je vier Roland Matthes (*1950, DDR) über 100 und 200 m Rücken 1968, 1972 sowie Mark Spitz 1972 und Kristin Otto 1988.

Jüngste Goldmedaillengewinnerin ist Kyoko Iwasaki (*1978, Japan), die 1992 in Barcelona mit 14 Jahren und sechs Tagen das 200-m-Brustschwimmen in 2:26,65 Min. entschied.

Jüngste Medaillengewinnerin ist Kornelia Ender, die als 13jährige 1972 in München Silber über 200-m-Lagen sowie in der 4 x 100-m-Freistil- und Lagen-Staffel gewann.

Die einzige Frau, die dreimal nacheinander 1956, 1960, 1964 den gleichen Wettbewerb, die 100-m-Freistil, gewann, ist Dawn Fraser.

Weltmeisterschaften, eingeführt 1973: Die meisten Medaillen mit 13 gewann zwischen 1982 und 1990 Michael Groß (*1964, D), je fünfmal Gold und Silber, dreimal Bronze. Bei den Frauen kam Kornelia Ender 1973 und 1975 zu insgesamt zehn Medaillen, achtmal Gold und zweimal Silber.

Erfolgreichster deutscher Schwimmer aller Zeiten ist Michael Groß (*1964). Er errang je zwei Titel bei der WM 1982 in Guayaquil (Ecuador) und 1986 in Madrid sowie einen 1991 in Perth (Australien). Seine olympische Ausbeute sind zweimal Gold (100-m-Schmetterling, 200-m-Freistil) und zweimal Silber (200-m-Schmetterling, 4 x 200-m-Freistil) 1984 in Los Angeles sowie einmal Gold (200-m-Schmetterling) und einmal Silber (4 x 200-m-Freistil) 1988 in Seoul. Außerdem wurde er 13mal Europameister 1981-87, stellte 13 Welt-, 23 Europa- und 67 deutsche Rekorde auf.

Erfolgreichste deutsche Schwimmerin ist Kirsten Otto, die außer ihren sechs olympischen Goldmedaillen von Seoul 1988 noch siebenmal Weltmeisterin 1982, 1986 und zehnmal Europameisterin 1983, 1987, 1989 wurde.

Europameisterschaften: Erfolgreichste Teilnehmerin 1993 in Sheffield (GB) war Franziska van Almsick (D) mit sechs Siegen über 50-, 100-, 200-m-Freistil sowie den Staffeln über 4 x 100 und 4 x 200 m-Freistil und 4x100 m-Lagen. Außerdem wurde sie Zweite im 100-m-Schmetterlings-Wettbewerb.

Wasserspringen

Olympische Spiele: Die meisten Medaillen gewann Klaus Dibiasi (*1947, I) mit fünf (drei Gold, zwei Silber) bei vier Olympischen Spielen zwischen 1964 und 1976. Er ist auch der einzige Springer, der denselben Wettkampf (Turm) bei drei Spielen nacheinander 1968, 1972, 1976 gewann.

Ebenfalls zu fünf Medaillen (viermal Gold, einmal Silber) kam Greg Louganis (*1960, USA) zwischen 1976 und 1988.

Weltmeisterschaften: Die meisten Titel erkämpfte sich Greg Louganis, der fünfmal siegte, 1978 vom Turm, 1982, 1986 jeweils vom Drei-Meter-Brett und vom Turm. Außerdem ge-

Schnellster Mann über 100-m-Freistil, Rußlands Weltrekordler Alexander Popow.
Foto: Allsport/Vandystadt/Richard Martin

SPORT

338/339

• Wassersport

SCHWIMMEN – WELTREKORDE

Sportart	Leistung	Name/Land	Jahr
MÄNNER			
50-m-Freistil	21,81	Tom Jager (USA)	1990
100-m-Freistil	48,21	Alexander Popow (Rußland)	1994
200-m-Freistil	1:46,69	Giorgio Lamberti (I)	1989
400-m-Freistil	3:45,00	Jewgeni Sadowyi (GUS)	1992
1500-m-Freistil	14:43,48	Kieren Perkins (Australien)	1992
50-m-Brust	28,05	Dimitri Wolkow (UdSSR)	1989
100-m-Brust	1:00,95	Karoly Guttler (H)	1993
200-m-Brust	2:10,16	Mike Barrowman (USA)	1992
50-m-Schmetterling	24,33	Jan Karlsson (S)	1992
100-m-Schmetterling	52,84	Pablo Morales (USA)	1986
200-m-Schmetterling	1:55,69	Melvin Stewart (USA)	1991
50-m-Rücken	25,23	David Berkoff (USA)	1988
100-m-Rücken	53,86	Jeff Rouse (USA)	1992
200-m-Rücken	1:56,57	Martin Lopez (ES)	1991
200-m-Lagen	1:59,36	Tamas Darnyi (H)	1991
400-m-Lagen	4:12,36	Tamas Darnyi (H)	1991
4x100-m-Freistil	3:16,53	USA-Staffel	1988
4x200 m-Freistil	7:11,95	GUS-Staffel	1992
4x100-m-Lagen	3:36,93	USA-Staffel	1988
FRAUEN			
50-m-Freistil	24,79	Wenyi Yang (China)	1992
100-m-Freistil	54,48	Jenny Thompson (USA)	1992
200-m-Freistil	1:57,55	Heike Friedrich (DDR)	1986
400-m-Freistil	4:03,85	Janet Evans (USA)	1988
800-m-Freistil	8:16,22	Janet Evans (USA)	1989
1500-m-Freistil	15:52,10	Janet Evans (USA)	1988
50-m-Brust	31,58	Silke Hörner (DDR)	1988
100-m-Brust	1:07,91	Silke Hörner (DDR)	1987
200-m-Brust	2:24,76	Rebecca Brown (USA)	1994
50-m-Schmetterling	27,30	Hong Quian (China)	1991
100-m-Schmetterling	57,93	Mary T. Meagher (USA)	1981
200-m-Schmetterling	2:05,96	Mary T. Meagher (USA)	1981
50-m-Rücken	29,06	Wenyi Yang (China)	1989
100-m-Rücken	1:00,31	Krisztina Egerszegi (H)	1991
200-m-Rücken	2:06,62	Krisztina Egerszegi (H)	1991
200-m-Lagen	2:11,65	Li Lin (China)	1992
400-m-Lagen	4:36,10	Petra Schneider (DDR)	1982
4x100-m-Freistil	3:39,46	USA-Staffel	1992
4x200-m-Freistil	7:55,47	DDR-Staffel	1987
4x100-m-Lagen	4:02,54	USA-Staffel	1992

SCHWIMMEN – DEUTSCHE REKORDE

Sportart	Leistung	Name	Jahr
MÄNNER			
50-m-Freistil	22,33	Nils Rudolph	1991
100-m-Freistil	49,52	Nils Rudolph	1991
200-m-Freistil	1:47,44	Michael Groß	1984
400-m-Freistil	3:46,95	Uwe Daßler	1988
1500-m-.Freistil	14:50,36	Jörg Hoffmann	1991
50-m-Brust	28,32	Ralf Eggers	1989
100-m-Brust	1:02,48	Mark Warnecke	1992
200-m-Brust	2:16,30	Ralph Färber	1991
50-m-Schmetterling	24,39	Nils Rudolph	1990
100-m-Schmetterling	53,08	Michael Groß	1984
200-m-Schmetterling	1:56,24	Michael Groß	1986
50-m-Rücken	25,74	Dirk Richter	1987
100-m-Rücken	55,35	Dirk Richter	1984
200-m-Rücken	1:59,40	Tino Weber	1992
200-m-Lagen	2:01,06	Christian Keller	1993
400-m-Lagen	4:16,08	Patrick Kühl	1989
4x100-m-Freistil	3:21,89	EOSC Offenbach	1988
4x100-m-Freistil	7:18,36	Dynamo Berlin	1988
4x100-m-Lagen	3:45,40	SG Essen	1993
FRAUEN			
50-m-Freistil	25,46	Simone Osygus	1992
100-m-Freistil	54,73	Kristin Otto	1986
200-m-Freistil	1:57,55	Heike Friedrich	1986
400-m-Freistil	4:05,84	Anke Möhring	1989
800-m-Freistil	8:19,53	Anke Möhring	1987
1500-m-Freistil	16:13,55	Astrid Strauß	1984
50-m-Brust	31,58	Silke Hörner	1988
100-m-Brust	1:07,91	Silke Hörner	1987
200-m-Brust	2:26,71	Silke Hörner	1988
50-m-Schmetterling	27,37	Kornelia Greßler	1985
100-m-Schmetterling	59,00	Kristin Otto	1988
200-m-Schmetterling	2:07,82	Cornelia Polit	1983
50-m-Rücken	29,12	Kristin Otto	1988
100-m-Rücken	1:00,59	Ina Kleber	1984
200-m-Rücken	2:09,46	Dagmar Hase	1992
200-m-Lagen	2:11,73	Ute Geweniger	1981
400-m-Lagen	4:36,10	Petra Schneider	1982
4x100-m-Freistil	3:43,24	Dynamo Berlin	1989
4x200-m-Freistil	8:17,98	SC Berlin	1991
4x100-m-Lagen	4:08,64	SC Karl-Marx-Stadt	1984

wann der Amerikaner beide Wettbewerbe bei den Olympischen Spielen 1984, 1988, ebenso auch Patricia McCormick (*1930, USA), die 1952, 1956 einen Doppeltriumph feierte. Drei Goldmedaillen errang auch Philips Boggs (1949-90, USA), der vom Drei-Meter-Brett 1973, 1975, 1978 erfolgreich war.

Erfolgreichste Frau bei Weltmeisterschaften ist Irina Kalinina (*1959, UdSSR). Sie wurde 1973, 1975 und 1978 dreimal Siegerin.

Kanu

Olympische Spiele: Die meisten Goldmedaillen gewann der Kajakfahrer Gert Fredriksson (*1919, S) mit sechs 1948, 1952, 1956, 1960. Dazu kommen noch je einmal Silber und Bronze.
Zu je drei Siegen bei einer Olympiade kamen 1980 in Moskau Vladimir Parfenowich (*1958, UdSSR) und 1984 in Los Angeles Jan Ferguson (*1952, Neuseeland), der 1988 auch noch im Zweier-Kajak gewann.

Rudern

Viermal Olympiasiegerin: Birgit Schmidt.

Olympische Spiele: Zu je drei Goldmedaillen kamen John B. Kelly (1889-1960, USA), Vater der tödlich verunglückten Fürstin Gracia von Monaco, im Skullboot 1920 und Doppelzweier 1920, 1924; sein Cousin Paul Costello (*1899, USA) im Doppelzweier 1920, 1924, 1928; Jack Beresford (1899-1977, GB) im Skullboot 1924, Vierer ohne Steuermann 1932 und Doppelzweier 1936; Wjatscheslaw Iwanow (*1938, UdSSR) im Skullboot 1956, 1960, 1964; Siegfried Brietzke (*1952, DDR) im Zweier ohne Steuermann 1972 und Vierer ohne Steuermann 1976, 1980, Pertti Karppinen (*1953, SF) im Skullboot 1976, 1980, 1984 sowie Steven Redgrave (GB) im Vierer mit Steuermann 1984 und Zweier ohne Steuermann 1988, 1992. Beresford gewann außerdem noch Silber 1920 im Einer und 1928 im Achter.

Erfolgreichste Frau mit vier Goldmedaillen ist Birgit Schmidt-Fischer (*1962, DDR), die 1980 im Einer, 1988 im Zweier und Vierer und 1992 im Einer erfolgreich war.

Weltmeisterschaften: Die meisten Titel bei den Kajakfahrern holte sich Rüdiger Helm (*1956, DDR), der zwischen 1976 und 1983 insgesamt 13mal gewann, einschließlich dreier olympischer Goldmedaillen 1976 und 1980. Genauso erfolgreich waren Gert Fredriksson zwischen 1948 und 1960 sowie der Kanadierfahrer Ivan Patzaichin (*1949, RO) zwischen 1968 und 1984.
Als bester Deutscher brachte es der Kanadierfahrer Olaf Heukrodt auf sieben Gold-, vier Silber- und drei Bronzemedaillen.
Bei den Frauen liegt Birgit Schmidt-Fischer mit 18 Titeln vorn. Sie siegte 1979 einmal, 1981-83, 1985 und 1987 je dreimal, 1993 zweimal.

Weltmeisterschaften, eingeführt 1962: Die meisten Titel mit sieben gewannen die italienischen Brüder Giuseppe (*1959) und Carmine (*1962) Abbagnale, die den gesteuerten Zweier 1981, 82, 1985, 1987, 1989-91 für sich entschieden. Außerdem holten sie Olympia-Gold 1984 und 1988.

Die meisten Titel im Einer errangen mit fünf Peter-Michael Kolbe (*1953, D) 1975, 1978, 1981, 1983, 1986, Pertti Karppinen 1979, 1985 und dreimal bei Olympia 1976, 1980, 1984 sowie Thomas Lange (D) 1987, 1989, 1991 und zweimal bei Olympia 1988, 1992. Bei den Frauen kam Christine Hahn-Scheiblich (*1954, DDR) auf die gleiche Zahl, 1974, 75, 1977, 78 und Olympia 1976.

Erfolgreichste Frau ist Jelena Terekhina, die mit dem sowjetischen Achter sieben Goldmedaillen gewann, 1978, 79, 1981-83, 1985, 86.

Die erfolgreichste deutsche Ruderin ist Roswitha Zobelt (*1954, DDR). Sie kam auch zu insgesamt sieben Goldmedaillen, drei WM-Titeln im Doppelvierer 1974, 75, 1979, einem WM-Titel im Doppelzweier 1977, zwei Olympiasiegen im Doppelvierer 1976, 1980 und zur Europameisterschaft im Doppelvierer 1973.

Der erfolgreichste deutsche Ruderer ist Peter Michael Kolbe, der im Einer fünfmal Weltmeister, dreimal Olympia-Zweiter 1976, 1984, 1988, einmal Europameister 1973 und zehnmal Deutscher Meister 1973, 74, 1978-80, 1984-88 wurde. Thomas Lange kam im Einer zu drei WM-Titeln 1987, 1989, 1991 und zwei Olympia-Siegen 1988, 1992.

Deutsche im Sieger-Achter

Erstmals saßen am 26. März 1994 zwei deutsche Ruderer beim traditionellen Achterrennen zwischen den beiden britischen Elite-Universitäten auf der Themse in London im siegreichen Boot. Schlagmann Thorsten Streppelhoff (Dorsten) und Peter Höltzenbein (Münster) aus dem WM-Achter verhalfen Cambridge zum Erfolg mit 20 Sek. Vorsprung vor Oxford.
Bei der seit 1829 durchgeführten Regatta steht es 71:68 für Cambridge. Ein Rennen (1877) endete unentschieden.

Deutsche Meisterschaften: Die meisten Titel holten sich mit 41 Erfolgen Ulrich Eicke sowie Barbara Schüttpelz, die 34mal gewann.

Den Rekord für eine Ärmelkanal-Überquerung hält mit 3:33:47 Std. Andrew Samuel (*1937, GB); von Dover (GB) nach Wissant (F) am 5. September 1976.

Rheintour. Die schnellste Zeit für die 1149 km lange Strecke von Chur (CH) nach Willemstad (NL) erreichte Frank Palmer mit zehn Tagen, 12:09 Std. vom 15. bis 25. Mai 1988.

Dauerrekord: Gertrud Liebig, Pfungstadt, legte zwischen März 1962 und Juni 1994 insgesamt 107 855 km als Wanderkanutin zurück.

Mit Arm- und Windkraft, Einerruderer Thomas Lange und die Segler Schmidt/Hunger.

Segeln

Olympische Spiele: Der erste Sportler, der viermal nacheinander eine Goldmedaille gewann, war Paul B. Elvström (*1928, DK) in der Leuchtkäfer-Klasse 1948, in der O-Jolle 1952 und im Finn-Dingi 1956 und 1960; dazu kamen 13 Welt- und acht Europameisterschaften in insgesamt acht verschiedenen Klassen.

Erfolgreichster deutscher Teilnehmer ist Jochen Schümann (*1954), der 1976 im Finn und 1988 im Soling siegte. Er wurde 1992 auch Weltmeister, 1983, 1986, 1988 und 1993 Europameister.

Kieler Woche: Rekordsieger ist Dr. Wolfgang Hunger (1960, D), der achtmal die 470er-Klasse gewann, 1983-87 mit seinem Bruder Joachim und danach 1988, 1991, 1993 mit Rolf Schmidt.

Der America's Cup (seit 1851) ist der älteste und bedeutendste Hochseesegel-Wettbewerb der Welt. Bis auf das Jahr 1983, als vor Newport (USA) die

Mit voller Kraft voraus - Kanustart.

Australier II mit Skipper John Bertrand 4:3 gewann, gab es stets Siege amerikanischer Yachten, insgesamt 27, davon 16 gegen Großbritannien, sieben gegen Australien, zwei gegen Kanada und einen – wegen ungleicher Boote allerdings umstrittenen und erst durch Gerichtsbeschluß sanktionierten – gegen Neuseeland sowie zuletzt 1992 gegen Italien.

Zu je drei Erfolgen kamen als Kapitän Charlie Barr 1899, 1901, 1903, Harold S. Vanderbilt 1930, 1934, 1937

Rund um die Welt

Jules Verne läßt grüßen: Der Neuseeländer Peter Blake und die sieben Mitglieder seines Katamarans *Enza New Zealand* haben eine Weltumsegelung in der Rekordzeit von 74 Tagen, 22:17 Std. geschafft. Ihr Weg führte vom Start bis zum Ziel in Quessant-Cap Lizard (F). Damit bewiesen sie, daß man den Erdball in weniger als 80 Tagen umschiffen kann.

und Dennis Walter Conner 1980, 1987, 88, der insgesamt viermal am Finale teilnahm und 1983 einmal verlor. Bereits 1974 war er Steuermann.

Der Admiral's Cup (seit 1957) wird alle zwei Jahre vom Royal Ocean Racing Club (GB) im Ärmelkanal veranstaltet. Eine Rekordzahl von 19 Nationen beteiligte sich an der Regatta 1975, 1977 und 1979. Großbritannien gewann neunmal. Deutschland siegte viermal 1973, 1983, 1985, 1993, die USA zweimal, Australien und Neuseeland je einmal.

• Wassersport

Surfen

Olympische Spiele: Die erste Goldmedaille erkämpfte sich 1984 in der Windglyder-Klasse Stephan van den Berg (*1962, NL).

Die meisten Amateur-Weltmeistertitel, eingeführt 1973, gewann mit fünf Stephan van den Berg 1979-83.

Die meisten Profi-Weltmeistertitel bei den Funboards errang der als Wunderkind eingestufte Robby Naish (*1961, Hawaii), der zwischen 1974 – damals 13 Jahre alt – und 1988 siegte. Viermal erfolgreich bei den Frauen waren Frieda Zamba (USA) 1984-86, 1988 und Wenda Botha (Australien) 1987, 1989, 1991, 92.

Den ersten deutschen WM-Titel gewann am 10. November 1991 auf Mauri (Hawaii) Jutta Müller (*1968). Außer dem Sieg im Kursrennen wurde sie noch Zweite im Slalom und Dritte im Wellenreiten und verhalf dem Team Germany zur Mannschafts-WM 1991 und 1992.

Die höchste Geschwindigkeit erreichte mit 83,96 km/h Thierry Bielak (F) auf einem 500-m-Kurs in Saint Maries-de-la-Mer, Camargue (F), am 28. April 1993. Den Rekord bei den Frauen hält mit 73,58 km/h Babette Coquelle (F), aufgestellt vor Tarifa (ES) am 16. Juli 1991.

Die schnellste Überquerung des Ärmelkanals gelang Ansgar Hengst (*1961, D) in 1:02 Std. am 5. Oktober 1988 von Dover nach Cap Gris Nez. In umgekehrter Folge brauchte Arnaud de Rosnay (F) 1:04,33 Std. am 4. Juli 1982.

Eine Überquerung des Atlantischen Ozeans in Ost-West-Richtung gelang erstmals den beiden Franzosen Stephane Peyron und Alain Pichavant, die am 2. Januar 1986 in Dakar zu ihrer Tour aufgebrochen waren. Die zwei erreichten nach 24 Tagen und 12 Std. die Antillen-Insel Guadeloupe. Sie benutzten ein 9,5 m langes und 1,18 m breites Tandembrett.

Freizeitvergnügen, aber auch ernsthafter Sport. Das Surfen gehört seit zehn Jahren zum olympischen Programm.

Foto: Bongarts

Wasserski-Boot

Weltmeisterschaften in der Kombination, eingeführt 1949: Die meisten Titel gewannen bei den Männern mit fünf Titeln Sammy Duvall (USA) 1981, 1983, 1985, 1987, 1989 sowie bei den Frauen mit je drei Willa McGuire-Worthington (USA) 1949, 50, 1955 und Elizabeth Allan-Shetter (USA) 1965, 1969, 1975, die aber insgesamt zu acht Einzelerfolgen kam und 1969 in Kopenhagen den Slalom, das Figurenlaufen, das Springen und die Kombination für sich entschied.
Am häufigsten den Mannschaftstitel gewannen mit 17 die USA.

Den Weltrekord im Slalom mit 3,5 Bojen an einer 10,25-m-Leine hält Andy Mapple (GB). Bei den Frauen schafften Deena Mapple (USA), Susi Graham (Kanada) und Kristy Overton (USA) eine Boje an einer 10,75-m-Leine.

Deutsche Rekordhalter: Bernd Jung vier Bojen (11,25-m-Leine) und Susanne Cornaz viereinhalb Bojen (13-m-Leine).

Den Weltrekord im Figurenlauf (Tricks) halten mit 11 150 Punkten Cory Picks (USA) sowie bei den Frauen mit 8580 Punkten Tawn Larsen (USA).

Deutsche Rekordhalter: Steffen Wild mit 7580 und Nicole Treusch mit 4880 Punkten.

Den weitesten Sprung schafften mit 63,40 m Sammy Duvall (USA) und mit 47,50 m Deena Mapple (USA).

Deutsche Rekordhalter: Steffen Wild mit 57,30 m und Petra Trautmann mit 35,20 m.

Deutsche Meisterschaften, eingeführt 1958: Die meisten Titel im Slalom, Figurenlauf, Springen und in der Kombination gewannen mit 36 Karl-Heinz Benzinger und mit 20 Petra Trautmann.

Die schnellste Überquerung des Ärmelkanals von New Rommey nach Boulogne schaffte in 57:57 Min. Steve Butterworth (GB) am 19. September 1988. Für die Hin- und Rücktour brauchte er 1:55:08 Std.

Die höchste Geschwindigkeit schaffte mit 230,26 km/h der Australier Christopher Michael Massey auf dem Hawkesbury-Fluß in Neusüdwales (Australien) am 6. März 1983. Schnellste Frau ist Donna Patterson Brice (*1953) mit 178,81 km/h, erreicht am 21. August 1977 in Long Beach (USA).

Barfuß-Wasserski

Weltmeisterschaften: eingeführt 1978: Die meisten Titel gewannen die Australierin Kim Lampard 1980, 1982, 1984, 1986 und bei den Männern der Australier Brett Wing 1978, 1980, 1982.

Den Weltrekord im Slalom halten (nach neuesten Bewertungen) mit je 19,5 Punkten Brian Fuchs (USA) sowie bei den Frauen mit 16,0 Punkten Jennifer Calleri (USA).

Deutsche Rekordhalter: Patrick Wehner (15,5) und Stefanie Herrmann (11,0).

Den Weltrekord im Figurenlauf halten mit 6770 Punkten Rick Powell und bei den Frauen mit 2630 Punkten Jennifer Calleri (USA).

Deutsche Rekordhalter: Patrick Wehner (2850) und Stefanie Herrmann (1680).

Den weitesten Sprung schafften mit 26,30 m John Kretchman (USA) und mit 16,60 m Sharon Stekelenberg (Australien).

Die höchste Geschwindigkeit erreichte Scott Pallton (*1956, USA) mit 218,444 km/h auf einem 400-m-Kurs in Chandler/Arizona (Kalifornien) im November 1989.

Wasserski-Seilbahn

Weltrekorde werden noch nicht geführt.

Den Europarekord im Slalom halten Michael Mäder (D) mit einer Boje/10,75-m-Leine und Sabine Häberle (D) mit vier Bojen/12-m-Leine.

Den Europarekord im Figurenlaufen stellten Oleg Nadin (UdSSR) mit 6880 Punkten und Julia Gromyko (UdSSR) mit 6660 Punkten auf.

Deutsche Rekordhalter: Michael Mäder (6150) und Sabine Häberle (3390).

Der weiteste Sprung in Europa gelang Christian Swoboda (A) mit 51,70 m und Magda Slot (NL) mit 35,00 m.

Deutsche Rekordhalter: Markus Siemensmeyer kam auf 49,10 m, und Maria Asam erreichte 34,20 m.

Die längste Zeit auf dem Wasser hielten Bernd Esders und Herbert Fehrmann (D) aus, die am 16. August 1993 auf dem Dankernsee mit 17:20 Std. einen Weltrekord im Dauerfahren aufstellten.

Wasserski-Racing

Die Weltrekorde halten bei den Männern: 1km Nico Bertels (B) 167,57 km/h, 10 km Nico Bertels 156,06 km/h, 50 km Alberto Todeschini (I) 137,35 km/h, 100 km Helmut Winkler (Südafrika) 112,57 km/h. Bei den Frauen: 1 km Sandra Vandergrift (NL) 146,48 km/h, 10 km Sandra Vandergrift 133,32 km/h, 50 km Liz Hobbs (GB) 82,629 km/h, 100 km Liz Hobbs 81,959 km/h.

Spektakulärer Rekord: 100 Wasserski-Fahrer werden von einem Motorboot im australischen Cairns gezogen. Das Superereignis fand am 18. Oktober 1986 statt.
Foto: Yon Ivanovic/Studio One

SPORT

342/343

- Wassersport

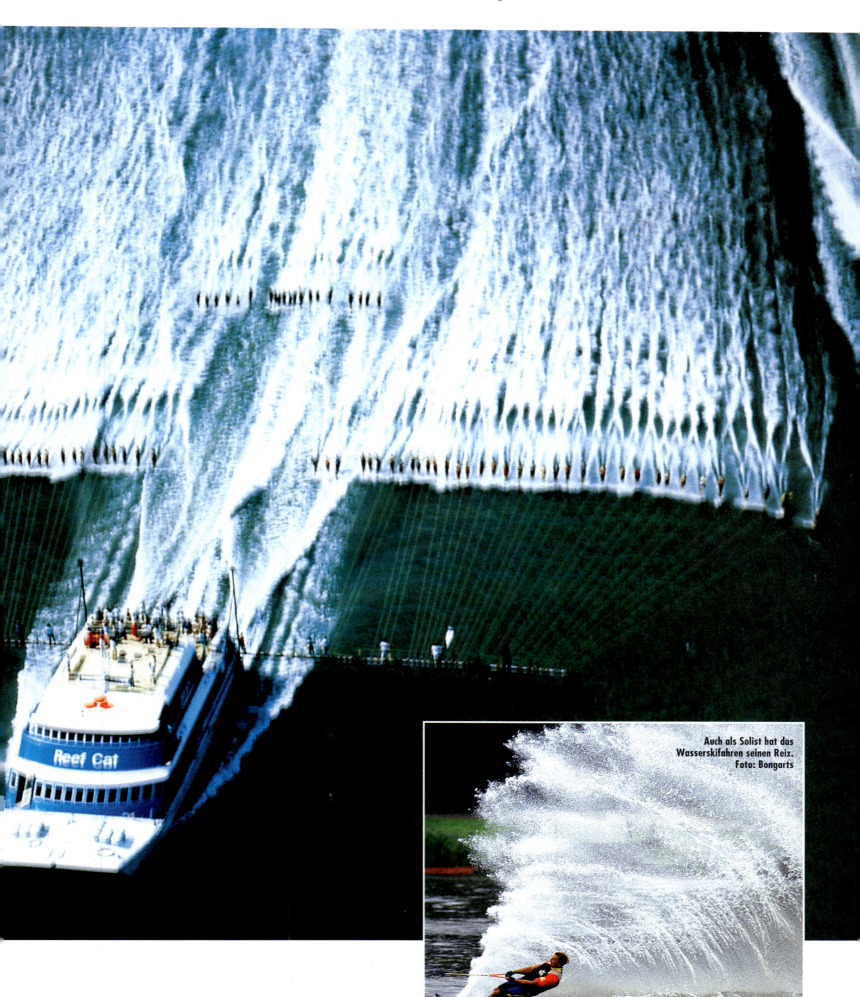

Auch als Solist hat das Wasserskifahren seinen Reiz.
Foto: Bongarts

◆ TRIATHLON

Kurzdistanz-Weltmeisterschaften (1,5 km Schwimmen, 40 km Radfahren, 10 km Laufen), eingeführt 1989: Nur eine Frau kam bisher zu zwei Titeln, Michellie Jones (Australien), die 1992, 93 siegte.

Mitteldistanz-Weltmeisterschaften (3,2 km, ab 1988 sogar 4 km Schwimmen, 120 km Radfahren, 32 km Laufen), eingeführt 1982 in Nizza: Zehn Titel gewann Mark Allen, 1982-86, 1989-93. Viermal siegte Paula Newby-Fraser (Zimbabwe) 1989-92. Dabei handelt es sich nur um inoffizielle Titelkämpfe.

Die Streckenrekorde halten Mark Allen mit 5:46:10 Std., aufgestellt 1986, und Erin Baker mit 6:27:06 Std., erreicht 1988.

Ironman (3,8 km Schwimmen, 180 km Radfahren, 42,195 km Laufen), eingeführt 1978: Den Hawaii-Wettbewerb gewannen je sechsmal Dave Scott (USA) 1980, 1982-84, 1986, 87 und Paula Newby-Fraser (Zimbabwe) 1986, 1988, 89, 1991-93. Mark Allan siegte fünfmal in Folge 1989-93.

Das beste Abschneiden eines Deutschen ist der dritte Platz von Wolfgang Dittrich (8:20:13 Std.) am 30. Oktober 1993.

Die Streckenrekorde halten Mark Allen mit 8:07:45 Std. und Paula Newby-Fraser mit 8:55:31 Std.

Die Weltbestzeiten gehören Dave Scott mit 8:01:32 Std., aufgestellt am 30. Juli 1989 am Lake Biwa (Japan), und Paula Newby-Fraser mit 8:55:00 Std., erreicht am 10. Juli 1994 in Roth (D).

Deutsche Bestzeiten: Jürgen Zäck mit 8:01:59 Std. und Ines Estedt mit 9:19:48 Std.

Deutsche Meisterschaften: Die meisten Titel holten sich mit je vier Simone Mortier (Hanau) und Jürgen Zäck (Viernheim).

Ausdauer-Rekord: Günter Teichmann (* 1958, Neumünster) kam zwischen dem 16. August 1992 und dem 15. August 1993 auf eine Gesamtzahl von 613,42 Std. bei insgesamt 14 Wettkämpfen, davon waren 118,7 km Schwimmen, 5476 km Radfahren und 1245,4 km Laufen.

Duathlon, eine Ausdauersportart, die aus 5 km Laufen, 10 km Radfahren und 5 km Laufen besteht.

Weltmeisterschaften, eingeführt 1990 Die ersten Titel holten sich Thea Sijbesma (NL) und Ken Souza (USA). 1992 siegten Jenny Alcorn (Australien) in 2:53:49 Std. und Matthew Brick (Neuseeland) in 2:33:12 Std.

◆ MODERNER FÜNFKAMPF

Olympische Spiele: Die meisten Goldmedaillen gewann mit drei Andras Balczo (*1938), Mitglied der ungarischen Siegermannschaft 1960 und 1968 und als Einzelsieger 1972. Lars Hall (*1927, S) hat als einziger zwei Einzel-Olympiasiege 1952, 1956 errungen. Einziger deutscher Goldmedaillengewinner ist Gotthard Handrick (*1908) mit seinem Triumph 1936 in Berlin.

Die meisten Medaillen gewann mit sieben Pavel Lednew (*1943, UdSSR), der je zweimal Gold und Silber sowie dreimal Bronze zwischen 1968 und 1980 erkämpfte.

Erfolgreichste Mannschaften sind die Sowjetunion und Ungarn mit je vier Siegen.

Weltmeisterschaften der Männer, eingeführt 1949: Erfolgreichster Athlet ist Andras Balczo, der 13 Titel errang, sechs in der Einzelwertung 1963, 1965-67, 1969, 1972 und sieben mit der Mannschaft zwischen 1960 und 1970.
Erfolgreichstes Team ist die UdSSR mit 14 Titeln vor Ungarn (zehn).

Die größten Erfolge deutscher Athleten sind zweite Plätze in der Mannschaftswertung bei der WM 1973 und 1978. Dazu kommen in der Staffel ein zweiter Platz 1989 und ein dritter Rang 1991. Christian Sandow (*1959) wurde 1979 Junioren-Weltmeister.

Weltmeisterschaften der Frauen, eingeführt 1981: Einzige Dreifachsiegerinnen im Einzelklassement ist Eva Fjellerup (DK) 1990, 91, 1993. Zu sechs Mannschaftstiteln brachte es Polen 1985, 1988-92.

Die meisten Medaillen, nämlich elf, errang Sabine Krapf (D). Sie wurde zwischen 1981 und 1992 fünfmal Zweite, davon viermal mit der Mannschaft, und sechsmal Dritte, davon dreimal mit der Mannschaft.

Europameisterschaften: Den größten Erfolg für Deutschland gab es 1993 mit dem Einzelsieg von Kim Raisner und dem Gewinn der Mannschaftswertung.

Deutsche Meisterschaften: Je viermal siegten Elmar Frings 1965, 1968, 1970, 71 und Christian Sandow 1979, 1981, 1983, 84. Bei den Frauen gewann siebenmal Sabine Krapf 1983, 1985, 1987, 1989-92.

Einsame Klasse, die Triathletin Paula Newby-Fraser aus Zimbabwe.

*Mister Ironman: Fünfmal gewann Mark Allen die schwerste sportliche Herausforderung auf Hawaii.
Fotos: Bongarts*

◆ GEWICHTHEBEN

Olympische Spiele: Die meisten Medaillen gewann mit vier Norbert Schemansky (*1924, USA), Gold 1952 im Halbschwergewicht, Silber 1948 im Schwergewicht, Bronze 1960 und 1964 im Schwergewicht.

Weltmeisterschaften: Die meisten Titel, einschließlich Olympia, gewannen mit je acht John Davis (1921-84, USA) 1938, 1946-52, Tommy Kono (*1930, USA) 1952-59 sowie Wassili Alexejew (*1942, UdSSR) 1970-77.

Die erste Frau, die mehr als das Doppelte ihres Körpergewichts im Stoßen zur Hochstrecke brachte, ist die Chinesin Cheng Jingling. Bei der WM 1988 in Djakarta (Indonesien) wog sie 44 kg und stemmte 90 kg.

Frauen-Weltmeisterschaften, eingeführt 1987: Peng Liping (China) gewann insgesamt zwölf Medaillen im Zweikampf, Reißen und Stoßen in der 52-kg-Klasse zwischen 1988 und 1992.

Die Zweikampf-Weltrekorde der Frauen: Bis 46 kg Luo Hongwei (China) 165 kg; bis 50 kg Li Xiuhia (China) 187,5 kg; bis 54 kg Chen Xiaoming (China) 200,0 kg; bis 59 kg Sun Caiyun (China) 217,5 kg; bis 64 kg Lei Li (China) 227,5 kg; bis 70 kg Maria Trendafilova (Bulgarien) 220,0 kg; bis 76 kg Zhang Guimel (China) 235,0 kg; bis 83 kg Xing Shuchih (China) 230,0 kg; über 83 kg Li Yajuan (China) 260,0 kg.

Die erfolgreichsten Deutschen sind Rolf Milser (*1951), der 1984 Olympiasieger, 1978 Weltmeister und 1979 Europameister im Zweikampf wurde sowie Joachim Kunz (*1959), der das 1988 Olympiagold holte und 1980 Olympiazweiter wurde. Außerdem kam er zu je fünf WM- und EM-Titeln.

Milser stellte insgesamt 114 deutsche Rekorde auf.

SPORT

- Triathlon
- Moderner Fünfkampf
- Gewichtheben

GEWICHTHEBEN – WELTREKORDE

Klasse	Leistung	Name (Land)	Datum
Fliegengewicht (bis 54 kg)			
Zweikampf	277,5 kg	Ivan Ivanov (Bulgarien)	1994
Reißen	125,0 kg	Sevdalin Michev (Bulgarien)	1994
Stoßen	157,5 kg		*
Bantamgewicht (bis 59 kg)			
Zweikampf	305,0 kg	Nikolai Peshalov (Bulgarien)	1993
Reißen	137,5 kg		*
Stoßen	167,5 kg	Nikolai Peshalov (Bulgarien)	1993
Federgewicht (bis 64 kg)			
Zweikampf	325,0 kg	Naim Süleymanoglu (Türkei)	1994
Reißen	145,5 kg	Naim Süleymanoglu (Türkei)	1994
Stoßen	180,0 kg	Naim Süleymanoglu (Türkei)	1994
Leichtgewicht (bis 70 kg)			
Zweikampf	345,0 kg	Yoto Yotov (Bulgarien)	1994
Reißen	157,5 kg	Israil Militosyan (Armenien)	1994
Stoßen	192,5 kg	Yoto Yotov (Bulgarien)	1994
Mittelgewicht (bis 76 kg)			
Zweikampf	370,0 kg	Ruslan Savchenko (Ukraine)	1993
Reißen	170,0 kg	Ruslan Savchenko (Ukraine)	1993
Stoßen	205,0 kg	Pablo Lara (Kuba)	1993
Leichtschwergewicht (bis 83 kg)			
Zweikampf	380,0 kg		*
Reißen	175,0 kg		*
Stoßen	210,0 kg	Mark Huster (Deutschland)	1993
Mittelschwergewicht (bis 91 kg)			
Zweikampf	412,5 kg	Alexeij Petrov (Rußland)	1994
Reißen	185,0 kg	Ivan Charkov (Bulgarien)	1993
Stoßen	227,5 kg	Alexeij Petrov (Rußland)	1994
1. Schwergewicht (bis 99 kg)			
Zweikampf	415,0 kg	Sergeij Syrtsov (Rußland)	1994
Reißen	190,5 kg	Sergeij Syrtsov (Rußland)	1994
Stoßen	225,0 kg	Sergeij Syrtsov (Rußland)	1994
2. Schwergewicht (bis 108 kg)			
Zweikampf	430,0 kg	Timur Taimazov (Ukraine)	1994
Reißen	197,5 kg		*
Stoßen	235,5 kg	Timur Taimazov (Ukraine)	1994
Superschwergewicht (über 108 kg)			
Zweikampf	450,0 kg	Andreij Chermerkin (Rußland)	1994
Reißen	200,5 kg	Andreij Chermerkin (Rußland)	1994
Stoßen	250,0 kg	Andreij Chermerkin (Rußland)	1994

*) nach Umstellung der Gewichtsklassen die verlangte Leistung noch nicht erreicht.

GEWICHTHEBEN – DEUTSCHE REKORDE

Klasse	Leistung	Name	Datum
Fliegengewicht (bis 54 kg)			
Zweikampf	235,0 kg	Volker Gdanietz (Berlin)	1992
Reißen	105,0 kg	Volker Gdanietz (Berlin)	1993
Stoßen	136,0 kg	Volker Gdanietz (Berlin)	1993
Bantamgewicht (bis 59 kg)			
Zweikampf	275,0 kg	Marco Spanehl (Berlin)	1994
Reißen	120,0 kg	Marco Spanehl (Berlin)	1994
Stoßen	155,0 kg	Marco Spanehl (Berlin)	1994
Federgewicht (bis 64 kg)			
Zweikampf	282,5 kg	Andreas Kuhles (Frankfurt/O.)	1993
Reißen	123,0 kg	Marco Spanehl (Berlin)	1993
Stoßen	160,0 kg	Marco Spanehl (Berlin)	1992
Leichtgewicht (bis 70 kg)			
Zweikampf	330,0 kg	Andreas Behm (Stralsund)	1993
Reißen	145,0 kg	Andreas Behm (Stralsund)	1992
Stoßen	185,0 kg	Andreas Behm (Stralsund)	1991
Mittelgewicht (bis 76 kg)			
Zweikampf	347,5 kg	Ingo Steinhöfel (Chemnitz)	1992
Reißen	157,5 kg	Ingo Steinhöfel (Chemnitz)	1994
Stoßen	192,5 kg	Ingo Steinhöfel (Chemnitz)	1992
Leichtschwergewicht (bis 83 kg)			
Zweikampf	375,0 kg	Marc Huster (Chemnitz)	1993
Reißen	165,0 kg	Marc Huster (Chemnitz)	1993
Stoßen	210,0 kg	Marc Huster (Chemnitz)	1993
Mittelschwergewicht (bis 91 kg)			
Zweikampf	372,5 kg	Marc Huster (Dresden)	1993
Reißen	168,0 kg	Marc Huster (Dresden)	1993
Stoßen	205,0 kg	Marc Huster (Dresden)	1993
1. Schwergewicht (bis 99 kg)			
Zweikampf	392,5 kg	Igor Sadykov (Mutterstadt)	1993
Reißen	177,5 kg	Igor Sadykov (Mutterstadt)	1993
Stoßen	215,0 kg	Igor Sadykov (Mutterstadt)	1993
2. Schwergewicht (bis 108 kg)			
Zweikampf	420,0 kg	Ronny Weller (Duisburg)	1993
Reißen	185,0 kg	Ronny Weller (Duisburg)	1993
Stoßen	235,0 kg	Ronny Weller (Duisburg)	1993
Superschwergewicht (über 108 kg)			
Zweikampf	442,5 kg	Ronny Weller (Duisburg)	1993
Reißen	200,0 kg	Ronny Weller (Duisburg)	1993
Stoßen	247,5 kg	Manfred Nerlinger (Forstenried)	1993

Kraftdreikampf

Weltmeisterschaften wurden 1973 (Männer) bzw. 1980 (Frauen) eingeführt.

Die meisten Titel errang mit 16 in der 52-kg-Klasse Hideaki Inaba (Japan) 1974-83, 1985-90.

Die erfolgreichsten Frauen sind mit insgesamt sechs Siegen in der 75- und 82,5-kg-Klasse Beverly Francis (*1955, Australien) 1980-85 sowie in der 52-kg-Klasse Sisi Dolman (NL) 1985, 86, 1988-91.

Bankdrücken

Bei dieser Disziplin liegt der Athlet mit dem Rücken auf einer Bank und drückt eine Gewichthantel über der Brust hoch.

Weltmeisterschaften, eingeführt 1990: Zu je zwei Titeln kamen in der 52-kg-Klasse Andrzej Stanszek (PL), in der 67,5-kg-Klasse Kurt Rooch (D), in der 100/110-kg-Klasse Arno Meiser (D) sowie bei den Frauen in der 48-kg-Klasse Tuula Saari (SF) und in der 67,5-kg-Klasse Irmgard Wohlhöfler (D).

Den Weltrekord in der Klasse bis 100 kg hält Peter Hinz (*1964, D) mit 225 kg, aufgestellt bei der WM in Koashing (Taiwan) 1992.

30-Min.-Rekord: Karl-Eugen Reck (*1947, D) wuchtete die 50-kg-Hantel am 27. März 1993 in Albstadt 1070mal in die Höhe und kam auf ein Gesamtgewicht von 53 500 kg.
Petra Mayer (*1962, D) schaffte am 2. April 1993 in Albstadt mit der 25-kg-Hantel insgesamt 1203 Wiederholungen. Gesamtgewicht: 30 075 kg.

◆ WINTERSPORT
Eishockey

Olympische Spiele: Die meisten Turniere gewann die UdSSR, die siebenmal als Sieger 1956, 1964, 1968, 1972, 1976, 1984, 1988 hervorging. Die Serie setzte die GUS 1992 fort. Kanada brachte es auf fünf Erfolge 1924, 1928, 1932, 1948, 1952.

Die meisten Goldmedaillen, nämlich drei, gewannen mit einer sowjetischen Nationalmannschaft Witali Dawydow, Anatoli Firsow, Viktor Kuskin, Alexander Ragulin 1964, 1968, 1972 sowie Torwart Wladislaw Tretjak 1972, 1976, 1984, der darüber hinaus noch einmal Silber 1980 holte.

Das beste Abschneiden einer deutschen Mannschaft bei Weltmeisterschaften waren jeweils die zweiten Plätze 1930 in Chamonix und 1953 in Zürich/Basel. Zur Europameisterschaft reichte es 1930 in Berlin und 1934 in Mailand. Olympische Bronzemedaillen gab es 1932 in Lake Placid und 1976 in Innsbruck.

Die meisten Tore, die je bei einem Weltmeisterschaftsspiel geschossen wurden, erzielte am 15. März 1987 bei der D-WM in Perth (Australien) die australische Nationalmannschaft beim 58:0-Sieg über Neuseeland. Den alten Rekord vom 12. Februar 1949 hielt Kanada mit 47:0 gegen Dänemark in Stockholm.

Die nordamerikanische Profiliga (NHL), gegründet 1917, spielt die inoffizielle Weltmeisterschaft für Klubmannschaften aus. Zur Zeit nehmen 24 Teams, acht aus Kanada und 16 aus den USA, in vier verschiedenen Staffeln an dem Wettbewerb teil.

Stanley-Cup, eingeführt 1893. Die besten 16 NHL-Teams ermitteln jährlich in einer Play-Off-Runde den Sieger. Rekordgewinner sind die Montreal Canadiens mit 24 Erfolgen 1916, 1924, 1930, 31, 1944, 1946, 1953, 1956-60, 1965, 66, 1968, 69, 1971, 1973, 1976-79, 1986, 1993.

Die meisten Spiele bestritt Gordon Howe (*1928, Kanada) mit 1767 in der NHL (plus 157 in der Play-Off-Runde), und zwar von 1946 bis 1971 für die Detroit Red Wings und 1979/80 für die Hartford Whalers.

Während dieser Zeit erzielte er 1071 Tore (davon 801 in der NHL). Außerdem kam er noch auf 419 Begegnungen (plus 78 in der Play-Off-Runde) für die Houston Aeros und New England Whalers zwischen 1973 und 1979 in der World Hockey Association, so daß er insgesamt 2412 Spiele in der obersten Klasse bestritt.

Der erfolgreichste Torhüter ist Terrance Gordon Sawchuck (1929-70), der einen Rekord von 971 Spielen aufweist und in 103 Begegnungen keinen Treffer zuließ. Er spielte zwischen 1950 und 1967 bei den Detroit Red Wings, Boston Bruins, Toronto Maple Leafs, Los Angeles Kings und New York Rangers.

Europacup: Rekordsieger ist ZSKA Moskau mit 20 Erfolgen 1969-74, 1977-90. Dreimal gewann ZKL Brünn 1966-68, zweimal Djugarden Stockholm 1991, 92 sowie je einmal Krilija Moskau 1975, Poldi Kladno/CSSR 1976, Malmö IF 1993 und TPS Turku 1994.

Deutsche Meisterschaften: Die erfolgreichste Vereinsmannschaft ist der Berliner Schlittschuh-Club mit 19 Meisterschaften 1912-14, 1920, 21, 1923-26, 1928-33, 1936, 37, 1974, 1976. Danach folgt der EV Füssen mit 16 Titeln 1949, 1953-59, 1961, 1963-65, 1968, 69, 1971, 1973.
Seit Einführung der Play-Off-Runde kam die Düsseldorfer EG als erste Mannschaft zu einem viermaligen Titelgewinn in Serie 1990-93. Außerdem hatten die Rheinländer schon 1967, 1972 und 1975 gewonnen. Viermal erfolgreich war nach dem neuen Modus auch der Kölner EC.

Am häufigsten DDR-Meister wurde mit 22 Titeln Dynamo Weißwasser,

---

Rekordmann Gretzky

Die Eishockey-Welt lag ihm zu Füßen. Am 23. März 1994 wurde die NHL-Begegnung zwischen den Los Angeles Kings und den Vancouver Canucks (3:6) für eine Viertelstunde unterbrochen, um Wayne Gretzky für seinen 802. Treffer, der neuen NHL-Rekord bedeutete, zu feiern. Der erfolgreichste Torjäger aller Zeiten hatte in seinem 1117. Spiel (15. Saison) die alte Marke des legendären Gordie Howe übertroffen, der 801mal in allerdings 1767 Matches getroffen hatte.

Gretzky erzielte sein Rekordtor fünf Minuten und 17 Sekunden vor Ende des 2. Drittels und brachte seine Mannschaft aus Los Angeles mit 2:1 in Front. »Das ist ein besonderer Tag, zu Hause und dann noch gegen Vancouver getroffen zu haben«, sagte der Superstar der nordamerikanischen Liga und dachte an sein erstes Tor als Profi, das er am 14. Oktober 1979 ebenfalls gegen Vancouver geschossen hatte, als damals 18jähriger in Diensten der Edmonton Oilers, mit denen er viermal den Stanley-Cup gewann. Der Mann mit der Nummer 99 auf dem Trikot ist der Größte des Eishockeys. Er unterschrieb 1993 einen Dreijahresvertrag bei den Kings für 25,5 Mio. Dollar und dürfte seinen 62 NHL-Rekorden sicher noch einige hinzufügen.

Schon im Oktober 1989 hatte Gretzky die damals neun Jahre alte Scorer-Bestmarke von Howe mit 1852 Punkten (642 Tore, 1210 Vorlagen) übertroffen.
Seine weiteren Meilensteine
NHL-Saison: 92 Tore im Jahr 1981/82, 215 Scorer-Punkte (52 Tore, 163 Vorlagen) im Jahr 1985/86
Gesamtbilanz NHL: 802 Tore und 1563 Vorlagen
Stanley-Cup, 47 Punkte (16 Tore, 31 Vorlagen) 1985, 346 Punkte (110 Tore, 236 Vorlagen) total.
Foto: Bongarts

Der doppelte Merk

Daß Torleute auch Tore schießen, gehört beim Eishockey unweigerlich ins Kuriositätenkabinett. Klaus Merk vom BSC Preussen Berlin gelang dieses Kunststück in der Bundesliga gleich zweimal, und zwar jedesmal gegen den Lokalrivalen EHC Eisbären, zuerst am 20. November 1992 zum 3:1 und – Duplizität der Ereignisse – fast auf den Tag genau ein Jahr später, am 14. November 1993 zum 5:3-Endstand.
Der Gegner hatte in der Schlußphase seinen eigenen Torwart vom Eis geholt, zusätzlich einen sechsten Feldspieler eingesetzt, um noch ein Remis zu schaffen. So war in dieser Situation der kleine Kasten der Eisbären verwaist, und Merk konnte den Puck über die gesamte Eisfläche ins gegnerische Tor schießen.

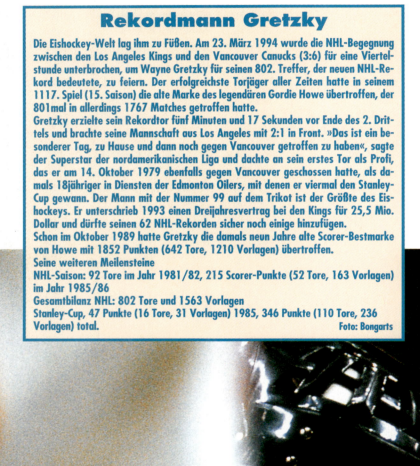

• Wintersport • Eislauf

1954-72, also 19mal in Serie, 1981, 1989, 90.

Rekord-Torschütze in der Bundesliga ist mit 725 Treffern Erich Kühnhackl (*1950). Dazu kommen noch 724 sogenannte Beihilfen in insgesamt 774 Spielen, die er zwischen 1968 und 1989 bestritt. Sowohl bei der WM 1978 in Prag als auch beim olympischen Turnier 1984 in Sarajewo war er Scorer-König.

Bundesliga-Rekordspieler ist Udo Kießling (SC Rießersee, Rosenheim, Augsburg, Düsseldorf, Köln und Landshut) mit 870 Einsätzen. Er liegt damit an erster Stelle vor Ignaz Berndaner (843) und Alois Schloder (817). Insgesamt wurde er zwölfmal Deutscher Meister.

Weltmeisterschaften der Frauen, eingeführt 1990: Kanada holte die ersten drei Titel 1990, 1992, 1994.

Europameisterschaften der Frauen, eingeführt 1989: Finnland gewann den ersten Titel und siegte auch 1991.

Deutsche Meisterschaften der Frauen, eingeführt 1983: Viermal gewannen die Düsseldorfer Eisbären 1985-87, 1989, dreimal der Mannheimer ERC 1988, 1990, 1992, je einmal IGES Reutlingen 1984, OSC Ladies Berlin 1991, Neusser SC 1993 und TuS Geretsried 1994.

EISHOCKEY: SIE SPIELTEN FÜR DEUTSCHLAND

	Name	Spiele
1.	Udo Kießling	320
2.	Lorenz Funk	225
3.	Gerd Truntschka	216
4.	Dieter Hegen	214
5.	Erich Kühnhackl	211
6.	Alois Schloder	206
7.	Rainer Philipp	199
8.	Franz Reindl	181
9.	Harold Kreis	180
10.	Ignaz Berndaner	177

DIE EWIGE TORJÄGERLISTE DER NHL

1.	Wayne Gretzky(*)	802
2.	Gordie Howe	801
3.	Marcel Dionne	731
4.	Phil Esposito	717
5.	Mike Gartner (*)	611
6.	Bobby Hull	610
7.	Mike Bossy	573
8.	Guy Lafleur	560
9.	John Bucyk	556
10.	Jari Kurri (*)	554

(*) = noch aktiver Spieler

◆ EISLAUF
Eiskunstlauf

Olympische Spiele: Die meisten Goldmedaillen mit je drei holten sich in den Einzelwettbewerben Gillis Grafström (1893-1938, S) 1920, 1924, 1928, außerdem gewann er 1932 Silber, Sonja Henie (1912-69, N) 1928, 1932, 1936 sowie die Paarläuferin Irina Rodnina (*1949, UdSSR), die 1972 mit Alexej Ulanow, 1976, 1980 mit Alexander Saizew gewann.

Weltmeisterschaften, eingeführt 1896: Die meisten Einzeltitel errang mit zehn Ulrich Salchow (1877-1949, S) 1901-05 und 1907-11.
Auf die gleiche Anzahl kam bei den Frauen (eingeführt 1906) Sonja «Häseken» Henie zwischen 1927 und 1936.

Die meisten Paarlauf-Titel, eingeführt 1908, gewann mit zehn Irina Rodnina, vier mit Alexej Ulanow (*1947) 1969-72 und sechs mit ihrem Mann Alexander Saizew (*1952) 1973-78.

Die meisten Eistanz-Titel, eingeführt erst 1950, gewannen mit sechs Alexander Gorschkow (*1946, UdSSR) und Ludmilla Pachomowa (1946-1986, UdSSR) 1970-74 und 1976. Sie wurden 1976 auch die ersten Olympiasieger in diesem Wettbewerb.

Erfolgreichste deutsche Läuferin ist Katarina Witt (*1965), die es zu zwei olympischen Goldmedaillen 1984, 1988, vier Welt- 1984, 85, 1987, 88 und sechs Europameisterschaften 1983-88 brachte.

Die erfolgreichsten deutschen Paare sind Maxi Herber (*1920) und Ernst Baier (*1905), die einmal Olympia-Gold 1936, vier Weltmeisterschaften 1936-39 sowie fünf Europameisterschaften 1935-39 holten, sowie Ria und Paul Falk (1922-1986/*1921), die einmal Olympiasieger 1952, zweimal Welt- und Europameister 1951, 52 wurden. Marika Kilius/Hans-Jürgen Bäumler errangen zwei WM-, sechs EM-Titel und zwei olympische Silbermedaillen.

Eleganz und Anmut auf glitzerndem Parkett verkörpern die britischen Eistänzer Jane Torvill und Christopher Dean, die zehn Jahre nach ihrem ersten Goldmedaillengewinn noch einmal - als Profis - bei Olympischen Spielen teilnahmen und Bronze in Lillehammer gewannen.

Foto: Allsport/Chris Cole

EISSCHNELLAUF-WELTREKORDE

Sportart	Leistung	Name/Land	Datum
MÄNNER			
500 m	35,76	Dan Jansen (USA)	1994
1000 m	1:12,37	Yasunori Miyabe (Japan)	1994
1500 m	1:51,29	Johann Olav Koss (N)	1994
3000 m	3:56,16	Thomas Bos (NL)	1992
5000 m	6:34,96	Johann Olav Koss (N)	1994
10000 m	13:30,55	Johann Olav Koss (N)	1994
Großer Vierkampf	156,201 Pkt.	Rintje Ritsma (NL)	1994
Kleiner Vierkampf	156,059 Pkt.	Falko Zandstra (NL)	1991
Sprint-Vierkampf	144,445 Pkt.	Yasunori Miyabe (Japan)	1994
FRAUEN			
500 m	38,99	Bonnie Blair (USA)	1994
1000 m	1:17,65	Christa Rothenburger (DDR)	1988
1500 m	1:59,30	Karin Kania (DDR)	1986
3000 m	4:09,32	Gunda Niemann (D)	1994
5000 m	7:03,26	Gunda Niemann (D)	1994
Großer Vierkampf	167,282 Pkt.	Gunda Niemann (D)	1994
Kleiner Vierkampf	164,658 Pkt.	Emese Hunyady (A)	1994
Sprint-Vierkampf	156,505 Pkt.	Bonnie Blair (USA)	1994

EISSCHNELLAUF – DEUTSCHE REKORDE

Sportart	Leistung	Name	Datum
MÄNNER			
500 m	36,43	Uwe-Jens Mey	1992
1000 m	1:13,11	Uwe-Jens Mey	1988
1500 m	1:52,06	André Hoffmann	1988
3000 m	4:03,31	André Hoffmann	1985
5000 m	6:47,26	Frank Dittrich	1993
10000 m	14:04,33	Frank Dittrich	1994
Großer Vierkampf	163,018 Pkt.	Peter Adeberg	1993
Kleiner Vierkampf	161,158 Pkt.	André Hoffmann	1985
Sprint-Vierkampf	146,770 Pkt.	Uwe-Jens Mey	1989
FRAUEN			
500 m	39,12	Christa Rothenburger	1988
1000 m	1:17,65	Christa Rothenburger	1988
1500 m	1:59,30	Karin Kania	1986
3000 m	4:09,32	Gunda Niemann	1994
5000 m	7:03,26	Gunda Niemann	1994
Großer Vierkampf	167,282 Pkt.	Gunda Niemann	1994
Kleiner Vierkampf	168,271 Pkt.	Karin Kania	1982
Sprint-Vierkampf	159,020 Pkt.	Angela Hauck	1994

Zwei Ausnahmekönner auf dem Eis, doch Lillehammer brachte ihnen unterschiedliche Erfolge: Dan Jansen (USA) gewann nach einem Sturz über 500 m doch noch seine ersehnte Goldmedaille über 1000 m..

Die Deutsche Gunda Niemann stürzte über 3000 m ebenfalls und mußte sich über 5000 m mit Silber und über 1500 m mit Bronze zufriedengeben.

Eisschnellauf

Olympische Spiele: Die meisten Goldmedaillen gewann mit sechs Lydia Skoblikowa (*1939, UdSSR), zwei 1960 und alle vier möglichen 1964. Eric Heiden (*1958, USA) schaffte 1980 in Lake Placid das gleiche Kunststück und erkämpfte sich alle fünf Goldmedaillen von 500 bis 10 000 m.

Die meisten Medaillen erkämpfte mit sieben Clas Thunberg (1893-1973, SF), der 1924 und 1928 zu fünfmal Gold sowie je einmal Silber und Bronze kam. Bei den Frauen kam Karin Kania-Enke (*1961, DDR) sogar zu acht Medaillen, dreimal Gold, viermal Silber, einmal Bronze.

Weltmeisterschaften, eingeführt 1893: Die meisten Titel im Großen Vierkampf gewannen mit je fünf Oscar Mathisen (1888-1954, N) 1908, 09, 1912-14 sowie Clas Thunberg 1923, 1925, 1928, 29, 1931.

Die meisten Titel im Sprint holte sich mit sechs Igor Schelesowski (UdSSR/Weißrußland) 1985, 86, 1989,1991-93. Zu vier Erfolgen kam Eric Heiden 1977-80.

Erfolgreichste Frau der Welt ist Karin Kania-Enke (*1961, DDR). Sie errang elf WM-Titel, fünf im Großen Vierkampf 1982, 1984, 1986-88 und sechs im Sprint 1980, 81, 1983, 84, 1986, 87, dazu drei olympische Gold-, vier Silber- und eine Bronzemedaille.

Erfolgreichster Mann ist Eric Heiden, der außer seinen fünf olympischen Goldmedaillen noch drei WM-Titel im Großen Vierkampf 1977-79 und vier Sprint-Weltmeisterschaften 1977-80 errang.

Short-Track

Olympische Spiele. Erstmals standen in Albertville 1992 vier Wettbewerbe, je zwei für Männer und Frauen, auf dem Programm. 1994 kamen noch zwei Konkurrenzen dazu. Ki-Hoon-Kim (Südkorea) gewann beide Male die 1000 m, Cathy Turner (USA) die 500 m. Beide sind damit die erfolgreichsten Läufer.

Weltmeisterschaften, eingeführt 1978: Die meisten Titel mit vier im Mehrkampf gewann Sylvia Daigle (*1962, Kanada) 1983, 1988, 89, 90. Bei den Männern war Toshinobu Kawai (Südkorea) zweimal erfolgreich 1985, 1987.

Die schnellsten 500-m-Sprinter sind Mirko Vuillermin (I) mit 43,08 Sek. und Zhang Yanmei (China) mit 45,60 Sek.

Eisstockschießen

Weltmeisterschaften, eingeführt 1983: Das Mannschaftsspiel bei den Frauen gewann Deutschland zweimal 1983, 1990. Bei den Männern kam Italien ebenfalls zweimal zum Erfolg, 1983, 1994.

Die Nationenwertung im Zielschießen holte sich Deutschland bei den Männern viermal 1983, 1987, 1990 und 1994, während

Fotos: Allsport/Chris Brunskill

bei den Frauen Österreich zweimal 1990, 1994 erfolgreich war.

Die Nationenwertung im Weitschießen gewann Österreich 1987, 1990, 1994, Deutschland 1983.
Das Weitschießen wurde zweimal von Konrad Freiwang (D) 1990 und 1994 gewonnen.

Europameisterschaften, eingeführt 1951: Das Mannschaftsspiel ging bei den Männern 24mal und bei den Frauen (erst seit 1965) 22mal an Deutschland. Im Zielschießen gewannen 15mal die Frauen (seit 1965) und 14mal die Männer (seit 1951) für Deutschland. Im Weitschießen (seit 1951) gewannen die deutschen Männer 12mal.

Deutsche Meisterschaften, eingeführt 1926: Am häufigsten den Titel im Mannschaftsspiel holte sich bei den Männern mit sieben der EHC Straubing und bei den Frauen mit fünf der EHC Passau-Neustift.

Die Weltbestleistungen im Zielschießen halten Robert Stummer (D) mit 174 und Christina Holzegger (A) mit 166 Punkten.

Den Weltrekord im Weitschießen hält Manfred Zieglgruber (*1947, D) mit 566,53 m, aufgestellt am 8. Dezember 1989 auf dem Seeoner See.

Drei auf einen Streich

Nach den wenig verheißungsvollen Olympischen Spielen (einmal Silber, einmal Bronze) stellte Gunda Niemann (D) bei einem Einladungs-Meeting in Calgary vom 26. bis 28. März 1994 gleich drei Weltrekorde auf: Über 3000 m in 4:09,32 Min., über 5000 m in 7:03,26 Min. und über die selten gelaufene Strecke von 10 000 m in 14:22,60 Min.

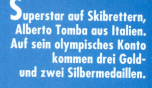

SPORT
348/349

• Eislauf • Skisport

♦ SKISPORT
Alpine Wettbewerbe

Olympische Spiele: Die meisten Goldmedaillen mit je drei gewannen Anton »Toni« Sailer (*1935, A) 1956 und Jean Claude Killy (*1943, F) 1968, die jeweils die Abfahrt, den Slalom und Riesenslalom für sich entschieden, sowie Alberto Tomba (I), der 1988 den Slalom und Riesenslalom sowie 1992 den Riesenslalom gewann. Außerdem holte er 1992 und 1994 Silber im Slalom und ist damit der erfolgreichste Athlet.
Bei den Frauen kam nur eine Läuferin zu drei Siegen, Vreni Schneider (*1964, CH), die 1988 den Slalom und Riesenslalom, 1994 den Slalom für sich entschied. Außerdem errang sie Silber in der Kombination und Bronze im Riesenslalom 1994.

Weltmeisterschaften, eingeführt 1931: Die meisten Titel gewann Christel Cranz (*1914, D) mit zwölf, davon vier im Slalom 1934, 1937-39, drei in der Abfahrt 1935, 1937, 1939 und fünf in der Kombination 1934, 35, 1937-39. Außerdem holte sie sich die Goldmedaille in der Kombination bei den Olympischen Spielen 1936.

Die meisten Titel bei den Männern errang mit sieben Anton Sailer, der 1956 bei den Olympischen Winterspielen alle vier Wettbewerbe (Riesenslalom, Slalom, Abfahrtslauf, nichtolympische alpine Kombination) sowie 1958 den Abfahrtslauf, den Riesenslalom und die Kombination gewann.

Weltcup, eingeführt 1967: Die meisten Titel im Gesamtwettbewerb gewann mit fünf Marc Girardelli (*1963, A/L) 1985, 86, 1989, 1991, 1993. Noch besser war Annemarie Moser-Pröll (*1953, A) mit sechs Siegen 1971-75, 1979.
Einzelkonkurrenzen: Abfahrt Franz Klammer (A) fünf Siege 1975-78, 1983 und Annemarie Moser-Pröll (A) sieben 1971-75, 1978, 79; Slalom Ingemar Stenmark (S) acht 1975-81, 1983 und Vreni Schneider fünf 1989, 90, 1992-94; Riesenslalom Ingemar Stenmark sieben 1975, 76, 1978-81, 1984 und Vreni Schneider vier 1986, 87, 1989, 1991; Super G Pirmin Zurbriggen (CH) vier 1987-90 und Carole Merle (F) vier 1987-90.

Erfolgreichster Läufer ist Ingemar Stenmark (*1956, S), der zwischen 1974 und 1989 auf insgesamt 86 Erfolge (46 im Riesenslalom und 40 im Slalom) kam.

Die meisten Siege in einer Saison feierte Vreni Schneider, die 1988/89 insgesamt 14mal erfolgreich war, siebenmal im Slalom, sechsmal im Riesenslalom und einmal in der Kombination. Ingemar Stenmark brachte es in der Saison 1978/79 auf 13 Siege.

Deutsche Meisterschaften: Die meisten Titel gewann mit 16 Ludwig Leitner (*1940), der 1964 Weltmeister in der Kombination wurde.
Die meisten Titel bei den Frauen, nämlich 24, gewann Christel Cranz mit neun in der Kombination, neun im Slalom und sechs in der Abfahrt.

Superstar auf Skibrettern, Alberto Tomba aus Italien. Auf sein olympisches Konto kommen drei Gold- und zwei Silbermedaillen.

Foto: Allsport/Steve Powell

WELTREKORDENTWICKLUNG IM SKIFLIEGEN (AUSGEWÄHLTE STATIONEN)

Weite	Name/Land	Schanze	Rekordjahr
101 m	Sepp Bradl (A)	Planica	1936
117 m	Rudi Gehring (D)	Planica	1941
120 m	Fritz Tschannen (CH)	Planica	1948
139 m	Tauno Laurio (SF)	Oberstdorf	1951
141 m	Jose Slibar (YU)	Oberstdorf	1961
150 m	Lars Grini (N)	Oberstdorf	1967
165 m	Manfred Wolf (DDR)	Planica	1969
169 m	Heinz Wosipiwo (DDR)	Oberstdorf	1973
176 m	Toni Innauer (A)	Oberstdorf	1976
180 m	Armin Kogler (A)	Oberstdorf	1981
185 m	Matti Nykänen (SF)	Oberstdorf	1984
190 m	Matti Nykänen (SF)	Planica	1985
191 m	Andreas Felder (A)	Kulm	1986
194 m	Pjotr Fijas (PL)	Planica	1987
203 m	Toni Nieminnen (SF)	Planica	1994
209 m	Espen Bredesen (N)	Planica	1994

Nordische Wettbewerbe

Olympische Spiele: Erfolgreichste Skilangläuferin ist Ljubow Jegorowa (*1967, Rußland), die 1992 und 1994 insgesamt sechs Gold- und drei Silbermedaillen gewann. Ihr kaum nach steht Björn Dählie (*1967, N) mit fünf Siegen und drei zweiten Plätzen. Bester Skispringer ist Matti Nykänen (*1963, SF) mit vier Gold- und einer Silbermedaille.

Älteste Goldmedaillengewinnerin – und das auch in der gesamten Geschichte Olympischer Winterspiele – ist Raisa Smetanina, die 1992 in Albertville mit 39 Jahren und 352 Tagen in der siegreichen GUS-Staffel über 4x5 km stand.

Jüngster Goldemedaillengewinner ist Toni Nieminen, der 1992 in Albertville mit 16 Jahren und 259 Tagen den Finnen zum Sieg in der Mannschaftswertung des Skispringens verhalf.

Den knappsten Sieg gab es 1980 in Lake Placid (USA), als Thomas Wassberg den 15-km-Langlauf in 41:57,63 Min. mit einer Hundertstelsek.

Weltmeisterschaften: Auf sechs Einzeltitel kam Johan Grottumsbraaten (1899-1942, N), der zwischen 1926 und 1932 zweimal die 18 km und viermal die nordische Kombination gewann. Auf neun Titel, fünf im Einzel- und vier im Staffelwettbewerb, brachte es Galina Kulakowa (*1942, UdSSR) zwischen 1970 und 1978.

Als erster Frau gelang es der Finnin Marjo Matikainen im Februar 1989 in Lahti (SF), fünf Medaillen bei einer WM zu holen. Ihre Ausbeute waren zwei goldene, eine silberne und zwei bronzene Medaillen.

Erfolgreichster Langläufer der Welt ist Gunde Svan, der zwischen 1985 und 1991 elf Titel gewann. Zu den vier Olympiasiegen, je einer über 15 km 1985 und 50 km 1988 sowie zwei mit der 4 x 10-km-Staffel 1984, 1988, kommen noch sieben WM-Erfolge über 15 km 1989, 30 km 1985, 1991 und 50 km 1985, 1989 sowie mit der Staffel 1987, 1989.
Björn Dählie (N) kam zu fünf Olympiasiegen 1992, 1994 und drei Weltmeisterschaften 1993.

Erfolgreichste Langläuferin der Welt ist Raisa Smetanina, die zu ihren zehn Olympiamedaillen noch weitere 13 bei einer WM gewann.

Weltpokal der Langläufer, eingeführt 1971: Fünfmal gewann der Schwede Gunde Svan 1984-86, 1988, 89. Bei den Frauen siegten je dreimal die Finnin Marjo Matikainen 1986-88 und die Russin Jelena Vialbe 1989, 1991, 92.

Das größte Skirennen ist der »Vasa Loppet«. Er gedenkt des Ereignisses von 1521, bei dem Gustav Vasa (1496-1560), später König Gustav Erikson, auf dem Schlitten die 85,8 km von Mora nach Sälen (S) zurücklegte, während die beiden dalekarischen Bauern Lars und Engelbrekt auf Skiern liefen. Die Wiederholung dieser Reise in umgekehrter Richtung ist ein jährliches Festival. Bengt Hassis (S) hält seit 1986 den Streckenrekord mit 3:48:55 Std.

Der erfolgreichste Athlet in der Nordischen Kombination (Skispringen und 15-km-Langlauf) ist Ulrich Wehling (*1952, DDR), der zwischen 1972 und 1980 dreimal in Serie Olympiasieger und viermal Weltmeister wurde.

Deutsche Meisterschaften in der Nordischen Kombination: Am häufigsten gewann mit neun Titeln Georg Thoma (*1937) 1958-66. Er wurde 1960 Olympiasieger und 1964 Olympia-Dritter, Weltmeister 1966 und dreimal Deutscher Meister im Skispringen 1960, 61 und 1963.

Erfolgreichster Skispringer mit fünf Weltmeisterschaften, vier olympischen Gold- und einer Silbermedaille ist Matti Nykänen. Ihm nur wenig nach steht Birger Ruud (*1911, N), der zweimal Olympiasieger 1932, 1936 und dreimal Weltmeister wurde. Er ist übrigens der einzige, der sowohl im nordischen als auch im alpinen Skisport (1936 Abfahrtslauf) olympisches Gold gewann.

Weltcup der Skispringer: Matti Nykänen gewann viermal 1983, 1985, 86, 1988 und ist damit absoluter Rekordmann.

Biathlon

Olympische Spiele: Erfolgreichster Teilnehmer ist Alexander Tichonow (*1947, UdSSR), der zwischen 1968 und 1980 viermal Gold mit der Staffel über 4 x 7,5 km holte und 1968 Zweiter über 20 km wurde.

Die meisten Einzel-Goldmedaillen gewannen mit je zwei Magnar Solberg (*1937, N) 1968 und 1972, Frank-Peter Roetsch (*1964, DDR) 1988 sowie bei den Frauen Myriam Bedard (Kanada) 1994.

Weltmeisterschaften, eingeführt 1958: Die meisten Einzel-Titel, nämlich sechs, gehen auf das Konto von Frank Ullrich (*1958, DDR), der viermal die 10 km 1978-81 und zweimal die 20 km 1982, 83 gewann. Außerdem verhalf er viermal der Staffel 1978, 79, 1981, 82 zum Erfolg. Ebenfalls zu zehn Titeln, einschließlich der Staffel-Wettbewerbe, kam Mark Kirchner (D).

Alle drei Titel bei einer WM gewannen 1986 in Oslo Valeri Medwedzew (UdSSR), 1987 in Lake Placid Frank-Peter Roetsch (DDR) und 1991 in Lahti Mark Kirchner (D). Sie siegten jeweils über 10, 20 km und mit der 4 x 7,5-km-Staffel.

Fliegen wie die Vögel

Eine weitere Schallmauer des Sports ist durchbrochen worden. Erstmals landeten Skispringer jenseits der 200 m-Marke, und zwar vom 17. bis 21. März 1994 bei der Skiflug-WM im slowenischen Wintersportort Planica. Beim Training und Probedurchgang erlebten die Zuschauer insgesamt sieben 200-m-Flüge, wobei der norwegische Olympiasieger Espen Bredesen mit 209 m am weitesten kam. Der Schwarzwälder Christoph Duffner stellte mit gestandenen 205 m einen neuen – inoffiziellen – deutschen Rekord auf.
Im Wettkampf selbst erreichte der Italiener Roberto Cecon mit 199 m die größte Weite aller 43 Teilnehmer. Ihm am nächsten kam der Japaner Takanobu Okabe (198 m). Die neuen Dimensionen sind möglich geworden, weil die Riesenschanzen umgebaut wurden und die Skispringer mit ihrem V-Stil günstigere Gleiteigenschaften erreichen. Dazu kommen noch eine bessere Ausrüstung beim Ski und den Anzügen.
Als erster Mensch überflog am 17. März 1994 um 14 Uhr 08 der Österreicher Andreas Goldberger mit 202 m die magische Grenze und meinte: »Jetzt wird man mich in einem Atemzug mit Josef Bradl nennen, der als erster die 100-m-Marke übertraf und ein Stück Skisprung-Geschichte schrieb.« Allerdings: Goldberger faßte bei seinem Sprung in den Schnee, so daß der 17 Min. später gestartete Finne Toni Nieminen mit seinen gestandenen 203 m als erster Skispringer jenseits der 200-m-Marke galt. Den alten Rekord hielt der Pole Pjotr Fijas mit 194 m.

SPORT

• Skisport • Bob- und Schlittensport

Bei den Frauen (erst seit 1984) errangen je sechs Titel Kaya Parve (UdSSR), zwei im Einzelrennen und vier mit der Mannschaft zwischen 1984 und 1988, sowie Petra Schaaf (D), vier im Einzelrennen und zwei mit der Mannschaft zwischen 1988 und 1993.

Weltcup, eingeführt 1979: Viermal gewannen Frank Ullrich (DDR) 1979, 1980-82 sowie Frank-Peter Roetsch (DDR) 1984, 85 und 1987, 88.
Bei den Frauen (erst seit 1988) kam Anfisa Restzowa (Rußland) zu einem Doppelerfolg 1992, 93.

Skibob

Weltmeisterschaften: Die meisten Titel in den Disziplinen Abfahrt, Riesenslalom und Kombination errang zwischen 1987 und 1991 mit 14 Petra Wlezcek-Tschach (A). Bei den Männern kam Walter Kroneisl (A) zwischen 1983 und 1990 zu acht Erfolgen.

Die höchste Geschwindigkeit erreichte mit 166 km/h Erich Brenter (*1940, A) im italienischen Cervinia 1964.

Den weitesten Sprung schaffte mit 45,5 m Gerfried Seeber (A) am 5. März 1992 auf der großen Schanze in Oberwiesenthal (D).

Grasski

Weltmeisterschaften, eingeführt 1979: Die meisten Titel gewannen bei den Frauen Ingrid Hirschhofer (A) mit 14 zwischen 1979 und 1993 sowie bei den Männern mit je sieben Erwin Gansner (CH) 1981-87 und Rainer Großmann (D) 1985-93.

Alle vier Titel (Super G, Riesenslalom, Slalom, Kombination) in einem Jahr errangen 1987 Erwin Gansner, 1991 Rainer Großmann, 1989 Katja Krey (D) und 1993 Ingrid Hirschhofer.

Europameisterschaften: Für ein Novum sorgte 1988 in Gutenstein (A) Rainer Großmann, der alle vier möglichen Titel – Slalom, Riesenslalom, Super G, Kombination – errang. 1979 hatte Vincent Riewe (D) ebenfalls alle Titel gewonnen, aber damals stand der Super G noch nicht auf dem Programm.
Je fünf Siege schafften Ingrid Hirschhofer zwischen 1980 und 1990 sowie Rainer Großmann von 1988 bis 1990.

Europacup, eingeführt 1971: Zehnmal siegte Ingrid Hirschhofer (A), sechsmal Erwin Ganser (CH).

Die höchste Geschwindigkeit erreichte mit 92,07 km/h Klaus Spinka (A) am 24. September 1989 in Waldsassen (D).

Freestyle

Olympische Spiele: Erfolgreichster Teilnehmer auf der Buckelpiste ist Edgar Grospiron (F), der bei der Premiere 1992 siegte und außerdem 1994 Bronze gewann.
Erstmals stand in Lillehammer 1994 auch das Springen auf dem Programm.

Weltmeisterschaften, eingeführt 1986: Zu je zwei Titeln kamen bisher im Kunstspringen Lloyd Langlois (Kanada) 1986, 1989, im Ballett Jan Buchner (USA) 1986, 1989 und im Buckelpistenfahren Edgar Grospiron 1989, 1991.

Europameisterschaften gibt es seit 1985. Vorher wurden die Sieger aus den Resultaten des europäischen Cups ermittelt. Ernst Garhammer (D) kam zu fünf Titeln im Skiballett und in der Kombination, Christine Rossi (F) sogar zu sieben Erfolgen.

Weltcup, eingeführt 1980: Connie Kissling (CH) gewann elfmal zwischen 1983 und 1992, Eric Laboureix (F) siegte fünfmal 1986, 87, 1989-91.

Deutsche Meisterschaften, eingeführt 1979: Am häufigsten siegte Hedi Garhammer mit neun Titeln

BOB- UND SCHLITTENSPORT

Bobfahren

Olympische Spiele: Die meisten Siege erkämpften zwei ehemalige DDR-Fahrer: Bernhard Germeshausen (*1951) und Meinhard Nehmer (*1941) mit je drei – gemeinsam 1976 im Zweier und Vierer sowie 1980 im Vierer. Dazu kommen noch einmal Silber im Zweier für Germeshausen und einmal Bronze im Zweier für Nehmer 1980.

Die meisten Vierer-Wettbewerbe, eingeführt 1924, gewann mit fünf die Schweiz 1924, 1936, 1956, 1972 und 1988.

Die meisten Zweier-Wettbewerbe, eingeführt 1932, gewann mit vier die Schweiz 1980, 1988, 1992, 1994. Je zweimal erfolgreich waren die USA 1932, 1936, Italien 1956, 1968, die Bundesrepublik Deutschland 1952, 1972 und die DDR 1976, 1984.

Die meisten Medaillen gewannen mit je sechs Eugenio Monti (*1928, I), der zwischen 1956 und 1968 zu je zwei goldenen, silbernen und bronzenen kam, sowie Wolfgang Hoppe (D), der von 1984 bis 1994 zwei goldene, drei silberne und eine bronzene errang.

Der jüngste Olympiasieger war William L. Fiske (USA) bei den Winterspielen 1928 in St. Moritz, mit 16 Jahren und 260 Tagen.

Der älteste Olympiasieger war Franz Kapus (CH) 1956 in Cortina d'Ampezzo mit 46 Jahren und 10 Monaten.

Weltmeisterschaften, eingeführt 1924: Die meisten Vierer-Titel gewann mit 20 die Schweiz (1924, 1936, 1939, 1947, 1954-57, 1971-73, 1975, 1982, 83, 1986-90, 1993).

Die meisten Zweier-Titel holte sich mit 17 die Schweiz 1935, 1947-50, 1953, 1955, 1977-80, 1982, 83, 1990, 1992, 1994.

Der erfolgreichste Fahrer aller Zeiten ist Eugenio Monti mit insgesamt zwölf gewonnenen Weltmeistertiteln, neun im Zweier- und drei im Viererbob zwischen 1957 und 1968.

Die meisten Medaillen bei Olympia, Welt- und Europameisterschaften errang mit 28 Wolfgang Hoppe (D) – elf Gold, elf Silber, sechs Bronze.

Die meisten deutschen Titel gewann mit neun Stefan Gaisreiter.

Rodeln

Olympische Spiele: Die erfolgreichsten Teilnehmer sind Thomas Köhler (*1940, DDR), der 1964 und 1968 zu zwei Gold- und einer Silbermedaille kam, Hans Rinn (*1953, DDR), der 1976 und 1980 zweimal Gold und einmal Bronze gewann, sowie Georg Hackl (*1966, D), der 1992, 1994 und einmal Silber 1988 errang.
Die erste Frau, die zweimal Olympiasiegerin wurde, ist Steffi Walter (*1962, DDR), die 1984 und 1988 gewann.

Die einzigen Athleten, die bei drei Olympischen Spielen Medaillen gewannen, sind Klaus Bonsack (*1941, DDR) mit Silber im Einsitzer 1964, Gold im Doppel- und Bronze im Einsitzer 1968 sowie Bronze im Doppelsitzer 1972, und Georg Hackl, der erfolgreichste Einerfahrer, mit zweimal Gold 1992, 1994 und einmal Silber 1988.

Weltmeisterschaften, eingeführt 1962: Sechs Titel bei den Männern gewann Thomas Köhler, 1962, 1964 (olympisch), 1967 im Einsitzer und 1965, 1967, 68 (olympisch) im Doppelsitzer. Bei den Frauen kam Margit Schumann (*1952, DDR) zu fünf Siegen – 1973-75, 76 (olympisch) und 77.

Skeleton

Olympische Spiele: Die bisherigen Goldmedaillen gewannen der Amerikaner Jennison Heaton 1928 und der Italiener Nino Bibbia 1948. Zweimal Silber errang John R. Heaton aus den USA.

Weltmeisterschaften, eingeführt 1982: Gert Elsässer (A) siegte bei der Premiere.

Europameisterschaften, eingeführt 1914: Die meisten Titel, drei, gewann der Schweizer Nico Baracchi 1984-86.

Curling

Weltmeisterschaften, eingeführt 1959: Die meisten Titel gewannen Kanadas Männer, die insgesamt 22mal erfolgreich waren, 1959-64, 1966, 1968-72, 1980, 1982, 83, 1985-87, 1989, 90, 1993, 94.
Bei den Frauen, erst seit 1979, war Kanada mit acht Titeln am erfolgreichsten 1980, 1984-87, 1989, 1993, 94.

Europameisterschaften, eingeführt 1975: Bei den Männern siegte sechsmal die Schweiz 1976, 1978, 1981, 1983, 84, 1986 vor den fünfmal erfolgreichen Schotten 1979, 80, 1982, 83, 1989. Sogar auf neun Titel bei den Frauen brachte es Schweden 1977-1980, 1982, 83, 1988, 1992, 1994 vor Deutschland mit fünf Siegen 1984, 1986, 87, 1989, 1991.

In rasender Fahrt durch die Eisröhre. Die Männer eines Viererbobs müssen hervorragend aufeinander eingespielt sein, denn oftmals wird ein Rennen schon am Start entschieden.
Foto: Guinness Publishing

Lillehammer 1994

Erstmals fanden 1994 die Winterspiele nicht im gleichen Jahr wie die Sommerspiele statt. Das IOC änderte den olympischen Rhythmus, damit den Ereignissen bessere Aufmerksamkeit zuteil wird, was auch auf die Vermarktung zutrifft.

Das größte Team stellten die USA mit 162 Teilnehmern vor Kanada (129) und Rußland (127). Die deutsche Mannschaft trat mit 117 Startern an.

Die kleinsten Teams mit jeweils nur einem Aktiven kamen aus Brasilien, Fidji-Inseln, Kirgisien, Luxemburg, Zypern, Bermuda und Portugal.

Neuen olympischen Rekord vermeldeten die Winterspiele 1994 in Lillehammer: 1884 Teilnehmer aus 67 Nationen gingen an den Start. Damit wurde Albertville 1992 mit 1808 Aktiven übertroffen.

Erstmals dabei waren Amerikanisch Samoa, Israel, Trinidad und Tobago. 13 weitere Länder starteten unter einer neuen Bezeichnung, aus der ehemaligen Sowjetunion: Armenien, Georgien, Kasachstan, Kirgisien, Moldawien, Rußland, Turkmenistan, Ukraine, Usbekistan und Weißrußland. Getrennt traten auch die Tschechische und Slowakische Republik auf, die sich kurioserweise im Eishockey um Platz fünf gegenüberstanden (7:1 für die Tschechen). Aus dem ehemaligen Jugoslawien war Bosnien-Herzegowina dabei.

Die erfolgreichste Nation war Rußland mit elf Gold-, acht Silber- und vier Bronzemedaillen. An zweiter Stelle folgte Norwegen (10-11-5) vor Deutschland (9-7-8) und Italien (7-5-8).

Die erfolgreichste Athletin aller Winterspiele ist die Ski-Langläuferin Ljubow Jegorowa (* 1966, Rußland), die auf neun Medaillen, sechs goldene und drei silberne kam. Sie gewann 1994 über 5 km (klassisch), 10 km (Freistil) und mit der Staffel, 1992 über 10 und 15 km sowie ebenfalls mit der Staffel.

Die meisten Medaillen überhaupt holte jedoch Raisa Smetanina (UdSSR/Rußland) mit insgesamt zehn (4-5-1) zwischen 1976 und 1992.
Bei den Männern rückte der Norweger Björn Dählie an die erste Stelle, der ebenfalls im Ski-Langlauf zu fünf Gold- und drei Silbermedaillen kam. Er gewann 1992 die 15 und 50 km Freistil sowie mit der Staffel, 1994 die 10 km klassisch und 15 km Freistil.
Auf insgesamt neun Medaillen war der Schwede Sixten Jernberg (4-3-2) zwischen 1956 und 1964 gekommen.

61 Goldmedaillen gab es in Lillehammer zu gewinnen, 21 im nordischen Skisport, 14 im alpinen Skisport, 16 im Eisschnellaufen einschließlich Short Track, vier im Eiskunstlaufen, drei im Rennrodeln, zwei im Bobfahren und eine im Eishockey.

Die meisten Medaillen in Lillehammer errang mit fünf die Ski-Langläuferin Manuela di Centa (I), die die 15 km (freier Stil) und 30 km (klassisch) gewann, zweimal Zweite über 5 km (klassisch) und 10 km (Jagdrennen) sowie einmal Dritte (Staffel) wurde.

Erstmals eine Medaille errang bei Winterspielen Australien und zwar die bronzene in der 5000 m Staffel bei den Short Trackern.

Erstmals ohne Medaille blieb das russische Eishockey-Team, das seit seiner Teilnahme 1956 in Cortina d'Ampezzo achtmal Olympiasieger wurde sowie je einmal Silber (1980) und Bronze (1960) holte. Die Mannschaft unterlag im Spiel um Platz drei Finnland mit 0:4 Toren.

Für einen Hattrick sorgte Norwegens Eisschnellauf-Star Johann Olav Koss, der dreimal an den Start ging und dreimal die Goldmedaille mit einem Weltrekord errang, über 1500 m (1:51,29 Min.), 5000 m (6:34,96 Min.) und 10000 m (13:30,55 Min.). Zwei Jahre zuvor in Albertville gewann er ebenfalls die 1500 m.

Olympische Dauerbrenner: Zum sechsten Mal dabei waren die finnische Ski-Langläuferin Marja-Liisa Kirvesniemi-Hämäläinen, die 1984 in Sarajevo drei Goldmedaillen errang, sowie der österreichische Biathlet Alfred Eder. Zuvor waren sie schon 1976, 1980, 1984, 1988 und 1992 angetreten.

Ebenfalls auf sechs Teilnahmen hatten es zuvor der schwedische Bobfahrer Carl-Erik Eriksson (1964-84) und der australische Eisschnelläufer Colin Coates (1968-88) gebracht.

Vier Wettbewerbe kamen in Lillehammer hinzu und zwar beim Freestyle das Springen (Männer

Foto: Zentralbild

SPORT

• Lillehammer 1994

und Frauen) sowie im Short-Track die 500 m Männer und 1000 m Frauen.

1,35 Mio. Tickets wurden verkauft. Das bedeutete eine Quote von fast 90 Prozent und neuen olympischen Rekord. Zuvor lagen die Quoten in Lake Placid (1980) bei 78,7, in Calgary (1988) bei 77,8 sowie in Albertville (1992) bei 75 Prozent.

Die knappste Entscheidung gab es im Rennrodeln der Männer. Georg Hackl (D) siegte nach vier Wettfahrten, die insgesamt eine Länge von 5460 m hatten, mit 13 Tausendstelsekunden oder umgerechnet 32,5 cm Vorsprung vor dem Österreicher Markus Prock. Er wiederholte damit seinen Triumph von Albertville. Außerdem hatte Hackl schon 1988 in Calgary Silber gewonnen und galt somit als der erfolgreichste Einzelrodler.

langläufer Maurilio de Zolt, der in der 4 x 10-km-Staffel als Startmann eingesetzt war und nach dieser Saison seinen Rücktritt ankündigte.

Der größte Teilnehmer war der schwedische Bobfahrer Anders Vestergaard mit genau 2 m. Er brachte dabei 120 kg auf die Waage und war damit auch der schwerste Akteur.

Der kleinste Teilnehmer war mit 1,57 m der Eiskunstläufer Michael Schmerkikim, der zugleich der erste Starter Israels bei Winterspielen war.

Die größte Teilnehmerin war Christine Aaftink, Hollands ehemalige Vizeweltmeisterin im Eisschnellauf mit 1,85 m. Sie war zugleich mit 82 kg auch die schwerste.

Die kleinste Teilnehmerin war die Eiskunstläuferin Mandy Wötzel (D) mit 1,47 m. Sie startete mit Ingo Steuer im Paarwettbewerb und stürzte in der Kür schwer.

Die leichteste Teilnehmerin war die Eiskunstläuferin Olena Bilussiwska (Ukraine) mit 32 kg.

Für ein Novum sorgte die Schweizerin Vreni Schneider, die als erste alpine Skiläuferin drei Goldmedaillen gewann, 1988 im Slalom und Riesenslalom, 1994 im Slalom. Dazu holte sie in Lillehammer noch Bronze in der Kombination und Silber im Riesenslalom.

Eisschnellaufgeschichte schrieb die Amerikanerin Bonnie Blair, die als erste Frau drei Siege nacheinander auf der gleichen Strecke (500 m) feierte. Sie war 1988, 1992 und 1994 erfolgreich und holte außerdem noch zweimal Gold und einmal Bronze über 1000 m.

Der älteste Sieger war mit 43 Jahren der italienische Ski-

DER MEDAILLENSPIEGEL VON LILLEHAMMER
(Endstand nach 257 Entscheidungen)

	G	S	B
Rußland	11	8	4
Norwegen	10	11	5
Deutschland	9	7	8
Italien	7	5	8
USA	6	5	2
Südkorea	4	1	1
Kanada	3	6	4
Schweiz	3	4	2
Österreich	2	3	4
Schweden	2	1	0
Japan	1	2	2
Kasachstan	1	2	0
Ukraine	1	0	1
Usbekistan	1	0	0
Weißrußland	0	2	0
Finnland	0	1	5
Frankreich	0	1	4
Niederlande	0	1	3
China	0	1	2
Slowenien	0	0	3
Großbritannien	0	0	2
Australien	0	0	1

Der älteste Teilnehmer war der Bobfahrer Ding Crescentini (San Marino) mit 47 Jahren.

Die jüngste Teilnehmerin war die Short-Trackerin Kim Yon-mi (Südkorea), die mit 13 Jahren und 83 Tagen in der siegreichen 3000-m-Staffel stand.

Die größten Überraschungen schafften aus deutscher Sicht der alpine Ski-Rennläufer Markus Wasmeier, der nach einer relativ schwachen Saison im Riesenslalom und Super G triumphierte. Ebenso unerwartet kamen die Siege der Eisschnelläuferin Claudia Pechstein über 5000 m sowie des Viererbobs Deutschland II mit Harald Czudaj, Karsten Brannasch, Olaf Hampel und Alexander Szelig.

Der größte Pechvogel war der Schweizer Franz Heinzer, der den Abfahrtslauf bereits nach 5 m beenden mußte, weil die Bindung seines Ski gebrochen war.

Die böseste Entgleisung leistete sich die chinesische Eisschnelläuferin Yanmei Zhang, die bei der Siegerehrung im 500-m-Short Track als Zweitplazierte das Podest verließ und ihren Blumenstrauß wegwarf. Der Grund: Sie hatte sich im Wettkampf von der amerikanischen Gewinnerin Cathy Turner behindert gefühlt.

Als erster Bobfahrer gewann Wolfgang Hoppe (D) bei vier Olympischen Spielen mindestens eine Medaille, 1984 Gold im Zweier und Vierer, 1988 Silber im Zweier und Vierer, 1992 Silber im Vierer und 1994 Bronze im Vierer.

Die aufsehenerregendste Crew bildete der Viererbob aus Bosnien, der den 29. und letzten Platz belegte. Auf dem Schlitten saßen ein Serbe, ein Kroate und zwei moslemische Bosnier, die unter Lebensgefahr mit einem UN-Flugzeug aus Sarajevo gekommen waren. Der Bob wurde ihnen leihweise zur Verfügung gestellt.

Winter-Olympia, das war das große Ereignis des Jahres 1994 auf Schnee und Eis. Großartige Leistungen erzielten die Athleten und Athletinnen, die entweder Kufen oder Bretter unter ihren Füßen hatten bzw. mit dem Bob oder Rodel durch den Eiskanal jagten.

Gold für Deutschland durch die glänzende Biathlon-Staffel sowie Jens Weißflog, der sowohl im Einzel- als auch im Mannschafts-Skispringen erfolgreich war.

Großes Interesse

Das mit Spannung erwartete Duell zwischen den beiden amerikanischen Eiskunstläuferinnen Nancy Kerrigan und Tonja Harding elektrisierte geradezu die Vereinigten Staaten. 110,5 Mio. US-Bürger (48,3 Prozent Einschaltquote) wollten das Technikprogramm der beiden Rivalinnen am Bildschirm miterleben. In Deutschland erreichte die Damenkür mit 13,92 Mio. Zuschauern die höchste Einschaltquote während der Winterspiele.
Die spätere Silbermedaillengewinnerin Nancy Kerrigan war vor den Spielen einem Eisenstangen-Angriff zum Opfer gefallen, wobei die Täter aus dem Umfeld von Tonja Harding kamen.

Olympiasieger, die Geschichte schrieben: Markus Wasmeier gewann zwei Wettbewerbe im alpinen Skisport, Norwegens Langstrecken-As Johann Olav Koss war im Eisschnellaufen dreimal mit Weltrekord erfolgreich, sein Landsmann Björn Dählie siegte zweimal in der Loipe, und im Eishockey triumphierten erstmals die Schweden.

Logos: Bongarts

DIE ERFOLGREICHSTEN TEILNEHMER ALLER WINTERSPIELE

1.	Ljubow Jegorowa (Rußland)	1992/1994	Skilanglauf	6	3	0
2.	Lidija Skoblikowa (UdSSR)	1960/1964	Eisschnellauf	6	0	0
3.	Björn Dählie (N)	1992/1994	Skilanglauf	5	3	0
4.	Clas Thunberg (SF)	1924/1928	Eisschnellauf	5	1	1
5.	Bonnie Blair (USA)	1988/1994	Eisschnellauf	5	0	1
6.	Eric Heiden (USA)	1980	Eisschnellauf	5	0	0
7.	Raisa Smetanina (UdSSR/GUS)	1976-1992	Skilanglauf	4	5	1
8.	Sixten Jernberg (S)	1956-1964	Skilanglauf	4	3	2
9.	Galina Kulakowa (UdSSR)	1968-1980	Skilanglauf	4	2	2
10.	Ivar Ballangrud (N)	1928-1936	Eisschnellauf	4	2	1

SPORT

• Lillehammer 1994

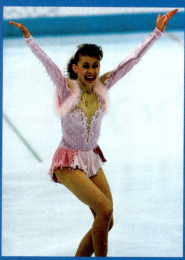

Riß das Publikum zu Beifallsstürmen hin und ließ nach dem Sieg ihren Freudentränen freien Lauf, Oksana Bajul, die im Amphietheater von Hamar das Eiskunstlaufen gewann.

DIE GEWINNER VON MINDESTENS ZWEI MEDAILLEN DER XVII. WINTERSPIELE

1.	Ljubow Jegorowa (Rußland)	Skilanglauf	3	1	0
2.	Johann Olav Koss (N)	Eisschnellauf	3	0	0
3.	Manuela di Centa (I)	Skilanglauf	2	2	1
4.	Björn Dählie (N)	Skilanglauf	2	2	0
5.	Myriam Bedard (Kanada)	Biathlon	2	0	0
	Bonnie Blair (USA)	Eisschnellauf	2	0	0
	Lee-Kyung Chun (Südkorea)	Short Track	2	0	0
	Markus Wasmeier (D)	Ski alpin	2	0	0
	Jens Weißflog (D)	Skispringen	2	0	0
10.	Wladimir Smirnow (Kasachstan)	Skilanglauf	1	2	0

Faszination Skispringen, aber nicht selten haben die Punktrichter ein entscheidendes Wort bei der Notengebung mitzusprechen.

Kampf um Hundertstelsekunden von Erfolg gekrönt: Die Vierercrew mit Steuermann Harald Czudaj gewann überraschend das Bobfahren.

Katja Seizinger, hier mit ihrer Mannschaftskameradin Regina Haeusl, war die Schnellste im Abfahrtslauf.

Endlich am Ziel seiner Wünsche, Amerikas Eisschnellaufstar Dan Jansen.

Wiederholte seinen Olympiasieg von Albertville, Deutschlands Rodelstar Georg Hackl.
Fotos: Zentralbild

Dreimal fünf

Deutsche Rekordteilnehmer bei Olympischen Winterspielen mit insgesamt fünf Teilnahmen wurden nach der Eisschnellläuferin Monika Holzner-Pflug (1972-88) nun in Lillehammer auch der Skilangläufer Jochen Behle und der Bobfahrer Bogdan Musiol, der in seiner Karriere sieben Medaillen gewann, einmal Gold (1980), fünfmal Silber (1984, 1988, 1992) und einmal Bronze (1980).

Die Huber-Brüder

Einen einmaligen Familienrekord gab es in der Geschichte olympischer Winterspiele. Erstmals rasten vier Brüder die Bob- bzw. Rodelbahn hinunter, die Hubers aus Südtirol (I). Und das sogar sehr erfolgreich. Wilfried (23) gewann im Rodel-Doppelsitzer mit Kurt Brugger Gold, Norbert (29) mit Hansjörg Raffl Silber und Günther (28) als Pilot im Zweierbob mit Stefano Ticci Bronze. Nur Arnold (26), der Rodelweltmeister von 1991, ging leer aus und wurde im Einsitzer Vierter.
Übrigens sind alle vier bei der Polizei angestellt, kicken gemeinsam in einer Fußballmannschaft und spielen alle ein Instrument.
Zu Hause in Montal im Pustertal fieberten Vater Emilio umd Mutter Emma ebenso mit, wie die Schwestern Heidi (30) und Ingrid (24) sowie Nesthäkchen Dietmar (16).

DIE ERFOLGREICHSTEN DEUTSCHEN TEILNEHMER ALLER WINTERSPIELE

1.	Karin Kania-Enke	1980-1988	Eisschnellauf	3	4	1
2.	Bernhard Germeshausen	1976/1980	Bob	3	1	0
	Jens Weißflog	1984-1994	Skispringen	3	1	0
	Mark Kirchner	1992/1994	Biathlon	3	1	0
5.	Meinhard Nehmer	1976/1980	Bob	3	0	1
6.	Ulrich Wehling	1972-1980	Nord. Kombination	3	0	0
7.	Wolfgang Hoppe	1984/1994	Bob	2	3	1
8.	Gunda Niemann	1992/1994	Eisschnellauf	2	2	1
9.	Ricco Groß	1992/1994	Biathlon	2	2	0
10.	Christa Luding-Rothenburger	1984/1992	Eisschnellauf	2	1	1

DIE MEDAILLENGEWINNER VON LILLEHAMMER

Biathlon

Männer 10 km
G Sergej Tschepikow (Rußland) 28:07,0 Min.
S Ricco Groß (D) 28:13,0
B Sergej Tarasow (Rußland) 28:27,4

20 km
G Sergej Tarasow (Rußland) 57:25,3 Min.
S Frank Luck (D) 57:28,7
B Sven Fischer (D) 57:41,9

4x7,5 km
G Deutschland 1:30:22,1 Std.
S Rußland 1:31:23,6
B Frankreich 1:32:31,3

Frauen 7,5 km
G Myriam Bedard (Kanada) 26:08,8 Min.
S Swetlana Paramygina (Weißrußland) 26:09,9
B Walentina Tserbe (Ukraine) 26:10,0

15 km
G Myriam Bedard (Kanada) 52:06,6 Min.
S Anne Briand (F) 52:53,3
B Uschi Disl (D) 53:15,3

4x7,5 km
G Rußland 1:47:19,5 Std.
S Deutschland 1:51:16,5
B Frankreich 1:52:28,3

Bob

Zweier
G Schweiz I 3:30,81 Min.
S Schweiz II 3:30,86
B Italien I 3:31,01

Vierer
G Deutschland II 3:27,78 Min.
S Schweiz I 3:27,84
B Deutschland I 3:28,01

Eishockey

G Schweden
S Kanada
B Finnland

Eiskunstlauf

Männer
G Alexej Urmanow (Rußland) 1,5 Punkte
S Elvis Stojko (Kanada) 3,0
B Philippe Candeloro (F) 6,5

Frauen
G Oksana Bajul (Ukraine) 2,0 Punkte
S Nancy Kerrigan (USA) 2,5
B Lu Chen (China) 5,0

Paarlauf

G Jekaterina Gordejewa/
  Sergej Grinkow (Rußland) 1,5 Punkte
S Natalja Mischkutinok/
  Artur Dmitrijew (Rußland) 3,0
B Isabell Brasseur/
  Lloyd Eisler (Kanada) 4,5

Eistanz

G Oksana Gritschuk/
  Jewgeni Platow (Rußland) 3,4 Punkte
S Maja Usowa/
  Alexander Schulin (Rußland) 3,8
B Jayne Torvill/
  Christopher Dean (GB) 4,8

Eisschnellauf

Männer 500 m
G Alexander Golubjew (Rußland) 36,33 Sek.
S Sergej Klewschenja (Rußland) 36,39
B Manabu Horij (Japan) 36,53

1000 m
G Dan Jansen (USA) 1:12,43 Min. (WR)
S Igor Shelesowski (Weißrußland) 1:12,72 Min.
B Sergej Klewschenja (Rußland) 1:12,85 Min.

1500 m
G Johann Olav Koss (N) 1:51,29 Min. (WR)
S Rintje Ritsma (NL) 1:51,99
B Falko Zandstra (NL) 1:52,38

5000 m
G Johann Olav Koss (N) 6:34,96 Min. (WR)
S Kjell Storelid (N) 6:42,68
B Rintje Ritsma (NL) 6:43,94

10000 m
G Johann Olav Koss (N) 13:30,55 Min. (WR)
S Kjell Storelid (N) 13:49,25
B Bart Veldkamp (NL) 13:56,73

Frauen 500 m
G Bonnie Blair (USA) 39,25 Sek.
S Susan Auch (Kanada) 39,61
B Franziska Schenk (D) 39,70

1000 m
G Bonnie Blair (USA) 1:18,74 Min.
S Anke Baier (D) 1:20,12
B Qiaobo Ye (China) 1:20,22

1500 m
G Emese Hunyady (A) 2:02,19 Min.
S Swetlana Fedotkina (Rußland) 2:02,69
B Gunda Niemann (D) 2:03,41

3000 m
G Swetlana Bashanowa (Rußland) 4:17,43 Min.
S Emese Hunyady (A) 4:18,14
B Claudia Pechstein (D) 4:18,34

5000 m
G Claudia Pechstein (D) 7:14,37 Min.
S Gunda Niemann (D) 7:14,88
B Hiromi Yamamoto (Japan) 7:19,68

Freestyle

Männer Buckelpiste
G Jean-Luc Brassard (Kanada) 27,24 Punkte
S Sergej Chuplezow (Rußland) 26,90
B Edgar Grospiron (F) 26,64

Springen
G Andreas Schönbächler (CH) 234,67 Punkte
S Phillip Laroche (Kanada) 228,63
B Lloyd Langlois (Kanada) 222,44

Frauen Buckelpiste
G Stine Lise Hattestad (N) 25,97 Punkte
S Elizabeth McIntyre (USA) 25,89
B Elizaweta Kojewnikowa (Rußland) 25,81

Springen
G Lina Tscherjasowa (Usbekistan) 166,84 Punkte
S Marie Lindgren (S) 165,88
B Hilde Synnöve Lid (N) 164,13

Rodeln

Männer Einsitzer
G Georg Hackl (D) 3:21,571 Min.
S Markus Prock (A) 3:21,584
B Armin Zöggeler (I) 3:21,833

Doppelsitzer
G Kurt Brugger/Winfried Huber (I) 1:36,720 Min.
S Hansjörg Raffl/Norbert Huber (I) 1:36,769
B Stefan Krauße/Jan Behrendt (D) 1:36,945

Frauen Einsitzer
G Gerda Weißensteiner (I) 3:15,517 Min.
S Susi Erdmann (D) 3:16,276
B Andrea Tagwerker (A) 3:16,652

Short Track

Männer 500 m
G Ji-Hoo Chae (Südkorea) 43,45 Sek.
S Mirko Vuillermin (I) 43,47
B Nicholas Gooch (GB) 43,68

1000 m
G Ki-Hoon Kim (Südkorea) 1:34,57 Min.
S Ji-Hoon Chae (Südkorea) 1:34,92
B Marc Gagnon (Kanada) 1:33,03 (kl. Finale)

5000-m-Staffel
G Italien 7:11,74 Min.
S USA 7:13,37
B Australien 7:13,68

Frauen 500 m
G Cathy Turner (USA) 45,98 Sek.
S Yarmei Zhang (China) 46,44
B Amy Peterson (USA) 46,76

1000 m
G Lee-Kuyng Chun (Südkorea) 1:36,78 Min.
S Nathalie Lambert (Kanada) 1:36,97
B So-Hee Kim (Südkorea) 1:37,09

3000-m-Staffel
G Südkorea 4:26,64 Min.
S Kanada 4:32,04
B USA 4:39,34

Ski alpin

Männer Slalom
G Thomas Stangassinger (A) 2:02,02 Min.
S Alberto Tomba (I) 2:02,17
B Jure Kosir (Slowenien) 2:02,53

Riesenslalom
G Markus Wasmeier (D) 2:52,46 Min.
S Urs Kälin (CH) 2:52,48
B Christian Mayer (A) 2:52,58

Super-G
G Markus Wasmeier (D) 1:32,53 Min.
S Tommy Moe (USA) 1:32,61
B Kjetil-Andre Aamodt (N) 1:32,93

Abfahrt
G Tommy Moe (USA) 1:45,75 Min.
S Kjetil-Andre Aamodt (N) 1:45,79
B Ed Podivinsky (Kanada) 1:45,87

Kombination
G Lasse Kjus (N) 3:17,53 Min.
S Kjetil-Andre Aamodt (N) 3:18,55
B Harald Strand Nilsen (N) 3:19,14

Frauen Slalom
G Vreni Schneider (CH) 1:56,01 Min.
S Elfi Eder (A) 1:56,35
B Katja Koren (Slowenien) 1:56,61

Riesenslalom
G Deborah Compagnoni (I) 2:30,97 Min.
S Martina Ertl (D) 2:32,19
B Vreni Schneider (CH) 2:32,97

Super-G
G Diann Roffe (USA) 1:22,15 Min.
S Swetlana Gladischewa (Rußland) 1:22,44
B Isolde Kostner (I) 1:22,45

Abfahrt
G Katja Seizinger (D) 1:35,93 Min.
S Picabo Street (USA) 1:36,59
B Isolde Kostner (I) 1:36,85

Kombination
G Pernilla Wiberg (S) 3:05,16 Min.
S Vreni Schneider (CH) 3:05,29
B Alenka Dovzan (Slowakei) 3:06,64

Ski nordisch

Männer Langlauf
10 km klassischer Stil
G Björn Dählie (N) 24:20,1 Min.
S Wladimir Smirnow (Kasachstan) 24:38,3
B Marco Albarello (I) 24:42,3

15 km freier Stil
G Björn Dählie (N) 1:00:08,0 Std.

SPORT 356/357

• Lillehammer 1994

Auf Wiedersehen, Lillehammer. Die Winterspiele in der mittelnorwegischen Stadt gehen als das größte Sportereignis auf Eis und Schnee in die Geschichte ein. Zwei Wochen lang Bilderbuchwetter und hervorragende Leistungen, gepaart mit einer geradezu unvorstellbaren Anteilnahme des Publikums.

Foto: Zentralbild

S Wladimir Smirnow (Kasachstan)	1:01:29,2
B Silvio Fauner (I)	1:01:47,8
30 km freier Stil	
G Thomas Alsgaard (N)	1:12:26,4 Std.
S Björn Dählie (N)	1:13:13,6
B Mika Myllylae (SF)	1:14:14,0
50 km klassischer Stil	
G Wladimir Smirnow (Kasachstan)	2:07:20,3 Std.
S Mika Myllylae (SF)	2:08:41,4
B Sture Sivertsen (N)	2:08:49,0
4x10-km-Staffel	
G Italien	1:41:15,0 Std.
S Norwegen	1:41:15,4
B Finnland	1:42:15,6

Frauen
5 km klassischer Stil
G Ljubow Jegorowa (Rußland)	14:08,8 Min.
S Manuela di Centa (I)	14:28,3
B Marja-Liisa Kirvesniemi (SF)	14:36,0
10 km freier Stil	
G Ljubow Jegorowa (Rußland)	41:38,1 Min.
S Manuela di Centa (I)	41:46,4
B Stefania Belmondo (I)	42:11,1
15 km freier Stil	
G Manuela di Centa (I)	39:44,5 Min.
S Ljubow Jegorowa (Rußland)	41:03,0
B Nina Gavriluk (Rußland)	41:10,4
30 km klassischer Stil	
G Manuela di Centa (I)	1:25:41,6 Std.
S Marit Wold (N)	1:25:57,8
B Marja-Liisa Kirvesniemi (SF)	1:26:13,6
4x5-km-Staffel	
G Rußland	57:12,5 Min.
S Norwegen	57:42,6
B Italien	58:42,6

Skispringen

Normalschanze (90 m)
G Espen Bredesen (N)	282,0 Punkte
S Lasse Ottesen (N)	268,0
B Dieter Thoma (D)	260,5
Großschanze (120 m)	
G Jens Weißflog (D)	274,5 Punkte
S Espen Bredesen (N)	266,5
B Andreas Goldberger (A)	255,0
Mannschaft	
G Deutschland	970,1 Punkte
S Japan	956,9
B Österreich	918,9

Nordische Kombination

Einzel
G Fred Börre Lundberg (N)	39:07,9 Min.
S Takanori Kono (Japan)	1:17,5 zurück
B Bjarte Engen Vik (N)	1:18,3 zurück
Mannschaft	
G Japan	1:23:51,8 Std.
S Norwegen	4:49,1 Min. zurück
B Schweiz	7:48,1 Min. zurück

Logos: Bongarts

Abfallbehälter, größter 260
Abgeordnete, meiste 250
Abgrund, tiefster submariner 25
Abmagerungskur, gewaltigste 84
Abnehmen, Rekord 84
Absatz, CD, MC, LP 229
Absatzstellennetz, größtes 269
Abschleppwagen, stärkster 166
Abseilrekord 275 f.
Absolvent, jüngster 253
Absorptionsmittel, stärkstes 99
Abwassertunnelsystem, längstes 139
Abzweigstück, größtes 113
Achterbahn 132 f.
Ackerbau 201
Adventskranz, größter 68
Affe, größter, ältester 39
Agrarbetriebe, größte 201
Ahnenreihe, längste 249
Airlines-Sammlung 270
Akademiker, jüngster mit Lehrstuhl 253
Akkordeon, größtes 221
Akkordeon-Orchester, größtes 222
Aktien, Börsen, Wertpapiere 195
Akustikgitarre, größte 219, 220
Album, meistverkauftes 227 f.
Algen, längste 67
Alkoholkonsum, höchster 267
Allee, längste 75
Allein-Polarumrundung, erste im Flugzeug 178
Alleinflug, erster über den Atlantik 174
Alpengletscher 25
Alphorn, größtes 220
Aluminium-Auto 159
Amateurboxen 323
American Football 303
Amphibien 48 ff.
Amphitheater, größtes 216
Amtsperiode, kürzeste 249
Amtszeiten, längste 249, 251
Anbauflächen 201
Angestellten-Ersatzkasse 19
Anhalter, am weitesten gereister 281
Anhalter-Mitnehmen, längste 281
Anlage, größte radioastronomische 102
Ansammlung, größte von Tieren 36
Ansichtskartensammlung 270
Anstecknadel, größte 286
Antilopen 40
Anwalt, ältester 252
Anwaltsfirma, größte 252
Apfelpflücken, Rekord 203
Apfelschälen, Rekord 203
Apfelweinkrug, größter 269
Apotheke, älteste Europas 260
Apothekenkette, größte 260
Applaudieren 286
Aquarien 62 f.
Arabischer Spießbock 60
Aralsee, Probleme 20
Arbeitgeber, größter Deutschlands 170, größter 186
Arbeitsrekorde 203
Arbeitsverfügbarkeit, höchste eines Kraftwerksblocks 111
Archipel, größtes 22
Architekturrekorde 144 f.
Armbanduhr, größte, flachste 115
Ärmelkanal-Überquerung 153
Aromastoff, stärkster 99
Artenvielfalt, größte 66
Artistik 273 ff.
Arztbesteck, kleinstes 92
Ärzte, meiste 247
Asteroiden 10, 12 f.
Astronauten 120 f.
Astronomische Einheit 9
Athlet, vielseitigster 297
Athletin, vielseitigste 297
Atlantiküberquerung 151
Atlas, kleinster 211, teuerster 212
Atomkraftwerk 110
Atommeiler, erster 110
Aufklebersammlung 270
Aufnahmen, meiste als Interpret 227
Aufnahmeprojekt, umfangreichstes geschlossenes 229
Aufwindkraftwerk, erstes 111
Auktionshaus, größtes 208
Auktionshöchstpreise 208 f., 230
Ausbreitung, größte 66
Ausdehnung, thermische 99
Auslandshilfe, größter Zahler 196
Auslandsverschuldung, höchste 196
Außenminister, dienstältester 249
Ausstellungen, Vergnügungsparks 132 f.
Ausstellungsgelände, größtes 132
Auswanderungsrekord 246
Auto des Jahres 1994
Autos 164 f.
Auto-Massenproduktions-Modelle 164

Auto-Produzenten, größte 195
Autobahn, erste Deutschlands 244
Autofähre, schnellste 150 f.
Autogrammesammlung 270
Autokran, größter, höchste 112
Automobile 158, 160, 164
Automobilrennen 330
Automobilwerk, größtes 195
Autoproduktionsserie, längste 164
Autoren 212 f.
Autostraße, höchste Europas 244

Baby, erstes aus dem Reagenzglas 85, schnellstes Deutschlands 248
Backenbart 89
Backenzähne, früheste 89
Backwaren, Rekorde 264 f.
Badewannenregatta 290
Badewannenrennen, Rekordzeit 272
Badminton 316 f.
Bahnfahrschein, längster 245
Bahnfrachtwagen, stärkster 168
Bahnhöfe 170 f.
Bahnlinien 169
Bahrentragen 286
Bakterien 73
Balancieren 274 f.
Balldrehen, Rekord 275
Ballett 225
Ballettinszenierung, meiste Tänzer 225
Ballonfahrt, erste über den Mt. Everest 181
Ballonflug, längster 182
Ballons 180 ff.
Ballonskulptur, größte 286
Ballspiele 302 ff.
Ballungsgebiet, bevölkerungsreichstes städtisches 243
Baltischer Bernstein, größter 32
Bambusorgel, einzige 218
Bambusstengel, höchster 72
Bank, längste 261
Bankdichte, größte 188
Banken, größte Deutschlands 187 f., mit den meisten Zweigstellen 188
Banken, Industrie 186 ff.
Banknoten, erste, kleinste staatliche, mit dem geringsten Wert, Rekordpreis 197
Banknotensammlung 197
Bankrotte 187
Banktresor, größter 188
Bar, höchste, größte 131, längste 269
Barbiere, schnellste im Rasieren 272
Barfuß-Wasserski 342
Barometer, größtes 104
Bart, längster 89
Baseball 303
Basilika, elliptische 254
Basketball 303
Basketball-Dribbeln, Rekord 276
Bauchredner 276
Baudock, größtes überdachtes 140 f.
Baugenossenschaft 191
Baugerüst, höchstes 142
Baukohletagebau, größter 108
Baum des Jahres 1994 74
Baum, seltenster 67
Bäume und Holz 74 ff.
Baumfrosch, größter, kleinster 48
Baumkrone, flächenmäßig größte 74
Baumpflanzer, eifrigster 75
Baumschulgebiet, größtes 75
Baumschwamm, größter 66
Bauprojekt, größtes der Neuzeit 124
Bausparkasse 191
Bauten für Sonderzwecke 140 ff.
Bauwerke, größtes von Lebewesen errichtetes 57, älteste 127, höchstes, höchstes freistehendes 138, größtes religiösen Zwecken dienendes 254
Bauwerkshöhen, größte 138 f.
Bazillus, schnellster 73
Beach-Volleyball 309
Befruchtung 85
Behausungen 126
Beobachtungsstationen 102
Beratungsgesellschaft, größte 187
Berge 22, 24
Bergbahntunnel, längster 139
Bergbau und Bohrungen 108 f.
Bergung, aus größter Wassertiefe 285
Bergungstauchen, Tiefenrekord 285
Bernstein 32 f
Besteuerung, geringste, höchste 196
Bestseller 213
Besucher, eifrigste von Nationalparks 76
Betonbauwerke, mächtigste 137
Betongerüst, größter, höchster 136
Bettenmachen, Rekordzeit 272
Bettenrennen, Rekordzeit 272
Bettenschieben, Rekord 286
Beuteltiere 40, 61

Bevölkerung 246 f.
Bewässerungskanal, längster 136
Bewässerungstunnel, längster 139
Beweis, längster mathematischer 100
Biathlon 350 f.
Bibliotheken, größte 214
Bienenmantel, Rekord 54
Bier 267 f.
Bierdeckel, größter 268
Bierdeckelsammlung 270
Bierdeckelturm 286
Bierdosen 268
Bieretikettensammlung 270
Bierflaschen 269
Bierflaschen-Sortensammlungen 268
Biergarten, größter 131
Bierkasten-Rekordturm 286
Bierkistenklettern 274
Bierkistenstapeln 286
Bierlokal, größtes 131
Bierorgel, größte 268
Biersorten, größte Auswahl 267 f.
Biertradition, Schweiz 267
Bildende Kunst 206 ff.
Bildhauerei 207
Bildung/Erziehung 253
Billard 310
Binnen-Flußschiff, größtes 150
Binnenhafen, größter 245
Binnenhafensystem 245
Binneninseln 21
Binnenmeere und Seen 21
Binnensee, größter 21
Binnenschiffahrtssystem 136
Binnlandinsel, größte 22
Biosphärenreservate, Nationalparks 77
Biß, kräftigster 36
Bizeps, größter 90
Blätter, größte 72
Blauer Bernstein, größter 32
Blechblasinstrument, größtes 219
Blindengarten, erster Deutschlands 77
Blitze, größte Entladung 31
Blitzschach, Rekordhalter 257
Blume des Jahres 1994
Blume, beliebteste in Deutschland 69
Blumen und Blüten 68 f.
Blumen-Wachstum, schnellstes 68
Blüten, größte 68
Blütenpflanze, erste 66
Blutgruppe, häufigste, seltenste 91
Bluttransfusion, größte 91
Bob- und Schlittensport 351
Bogenschießen, Weltrekorde 336
Bohrlänge, größte 108
Bohrungen, tiefste 109
Bohrungen und Bergbau 108 f.
Bonsai 75
Bonsai-Museum, erstes Europas 75
Bonsai-Wacholderbaum, ältester 75
Boote 151
Börsen, Aktien, Wertpapiere 195
Börsen, erste deutsche 195
Börsensitz, höchster Preis 195
Botanische Gärten, Parks 77
Botanischer Gärten 77
Bourdalous-Sammlung 271
Bowling 310
Brauerei, älteste 267
Brauereiunternehmen, größtes 267
Braunbärennachwuchs, größter Wurf in Gefangenschaft 38
Bräutigam, ältester 247 f.
Brautpaar, jüngstes 247
Brautschleier, längster 263
Briefe, längste und meiste 212
Briefe, Tagebücher 212
Briefkasten, erster, ältester 116
Briefmarken 199
Briefmarkenkleben, Rekord 272
Briefmarkenrennen, Rekord 272
Brieföffner, schnellster 272
Briefschreiber, fleißigster 212
Brillenfassung, leichteste 260
Brücken 134 f., belebteste 244
Brückenbauwerk, längste 134
Brückentunnelanlage, größte 139
Brüllrekorde 91
Brunnen, tiefster, ergiebigster 142
Brustkasten, muskulösester 90
Brustkörbe, größte 90
Bruttosozialprodukt, höchstes 196
Brutzeit, längste, kürzeste 47
Buch 211, 213
Bücher, Schriften, Drucke 211 f.
Buddha, größter liegender 255
Buddha-Statue, gigantische 255
Bügel-Kunst 286
Bühne, größte 216
Bulle, fruchtbarster 202
Bundeskanzler, der BRD 249

Burgen 128 f.
Burma-Bernstein, größter 33
Bürogebäude 125
Bürohaus, teuerstes, höchstes 125
Büros, Verwaltungen, Werkhallen 124 ff.
Bus, längster 166
Busse, Wohnwagen, Sonderfahrzeuge 166 f.
Butterfett, Erzeugungs-Weltrekord 203

Cañon, tiefster 25
Caravan, größter 166
CD-Box, umfangreichste 229
CD-ROM-Bibliothek, größte 214
Cello-Orchester, größtes 221
Cembalo, größtes, kleinstes spielbares 218
Chamäleon, größtes, kleinstes 48
Champagner-Kaskade 267
Champagnerfirma, älteste 267
Charts und Tonträger 226 ff.
Chemiefabrik, effektivste 93
Chemiekonzern, umsatzstärkster 187
Chemikalie, tödlichste künstlich erzeugte 99
Chip, schnellster 107
Chor, größter 222
Chrysantheme, größte 69
Cognacbrennerei, älteste 268
Comic-Figuren 215
Comic-Geschichten 214
Comic-Originalzeichnung, teuerste 215
Comic-Preis, wichtigster 215
Comic-Serien 214 f.
Comic-Strips 214 f.
Comic-Zeichner, bester deutscher 215
Comics 214 f.
Compakt Disc 229
Computer, menschlicher 91, erster mit gespeichertem Programm, Mikro-Miniaturisierung, schnellster, schnellster und größter deutscher 107
Computer-Comic, erster deutscher 215
Computerplakat, größtes 207 f.
Containerschiffe, größte 148
Curling 351

Dacapo, längstes 225
Dach, größtes durchsichtiges 122
Dahlie, größte 69
Dame-Spiel 257 f.
Dämme, massivste 136
Dämme, Talsperren und Stauseen 136 f.
Dampfkraftwerke, größte 111
Dampflokomotiven 168
Dampfmaschinen 110
Dampftraktor, kleinster 167
Dampfwagen 160
Dankeschön, größtes 286
Dauerbergsteigen 281
Dauerfunken, Rekord 291
Dauermixer 269
Dauermoderieren 236
Davis-Cup-Einsätze 315
Dehnbarkeit, größte 99
Delta, größtes 28
Denkmal, größtes, höchstes 143
Deutsche Bahn AG 170
Deutscher, längster 82, erster mit einem künstlichen Herzen 93, erster im Weltraum 118
Deutsches Sportabzeichen 286
Dienstleistungen, Gewerbe 260
Dieselmotoren, stärkste 112, erster betriebsfähiger 158, kompressionsloser 158, Geschwindigkeiten 159
Dieselzugkraft, Weltrekord 168
Dinosaurier 58 f., Eierfund 59
Dirigent, produktivster 222
Discomixing, Zeitrekord 229
Discjockey, fixester 229
Distanz, längste mit einer Tankfüllung zurückgelegte 162
Distanzweltrekord 162
DNA 94 f.
Doktor, jüngster 253
Dollar-Milliardäre 200
Dominikanischer Bernstein, größter 32
Domino 257, Türme 286, Stapel-Rekord 289
Dominosteineinsturz, größter 257
Doppeldecker-Reisebus-Modell, kleinstes funkferngesteuertes 167
Doppelend-Bahnfähren, größte 150
Dörfer, höchstgelegene Österreichs, kleinstes 243
Dosenbauten 290
Dow Jones, höchster Tagesanstieg, größter Absturz 195

STICHWORTREGISTER

Dozentin, jüngste 253
Drache, längster tanzender 290
Drachensteigen, Rekorde 290
Drag-Dancing, Rekord 272
Draht, dünnster 114
Draht-Tier-Nachbildungen 270
Drahtseilbahn, längste 114
Drahtseile, längste 114
Draisine, Streckenrekordzeit 168
Drehbuch, teuerstes eingeschicktes 231
Drehflügler, Hubschrauber, Luftschiffe, Ballons 180 ff.
Drehflügler, Rekorde 180
Drehkolbenmotor, erster 159
Drehleiter, höchste 114
Drehmaschine, größte 112
Drehorgel, Dauerspielen 219
Drehstrom-Lokomotive, schnellste 168
Dreifachtransplantation, erste 92
Drillinge, schwerste 86, älteste 87
Drogeriekette, größte 260
Druck- und Verlagshaus, ältestes 214
Druckauftrag, größter 214
Drucke, Schriften, Bücher 211 f.
Drucker, schnellster 114
Druckereien, größte 214
Druckereien, Verlage 214
Druckgrafik, höchsterPreis 207
Dudelsack, größter 289

Eber, schwerster 202
Echo, längstes 105
Ecke, windigste 31
EG-Länder-Flug 177
Ehe, längste 247
Ehe- und Familienrekorde 247 f.
Ehepaar, größtes 83
Eherekordlerin 247
Ehescheidungen, meiste 246 f.
Eheschließungen 247
Ehrentitel, meist akademische 253
Ei, größtes Edelstein besetztes 209
Eidechsen, größte, längste 49
Eidechsenart, längste 49
Eierbechersammlung 270
Eierlaufen 274
Eierlegequote, höchste 202 f.
Eierwerfen 290
Ein-Mann-Kapelle 291
Ein-Spiegelteleskop, größtes 101
Eindecker, kleinster geflogener 175
Einfädeln, Rekord 272
Einheit, größte politische 240
Einkaufskomplex, größter in Europa 193
Einkaufszentrum, größtes 192 f.
Einkommenssteuern, niedrigste 196
Einphasentransformatoren, größte 111
Einrad-Motorrad 156
Einräder 154 f.
Einschulungsfoto 291
Eintrittskarte, kleinste, größte 260
Einwanderer, meiste legale 246
Einzelblock, größter 144
Einzelfenster, größtes 141
Einzylinder-Dampfmaschine, größte 110
Eis am Stil, größtes 265
Eisberge 20 f.
Eisbohrloch, tiefstes 108
Eisbrecher, längste 150
Eisenbahn- und Straßendrehbrücke, größte 134
Eisenbahn-Knotenpunkt, meistbefahrener 245
Eisenbahnbrücken 134
Eisenbahnen, Schienenfahrzeuge 168 ff.
Eisenbahnfähren 149 f.
Eisenbahnfahren, Rekorde 169
Eisenbahnnetz, kleinstes 245
Eisenbahnstrecke, längste 168
Eisenbahntunnel 139
Eisenbahnzug, schnellster 169
Eisenbiegen, mit Körperkraft 277
Eishockey 346 f., deutsche Spieler 347
Eiskugelstapeln, Rekord 272
Eiskunstlauf 347
Eislauf 347 ff.
Eisschicht, dickste 30
Eisschnellauf 348
Eisspeedway 331
Eisstockschießen 348 f.
Elefant, größter gläserner 140
Elefantensammlung 270
Elektro-Cabrio, kleinstes 166
Elektro-Rollstuhl-Fahren 281
Elektroauto 160
Elektroflugzeug, erstes 175
Elektrogitarre, älteste 220
Elektromotor, kleinster 114
Elemente 98 f.

Energie 110 f.
Entdeckung, größte archäologische des 20. Jahrhunderts 242
Ente, berühmteste 215
Entertainer, bestverdienende 237
Entfernung, größte eines Menschen in der Raumfahrt 118
Entfernungsrekord auf dem Mond 121
Entfesselungskünstler 276
Entrechat, längster 225
Entschädigungen, höchste 252
Entwicklungsbank, größte 187
Enzyklopädie, erste 211
Erdaufbau moderne Vorstellungen 18
Erdbeben 26 f.
Erdbebenwellen, höchste 20
Erde, Form, höchstgelegene geophysikalische Vermessung, Land, Gestein, Alter, Kontinente 18, Bevölkerungszahl, Wirtschaftskraft, Geographie 246
Erdgasdepot, größtes 108
Erdgasfeuer, größtes 109
Erdgaspipeline, längste 113
Erdgasproduzent, größter 108
Erdmasse 18
Erdölausbruch, größter 109
Erdölproduzent, größter 108
Erdölraffinerie, größte 108
Erdölverbrauch, höchster 108
Erdumfang, größter 18
Erdumkreisung, erste von einer Frau 118, erste über die Pole 284
Erdumrundung 164 f.
Erdwälle, ausgedehnteste 140
Erziehung/Bildung 253
Eskimorollen, Rekorde 272
Espressomaschine, kleinste 260 f.
Essen 264 ff.
Etikettiermaschine, kleinste 114
EU-Stahl-Liga 188
Eulensammlung 270
Europa-Flug 177
Europäer, ältester 80
Europäische Gemeinschaft 240
Europakarte, erste 212
Explosion, größte in historischer Zeit 27

Fachwerkhaus, ältestes 126 f.
Faden, längster 203
Fahnen, Flaggen 263
Fahrräder 154 ff.
Fährschiff-Flotte, größte 245
Fährschiff-Reederei, größte 245
Fährschiffe, größte 149, 151
Fahrt, erste mit einem Luftkissenfahrzeug 153
Fahrzeug-Dieselmotor, erster serienmäßig hergestellter luftgekühlter 158
Fahrzeuge, Geschwindigkeitsrekord für ausschließlich mit Menschenkraft betriebene 154, schwerstes 166
Fahrzeugproduktion 158
Fallschirm-Formationsrekord 258 f., am Nordpol 282
Fallschirmspringen 283
Falter, kleinster 55
Familie, reichste 200
Familien- und Eherekorde 247 f.
Familienname, häufigster 211
Familienunternehmen 186
Fans, meiste 222
Farbblindheit 90
Farbfernsehsendung, erste reguläre in Deutschland 236
Farbfilm, erster kommerziell produzierter 230
Farbfoto, größtes 230
Farbsinn 89
Farbspielfilm, erster deutscher 230
Farne, älteste, kleinste 72
Faschingsordensammlung 270
Fastnachtsmaskensammlung 270
Faustball, deutsche Spieler 303
Faustbühne, kleinste 216
Fauxpas, größter finanzieller 186
Fax, längstes ununterbrochenes 261
Fechten 324
Felsspitze, höchste aus dem Meer ragende 22
Felswand, steilste 24
Fensterputzer, schnellster 272
Ferkelwurf, größter 202
Fernrohr, ältestes 101
Fernseh-Wiederholungsrekord 237
Fernsehautor, produktivster 237
Fernsehen 236 f.
Fernsehlotterie 248
Fernsehrechte, teuerste 237
Fernsehschacholympiade 256
Fernsehserie, dauerhafteste, meistgesehene, längste deutsche 237

Fernsehunterhaltungskünstler, höchstbezahlter 237
Fernsehvertrag, größter 237
Fernsehwerbespots 237
Fernsehzuschauer, meiste 237
Festlandschlucht, größte 25
Festung, stärkste 128
Feuerkugel, hellste 11
Feuerrad, größtes horizontales 261
Feuerschlucker 92
Feuerwehr, größte verpumpte Wassermenge 291
Feuerwehrauto-Sammlung 270
Feuerwehrwagen, mit größter Pumpkapazität 166
Feuerwerk, größtes 261
Feuerzeug, größtes, kleinstes 269
Figur, in Horrorfilmen meistdargestellte 234
Film und Kino 230 ff.
Film 230 f., 234
Film-Hits, 1993 in Deutschland 230
Film-Lied, meistgespieltes 225
Film-Requisite, größte 233
Filmbesucher 230
Filmkarriere, längste 234
Filmmusik, gefragteste 228
Filmproduktion, schnellste 231
Filmrechte, höchster Preis 231
Filmrolle, bestbezahlte 234
Filmstudios, größte 234
Filmtheater, Umsatz 230
Filmtrophäe, begehrteste 234
Finger, meiste 89
Fingernägel, längste 89
Finsternisse 8
Firma, älteste 186
Firmenbankrott, größter 187
Firmenname, längster 187
Firngleiten, Rekord 272
Fisch des Jahres 1994 52
Fische 53
Fish-and-Chip-Restaurant, größtes 260
Fixstern, erste direkte Bestimmung einer Entfernung 14
Fjord, längster 19
Flagge, größte 263
Flaggen, Fahnen 263
Flambieren, Rekord 264
Flamme, heißeste 105
Flasche, größte 269
Flaschenöffner, größter 291
Flaschenöffnersammlung 270
Flaschenpost, außergewöhnliche 285
Fledermaus-Kolonie, größte 45
Fledermäuse 45, seltenste 60
Fleisch- und Wurstwaren, Rekorde 264
Fleischfresser, größter 39
Fließband, größtes 126
Flöhe 55
Flossenfüßer 41
Flötenkonzerte, meiste 223
Flug, erster mit einem Düsenflugzeug, erster über den Nordatlantik 174
Flugaufnahme, früheste 230
Flüge, meiste in 24 Std. 177
Flügel, größter, teuerster, kleinster spielbarer 218
Flügelschlag, schnellster 47
Flügelspannweite, größte 46
Fluggastaufkommen, deutsche Flughäfen 1993
Fluggeschwindigkeitsrekord 178
Fluggesellschaften 194 f., 245
Flughäfen 180
Flughafen-Terminal, größtes 180
Flughöhe, höchste 47
Flugkarussell, größtes 133
Fluglinien, meiste 245
Fluglinienetz, größtes 194
Flugrekorde 177
Flugroute, meistgenutzte internationale 245
Flugticket, längstes 245
Flugvögel, schwerste 46
Flugzeuge 174 ff.
Flugzeugziehen 277
Flußdamm, längster 136
Flüsse 28
Flußmündung, längste 28
Flußschleusen-Anlage, größte 136
Förderband, längstes einteiliges, längstes mehrteiliges 114
Formel-1 326 ff.
Forschungsschiff, teuerstes, modernstes deutsches 150
Foto, teuerstes 230
Fotoapparat-Auktion, einträglichste 230
Fotografie 230
Fotokamera, kleinste handelsübliche 230
Fotoobjektiv, mit der höchsten Lichtstärke 230

Fotosammlung, größte filmhistorische 234
Frachtschiff, größtes 148
Frankfurter Wertpapierbörse 195
Frau, größte, größte lebende, größte deutsche, größte der Schweiz 83, schwerste 84, gebärfreudigste 85, älteste nach künstlicher Befruchtung gebärende 85 f., am meisten tätowierte 88, langhaarigste in Deutschland 89, reichste, reichste Deutschlands 200
Frauen-Band, erfolgreichste 226
Frauen-Fußball 306
Frauendefizit, größtes 247
Frauenwahlrecht 251 f.
Freestyle 351
Freilauf, größter 113
Freilichtbühne, größte 216
Freiluft-Orgel, größte 218 f.
Freizeitpark, größter und meistbesuchter Deutschlands 132
Freizeitsport 286
Frequenz, höchste direkt gemessene 106
Fresser, gewaltigster 36
Freudenfeuer, größtes 140
Friedhof, höchster 141, 143
Frösche 48
Froschsammlung 270
Frucht, teuerste 70
Fruchtbarkeitsrekorde 202 f.
Früchte- & Gemüserekorde 70 f.
FT-SE-Aktienindex, größter Anstieg, größter Fall 195
Füllfederhalter, teuerster 261
Fünffachtransplantation 92
Fünflinge, schwerste 86
Fürst, kinderreichster monogamer 249
Fußball, Europameisterschaften, Pokalwettbewerbe, Frauen-Fußball 306
Fußball-Bundesliga 304 f.
Fußball-WM 1994 298 ff.
Fußballspiel, Rekordzuschauermenge 296
Füße, größte 89

Gage, höchste für einen Stuntman 234
Galaxie, hellste, entfernteste 15, nächste sichtbare 17
Gamma-Burster 16
Gang, tiefster von Menschen gegrabener 281
Gänseei, größtes 203
Gartenzwergesammlung 270
Gasdichte, geringste bei Raumtemperatur 99
Gästebuch, ältestes 211
Gaststätten 130 f.
Gasturbine, größte, kleinste 111
Gasturbinenwerk, größtes Österreichs 111
Gebäude, größter Rauminhalt 124, höchstes Europas 125
Gebetsstätte, größte hinduistische 255
Gebirge 22 ff., höchstes, ausgedehntestes 24
Gebirgsradtour 281
Gebirgswall, größter 24
Geburten 85 f., meiste 85
Geburtenrate, höchste, geringste 246
Gedächtnis, menschliches 91
Gedächtniskünstler 91
Gedächtnisleistung 91 größte 198
Gegenstand, längster auf einer Straße transportierter 165
Gegenwartsfilm, erfolgreichster deutscher 231
Gehalt, höchstes 200
Gehen auf dem Wasser 285
Gehen auf Händen 274
Gehirne 90
Geige, kleinste 219, 221
Geigenbogen, teuerster 220
Geiger, unter Wasser 220 f.
Geizhals, größter 199
Geld, Steuern 196 ff.
Geldinstitute, wenigste 188
Gelenkbus, kleinster 166
Gemälde, in einem Orbit 121 f., 206 f.
Gemüse- & Früchterekorde 70 f.
Gentransplantationen 94 f.
Genus Homo, erster Vertreter 80
Genuß- und Lebensmittel 264 ff.
Geräusch, stärkstes 105
Gerichtsordnungen 252
Gerichtswesen und Gesetzgebung 252 f.
Gerüst, größtes 142
Geschäftsbank, größte 187

Geschlechterverhältnis 247
Geschwindigkeit, höchste eines festen Gegenstandes 105, größte einer Frau 118, größte eines Menschen 118 f., schnellste auf dem Wasser erreichte 151, höchste, höchste für ein radangetriebenes Fahrzeug 159, schnellste in einem Eisenbahnnetz 168
Geschwindigkeiten, Loks, Strecken 168 ff.
Geschwindigkeits-Weltrekord zu Wasser 151
Geschwindigkeitsrekorde 272 ff., einer Frau auf dem Wasser 151, auf dem Mond 121, für ausschließlich mit Menschenkraft angetriebene Fahrzeuge 154, offizieller zu Lande 159
Gesellschaftsspiele, Glücksspiele, Kartenspiele 256 f.
Gesetzessammlung, älteste niedergeschriebene 252
Gesetzgebung und Gerichtswesen 252 f.
Gestein, ältestes 18
Gesteinskomplex, größter 18
Gesteinsmeteorit, größtes Stück 11
Getränk, stärkstes alkoholisches 268
Getränkedosensammlung 270
Getränkegruppe, größte deutsche 267
Getränkemarkt, deutscher 260
Getreide, am weitesten verbreitetes 66
Getreidefelder, höchste Europas 201
Getreidesilo, größtes einzelnes 142
Gewebe, ältestes 262
Gewerbe, Dienstleistungen 260
Gewichtheben 344 f.
Gewichtsmaß, frühestes bekanntes 100
Gewichtsrekorde 202
Gewichtsverlust, größter 36
Gewichtszunahme, gewaltigste 84
Gewinn, größter am Spielautomaten 256
Gewürze, teuerste, schärfste 266
Geysire 28
Gezeiten 19 f., stärkste 20
Gift, stärkstes in einem Tierkörper 36, stärkstes 36
Giftschlangen 51
Giftzähne, längste 51
Gipfel, höchster nicht erstiegener 24
Gipskuppel, größte freitragende 141
Giraffensammlung 270
Girlande, längste 68
Gitarren 219 f.
Gitarrist, schnellster 220, 272
Glas, dünnstes 106
Glas, Porzellan, Keramik 261
Glasblasen, Rekorde 261
Glasfaserkabel, längstes nahtloses 116
Glasfensterscheibe, größte 143
Glasmalerei-Fenster, höchstes 143, größtes 255
Gleiter, größter 183
Gletscher 24 f.
Glockensammlung 270
Glücksspiele, Gesellschaftsspiele, Kartenspiele 256 f.
Go-Kart, Streckenrekorde 165
Goldartikel, höchster Preis 208
Goldbarrenlager Fort Knox 196
Goldene Schallplatten 227
Goldmedaillen, meiste 297
Goldmünze, größte 199
Golf, größter 19
Golfsport 310
Golftümmler 61
Goliath von Gath 80
Grabhügel, größte 144
Grabmal, größtes 143
Graffiti, längstes 208
Grammys 229
Grand jetés, meiste 225
Gras, gewöhnlichstes 72
Gräser 72
Grasski 351
Greenwich-Zeit 115
Greifvogel, schwerster 46
Grenzen 240
Groschenkette 198
Groschenteppich, größter 198
Groschenturm 198
Großhandelsmarkt, größter 193
Großwild, seltenstes 60
Großwildreservat, größtes 62
Grotten und Höhlen 22
Grundbesitze 190
Grundschulen, meiste 253
Grundstück, kleinstes 190 f.
Gruppenwandern 286
Gurkenschneiden, Rekord 203
Güterbahnhof, größter 170 f.

Haar, kräftigstes, wertvollstes 89
Haarpracht, längste 88 f.
Haarschneiden unter Wasser 291
Haarspalten, Bestleistung 291
Häfen 245
Haftentschädigung, höchste 252
Hagelkörner, schwerste 31
Hai, kleinster 53
Halbinsel, größte 18
Haliten, höchste 24
Hallenstadion, größtes 130
Halogen-Glühlampe, kleinste 106
Halterekord 278
Hammerklavier, ältestes 218
Hampelmann, größter 291
Handball 307
Handel 186 ff.
Handelsflotte, deutsche 195, größte 245
Händeschütteln, Rekord 291
Hängebrücken 134 f.
Hängekorb, größter 68
Harmonika, kleinste 221
Hauptstädte 241, 243
Haus, mit dem höchsten Preis, mit den meisten Räumen 127
Haushunde, schwerste Rassen 42
Hauskatze, schwerste, kleinste Zucht 42
Haustiere, größte Würfe 42
Hecke, höchste 67
Heilige 255
Heißluftballon, erste Atlantiküberquerung, erste Pazifiküberquerung, Höhenrekord 181, kleinster flugfähiger 183
Herbarien 69, reichhaltigste in Bernstein 33
Herrenhaus, weitläufigstes 129
Herrentaschenuhr, teuerste 115
Herrentier, 39, seltenstes 69
Herrscherhaus, ältestes 249
Hersteller, größter von Kraftfahrzeugen und Kraftfahrzeugteilen 195
Herstellung, schnellste von Brotlaiben 203
Herzstillstand, längster 92
Herztransplantation, erste 92
Heurigentisch, längster 269
Hifi-Verstärker, größter und teuerster 236
High-Tech-Gärtnerei, erste 66
Hilfsorganisation, größte Europas 247
Himmel und Hölle, Rekord 276
Hochdruckentladungslampen 104
Hochofen, größter, größter Deutschlands 113
Hochplateau, ausgedehntestes, höchstes 24
Hochrad, klassisches 154, kleinstes 155
Hochradfahren 281
Hochregallager, größte 260
Höchstpreis, Violoncello 220
Höchstvakuum 119
Hochwasser, Probleme 30
Hochzeitsfeier, größte 248
Hockey, deutsche Spieler 308
Höhe, größte von einer Frau erreichte 118
Höhenrekord, Hubschrauber 180
Höhere Schulbildung 253
Höhlen und Grotten 22 f.
Höhlenkammer, größte 22
Höhlensystem, längstes 22
Holz und Bäume 74 ff.
Holzbank, längste 261 f.
Holzbrücke, größte 134
Holzturm, unbefestigter 291
Hominiden 80
Homo erectus, ältester Vertreter 80
Hopfenanbauer, größter privater 201
Hopfenanbaugebiet, größtes 201
Hopfenernte, Rekordzeit 203
Hörer-Hitparade, längste 236
Hörfunksendung, größtes Echo 236
Hörschärfe, größte aller Landtiere 45
Hotelhalle, größte 127
Hotelkette, größte 191
Hotels, größtes, höchstes 127, umsatzstärkstes 191
Hotelumsetzung, spektakuläre 126
Hotelunterkunft, teuerste 127
Hotelunternehmen, führende 191
Hubbrücke, größte Europas 136
Huboperation 126
Hubschrauber, Drehflügler, Luftschiffe, Ballons 180 ff.
Huckepack-Schlepp, kleinster ferngesteuerter 183
Huhn- und Truthahnrupfen, Rekord 203
Hühnereier-Gehen 281
Hühnerfarm, größte 201
Hühnerfleisch-Produzent, größter 201
Hühnerrasse, schwerste 202
Hula-Hoop 274

Hummerart, schwerste, kleinste 53
Hunde 42 f.
Hundertfüßer, längster menschlicher 291
Hundertfüßerart 55
Hundesammlung 270
Hundevater, produktivster 42
Hungerkur 92
Hungerstreik 92
Hüpfstockrekorde 274
Hydraulikbagger, größter 112

IC-Bahnhof, höchstgelegener 170
Ikone, höchster Auktionspreis 208
Immobilien 190 f.
Immobilienpleite 191
Index, längster 99
Industrie, Banken 186 ff.
Industrie- und Wohnbauten 126 f.
Industriegebäude, größtes 124
Industrieunternehmen, größtes produzierendes 186, größtes Deutschlands 188
Inflationen 196 f.,
Inflationsrate, höchste 196
Infrarot-Teleskop, größtes 101
Injektionen, meiste 92
Insekten 54 f., 61
Insektenfresser 45
Insektensammlung, reichhaltigste in Bernstein 33
Inseln 22
Inselberg, höchster 22 ff.
Instrument, kleinstes chirurgisches 92
InterCityExpress 168
Interstate Autobahn 244
Investitionsgütermarkt, größte 187
Investoren, Rekordzahl 195
Isotope 99

Jazzschallplatte, erste 226
Jet, kleinster 176, schnellster 179
Jet-Verkehrsflugzeug, meiste Flüge 176
Jodler, schnellster 272
Johannisbeerbusch, größter 70
Jonglieren, Rekorde 275 ff., beim Laufen 277, mit dem Ball 306
Judo 322
Jugendbuchserie, erfolgreichste deutsche 213
Jugendstilobjekt, größtes 208

Kabarett, ältestes noch bestehendes deutsches 216
Käfer, längster 54
Kaffeeröster, größte deutsche 260
Kaffeedeckelsammlung 270
Kaimauer, längste Deutschlands 140
Kajak-Rekordleistung 285
Kaktus, größter 66 f.
Kalendersammlung 270
Kaloriengehalt, höchster, geringster 70
Kameras 230
Kamerasatz, teuerster 230
Kammblasen 291
Kampfsport 322
Kanäle und Schleusen 136
Kanaltunnel, längster 139
Kanalüberquerungen 176
Kanu 339 f.
Kap-Hoorn-Umschwimmen 285
Kapitalaufnahme, größte 195
Karate 322
Karosserie 162
Karten-Vorbestellungen, meiste 217
Kartenfächer, größter 256
Kartengedächtnis, bestes 91
Kartenhaus 291
Kartenspiel-Zerreißen, Rekord 292
Kartenspiele, Gesellschaftsspiele, Glücksspiele 256 f.
Kartoffelschälen, Rekord 203
Karussells, größte 133
Karussell-Bar, größter 269
Kassenfüller, größter 231
Katamaran-Fähre, schnellste Überquerung des Ärmelkanals 151
Kathedralen 254
Katzen, 42, seltenste 60
Kaufhaus, größtes 192
Kaufhäuser, Ladenketten 192 f.
Kaufhauskette, größte 192
Kaugummiblasen 292
Kaugummipäckchensammlung 270
Kaurimuschel, Wert 56
Kaution, höchste 252
Keramik, Höchstpreis 208
Keramik, Porzellan, Glas 261
Kernfusion 104
Kernkraftwerksanlage, größte 110

Kerze, größte 292
Kerzen-Ausblasen 292
Kerzen-Schopfbäume, riesige 64
Kerzensammlung 270
KFZ-Holzmodelle 167
KFZ-Kennzeichensammlung 270
Kilometerleistung, größte 162
Kinderchor, ältester weltlicher 222
Kinderspielzeug-Cabrio, größtes 166
Kinderwagenschieben 292
Kino und Film 230 ff.
Kino, größtes 235
Kino-Orgel, größte erhaltene 219
Kinoheld, meistdargestellter 234
Kinoserie, längste 234
Kirche, größte, höchstgelegene 254
Kirchenorgel, größte 218
Kirchenruine, größte Deutschlands 254
Kirchenzifferblatt, größtes Europas 115
Kirchturm, höchster 255
Kirchturmspitze, höchste 255
Kirmes-Orgel, größte transportable 219
Kläranlage, größte, unterirdische 142
Klavier, größtes 218
Klavierstück, längstes fortlaufendes 223
Kleeblatt-Sammlung 69
Kleid, teuerstes 263
Kleidernähen, Rekord 272 f.
Kleiderstoff, teuerster 262 f.
Kleidung, teuerste 263
Kleinnamen, exotische 44
Kleinwuchs 84
Klettertour, längste 276
Klippen, höchste 21
Knallbonbon, größtes 262
Knallfroschanordnung, größte 261
Knochen, 89
Knochenfisch, längster, schwerster 53
Koalas, erste in einem deutschen Zoo 40
Kochbuch, kleinstes 211
Kolbenmotor, kleinster 183
Kolbenmotorflugzeug, Geschwindigkeitsweltrekord 179
Kolonie, kleinste 240
Kometen 8 ff.
Kommunikationssatelliten für die Raumfahrt 117
Kommunistische Partei, größte 251
Komödien 217
Komponisten 222 f.
Komposition, leiseste 223
Konstante neueste mathematische 100
Kontinent, kleinster 18
Kontrabaß, größter 220
Konzertbesucher, größte Zahl 222
Konzerttournee, erfolgreichste 222
Kopffüßler 56
Kopfweitsprung 286
Korallenbank, größte 56 f.
Korkenziehersammlung 271
Körper, menschlicher 88 ff.
Körperschaft, erste gesetzgebende, älteste 249 f.
Körpertemperatur, höchste, tiefste 91
Korrespondenz, kürzeste 212
Kosmonaut, erster an Bord einer amerikanischen Raumfähre 121
Kosmos, große Strukturen 15
Kracker, größter katalytischer 113
Kraftakte 277
Kraftfahrzeug- und Personenfähren 149
Kraftfahrzeuge 195, schwerstes, massivstes, längstes 166
Kraftfahrzeughersteller, größter 195
Kraftfahrzeugteile, größter Hersteller 195
Kraftleistungen 278
Kraftwagen, erster mit vier Rädern 158
Kraftwerke, größte 110
Krake, größter 56
Kräne, stärkste 112
Krankenbett-Dauerschieben 292
Krankenhäuser, meiste 247
Krankenkassen, Versicherungen 190
Krankenversicherungen, größte 190
Krankheiten 91
Kranschürfbagger, größter fahrbarer 112
Krater 11, tiefster 8, größter vulkanischer 27 f.
Kräuterpflanzen 70
Krebs-Gentherapie 94
Krebsart, größte, kleinste 53
Kreditkarten, größte Sammlung 200
Kreiseldrehen, Rekord 292
Kreuzfahrt-Katamaran, größter 148
Kreuzfahrtschiffe, größte 148
Kriechen, Rekord 274
Krokodil, größtes in Gefangenschaft gehaltenes, kleinstes 49, gefährdetstes 60, seltenstes 61

Kronenkorken-Pyramide 292
Kronkorkensammlung 270
Kronleuchter, größter 261
Kröte, größte 34, 48, kleinste 48
Krustentiere 53
Krypta, längste 254
Küchenschabe, größte 55
Kugelbilder 206
Kugelschreibersammlung 270
Kugelsternhaufen 16
Kuh, fruchtbarste 202
Kühe-Sammlung 270
Kunstherz 93
Künstler, höchstdekorierte 235
Künstlerfotosammlung 271
Kunstturnen 337
Kunstwerke, höchste Auktionspreise 207
Kuppel, größte des Altertums 141
Kuppelbau, neuerer 141
Kuppelgewölbe, größtes 141
Kürbislaternen, meiste 70
Küssereien 292
Küstenabstand, weitester 18
Küstenlinien, längste 241

Labordruck, höchster anhaltender 104
Labyrinthe, größte 133
Ladenketten, Kaufhäuser 192 f.
Lagerhaus, größtes 126
Lagune, größte 21
Laien-Guggenmusik, größte 222
Laien-Musical, erfolgreichstes 217
Lamm, leichtestes 203
Land, südlichstes 22, kleinstes unabhängiges, mit dem niedrigsten höchsten Punkt, mit der höchsten tiefsten Stelle 240, größtes 241
Landbesitz, kleinster 190
Landegeschwindigkeit, höchste eines Starrflügelflugzeugs 178
Länder, Nationen, Städte 240 ff.
Länder, souveräne 240
Landfahrzeug, schnellstes 159
Landkarten 212
Landsäugetier 37 f.
Landschaft des Jahres 1995/96 77
Landschaftspark 77
Landschildkröte, größte lebende 49
Landschlange, schnellste, giftigste 51
Landschnecke, größte, schnellste 57
Landtiere 36, 38, 45, 59
Landung, höchste eines Hubschraubers 180
Landwirtschaft 201 ff., Anfänge 201
Landzipfel, nördlichster 22
Langlebigkeit 87
Langstreckenläufer, Nr. 1 Deutschlands 286
Laser, leistungsfähigster 106
Laserkabel, optische 116
Laserstrahlen, stärkste 106
Last, größte über eine Straße bewegte 165, schwerste eines Hubschraubers 180
Laubheuschrecken 55
Lauf 286
Laufsteg, längster 263
Laufzeit, längste in einem Kino 234
Lavastrom, längster 27
Lavavolumen, größtes 27
Lawinen, größte 25
Leben auf dem Baum, längstes 286
Leben, älteste Spuren 73
Lebensdauer, längste eines Menschen 87
Lebenserwartung 247
Lebensform, früheste 73
Lebensmittelhersteller, größter 186
Lebensmittelladenkette, größte 192
Lebensretter 247
Lebensversicherung, höchste 190
Lebensversicherungspolice, höchste 190
Lebewesen, kleinstes mit einem Schalengehäuse 57
Lebewesen, lautestes Organ 36, mit der höchsten Geschwindigkeit 47
Lego-Modellauto, größtes 165
Lego-Turm, höchster 262
Lehranstalt, älteste 253
Lehrsatz, am meisten untersuchter 100
Lehrstuhlinhaber, ausdauerndster 253
Leichtathletik 337 ff.
Leinwand- und Bildschirmdarstellerin, älteste 234
Lenkdrachengespann, längster Schlepp 292
Leptonen 98
Leuchtreklame, auffälligste 140
Leuchttürme 141
Libelle, größte, kleinste 55

Lichtblitz, kürzester 106
Lichtempfindlichkeit, größte 89
Lichtjahr 9
Lichtquelle 106, am weitesten sichtbare 141
Lichtsäulen, höchste 141
Liebeslied, ältestes deutsches 225
Lieder, meistgesungene 225
Liedermacher, erfolgreichster 225
Liegestütze auf rohen Eiern 292
Lillehamer 352 ff.
Limousinen, schnellste 160
Liniendienst, erster mit Luftkissenfahrzeugen 153
Linienflugverbindungen, meiste zwischen einem Städtepaar 180
Linse, größte 230
Linsenfernrohr, längstes 102
Lippenpflock, größter 89
Literatur und Sprache 209 ff.
LKW-Rekordgeschwindigkeit 166
Loch, kleinstes 106
Löffelbagger, größter 112
Lokalrunde, größte 266
Lokomotive, leistungsstärkste der DB 168
Loks, Strecken, Geschwindigkeiten 168 ff.
Lotteriegewinne, höchste 256
Lottogenie 91
Luft- und Raumfahrtunternehmen, größtes 195
Luftdruck, höchster 30, niedrigster 31
Luftfahrt 174 ff.
Luftfahrt-Ausstellung, älteste 132
Luftfrachttransport, schwerster 176
Luftgeschwindigkeit, höchste 106
Luftkissenboot, kleinstes 152
Luftkissenfahrzeuge 153
Luftkissenschiff, größte Höhe 153
Luftkissensprung, tiefster 275
Luftkrankheitsbeutel-Sammlung 271
Luftraumschiffe 179
Luftschiffe, Hubschrauber, Drehflügler, Ballons 180 ff.
Luftspiegelung, größte 31
Luftverkehr 245
Lungentransplantation, erste 92

Mach-Maßstab 174
Machterhalt, längster 251
Magnet, schwerster 105
Magnetfelder 105 f.
Magnetschwebefahrzeug, größtes 170
Magnitudo 9
Majes-Projekt 139
Maler 207
Malerei 206 ff.
Mammutbaum, höchster 74
Manager, meistbezahlter 200
Männer, größte 82, schwerste 84, reichste 200
Männerdefizit, größtes 247
Manuskript, am häufigsten abgelehntes 213
Marathon-Computerspiel 286
Marathon-Pflügen 203
Marathon-Rekorde 257
Märchen, modelliertes 216
Märchenregisseurin, erfolgreichste 227
Marschkapelle, größte 221
Maschine, langsamste 105
Maschinenbau 112 ff.
Maschineschreiben, Rückwärtsschreiben 272
Massenhypnose 276
Massentrauung, größte 248
Masten 138
Materie, dunkle kosmische 15
Mauern, dickste 128, längste 144
Medien, Kunst, Unterhaltung 204 ff.
Medienkonzern, größter 214
Medienstadt Babelsberg 232
Medizin 91 f.
Medizinische Extreme 91 f.
Meer, höchste Temperatur 19
Meere 19
Meerengen 19
Meeresaquarium, größtes 63
Meeresbucht, größte 21
Meeresoberfläche, Temperatur 19
Meeressäugetier 36 ff., seltenstes 61
Meeresschildkröte, kleinste 49
Meeresströmung, größte, stärkste 19
Meerestiefe, größte 19
Mehl und Eierspeisen, Rekorde 265 f.
Mehrfachspiegel-Teleskop, erstes 101
Mehrheiten, 250 f.
Mehrspännerfahren 281
Melkrekord 203
Mengenlehre-Standuhr, erste 115

Menhir, größter 144
Mensch, kleinster erwachsener, schwerster lebender, leichtester, kleinster lebender erwachsener 84, am vollständigsten tätowierter 88, erster frei im Weltraum schwebender 118, in den meisten Sprachen bewanderter 209, am weitesten gereister 281
Menschen 78 ff., Entwicklungsstufen 80 f., Körpergröße, Gewicht 82 ff., älteste 87, erster allein den Nordpol erreichender, erster allein den Südpol erreichender, erster an beiden Polen, erster beide Pole zu Fuß erreichender 284
Menschendomino 286
Menschenfunde, früheste in Asien 80
Menschenkreis, größter geschlossener 292
Menschenpyramide, größte auf einem Motorrad 156
Messe, internationalste 187
Metall-Esser, einzigartiger 92
Metallspiegel, größter 101
Meteore 11
Meteoriten 11
Meteoriten-Einschlag, neuester 11
Meteoritenkrater, größter 11
Metropolen 240, 242
Mietforderung, höchste 191
Mikrocomputer 107
Mikrofon, kleinstes 105
Mikrorobotersystem 106
Mikroskop, leistungsfähigstes 104
Milch und Butter, Produzenten 203
Milchflaschen-Balancieren 276
Milchzähne, früheste 89
Milliardär, jüngster 200
Millionäre, jüngste 200
Mime, ausdauerndste 217
Mimiafon, größtes 220
Minarett, höchstes 254 f.
Mineralwasserfirma, größte 260
Mini-Bilder 206
Mini-LKW, größter 167
Miniatur-Wanduhren 115
Miniaturbahn, kleinste 173
Miniaturbuchsammlung 211
Miniaturflaschensammlung 271
Miniaturschrift 292
Miniaturschuhmuseum, größtes 262
Miniaturtschako-Sammlung 271
Minifahrzeuge 166 f.
Minipflanzen 68
Ministerpräsidenten 249
Mischatelier, größtes Europas 232
Mitnahme-Marathon-Tag 281
Möbel 261
Möbelstück, teuerstes 208
Mobiltelefone 116
Modell-Dampfboot, kleinstes 152
Modell-Dampflokomotive, längste Fahrt 173
Modell-Eisenbahn, Nonstop-Dauerrekord 173
Modell-Hängebrücke, längste 262
Modellautos 166 f.
Modellbahnzug, längster 172
Modellboot, kleinstes 152
Modelleisenbahnstrecke, längste der Nennweite TT 173
Modellflugzeuge 183
Modellhubschrauber 183
Modellschiffe, 24-Std.-Rekorde 152
Modem, kleinstes 107
Moderner Fünfkampf 344
Molche, größte 48
Molekül, süßestes 99
Monarch, am längsten regierender schwerster 249
Mond, tiefster Krater, höchste Mondberge, erster eines kleinen Planeten 13
Mondberge, höchste 8
Mondfinsternis, längste totale 8
Mondforschung 8
Mondlandung, erste bemannte 121
Mondem 154
Moose, kleinste 72
Mormonentempel, größter 254
Morsen 116
Mosaike, größte 208
Mosaikspiele (Puzzles), erste 262
Moschee, größte 255
Motor, größte eines Serienwagens 159
Motorbootrennen 331
Motorflieger, leichtester 183
Motorflugmodell, kleinstes 183
Motorrad-Weitsprung 278
Motorrad-Weltumrundung, erste einer Frau 157
Motorradartistik 278
Motorräder 156 f.

Motorradfahrt, auf zwei Rädern 156
Motorradmotor, erster mit acht Ventilen 156
Motorradpilot, schnellster 157
Motorradreise, längste 156
Motorradrennen 331
Motorsport 330 f.
Motte, größte 55
Mülldeponie, größte 142
Müllsammler, meiste freiwillige 292
Mundharmonika-Konzert 292
Münzen 197
Münzprägeanstalt, größte, kleinste 197
Münzpyramide 292
Münzspenden 198
Münzstapel 292
Murmelbahn, längste 292
Muscheln 56
Muschelkolonie, tiefste 56
Musical, erfolgreichstes, kürzestes 217
Musik 218 ff.
Musik- und Computermüllmaschine 292
Musik-Clownereien 276
Musik-Wunschliste, größte private 225
Musiker 223 ff., erfolgreichste 227
Musikerkarriere, längste 223
Musikinstrumente, größtes und lautestes 218
Muskelkraftflugzeug, Geschwindigkeitsweltrekord 177
Muskeln 89 f.
Mutter, älteste 85, jüngste 86
Mützenbänder-Sammlung 271
Mützensammlung 271

Nachkommenschaft, größte 86
Nachname, kürzester 210 f.
Nachrichtentechnik-Sammlung 271
Nachtfalter, größter mitteleuropäischer 55
Nachtlokal, größtes 131
Nachttöpfe-Sammlung 271
Nadelbaum, ältester 74
Nägelbiegen 277
Nager, größter 45
Nagetiere, 45, seltenstes 60
Nahrungsmittel, teuerstes 264
Nationalparks und Biosphärenreservate 77
Nationalparks, amerikanische, eifrigste Besucher 76, größter 77
Nationen, Länder, Städte 240 ff.
Naturbrücke, längste, höchste 22
Naturpark, größter Deutschlands 77
Naturwissenschaft & Technik 96 ff.
Nebenfluß, längster eines Nebenflusses 28
Negativ, längstes 230
Neonreklamen, längste, größte 140
Nettogewinn, größter 186
Neuro-Computer, schnellster 107
Nierentransplantation, erste 93
Nierenverpflanzung, erste 93
Niesen, längstes 92
Nobelpreis 253
Nobelpreisträger 253
Nonstop-Linienflug, längster 176
Nonstopflug, erster über den Atlantik, erster über den Pazifik 174
Nordpol-Eroberungen 284
Nordsee-Pipeline, tiefste 113
Normalwolkenbildung, höchste 31
Notebook, größtes 107
Nudelproduzent schnellster 272
Nußknacker, größter 292
Nutzbarmachung, größte 124
Nutzer, schnellster des freien Warenverkehrs 240
Nutzlast, höchste 117

Obelisk, größter unvollendeter 142, höchster, größter 144
Oberflächengeschwindigkeit, höchste 31
Objekt, komplexestes in der Mathematik 100
Objekte, entfernteste kosmische 15
Obstzüchtung in Flaschen 70
Offshore-Erdgasfeld, größtes 108
Ohrringe-Sammlung 271
Oldtimer-Modellflugzeug, größtes 183
Ölfeld, größtes 108
Ölgemälde, größtes Deutschlands 206
Ölplattformen 108 f.
Öltanks, größte 113
Ölverluste, größte 109
Ölverschmutzung, erste beabsichtigte großflächige 109

Olympia-Goldmedaillengewinner, jüngster, ältester 297
Olympia-Medaillen, meiste 297
Olympiasiegerin, jüngste 296
Olympische Sommerspiele 297 f.
Olympische Winterspiele 352 ff.
Omnibus, größter 166
Opern 224 f.
Operation, längste 92
Operationen, meiste 92
Opern-Aufführung, längstes Dacapo, stärkster Applaus 225
Opern-Finale, kürzestes 224
Opernarie, längste 224
Operngesamtaufnahmen, früheste 226
Opernhäuser 224 f.
Opernkomponist, meistgespielter 224
Opernsängerin, älteste 225
Orangenpapier-Sammlung 271
Orchester 221 ff., größtes 221
Orchideen 69
Orchideenblüte, größte 69
Orden-Sammlung 271
Organ, lautestes 36, schwerstes 92
Organisation, größte religiöse 254
Organismen, kleinste 73
Organismus, größter lebender 67, 73, erster chemisch erfaßter lebender 73
Orgeln 218
Örgeli, längstes 221
Original-Drehbuch, teuerstes 231
Ort, kältester ständig bewohnter 30, mit den meisten Namenswandeln 210
Ortschaft, höchstgelegene 243
Ortsnamen 210
Oscar-Auszeichnungen, meiste 235
Oscar-Gewinnerin, einzige vierfache als Hauptdarstellerin 234 f., jüngste 235
Oscar-Nominierungen, meiste 235
Oscar-Preisträger, erster deutscher 235
Oscars, meiste 234
Ost-West-Atlantiküberquerung, erste 174
Ostereier, größte und schwerste 265
Ostereiersammlung 271
Osterhasensammlung 271
Österreicher, größter 82, größter lebender 83
Ostseefährverbindung, größte 245
Ötzi 80
Ozean, größter, kleinster 19
Ozeanarium, erstes 63

Paar, gegensätzlichstes 84
Palast, größter 128
Palastanlage, höchste 255
Panflöte, kleinste und leichteste 219
Papierflugzeug, größtes fliegendes 183
Papiergeld, größtes gedrucktes 197
Papiermaschine, größte 113
Papstwahl, längste 255
Parabolradioteleskop, größtes 101 f.
Parkplatz, größter 126
Parks, Botanische Gärten 77
Parlamente, Staatsoberhäupter, Regierungen 249 ff.
Parlamentsrekorde, europäische 251
Parsec 9
Paß, höchster Europas, niedrigster 244
Passagierschiffe 148
Passionsblume, größte 69
Paternoster, längster Europas 114
Patienten 92 f.
Pazifik, kürzeste mit Schiffen befahrbare Entfernung 19
Pazifik, Oberflächentemperatur 19
Pazifiküberquerung, schnellste 151
PC-Schreiber, schnellster numerischer 272
Pelargonien, längste 69
Pendel, längstes 115
Penduluhr, kleinste mechanische 115
Pensionszahlung, längste 190
Personen- und Kraftfahrzeugfähre, schnellste kombinierte 149
Personenaufzüge, schnellste 114
Personennamen, frühester überlieferter, längster 210
Personenzug, längster 168
Pfad, höchster 244
Pfannkuchenwender, schnellster 272
Pfeffermühle, größte 261
Pfeifen, lautestes 292
Pfeifen-Orgeln 218 f.
Pferdesport 332 f. 333
Pflanzen 64 ff.
Pflanzenrekorde 66 f., 71
Pflügen 203
Phantasienamen 211
Pharmazieunternehmen, größtes 186
Philodendron, größte 69

Pi, genaueste, ungenaueste Angaben 100
Pianist, klassischer mit der längsten internationalen Karriere 219, höchstbezahlter klassischer 223
Pier, längster 140
Pilze und Urtierpflanzen 72 f.
Pilzfarm, größte 201
Pipeline, teuerste 113
Pirouetten, meiste 225
Planet Erde 18 ff.
Planetarien 102
Planetariem 102
Planetariumsuhr 115
Planeten 12 f.
Planwagenfahrt, längste 166
Plastik- und Papiertaschensammlung 271
Platz, größter 244
Pleitier, größter 188
Plüschtiere 262
Pogo-Hüpfen, Rekord 277
Polarforschung 284
Polaroid-Bild, größtes 230
Polder, größter 136
Politik und Politiker 249 ff.
Pop-Musik, Top 10 1993 227
Popkonzert, bestbesuchtes 222
Porzellan, Glas, Keramik 261
Posaunenchor, größter 222
Post-mortem-Geburt 92
Postämter, höchstgelegene 116
Postaufkommen, größtes 116
Poster, Höchstpreis, größtes 207
Postkarte, größte, kleinste 212
Postkarten-Sammlung 270
Präfix, kleinstes einer Zahl, höchstes 100
Prämiensparsystem, erstes 196
Präsidentin, erste 249
Preis, größter für die Lösung eines mathematischen Problems 100, höchster für Filmrechte 231
Premierminister 249 ff.
Premierministerin, mit längster Amtszeit 251
Preßdruck, größter 114
Primat, langlebigster 39
Primaten, erste, neue Funde 80
Primzahlen, kleinste, größte 100
Prion 73
Prisma, kleinstes optisches 104
Privathaus, teuerstes 127
Problem, mathematisches 100
Produktion, teuerste der Fernsehgeschichte 237
Produktionsmaschinen, leistungsfähigste 112
Profiboxen, Schwergewicht 323 f.
Propellerflugzeug, schnellstes 179
Protisten 73
Protonenbeschleuniger, modernster 105
Protophyten, kleinste 73
Protozoen, größte 73
Protozoon, sich am schnellsten vermehrendes 73
Prozesse, langwierigste 252
Pseudonyme, meiste 213
Psychiater, meiste 247
Psychologen, meiste 247
Public-Relations-Firma, größte 187
Publikation, größte 211, schnellste 214
Pumpe, kleinste 105
Pumpen, Weltrekord 113
Punkt, landfernster, südlichster des Ozeans 19, tiefster in Deutschland, tiefster in Österreich, tiefster in der Schweiz 22
Puppe, teuerste 208
Pyramide, älteste, älteste der Neuen Welt, größte 144

Quallen, größte 57
Quallenzucht 57
Quanten 98
Quark, zuletzt entdecktes 99
Quarks 98
Quasare 15
Quastenflosser 61
Quorum, kleinstes 250

Radartistik 278
Räderfahrzeug, erstes auf dem Mond 121
Radiergummi-Sammlung 271
Radiodienst der BBC, Hörer-Rekord 236
Radiomuseum 236
Radioteleskope, größte 101 f.
Radsport 334 f.
Radtour, kuriose 155
Raketen-Höchstgeschwindigkeit 117

Raketenauto, erstes 59
Raketenfahrzeug, Beschleunigung 160
Raketentechnik und Raumfahrzeuge 117 ff.
Raketentriebwerk, leistungsfähigstes 117
Rallye 330 f.
Rapper, schnellster 229
Raritäten-Münzsammlung 197
Rasenmäher 165
Rathäuser, höchste und größte 125
Rätsel, ältestes mathematisches 100
Raubfisch, größter 53
Raubkatze, größte, kleinste 39
Raubtier, kleinstes 39
Raubvogel, kleinster 46
Rauchen 269
Raum, stillster 105
Raumanzüge 121
Raumfahrer 118, 120 f.
Raumfahrt 118, 121
Raumfahrt-Sammlung 271
Raumfahrtmodell-Sammlung 271
Raumfahrzeug, erstes voll wiederverwendbares 121
Raumfahrzeuge und Raketentechnik 117 ff.
Raumflüge 118, meiste 121
Raumsonden 117
Reaktor 110
Rechner, schnellste 90 f.
Reeder, größter 245
Reederei, größte Deutschlands 195
Reflexe, schnellste 92
Refraktoren 101 f.
Regen, heftigster 31
Regenbogen, längster 31
Regenerationsfähigkeit, größte 57
Regenmenge, größte 30
Regentage, meiste 31
Regentschaften, 249
Regenwald, Artenvielfalt 66 f.
Regierungen, Staatsoberhäupter, Parlamente 249 ff.
Regierungschefs, 249, 251
Regierungszeiten, 249
Regisseur, jüngster 217
Reibung, geringste 105
Reifen, größte, breiteste 165
Reifenschutzketten 165
Reklame, höchste, am laufenden Band 140
Reklameschild, größtes 140
Reklametafel, größte und höchste freistehende, längste illuminierte 140
Rekord-Getreideernte 201
Rekord-Kurzwellenempfang 236
Rekord-Spendenergebnisse 248
Rekorde in 24 Stunden 297
Rekorde-Sammlung 271
Rekordgeschwindigkeiten 158
Rekordgewinner, deutscher 256
Rekordrennen, gegen die Uhr 155
Rekordzuschauermenge, Fußballspiel 296
Religionen 254 f.
Rennwagen 159 f., mit Allradantrieb 160
Reparaturwerkstatt, größte 165
Reptilien 49 ff., größtes, schnellstes 49
Republik, kleinste 240
Residenz, größte der Gegenwart 128
Restaurants 130 f.
Restaurantkette, größte 131
Retorten-Drillinge, erste 85
Retorten-Fünflinge, erste 85
Retorten-Zwillinge, erste 85
Revue-Aufführungen, meiste, Broadway-Rekord 217
Revuegirl-Reihe, längste 217
Rhododendronart, größte 69
Rhododendronpark, größter 69
Rhythmische Sportgymnastik 337
Richter, ältester aktiver 252
Riesen, menschliche 82
Riesen-Dreikönigskuchen 264, 265
Riesen-Feuerschrift 261
Riesen-Gästeliste 291
Riesen-Gemüse 70
Riesen-Kaffeemühle 269
Riesen-Kaleidoskop 262
Riesen-Mammutbaum, Samen 74
Riesen-Milchkanne 269
Riesen-Purzelbaum 292
Riesenrad, größtes 132 f.
Riesenregenwürmer, längste 56
Rinder, größte 201
Rinderbestand, größter 201
Rinderfarm, größte 201
Ring-Umgehungsstraße, längste 244
Ringelwurm, kürzester 56
Ro-Ro-Lastschiffe, größte 148

Robben, 41, seltenste 61
Roboter, kleinster 106
Rock-Spektakel, größtes 222
Rock´n´Roll-Museum, größtes 228 f.
Rockgruppe, erfolgreichste 226
Rodeln 351
Rodelzug, längster 286
Rohölpipeline, längste 113
Rolle vorwärts, Rekord 277
Rollen, meiste 217
Rollerfahren, 24-Std.-Rekord 272
Rollhockey 337
Rollschuh-Akrobatik 278
Rollschuh-Hoch-Weitsprung 347
Rollschuhlauf 337 f.
Rollschuhlauf-Langstrecken-Abenteuer 281
Rollstuhlfahren 281
Rolltor, größtes 141 f.
Rolltreppen-Rekordstrecke 114
Rolltreppenfahrt, längste 114
Romane, meiste, erfolgreichste 213
Römische Besetzung 249
Rosarium Sangerhausen 77
Rosenstock, größter 69
Rotwild, Antilopen, Beuteltiere 40
Rotwild, seltenstes 60 f.
Rotwildart, größte, seltenste 40
Rückwärts-Fahrradfahren 291
Rückwärts-Motorrad-Kunstfahren 156
Rückwärtssprechen 91
Rudern 340
Rugby 308 f.
Rundfunk 236
Rundfunksender, meiste 236
Rundfunksendung, älteste 236
Rutschbahnen, längste 133

Sachbuch, erfolgreichstes 213
Samen 72
Sammelleidenschaft 270 ff.
Sand-Sammlung 271
Sanddünen, höchste 26
Sandinsel, größte 22
Sanduhr, größte 115
Sänger 223
Sängerinnen 223 ff.
Satelliten 12 f., erster künstlicher, erste an einer Leine, erste Bergung 117
Satellitenreparatur, erste auf einer Umlaufbahn 117
Satellitenstart, erster von einem Flugzeug 117
Sätze, längste 210
Sau, fruchtbarste 202
Säugetiere 36 ff.
Säugling, schwerste, leichtester 85
Säuglingssterblichkeit 247
Säule, höchste 142, höchste menschliche 279
Säulensitzen, Rekord 276 f.
Saurier 59
Sauriersterben, plötzliches 58
Schach 257
Schach-Weltmeister 257
Schachturnier, größtes 257
Schadenersatz 252
Schaf, fruchtbarstes, schwerstes 202
Schafrasse, kleinste 202
Schafscheren, Rekord 203
Schaftrieb, größter 201
Schafzucht, größte 201
Schal, längster handgestrickter 292
Schallplatten 226 ff.
Schallplattenaufnahme, erste 226
Schallplatteneinspielung, meiste Aufzeichnungen 229
Schallplattensammlung, größte 226
Schallplattensängerin, erfolgreichste in Europa 227
Schallplattensolisten, erfolgreichste 226
Schätze, größte 197
Schaufelradbagger, größter 112
Scheidung, ältestes Paar 248
Scheidungsverfahren, längstes 252
Scheintod, längster 36
Schiedsrichter, schlechtester 298
Schienen-Schwerstladungen 168
Schienenfahrzeuge, schnellstes 168
Schienenfahrzeuge, Eisenbahnen 168 ff.
Schienennetze, längste 245
Schienenstrecke, längste gerade 168 f.
Schienenverkehr 245
Schießen 336
Schiff, längster Eisbrecher 150
Schiffahrtskanal, längster 136
Schiffahrtstunnel, ältester 139
Schiffbau 195
Schiffe 148 ff.
Schiffshebewerke 136

STICHWORTREGISTER

Schiffswerft, führende 195, 245
Schildkröten 49, seltenste 61
Schlagzeugausrüstung, größte 221
Schlangen 51, seltenste 61
Schlauchbootfahrten 285
Schlepp-Rekord 285
Schlepper, größte und stärkste 149
Schleppschaufelbagger, größter 112
Schleuse, größte, tiefste 136
Schleusen und Kanäle 136
Schlittenhunde, Europameisterschaft 43
Schlittenhunderennen, längstes 43
Schlittschuh-Sprung, weitester 278
Schlösser 128
Schloßattrappe 128
Schlösser-Sammlung 271
Schlucht, tiefste deutsche 25
Schluckauf, längster 92
Schlüsselanhänger-Sammlung 271
Schlüsselsammlung 271
Schmelzpunkt, höchster, niedrigster 99
Schmetterlinge 55, seltenster 61
Schmiedestück, größtes 113
Schmuckstück, teuerstes 208
Schnecke, größte, schnellste 57
Schneekugeln-Sammlung 271
Schneemann, größter 293
Schneepflug, größter 112
Schneeschuh-Renner, schnellster 272
Schneidern 272 f.
Schnellsprechen 91
Schnellzeichner 274
Schnitt, feinster 106
Schnittblumenverbrauch, größter 69
Schnupftabak 269
Schnupftabakdose, Höchstpreis 208 f.
Schnurknäuel, größtes 293
Schnurrbart, längster 89
Schnurwürmer 56
Schokolade und Süßspeisen 266 f.
Schornsteine 126
Schornsteinverschiebung, erste 126
Schrägseilbrücke, größte Spannweite 134
Schraubenmutter, größte 114
Schreiber, schnellster am PC 272
Schreibstift, teuerster 261
Schreibzeug 261
Schreihals, größter 293
Schreibwettbewerb 88
Schriften, Drucke, Bücher 211 f.
Schrifterzeugnisse, älteste 211
Schriftsteller, meistübersetzter 213
Schubkarrenfahren 281
Schubkarrenrennen, Streckenrekord 274
Schuhe und Taschen 262
Schuhe, größte, teuerste 262
Schulen, teuerste, größte 253
Schüler, am schnellsten rechnende 90 f.
Schulheft, größtes 261
Schulpflicht 253
Schusterpalme, größte 69
Schuttkipper, größter 166
Schwamm, größter, mit der größten Regenerationsfähigkeit, kleinster 57
Schwammspinner 56
Schwangerschaft, kürzeste 85
Schwarze Löcher 15
Schwarzer Bernstein, größter 32
Schwarzwälder Kuckucksuhr, größte 115
Schwebeflug, längster eines Hubschraubers 180
Schwein, fruchtbarstes 202
Schweine-Sammlung 271
Schweineproduzent, größter 201
Schweinerasse, kleinste 202
Schweinezucht, größte 201
Schwerindustrie 188 ff.
Schwimmen 338 f.
Schwimmvogel, schnellster 47
Seen 19 ff.
Seebühne, größte 216
Seedamm, längster 136
Seefisch, kleinster 53
Seelöwen 41
Seen und Binnenmeere 21
Seereise, längste 19
Seesterne 53
Seevögel, zahlreichste 46
Segelflugmodell, kleinstes 183
Segeln 340
Segelschiffe, größtes, längstes 152
Segelschulschiff 152
Segler, größter 152
Sehschärfe 89
Seifenblasen, größte 293
Sektsäule, höchste 267
Semmelknödel, meistübersetzter 265
Sendeturm, höchster der Schweiz 138, höchster Deutschlands 139

Sendung, längste der Fernsehgeschichte, längste eines einzigen Regisseurs ohne Pause 236
Senken 22
Senkkästen, größte 134
Serien-Straßenmaschine, schnellste 156
Serienauto, erstes mit einem Dieselmotor 159
Serienlimousine, erste mit Wankelmotor 159, schwerste 160
Serienwagen, schwerster, antriebsstärkster, mit der höchsten straßengetesteten Beschleunigung 160, mit strömungsgünstigster Karosserie 162, mit sparsamsten Verbrauch 163, mit 24-Std.-Rekord 165
Short-Track 348
Sicherheitsglasscheibe, größte 143
Sieben-Generationen-Familie 86
Siebenlingsgeburten 86
Siedepunkt, niedrigster, höchster 99
Siedlung, höchste ständig bewohnte Europas, tiefstgelegene 243
Silber, teuerstes Einzelstück 209
Siliziumschaltkreise 107, 117
Siloanlage, größte 142
Simultanschach-Turnier 257
Sinfonie, längste klassische 222 f., erste ungekürzte Schallplattenaufnahme 226
Sinfonie-Komponist, produktivster 222
Sinfonieorchester 221
Sissi-Sammlung 271
Skate-Bike-Fahren 281
Skateboard 274
Skeleton 351
Ski, längster 286
Skibob 351
Skifliegen, Weltrekorde 350
Skischulklasse, längste 281
Skisport 349 f.
Skorpione 54
Skulpturen, aus Münzen 198, teuerste, größte 207
Sofa, größtes 261
Soft-Drink-Hersteller, größte 260
Solarkraftwerk, größte, größtes Europas 110
Solokonzert, mit den meisten zahlenden Zuschauern 222
Sommerzeit, wärmste 30
Sonderfahrzeuge, Busse, Wohnwagen 165 f.
Songs, erfolgreichste 226 f., meistaufgenommene 227
Sonne, Entfernungsextreme, Temperaturen und Dimensionen 8
Sonnenblume, größte 69
Sonnenfinsternis, früheste, erste in Deutschland beobachtete, nächste, längste Dauer 8
Sonnenfleck, größter 8
Sonnenflecken-Relativzahl, höchste 8
Sonnenkraftwerk, größtes 111
Sonnenofen, größter 111
Sonnensystem 8 ff., größtes Modell 10
Sonnenteleskop, größtes 101
Sonnenuhr, größte, größte zylindrische, mit der größten Fläche 115
SOS-Kinderdörfer 248
Spargelschälen, Rekord 203
Sparkasse, älteste Deutschlands 188
Sparkassenbuch, größtes 188
Sparmobil Europa 162
Spaßolympiade 288 f.
Spaßrekorde 286 ff.
Speicher-Chip 106
Speisefisch, kleinster 53
Spende, höchste für das öffentliche Bildungssystem der USA 253
Spendenaktionen 248
Sphärogußstück, größtes 113
Spiegel, glattester 102
Spiegelteleskop erstes 101
Spiegelwand, größte 128
Spiel mit dem Schläger 313 ff.
Spiel mit der Kugel 310 ff.
Spiel, größtes 292
Spielautomat, größter, größter Gewinn 256
Spielbank, größte Deutschlands 256 und älteste Österreichs 256
Spielcasino, größtes 256
Spiele- und Spielwarenhersteller, größter 262
Spielfilme 230 f.
Spielfilmreihe, erfolgreichste 234
Spielwarengeschäft, größtes 262
Spielzeit, kürzeste 217
Spielzeug 262, teuerstes altes 209
Spielzeuganbieter, größter in Deutschland 262
Spinn-Rekord 203
Spinnen 54, 61

Spinnentiere, größte, größte lebende 54
Spinnrad, kleinstes 261
Spirituose, teuerste 268
Spirituosenhersteller, größter 268
Sportart, neue olympische 296
Sporthallen, größte Deutschlands 130
Sporthallen, Stadien 130
Sportler, vielseitigster 296
Sportlerin, vielseitigste, größte deutsche, sympathischste deutsche 296
Sprache und Literatur 209 ff.
Sprache 209
Sprachenvielfalt, größte 209
Sprachgenie, größtes lebendes 209
Sprachinsel, kleinste 209
Springbrunnen, größter 142
Springen, Rekord 275
Sprung in die Tiefe, Weltrekord 275
Sprünge, höchste, weiteste 40
Spuck-Rekorde 293
Spurweite, breiteste, schmalste 169
Squash 317
Staat, kleinster 240 f., mit den meisten Landgrenzen 241
Staatsformen 250
Staatsgrenzen 240
Staatshaushalt, größter 196
Staatsoberhaupt, ältestes 249
Staatsoberhäupter, Regierungen, Parlamente 249 ff.
Staatsverschuldung, höchste 196
Stabbogenbrücken 134
Stadien, Sporthallen 130
Städte, Nationen, Länder 240 ff.
Städte, teuerste 240, älteste Deutschlands 241, 243, neue alte 242
Stadtstrandbad, größtes 132
Stahlbetonbrücke, längste Deutschlands, längste Österreichs 134
Stahlindustrie 188
Stahlprodukt, größter 188
Stammtisch, längster 269
Stammumfang, größter 74
Standard-Traglufthalle, größte 126
Starrflügelzeug, schnellstes, mit der höchsten Landegeschwindigkeit 178
Statue, größte 255
Staubecken, größtes dem Volumen nach 136
Staudamm, höchster, höchster Österreichs 136
Staumauer, höchste der Schweiz, höchste Deutschlands 136
Stauseen 136
Stauseen und Talsperren, Dämme 136 f.
Stehen, längstes 92
Steigfähigkeit, größte 165
Steinbogenbrücke, größte, größte deutsche 134
Steinbrücke, älteste Deutschlands 134
Steinhüpfen auf dem Wasser 293
Steinsäulen, höchste tragende antike 144
Steintragen 277
Stemmrekorde 277
Sterbeziffer, höchste, geringste 246
Sterne 14
Sternwarte, höchste, höchste der Schweiz 102
Steuer- und Unternehmensberatung, größte 187
Steuerforderung, höchste bekanntgewordene 196
Steuern, Geld 196 ff.
Steuerüberschuß, größter 196
Stichkanal, größter 136
Stickarbeit, längste 263
Stilklassen 253
Stillstehen, längstes bewegungsloses 92
Stimmzettel, umfangreichster 251
Strafverteidiger, erfolgreichster 252
Straßen 244
Straßen- und Eisenbahnbrücke, längste 134
Straßenbildermuseum, längstes 208
Straßenfahrzeuge 154 ff., stärkstes 160
Straßenmaschinen, schnellste getunte 156
Straßenmusik-Orgel, größte 219
Straßennetz, längstes 244
Straßenschilder, kuriose 244
Straßentunnel 139
Straßenwagen, schnellste 160
Strecken, Loks, Geschwindigkeiten 168 ff.
Streckennetz, längstes der Fluggesellschaften 245
Streichholzbau 293
Streichholzschachteln-Sammlung 271
Streichholzstapelei 293
Streichholzturm 293
Strickerin, schnellste 274

Strohkraftwerk, erstes 110
Strom, stärkster elektrischer 105
Stromgebiet, weitestes 28
Stromleitung, höchste 111
Stromspannung, höchste in einem Labor erzeugte 105, höchste durch Fernleitungen beförderte 111
Student, jüngster, jüngster Deutschlands 253
Studio-Schauplatz, größter 234
Stumme-Diener-Sammlung 271
Stupa, höchste und älteste 255
Substanz, härteste im menschlichen Körper 89, mit der geringsten Dichte bei Normaltemperatur, hitzebeständigste, am stärksten magnetische, bitterste 99
Südpol-Eroberungen 284
Suizidrate, höchste, niedrigste 246
Summe, größte mit einem Scheck bezahlte 198
Sumpfgebiet, größtes 29
Super-Solarzelle 111
Superbeschleuniger 105
Supercomputer, schnellster und größter deutscher 107
Superhaufen 14
Supernova 14
Supraleitungstemperatur, höchste 104
Surfen 331
Süßwasser-Krustentier, größtes 53
Süßwasserfische 53
Süßwasserseen 21
Synagoge, größte 255

T-Shirt-Sammlung 271
Tabletten, meiste 270
Tagebücher, Briefe 212
Tagebuchschreiber, fleißigster 212
Tagfalter, größter 55
Tal, tiefstes 25
Talbrücke, höchste deutsche 134
Talgletscher, längster 24
Talsperren und Stauseen, Dämme 136 f.
Tandems, 154 f.
Taschen und Schuhe 262
Taschenuhr, erste 115
Tastsinn 89
Taucher, tiefste 36, bester 47
Tauchrekord 285
Tauchtiefe, größte im Meer 285
Tausendfüßler 55
Technik & Naturwissenschaft 96 ff.
Teddybär-Party 293
Teebeutel-Anhänger-Sammlung 271
Teilchen, subatomare, schwerstes 98
Teilchenbeschleuniger 105
Telefonapparate-Sammlung 271
Telefonbuch-Zerreißen, Weltrekord 293
Telefonbücher 116
Telefone, größtes, kleinstes betriebsfähiges 117
Telefonkarten 116
Telefonmuseum 270
Telefonverbindung, meistbenutzte internationale, längste 117
Telefonwahlapparat, kleinster elektromechanischer funktionstüchtiger 117
Telefonzentrale, größte 116
Telegrafenlinie, erste elektromagnetische 116
Telegramm, erstes 116
Telekommunikation 116
Teleskop-Autokran, größter 112
Teleskopanlage, größte 96
Teleskope 101 ff., früheste 101
Teleskopspiegel, größter 101
Tempel, größter buddhistischer 254
Temperatur, tiefste je gemessene 30, höchste, höchste in Verbrauchsgütern, tiefste 104
Temperaturanstieg, sensationellster 30
Temperatursturz, größter an einem Tag 30
Temperaturunterschiede, größte 30
Tennis 313 ff.
Teppiche 263, Höchstpreis 209, größter alter, prächtigster, am feinsten geknüpfter 263
Terrarium, größtes 140
Territorium, am dünnsten besiedeltes 246
Text-Verarbeitungssystem, kleinstes 107
Textilien 262 f.
Theater 216
Theatergebäude, größte 216
Theaterinszenierung, längste 217
Theaterrollen, meiste 217
Theaterstücke 216 f.
Thermometer, kleinstes 104

Tidenhub 20
Tiefbohrung, kontinentale 108
Tiefe, größte bei einem Abstieg in eine Höhle 22, größte in der eine Pflanze gedeiht 66, größte aus der sich ein Mensch befreien konnte 285
Tiefseetauchen 285
Tier des Jahres 1994
Tierarten, gefährdete 60
Tiere 34 ff., kräftigste, gefährlichste, lauteste, fruchtbarstes, mit dem kräftigsten Biß, am frühesten fortpflanzungsfähige 36, giftigste 50, hirnlosestes 59
Tiergarten, ältester 62
Tierkolonie, größte 36
Tierreich, Superlative 36 ff.
Tierrekorde 36 ff.
Tiger, größter 39
Tischtennis 317
Titanosaurier 59
Todesursache, häufigste 91
Tomaten-Rekord 70
Tonfilme 230
Tonspielfilm, erster deutschsprachiger 230
Tonträger und Charts 226 ff.
Tonträgermarkt, größter 229
Topleistungen 270 ff.
Topleistungen im Wasser 285
Tore, größte 141
Toter, ältester aus dem Eis 80
Trägerrakete, einstufige 117
Tragflächenboote, größte im Passagierverkehr 148, größtes 150
Tragflächenfliegen 275
Traglufthallendach, größtes 126
Traktor, stärkster 166
Traktortour, längste 166
Transparent, längstes 293
Transparentbild, größtes beleuchtetes 293
Transplantationen 92 f.
Transportflugzeug, größtes 178
Trauungen 247
Treffen, größtes politischer Führer 249
Trennwand, höchste bewegliche 142
Treppenaufgang, längster 142
Treppenlaufen 274
Tretauto-Rekord-Fahrt 164
Tretauto-Sammlung 165, 217
Tretboot-Fahrt, längste 285
Tretroller, längster 154
Tretrollerfahrt 281
Triathlon 344
Tricycle 155
Tridem-Fahrrad, kleinstes 154
Triebwagen, erster dieselelektrischer 168
Trilithen, größte 144
Trinken 266 ff.
Trockendock, größtes 140
Trockenheit, größte 31
Trockenrudern 281
Trommel, größte 221
Trommeln und Schlagzeug, Rekord 274
Trompete, älteste 220
Truck, stärkster 167
Truthahnfarm, größte 201
Tunnel 139
Tür, schwerste 142
Turbinen, mikroskopisch kleine, größte hydraulische 111
Turm, höchster 138
Turmtempel, größter erhaltener, größter 144
Turmuhr 115
Turnen, Kunstturnen, Rhythmische Sportgymnastik 337
TV-Werbespots 237

U-Bahn, meiste Bahnhöfe 173
U-Bahn-Rekordhalter, eifrigster 173
U-Bahn-Tunnel, längster 139
U-Bahnnetz, ältestes und längstes 173
U-Bahnsysteme 173
U-Boot 150
U-Boot-Modell, kleinstes 152
Überführungsflug 176
Überland-Eisenbahn, längste und neueste 168
Überleben in Seenot 285
Übernahmeangebot, höchstes 186
Überschallflug, erster 174
Uferdämme, längste und massivste 136
Uhren 115
Ultraleicht-Flugzeug, Rekord im Landen 175
Ultraschallmikroskop, stärkstes 104
Umlaufnoten, mit dem größten Wert 197
Umwandlungstemperatur, tiefste 104
Universitäten 253

Universitätsgebäude, größtes 253
Universum 15 ff.
Unkräuter, schlimmste 66
UNO-Weingarten 67
Unterhaltsklage, höchste 252
Unterhaltung, Kunst, Medien 204 ff.
Unternehmen, größte 186, höchstbewertete 195
Unterseeboot, kleinstes bemanntes 150
Untersuchung, längste 252
Untertage-Gasspeicher 113
Unterwasser-Rettungsaktion 285
Unterwasser-Telefonkabel 116
Unterwassergeiger, erster 221
Unterwasserhöhle, längste 22
Unterwasserküssen 292
Unterwasserpercussionist, erster 221
Unterwassertunnel, längster 139
Unwort des Jahres 1993 209
Urknall, sicherster Beweis 15
Urlauberziel, beliebtestes 240
Urpferde 62
Urtierchen, schnellstes 73
Urtierpflanzen und Pilze 72 f.
US-Charts 228
US-Schlußquoten, höchste, tiefste 195

Vakuum, höchstes 104
Varieté, größtes 216
Vase, größte getöpferte 261
Vene, größte 91
Ventil, größtes 113
Verbesserungsvorschläge 293
Verbrauchsgüter, höchste Temperaturen 104
Verbrennungsmotor, kleinster 159
Veredelungsrekord 75
Verfahren, längstes vor einer Jury 252
Verfassung, älteste geschriebene 252
Vergnügungsparks, Ausstellungen 132 f.
Verhandlung, längste in einem Scheidungsverfahren 252
Verkaufserlöse, größte 186
Verkehrsbauwerk, größtes 135
Verkehrsdichte, größte 244
Verkehrsflugzeuge 176
Verkehrswege 244 f.
Verkehrszeichen-Fotosammlung 244
Verlag, größter 214
Verlage, Druckereien 214
Verlagshäuser, älteste 214
Verlöbnis, längstes 247
Verlust, höchster 186, nachweislich höchster persönlicher an Aktienwerten 195
Verlustgeschäft, größtes der Theatergeschichte 217, größtes im Film 231
Veröffentlichungsprojekt, größtes einem Komponisten gewidmetes 229
Versammlung, gesetzgebende mit der längsten kontinuierlichen Geschichte, größte gesetzgebende 250
Versandhaus, größtes Europas 192
Versandunternehmen, größte 192
Versicherung, älteste 190
Versicherungen, Krankenkassen 190
Versicherungsgesellschaft, größte 190
Versicherungsverlust, größter zur See 190
Vertiefungen 22
Vertrag, höchstdotierter 237, ältester noch gültiger 250
Verwaltungen, Büros, Werkhallen 124 f.
Verwaltungsgebäude, flächenmäßig größtes 125
Video, meistverkauftes 204
Video-Produktion, schnellste 236 f.
Video-Verkaufserfolge 237
Videorekorder, erster 236
Viehpreise 201
Viehzucht 201
Vielehen, meiste illegale 247
Vierlinge, schwerste 86, älteste 87
Vierlingsfrühgeburt 85
Viertakt-Benzinmotor, erster 158
Viren und Bakterien 73
Viren, erste Berichte 73
Viroiden 73
Virus, größter bekannter 73
Viskosität, geringste 105
Vögel 46 f.
Vogel des Jahres 1994 46
Vogelarten, häufigste in Mitteleuropa 46, gefährdete 61
Volksfest, größtes 132
Volksläufer 286
Volksrodeln 286
Volkssport 286
Volkswirtschaft 195 ff.

Volleyball 309
Vorhänge, meiste 225
Vorname, längster, häufigster in Deutschland 210
Vornamen, meiste 210
Vorschuß, größter für ein Buch 213
Vorsorgeuntersuchungen, erste 190
Vulkane 27
Vulkanausbrüche 27

Waage, exakteste 105
Wachstum, schnellstes 66, langsamstes 68, schnellstes eines Baumes, langsamstes eines Baumes 75, unterschiedlichstes, total gegensätzliches 84
Wagen, mit dem hubraumgrößten Motor 158 f., niedrigster 166
Wahlen, größte 250
Wahlsieg, unmöglichster 251
Währungsgoldreserven, größte 196
Wal, gefährdetster 61
Waldschadensstatistik 75
Walrosse 41
Wälzlager, schwerstes 113
Wandbild, längstes deutsches 207
Wandgemälde, größtes 207, 208
Wandteppiche 263
Wappensammlung 271
Warenbörse, größte 195
Warenhausunternehmen, größte 192
Warenwelt 260 ff.
Wärmekraftwerksanlage, größte 111
Waschmaschine, größte 261
Wasserball, deutsche Spieler 309
Wassereimerkette, längste 293
Wasserfälle 29
Wasserhose, höchste 31
Wasserpflanze, verbreitetste 72
Wasserpipeline, längste 113
Wasserrad, größtes 143
Wasserschacht, größter 108
Wasserski 342
Wasserski-Show 285
Wasserski-Show-Team 288
Wassersport 338 ff.
Wasserspringen 338 f.
Wasserstraßen 136, 245
Wasserturm, größter 143
Wasserverkehr 245
Weichtiere 56
Weihnachtsbaum, kleinster 111
Weihnachtsgrüße 212
Weihnachtslied, meistverbreitetes 225
Weihnachtsstern, größter 69, größter aus Leuchten 293
Weihwassergefäße-Sammlung 271
Wein, älteste Flasche 266 f., teuerste Flasche, teuerstes Glas 267
Weinanbaugebiete 67
Weinberge 67
Weinetiketten-Sammlung 271
Weinkorken-Sammlung 271
Weinlese, Rekord 203
Weinprobiergläser-Sammlung 271
Weinstock, größter 67
Weizenfeld, größtes 201
Weizengläsersammlung 271
Wellen 20
Wellenbrecher, längster 141
Wellensittich, sprachgewaltiger 34
Welt-Öko-Tour 162
Welt-Rohölreserven 188
Weltall & Erde 6 ff.
Welthandelsflotte, Zahlen 245
Weltmeere, Wasserströmungen 18
Weltmeistern, jüngste 296
Weltraummission, wichtigste 1993 103
Weltraumspaziergang, erster 118
Weltraumteleskop 103
Weltrekord, Pumpen 113
Weltrekord-Kaution 252
Weltrekordbrecher, ältester 296
Weltrekordbrecherin, jüngste 296
Weltrekorde, meiste 296
Weltrundflug, erster 177
Weltumrundungen 157, 177 f.
Weltwunder 144 f.
Wendeltreppen 142 f.
Werbeagentur-Gruppe, größte 186 f.
Werbetrater, teuerster 237
Werbevertrag, höchstdotierter 223
Werbezeit, teuerste 237
Werke, älteste erhaltene 219
Werkhallen, Büros, Verwaltungen 124 f.
Werkstoffprüfmaschine, größte 113 f.
Wertpapiere, Börsen, Aktien 195
West-Ost-Weltumsegelung 151
Wetter 30 f.
Wetterrekorde 30 f.

Wild- und Wanderpark, erster deutscher 62
Wildgehege 62
Wildpferdegehege, einziges Europas 62
Wildschutzgebiet, größtes 62
Wildvogel, meiste Artgenossen 46
Wildwasserbahn, größte mobile 133
Wildwasserschwimmen 285
Winchester House 129
Wind 31
Winde, schnellste 12
Windkanal, größter, stärkster 106
Windrad, größtes Deutschlands 111
Windskating 281
Wintersport 346 f.
Wirbeltiere 53
Wirtschaftsgebäude 124
Wirtschaftswaren 260 ff.
Wissenschaftstechnik 104 ff.
Witzesammlung 271
Wohltätigkeitssendung 237
Wohn- und Industriebauten 126 f.
Wohnblocks, höchste 127
Wohngebäude, höchstgelegenes 126
Wohnungsnot, größte 247
Wohnwagen, Busse, Sonderfahrzeuge 166 f.
Wolken, größte Steighöhe 31
Wort des Jahres 1993 209
Wort, längstes 210
Wörter, meiste 210
Wörterbuch, umfangreichstes 211
Wortsuche 210
Würmer 56
Wurzeln, tiefste 66
Wüsten 26
Wüstenwanderung, längste 281

Yacht, größte einmastige 152

Zahl, höchste, perfekte 100
Zahlenbenennung, höchste lexikographisch akzeptierte 100
Zahlenlehre 100
Zahlungsbilanz 196
Zahnärzte, meiste 247
Zähne, meiste 89
Zahnrad, kleinstes 114
Zahnschmelz 89
Zauberer 276
Zauberkästen-Sammlung 271
Zauberschachtel, kleinste 276
Zehen, wenigste 89
Zehnlinge 86
Zeichnung, Höchstpreis 207
Zeitmaß, längstes bekanntes 100
Zeitmesser 115
Zeitmeßgerät, genauestes 115
Zellen 91
Zellkörper, größter 91
Zentrifuge, rascheste 104
Zentrum, galaktisches 7
Zeugnisse, früheste religiöse 254
Ziege, fruchtbarste 202
Ziegelstein-Brücke, längste 134
Ziegelsteinturm, höchster 138
Ziegelstemmen 278
Ziegeltragen, Rekord 276
Ziegenmilch, Jahresrekord 203
Ziehen mit Zähnen 277 f.
Zifferblatt, größtes 115
Zigarette, längste, kürzeste 269
Zigarettenbilder-Sammlung 269
Zigarettenpackungen-Sammlung 269
Zigarettenpapier-Heftchen-Sammlung 269
Zigarettensammlung, größte 269
Zigarettenschachteldomino 293
Zigarettenschachtelturm 293
Zigarren 269
Zigarrenringesammlung, größte 269
Zirkuskunststücke 280
Zirkusrekorde 279 f.
Zollstöcke-Sammlung 271
Zoos 34, 62, f.
Zugfestigkeit, größte 99
Zugtrompete, älteste erhaltene 219
Zündholzabbrennen 293
Zündholzschachteletiketten 269
Zusammenarbeit, älteste eines Dirigenten mit einem Sinfonieorchester 222
Zweideck-Bahnfähren, größte 150
Zweipersonen-Einrad, doppelstöckiges 155
Zweirad, kleinstes fahrbares 154
Zweite Besetzung, längste 217
Zwergpudel, kleinster Deutschlands 42
Zwillinge 83 ff.
Zwillings-Primzahlen, größte 100

• Der Rekord wurde aufgestellt von

Name _____

Beruf _____

Geburtsdatum _____

Adresse _____

Telefon _____

• Zeugen

1. Zeuge
Name _____

Anschrift _____

Unterschrift _____

2. Zeuge
Name _____

Anschrift _____

Unterschrift _____

3. Zeuge
Name _____

Anschrift _____

Unterschrift _____

Der Rekordhalter ist bei Anerkennung und Aufnahme seines Rekordes in das GUINNESS BUCH DER REKORDE damit einverstanden, daß sein Rekord und das beigefügte private Foto-, Video- und Audiomaterial wie auch Aufnahmen, die aus Anlaß des Rekordes entstanden, von der Verlag Ullstein GmbH zu werblichen Zwecken in allen Medien ohne Honoraranspruch verwendet werden dürfen.

- **Art des Rekordes**

_____
_____
_____
_____
_____
_____
_____
_____
_____
_____
_____

Daten/Fakten/Maße usw. _____
_____
_____

aufgestellt in _____

am _____

um _____ Uhr _____

Anzahl der beigefügten Unterlagen/Fotos _____

Der Rekord schlägt den auf Seite _____ angegebenen _____

Der Rekord betrifft ein bisher nicht genanntes Gebiet, nämlich _____
_____

Ort/Datum _____ Unterschrift _____

Bitte einsenden an: GUINNESS BUCH DER REKORDE, Verlag Ullstein GmbH, Lindenstraße 76, 10969 Berlin

Die Fortsetzung des Buches mit anderen Mitteln

ULLSTEIN SOFT MEDIA präsentiert die Revolution der Kommunikation: Wissen und Unterhaltung auf CD-ROM. Interaktiv. Multimedial. ULLSTEIN SOFT MEDIA setzt dabei auf die perfekte Vernetzung von Know-how: über 100 Jahre Erfahrung und Erfolg im Buchmarkt plus innovative Kreativität der besten CD-ROM-Entwickler garantieren inhaltliche Qualität, mediengerechte Umsetzung und viel Spaß und Informationen in Text, Bild, Ton und Video.

ULLSTEIN SOFT MEDIA

Die Produkte von ULLSTEIN SOFT MEDIA erhalten Sie im Buch-, PC-, Spielwaren- und Schallplatten-Fachhandel

Guinness Multimedia CD-ROM der Rekorde

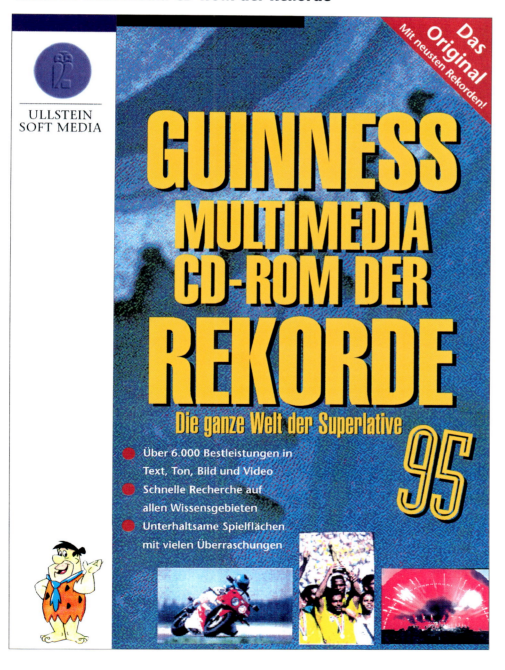

Die Höchstleistungen aus aller Welt jetzt auf einer faszinierenden CD-ROM erleben

Über 6 000 Superlative aus aller Welt können auf dieser CD-ROM entdeckt werden. Über die Kapitel oder die Rubrik »Suchen von A bis Z« gelangt der Benutzer schnell zur gewünschten Meldung. Viele Rekorde werden durch Bild-, Ton- und Videomaterial eindrucksvoll belegt. So können zum Beispiel über den ersten Weltraumflug und die erste Mondlandung alle Fakten nachgelesen werden, kann die Weiterentwicklung der Weltraumtechnik verfolgt werden bis hin zu atemberaubenden aktuellen NASA-Videos vom »Endeavour«-Start, dem »Hubble«-Weltraumteleskop im All, seiner Reparatur und sogar Nahaufnahmen eines Jupitermondes.

Guinness Multimedia CD-ROM der Rekorde
Die ganze Welt der Superlative '95
CD-ROM, DM 99,–/öS 899,–/sFr 99,–
(unverbindliche Preisempfehlung)
MPC Windows:
ISBN 3-550-08902-3
Macintosh:
ISBN 3-550-08905-8

Guinness-Bücher für Fans

Die erfolgreiche Guinness-Familie wächst: Neben den umfangreichen Nachschlagewerken zu speziellen Einzelthemen und den Sportbüchern von Guinness gibt es jetzt auch vier neue Taschenbuchausgaben, die sich augenzwinkernd vor allem den humorvollen Aspekten rund um das Thema »Rekorde« widmen.

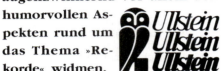

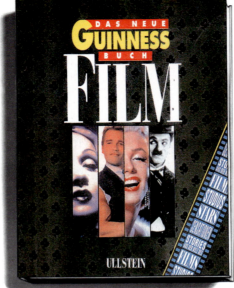

Studios, Stars und Sensationen: Stories aus der Welt des Kinos
224 Seiten, 177 s/w-Abbildungen, gebunden, Großformat

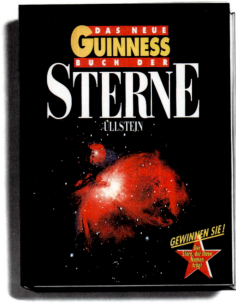

Unsere Sterne zum Greifen nah: alle astronomischen Fakten und Superlative
238 Seiten, 100 farbige und 100 s/w-Abbildungen und grafische Darstellungen, gebunden, Großformat

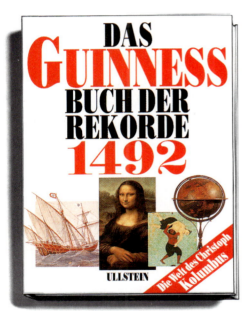

Wie sah es auf der Erde aus, als Christoph Columbus die Neue Welt entdeckte?
192 Seiten, 150 farbige Abbildungen, gebunden, Großformat

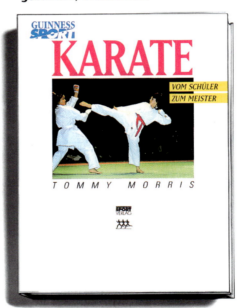

Ein kompletter Aufbaukurs, die Vorbereitung auf die »Prüfung der Wahrheit«
160 Seiten, 255 s/w-Fotos, gebunden

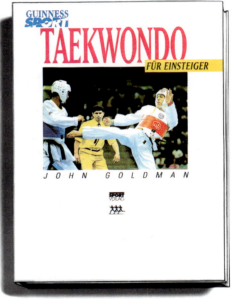

Das effektive Lernsystem dieser faszinierenden Kampfsportart
160 Seiten, 275 s/w-Fotos, gebunden

Guinness Taschenbücher

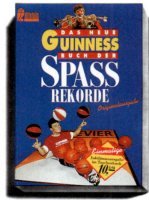

Ullstein Taschenbuch 23302

Ullstein Taschenbuch 23421

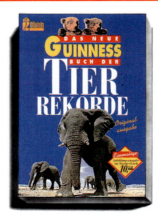

Originalausgabe Ullstein Taschenbuch 23441

Originalausgabe Ullstein Taschenbuch 23482 (Februar '95)

Quellenverzeichnis der Abbildungen

The Guinness Book of Records 1994,
1995: 9, 10 Mitte, 13, 14/15, 18/19,
21, 23, 25, 28, 29, 34/35, 36, 37, 39,
41, 43 unten, 47 oben, 50/51, 56, 60,
70 oben, 71, 72, 73, 76/77, 81 oben,
81 unten rechts, 84, 85, 87, 88 oben
rechts, 88 unten, 89, 90, 96/97, 98,
100, 101, 104, 110/111, 112/113, 114,
115, 116 oben, 118/119, 120,
122/123, 124, 125, 126, 127, 128/129,
130, 131, 132, 133, 134/135, 138, 141,
142, 148, 149, 152, 153, 155 oben
links, 157 unten, 158 unten, 159, 164,
165, 167, 169, 171, 176 unten, 177,
181, 182, 186, 188 unten, 196, 197
links, 197 unten, 198, 199, 200, 202,
203, 204/205, 207, 208 unten, 209,
212, 213 oben, 214, 217, 219, 220,
221, 222, 226/227, 228, 234, 235,
236 oben, 237, 247, 248, 250, 251,
253, 254, 255, 258/259, 261, 262,
263 unten, 264, 265 Mitte, 275,
276/277, 278/279 oben, 280, 287,
311, 312, 317, 318 oben, 319 oben
links, 320/321, 331 oben, 338,
342/343, 347, 348, 349 rechts,
350/351.

Haupttitel: dpa/Achim Scheidemann
(Pink Floyd startet am 2. August 1994
mit einer gigantischen Bühne ihre
Deutschland-Tournee im Müngers-
dorfer Stadion, Köln).

Schutzumschlagmotive (Vorderseite):
Matthew Hillier, FSIAD - *Guinness
Book of Records 1987* (Leopard),
Bongarts/Henry Szwarz (Romerio mit
Pokal, Fußball-WM '94), EM-Enter-
tainment (Fred Feuerstein), Motor-
Presse International (Motorrad).
Schutzumschlagmotive (Rückseite):
Manfred Klauda (Kinder-Tretauto),
dpa/Achim Scheidemann (Pink
Floyd).

Abkürzungen der Bundesländer

Baden-Württemberg	BW
Bayern	BY
Brandenburg	BR
Hessen	HE
Mecklenburg-Vorpommern	MV
Niedersachsen	N
Nordrhein-Westfalen	NW
Rheinland-Pfalz	RP
Saarland	SL
Sachsen	S
Sachsen-Anhalt	SA
Schleswig-Holstein	SH
Thüringen	H

Abkürzungen der Ländernamen

Belgien	B
Dänemark	DK
Deutschland	D
Finnland	SF
Griechenland	GR
Island	IS
Italien	I
Liechtenstein	FL
Luxemburg	L
Monaco	MC
Niederlande	NL
Norwegen	N
Österreich	A
Polen	PL
Portugal	P
Rumänien	RO
Schweden	S
Schweiz	CH
Spanien	ES
Türkei	TR
Ungarn	H

Impressum

Herausgeber der englischen Ausgabe:
Peter Matthews
Gründungsherausgeber:
Norris D. McWhirter

Chefredakteur der deutschen Ausgabe:
Hans-Heinrich Kümmel
Assistenz: Karin Fehse,
Marcus Obando-Amendt
Koordination: Dr. Harro Schweizer

Redaktion: Dr. Martin Elste (Musik,
Tonträger und Charts), Bernd W. Holz-
richter (Übersetzungen), Jürgen Lewan-
dowski (Straßenfahrzeuge), Günther
Meier (Schiffe), Marc Oliver (Sport),
Klaus-Dieter Schmidt (Übersetzungen),
Harro Zimmer (Weltall & Erde, Natur-
wissenschaft & Technik).

Layout und Herstellung:
Erika Huss und Olaf Prill

Schutzumschlag:
Theodor Bayer-Eynck, Berlin

Repro: Univers GmbH, Berlin, und
Mohndruck Graphische Betriebe
GmbH, Gütersloh
Druck und Bindung: Mohndruck
Graphische Betriebe GmbH, Gütersloh

Alle Rechte vorbehalten
Printed in Germany
ISSN: 0179-3853
ISBN: 35500 7844 7

Redaktionsanschrift:
Verlag Ullstein GmbH
Guinness-Redaktion
Lindenstraße 76
10969 Berlin
Tel.: 030-2591-3540
Fax: 030-2591-3537

Redaktionsschluß:
1. April 1994.
Für Meldungen »Sport«: 31. Juli 1994
und »In letzter Minute«: 22. August 1994

Copyright © 1994 Guinness Publishing
Ltd., Enfield
World Copyright Reserved
No part of this book may be repro-
duced or transmitted in any form or
by any means electronic, chemical or
mechanical, including photocopying,
any information storage or retrieval
system without a licence or other
permission in writing from the copyright owners.
GUINNESS is a registered trade mark
of Guinness Publishing Limited for
Publications.
GUINNESS ist ein eingetragenes
Warenzeichen von »Guinness
Publishing Ltd.«.

Für die deutschsprachige Ausgabe:
1994 © by Verlag Ullstein GmbH,
Frankfurt/M. – Berlin

Bubkas 35. Weltrekord

Der Stabhochsprung-Weltmeister und Olympiasieger Sergej Bubka (Ukraine) überquerte am 31. Juli 1994 im italienischen Sestriere 6,14 m und stellte damit seinen insgesamt 35. Weltrekord, den 17. in der Freiluftsaison, auf. In der Halle war er im Februar 1993 sogar noch einen Zentimeter höher gekommen.

Extrem-Sportlerin

Weltbestzeit im Triple-Ultra-Triathlon (11,4 km Schwimmen, 540 km Radfahren und 126,6 km Laufen) erreichte am 13./14. August 1994 in Lensahn (SH) die 36jährige Astrid Benöhr aus Zülpich bei Köln mit 38:32:18 Std. Sie unterbot den bisherigen Rekord um 1:18:47 Std.

Immer schneller

Die französische Radrennfahrerin Felicia Ballanger stellte am 26. Juli 1994 in der Höhenluft von Colorado Springs (USA) einen neuen Bahnenweltrekord über 500 m auf. Sie kam auf 34,474 Sek. und unterbot ihre eigene Bestmarke dabei um 13 Hundertstel.

Erfolgreiche Behindertensportler

Bei den ersten Leichtathletik-Weltmeisterschaften der Behinderten Ende Juli im Berliner Olympiastadion fielen insgesamt 94 Weltrekorde. Die erfolgreichste Nation war Deutschland mit 26 Gold-, 31 Silber- und 27 Bronzemedaillen. Es folgten Australien (24-21-12) vor den USA (22-25-27).

Von Trelleborg nach Rügen

Erstmals sind fünf Menschen von Schweden nach Deutschland geschwommen. Die aus den ehemaligen Chemnitzer Leistungssportlern Sylvio Keller, Uwe Henning, Frank Riedel, Felix Kraushaar und Thomas Rees bestehende Staffel benötigte am 22./23. Juli 1994 für die 50,5 sm (93,52 km) lange Distanz von Trelleborg nach Vitt auf Rügen genau 29 Std.

Reiter-Triumphe

Bei den Weltspielen der Reiter Mitte 1994 in Den Haag gewann die deutsche Dressur-Equipe zum siebenten Mal seit 1966 den Mannschaftstitel. Karin Rehbein, Isabell Werth, die auch im Einzelklassement erfolgreich war, Nicole Uphoff-Ecker und Klaus Balkenhol gehörten zum Team. Erstmals erfolgreich waren dagegen die Springreiter. Zu einem Doppelsieg kam sogar Franke Sloothaak, denn er war außerdem auch der Beste im Einzelwettbewerb. Im übrigen hatte es vorher noch nie gegeben, daß sich drei Reiter einer Nation für das Vierer-Finale qualifizierten. Die Deutschen schafften das mit Sloothaak, Sören von Rönne (Bronzemedaille) und Ludger Beerbaum (Vierter).

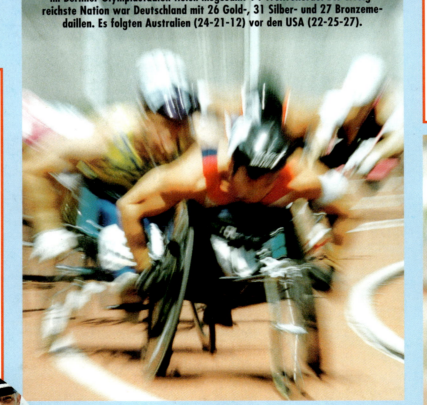

Schnelle Afrikaner

Gleich drei Weltrekorde gab es zu Beginn der Leichtathletik-Saison 1994 von afrikanischen Läufern auf den langen Strecken. Der Algerier Noureddine Morceli erreichte am 2. August 1994 in Monte Carlo über 3000 m die Zeit von 7:25,11 Min., der Äthiopier Haile Gebreselasie am 4. Juni 1994 in Hengelo über 5000 m 12:56,96 Min. und William Sigei (Kenia) am 22. Juli 1994 in Oslo 26:52,23 Min.

Fotos (von links nach rechts): ZB/dpa/Pascal Guyot; ZB/dpa/Carsten Rehder; Günter Peters; Reuters; ZB/dpa/Gunnar Lier; ZB/Bernd Wüstneck; Reuters (2); AFP infografik; ZB/dpa/Harry Melchert